Joachim Paschen

Die Weltenlenker

Joachim Paschen

Die Weltenlenker

Zur Vorgeschichte des Zweiten Weltkriegs

lau verlag

Bibliografische Information
der Deutschen Nationalbibliothek
Die Deutsche Nationalbibliothek verzeichnet diese
Publikation in der Deutschen Nationalbibliografie;
detaillierte bibliografische Daten sind
im Internet über http://dnb.d-nb.de abrufbar.

ISBN 978-3-95768-201-7

Internet: www.lau-verlag.de

Umschlagentwurf: pl, Lau-Verlag, Reinbek
Umschlagabbildungen: Neville Chamberlain © picture alliance/Mary Evans Picture Library, Adolf Hitler © Bundesarchiv, Bild 183-S33882, Franklin D. Roosevelt © picture alliance/CPA Media/Leon A. Perskie, Josef Stalin © ullstein bild - SPUTNIK, Luftangriffe auf Hamburg © ullstein bild - H. Schmidt-Luchs
Satz und Layout: pl, Lau-Verlag, Reinbek
Druck und Bindung: GK Druck Gerth und Klaas GmbH & Co. KG, Hamburg
Printed in Germany

INHALT

VORWORT 9

1. KAPITEL
Es lebe die Weltrevolution! Internationaler Kongress
der Kommunisten in Moskau (Juli/August 1935) 11

2. KAPITEL
Friede sei dem Völkerfeste!
Olympische Spiele in Berlin (August 1936) 31

3. KAPITEL
Zur Bewahrung des Friedens.
Die panamerikanische Konferenz in Buenos Aires
(Dezember 1936) 55

4. KAPITEL
Den Frieden in der Welt erhalten.
Die Reichskonferenz in London (Mai/Juni 1937) 69

5. KAPITEL
Vom Zwischenfall zum Krieg.
Japans Vormarsch in China (Juli/August 1937) 89

6. KAPITEL
Ein Bündnis wird geschmiedet.
Mussolini auf Deutschland-Besuch (September 1937) 101

7. KAPITEL
Roosevelts Griff nach der Friedensmacht.
Eine weltpolitische Rede in Chicago (Oktober 1937) 121

8. KAPITEL
Hitlers Griff nach der Kriegsmacht. Eine geheime Konferenz in der Reichskanzlei (November 1937) 135

9. KAPITEL
Ein britischer Besuch bei Hitler.
Das Ausloten einer Verständigung (November 1937) 153

10. KAPITEL
Das Dritte Reich schluckt das Dritte Österreich (Februar–April 1938) 175

11. KAPITEL
Die Tschechoslowakei wird dem Frieden Europas geopfert (Mai–Oktober 1938) 229

12. KAPITEL
Frankreich zwischen Deutschland und den USA (November 1938–Februar 1939) 337

13. KAPITEL
Ein Blitzschlag gegen Prag (März 1939) 357

14. KAPITEL
Chamberlain auf der Suche nach Verbündeten gegen Deutschland (März/April 1939) 379

15. KAPITEL
Noch ist Polen nicht verloren (Mai 1939) 403

16. KAPITEL
Im Wettlauf nach Moskau (Mai–August 1939) 421

17. KAPITEL
Elf Tage, die Europa erschüttern (24. August–3. September 1939) 467

18. KAPITEL
Der seltsame Krieg (September–Dezember 1939) 521

SCHLUSSBEMERKUNG 577

ANMERKUNGEN 581

QUELLEN- UND LITERATURVERZEICHNIS 603

ZEITTAFEL 715

PERSONENVERZEICHNIS 719

BILDNACHWEIS 730

VORWORT

Alle bisherige Geschichtsschreibung über die Entfesselung des Zweiten Weltkriegs ist die Wiederholung des Urteils von Nürnberg über die deutschen Hauptkriegsverbrecher. Nachdem Richter die Rolle von Historikern übernommen hatten, übernahmen anschließend Historiker die Rolle von Richtern. Ein Menschenalter nach den weltbewegenden Ereignissen scheint es an der Zeit, den hochmütigen Richterstuhl zu verlassen und sich den Begebenheiten in ihrer ganzen Vielfalt zuzuwenden. Dabei geht es nicht darum, den Schuldspruch zu revidieren, Freisprüche zu erreichen und neue Anklagen zu erheben, sondern es gilt, zu den Quellen zurückzukehren, um die Geschichte so zu erzählen, wie sie eigentlich gewesen ist.

Vor allem von deutschen Historikern wird der Glaubenssatz verbreitet, dass »Hitler von Beginn an zur kriegerischen Expansion entschlossen war«.[1] Selbstverständlich hat es Ausflüchte aus deutscher und Versuche zur Weißwäsche aus fremder Feder gegeben, die jedoch auf eine geschlossene Abwehrfront gestoßen sind. Eine anregende Kontroverse hat auch der britische Historiker Alan Taylor mit seiner 1962 erschienenen Darstellung über die *Ursprünge des Zweiten Weltkriegs* nicht erreicht, obwohl er in Zweifel zog, dass »Hitler einen großen Krieg plante«.[2] Im Mittelpunkt seiner Überlegungen stand vielmehr das politische Doppelspiel um die Macht in Europa zwischen Hitlers Großdeutschland und Chamberlains Großbritannien; nur Nebenrollen spielten bei ihm Roosevelts USA und Stalins Sowjetunion.

Da es im Zweiten mehr noch als im Ersten Weltkrieg um Machtpolitik im Weltmaßstab ging, sollen alle vier Weltenlenker in den Blick genommen werden. Sie waren Projektionsflächen der Hoffnungen und Sehnsüchte der Menschen ebenso wie ihrer Sorgen und Ängste. Sie waren und sind Idole der Anbetung und Verehrung sowie Objekte des Hasses und der Verachtung. Es ist an der Zeit, sie nüchtern zu betrachten, ihren Ruf zurechtzurücken, ihnen einen gebührenden Platz zuzuweisen und festzustellen, dass sie allein das Schicksal der Welt nicht bestimmt haben. Auch sie waren abhängig von elementaren Kräften und langfristigen Entwicklungen oder, wenn es demütig formuliert werden soll, vom Willen des Allmächtigen.

Das Ergebnis des Zweiten Weltkriegs unmittelbar vor Augen hat Taylor in seinem *Kampf um die Vorherrschaft in Europa* festgestellt, dass die beiden neuen Weltmächte USA und UdSSR das alte Europa auf eine Zwergenrolle beschränkt haben. In gleichem Atemzug räumt er ein, dass der Kontinent nur unter der Führung Deutschlands wieder eine Weltmacht werden könnte, die den beiden anderen gleich käme.[3] In den Jahrzehnten nach dem Krieg hat sich Europa bereits beträchtlich in dieser Richtung entwickelt. Für die weitere Entwicklung soll daran erinnert werden, was Bismarck nach der Gründung des Deutschen Reiches der deutschen Europa-Politik auf den Weg gegeben hatte:

> »Wir sollten uns bemühen, die Welt zu überzeugen, dass eine deutsche Hegemonie in Europa nützlicher und unparteiischer, auch unschädlicher für die Freiheit anderer wirkt als eine französische, russische oder englische.«[4]

Für einen neuen Zugang zur Vorgeschichte des Zweiten Weltkriegs sind die Grundsätze bei der Erforschung und Darstellung historischer Verhältnisse besonders streng angewendet worden:

- Einhaltung der Chronologie: Das Nachverfolgen politischer Entscheidungen ist nur möglich, wenn man den Zeitablauf nicht durcheinander bringt; natürlich lassen sich Rückblenden zuweilen nicht völlig vermeiden.
- Rückkehr zu den Quellen: Die historischen Verhältnisse sind nur zu verstehen, wenn die Menschen von damals sich unverstellt aussprechen können; die Sekundärliteratur kann zuweilen hilfreich sein.
- Rückhaltlose Unparteilichkeit: Es wird getreu der altrömischen Maxime (in moderner Lesart) ohne moralische Empörung und ohne wohlfeiles Mitgefühl geschildert, was war, damit der Leser sich selber ein Urteil bilden kann.

Zur lebendigen Rekonstruktion der vier Jahre vor dem Krieg gehören neben den Zitaten aus zeitgenössischen Zeitungen, Zeitschriften, Radio-, Wochenschau- und Fernsehberichten auch die ausgewählten Bilder, die einen Eindruck von der öffentlichen Fassade der Ereignisse vermitteln. Aus dem Kontrast zu den verborgenen Machenschaften hinter den Kulissen der Macht lassen sich Erkenntnisse gewinnen über den Zusammenhang von Politik und Propaganda, wie er wohl auch heute besteht. Der neue Blick auf die Vergangenheit gewährt so auch tiefen Einblick in die Gegenwart.

1. KAPITEL

Es lebe die Weltrevolution! Internationaler Kongress der Kommunisten in Moskau (Juli/August 1935)

Wo einst Debütantinnen auf dem Parkett ihre ersten Schritte in die Welt des Adels gewagt haben, marschieren die Stiefel der Weltrevolution. Im ehemaligen Adelspalast, nicht weit vom Kreml in Moskau, beginnt am Abend des 25. Juli 1935 der 7. Weltkongress der Kommunistischen Internationale/*Komintern*. 510 Delegierte von kommunistischen Parteien aus 65 Ländern aller Kontinente werden auf der Fassade des zum Gewerkschaftshaus umfunktionierten Palastes in Leuchtschrift in 16 Sprachen mit dem Aufruf empfangen: »Proletarier aller Länder, vereinigt euch!« Die Haupttreppe ist mit Blumen geschmückt, auf den langen Fluren haben die Parteien Schautafeln aufgestellt, wo sie wichtige Episoden ihrer Kämpfe um die Macht vorführen.

Ganz in Rot ist der große Saal mit seinen 28 zehn Meter hohen Säulen getaucht; im Parkett und auf den Galerien haben 3000 Menschen Platz. An den Seitenwänden hängen Transparente: »In einheitlicher Front gegen Kapitaloffensive, Faschismus und Imperialismus.« Hinter der Tribüne des Präsidiums hängen vier riesige Porträts mit Unterschriften in russisch, deutsch, französisch und englisch: »Es lebe das große unbesiegbare Banner von Marx, Engels, Lenin und Stalin!« An der Rückwand ist zu lesen: »Hoch die Sowjets in China!«, wo die Kommunisten unter Mao Tse-tung Teile des Landes beherrschen.[1]

Fast 90 Jahre ist es her, dass die beiden deutschen Philosophen in ihrem *Kommunistischen Manifest* die Arbeiter der Welt zur Befreiung der Menschheit aufgerufen hatten. 18 Jahre ist es her, dass die russischen Kommunisten mitten im Weltkrieg nach einem gewaltsamen Aufstand die Macht in Russland ergriffen hatten. 16 Jahre ist es her, dass Wladimir Lenin zur weltweiten Ausbreitung der Revolution die *Komintern* ins Leben gerufen hatte; nach seinem Tode Anfang 1924 war er in diesem Saal aufgebahrt und anschließend zur Heiligenverehrung einbalsamiert und in einem Mausoleum an der Kremlmauer ausgestellt worden. Sieben Jahre ist es her, dass der nun 56-jährige Josef Stalin seine Nebenbuhler ausgeschaltet und sich als Nachfolger Lenins durchgesetzt hatte. Auf dem 6. Kongress 1928 war die *Komintern* zur »kommunistischen Weltpartei« erklärt worden, die für die »Aufrichtung der Weltdiktatur des Proletariats kämpft«.

Als Hauptfeind ist 1935 der Faschismus in beiderlei Gestalt ausersehen, weniger der in Italien erfundene, wo Benito Mussolini 1922, als der in Deutschland perfektionierte, wo Adolf Hitler 1933 die Macht übernommen hatte. Auf ihren Plätzen finden die Delegierten ein Buch des nach Moskau emigrierten deutschen Kommunisten Hans Günther, der Stalin mit den Worten zitiert, dass die faschistisch-imperialistische Politik »ganz sicher die Revolution auslösen« werde: »Der Sieg der deutschen Arbeiterklasse, geführt von ihrer kommunistischen Avantgarde und gewappnet mit dem Rüstzeug der marxistisch-leninistischen Theorie, ist unvermeidlich.«

Die verbotene Kommunistische Partei Deutschlands (KPD) stellt nach der Kommunistischen Partei der Sowjetunion (KPdSU) die stärkste Delegation: Zu den 31 Delegierten gehören neben Emigranten wie Wilhelm Pieck, Walter Ulbricht, Willi Münzenberg und Herbert Wehner auch viele »illegale« Männer und Frauen, die mit falschen Pässen über Umwege aus Deutschland gekommen sind. Einige von ihnen sind doch verwundert über die Zustände in der Hauptstadt der Union der Sozialistischen Sowjetrepubliken: Vom »Sieg des Sozialismus«, wie ihn Stalin verkündet hatte, mögen sie erst sprechen, wenn es den Menschen besser geht als im Kapitalismus. Vielleicht haben sie auf der Fahrt zwischen *Hotel Lux* und Tagungsort vom Chauffeur auf die Frage, wie es ihm gehe, auch die Antwort bekommen: »Schlecht, aber man muss sagen: gut.«[2]

Die Hauptlosung zur Eröffnung des Kongresses gibt der Leiter der deutschen Delegation, der 59-jährige Pieck, in deutscher Sprache aus, die simultan in andere Sprachen übersetzt wird und über Kopfhörer in alle Ohren gelangt: »Sozialismus oder Faschismus«. Die anschließende einstimmige Wahl zum 41-köpfigen Präsidium gestaltet sich zu einer Huldigung für Stalin. Als der Name des Generalsekretärs der KPdSU genannt wird, erheben sich alle Delegierte und Gäste wie auf ein Zauberwort und jubeln dem »Führer des Weltproletariats« zu. In allen Sprachen wird die Hymne der Kommunisten, die *Internationale* gesungen: »Auf zum letzten Gefecht!«

Zur Marschmusik eines Orchesters beginnt ein Reigen von Delegationen aus dem Gastland. Eine 100-köpfige Abordnung von Arbeitern Moskauer Großbetriebe überbringt »flammende Grüße aus der roten Hauptstadt«. Ihr Wortführer verspricht: »Alles, was wir tun, dient der Aufgabe, den Hort

Die Porträts an der Stirnwand des Kongress-Saales: Stalin (r.) steht auf gleicher Höhe mit Marx (l.) und überragt Engels und sogar seinen Vorgänger Lenin.

der Weltrevolution zu festigen. Wir sind die Stoßbrigade des Weltproletariats.« Und fügt hinzu: »Unter Leitung ihres großen Führers Stalin schreitet die Sowjetunion von Sieg zu Sieg.« Mit donnernden Hurra-Rufen wird eine Abteilung voll ausgerüsteter Fallschirmspringer und -springerinnen empfangen: Sie singen »Jeder Propeller surrt Rot Front«, bekennen sich zu den »Kampftraditionen der bolschewistischen Partei« und fühlen auf ihren Schultern die Hand des »eisernen Feldherren der Weltrevolution, Stalin«. Zum Schluss entbieten Pioniere mit ihren roten Halstüchern den Delegierten ihre Grüße: »Wir Kinder der Sowjetunion, des glücklichsten Landes der Welt, sehen, wie unser geliebter Führer Genosse Stalin tagaus, tagein für uns sorgt«, erklärt ein Jungpionier: »Wir müssen zu Kämpfern aufwachsen: Seid bereit! Immer bereit!«

Den Höhepunkt der Lobhudelei für Stalin liefert der italienische Kommunist Palmiro Togliatti (Tarnname Ercoli) mit »einem flammenden Gruß an den Genossen Stalin, den Führer, Lehrer und Freund des Proletariats und der Unterdrückten der ganzen Welt«: Mit dem »Sieg des Sozialismus« sei die »neue Etappe der proletarischen Weltrevolution« eröffnet: »Unsere heldenhaften Kämpfer führen – mit Deinem Namen in ihrem Herzen – die Massen in den Kampf. Dein Name erfüllt sie mit dem Glauben an den Sieg unserer Sache.« Die Parteizeitung *Prawda* (»Wahrheit«) kommentiert am nächsten Tag: »Die Kommunistische Internationale ist in der ganzen Welt zu einer mächtigen politischen Kraft herangewachsen.«

Die folgenden Tage sind ausgefüllt mit dem Rechenschaftsbericht über die Tätigkeit des Exekutivkomitees der *Komintern* (EKKI) in den vorangegangenen Jahren und der Diskussion. Pieck geht bei der Vorlage des Berichts von der Frage aus: »Welches sind die Perspektiven der Weltrevolution?« Er verlangt vom Kongress die Erkenntnis, dass »von uns die Geschicke des Proletariats und der gesamten Menschheit abhängen«: »Nur der Sturz der Herrschaft der Ausbeuterklassen, nur die Aufrichtung der Diktatur des Proletariats und der Sowjetmacht kann die werktätigen Massen aus Elend, Not und Greuel herausholen.« Als Hauptlosung verkündet er den »Kampf um die Sowjetmacht«, als Marschroute die »Schaffung der proletarischen Einheitsfront und der Volksfront« und als »unseren Führer Stalin«.

Am 8. Kongresstag, am 2. August, hat Georgi Dimitroff, von Stalin als neuer Generalsekretär (nicht wie früher Präsidenten) der *Komintern* ausersehen, seinen Auftritt. Der 53-jährige bulgarische Kommunist, der im Reichstagsbrand-Prozess in Leipzig freigesprochen und danach Anfang 1934 von den deutschen Behörden in die Sowjetunion abgeschoben worden war, wird mit Ovationen und *Rot-Front*-Sprechchören empfangen. Das Gesicht des einst lebensvollen und fröhlichen Mannes wirkt nach schwerer Krankheit und trotz monatelanger Behandlungen und Kuren auf der Krim »hölzern und erstarrt«, ein Grund dafür, dass der ursprünglich für 1934 vorgesehene Kongress um ein Jahr hatte verschoben werden müssen. Sein Thema heute wie damals: »Arbeiterklasse gegen Faschismus«.[3]

Er räumt eine Reihe von Fehlern der kommunistischen Parteien im Kampf gegen den Faschismus ein. Sie sollen Lehren aus ihren Erfahrungen ziehen und »möglichst schnell lernen, im stürmischen Meer des Klassenkampfes zu schwimmen«. Man dürfe sich dabei nicht mit bloßen Aufrufen zum Kampf für die Diktatur des Proletariats begnügen, sondern müsse andere Kampfformen ausfindig machen. Zunächst solle aus Arbeiterparteien und Gewerkschaften eine »proletarische Einheitsfront« geschaffen werden, die dann ein Kampfbündnis mit der »werktätigen Bauernschaft und der Hauptmasse des städtischen Kleinbürgertums« bilden solle, eine »antifaschistische Volksfront«.

Der faschistischen Diktatur werde ein empfindlicher Stoß versetzt, wenn man ihre soziale Massenbasis rebellisch mache. Dazu müssten sich vor allem die deutschen und italienischen Kommunisten wie ein trojanisches Pferd in die faschistischen Massenorganisationen einschleichen und so in das »Herz des Feindes« vorstoßen. In Frankreich und anderen Ländern könnten die Kommunisten antifaschistische Regierungen unterstützen. Aber, beruhigt er seine Zuhörer, das bedeute nicht den Verzicht auf das Ziel einer »Diktatur des Proletariats nach sowjetischem Vorbild«:

> »Wir wollen das, weil die Arbeiterklasse mit einem so großen, weisen Steuermann wie unser Führer, Genosse Stalin, nur auf diesem Wege imstande sein wird, ihre historische Mission zu erfüllen – den Faschismus und zusammen mit ihm den Kapitalismus vom Antlitz der Erde hinwegzufegen!«

Von allen Seiten ruft es: »Dem Bannerträger der Komintern ein bolschewistisches Hurra!« Geballte Fäuste recken sich zum *Rot-Front*-Gruß. Die *Internationale* erklingt in allen Sprachen. Dann stimmen einzelne Delegationen ihre Kampflieder an: die Italiener *Bandiera Rossa* (»Vorwärts Volk, die rote Fahne!«), die Franzosen die *Carmagnole* (»Es lebe der Schall der Kanonen«), die Deutschen den *Roten Wedding* (»Haltet die roten Reihen geschlossen, die Arbeiterklasse marschiert«), die Chinesen den Marsch ihrer *Roten Armee*.

An den folgenden Tagen werden vorbereitete Diskussionsbeiträge lang und breit vorgetragen. Insgesamt ergreifen während des Kongresses 200 Delegierte das Wort. Nur einer ist kaum anwesend und hält keine Rede: Seinem Duz-Freund, Regierungschef Wjatscheslaw Molotow, gesteht Stalin, dass er bei aller Zufriedenheit mit den Jublern von den »Komintern-Leuten« genervt sei. Das große Wort führt Stalin dagegen wenige Tage später auf einer Sitzung der Parteiführung, des Politbüros, hinter den verschlossenen Türen des Kremls. Unverblümt formuliert er das außenpolitische Ziel der Sowjetunion: »Im gegenwärtigen Augenblick ist Hitler-Deutschland die mächtigste Festung des internationalen Faschismus, sein militärischer Zusammenbruch ist eine der wichtigsten Bedingungen für die Entfachung der proletarischen Revolution in Zentraleuropa.« In einem neuen Krieg solle der »militärische Sieg der Sowjetunion zur Eroberung der Macht und zum Sturz des Kapitalismus« genutzt, solle dieser »Krieg in die Weltrevolution verwandelt« werden. Das Politbüro schließt sich »vollkommen dem Genossen Stalin an«.[4]

Einen Blick auf den »Krieg der Zukunft«, wie ihn der Generalstabschef der Roten Armee Michail Tuchatschewski plant, können die Kongressdelegierten am 6. August werfen, nach dem sowjetischen Revolutionskalender ein freier Tag. Sie fahren zu einem nahegelegenen Flugplatz, wo das alljährliche Treffen der Parachutisten, wie nach dem französischen Vorbild die Männer und Frauen genannt werden, die an Fallschirmen aus Flugzeugen springen. Nach einer Werbekampagne im ganzen Land (»Fort mit der Ruhe, fort mit dem Gemüt! Alle greifen wir zum Parachute!«) gibt es bereits tausende Anhänger dieses Sports. Tuchatschewski will sie als Luftlandetruppen nutzen, die zu Beginn eines Krieges hinter den feindlichen Linien abgesetzt werden, um den Feind vom Rücken her zu bedrohen, seine Verkehrswege zu unterbrechen und so seinen Aufmarsch zu stören. Anfang 1935 hatte der 42-jährige General auf dem Parteitag eine Aufrüstung der *Roten Armee* angekündigt, damit »es in der Welt keine andere Armee mehr gibt, die ihr gleichkommt«. Mit dem Hinweis, dass Deutschland nach der Wiedereinführung der allgemeinen Wehrpflicht demnächst über mehr als eine Million Soldaten verfügen werde, fordert er ein Gleichziehen der *Roten Armee*. Höhepunkt der Vorführung auf dem Flugplatz ist der gleichzeitige Absprung von 80 Fallschirmspringern aus drei Flugzeugen.[5]

Nach Abschluss der Diskussion über sein Referat spricht Dimitroff noch ein Schlusswort. Er mahnt: »Der Weg der Revolution ist keine glatte Asphaltstraße.« Und macht Mut: »Die Arbeiterklasse besitzt den erprobten anerkannten, großen und weisen Führer Stalin.« Ein Orkan der Begeisterung erschüttert den Saal. Die Hochrufe nehmen kein Ende: »Es lebe der treue, erprobte Kampfgefährte des großen Stalin, der Steuermann der Kommunistischen Internationale, Genosse Dimitroff!« Anschließend hält Togliatti sein Referat zur »Vorbereitung des imperialistischen Krieges und den Aufgaben der Komintern«. Unter der Fahne des Friedens, hofft er, würden Millionen von Arbeitern auch dem »Kampf um die Revolution und den Sozialismus folgen«.

Das letzte Referat hält der bisherige Vorsitzende der *Komintern*, Dimitri Manuilski, am 17. August. Er soll den Delegierten aus der ganzen Welt ein Blendwerk der »Erfolge des sozialistischen Aufbaus in der Sowjetunion« vor Augen führen. Er fasst zusammen: »Es wächst die Bedeutung der Sowjetunion als Hochburg der Weltrevolution.« Er legt einen Schwur ab: »Jeder von uns wird der Sache des proletarischen Internationalismus bis zur letzten Kraftanstrengung, bis zum letzten Atemzuge, bis zum letzten Blutstropfen treu sein.« Und er feiert Stalin:

> »Die Ausgebeuteten und Unterdrückten in allen Teilen des Erdballs erblicken im Land des sieggekrönten Sozialismus ihr Vaterland, in unserer Partei die Stoßbrigade des Weltproletariats und in unserem Stalin den großen, weisen und geliebten Führer der gesamten werktätigen Menschheit.«

Das Protokoll verzeichnet einen 15 Minuten langen »unbeschreiblichen Beifallssturm«, der in Rufe übergeht wie »Es lebe unser Stalin! Es lebe die Sowjetmacht!«, bis wieder die kommunistischen Kampfgesänge angestimmt werden.

Nach vier Wochen endet der Kongress in der Nacht vom 20. auf den 21. August. Zum Abschluss werden noch einige Erfolge angeführt: Die Zahl der Mitglieder in den angeschlossenen kommunistischen Parteien ist auf 3,1 Millionen gestiegen (davon ein Viertel in den kapitalistischen Ländern), zahlreiche Parteien in Mittel- und Südamerika haben ihre Aufnahme beantragt. Dann werden die Namen der Kandidaten für die führenden Organe der *Komintern* verlesen, 47 für die Exekutive und 19 für das Präsidium. Sowie dabei Stalin erwähnt wird, springen Delegierte wie Zuschauer auf und bringen Hochrufe »auf den geliebten Führer des Weltproletariats« aus. Alle Vorgeschlagenen werden einstimmig bestätigt.

An der Spitze steht das 7-köpfige Sekretariat: Das Amt des Generalsekretärs wird dem Bulgaren Dimitroff übertragen, an seiner Seite ein Italiener, ein Ukrainer, ein Deutscher, ein Finne, ein Franzose und ein Tscheche. Gegen Mitternacht spielt das Orchester einen Tusch, Dimitroff tritt zur Schlussrede ans Pult:

> »Das Proletariat ist der wirkliche Herr der Welt, der Herr von morgen. Mit Stalin an der Spitze muss und kann unsere politische Millionenarmee alle Schwierigkeiten überwinden, die Festung des Kapitalismus zerstören und den Sieg des Sozialismus in der ganzen Welt erringen.«

Dann beschließt der französische KP-Chef Maurice Thorez den Kongress mit einem »Hurra auf die bolschewistische Partei und ihren Führer Stalin«. Das Orchester stimmt die *Internationale* an: »Völker, hört die Signale! Auf zum letzten Gefecht! Die Internationale erkämpft das Menschenrecht.« Alle singen die drei Strophen und den Refrain in ihrer Sprache und rufen: »Hurra!«

Die *Prawda* resümiert diese Heerschau einer Weltmacht:

> »Der Kampfruf der Komintern wird von Millionen gehört werden. Jedem Kommunisten ist die Aufgabe gestellt, mit stalinscher Zähigkeit, mit stalinscher prinzipieller Unversöhnlichkeit gegen den Klassenfeind und gegen die Abweichung von der Linie des Bolschewismus, mit stalinscher Unerschrockenheit vor den Schwierigkeiten, mit stalinschem revolutionären Realismus zu kämpfen.«[6]

Das Echo der Welt auf diesen Kongress ist abhängig vom Standpunkt. Die diplomatischen Vertreter Japans, Großbritanniens und anderer Staaten werden beim sowjetischen Außenminister Maxim Litwinow vorstellig und weisen die Versuche zur Einmischung in die inneren Angelegenheiten ihrer Länder zurück. »Schärfsten Protest« legt auch US-Botschafter William Bullitt ein. Er beruft sich dabei auf eine Zusage Litwinows, die er aus Anlass der Anerkennung der Sowjetunion durch die USA im November 1933 abgegeben hatte: die Verhinderung der »Tätigkeit von Organisationen, die den Umsturz oder die gewaltsame Änderung der politischen oder sozialen Ordnung in den Vereinigten Staaten beabsichtigen«. Das genau sei jedoch das Ziel des Kongresses der *Komintern*. Bullitt bedauert, dass die »Entwicklung der freundschaftlichen Beziehungen zwischen dem sowjetrussischen und dem amerikanischen Volk durch die Verletzung der Versprechen unvermeidlich gestört« werde. Die Antwort lässt nicht lange auf sich warten. Das sowjetische Außenministerium weist den Protest zurück:

> »Der Regierung der Vereinigten Staaten ist sicher nicht unbekannt, dass die Sowjetregierung keinerlei Verpflichtung hinsichtlich der Kommunistischen Internationale übernehmen kann und auch nicht übernommen hat.«

Die Scheinheiligkeit ist so offensichtlich, dass Washington auf jede weitere Aktion verzichtet. Bullit, nach der gescheiterten Ehe mit der Witwe des Lenin-Bewunderers John Reed bereits vom Sozialismus enttäuscht, ist nun so verärgert, dass er den Notenwechsel an US-Zeitungen weiterreicht.

Der Protest in französischen Zeitungen klingt ähnlich. Unter der Überschrift »Genug!« deckt der *Matin* auf seiner Titelseite die neue Taktik der Sowjetunion auf: »Die Komintern, deren Verbindung zur sowjetischen Regierung offensichtlich ist, gibt ihren Akteuren in unserem Land Befehle.« Unverhüllt erteile Stalin seinen Truppen in Frankreich Anleitungen zum Kampf gegen die soziale und politische Ordnung. Das sei ein Anschlag auf die Sicherheit des Staates, die Zivilisation, das Geld und die Armee: »Es ist an der Zeit, Moskau zu zeigen, dass Frankreich souverän ist und die Bedeutung der Freiheit nicht verlernt hat.«

Deutsche Zeitungsleser werden sehr ausführlich über den Weltkongress in Moskau informiert. Fast täglich erscheinen Berichte im *Völkischen Beobachter*, dem Blatt der Nationalsozialistischen Deutsche Arbeiterpartei/ NSDAP, das mit seinen Ausgaben in München und Berlin die Zeitung mit der höchsten Auflage in Deutschland ist. Besonders auf das Referat von Dimitroff zur Bildung einer *Volksfront* gegen den Faschismus wird eingegangen: Unter der Maske der »antifaschistischen Politik« suche man sich Verbündete im bürgerlichen Lager, ohne das Ziel der Weltrevolution aufzugeben, heißt es in Kommentaren. Man bedankt sich für die unverhohlenen Hinweise zu dem Plan, in die »faschistischen Massenorganisationen eindringen« zu wollen:

> »Der Nationalsozialismus wird jedenfalls in entschlossenster Weise dafür sorgen, dass ein nächster Komintern-Kongress einen Erfolg der neuen Taktik, soweit es Deutschland betrifft, nicht feststellen kann.«

Man hoffe, dass sich auch andere Staaten gegen den »bolschewistischen Bazillus« zur Wehr setzen. Ein deutscher Korrespondent in Moskau kennzeichnet die Friedensrhetorik als »Lippenbekenntnis«, um die »Kräfte gegen das als ›Herd des Krieges‹ verfemte Deutschland« zu mobilisieren.

Hitler nutzt den Parteitag der NSDAP Mitte September 1935 in Nürnberg zu einer »Antwort auf den Komintern-Kongress in Moskau«. Zur Eröffnung legt er eine »glorreiche« Bilanz seiner fast dreijährigen Regierungsarbeit vor, die den »Hass aller inneren und äußeren Feinde« hervorgerufen habe: Es sei daher eine »stolze Genugtuung, das Hauptthema eines Kongresses gewesen zu sein, der in Moskau wochenlang die Revolutionierung theoretisch abhandelte«. Mit Protesten werde nichts erreicht, erklärt er in einer weiteren Rede: »Wir sind entschlossen, der bolschewistischen Revolutionshetze in Deutschland mit den wirksamen Waffen der nationalsozialistischen Aufklärung entgegenzutreten.« Um zu demonstrieren, wie in Deutschland der »Bolschewismus« bekämpft wird, berichtet der *Völkische Beobachter* im September ausführlich über einen Prozess in Berlin, bei dem sich 25 Kommunisten aus Neukölln wegen ihrer angeblichen Mordtaten vor einem Schwurgericht verantworten müssen.[7]

Die deutschen Kongress-Delegierten nutzen – unbeeindruckt von solchen Drohungen – ihren Aufenthalt in der Sowjetunion zu Informationsreisen übers Land und entlang der Wolga. In der Ukrainischen Sozialistischen Sowjetrepublik westlich von Kiew zur polnischen Grenze hin finden währenddessen große Manöver statt. Zum ersten Mal werden dabei Fallschirmspringer zu Hunderten als Luftlandetruppen eingesetzt, die bewaffnet mit Karabinern, Maschinengewehren und Artillerie an der Front und im Rücken des Feindes sofort zum Angriff übergehen. Militärbeobachter aus Frankreich, Italien und der Tschechoslowakei zeigen ihr Erstaunen über den erfolgreichen Einsatz der neuen Truppengattung. Anfang Oktober kommen dann die führenden Vertreter der KPD, die ohnehin in der Sowjetunion sind, ergänzt durch weitere, die aus Deutschland nachreisen, in einem Erholungsheim der KPdSU in der Nähe von Moskau zu einer Konferenz zusammen. Die insgesamt 38 Delegierten beraten und beschließen, wie der »Todesstoß gegen die faschistische Diktatur« geführt werden soll.

Bevor die Beratungen am 4. Oktober 1935 beginnen, werden drei Grußadressen beschlossen: Stalin erhält die Zusage der »unerschütterlichen Verbundenheit mit dem ersten sozialistischen Staat«. Dimitroff erhält Lob für sein »heroisches Auftreten für die Sache des werktätigen Volkes«. Und Ernst Thälmann erhält als »Führer unserer Partei heiße revolutionäre Grüße« und das Gelöbnis, ihn den »faschistischen Henkern entreißen« zu wollen. Er war Anfang März 1933 in Berlin verhaftet worden, sitzt im Gefängnis, wartet auf seinen Prozess und verflucht seine Genossen, die er im Verdacht hat, ihn lieber als »Symbol des Befreiungskampfes aller Unterdrückten« nutzen als in Freiheit sehen zu wollen.[8]

Pieck übernimmt die Rolle des Parteivorsitzenden und eröffnet die Zusammenkunft, die erste, wie er sagt, nach der »Aufrichtung der Hitlerdiktatur in Deutschland« im Frühjahr 1933. An den Anfang stellt er die These der *Komintern*: »Der Faschismus will den Krieg!« Tatsächlich hatte Italien zwei Tage zuvor dem Kaiserreich Abessinien den Krieg erklärt und war mit 200 000 Mann von Eritrea aus in das ostafrikanische Land eingedrungen. Die »stärksten Kriegsprovokationen« gingen jedoch von Deutschland aus. Er beruft sich dabei auf den Verlauf des zwei Wochen zuvor beendeten Parteitags in Nürnberg und Hitlers »Drohung« mit der »Schaffung eines Aufmarschgebietes« gegen die »Friedenspolitik der Sowjetunion«: »Die nächsten Wochen schon können den Eintritt Deutschlands in einen Krieg bringen.« Damit müsse man sich besonders beschäftigen.

Dann berichtet er über die vom Weltkongress beschlossene Wende beim taktischen Vorgehen der Kommunisten im »revolutionären Kampf«: Statt den »Hauptangriff gegen die Sozialdemokratie« zu richten, solle man sich mit ihr und den Gewerkschaften zu einer »proletarischen Einheitsfront« zusammenschließen. Gemeinsam werde dann durch die Mobilisierung der »werktätigen Bauern, des städtischen Kleinbürgertums, der Katholiken« eine »antifaschistische Volksfront zum Sturz der faschistischen Diktatur« gebildet. Mit Hilfe einer »Freiheitsideologie« sollten so »alle Ströme der Unzufriedenheit in das große Meer des Volkswiderstands gelenkt werden«.

Auch in führenden Kreisen der Reichswehr und der Wirtschaft gebe es Widerstände gegen den Nationalsozialismus, die ausgenutzt werden könnten. Wenn die Einheitsfront sich fähig zeige, den Faschismus zu schlagen, würde sich die große Masse des Bürgertums »vom Faschismus abwenden und der Arbeiterklasse anschließen«, gibt sich Pieck überzeugt. Zur Beruhigung seiner Zuhörer fügt er hinzu, dass die Formulierung »demokratischer Losungen« kein Verzicht auf das »revolutionäre Endziel« bedeute. Er ruft auf zum

> »Sturm von Millionen gegen die faschistische Sklaverei und kapitalistische Unterdrückung, für die Durchführung der proletarischen Revolution zur Aufrichtung der proletarischen Diktatur und der Schaffung eines freien, sozialistischen Sowjetdeutschlands!«

Die Frage, wie die praktische Umsetzung der »taktischen Neuorientierung« erfolgen solle, beantwortet als zweiter Redner Wilhelm Florin. Er bezieht sich ebenfalls auf den Nürnberger Parteitag, sieht Hitlers Stärke in der Zersplitterung seiner Gegner und schließt daraus auf Hitlers »Furcht vor dem Zusammenschluss der Massen«. Florin will die Einheitsfront durch eine Verständigung mit dem Exil-Vorstand der SPD in Prag schaffen und schlägt dafür gemeinsame Forderungen vor: »Gegen den blutigen faschistischen Terror, für demokratische Freiheiten, gegen die Kriegsgefahr, für den Frieden!«

Die gemeinsame Massenarbeit müsse nach der von Dimitroff vorgeschlagenen Taktik des trojanischen Pferdes in den großen Organisationen Deutschlands den »Faschismus von innen heraus angreifen und schlagen«. Als Ziele der »Unterhöhlung« nennt er die *Deutsche Arbeitsfront*, die an die Stelle der verbotenen Gewerkschaften getreten ist, die *Hitlerjugend*, den einzigen Jugendverband, die im *Reichsbund für Leibesübungen* gleichgeschalteten Sportvereine. Auch unter Soldaten, vor allem den Rekruten, will man Fuß fassen. Sogar in den SA- und SS-Formationen soll die Arbeit mit dem Slogan verstärkt werden: »Kämpft mit uns gegen die Reaktion, gegen die Macht der Reichen!« Für das Bündnis der »Armen gegen die Reichen« soll mit demokratischen Forderungen eine Plattform geschaffen werden, auf der sich alle »Gegner der Hitlerregierung vereinigen können«: »Wir kämpfen für den Sturz der Hitlerdiktatur, für die Volksherrschaft!« Siegeszuversicht nimmt er aus den Erfolgen der Sowjetunion, der

> »unbesiegbaren Festung des Weltfriedens, dem Hort der Freiheit der Menschen und Völker, dem Vaterland aller Werktätigen, der unzerstörbaren Basis der proletarischen Weltrevolution.«

Es folgen weitere Referate und Diskussionen, bis ein Manifest vorliegt: »An das werktätige deutsche Volk! Arbeiter, Angestellte, Beamte, Intellektuelle, Mittelständler, Bauern!« In einem *Kampfprogramm* versprechen die Kommunisten, sich einzusetzen für die »Wiederherstellung demokratischer Freiheiten und Rechte, volle Organisations-, Versammlungs-, Presse-, Glaubens- und Gewissensfreiheit sowie eine allgemeine Weihnachtsamnestie«: »Es lebe der Freiheitskampf des werktätigen deutschen Volkes!« Nach zwölf Tagen verpflichtet man sich gegenseitig, die »Führung des großen Befreiungskampfes des deutschen Volkes in die Tat umzusetzen«, und geht auseinander: Die meisten bleiben im Lande (Pieck erholt sich zunächst von den Strapazen der vielen Sitzungen), einige kehren zurück nach Paris und Prag, wenige zurück nach Deutschland, wo sie der Polizei in die Hände fallen. So dauert es Monate, bis durch Geheimkuriere und Tarnschriften die neue Botschaft an der Basis ankommt. Dort entlarvt man gerne Hitlers »Friedenslüge«, aber überwindet kaum die Hemmungen, sich als trojanisches Pferd zu betätigen.[9]

Es dauert vier Wochen, bis beim Exilvorstand der deutschen Sozialdemokraten in Prag ein Brief eintrifft, in dem die KPD-Führung mit »revolutionärem Gruß« zum »gemeinsamen Handeln aller Hitlergegner und zur Schaffung einer Einheitsfront« aufruft. Tatsächlich gibt es bei der SPD »Hoffnungen für den Kampf gegen den Hitler-Faschismus«. Nun schlägt die KPD eine gemeinsame Aufforderung an die Untergrundorganisationen beider Parteien in Deutschland zum Kampf gegen den »gemeinsamen Feind Hitler« vor. Für die Vereinbarung einer Einheitsfront »gegen die faschistische Kriegspolitik und für die Unterstützung der Sowjetunion« sollen Vertreter der beiden Parteiführungen in Prag zusammenkommen. Trotz einiger Bedenken geht der SPD-Vorstand darauf ein. Ihre Vertreter Hans Vogel und Friedrich Stampfer empfangen am 23. November 1935 die beiden KPD-Vertreter Walter (Ulbricht) und Franz (Dahlem). Man sitzt mehrere Stunden zusammen, kommt sich aber nicht näher: Das Misstrauen der Sozialdemokraten, dass die Einheitsfront nur eine »neue Kriegslist der Kommunisten« darstelle, verstärkt sich noch, als die beiden Männer aus Moskau einen »Nichtangriffspakt« zwischen den beiden Arbeiterparteien ablehnen. Keine Seite will ihren Führungsanspruch aufgeben.

Zurück aus Moskau macht Münzenberg in Paris einen anderen Versuch, »Vertreter des freiheitlichen deutschen Bürgertums und der deutschen Arbeiterschaft« zur Vorbereitung einer *Deutschen Volksfront* an einen Tisch zu bringen. Am 2. Februar 1936 kommen im Pariser *Hotel Lutetia* mehr als hundert Männer zusammen. In ihrem »Appell an alle Menschen guten Willens« ist jedoch nicht von einer *Volksfront* die Rede, sondern nur von

Wilhelm Pieck im Kreise des Politischen Sekretariats des Exekutivkomitees der Kommunistischen Internationale. Stehend von links: Otto Kuusinen, Klement Gottwald, Wilhelm Pieck, Dimitri Manuilski; sitzend von links: Georgi Dimitroff, Palmiro Togliatti, Wilhelm Florin, Wang Ming

einer »Plattform zur Sammlung aller Oppositionsgruppen«. Die Ausarbeitung eines »Aufrufs an das deutsche Volk« durch Sozialdemokraten, Kommunisten und Intellektuelle zieht sich über Monate hin.[10]

Als erster befolgt der Anführer der tschechoslowakischen Kommunisten, Klement Gottwald, die neuen Vorgaben aus Moskau. Bislang hatte seine Devise gegen die Zusammenarbeit mit dem bürgerlichen Staat gelautet: »Dem Kapitalismus keinen Mann und keinen Groschen!« Am 18. Dezember 1935 aber sorgt er dafür, dass seine Anhänger im Prager Parlament für den bisherigen Außenminister Eduard Beneš stimmen, der dem aus Krankheitsgründen zurückgetretenen Tomáš Masaryk als Präsident der Republik folgen soll. Dem Staatshaushalt und den Rüstungsausgaben wird ebenfalls zugestimmt. Diese Bereitschaft zur Zusammenarbeit geht auch zurück auf den Vertrag über gegenseitigen Beistand, den Beneš Mitte Mai 1935 mit der Sowjetunion abgeschlossen hatte.

Beneš sieht sich am Ziel seiner Träume, eine Brücke zwischen Paris und Moskau zu schlagen und so die Sicherheit seines Landes vor einer deutschen Bedrohung zu garantieren: Stalins Sowjetunion sei ein mächtiger Schild für den Frieden in Europa, meinte er in einem Interview mit der *Prawda*. Beneš wurde anschließend wohlwollend von Stalin im Kreml empfangen und erhielt in der tschechoslowakischen Botschaft bei einem Dinner mit Pilsner Urquell und böhmischen Würstchen vom sowjetischen Verteidigungsminister Kliment Woroschilow weitere Zusagen: »Wenn Hitler euch angreift, werden wir ihn angreifen.« Beneš fragte nach: »Werden eure Truppen andere Länder überqueren, um uns zu helfen?« – »Natürlich!« lautete die Antwort des angetrunkenen Ministers. Beneš kehrte gestärkt zurück. Unter seiner Präsidentschaft wird die Befestigung der Grenzen ausgebaut, unterstützt von den Kommunisten, die »über die Verteidigung der Republik zur Volksfront« gelangen wollen.[11]

In unselbstständigen und kolonialen Ländern will Moskau die »nationale Karte« spielen. Musterbeispiel soll das Chinesische Reich sein, in das Japan gewaltsam eingedrungen ist. Da chinesische Delegierte auf ihrem Weg nach Moskau von einer Räuberbande abgefangen und umgebracht worden waren, erreichen die Anweisungen der *Komintern* den Vorsitzenden der chinesischen Kommunisten Mao Tse-tung erst Monate später. Ende November 1935 wird ein Aufruf zum »nationalrevolutionären Kampf gegen den japanischen Imperialismus und seine chinesischen Lakaien« veröffentlicht. Mao erklärt sich für die Einheitsfront und bietet im Mai 1936 sogar seinem Widersacher im Bürgerkrieg, dem »geschworenen Feind des chinesischen Volkes, dem Schakal des Imperialismus«, dem chinesischen Regierungschef Marschall Tschiang Kaischek, einen Waffenstillstand für den gemeinsamen Widerstand gegen Japan an.[12]

In Frankreich und Spanien trifft der Köder des *Komintern*-Kongresses zur Einheits- und zur Volksfront auf besonders offene Ohren. Bereits kurz vor dem Moskauer Kongress war in Paris am 14. Juli 1935 zum Feiertag der französischen Revolution eine »Sammlung des Volkes« unter der *Trikolore* für den Sturm auf die »Bastille des großen Geldes« veranstaltet worden: Eine halbe Million Franzosen hatten sich zum »Volksfest der Republik« vereinigt und einen Eid abgelegt: Schutz der demokratischen Freiheiten, Brot den Arbeitern, Arbeit den Jugendlichen, Frieden der Menschheit. – Nach seiner Rückkehr aus Moskau setzt sich Thorez, der Anführer der französischen Kommunisten, für eine »Volksfront der Arbeit, der Freiheit und des Friedens« ein. Er schlägt zur Beruhigung des linken Bürgertums versöhnliche Töne an, gibt seinen Widerstand gegen die französischen

LA VOZ

ESPAÑA VOTA POR LAS IZQUIERDAS

EL FRENTE POPULAR TENDRA MAYORIA ABSOLUTA EN LA PROXIMA CAMARA

SE CALCULA QUE SU MAYORIA EXCEDERA DE DOSCIENTOS SETENTA DIPUTADOS

EL SR. LERROUX SE HA QUEDADO SIN ACTA

Se ha declarado el estado de alarma en toda España

Madrid electoral, desde un taxi

La Casa del Pueblo condena

Nach der Wahl der Linken in Spanien: Die Volksfront erringt am 16. Februar 1936 die absolute Mehrheit in der nächsten Kammer

»Kanonenkönige« auf und unterstützt die Aufrüstung. Im Januar 1936 wird ein Programm für eine *Volksfront*-Regierung gegen den Faschismus vorbereitet, als Vorspiel »für die totale Machtergreifung durch die Arbeiterklasse«, wie Thorez auf einem Parteitag bei Lyon erklärt.

Zur gleichen Zeit bereiten in Spanien Republikanische Linke, die Sozialistische und die Kommunistische Partei sowie zahlreiche linke Gruppierungen, darunter Anarchisten und katalanische Separatisten, ein gemeinsames Programm vor. Für die Wahl zum spanischen Parlament, den *Cortes*, am 16. Februar 1936 bilden sie eine *Volksfront*. Sie erreicht wegen des Mehrheitswahlrechts eine deutliche absolute Mehrheit im Parlament. Die Zeitungen verkünden einen Sieg der Linken. Ihr Jubel und das Entsetzen der Rechten (»Gegen die Revolution und ihre Komplizen«) sind jedoch gleich stark: Bei der Stimmenzahl liegt die *Nationale Front* sogar knapp vor der *Volksfront*. Den größten Zuwachs können die Kommunisten verzeichnen mit ihrem Programm für eine »Arbeiter- und Bauernregierung«. Am 1. März feiert eine Riesendemonstration in Madrid den Sieg über die *Konter-*

revolution: »Lang lebe die Revolution!« Steht der Umsturz nach russischem Vorbild bevor? fragen sich in Spanien Unternehmer, Großgrundbesitzer, Bankiers, Generäle, Kirchenleute. Tatsächlich träumt der Gewerkschaftsführer Largo Caballero von einem Bund der Iberischen Sowjetrepubliken: »Ich werde der zweite Lenin!« erklärt er einem US-Journalisten.

Der Einfluss der *Komintern* auf Westeuropa steigt. Als die französische Kammer den im Mai 1935 zwischen Moskau und Paris ausgehandelten Vertrag zum gegenseitigen Beistand im Falle eines Angriffes durch eine europäische Macht, gemeint ist Deutschland, ratifiziert, nutzt Hitler das am 7. März 1936 im Reichstag für eine verbale Attacke auf »Sowjetrussland und sein Glaubenskenntnis zur Weltrevolution«: »Sollte morgen oder übermorgen auch in Frankreich diese revolutionäre Weltanschauung erfolgreich sein, dann würde dieser neue bolschewistische Staat eine Sektion der Internationale sein«, meint Hitler. Die Entscheidung über Krieg oder Frieden werde dann nicht mehr in Paris, sondern in Moskau getroffen werden. Diese »Riesenmobilisierung des Ostens gegen Mitteleuropa« gefährde die deutsch-französische Verständigung. Damit rechtfertigt er den Einmarsch deutscher Truppen in die entmilitarisierte Pufferzone links des Rheins.

Hitlers Erwartung, dass die französische Regierung diesen Bruch des Versailler Vertrages von 1919 kampflos hinnehmen werde, erfüllt sich: Paris verzichtet auf eine Mobilmachung, appelliert nur an den unwilligen Völkerbund in Genf, erreicht dort nichts, verlängert die Militärdienstzeit auf zwei Jahre und verschanzt sich hinter seinen Befestigungen. Auf die deutsche Eigenmächtigkeit reagiert London fast verständnisvoll: Der französische Versuch, Deutschland durch Bündnisverträge zu umzingeln, wird als Verzweiflungsakt gesehen. Man fragt sich: »Ist es eine so fürchterliche Sünde, dass deutsche Soldaten von einem Teil ihres Landes in einen anderen marschieren?« Ein britischer General sieht keinen Grund, in den Krieg zu ziehen, »weil jemand sein eigenes Territorium wiederbesetzt«. Der neue Außenminister Anthony Eden bedauert allerdings, dass man von Hitler mit dem Überlassen des Rheinlands nun keine Gegenleistung mehr erwarten könne, etwa die Rückkehr in den Völkerbund.[13]

Die französischen Kommunisten rufen die »Massen zur Rettung des Friedens« auf und bereiten sich auf den kommenden Wahlkampf vor: »Wer gegen die Volksfront ist, ist für Hitler. Wer für Hitler ist, ist für den Krieg.« Die *Komintern*-Führung in Moskau fordert die französischen Kommunisten auf, gegen die unentschlossene Regierung in Paris, die im Verdacht steht, sich mit Hitler zu verständigen, den Kampf aufzunehmen. Dimitroff stellt auf einer Sitzung am 1. April sogar Überlegungen zum Einsatz der

Deutsche Truppen marschieren über die Hohenzollernbrücke nach Köln in die bisher entmilitarisierte Zone links des Rheins

Roten Armee gegen Deutschland an, die dafür durch Polen marschieren solle. Ein Vertreter der polnischen Kommunisten erklärt sein Einverständnis mit dieser »Verteidigung Polens gegen das faschistische Deutschland«, gibt aber zu bedenken, dass die polnischen Volksmassen noch nicht davon überzeugt seien, dass die Rote Armee Polen »Frieden und nationale Sicherheit« bringen würde.

Wenige Tage später, am 5. April, veranstalten die französischen Kommunisten unter dem Ruf »Für ein freies, starkes und glückliches Frankreich« eine Massenversammlung in Paris »gegen Hitler und seine französischen Komplizen«. Es gehe um den Sieg der *Volksfront*: »Wir werden den Faschismus schlagen!« Für die Neuwahlen zum Parlament Ende April/Anfang Mai 1936 gibt es ein gemeinsames Wahlprogramm der *Linken*, in dem u.a. die Auflösung der faschistischen Kampfbünde, die Verstaatlichung der Rüstungsindustrie, die Verkürzung der Arbeitszeit bei vollem Lohnausgleich, die Regulierung der Banken verlangt wird. Die *Volksfront*-Parteien erhalten

56 Prozent der Stimmen. Die großen Gewinner sind die Kommunisten, die die Zahl ihrer Sitze auf 72 versechsfachen können; die Sozialisten erhalten doppelt so viele Sitze und werden mit 147 Abgeordneten stärkste Fraktion, während die linksbürgerlichen Radikalsozialisten von 159 auf 106 Sitze zurückfallen. Auf den Straßen wird gesungen: »Der Wechsel kommt!«

Tatsächlich bildet der Sozialist Léon Blum Anfang Juni mit den Radikalsozialisten eine *Volksfront*-Regierung. Die Kommunisten wollen sich nicht binden: Sie unterstützen Blum im Parlament, aber stellen keine Minister. Im ersten Triumph kommt es zu Fabrikbesetzungen und mächtigen Streikaktionen. Zur Beruhigung werden bereits nach wenigen Tagen zwei Gesetze angekündigt und beschlossen: die Einführung eines bezahlten Jahresurlaubs von zwei Wochen und die Begrenzung der wöchentlichen Arbeitszeit auf 40 Stunden. Die Gewerkschaften verkünden stolz die Erhöhung der Arbeiterlöhne um 35 Prozent. Unternehmer, Bankiers, Großkaufleute dagegen befürchten die Wiederauferstehung der *Commune de Paris* von 1871, bringen umgehend Gold und Franken ins sichere Ausland und wünschen sich »lieber Hitler als die Volksfront«. Ein ehemaliger Kommunist gründet Ende Juni in Paris für den »Kampf gegen den Kommunismus« die Französische Volkspartei: Statt geballter Faust wird nun die offene Hand zum Gruß erhoben und gerufen: »Vorwärts mit Jacques Doriot!« Sein Motto: »Für ein freies Frankreich und Friede mit all unseren Nachbarn!«[14]

Die *Volksfront* in Spanien steht auf noch weniger sicheren Füßen. Bevor die neue Regierung in Madrid, allein von den linken Republikanern gebildet, ihre Arbeit aufnehmen kann, nehmen Arbeiter und Bauern ihr Schicksal selbst in die Hand. Gefängnisse werden gestürmt, um Tausende von Inhaftierten des Aufstandes vom Oktober 1934 zu befreien. Die Gewerkschaften feiern Caballero, lassen die Fäuste ballen und rufen zu Generalstreiks auf. Großgrundbesitzer werden von ihren Ländereien verjagt: »Das Land dem Volk!« (Nur die Weingüter von Rioja und Jerez bleiben verschont.) Kirchen und Klöster werden in Brand gesetzt, Banken ausgeraubt. Das morgendliche Schulgebet wird abgeschafft und stattdessen gesungen: »Wir sind die Kinder der Revolution.« Jede Partei stellt bewaffnete Milizen auf, es kommt zu Straßenschlachten, Mordanschlägen und Bombenattentaten mit vielen Toten. Katalonien erklärt seine Selbstständigkeit als »sozialistische Republik«. Was zur Sicherheit der Regierung beitragen soll, die Versetzung verdächtiger Generäle, darunter Generalstabschef Francisco Franco, auf entfernte Posten in Spanisch-Marokko und auf den Kanaren, gerät zum Bumerang. Bereits Anfang März hatten sich Generäle und Offiziere getroffen und einen Militärputsch zum Sturz der *Volksfront*-Regierung verabredet. Ziel einer Militär-Junta soll die »Wiederherstellung der Ordnung im Inneren und des internationalen Prestige Spaniens« sein.

Vier Monate später revoltieren am 17. Juli 1936 die Truppen in Nordmarokko. Franco versucht an der Spitze einer kleinen mauretanischen Armee mit dem Ruf »Arriba España!« (Spanien über alles!) das Land vor den »revolutionären Horden, die Befehlen aus dem Ausland gehorchen,« zu retten und handstreichartig die Macht zu erobern. Deutsche und italienische Transportmaschinen bringen seine Truppen auf einer Luftbrücke nach Südwestspanien. Doch es gibt starken Widerstand. Die *Volksfront*-Regierung in Madrid glaubt sogar, dass der »Angriff auf die Republik vereitelt« worden sei: »Die Spanier haben einmütig und in tiefster Empörung auf das verwerfliche Vorgehen reagiert.« Die Niederschlagung der Militärrevolte sei nur eine Sache weniger Tage. Die Kommunisten sind von ihrem Sieg überzeugt, bereiten die Revolution vor und stellen aus freigelassenen Häftlingen Bataillone auf. Die putschenden Militärs bilden in Nordspanien eine Gegenregierung. Das Land ist in zwei gleichstarke Hälften geteilt. Während die einen rufen: »Es lebe der Tod!«, antworten die anderen: »Sie kommen nicht durch! Wir kommen durch!«

Aus der *Komintern*-Zentrale in Moskau kommen Ratschläge für die Genossen in Spanien. Sie sollen die Militärrevolte nicht für eine Revolution nutzen, sondern unter dem »Banner der Verteidigung der Republik« die Massen zusammenschließen, in der einen Hand Hammer und Sichel, in der anderen das Kreuz. So soll die Stellung der von den Kommunisten unterstützten *Volksfront*-Regierungen in Spanien wie in Frankreich gestärkt werden. Das sei der richtige Weg zum Kampf gegen den Faschismus und zur Weltrevolution, meint Dimitroff: »Wenn wir unsere Stellung gefestigt haben, dann können wir weitergehen.« Die spanische Regierung bittet die französische und die sowjetische Regierung dringend um die Lieferung von »Waffen und Munition aller Art und in sehr großen Mengen«. Paris zögert. In Moskau aber sammeln sich auf dem Roten Platz 120 000 Arbeiter zu einer Solidaritätskundgebung: »Nieder mit Franco!« Den »spanischen Arbeitern und Arbeiterinnen, den spanischen Frauen und Müttern« wird zugerufen: »Ihr seid nicht allein, wir sind mit euch.« Eine Geldsammlung für »Spaniens Kämpfer, die mit dem Gewehr in der Hand die spanische Republik verteidigen«, erbringt 12 Millionen Rubel, umgerechnet 2,4 Millionen US-Dollar.[15]

Eine in Barcelona geplante *Volksolympiade* geht im Chaos unter. Ende Juli 1936 ist der Bürgerkrieg in Spanien in vollem Gange. Moskaus Weltrevolution scheint auf dem Vormarsch.

Die für Ende Juli 1936 angekündigte Volksolympiade in Barcelona wird wegen des Bürgerkriegs kurzfristig abgesagt – spanische Sportler beteiligen sich allerdings auch nicht an den Olympischen Spielen in Berlin

2. KAPITEL

Friede sei dem Völkerfeste! Olympische Spiele in Berlin (August 1936)

Wo drei Jahre zuvor noch ein altes Stadion am Rande des Grunewalds gestanden hatte, wird am 1. August 1936 ein Riesenstadion eröffnet. Es fasst rund 100 000 Zuschauer, etwas mehr als das Stadion von Los Angeles, wo 1932 die 10. Olympischen Spiele der Neuzeit stattgefunden hatten und Berlin (gegen Rom und Barcelona) als nächster Austragungsort angekündigt worden war. Die bereits für 1916 in Berlin vorgesehenen Spiele waren wegen des Weltkriegs ausgefallen. Nun hat nicht Kaiser Wilhelm II., sondern Adolf Hitler als deutsches Staatsoberhaupt und Schirmherr die Ehre, die 11. Spiele zu eröffnen. Es gilt ein festes Zeremoniell, dem das Austragungsland Neuheiten hinzufügen darf.

Aus 49 Ländern sind Sportler und Sportlerinnen nach Berlin gekommen, die meisten aus Europa; nur Spanien hatte kurzfristig abgesagt, die Sowjetunion war nicht eingeladen. Neben Großbritannien beteiligen sich auch seine Dominien Kanada, Australien (32 Sportler und ein Känguru), Neuseeland, Südafrika sowie Indien. Aus dem unter den Kolonialmächten aufgeteilten Afrika entsendet nur noch Ägypten eine eigene Mannschaft; Abessinien war im Mai von Italien erobert worden. Aus Asien nimmt Afghanistan zum ersten Mal teil. Die japanischen Sportler erhalten von Stalin die Erlaubnis, zwölf Tage lang durch Sibirien mit der Bahn nach Berlin zu reisen. Die Chinesen ziehen von Shanghai bis Venedig den italienischen Dampfer *Conte Verde* vor und brauchen insgesamt vier Wochen. Aus Lateinamerika sind zehn Länder vertreten, darunter zum ersten Mal Bolivien und Costa Rica mit je einem Sportler. Nach dem Gastgeberland mit 348 Teilnehmern haben die USA mit 310 das zweitgrößte Team gemeldet, von dem jedoch eine 22-jährige Schwimmerin wegen wiederholter Trunkenheit während der Überfahrt auf der *Manhattan* ausgeschlossen wird.[1]

Bis auf den letzten Platz ist das Stadion auf dem *Reichssportfeld* gefüllt. Es wird vom neuesten Luftschiff, der *Hindenburg*, umkreist. Das Programm

Zum Glockenschlag 16 Uhr betritt Hitler das Stadion, begleitet von Henri de Baillet-Latour (links) und Theodor Lewald, den Präsidenten des Internationalen und des Nationalen Olympischen Komitees

läuft nach einem genauen Plan ab: Fanfaren ertönen, als Hitler in hellbrauner Uniform und Schaftstiefeln das Stadion betritt. Jubel bricht los und Wagners *Huldigungsmarsch* erklingt, bis er in der Ehrenloge Platz nimmt. Eine eigens in Bochum hergestellte Stahlglocke ruft von einem 70 Meter hohen Turm mit mächtigen Schlägen die »Jugend der Welt«, als Marinesoldaten die Olympische Fahne mit den fünf verschlungenen Ringen, die Hakenkreuzflagge und die Flaggen der beteiligten Nationen aufziehen. Eine große Militärkapelle spielt Märsche, während etwa 4000 Olympia-Kämpfer und -Kämpferinnen einmarschieren. Traditionell kommt als erste die griechische Mannschaft, dann folgen die anderen in alphabetischer Reihenfolge, am Schluss die des Gastlandes. Sie ziehen unter den Farben ihrer Länder an der Ehrenloge vorbei, die meisten heben den rechten Arm zum olympischen Gruß, der dem Hitler-Gruß ähnelt, andere richten ihre Augen rechts aus, wieder andere ziehen den Hut und halten ihn vor die Brust. Alle nehmen Aufstellung in der grünen Mitte der Arena, hören aus Hitlers Mund den vorgeschriebenen Satz zur Eröffnung der Spiele, sehen eine graue Wolke von Tausenden von Brieftauben, die die Kunde von den Spielen in Berlin in alle Welt bringen sollen, vernehmen den Donner der Salutschüsse. Erneut schlägt die Glocke, schwingt aus und alles schweigt und wartet.

Seit 1928 ist es üblich, nun die Olympische Flamme zu entzünden. Dafür hatten sich die Regisseure der Berliner Spiele diesmal etwas Besonders ausgedacht: Das Feuer sollte an Ort und Stelle der antiken Spiele, in Olympias Heiligem Hain auf dem Peleponnes, wie in alten Zeiten von griechischer Sonne entfacht und dann im Stafettenlauf von 3000 Läufern zum 3000 Kilometer entfernten Berlin gebracht werden. Am 20. Juli war die Zeremonie unter Aufsicht des griechischen Kronprinzen und in Anwesenheit zahlreicher Medienvertreter (darunter auch die mit ihrem Team angereiste Filmemacherin Leni Riefenstahl) vollzogen worden. Die kunstvollen Nirostastahl-Griffe der Magnesiumfackeln (Brenndauer: zehn Minuten) hatte die Firma Krupp gespendet. Die Laufstrecke ging über Athen, Sofia, Belgrad, Budapest, Wien und Prag. Es ist fast die gleiche Strecke, die der deutsche Wirtschaftsminister und Reichsbankpräsident Hjalmar Schacht einen Monat zuvor gemacht hatte. Ihm war es nicht um Werbung für Olympia gegangen, sondern um die Ausweitung des Handels mit Südosteuropa durch den Austausch deutscher Industrieprodukte gegen Agrarerzeugnisse und Bodenschätze. Anderen Handelspartnern wie Großbritannien, Frankreich und den USA missfällt das Auftreten eines stärker werdenden Rivalen, der die Vorteile geografischer Nähe, der Donauverbindung und einer ergänzenden Wirtschaftsstruktur genießt.

Schacht aus Berlin und die Fackel nach Berlin kommen in Südosteuropa gut an: Man hofft, den Handel und die Beziehungen mit Deutschland zu verbessern. In zwei Städten gab es allerdings Zwischenfälle. Auf dem Heldenplatz in Wien war ein weihevolles Fest zur Weitergabe der Olympia-Fackel vorgesehen. Zugleich wollten Bundespräsident Wilhelm Miklas sowie Bundeskanzler Kurt Schuschnigg die politisch ausgesiebten österreichischen Sportler nach Berlin verabschieden. Zehntausende hatten sich am Abend des 29. Juli an der Laufstrecke und auf dem Platz versammelt, darunter große Gruppen junger Leute von der verbotenen Nationalsozialistischen Partei. Sie pfiffen, johlten, riefen: »Ein Volk, ein Reich! Heil Großdeutschland! Heil Hitler!« Gegen die österreichische Bundeshymne sangen sie das Lied der Deutschen: »Deutschland, Deutschland über alles, über alles in der Welt!« Die Radio-Übertragung wurde abgebrochen. Die Polizei griff zum Gummiknüppel, verhaftete 150 »Störer« und drohte mit der Einlieferung ins Konzentrationslager Wöllersdorf. »Die Bundesregierung wird trotz ihres Befriedungswillens keinesfalls dort Milde walten lassen, wo sie unangebracht ist«, wurde amtlich mitgeteilt. Österreichs gelenkte Presse verurteilte diese »Ausschreitungen einer kleinen Minderheit«. Zwei Tage später veranstaltete die *Vaterländische Front*, die einzige in Österreich zu-

Einzug der deutschen Olympiamannschaft ins olympische Dorf am 30. Juli 1936 – an der Spitze der Reichssportführer Hans von Tschammer und Osten

Am Mittag des 1. August 1936 erreicht die Olympische Fackelstaffel in Marienfelde die Berliner Stadtgrenze: Läufer aus Berliner Sportvereinen übernehmen die Fackel und bringen sie über die Stadtmitte und den Lustgarten bis zum Olympia-Stadion im Grunewald

gelassene politische Organisation, eine Kundgebung gegen die »Nazi-Stänkerer«.

Die folgende 282 km lange Stafettenetappe durch die Tschechoslowakei stand unter starkem Polizeischutz. Die Kommunisten hatten zum Protest gegen »den hitlerischen Fackellauf« aufgerufen: »Tragt nicht das Feuer des Friedens in das Land des Krieges!« Trotz der Drohungen ließen sich die tschechoslowakischen Läufer nicht entmutigen. Sie wurden immer von fünf Athleten begleitet, die auf ihren Trikots die Landeswappen von Böhmen, Mähren, Schlesien, der Slowakei und der Karpathenukraine trugen. Erst nach langen Verhandlungen wurden auch 59 sudetendeutsche Läufer zugelassen. Um unangenehmen Auftritten vorzubeugen, war die Ankunft in Prag auf Mitternacht gelegt worden: Die Innenstadt war gegen Demonstrationen weiträumig abgesperrt, während der Reden zum Staffelwechsel blieb es auf dem taghell erleuchteten Altstädter Ring fast totenstill. Nach diesem »Misston« geriet der Lauf durch die sudetendeutschen Grenzgebiete zu einem »Siegeszug«: Zehntausende standen am geschmückten Straßenrand, grüßten begeistert und schwenkten tschechoslowakische Fahnen.

Weder in Prag noch in Berlin wollte man sich die Olympia-Stimmung verderben lassen. Präsident Eduard Beneš wünschte »allen tschechoslowakischen Teilnehmern das beste Gelingen«. In Berlin wird des gemeinsamen »olympischen Ideals« gedacht; Besuchern aus dem Sudetenland, darunter dem Führer der Sudetendeutschen Partei, Konrad Henlein, werde keine Vergünstigung gewährt, damit das nicht von Prag als »politische Demonstration« ausgelegt werden könne.[2]

Ein Raunen und Rauschen zieht durch das Stadion, alle Blicke richten sich auf das Osttor: Der letzte Läufer der Stafette erscheint mit hochgereckter Fackel, durchläuft das Stadion an der Ehrenloge vorbei, steigt die Stufen des Marathontors empor und entzündet in einer Schale auf einem Marmorpodest das Olympische Feuer. Tausende Sänger stehen bereit, unter der Leitung des Komponisten Richard Strauss die von ihm vertonte neue Hymne zu singen: »Völker! Seid des Volkes Gäste, kommt durchs offne Tor herein! Friede sei dem Völkerfeste!« Als Zeichen des Friedens überreicht der griechische Sieger im Marathonlauf von 1896 Hitler einen Ölzweig vom Heiligen Olymp. Die vorgeschriebene Eidesformel spricht der deutsche Gewichtheber Rudolf Ismayr, die rechte Hand erhoben, die linke am Mast der Hakenkreuzflagge: »Wir nehmen teil in ritterlichem Geiste, zur Ehre unserer Länder und zum Ruhme des Sports.« Händels *Hallelujah* beendet die zweistündige Zeremonie, Ehrengäste, Mannschaften und Zuschauer verlassen das Stadion.

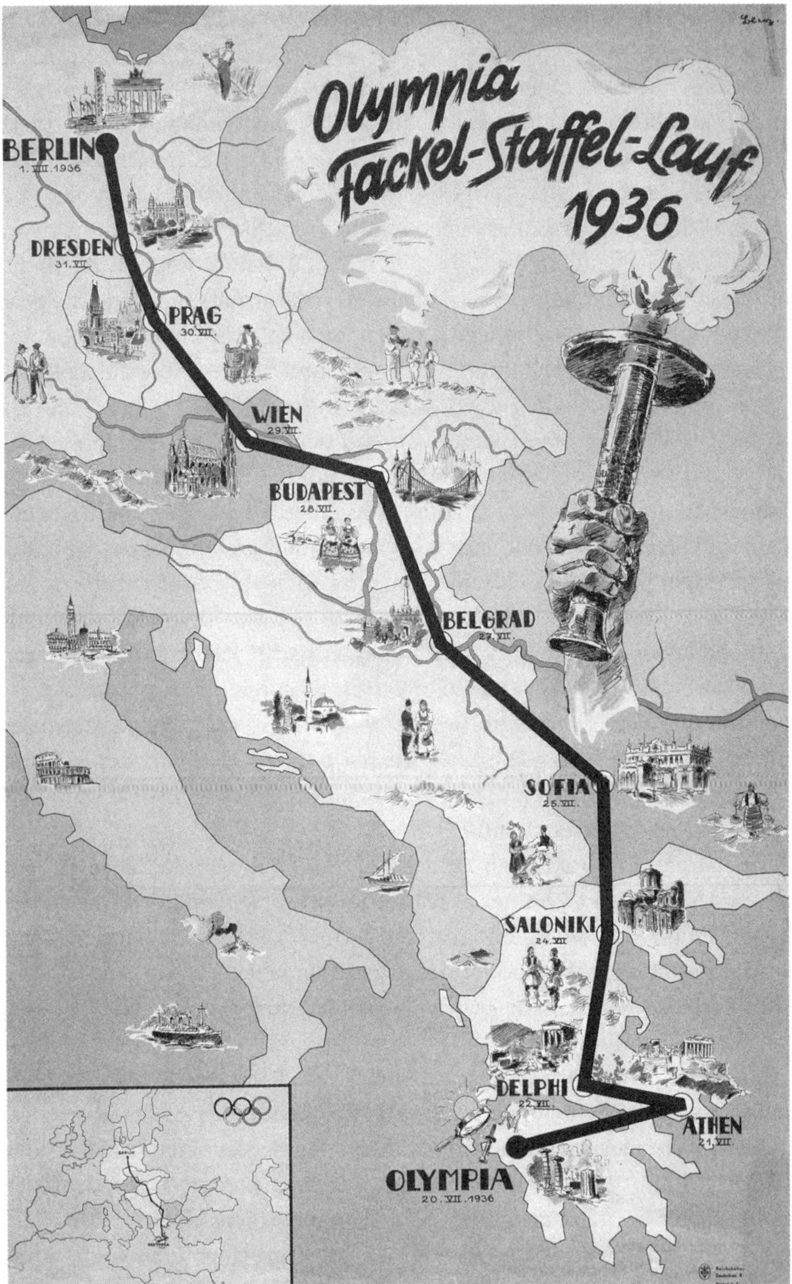

Die Fackel aus Krupp-Stahl kommt bis auf Bukarest durch alle Hauptstädte des deutschen Interessengebiets in Südosteuropa

Damit auch der Rest der Welt das Eröffnungsspektakel und die Wettkämpfe in den folgenden zwei Wochen miterleben kann, waren Hundertschaften von Pressevertretern angereist, hatten Rundfunkgesellschaften ihre Sportreporter geschickt, waren Fotografen und Kameraleute mit ihren Ausrüstungen angerückt. Ihre Botschaften sollen in den letzten Winkel der Erde gelangen: Neben der Pressetribüne gibt es ein Zentrum mit entsprechenden Arbeitsmöglichkeiten: hundert Telefonleitungen, Sendekabinen, Fernschreiber, Geräte zur Bildübertragung per Kabel und per Funk, Schallfolien und Geräte für die Tonaufzeichnung. Vor Beginn der Spiele hatte der deutsche Propagandaminister Joseph Goebbels den ausländischen Journalisten zugesagt: »Wir möchten, dass Sie Deutschland so sehen, wie es ist.«

Eine technische Neuheit, allerdings ohne große Breitenwirkung, ist in 25 Fernsehstuben in Berlin, Potsdam und Leipzig zu erleben. Kostenfrei kann man in Großprojektion hören und sehen: »Achtung! Hier ist der Fernsehsender Paul Nipkow Berlin mit dem Beginn der direkten Übertragung von den Olympischen Kampfstätten.« Und zum Abschluss:

> »Der Fernsehsender Paul Nipkow Berlin brachte versuchsweise zum ersten Mal in Deutschland und als gewaltigstes Ereignis in der Welt die direkte Fernsehübertragung der feierlichen Eröffnung der 11. Olympischen Sommerspiele durch den Führer und Reichskanzler Adolf Hitler. Wir beenden nunmehr die heutige direkte Übertragung und schalten in die Fernsehsenderäume um.«

Berlin ist zu einer »richtigen Feststadt« herausgeputzt worden, stellt Goebbels bei einer Erkundungsfahrt zufrieden fest. Mehr als eine Million Besucher werden erwartet, darunter viele Ausländer. Die Polizei ist angewiesen, für einen »großzügigen und reibungslosen Verlauf« zu sorgen, weil das »für das Ansehen des neuen Deutschlands von weittragender Bedeutung« sei. Es komme darauf an, »deutschen Friedenswillen und deutsche Gastfreundschaft« zu zeigen, um den »ausländischen Besuchern die Ordnung und Disziplin des nationalsozialistischen Staates vor Augen« zu führen. Die Sorgen sind nicht unbegründet: Vor den Spielen hatte es eine Boykott-Bewegung gegen die Abhaltung der Olympiade in Berlin gegeben.[3]

In Großbritannien war es vor allem die Spitze des Gewerkschaftsverbundes, die gegen eine Teilnahme an der Olympiade mobil machte. Bereits zu einem Fußball-Länderspiel Anfang Dezember 1935 in London war der Innenminister aufgefordert worden, den »Besuch einer Masse von Nazis zu verhindern«. Die Politik mischte sich jedoch nicht ein, das Spiel fand statt

Eine von den riesigen Fernsehkameras, die ihre Aufnahmen aus dem Olympia-Stadion direkt in die Berliner Fernsehstuben übertragen

und verlief ohne Zwischenfälle, die 10 000 deutschen Schlachtenbummler waren nur mit Fotoapparaten und Feldstechern ausgerüstet und verhielten sich tadellos. Als die deutsche Mannschaft 0 zu 3 verlor und bescheiden bekannte, dass sie »als Lehrling zum Meister« gekommen sei, kritisierte ein britischer Lord die Gewerkschaften für ihren Versuch, Misstrauen zwischen beiden Völkern zu säen: »Die Deutschen sind immer unsere guten Freunde gewesen.« Erneute Proteste gab es nach der Rückkehr deutscher Truppen in das durch den Versailler Vertrag entmilitarisierte Rheinland Anfang März 1936. Doch die britische Regierung hielt sich heraus und die britischen Amateur-Sportler blieben bei ihrer Entscheidung: Sie hoffen auf die versöhnende Wirkung eines fairen Wettbewerbs im Sport.[4]

In Frankreich reagierten Politik und Sport geschockt auf das Vorrücken deutscher Truppen Richtung französischer und belgischer Grenze. Zu den möglichen Reaktionen auf diese »Störung des Weltfriedens« gehörte die Absage der Reise französischer Sportler zu den Sommerspielen in Berlin.

Es waren vor allem französische Kommunisten, die zum »Kampf gegen die Hitler-Olympiade« aufriefen. Anfang Juni beschloss in Paris ein *Internationales Komitee für die Verteidigung der olympischen Idee* eine Warnung: »Entgegen den Friedensreden Hitlers dient der deutsche Sport der Vorbereitung des Krieges.« Die Sportjugend der ganzen Welt wurde zum Boykott der *Hitler-Olympiade* aufgerufen. Stattdessen solle man an der für Ende Juli geplanten *Volksolympiade* in Barcelona teilnehmen. Die *Volksfront*-Regierung unter Léon Blum verfügte dafür sogar eine entsprechende finanzielle Unterstützung der Arbeitersportvereine. Auch auf Gegenveranstaltungen in Prag und Amsterdam wurde hingewiesen. Doch die französischen Sportler hielten an ihrer Teilnahme fest, und die Regierung wagte keinen Alleingang.[5]

Den größten Widerstand gegen die Olympiade in Berlin hatte es in den USA gegeben. Bereits im April 1933 lautete eine Schlagzeile der *New York Times*: »Die Olympischen Spiele 1936 könnten wegen der Judenverfolgung in Deutschland abgesagt werden.« Amerikanische Amateursportorganisationen verlangten, dass jüdische Sportler in Deutschland sich gleichberechtigt auf die Spiele vorbereiten können. Es kam zu zahlreichen Boykott-Aufrufen und Pressekampagnen. Im März 1935 ergab eine Umfrage des Meinungsforschers Gallup, dass sich 57 Prozent der Befragten gegen eine Beteiligung der USA aussprachen. Der Umschwung trat ein, als Vertreter des Amerikanischen Olympischen Komitees nach Gesprächen mit Hitler die Zusage erhielten, dass auch deutsche Juden zu den Spielen zugelassen würden. In der *New York Times* ist im Oktober zu lesen, man solle bedenken, wie »unsere Neger im Süden und die Japaner in Kalifornien« behandelt würden. Im Dezember 1935 beschlossen die amerikanischen Sportamateure die Teilnahme. Es flossen nun weniger Spendengelder, aber das Angebot eines Weizenflocken-Produzenten, für Werbezwecke die Verpflegung der US-Mannschaft zu übernehmen, wurde trotzdem abgelehnt.[6]

Die deutschen Propagandisten wissen um den schlechten Ruf Deutschlands in der Welt seit der Machtübernahme Hitlers zweieinhalb Jahre zuvor: die Errichtung einer Diktatur, die Verfolgung von politischen Gegnern und Juden, die Mangelwirtschaft, die Aufrüstung. Man weiß auch: In den beiden ersten August-Wochen steht Berlin im Mittelpunkt des internationalen Interesses, nicht nur des Sports. »Die beste Propaganda«, heißt es, »ist die Tatsache eines reibungslosen Ablaufs der Spiele.« Neben den Berichterstattern aus aller Welt werden mehr als hunderttausend Gäste aus dem Ausland erwartet. Die deutschen Zeitungen sind angewiesen, auch diese Zielgruppe im Blick zu haben, damit sie »das neue Deutschland, wie es wirklich ist, mit

Gegen die »Olympiade unter der Diktatur«: Eine Gegenveranstaltung in Amsterdam

dem Bilde vergleichen kann, das sich in gewissen Meldungen der Auslandspresse« zeige. Zur Aufhellung des Bildes werden antijüdische Aufschriften entfernt, wird einer der schärfsten Kritiker Hitlers, der Publizist Carl von Ossietzky, aus dem Konzentrationslager in ein Krankenhaus verlegt. Mehrfach erinnert das Propagandaministerium daran, andere Nationen taktvoll zu behandeln, ausländische Siege nicht zu verkleinern und den »Rassenstandpunkt« in Berichten über ausländische Mannschaften nicht zu beachten. Trotzdem erlaubt sich das Berliner NS-Blatt *Angriff* den Vorwurf, die USA würden die Schwarzen zu Hause verfolgen, aber im Ausland einsetzen, um Medaillen zu gewinnen.

Neben den Wettkämpfen werden den Besuchern aus dem In- und Ausland Kunstausstellungen, kulturelle Veranstaltungen und Ausflüge in die nähere Umgebung angeboten. Königliche Hoheiten (zuweilen inkognito), Minister, Parlamentarier, Diplomaten, Generäle, Wirtschaftsführer und andere Prominente geben sich in Berlin ein Stelldichein. An vielen Abenden finden vor allem für die ausländischen Besucher Empfänge statt. Die führenden Männer des Regimes tun sich dabei besonders hervor. In der Reichskanzlei empfängt Hitler 200 Gäste zu einem Festessen. In der rotweiß dekorierten Staatsoper Unter den Linden wird das abendliche Dinner von Ballett- und Gesangsdarbietungen begleitet. Reichsluftfahrtminister Hermann Göring empfängt 700 Gäste in seinem frisch bezogenen Ministerium und veranstaltet im zu einem Vergnügungspark ausgestalteten Garten seiner Villa (»viel größer als das Weiße Haus«, empört sich US-Botschafter William Dodd) ein »ungezwungenes« Fest. Hitlers außenpolitischer Berater Joachim von Ribbentrop hat eine elegante Gesellschaft in seine Villa in Dahlem geladen, um mit Champagner seine Ernennung zum Botschafter in London zu feiern. Propagandaminister Goebbels beschließt die Spiele mit einem fulminanten Sommerfest auf der Pfaueninsel beim Wannsee: 2700 Gäste vergnügen sich bei Fackelschein, viel Wein und Musik fast die ganze Nacht hindurch.[7]

Um die britischen Gäste bemüht man sich in Berlin ganz besonders. Ribbentrop hatte eine große Zahl einflussreicher Persönlichkeiten aus dem Vereinigten Königreich eingeladen, darunter Vertreter des Außenamtes, Unterhausabgeordnete, Zeitungsverleger. Als Gelegenheit für intensive Gespräche gibt auch der britische Botschafter in Berlin, Eric Phipps, zur Halbzeit der Spiele einen Empfang. Von den etwa 1000 Geladenen kommt nur einer nicht: der frühere Außenminister Austen Chamberlain, ältester Sohn des ehemaligen Kolonialministers Joseph Chamberlain und Halbbruder des Finanzministers Neville Chamberlain; er bleibt auf seiner Yacht in der Kieler Förde, wo die olympischen Segelwettfahrten stattfinden, weil er keinen Fuß auf deutschen Boden setzen will.

Zu einem besseren Verständnis zwischen London und Berlin will der beamtete Staatssekretär im britischen Außenamt, Robert Vansittart, beitragen. In Gesprächen mit den »Neuen Männern« in Deutschland geht es ihm vor allem darum, mit der Vorstellung aufzuräumen, das Außenamt sei ein von ihm errichtetes »Nest anti-deutscher Beamter«. Als erstes sucht er einen guten Bekannten auf, den deutschen Außenminister Konstantin von Neurath, ein »gemütlicher Rittersmann vom alten Schlag, der es nicht einfach hat mit dem augenblicklichen Regime«. Dann spricht er mit Hitler, der ihm »von liebenswürdiger Einfachheit, rundum asketisch, körperlich gesund, sehr ernsthaft, nicht launig, nicht bedrohlich, nicht anziehend« vorkommt. Er spricht mit Göring, den er als »beschränktes und primitives Geschöpf« beschreibt, das noch nicht erwachsen geworden sei. Er spricht mehrfach mit Ribbentrop, der »uns noch Probleme bereiten werde«. Und er spricht mit Goebbels, den er charmant findet: ein »humpelndes und wortgewandtes Abbild eines Jakobiners, schlagfertig und stechend wie eine Peitsche, aber auch ein berechnender Mann, mit dem man ins Geschäft kommen kann«. Die Wertschätzung ist gegenseitig: »Ein übernervöser Herr«, urteilt Goebbels in seinem Tagebuch, »der zweifellos für uns gewonnen werden kann.«

Vansittart fasst den Eindruck, den er von seinen deutschen Gesprächspartnern gewonnen hat, in einem geheimen Bericht für den britischen Außenminister Anthony Eden zusammen. »Diese Leute haben die fürchterlichsten Programme, die je formuliert wurden: Sie üben jetzt ebenso verbissen wie für Olympia für das Brechen nichtsportlicher Weltrekorde.« Es handele sich um »reine politische Abenteurer«, die noch nicht reif seien für Verhandlungen: »Sie müssen sowohl die eigene Notlage wie auch unsere Hartnäckigkeit etwas länger spüren, bevor wir hoffen können, Erfolg zu haben.« Trotzdem habe er Berlin hoffnungsvoller verlassen, als er gekommen sei.

Den Spielen selber räumt Vansittart nur einen kleinen Absatz ein. Ihm missfällt, dass nicht die Einzelleistung Beifall finde, sondern der nationale Medaillengewinn. Er muss feststellen, dass »unser Ansehen zweifellos durch die Misserfolge unserer Mannschaft gelitten hat«. Im »Mutterland des Sports mit einer langen Tradition der Überlegenheit« wird beklagt, dass ein Seefahrervolk beim Ruderwettkampf von der binnenländischen Schweiz geschlagen wird. Auch beim Boxen sei man ins Hintertreffen geraten: »Wir dürfen uns nicht wundern«, heißt es im Londoner *Daily Telegraph*, »dass unsere Rivalen dies Versagen auf der Weltbühne des Sports als einen weiteren Beweis für die ›Verweichlichung‹ Englands ansehen.«[8]

Berlin während der Olympischen Spiele im Zeichen des Hakenkreuzes: Die Welt soll sehen, wer in Deutschland das Sagen hat

Die politischen Gespräche in Berlin werden vom Bürgerkrieg in Spanien und dem wachsenden Einfluss der Sowjetunion beherrscht. Vansittarts polnischer Kollege, Jan Szembek vom Außenministerium in Warschau, sieht in den Berliner Spielen sogar eine gewaltige antisowjetische Demonstration. Er überbringt Hitler die Grüße von Außenminister Józef Beck, bekommt einen »guten Eindruck« und ist zufrieden, als er hört, dass die schwierige Lage in der Freien Stadt Danzig »die Harmonie zwischen Deutschland und Polen nicht stören« solle. Einer erneuten Bestätigung der polnischen Rechte in Danzig weicht Hitler allerdings aus: »Es ist nicht die Zeit, Probleme zu besprechen, die von zweitrangiger Bedeutung im Vergleich zu anderen sind.« Beruhigend klingt es auch, wenn Hitler Kontakte zwischen sowjetischen und deutschen Militärs ablehnt. So habe Hitler, wie Szembek erfährt, den Generalstabschef der Roten Armee, Michail Tuchatschewski, nicht empfangen, um Polen nicht zu irritieren. Auch im Gespräch mit Ribbentrop wird die Notwendigkeit deutsch-polnischer Zusammenarbeit angesichts sowjetischer Bedrohungen betont: Moskau könne das Ziel der Weltrevolution nicht aufgeben, ja, Stalin sei dazu gezwungen, da sonst das »ganze bolschewistische System zusammenbrechen« würde.[9]

Die Spiele verlaufen ohne Zwischenfälle. Nur beim Fußball gibt es im Viertelfinale heftigen Streit, weil die peruanische Mannschaft einen Schiedsrichterentscheid nicht anerkennt, vorzeitig abreist und in Lima für empörte Reaktionen sorgt. So kommt Österreich ins Finale und verliert gegen Italien. Norwegen erhält die Bronzemedaille, nachdem es Deutschland besiegt hatte: »Ein dramatischer, Nerven aufpeitschender Kampf«, hält Goebels in seinem Tagebuch fest: Er selber habe sich kaum halten können, Hitler sei ganz erregt gewesen und das Publikum habe gerast. Das Fußballspiel, beobachtet der Meister der Propaganda, wecke nationale Leidenschaften und wirke wie eine »Massensuggestion«.

Am Sonntag, den 16. August beenden Einzelreiter und Reitermannschaften mit dem Jagdspringen die Spiele. Sechsmal wird das Hakenkreuz am Fahnenmast hochgezogen, erklingt »Deutschland, Deutschland über alles«: Sechs Goldmedaillen waren für den Preis der Nationen zu vergeben, alle sechs wurden von deutschen Reitern gewonnen. Am Abend folgt eine kurze Schlusszeremonie im Scheinwerferlicht: Die Mannschaften ziehen zu einem Parademarsch mit ihren Fahnen ins Stadion, der Präsident des Internationalen Olympischen Komitees dankt den Veranstaltern, die Olympia-Fahne wird eingerollt und dem Bürgermeister von Berlin übergeben, eine Lautsprecherstimme verkündet auf deutsch, englisch und französisch: »Ich rufe die Jugend der Welt nach Tokio!« Japan feiert die Entscheidung für 1940 besonders, weil es der 2600. Geburtstag des Kaiserreichs ist. In Berlin wird das Feuer gelöscht und das Schlusslied erklingt, die Menschen reichen sich die Hände und singen: »Die Spiele sind aus, wir zieh'n nach Haus. Freunde, lebt wohl!«[10]

Ist es mit dieser »großen deutschen Machtdemonstration« gelungen, die Welt von der »Größe, Dauerhaftigkeit und dem Ansehen des neuen Regimes« zu überzeugen? Der *Völkische Beobachter* zitiert aus der Weltpresse ausschließlich Berichte zur »uneingeschränkten Anerkennung der Organisation der Spiele, die außerordentliche Leistung der deutschen Sportler und der herzlichen Gastfreundschaft des deutschen Volkes«. In der Londoner *Times* werde besonders das »echte Freundschaftsgefühl zwischen den Flotten Englands und Deutschlands« hervorgehoben, das sich bei den Segelregatten in der Kieler Förde gezeigt habe. Im Pariser *Matin* werde als besonderes Ergebnis betont, die USA von ihrem Thron gestürzt zu haben. Der *Popolo di Roma* unterstreiche den Wert der Mehrung des deutschen Ansehens in der Welt. Aus einer polnischen Zeitung wird eine Begründung für den deutschen Erfolg wiedergeben: »Es ist nicht ein Sieg des gesunden Körpers, sondern ein Sieg des Geistes, der die deutschen

Kämpfer beseelte.« Mit besonderem Stolz wird vermerkt, dass amerikanische Blätter Deutschland als einwandfreien Sieger anerkennen. Sogar die *New York Times* schreibt vom »deutschen olympischen Triumph« und räumt ein: »Wie sehr man auch einige der Auswüchse der Hitler-Regierung bedauern oder verabscheuen mag, haben die Spiele doch fraglos deutlich gemacht, welche neue Kraft und Entschlossenheit im deutschen Volk entstanden ist.«

Im Auswärtigen Amt und im Propagandaministerium wird eine Presseschau zusammengestellt und ausgewertet. Darin kommen auch kritische Berichte vor. Nur die sowjetische Presse habe von der »Olympiade der Kriegstreiber« keine Notiz genommen, aber den peruanischen Zwischenfall propagandistisch ausgeschlachtet; die Regierung in Lima gibt daraufhin den Kommunisten die Schuld an den Zwischenfällen in der Hauptstadt. Im norwegischen *Arbeiderbladet* heißt es: »Der erste Eindruck, den die Menschen auf der Nazi-Olympiade bekommen, ist der einer starken Militärmacht.« Aus dem schwedischen *Socialdemokraten* wird die Charakterisierung der Olympiade als »Reklameangelegenheit von größtem Ausmaß« zitiert. Das *Sydsvenska Dagbladet* meint spöttisch: »Das Ziel ist erreicht: Deutschland über alles!« Das *Aftonbladet* ist besorgt: »Zum ersten Mal ist die Führerstellung der USA ernstlich bedroht.«

Im französischen *Œuvre* wird festgestellt, dass Hitler die Spiele nur organisiert habe, »um der ganzen Welt zu zeigen, dass in Deutschland jetzt Ordnung herrscht, in den Demokratien dagegen noch immer politische und wirtschaftliche Missstände zu Hause« seien. Aus Frankreich kommen aber auch anerkennende Worte: »Man muss sich vor dem überwältigenden Triumph der Söhne und Töchter des neuen Deutschland beugen«, heißt es im *Petit Parisien*. In der Prager *Lidové Listy* hat sich die kritische Haltung geändert:

> »Was ist das für ein Erfolg, wenn die tschechoslowakische Hymne durch das riesige Stadion klingt! Im großartigstem Rahmen konnte der Sieg unserer Sportler die höchste Wirkung erzielen, da er im benachbarten Reich dazu beiträgt, Erkenntnis und Achtung vor den inneren Fähigkeiten und der Stärke unseres Volkes zu erwecken.«

Das regierungsnahe Warschauer Boulevardblatt *Express Poranny* zeigt sich zufrieden: »Das Element der Freundschaft der Völker und des allgemeinen Friedens wurde immer an erster Stelle betont; hier hat Deutschland sehr viel getan.«

So ganz jedoch traut Edward Rydz-Smigly, Oberster Befehlshaber der polnischen Armee und Nachfolger des ein Jahr zuvor gestorbenen Staatsgründers Józef Piłsudski, dem Frieden nicht. Noch während der Spiele empfängt er in Warschau den französischen Generalstabschef Maurice Gamelin, der nach der bedrohlichen Rückkehr deutscher Truppen ins Rheinland die Polen an den gemeinsamen Beistandspakt von 1921 erinnert und den Schulterschluss für mögliche militärische Aktionen gegen Deutschland sucht.

Gamelin rät zum Ausbau der polnischen Grenzbefestigungen, um einem ersten Angriff der Deutschen standhalten zu können, und empfiehlt eine Rückendeckung durch die Sowjetunion. Das lehnt der Pole ab: »Die Russen sind uns noch verhasster als die Deutschen.« Ein anderer polnischer Politiker bekräftigt das: »Polen wünscht, der Grundpfosten der Mauer zu sein, die Europa von Sowjetrussland trennt. Sie kann nicht eingedrückt werden, wenn sie von Deutschland gestützt wird.« Ein US-Journalist sieht Polen allerdings in der Lage einer »Nuss im Nussknacker«. Gamelins Einladung, noch im August für weitere Verhandlungen nach Paris zu kommen, ist ganz im Sinne Rydz-Smiglys: Er meint, dass Deutschland noch zwei bis drei Jahre brauche, um kampffähig zu sein, und will mit Hilfe französischer Kredite in Mittelpolen ein Zentrum der Rüstungsindustrie errichten und das Verkehrsnetz ausbauen. In Frankreich wird er vor allem von den Kommunisten als »Freund im Kampf gegen den Faschismus« begrüßt.[11]

Goebbels sieht »Deutschland mit 33 Goldmedaillen weitaus an der Spitze«, aber untersagt den deutschen Zeitungen jegliches »Triumphgeschrei«. Man feiert den Erfolg und freut sich, die »große Sportnation von der Spitze verdrängt« zu haben – gemeint sind die USA mit ihren 24 Goldmedaillen. Trotzdem gibt man sich bescheiden: Der Sieg werde »uns nicht überheblich machen«, heißt es in den *Hamburger Nachrichten*. Goebbels ist froh, für ein paar Tage Ferien machen zu können, um sich für die nächsten Taten zu stärken. Vergeblich hatte er versucht, den für Mitte September geplanten Reichsparteitag der NSDAP in Nürnberg ausfallen zu lassen. Hitler scheint in »blendender Kampfstimmung«. Gestärkt durch den Prestigeerfolg der Olympiade plant er künftige Maßnahmen. Er kennt die altrömische Herrschaftsweisheit: Spiele genügen nicht, Brot ist auch nötig.

Tatsächlich zieht er sich in seine Residenz auf dem Obersalzberg bei Berchtesgaden zurück, um eine Denkschrift zur politischen und wirtschaftlichen Lage Deutschlands zu diktieren. Es war Göring, der auf entscheidende Worte gedrängt hatte, um eine drohende Katastrophe abzuwenden: Es fehlt an Gold und Devisen, um ausreichend Lebensmittel für die

Menschen und genügend Rohstoffe für die Industrie zu importieren. Es gab viele Lösungsvorschläge und es gab großen Streit um ihre Umsetzung: Wer soll hungern, die Menschen oder die Maschinen? Die Antwort kann nur lauten: Weder noch! Das könne allein ein Wirtschaftsdiktator bewältigen, ist Göring überzeugt. Er legt einen entsprechenden Plan vor und erwartet Richtlinien für die künftige Wirtschaftspolitik.

Auf zwölf Schreibmaschinen-Seiten erhalten wir Einblick in Hitlers Zielvorgaben. Sie sind als vertrauliche Argumentationshilfe für Göring gedacht, die nicht weiter verbreitet werden soll. Als Politiker geht Hitler von der »Weltgefahr des Bolschewismus in einem der größten Reiche« aus, der Deutschland und Italien zusammen mit Japan ohne die Hilfe anderer Länder standhalten müssten. Um eine drohende Katastrophe abzuwenden, könnten daher »das Ausmaß und das Tempo der militärischen Auswertung unserer Kräfte nicht groß und nicht schnell genug« sein. Dieser Aufgabe müssten sich alle anderen Wünsche unterordnen. Er warnt Göring:

> »Wenn es uns nicht gelingt, in kürzester Frist die deutsche Wehrmacht in der Ausbildung, in der Aufstellung der Formationen, in der Ausrüstung und vor allem auch in der geistigen Erziehung zur ersten Armee der Welt zu entwickeln, wird Deutschland verloren sein!«

Die Wirtschaft müsse, verlangt Hitler, dem »Selbstbehauptungskampf unseres Volkes dienen«. Mit allen Mitteln müsse daher die Einfuhr von Lebensmitteln und Rohstoffen ermöglicht werden, die in Deutschland unzureichend oder gar nicht vorhanden sind, allerdings nicht auf Kosten der Aufrüstung: Es komme darauf an, den »Krieg im Frieden vorzubereiten«, und Deutschland in die »Lage der Selbsterhaltung« zu bringen. Für die langfristige Lösung stellt er ein Programm zur Selbstversorgung auf: Dazu gehören die Herstellung von Treibstoffen aus Kohle, der Ersatz von Kautschuk durch synthetischen Gummi, die Steigerung der deutschen Eisen- und Leichtmetallproduktion, die industrielle Erzeugung von Fetten aus Kohle. Die Frage der Kosten sei belanglos: Was nützen etwa billige Reifen, wenn man sie aus Mangel an Devisen nicht bezahlen und daher auch nicht fahren könne. Mit »Rücksichtslosigkeit und eiserner Entschlossenheit« solle Göring für die Unabhängigkeit von Rohstoffimporten sorgen. Hitler stellt am Schluss der Denkschrift zwei Aufgaben:

> »1. Die deutsche Armee muss in vier Jahren einsatzfähig sein.
> 2. Die deutsche Wirtschaft muss in vier Jahren kriegsfähig sein.«

Auf einer Sitzung mit mehreren Ministern am 4. September 1936 verliest Göring die Denkschrift. Dabei hebt er den Grundgedanken hervor, dass die »Auseinandersetzung mit Russland unvermeidbar« sei. Er sieht sich in der Vollmacht, alle Maßnahmen so durchzuführen, »als ob wir uns im Stadium der drohenden Kriegsgefahr befänden«. Leute vom Fach, wie Schacht, als oberster Bankier Schirmherr einer stabilen Reichsmark, und Carl Goerdeler, als Reichspreiskommissar Schirmherr stabiler Preise und Löhne, hatten sich mit ihren Vorschlägen zur Einschränkung der Rüstung nicht durchgesetzt und werden ausgebootet. Göring beschließt nach einer Stunde die Sitzung mit den Worten »Die Durchführung des Befehls des Führers ist ein unumgängliches Gebot« und bereitet Erlasse zur Lenkung der Wirtschaft vor.[12]

Wenige Tage später, am 9. September, lässt Hitler zu Beginn des NS-Parteitags in Nürnberg das »neue Vierjahresprogramm« öffentlich verkünden:

> »In vier Jahren muss Deutschland in allen jenen Stoffen vom Ausland gänzlich unabhängig sein, die irgendwie durch die deutsche Fähigkeit, durch unsere Chemie und Maschinenindustrie sowie durch unseren Bergbau selbst beschafft werden können!«

Anders als in der Denkschrift begründet er die Notwendigkeit des »Neuaufbaus dieser großen deutschen Rohstoffindustrie« nicht mit einem drohenden Krieg, sondern mit der Verwendung der eingesparten Devisen zur Sicherung der Einfuhr von Lebensmitteln und unerlässlichen Rohstoffen, die in Deutschland nicht zu finden und nicht herzustellen seien. Auf diesem Wege, so lässt er hoffen, werde auch die letzte der sechs Millionen Arbeitslosen von 1932 in Lohn und Brot kommen und würden jene später weiter beschäftigt werden können, die noch mit der Aufrüstung zu tun hätten. Wer sich widersetze, droht er, werde »unsere Energie und Entschlossenheit« zu spüren bekommen.

Nur am Rande geht Hitler auf die Krisenherde der Welt ein: Während in Berlin eine olympische Feier unter dem »Jubel eines glücklich gewordenen Volkes« stattgefunden habe, gebe es »fast überall in Europa Zuckungen bolschewistischer Aufstände und Revolutionen«. Das nationalsozialistische Regime sei ebenso zum Frieden bereit wie zur Abwehr des Bolschewismus entschlossen und habe dafür kurz zuvor die Verlängerung der Dienstpflicht auf zwei Jahre verfügt. Andere Parteitagsredner verstärken den »Alarmruf gegen Moskau«. Goebbels prangert die bolschewistische Propaganda als »Lüge und Betrug« unter einer »Blut- und Terrorherrschaft« an, unterstellt der Roten Armee und der Roten Luftwaffe Angriffsabsichten, sieht die kommunistischen Parteien anderer Länder als »Fremdenlegionäre der Komintern unter dem Oberbefehl Stalins«, zählt seit dem Moskauer Kongress im Jahr zuvor mehr als hundert kommunistische Revolten in Europa, Südamerika und in Syrien, malt »Greueltaten der Roten« in Spanien aus und verlangt: »Der Bolschewismus muss vernichtet werden, wenn Europa wieder gesunden soll.« Zur Beruhigung fügt er hinzu: »Der rote Osten droht, aber der Führer steht auf der Wacht.«

Auch der Chefredakteur des *Völkischen Beobachters*, Alfred Rosenberg, ruft zum Kampf gegen die »Weltanschauung der Unterwelt« auf: »Während Tausende von Fackelträgern das Feuer des Friedens aus Olympia nach Berlin trugen, trägt dieses Verbrechertum die brennende Fackel der Zerstörung durch alle Völker der Welt.« Europas Zukunft, meint er, werde nur noch in Berlin geschützt. In seiner Zeitung waren zur Einstimmung auf den Parteitag ganze Bildseiten zum »roten Schrecken in Spanien« und zur »Riesenaufrüstung der Roten Armee« erschienen. Beim Aufmarsch der SA auf dem Parteitagsgelände gibt Hitler die Parole aus: »Niemals wird Deutschland bolschewistisch!« Bei der Parade der Wehrmacht zum Schluss des Parteitags warnt Hitler: »Der Bolschewismus soll wissen, dass vor dem deutschen Tore die neue deutsche Armee steht.«[13]

Der Jubel über die olympischen Siege ist vier Wochen danach verklungen. Glaubt man den Berichten, die der SPD-Exilvorstand in Prag von seinen Anhängern in Deutschland bekommt, wächst die Angst vor einem Krieg, genährt durch die Verlängerung der Dienstpflicht auf zwei Jahre, die ausführlichen Reportagen über die Herbstmanöver der Wehrmacht, die erbitterten Bürgerkriegskämpfe in Spanien. Der allgemeine Missmut zeige sich in Klagen und Meckereien, da man befürchte, dass die fortgesetzte Sparpolitik erneut zu einer »verschärften Lebensmittelknappheit« führe. Wie zutreffend die Berichte sind, zeigt sich an Schlagzeilen des *Völkischen Beobachters*, die beruhigend auf die angespannte Stimmung der Deutschen wirken sollen: »Die Ernährungslage ist gesichert!« und »Deutschlands Währung bleibt stabil!« Der Exilvorstand räumt jedoch ein, dass die »Diktatur nicht nur sehr mächtig, sondern auch sehr geschickt in der Behandlung der Massen« sei und glaubt nicht daran, dass »sich aus den neuen Versorgungsschwierigkeiten ernsthafte politische Erschütterungen ergeben könnten«.

Es wirkt symbolisch, dass der Olympiazug, der zuvor für die Spiele in Berlin geworben hatte, umgerüstet wird: Er fährt nun durch deutsche Lande mit der Ausstellung: »Weltfeind Nr. 1 – der Weltbolschewismus«. Sie veranschaulicht die Lage in der Sowjetunion, wie es in einer Beschreibung heißt, die »planmäßige Ausrottung des Volkes durch Hunger und Terror, Geiselmorde und Massenhinrichtungen, Brandstiftungen und Folterungen unschuldiger Opfer«. Ziel sei es, die »Richtigkeit der Politik unseres Führers gegen die bolschewistischen Volksverhetzer« zu beweisen. Reichsjustizminister Hans Frank lässt einen jungen Völkerrechtler nachweisen, dass es eine »Rechtsnotwehr« gegen den »internationalen Terror« der Sowjetunion gebe. So wird die weitere Aufrüstung gerechtfertigt.[14]

Kriegsangst wird in ganz Europa empfunden: Entsprechend dreht sich die Rüstungsspirale nicht nur in Deutschland und in der Sowjetunion. Besonderes Augenmerk wird in allen Ländern auf die modernste Waffengattung, die Luftwaffe, gerichtet, nach der Strategie, mit der Luftmacht den Feind ins Herz zu treffen. Der französische Luftminister der *Volksfront*-Regierung, Pierre Cot, plant mit neuen Fabriken die Flugzeugproduktion auf jährlich 2400 zu verdoppeln, um mit Deutschland gleichzuziehen. Es werden so große Milliarden-Anleihen aufgenommen, dass der Franken abgewertet werden muss und die Preise im Lande mehr noch als die Löhne steigen. Die britischen Generalstabschefs warnen vor der Verwundbarkeit der Macht des Weltreichs in Europa durch Deutschland, im Mittelmeer durch Italien und im Fernen Osten durch Japan. Die gewünschte Erhöhung der Steuern auf Tee, die alle treffen würde, ist jedoch umstritten. Geklagt wird über die Rückständigkeit der Rüstungsproduktion: Während sie in Deutschland bereits auf Ford-Basis in Serienfertigung erfolge, erfolge sie in Großbritannien noch auf Rolls-Royce-Basis in Einzelfertigung.

In der Tschechoslowakei wird dazu aufgerufen, dem Staat Geld zu borgen, um die Grenzen so befestigen zu können, dass sich »der Angreifer die Zähne ausbeißen« würde; die Rüstungsfabriken in Prag, Pilsen und Brünn sollen ausgelastet werden. In New York wird den Europäern vorgerechnet, dass sie ihre Rüstungsausgaben von 1933 bis 1936 mehr als verdreifacht haben, während die USA weniger als doppelt soviel ausgeben; besondere Steigerungsraten werden für die Sowjetunion (Verzehnfachung) und Deutschland (fast Verneunfachung) verzeichnet.[15]

Das Deutsche Reich scheint als Bündnispartner attraktiv. Italiens neuer Außenminister, der 33-jährige Galeazzo Ciano, reist Ende Oktober zu seiner ersten Auslandsreise nach Berlin und stattet auch Hitler in Berchtesgaden einen Besuch ab. Man vereinbart eine Verbesserung der kulturellen und wirtschaftlichen Beziehungen und verständigt sich auf »eine freundschaftliche Zusammenarbeit« im Donauraum einschließlich Österreich. Mit besonderer Befriedigung nimmt Ciano die Zusage entgegen, dass Deutschland Italiens Eroberung am Horn von Afrika förmlich anerkennen wolle und Italien damit aus der Isolation befreie, in die es durch die Sanktionen des Völkerbunds geraten war. Außerdem ist man sich einig, in Spanien weiterhin General Franco zu unterstützen und seine »nationale Regierung« anzuerkennen. Eine Woche später feiert Italiens Diktator Benito Mussolini in Mailand mit einer großen Geste und in Vorfreude auf einen Deutschland-Besuch im folgenden Jahr die »Achse Berlin-Rom«, um die alle europäischen Staaten, die vom »Willen zur Zusammenarbeit und des Friedens beseelt sind«, sich drehen könnten.[16]

In Japan, wo 1940 das Olympische Feuer brennen soll, drängt vor allem die Führung der nach deutschem Vorbild aufgebauten Armee zu einer engeren Zusammenarbeit mit Deutschland. Man sieht gemeinsame Interessen bei der Abwehr des revolutionären Drucks der Sowjetunion, ihr »riesiges Aufrüstungsprogramm« und das »rote Durchdringen vieler Länder«. Trotz monatelanger Verhandlungen der Militärattachés beider Länder kommt jedoch nicht viel mehr als eine Absichtserklärung heraus, die am 25. November 1936 in Berlin in aller Öffentlichkeit unterzeichnet wird, nicht von Ministern, sondern vom japanischen Botschafter und Ribbentrop, Hitlers außenpolitischem Berater. Im »Abkommen gegen die Kommunistische Internationale« verpflichten sich beide Seiten, sich einander »über die Tätigkeit der Komintern zu unterrichten, über die notwendigen Abwehrmaßnahmen zu beraten und diese in enger Zusammenarbeit durchzuführen«. Auch die geheime Zusatzabsprache zum Abkommen klingt defensiv und nicht wie ein militärischer Beistandsvertrag:

> »Sollte einer der Vertragspartner Gegenstand eines nicht provozierten Angriffs oder einer nicht provozierten Angriffsdrohung durch die Sowjetunion werden, so verpflichtet sich der andere Partner, keinerlei Maßnahmen zu treffen, die in ihrer Wirkung die Lage der Sowjetunion zu entlasten geeignet sein würden.«

In Berlin und Tokio wird der *Antikominternpakt* als Schaffung einer »starken Abwehrfront gegen jeden Einmischungsversuch der Komintern« und als Beitrag zum »Weltfrieden im Osten und Westen« gefeiert. Während Hitler das Abkommen stolz als Beweis anführen kann, dass Deutschland in der Welt nicht isoliert sei, ist Japans Premierminister Hirota Kritik ausgesetzt: Gegen die Sorge, ein Bündnis mit Deutschland könnte zu Konflikten mit anderen Mächten, etwa Großbritannien, führen, bekräftigt er sein Ziel, durch eine Sammlung um den Kaiserlichen Thron, Japans Stellung in Ost-

Deutschland und Japan zeigen gemeinsame Interessen: In Berlin unterzeichnen die beiden Sonderbotschafter Joachim von Ribbentrop (M.) und Kintomo Mushanokoji (l.) ein Abkommen gegen die Kommunistische Internationale

asien zu festigen: Nun komme es darauf an, ein »harmonisches« Verhältnis zu China herzustellen und die freundschaftlichen Beziehungen mit Großbritannien und den USA zu pflegen; er bietet sogar der Sowjetunion eine Verbesserung der Beziehungen an, womit er feinsinnig auf den Unterschied zwischen Staat und Partei anspielt. In Tokio wird versichert, dass es keine geheime Absprache mit Deutschland für einen Angriff auf die Sowjetunion gebe.[17]

Auch in Moskau weiß man das. Ein als Journalist getarnter Spion, der in der deutschen Botschaft in Tokio ein- und ausgeht, hatte die Verhandlungen und Vertragstexte seinen sowjetischen Auftraggebern verraten. In der Regierungszeitung *Iswestija* und der Parteizeitung *Prawda* wird der Pakt trotzdem als finstere Verschwörung dargestellt: Unter dem Deckmantel des Kampfes gegen den Kommunismus werde ein gemeinsames Handeln für einen Krieg gegen die Sowjetunion vorbereitet. Verteidigungsminister Kliment Woroschilow beschwört großmäulig die Sowjetmacht:

»Den Kriegsbrandstiftern wird es niemals gelingen, die heiligen, unverletzlichen Grenzen der Sowjeterde zu überschreiten. Die Sowjetunion ist fest entschlossen und ihre Rote Armee jederzeit bereit, den Feind dort zu vernichten, von wo er zu kommen wagte.«

Auf dem gerade tagenden Kongress zur Annahme einer neuen Verfassung treten die Roten Don Kosaken in historischen Uniformen und die Säbel schwingend auf und verkünden: »Wir sind entschlossen, die Japaner und Deutschen, wenn sie es wagen, unser Vaterland anzugreifen, erbarmungslos zu vertreiben.« Im Kreml jedoch bleibt Stalin gelassen: Selbst der geheime Zusatz enthalte nicht viel mehr als schöne Worte. Außenminister Maxim Litwinow stimmt zu: »Wir brauchen uns nicht zu beunruhigen.«[18]

Sorgen macht man sich jedoch in China, das sich nach der Besetzung Nordchinas durch Japan im Konflikt mit dem Inselreich befindet. Die chinesische Regierung unter Marschall Tschiang Kaischek in Nanking lässt in Berlin nachfragen, ob Deutschland nun Japan bevorzuge. Tschiang kann darauf verweisen, dass er sich bei seinen Reformen an Deutschland orientiere, sich von deutschen Militärs (darunter vom ehemaligen Reichswehr-Chef Hans von Seeckt) beraten lasse, deutsche Waffen importiere im Tausch gegen Soja-Bohnen (zur Schließung der deutschen Fettlücke) und gegen Wolfram (für die deutsche Stahlproduktion). Deutschland habe 1936 beim Außenhandel nach den USA und Japan Großbritannien vom dritten Platz verdrängt und China biete mit dem geringen Anteil von 1,4 Prozent am Welthandel (geringer als Schweiz oder Schweden) riesige Entwicklungsmöglichkeiten.

Zum Widerstand gegen Japan wird Tschiang gedrängt von chinesischen Studenten, die sich im Rahmen der Bewegung *Neues Leben* für die »Rettung der Nation« einsetzen, und von den Kommunisten unter Mao Tse-tung, der auf Befehl Stalins mit Tschiangs *Kuomintang* (»chinesische Volkspartei«) eine Volksfront gegen Japan bilden soll, um Japan davon abzuhalten, gegen die Sowjetunion vorzurücken. Berlin ist bemüht, es weder mit Tokio noch mit Nanking zu verderben und die Chinesen zu beruhigen: »Es gibt kein geheimes Militärbündnis mit Japan.«[19]

Auch in London machen Gerüchte über einen geheimen militärischen Zusatz des deutsch-japanischen Paktes die Runde. Es wird vermutet, dass es den beiden Vertragspartnern darum gehe, durch die Rückendeckung des anderen eine freiere Hand in Europa bzw. in Ostasien zu bekommen. Die *Times* hält sogar die Ansicht nicht für grundlos, dass Japan und Deutschland ihren wirtschaftlichen und politischen Einfluss auf Niederländisch-

Ostindien ausdehnen wollen, und sorgt sich: »Eine solche Entwicklung würde Rückwirkungen auf unsere Stellung in Hongkong und Singapur haben.« Steckt auch ein antibritischer Stachel in dem globalen Abkommen, das sich nur vordergründig antikommunistisch gibt? Und wäre nicht auch der amerikanische Doppelkontinent betroffen, dessen pazifische und atlantische Flanken dem Zugriff der aufstrebenden Mächte in Asien und Europa ausgesetzt sind?[20]

Nach den olympischen Wettkämpfen sammeln nun das Vereinigte Königreich und die Vereinigten Staaten von Nordamerika für weltweite Machtkämpfe ihre Kräfte.

3. KAPITEL

Zur Bewahrung des Friedens
Die panamerikanische Konferenz in Buenos Aires (Dezember 1936)

Fünf Tage nach der Unterzeichnung des *Antikominternpaktes* in Berlin läuft in die Hafenbucht der argentinischen Hauptstadt Buenos Aires der US-Kreuzer *Indianapolis* ein. An Bord: Präsident Franklin D. Roosevelt, der nach 13-tägiger erholsamer Seefahrt, einer feierlichen Äquatortaufe und einem kurzen Zwischenstopp in der brasilianischen Hauptstadt Rio de Janeiro sein Ziel erreicht hat. Zur Begrüßung des hohen Gastes aus dem Norden stehen am Pier Präsident General Augustín Justo mit seinem Außenminister Carlos Saavedra Lamas, mit Parlamentariern, Richtern, Diplomaten und anderen ausgewählten Persönlichkeiten bereit, darunter auch der britische Botschafter Nevile Henderson. Die argentinische Regierung hatte Montag, den 30. November 1936, zum Feiertag erklärt, damit dichte Menschenmengen auch die Straßen der Zwei-Millionen-Stadt säumen, durch die es im offenen Wagen und begleitet von militärisch geschmückter Eskorte hoch zu Ross zur US-Botschaft geht. Roosevelt ist gekommen, um am folgenden Tag eine Konferenz aller 21 unabhängigen Republiken des Kontinents (also ohne Kanada und die europäischen Besitzungen in Westindien) zu eröffnen.

Roosevelt ist der erste amtierende US-Präsident, der an einer solchen Zusammenkunft teilnimmt. Er hatte sie selber zu Beginn des Jahres vorgeschlagen. Panamerikanische Konferenzen gibt es seit 1889, seit 1923 finden sie alle fünf Jahre statt, die letzte 1933 in Uruguays Hauptstadt Montevideo. Dort hatte der frisch gewählte Präsident anstelle der früheren *Dollar-Diplomatie* eine »Politik der guten Nachbarschaft« verkünden lassen. Die US-Regierung hatte verkündet, nicht mehr militärisch in Lateinamerika einzugreifen, Geldschuld nicht mehr mit Gewalt einzutreiben, keinen Wirtschaftskrieg zu führen, und sogar angekündigt, ihr Militär aus Nicaragua zurückzuziehen sowie ihre *Schutzherrschaft* über Kuba, Haiti und Panama aufzugeben. Mit einem Neuanfang soll betont werden, was die Völker der Neuen Welt gemeinsam haben: Amerika und Republik.

Sunrise Extra

The Washington Post

Nation's Verdict

The Weather

WASHINGTON: WEDNESDAY, NOVEMBER 4, 1936 THREE CENTS

President Roosevelt Is Reelected in Landslide; Victory May Assure Him All But Two States; Democrats Increase Big Majority in Congress

Easy Control Of the House For Roosevelt Program Due

New Deal Will Hold Present Membership, May Increase It.

Captures 3 Seats In Pennsylvania

Other Gains Reported From N. Y., Maine, R. I., Connecticut.

The Post's Institute Poll Forecast Of Election, Most Nearly Correct

Mother of President Is Happy; Mrs. Landon Smiles Amid Tears

Crowds Cheer Family of the President at Hyde Park.

Wife of the Republican Nominee Is 'Proud of Him' Despite Vote.

G. O. P. Faces Loss of Many Senate Seats

Hastings Runs Behind in Delaware; Barbour Trails in Jersey.

Green Leading Metcalf in R. I.; Norris and Borah Ahead.

Re-elected by Landslide

Reprisals 'Out,' Landon Admits

New Hampshire Conceded to F.R. By Knox Paper

Landon's Defeat Is Worst Suffered by Candidate Since Taft's in 1912; Roosevelt's Popular Ballot Rises

Bulletin

Präsident Roosevelt reist nach Buenos Aires, nachdem er am 3. November 1936 mit einem »erdrutschartigen Sieg« wiedergewählt worden war

Denn in Washington sind die Sorgen über den wachsenden Einfluss Deutschlands, Italiens und Japans im unruhigen Lateinamerika gewachsen. US-Außenminister Cordell Hull, dem das Handelsgeschäft sein Ein und Alles ist, erhielt von seinen Vertretungen in Mittel- und Südamerika ein »Bild in düsteren Farben« und muss alarmiert feststellen: »Das Deutschland von Hitler und Schacht spannt jeden Muskel an, um den Handel der USA mit Lateinamerika zu untergraben.« Tatsächlich ist der Handelsumfang in den vorangegangenen Jahren gestiegen, aber Deutschland ist mit seiner Exportoffensive den USA dicht auf den Fersen und hat seinen Rivalen bereits in Brasilien und Chile vom ersten Platz verdrängt. Missvergnügt ist Hull auch darüber, dass Deutschland überwiegend Tauschgeschäfte (vor allem gegen Kaffee, Baumwolle und Kupfer) tätigt, so dass die lateinamerikanischen Länder keine Devisen einnehmen, mit denen sie ihre Schulden in den USA zurückzahlen könnten. Rivalität gibt es durch deutsche Reedereien auf dem Meer, durch deutsche Flugzeuge in der Luft und im Äther, der über Kurzwellen deutsche Propaganda nach Lateinamerika überträgt.

Präsident Roosevelt (links) und sein argentinischer Amtskollege Justo auf dem Weg zur Eröffnung der panamerikanischen Konferenz. Hinter dem Fahrer in weißer Marineuniform James Roosevelt, der älteste Sohn des Präsidenten, neben dem Fahrer Gus Gennerich, Roosevelts Leibwächter

Eine »Verbesserung der Gefühle Lateinamerikas für uns« sei dringend erwünscht, meinte Hull vor Reisebeginn.[1]

Washington hatte eine spezielle Zwischenkonferenz für notwendig gehalten, um zu klären, wie »der Friede zwischen den amerikanischen Republiken und in der Welt am besten erhalten werden« könne. Gute Nachbarn, heißt es, schaukeln nicht das Boot, in dem sie gemeinsam sitzen. Buenos Aires erklärte sich zur Abhaltung bereit. Da trifft es sich nun gut, dass Saavedra Lamas in diesen Tagen für die Schlichtung im kriegerischen Streit zwischen Bolivien und Paraguay um Ölquellen und für sein Engagement im Genfer Völkerbund den Friedensnobelpreis zugesprochen erhält (gleichzeitig mit dem deutschen Hitler-Gegner Carl von Ossietzky, der nachträglich für 1935 ausgezeichnet wird).

Aus der Erkenntnis heraus, dass »alle amerikanischen Republiken in der Welt im Großen und Ganzen denselben internationalen Problemen gegenüberstehen«, sieht das Programm der Konferenz sechs Hauptpunkte vor:

Roosevelt spricht im argentinischen Parlament zu den »Mitglieder der amerikanischen Völkerfamilie«

die Organisation des Friedens, Richtlinien für die Neutralität, Begrenzung der Rüstung, Fragen des Völkerrechts, Abbau der Handelsschranken und Ausbau der Verkehrswege sowie kulturelle Zusammenarbeit. Für die Eröffnung bietet sich die Abgeordnetenkammer im Kongress-Palast an, der von einer Kuppel gekrönt wird, die nur acht Meter niedriger ist als das Kapitol in Washington. Hier ist genügend Platz für die 175 Delegierten, deren Pulte mit Kopfhörern versehen sind, die auf Knopfdruck die Reden in englischer, spanischer oder portugiesischer Sprache bringen. Für die anschließende Arbeit ist ein gerade fertig gestellter Palast vorgesehen, in dem jede Delegation über eigene Räumlichkeiten verfügt. Da Einstimmigkeit vereinbart ist, wird mit langwierigen Beratungen gerechnet.

Als am Abend des 1. Dezember die Präsidenten Justo und Roosevelt im Abgeordnetensaal erscheinen, erheben sich die Delegierten und Besucher auf den Tribünen. Nachdem sich der Beifall gelegt hat, hält Justo eine kurze Ansprache: »Herr Präsident (mit Verneigung vor Roosevelt), Brüder von Amerika, meine Damen und Herren!« Die Konferenz werde nicht nur den Staaten der amerikanischen Gemeinschaft Vorteile bringen, sondern werde, so hofft er, noch weiter gehende Wirkungen haben, wenn »sie die ganze Menschheit, die in eine dunkle und ungewisse Zukunft blickt, auf bessere Tage hoffen« lasse. Er feiert die Neue Welt als »Land der Freiheit« und sieht die Alte Welt tief gespalten und mit Problemen beladen. Nur behutsam deutet er einen Unterschied zwischen Nord- und Südamerika an: Anders als die USA gehören viele der vertretenen Staaten dem Völkerbund in Genf an, dessen Friedensbemühungen gestärkt werden sollten. Die Beziehungen zu den europäischen Mächten will man nicht abreißen lassen.

Dann hat Roosevelt das Wort: »Mitglieder der amerikanischen Völkerfamilie«, spricht er die Delegierten an. Damit ist ein vertraulicher Ton angeschlagen, der das Misstrauen nehmen soll, die USA wollten ihre südlichen Nachbarn auf Linie bringen. Wie lässt sich die Einheit des Doppelkontinents für eine gemeinsame Weltpolitik erreichen? Roosevelt greift zum einfachsten Mittel: Er warnt vor den Gefahren des Krieges und preist die Segnungen des Friedens. Es sind die häufigsten Substantive seiner 2100-Wörter-Rede. Und er zeigt auf die Störenfriede jenseits des Ozeans, ohne sie bei Namen zu nennen, aber so, dass jeder weiß, wen er meint. Es gebe »Führer und Regierungen, die zum Mittel des Krieges greifen«, um »Absatzmärkte zu erobern«, und die die Heiligkeit völkerrechtlicher Verträge missachten, die »alten Hass und neuen Fanatismus« schüren, die die Menschen entzweien. Bedrohlich sei auch die dauernde Steigerung der Rüstungsproduktion, wodurch zwar Menschen beschäftigt, aber kein dauerhafter Wohlstand geschaffen würde:

> »Ein Land, das dieser Dummheit schuldig ist, wird eines Tages vor der Entscheidung stehen, diese Vernichtungswaffen gegen seine Nachbarn einzusetzen, oder wegen einer ungesunden Wirtschaft wie ein Kartenhaus zusammenzufallen.«

Er stellt fest, dass auch ein Krieg in anderen Teilen der Welt Amerika treffen und bedrohen würde, und fragt: »Können wir, die Republikaner der Neuen Welt, der Alten Welt helfen, die drohende Katastrophe abzuwenden?« Und antwortet: »Ja, ich bin zuversichtlich, dass wir es können.« Er will Amerika zum Vorbild für die Welt machen und entwirft ein Ruhmesblatt der Demokratie:

> »Männer und Frauen, ausgestattet mit politischer Freiheit, willig zur Arbeit und in der Lage, Arbeit zu finden, reich genug, ihre Familien zu unterhalten und ihre Kinder auszubilden, zufrieden mit ihrem Lebensschicksal und in Freundschaft mit ihren Nachbarn, werden sich bis zum Äußersten verteidigen, aber niemals für einen Eroberungskrieg zu den Waffen greifen.«

Außenminister Hull hat an dieser Stelle der Rede noch einen Gedanken eingefügt: Wohlfahrt und Wohlstand jeden Landes hängen vom internationalen Handel ab; daher dürfe es keine Handelsschranken geben. Als warnendes Beispiel wird auf Deutschland angespielt: »Versuche zur Selbstversorgung führen zur Absenkung des Lebensstandards, zum zunehmenden Verlust demokratischer Ideale und zu einem wahnsinnigen Rüstungswettlauf.«

Roosevelts Feldzeichen ist die Demokratie: »Wenn wir ihre Anwendung in den beiden Amerikas erfolgreich fortsetzen, wird sie sich ausbreiten und jene Regierungsmethoden verdrängen, die den meisten von uns, erfüllt von den Idealen menschlicher Freiheit und menschlichen Fortschritts, als zuwider erscheinen.« Alle sollen seinem demokratischen Glaubensbekenntnis zustimmen, um den Völkern der ganzen Welt Hoffnung auf Frieden und ein Leben im Wohlstand zu bieten: »In diesem Glauben und in diesem Geist werden wir mit Gottes Hilfe wachsam unsere Hemisphäre schützen. Wir werden keinen Angriff dulden, woher er auch kommen mag.«

Roosevelt hat gut reden. Es ist gerade vier Wochen her, dass der 54-jährige Demokrat mit einem Vorsprung von fast elf Millionen Stimmen vor seinem republikanischen Herausforderer die Wiederwahl ins Präsidentenamt gewonnen hatte. Abgesehen von Chile und Costa Rica kann allerdings kaum ein Regime in Lateinamerika auf eine vergleichbare demokratische Legitimation verweisen. Ein Teilnehmer der US-Delegation gibt sogar zu bedenken, dass »Diktaturen nicht auf Europa begrenzt« seien. Roosevelt sieht sich jedoch durch die begeisterten Rufe vom Straßenrand (»Demokratie! Demokratie!«) darin bestätigt, dass er mit seiner Rede die »Einstellung zur Demokratie in der ganzen Welt gestärkt und auch günstig auf die Völker Europas gewirkt« habe.

Am folgenden Tag wird an langen Tafeln ein prunkvolles Festbankett zu Ehren Roosevelts gegeben. Zu spät kommt der Wunsch der US-Amerikaner, auf das Abspielen der Nationalhymnen zu verzichten, um ihrem durch eine Lähmung behinderten Präsidenten das Aufstehen zu ersparen. Als das Orchester das *Sternenbesetzte Banner* anstimmt (»Weht es noch immer über dem Land der Freien?«), erheben sich alle Gäste, nur Roosevelt bleibt, leicht errötend, sitzen. Als Argentiniens *Patriotischer Marsch* erklingt (»Mögen wir von Ruhm gekrönt leben«), springt Sohn James herbei, um seinem Vater aus dem Stuhl zu helfen. Als freundliche Geste bleibt Präsident Justo beim anschließenden Toast sitzen. Roosevelt jedoch lässt sich wieder aufhelfen, erinnert an seinen Großvater, der 106 Jahre zuvor in Argentinien gewesen war, erklärt Buenos Aires zur »Hauptstadt des Friedens« und erhält großen Applaus. Zum Abschied am 3. Dezember wird

Roosevelts Wagen, wegen des starken Regens mit geschlossen Dach, auf der Fahrt zum Hafen mit Blumen überschüttet, eine schöne Erinnerung für die Rückreise aus dem südlichen Sommer in den winterlichen Norden.[2]

Das mühselige Verhandeln bleibt Außenminister Hull und den sieben weiteren US-Delegierten überlassen. Nach außen erweckt die Konferenz den Anschein der Einigkeit, die Interessenkämpfe spielen sich hinter den Kulissen ab. Obwohl Hull den argentinischen Außenminister als »Apostel des Friedens« tituliert, erhebt sich dieser zum Wortführer gegen Hull. Er lehnt den Vorschlag Washingtons ab, die 21 Konferenz-Staaten bei einem Angriff durch eine nichtamerikanische Macht zum gegenseitigen Beistand zu verpflichten und als Kontrollinstanz einen Ständigen Ausschuss einzusetzen. Saavedra Lamas vermutet dahinter die Absicht, ein amerikanisches Gegenstück zum Genfer Völkerbundsrat zu schaffen und so den Kontinent von Europa abzuschotten; Argentinien will jedoch nicht auf seine Handlungsfreiheit und seinen Handel mit Europa verzichten. Die Widerstände sind so groß, dass die USA auf die Durchsetzung ihres Plans verzichten: Um die Einstimmigkeit nicht zu gefährden, geben sie sich damit zufrieden, dass die Beteiligten im Falle kriegerischer Auseinandersetzungen nur zur Beratung, nicht zum Handeln verpflichtet sind.

Hinter den politischen Fragen stecken wirtschaftliche Probleme: Wenn ganz Amerika neutral bleiben und kriegführende Staaten boykottieren sollte, träfe das Lateinamerika weit mehr als die USA. »Würde es genügend inneramerikanischen Handelsaustausch geben, gegebenenfalls den Ausfall im Handel mit Europa auszugleichen?« wird gefragt. Argentinien etwa will vor allem dort einkaufen, wo es auch verkaufen kann, und das ist Europa. Roosevelt hatte daher als Entgegenkommen bereits die Möglichkeit von Einfuhrerleichterungen für die Produkte argentinischer Schafzüchter angedeutet. So gibt es um den Handel mit Lateinamerika einen verschärften Kampf, der sich vor allem gegen das »aggressive Vorgehen Deutschlands« richtet.

Roosevelt hält nach nächtlicher Überquerung der La-Plata-Mündung noch eine Rede in Montevideo und genießt dann die Rückfahrt auf der *Indianapolis*. Einen kurzen Zwischenhalt legt er auf der Insel Trinidad ein, wo ihn der britische Gouverneur begrüßt. Dort erreicht ihn die Nachricht vom plötzlichen Wechsel an der Spitze des britischen Weltreichs. Er veranlasst ein Telegramm nach London. Es gilt dem neuen Staatsoberhaupt Großbritanniens, dem er »aufrichtig gute Wünsche für eine lange und glückliche Herrschaftszeit« übermitteln lässt. König Edward VIII. hatte auf Druck von Regierung, Parlament, Kirche sowie Presse abgedankt und seinen jüngeren Bruder Bertie zum Nachfolger erklärt.

Bereits seit Monaten war in US-Zeitungen über eine Liebschaft und mögliche Heirat zwischen Edward und der Amerikanerin Wallis Simpson sensationell berichtet worden. Erst als der Bischof von Canterbury verlauten ließ, dass er an der Krönungsfeier eines solchen Ehepaares nicht teilnehmen würde, hielt sich die britische Presse nicht mehr an das selbstauferlegte Schweigegebot: Fast das ganze Land wendete sich gegen einen König, der eine zweimal geschiedene Amerikanerin auf den Thron heben will. Oder liegt das Hindernis darin, lautet der Verdacht in den demokratischen USA, dass die 40-jährige Simpson weder Tochter eines Königs noch von Adel ist? Im größten Aktualitätenkino Manhattans am Times Square werden die Wochenschaubilder vom Erzbischof und von Premierminister Stanley Baldwin mit Buh- und die von Prinz Edward und Frau Simpson mit Bravo-Rufen begrüßt. Das Nachrichtenmagazin *Time* zeichnet die verschmähte Königin aus Amerika zur erforderlichen Ehrenrettung der beleidigten Amerikanerinnen auf seinem Titelblatt als »Frau des Jahres« aus.

Am 15. Dezember trifft Roosevelt nach vierwöchiger Abwesenheit gut gebräunt früh am Morgen wieder in Charleston ein. Ein Extrazug bringt ihn in Begleitung von Journalisten zurück nach Washington. Der Präsident zeigt sich sehr zufrieden mit seinem »herrlichen Ausflug« nach Buenos Aires und den guten Nachrichten von dort. Noch sei das Treffen nicht beendet, aber man könne »weitreichende und historische Ergebnisse« erwarten:

> »Die Konferenz soll alle Völker Amerikas begeistern und dem Rest der Welt als Beispiel dienen. Gute Nachbarn sind wir, gute Nachbarn werden wir bleiben.«

Eine Woche später setzen die Vertreter der 21 amerikanischen Republiken ihre Unterschriften unter zwei Verträge, acht Abkommen sowie 62 Entschließungen und Empfehlungen. Konkret wird vereinbart, Streitigkeiten zu verhüten; sollte trotzdem ein Streit ausbrechen, ist statt eines amerikanischen Gerichtshofs eine Vermittlungsinstanz in Amerika vorgesehen. Einmütig wird mit dem Verbot direkter oder indirekter Einmischung in die Angelegenheiten anderer Länder ein Schlussstrich unter die frühere Interventionspolitik der USA gezogen. Vorbehalte äußern mehrere Teilnehmer zu der Absprache, bei Konflikten außerhalb Amerikas die Neutralität auch auf das Verbot des Handels mit Lebensmitteln, Rohstoffen und Waffen auszudehnen. Alle fühlen sich durch die beschlossenen »Grundsätze interamerikanischer Solidarität und Zusammenarbeit« gestärkt; doch wenn es um die Zusammenarbeit mit dem Völkerbund geht, enthält sich die US-Delegation.

In der Handelspolitik wird der Grundsatz der Gleichbehandlung bestätigt, aber der Abbau von Handelsschranken nur empfohlen. Zur Verbesserung der Verkehrswege werden der Bau einer panamerikanischen Straße sowie die Einrichtung von See- und Luftverbindungen beschlossen. Schließlich wird die geistige Zusammenarbeit gefördert: Jedes Land soll den anderen Unterzeichnerstaaten zwei Stipendien für Studenten anbieten, die Pfadfinder fördern, Film und Radio in den Dienst des Friedens stellen sowie den Austausch von Kunstausstellungen und Publikationen erleichtern.

Zum Abschluss der Konferenz lässt der verschnupfte Hull seinen Stellvertreter verkünden, dass nun die »nationale Sicherheit einer jeden amerikanischen Republik zum gemeinsamen Interesse aller« geworden sei. Er betont, dass die USA keine Politik der Isolierung Amerikas, sondern einen eigenen Weg zum Frieden verfolge:

> »Die freien Völker der Welt wissen, dass der Wille zur Macht eine Sache des Übels ist. Sie würden jedem ›Halt!‹ zurufen, der aus Machtgier den Frieden brechen würde.«

Zum Abschied gibt Hull seinem Gegenspieler Saavedra Lamas nicht die Hand.

In den USA wird die am 23. Dezember beendete Zusammenkunft in Buenos Aires als »Friedenskonferenz« gefeiert, die zeige, dass »Völker als gute Nachbarn zusammenleben können«. Die Londoner *Times* zeigt sich im Vergleich zu früheren Konferenzen vom freundschaftlichen Klima beeindruckt: »Mehr noch als die beschlossenen Papiere werden sich das Ausräumen von Verdächtigungen und die Förderung des guten Willens als nützlich erweisen.« Der Erfolg der Konferenz rechtfertige die Hoffnung auf weitere Fortschritte in der Zukunft, heißt es sehr allgemein, ohne auf die mögliche Handelskonkurrenz zwischen Großbritannien und den USA in Lateinamerika einzugehen. In Deutschland wird die Konferenz als Versuch der USA wahrgenommen, einen »neuen, einheitlichen und geschlossenen großen Wirtschaftsraum« zu schaffen. »Amerika den Amerikanern!« laute die Parole gegen die Einflüsse aus Europa, heißt es in der *Tat*.[3]

Den Grundsatz der US-Außenpolitik, allen Völkern Frieden und Demokratie zu bringen, bekräftigt Roosevelt zur Eröffnung des neugewählten Kongresses, dessen beide Häuser mit demokratischen Mehrheiten am 6. Januar 1937 im Kapitol zusammenkommen. Er beginnt mit einem Rückblick auf die Erfolge der vorangegangenen vier Jahre und einem Ausblick auf die Aufgaben der kommenden vier Jahre:

»Trotz der erreichten Erholung sind wir noch weit vom Ziel entfernt, jenen bessere Lebensbedingungen zu schaffen, die sie am nötigsten haben: Die Demokratie muss Lösungen finden, wenn sie erfolgreich sein soll.«

Zur Warnung weist er auf Regierungen anderer Länder hin, die den Problemen nicht gewachsen gewesen seien. Sie haben unter der leichtsinnigen Zustimmung ihrer Völker neue Regierungsformen eingeführt, an die Stelle der Herrschaft aller die Herrschaft weniger: »In Oligarchien ist der Militarismus im Vormarsch, in Demokratien schwindet er dahin«, meint Roosevelt. Bei seinem Besuch von drei südamerikanischen »Schwesterrepubliken« habe er feststellen können, dass die Masse der Völker in ganz Amerika zur Regierungsform der Demokratie stehe und sie nicht durch eine andere Regierungsform ersetzen wolle: »Demokratien sind am besten geeignet, untereinander Frieden zu halten.«

Roosevelt zählt die in Buenos Aires gefassten Beschlüsse auf, die den Frieden in der »westlichen Hemisphäre« sichern. Das sei eine Leistung, die das Leben und die Sicherheit von 250 Millionen Menschen betreffe: »Die Friedenskonferenz hat damit im Namen aller Demokratien in der Welt denen eine Botschaft gesandt, die anders leben.« Er verlangt, dass Parlament, Regierung und Rechtsprechung dafür sorgen, dass die »Vereinigten Staaten von Amerika weiterhin den Erfolg der Demokratie sichern«. Diese Forderung und Warnung richtet sich vor allem an den Obersten Gerichtshof, der Roosevelts Reformpolitik bislang viele Steine in den Weg gelegt hatte. Als gewählter Präsident und als gewähltes Parlament müsse man in der Lage sein, wirkungsvoll für das Allgemeinwohl zu arbeiten, mahnt Roosevelt.

Zwei Tage später teilt der Präsident, der bereits im Weltkrieg sein Herz für die Marine entdeckt hatte, dem Kongress mit, dass als erster Beitrag zur Friedenssicherung nach 13-jähriger Pause wieder zwei Schlachtschiffe auf Kiel gelegt werden sollen, eins für den Pazifik, das andere für den Atlantik: »Wenn wir unsere Kriegsmarine nicht zur Bedeutungslosigkeit verkommen lassen wollen, darf die Erneuerung von Großkampfschiffen nicht aufgeschoben werden.« Er verweist darauf, dass in Großbritannien, Frankreich und Deutschland entsprechende Schiffe bereits in Bau seien. Zugleich schwebt ihm eine »Weltfriedenskonferenz« vor: »Wenn sich fünf oder sechs wichtige Regierungschefs für eine Woche, von Presse und Radio abgeschirmt, treffen würden«, schreibt er seinem Botschafter in Berlin, William Dodd, »könnte sich ein wirklich nützliches Abkommen ergeben.« Dodd hatte schon im Auswärtigen Amt nachgefragt und zu hören bekommen, dass »Hitler möglicherweise zustimmen würde«.[4]

Welche Ziele verfolgt Roosevelt? fragt man sich in Deutschland. Will er sich aus den Händeln der Welt heraushalten oder sehnt er sich nach der Rolle des Friedensbringers, um als »Sprecher aller Demokratien« auf andere Teile der Welt seinen Einfluss auszuüben? Hitler bleibt abwartend. Auch er nutzt den 4. Jahrestag seiner Ernennung zum Reichskanzler für eine Erfolgsbilanz seiner bisherigen Amtszeit. In seiner zweieinhalbstündigen Rede vor dem Reichstag am 30. Januar 1937 erwähnt er die USA und Roosevelt nicht direkt – und doch hört sich vieles so an, als ob Hitler sich gegenüber den mehr oder weniger versteckten Vorwürfen aus Buenos Aires und Washington rechtfertigen wolle. US-Botschafter Dodd hatte für diesen Tag schon das Schlimmste befürchtet, etwa die Übernahme Danzigs in das Reich, und ist überrascht, als er erfährt, dass Hitler »versöhnlicher als zu irgendeiner anderen Zeit seit 1933« gesprochen habe.

Mit der »nationalsozialistischen Revolution«, wie Hitler die Machtübernahme 1933 bezeichnet, habe er die Aufgabe übernommen, »ein neues und besseres Leben aufzubauen«. Er greift Roosevelts Gegenüberstellung von Demokratie und Diktatur auf und beansprucht, dass die Umwälzung in Deutschland »im höchsten Sinne des Wortes als demokratisch zu bezeichnen« sei. Als Beleg führt er sich selber an als der »durch das Vertrauen des Volkes berufene Führer«. Er stellt sich, ohne den Namen zu nennen, als Roosevelts Widerpart dar:

> »Denn von all jenen, die sich so oft und so gern bemühen, die demokratischen Regierungen als vom Volke getragene Institutionen zum Unterschied der Diktaturen hinzustellen, hat keiner mehr Recht, im Namen seines Volkes zu reden, als ich!«

Neben seinen Erfolgen bei der »deutschen Wiederauferstehung durch wirtschaftliche Gesundung« hebt er die »Wiederherstellung der deutschen Gleichberechtigung« hervor: Er habe die Fesseln des Versailler Vertrage abgestreift, die Wehrpflicht eingeführt, eine neue Luftwaffe geschaffen, eine Kriegsmarine wiederaufgebaut, das Rheinland wiederbesetzt – ohne Verhandlungen mit den früheren Gegnern, um ihnen das Hinnehmen dieser Entscheidungen zu erleichtern. Er kündigt an, dass diese Politik der »Überraschungen« nun abgeschlossen sei:

> »Als gleichberechtigter Staat wird Deutschland, seiner europäischen Aufgabe bewusst, nunmehr in Zukunft in loyaler Weise mitarbeiten an der Behebung der Probleme, die uns und die anderen Nationen bewegen.«

Damit weist er auch den Vorwurf einer deutschen »Isolierungspolitik« zurück. Er erwähnt Abkommen mit Polen, Österreich, Italien, Japan und Bemühungen um Handelsverträge mit den Nachbarländern. Der Friede in Europa sei allein durch die Pest des »bolschewistischen Weltrevolutionsanspruchs« gefährdet. Er wolle sich bemühen, das »deutsche Volk gegen die Infektion durch die Träger dieser Giftbazillen immun zu machen«. Er weist dabei den Vorwurf des Wettrüstens zurück:

> »Das Ausmaß der Rüstung für eine Verteidigung wird bestimmt vom Ausmaß der Gefahren, die ein Land bedrohen.«

Wie Roosevelt Amerika hat Hitler Europa im Blick: Auf der Grundlage der »gegenseitigen Achtung und absoluter Gleichberechtigung« soll es hier zur »Entspannung« und zur »Befriedung der Völker« kommen:

> »Das Deutsche Reich wird, erfüllt von der Überzeugung, dass es für Europa kein höheres Gut als den Frieden geben kann, stets ein verantwortungsvoller und verantwortungsbewusster Träger dieses europäischen Friedensgedankens sein.«

Beim Blick in die Zukunft spricht Hitler keine außenpolitischen Ziele an, die Roosevelts Vorwurf vom Störenfried bestätigen könnten, sondern beschränkt sich auf die Ankündigung, einige große Städte, vor allem Berlin, aber auch München und Hamburg, planmäßig auszubauen: »Möge der allmächtige Gott uns den Frieden schenken, um das gewaltige Werk in ihm vollenden zu können.«[5]

Wie reagiert Roosevelt? Er wartet ab. Streit zwischen beiden Seiten wird vermieden. Einem Abgesandten des britischen Finanzministers Neville Chamberlain, der als Nachfolger von Premierminister Baldwin im Gespräch ist, offenbart Roosevelt seine große Sorge vor einem Krieg: »Wenn Großbritannien beteiligt sein sollte«, versichert er, »würden die USA innerhalb weniger Wochen an britischer Seite sein.« Roosevelts Botschafter Dodd sondiert an verschiedenen Stellen in Berlin weiter Möglichkeiten einer »Weltfriedenskonferenz«. Als der Präsident Anfang März in einer Radioansprache ankündigt, den Obersten Gerichtshof so umzubauen, dass er den demokratischen Reformen des Kongresses nicht mehr im Wege stehen kann, sind Hitler und Goebbels von Roosevelts Absichten sehr angetan: »Recht hat er«, hält Goebbels in seinem Tagebuch fest, »die veralteten Juristen sollen sich aus der Politik heraushalten.« Er zweifelt jedoch aus eigener

Erfahrung am Erfolg: »Diese bezopften Herren pflegen meist sehr zähe zu sein.« Auch in Bezug auf eine Weltkonferenz belauert man sich gegenseitig: Hitler willigt ein – aber nur wenn Präsident Roosevelt sie einberuft. Roosevelt dagegen verlangt, dass Berlin und Rom den ersten Schritt tun müssten.

Während Hitler Deutschland als »Bollwerk gegen Moskau« sieht, scheint Roosevelt sich keine Sorgen über die »Bedrohung durch den Bolschewismus« zu machen. Dabei spielt sich in der Sowjetunion gerade ein blutiger Machtkampf ab. In Schauprozessen lässt Stalin ehemalige Kampfgefährten aus dem Weg räumen. Dabei geraten weitere »Spione, Doppelzüngler, Verräter und Verschwörer« ins Visier des misstrauischen Stalins; sogar der Chef der Roten Armee, der 44-jährige Marschall Michail Tuchatschewski, kommt ins Gerede. Auf einer Sitzung des Zentralkomitees der Kommunistischen Partei Anfang März beklagt Stalin, dass es »Agenten ausländischer Geheimdienste« gelungen sei, in Spitzenpositionen einzudringen. Sein Regierungschef Wjatscheslaw Molotow droht unverhohlen: »Leute, die gegen die Partei kämpfen und zu offen konterrevolutionären Aktionen übergehen, werden wir entsprechend behandeln.«[6] Es wird mit weiteren Verfolgungen, Prozessen und Todesurteilen gerechnet.

Ob Roosevelt das Regime in der Sowjetunion ebenfalls zu den Diktaturen zählt, bleibt offen. Er widmet sich vielmehr der Aufgabe, die »einigenden Bande der großen amerikanischen Völkerfamilie« zu stärken. Am Panamerika-Tag, am 14. April, überbringt er »alten und neuen Freunden« aus den Schwesterrepubliken im Ständigen Büro des *Panamerika Bundes* in Washington die »herzlichen und brüderlichen Grüße des Volkes der Vereinigten Staaten«. Er erinnert an den Erfolg der Konferenz in Buenos Aires, wo alle Teilnehmer zum Wohle des Kontinents ihre gegenseitige Abhängigkeit anerkannt hätten. Es habe ihn tief beeindruckt, wie man sich in Amerika einig sei, die demokratischen Einrichtungen in der Neuen Welt zu entwickeln und so die Sache des Weltfriedens zu fördern: »Internationale Unsicherheit«, warnt er, »führt zu Militarismus, Reglementierung und der Verweigerung von Rede-, Versammlungs- und Religionsfreiheit.« Die Grundlage der Demokratie sei die freie Wahl einer Regierung durch das Volk selbst. Auch hier macht Roosevelt nicht deutlich, ob er die Sowjetunion ebenfalls zu den undemokratischen Ländern zählt. Hält er die kommunistischen Umtriebe in Amerika nicht für gefährlich?

Die innenpolitische Debatte in den USA wird im April 1937 von der Auseinandersetzung um die Änderung des seit zwei Jahren bestehenden Neutralitätsgesetzes bestimmt. Es war aufgedeckt worden, dass nicht nur die Sowjetunion, Deutschland und Italien, sondern auch amerikanische

Waffenhändler mit ihren Lieferungen den Bürgerkrieg in Spanien anfeuern. Weit verbreitet ist der Wunsch, die USA mögen sich aus allen kriegerischen Konflikten heraushalten, indem die Neutralität so eindeutig wie bisher formuliert bleibe: »Bei Ausbruch eines Krieges ist es verboten, Waffen, Munition oder Kriegsbedarf aus den USA in einen kriegführenden Staat auszuführen.«

Roosevelt und Hull wünschen sich eine Erweiterung ihrer Handlungsmöglichkeiten, weil man nicht wisse, wie sich »zukünftige Ereignisse entwickeln« könnten, aber auch mit Rücksicht auf die Geschäftsinteressen von Landwirtschaft und Industrie. Heraus kommt ein kaufmännischer Kniff: Nun dürfen Waren ausgeführt werden, wenn sie der Käufer bar bezahlt und auf eigenen Schiffen abtransportiert (»cash and carry«). Die erfreute Reaktion in Großbritannien wie Frankreich und die kritische Reaktion in Deutschland machen deutlich, dass an der Neutralität der USA gezweifelt wird: Handel treiben könne dann nur noch, wer wie Großbritannien die Meere beherrsche. Vor Auslaufen des alten Gesetzes unterschreibt Roosevelt am 1. Mai 1937 das vom Kongress gemeinsam beschlossene und auf zwei Jahre, bis zum Sommer 1939, begrenzte Gesetz – ein Postflugzeug hatte das Dokument vom Weißen Haus zur Präsidentenyacht *Potomac* im Golf von Mexiko gebracht, wo sich Roosevelt zum Fischen aufhält.

Wenige Tage später, am 7. Mai, tauschen Roosevelt und Hitler Botschaften aus. Am frühen Morgen war auf der *Potomac* ein Blitztelegramm eingegangen, das eine Katastrophe am Vortag in Lakehurst, 100 Kilometer südwestlich von New York, meldete: Nach zweitägiger Fahrt über den Atlantik hatte das deutsche Luftschiff *Hindenburg* mit fast 100 Passagieren und Besatzungsmitgliedern an Bord kurz vor der Landung Feuer gefangen und war abgestürzt. Der Präsident lässt dem »Reichskanzler und dem deutschen Volk sein tief empfundenes Mitgefühl für den tragischen Verlust von Menschenleben durch das unerwartete und unglückliche Ereignis« übermitteln. Hitler bedankt sich umgehend.[7]

Roosevelts Rückfahrt nach Washington ist für den 13. Mai geplant. Nicht im Entferntesten hat er daran gedacht, an der Krönungsfeier für den neuen britischen König teilzunehmen. Er lässt sich vielmehr in republikanischer Bescheidenheit von einem ehemaligen Diplomaten vertreten, den 69-jährigen James Gerard, der sein Land von 1913 bis 1917 im kaiserlichen Berlin vertreten hatte und der wegen seines Einsatzes für das Wohlergehen britischer Kriegsgefangener von George V. mit einem Orden ausgezeichnet worden war.

4. KAPITEL

Den Frieden in der Welt erhalten
Die Reichskonferenz in London
(Mai/Juni 1937)

Halb London ist am Mittwoch, den 12. Mai 1937, auf den Beinen. Die halbe Welt versammelt sich wenige Tage vor Pfingsten in London. Es ist der Krönungstag des Königs, der das britische Weltreich zusammenhalten soll. Edward VIII. hatte bereits im Jahr zuvor den Termin für sich und seine amerikanische Geliebte bestimmt, den nun sein jüngerer Bruder Albert, der den Vornamen seines deutschen Urgroßvaters durch George ersetzt, zusammen mit seiner Frau aus schottischem Adelsgeschlecht wahrnimmt. Die letzte Zeremonie, für die der 600 Jahre alte Krönungsstuhl im Längsschiff der 900 Jahre alten Westministerabtei aufgestellt wurde, liegt 26 Jahre zurück, drei Jahre vor Ausbruch des Weltkriegs. Niemals zuvor, meint ein Beobachter, haben die Zeremonienmeister derartig Macht und Pracht zur Schau gestellt wie im Mai 1937: Wenn auch die Welt aus den Fugen gerate, bleibe doch die »britische Krone unerschütterlich, das Weltreich fest, stark und mächtig, England immer noch England«.

Das Vereinigte Königreich hat, was auf dem Erdkreis Rang und Namen hat, in die Stadt am Nullmeridian eingeladen. Es gibt nur wenige Absagen. Bereits im März hatte Mussolini während einer Rundreise durch Libyen angekündigt, dass Italien nicht bei der Krönung vertreten sein werde, da die britische Regierung auch den von italienischen Truppen vertriebenen Kaiser von Abessinien, Haile Selassie, eingeladen hatte. Anfang Mai wurde in Moskau mitgeteilt, dass ein Großadmiral an Stelle des angeblich erkrankten stellvertretenden Kriegsministers Michail Tuchatschewski kommen werde; wenige Tage später wird bekannt, dass der Marschall der Roten Armee aller seiner Ämter enthoben und an die Wolga verbannt worden sei. Ohne Einladung kommen zwei krönungsversessene junge Männer als blinde Passagiere auf einem Schiff aus Neuseeland; sie werden nach ihrer Ankunft Anfang Mai in London für vier Wochen ins Gefängnis gesteckt. Etwas Besonderes haben sich die Japaner ausgedacht: Sie schickten vorab einen

Preis 30 Rpf. (frei Haus 35 Rpf.)
Ausgabe B mit Versich. 60 Rpf.
einschließlich 5 Rpf. Zustellgebühr
3. DEZEMBERHEFT 1936

Die Gartenlaube

Begründet im Jahre 1853

Thronwechſel in England

König Eduard VIII. hat für ſich und ſeine Nachkommen auf den Thron verzichtet. Sein Bruder, der Herzog von York, wurde nach dem engliſchen Thronfolgegeſetz ſein Nachfolger. Unſer Bild zeigt den neuen König mit der Königin und der älteſten Tochter Eliſabeth, der künftigen Thronfolgerin

Aufnahme Scherl-Bilderdienſt

Auch Deutschland zeigt Interesse am neuen König: Das Titelbild der *Gartenlaube* zeigt George mit Frau Elizabeth und Tochter Elizabeth

einmotorigen Mitsubishi-Flieger, den sie *Kamikaze* (»Göttlicher Wind«) tauften, als Demonstration des guten Willens auf einen fünftägigen Flug von Tokio über viele Zwischenstationen im britischen Weltreich nach London; dort nutzt das inzwischen eingetroffene japanische Prinzenpaar die kleine Maschine für einen Rundflug.

Hofiert werden vor allem die Vertreter der etwa 500 Millionen Untertanen des britischen Königs, die auch an der im Anschluss an die Krönung stattfindende Weltreichskonferenz teilnehmen wollen. Sie werden am Vortag im Buckingham Palast empfangen und liefern ihre Ergebenheitsadressen ab, allen voran die Premierminister der vier Dominien, dann die Repräsentanten aus Indien, Burma, Südrhodesien, den Kolonien, den Schutz- und Mandatsgebieten. Der König bedankt sich: »Es macht mir Mut, dass ich auf Eure treue Hilfsbereitschaft und Zuneigung zählen kann.« Er spricht die ungewisse und furchterregende Weltlage an und zeigt sich zuversichtlich, dass diese »Völkerfamilie« weiter zusammenarbeiten werde, um das »edle Erbe unversehrt den Nachkommen zu übergeben«. Der Vertreter der 150 Jahre zuvor abtrünnig gewordenen Kolonien in Nordamerika, Roosevelts Bote James Gerard, findet in London keine besondere Würdigung.

Wochenlang hat sich die Neun-Millionen-Stadt auf das Großereignis vorbereitet. Arbeiterarmeen haben an den Straßen, die der königliche Zug zwischen Buckingham-Palast und Westministerbtei passiert, Wälder aus Holz und Stahl wachsen lassen, um dem Westend mit Flaggen, Girlanden, Wappenschildern ein buntes historisches Kostüm zu verpassen. Kaufhäuser in der Oxfordstraße legen Festschmuck an und dekorieren ihre Schaufenster mit kronenbestickter Krönungswäsche. Gute Umsätze machen die Tuchhändler: In Stadt und Land soll der Union Jack als Zeichen der Treue zum Königshaus flattern. Die Wappentiere, der englische Löwe und das schottische Einhorn, werden als vergoldete Anstecknadeln millionenfach vertrieben. Streiken tun nur die Busfahrer und das Wetter: An den Vortagen ist es »nasskalt, dunkel und scheußlich«. Die Millionen Verwandten vom Lande und Besucher aus der Ferne, die einen guten Platz am zehn Kilometer langen Prozessionsweg ergattern wollen, versuchen sich während der nächtlichen Wartezeit zu schützen, die einen mit Decken, die anderen mit Zeitungen. Neben Palast, Abtei und Parlament werden 200 weitere Gebäude der Stadt in Flutlicht getaucht. 20 000 Polizisten stehen bereit, die begeisterten Massen in Grenzen zu halten. An markanten Stellen halten Abordnungen britischer Truppen aus allen Erdteilen Wache. Im Abstand von hundert Metern sind Erste-Hilfe-Stationen eingerichtet.

Zu den Glücklichen, die eine Eintrittskarte zur Feier erhalten hatten, gehören etwa 8000 Männer und Frauen. Das Fußvolk, Politiker und Journalisten, sollen bis morgens 7 Uhr ihre Plätze auf der Galerie in der dunklen Abtei eingenommen haben. Zwei Stunden dauert dann unter Orgel-Klängen der Einmarsch ordensgeschmückter Admiräle und Generäle, Bischöfe und Kirchenfürsten in glänzenden Chorröcken, des alten und neuen Adels in purpurroten Roben, der Abgesandten europäischer Monarchien sowie der Vertreter aus den verschiedenen Teilen des Weltreichs und fremder Staaten, viele in ihrer Tracht. Schließlich nimmt die königliche Familie Platz, zuletzt die Mutter des Königs und ihre Enkelinnen. Eine halbe Stunde braucht die von acht Grauschimmeln gezogene goldene Kutsche mit König und Königin vom Palast zur Abtei, wo die beiden, mit Purpurmantel und langer Schleppe, um 11 Uhr von Händels Trompetenkonzert begrüßt werden.

Mit Rücksicht auf die Gesundheit des 41-jährigen Königs erfolgt die verkürzte Zeremonie ebenso feierlich wie zügig. Viermal fragt der Erzbischof in alle Himmelsrichtungen, ob die Anwesenden dem »unzweifelhaften König huldigen und dienen wollen«, viermal lautet die tausendstimmige Antwort: »Gott segne König George!« Am Altar legt George die Hand auf die Bibel und schwört, seine Völker nach ihren Gesetzen und Gebräuchen zu regieren. Er nimmt unter einem Baldachin mit golddurchwirktem Tuch auf dem alten Thron Platz, wird nach altem Ritus an Kopf, Händen und Brust mit geweihtem Öl gesalbt, wird an den Hacken mit goldenen Sporen berührt, bekommt das Staatsschwert gereicht und den Reichsapfel, den königlichen Ring auf den vierten Finger der rechten Hand geschoben und das königliche Zepter als Zeichen der Gerechtigkeit und Gnade in die rechte Hand gedrückt. Mit Bedacht nimmt nun der Erzbischof das edle und schwere Schmuckstück vom Altar und setzt es dem König auf den Kopf: »Gott kröne dich mit einer Krone des Ruhms.« Trompeten schmettern, der Chor singt: »Seid mächtig und seid stark«, Kanonendonner vom Tower Hügel verkündet der Welt die Thronbesteigung. Anschließend erfolgt die Krönung der Königin, die sich dann auf ihren Thron links vom König setzt.

Nach einem Gebet vor dem Altar und in Begleitung von Lords und Ladys verlässt das gekrönte Paar nach drei Stunden unter Glockengeläut die Abtei und genießt auf der Rückfahrt zum Palast die jubelnde Begeisterung der Menschen am Straßenrand, die die Zeremonie zum Teil als Direktübertragung des Rundfunks über Lautsprecher hatten miterleben können. Auch das britische Fernsehen lieferte 50 000 Zuschauern den ersten Beweis für seine technische Leistungsfähigkeit. Die britische Wochenschau arbeitete so schnell, dass in manchen Kinos bereits am Abend Filmaufnahmen vom

Krönungszug in Farbe und von der Krönung in schwarz-weiß zu sehen sind. Viele Theater eröffnen ihr Programm mit der abendlichen Radioansprache des Königs: »Ich habe heute das Gefühl, dass das gesamte Weltreich sich in voller Aufrichtigkeit in der Westministerabtei versammelt hat.« Stolz listet die *Times* die Zahl der Geburten in Londoner Kliniken während der Krönung auf und vermerkt, wer von den neugeborenen Jungen und Mädchen den Namen George und Elizabeth tragen soll.[1]

An den folgenden Tagen veranstaltet der Hof ein Staatsbankett und einen Ball für die gekrönten Häupter und ihren Anhang, während Staatsmänner und Militärs Zeit und Gelegenheit für politische Gespräche bei Empfängen nutzen, die der britische Außenminister Anthony Eden ebenso wie sämtliche Botschafter und Gesandte geben. Mit 1800 Gästen findet der deutsche Botschafter Joachim von Ribbentrop in seiner frisch renovierten Botschaft mit Blick auf den St. James Palast die größte Beachtung. Besonders zahlreich ist das britische Kabinett vertreten, darunter auch Chamberlain, der im Zwiegespräch mit Reichskriegsminister Werner von Blomberg sein Interesse an den neuesten Entwicklungen in Deutschland zeigt. Danach ist der künftige Premierminister froh, der Tretmühle der Veranstaltungen entfliehen und sich der Bildung seines Kabinetts widmen zu können.

Nicht mit einer Truppen-, sondern mit einer Flottenparade beschließt die Seefahrernation am 20. Mai die Feierlichkeiten. Vor dem Kriegshafen Portsmouth an der Kanalküste ist ein Großteil der britischen Armada mit neun Schlachtschiffen, 17 Kreuzern, fünf Flugzeugträgern, 56 Zerstörern, 22 U-Booten und rund 50 Hilfsschiffen aufgefahren. Ihnen angeschlossen haben sich ein Dutzend Kriegsschiffe aller großen Seemächte (außer Italien und Spanien). Aus Deutschland kommt das im Jahr zuvor in Dienst gestellte Panzerschiff *Admiral Graf Spee*, das die Briten in einer Mischung aus Herablassung und Anerkennung als *Westentaschen-Schlachtschiff* bezeichnen. Unter den Augen von einer Million Zuschauern passiert die königliche Yacht bei leichtem Nebel die langen Linien von 300 Schiffen und wird mit Salutschüssen und Hoch-Rufen der Mannschaften gegrüßt. Im Anschluss nutzen Kriegsschiffe aus Japan und Argentinien die weite Reise, um deutschen Häfen einen Freundschaftsbesuch abzustatten.

»Die Geschichte wird kaum die ungeheure Offenbarung einer Massenbegeisterung vergessen, die der Welt zeigt, welchen Schatz nach mehr als tausend Jahren Britannien und sein Weltreich durch eine der Tradition verpflichteten Monarchie birgt«, fasst die Londoner *Times* das Schauspiel der Krönung zusammen. Als Beleg werden Stimmungsberichte aus fremden Ländern zitiert, von Tokio bis Washington, von Helsingfors bis Teheran.

Vor allem in Skandinavien und auf dem Balkan sehe man »in einer unglücklichen Welt ein glückliches Weltreich als Anker des Friedens«. Aus Palästina, wo ein britischer Hoher Kommissar residiert, heißt es: »Auch in seiner 4000-jährigen Geschichte hat Jerusalem noch keine so prachtvolle Krönung gefeiert wie die von König George, den manche für einen Nachkommen von König David halten mögen.« In den USA, wo am Radio die Ohren den Berichten aus London gebannt gelauscht haben, richten sich die Augen nun gespannt auf die Weltreichskonferenz, deren Beschlüsse die Beziehungen zwischen Großbritannien und den Vereinigten Staaten beeinflussen würden.[2]

Eröffnet worden war die Zusammenkunft bereits am 14. Mai im St. James Palast, der Residenz der englischen Könige, bis sie genau hundert Jahre zuvor in den Buckingham Palast umgezogen waren. Den mittleren Platz an den in Hufeisenform aufgestellten Tischen übernimmt Premier Stanley Baldwin: Er begrüßt zu seiner linken und rechten Seite die Premierminister mit ihren Ministern aus den unabhängigen Dominien Kanada, Australien, Neuseeland und der Südafrikanischen Union, den Staatssekretär für Indien, der von einem fürstlichen Maharadscha und einem indischen Regierungsmitglied begleitet wird, sowie als Beobachter die Regierungschefs von Südrhodesien und von Burma. Die abhängigen Gebiete des Weltreichs werden vom Kolonialminister vertreten. Nicht vertreten ist der Irische Freistaat, der eine Teilnahme abgesagt hat: »Das Volk von Eire« ist dabei, sich eine neue Verfassung zu geben, die seine Unabhängigkeit von Großbritannien sowie seinen Anspruch auf Wiedervereinigung mit dem Nordteil der Insel bekräftigt.

In seiner Begrüßungsansprache betont Baldwin die Themen Außenpolitik und Verteidigung als die beiden wichtigsten Tagesordnungspunkte:

> »Wir treffen uns zu einer Zeit, in der die internationale Lage schwierig und sogar gefährlich ist. Auf uns lastet die Verantwortung, darauf zu achten, dass unsere Beratungen nicht nur uns helfen, sondern auch zur Lösung jener internationalen Probleme beitragen, die zurzeit die Welt verwirren.«

Als größtes Problem spricht er den ruinösen Rüstungswettlauf an, den andere mächtige Länder begonnen haben und dem sich bedauerlicherweise auch Großbritannien anschließen musste: »Wir schultern diese Last für die Sicherheit dieser Insel, die nach wie vor das Herz des Weltreichs ist.« Dies geschehe auch, hebt er hervor, damit die Sicherheit des Weltreichs in Übersee gewährleistet sei: »Wir müssen überlegen, wie wir unsere verschie-

Der britische Premierminister Stanley Baldwin (rechts in der Mitte stehend) eröffnet am 14. Mai 1937 die Reichskonferenz im St. James Palast

denen Maßnahmen so koordinieren, dass wir uns gegenseitig helfen und der Sache des Friedens dienen können.«

Die folgenden Redner bedanken sich für die freundliche Begrüßung (»Wir fühlen uns wie zu Hause«), bekunden Zustimmung und deuten Widerspruch an. Kanadas Premier William Mackenzie King und seine zehn Millionen Mitbürger wünschen sich einen Beitrag der britischen Völkergemeinschaft zur friedlichen Regelung der internationalen Beziehungen. Australiens Premier Joseph Lyons sieht sich zusammen mit seinen sieben Millionen Mitbürgern in der Verantwortung, selber für die Verteidigung seines Kontinents und für Frieden im Pazifik zu sorgen; stolz verweist er auf die vielen Rüstungsanstrengungen zu Lande, zu Wasser und in der Luft. Neuseelands Premier Michael Savage und seine eineinhalb Millionen Mitbürger erhoffen sich in schwierigen Zeiten eine wirkungsvolle Zusammenarbeit, die die Welt so dringend brauche. Der Premier der Südafrikanischen Union, James Hertzog, zeigt sich mit seinen eineinhalb Millionen weißen Mitbürgern beunruhigt über die gespannte Lage in Europa: »Unsere Herzen sind erfüllt von der Sorge über die Zukunft.« Der Maharadscha Gaekward von Baroda weist auf die Unruhe unter den 360 Millionen Indern hin und verlangt die vollen Rechte eines unabhängigen Dominiens. Diesen Wunsch äußern auch der Premierminister von Südrhodesien und der Regierungschef von Burma.[3]

Die 29 Männer am Hufeisen im St. James Palast verstehen sich als Vertreter des »Dritten britischen Weltreichs«, der »größten Leistung in der Geschichte der Menschheit«. Sie sehen ihre Aufgabe darin, den »Frieden in der Welt zu erhalten«. Sie hätten viel zu verlieren: Sie vertreten ein Viertel des Erdballs, mehr als ein Viertel der Erdbevölkerung, fast die Hälfte des Welthandels. Sie kontrollieren die Hälfte des Weltbedarfs an Vieh, Kohle, Jute, Palmöl, Reis, Kautschuk und Zinn. Sie überwachen, wie das Erdöl bei Mosul und das Gold bei Johannesburg gefördert werden. Sie bestimmen über fünf der größten Häfen: London, Liverpool, Kalkutta, Hongkong, Montreal. Sie verfügen auf allen Erdteilen über Industrieanlagen und Bodenschätze, die zu den größten der Welt zählen. Ist die Britische Völkergemeinschaft nicht, anders als der russische Kommunismus und der deutsch-italienische Faschismus, ein wirkliches Modell der künftigen Weltgemeinschaft? »Die Völker haben ein großes Beispiel vor Augen«, schreibt der Verfasser von *Magna Britannia*, »sie können ihre nationale Selbstständigkeit bewahren und ihre Freiheit erweitern und sich ihrer in immer größeren Umfang erfreuen.«[4]

Warum machen sich die Vertreter dieses Weltreichs trotzdem solche Sorgen? Durch wen fühlt man sich bedroht? Ein deutscher Beobachter der Londoner Konferenz berichtet, was er in den Zeitungen und auf den Straßen gelesen und gehört hat: Gefahren sollen von Japan (gegen Australien), von Italien (gegen den Verkehrsweg durch das Mittelmeer und den Suez-Kanal) und von Deutschland (über die Nordsee gegen Großbritannien) ausgehen. Wie werden sich die einzelnen Teile des Weltreichs im Falle von Konflikten gegenüber dem Mutterland verhalten? fragt der Korrespondent des *Völkischen Beobachters*. Seine Vermutung: »An einem europäischen Festlandkrieg ist keines der Tochterländer unmittelbar interessiert.« Die Aufgabenteilung bei der militärischen Verteidigung des Weltreichs werde jedoch darauf hinauslaufen, dass die einzelnen Mitglieder stärker als bisher durch Aufrüstung für ihren eigenen Schutz sorgen sollten, um das Mutterland zu entlasten. Für eine direkte Hilfe wie im Weltkrieg werde es keine Zusage geben.[5]

Zur Besprechung der Außenpolitik treffen sich die Premiers einige Tage später in kleinem Kreis in der Downing Street. Außenminister Eden gibt eine Stunde lang Einblick in seine Sicht der verschlechterten Lage: Japan, Deutschland und Italien macht er für 90 Prozent der internationalen

Probleme verantwortlich. Mit dem Grundsatz »Macht ist Recht« hätten sie Erfolg gehabt, Japan in China, Italien in Abessinien, Deutschland im Rheinland. Welche Strategie solle Großbritannien nun verfolgen? Edens Grundsatz: Halten der bestehenden politischen Positionen und gleichzeitig Aufbau der dafür notwendigen Militärmacht. Alle Welt wisse: Das Inselreich werde es nicht hinnehmen, dass eine fremde Macht Nordfrankreich, Belgien oder die Niederlande besetze. Hier sei daher ein Krieg eher unwahrscheinlich, anders als in Mitteleuropa, wo Großbritannien keine klaren Verpflichtungen eingegangen sei. Die größten Sorgen müsse man sich um Österreich und die Tschechoslowakei machen. Es gebe drei Möglichkeiten: »Wir könnten uns desinteressiert zeigen.« Das würde jedoch sicher die Aggression herausfordern. »Wir könnten unsere Bereitschaft erklären, für die beiden Ländern zu kämpfen, wenn sie angegriffen werden.« Dafür hätte die Regierung keinen Rückhalt in der öffentlichen Meinung des Landes. »Wir könnten unsere Interessen am Zustand in Mitteleuropa erklären, ohne uns zur militärischen Unterstützung zu verpflichten.« In Gesprächen mit Vertretern mitteleuropäischer Länder habe er feststellen können, dass diese Haltung dort begrüßt werde.

Und zufrieden stellt Eden fest, dass die britische Wiederaufrüstung der vorangegangenen Jahre die meisten kleineren Mächte in Europa wieder habe Mut fassen lassen. Zusammenfassend erinnert er an die beiden Ziele der Londoner Politik vor dem Weltkrieg. Als erstes den Frieden bewahren, als zweites dafür sorgen, dass, wenn Krieg ausbreche, das britische Weltreich nicht allein dastehe: »Es besteht kein Zweifel, dass die USA bereit sind, uns, so weit es ihnen möglich ist, zu helfen und in Übereinstimmung mit uns vorzugehen.« Wenn auch die Mitglieder der britischen Völkergemeinschaft nach diesem Grundsatz handelten, mahnt er, werde die »internationale Lage zwar gefährlich, aber keineswegs verzweifelt sein«.

Bevor sie in eine Debatte eintreten, wünschen sich die Vertreter der Dominien weitere Erläuterungen über die Lage in Europa. Am nächsten Tag entwirft Eden ein finsteres Bild: »Wir haben in Europa zwei Wahnsinnige, die frei herumlaufen. Wir müssen mit dem Schlimmsten rechnen.« Hitlers *Mein Kampf* entnimmt er das Ziel deutscher Politik: Herrschaft über alle Gebiete mit deutscher Bevölkerung; man müsse mit einem Vorgehen gegen Österreich und die Tschechoslowakei rechnen. Noch unmittelbarer drohe aber Gefahr für Großbritannien durch Mussolini.

In Vertretung von Baldwin leitet Chamberlain die anschließende Diskussion. Es ist wenig ermutigend, was Eden aus den Dominien anhören muss. Mackenzie King räumt zwar ein, dass vieles für eine Unterstützung durch Kanada spreche, aber fügt an: »Es gibt eine weitverbreitete Unzufriedenheit über die Unfähigkeit Europas, seine eigenen Angelegenheiten zu regeln.« Die Opposition gegen eine Beteiligung an jeder Art von Krieg wachse; dazu trage auch die Neutralitätsstimmung in den USA bei. Australiens Vertreter geht noch einen Schritt weiter und empfiehlt London, den Widerstand gegen den »Anschluss« (so wörtlich) Österreichs aufzugeben; das gelte auch für die Deutschen in der Tschechoslowakei, in Danzig, im Memelland und an anderen Stellen. Noch deutlicher wird Hertzog, der verlangt, das Unrecht des Versailler Vertrages wieder gutzumachen; sollte es darüber zum Krieg in Europa kommen, warnt er, könnte von »Südafrika nicht erwartet werden, an einem solchen Krieg teilzunehmen«. Nur Savage, am weitesten weg von Hitler und Mussolini, macht eine klare Zusage: »Wenn Großbritannien im Krieg ist, ist Neuseeland auch im Krieg.«

Ähnliche Differenzen tun sich auf, als es um die deutsche Forderung nach Rückgabe seiner Kolonien geht. Chamberlain deutet eine Gesamtlösung an, bei der auch diese Frage geklärt werden müsste. Mackenzie King zeigt sich gleichgültig, da Kanada von der Kriegsbeute nichts abbekommen habe. Australien und Neuseeland sind gegen die Rückgabe der Mandate von Neuguinea und Samoa. Hertzog lehnt eine Rückgabe Südwestafrikas ab, aber würde sich nicht gegen eine Rückgabe von Tanganjika (zuvor: Deutsch-Ostafrika) sperren, wenn das »Europa den Frieden bringe«. Es wird von allen bezweifelt, dass Deutschland sich mit der Rückgabe von Togo und Kamerun zufrieden geben würde. Der britische Kolonialminister sieht es ohnehin als großen moralischen Fehlgriff an, fünf Millionen Bewohner der Mandatsgebiete gegen ihren Willen einer fremden Macht auszuliefern. Als größtes politisches Problem der britischen Kolonien betrachtet er das »Verhältnis zwischen Eingeborenen und Nicht-Eingeborenen«.

Als Ergebnis der Beratungen wird festgehalten, dass das oberste Ziel die Erhaltung des Friedens sei. Verpflichtungen für das gesamte Weltreich solle es jedoch nicht geben, vielmehr müssten die einzelnen Mitglieder wegen der besonderen Interessen in den verschiedenen Regionen der Welt eigene Wege gehen. Vor allem Australien und Neuseeland fühlen sich von der Verlegung des Großteils der britischen Flotte aus Fernost ins Mittelmeer entblößt. Auch wenn man sich den Prinzipien der Demokratie und der parlamentarischen Regierungsweise verpflichtet fühle, zeigt man sich doch bereit, andere politische Überzeugungen nicht als Hindernis für freundschaftliche Beziehungen anzusehen: »Nichts würde der Hoffnung auf internationale Entspannung (›appeasement‹) mehr Schaden zufügen, als die Teilung der Welt in entgegen gesetzte Lager.«[6]

Am 27. Mai nimmt der 69-jährige Baldwin an seinem Amtssitz Abschied von den Teilnehmern der Konferenz. Auf der Tagesordnung steht zunächst die Entwicklung des Handels im Weltreich seit der Ausrufung eines einheitlichen Wirtschaftsraums auf der Konferenz in der kanadischen Hauptstadt Ottawa im Jahre 1932. Der Berater für Handelsfragen, Walter Runciman, zieht eine positive Bilanz und spricht die Erwartung aus, dass mit den USA ein Abkommen erreicht werde, um die Handelsschranken zwischen beiden Ländern abzubauen und gegenseitige Sympathien zu gewinnen. Dann sprechen die Teilnehmer dem scheidenden Premierminister ihren Dank aus und erinnern dabei an seine Beteiligung an den Weltreichskonferenzen von 1923 und 1926. Baldwin bedankt sich für die guten Wünsche und zeigt sich überzeugt von der Zukunft des Weltreichs. Am folgenden Vormittag begibt er sich in den Buckingham Palast: Er bittet den König, ihn von seinen Aufgaben als Premierminister zu befreien, und rät ihm, Chamberlain mit der Bildung eines neuen Kabinetts zu beauftragen.

Bereits eine Stunde später findet sich der 68-jährige Chamberlain zur Audienz beim König ein. Er weiß nicht, ob die alte Regel wörtlich gemeint ist, dem König die Hand zu küssen, wenn man zum Ersten Minister Seiner Majestät Regierung und zum Ersten Herrn des Staatsschatzes ernannt wird; da der König die Hand nicht reicht, greift Chamberlain auch nicht zu. Dem Brauch folgen jedoch die Minister, die bereits am Nachmittag vereidigt werden. Es gibt einige Umbesetzungen (so erhält der erfolglose Kriegsminister Alfred Duff Cooper eine zweite Chance als Marineminister) und einige neue Gesichter, darunter Lord Halifax, der als außenpolitischer Berater und Widerpart an der Seite des im Amt gebliebenen Edens ausersehen ist; keine Verwendung finden parteiinterne Kritiker wie Winston Churchill.

Chamberlain sieht sich auf einem Posten, der schon, wie er seiner Schwester schreibt, seinem Vater Josef vor dem Weltkrieg und später seinem kürzlich verstorbenen Halbbruder Austen zugestanden hätte, und gibt sich bescheiden:

> »Ich habe meine Hand nicht erhoben, denn es gab niemanden anders; und ich habe mir keine Feinde gemacht, indem ich mich und nicht das Allgemeinwohl im Blick hatte.«

Noch mehr Einfluss schreibt er der Hilfe seiner Frau Anne zu: »Sie hat durch ihren Charme alle überzeugt, dass ein Mann nicht ganz schlecht sein kann, der so eine Frau hat.« Als einzige Sorge drückt ihn die Finanzierung der weiteren Aufrüstung durch eine Sondersteuer auf Unternehmensgewinne.

In der britischen Presse wird Chamberlain wohlwollend aufgenommen. Er sei zwar nicht so populär wie sein Vorgänger, aber anders als dieser verfüge er über Führungsstärke: »Ihm verdankt das Land das schnelle Tempo und die Wirksamkeit seiner Aufrüstung«, schreibt die *Times* in ihrem Kommentar: »Das Land erwartet nun eine klarere Linie in der Außenpolitik und bei der Verteidigung.« Dabei gehe es darum, heißt es mit Blick auf Frankreich, unabhängiger und nicht so einseitig wie bisher internationale Spannungen zu mildern und die Gefahren des Rüstungswettlaufs zu bannen.

Auch im *Völkischen Beobachter* wird der neue Premier positiv gewürdigt: Er werde die Regierung nach den berechenbaren Methoden eines soliden Geschäftsunternehmens der Londoner City führen und seine Minister straff am Zügel halten. Als offen werden seine außenpolitischen Vorstellungen bezeichnet, auch wenn er einige Jahre zuvor, im Gegensatz zur Franzosenfreundlichkeit des Außenamtes, »im ›Geruch‹ einer gewissen Deutschfreundlichkeit« gestanden habe, heißt es. Tatsächlich hatte er zwei Monate zuvor einen Plan entwickelt, zur »Entspannung der Lage in Europa« eine Vereinbarung mit Deutschland zu suchen, die alle offenen Fragen regelt. In den USA wird von Chamberlain ebenfalls eine größere Entschlossenheit in der britischen Außenpolitik erwartet: »Ein kühner, überlegener Politiker, der Herr in seinem Hause sein will«, ist in der *New York Times* zu lesen. In Duff Coopers Versetzung auf den Posten des Marineministers sieht man den Weg bereitet für eine Übernahme dieses Amtes durch Churchill.[7]

Für die zweite Hälfte der Weltreichskonferenz übernimmt nun Chamberlain den Vorsitz. Besonders gut vorbereitet ist er auf die Fragen der gemeinsamen Verteidigung. Er hatte sich als Finanzminister für das »größte Aufrüstungsprogramm aller Zeiten« stark gemacht. Da der Schatz des Staates dafür nicht reicht, sollen es Anleihen aus dem Schatz der Banken richten. Vor allem der Ausbau einer Luftwaffe liegt ihm am Herzen: Sie könnte »nötigenfalls die Ruhr von Belgien aus bombardieren, um Deutschland von tollwütigen Aktionen abzuschrecken«.

Vorab hatten die Teilnehmer eine aktuelle Studie der britischen Generalstabschefs zur Gefahrenlage erhalten. Angesichts der Bedrohung an beiden Enden des Weltreichs durch die starken Militärmächte Deutschland und Japan sowie angesichts des Machtverlusts im Mittelmeer durch Italiens Angriffslust könnten »nur sehr große militärische Stärke und Finanzkraft dem Weltreich Sicherheit« geben. Die Aufrüstung habe zwar bereits große Fortschritte gemacht, aber im Falle eines Krieges in Europa würde es eine große Lücke zwischen Rüstungsbedarf und Produktionsmöglichkeiten geben: »Die Gefahr, dass die Sicherheit und die Interessen Großbritanniens

Premierminister Stanley Baldwin (r.) mit seinem Nachfolger Neville Chamberlain auf dem Weg zum Parlament

herausgefordert werden können, ist klar vorhanden und steigt unaufhörlich mit dem Anwachsen der militärischen Stärke Deutschlands.« Zusammenfassend erklären sie:

> »Den größten Dienst für die Sache des Friedens, den die Mitglieder der britischen Völkerfamilie zurzeit leisten können, besteht darin, Entschlossenheit zu zeigen zur Aufrüstung und zur Bereitschaft, ihre Lebensinteressen zu verteidigen.«

Die Vertreter der vier Dominien hören klar heraus, was von ihnen erwartet wird. Während der Debatte zeigen sich Australien wie Neuseeland entgegenkommend und Kanada wie Südafrika harthörig. Vor allem Mackenzie King erhebt Einwände gegen eine gemeinsame Streitmacht des Weltreichs und irgendwelche Verpflichtungen, die zur Beteiligung an europäischen Streitigkeiten führen könnten. In der Abschlusserklärung begnügt man sich damit, die allgemeine Übereinstimmung festzustellen, dass durch »Zusammenarbeit beim Informationsaustausch die Sicherheit der Länder gesteigert« werden könne. Ausdrücklich wird angefügt, dass es allein in der Verantwortung der einzelnen Parlamente liege, über Art und Umfang ihrer Verteidigungspolitik zu entscheiden. Chamberlain hat sich mehr erhofft und muss sich damit zufrieden geben, dass die erreichten persönlichen Beziehungen sich »für die Zukunft als unschätzbarer Wert« herausstellen würden.[8]

Merkwürdigerweise wird unter den Feinden des Weltreichs nicht die Sowjetunion aufgezählt. Vielleicht liegt das daran, dass nach den erfolgten »Säuberungen« im Parteiapparat nun die Rote Armee an der Reihe ist. Bereits Anfang Juni war der vom Amt des stellvertretenden Kriegsministers abgesetzte und an die Wolga versetzte Tuchatschewski zusammen mit sieben weiteren Armeekommandeuren verhaftet worden. Am 12. Juni wird verbreitet, dass der Marschall und die Generäle in einem Geheimprozess vor dem Obersten Militärgericht wegen »Spionage für einen feindlichen Staat und Hochverrat« zum Tode verurteilt wurden. Am folgenden Tag meldet die Regierungszeitung *Iswestija*, dass die »blutrünstigen Ungeheuer« allesamt erschossen wurden. Es wird der Vorwurf verbreitet, Tuchatschewski habe »mit Hilfe des deutschen und japanischen Faschismus einen Interventionskrieg gegen die Sowjetunion« vorbereitet. Die Diplomaten in Moskau rätseln über die »wirklichen Gründe« und ergehen sich in verschiedenen Vermutungen. Natürlich streitet die Parteizeitung *Prawda* einen blutigen Machtkampf in Moskau ab und nennt andere Urheber: »Wir gestatten es den faschistischen Schakalen und Spionen nicht, unseren Siegeslauf zum Kommunismus aufzuhalten.« Unter der Fahne Lenins und Stalins werde die große Revolution auf der ganzen Welt siegen. Der sowjetische Außenminister Maxim Litwinow ist allerdings heimlich entsetzt: »Fürchterlich – die Blüte unseres Oberbefehls.« Er fragt sich: »Wo ist die Grenze?«, sorgt sich, dass »unsere militärische Schlagkraft darunter leiden« könne, und befürchtet eine Schwächung seiner Durchsetzungskraft auf internationalem Parkett.

So ähnlich sieht man es auch in Berlin, Paris und London. Der *Völkische Beobachter* prangert das »Terror-Regiment Stalins« an und stellt eine »Blutliste« mit weiteren 108 Namen zusammen. Das *Kampforgan der Antibolschewistischen Bewegung Contra Komintern* fühlt sich bestätigt: Das letzte Ziel des Bolschewismus bleibe dasselbe, »Weltrevolution und Weltkrieg!« Hitler-Gegner unter deutschen Arbeitern sehen sich in ihren »Hoffnungen auf die Rote Armee bei internationalen Auseinandersetzungen« getäuscht.

Der deutsche Propagandaminister Joseph Goebbels sieht in der »Schlächterei in Moskau« Stalins »Verräterangst« sowie eine »Krise des Bolschewismus«: Nach einem Gespräch mit Hitler hält er in seinem Tagebuch fest: »Das ist die Gefahr, die wir einmal niederschlagen müssen.«

Tatsächlich gibt es Zweifel, ob die »Enthauptung« der Roten Armee wirklich zu einer Schwächung der Sowjetunion geführt habe: Die neue militärische Führung werde eine größere Einheitlichkeit aufweisen sowie »zuverlässiger und stoßkräftiger« sein, auch durch die Einsetzung der kommunistischen Partei treu ergebener *Politischer Kommissare* in allen Truppenteilen. Jede mögliche Opposition sei beseitigt, meint der US-amerikanische Botschafter in Moskau, Joseph Davies, nach genauer Prüfung: »Den Offizieren ist deutlich und rücksichtslos klar gemacht worden, dass die Partei der ›Chef‹ ist.«

Die Pariser Presse hält sich mit ihrem Urteil über die Begebenheiten beim französischen Bündnispartner auffällig zurück und spricht lieber von »tragischen Ereignissen«. Das mag auch daran liegen, dass die *Volksfront*-Regierung unter Léon Blum gerade zur Bewältigung der von ihr heraufbeschworenen finanziellen Krise besondere Vollmachten verlangt: Die Kommunisten erfahren zunächst aus Moskau, dass sie ablehnen sollen, und stimmen erst zu, als sie hören, dass ihr erster Ansprechpartner erschossen wurde und der zweite das Gegenteil anordnet. Generalstabschef Maurice Gamelin geht davon aus, dass die Sowjetunion »zunehmend aus dem europäischen Spiel« scheide und damit die Einkreisungspolitik gegen die deutsche Gefahr schwäche. Einen Bruch mit Moskau will er jedoch vermeiden, um Stalin nicht in die Arme Hitlers zu treiben. Stattdessen müsse man die gemeinsamen Interessen mit Polen und Rumänien betonen. »Dabei dürfen wir mit keinem Wort den Durchmarsch russischer Truppen erwähnen«, mahnt er, »diese Leute haben sich selbst aus der Menschheit ausgeschlossen.«

Londoner Zeitungen reagieren unterschiedlich. Die *Times* bleibt vornehm zurückhaltend, würdigt die sowjetischen »Helden von gestern«, bezweifelt ihre Tätigkeit als Spione für Deutschland und vermeidet es, über Stalins Motive zu spekulieren. Der *Evening Standard* dagegen ergeht sich in Hohn und Spott über die Zustände in der Führung der Sowjetunion:

> »Man würde sich nicht mehr wundern, wenn Stalin sich eines Tages selbst verhaftet, ein Geständnis ablegt, von der deutschen und japanischen Regierung bezahlt worden zu sein, sich zum Tode verurteilt und das Urteil selbst ausführt.«

Das konservative Blatt lässt einen ehemaligen britischen Diplomaten zu Wort kommen, der Moskaus vorgebliche Abkehr vom Ziel der Weltrevolution bezweifelt: Es sei falsch, meint er, die »Bolschewisten als tapfere Verbündete zu betrachten«. Die Sowjetunion habe als Bündnispartner Frankreichs ebenso an Wert verloren wie die Gefahr für Deutschland gesunken sei, urteilen die britischen Stabschefs. Die Erwartungen an die »russische Dampfwalze« würden wie im Weltkrieg enttäuscht werden: »Nach dem Ausfall Russlands«, wird bedauernd festgestellt, »sind wir einfach nicht stark genug, Deutschland zu widerstehen.«[9]

Die Teilnehmer der Weltreichskonferenz finden sich nach 20 Sitzungen am 15. Juni wieder im St. James Palast ein. Sie halten der Reihe nach Abschlussreden, in denen sie übereinstimmend die offene Aussprache loben, die gemeinsamen Erfolge hervorheben und unterschiedliche Akzente setzen. Sie beschließen eine Zusammenfassung ihrer Besprechungen: »Die Mitglieder der Konferenz glauben, dass die Arbeit der letzten Wochen sich als dauerhafter Gewinn für alle Länder der Gemeinschaft herausstellen wird.« Sie danken dem König: »Wir drücken auch im Auftrag unserer Völker erneut unsere Loyalität und Ergebenheit gegenüber Eurer Majestät aus.« Der Dank des Königs wird verlesen: »Die Königin und ich wünschen den Mitgliedern der Konferenz Gottes Segen für eine gute Heimreise.«

Premier Chamberlain hebt in seinem Schlusswort den »uneingeschränkten Erfolg« der Konferenz hervor. Man sei zwar nicht zusammengekommen, um bestimmte Probleme zu lösen und besondere Ergebnisse zu erzielen: »Es war mehr wie ein Familientreffen.« Er führt auch noch einmal den von ihm eingeführten Begriff »internationale Entspannung« an und weist auf die Bereitschaft zur Zusammenarbeit mit anderen Staaten hin. Er bedankt sich für die persönliche Wertschätzung und freut sich auf das »nächste Familientreffen, das uns in nicht allzu langer Zeit zusammenbringen« werde. Chamberlain ist überzeugt, dass er zufriedene Teilnehmer verabschiedet. Und er hofft, dass mit Hilfe des neuen britischen Botschafters in Berlin, Nevile Henderson, zur Entspannung in Europa auch eine Zusammenarbeit mit Hitler erreicht werde.

Was die *Times* als Kommentar ausgibt, ist nicht mehr als die Wiederholung der Schlusserklärung; zur Besänftigung möglicher Kritiker wird angefügt: »Enttäuschung ist nicht angebracht, dass die Konferenz keine klaren und greifbaren Ergebnisse erzielt hat.« Enttäuscht zeigt man sich allerdings in Neuseeland: »Es wird in der Presse bedauert, dass die Einmütigkeit der Weltreichspolitik nicht stärker zum Ausdruck gekommen ist.« Auch aus Ottawa ist eine kritische Stimme zu hören: Man habe nur den Albtraum vor sich gehabt, für den nächsten Krieg Geschlossenheit zeigen zu müssen. Tatsächlich hat Mackenzie King Chamberlain zum Abschied angekündigt, er wolle seine außenpolitische Eigenständigkeit zeigen, im Anschluss nach Deutschland fahren und mit Hitler sprechen, um ihm zu sagen: »Wenn Sie jemals Großbritannien angreifen und schaden sollten, würden die Kanadier über den Atlantik schwimmen.«[10]

Einen Monat lang haben die Vertreter aus fünf Kontinenten in London beraten, wie der »einzige wirkliche Friedensbund unter den Völkern der Welt« zu festigen sei. Ein langes Wochenende nehmen sich hundert Akademiker aus Großbritannien und Deutschland in Oxford Zeit, um zur Verständigung zwischen beiden Ländern beizutragen. Die Buchgelehrten der vom Weltstudentenwerk in Genf organisierten Konferenz diskutieren vom 12. bis 14. Juni dieselben Themen wie die Großen der Weltpolitik: Kolonialfragen, wirtschaftliche Zusammenarbeit, Abrüstung und Aufbau einer Friedensordnung. Auch die Ziele gleichen sich: Man sucht keine Ergebnisse, sondern will »in freundschaftlichem Geiste den gegenseitigen Standpunkt klarlegen«. Auch das Ende ist vergleichbar: Man spricht von einem »vollen Erfolg« und wünscht sich »Auf Wiedersehen!«

Bei aller Höflichkeit zeigt die offene Aussprache die bekannten Gegensätze. Gegen den deutschen Anspruch auf Gleichberechtigung und Rückgabe der Kolonien führen die Briten das wachsende Misstrauen gegenüber der »deutschen Gefahr« an. Gegenseitig beschuldigt man sich, in der Abrüstungsfrage zu blockieren. In der Friedensfrage prallen die Meinungen heftig aufeinander. Ein Professor aus Jena weist darauf hin, dass ein Drittel der Deutschen außerhalb der Grenzen des *Dritten Reiches* lebe, und verlangt Autonomie-Regelungen z. B. in der Tschechoslowakei. Das wird als Griff zu einer »deutschen Vormacht über Europa« angesehen: »Die deutschen Ziele in Europa werden unvermeidlich zu einer Explosion führen«, entgegnet ein Assistent vom New College: »Wir Demokraten sammeln uns zum Schutz der Demokratie gegen die faschistische Bedrohung.« Gegen den deutschen Protest, das sei ein Rückfall in die Kreuzzugsmentalität des Mittelalters, werden von britischer Seite die unterschiedlichen »Weltanschauungen« angesprochen: Das zeige die Notwendigkeit solcher Konferenzen. Auch der Leiter der deutschen Delegation lenkt ein, betont am Schluss, wie wertvoll solche Diskussionen für die Klärung der Luft seien, und lädt die britischen Teilnehmer zum Gegenbesuch in Deutschland ein. Mit einem auf Deutsch zitierten Goethe-Wort nimmt ein Brite die Einladung an: »Wer den Dichter will verstehen, muss in Dichters Lande gehen.«[11]

Zehn Tage später tritt Chamberlain zu seiner ersten außenpolitischen Rede als Premier im Unterhaus an. Ausgangspunkt ist die andauernde Gefahr, die von dem ein Jahr zuvor ausgebrochenen Bürgerkrieg in Spanien für den Frieden in Europa ausgeht. Er habe nur ein Ziel, den Krieg auf Spanien zu begrenzen und den Frieden in Europa zu bewahren. Er zeigt sich überzeugt, dass kein Land und keine Regierung einen Krieg in Europa wolle, und ruft Politiker und Journalisten auf, »kühlen Kopf zu bewahren«, damit nicht ein vorlauter Ausruf eine Lawine auslöse: »Die Lage ist ernst, aber nicht hoffnungslos.«

Kräftigen Gegenwind bekommt der Premier weniger von den Oppositionsbänken als aus den eigenen Reihen zu spüren. Der konservative Abgeordnete Paul Emrys-Evans sieht den Gefahrenherd eher in Mitteleuropa, wo Deutschland die Tschechoslowakei, Österreich, Polen, die baltischen Staaten und sogar die Ukraine bedrohe. Eine Herrschaft Deutschlands über Mittel- und Osteuropa sowie den Balkan sei gegen die britischen Interessen: »Niemals in unserer Geschichte haben wir es zugelassen, dass eine Macht die militärische Kontrolle über den Kontinent erringt.« Der Premier aus dem Weltkrieg, David Lloyd George, verlangt neben kühlen Köpfen auch »tapfere Herzen« und beklagt:

> »Wir haben uns in den letzten fünf Jahren von einer Stellung zur anderen zurückgezogen, bis diese Diktatoren zum Schluss gekommen sind, dass wir keine Stellung halten würden.«

Er geht davon aus, dass die Großmächte Frankreich, die Sowjetunion und Großbritannien so stark seien, dass ihnen niemand in Europa widerstehen könne. Er fordert Chamberlain zum Widerstand gegen Hitler und Mussolini auf: »Erst dann werden Sie den Frieden in Europa erreichen können.«

Außenminister Eden versucht einen Mittelweg. Ereignisse in der Welt könnten London ebenso wenig gleichgültig sein wie Ereignisse in Mitteleuropa. Er erinnert daran, dass der Weltkrieg nicht in Belgien, sondern auf dem Balkan begonnen habe. Auch jetzt könnte es notwendig sein, einem Opfer der Gewalt beizustehen, obwohl es keine automatische Verpflichtung gebe. Er bekräftigt, dass er den Frieden mit allen Mitteln erhalten wolle, schränkt aber ein: »Nicht Frieden um jeden Preis, aber Frieden zu fast jedem Preis.« Welcher Mittel er sich bedienen wolle, welchen Preis er zu bezahlen bereit sei, verrät er klugerweise nicht in aller Öffentlichkeit.

Es ist der kanadische Premier Mackenzie King, der nach seinem Besuch bei Hitler Ende Juni Chamberlain und Eden ermuntert, ihre Friedenspolitik fortzusetzen: »Es wird sehr viel Geduld und Langmut erfordern, uns vor einer entsetzlichen Situation zu bewahren. Aber ich kehre nach Kanada mit dem Eindruck zurück, dass Sie und Ihre Kollegen sich dieser Sache bewusst sind und das Problem bewältigen werden.« Chamberlain antwortet: »Seien Sie versichert, dass wir mit Geduld und Ausdauer unsere Bemühungen fortsetzen werden, dem beunruhigten Europa Frieden und Ordnung zu bringen.«[12]

Wenige Tage später wird doch eine Lawine losgetreten, nicht wie erwartet in Europa, sondern in Fernost, in Ostasien, wo Glanz und Stärke des britischen Weltreichs herausgefordert werden.

5. KAPITEL

Vom Zwischenfall zum Krieg Japans Vormarsch in China (Juli/August 1937)

Südwestlich von Peking, knapp 20 Kilometer vom Platz des Himmlischen Friedens entfernt, fließt der Yong-ting-ho Richtung Gelbes Meer. Wer von der Nördlichen Hauptstadt (»Peking«) in die rund 1000 Kilometer entfernte Südliche Hauptstadt (»Nan-king«) reisen will, überquert diesen flachen und breiten Fluss auf einer elf-bogigen Brücke, die mit ihrem Namen an den wichtigsten »Entdecker« Chinas erinnert, den venezianische Kaufmannssohn Marco Polo, der auf seiner Reise über Seidenstraßen durch Asien um 1275 bis nach Peking gekommen war, wo damals die Mongolen unter Kublai Khan, einem Enkel Dschingis Khans, herrschten.

Im Sommer 1937 stehen sich am Fluss Yong-ting chinesische und japanische Truppen gegenüber, nicht in einer kriegerischen Frontlinie, sondern als Wachsoldaten, die Einflusszonen schützen. Die Japaner hatten seit der Eroberung der nordchinesischen Provinz Mandschurei, die sie 1932 in den Marionetten-Staat Mandschukuo umwandelten, der dem Inselreich als Siedlungsland, Rohstofflieferant und Absatzmarkt dienen sollte, den Druck auf China erhöht. Mandschukuo grenzt im Süden an die Große Mauer, etwa 100 Kilometer nördlich von Peking; aber noch aus den Zeiten der internationalen Strafaktion gegen den chinesischen Boxer-Aufstand um 1900 hatte Japan das Recht, südlich von Peking eine Garnison mit 7000 Mann zu unterhalten. Der Streifen zwischen Großer Mauer und Yong-ting-ho war als Puffer gedacht. Die Soldaten unter den Fahnen mit der gelben Sonne Chinas und der roten Sonne Japans liefen sich über den Weg, aber kamen sich nicht ins Gehege.

Seit 1935 hatte sich Japans Außenminister Hirota sogar um einen Freundschaftsvertrag mit China bemüht, allerdings unter drei Bedingungen, die für die chinesische Regierung unter Marschall Tschiang Kaischek in Nanking unannehmbar waren: Anerkennung der japanischen Herrschaft in Mandschukuo, Unterdrückung anti-japanischer Aktivitäten und gemeinsamer Kampf gegen den Kommunismus. »Das langersehnte Ziel Japans ist es, einen dauerhaften Frieden in Ostasien in Zusammenarbeit mit China zu erreichen«, hatte es geheißen. Vor dem Völkerbund in Genf hatte Japan erklärt: Wir halten es für unser Recht und unsere Pflicht, »Friede und Ordnung in Ostasien aufrechtzuerhalten«. Unter dem Slogan »Ostasien den Ostasiaten« sollten Japan, Mandschukuo und China zusammen gegen die Fremden, die »Barbaren« vorgehen.

Die chinesische Regierung ging auf diese Vorschläge nicht ein und setzte weiterhin auf deutsche Militärberater und Waffenlieferungen. Tschiang verzichtete sogar darauf, zuerst die »kommunistische Gefahr auszurotten«, akzeptierte das Angebot der Kommunisten unter Mao Tse-tung, nun gemeinsam Widerstand gegen die Japaner zu leisten, und ließ die Soldaten der Roten Armee in die Einheiten seiner *Kuomintang* (»chinesische Volkspartei«) aufnehmen. Aus Tokio war dagegen die Warnung zu hören: »Wenn Nanking nicht bereit ist, zusammen mit uns Ostasien gegen die Rote Gefahr zu verteidigen, muss Japan eine verlässliche Zentralregierung in China organisieren.«[1] Im Frühsommer 1937 scheint die Zeit für die Chinesen gekommen, sich gegen die Japaner zur Wehr zu setzen und mit der Rückeroberung der abgetrennten Nordprovinz zu beginnen.

Zur Wehr setzen sich zunächst chinesische Bauern, die vor den Toren Pekings leben: Sie weigern sich, ihr Land entlang des Yong-ting-ho den Japanern zu verkaufen, die dort weitere Kasernen und einen Flugplatz errichten wollen, um die Verbindungswege nach Süden zu kontrollieren. Mehrfach führen die Japaner Manöver in dieser Gegend durch, um die Bauern einzuschüchtern, so auch am 7. Juli 1937. Beim Nachtmarsch eines kleinen japanischen Trupps von 137 Mann fallen bei der Marco-Polo-Brücke kurz vor Mitternacht Schüsse. Die Aufregung ist groß: Am Brückenkopf wird durchgezählt, einer fehlt – wurde er verwundet, entführt, getötet? Die Japaner wollen die nahegelegene Festungsstadt Wanping nach ihm durchsuchen und verlangen eine Entschuldigung, beides wird ihnen verwehrt. Obwohl der vermisste Soldat bald wieder auftaucht, wird der kleine Ort belagert und beschossen, die chinesischen Verteidiger bekommen Verstärkung und schießen zurück; mehr als zehn Japaner und etwa 40 Chinesen werden getötet.

Wer hatte in der Dunkelheit die ersten Schüsse abgefeuert? Waren es japanische Heißsporne, die ihre Regierung und Armeeführung in Tokio zum weiteren Vormarsch nach Südchina drängen wollten? Waren es die verdächtigen Männer »in einfacher Kleidung«, die zuvor in Peking beobachtet worden waren, Kommunisten, die den vorsichtigen Tschiang Kai-

Der Ort des Zwischenfalls: die 235 Meter lange Brücke, 20 Kilometer südlich von Peking gelegen und wichtige Verbindung zur Hauptstadt Nanking

schek in Nanking zum energischen Widerstand gegen die Japaner drängen wollten? Wer mag an den blinden Zufall glauben, wenn aus einem kleinen Zwischenfall ein großer Krieg entsteht?!

Tatsächlich zeigt sich die Kommunistische Partei Chinas unter Mao Tsetung schon am nächsten Tag als erste Gewehr bei Fuß. In einem martialischen Aufruf vom 8. Juli heißt es:

> »Landsleute! Nordchina ist in Gefahr! Der Widerstandskrieg der ganzen Nation gegen die japanische Aggression ist unser einziger Ausweg. Mit dem Vaterland leben oder sterben! Unsere Losungen lauten: Verteidigen wir mit der Waffe in der Hand Peking, Tientsin und Nordchina bis zum letzten Blutstropfen! Verjagt die japanischen Aggressoren aus China!«

In einem Interview mit einem US-Journalisten fügt Mao hinzu: »Ein großer imperialistischer Krieg wird die Form eines Weltkrieges annehmen.« Auch Tschiang alarmiert die Weltöffentlichkeit: »Es geht um Glück und Unglück der gesamten Menschheit.«[2]

An den folgenden Tagen kommt es vor den südlichen Toren Pekings mehrfach zu Schießereien. Die lokalen Militärführer, ein japanischer und ein chinesischer General, bemühen sich um Entspannung, verabreden eine

Entflechtung ihrer Truppen und warten auf Befehle aus ihren Hauptstädten. Dort schrillen die Alarmglocken: Was hat die jeweils andere Seite vor?

Seit Jahren betrieb der chinesische Regierungschef und Oberkommandierende Tschiang die Hebung der Kampfmoral und den Aufbau einer Streitmacht: Im Frühjahr 1934 hatte er bei der Gründung der Bewegung Neues Leben zur »Wiederauferstehung unseres chinesischen 400-Millionen-Volkes« mit seiner 5000-jährigen Geschichte aufgerufen: »Ein Staat, der nicht kämpfen kann, ist kein Staat mehr. Das ganze Volk muss militärisch geübt sein.«[3] Zu seinem 50. Geburtstag Ende Oktober 1936 ließ er sich von seinen Untertanen 70 amerikanische Kampfflieger schenken; Waffen, Munition und andere militärische Ausrüstungsgüter hatte die deutsche Rüstungsindustrie geliefert; als Oberster Militärberater stand ihm seit 1934 der deutsche General a. D. Alexander von Falkenhausen zur Seite, der zusammen mit einigen Dutzend deutscher Offiziere Organisation und Ausbildung der chinesischen Armeen übernommen hatte: Insgesamt stehen zwei Millionen Soldaten auf dem Papier, allerdings hat nur jeder zweite ein Gewehr in der Hand – jeder weiß, dass es mindestens drei chinesische Divisionen braucht, um der Kampfkraft einer japanischen Division gleichzukommen.

Doch Chinas Schwäche ist zugleich seine Stärke: Das durch die Hoffnung auf einen schnellen und leichten Sieg verführte Inselreich würde sich in den Weiten des zwanzig Mal größeren Reiches der Mitte verlieren. In der Erwartung eines Sieges in einem langen Krieg hatte Tschiang ein Jahr zuvor seine Mindestanforderung formuliert: »Wenn man uns zum Verzicht auf die japanisch besetzten Gebiete zwingen will, dann wird die Grenze unserer Geduld erreicht sein, dann ist die Zeit unserer letzten Opfer gekommen.« Gemäß den Planungen seines Obersten Militärberaters vom März 1937 sieht Tschiang zunächst im Norden die »wichtigste Verteidigungsfront Chinas« und beordert unter Aufsicht von Falkenhausen Verstärkung Richtung Marco-Polo-Brücke.[4]

In Tokio herrscht helle Aufregung. Noch bevor die Kaiserliche Regierung unter Premierminister Fumimaro Konoye (bei Amtsantritt vier Wochen zuvor entschlossen, Konflikte zu entschärfen) beraten und beschließen kann, hat General Tojo, seit vier Monaten Stabschef der in Mandschukuo stationierten japanischen Armee, seine Truppen in Marsch gesetzt und begonnen, die chinesischen Soldaten aus Peking und Umgebung nach Süden zu vertreiben; er brennt darauf, seinen Vorschlag von Anfang Juni umzusetzen und mit einer Strafexpedition gegen Nanking auch Südchina zu erobern. Kriegsminister General Sugiyama verlangt eine Sondersitzung des Kabinetts mit dem Tagesordnungspunkt: Mobilmachung von drei Divisionen der japanischen Armee. Sie wird am Sonntagvormittag, dem 11. Juli ebenso beschlossen wie eine energische Erklärung in drohendem Ton: »Der Zwischenfall ist ohne Zweifel das Ergebnis einer gründlich geplanten Militäroperation gegen Japan.« Zur Aufrechterhaltung des Friedens würden die nötigen Maßnahmen zur Entsendung von Truppen nach Nordchina ergriffen. Der japanische Geheimdienst versichert, dass Tschiang der Mut zum Kriegführen fehle und mit einem Eingreifen der von Stalin »geköpften« Roten Armee nicht zu rechnen sei.

Auf einer Pressekonferenz am nächsten Tag verlangt Konoye die Unterwerfung: »Die chinesischen Machthaber müssen sich für die illegalen anti-japanischen Aktionen bei uns entschuldigen und garantieren, dass sie künftig solche Aktionen nicht wiederholen werden.« Die größte japanische Zeitung *Asahi* wittert Sensationen: Sie chartert drei Flugzeuge (darunter den aus London zurückgekehrten *Kamikaze*) und schickt 43 Berichterstatter an den Ort des Geschehens. Im Radio erklingen patriotische Lieder mit dem Refrain: »Die Kaiserliche Armee ist das Schwert Gottes.«[5]

In der Weltpresse nehmen die Ereignisse in Fernost einen immer größeren Platz ein: »Geschützfeuer über Peking« heißt es in den Überschriften, von japanisch-chinesischen Widersprüchen ist die Rede: Droht ein neuer Krieg? wird besorgt gefragt. In den Außenministerien der Großmächte wird überlegt, was man unternehmen könne. Von seinem außenpolitischen Berater Ribbentrop gedrängt will Hitler sich im Sinne des *Antikominternpaktes* ganz auf die Seite Japans schlagen; bestärkt wird er vielleicht noch durch den Film *Alarm in Peking*, der vor dem Hintergrund des Boxer-Aufstandes in China um 1900 spielt und in diesen Tagen in deutschen Kinos anläuft. Mit Hinweis auf die Bedeutung Chinas für Deutschlands Exporte und den Import von Soja und Wolfram setzt das Auswärtige Amt in Berlin jedoch eine neutrale Stellungnahme durch.

Der britische Außenminister Anthony Eden wird von seinem Wochenendausflug an der Seine zurückgerufen; in London denkt er besorgt an die fernöstlichen Teile des Empire und fragt beim USA-Botschafter nach, ob man nicht gemeinsam etwas unternehmen könnte. In Washington hebt Außenminister Cordell Hull am 16. Juli die Zuständigkeit der USA für die Regelung der internationalen Beziehungen hervor: »Dies Land spricht sich für die Aufrechterhaltung des Friedens aus. Denn es kann keine ernsthaften Streitereien irgendwo in der Welt geben, die nicht in der einen oder anderen Weise die Interessen oder Rechte oder Verpflichtungen dieses Landes berühren.« Aber er rechnet auch mit der neutralen Stimmung in Amerika und lehnt Edens Anfrage ab: »Wir vermeiden feste Bündnisse und ungewisse Verpflichtungen.«[6]

In Moskau sieht man die Gelegenheit, die Japaner von einem befürchteten Angriff auf die Sowjetunion abzulenken: Der sowjetische Botschafter in China bietet Tschiang einen Nichtangriffsvertrag, einen Kredit über 12,5 Millionen Dollar für Waffenkäufe sowie russische Militärberater an und verlegt seinen Sitz von Peking nach Nanking. Die *Komintern* unter Georgi Dimitroff verlangt, eine »antijapanische Volksfront aller Parteien, Klassen und Gruppen für den Widerstandskrieg zu mobilisieren«: »Vertreibt die japanischen Imperialisten und Banditen aus China!«[7]

Ermuntert und gestärkt nehmen die beiden Kontrahenten feste Positionen ein und lassen als Drohkulisse ihre Truppen an der Grenze in Nordchina aufmarschieren, sowohl entschlossen und bereit zum Kampf wie auch hoffend, dass die andere Seite einen Kotau machen werde. Mitte Juli wird den Diplomaten ein paar Tage Zeit gelassen für Verhandlungen über den Rückzug der feindlichen Truppen aus dem Gebiet um Peking. Doch Japans Premier Konoye beschwört am 15. Juli die zusammengerufenen Provinzgouverneure, seine Regierung einmütig zu unterstützen, und verlangt ultimativ klare Garantien der Chinesen für ihr künftiges Wohlverhalten: Sie sollen sich entschuldigen, den verantwortlichen General ablösen und ihre Soldaten abziehen, andernfalls würde Japan eine »Strafaktion« beginnen.

Auch Chinas erster Mann Tschiang beschwört wenige Tage später in einer Proklamation die Einheit der Nation und verlangt vom japanischen Heer Zurückhaltung, sonst »können wir nur noch Opfer bringen und bis zum bitteren Ende kämpfen«: »Chinas Souveränität darf nicht geopfert werden, auch nicht durch Verzicht auf Krieg – und wenn er ausgebrochen ist, gibt es kein Zurück.« Chinesischen Studenten, die seit Jahren Tschiang zum Krieg gegen Japan gedrängt haben, wird wieder erlaubt, Lieder zur »Rettung der Nation« zu singen, die aus Rücksicht auf japanische Empfindlichkeiten verboten waren und die nun über das Radio verbreitet werden.[8]

Diplomaten vor Ort wie der britische Botschafter in Nanking, Hughes Knatchbull-Hugessen, warnen Ende Juli: Die Lage ist außerordentlich ernst, die chinesische Regierung blufft nicht – wenn von ihr verlangt wird, sich aus Nordchina zurückzuziehen, wird Krieg unvermeidlich sein.[9] Noch vor Ablauf eines Ultimatums beginnen japanische Truppen, Peking zu umzingeln; Bomben fallen auf südliche Vororte, Dörfer entlang des Yongting-hos werden mit Artillerie beschossen, chinesische Soldaten schießen zurück, Ausländer verlassen die Stadt. Gegen den versuchten Einmarsch der Japaner durch Pekings Tore setzen sich bewaffnete Chinesen zur Wehr, am Monatsende räumen sie die Stadt jedoch kampflos, um sie vor der Zerstörung zu bewahren. Die Marco-Polo-Brücke ist in japanischer Hand; aus

Japanische Truppen besetzen Peking

Tokio kommt aber der Befehl, den Fluss nicht zu überschreiten. Bis dahin sind 78 japanische Soldaten gefallen und 197 verwundet; die Verluste der Chinesen werden zehn Mal so hoch geschätzt.

Anfang August 1937 kommt es noch einmal zu direkten Gesprächen zwischen Vertretern Nankings und Tokios in Shanghai, der größten Hafenstadt Chinas. Die Botschafter der USA und Großbritanniens bieten in Tokio ihre »guten Dienste« an, doch Japans Premier Konoye wehrt ab: Nicht er will, sondern Tschiang soll nachgeben. Der US-Botschafter in Nanking bringt Mitte August in einem Bericht nach Washington das Problem des chinesischen Machthabers auf den Punkt: »Ein Kompromiss zum jetzigen Zeitpunkt würde die unvermeidliche Entscheidung nur vertagen, ob China widerstandslos von Japan beherrscht werden soll.« Er rät von der Parteinahme für eine Seite ab: Es gelte, sich strikt auf die Wahrung amerikanischer Interessen zu beschränken und dabei die Sicherung von Humanität und internationaler Moral hervorzuheben. US-Präsident Franklin Roosevelt zeigt sich im Weißen Haus jedoch hoffnungsvoll, dass die Chinesen und Russen den Japanern eine Niederlage beibringen werden.[10]

Jetzt steht die »Entscheidung über Krieg und Frieden« an, stellt ein guter Kenner der ostasiatischen Verhältnisse am 1. August in Hamburg fest; er fürchtet den »Ausbruch schwerer kriegerischer Verwicklungen zwischen den Kerntruppen der Heere beider Mächte«. Er setzt einen kleinen Rest von Hoffnung darauf, dass »sich die Dinge im Osten gewöhnlich anders abspielen als bei uns im Westen«. Weit gefehlt! Am 7. August trommelt Tschiang die Mitglieder des Nationalen Verteidigungsrates in Nanking zusammen und stellt sie vor die Entscheidung: »Sollen wir kämpfen oder untergehen?« Niemand spricht sich für ein Friedensabkommen mit Japan aus, alle sind für Krieg. Zufrieden schließt der Marschall die Sitzung mit einem Appell an alle, ihre Pflichten für die Nation zu erfüllen.[11]

Ein weiterer Zwischenfall, diesmal in der 3-Millionen-Stadt Shanghai, wo sich japanische Marineeinheiten und chinesische Elitetruppen gegenüberstehen, bietet am 9. August die Gelegenheit, den Krieg auszuweiten: Beim Flugplatz Hungjao, zehn Kilometer vom Stadtzentrum entfernt, kommt es zu einer Schießerei, ein japanischer Marineleutnant erschießt einen chinesischen Wachtposten und wird daraufhin zusammen mit seinem Begleitmatrosen von chinesischen Soldaten erschossen. Die Gespräche werden abgebrochen, jede Seite fordert die andere zum Rückzug auf und mobilisiert alle Kräfte: Marschall Tschiang lässt sechs von den Deutschen ausgerüstete und ausgebildete Divisionen rund um die Stadt im Mündungsdelta des Jangtsekiang Stellung beziehen; Japans Marine verstärkt ihre bereits im Nebenfluss Whangpoo ankernde 3. Flotte um vier Kreuzer und sieben Zerstörer und blockiert mit Ausnahme der britischen Kolonie Hongkong die gesamte chinesische Küste. Für China geht es um sein »Tor zur Welt«, für Japan geht es um die Basis für den Stoß gegen »Chinas Herz«, die 300 Kilometer entfernte Hauptstadt Nanking am Jangtse-Fluss.

Wer in diesen Wochen wie der deutsche Korrespondent Paul Scheffer durch die beiden Länder reist, erfährt viel über die Stimmung der Bevölkerung: Überrascht ist er vom großen Interesse bei der breiten Masse der Chinesen an den Ereignissen in Nordchina und um Shanghai: Vor den Wandzeitungen mit den neuesten Nachrichten gibt es dichtes Gedränge, selbst sein Rikscha-Fahrer gibt das Trinkgeld nicht für eine weitere Schale Reis aus, sondern für den Kauf der neuesten Zeitung. Es ist nicht die Propaganda der Regierung, es sind persönliche Motive, die zur Entschlossenheit der Chinesen für den Kampf ums Überleben beitragen: der verletzte Stolz, die Demütigung durch den Anspruch der Japaner, die Rolle des großen Bruders zu spielen, wo die Söhne des Himmels doch seit Tausenden von Jahren glauben, dass ihnen diese Rolle zustehe. Und es ist die Furcht, dass ihnen das gleiche Schicksal droht wie Nordchina. Die Japaner dagegen sind weit entfernt vom chinesischen Selbstbewusstsein der eigenen Ewigkeit:

Es ist wenig Begeisterung zu spüren, eher ein heroisches Pflichtgefühl. Es nützt wenig, wenn die Regierung Lastwagen mit jubelnden Männern und Frauen durch die großen Städte fahren lässt, Kriegsfilme in die Kinos bringt und auf den Bahnhöfen Soldaten und Offiziere unter Fahnen und Musik weihevoll verabschiedet: »Dieser Krieg«, heißt es in Japan, »ist eine ernste Sache.«[12]

Mitte August beginnen die Gefechte um Shanghai: Eine Millionen-Stadt wird zur Kriegszone. Niemand ist seines Lebens sicher, auch nicht die Tausenden von Ausländern, die Amerikaner, Briten, Franzosen, Italiener, Deutsche, denen China eine Internationale Niederlassung mit eigener Rechtsprechung und eigenen Schutztruppen »konzessioniert« hatte. Bereits in den ersten Tagen entwickelt sich ein regelrechter Luftkrieg über der Stadt. Beim Anflug eines chinesischen Fliegers auf einen japanischen Panzerkreuzer verfehlt die Bombe ihr Ziel und zerstört stattdessen zwei Nobel-Hotels an der Uferpromenade; mehr als tausend Tote sind zu beklagen. US-Außenminister Hull ruft beide Seiten dazu auf, die Feindseligkeiten einzustellen und einen Frieden zu wahren, wie »wir ihn uns wünschen«; einige Tage später trifft ein Geschoss unbekannter Herkunft ein US-Kriegsschiff und tötet einen Matrosen.

In Washington wird überlegt: Sollen wir weitere tausend Marinesoldaten von unserem kalifornischen Stützpunkt San Diego zur Verstärkung nach Shanghai schicken? Hull ist mit Rücksicht auf die amerikanischen Geschäftsleute in China dafür. Oder sollten wir alle Amerikaner auffordern, China zu verlassen? Dafür ist Roosevelt, nachdem sich bei einer Meinungsumfrage 54 Prozent der Amerikaner für einen Rückzug ausgesprochen hatten, aus Sorge, wie es die *Chicago Tribune* formuliert, dass ein drohendes »Massaker an Amerikanern« die USA auf einer Woge der Gefühle in den Krieg schwemmen würde.[13] Immerhin beginnen Amerikaner wie Briten, auf ihren Schiffen Frauen und Kinder zu evakuieren; viele Deutsche werden am 24. August vom Schnelldampfer *Gneisenau* aufgenommen.

Die Auseinandersetzungen in Shanghai konzentrieren sich nach Luftangriffen und Artilleriefeuer auf »Klein-Tokio«, wo mehrere tausend Japaner leben. In den Straßenzügen kommt es zu Nahkämpfen. Ende August versuchen japanische Kriegsschiffe, Verstärkungstruppen nördlich und südlich der Stadt zu landen, diese einzukreisen und vom Hinterland abzuschneiden. Acht Tage braucht es, unter großen Mühen einen bis zu zehn Kilometer breiten Küstenstreifen zu besetzen. Dabei werden auch zivile Ziele in der Stadt mehrfach bombardiert. Die starke Stellung der Chinesen können die Japaner nicht überwinden, Mitte September sitzen sie überraschend

Mitte August 1937 beginnt der Krieg um Shanghai: Tausende fliehen aus der Hafenstadt, Ausländer werden evakuiert

fest. Mit Stolz kann General Falkenhausen, der sich persönlich an die Front begeben hatte, den Erfolg »seiner« Soldaten verbuchen. Auch im Norden gerät die japanische Offensive entlang der Eisenbahnlinien nach Süden Richtung Gelber Fluss, nicht zuletzt wegen starker Regenfälle, ins Stocken. Auf halber Strecke zwischen Shanghai und Nanking blockieren die Chinesen mit einigen Dutzend versenkter Kriegs- und Handelsschiffe den Jangtse-Fluss, um den Japanern den weiteren Vormarsch zu erschweren.

Nun greift die japanische Luftwaffe ein: Etwa hundert größere und kleinere Städte werden bombardiert, sogar Kanton weit im Süden. Am 19. September wird in der Hauptstadt Nanking Alarm ausgelöst: Bei wolkenlosem Himmel nähern sich 46 japanische Flieger, 17 chinesische Jagdflieger der Firma Boeing starten und stellen sich einer Luftschlacht; das japanische Kommando meldet ein erfolgreiches Bombardement und den Abschuss sämtlicher chinesischer Maschinen. In Nanking heißt es, die Bomben hätten keinen großen Schaden angerichtet und man habe vier japanische

Flugzeuge abgeschossen. Die japanische Regierung rechtfertigt ihr Vorgehen als militärisch notwendig und wiederholt an den folgenden Tagen die Luftangriffe auf Nanking, wobei auch Krankenhäuser, Elektrizitäts- und Wasserwerke sowie die Radiostation getroffen werden. US-Botschafter Nelson Johnson in Nanking hatte sich in Erinnerung an das Schicksal seines britischen Kollegen Knatchbull-Hugessen, der drei Wochen zuvor auf der Fahrt nach Shanghai von zwei japanischen Fliegern mit MG-Feuer angegriffen und getroffen worden war, sich auf einem US-Kanonenboot in Sicherheit gebracht, wie die Chinesen spöttisch bemerken. Der Generalvertreter der Siemenswerke in Nanking, John Rabe, rechnet mit dem Vorstoß der Japaner gegen Tschiangs Hauptstadt, beobachtet, wie reiche Chinesen die Flucht ergreifen, bleibt mit anderen deutschen Kaufleuten »auf dem Posten« und beginnt ein Tagebuch zu führen.[14]

In den Hauptstädten der Welt herrscht große Aufregung über diese Art der Kriegführung. Gegenmaßnahmen werden ergriffen: Die Sowjetunion verstärkt ihre Armeen in Sibirien, Großbritannien will Kriegsschiffe östlich von Suez verlegen, Niederländisch-Indien (Indonesien) ruft nach Waffen, Siam (Thailand) und die Philippinen rüsten auf. Wie wird sich der Krieg auf Europa auswirken? Wird London (wie Paris) mit Moskau zusammenarbeiten, um gemeinsam die fernöstlichen Interessen zu verteidigen? Zunächst bleibt es bei der grundsätzlichen Haltung, sich aus dem Konflikt herauszuhalten. In Washington bekräftigt Roosevelt die Neutralität der USA und verbietet es amerikanischen Unternehmen, Kriegsgerät nach China und Japan zu liefern. Auf dem Parteitag in Nürnberg hebt auch Hitler die neutrale Haltung Deutschlands in diesem Konflikt hervor; aber er lässt nach Einspruch der deutschen Rüstungswirtschaft weitere Waffen- und Munitionslieferungen an China zu. Nur in Großbritannien, wo Arbeiterpartei und Gewerkschaften eine antijapanische Boykottbewegung in Gang setzen, scheint die Regierung den Abbruch der Handelsbeziehungen zu Japan zu erwägen.

Mitte September ruft die chinesische Regierung den Völkerbund in Genf zu Hilfe: Japan hat Eroberungsabsichten, greift uns mit seinem Heer, seiner Flotte und seiner Luftwaffe an, nimmt keine Rücksicht auf Zivilisten und stürzt 450 Millionen Menschen in Not und Elend; es wird auf die Artikel 11 und 17 der Völkerbundsatzung hingewiesen, die als »geeignete Maßnahme zum wirksamen Schutz des Weltfriedens« Sanktionen gegen den Angreifer vorsehen. Doch Genf bleibt vorsichtig: Noch ist in schlechter Erinnerung, wie wenig die gegen Italien beschlossenen Sanktionen gebracht haben, als es 1935/36 Abessinien (Äthiopien) eroberte. Auch diesmal prangern die Vertreter Großbritanniens, Frankreichs und der Sowjetunion in scharfen

Reden das japanische Vorgehen an. Die am 28. September von der Vollversammlung angenommene Entschließung hört sich sehr zahm an: Sie spricht ihr »tiefes Bedauern über den Verlust von Menschenleben« aus und »verurteilt feierlich derartige Handlungen, die in der ganzen Welt Entsetzen und Empörung ausgelöst« haben; es ist die Rede von »moralischer Unterstützung«, aber zur Enttäuschung der Chinesen nicht von »geeigneten Maßnahmen«. Stattdessen schlägt der britische Außenminister Eden für November in Brüssel eine weitere Konferenz an Ostasien interessierter Mächte vor.

Die militärischen Auseinandersetzungen in China mit Hunderttausenden von Soldaten auf beiden Seiten tragen alle Merkmale eines Kriegs bis auf eines: Es gibt keine Kriegserklärungen, auch die jeweiligen Botschafter sind noch nicht nach Haus beordert worden. Gibt es denn angesichts der hohen Verluste noch eine Hoffnung auf eine baldige Beendigung der Kämpfe?

Der Geschützdonner von Shanghai ist in Europa und in Amerika nicht zu hören, aber zu spüren: Die Sorgen der Großmächte um ihren Einfluss in Ostasien wachsen. Niemand will sich aus China, einem der wenigen expandierenden Märkte der Welt mit mehr als 400 Millionen Verbrauchern, verdrängen lassen. Japan steht im Verdacht, diesen Markt für sich allein nutzen zu wollen. Besonders betroffen vom Wettbewerb der Industrieländer ist Großbritannien: Es wickelt zwar nur ein Prozent seines Handels mit China ab, aber hält ein Drittel der Investitionen; 42 Prozent der chinesischen Im- und Exporte über See erfolgen im Laderaum britischer Schiffe; sein Außenhandel mit China ist so weit zurückgegangen, dass Deutschland mit seinen Maschinen und Chemieprodukten Großbritannien überrundet und hinter den USA und Japan auf Platz 3 vorgerückt ist.[15]

Die Regierung des Vereinigten Königreichs unter Neville Chamberlain sieht das britische Weltreich, nur wenige Monate zuvor mit monarchischem Prunk gefeiert, an den Grenzen seiner Macht: Es überspannt die Kräfte seiner Flotte, gleichzeitig die deutsche Vormacht in Europa zu verhindern, das Mittelmeer als »Hauptschlagader« für Handelsweg und Heerstraße mit den Flottenstationen in Gibraltar, Malta, Zypern und Alexandria vor der italienischen Bedrohung zu schützen und in Ostasien das japanische Ausgreifen nach den britischen Festungen in Hongkong und Singapur, vielleicht sogar nach Australien und Neuseeland aufzuhalten. Außenminister Eden setzt alles daran, die USA mit ins fernöstliche Boot zu holen; denn es wird noch Jahre dauern, bis die zehn auf Kiel gelegten Großkampfschiffe einsatzbereit sind.

6. KAPITEL

Ein Bündnis wird geschmiedet
Mussolini auf Deutschland-Besuch
(September 1937)

»Deutschland grüßt den Duce« heißt es am Morgen des 25. September 1937 auf dem Spruchband am bayerischen Grenzbahnhof Kiefersfelden, der mit Girlanden und Schleifen in den italienischen Farben geschmückt ist. Zur Begrüßung Mussolinis sind vor allem Vertreter der NSDAP aufmarschiert, an ihrer Spitze Rudolf Heß, Hitlers Stellvertreter, sowie die Botschafter in Berlin, Bernardo Attolico, und in Rom, Ulrich von Hassell. Für die musikalische Darbietung der Nationalhymnen sorgen zwei Spielmannszüge, zum Ehrenspalier sind junge Männer vom *Arbeitsdienst* auf dem Bahnsteig angetreten, das Fähnchen-Schwenken besorgen *Hitler-Jungen*, der *Bund Deutscher Mädchen* bildet mit erhobenen Armen ein entzückendes Spalier.

Obwohl ein begeisterter Anhänger der Fliegerei, ist Mussolini mit seiner 100-köpfigen Begleitung (darunter seine junge Geliebte Claretta Petacci und Außenminister Galeazzo Ciano) im Zug gekommen, über den Brenner und durch Österreich mit einem kurzen Zwischenhalt in Innsbruck (österreichische Politiker waren nicht erwünscht, er will ihnen nicht in die Augen sehen). Nun kann die Jubeltour beginnen. Ein Vierteljahrhundert lang hatte kein Staatsoberhaupt das Deutsche Reich gewürdigt. Es soll ein ganz besonderer Staatsbesuch zelebriert werden, für die Millionen, die Mussolini persönlich erleben wollen, wie auch für die Medien, die Presse, die Fotografen, die Rundfunkreporter, die Wochenschauen, die ihre Berichte über das gute Verhältnis zwischen Deutschland und Italien in die ganze Welt verbreiten sollen. Die deutschen Zeitungen sind angewiesen, den Besuch gegenüber anderen Ereignissen wie dem Krieg in China oder dem Bürgerkrieg in Spanien »absolut in den Vordergrund zu stellen« und die Italiener »in jeder Weise publizistisch ohne übertriebene Lobenshymnen und falschen Zungenschlag« zu ehren.[1]

In Venedig, einst dem Handel, nun der Kultur verschrieben, waren sich Mitte Juni 1934 Benito Mussolini und Adolf Hitler, die beiden »hervorragendsten Führerpersönlichkeiten der Welt«, zum ersten Mal begegnet. Die alle zwei Jahre stattfindende Kunstausstellung, inzwischen die XIX. Biennale, hatte den äußeren Rahmen für ihr »persönliches Kennenlernen« gegeben. Seit 1922 hatte Mussolini schon alles daran gesetzt, aus Italien einen faschistischen Staat zu machen; entsprechend großspurig war er gegenüber dem sechs Jahre jüngeren Nachahmer Hitler aufgetreten, der erst ein gutes Jahr im Amt war.

Die äußere Erscheinung unterstrich diese Differenz: Während Mussolini immer in Prunkuniform stolzierte, begnügte Hitler sich mit schlicht bürgerlichem Zivil. Mussolini, begleitet von seinem Schwiegersohn Ciano, gab sich als diktatorisches Vorbild und imponierte seinem Gast mit einer Fahrt durch die venezianischen Kanäle, mit italienischer Musik bei einem Konzert im Dogenpalast (Rossini und Verdi sowie etwas Wagner) und mit seinem Redetalent auf dem Markusplatz, wo er Zehntausende dazu brachte, minutenlang fanatisch »Duce! Duce!« zu schreien.

Über die politischen Gespräche, einmal in einem Schloss auf dem Festland, dann unter Palmen in abendlicher Sommerluft am Lido, ist wenig Zuverlässiges überliefert, weil Mussolini sich auf seine »Liebenswürdigkeit« und seine Deutschkenntnisse verließ und ganz allein mit Hitler plauderte. Entsprechend dürftig blieb das Kommuniqué: Von »herzlicher Zusammenarbeit« und Fortsetzung der »persönlichen Beziehungen« war die Rede; beim Streitpunkt Österreich schienen die beiden überein zu stimmen, aber wohl nur, weil sie unverbindlich blieben. Seine Planungen zur Eroberung Abessiniens teilte Mussolini nicht mit.[2]

Mehr als drei Jahre ließ sich der italienische Machthaber anschließend Zeit für seinen Gegenbesuch in Deutschland – nicht ohne Grund: Wie sehr hatte er sich in dieser Zeit bemüht, im Bündnis mit Frankreich und Großbritannien sowie mit Österreich und Ungarn Deutschlands steigende Macht in Grenzen zu halten – vergeblich! »Der Vertrag von Versailles ist tot!« hatte Hitler auf dem Parteitag Anfang September 1937 verkündet: »Deutschland ist frei!« Wie anders spielt sich daher die zweite Begegnung Ende September ab! Es geht nicht mehr nur um die Festigung einer persönlichen Bekanntschaft und die Demonstration der Verbundenheit zweier Völker. Mussolini hatte ein Jahr zuvor in Mailand den Begriff der *Achse* zwischen den Hauptstädten des Italienischen Imperiums und des Deutschen Reiches geprägt, um die sich Europa drehe; in Berlin wird das als Anmaßung verstanden, weil man davon ausgeht, dass Deutschland der »Schwerpunkt Europas« sei.[3]

Die fünftägige Reise durch Deutschland ist darauf angelegt, Mussolini dies eindringlich vor Augen zu führen. Nach kurzem Aufenthalt setzt

Mussolini freut sich über den Empfang durch Hitler und die Münchener, die ihn am Hauptbahnhof erwarten

der Salonwagen bei spätsommerlichem Sonnenschein die Fahrt Richtung München fort, der *Wiege und Hauptstadt der nationalsozialistischen Bewegung*. Tatsächlich übernimmt am ersten Besuchstag die Partei die Rolle des Gastgebers: Es treffe »Mussolini in seiner Eigenschaft als der Gründer und Führer des Faschismus Adolf Hitler als Gründer und Führer des Nationalsozialismus«.

Punkt 10 Uhr läuft der Sonderzug im Hauptbahnhof ein: Die Bahnhofshalle ist über und über mit den Fahnen der beiden Länder und goldenen Lorbeergirlanden geschmückt, auf einer Säule thront ein riesiges umkränztes »M«. Eine Kapelle spielt Mussolinis Lieblingsmarsch *Hymne auf Rom*. Hitler und Mussolini zeigen in ihren Gesichtern die Freude über das Wiedersehen, diesmal tragen beide Uniform; Ciano wird von Außenminister Konstantin von Neurath begrüßt. An vielen Uniformen und Büsten mit römischen Kaisern vorbei geht es auf den Vorplatz, den mächtige Säulen mit dem Symbol der Faschisten, dem altrömischen Rutenbündel (»Fasci«) umringen.

Eine tosende Menschenmenge erwartet sie, Ehrenformationen der Partei werden abgeschritten. Dann geht es im offenen Wagen stehend durch die mit Fahnen überspannten Straßen über den Karls- zum Marienplatz, vorbei an jubelnden, Fähnchen schwenkenden, aber nicht sehr dicht gedrängten Menschen, abgesperrt von starken Polizeikräften: Ein Empfang ohnegleichen, aber Propagandaminister Goebbels nimmt sich vor, ihn in Berlin noch zu übertreffen – er hat die Münchener im Verdacht, den freien Samstag zum Ausschlafen zu nutzen. Die Wagenkolonne biegt auf den Spuren des Bürgerbräuputsches von 1923 zur Residenzstraße ein und gelangt zur Feldherrnhalle, wo damals der nach dem Vorbild Mussolinis geplante »Marsch auf Berlin« von der bayerischen Polizei mit einigen Gewehrsalven gestoppt worden war – 16 Marschierer starben, Hitler tauchte leicht verletzt zunächst unter. Die dunkel gehaltene Weihestätte grüßt Mussolini mit erhobenem Arm.

Als Gästehaus ist das frisch renovierte Prinz-Carl-Palais vorgesehen, wo ihn der bayerische Ministerpräsident Ludwig Siebert empfängt, während Hitler zu seiner Privatwohnung im 2. Stock eines Mietshauses am Prinzregentenplatz fährt. Für das erste Gespräch steht ein Übersetzer bereit, aber Mussolini will wieder zeigen, wie gut er Deutsch kann. Als Gastgeschenk überreicht er eine Urkunde, die den »Führer und Kanzler des Deutschen Reiches und Volks zum Ehrenkorporal der Milizia Voluntaria Sicurezza Nationale« (Volkes Miliz für die Sicherheit der Nation) ernennt: »Als Vertreter und Hüter der europäischen Kultur gegen jeden Umsturzversuch hat er Italien in der Stunde des Kampfes seine rückhaltlose Gemeinschaft und Freundschaft bewiesen«, heißt es in der Begründung. Ein Ehrendolch und eine Armbinde gehören dazu. Als Gegengabe ehrt Hitler seinen Gast mit der eigens für ihn hergestellten Ausführung des Großkreuzes des Ordens vom Deutschen Adler, in Gold gefasst und mit Brillanten besetzt. Man unterhält sich über den Bürgerkrieg in Spanien, wo beide General Franco im »Kampf gegen den Bolschewismus« unterstützen; das Thema Österreich vermeiden beide.[4]

Dann folgt ein dichtes Programm: Für die ersten *Blutzeugen der Bewegung* hatte Hitler nach seiner Machtübernahme zwei *Ehrentempel* am Königsplatz errichten lassen (offiziell jetzt *Königlicher Platz* oder *Acropolis Germaniae*, im Volksmund wegen der Beseitigung der Rasenflächen auch *Plattensee*). Dort legt der Gast unter Trommelwirbeln einen Kranz nieder: Auf der Schärpe steht nur »Benito Mussolini« und »Anno XV«, im 15. Jahr der faschistischen Herrschaft, wie um zu zeigen, dass er drei Mal so lang an der Macht ist wie sein Gastgeber. Anschließend werden das *Braune Haus*

Oben: Adolf Hitler (Mitte rechts) und Benito Mussolini (Mitte links) bei einer Kranzniederlegung im »Ehrentempel für die Gefallenen der Bewegung« am Königlichen Platz, im Vordergrund ein italienischer Fotograf in schwarzer Uniform

Rechts: Auf einem kleinen Podest stehen Mussolini und Hitler, um eine Parade von Parteiorganisationen abzunehmen

(»Von hier aus haben wir Deutschland erobert«), die im neoklassischen Stil am Königsplatz errichteten Verwaltungsgebäude der NSDAP und das üppig-repräsentative *Führerhaus* besichtigt. Es ist Zeit für ein Zweites Frühstück in kleinem Kreis, während Mussolinis Gefolge von Karl Fiehler, einem der alten Kämpfer und jetzt Münchens Oberbürgermeister, im Alten Rathaussaal bewirtet wird.

Öffentlicher Höhepunkt ist anschließend eine Parade an der *Ewigen Wache* vorbei, im Hintergrund die mit einem umkränzten »M« dekorierten Propyläen und mit einer Riesenmenschenmenge davor: Mussolini und Hitler stehen gemeinsam auf einem kleinen Podest zwischen den *Ehrentempeln*, alle Augen, alle Foto-, Film- und Fernsehkameras sind auf sie gerichtet und die Kolonnen der NSDAP, die eine Stunde lang zu Marschmusik vorbeiziehen: *Hitler-Jungen* auf Motorrädern, *alte Kämpfer* vom November 1923 mit der *Blutfahne*, SA in Zwölferreihen, *Arbeitsdienstmänner* mit geschulterten Spaten, politische Funktionäre, schließlich SS in der von Hugo Boss hergestellten schwarzen Uniform mit geschulterten Gewehren und »besonders wuchtigem Marschtritt«. Zum Abschluss spielt Hitlers Leibstandarte noch seinen Lieblingsmarsch. Die anschließende kurze Ruhepause im Prinz-Carl-Palais kann Mussolini kaum nutzen, da immer wieder Rufe ertönen: »Wir wollen den Duce sehen!« – »Ich komme mir vor«, soll er gesagt haben, »wie im eigenen Lande.«

Als Beweis dafür, dass in München nicht nur Marschtritt und -musik zu Hause sind, sondern auch Kultur, wird zum Abschluss dem zwei Monate zuvor eröffneten *Haus der Deutschen Kunst* ein Besuch abgestattet: Zwischen den Säulen sind junge Mädchen in antiken Gewändern sowie Jungen mit Rutenbündeln und Hakenkreuzen postiert. 300 Künstler und Künstlerinnen sind geladen und geben nach einem Rundgang den Rahmen für einen Tee-Empfang. Goebbels führt sich wie ein Gastgeber auf und genießt das Gespräch mit Mussolini: Er wird für seine Arbeit über alle Maßen gelobt, und Ehefrau Magda wird nach den Kindern befragt: »Man muss ihn richtig liebhaben«, schreibt er in sein Tagebuch.[5] Mit den letzten Sonnenstrahlen endet der Besuch in München: Gegen 19 Uhr besteigen die beiden Hauptdarsteller jeweils ihren Sonderzug und machen sich auf die Fahrt quer durch Deutschland ins Manövergebiet der Wehrmacht an den mecklenburgischen Seen.

Bereits seit dem 20. September hatte dort eine »Schlacht« zwischen dem roten Westland und dem blauen Ostland getobt; Kriegsminister Werner von Blomberg hatte die Oberleitung über die 62 000 eingesetzten Soldaten von Heer, Luftwaffe und Marine, deren Zusammenarbeit erprobt wurde;

Hitler hatte bereits den *Blauen* einen kurzen Besuch abgestattet und ihre Vorwärtsbewegung bei Neubrandenburg beobachtet. Neben dem Einsatz schwerer Waffen (Panzer, Artillerie) wurde vor allem der schnelle Transport von Truppenverstärkungen geübt. Nach dem Vorbild französischer und britischer Luftmanöver vier Wochen zuvor war in den Nächten in ganz Norddeutschland Verdunkelung angesagt, denn auch Luftangriffe standen auf dem Programm, der roten Bomber auf Berlin, der blauen auf Hamburg, wo die Bevölkerung nach dem Sirenenalarm »mitspielen« musste. Wie üblich bei Manövern war mal die eine Seite, mal die andere »siegreich«.

Eigentlich war nach fünf Tagen die gesamte Übung abgeschlossen; aber Hitler wollte seinen Gast auch mit diesem bislang größten deutschen Manöver beeindrucken. Hitlers Wehrmachtsadjutant Friedrich Hoßbach sorgte also dafür, dass die Soldaten einen Ruhetag einlegten und für den zweiten Besuchstag einen »Feuerzauber« vorbereiteten, der Mussolini und den verbliebenen ausländischen Militärbeobachtern den erwünschten Eindruck vermitteln sollten, darunter der italienische Marschall Pietro Badoglio, der »Eroberer von Addis Abeba«, sowie der britische General Edmund Ironside, der als alter Schotte am Abend zuvor drei deutsche Generäle mit Whisky unter den Tisch getrunken hatte, bis sie ihm unverhohlen »Bruderschaft mit England auf zwei Jahre« anboten: »Diese drei Schurken haben ihren Toast nicht mit Humor angebracht«, notiert Ironside in seinem Tagebuch.

Sonntagmorgen, 26. September: In dem kleinen Ort Lalendorf auf halber Strecke zwischen Berlin und Rostock gibt es einen »großen Bahnhof«. Eingefunden haben sich Reichskriegsminister und Oberbefehlshaber der Wehrmacht Werner von Blomberg, die Oberbefehlshaber der Luftwaffe Hermann Göring, des Heeres Werner von Fritsch und der Marine Erich Raeder; in der zweiten Reihe sind Generalstabschef Ludwig Beck sowie weitere Generäle und Admiräle angetreten. Nach Ankunft der Sonderzüge aus München geht es gleich in offenen Geländewagen querfeldein. Badoglio, in Sorge, sein *Duce* könnte zu sehr beeindruckt sein von den deutschen Waffen, kann ihm vor der Abfahrt noch zuflüstern: »Bislang nichts Außergewöhnliches bei den Manövern: Bewaffnung und Truppen mittelmäßig, wir sind ihnen auf allen Gebieten voraus.« Dann beginnt Hitler, die 1935 aus dem Hunderttausend-Mann-Heer der Reichswehr entstandene und inzwischen auf das Dreifache vergrößerte Wehrmacht als »Werkzeug des Friedens« vorzuführen.[6]

Immer wenn zwischendurch ein Feldherrnhügel erklommen ist und ein kurzer Halt eingelegt wird, werden die Standarten der beiden Anführer platziert, das rot umrandete und golden umkränzte Hakenkreuz und das

Im offenen Wagen werden Mussolini und Hitler über das Manövergelände in Mecklenburg kutschiert

goldene Liktorenbündel auf blauem Grund. Einmal kommt aus der Luft eine besondere Überraschung: Der Fliegergeneral Ernst Udet rollt mit dem gerade fertig gestellten Kleinflugzeug *Fieseler Storch* vor den Füßen Mussolinis aus; die leichte Maschine ist so konstruiert, dass sie zum Starten und Landen nur einige zehn Meter braucht und bei Gegenwind im Flug still stehen oder sogar rückwärts fliegen könnte.

Nach etwa zehn Kilometern wird der 128 hohe Schmookberg erreicht: Dort gibt es einen umfassenden Blick auf das Schlachtfeld, das Mussolini mit einem Feldstecher inspiziert. Er verfolgt einen Schaukampf mit viel Feuerwerk, Hunderten von Panzern und Kampfflugzeugen, bis *Blau* der Durchbruch gegen *Rot* gelingt. Die deutschen Zeitungen halten sich bei der Beschreibung der Militärtechnik zurück, aber zeigen sich beeindruckt von dem »Bild des modernen Krieges«. Mussolini nickt anerkennend zur schnellen deutschen Wiederaufrüstung, aber glaubt: Wir müssen daraus keine Lehren ziehen. Außenminister Ciano trägt in sein Tagebuch ein: »Interessant, aber ich habe mehr erwartet.« General Ironside erkennt in einem kurzen auf deutsch geführten Gespräch mit Hitler an, dass »die deutsche Wehrmacht sich in hervorragender Weise entwickelt« habe; für sich hält er fest: »Noch ist keine Gefahr, aber sie kommt, sagen wir in fünf Jahren.« Auch der Berichterstatter des *Daily Telegraph*, Generalmajor Temperley, ist überzeugt, die deutsche Wehrmacht werde »in wenigen Jahren eine der bedeutendsten in Europa sein«.

Man verabschiedet sich von den Manövergästen, besteigt die Wagen, erreicht bald die nächste Bahnstation, zu der die Sonderzüge vorgefahren sind. Diesmal wird gewechselt: Die italienischen Militärs lädt Hitler zum Empfang in seinen Restaurantwagen ein, Mussolini die deutschen in seinen. Es ist nur eine kurze Strecke, an Laage vorbei, durch Rostock und Bad Doberan bis nach Kröpelin. Zu Tausenden stehen die Menschen am Streckenrand und auf den Bahnhöfen, um den Staatsgästen ihre Begeisterung zu zeigen. Am Bahnhof Kröpelin wird wieder in die Staatskarossen umgestiegen: Die mit Hakenkreuzfahnen geschmückten Straßen der Kleinstadt sind dicht gedrängt mit Neugierigen und Schulkindern aus den umliegenden Dörfern: Sie stehen in mehreren Reihen hintereinander, von einer Polizeikette zurückgehalten, und jubeln mit erhobenen Armen. »Das ganze Volk«, schreibt Temperley, »ist ein Herz und eine Seele mit seiner Armee und zeigt den offensichtlichen Stolz auf seine Soldaten.«[7]

Auf der Reriker Chaussee geht es zur Halbinsel Wustrow mit dem größten Übungsplatz der deutschen Luftwaffe. Hier hat Oberbefehlshaber Göring das Sagen: Er lässt das wirkungsvolle Scharfschießen mit Leuchtspurmunition in grün, rot und türkis auf bewegliche Flugziele vorführen; es werden einige Flugkunststücke gezeigt und neue Flugzeugtypen besichtigt – so neu, dass es dazu in den Zeitungen weder Bilder noch Berichte gibt. Tatsächlich steckt die deutsche Flugzeugproduktion (anders als die italienische) noch in den Anfängen.

Wieder steht eine Nachtfahrt bevor. Das von Mussolini gewünschte und daher erst kurzfristig bekannt gegebene Ziel ist Essen. Auch für die Menschen im Ruhrgebiet sind nun Nachtfahrten angesagt: Aus den Städten zwischen Mülheim und Duisburg, ja aus Köln und Düsseldorf wie aus dem Münsterland werden sie herangekarrt, unter dem Arm Decken gegen die herbstliche Kühle, Klappstühle für das lange Warten und ausreichend Tagesproviant. Essen selbst kommt ebenfalls nicht zum Schlaf: Über Nacht werden Bahnhof und Durchfahrtsstraßen mit der erforderlichen Ausstattung versehen, alle Wände völlig in den deutschen und italienischen Farben verkleidet und mit frischem Grün umkränzt. Hitler trifft kurz vor 8 Uhr am Bahnhof ein, damit er den wenige Minuten später ankommenden Mussolini begrüßen kann. Auf dem Vorplatz heißt sie eine seit Stunden wartende Riesenmenge und ein Spruchband »Willkommen in der Waffenschmiede des Reiches«. Nach Abschreiten einer SS-Standarte geht es im Wagen langsam entlang des Bahndamms, besetzt mit Fähnchen winkenden *Pimpfen*, zu den Kruppwerken.

Es ist Montag, die Arbeit hat längst begonnen, die Schlote rauchen, die Hämmer dröhnen. Am Tor des Familienunternehmens steht der mit der Urenkelin des Firmengründers verheiratete Gustav Krupp von Bohlen und Halbach. Er begrüßt seine Gäste, führt sie durch seine gigantischen Eisen- und Stahlwerke (ein Schmiedepresswerk, eine Riesenwalze für Panzerplatten, eine Lokomotivenfabrik in Europas größter Werkhalle) und erläutert die Fließarbeit bei der Herstellung leichter und schwerer Geschütze, geländegängiger Radfahrzeuge, langer Rohre für Kriegsschiffe. Bei einer weiteren Halle schließen sich hinter Hitler und Mussolini die Tore: Dort entstehen die neusten Kanonen und Panzer. Beim weiteren Rundgang weist Hitler darauf hin, dass die einst kommunistischen Arbeiter »erst schritt- dann scharenweise zum Nationalsozialismus übergetreten« seien. Diesmal ist Ciano von der »industriellen Leistungsfähigkeit sehr beeindruckt«.[8]

Nach zwei Stunden ist die Besichtigung beendet. Hitler überlässt Mussolini die Vorfahrt, folgt mit seinem Zug vier Minuten später: Bei der Anfahrt auf Bochum, Dortmund, Hamm ertönen die Fabriksirenen, auf den Bahnhöfen spielen Bergmannskapellen und überall Fahnenschmuck sowie Begrüßungsaufschriften. Gut gefüllt mit Schaulustigen sind auch die Bahnhöfe von Ahlen, Gütersloh, Bielefeld, Herford, Bückeburg, Stadthagen. Um 14.20 Uhr kurzer Zwischenhalt in Hannover: Auf den Bahnsteigen stehen uniformierte Abordnungen der NSDAP und der Wehrmacht bereit, um Hitler und Mussolini an den Fenstern ihrer Sonderzüge zu bejubeln; das Niedersachsen-Lied erklingt, ein Vertreter der Gauführung überreicht Mussolini einen Reifen aus dem Kautschuk-Ersatz Buna, mit bäuerlichen Erzeugnissen des Landes bestückt, sowie ein kleines silbernes Pferd als »Gutschein« für ein lebendiges Niedersachsen-Ross. Dann sind es noch gut zwei Stunden bis zur Hauptstadt.

Kurz vor Spandau zieht Hitlers Zug vor, bleibt minutenlang gleichauf und übernimmt dann die Führung: Er will vor Mussolini ankommen, um ihn in Berlin als erster begrüßen zu können. Auf dem neugestalteten Bahnhof Heerstraße, ausgelegt mit Kokosläufern und verziert mit von Blattgrün und roten Pelargonien umrankten weißen Crysanthemen, gibt es bei den zahlreichen Ehrengästen kein Durcheinander: Alles steht in Reih und Glied, die Minister der Reichsregierung, die Reichsleiter der Partei, Generäle der Wehrmacht, das Diplomatische Korps, allen ein wenig vorgerückt der preußische Ministerpräsident Göring. Auf dem Vorplatz wieder ein

Nach 25 Jahren wieder ein Staatsbesuch in der deutschen Hauptstadt: Mussolini und Hitler lassen sich von den Berlinern bejubeln

Ehrenbataillon der Wehrmacht, das zum Präsentiermarsch abgeschritten wird; dann erklingen die Hymnen und hinter der Absperrungskette der SS Begrüßungsrufe: »Duce! Heil!«

Es fängt an zu regnen: Das hält aber die politisch leicht zu begeisternden Berliner nicht davon ab, in tief gestaffelten Reihen die acht Kilometer lange *Triumphstraße* vom *Adolf-Hitler-Platz* bis zum Brandenburger Tor zu säumen. Fast nur im Schritttempo kommt die Kolonne der 50 Mercedeswagen, Hitler und Mussolini im offenen Wagen, voran. Leute aus der letzten Reihe rufen unter Gelächter nach vorne: »Nehmt die Arme runter, damit wir besser sehen können.« Nach einer dreiviertel Stunde geht es durch das mit Fahnen umwallte Brandenburger Tor und rechts in die vom *Reichsbühnenbildner* dekorierte Wilhelmstraße zum Palais des Reichspräsidenten: Auf dem Dach wird die Standarte des *Duce* gehisst, eine Ehrenwache präsentiert das Gewehr. Hier wohnt Mussolini für die nächsten zwei Tage (und nicht in der Bleibtreustraße, wie einige Berliner in Anspielung auf den Seitenwechsel Italiens im Weltkrieg witzeln).[9]

Am Abend gibt Hitler gleich nebenan in der Reichskanzlei einen Empfang. 200 Gäste sind geladen. Außer den Trinksprüchen dringt nichts nach draußen. Hitler begrüßt »Eure Exzellenz« als den »genialen Schöpfer des faschistischen Italien«, hebt die Begeisterung des deutschen Volkes hervor und betont die »aufrichtige Freundschaft und politische Zusammenarbeit« der beiden Staaten, um dem »uns am Herzen liegenden Ziel einer allgemeinen internationalen Verständigung« zu dienen:

> »Ich erhebe mein Glas und trinke auf das Wohl des Königs von Italien, Kaisers von Äthiopien, Ihres erhabenen Souveräns sowohl auf das persönliche Wohlergehen Euer Exzellenz selbst und auf die Größe und das Gedeihen der faschistischen italienischen Nation.«

Mussolini zeigt sich in seiner Antwort »tief berührt«, weil er auf seiner Reise überall die »geistige Atmosphäre eines großen befreundeten Volkes« gespürt habe. Er lobt die »lebendige und tätige deutsch-italienische Solidarität«, sieht »unsere Freundschaft bekräftigt und gegen jeden Störungs- und Spaltungsversuch gefeit«, spricht sich für die Zusammenarbeit mit allen anderen Völkern aus und will sich gerne an »Eure kraftvollen Truppen und Eure Tatkraft erinnern«:

> »Ich erhebe mein Glas auf das Wohl des Führers und Kanzlers Adolf Hitler, auf das Gedeihen und die Größe des nationalsozialistischen Deutschland.«

Vor dem abendlichen Großereignis am 28. September auf dem Olympia-Gelände stehen am Vor- und Nachmittag noch mehrere Punkte auf Mussolinis Programm: Auf eigenen Wunsch lässt er sich durch das Zeughaus führen. Nach einer Gedenkminute vor der Totenmaske Hindenburgs, des Feldherrn im Weltkrieg und späteren Reichspräsidenten, geht es vorbei an den Uniform- und Waffensammlungen vergangener Jahrhunderte mit Erinnerungen an Friedrich den Großen, Napoléon, Kaiser Wilhelm I. und Bismarck. Besonderes Interesse zeigt er für die schönen Feuerbüchsen italienischer Herkunft aus der Renaissance-Zeit.

Zu einem inoffiziellen Besuch zieht es ihn nach Potsdam: In der Garnisonkirche steigt er in die Gruft der Preußenkönige; im Altarraum lässt er sich das Pult zeigen, von dem aus Hitler im Beisein Hindenburgs am 23. März 1933 das Bündnis zwischen *nationalsozialistischer Revolution* und preußischer Tradition verkündet hatte. Inzwischen hat sich der Besuch herumgesprochen: Einem *Pimpf* gelingt es, ein Autogramm (»M«) zu erhalten. Schaulustige winken am Weg zum Schloss Sanssouci. Dort faszinieren Mussolini vor allem die Bibliothek und das Sterbezimmer Friedrichs des Großen; dann ein Blick von der Terrasse auf den Park, den »Weinberg« hinab zur Fontäne und noch ein kurzer Rundgang durch das Neue Palais.

In schneller Fahrt zurück nach Berlin in den Tiergarten: Nach einem kurzen Empfang im neuen Gebäude der italienischen Botschaft wird der Weg zum nahegelegenen Haus der *Auslandsfaschisten* in Berlin zu Fuß zurückgelegt. Vom Dach hängen hellblaue Fahnen mit dem Symbol der Auslandsitaliener: ein silberner Stern über einer silbernen Burg. Davor stehen einige tausend Italiener zur Huldigung bereit, die aus Deutschland zusammengekommen sind, ganz vorn Abordnungen der italienischen Jugendorganisationen in schmucken Uniformen: Durch das Spalier 5- bis 8-jähriger *Figli della Lupa* (»Söhne der Wölfin«) schreitet Mussolini ins Haus. Minutenlange »Duce!-Duce!«-Schreie rufen ihn auf den Balkon, huldvoll lächelnd dankt er seinen Landsleuten, die nicht mehr zu halten sind. Nach einer knappen halben Stunde ist der Auftritt beendet: Während eine *Avantguardisten*-Kapelle die faschistische Hymne *Giovinezza* (»Heil dir Volk der Helden, heil dir unsterbliches Vaterland«) intoniert, verabschiedet sich Mussolini vor dem Portal von jungen strammstehenden Italienern in schwarzem Hemd mit Tropenhelm auf dem Kopf, Rückkehrern aus dem Abessinien-Krieg.

Dann folgt Mussolini einer Einladung Görings zum Mittagessen in seinem Jagdschloss in der Schorfheide nördlich von Berlin: Man kennt sich schon aus der Zeit, als Göring nach dem gescheiterten Putsch von 1923 in Italien Unterschlupf gesucht hatte; mehrfach war er als Hitlers Sonderbotschafter in Rom gewesen. Zum Willkomm blasen Jäger in ihre Waldhörner, zur Ehrung wird das Fliegerabzeichen der deutschen Luftwaffe in Brillanten überreicht. Ebenso opulent wie die Ausstattung des Hauses mit Gemälden, Plastiken, Gobelins und Möbeln ist das Essen, das von Kellnern und Kellnerinnen in Jagdkostümen aufgetragen wird. Noch mehr Aufmerksamkeit erregt eine Spielzeugeisenbahn und das heitere Spiel junger Löwen, Mussolini daran erinnernd, wie er sich in frühen Jahren zur Mutprobe in einen Löwenkäfig hatte sperren und fotografieren lassen. Österreichs Zukunft wird angesprochen, aber nicht vertieft. Die Atmosphäre beim Plaudern mit dem Gastgeber, seiner Frau Emmy und anderen Gästen, darunter Prinz Philipp von Hessen, dem Schwiegersohn des italienischen Königs, und dem Schauspieler Gustaf Gründgens, ist so gemütlich, dass fast die Zeit zur Abfahrt für den abendlichen Großtermin verpasst wird.

Große Gesten in der Schorfheide: Hermann Göring (l.) begrüßt Mussolini, ganz rechts Außenminister Ciano

Das gilt nicht für die Berliner: Seit den frühen Vormittagsstunden sind sie zu Hunderttausenden unterwegs mit Bahnen, Bussen, Autos zum *Reichssportfeld*: Auf der Plattform des Glockenturms hat ein Beobachtungsposten der Polizei Quartier bezogen, um den Überblick zu haben. Tausende von Ordnern weisen die Massen zu den vorgesehenen Plätzen ein. Für Verpflegung und Getränke ist gesorgt. Die Wartezeit wird bei mildem Sonnenschein mit Spiel und Tanz überbrückt. Um 17 Uhr ist der Aufmarsch vollendet: Eine halbe Million Menschen hat sich erwartungsvoll auf dem Maifeld versammelt, 100 000 haben Platz im Olympia-Stadion gefunden, 50 000 lagern auf Grünflächen ringsum, abgesehen von den Hunderttausenden, die entlang der Straßen in 16er-Reihen jubeln sollen.

Eine Stunde später: Die Olympia-Glocke schlägt, unter Zurufen treffen die beiden Hauptredner ein; während es leicht zu regnen anfängt, begrüßt Goebbels sie:

> »Duce des faschistischen Italien! Mein Führer! Ich melde: Auf dem Maifeld in Berlin, im Olympia-Stadion und auf den Vorplätzen eine Million, auf den Anfahrtsstraßen zwei Millionen, insgesamt drei Millionen Menschen zur historischen Massenkundgebung der nationalsozialistischen Bewegung versammelt.«

Hitler steigt zum Rednerpult empor und legt das Manuskript bereit: »Männer und Frauen!« beginnt er. Er spricht von der »großen Freude« über den Gast, den er zu jenen Männern zählt, die »selbst Geschichte machen« und von der »Völkerkundgebung der 115 Millionen«, die den »Frieden ersehnen«. Er betont, dass aus der »Gemeinsamkeit der Ansichten« die »Gemeinsamkeit des Handelns« entstanden sei. »Auch Deutschland«, sagt er, »ist wieder eine Weltmacht.« An die anderen Großmächte gerichtet, erklärt er:

> »Die Kraft dieser beiden Reiche bildet heute den stärksten Garanten für die Erhaltung eines Europas, das noch eine Empfindung besitzt für seine kulturelle Mission und nicht gewillt ist, durch destruktive Elemente der Auflösung zu verfallen.«

Im Namen der beiden Völker und ihrer Führer weist er am Schluss jeden Versuch anderer Mächte zurück, diese Gemeinschaft auflösen zu wollen. Nach einer Viertelstunde übergibt er das Mikrofon an Mussolini, der seine wohl formulierte Rede auf Deutsch hält, die wegen des harten Akzents und des wolkenbruchartigen Regens nicht überall richtig zu verstehen ist. Auch er zeigt sich »tief bewegt« von seinem Besuch und bekräftigt die »Festigkeit der Achse Rom-Berlin«. Auch er wendet sich an die Radiohörer in allen Ländern:

> »Der ganzen Welt, die sich gespannt fragt, was das Ergebnis der Begegnung von Berlin sein wird: Krieg oder Friede, können wir beide, der Führer und ich, mit lauter Stimme antworten: Friede.«

Deutlicher als Hitler weist auf er auf den gemeinsamen Feind hin, die *Kommunistische Internationale*, und den gemeinsamen »Kampf gegen den Bolschewismus, die moderne Form finsterster byzantinischer Gewaltherrschaft, jene unerhörte Ausbeutung der Leichtgläubigkeit der niederen Massen, jene Hunger-, Blut- und Sklavenregierung«. Nein – weder in Deutschland noch in Italien bestehe eine Diktatur: »Die größten und echtesten

Vor gewaltiger Kulisse begrüßt Goebbels Hitler und Mussolini auf dem Maifeld vor dem Olympia-Stadion – ihre Reden gehen fast im Regen unter

Demokratien, die die Welt heute kennt, sind die deutsche und italienische.« Den »Kameraden!« ruft er abschließend zu: »Wichtig ist, dass unsere beiden großen Völker zusammenstehen in einer einzigen unerschütterlichen Entschlossenheit.«

Nachdem Goebbels die Kundgebung mit sechsmaligem »Sieg-Heil!« abgeschlossen hatte, ziehen die Ehrengäste von Scheinwerfern beleuchtet ins Stadion ein, wo die vereinigten Musik- und Trompetenkorps zum Großen Zapfenstreich aufspielen: Umringt von Fackelträgern erklingen erst *Preußens Gloria*, dann der *Bayerische Defiliermarsch* und Beethovens *Yorkscher Marsch*; schließlich heißt es: »Helm und Mütze ab zum Gebet!« Während sich alles barhäuptig erhebt, blitzen riesige Flakscheinwerfer auf und erleuchten das weite Rund mit einem gewaltigen Lichtdom, wegen der niedrigen Wolkendecke besonders hell. (Ciano dazu: »Wunderschöne Choreographie.«) Nach den Hymnen begeben sich Hitler und Mussolini ebenso wie die Berliner unter »Avanti!«-Rufen durchnässt bis auf die Haut ins Trockene, wenn sie nicht noch das Feuerwerk abwarten wollen. Mussolini berichtet stolz seiner Geliebten: »Es war ein Triumph.« Hitler und Goebbels sitzen noch bis Mitternacht zusammen und ziehen eine erste Bilanz; beide sind erfreut, weil Mussolini sich festgelegt habe: »Er will als Freund den Weg mit uns zu Ende gehen.«[10]

Auch am letzten Tag, am 29. September, demonstriert Deutschland Verbundenheit und Stärke. Am Morgen erscheint Magda Goebbels mit zwei Töchtern und einem Blumenstrauß zu einem kurzen Besuch im Reichspräsidentenpalais: Mussolini »herzt und küsst« die Kinder, die sehr stolz sind: »Der andere Führer ist auch sehr nett«, lässt die siebenjährige Helga verlauten. Dann in langsamer Fahrt zum Ehrenmal für die Gefallenen der Kriege Unter den Linden: 20 Kriegsinvaliden und je zehn Rollstuhlfahrer und Kriegsblinde haben davor Aufstellung genommen, jedem einzelnen schüttelt Mussolini die Hand; anschließend legt er in der Gedenkstätte einen großen Kranz mit den italienischen Farben nieder und schreitet eine Ehrenkompanie ab.

Am späten Vormittag noch einmal ein »glanzvolles Bild deutscher Wehrkraft«, die Abschiedsparade der Wehrmacht: Tausende von Soldaten stehen auf der Charlottenburger Straße bereit, an Hitler und Mussolini vorbeizumarschieren. Ihr erhöhtes Podium liegt gegenüber dem imposanten Gebäude der Technischen Hochschule, an der Front angebracht die Symbole beider Parteien, vom Dach flatternd die Fahnen beider Länder. Auf der Ehrentribüne sind unter den politischen und militärischen Spitzen auch Marschall Badoglio und General Ironside zu erkennen. Unter dem

Jubel der Berliner, die den Rand der langen Prachtstraße säumen, rücken die Kolonnen heran, an der Spitze General Erwin von Witzleben mit gezogenem Degen. Er salutiert: »Mein Führer, ich melde zur Parade angetreten: 591 Offiziere, 13 000 Unteroffiziere und Mannschaften, 1894 Pferde, 145 bespannte Fahrzeuge, 613 Kraftfahrzeuge und 144 Krafträder.« Ihm folgen im Marschtritt Infanterieregimenter sowie Pionierkompanien, Kavallerie mit Kesselpauke und Trompetenkorps, berittene und motorisierte Artillerie mit kleinen und großen Geschützen, eine Marineabteilung in weißen Blusen und dunkelblauen Hosen, Kompanien der Flak-Artillerie mit ihren Kanonen, Scheinwerfern und Richtungshörern; den Abschluss bilden unter Führung von General Heinz Guderian die Panzertruppen: Leichte und schwere Panzer rasseln über das mit Sand abgestreute Pflaster, gefolgt von einem Schützenregiment mit Panzerabwehrkanonen. Entsprechend einer vertraulichen Presseanweisung wird über mittlere Kampfwagen und größere Mörser nicht berichtet.

Bei einem mittäglichen Frühstück in der Reichskanzlei treffen sich Hitler und Mussolini noch einmal mit ihren beiden Außenministern und Botschaftern zu einer »politischen Aussprache«. Abmachungen und Verträge werden als überflüssig angesehen, wenn man sich einig fühle; nicht einmal an ein Kommuniqué wird gedacht – alles was zu sagen ist, sei in den Reden enthalten. Mussolini hat Spanien erwähnt und damit dort Vorrechte beansprucht – einverstanden! Gegenleistung: Mussolini hat Österreich nicht erwähnt – das sagt genug! Die deutsche Seite kann mit gutem Gewissen unter der Hand verbreiten, dass es keine Abrede zum Schicksal der Alpenrepublik gibt, und kann doch sicher sein, dass Mussolini seine schützende Hand von Wien abgezogen hat. Währenddessen locken Zehntausende in der Wilhelmstraße: »Lieber Duce, lass dich sehen und sage uns auf Wiedersehen!«

Um 15 Uhr beginnt auf dem Lehrter Bahnhof die Stunde des Abschieds: Noch einmal flattern die Fahnen, sperren SS-Männer die Zufahrt ab, ziehen die Ehrenkompanien des Heeres, der Marine und der Luftwaffe auf, rauscht der Jubel beim Nahen Hitlers und Mussolinis auf, erklingen Märsche. Auf dem Bahnsteig dankt Mussolini den Anwesenden (Goebbels fragt er: Was meldet die Weltpresse über mich?), schüttelt mit Hitler lange die Hände, bevor er den Wagen besteigt, kommt ans Fenster, beugt sich hinaus und wechselt letzte Worte mit ihm – manche sehen Mussolini lächeln, andere Tränen in seinen Augen. Er winkt noch lange, als der Zug aus der Halle rollt. Ein Begleitkommando unter Rudolf Heß bringt ihn über München zur deutschen Grenze. Um 4 Uhr früh am nächsten Tag erreicht den wach gebliebenen Hitler die beruhigende Nachricht, dass Mussolini unbeschadet die deutsche Grenze überschritten hat, und ein Telegramm, das ihn zum Gegenbesuch nach Rom einlädt: »Diese unvergesslichen Tage haben die Unlösbarkeit der Freundschaft besiegelt.« »Hoffentlich auch in treuer Freundschaft«, merkt Goebbels an, »na, warten wir's ab.« – Ciano sieht durch »Mussolini die deutschen Massen gewonnen«, aber urteilt ähnlich skeptisch: »Werden sich die Ereignisse nicht in einer Weise entwickeln, dass sie einmal diese beiden Völker wieder trennen? Wir werden sehen.«[11]

Ansonsten registrieren die Regisseure des Schauspiels zufrieden das positive Echo in den europäischen Hauptstädten: Nach jedem Akt werden die ausländischen Reaktionen zusammengestellt und im *Völkischen Beobachter* veröffentlicht. Im Vordergrund stehen natürlich die begeisterten Stimmen der italienischen Presse, in der die Sonderkorrespondenten seitenlang den Besuch schildern und bewerten: »In Aufmärschen und Kundgebungen zu Ehren des Duce ist der Gleichklang der Gefühle, die Gleichheit der Hoffnungen und des Willens beider Staaten zu erkennen«, wird z. B. der *Corriere della Sera* zitiert. Mit großer Aufmerksamkeit werden die Meldungen aus dem Donauraum, wo Deutschland und Italien um Einfluss konkurrieren, wahrgenommen: So erwarten Budapester Zeitungen vom »Zusammenwirken Hitler-Mussolini Frieden und Wiederaufbau der bedrohten europäischen Kultur«; in Belgrad wird begrüßt, dass die »Freundschaft zwischen Faschismus und Nationalsozialismus gegen keinen anderen Staat gerichtet« sei. Angeführt werden auch freundliche Berichte aus Warschau, Stockholm, Kopenhagen und Brüssel, die den Willen zum Frieden hervorheben. Aus Wien werden nur allgemeine Floskeln zur erhofften »Festigung der Friedensfront« herausgegriffen; angeführt wird immerhin das Dementi von Meldungen, das Vertrauensverhältnis zwischen Österreich und Italien sei durch die Reise bedroht. Die Moskauer und die Prager Presse finden keine Erwähnung.

Mit Genugtuung wird verzeichnet, dass die anfängliche Zurückhaltung in London und Paris sich in Anerkennung wandele: Hatte die *Times* zunächst gehofft, dass die »natürlichen und persönlichen Gegensätze zwischen Berlin und Rom stark genug bleiben, dass die anderen halbwegs ruhig weiterschlafen« könnten, so heißt es nach dem Jubelempfang in Berlin, der Duce sei sicherlich überzeugt, dass die »Achse Berlin-Rom von der ganzen deutschen Nation ratifiziert« worden sei. Als Bedingung für britische Verhandlungsbereitschaft werde zur Aufrechterhaltung des europäischen Gleichgewichts die »Gegenseitigkeit bei politischen und wirtschaftlichen Zugeständnissen« genannt. »Zweifellos«, meint der *Daily Telegraph*, »ist der in Berlin erklärte Wunsch nach Frieden ehrlich gemeint.« Weiter heißt es hoffnungsvoll: »Die Mittel der Entspannungspolitik beginnen zu wirken.« Dass andere Zeitungen wie der *Manchester Guardian* und der *News Chronicle* der Achse kein langes Leben wünschen und vorhersagen, wird nicht erwähnt. Die französischen Zeitungen seien sehr misstrauisch gestimmt. Zu den Reden auf dem Maifeld habe es widersprüchliche Kommentare gegeben: Einige glauben dem geäußerten Friedenswillen, andere sehen Gefahren in den Drohungen gegen den Bolschewismus; schließlich habe man anerkannt, dass die »Achse Berlin-Rom eine Wirklichkeit ist, mit der man rechnen muss und die heute fester denn je steht«.

»Europa vor der Wahl« heißt die Überschrift des Kommentars zum Abschluss des Besuches in den *Hamburger Nachrichten*. Gemeint sind nicht die Westmächte Großbritannien und Frankreich mit den Neutralen in ihrer Nähe, sondern das halbe Dutzend Länder in Mittel-, Ost- und Südosteuropa, die ihre Herkunft und ihre Grenzen aus der im Weltkrieg untergegangenen Monarchie Österreich-Ungarn herleiten.[12] Sie sehen sich plötzlich eingeklemmt zwischen der Sowjetunion und den *Achsenmächten* Deutschland und Italien und abgetrennt vom Westen, der ihnen – selbst wenn er wie Frankreich eng mit ihnen verbündet ist – kaum noch zur Hilfe eilen kann. Welche Wahl hat dieses »Zwischeneuropa«? Hat es überhaupt eine Wahl?

Im Mittelpunkt der amerikanischen Berichterstattung stehen die Treffen der beiden Hauptpersonen, angereichert mit Spekulationen über den Inhalt ihrer Besprechungen und per Funk übermittelten Bildern. Die *New York Herald Tribune* spricht von einem »Wendepunkt in der europäischen Geschichte«. Hatte Hitler nicht bereits Anfang September den Versailler Vertrag für »tot« erklärt und Deutschlands Freiheit ausgerufen, die von der Wehrmacht garantiert werde? Ein dreigeteiltes Europa löst in den USA Sorgen aus, weil die Mächte, denen man im Weltkrieg zum Siege verholfen hatte, nicht mehr allein das Sagen in Europa haben und nun Streit zwischen den beiden Gruppierungen um das »Dritte Europa« zu befürchten ist. Aber in den USA schaut man nicht nur über den Atlantik, man muss auch den Pazifik im Blick haben: In Ostasien setzt sich der Angriff der Japaner in unverminderter Stärke fort – noch haben sie Shanghai nicht erobert, aber es zieht sie trotz erheblicher Widerstände immer weiter ins chinesische Hinterland Richtung Nanking. Auch die deutschen Zeitungen dürfen darüber wieder auf den ersten Seiten berichten. Der Versuch, im Rahmen des Völkerbunds für Frieden in Ostasien zu sorgen, steht Anfang Oktober 1937 vor dem Scheitern.

Wie reagiert Washington auf diese Lage?

7. KAPITEL

Roosevelts Griff nach der Friedensmacht
Eine weltpolitische Rede in Chicago
(Oktober 1937)

Chicago, die zweitgrößte Stadt der USA, bereitet sich auf ein lange erwartetes Ereignis vor: Seit Jahren entsteht im Rahmen staatlicher Beschäftigungspolitik gegen die Arbeitslosigkeit an der Mündung des Chicago-Flusses in den Michigan-See die weltgrößte Klappbrücke, die den innerstädtischen Verkehr entlasten und am 9. Oktober 1937 eingeweiht werden soll. Bürgermeister Edward Kelly, seit vier Jahren im Amt, hatte seinen demokratischen Parteifreund Harold Ickes, Innenminister in Roosevelts Regierung, als Hauptredner eingeladen. Doch Ickes gewinnt den Präsidenten dafür, auf der Rückfahrt von seiner zweiwöchigen Rundreise durch die nordwestlichen Staaten in der »Hauptstadt« des Mittleren Westens, deren Pulsschlag man am Atlantik wie am Pazifik fühlt, die Gelegenheit für eine richtungweisende Rede über eine »neue Politik der Zukunft« zu nutzen: »Es ist allein Ihre Stimme«, schmeichelt er dem Präsidenten, »die weltweit gehört wird, wenn es gilt, die Demokratie zu verteidigen.« Er werde für eine Vorverlegung des Termins sorgen, damit er in den Reiseplan des Präsidenten passe.

Die Zeremonienmeister der Einweihung haben alle Hände voll zu tun, das Festprogramm schon für den 5. Oktober auf die Beine zu stellen: Die Stadt will sich von der besten Seite zeigen. Gespannt ist man auf die Rede, über deren Inhalt aber nichts durchdringt, wohl mit Absicht: Chicago ist die Hochburg der »Isolationisten«, die es strikt ablehnen, dass die USA sich in die Händel dieser Welt einmischen. Schon gar nicht wollen sie wie 1917 von dem damaligen Präsidenten Woodrow Wilson unter dem Slogan »Macht die Welt reif für die Demokratie« in einen Krieg hineingerissen werden, der nicht wie versprochen das Ende aller Kriege bedeutete. Strenge Neutralitätsgesetze sollen eine Wiederholung verhindern. Roosevelt kennt die kritische Stimmung im Lande aus den von ihm in Auftrag gegebenen Meinungsumfragen: 71 Prozent halten den Eintritt in den Weltkrieg 20 Jahre zuvor für einen Fehler; an die Gefahr eines neuen Weltkrieges glauben

73 Prozent, aber nur 56 Prozent glauben, dass sich die USA heraushalten werden. Gäbe es schon vorher Proteste gegen die bloße Erwägung einer Wende in der Außenpolitik hin zu mehr internationalen Aktivitäten, wäre die Wirkung der Rede verpufft.

Anregungen und Unterstützung für eine solche Wende hat Roosevelt von vielen Seiten erhalten: Seit Monaten bekämpft der Journalist Walter Lippmann in seinen Kolumnen, die in 160 Zeitungen erscheinen, die Neigung zum Isolationismus und setzt sich für ein Bündnis der USA mit Großbritannien und Frankreich ein: »Wenn das Britische Reich unter den Angriffen Deutschlands, Italiens und Japans zusammenbricht«, hat er in der US-Zeitschrift *Foreign Affairs* geschrieben, »kann uns diese welterschütternde Katastrophe nicht gleichgültig lassen.« Clark Eichelberger vom Völkerbund-Verein, der im Verdacht steht, sich unter britischem Einfluss für mehr internationales Engagement der USA einzusetzen, bestürmte Roosevelt in einem persönlichen Gespräch, durch eine »dramatische Erklärung die Welt aufwärts zu führen«. Auf der anderen Seite wuchsen die Sorgen, dass der Präsident seine bislang verkündete Neutralitätspolitik aufgebe: Nachdem ein britischer Lord ein Jahr zuvor verkündet hatte, dass das Commonwealth auch für die Sicherheit der USA bürge, wird befürchtet, dass die Briten wie 1916/17 nur an die Rettung und Vergrößerung ihres Empires denken, mit dem entsprechend veränderten Signal des Admirals Nelson: »England erwartet, dass jeder Amerikaner seine Pflicht erfüllt.« In der Zeitschrift *Events* fragt der Historiker Charles Beard: »Wird Roosevelt uns aus dem Krieg heraushalten?« und antwortet: »Roosevelt wird uns noch schneller in einen möglichen Krieg in Europa stürzen als Wilson.«[1]

Die wachsende Unruhe über die Kriegsgefahr in Ostasien und Europa steigert den Druck auf den US-Präsidenten, zu solchen Forderungen und Befürchtungen öffentlich Stellung zu nehmen. Ende September 1937 scheint der Zeitpunkt gekommen. Das Treffen von Hitler und Mussolini schlägt in der US-Presse hohe Wellen: »Was ist in Berlin hinter den Kulissen vor sich gegangen?« fragt die *Los Angeles Times*: »Es kann sich um einen neuen Krieg, einen neuen Eroberungszug, eine neue Machtzusammenballung handeln.« Eine andere Zeitung stellt fest: »Diese beiden lauten Herren sind heute die schwerste Bedrohung des Friedens und der Sicherheit Europas und der Welt.« Aber wie soll man es anstellen, sich an die Spitze des weltweiten Kampfes zur Erhaltung des Friedens zu stellen und zugleich die Stimmung der Mehrheit der Bevölkerung zu treffen?

Nein – Dramatik ist nicht angesagt. Seinen vorsichtigen Außenminister Cordell Hull beauftragt Roosevelt, eine Rede auszuarbeiten, die den richtigen Ton trifft, ohne gegen die Isolationisten zu weit vorzupreschen: Gemeinsam müssen die friedliebenden Nationen Gesetze und Prinzipien bewahren, da Unordnung irgendwo auf der Welt jede Nation treffe, formuliert der Entwurf daher die Tendenz umständlich. Der angriffslustige Innenminister Ickes regt mit Blick auf die »drei Verbrecherstaaten Deutschland, Italien und Japan« ein deutliches Bild an: Er vergleicht die Bedrohung mit einer »ansteckenden Krankheit«, gegen die die Nachbarn das Recht haben, sich durch eine Quarantäne zu schützen: »Das ist gut«, antwortet Roosevelt, »das notiere ich mir.«[2]

Auf der Rückfahrt von Seattle, wo Roosevelt auch Tochter und Enkelkinder besucht hatte, nutzt er die lange Strecke durch die westlichen Prärien dazu, seine Rede in einem Zug auf der Grundlage des Entwurfs aus dem Außenministerium zu diktieren. Er ändert nicht viel, nur auf einen Absatz verzichtet er ganz, in dem er die weltweite Verteidigung der amerikanischen Werte verkünden soll. So weit will er sich bei der »Erziehung der öffentlichen Meinung« nicht vorwagen; an dieser Stelle bringt er lieber Ickes Idee von der Bekämpfung einer weltweiten Epidemie unter. Noch einmal überlesen, hier und da ein Wort verbessert und schon ist die Rede fertig, ohne dass sie der Außenminister jedoch gesehen hat. Kurz vor der Ankunft in Chicago liegt sie getippt vor.

Ein Empfangskomitee aus führenden Politikern, Amtsinhabern und Militärs steht an der Union Station bereit, als um 9.30 Uhr der Sonderzug des Präsidenten einfährt. Dem demokratischen Gouverneur Henry Horner und einigen seiner Parteianhänger ist es vorbehalten, den Zug zu besteigen und Roosevelt in seinem Abteil zu begrüßen. Die wartende Menge auf dem Bahnsteig mit Bürgermeister Kelly an der Spitze ist überschaubar: Oberst Starling vom Geheimdienst hat dafür gesorgt, dass nicht zu viele sehen, wie der Präsident, seit 16 Jahren steh- und gehunfähig, um 10 Uhr aus dem Waggon gehoben und in einem Rollstuhl zum Auto gebracht wird. Man nimmt auf den Rücksitzen Platz, rechts der Präsident, links der Bürgermeister und in der Mitte der Gouverneur; ein demokratischer Senator darf als Belohnung für seine Unterstützung Roosevelts noch mit, allerdings nur auf einem Notsitz.

Es ist eine Jubelfahrt wie zu Wahlkampfzeiten: Tausende säumen die Straßen, durch die die Kolonne langsam bis zum südlichen Brückenkopf rollt, aus den Fenstern der Bürohäuser werden Unmengen von Konfetti abgeworfen, überall flattert das rot-weiß-blaue Sternenbanner, Soldaten von Armee und Marine stehen auf Posten. Ununterbrochen winkt der Präsident den Jublern zu. Wegen des schlechten Wetters sind weniger gekommen als erwartet. Noch ist die Brücke hochgeklappt: Selbst vor der Kulisse der Wol-

2 CENTS PAY NO MORE!

Chicago Daily Tribune

THE WORLD'S GREATEST NEWSPAPER

FINAL

VOLUME XCVI.—NO. 238 C · TUESDAY, OCTOBER 5, 1937.—32 PAGES · PRICE TWO CENTS

OUTER DRIVES LINKED TODAY

Zur Eröffnung der Verbindungsbrücke markiert die Zeitung den Standort der Tribüne, von der Roosevelt seine Rede halten wird

kenkratzer wirkt sie imposant. Als erster spricht Bürgermeister Kelly: Er stellt den hohen Besuch aus Washington vor und streicht dann den Bau der Brücke als vorbildliches Beispiel für erfolgreiche Zusammenarbeit heraus: »Chicago hat mit dem Bau der größten Klappbrücke der Welt wieder eine Aufgabe erfüllt. Das Schlüsselwort der Stadtplaner war: Man kann es schaffen. Heute meldet Chicago der Welt: Es ist vollbracht.« Langsam senken sich die Brückenhälften und geben die neue Verbindung zwischen der Süd- und der Nordstadt frei.

Nun ergreift Roosevelt, vor sich die Mikrofone von vier lokalen und drei nationalen Radiostationen, das Wort. Er spricht mit ruhiger, leidenschaftsloser Stimme. Er doziert nicht, sondern geht von seinen Erfahrungen aus, um seinen Zuhörern die Verhältnisse aus seiner Sicht sehen zu lassen: »Ich bin froh«, beginnt er, »wieder mal in Chicago zu sein« und fährt fort: »Ich als verantwortlicher Kopf der Regierung der Nation habe diese große Stadt und dieses prunkvolle Ereignis auserwählt, um zu Ihnen über eine Sache von entscheidender Bedeutung für die Nation zu sprechen.« Zunächst behandelt er die politische Weltlage, die sich ständig verschlechtere: Ohne Namen zu nennen, prangert er eine verbreitete Machtgier an, die sich über unschuldige Völker hermache. Er warnt: »Niemand darf sich einbilden, dass Amerika dem entgehen kann, dass unsere westliche Welt nicht angegriffen wird.«

5. Oktober 1937 in Chicago: US-Präsident Franklin D. Roosevelt am Rednerpult

Was ist zu tun, damit das nicht passiert? Er ruft die »friedliebenden Nationen« zu gemeinsamen Anstrengungen auf im Widerstand gegen die Missachtung von Verträgen und menschlichen Bedürfnissen, die zu internationaler Rechtlosigkeit und Unsicherheit führe: Isolation und Neutralität seien wegen der internationalen Verflechtungen kein Ausweg. Er weist auf das Wettrüsten hin, von dem die USA noch verschont seien, weil sie ihr Geld lieber in Brücken und Straßen stecken. Wie lange noch? »Ich bin gezwungen und Sie sind gezwungen, in die Zukunft zu schauen: Friede, Freiheit und Sicherheit von 90 Prozent der Weltbevölkerung werden von den restlichen zehn Prozent gefährdet, die mit dem Zusammenbruch von Recht und Gesetz in den internationalen Beziehungen drohen.« Das gehe alle an, denn die »Weltanarchie breitet sich wie eine Epidemie aus.«

Bevor Roosevelt den von ihm eingefügten Absatz aus seinem Manuskript vorliest, erhöht er die Spannung mit der Zwischenbemerkung: »Merkt euch das gut!« und fährt fort:

> »Wenn eine Krankheit beginnt sich auszubreiten, kommt eine Gemeinschaft überein, eine Quarantäne der Kranken zu verfügen, um die eigene Gesundheit gegen die Ausbreitung der Krankheit zu schützen.«

Der Krieg sei eine solche Krankheit, diagnostiziert er und fragt, wie man sich vor den verheerenden Wirkungen des Krieges und vor der Verwicklung in Kriege schützen könne: »Wir tun alles zur Verminderung des Risikos, aber wir können keinen vollständigen Schutz in einer Welt der Unordnung erreichen.« Lasst uns die Grundsätze des Friedens wiederherstellen, um die Zivilisation zu retten, fordert er. Zum Abschluss zitiert er drei Sätze aus einer früheren Rede: »Amerika hasst den Krieg. Amerika hofft auf Frieden. Daher beteiligt sich Amerika aktiv an der Suche nach dem Frieden.«

Kaum ist der Beifall der zehntausend Zuhörer verklungen, hastet die gesamte Prominenz zu ihren Autos und zieht ein Bankett einer einstündigen Parade über die Brücke vor, bei der die Chicagoer Verkehrsgeschichte vom indianischen Kanu bis zum Automobil vorgeführt wird. Schiffssirenen heulen, Autos hupen, Feuerwehrboote lassen Wasserfontänen steigen. Lauthals begrüßt werden Abordnungen der Armee und der Marine, der Nationalgarde und der Kriegsveteranen sowie 6000 Oberschüler in den Uniformen ihres vormilitärischen Unterrichts. Großen Eindruck machen auch die 100 000 roten, weißen und blauen Luftballons, die allerdings den freigelassenen 200 Brieftauben in die Quere kommen. Dann beginnt der Verkehr über die neue Brücke zu rauschen, Zehntausende Autos sind es in der erste Stunde.[3]

Roosevelt zieht sich von allen Feierlichkeiten zurück und folgt einer Einladung von Kardinal George Mundelein zum Mittagessen: Die beiden bleiben ganz für sich, verspeisen in der Stadt des Rindfleisches frittiertes Geflügel und erörtern im Audienzraum unter einem Porträt von Papst Pius die Frage, ob Roosevelt auch den Heiligen Stuhl in seine Bemühungen um einen »dauerhaften Frieden in einer kriegsbedrohten Welt« einbeziehen könne. Der Kardinal rät, einen Sondergesandten nach Rom zu schicken. Ickes missfällt diese Verbeugung vor dem Katholizismus, aber Roosevelt weiß um den Einfluss seines guten Bekannten aus New Yorker Zeit: Der Kardinal hatte sich im Mai vor 500 Priestern darüber verwundert gezeigt, wie ein »intelligentes Volk von 60 Millionen sich so ängstlich einem schlechten österreichischen Tapezierer und einigen wenigen Mitmachern wie Goebbels und Göring unterwirft, die den Menschen alles vorschreiben«. Das kam Roosevelt als Signal an die Katholiken für die »vereinte Aktion der zivilisierten Völker gegen die zunehmende Gesetzlosigkeit in Europa und Asien« gerade recht.[4]

Auf der anschließenden Fahrt durch das Geschäftszentrum zum Bahnhof wird die Fahrzeugkolonne erneut mit Konfetti überschüttet. Im abgeschirmten Zug einige allgemeine Abschiedsworte: Bürgermeister Kelly bekommt zu hören, wie angenehm der Präsident den Empfang in Chicago empfunden habe, erhält aber keine Gelegenheit, ihn, da der Stadt das nötige Geld fehlt, um Unterstützung zu bitten für ein Anschlussprojekt zur Bekämpfung der wieder steigenden Arbeitslosigkeit, den Bau eines stadtnahen Flugplatzes. Gouverneur Horner gratuliert Roosevelt zu seiner Rede: »Das war die Sprache eines Amerikaners«, betont er. Erst als der Zug sich in Bewegung setzt, werden die Vorhänge des Abteils zurückgezogen, so dass die wartende Menge noch die winkende Hand des Präsidenten zu sehen bekommt.

Glaubt man dem Berichterstatter der »größten Tageszeitung der Welt«, wie sich die *Chicago Tribune* im Untertitel nennt, hatte die Rede in der Stadt nicht die erwünschte Reaktion: Es sei übertrieben, den Gesichtern der Zuschauer und Zuhörer die schreckliche Erinnerung an die Ereignisse 20 Jahre zuvor anzusehen; aber es sei eher eine Kriegs- als eine Friedensrede gewesen – viele hören schon wieder den Marschtritt der Soldaten und sehen die Nation bei Militärübungen, wenn davon die Rede ist, dass die friedliebenden gegen die kriegliebenden Staaten vorgehen müssten. Mit Enttäuschung wird vermerkt, dass der Präsident keine konkreten Vorschläge für die Suche nach Frieden gemacht habe: Denkt er an Boykottmaßnahmen oder an Sanktionen gegen die Angreiferstaaten in Europa und Asien?

Offen bleibt die Frage auch am nächsten Tag: Kurz nach der Ankunft in Hyde Park, gut 100 Kilometer nördlich von New York, wo Roosevelt das Haus seiner Vorfahren renoviert hat und in den Sommermonaten die Regierungsgeschäfte führt. Kurz vor Mittag empfängt er zusammen mit seiner Mutter Sara und seiner Frau Eleanor auf der Terrasse die mitgereisten Journalisten, die noch nicht einmal Zeit für eine Dusche hatten. Natürlich lautet die erste Frage: »Würden Sie Ihre Bemerkungen in Chicago erläutern, besonders jene zu einer möglichen Quarantäne?« Die einsilbige Antwort: »Nein.«

Nach der Behandlung anderer Themen wagt es ein Journalist noch einmal, auf die Rede vom Vortag zurückzukommen: »Angesichts ihrer außerordentlichen Bedeutung wäre es sehr wertvoll, wenn Sie einige Fragen zur Hintergrundinformation beantworten würden.« Roosevelt gibt sich geheimnisvoll: »Ich kann nur etwas sagen, wenn es absolut unter uns bleibt.« Die Fragen zielen gleich auf den Kern der Sache: Ist die Quarantäne der Angreifer in Verbindung mit anderen Nationen eine Abkehr von der Neutralitätspolitik der USA? – Nein, im Gegenteil eine Ausweitung, antwortet er. (Dürfen wir das zitieren? – Alles außerhalb des Protokolls!) »Mir scheint das aber ein absoluter Gegensatz zu sein«, meint Ernest Lindley von der

New York Herald Tribune und guter Bekannter Roosevelts – und bekommt zu hören: »Streng deinen Kopf an, Ernest!« Auch Deutungen des Quarantäne-Begriffs durch die Fragesteller lehnt Roosevelt ab: Sanktionen? – »Ein hässliches Wort und nicht mehr im Blick.« Eine Konferenz der friedliebenden Staaten? – »Auch nicht mehr im Blick, so kommen wir nicht weiter.« Die Journalisten müssen sich damit begnügen, dass der Präsident offenbar selber noch nach einem Plan sucht und mehrdeutig bleiben will: »Es gibt viele Wege in der Welt, die bislang noch nicht begangen wurden.«[5]

Im Außenministerium in Washington ist man überrascht über das neue Losungswort von der Quarantäne, das der Rede eine dramatische Wirkung verliehen hat. Im Ministerium gibt es einen Mann, ein guter Freund des Hauses Roosevelt, der sich sofort daran macht, den leeren Plan von Chicago mit einer großen Idee zu füllen: In einem Memorandum schlägt Vize-Außenminister Sumner Welles dem Präsidenten vor, in Washington mit Vertretern aller Regierungen eine Weltkonferenz über die Grundsätze internationaler Beziehungen abzuhalten, damit der Friede wieder hergestellt werden könne. Als Termin schlägt er den 11. November vor, den Tag der Unterzeichnung des Waffenstillstandes, der die Niederlage des deutschen Kaiserreichs im Weltkrieg besiegelt hatte; trotzdem glaubt er, dass auch Deutschland teilnehmen würde. Roosevelt scheint sehr angetan von dem Plan.

Allerdings kommt noch ein weiteres Memorandum auf den Tisch des Präsidenten. Verfasst hat es George Messersmith, der wegen seiner diplomatischen Tätigkeit in Berlin und Wien als Experte für Mitteleuropa gilt. Es geht davon aus, dass das Hauptproblem der Welt und der USA Deutschland sei, nicht Italien oder Japan: »Das oberste Ziel der Diktaturen unter der raffinierten Führung der augenblicklichen Regierung Deutschlands ist es, einen Weg für den Angriff auf die Vereinigten Staaten zu finden, indem sie das Britische Reich zerbrechen und die englische Stellung in Europa schwächen.« Denn: »Wir haben, was sie wollen.« Die USA müssten feststellen, dass sich die demokratischen Länder aus Angst vor dem Krieg abwartend und überaus geduldig verhalten, und erkennen, dass »die Entwicklungen in Ostasien und in Europa uns nicht kalt lassen können«. Neutralität biete keinen Schutz; vielmehr beginnen die Amerikaner zu erkennen, dass es um die Lebensfrage gehe, ob »wir einer abwartenden Politik folgen sollen, die fast sicher zum Krieg führt, oder einer langfristigen Politik, die die Hoffnung bietet auf einen wirklich dauerhaften Frieden in Würde und Anstand.« Die Regierung müsse die öffentliche Meinung entsprechend beeinflussen.[6] Welchem Memorandum wird Roosevelt folgen?

In den Berichten und Kommentaren fast aller Zeitungen wird die Rede in Chicago wohlwollend aufgenommen. Das Magazin *Time* stellt zusammenfassend fest, Roosevelt habe seit Monaten nicht mehr soviel Zustimmung bekommen und die »Isolationisten und Friedensapostel« durch die Ankündigung einer neuen Außenpolitik herausgefordert. Deren Reaktion wird noch dadurch verstärkt, dass Washington sich dem Beschluss des Völkerbundes in Genf vom 6. Oktober anschließt, Japan wegen seiner militärischen Operationen in Ostasien moralisch zu verurteilen und China moralisch zu unterstützen. Sechs große Friedensorganisationen beschuldigen daraufhin Roosevelt, das »amerikanische Volk direkt in den Weltkrieg zu führen«.

Merkwürdig doppeldeutig sind die Reaktionen von Gewerkschaften und Unternehmern: Sie sprechen sich einerseits für einen Boykott des Imports japanischer Billigprodukte aus (ausgenommen Rohstoffe wie Seide, die die US-Textilindustrie benötigt), aber verkünden auch: Wir Arbeiter wollen nicht in europäische oder asiatische Kriege verwickelt werden! – Die Schlagzeile im *Wall Street Journal* lautet: »Schluss mit der Einmischung in fremde Angelegenheiten – Amerika wünscht Frieden.«[7] Die religiösen Gemeinschaften erklären sich fast einmütig für Roosevelt, die katholische Kirche noch stärker als die protestantischen Gruppen.

Am 10. Oktober wird das Ergebnis einer Umfrage veröffentlicht, die sich auf die Stimmungslage im September bezieht: 69 Prozent der US-Bürger befürworten noch strengere Neutralitätsgesetze, nur 31 Prozent sind dafür, die Entscheidung über Krieg und Frieden allein dem Präsidenten zu überlassen. Trotz der Berge zustimmender Post, die das Weiße Haus erreicht, muss Roosevelt davon ausgehen, dass ihm nur ein knappes Drittel der Bevölkerung Vertrauen schenkt. Sein nächstes Kamingespräch, wie die zwei, drei Mal im Jahr stattfindenden abendlichen Radioansprachen vor 60 bis 70 Millionen Zuhörern genannt werden, soll das ändern. Am 12. Oktober kurz nach 22 Uhr sammeln sich in einem Raum im ersten Stock des Weißen Hauses etwa 30 Personen, steigen über lange Kabel hinweg und setzen sich auf unbequeme Klappstühle. Wenig später wird Roosevelt hineingeschoben und hinter einen Schreibtisch mit vier Mikrofonen gesetzt. Er legt das Rede-Manuskript vor sich hin, drückt seine Zigarette aus, nimmt einen Schluck aus dem bereitgestellten Glas Wasser und wartet auf das Signal des Radioingenieurs: Als der um 22.30 Uhr mit seinem Kopf nickt, verstummt alles, und der Ansager kündigt an: »Der Präsident der Vereinigten Staaten.« »Meine Freunde«, beginnt Roosevelt.

In dieser Ansprache will er vor allem den Bauern im Westen und den Geringverdienern in den Städten die Sorgen vor der nächsten Wirtschaftskrise nehmen. Schon deutet sich an, dass die Zahl der Arbeitslosen wieder auf den Rekordstand von vier Jahren zuvor steigen werde. Den einen verspricht er, den Preisverfall von Getreide zu verhindern, den anderen, Mindestlöhne und kürzere Arbeitszeiten einzuführen: »Ein paar Dollar mehr die Woche, eine bessere Verteilung der Arbeit wird fast über Nacht Millionen Menschen der untersten Lohngruppen zu Verbrauchern machen, die für Milliarden von Dollars Industrie- und Agrarprodukte kaufen.« Auch gegen die großen Konzerne wolle er gesetzlich vorgehen.

Zum Schluss kommt er in einfachen Worten auf die internationale Lage zu sprechen: »In einer Welt gegenseitigen Misstrauens muss man sich wirksam für den Frieden einsetzen. Es reicht nicht aus, sich Frieden zu wünschen, auch nicht, auf ihn zu warten.« Er wirbt mit seiner außenpolitischen Kompetenz:

> »Denkt daran, dass ich persönlich zwischen 1913 und 1921 sehr eng mit den Ereignissen der Welt verbunden war: In dieser Zeit habe ich gelernt, was zu tun ist, und ich habe auch gelernt, was nicht zu tun ist.«

Nach einer halben Stunde ist die Übertragung beendet. In der Wirtschaftspolitik ist viel angekündigt worden, in der Außenpolitik bleibt alles offen. Hinter verschlossenen Türen nimmt Roosevelt aber Vorschläge zur schnellen Aufrüstung wohlwollend entgegen.

Wie reagiert der Rest der Welt auf Roosevelts Rede in Chicago? Fast ungeteilten Beifall erhält er in den Zeitungen Südamerikas, wie aus einem Presseüberblick der *Chicago Tribune* hervorgeht. Wie schon zehn Monate zuvor in Buenos Aires habe der Präsident für ganz Amerika gesprochen und der Demokratie den Rücken gestärkt: »Viva Roosevelt!« Die in Santiago erscheinende *La Nación* wird mit den Worten zitiert: »Roosevelt hat sich zum Führer des friedliebenden Amerika gemacht. Wird er auch die Führerschaft der friedliebenden Welt übernehmen?« Obwohl in der Rede keine Namen gefallen sind, wird ihre Zielrichtung sehr persönlich interpretiert: »Signor Duce, zieh bitte deine Freiwilligen aus Spanien zurück! Herr Hitler, reg' dich bitte ab! Japanische Freunde, beendet bitte das Bombardement auf Frauen und Kinder! Nur dass das Wort ›bitte‹ bald weggelassen wird.« Die argentinische *La Nación* meint, dass der Präsident auch die Sowjetunion mit ihrer Einmischung in Spanien in seine Verdammung eingeschlossen habe.[8]

Moskau selber fühlt sich nicht getroffen, im Gegenteil: Die Regierungszeitung *Iswestija* würdigt die Rede eines »hervorragenden und mutigen Staatsmannes« gegen die »Hetzereien von Hitler und Mussolini« und schließt sich in die »Gesamtheit der großen Demokratien« ein, die gemeinsam den Widerstand gegen die Angriffsunternehmungen organisieren sollen. Auch die in Basel erscheinende deutschsprachige Ausgabe der *Komintern*-Zeitschrift begrüßt die schonungslose Anklage gegen die »Regime des Terrors und der Ungesetzlichkeit, gegen Hitler-Deutschland, das faschistische Italien und das militaristische Japan«.[9]

Ähnlich begeistert zeigt sich nur noch die französische Regierung: Ministerpräsident Camille Chautemps wie Außenminister Yvon Delbos äußern ihre »höchste Zufriedenheit«, wie die US-Botschaft nach Washington meldet: Man wolle die Rede nicht als Zusage für eine amerikanische Hilfe überinterpretieren, um den Präsidenten nicht in Schwierigkeit zu bringen, aber fühle sich »ermutigt und moralisch unterstützt«. In der französischen Presse ist man weniger zurückhaltend: Amerika zeige sehr offen seine Feindschaft gegen die »aggressive Politik« von Deutschland, Italien und Japan, sei vor allem enttäuscht über Großbritannien und sehe »die europäischen Demokratien von der Krankheit des Kompromisses befallen«.[10]

In Großbritannien überwiegen die Zweifel, ob denn die USA wirklich zu gemeinsamen Aktionen und zur Zusammenarbeit mit dem Völkerbund bereit seien. Premier Chamberlain hatte einen Vorschlag Roosevelts zur persönlichen Aussprache über die britisch-amerikanische Zusammenarbeit in Washington Ende September mit dem Ausdruck des Bedauerns auf die lange Bank gelegt. Er sehe im Augenblick keinen Weg, schrieb er, wie die Westmächte die sich ständig ändernde internationale Lage auf die Schnelle verbessern könnten: »Es braucht viel Zeit, bis wieder freundliche Beziehungen zwischen den totalitären Staaten und den Demokratien hergestellt sind.« In London ist die Hoffnung gering, dass die USA ihre Unentschlossenheit aufgeben und gemeinsam mit anderen Ländern handeln würden: Sie haben gut reden gegen die Schrecken des Kriegs, heißt es in einem Memorandum, ohne ein Risiko eingehen und ohne große Verluste hinnehmen zu müssen.

Öffentlich begrüßt Chamberlain die Rede selbstverständlich: »Präsident Roosevelts Worte sind den Briten aus dem Herzen gesprochen«, fügt aber hinzu, dass er auf weitere Vorschläge warte. Im Kabinett äußert er nur geringe Begeisterung: »Immerhin ist es eine Warnung an die Diktatoren, nicht zu weit zu gehen.« Im kleinen Kreis zeigt er offen seine Zweifel an der Zauberkraft einer Quarantäne: »Wenn man Patienten sieht, die unter ansteckenden Krankheiten leiden, tritt man gewöhnlich nicht in voller Rüstung auf.« Für sich zieht er den Schluss: »Es ist immer am besten und sichersten, bei den Amerikanern mit nichts als Worten zu rechnen.« Trotz aller Zweifel wird in Großbritannien jedoch zufrieden festgestellt, dass Roosevelt damit begonnen habe, die öffentliche Meinung in den USA in kleinen Schritten umzuerziehen: weg von der Sorge, die Briten würden von den Amerikaner erwarten, sie sollten ihnen die Kastanien aus dem Feuer holen, hin zu der Bereitschaft, sich weltweit zu engagieren, in Ostasien und in Europa.[11]

Deutschen Zeitungslesern wird die Rede in Chicago nicht vorenthalten. Allerdings finden sie im Innern der Blätter nur eine 26-Zeilen-Meldung des offiziellen Deutschen Nachrichtenbüros. Es ist eine entschärfte Version der Rede: Weder wird die Unterscheidung der 90 Prozent friedliebenden von den zehn Prozent krankheitserregenden Nationen erwähnt noch die Forderung nach einer Quarantäne gegen die Epidemie der Friedensstörung. Die Ansprache wird mit dem Satz zusammengefasst, »Amerika beteilige sich aktiv an der Suche nach Frieden«. Kommentare wie auch Zitate aus ausländischen Zeitungen sind verboten. Als indirekte Kommentierung wird empfohlen, über die »großen Waffenlieferungen der Vereinigten Staaten an Sowjetrussland« im Umfang von 10 Millionen Dollar zu berichten und entsprechend zu erläutern: »Roosevelt habe sich als großer Friedensfreund geriert und die Rüstungen anderer Länder verurteilt, während die USA selber Waffenlieferant sei.«[12]

Sollen die Deutschen die Rede nicht auf sich und ihre Regierung beziehen, obwohl der Rest der Welt das so vermutet? Dass man von Roosevelt »wenig Verständnis erwarten« könne und befürchten müsse, er könnte versuchen, sich »als Peace maker, als Arbiter mundi zum Sprecher aller Demokratien der Welt aufzuwerfen und auf andere Weltteile seinen Einfluss auszuüben«, ist nur dem kleinen Kreis der *Tat*-Leser vertraut. Der deutsche Botschafter in Washington, Hans Heinrich Dieckhoff, will sicher gehen: Er fragt im Außenministerium nach, erhält eine beruhigende Antwort und meldet nach Berlin, dass die Rede »ganz überwiegend gegen Japan gerichtet« sei. Doch die japanische Regierung fühlt sich nicht angesprochen: Sie bekräftigt ihren Willen, China »mit allen Mitteln niederzuwerfen«, um einen »sicheren und dauerhaften Frieden in Ostasien zu schaffen«; ein hegemonialer Anspruch der USA, dort zur »Selbstverteidigung« einzugreifen, wird abgelehnt.

Sehr ernsthaft analysiert dagegen Hitler die Rede des US-Präsidenten. Wenige Tage zuvor hatte ihn eine Denkschrift des Barons Bernhard von Rechenberg unter dem bedrohlichen Titel »Roosevelt-Amerika – eine Gefahr!« gewarnt, nämlich eine »Gefahr für den Frieden und speziell für die anti-kommunistische Weltseite«. Ausgehend von einer Weltbevölkerung von fast zwei Milliarden beweist Hitler mit einer einfachen Rechnung, dass Roosevelt neben Japan auch Italien und Deutschland mit ihren zusammen knapp 200 Millionen Einwohnern zu dem Zehntel aggressiver Mächte zählt, nicht jedoch die Sowjetunion, die er dem 90-Prozent-Lager der friedlichen Demokratien zuschlägt. Welche Motive stecken dahinter? Es sind innenpolitische Gründe, vermutet Hitler, der erneute Niedergang der amerikanischen Wirtschaft, die erneute sprunghafte Zunahme der Arbeitslosigkeit. Und was gedenkt Roosevelt zu tun? Er wolle, sagt Hitler voraus, Rüstungsaufträge erteilen und dazu gegen Deutschland hetzen, um die Zustimmung des Kongresses zu erhalten.[13]

Si vis pacem para bellum, lautet die Maxime, die das Imperium Romanum schuf: Wenn du den Frieden willst, bereite dich auf den Krieg vor, drohe mit Krieg und führe Krieg. Das Ziel ist die Pax Romana, der Weltfrieden eines Reiches. Wie reagiert Hitler auf Roosevelts Anspruch, die Konflikte auf anderen Kontinenten durch einen amerikanischen Frieden unter Kontrolle zu bringen?

8. KAPITEL

Hitlers Griff nach der Kriegsmacht
Eine geheime Konferenz in der Reichskanzlei
(November 1937)

Im Terminkalender der Reichskanzlei ist für Freitag, den 5. November 1937, 16 Uhr eine wichtige Zusammenkunft eingetragen. Hitler hat fünf Männer zu einer Besprechung in seine Regierungszentrale in der Wilhelmstraße eingeladen: Den Außenminister, den Kriegsminister und den Luftfahrtminister, der zugleich Oberbefehlshaber der Luftwaffe ist, sowie die Oberbefehlshaber des Heeres und der Kriegsmarine. Schon diese Zusammensetzung macht deutlich, dass es um große Politik gehen soll, vielleicht sogar um Krieg und Frieden, nicht um die bloße Schlichtung eines Streits der drei Wehrmachsteile um mehr Stahl für Panzer, Flugzeuge oder Schiffe. Allerdings ist es keine Sitzung des für den drohenden Kriegsfall vorgesehenen Reichsverteidigungsrates, denn es fehlen der Finanz-, der Wirtschafts-, der Innen- und der Propagandaminister; mit grundsätzlichen Beschlüssen ist nicht zu rechnen.

Hitler war erst eine Woche zuvor nach Berlin zurückgekehrt, nachdem er sich eine Zeit lang auf seinen Berghof oberhalb Berchtesgadens zurückgezogen hatte. Die Abgeschiedenheit nutzte er offensichtlich dafür, seine Vorstellungen über die machtpolitische Lage in Europa und die deutschen Aussichten mitten in Europa zu sortieren. Einblick in seine Überlegungen gewährte er hochgestellten Besuchern aus dem Ausland, die in diesen Tagen den Obersalzberg erklommen. Befragt nach seinen außenpolitischen Zielen erklärte er am 20. Oktober dem mohammedanischen Führer und Vertreter Indiens im Völkerbund, dem Aga Khan, dass er das »Verhältnis mit Österreich und die Lösung der Sudetenfrage, das Problem Danzigs und des Korridors« regeln wolle; der Aga Khan zeigte sich überzeugt, dass »Deutschland eine feste Säule des Weltfriedens« sei.

Zwei Tage später machte der Herzog von Windsor seine Aufwartung, der seiner Frau zu Liebe elf Monate zuvor auf den britischen Thron verzichtet hatte: In der liebenswürdigen Plauderei (der abgedankte König spricht fließend deutsch) wurde die große Politik weitgehend ausgespart, so dass unausgesprochen blieb, was Hitler dachte: »England soll uns freie Hand auf dem Kontinent lassen, und wir werden uns in seine überseeischen Gebiete nicht einmischen.«[1]

Hitler nahm für seine künftige Außenpolitik vor allem die Nachbarländer in den Blick, in denen zusammen mehr als zehn Millionen Deutsche leben: Österreich, die Tschechoslowakei und Polen. Dieser Blick von Berlin nach Süden und Osten ist nicht neu. Zwölf Jahre zuvor hatte der damalige Außenminister Gustav Stresemann, nachdem er 1925 im Locarno-Vertrag die in Versailles festgelegte Westgrenze mit Frankreich und Belgien anerkannt hatte, in einem vertraulichen Schreiben die Aufgaben der künftigen deutschen Außenpolitik formuliert: »Die Korrektur der Ostgrenzen, die Wiedergewinnung Danzigs und des polnischen Korridors, der Anschluss von Deutschösterreich«.[2] Will Hitler mit Hilfe der neu geschaffenen Wehrmacht diese Ziele nun offen verfolgen?

Außenminister Konstantin von Neurath hatte Jahre zuvor auf einer Kabinettsitzung am 7. April 1933 gegenüber Hitler zur Vorsicht geraten: »Territoriale Grenzrevisionen können erst dann angeschnitten werden, wenn Deutschland militärisch, politisch und finanziell erstarkt ist.« Als Hauptziele galten weiterhin die »Umgestaltung der Ostgrenze« und der »Anschluss Österreichs«. Dafür müsste aber der »außenpolitisch günstigste Zeitpunkt« gewählt werden. Noch sei Frankreich die »bei weitem stärkste Militärmacht der Welt« und das militärisch überlegene Polen spiele sogar »mit dem Gedanken eines Präventivkrieges«. Daher müsse man sich, fasste Neurath seinen Überblick zusammen, um ein gutes Verhältnis mit England bemühen und »außenpolitische Konflikte so lange vermeiden, bis wir völlig erstarkt sind«.

Den Rat zur Vorsicht befolgte Hitler, und um gute Beziehungen zu Großbritannien bemühte er sich: Das zeigte er gegenüber dem britischen Außenminister John Simon, der Ende März 1935 zu einem Besuch nach Berlin gekommen war, und durch ein Abkommen zur Begrenzung der deutschen Flottenrüstung im selben Jahr. Aus Rücksicht auf das italienische Interesse an der Unabhängigkeit Österreichs hielt Hitler sich auch in der Anschlussfrage zurück und distanzierte sich von einem Putsch österreichischer Nationalsozialisten gegen die Regierung in Wien, bei dem Bundeskanzler Engelbert Dollfuß Ende Juli 1934 erschossen worden war. Entgegen der Feststellung Neuraths am 7. April 1933, eine »Verständigung mit Polen ist weder möglich noch erwünscht«, setzte sich Hitler jedoch am 26. Januar 1934 in einer gemeinsamen deutsch-polnischen Erklärung für die »Begründung eines gutnachbarlichen Verhältnisses« zwischen den beiden Ländern ein.

Wie haben sich die Verhältnisse bis zum Herbst 1937 entwickelt? Die Lage in der Freien Stadt Danzig, im polnischen Korridor, der Ostpreußen vom Reich trennt, und in Oberschlesien ist nicht konfliktlos. Aber am Mittag des 5. November, vier Stunden vor der großen Besprechung, kann ein wichtiger Schritt zur deutsch-polnischen Entspannung gefeiert werden: Mit Warschau ist es zu einer Verabredung über eine bessere Behandlung der jeweiligen Minderheiten gekommen; Hitler empfängt sogar drei Vertreter der polnischen Minderheit in Deutschland. In einem Gespräch mit dem polnischen Botschafter Józef Lipski bekräftigt er die Hoffnung, dass sich die »freundschaftlichen Beziehungen zwischen den beiden Völkern verbessern und festigen«; überdies zitiert Lipski in seinem Bericht für Außenminister Beck Hitler auf deutsch: »An der rechtspolitischen Lage Danzigs wird nichts geändert werden.«

Ganz anders das Verhältnis zu Österreich: Die gemeinsam mit Wien im Juli 1936 abgegebene Absichtserklärung, die Beziehungen zwischen den beiden deutschen Staaten »wieder normal und freundschaftlich zu gestalten«, hatte sich 1937 nicht erfüllt: Für Bundeskanzler Kurt Schuschnigg blieb der Nationalsozialismus »Staatsfeind Nr. 1«. Die Wiener Sängerknaben dagegen werden in Berlin Ende Oktober 1937 mit den Worten begrüßt: »Niemand kann die Deutschen bei ihrem Einmarsch in Österreich aufhalten, höchstens die vielen Blumen, die man uns streuen würde.«[3]

Als ausgesprochen gespannt haben sich die Beziehungen der Tschechoslowakischen Republik, die 1933 in Berlin noch mit keinem Wort erwähnt worden war, zu ihren Nachbarn im Norden, Osten und Süden entwickelt: Sie alle blicken begehrlich auf »ihre« Minderheiten in der Republik, Deutsche, Polen, Ungarn, Ukrainer. Besonders aktiv sind die 3,5 Millionen Deutschen auf den Bergrücken rund um das böhmische Becken (»Sudeten«), die nach den Tschechen und vor den Slowaken die zweitgrößte Volksgruppe im Lande stellen. Präsident Eduard Beneš und Regierungschef Milan Hodža hatten im Februar 1937 zwar eine »wirkungsvolle Zusammenarbeit zwischen den Nationalitäten unseres Staates, besonders zwischen Tschechen und Deutschen« und eine angemessene Beteiligung »unserer Deutschen« im öffentlichen Dienst angekündigt, aber gleichzeitig um viel Geduld gebeten. Im September warnte Hodža überdies den Anführer der Mehrheit der Sudetendeutschen, Konrad Henlein, davor, sich von Deutschland unterstützen zu lassen und »eine Filiale des Hitlerismus« zu eröffnen.

Die frühere Gewissheit, die europäischen Großmächte würden gegen Hitler zusammenhalten, weicht in Prag einer wachsenden Furcht vor Deutschland: Als einen Monat später im Künstlerklub *Mánes* unter der

Schirmherrschaft von Beneš und Hodža eine Karikaturenausstellung eröffnet wird, die in Berlin Empörung auslöst, sorgt die Regierung für die Entfernung von kritischen Fotomontagen, die Hitler als »Hunger-Diktator« entlarven sollen. Noch furchterregendere Meldungen kommen zur gleichen Zeit aus London: Dort wirbt Henlein, der dafür englisch gelernt hatte, vor Vertretern des britischen Außenamtes und Winston Churchill für das Selbstbestimmungsrecht der Sudetendeutschen; anschließend verlangt er in einem Offenen Brief an Beneš die »unverzügliche Inangriffnahme der Verwirklichung der von mir und meiner Partei geforderten Autonomie« innerhalb der Grenzen der Tschechoslowakei.

Prags Außenminister Kamil Krofta hatte dies als Forderung nach einer Volksabstimmung aufgefasst, sofort als »unannehmbar« abgelehnt und mit Krieg gedroht. Der tschechische Zeitungsmann und Beneš-Berater Hubert Ripka prangert in Paris Henleins Partei als »neue Spielart des Pangermanismus« an, verspricht, dass »wir uns von den Drohungen nicht beeindrucken lassen«, und hofft auf die Treue Frankreichs. Aber kann man sich in Prag noch auf Großbritannien verlassen, wo gefragt wird, ob man verpflichtet sei, das »britische Weltreich wegen der Tschechoslowakei aufs Spiel zu setzen« und die Meinung verbreitet wird, bei der Tschechoslowakei handele es sich um ein »künstliches und unechtes Staatengebilde«?[4]

Kurz vor der Zusammenkunft in der Reichskanzlei um 16 Uhr lässt Hitler beim Mittagessen mit seinem Propagandaminister Joseph Goebbels einiges von seinen Absichten erkennen: »Wir sprechen die Lage durch«, schreibt Goebbels in sein Tagebuch. Dabei steht offensichtlich die Tschechoslowakei im Mittelpunkt: Die Medien sollten sich in der Sudetenfrage zurückhalten, weil noch keine Drohmittel zur Verfügung stehen; dem polnischen Botschafter gegenüber habe Hitler sich aber bereits »gegen die Tschechen« ausgesprochen: Wie könne sich das Zehn-Millionen-Volk der Tschechoslowaken gegen 100 Millionen Gegner (Deutsche, Polen, Ungarn) behaupten wollen, von denen sie »Land und Volk« besitzen, wundert sich Goebbels und stellt fest: »Die Tschechen sind verrückt.«

Dies nüchterne Rechenexempel zur Überlegenheit in den Kräfteverhältnissen ist jedoch nicht Hitlers eigentlicher Antrieb: Es ist seine Wut über ihm gemeldete »monarchistische Tendenzen in der Wehrmacht«, wie Goebbels festhält. Der rasante Umbau der elitären Berufsarmee nach der Wiedereinführung der allgemeinen Wehrpflicht im Frühjahr 1935 zu einer »Volksarmee« hat das alte Offizierskorps preußischer Tradition irritiert. Bereits im Sommer des Jahres hatten oppositionelle Gruppen das Gerücht verbreitet, Adelskreise wollten das »Regime durch eine Militärdiktatur« ablösen für einen Übergang zu einer konstitutionellen Monarchie; als Hitlergegner waren Kriegsminister Werner von Blomberg und Generaloberst Werner von Fritsch genannt worden. »Die Herren Offiziere«, notiert Goebbels, »nehmen sich zuviel heraus und wollen einen Staat im Staate.« Hitler hat sie im Verdacht, dass sie sich seiner Politik nicht fügen wollen und ihm kein Schlachtenglück gönnen, sondern darauf aus sind, an seine Stelle wieder einen Kaiser auf den Thron zu setzen. »Man soll einmal scharf dagegen vorgehen«, schlägt Goebbels vor.[5]

Nein – so wie Stalin gegen die sowjetische Militärführung geht Hitler nicht vor. Zunächst will er die Oberbefehlshaber auf die Probe stellen: Werden sie seinen Plänen zum Einsatz der Wehrmacht für politische Ziele folgen oder Einwände erheben?

Aus dem Reichskriegsministerium am Landwehrkanal kommen mit dem Auto ein Feldmarschall, ein General und ein Admiral vorgefahren, alle drei hoch dekorierte Offiziere der kaiserlichen Truppen im Weltkrieg. An der Spitze der 59-jährige Werner von Blomberg, der als Minister auch Oberbefehlshaber der gesamten Wehrmacht ist; er hatte die Besprechung am 5. November angeregt, um den Streit der Wehrmachtsteile über die Zuweisung von Rohstoffen für die Rüstung zu schlichten. Er stammt aus einer pommerschen Offiziersfamilie und war im Krieg überwiegend mit Generalstabsarbeit beschäftigt. In Hitlers Kabinett wurde dem damaligen Befehlshaber des Wehrkreises Ostpreußen am 30. Januar 1933 der Posten des Reichswehrministers übertragen. Nach Hindenburgs Tod sorgte er dafür, dass die Reichswehr am 2. August 1934 auf Hitler vereidigt wurde. Belohnt wurde er mit dem Titel »Generalfeldmarschall« und dem Goldenen Parteiabzeichen der NSDAP. Ein guter Kenner der deutschen Militärs, der frühere Mitarbeiter der *Weltbühne*, Berthold Jacob, hält ihn für einen »schwachen und weichen Charakter« ohne Feldherrnqualitäten – Widerspruchsgeist ist von ihm nicht zu erwarten, schon gar nicht nach dem Tod seiner Frau 1934; im Herbst 1937 trägt er sich mit dem Gedanken, eine 35 Jahre jüngere Frau zu heiraten, entgegen dem Ehrenkodex preußischer Offiziere eine »Frau aus dem Volke«, wie er sich ausdrückt.

Von anderem Kaliber ist der 57-jährige Generaloberst Werner Freiherr von Fritsch, seit gut zwei Jahren Oberbefehlshaber des Heeres. Auch er entstammt einer preußischen Offiziers- und Beamtenfamilie, auch er betätigte sich im Weltkrieg als Generalstabsoffizier, der sich, wie ein Vorgesetzter urteilte, den »gewöhnlichen Sterblichen überlegen glaubt«. Vor wie nach 1933 verfolgte er die Linie, die Reichswehr nicht den Politikern unterzuordnen. Jacob bescheinigt ihm, ein »fähiger Organisator« zu sein, der Hitler allerdings vor dem überstürzten Ausbau der Wehrmacht gewarnt habe.[6] Fritsch ist nicht verheiratet.

Der 61-jährige Oberbefehlshaber der Marine, Erich Raeder, stammt aus einem bürgerlichen Elternhaus; er trat mit 18 Jahren in die Kaiserliche Marine ein und nahm 1916 an der Seeschlacht im Skagerrak teil. Nach dem Krieg blieb er der Marine treu und stieg 1928 zum Chef der Marineleitung auf: Nun begann der Ausbau der Flotte, den Hitler gegen seine innere Überzeugung guthieß, dann in einem Flottenabkommen mit Großbritannien 1935 jedoch begrenzte; vier Großkampfschiffe und ein Flugzeugträger wurden auf Kiel gelegt.

Eine herausragende Stellung hat der Oberbefehlshaber der Luftwaffe: Der 44-jährige Generaloberst Hermann Göring, Sohn eines preußischen Kolonialbeamten, stieß im Weltkrieg zur Fliegertruppe und 1922 in München auf Hitler, beiden blieb er treu. Formal ist er dem Reichskriegsminister unterstellt, als Reichsluftfahrtminister aber auch gleichgestellter Kabinettskollege. Seit 1935 betrieb er den beschleunigten Aufbau einer neuen Luftwaffe. Noch wichtiger ist das ihm ein Jahr später von Hitler übertragene Amt des *Beauftragten für den Vierjahresplan*. Er soll die deutsche Rohstoffversorgung kriegstüchtig machen. So wird im Sommer 1937 gegen den Widerstand der Ruhrindustrie unter seinem Namen ein staatliches Stahlwerk in Salzgitter gegründet. Kein Wunder, dass die anderen Oberbefehlshaber den Verdacht bekommen, er bevorzuge seine Luftwaffe. Göring gilt als zweiter Mann im Staate. Kurz vor der Sitzung weiht Hitler ihn in seine Absicht ein, dem Heer unter Fritsch »Dampf zu machen« für ein schnelleres Tempo bei der Aufrüstung; dabei solle auch der Ernst der außenpolitischen Lage angesprochen werden.

So kommt es, dass zu der Besprechung der Oberbefehlshaber überraschend auch der 64-jährige Konstantin von Neurath eintrifft. Als einziger ist er kein Preuße. Er stammt aus einem in Württemberg ansässigen Freiherrengeschlecht und hatte nach seinem juristischen Staatsexamen die diplomatische Laufbahn eingeschlagen: Seine Stationen vor dem Krieg waren London und Konstantinopel, nach dem Krieg Kopenhagen, Rom und wieder London. Im Sommer 1932 avancierte er unter Franz von Papen zum Leiter des Auswärtigen Amtes und wurde von Hitler in seine Reichsregierung übernommen. Seine vollendete Beherrschung diplomatischer Etikette wie seine schwäbische Bonhomie machten ihn zu einem idealen Vertreter deutscher Interessen im Ausland, die er bei seinen Reisen durch die europäischen Hauptstädte umsichtig, energisch und konsequent mit dem Ziel der Revision des Versailler Vertrages verfolgte.

Die fünf mächtigen Herren, vier davon in auffallender Uniform, werden zusammen mit ihrem Gefolge in den hinteren Teil der Reichskanzlei geleitet; im langgestreckten Wintergarten nehmen sie um einen Tisch Platz und warten auf Hitler. Göring kann Raeder noch zuflüstern: Es gehe gegen Fritsch und Blomberg, Hitler wolle »das Heer bei der Aufrüstung anspornen«, wir können ganz gelassen bleiben. – Draußen setzt die Dunkelheit ein, Diener schließen die großen Fenster und ziehen Vorhänge vor, wie um den geheimnisvollen Charakter des Treffens zu unterstreichen. Die Adjutanten und Rüstungsexperten der Oberbefehlshaber, darunter Rudolf Schmidt, im Generalstab zuständig für die Panzertruppe, bleiben im Vorraum, dem Kamin- und Raucherzimmer, zurück. Kurz nach 16 Uhr tritt der 48-jährige Hitler schwungvoll mit einem Bündel beschriebener Papiere in der Hand ein: »Ich fühle mich jetzt«, hatte er ein paar Tage zuvor verkündet, »frisch wie ein Fohlen auf der Weide.«[7] Bevor die Türen schließen, folgt ihm sein Wehrmachtsadjutant Oberst Friedrich Hoßbach, mit 42 Jahren der Jüngste in der Runde. Er setzt sich Hitler schräg gegenüber und zieht ein Schreibheft hervor, um das Gehörte festzuhalten. Es sind nur Notizen, erinnert er sich später, keine Mitschrift, da er Stenographie nicht beherrsche. Auf dieser Grundlage wird er fünf Tage später eine Zusammenfassung anfertigen, die sich auf die Aussagen Hitlers konzentriert und die anschließende Diskussion nur bruchstückhaft wiedergibt.

Eine Kopie des handschriftlichen Exemplars der »Niederschrift über die Besprechung in der Reichskanzlei« ist unsere einzige Quelle, abgesehen von den Jahre später geäußerten Erinnerungen einiger Teilnehmer. Sie bestätigen im Wesentlichen die Korrektheit der Niederschrift, wenn sie auch bei manchen Formulierungen in Frage stellen, dass sie Hitler-typisch seien. Es ist eben kein Wortprotokoll, sondern eine Zusammenfassung einer vierstündigen Sitzung auf zehn Druckseiten.[8]

Hitler geht sein Thema nicht direkt an, sondern holt weit aus. Er zielt auf die »deutsche Zukunft« der folgenden Jahrzehnte, des folgenden Jahrhunderts. Zum deutschen Volk zählt er in Europa 85 Millionen Menschen mit deutsch als Muttersprache und deutschen Wurzeln, davon 63,3 Millionen im Deutschen Reich und 6,7 Millionen in Österreich; die restlichen 15 Millionen sind verteilt auf die Schweiz mit Liechtenstein, Luxemburg, Frankreich, die Tschechoslowakei, Polen, Danzig, Estland, Lettland, Litauen (Memelland), Belgien, Ungarn, Rumänien, Jugoslawien, Italien (Südtirol) und die Sowjetunion (Wolgarepublik). Daraus leitet er das »Anrecht auf größeren Lebensraum« für das deutsche Volk ab: »Ziel der deutschen Politik ist die Sicherung und die Erhaltung der Volksmasse und ihre Vermehrung.«

Wie soll diese »Lösung der Raumnot« auf dem dicht und gemischt besiedelten europäischen Kontinent erreicht werden? Er prüft zwei Alternativen: Könnte sich Deutschland (etwa wie die USA und die Sowjetunion) auf eine weitgehende Selbstversorgung (Autarkie) beschränken? Auf dem Gebiet der Rohstoffe sei sie nur bedingt umzusetzen, auf dem Gebiet der Lebensmittelversorgung sei die Frage »mit einem glatten ›Nein‹ zu beantworten«: Das liege an der wachsenden Konsumkraft nach der Beseitigung der Arbeitslosigkeit, der Zunahme der Bevölkerung und der allgemeinen Steigerung des Lebensstandards. Nein, in der Autarkie sieht Hitler keine Lösung.

Was brächte eine stärkere Beteiligung an der Weltwirtschaft? Hitler sieht die Welt, d.h. Afrika und Asien, fast restlos aufgeteilt auf die Kolonialreiche und Wirtschaftsimperien der Briten, Franzosen, Holländer, Belgier, Portugiesen. Andere Länder wie Japan und Italien drängen aus Not heraus zur gewaltsamen Ausdehnung in China und Nordafrika, aber tun sich mit ihrer »wirtschaftlichen Expansion« sehr schwer. Überdies sei der Welthandel Konjunkturschwankungen ausgesetzt: Nicht einmal die augenblickliche Rüstungskonjunktur werde von Dauer sein. Außerdem beherrsche Großbritannien die Seewege und gefährde so die Sicherheit des deutschen Außenhandels. Als einen bloßen »Traum« bezeichnet er die Hoffnung auf einen »größeren Lebensraum« in fremden Kontinenten und die »Ausbeutung von Kolonien« in Übersee. Nur in Europa, schließt er, habe das deutsche Volk die »günstigsten Voraussetzungen«, landwirtschaftlich nutzbare Gebiete und Rohstoffe zu finden. Natürlich werde man mit Widerstand zu kämpfen haben, auch Rückschläge seien unvermeidbar; aber die Entstehung eines »großen Weltgebildes« in Europa »gehe nun einmal langsam vor sich«. Nein, Kolonien sind für Hitler auch keine Lösung, solange Großbritannien die sieben Weltmeere beherrscht.

Nach dieser Einleitung stellt Hitler die entscheidende politische Frage: »Wo ist für Deutschland größter Gewinn unter geringstem Einsatz zu erreichen?« Heißt das: Deutschland soll seinen Einfluss in Europa vergrößern, ohne einen großen Krieg führen zu müssen?

Als Widersacher einer solchen Politik hebt er vor allen Großbritannien und Frankreich hervor (Hoßbach notiert: »Hassgegner«). Beide lehnen eine »weitere deutsche Erstarkung« in Europa wie in Übersee ab, sagt Hitler: »Ein starker deutscher Koloss inmitten Europas ist ihnen ein Dorn im Auge.« Deutschland mit der Abtretung von Kolonien ruhig zu stellen, werde am Widerstand der Dominien scheitern; allenfalls werde London Kolonien in nichtbritischem Besitz anbieten, etwa das portugiesische Angola.

Ist Großbritannien denn nicht mehr die alles umspannende Weltmacht, deren Stolz und Pracht Blomberg auf der Weltreichskonferenz im zurückliegenden Sommer erlebt hatte? Nein, erklärt Hitler zur Überraschung seiner Zuhörer: »Ich teile nicht die Auffassung, dass das Empire unerschütterlich ist.« Es gebe andere überlegene Staaten wie die USA und die Sowjetunion, die Großbritannien den Rang streitig machen. Die Briten hätten sich auch schon selber eingestanden, dass ihr »Weltreich machtpolitisch auf Dauer nicht zu halten« sei, indem sie den Zusammenhalt der Untertanen des Commonwealth durch das bloße Symbol der Krone des Vereinigten Königreichs herausstellen und nicht durch ihre mächtige Flotte. Zur Begründung weist er auf vier wunde Punkte des Empires hin: Irlands Streben nach Unabhängigkeit, die politischen Auseinandersetzungen in Indien, die japanische Bedrohung in Ostasien und der zunehmende Gegensatz zu Italien im Mittelmeer. Die 46 Millionen Inselbriten, fasst Hitler seine Analyse zusammen, können das Empire gegen das Neunfache der Bevölkerung des Mutterlandes »machtpolitisch auf die Dauer nicht halten«. – Frankreichs größte Schwäche sieht er in den durch die *Volksfront*-Politik hervorgerufenen sozialen Spannungen.

Hitler leitet damit zum zweiten Teil seiner Ansprache über und skizziert die militärpolitische Lage in Europa. Bevor er drei mögliche Konflikt-»Fälle« durchspielt, ruft er den preußischen Generälen in Erinnerung, welche »unerhörten Risiken« Friedrich der Große im Kampf um Schlesien und Otto von Bismarck mit seinen Kriegen gegen Österreich und Frankreich gewagt haben. Wieder wie damals gebe es »zur Lösung der deutschen Frage nur den Weg der Gewalt«: Würde man das Risiko der Anwendung von Gewalt eingehen, stelle sich die Frage nach dem günstigsten Zeitpunkt und der günstigsten Gelegenheit. Gehandelt werden müsse bis spätestens 1943/45, weil dann die anderen Länder den deutschen Vorsprung in der Rüstung eingeholt hätten. Auch die immer wieder drohende Ernährungskrise und damit die Gefahr der Senkung des Lebensstandards ließen keine andere Wahl.

Ist es schon an dieser Stelle, dass Blomberg und Fritsch aus Sorge um einen großen Krieg eindringlich verlangen, das Auftreten Großbritanniens und Frankreichs als »unsere Gegner« unbedingt zu verhindern? Als ersten Fall spielt Hitler einen deutschen Angriff zwischen 1943 und 1945 auf die Tschechoslowakei und Österreich durch. Er legt dar, wie er sich die Reaktion der Großmächte vorstellt: »Mit hoher Wahrscheinlichkeit haben England, voraussichtlich aber auch Frankreich die Tschechei bereits im Stillen abgeschrieben und sich damit abgefunden, dass diese Frage eines Tages durch Deutschland bereinigt wird.« Er halte es für wenig wahrscheinlich, dass Frankreich ohne die Hilfe Großbritanniens im Westen angreifen oder gar durch Belgien und die Niederlande nach Deutschland einmarschieren würde. Aus Rom seien keine Einwände gegen die Beseitigung der Tschechoslowakei zu erwarten, die italienische Haltung im Fall Österreich lasse sich im Augenblick nicht beurteilen. Durch schnelles Handeln könnten Polens Neigung zum Krieg gedämpft und dem militärischen Eingreifen der Sowjetunion (mit Japan im Nacken) begegnet werden. Eine »Angliederung« der Tschechoslowakei und Österreichs würde Deutschlands Stellung in Europa deutlich verbessern.

Eine günstige Gelegenheit könnte sich schon früher ergeben für den zweiten angenommen Fall, dass die sozialen Spannungen wie schon in Spanien auch in Frankreich zu einem Bürgerkrieg führen, der die französische Armee umfassend in Anspruch nehme: Mit dem »Ausfall des gefährlichsten Gegners« sei die Lage »zum Schlag gegen die Tschechei auszunutzen«.

Fall drei ist nach Hitlers Einschätzung der nächstliegende, unter Umständen sogar schon im folgenden Jahr zu erwarten: Die Konfliktzone im westlichen Mittelmeer, wo sich die italienischen Schiffslinien zur Unterstützung Francos mit den französischen Verbindungen zu den nordafrikanischen Besitzungen kreuzen, könnte sich zu einem Krieg entwickeln, mit britischer Beteiligung an der Seite Frankreichs gegen Italien. Das sei eine günstige Gelegenheit zur »Erledigung der tschechischen und österreichischen Frage«; insofern liege die Aufrechterhaltung der Spannungen in Spanien und nicht ein schneller Sieg Francos im deutschen Interesse. Wie stellt sich Hitler diesen Kriegsverlauf vor? Die eigentlichen Kampfhandlungen würden in Nordafrika stattfinden; natürlich müsste Deutschland Italien mit Rohstofflieferungen den Rücken stärken. Das könne zu einem Konflikt mit Frankreich führen, das Deutschland den Krieg erklären würde. Das wiederum könnte Prag und Wien ermuntern, gegen Berlin Stellung zu beziehen. Bei einem Krieg in Europa müsse es »unser erstes Ziel sein«, schließt Hitler, »die Tschechei und gleichzeitig Österreich niederzuwerfen, um die Flankenbedrohung (im Süden) auszuschalten«. Für diesen Feldzug käme es wieder auf eine günstige Gelegenheit an, auf jeden Fall müsse er »blitzartig schnell« erfolgen, damit Polen in einem deutsch-französischen Konflikt neutral bleibe.

Hitler ist am Ende. Eine Rede mit vielen Wenn und Aber, mit mehr Hypothesen als Fakten, mit allgemeinen Formeln, aber ohne konkrete Pläne. Wo wurde Dampf gemacht? Wer fühlt sich angespornt? Angesprochen fühlen sich offensichtlich der Kriegsminister und der Oberbefehlshaber des Heeres; sie führen die meisten Gegenargumente an und äußern die meisten Bedenken.

Die Spitzenleute der Wehrmacht lassen sich zwei Monate vor dem Treffen in der Reichskanzlei auf dem Reichsparteitag der NSDAP in Nürnberg bejubeln: rechts von Hitler Reichskriegsminister Wilhelm von Blomberg, dahinter die Oberbefehlshaber des Heeres, Werner von Fritsch, der Luftwaffe, Hermann Göring, und der Marine, Erich Raeder

Es kommt eine lebhafte Diskussion in Gang. Sie konzentriert sich auf den nächstliegenden Fall drei, den französisch-britischen Krieg gegen Italien. Blomberg und Fritsch wiederholen ihre Mahnung, dass sich Deutschland die beiden Westmächte nicht zu Gegnern machen dürfe. Hitler wirft ein: London werde sich nicht dazu entschließen, gleichzeitig gegen Italien und Deutschland Krieg zu führen. – Fritsch rechnet mit konkreten Zahlen vor, dass das französische Heer auch bei einem Krieg gegen Italien mit überlegenen Kräften an der deutschen Westgrenze auftreten könne: Man erwarte einen Einmarsch durch das Saargebiet in die Rheinlande. Frankreich könne überdies seine Truppen schneller mobilisieren als Deutschland. Schließlich seien die für die Abwehr vorgesehenen vier motorisierten Divisionen noch nicht einsatzbereit. Blomberg ergänzt: Unsere Befestigungsanlagen im Westen haben zurzeit nur einen ganz geringen Wert. – Das hört sich an wie: Deutschland kann sich gegen Frankreich nicht wehren und darf sich auf keinen Krieg einlassen. Es ist unüberhörbar: Das Heer hält nichts von

Hitlers Kriegsideen. Hitler runzelt die Stirn, aber schweigt. Fühlt er sich in seinem Verdacht bestätigt, dass das Heer sich gegen den Einsatz militärischer Machtmittel für seine Politik sträube und zur Schlacht getragen werden müsse?

Blomberg macht einen weiteren Vorstoß und warnt vor einem Angriff auf die Tschechoslowakei: Der Ausbau der tschechischen Befestigungsanlagen auf den Bergrücken, die die Grenze zu Deutschland bilden, sei fast vollendet: Sie seien so stark wie die französische Maginotlinie, die die Deutschen vom Überfall auf Frankreich abhalten solle. Immerhin räumt Fritsch ein, dass er eine Untersuchung in Auftrag gegeben habe, ob und wie im Falle eines Vorgehens gegen die Tschechoslowakei diese Festungsbauten überwunden werden könnten.

Dann gibt sich Fritsch noch einen Ruck und erklärt: Wie die Dinge liegen, muss ich davon absehen, meine seit langem geplante mehrwöchige Erholungsreise nach Ägypten am 10. November anzutreten. – Ist Fritsch von Hitlers Äußerungen beunruhigt oder will er nur Klarheit darüber haben, wie ernst es Hitler ist? – Tatsächlich macht Hitler einen Rückzieher: Nein, selbstverständlich könne er seine Reise antreten, so nahe stehe der Konflikt nicht bevor. – Auch Außenminister Neurath sieht einen Mittelmeer-Konflikt »nicht in so greifbarer Nähe«, und Hitler stimmt zu: Nicht vor Sommer 1938. – Dann stellt Göring noch eine prüfende Frage: Sollen wir unser militärisches Engagement in Spanien abbauen, damit Franco noch länger zu kämpfen hat? – Hitler nickt zwar, aber behält sich eine spätere Entscheidung vor.

Zum Abschluss der Diskussion fasst Hitler seine Position in zwei Sätzen zusammen. Zu Blomberg und Fritsch gewandt sagt er: Ich bin überzeugt, dass sich Großbritannien nicht beteiligen werde, und ich glaube daher auch nicht »an eine kriegerische Aktion Frankreichs gegen Deutschland«. Wesentlich vorsichtiger als zuvor formuliert er das Vorgehen im Falle des angesprochenen Mittelmeerkonflikts: Bei »einer allgemeinen Mobilmachung in Europa« müsse Deutschland »sofort gegen die Tschechei antreten«; sollten sich die kleineren Mächte jedoch aus dem Konflikt heraushalten, müsste sich Deutschland »diesem Verhalten zunächst anschließen«.

Kein Wort mehr von Krieg. Nur ein Spiel mit vielen Unbekannten? Da will Deutschland einen Konflikt im Mittelmeer schüren, indem es Franco militärisch nicht mehr unterstützt, damit Italien sich in Spanien festbeißt und dann von Großbritannien und Frankreich bekriegt wird, so dass Deutschland unbehelligt die Tschechoslowakei und Österreich erobern könne – und das, obwohl Großbritannien wie Frankreich jede kriegerische

Auseinandersetzung scheuen. Der von Hitler konstruierte Fall drei klingt weder logisch noch wahrscheinlich. So kommt es, dass nach gut vier Stunden einige Teilnehmer beim Verlassen des Wintergartens sagen: Das hat er »nicht so ernst gemeint«.[9] – Zuvor allerdings hatte man sich noch kräftig über Rüstungsfragen gestritten, ohne dass es offenbar zu den von Blomberg erhofften Beschlüssen gekommen ist; denn Hoßbach widmet dem Rest der Sitzung knapp zwei Zeilen.

Beim Aufbruch hat es Göring besonders eilig: Eine Stunde später soll er in seiner Eigenschaft als *Reichsjägermeister* zum Abschluss der Tagung des Internationalen Jagdrates einen Abendempfang eröffnen. Neben den »Freunden des Waldes und des Wildes« aus 30 Ländern gehören auch deren diplomatische Vertreter sowie zahlreiche Offiziere der Wehrmacht zu den Ehrengästen im zum großen Festsaal ausgebauten Plenarsaal des ehemaligen preußischen Landtages, jetzt *Haus der Flieger*. Gelingt es hier dem französischen Botschafter André François-Poncet, der seit sechs Jahren sein Land in Berlin vertritt, über die Besprechung in der Reichskanzlei mehr als Gerüchte in Erfahrung zu bringen? Kann er gar Göring dazu bringen, einen »Zipfel des Schleiers zu lüften«, indem er seiner Eitelkeit schmeichelt? Oder bekommt er eine Nachricht zugesteckt von Hans Thilo Schmidt, Verschlüsselungsexperte im Kriegsministerium, dem sein Bruder aus dem Generalstab über die frustrierende Wartezeit vor Hitlers Wintergarten berichtet hatte, ohne zu wissen, dass Hans Thilo seit Jahren für die Franzosen spioniert?

Jedenfalls telegrafiert der Botschafter am nächsten Tag nach Paris, dass Hitler auf einer »Geheimsitzung« mit den Oberbefehlshabern und einer »großen Anzahl von Generälen und Admirälen« über Rohstoffprobleme »ziemlich lang« debattiert habe; er vermutet allerdings, dass es bei dem großen Auftrieb an »Offizieren im Generalsrang« noch anderen Gesprächsstoff gegeben habe. Görings Abhördienst wiederum gelingt es, dies Telegramm zu entschlüsseln; Göring informiert Blomberg und fordert ihn auf, den Verräter in seinem Ministerium ausfindig zu machen; die Suche bleibt ohne Erfolg.[10]

Meldungen über einen Gegensatz zwischen Hitler und seinen Generälen scheinen ebenfalls London zu erreichen. Der britische Botschafter Nevile Henderson meldet allerdings Außenminister Anthony Eden am 8. November, dass er nicht den Eindruck bekommen habe, die deutsche Führung stehe »unmittelbar vor der gewaltsamen Einmischung in die Unabhängigkeit von Österreich oder der Tschechoslowakei«. In den Kreisen deutscher politischer Emigranten in der Schweiz kursieren Berichte über »Hitlers Geheimsitzung am 5. November«.

Auch der tschechoslowakische Geheimdienst erhält über seinen Topagenten A 54 (Tarnname für den deutschen Offizier Paul Thümmel) entsprechende Informationen. Geheimdienstchef František Moraveć warnt Präsident Beneš: »Ich muss die sehr ernsten Hinweise hervorheben, dass durch Deutschland eine Militäraktion gegen unser Land vorbereitet wird«, und fügt hinzu: »Das Jahr 1938 wird von größter Bedeutung für Mitteleuropa und die Tschechoslowakei sein.« Doch Beneš winkt ab: »Wenn Hitler zur Gewalt greift, dann können wir uns auf unser Vertragssystem verlassen. Vergessen Sie nicht, dass unsere Verbündeten zusammen noch stärker sind als Deutschland.« Er hält es nicht für möglich, dass Frankreich und Großbritannien die Tschechoslowakei »im Stillen bereits abgeschrieben« haben, sondern erwartet vielmehr, dass »Hitlers auf Gewalt gegründetes Regime beim ersten Rückschlag fallen« müsste.[11]

Selbstverständlich will man auch im Kriegsministerium am Tirpitzufer wissen, was bei der geheimnisvollen Sitzung herausgekommen ist, allen voran der 56-jährige Chef des Generalstabes Ludwig Beck, engster Berater des Oberbefehlshabers Fritsch. Auch er ist in preußischen Traditionen aufgewachsen, mit 17 Jahren beim Militär eingetreten, im Weltkrieg mit Generalstabsarbeiten befasst und seit vier Jahren »Architekt der deutschen Aufrüstung«. Er lässt sich von Hoßbach über die Besprechung berichten und bittet ihn, eine Niederschrift anzufertigen. Für zwei Tage erhält er sie zur Einsicht; dann landet sie bei Blomberg, der sie zu den Akten legt. Hitler hält es nicht für nötig, sie durch seine Lektüre zu autorisieren; er habe dafür »keine Zeit«, begründet er seine überraschende Gleichgültigkeit gegenüber Hoßbach.

Generalstabschef Beck hingegen nimmt die Lektüre zum Anlass für »Randbemerkungen« zu den Ausführungen Hitlers, nicht gedacht für eine offizielle Stellungnahme, sondern zur Klärung der eigenen Position. In zehn Punkten setzt er sich mit dem »Protokoll«, wie er es missversteht, auseinander. Bei einigen Punkten stimmt er mit Hitler überein, bei anderen übt er deutliche Kritik und verlangt er eine »weit gründlichere und umfassendere Untersuchung«. Insgesamt unterscheidet er sich weniger in der Sache, als in der Methode von Hitlers Überlegungen. Anstoß nimmt er vor allem an der mangelhaften Gründlichkeit der Analyse machtpolitischer Verhältnisse in Europa.[12]

Nein, meint Beck eingangs, geheime Pläne seien auf der Sitzung nicht ausgebreitet worden: Alle Welt kenne doch seit Jahren Deutschlands Ziel, seine »Raumnot früher oder später gewaltsam zu beheben«. Er selbst hatte sich bereits häufiger mit Plänen zur »Vorbereitung von Operationen gegen die Tschechei« beschäftigt. An der Abfassung der letzten Weisung Blombergs vom 24. Juni 1937 für eine mögliche Kriegführung mit einem »strategischen Überfall auf die Tschechoslowakei« und einer »bewaffneten Intervention gegen Österreich« war er beteiligt gewesen. Es sei zweckmäßig, schreibt er jetzt, den »Fall Tschechei (evtl. auch Österreich) bei sich bietender Gelegenheit zu bereinigen«; welche Überlegungen und Vorbereitungen dafür getroffen werden sollten, lässt er offen.[13]

Weitere geringe Gebietsänderungen durch Verschiebung der in Versailles gezogenen Grenzen hält er für möglich. Weitgehende Änderungen wären in Europa jedoch nur unter schwersten Erschütterungen zu erreichen. Überdies sollte Deutschland nicht über die nationalen Grenzen hinausgreifen und sich mit fremden Völkerschaften belasten. Wie Hitler lehnt er die Autarkie als Dauerlösung ab. Anders als Hitler verlangt er »für alle Zeit einen höchstmöglichen Anteil an der Weltwirtschaft«, damit das deutsche Volk nicht »langsam verkümmere«; er meint damit offenbar den Besitz von Kolonien, den Hitler abgelehnt hat.

Besonders kritisch sieht er Hitlers Beurteilung der »unumstößlichen« Gegnerschaft Frankreichs und Großbritanniens: Sie sei nicht »unüberwindlich«. Zunächst müssten doch alle Möglichkeiten ausgeschöpft werden, sich in Europa zu arrangieren; die bisherigen Versuche seien »völlig unzureichend«. Gegen Hitlers Ansicht von der Schwäche des britischen Weltreichs hält er es für wahrscheinlicher, dass Großbritannien »bis auf weiteres die bestimmende Weltmacht neben den USA« bleiben werde. Weiter bemängelt er, dass Hitler auf die Sowjetunion als »Machtfaktor« nicht näher eingegangen sei. Zweifel äußert Beck an Hitlers Risiko-Theorie: Bismarck sei ein Staatsmann gewesen, der die Kriege gegen Österreich und Frankreich bestens vorbereitet und der deswegen Erfolg gehabt habe. Als anstößig empfindet er es vor allem, dass Hitler sich mit den preußischen Heroen Friedrich dem Großen und Bismarck auf eine Stufe stelle. Hitler maße sich mit den Hinweisen auf die Rüstungsstärke der Großmächte eine »militärische Begründung« seiner Politik an, die er den Fachleuten im Generalstab überlassen sollte. Kommt Beck der Gedanke: Dieser Politiker, ein Emporkömmling, Dilettant und Abenteurer, muss weg!?

Der Kern des Unterschieds zwischen Hitler und Beck liegt in der Antwort auf die politische Glaubensfrage: Werden bei einem gewaltsamen Vorgehen Deutschlands gegen Österreich und die Tschechoslowakei Frankreich und Großbritannien zu den Waffen greifen, um die 1919 in Versailles beschlossene Begrenzung der deutschen Macht aufrechtzuerhalten? Nein, ist Hitler überzeugt. Ja, meint Beck und begründet es: Frankreich stehe nicht am Rande eines Bürgerkriegs und werde auch bei einem Krieg gegen Italien »immer genügend Kräfte gegen Deutschland zur Hand« haben; und Großbritannien werde »nicht allein stehen, sondern stets Bundesgenossen« haben.

Es ist eine Frage, die nur die Zukunft beantworten kann. Wie würde das Spiel weitergehen, wenn Hitler die Kräfte in Großbritannien und Frankreich stützt und stärkt, die einem großen Krieg in Europa abgeneigt sind? Wie würden diese Kräfte reagieren, wenn er ihnen Deutschland als militärisches Bollwerk gegen die Sowjetunion und deren Drohung mit der Weltrevolution anbietet? Hitler scheint entschlossen, die Schmerzgrenze der Großmächte in Westeuropa auszutesten.

Britische Politiker aller Parteien hatten bereits einige Tage zuvor ihre Schmerzempfindlichkeit zu erkennen gegeben. Bei einer Unterhausdebatte am 1. November warf der Labour-Abgeordnete Hugh Dalton den drei Mächten Deutschland, Italien und Japan vor: »Sie bereiten sich, ohne es zu verheimlichen, im größten Maßstab auf einen großen Krieg vor.« Sie würden gemeinsam eine erschreckende Bedrohung bedeuten. Er fragte: »Wo sind unsere Freunde?« und verlangte, dass eine Gegenfront aufgebaut werde. Der konservative Abgeordnete Paul Emrys-Evans warnte davor, sich Drohungen zu unterwerfen: »Die Diktaturen wären dann von der Schwäche unserer Demokratie überzeugt und Krieg wäre noch wahrscheinlicher, als er heute schon ist.« Er benannte als »Hauptproblem« ausdrücklich Deutschland und sah als einzigen erfolgreichen Weg der Gegenwehr, gleichzeitig das Aufrüstungsprogramm so schnell wie möglich voranzutreiben und eine standfeste, entschlossene und wenn nötig auch versöhnliche Front zu errichten. Außenminister Eden zeigte sich ebenfalls unzufrieden über den Zustand der Welt und bekräftigte den Glauben an das Prinzip der friedlichen Regelung von Gegensätzen: »Wir sind bereit, zum Frieden der Welt beizutragen; aber wir sind nicht bereit, Befehle entgegen zu nehmen.«[14]

Eden reist zwei Tage später nach Brüssel, wo Vertreter von 19 Staaten zusammenkommen, um unter dem Vorsitz des belgischen Außenministers Paul Spaak über eine friedliche Lösung des militärischen Konflikts in Ostasien zu beraten. Neben Frankreich und einigen europäischen Ländern sind sämtliche britische Dominien sowie Indien hochrangig vertreten; aus Moskau ist der sowjetische Außenminister Maxim Litwinow angereist, aus Washington nur Präsident Roosevelts Sonderbotschafter Norbert Davis, allerdings ohne die Ermächtigung, sich für eine »Quarantäne« auszusprechen. Chinas Vertreter tritt auf der Konferenz als »Ankläger« gegen die japanische Aggression auf. Tatsächlich haben die chinesischen Truppen

Shanghai aufgegeben und werden beim Rückzug entlang dem Jangtse-Fluss von den japanischen Truppen mit Kugeln und Schwertern verfolgt. Wer von den Bewohnern es sich leisten kann, flieht aus Nanking. Trotz zweimaliger Aufforderung lehnt Tokio jedoch eine Teilnahme an der Konferenz in Brüssel ab: Wir handeln in »Selbstverteidigung«, heißt es in der Antwort; eine Lösung könne nur in direkten Verhandlungen zwischen den beiden Mächten gefunden werden. – Diese Ablehnung stellt die Konferenz vor eine »wirkliche Schwierigkeit«, stellt der Vorsitzende fest.

Am 15. November wird gegen die Stimme Italiens eine Erklärung beschlossen, die Japan »verurteilt«: Es gebe kein Recht für die Anwendung von Gewalt durch ein Land zur Einmischung in die inneren Verhältnisse eines anderen Landes! Es wird von Japan die »Einstellung der Feindseligkeiten« verlangt und bei Ablehnung damit gedroht, die in Brüssel vertretenen Staaten würden »erwägen, welche Haltung sie (gegen Japan) einnehmen sollten«. Danach vertagt man sich, ohne weitere Erwägungen anzustellen. Ein »unrühmliches Ergebnis«, wird in London festgestellt, auch in der Sorge, dass die »diktatorischen Mächte« nun Oberwasser bekämen.[15]

Während in Brüssel vor den Augen und Ohren der Weltöffentlichkeit in einem großen Kreis Reden gehalten werden, bemühen sich die beiden deutschen Botschafter Herbert von Dirksen in Tokio und Oskar Trautmann in Nanking insgeheim einen Gesprächsfaden zwischen den beiden Kontrahenten zu knüpfen. Japans Außenminister Hirota hatte um Deutschlands Hilfe gebeten. Auf Weisung aus Berlin sollen sie nicht als »Vermittler« auftreten, sondern nur »Briefträgerdienste« leisten, um zu einer »friedlichen Beilegung des Konfliktes« beizutragen. So gelangen die japanischen Friedensbedingungen von Tokio nach Nanking, wo Trautmann sie am 5. November Tschiang Kaischek vorlegt, just zur selben Zeit, als Hitler der Wehrmachtsspitze seine Pläne erläutert. Als Tschiang die japanischen Forderungen ablehnt, fällt der »Briefträger« aus seiner Rolle und versucht den Marschall umzustimmen: »Ein langer Krieg wäre doch für China Selbstmord«, mahnt er, »es drohe vielmehr die Gefahr einer kommunistischen Revolution!« Doch Tschiang hofft noch auf Unterstützung durch die in Brüssel vertretenen Mächte und bleibt bei seiner Ablehnung zweiseitiger Gespräche.[16]

Die Gerüchte über diese deutschen Bemühungen um eine Konfliktlösung dringen bis zu Goebbels. Mit sicherem Instinkt wittert er eine Weltsensation: »Hitler«, hält er am 7. November in seinem Tagebuch fest, »soll Vermittler im Ostasien-Konflikt spielen.« Und mit Stolz fügt er hinzu: »Welch eine Wendung seit 1933!« – Und Hitler steigert diesen Stolz einen

Tag später, nachdem in Rom der Beitritt Italiens zum deutsch-japanischen *Antikomintern*-Abkommen erfolgt war, in einer Rede vor *alten Kämpfern* der NSDAP in München: »Deutschland ist wieder groß geworden!« Er feiert den Ausbau der »europäischen Achse zum großen weltpolitischen Dreieck«.[17]

Die wieder gewonnene Machtstellung Deutschlands ist nicht zu übersehen. In Großbritannien wächst das Misstrauen gegenüber den »dynamischen« Großmächten: Gibt es zwischen ihnen geheime Absprachen, eher gegen das britische Weltreich als gegen den Bolschewismus vorzugehen?

9. KAPITEL

Ein britischer Besuch bei Hitler Das Ausloten einer Verständigung (November 1937)

Am frühen Vormittag des 19. November fährt eine Kolonne großer schwarzer Mercedes-Limousinen durch Berchtesgaden und dann auf der vom frischen Schnee geräumten Serpentinenstraße zum Obersalzberg. In der 3000-Seelen-Gemeinde kennt man sich aus: In Hitlers Wochenend-Residenz, im Berghof, ist hoher Besuch angesagt.

Aus den Zeitungen weiß man: Es ist ein Abgesandter des britisches Premierministers Neville Chamberlain, der eine »neue Anstrengung« unternehmen wolle, die »Gegensätzlichkeiten durch friedliche Mittel« zu bereinigen. Als unverbindlichen »Sonderbotschafter« hat er kein Mitglied seines engeren Kabinetts ausgewählt, sondern einen 56-jährigen politischen »Müßiggänger« aus einer angesehenen Adelsfamilie, mit bürgerlichem Namen Edward Wood, seit dem Tode seines Vaters 1934 Lord Halifax: Sein zeremonieller Vorsitz im Geheimen Kronrat lässt ihm viel Zeit für seine Jagdpassion, und seine Meisterschaft als Fuchsjäger bietet den Anlass für die private Einladung zur Internationalen Jagdausstellung in Berlin, ein kaum verhüllter Vorwand für eine politische Erkundungsreise.

Tatsächlich war in London bei der Vorbereitung des Deutschlandbesuches heftig gestritten worden. Befördert wird der Besuch vom britischen Botschafter in Berlin, Nevile Henderson, der seinen Posten erst ein paar Monate zuvor angetreten und dafür gesorgt hatte, dass in der Ausstellung auch einige Jagdtrophäen Ihrer Königlichen Majestäten, darunter ein ausgestopfter großer Panda-Bär, zu bewundern sind. Widerstand kommt aus dem britischen Außenamt: Außenminister Anthony Eden hatte dem Besuch, wenn auch zähneknirschend, zugestimmt und den Botschafter in Berlin beauftragt, für Gesprächspartner wie Göring und vielleicht sogar Hitler zu sorgen.

Von den Beamten des Außenamtes, allen voran vom beamteten Staatssekretär Robert Vansittart, gibt es aber Querschüsse, so dass Eden Informationshilfen für Halifax zusammenstellen lässt und ihn persönlich eindringlich mahnt, seinen Gesprächspartnern nur zuzuhören: »Wir müssen Deutschland über unsere Haltung im Unklaren lassen. Das ist alles, was wir tun können, bis wir stark genug sind für Verhandlungen mit Deutschland.« Halifax solle sich darauf beschränken, die Deutschen vor Aktionen gegen Österreich und die Tschechoslowakei zu warnen. Überdies solle das Treffen mit Hitler möglichst beiläufig in Berlin erfolgen; auf keinen Fall dürfe man durch eine Fahrt nach Berchtesgaden den Deutschen als »Bittsteller« erscheinen.

Premier Chamberlain will nicht so stark auftrumpfen, denn er kennt die Grenzen der eigenen Macht: Auf einer Sitzung des Regierungsausschusses für die Verteidigung des britischen Weltreichs hatte er im Juli Deutschland als »unser größtes Gefahrenpotenzial« bezeichnet, gegen das in erster Linie die Aufrüstung erfolgen müsse, aber auch verlangt, dass alle Streitpunkte mit Deutschland ausgeräumt werden sollten, damit Italien von einem plötzlichen Angriff auf britische Stellungen im Mittelmeer abgehalten würde. Chamberlain besteht daher auf einer Aussprache mit Hitler – gleich wo.[1]

Als am 12. November der Besuch bei Hitler öffentlich angekündigt wird, wird die britische Presse in Stellung gebracht, wohl aus einer hochgestellten Quelle im Außenamt. Lässt sich die Reise nicht im letzten Augenblick durch eine Sensationsmeldung torpedieren? Am 13. November erscheint im konservativen *Evening Standard* ein Artikel des »diplomatischen Korrespondenten« unter der Überschrift: »Hitler bereit für einen Waffenstillstand«. Darin heißt es:

> »Die britische Regierung besitzt eine Information, wonach Herr Hitler bereit ist, wenn er nur die leiseste Ermutigung erhält, Großbritannien einen zehnjährigen ›Waffenstillstand‹ in der Kolonialfrage anzubieten. Als Entgelt für ein derartiges Übereinkommen erwartet Herr Hitler, dass die britische Regierung ihm freie Hand in Mitteleuropa lässt. Hitlers Idee bestehe darin, dass Großbritannien nicht einschreiten solle, wenn 1. Deutschland auf freie Wahl oder ein Plebiszit in Österreich dränge, um in Wien die Nazis an die Macht zu bringen, und 2. Deutschland der Tschechoslowakei eine Forderung auf sofortige Anerkennung der Rechte der deutschen Minderheit auf politische Selbstverwaltung innerhalb des Staates überreiche, um den russischen Einfluss auf Prag zu schwächen.«

Britische Sonntagszeitungen schlachten am 14. November diese Meldung weiter aus, »unverschämte Lügenmanöver der Londoner Hetzpresse« nennt das der *Völkische Beobachter*. Hitler reagiert umgehend und diktiert der *Nationalsozialistischen Parteikorrespondenz* ein Dementi: »An den dreisten Behauptungen des *Evening Standard* ist kein wahres Wort! Sie sind von Anfang bis Ende Erfindung und damit bewusste Lüge.« Deutschland habe es nicht nötig, bei der Regelung seiner Beziehungen in Mitteleuropa eine fremde Macht um »Hilfe, Belehrung oder Erlaubnis« zu bitten. Die Absicht eines »Kuhhandels« von Kolonien gegen freie Hand in Mitteleuropa wird als infame Unterstellung scharf zurückgewiesen. Hitler geht sogar soweit, die Verschiebung des Halifax-Besuches anzuregen: Das könnte im »Interesse der politischen Entspannung nützlicher« sein.[2]

Aus Sorge am Zustandekommen des Besuchs meldet Botschafter Henderson sofort in »sehr dringenden Telegrammen« Außenminister Eden Hitlers zornige Reaktion; dabei übersetzt er den Begriff »Entspannung« mit »appeasement«. Diese Art der Annäherung und Verständigung ist nicht nach Edens Geschmack: Er verlangt von Henderson, dass er gegenüber den deutschen Diplomaten künftig »schärfer« auftrete. Das ist wiederum nicht im Sinne von Premierminister Chamberlain: Um die Besuchsreise zu retten, redet er zusammen mit Lord Halifax noch am Sonntagabend auf den Außenminister und seinen Staatssekretär ein. Zu deren Beruhigung verspricht Halifax, dass er alle Memoranden, Gutachten und Ratschläge des Außenamtes zur Lektüre mit auf die Reise nehme. Vor allem folgt er Chamberlains Leseempfehlung: Der australische Historiker Stephen Roberts hat gerade ein Buch unter dem Titel »Das Haus, das Hitler baute« veröffentlicht, in dem es heißt: »Hitler ist in einem Dilemma: Besteht er auf seiner Politik, stürzt er Europa in den Krieg; gibt er sie preis, kann er seine Stellung in Deutschland nicht halten.«

Dann wird beschlossen, die Abfahrt um einen Tag vorzuverlegen, um weiteren Störmanövern der Presse aus dem Weg zu gehen. Bevor Eden sich mit Fieber ins Bett legt, lässt er Halifax über beider Privatsekretäre noch einen Ratschlag übermitteln: Falls Hitler die Danzig-Frage anschneide, könne er ohne weiteres erklären, dass dies zu allererst eine Angelegenheit zwischen Deutschland und Polen sei.[3]

Die Reise ist gerettet. Dass London mehr noch als Hitler an der Aussprache interessiert ist, macht Halifax auch am nächsten Tag während seiner »Abschiedsvisite« beim deutschen Botschafter Joachim von Ribbentrop deutlich. Er zeigt seine Freude, Hitler persönlich kennenzulernen, dessen Werk er bewundere. »Ich werde ihm«, sagt er, »die britische Auffassung über das politische Problem darlegen, und hoffe, dass er seine Auffassung über die europäische und die allgemeine Lage mitteilen wird.«

Dabei erwähnt er Österreich und die Tschechoslowakei sowie die Kolonialfrage. Das kommende Gespräch mit Hitler solle ein Anfang sein, dem sich vielleicht weitere Aussprachen anschließen könnten, damit dann »unsere Freunde« (gemeint sind Frankreich und Italien) auf die gleiche Linie gebracht werden können: »Wenn Vereinbarungen zwischen den vier Mächten gelingen, würde man gute Arbeit für den europäischen Frieden geleistet haben.« Zum Abschluss bekräftigt er: »England und Deutschland dürfen sich nicht gegeneinander stellen.« Und Ribbentrop erwidert: »Es gibt bestimmt keinen Deutschen, der einen solchen Konflikt wünscht.«[4]

Kurz vor seiner Abreise am 16. November um 14 Uhr vom Bahnhof Victoria verabschiedet sich Halifax im Außenamt in der Downing Street von Eden, der kaum seinen Riesenärger über die großartige Herausstellung der Besuchsreise in der *Times* und im *Daily Telegraph* verbergen kann. Er trägt ihm noch auf, in Berlin unbedingt auch den französischen Botschafter zu besuchen, um den misstrauischen Franzosen die Sorgen über eine »Annäherung« und einen »Kuhhandel« zwischen Großbritannien und Deutschland zu nehmen, und wünscht gute Reise.

Anschließend begibt Eden sich auf die andere Straßenseite zum Premierminister: Dort kommt es zu einem Streit über die Grundlinien der britischen Politik, wie er »schlimmer nicht hätte laufen können«, gewürzt mit gegenseitigen Vorwürfen; Chamberlain beendet das Gespräch mit dem Rat: »Gehen Sie nach Haus, nehmen Sie ein Aspirin und packen Sie sich wieder ins Bett.« Wie schnell die Welt sich doch drehen kann: Es ist gerade eine Woche her, dass Eden einem vertrauten Mitarbeiter seine Meinung über den Premierminister offenbart hatte. Er zweifelte an seiner Gesundheit: »Mit Sechzig ist man heutzutage zu alt für den Posten.« Andere Kabinettskollegen verwarf er als mögliche Nachfolger: »Nicht für schwierige Zeiten.«[5] Hielt sich der 40-jährige Eden selbst für den Geeignetsten? Nun sieht er sich auf das Abstellgleis gestellt. Waren seine Denkspiele zum Sturz Chamberlains in die Downing Street No. 10 gelangt?

Am 17. November trifft Halifax kurz vor 9 Uhr in Berlin auf dem Bahnhof Friedrichstraße ein. Zum Empfang stehen bereit Botschafter Henderson und der Protokollchef des Auswärtigen Amtes, einige Presseleute und Fotografen. Eingefunden haben sich auch zahlreiche Schaulustige: In deutschen Zeitungen waren freundliche und erwartungsvolle Berichte über den »Viscount Halifax« erschienen. Er fährt zur britischen Botschaft in der Wilhelmstraße nicht weit vom Auswärtigen Amt, nimmt ein Bad, zieht sich um und frühstückt. Mit dem Botschafter geht er das Programm und seine Notizen für die Gespräche durch: Henderson kommt es vor allem darauf an zu zeigen, dass »wir ernstlich um Freundschaft« bemüht seien. Anschließend ein privates Essen bei Baron und Baronin von Neurath: »nette Leute und sehr freundlich«; Politik wird ausgespart, abgesehen von einer abfälligen Bemerkung Neuraths über Botschafter Ribbentrop; im Mittelpunkt stehen die beiden braunen Dachshunde.

Der Nachmittag ist dem Besuch der Jagdausstellung in den Hallen am Funkturm gewidmet. Halifax ist beeindruckt von der kunstvollen Präsentation und von den Tausenden von Besuchern, die den arbeitsfreien Buß- und Bettag nutzen. Er genießt es, dass ihm bei seinem Rundgang energisch Platz gemacht, und die Aufmerksamkeit, die ihm entgegengebracht wird. Ein Rundfunkreporter fragt ihn nach seinem Eindruck – viel mehr als ein »Wonderful!« bringt er nicht hervor. Das folgsame Verhalten der Menschenmassen hält er für das Ergebnis von Propaganda und Schafsgeduld. Als ihm jedoch aus seiner Umgebung berichtet wird, wie ein einflussreicher deutscher Unternehmer ganz offen das Wirtschaftschaos anprangert und hofft, dass die Briten Hitler nicht mit neuen Erfolgen davonkommen lassen, denkt er bei sich: »Ankündigungen, dass ein Diktator demnächst seine Macht verliere, werden durch Ereignisse ebenso widerlegt wie die Vorhersagen von Wirtschaftsweisen – sie rechnen mit zu vielen Unbekannten.«

Am folgenden Tag geht es nach einem zweiten Besuch der Ausstellung mit Henderson auf Besichtigungstour durch Berlin und Umgebung: Erstes Ziel ist Döberitz, wo das Olympische Dorf und seine idyllische Umgebung inzwischen als Kaserne und Manövergelände genutzt werden. Überall in Deutschland würden solche Anlagen errichtet, bekommt er zu hören: Daraus müsse man nicht unbedingt auf Kriegsvorbereitungen schließen, es könne als Ziel auch Selbstverteidigung bedeuten, um so mächtig zu sein, dass einem niemand auf die Zehen trete und man sich im Falle eines Krieges auf der sicheren Seite fühle.

Dann folgt ein Abstecher nach Potsdam mit einem Rundgang um Schloss Sanssouci (»sehr lang und sehr französisch«). Sein Eindruck von den vielen Militärbauten und Uniformierten, hält Halifax fest, ist nicht erfreulich; allerdings meint er auch: »Solange Militär, SS und Polizei gut bezahlt werden, ist es ziemlich schwierig zu erkennen, wie dieses Regime gestürzt werden könnte.« Am Abend steigt Halifax in Hitlers bequemen Sonderzug: Den einen Wagen, bestehend aus Salon, drei Schlafzimmern und Bad, belegt er gemeinsam mit Botschaftsrat Ivone Kirkpatrick, im anderen reist Außenminister Neurath zusammen mit Paul Schmidt, dem Dolmetscher des Auswärtigen Amtes. Das Dienstpersonal meint es besonders gut mit den britischen Fahrgästen und bietet immer wieder Whisky mit Soda an;

Kirkpatrick, schottischer Herkunft, bedauert es, dass er mit Rücksicht auf den tiefreligiösen Lord und vielleicht auch Hitlers Abneigung gegen Alkohol den Diener enttäuschen muss.[6]

Nach der Ankunft in Berchtesgaden steigt man in die bereit stehenden Mercedes-Wagen und erreicht kurz vor 10 Uhr den Berghof. Oben an der Treppe wartet Hitler in der üblichen Uniform: braune Jacke und schwarze Hose. Halifax steigt aus und hält den einen Kopf kleineren Mann wohl für einen uniformierten Dienstmann, dem er Hut und Mantel in die Hand drücken kann. Im letzten Augenblick bewahrt Neurath ihn vor einer Torheit: »Das ist der Führer!« raunt er, »das ist der Führer!«

Welche Unterschiede offenbaren sich zwischen dem Vertreter einer Möchte-gern-Weltmacht und dem Vertreter einer gestandenen Weltmacht! Hier der Mann aus kleinen und ärmlichen Verhältnissen, aufgewachsen ohne höhere Schulbildung und ohne Studium, ohne Beruf und ohne regelmäßiges Einkommen, ohne ererbtes Vermögen, ohne Beziehungen zu führenden Schichten, ohne Erfahrung in politischen Ämtern, ohne Reisen in fremde Länder – dort ein Adelsspross, der seine Herkunft auf einen der normannischen Krieger zurückverfolgen kann, die 1066 die britische Insel erobert hatten, und dessen Großvater eng mit Königin Victoria befreundet war; mit elitärer Bildung in Eton und Oxford, mit dem Gefühl der Wohlhabenheit durch väterliches Erbe und Erbschaften von Onkel und Tanten, mit großer Tour durch das gesamte britische Weltreich; mit 28 Jahren zum ersten Mal ins Parlament gewählt, dessen Sitzungen ihn nur zwei Tage die Woche festhielten, so dass er den Rest der Zeit auf Jagd gehen konnte; mit 40 der erste politische Posten als Staatssekretär im Kolonialministerium, später fünf Jahre Vizekönig von Indien, dann einige Monate Kriegsminister. Weder an der Wiege noch später ist Hitler gesungen worden, dass er Reichskanzler werden würde. Vater Halifax dagegen hatte seinem Sohn früh ein eigenes Haus in London verschafft und ihm geschrieben: »Ich bin fest überzeugt, dass du Premierminister wirst.«

Während Hitler von früh auf das britische Weltreich bewundert hatte (»Mein Leben lang habe ich England und die Engländer geliebt«), hatte Edward Wood im Oktober 1918 das frühe Kriegsende bedauert: »Es geht mir sehr gegen den Strich, nicht einige deutsche Städte niederzubrennen. Die wichtigste Sache ist, die deutsche Macht unmissverständlich zu demütigen«, schrieb er damals an seinen Vater.[7]

Hitler hat durchaus Erfahrungen mit britischen Politikern gemacht: Bereits zweieinhalb Jahre liegt der Besuch des damaligen Außenministers John Simon zusammen mit dem damaligen Lordsiegelbewahrer Eden zu-

Empfang auf dem Berghof mit Blick auf die Salzburger Alpen: Lord Halifax, Hitler und Außenminister von Neurath (v. l. n. r.)

rück, in dessen Gefolge ein Flottenabkommen vereinbart worden war. Ein gutes Jahr ist es her, dass der britische Kriegspremier David Lloyd George Hitler aufsuchte, mit ihm Freundlichkeiten austauschte und sich für die Verständigung zwischen den beiden Ländern aussprach. Gerade sechs Monate sind vergangen, seit Hitler sich gegenüber Lord Lothian überzeugt gab, dass »Großbritannien freundschaftliche Beziehungen zu Deutschland wünsche und eng mit uns zusammenarbeiten wolle.«[8]

Halifax verlässt sich auf seine Erfahrungen als Vizekönig mit der indischen Unabhängigkeitsbewegung unter Mohandas Gandhi. Ein gutes Jahr zuvor war er gefragt worden: »Gibt es nicht eine bestimmte Ähnlichkeit zwischen den Charakteren der Hauptakteure in Deutschland und Indien – derselbe Minderwertigkeitskomplex, derselbe Idealismus, derselbe Glaube an einen göttlichen Auftrag, das Volk zu führen?« Beide Länder, hatte er bestätigt, »haben viel gemeinsam.« Er kann sich noch gut an die Begegnungen mit dem Anführer der indischen Boykottbewegung erinnern, den er zu zähmen versucht hatte:

»Ich war auf das Gespräch mit diesem fremden kleinen Mann sehr gespannt. Ich war mir seiner machtvollen Persönlichkeit bewusst, trotz seiner unvorteilhaften äußerlichen Erscheinung: klein, runzlig, ziemlich abgemagert, keine Vorderzähne. Und doch kommt man nicht umhin, hinter den scharfen kleinen Augen und seinem außerordentlich aktiven und scharfen Verstand die Kraft seines Charakters zu spüren.«[9]

Eine Zähmung Gandhis war ihm nicht gelungen.

Die erste Gesprächsrunde wird gleich nach der Ankunft im Arbeitszimmer im ersten Stock eröffnet. Hitler und Halifax sitzen sich an einem niedrigen Tisch gegenüber, flankiert von Außenminister Neurath und dem Übersetzer Schmidt. Da Hitler kein Englisch versteht und Halifax kein Deutsch, muss jeder Satz übersetzt werden. Über die gut dreistündigen Gespräche liegen uns zwei umfangreiche Niederschriften vor, eine von Halifax, die er auf der Rückreise angefertigt hat, und eine von Schmidt auf der Grundlage seiner Notizen. Kirkpatrick ist nicht dabei, aber berichtet uns als einziger über das Geplauder beim Mittagessen und zur Kaffeepause. Weitere Beobachtungen hat Schmidt in seinen Erinnerungen mitgeteilt.[10]

Wie soll ein Gespräch zustande kommen, wenn beide sich vorgenommen haben, mehr zu hören als zu sagen? Tatsächlich werden viele gezielte Fragen gestellt und wenige präzise Antworten gegeben. Hitler eröffnet: »Bitte schön, worüber wollen Sie sprechen?« Halifax bedankt sich für die Gelegenheit zur persönlichen Aussprache und zur Ausräumung bestehender Missverständnisse. Er spart nicht mit Anerkennung (»Sie haben sich große Verdienste um den Wiederaufbau Deutschlands erworben«), um dann kritische Punkte anzuführen wie die Behandlung der Kirchen, der Juden und der Gewerkschaften. Vor allem lobt er Hitler dafür, dass er den Kommunismus aus Deutschland vertrieben habe und somit ein »Bollwerk des Westens gegen den Bolschewismus« bilde. Dann entwickelt er einen Plan für einen »dauernden europäischen Frieden«. Erst sollten sich Deutschland und Großbritannien verständigen und einigen, um dann Italien und Frankreich einzubeziehen: »Wenn wir Vier untereinander übereinstimmen könnten, würden wir eine sehr feste Grundlage für den Frieden schaffen und für vieles mehr, was wir darauf aufzubauen wünschten.« (Welche Sorgen müssten sich die kleineren europäischen Staaten machen, wenn sie erführen, dass sich die Großen Vier über ihre Köpfe hinweg verständigen wollen!)

Der schönen Idee von der europäischen Verständigung widerspricht Hitler nicht, aber er sieht sie im Widerspruch zur Realität: Deutschland sei nicht gleichberechtigt, werde nicht als Großmacht anerkannt und könne sich mit diesem Zustand nicht abfinden. – Nein, nein! wirft Halifax ein: »Niemand will Deutschland anders als eine Großmacht behandeln, niemand denkt daran, dass die Welt ewig so bleibt, wie sie ist.« Änderungsmöglichkeiten am bestehenden Zustand, auch an den Fehlern von Versailles, sollten nicht ausgeschlossen sein; aber alle Änderungen müssten durch vernünftige Regelungen erfolgen. Es müsse doch möglich sein, hofft Halifax, die »vorhandenen Energien in gegenseitigem Vertrauen auf ein gemeinsames Ziel« zu richten.

Da setzt Hitler zu einer scharfen Polemik gegen die »demokratischen Länder« an: Der gute Wille ihrer Regierungen werde durch die »demagogischen« Machenschaften ihrer Parteien und ihrer Presse untergraben. Alle seine Vorschläge etwa zur Rüstungsbegrenzung seien abgelehnt worden; die Parteien in England und Frankreich seien gegen eine Lösung der Kolonialfrage im deutschen Sinne, obwohl auch viele kleinere Länder Kolonien besitzen. Nein, eine Lösung internationaler Probleme sei erst möglich, wenn die politischen Parteien vernünftig geworden seien oder eine Regierungsform eingeführt werde, die diesen Parteien nicht mehr so viel Einfluss auf die Regierung lasse: »Ich werde als schwarzes Schaf angesehen und glaube, dass jeder meiner Vorschläge sofort torpediert wird und jede Regierung bei ihrer Annahme sich einer großen Opposition« ausgesetzt sähe.

Herausgefordert durch die Bedingung, vor Verhandlungen müssten sich die politischen Verhältnisse in den Demokratien ändern, reagiert Halifax mit einer scharfen Wendung: »Wenn Sie wirklich dieser Überzeugung sind, Herr Kanzler, dann heißt das offensichtlich, dass ich mit meiner Reise nur Zeit verschwendet habe und Sie Zeit verschwendet haben, mich zu empfangen.« Er hoffe, dass Großbritannien nichts ferner liege, als seine Regierungsform zu ändern. Überdies seien keine Vorschläge abgelehnt worden, weil sie von Hitler, dem »schwarzen Schaf«, vorgebracht wurden, sondern weil einige Länder schlechte Erfahrungen mit Deutschland gemacht hätten und deswegen besonders kritisch eingestellt seien; davon solle man sich aber nicht abschrecken lassen, ein besseres politisches Weltsystem aufzubauen. – Nein, nein, wirft Hitler ein: »Sie haben mich falsch verstanden, mit Demagogie meinte ich vor allem Frankreich, Großbritannien habe ich ausgenommen.«

Halifax fährt fort und macht ein verlockendes Angebot: Seiner Majestät Regierung sei bereit, mit Deutschland das schwierige Problem der Kolonialfrage zu besprechen, allerdings nur im Rahmen einer »Gesamtregelung, durch welche die Ruhe und Sicherheit in Europa hergestellt würde«. Geht Hitler auf das »Geschäft« Kolonien gegen Anerkennung der Verhältnisse in Europa ein? Nein – er räumt zwar ein: »Zwischen England und Deutschland gibt es eigentlich nur eine Differenz: die Kolonialfrage.« Aber er lässt erkennen, dass ihm die Frage nicht wichtig sei: Werde sie gelöst, sei das zu begrüßen, werde sie nicht gelöst, sei das zu bedauern, zuckt Hitler mit den Achseln: Wir äußern keine gezielten Wünsche, denn wir haben ein Recht auf Kolonien; aber bietet uns bitte nicht die Sahara als Ersatz an.

Welche anderen Probleme Halifax denn sehe, fragt er zurück. Halifax spricht den Völkerbund an, den Deutschland im Oktober 1933 verlassen hatte: Sehen Sie die Möglichkeit einer Rückkehr? – Nein, erklärt Hitler, das ist kein deutsch-englisches Problem: Sie haben doch auch nichts dagegen, dass die USA nicht Mitglied sind. – Halifax fragt weiter: Wie stehen Sie zur Abrüstung? – Hitler fragt zurück: Ist England bereit, auf seine Aufrüstung zu verzichten? Er habe die Erfahrung gemacht, dass die Völker nach dem Gewicht ihrer Rüstungen bewertet werden, und meint: Deutschlands Gewicht im internationalen Leben hat mit unserer Rüstung zugenommen. Die Schwierigkeiten der Abrüstungsfrage demonstriert er am Beispiel seines Vorschlages zum Verbot von Bombenabwürfen: Die Kolonialmächte betrachteten diese als »ein gutes Mittel zur Brechung des Widerstandes aufsässiger Eingeborener« und hätten daher den Vorschlag seinerzeit abgelehnt.

Gibt es noch weitere Fragen? Gewiss, antwortet Halifax und kommt damit zum heikelsten Punkt seiner Erkundungsreise: Da sind die Fragen, die der Versailler Vertrag hervorgerufen hat und von denen wir fürchten, dass sie wahrscheinlich Ärger bereiten könnten, wenn sie nicht klug behandelt werden, z. B. Danzig, Österreich, die Tschechoslowakei. Und er fügt von sich aus hinzu:

> »In diesen Angelegenheiten sind wir nicht notwendig darauf aus, für den augenblicklichen Zustand einzustehen; aber wir wären darauf aus, eine Behandlung dieser Angelegenheiten zu vermeiden, die Ärger verursachen würde. Wenn vernünftige Vereinbarungen auf friedlichem Wege und mit freier Zustimmung der unmittelbar Betroffenen erreicht werden könnten, hätten wir sicherlich nicht den Wunsch, das zu blockieren.«

Hitler bleibt unverbindlich und spart Danzig völlig aus: Deutschland liege sehr viel an guten Beziehungen zu allen Nachbarn, behauptet er und verweist auf das Abkommen mit Österreich vom 11. Juli 1936, das »hoffentlich zur Behebung aller Schwierigkeiten« führe. In der Tschechoslowakei hoffe er auf »vernünftige Leute«, die es den Sudetendeutschen ermöglichen, glücklich und zufrieden zu leben: »Es kann eine vernünftige Lösung gefunden werden.«

Zum Abschluss der ersten Runde bedankt sich Halifax für die »umfassende und offene Aussprache« und drückt die Hoffnung aus, dass weitere Gespräche zwischen den Vertretern beider Regierungen über Einzelfragen stattfinden könnten; das würde einen außerordentlich günstigen Eindruck auf die öffentliche Meinung machen. Hitler bleibt zurückhaltend: Solche Konferenzen müssten gut vorbereitet sein; daher sei es klüger, zunächst den diplomatischen Weg über die Botschafter zu nutzen.

Das Mittagessen wird im Speisezimmer an einem kleinen runden Tisch eingenommen. Jetzt ist auch Kirkpatrick dabei. Er beobachtet, dass Hitler sich mit einer Gemüsesuppe begnügt, während den anderen ein »mittelmäßiges Fleischgericht« aufgetischt wird. Eine richtige Konversation kommt nicht in Gang: Angesprochen werden das Wetter, das Fliegen, die Jagdausstellung. Anschließend wird im großen Salon mit dem prachtvollen Blick auf die Salzburger Alpen der Kaffee serviert; Hitler erhält eine große Tasse Kakao mit viel Schlagsahne.

Die Entdeckung einer Leinwand hinter zwei Wandteppichen bringt das Thema Film ins Gespräch. Erwähnt wird dabei wohl auch der von Hitler mehrfach gesehene Oscar-prämierte Film *Bengali*, eine US-Produktion mit Gary Cooper in der Hauptrolle: Es geht um den heldenhaften Kampf einer in Nordwestindien stationierten britische Kavallerieeinheit gegen aufständische Mohammedaner, deren Anführer getötet wird. Jedenfalls empfiehlt Hitler: »Erschießt doch auch Gandhi!« Die Widerstandsbewegung der Inder werde rasch zusammenbrechen, erklärt er, »sobald Sie klarstellen, dass Sie es ernst meinen«.[11] Halifax starrt Hitler an und schweigt: Denkt er an den Vergleich, den er zwischen Gandhi und Hitler angestellt hat, und wundert er sich über das Schicksal, das Hitler über sich heraufbeschwört? Oder will er Hitlers Grundsatz nicht aus den Augen verlieren: Nur wer seine Macht vorführt, wird respektiert!?

Nach der Mittagspause nimmt Halifax den Gesprächsfaden wieder auf und wiederholt seinen Wunsch nach weiteren Besprechungen und direkten Verhandlungen, wobei es nicht nur über Kolonialfragen gehen solle. Hitler bleibt abwehrend: Man muss warten können, und wir sollten uns nicht von der in der böswilligen Presse geschürten Katastrophenfurcht beeinflussen lassen: »Die einzige Katastrophe ist der Bolschewismus. Alles andere lässt sich regeln.« Ich gehöre nicht zu den politisch Nervösen, erklärt Hitler und schiebt der aufgeregten Presse die Schuld an neun Zehntel der Spannungen zu: »Wenn man ihr glaubt, könnte man denken, dass man eines Tages beim Aufwachen erfährt, wie deutsche Truppen in Wien oder Prag einmarschieren.« Lasst uns zwei, drei Jahre warten, dann könnten sich auch schwierige Fragen leichter lösen lassen, meint er.

Der bedächtige Halifax kleidet seine Enttäuschung über die Zurückhaltung in freundliche Worte: »Ich bin ganz sicher, dass der Premierminister und der Außenminister Ihren klugen Rat, langsam voranzukommen, nicht in Frage stellen würden, vorausgesetzt, dass wir das Gefühl haben können, dass wir wirklich vorankommen.« Entscheidend sei, sagt er zum Abschluss, dass wir »das gleiche Ziel im Auge haben, die Herstellung und Festigung des europäischen Friedens«. Er werde Chamberlain über alles genau Bericht erstatten. Auch Hitler bedankt sich für die offene und umfassende Aussprache und unterstreicht das von Halifax genannte Ziel: Das gelte auch für Deutschland. »Es gibt nur ein Land«, fügt er hinzu, »das bei einem Konflikt gewinnen kann: Sowjet-Russland.« Alle anderen seien im Grunde ihres Herzens für die Festigung des Friedens.

Nach einem Fototermin auf der großen Treppe vor dem Berghof geht es zurück. Zahlreiche Berchtesgadener haben sich eingefunden, um die Gäste mit erhobenen Armen und Heil-Rufen zu verabschieden, Halifax hebt nur den Hut. In München wünscht sich Halifax eine Besichtigung der großen Parteibauten am Königlichen Platz: Sie erinnern ihn an seinen ehemaligen Regierungssitz in New Delhi. Herumgeführt wird er von einem Mann im Braunhemd, der nicht nur mit dem Prachtbau, sondern auch mit seinem Englisch Eindruck machen will; seine Frau, erklärt er, sei eine Dichterin und eine Bewunderin von Shakespeare. Nach einem Abstecher zur Feldherrnhalle, wo Hitlers Putsch 1923 gescheitert war, geht es ins Hotel, wo bis zum Abendessen Zeit ist, die neueste Ausgabe der *Times* zu lesen. Vor der Abfahrt des Nachtzuges nach Berlin genießt Halifax einen kräftigen Schluck Münchner Bieres.

Zwei anstrengende Tage stehen Halifax in Berlin noch bevor: Am 20. November hat ihn Reichsjägermeister Göring zu einem üppigen Mittagessen nach Karinhall eingeladen. Beim anschließenden Gespräch geht es natürlich auch um die Aussprache mit Hitler: Waren Sie zufrieden? – Nun ja, antwortet Halifax, »wir haben eine Menge Dinge freimütig besprochen, aber ich war etwas enttäuscht darüber, dass unsere Gedankenwelten so weit

Als Reichsjägermeister empfängt Göring (Mitte) den passionierten Jäger Lord Halifax in der Schorfheide; rechts Botschafter Henderson

auseinander liegen, dass es schwierig ist, in bestimmten Fragen sich anzunähern.« – Am Abend gibt Henderson einen Empfang in der britischen Botschaft, zu dem auch Kriegsminister Blomberg geladen ist: Er meint, dass die Kolonialfrage gegenüber der Mitteleuropa-Frage zweitrangig sei; hier sitze man auf einem Pulverfass, das eines Tages explodieren könnte. Den ebenfalls anwesenden Gesandten der Südafrikanischen Union kann Halifax beruhigen: Südwestafrika, die der Union als Mandat überlassene ehemalige deutsche Kolonie, sei in Berchtesgaden kein Gesprächsthema gewesen.

Nach dem sonntäglichen Kirchgang am 21. November stehen mittags britische Presseleute vor der Botschaft: Sie erhalten nichtssagende Antworten (das Gespräch war »frei, offen und informell« und »ich hoffe, dass die Tür ein wenig weiter geöffnet wurde«). Auch der französische Botschafter François-Poncet hofft vergeblich auf Informationen: Halifax fürchtet, dass etwas in die Pariser Presse durchsickern könnte, und erklärt höflich, dass er zuerst seiner Regierung berichten wolle. Zum Nachmittagstee ist Joseph Goebbels mit Frau Magda geladen: Henderson, der als Übersetzer fungiert, stellt fest, dass sich die beiden Männer gut verstehen. Halifax: »Ich hatte erwartet, tiefen Abscheu zu empfinden; aber es war nicht so: Er war die ganze Zeit freundlich.« Goebbels: »Ein sehr ruhiger, überlegter und kluger Mann – die Unterredung hat mich sehr befriedigt.«[12] Am Abend tritt Halifax mit dem Nordexpress die Rückreise durch halb Europa nach London an.

Die Inhalte des weltweit beachteten Treffens bleiben der Öffentlichkeit wegen der vereinbarten Vertraulichkeit ein Geheimnis: Im vom *Deutschen Nachrichtenbüro* verbreiteten offiziellen Kommuniqué heißt es nur, es sei um »die Deutschland und Großbritannien interessierende Probleme der internationalen Politik« gegangen. Kein Wunder, dass in der Presse und in den Hauptstädten ein großes Rätselraten einsetzt: Wie ist die Aussprache ausgegangen? Sind sich die beiden nähergekommen? Haben sich die beiden auf Kosten Dritter verständigt? Wird es eine Fortsetzung geben? Wer sich in ein Geheimnis hüllt, steht im Verdacht, etwas verbergen zu wollen. Antworten sind nicht leicht zu finden, da sich nicht einmal die Beteiligten über das Ergebnis der Besuchsreise einig sind.

»Der allgemeine Eindruck war zweifellos gut«, urteilt Botschafter Henderson. Hitler könne nicht anders als beeindruckt sein von der Ernsthaftigkeit, den guten Grundsätzen, der aufrechten Ehrlichkeit eines Mannes wie Lord Halifax, ist er überzeugt. Auch die deutsche Öffentlichkeit habe den Besuch als ein Beispiel des guten Willens der Briten gegenüber Deutschland angesehen. Allerdings zeige das offizielle Deutschland die Neigung, sich zurückzulehnen und zu warten. Trotzdem glaubt er an eine Wende zum Besseren. Halifax selber ist etwas zurückhaltender in seinem Urteil: Den politischen Wert des Gesprächs mit Hitler veranschlagt er als nicht »sehr hoch«, aber es sei allemal gut, Kontakt geknüpft zu haben:

> »Er will freundliche Beziehungen mit uns, fühlt sich in einer starken Position und will uns nicht hinterher laufen. Er hat mir nicht den Eindruck vermittelt, mit uns über die Kolonien Krieg führen zu wollen; aber wenn wir ihm dabei nicht entgegenkommen, wären gute Beziehungen zwischen uns nicht möglich.«

Vor allem beklagt Halifax, dass man nicht dieselbe »Sprache« spreche. Mit den Mitteln des Völkerbundes kommen wir Briten nicht weiter, meint er, denn eine friedliche Revision von Versailles unter Zustimmung aller sei unmöglich, da jedes Mitgliedsland von den anderen verlange, den deutschen Forderungen zu entsprechen. Erfolg würden wir nur haben, meint er, wenn wir konkrete Vorschläge zur Lösung der Kolonialfrage machen: »Ich bezweifle, dass es einen anderen praktischen Weg gibt, einen Wandel in den britisch-deutschen Beziehungen herbeizuführen.« Er rät von dem »Handel« ab, auf Kolonien zu verzichten und dafür »freie Hand in Europa« zu gewähren. Stattdessen macht er den Vorschlag, als Preis für die Überlassung von Kolonien die Zusage zu verlangen, ein »guter Europäer« zu werden, gemeint: eine Rückkehr Deutschlands in den Völkerbund.[13]

Ganz anders die andere Seite: Goebbels, der zunächst sehr angetan war (»Nun werden die Verhältnisse besser und wir bekommen auch Kolonien«), erfährt einige Tage später von Hitler, wie der seinen Gast erlebt hat. Für den misstrauischen Hitler steht fest, dass Halifax ihn »heraus locken« wollte. Das sei ihm aber misslungen, denn er habe wenig gesprochen, keine demonstrativen Forderungen erhoben und dem Briten die Vorhand gelassen: »Nun wissen die Engländer nicht wohin.« Zu einigen Punkten erklärt sich Hitler Goebbels gegenüber sehr deutlich: Rückkehr in den Völkerbund? »Das kommt nicht in Frage!« – Entgegenkommen in Mitteleuropa? »Mitteleuropa geht England nichts an!« – Lösung der Danzig-Frage? »Was bekümmert das London!« Hitler erklärt Goebbels die politischen Ziele der Briten. »Sie wollen uns mit kleinen Zugeständnissen in den Völkerbund und zur Abrüstung bringen – das wird ihnen nicht gelingen. Unser Prinzip heißt: immer stärker werden.«[14]

Zwischen Hitler und Halifax hatte der deutsche Außenminister Neurath gesessen. Auch in der Beurteilung des Gesprächs befindet er sich in der Mitte, wie aus seinem Bericht an die deutschen Botschafter in Rom, London, Paris und Washington hervorgeht: Keine konkreten Ergebnisse und keine neuen Gesichtspunkte, aber insgesamt ein »förderliches und erfreuliches Ereignis«, das einen »Ansatz für Fortschritt europäischer Politik bilden kann«. Er zählt die verschiedenen Themen auf und stellt die beiden Positionen dar; auf vieles, vermerkt er, sei nicht näher eingegangen worden. Einen besonderen Wert habe Halifax aber auf »mögliche Erörterungen zwischen den vier westlichen Großmächten« gelegt: Sie müssten »gemeinsam die Grundlage schaffen, auf der ein dauernder europäischer Frieden errichtet werden könne«. Auch Neurath erscheint der Ausblick auf Viermächte-Gespräche zur Verständigung zwischen Deutschland, Italien, Großbritannien und Frankreich als »befriedigend«.[15]

Zur Klarheit in Berlin und London über die Interessen und nächsten Schritte der jeweils anderen Seite hat der Besuch nicht geführt. Dazu passt die Geheimhaltung, die weiter betrieben wird und die die Spekulationen ins Kraut schießen lässt. Diesmal ist es der *Manchester Guardian*, ein kleines, aber einflussreiches Provinzblatt, wohl aus denselben Quellen gespeist wie der *Evening Standard*, der einen Kuhhandel unterstellt: Deutschland sei zur Rückkehr in den Völkerbund bereit, wenn Großbritannien einer größeren Selbstbestimmung der Sudetendeutschen in der Tschechoslowakei zustimme und dem unabhängigen Österreich seine Unterstützung entziehe. Ein »Gangster-Angebot« meint das Wochenblatt *New Statesman and Nation*.

Natürlich verwahren sich Chamberlain im Unterhaus und Hitler in seiner *Parteikorrespondenz* gegen diese »unverantwortliche Spekulation« und »unverschämte Verleumdung«. Der Herausgeber der *Times*, Geoffrey Dawson, inspiriert von seinen Jagdfreunden Chamberlain und Halifax, rechtfertigt die Gesprächsdiplomatie in einem Leitartikel unter der Überschrift: »The Way of Appeasement« und gibt dieser Politik damit einen klingenden Namen: Man wolle auf der Suche nach Möglichkeiten der Entspannung, der Verständigung, der Annäherung, des Ausgleichs zusammen kommen.[16]

In einem Brief an seine Schwester entwickelt Chamberlain Ziele und Methoden seiner Politik ganz unverblümt. Der Besuch habe eine gute Grundlage für Gespräche geschaffen, meint er, um Europa den Frieden zu erhalten. Die »Widerborstigkeit« der Probleme sieht er klar: Natürlich, schreibt er, wollen die Deutschen Osteuropa beherrschen, wollen sie so enge Beziehungen wie möglich zu Österreich und die Gleichberechtigung für die Sudetendeutschen in der Tschechoslowakei. Aber, fügt er hinzu: »Hitler und Göring haben nachdrücklich erklärt, dass sie keinen Krieg führen wollen, und ich denke, wir können dem vertrauen, zumindest gegenwärtig.« Er sucht nach einem Weg für eine Abmachung mit Deutschland: »Sagt uns verbindlich zu, dass ihr bei den Verhandlungen mit Österreich und der Tschechoslowakei keine Gewalt anwendet – und wir geben euch die gleiche Zusage, dass wir keine Gewalt zur Verhinderung der von euch gewünschten Veränderungen anwenden werden, wenn ihr sie auf friedlichem Wege erreichen könnt.«[17] Woher Chamberlain seine Zuversicht nimmt, dass sich Hitler der britischen Ordnungsmacht unterwerfen würde, teilt er nicht mit.

Die Politiker in den betroffenen Hauptstädten Wien und Prag sind durch die Geheimniskrämerei alarmiert. Der österreichische Gesandte in London meldet seinem Außenminister Guido Schmidt, dass es in der britischen Bevölkerung eine weitverbreitete »fanatische Abneigung gegen jeden Krieg« gebe und man es für Wahnsinn halte, sich auf dem Kontinent einzumischen: Mit dem Anschluss Österreichs an Deutschland wolle Großbritannien nichts zu tun haben.

Auch die tschechoslowakischen Gesandtschaften sind auf Vermutungen angewiesen: Sie befürchten, dass ihnen die Briten eine »Überraschung bereiten« könnten, aber vertrauen darauf, dass Frankreich ihrem Land »Waffenhilfe« leisten würde: »Hinter unseren Befestigungsanlagen, die besser als die Maginotlinie sind, können wir zwei Monate lang einem deutschen Angriff Widerstand leisten.«[18]

Diese Gefühle der Unsicherheit über die Halifax-Mission rufen nach einer klaren Stellungnahme Großbritanniens und Frankreichs zur künftigen Politik in Europa: Auf Einladung Chamberlains und Edens kommen Ministerpräsident Camille Chautemps und Außenminister Yvon Delbos sowie Luftfahrtminister Pierre Cot am 29. und 30. November 1937 nach London. Im offiziellen Kommuniqué wird die breite Übereinstimmung zwischen beiden Ländern beschworen. Weiter heißt es, dass »beide Regierungen ein gemeinsames Interesse an der Aufrechterhaltung friedlicher Zustände (in der französischen Fassung: ›der Ruhe‹)« in Mittel- und Osteuropa haben.

Nein, beruhigend kann diese Formulierung auf die Länder dieser Region nicht wirken, noch weniger, wenn sie wüssten, wie tatsächlich über sie gesprochen wurde: Für seine geplante Reise durch die Hauptstädte der östlichen Verbündeten Frankreichs wird Delbos gebeten, in Prag bei Präsident Beneš vorzufühlen, zu welchen Zugeständnissen er gegenüber den Sudetendeutschen bereit wäre. Chamberlain fragt Delbos direkt: »Sehen Sie einen Weg, die deutsche Ausdehnung in Mitteleuropa ohne Gewaltanwendung zu verhindern?« Und Delbos antwortet: »Wenn Großbritannien und Frankreich ihren Willen zeigen, die Achtung vor dem Recht zu verlangen, würde dies Deutschland zur Vernunft bringen.« Auf bohrende Nachfragen muss Cot allerdings eingestehen, dass es mit seiner Macht, diesen Willen zu bekräftigen, schlecht bestellt sei: Vor allem bei der Flugzeugproduktion hinke man gegenüber den Briten beträchtlich zurück, die monatlich fünfmal mehr Flugzeuge herstellen als die Franzosen.

Bei einem anderen Problem, der Kolonialfrage, lässt das Kommuniqué sogar deutliche Differenzen erkennen: Dieses Thema, so heißt es, verlange noch viele umfangreiche Untersuchungen. Tatsächlich zeigt sich keine Seite geneigt, ehemalige deutsche Kolonien zurückzugeben; Vorschläge, Deutschland mit belgischen und portugiesischen Kolonialgebieten für eine europäische Annäherung zu ködern, werden nicht weiter erörtert. Mit keinem Wort wird der für das französische Sicherheitsgefühl so bedeutsame Völkerbund erwähnt. Dass keine konkreten Pläne für eine »Gesamtregelung« beraten wurden, lässt auch die Schlussformulierung erkennen: »Wir bekräftigen den Wunsch unserer Regierungen, mit allen Ländern an der allgemeinen Aufgabe zusammenzuarbeiten, die internationale Verständigung durch friedliche

Verhandlungen zu fördern.« Briten und Franzosen wissen nicht weiter und machen sich weiter Sorgen: In London wird an der Bereitschaft Frankreichs gezweifelt, Krieg zu führen, in Paris wird an Chamberlains Mut gezweifelt, Deutschland und Italien ihre Grenzen zu zeigen.[19]

Große Enttäuschung über den Halifax-Besuch bei Hitler und das Spitzentreffen in London wird besonders in der oppositionellen deutschen Arbeiterschaft empfunden, wie sich der Exilvorstand der SPD in Prag Anfang Dezember 1937 berichten lässt: Es herrsche der Eindruck vor, dass niemand ernsthaft bereit sei, Hitler in den Arm zu fallen. Man habe gehofft, dass »das System von außen her einen Stoß erhalten könnte« und bedauere nun, dass der »erhoffte oder zumindest erwartete Krieg« ausbleibe.

Auch in Moskau verstärkt sich das Misstrauen gegenüber den Westmächten: Wir müssen befürchten, heißt es in einem Beschluss des Politbüros der KPdSU, dass »die britische Politik die Gelegenheit ergriffen hat, Hitler kleine Länder in Mittel- und Osteuropa preiszugeben und der deutschen Vorherrschaft in dieser Region freie Bahn zu öffnen, und wir müssen uns unmittelbar bedroht fühlen«. Enttäuscht sind Stalin und seine Umgebung auch über Frankreich und die Tschechoslowakei, die direkten Gesprächen mit Moskau aus dem Weg gehen.[20] Fragt man sich in Moskau, ob sich Europas vier Großmächte schon auf einen Krieg gegen den gemeinsamen Feind, die bolschewistische Sowjetunion einstellen?

Steht wie in Ostasien der Krieg nun in Europa für 1938 auf der Tagesordnung? Die drei Stabschefs der britischen Streitkräfte legen Mitte November 1937 ein Gutachten vor, in dem die europäischen Großmächte in Hinblick auf ihre militärische Stärke und ihre Bereitschaft zum Krieg verglichen werden. Sie halten es für unwahrscheinlich, dass sich Deutschland und Italien Anfang 1938 auf einen Krieg einlassen würden. Sie betonen aber auch, wie unzureichend im Augenblick die Fähigkeit zur Verteidigung des britischen Weltreichs von Westeuropa über das Mittelmeer bis zum Fernen Osten entwickelt ist: »Wir können nicht vorhersehen, wann wir stark genug sind, unser Heimatland, unseren Welthandel und unsere Lebensinteressen gleichzeitig gegen Deutschland, Italien und Japan zu verteidigen.« Die Stabschefs empfehlen daher dringend, nichts unversucht zu lassen, die »Zahl unserer möglichen Feinde zu verringern und die Unterstützung möglicher Verbündeter zu erreichen«.[21]

Leichter gesagt, als getan. Aus britischer Sicht entwickelt sich die Weltlage im letzten Monat des Jahres 1937 ungünstig. Am 11. Dezember erklärt Mussolini Italiens Austritt aus dem Völkerbund: »Wir verlassen den baufälligen Tempel, wo man nicht für den Frieden arbeitet, sondern den Krieg vorbereitet.« Hitler lässt umgehend bekräftigen, dass Deutschland nie wieder in den »Rumpfbund« der Genfer Liga zurückkehren werde.

Zwei Tage später fällt die Hauptstadt Nanking in die Hände der japanischen Truppen unter General Matsui: Tschiang Kaischek war »gebrochenen Herzens« weiter nach Osten geflohen, die Verteidigung »bis zum letzten Blutstropfen« zusammengebrochen, die frühere Millionenstadt zerbombt. Trotz der Einrichtung einer Internationalen Sicherheitszone durch eine Gruppe von Ausländern unter Führung des deutschen Siemensvertreters John Rabe toben sich japanische Soldaten an den zurückgebliebenen 200 000 Bewohnern aus: Massenhaft werden chinesische Soldaten erschossen, Zivilisten abgeschlachtet, Frauen vergewaltigt, Geschäfte und Wohnungen geplündert und niedergebrannt.[22]

Richtige Empörung kommt in London und Washington auf, als die Japaner bei der Eroberung Nankings versehentlich auch ausländische Kanonenboote auf dem Jangtse-Fluss angreifen: Die britische *Ladybird* wird mit Kanonen beschossen und schwer getroffen, die US-amerikanische *Panay* mit Botschaftspersonal an Bord bombardiert und auf Grund gesetzt; je ein Seemann kommt dabei ums Leben. Welch eine Gelegenheit, einem aggressiven Staat die Grenzen seiner Macht zu zeigen, dessen Militärs die Parole ausgeben: »Nieder mit Großbritannien!« Hatte man nicht schon immer mit Blick auf den Globus befürchtet, dass Japan eines Tages über die britischen Stützpunkte Hongkong und Singapur Australien und Neuseeland erobern sowie über die US-amerikanischen Stützpunkte auf den Philippinen und auf Hawaii bis nach Panama vordringen könnte? In London schlägt Eden vor, einen Teil der Flotte als Drohgebärde nach Fernost zu entsenden; das 1000 Kilometer südlich von Nanking gelegene Hongkong soll zur Festung ausgebaut werden.

In Washington erwägt Roosevelt, über Japan eine Handelsblockade zu verhängen, die er »Quarantäne« nennen möchte. Aber er bleibt vorsichtig und lässt Chamberlain mitteilen, dass er die US-Pazifikflotte erst auslaufen lassen würde, wenn die Königliche Marine auf dem Weg nach Singapur sei. Davon hatte die britische Admiralität aber dringend abgeraten: Dann könnte die Hauptschlagader des britischen Handels durch das Mittelmeer nach Indien und Australien von Italien bedroht werden. So begnügt sich London wie schon zuvor Washington mit einer Entschuldigung und Entschädigung aus Tokio.[23]

Während Großbritannien und die USA sich nicht in der Lage sehen, ihre Stärke in Ostasien zu demonstrieren, setzen deutsche Diplomaten ihre Anfang November begonnenen und dann abgebrochenen »Briefträgerdienste« zwischen den beiden Kriegsparteien fort. Die japanischen Friedensbedingungen haben sich nach der Eroberung Nankings allerdings verschärft. Botschafter Dirksen in Tokio und Botschafter Trautmann in Nanking bzw. Hankow versuchen Ende Dezember 1937 ihre Gesprächspartner zu Kompromissen zu bewegen. Ihr Hauptargument: Durch die Fortsetzung des Konfliktes würde nur die Sowjetunion gewinnen, in der China den letzten Rettungsanker sehe und der gegenüber Japan sich durch einen langen Abnutzungskrieg schwäche. Der chinesische Ministerpräsident Kung, der im Juni 1937 Hitler auf dem Obersalzberg einen Besuch abgestattet hatte, schlägt sogar vor, dass der »Führer und Reichskanzler« einen persönlichen Appell zur Mäßigung an beide Seiten richten möge. Doch Tschiang bleibt bei seinen Aufrufen: »Bewaffneter Widerstand bis zum Äußersten, um Chinas Endsieg zu sichern.«

In Tokio kommt nach 24 Jahren am 11. Januar 1938 zum ersten Mal wieder ein Geheimer Reichsrat unter Kaiser Hirohito zusammen und verlangt von der chinesischen Regierung ultimativ die Annahme der japanischen Friedensbedingungen. Nach ihrer Ablehnung werden die diplomatischen Beziehungen abgebrochen und verstärken sich die Kämpfe wieder, in offenen Schlachten und in zermürbenden Kleinkriegen. Die deutsche Vermittlungsaktion ist ein »Fehlschlag«. Deutschland, Großbritannien und die USA bleiben »neutrale Zuschauer« im ostasiatischen Erschöpfungskrieg und hoffen auf Handel wie Geschäft mit beiden Seiten. Während Hitler langfristig auf einen japanischen und Roosevelt auf einen chinesischen Sieg setzt, macht man sich in London Sorge um die Verwundbarkeit des britischen Weltreichs: »Wenn wir eine Flotte in den Fernen Osten schicken müssen, würden wir in Europa so schwach sein, dass wir für Erpressung oder Schlimmeres anfällig wären«, bemerkt der Stabschef der Königlichen Marine, Admiral Chatfield.[24]

Dahinter steckt die stille Erwartung, die USA sollten Großbritannien die Bürde abnehmen, den europäischen Kolonialbesitz in Ostasien vor japanischen Angriffen zu schützen. Sollen amerikanische Soldaten das in Seenot geratene britische Weltreich wieder wie bereits im Weltkrieg retten? fragt eine kritische Stimme in den USA in einem Bestseller mit dem anklagenden Titel: »England erwartet von jedem Amerikaner, seine Pflicht zu tun«. – US-Präsident Roosevelt hält sich nach der schlechten Erfahrung mit der Reaktion auf seine Rede in Chicago tatsächlich bedeckt. In seiner Rede an die Nation am 3. Januar 1938 weist er zwar auf die weltweiten Spannungen hin, die sich auch auf die USA auswirken, begnügt sich aber mit der Forderung nach »angemessener Stärke für die Selbstverteidigung«.

Weit mehr als der Weltlage widmet Roosevelt sich der wirtschaftlichen Notlage in den USA: Die Zahl der Arbeitslosen liegt schon fast wieder so hoch wie auf dem Höhepunkt der Weltwirtschaftskrise 1932. Was dagegen getan werden soll, will ein Journalist im Weißen Haus wissen: Steigerung der staatlichen Ausgaben, heißt es. Und wofür? Schlachtschiffe! Und wozu? Es wird Krieg mit den Japanern geben. – Ende Januar 1938 legt Roosevelt als Oberbefehlshaber der Armee und der Marine dem Kongress einen Budgetplan vor, der eine beträchtliche Steigerung der Rüstungsausgaben vorsieht, allein weitere 20 Prozent mehr für den Bau von Schlachtschiffen und Kreuzern, um »mögliche Feinde von beiden Seiten unseres Kontinents Hunderte von Meilen fernzuhalten«. Roosevelt stellt nicht die Gedanken seiner Quarantäne-Rede, sondern die Notwendigkeit der Selbstverteidigung in den Vordergrund.[25]

Chamberlain will sich daher, anders als Politiker der Labour-Opposition, sein innerparteilicher Gegner Winston Churchill und sein Außenminister Eden, die im Falle eines Krieges fest mit der Hilfe der USA rechnen, nicht auf die Vettern jenseits des Atlantik verlassen: Mehr als schöne Worte seien von ihnen nicht zu erwarten, meint er. Um deutlich zu machen, wie schwierig es sei, die US-Amerikaner zu einer gemeinsamen Aktion »aufzumuntern«, schreibt er seiner Schwester am 9. Januar 1938, er wünsche sich fast, dass die »Japs einen oder zwei Amerikaner verprügeln; aber dafür sind die kleinen T..f.l viel zu schlau«. So lässt er sich nicht durch den von Roosevelt wieder aufgewärmten Vorschlag für eine »Weltfriedenskonferenz« in Washington verwirren, sondern setzt seine Hoffnungen auf weitere Gespräche mit Hitler und Mussolini, um den britischen Rücken auf dem europäischen Kontinent frei zu halten. Vor allem die Deutschen will er mit dem Angebot eines Kolonialgebiets auf Kosten Belgiens und Portugals in Zentralafrika ködern: Sie sollen dafür zusagen, dass sie die Grenzen in Mittel- und Osteuropa nicht mit Gewalt und gegen den Willen der Bevölkerung ändern werden. So richtig begeistert zeigt sich am 24. Januar sein Kabinett nicht über diesen Plan; vor allem Außenminister Eden macht Gegenvorschläge.[26]

Nach außen hin gibt sich Hitler zu Beginn des Jahres 1938 beim Empfang des Diplomatischen Korps in der Berliner Reichskanzlei am 11. Januar ausgesprochen friedfertig: »Die deutsche Volks- und Staatsführung«, hebt er in seiner Ansprache hervor, »sieht vertrauensvoll einer aufrichtigen Völkerverständigung entgegen.« Er wünsche sich eine »wirklich gegenseitige Rücksichtnahme und einen tatsächlichen Frieden des Rechts und des Vertrauens«. Dabei bezieht er sich auf sein Gespräch mit Halifax und folgt dem Ratschlag seines Botschafters in London, Ribbentrop, »nach außen weiter

Verständigung mit England« zu suchen. Tatsächlich halten beide eine Verständigung mit Großbritannien für »sehr schwierig«: »Ein klares englisches Zugeständnis in der österreichisch-tschechischen Frage in unserem Sinne könnte luftreinigend für Europa wirken«, meint Ribbentrop, »aber ich halte eine solche Wendung für unwahrscheinlich.« Großbritannien, stellt er in seiner Notiz für Hitler vom 2. Januar fest, »will kein übermächtiges Deutschland in seiner Nähe, das eine ständige Bedrohung seiner Inseln wäre«. Selbst frühere Freunde Deutschlands wie Lord Londonderry sprechen sich nun (wie aus einem beigefügten Brief hervorgeht) für die weitere britische Aufrüstung aus, um »dem deutschen Anspruch auf Hegemonie entgegenzutreten«. Abschließend empfiehlt Ribbentrop Hitler, mit Italien und Japan sowie anderen Staaten ein festes Bündnis gegen Großbritannien zu schmieden und sich auf einen »harten und scharfen Gegner in diesem diplomatischen Spiel« einzustellen.[27]

Wer das Zeitgeschehen nur aus den Zeitungen kennt, merkt nicht, wie es hinter den Kulissen der Macht rumort, und verlässt sich gern auf die öffentlich geäußerten Beruhigungen der Politiker. Das gilt vor allem für die kleineren Länder, deren Existenz von der Aufrechterhaltung des bestehenden Zustandes abhängt. Der tschechoslowakische Staatspräsident Beneš etwa vermittelt in seiner Weihnachtsbotschaft für 1938 den Eindruck, dass die »Gefahr eines allgemeinen europäischen Krieges wieder geringer geworden« sei, und kündigt »ein Jahr des weiteren Ausgleichs der Gegensätze« an, denn beim »gegenwärtigen (Gleich-)Stand der Kräfte würde ein europäischer Krieg keine Lösung bringen«. Auch der österreichische Bundeskanzler Kurt Schuschnigg verbreitet in einem Interview mit der britischen Zeitung *Daily Telegraph* Optimismus. Er sei für den Status quo, bekräftigt er: »Wir fahren fort, dem deutschen Volke als Ganzem große Dienste zu leisten, aber nicht durch den Anschluss, durch den Österreich ein zweites Bayern werden würde, sondern als selbständiger Staat.« Der österreichische Außenminister Schmidt sieht Europa sogar »auf der Suche nach dauerhafteren Friedensgarantien«.[28]

Wie soll das geteilte Europa diesen Frieden finden?

10. KAPITEL

Das Dritte Reich schluckt das Dritte Österreich (Februar – April 1938)

Sonntagmorgen, 13. Februar 1938 kurz vor 8 Uhr: Ein Sonderzug aus Salzburg trifft im Wiener Westbahnhof ein. Die Türen öffnen sich: Es steigen aus der österreichische Bundeskanzler Kurt Schuschnigg, sein Staatssekretär für auswärtige Fragen Guido Schmidt sowie der deutsche Botschafter Franz von Papen. Vorausgeeilt ist ihnen eine Sensationsmeldung, die bereits die Titelseiten der Sonntagszeitungen nicht nur in der österreichischen Hauptstadt beherrscht: »Begegnung Dr. Schuschnigg-Hitler in Berchtesgaden«.

Klammheimlich hatte sich Schuschnigg am Freitagabend nach einem Staatsball in der Wiener Hofburg auf die Reise gemacht, vorgeblich zu einem Skiausflug in die Tiroler Berge. Nur wenigen hatte er anvertraut, dass er einer von Papen kurz zuvor überbrachten Einladung Hitlers Folge leisten wollte. Einem hatte er gestanden: »Es wird die schwerste Stunde meines Lebens sein.« Tatsächlich hatte sich die erste Begegnung der beiden Regierungschefs am folgenden Tag elf Stunden hingezogen. Schuschnigg kehrte noch hoffnungsärmer nach Wien zurück als er nach Berchtesgaden gefahren war.[1]

Das Treffen in Berchtesgaden

Von Salzburg nach Berchtesgaden sind es mit dem Auto nur 20 Kilometer: Der 12. Februar ist ein trüber, feuchter, kalter Spätwintertag, überall liegt Schnee, ein Raupenschlepper wird für die letzte Strecke zum Berghof genutzt, wo Schuschnigg und Schmidt am Fuß der Treppe von Hitler und nach Deutschland geflohenen Österreichern in SS-Uniform begrüßt werden. Erst eine kurze Besichtigung der Alpenresidenz, dann ziehen sich die beiden Österreicher in eine Sitzecke des Arbeitszimmers zu einem Vier-Augen-Gespräch zurück. Es werden keine freundlichen Artigkeiten, nur gegenseitige Vorwürfe ausgetauscht. Nach zwei Stunden fragt Schuschnigg fast ungeduldig: »Herr Reichskanzler, welches sind Ihre konkreten

Wünsche?« Hitlers Antwort: »Darüber können wir uns am Nachmittag unterhalten« erfreut den leidenschaftlichen Kettenraucher, der sich endlich eine Zigarette anzünden kann. Der drohende Unterton, mit dem der leidenschaftliche Nichtraucher das gestattet, zeigt, dass Hitler entschlossen scheint, die »Österreichfrage noch an diesem Tag zu entscheiden, ›so oder so‹«, wie Schuschnigg erkennt.

Nach dem gemeinsamen Mittagessen mit belanglosen Tischgesprächen geht es zur Sache. Hitler überlässt es seinem neuen Außenminister Joachim von Ribbentrop, Schuschnigg ein Papier »zur sofortigen Unterzeichnung« vorzulegen. Es enthält zehn Forderungen an Österreich (Aufnahme von Nationalsozialisten in die Regierung und engere Zusammenarbeit in außenpolitischen, militärischen sowie wirtschaftlichen Fragen) und ein deutsches Zugeständnis, die Bereitschaft, sich nicht in innerösterreichische Verhältnisse einzumischen. Schuschnigg und Schmidt sind erschüttert: Das sei nichts anderes als der verschleierte Anschluss des kleinen Österreichs an das große Deutsche Reich.

Es gelingt, einige Punkte zu ändern, bis Hitler mit langen Schritten den Raum betritt: »Verhandelt wird nicht!« Hitler wendet sein nächstes Druckmittel an: Wie um mit seiner militärischen Macht zu winken, begibt er sich mit drei wartenden Generälen in ein Nebenzimmer und fertigt Schuschnigg ab: »Ich werde Sie dann rufen lassen.« – Immerhin gelingt es Schuschnigg, sich drei Tage Bedenkzeit auszubedingen, um bei seinem Kabinett und Bundespräsident Wilhelm Miklas die erforderliche Zustimmung einzuholen. Die beiden Männer aus Wien beugen sich dem Druck, als ihnen Hitler nach einer halben Stunde Wartezeit verordnet: »Es ist der allerletzte Versuch! Innerhalb von drei Tagen erwarte ich die Durchführung!«

Während das Sekretariat die Reinschrift der Übereinkunft anfertigt, entspannt sich die Stimmung. Hitler zeigt sich zufrieden: »Für die nächsten Jahre sind die österreichisch-deutschen Beziehungen nun geregelt – nach fünf Jahren sieht die Welt wieder anders aus.« Schuschnigg erinnert sich noch an eine abschließende Frage: »Glauben Sie an eine friedliche Entwicklung in der Welt?« – »Wenn man mir folgen würde, wäre Frieden möglich; aber man folgt mir ja nicht«, antwortet Hitler, »ich hätte der Welt gerne einen neuen Weltkrieg erspart.«[2]

Nach den Unterschriften noch ein knappes nichtssagendes Kommuniqué für die Presse, Dank für das Abendessen und gegen 22 Uhr Abschied zur Rückfahrt nach Salzburg, wo sich Schuschniggs Mann für die Propaganda, Hofrat Edmund Weber, schon große Sorgen um das lange Ausbleiben des Bundeskanzlers gemacht hat. Die *Amtliche Nachrichtenstelle* kann die beiden Sätze des Kommuniqués bei der telefonischen Durchgabe in die Hauptstadt immerhin so verpacken, dass in den Zeitungen die Spekulationen nicht ins Kraut schießen und eine eher zuversichtliche Stimmung verbreitet wird; nur der *Wiener Telegraph* wird wegen seiner »willkürlichen« Berichterstattung und »sensationellen Aufmachung« beschlagnahmt. Ein Witz kann sich in Wien allerdings ungehindert verbreiten: Als Schuschnigg Hitler fragt: »Was wollen Sie?« hebt der seine rechte Hand, streckt zwei Finger aus und ruft: »Österreich!«[3] (»Vaterländische« Österreicher begrüßen sich mit erhobenem rechten Arm und ausgestreckten Schwurfingern sowie dem Ruf: »Österreich!«)

Alle Welt weiß: Die Unabhängigkeit Österreichs steht auf dem Spiel. Der 40-jährige Schuschnigg setzt alles daran, sie zu erhalten. Er stammt aus einer alten österreichischen Offiziersfamilie, verbrachte seine Schulzeit auf einem Jesuiten-Internat in Vorarlberg, kämpfte als Freiwilliger im Weltkrieg an der italienischen Front, schloss das Jura-Studium mit einer Promotion ab und war als Rechtsanwalt tätig, wurde auf der Liste der Christlichsozialen Partei in das Parlament, den Nationalrat, gewählt und 1932 zum ersten Mal Minister. Ende Juli 1934 trat er die Nachfolge des bei einem vergeblichen Putsch österreichischer Nationalsozialisten erschossenen Engelbert Dollfuß als Bundeskanzler und als Führer der *Vaterländischen Front* an. Diese war im Herbst 1933 nach dem Verbot sämtlicher Parteien als Sammelbecken aller »aufrechten Österreicher« zur Förderung des österreichischen Patriotismus im Kampf gegen den deutschen Nationalsozialismus geschaffen worden, mit dem Kruckenkreuz als Symbol und dem Schlachtruf: »Heil Österreich!« Alle Beschäftigten im Öffentlichen Dienst hatten ihr beizutreten.

Nach dem 1918 untergegangenen Kaiserreich Österreich-Ungarn und der 1933 zu Grabe getragenen *Republik Österreich* sah Schuschnigg in dem von Dollfuß begründeten »sozialen christlichen Staat auf ständischer Grundlage« ein neues, ein »drittes Österreich« geboren, das »alle Denkenden und Vernünftigen ihr Vaterland nennen«. Anders als bei den ebenfalls 1934 niedergekämpften Sozialdemokraten und Kommunisten Österreichs, die in diesem System die »Vollendung des Austrofascismus« sahen, war es für Schuschnigg ausgemacht, dass die »Nationalsozialisten in Österreich uns als Feinde« gegenüberstehen. In einem vom britischen *Daily Telegraph* Anfang Januar 1938 veröffentlichen Interview hatte er es ausdrücklich abgelehnt, »jemals Vertreter der Nationalsozialisten in die Regierung aufzunehmen«.[4]

Sechs Wochen später hat er zugestimmt, dem seit Sommer 1933 verbotenen Nationalsozialismus einen größeren Einfluss auf die österreichische Politik einzuräumen. Folgerichtig erwägt der Bundeskanzler nun seinen

Rücktritt. Gleich nach seiner Rückkehr in Wien berät sich Schuschnigg mit Bundespräsident Miklas. Sie hoffen auf eine baldige »günstige Wendung der internationalen Lage«, entscheiden sich gegen einen Rücktritt und für die Durchführung der in Berchtesgaden unterzeichneten Vereinbarung. Ihr Ziel: Zeit gewinnen. Zur Beruhigung Hitlers wird sogar erwogen, seine Geburtsstadt Braunau an Deutschland abzutreten.[5]

Ist Österreich zu retten?

Zunächst erfolgt in Wien die Umbildung der Regierung, Unter den fünf neuen Ministern erregt der neue Innenminister die größte Aufmerksamkeit: Mit diesem Amt, das auch für die Polizei zuständig ist, wird der 45-jährige Rechtsanwalt Arthur Seyß-Inquart betraut, der, wie es in den österreichischen Zeitungen heißt, »dem Bundeskanzler seit langem durch persönliche Beziehungen verbunden« und als »Vertrauensmann der betont nationalen Kreise« berufen worden sei, eine vornehme Umschreibung für seine Mitgliedschaft in der verbotenen »Hitler-Bewegung«. Als erstes beschließt der neue Ministerrat eine allgemeine politische Amnestie: Insgesamt werden 700 politische Häftlinge aus Gefängnissen und Lagern entlassen, allerdings nicht nur Nationalsozialisten, sondern auch deren Gegner, Sozialdemokraten, Kommunisten und Monarchisten, denen so der Weg geebnet wird, künftig Schuschniggs Kampf für die österreichische Unabhängigkeit tatkräftig zu unterstützen. Das Ende 1933 in einer ehemaligen Munitionsfabrik eingerichtete Konzentrationslager Wöllersdorf bei Wiener Neustadt, in dem zeitweise Tausende von politischen Gegnern inhaftiert waren, wird jedoch nicht aufgelöst.

Nicht gemeldet wird, wie viele Studenten und Schüler, die wegen »verbotener politischer Betätigung« der Universität und der Schule verwiesen worden waren, wieder zugelassen werden. Während in Stadt und Land viele Österreicher einen »deutschen Frühling« erhoffen, ihre versteckten Hakenkreuz-Abzeichen hervorholen und anstecken und den rechten Arm zum *Deutschen Gruß* erheben, treffen sich im roten Wien Vertreter der verbotenen Arbeiterparteien und Gewerkschaften in ihren Versammlungslokalen und beraten über ihre künftige Haltung zur Schuschnigg-Regierung; es gibt sogar Gerüchte über die Bildung einer *Volksfront*-Regierung unter dem Wiener Bürgermeister Richard Schmitz.[6]

Schuschniggs Hoffnung richtet sich auf das Ausland: Dort sieht er die einzige Chance zur Rettung Österreichs. In chiffrierten Telegrammen an die österreichischen Gesandtschaften gehen am 15. Februar die Hilferufe an die Großmächte: Außenminister Schmidt bekräftigt dabei den Willen, an der »Unantastbarkeit der österreichischen Unabhängigkeit und der Monopolstellung der Vaterländischen Front« festzuhalten. Besonders deutlich wird Schuschnigg im Gespräch mit Frankreichs Gesandten in Wien, Gabriel Puaux: Die französische und die britische Regierung sollten sich mit Mussolini über die Verteidigung der österreichischen Unabhängigkeit durch eine »energische gemeinsame Aktion« verständigen. Man zeigt sich in Paris daran interessiert, den bestehenden Gleichgewichtszustand in Europa zu erhalten, wolle dafür aber nur »den Säbel ziehen«, wenn London mitmache. Paris warnt London: »Wenn Österreich geschluckt wird, ist die deutsche Vormacht in Europa sicher, und dann werden Großbritannien und Frankreich tatsächlich Mächte zweiter Klasse werden.«

Die britische Regierung will aber nicht einmal mit dem Säbel rasseln, obwohl in der Presse das »Ende der österreichischen Unabhängigkeit« befürchtet wird. Außenminister Anthony Eden resigniert im Kabinett: »Ich bin nicht in der Lage, Widerstandsmaßnahmen vorzuschlagen, die wir tatsächlich nicht umsetzen können.« Sein Staatssekretär Alexander Cadogan hält in seinem Tagebuch sogar fest: »Ich persönlich wünsche fast, dass Deutschland Österreich schluckt. Ich hätte nichts dagegen, wenn Österreich gleichgeschaltet (so wörtlich) wird.« Auch in London setzt man auf Zeitgewinn: »Abwarten und vor allem aufrüsten«, lautet das Motto.[7]

Könnte nicht wenigstens Italien aktiv werden, bedrängt Premier Neville Chamberlain Mussolinis Botschafter Dino Grandi in London und erhält zur Antwort: »Ich weigere mich, das Problem Österreich zu diskutieren.« Rom hüllt sich auch weiterhin in Schweigen. Nach seinem Deutschland-Besuch im September 1937 war Mussolini von den Manövern so beeindruckt, vermutet der österreichische Militärattaché in Rom, dass er den Gedanken einer Hilfe für Österreich aufgegeben habe. Was Schuschnigg von George Messersmith aus dem US-Außenministerium in Washington erreicht, kann er ebenfalls nicht als kräftige Unterstützung verstehen: »Der Präsident (Roosevelt) steht hinter Ihnen – halten Sie durch!«

Die gleiche Haltung in Moskau: Die Regierungszeitung *Iswestija* sieht mit dem Vordringen Hitlers in Österreich und auf dem Balkan vor allem die Interessen der Briten und Franzosen im Mittelmeer und im Nahen Osten bedroht. Das einzige Angebot zur Unterstützung kommt aus Prag: Im Gespräch mit dem österreichischen Gesandten ist der tschechoslowakische Präsident Eduard Beneš sicher, dass die Westmächte ein gewaltsames Vorgehen Deutschlands »nicht ruhig hinnehmen« würden; weil sein Land mit dem Anschluss Österreichs in eine »sehr gefährliche Situation« gerate, sei es zu einem »gemeinsamen Abwehrwillen« bereit.[8] Aber würden die Österreicher ein Bündnis mit der ČSR gegen Deutschland akzeptieren?

Bundeskanzler Schuschnigg fühlt sich im Stich gelassen und ist der Verzweiflung nahe. Nach außen zeigt er Optimismus und kann doch das Entstehen einer Panikstimmung in Österreich nicht verhindern. Als erstes beginnt das mobile Kapital mit der Flucht ins Ausland. Da meldet sich einer, der sich für den Retter in der Not, für den »letzten Wall gegen ein Nazi-Regime« hält: Aus seinem Exil in Belgien schreibt der 25-jährige Erzherzog Otto von Habsburg, der älteste Sohn des letzten Kaisers, als »legitimer Erbe einer Dynastie und legitimer Kaiser Österreichs« einen langen Brief an Schuschnigg, mit dem er in den vergangenen Jahren mehrfach zusammengetroffen war. Er bietet seine Anhänger in Österreich (»Legitimisten«) als »Sicherung für die Unabhängigkeit der Heimat« an.

Tatsächlich spüren die Monarchisten Oberwasser: Fünf Wochen zuvor hatten sie bei 50 gut besuchten Versammlungen in ganz Österreich ihre Stärke unter Beweis gestellt. Man verstand sich als »Eiserne Garde der Unabhängigkeitspolitik«: »Wir wollen sein ein unabhängiges, ein christliches, ein soziales Volk von Österreichern, die sich die habsburgische Tradition nicht nehmen lassen«, verkündeten ihre Redner. Sie bekamen stürmischen Beifall und lang anhaltende Rufe zu hören: »Wir wollen den Kaiser!« Nein, schreibt der »legitime Kaiser« an Schuschnigg: »Ich verlange von Ihnen nicht die Wiederherstellung der Monarchie, ich fordere Sie nur auf, mir die Kanzlerschaft in Österreich zu übergeben.«

Doch bei den Monarchisten macht eine andere Hoffnung die Runde: »Unser Kaiser Otto hat gesagt: Wenn mein Reich den Nazis in die Hände fallen sollte, will ich vor Hitler in Wien sein.« Hatte Hitler schon solche Ahnungen, als er einem österreichischen Minister 1937 anvertraute:

> »Der junge Herr soll es nur versuchen. Ich würde sofort einrücken und ihn binnen 24 Stunden vertreiben. Und das Chaos in Österreich wäre so groß, dass mich die anderen Mächte, falls ich wieder abrücken wollte, bitten würden zu bleiben!«[9]

Was würden die misstrauischen Völker der Nachfolgestaaten des untergegangenen Kaiserreichs dazu sagen, dass im kleinen Restösterreich wieder jene Kräfte die Oberhand erhalten, die von der Wiederherstellung ihrer Macht im südosteuropäischen Donauraum träumen?

Schuschnigg lässt sich Zeit mit der Antwort an »Seine Majestät«. Er hält einen baldigen Umsturz in Deutschland nicht für ausgeschlossen. Tatsächlich kursieren nach der überraschenden Entlassung des Reichskriegsministers Werner von Blomberg sowie des Oberbefehlshabers des Heeres Werner von Fritsch Anfang Februar viele Gerüchte in der Weltpresse, dass Hitlers Stellung als Diktator erschüttert sei. Kein Geringerer als der ehemalige Reichskanzler Heinrich Brüning untermauert diese Gerüchte am 11. Februar im Weißen Haus gegenüber US-Präsident Roosevelt: Es gebe Unruhe unter den dem Kaiserreich nachtrauernden Offizieren, die Wirtschaft lahme, von den Arbeitern seien die 70 Prozent, die früher für Hitler waren, jetzt gegen ihn. Roosevelt hofft daraufhin auf einen Bruch in Deutschland. So ist es nicht verwunderlich, dass Schuschnigg sich ebenso einer Illusion hingibt: »Hitler ist auch nur ein Mensch und nicht unbestritten.«[10]

Da ist Österreichs neuer Innenminister Seyß-Inquart offensichtlich völlig anders: Er sieht es als seine Aufgabe, gemeinsam mit Deutschland »in Mitteleuropa, eine Rechts- und Friedensordnung vorzubereiten als Bündnis freier Völker und als Großwirtschaftsraum«. Er eilt gleich nach seiner Ernennung am 17. Februar nach Berlin. Dort macht er sich zunächst mit dem Reichsinnenminister Wilhelm Frick sowie mit dem *Reichsführer der SS*, Heinrich Himmler, der zugleich Chef der deutschen Polizei ist, bekannt und erhält wohl auch einige Ratschläge für sein neues Amt. Anschließend geht es in die Reichskanzlei, wo er Hitler mit den Worten begrüßt: »Führer des deutschen Volkes aus den Diskriminierungen der Friedensverträge«. Die beiden sitzen mehr als zwei Stunden zusammen und besprechen die weiteren Maßnahmen zur Umsetzung des Abkommens von Berchtesgaden. Mehr dringt nicht nach außen. Zum Abschied wünscht Hitler Seyß-Inquart »viel Erfolg«.[11]

Auf ganz Österreich lastet eine große Unsicherheit. Als Führer der *Vaterländischen Front* hat Schuschnigg seinen Anhängern zugemutet, ihre Gegner, die »illegalen« Nationalsozialisten, gleichberechtigt in ihren Reihen aufzunehmen. Es bleibt zwar weiterhin verboten, Abzeichen der NSDAP zu tragen, die Hakenkreuzfahne zu zeigen, die deutschen Nationalhymnen zu singen, »Heil Hitler!« zu rufen, Uniformen zu tragen. Zugleich aber weicht der *Frontführer* die Durchsetzung der Verbote auf: Wenn der Hitler-Gruß nicht demonstrativ gebraucht werde, solle die Polizei ihn stillschweigend dulden; aus »staatspolitischen Gründen« sollen die Teilnehmer an nationalsozialistischen Demonstrationen zunächst nur verwarnt und erst im Wiederholungsfall bestraft werden.[12] Welcher Gendarm soll sich da noch auskennen? Aber auch die bislang illegal tätigen Nationalsozialisten fühlen sich verunsichert: Sie haben mehr an »Freiheit« erwartet und sollen sich nun einer bislang bekämpften Institution unterordnen.

Das Rede-Duell Schuschnigg-Hitler

So kommt es, dass man in Österreich der für Sonntag, den 20. Februar, angekündigten Rede Hitlers vor dem Reichstag mit großer Spannung entgegensieht. Der sonst übliche Termin des 30. Januar für die Abgabe einer Regierungserklärung war wegen der Krise in der Wehrmachtsführung um drei Wochen verschoben worden. Die Hitler-Rede wird auch im österreichischen Rundfunk live übertragen. Was wird er zur Lage in Österreich sagen? In Wien ist zu beobachten, wie sich gegen Mittag die Straßen leeren. Wer keinen Radioapparat hat, sucht entsprechend ausgestattete Restaurants oder Kaffeehäuser auf oder sammelt sich vor Radiogeschäften mit großen Lautsprechern. Viele hören zum ersten Mal Hitlers Stimme. Sie müssen Geduld haben und fast drei Stunden warten, bevor Hitler auf Österreich zu sprechen kommt.[13]

Zum 5. Jahrestag seiner Machtübernahme liefert Hitler zunächst eine Erfolgsgeschichte der von ihm geführten Bewegung und Regierung. Unter stürmischem Beifall erklärt er: »Wenn Deutschland heute wirtschaftlich gerettet ist, dann verdankt dies das deutsche Volk nur seiner eigenen Führung und seiner eigenen Arbeit.« Mit fast endlosen Zahlenkolonnen unterstreicht er, dass die Deutschen »gegenüber den anderen Völkern der Welt nicht zweitklassig oder gar minderwertig sind, sondern diesen an allen wirklichen Werten unbedingt gleichkommen, im höchsten Sinne des Wortes also ebenbürtig und damit gleichberechtigt« seien. Differenzen zwischen der Wehrmacht und dem Nationalsozialismus bestreitet er unter jubelnden Zurufen: »Niemand an einer verantwortlichen Stelle in diesem Staat zweifelt daran, dass der autorisierte Führer dieses Reiches ich bin und dass mir die Nation das Mandat gegeben hat, sie überall und an jeder Stelle zu vertreten.«

Dann wendet er sich der internationalen Politik zu. Er geht ausführlich auf den Konflikt im Fernen Osten ein, hebt die Gemeinsamkeiten mit Japan und Italien im Kampf gegen das Vordringen des Bolschewismus in China und in Spanien hervor, sieht keine Streitpunkte mit Frankreich und Großbritannien, zeigt sich befriedigt über die Verständigung mit Polen. Erst ganz am Schluss ist Österreich an der Reihe. »Ich bin glücklich«, erklärt er im Reichstag, gemeinsam mit dem österreichischen Bundeskanzler

»eine Entspannung unserer Beziehungen dadurch herbeizuführen, dass dem nationalsozialistisch denkenden Teil des deutschösterreichischen Volkes im Rahmen der sonst gültigen Gesetze die gleichen Rechte gegeben werden, wie sie auch den anderen Staatsbürgern zustehen«.

Er bedankt sich ausdrücklich bei Schuschnigg für seine Bereitschaft zur »besseren Verständigung der beiden Staaten« und drückt unter stürmischen Bravorufen seine Hoffnung aus, dass »wir damit auch einen Beitrag zum europäischen Frieden geleistet haben«. Zum Schluss führt er noch die guten Beziehungen zu anderen Staaten an und betont die »herzliche Freundschaft« mit Ungarn, Bulgarien und Jugoslawien.

Auffällig ist die fehlende Erwähnung eines Nachbarlandes, der Tschechoslowakei. Hitler spricht sie an anderer Stelle nur indirekt im Zusammenhang mit dem behaupteten Schutzbedürfnis von zehn Millionen deutscher *Volksgenossen* jenseits der deutschen Grenzen an. Neben den 6,5 Millionen Bewohnern Österreichs zählt er offensichtlich auch die 3,5 Millionen Deutschen in den bergigen Randgebieten der ČSR dazu. Er hält es für »unerträglich«, dass ihnen »aus ihrer Sympathie mit dem Gesamtvolk fortgesetzt schweres Leid zugefügt« werde. Bei gutem Willen sei es möglich, einen Weg des Ausgleichs zu finden. Mit drohendem Unterton fügt er hinzu: »Wer aber eine solche Entspannung durch einen Ausgleich in Europa mit Gewalt zu verhindern versucht, der wird eines Tages die Gewalt zwangsläufig unter die Völker rufen!«

So zurückhaltend Hitlers Formulierungen auch gewesen sein mögen, so ermutigend wirken sie offenbar doch auf seine Anhänger in vielen Städten Österreichs. Nach Schluss der Rede strömen sie in Wien auf die Straßen, Tausende ziehen vor die deutsche Botschaft, singen das Deutschland- und das Horst-Wessel-Lied, heben die Hände und rufen: »Wir danken dem Führer für die Befreiung unserer Gefangenen!« Ein riesiger Zug marschiert in die innere Stadt, wo das deutsche Staatsoberhaupt bejubelt wird. Ohne Eingreifen der Polizei zerstreuen sich die Menschen.

Da die österreichischen Zeitungen ihre Berichterstattung zügeln, ist über weitere Demonstrationen etwa in Graz kein klares Bild zu gewinnen: Dort, erinnert sich ein 17-Jähriger, war ein Mann die Fassade des Rathauses hochgeklettert und hatte eine große Hakenkreuzfahne gehisst; Schüler ziehen durch die Straßen und rufen: »Wir gehen erst wieder zur Schule, wenn der Hitler-Gruß erlaubt ist.« Daraufhin werden Truppen in die Steiermark verlegt, auch eine Formation des wenige Monate zuvor gebildeten Sturmkorps, das trotz seiner dunkelblauen Uniformen, Schnürstiefeln und Sturmkappen an die deutsche SS erinnert. Der Bürgermeister wird entlassen, die Universität geschlossen.

Die internen Berichte aus der Provinz (»Bei uns ist das Dritte Reich ausgebrochen«) sind so alarmierend, dass der Bundeskanzler sofort ein allgemeines Versammlungsverbot für vier Wochen verfügt, von dem nur die *Vaterländische Front* ausgenommen ist. Außerdem lässt er seinen Innenminister Seyß-Inquart über den Rundfunk die Österreicher zur Ruhe ermahnen. Gleichzeitig kündigt er an, dass er am Abend des 24. Februar im Parlament seinen Rechenschaftsbericht ablegen werde. Zur Feier des Tages sollen überall rot-weiß-rote Fahnen aufgezogen werden. Für die Übertragung werden auf den Straßen sowie in Theatern, Kinos, Gaststätten und Betrieben Lautsprecher aufgestellt sowie Hörstuben mit Radioapparaten eingerichtet.[14]

Die Kulissen und der Ablauf des Schauspiels sind nach dem Grundsatz gestaltet: Anpassung Österreichs an das *Dritte Reich*: ja, Anschluss an das *Dritte Reich*: nein! – Das imposante Parlamentsgebäude aus der Kaiserzeit ist außen und innen mit den österreichischen Farben geschmückt, am Portal wie hinter der Präsidententribüne prangt neben dem Doppeladler das Kruckenkreuz; hinter dem mit roten und weißen Blumen geschmückten Rednerpult des Abgeordnetensaals steht die Führerstandarte der *Vaterländischen Front*. Die Logen für das Diplomatische Korps sind mit Kruckenkreuzfahnen verkleidet. Der 1930 zuletzt gewählte Nationalrat besteht bereits seit 1934 nicht mehr. An seine Stelle ist der Bundestag der Berufsstände getreten. Seine 59 entsandten Mitglieder füllen nur die ersten beiden Reihen. Dahinter ist viel Platz für Mitglieder anderer Verfassungsorgane, Amtswalter der *Vaterländischen Front*, hohe Beamte und die Chefredakteure der Wiener Zeitungen. Als der Bundeskanzler in der blauen Uniform des Obersten Korpsführers mit dem Kruckenkreuz über dem Herzen durch eine Seitentür den Saal betritt, wird er mit »Hoch Schuschnigg!« und »Heil Österreich!« begrüßt.

Auf der Tagesordnung steht nur ein Punkt: die Mobilisierung der Anhänger eines unabhängigen Vaterlandes, nach dem habsburgischen Kaiserreich und der demokratischen Republik das von Dollfuß geschaffene *Dritte Österreich* mit einer »autoritären Spitze der staatlichen Führung«. Wenn Schuschnigg das Gespräch mit Hitler in Berchtesgaden als einen »Markstein des Friedens« kennzeichnet, dann meint er, dass die »deutsche Reichsregierung die volle Souveränität des Bundesstaates Österreich anerkannt« habe. Er sieht durch das neue Abkommen die »Fundamente unseres staatlichen Aufbaus« nicht verändert, und betont, dass die Grenze des

Bundeskanzler Kurt Schuschnigg in der Uniform des Obersten Korpsführers der Vaterländischen Front spricht am 24. Februar 1938 unter dem Kruckenkreuz im österreichischen Bundestag

Entgegenkommens erreicht sei: »Bis hieher und nicht weiter.« Da er weiß, dass dem Patriotismus mit Schlagworten allein nicht gedient ist, trägt er Optimismus zur Schau und kündigt soziale Wohltaten an: Fahrpreisermäßigungen bei der Eisenbahn, Arbeitsbeschaffungsmaßnahmen, Förderung des Siedlungsbaus und des Fremdenverkehrs; dafür sollen die Straßen im ganzen Land vom Links- auf den Rechtsverkehr umgestellt werden.

Zum Schluss seiner Ansprache setzt Schuschnigg sich für den »inneren Frieden« ein. Er verlangt: Schluss mit dem politischen Machtkampf! Schluss mit den Forderungen aller Art! – Als seine Machtbasis betrachtet er die drei Millionen Mitglieder der *Vaterländischen Front*, die mit ihren Familien weit mehr als die Hälfte der Bevölkerung ausmachen: »Wenn die Stunde zu einer Entscheidung gekommen ist, dann wird die Front, darauf können Sie sich verlassen, in ihrer erdrückenden Mehrzahl kommen, darauf verlasse ich mich.« Mit diesen Worten ermutigt er nicht nur seine Zuhörer im Saal, sondern warnt auch Hitler.

Mit einer theatralischen Geste beendet der »kleine David im Kampf gegen den Riesen Goliath«, wie jemand frotzelt, seine Rede: »Weil wir entschlossen sind, darum steht der Sieg außer Zweifel. Bis in den Tod Rot-Weiß-Rot! Österreich!« Das Protokoll verzeichnet »minutenlangen stürmischen Beifall und immer wieder Heil-Schuschnigg-Rufe«. Natürlich ist dafür gesorgt, dass anschließend »patriotische Kundgebungen zur Huldigung des Kanzlers« in Wien und im ganzen Land stattfinden mit Hoch- und Heil-Rufen auf den *Frontführer* und Gesang vaterländischer Lieder wie »O du mein Österreich«.

Auch in Deutschland ist Schuschniggs Rede zu hören, auch deutsche Zeitungen bringen seine Rede im Wortlaut. Aber zu Kommentaren soll sich die Presse nicht hinreißen lassen, wie es in den Anweisungen des Propagandaministeriums heißt. Es solle jeder Eindruck vermieden werden, dass man sich von Berlin aus in die österreichischen Dinge einmische. Das gelte auch für Reportagen über Reisen in Österreich; besondere Vorsicht müsse man bei der Veröffentlichung von Gesprächen mit Österreichern beachten. Es wird sogar verlangt, über Österreich »nur das Günstige« zu berichten; wer etwa Meldungen über Zwischenfälle in der Steiermark bringe, müsse mit der Beschlagnahmung rechnen. Ein klares Bild über Ereignisse und Stimmung in Österreich Ende Februar/Anfang März 1938 ist so weder in Deutschland noch in Österreich zu erhalten.[15]

Wie reagiert Hitler auf Schuschniggs Rede? Ein Telegramm von Botschafter Papen aus Wien bestätigt ihn in seiner kritischen Einschätzung: In Diplomatenkreisen würden vor allem die »kleinen Spitzen gegen das Reich (als) höchst überflüssig« angesehen; Schuschnigg habe sich als »heroischer Unabhängigkeitskämpfer« aufgeführt, das entspreche aber kaum seiner »realpolitischen Lage«. Hinzu komme, dass Schuschnigg Hitlers Dankesworte nicht ausdrücklich erwidert und die Besonderheit der freundschaftlichen Beziehungen zwischen Deutschland und Österreich nicht hervorgehoben habe. Hitler hat auf die weitere Entwicklung gesetzt, Schuschnigg hat Grenzen gezogen: »Bis hieher und nicht weiter!« Das heißt: Wenn die Grenze überschritten wird, ist Kampf angesagt.

Durchschaut Hitler Schuschniggs Absicht, ihn vor der Welt »ins offensichtliche Unrecht zu setzen und Zeit zu gewinnen«? Jedenfalls handelt er sehr schnell: Für den Abend des 26. Februar hat er die Anführer der österreichischen Nationalsozialisten ins Führerhaus in München zitiert, um ihnen in Anwesenheit von Außenminister Ribbentrop und seinem

Beauftragten für die Österreich-Frage Wilhelm Keppler eine Lektion in Politik zu erteilen. Er eröffnet ihnen, dass die Partei in Österreich einen anderen Weg als den der Revolution gehen müsse:

> »Ich selbst habe für Deutschland diesen Weg nach 1923 verlassen. Ich wünsche, dass (in Österreich) der evolutionäre Weg gewählt wird, ganz egal, ob man heute schon die Möglichkeit eines Erfolgs übersehen könne. Eine gewaltmäßige Lösung ist mir jetzt nicht erwünscht.«

Diese Änderung der Taktik habe es notwendig gemacht, sie als die bisherigen Parteiführer in Österreich abzuberufen; sie sollten darin keine Herabsetzung sehen, für sie werde gut gesorgt. In Bezug auf Schuschnigg bleibt Hitler aber skeptisch: Er wünscht, dass Keppler mindestens einmal im Monat nach Wien fahre, um die Durchführung des Abkommens von Berchtesgaden zu sichern; die erste Reise solle bereits Anfang März erfolgen.[16]

Aufrufe zum Widerstand

Tatsächlich bemüht sich Schuschnigg, durch eine »Konzentration aller Patrioten« die Reihen hinter sich zu schließen. Als *Frontführer* verfügt er, dass die Landeshauptleute (Regierungschefs) der Bundesländer zugleich Landesführer der *Vaterländischen Front* werden (ausgenommen in der Steiermark). Auf einer Tagung mit Hunderten von Funktionären der Front in Niederösterreich am 28. Februar lässt sich Schuschnigg von seinem Stellvertreter Guido Zernatto bejubeln:

> »Wir alle stehen unverrückbar in treuer Gefolgschaft zu unserem Führer Dr. Schuschnigg. Er hat uns gerade in den letzten Wochen bewiesen, wie sehr er nicht nur ein kluger, sondern auch ein mutiger und konsequenter Führer ist – und das wollen wir ihm danken!«

Für die folgenden Wochen werden unter dem Motto »Mit Schuschnigg für Österreich« 3000 Kundgebungen angekündigt.

Die gelenkte Presse füllt sich mit Treuegelöbnissen: Die Bundesbeamtenkammer beschließt einstimmig, dem »Bundeskanzler treue Gefolgschaft« zu geloben. Die Wiener Handelskammer versichert dem Bundeskanzler »aufs Neue (ihrer) tiefsten Verehrung und treuester Gefolgschaft«. Die Tiroler Bauernschaft bekräftigt ihre »unverbrüchliche Treue«. Die Katholisch-Deutsche Hochschülerschaft »steht wie ein Mann geschlossen hinter unserem Kanzler«. Der Lehrkörper der Hochschule für Bodenkultur übermittelt dem Bundeskanzler in einem Telegramm sein »unerschütterliches Vertrauen«.[17]

Im Verborgenen dagegen bleibt das Treffen, zu dem Schuschnigg am 3. März ins Bundeskanzleramt einlädt, genau vier Jahre, nachdem sein Vorgänger Dollfuß mit Hilfe des Heeres und der Polizei einen Arbeiteraufstand in Wien hatte niederschießen lassen. Tatsächlich kommen aus 14 Wiener Großbetrieben 20 Vertreter der verbotenen Arbeiterorganisationen, Sozialdemokraten, Kommunisten, Revolutionäre Sozialisten. Ihr Sprecher ist der frühere Gewerkschaftsfunktionär Friedrich Hillegeist, der kein Blatt vor den Mund nimmt: »Wir kommen nicht als Ihre Bewunderer und Freunde, sondern als politische Gegner.« Er zeigt sich trotzdem bereit, die »bedrohte Freiheit unseres Landes zu verteidigen«, wenn die Arbeiter das Gefühl haben können, damit »auch ihre eigene Freiheit zu verteidigen«. Dafür stellt er vier Bedingungen: die Freiheit, sich zum Sozialismus zu bekennen, freie Wahlen in der bestehenden Einheitsgewerkschaft, eine freie Arbeiterzeitung und die Abschaffung von Notverordnungen, die die Lage der Arbeiter verschlechtern.

Das seien keine übertriebenen Forderungen, meint Schuschnigg. Er hält nach vier Stunden »das Eis (für) gebrochen« und drängt zu weiteren Besprechungen. Auch wenn es ihm nicht schnell genug geht, zweifelt er nicht an einem »positiven Ausgang«. Nun kann er die ablehnende Antwort an Otto von Habsburg abschicken. »Jeder Versuch einer Restauration«, schreibt er ihm, würde »mit hundertprozentiger Sicherheit den Untergang Österreichs bedeuten.«[18]

Bahnt sich in Österreich eine schwarz-rote *Volksfront* an? Das ist jedenfalls der Verdacht, den Hitlers Beauftragter Keppler hegt. Er ist zu Erkundigungen über die Umsetzung der Vereinbarung von Berchtesgaden in Wien und mit den Ergebnissen so unzufrieden, dass er über »besondere Schritte« mit dem Bundeskanzler sprechen will. Schuschnigg scheut sich vor einem Treffen und lädt Keppler am Abend des 5. März erst kurz vor dessen Abreise für 40 Minuten in seine Privatwohnung im Schloss Belvedere. Die Begegnung beginnt sehr stürmisch: Schuschnigg zeigt offen seinen Ärger über Hitlers Drohungen in Berchtesgaden und gibt sich kämpferisch, auch wenn er wisse, sagt er, dass »Deutschland die Macht habe, Österreich zu überrennen«. Verärgert ist er auch über die Rede von den »zehn Millionen unterdrückter Deutscher«. Keppler hält sich nicht zurück: Er mahnt die volle Erfüllung der Vereinbarung vom 12. Februar an und stellt weitere Forderungen. Und er spricht die »vielen Gerüchte wegen Waffenschmuggels, Waffenverteilung und Einbau von Kommunisten in die Vaterländische Front« an. Schuschnigg streitet das nicht ab, erklärt nur: »Das missbillige ich« und bittet um weitere Informationen.

Erstaunlich ist, dass die beiden das Ergebnis ihres Gesprächs völlig unterschiedlich beurteilen. Während Keppler überzeugt ist, dass Schuschnigg »in größerem Umfang mitgehen« werde und »wir uns auf seine Loyalität verlassen« könnten, kann Schuschnigg keine Übereinstimmung erkennen: »Ich lehnte alle diese Forderungen rundweg ab und hatte den bestimmten Eindruck, dass damit alle Brücken abgebrochen waren.« Meint Keppler, dass der Bundeskanzler bei erneutem Druck doch wieder nachgeben werde? Was er in Wien erfahren hat, macht ihn jedenfalls sehr sicher: Die nationalsozialistische Partei in Österreich sei »nunmehr in bester Verfassung«, ihre Aufmärsche zählen überall fünf- bis zehnmal mehr Teilnehmer als die Aufmärsche der *Vaterländischen Front*; in Graz schätze man, dass etwa 80 Prozent der Steiermärker sich zum Nationalsozialismus bekennen; in anderen Landesteilen »entdecken viele ihr nationalsozialistisches Herz und suchen Anschluss«; Fahnentuche und braune Stoffe seien ausverkauft, die Fabriken hätten große Aufträge für die Neuproduktion erhalten. Seyß-Inquart befolge nach Hitlers Wunsch den evolutionären Weg und habe die Partei wieder diszipliniert und schlagkräftig gemacht: »Es herrscht überall«, schließt Keppler seinen Bericht, »größte Zuversicht.«[19]

Tatsächlich hatte Seyß-Inquart zur gleichen Zeit eine Grundsatzrede in Linz gehalten: Vor den »Vertrauensmännern der national und nationalsozialistisch eingestellten Oberösterreicher« bekräftigte er wie Schuschnigg: »Österreich ist frei und unabhängig.« Aber er fährt fort: »Volk gehört zu Volk! Das volksdeutsche Reich des gemeinsamen Schicksals bleibt unser Ziel.« Stürmischen Beifall und Sieg-Heil-Rufe erntet er, als er Adolf Hitler einen »Sohn dieses oberösterreichischen Landes« nennt. Es sind wohl weniger diese Aussagen, mehr die äußeren Umstände, die Schuschnigg alarmieren: Ganz Linz hatte sich mit Hakenkreuzen dekoriert, 50 000 Menschen hatten Seyß-Inquart einen begeisterten Empfang bereitet.[20] Wer wird Österreich noch helfen, wenn das Ausland den Eindruck bekommt, die Österreicher stehen nicht mehrheitlich hinter dem »Bundeskanzler und Frontführer«?

Schuschnigg sieht die Grenze überschritten, den Augenblick gekommen, die letzte Trumpfkarte zu ziehen und ein SOS-Signal an die Welt zu senden: Die österreichischen Wähler sollen sich laut und vernehmlich zur Unabhängigkeit bekennen. – Nach der sonntäglichen Messe am 6. März beauftragt er seinen Stellvertreter Zernatto, unter höchster Geheimhaltung sofort mit den Vorbereitungen einer Volksabstimmung am folgenden Sonntag, den 13. März zu beginnen. Um sich von dem *Volksfront*-Programm der *Komintern* gegen den Faschismus zu unterscheiden, wird von einer »Front des Volkes« gesprochen. Das Ziel ist aber ähnlich, die »Sammlung aller nicht nationalsozialistischen Österreicher unter der Fahne des Vaterlandes«. Sofort geht Zernatto daran, den »Aufbruch aller Gutgesinnten für Glück und Frieden« zu organisieren.

Angesichts der kurzen Frist setzt bei den 200 Angestellten im Haus der *Vaterländischen Front* in Wien eine hektische Aktivität ein: Es wird festgelegt, wer abstimmen darf (man rechnet mit etwa vier Millionen Wahlberechtigten), es wird ein Wirtschaftsprogramm (»Arbeit für hunderttausend Arbeitslose«) angekündigt, ein Plakat entworfen (»Ja! Mit Schuschnigg für Österreich!«), es werden Stimmzettel vorbereitet, Reden verfasst – bis spät in die Nacht sind die Fenster des Fronthauses erleuchtet. Am 7. März empfängt Schuschnigg einzeln die Landesführer und informiert sie.

Die RAVAG, der österreichische Rundfunk, wird vorgewarnt und unter militärischen Schutz gestellt: Die offizielle Ankündigung der Abstimmung durch Schuschnigg in Innsbruck soll gut gesichert landesweit übertragen werden, auch per Lautsprecher an den großen Straßen und Plätzen in Wien. Seinem Innenminister Seyß-Inquart teilt Schuschnigg erst am Abend des 8. März sein Vorhaben mit – gegen das Ehrenwort, nichts weiterzugeben. Noch später am Abend informiert er auch Bundespräsident Miklas, der allerdings verfassungsrechtliche Bedenken äußert: »Ich bin in diesem Staat wohl überflüssig geworden.«[21]

Man ist im Fronthaus sehr zuversichtlich und rechnet nach vereinzelten Umfragen mit einer Zustimmung von 68 bis 75 Prozent. Wie es um seinen Rückhalt in der Bevölkerung steht, kann Schuschnigg allerdings nur vermuten: Die letzte Wahl zum Nationalrat hatte 1930 stattgefunden. Bis dahin war – wie in Deutschland – die Zahl der nationalsozialistischen Wähler in Österreich angestiegen. Bei den Landtags- und Gemeindewahlen am 24. April 1932 hatte sogar im roten Wien fast jeder sechste Wähler sein Kreuz bei der »Hitler-Bewegung« gemacht.

Entscheidend ist, wie sich die österreichischen Arbeiter verhalten würden. Nach dem Gespräch mit Schuschnigg hatten ihre Vertreter für den 7. März zu einer Vertrauensleutekonferenz ins Arbeiterheim im Wiener Bezirk Floridsdorf eingeladen. Unbehelligt von der Polizei kommen etwa 400 Delegierte zusammen. Nach Jahren »des Rechtsraubs, der Vergewaltigung und der Unfreiheit« beschleicht sie ein eigenartiges Gefühl, vom Vorsitzenden mit den Worten »Genossinnen und Genossen« begrüßt zu werden. Hillegeist stellt die Hauptfrage: »Sind wir Arbeitervertreter bereit, für die Verteidigung Österreichs einzutreten?« Stundenlang wird debattiert. Vor allem die Kommunisten treten, getreu der Moskauer *Volksfront*-Parole, für die »vorbehaltlose Unterstützung der Regierung in dem Kampf gegen die Nazis« ein. Vor allem Sozialdemokraten sind gegen einen Blankoscheck für Schuschnigg: »Wir wollen für jedes Stück Freiheit kämpfen – aber das bedeutet auch den Kampf um mehr Freiheit im Schuschnigg-Regime.« Wieder andere vertreten die Auffassung, dass die Machtübernahme der Nationalsozialisten nicht zu verhindern sei: »Es kann uns unter ihnen keinesfalls schlechter gehen als jetzt.«

Die Mehrheit ist am Ende bereit, sich für die österreichische Unabhängigkeit einzusetzen, lehnt aber eine bedingungslose Unterstützung der Regierung ab und verlangt die Zulassung freier Gewerkschaften. Man bildet ein Komitee für weitere Verhandlungen mit Schuschnigg und geht mit dem Gefühl auseinander: »Nun haben wir uns wieder ein Stückerl Freiheit zurückerobert.« Tatsächlich sieht man auf den Straßen wieder Menschen mit roten Nelken im Knopfloch.[22]

Bevor Schuschnigg am Morgen des 9. März am Wiener Westbahnhof seinen Salonwagen im Zug nach Innsbruck besteigt, beauftragt er Zernatto, Seyß-Inquart auch den geplanten Termin sowie die Modalitäten der Abstimmung mitzuteilen, die er am Abend öffentlich verkünden will. Für den an den nächsten drei Tagen bevorstehenden »Wahlkampf« verspricht er sich einen Vorsprung gegenüber den Nationalsozialisten. So gelangt aber auch die Neuigkeit indirekt nach Berlin, wo Hitler sofort seinen Berater Keppler per Flugzeug zurück nach Wien beordert, damit er die Abstimmung verhindere. Direkt hatte Schuschnigg Mussolini in der Hoffnung auf Unterstützung in der Stunde der Gefahr informiert. Aus Rom trifft jedoch die enttäuschende Botschaft ein: »Il plebiscito è un errore – die Volksabstimmung ist ein Fehler!« Als diese Botschaft Schuschnigg bei seiner Ankunft in Innsbruck um 17 Uhr erreicht, antwortet er: »Es gibt kein Zurück.«

Auf dem Südtiroler Platz vor dem Bahnhof ist ein Riesenempfang organisiert: 20 000 Menschen jubeln und rufen: »Heil Österreich! Heil Schuschnigg!« – Dann geht es durch die geschmückten Straßen entlang an Schützenkompanien, Turnern und Musikkapellen zum Dollfuß-Platz vor der Hofburg, wo das Bundesheer und das Sturmkorps Spalier bilden. Die *Amtswalter* der *Vaterländischen Front* von Tirol erwarten Schuschnigg im großen, mit rot-weiß-roten Tüchern und Kruckenkreuzen ausgeschmückten Stadtsaal. Auf dem Podium hat das *Jungvolk* mit Fahnen und Wimpeln Aufstellung genommen. Als der uniformierte *Frontführer* um 19 Uhr den

Saal unter den Klängen eines Operettenmarsches betritt, will der Jubel kein Ende nehmen: »Treue dem Kanzler! Freiheit Österreich! Rot-weiß-rot bis in den Tod!«

Auch wenn Schuschnigg seine Zuhörer mit »liebe Landsleute und Kameraden der Front!« anspricht, wendet er sich zunächst nur an die Arbeiterschaft: Er kündigt an, dass man demnächst 30 000 Jugendliche in Berufe bringen und »durch den Arbeitsdienst weitere Bataillone arbeitswilliger Jugendlicher dem Nichtstun und der Not entreißen« wolle; allein für Tirol seien Millioneninvestitionen für den Straßenbau geplant. Und dann fragt er: »Was wollt Ihr: Arbeiten oder politisieren? Beides zusammen wird nicht gehen. Nun muss Ruhe sein, denn wir wollen leben.« Damit leitet er zu seiner eigentlichen Frage über:

> »Jetzt will und muss ich wissen, ob das Volk von Österreich das freie und deutsche und unabhängige und soziale, christliche und einige, keine Parteienzerklüftung duldende Vaterland will. Jetzt muss ich wissen, ob wirklich die Parole ›Brot und Friede im Land‹ unsere Landsleute und seine Front, die unüberwindlich ist, zusammenführen kann.«

Nun kommt der Höhepunkt der Rede: »Ich rufe Sie in dieser Stunde auf: Am nächsten Sonntag, am 13. März, machen wir Volksabstimmung.« Der Saal tobt, die Musikkapelle spielt das *Andreas-Hofer-Lied* (»Mit ihm sein Land Tirol!«), das alle stehend und mit erhobenen Schwurfingern mitsingen. Schuschnigg erinnert daran, dass schon häufiger von einer Befragung des Volkes die Rede war, und wiederholt: »Am Sonntag wird abgestimmt! Nun muss Ruhe sein.« Ausdrücklich fordert er die Arbeiterschaft auf, sich in die *Vaterländische Front* einzuordnen. Zum Schluss bekennt er sich zu seiner persönlichen Verantwortung für den Entschluss zur Abstimmung und erklärt: »Ich stehe und falle mit diesem Bekenntnis, das das österreichische Volks ablegen soll: Sagt Ja zu Tirol, sagt Ja zu Österreich!« Mit erhobenem Schwurfinger und dem Gruß: Österreich! verlässt er das Podium. Die Bundeshymne (»Vaterland, wie bist du herrlich, Gott mit dir, mein Österreich!«) und das *Lied der Jugend* (»Wir Jungen steh'n bereit – mit Dollfuß in die neue Zeit!«) beschließen die Veranstaltung.

Mit zweistündiger Verzögerung wird die aufgezeichnete Rede auch durch den österreichischen Rundfunk verbreitet. Anschließend werden zu später Stunde die Bestimmungen zur Durchführung verlesen: Die Abstimmungskommissionen sollen nur aus Mitgliedern, am besten *Amtswaltern* der *Vaterländischen Front* bestehen; stimmberechtigt sind alle Bundesbürger, die mindestens 24 Jahre alt sind; Wählerlisten werden nicht bemüht, da sie seit 1930 völlig überholt sind; der offizielle Abstimmungszettel ist mit dem Wort »Ja« bedruckt; wer mit »Nein« stimmen will, muss einen eigenen Zettel handschriftlich mit dem Wort »Nein« versehen; der Zettel kann offen, gefaltet oder in einem mitgebrachten Umschlag abgegeben werden.

Da diese Vorschriften so gar nicht demokratischen Übungen entsprechen, veranlasst Schuschnigg eine neue Sprachregelung: Statt von einer »Volksabstimmung« soll nur noch von einer in der Verfassung nicht vorgesehenen »Volksbefragung« die Rede sein.[23] Wie misstrauisch gegenüber der eigenen Bevölkerung muss eine Regierung sein, wenn sie solche Bestimmungen erlässt und drei sonst wahlberechtigten Jahrgängen das Stimmrecht entzieht, weil besonders die jungen Leute im Verdacht stehen, Anhänger Hitlers zu sein.

Am Donnerstag, den 10. März rollt die riesige Propagandawelle der *Vaterländischen Front* an. Millionen Flugblätter werden im ganzen Land verteilt:

> »Die Welt soll unseren Lebenswillen sehen; darum, Volk von Österreich, stehe auf wie ein Mann und stimme mit Ja! Front Heil! Österreich!«

Überall kleben Zettel: »Stimmt mit Ja!« An den Hauswänden prangen Plakate mit Schuschnigg-Bild, Kruckenkreuz und großem »Ja!« Lautsprecherwagen fahren durch die Straßen und spielen eine Schallplatte mit Schuschniggs Rede ab, das *Jungvolk* verteilt die Broschüre *Volkswille*, im Rundfunk äußern sich »Stimmen aus dem Volk« und halten führende Männer des Regimes Reden, Leuchtreklamen sind auf »JA« programmiert. Es wird verfügt, dass ab Samstagmittag alle Hausbesitzer rot-weiß-rote Flaggen hissen und in allen Garnisonsstädten Militärkapellen durch die Straßen ziehen sollen. Wer im Öffentlichen Dienst beschäftigt ist, hat bereits am Samstag im Angesicht seiner Vorgesetzten seinen Stimmzettel abzugeben. Die Wahllokale werden zum Sonntag mit den Fahnen der *Vaterländischen Front* und dem Bild des Bundeskanzlers ausgerüstet.

Die Kosten begleicht Schuschnigg aus seinem Repräsentationsfonds; außerdem erhält er von der Israelitischen Kultusgemeinde in Wien zwei Schecks über insgesamt 800 000 Schilling und die Zusage: »Wir bejahen Österreich! Alles an die Urnen!« Auch Otto von Habsburg ruft die adeligen Emigranten dazu auf, ihre Schatullen zu öffnen. Die österreichischen Kommunisten melden sich aus der Illegalität mit einem Flugblatt zu Wort:

Ein Flut von Flugblättern ergießt sich über Österreich: Sagt Ja!

Demonstrationen der Nationalsozialisten gegen den Bundeskanzler

> »Arbeiter, Arbeiterinnen, Österreicher, begreift den Ernst der Stunde. Bildet Betriebsmilizen! Organisiert den Wehrsport! Seid bereit und waffnet Euch zur Verteidigung der Unabhängigkeit auch mit der Waffe in der Hand.«

Tatsächlich werden aus einigen Verstecken Waffen hervorgeholt.[24]

Den ganzen Donnerstag über kommt es in Wiens Innenstadt zu Kundgebungen: Mal wird Heil Schuschnigg!, mal Heil Hitler! gerufen. Die Polizei ist verstärkt im Einsatz und versucht, Zusammenstöße zu verhindern und die gegnerischen Gruppen voneinander fernzuhalten. Ernste Zwischenfälle werden nicht gemeldet. Gleichzeitig zeigt sich die Polizei in der und um die Universität: Nach Zusammenstößen zwischen katholischen und nationalsozialistischen Studenten hatte der Rektor das »Tragen von Hakenkreuzen und Armbinden sowie den Hitlergruß auf akademischem Boden verboten« und mit Disziplinarstrafen gedroht. Zur weiteren Sicherheit wird das Bundesheer in Alarmzustand versetzt und der Reservejahrgang 1915 für eine sofortige Waffenübung auf zwei Wochen eingezogen. Auch die gesamte Miliz der *Vaterländischen Front* wird für den folgenden Tag aufgeboten. Bei der Vacuum Oil bestellt das Verteidigungsministerium Treibstoff für die motorisierten Truppen.[25] Gilt noch der Plan des österreichischen Generalstabs, alle Kräfte für eine »hinhaltende und aufopferungsvolle Verteidigung« zur »Abwehr eines deutschen Angriffs« einzusetzen?

Bei den Nationalsozialisten herrscht inzwischen heller Aufruhr: Wie soll man sich verhalten? Niemand von ihnen glaubt, dass »sich eine freiwillige Mehrheit für Schuschnigg findet«. Aus Berlin kommen keine klaren Botschaften. Könnten wir nicht auch mit Ja stimmen, wenn Schuschnigg bestimmte Bedingungen erfüllt, meint Seyß-Inquart. Nein, schallt es ihm aus den Alpenländern Steiermark und Kärnten entgegen. Am späten Abend wird dann doch ein gemeinsamer Aufruf gegen das »Manöver der sogenannten Volksabstimmung« beschlossen:

> »Kein Nationalsozialist geht zur Wahl! Kein Nationalsozialist demonstriert! Jeder Nationalsozialist hält Ruhe, Ordnung und Disziplin! Wir Nationalsozialisten stehen streng auf dem Boden der Gesetze, tragen unsere Hakenkreuze, grüßen mit dem Deutschen Gruß und bekennen uns überall offen. Das ist unser Recht. Heil Hitler!«

Zur Begründung wird angeführt, dass die »Volksbefragung Gefahren innerer Unruhen und außenpolitischer Wegänderungen« heraufbeschwöre.[26]

Tatsächlich verhallen Schuschniggs verzweifelte Hilferufe bei Österreichs »Garantiemächten«. Die französische Regierung hatte noch am 25. Februar im Parlament bekräftigt: »Österreichs Unabhängigkeit ist ein unverzichtbares Element des europäischen Gleichgewichts.« Aber am 10. März war sie zurückgetreten. Ohnehin hatte der französische Geheimdienst den diplomatischen Verkehr Wiens mit der Gesandtschaft in Paris entziffern können und daraus geschlossen: Der Anschluss steht bevor und ist unvermeidlich.

In London hatte Ende Februar Lord Halifax das Außenamt von Eden übernommen; am 10. März ist er mit dem neuen deutschen Außenminister Joachim von Ribbentrop beschäftigt, der sich von seinem Botschafterposten in London verabschiedet. Und vom italienischen Außenminister Ciano bekommt Schuschnigg den wohlfeilen Rat Mussolinis zu hören: »Handeln Sie nach Ihrem Gewissen.« Der Staatssekretär im österreichischen Außenministerium muss am Abend des 10. März resigniert feststellen: »Wir sind mutterseelenallein.«[27]

Der Einmarsch wird geplant

Und was ist aus Berlin zu hören? Obwohl es dort mindestens so hektisch zugeht wie in Wien, bleibt doch alles hinter den verschlossenen Türen der Reichskanzlei. Mitten in der Nacht erfährt Hitler von Schuschniggs Rede. Einen »gemeinen Querschuss« nennt er sie gegenüber dem herbeigerufenen Propagandaminister Goebbels: Schuschnigg »will uns übertölpeln«. Beide überlegen mögliche Gegenmaßnahmen: eine Empfehlung zur Wahlenthaltung oder tausend Flugzeuge, die über Österreich Flugblätter gegen die Volksbefragung abwerfen, und »dann aktiv werden«? Während Hitler den Chef des Oberkommandos der Wehrmacht, Wilhelm Keitel, für den folgenden Vormittag in die Reichskanzlei bestellt, ordnet Goebbels in seinem Ministerium verstärkten Nachtdienst an, lässt Entwürfe für Flugblätter anfertigen und der Presse mitteilen: Über Vorgänge in Österreich wird nicht berichtet – wir müssen die Nerven behalten!

Noch bis in den frühen Morgen des 10. März hört sich Goebbels an, wie Hitler seine Aktion gegen Schuschniggs »Schurkenstreich« plant: Sehr kurz und drastisch müsse sie sein. Wie würden die Großmächte reagieren? Großbritannien und Italien werden nichts machen, meint Hitler, vielleicht Frankreich, aber unwahrscheinlich (er weiß noch nichts vom Rücktritt der Regierung in Paris). Jedenfalls sei das Risiko nicht so groß wie beim

Einmarsch in das entmilitarisierte Rheinland zwei Jahre zuvor. Hitler ist in Fahrt gekommen, aber fragt sich: Ist jetzt der richtige Augenblick gekommen? Die weltpolitische Lage entspricht so gar nicht dem Bild, das er vier Monate zuvor, am 5. November, vor den Spitzen der Wehrmacht für die »Erledigung der österreichischen Frage« enthüllt hatte. Die Entscheidung soll am nächsten Tag erfolgen: Hitler verabschiedet Goebbels um 5 Uhr mit den Worten, er wolle »nur noch die Nacht darüber schlafen«.

Am 10. März jagt in der Reichskanzlei eine Besprechung die andere. Zunächst muss geklärt werden, ob Ribbentrop aus London zurückgerufen werden soll. »Nein«, erklärt Hitler, »den brauche ich nicht, ich werde mir den ruhigen, überlegten Schwaben Neurath kommen lassen«, den er einen Monat zuvor abgesetzt hatte. (Neurath liefert zusammen mit dem Staatssekretär im Auswärtigen Amt, Ernst von Weizsäcker, einen wichtigen Ratschlag: Wir müssen von Österreich gebeten werden zu kommen.) Von Wirtschaftsminister Walther Funk lässt er sich bestätigen, dass Österreich, wenn auch mit einigen Mühen, an das deutsche Wirtschafts- und Währungssystem angeschlossen werden könne. Der knappe Rapport des aus Wien zurückgekehrten Keppler bringt nichts, was Hitler nicht schon weiß.

Kurz nach 10 Uhr beginnen Hitlers Besprechungen mit den Generälen. Er informiert sie über die Lage in Österreich: Nach der Ankündigung der Abstimmung sehe er sich gezwungen, militärisch einzugreifen, wenn Schuschnigg nicht nachgebe. Keitel erinnert sich, dass im Panzerschrank des Generalstabs unter dem Tarnnamen *Sonderfall Otto* ein alter Plan liegen müsse, wie deutsche Truppen gegen Wien vorgehen könnten, wenn dort eine Restauration der Habsburger bevorstehen sollte.

Sofort wird der Chef des Generalstabs Ludwig Beck herbeizitiert. Er kommt zusammen mit Erich von Manstein vom Generalstab des Heeres. Noch einmal stellt Hitler seine Sicht der Lage dar: Es war nicht meine Absicht, die Österreich-Frage jetzt zu lösen, erklärt er, ich war bereit, dem Verlauf der Dinge zuzusehen. Doch Schuschnigg versuche nun, die Bevölkerung zu überrumpeln. Die überwältigende Mehrheit der Österreicher wolle den *Anschluss* an das Reich, fährt Hitler fort, Widerstand sei weder von der Bevölkerung noch vom Bundesheer zu erwarten. Weder Frankreich noch Großbritannien, weder die Tschechoslowakei noch Polen würden sich rühren; die einzige Sorge mache er sich um Italien. Machen Sie mir einen Vorschlag, fordert Hitler die Generäle auf, mit welchen Kräften wir in Österreich einmarschieren könnten, und zwar schon übermorgen, am 12. März, um der Abstimmung zuvorzukommen.

Die Generäle sind von Hitlers sachlicher Analyse überzeugt. Beck, der noch vier Monate zuvor gegen Hitlers Pläne argumentiert hatte, meint jetzt: »Wenn man den Anschluss überhaupt vollziehen will, ist jetzt wahrscheinlich der günstigste Moment gekommen.« Er gibt nicht zu, dass er den *Sonderfall Otto* entgegen den Anweisungen nicht weiter ausgeführt hat, sondern schüttelt nach kurzer Beratung mit Manstein einen Aufmarschplan aus dem Ärmel: Auch wenn in Österreich kein Widerstand zu erwarten sei, sollte man doch im Hinblick auf Italien und die Tschechoslowakei genügend Kräfte einsetzen, um sie von irgendwelchen Einmischungsversuchen abzuhalten. Sie schlagen den Einsatz von vier Infanterie-Divisionen, einer Gebirgs- und einer Panzerdivision vor, allesamt in Bayern stationiert. Hitler stimmt zu. Zögernd reagiert er, als die Generäle eine Mobilmachung der vorgesehenen Truppen verlangen; das passt nicht in seine Geheimhaltungspläne. Schließlich sagt Hitler doch zu, dass er bis spätestens 16 Uhr den erforderlichen Befehl erteilen werde.

Im Generalstab macht man sich sofort an die Aufstellung der Aufmarschpläne. Die Befehlshaber werden nach Berlin beordert: General Fedor von Bock wird mit dem Oberbefehl zum Einmarsch am 12. März betraut. General Heinz Guderian soll in Würzburg eine Panzerdivision übernehmen und sich im gut 300 Kilometer entfernten Passau sammeln; er erhält von Hitler die Erlaubnis, die Panzer mit Fahnen und frischem Grün zu schmücken. Auch die Luftwaffe wird alarmiert.

Während die Generalstabler sich über die Kartentische beugen, entwirft Hitler zwei Briefe. Der erste ist an Minister Seyß-Inquart gerichtet und wird noch in der Nacht per Kurier nach Wien gebracht: Schuschnigg solle den »Wahltermin« um vier Wochen verschieben. – Der andere ist persönlich an Mussolini gerichtet, wird dem Prinzen Philipp von Hessen, dem Schwiegersohn des italienischen Königs, anvertraut und am folgenden Tag überbracht: »Ich bin entschlossen, in meiner Heimat Ruhe und Ordnung herzustellen«, schreibt Hitler und nennt sein Vorgehen »einen Akt der nationalen Notwehr«. Zur Beruhigung Mussolinis bekräftigt er: »Was immer auch die Folge der nun kommenden Ereignisse sein möge: Ich habe eine klare deutsche Grenze gegenüber Frankreich gezogen, und ich ziehe jetzt eine ebenso klare gegenüber Italien: Es ist der Brenner.« Er schließt: »Mit immer gleicher Freundschaft Ihr Adolf Hitler.«

Am späten Abend diktiert Hitler dann seine Weisung für das *Unternehmen Otto*:

»Ich beabsichtige, wenn andere Mittel nicht zum Ziele führen, mit bewaffneten Kräften in Österreich einzurücken, um dort verfassungsmäßige Zustände herzustellen und weitere Gewalttaten gegen die deutschgesinnte Bevölkerung zu unterbinden.«

In der ersten Morgenstunde des 11. März erfährt Goebbels von Hitler: Die Würfel sind gefallen! Beim Einmarsch am folgenden Tag sollen die Truppen von Bayern aus gleich bis Wien vorstoßen. Er selbst werde sich auch nach Österreich aufmachen, Göring solle ihn in Berlin vertreten. Schnell sind sich die beiden über die weiteren Propaganda-Maßnahmen einig: Das Papier liegt bereit. In den Druckereien stehen die Arbeiter in Wartestellung; die Polizei ist angewiesen, sie nicht herauszulassen, bis die Aktion angelaufen ist. Mit der Luftwaffe ist der Flugblattabwurf durchgeplant worden.[28]

Zur gleichen Zeit, als Goebbels sich für eine kurze Nachtruhe ins Bett legt, wird Schuschnigg geweckt: Noch vor der Frühmesse erhält er Informationen über die Schließung der deutschen Grenze bei Salzburg. Auf seinem Schreibtisch im Bundeskanzleramt findet er neben Meldungen über nächtliche Zusammenstöße zwischen *Vaterländischen* und Nationalsozialisten auch Berichte von *Konfidenten* aus Deutschland über Truppenbewegungen. Ich soll, denkt sich Schuschnigg, wie im Februar eingeschüchtert werden. – Er lässt das Regierungsviertel absichern und dringt auf ein Gespräch mit Innenminister Seyß-Inquart, der jedoch am Flugplatz die Kuriere aus Berlin abfängt und sich auf den neuesten Stand bringen lässt.

Erst um 10 Uhr findet er sich im Bundeskanzleramt ein und verlangt, wie von Hitler gewünscht, dass Schuschnigg die Abstimmung auf den nächsten Monat vertage: Wenn das nicht geschehe, werde Hitler einmarschieren. – Schuschnigg versucht es mit einem Gegenvorschlag: Man könnte neben dem Stimmzettel *Für Österreich mit Schuschnigg* noch einen zweiten zulassen: *Für Österreich ohne Schuschnigg.* – Doch Seyß-Inquart schüttelt den Kopf: Entweder die Abstimmung wird verschoben oder ich trete zurück und der Einmarsch erfolgt – bis 14 Uhr erwarte Hitler eine Entscheidung des Bundeskanzlers. – Es klingt wie ein Ultimatum. Könnte dies Vorgehen die britische Regierung im letzten Augenblick aufrütteln? Schuschnigg alarmiert den britischen Gesandten, der sofort nach London telegrafiert: »Unter der Drohung eines Bürgerkriegs gab der Bundeskanzler nach. Er bittet dringend um einen Rat, was er jetzt tun solle.«

Mehr als zwei Stunden lang geht Schuschnigg mit seinen engsten Beratern alle Möglichkeiten durch. Gerade zieht ein motorisiertes Bataillon der Schnellen Division mit schweren Waffen zur Grenzverteidigung mitten durch Wien Richtung Linz in Oberösterreich. Die entscheidende Frage ist: Steht die bewaffnete Macht zuverlässig auf Seiten der Regierung? Die Antworten sind enttäuschend. Der Wiener Polizeipräsident: Ich glaube – zunächst ja. – Und Frontmiliz und Bundesheer? Die Leute sind willig, aber nicht gegen Deutschland! – Daraufhin meldet sich Schuschnigg um 14.30 Uhr bei Bundespräsident Miklas: Ich bin bereit, erklärt er, die Volksbefragung abzusagen. – Wenig später erfahren es auch die versammelten Mitglieder der Regierung.[29] Verzichtet Schuschnigg auf den SOS-Ruf, weil er keine Hilfe mehr erwartet?

Da klingelt das Telefon im Vorzimmer und Innenminister Seyß-Inquart wird verlangt. Göring ist am Apparat und fragt wegen der Überschreitung des Termins ungeduldig: Haben Sie etwas Neues zu melden? – Ja, antwortet Seyß-Inquart, die Volksbefragung ist soeben abgesagt. – Göring ist nicht zufrieden und will sich mit Hitler besprechen. Zwanzig Minuten später ruft er wieder an und verlangt nun: Schuschnigg solle innerhalb der nächsten Stunde zurücktreten und Sie unverzüglich mit der Neubildung des Kabinetts beauftragen. – Als aus London die enttäuschende Antwort kommt, der Bundeskanzler solle Österreich nicht in Gefahren bringen, vor denen es Großbritannien nicht schützen könne, kündigt Schuschnigg tatsächlich um 16 Uhr seinen Rücktritt an. Miklas weigert sich allerdings, Görings Forderung zu erfüllen und den Innenminister mit der Regierungsbildung zu beauftragen: »Das tue ich nicht.«[30] Glaubt er, dass Hitler und Göring nur bluffen? Will er Zeit gewinnen, bis London, Paris und Rom doch noch eine Aktion gegen Deutschland verabreden? Hofft er auf eine Politik der Stärke statt der starken Worte?

Mit dem Rücktritt verliert jedoch das von Dollfuß geschaffene und von Schuschnigg ausgebaute System seine Symbolfigur: Kann es ohne sie weiterbestehen? Die Öffentlichkeit ahnt noch nichts von diesen Vorgängen. Die Propagandawelle der *Vaterländischen Front* läuft weiter. Wiens Straßen beleben sich am Nachmittag des 11. März, Gerüchte schüren die Spannung. Gegen die erhobenen Schwurfinger reckt sich der rechte Arm zum Hitler-Gruß; auch die geballte *Rotfront*-Faust ist zu sehen. In den Bundesländern kündigen sich Auseinandersetzungen an: der Aufstand der Provinz gegen die Metropole. Droht im Augenblick des Machtverfalls der befürchtete Bürgerkrieg? Bei der inzwischen über den Rücktritt informierten Vaterländischen Front zeigen sich die ersten Auflösungserscheinungen: Gelder werden in Sicherheit gebracht, Akten verbrannt, Milizionäre legen ihre Uniformen ab und verlassen die Kasernen.

Göring versucht unterdessen telefonisch von Berlin aus das Geschehen in Wien zu dirigieren. Bis 19.30 Uhr will er eine Entscheidung: »Sonst rollt die Sache.« Doch alle seine Drohungen prallen am Bundespräsidenten ab. Miklas und Schuschnigg sitzen sich gegenüber. Sie wissen: Wir stehen vor dem Bürgerkrieg im Inneren und einem Krieg mit Deutschland. Sie fragen sich: Sollen wir die Verantwortung übernehmen, Tausende von Menschenleben zu opfern und in einem aussichtslosen Krieg gegen die deutsche Heeresmacht einzusetzen? – Außenminister Schmidt fällt vor dem Präsidenten auf die Knie und fleht ihn an: »Vermeiden Sie ein Blutvergießen, ernennen sie einen neuen Bundeskanzler!« Miklas bleibt standhaft und lehnt Seyß-Inquart weiter ab; aber niemand anders ist bereit, das Amt zu übernehmen.[31]

In kleinen Schritten wird nun der Rückzug vorbereitet. Kurz nach 18 Uhr berichtet Radio Wien, dass die Volksbefragung verschoben worden sei. Die Dämme beginnen zu brechen: In Wien und anderen Städten formieren sich Züge von Demonstranten, die Armbinden und Fahnen mit dem Hakenkreuz tragen; auf den Straßen sind Österreicher in provisorischen SA- und SS-Uniformen zu sehen; an Regierungsgebäuden und Rathäusern werden Hakenkreuzfahnen aufgezogen. Inzwischen hat das Bataillon der Schnellen Division etwa die halbe Strecke zwischen Wien und der Grenze geschafft. In St. Pölten waren die 415 Soldaten und Offiziere am Nachmittag noch mit Hochrufen begrüßt worden; in Melk waren aus der stummen Menge einige Pfuirufe zu hören; in Amstetten schallt es ihnen am Abend entgegen: »Schuschnigg-Knechte!«

Eine gute Stunde später trifft im Bundeskanzleramt in Wien die (falsche) Meldung ein, deutsche Truppen hätten die österreichische Grenze überschritten. Für diesen Fall hat Schuschnigg eine Rede über den Rundfunk vorbereitet. Im Roten Salon wird ein Mikrophon aufgestellt, das über eine direkte Leitung mit der RAVAG verbunden ist. Um 19.50 Uhr wird das Musikprogramm unterbrochen. Im ganzen Land ist Schuschniggs gedrückte Stimme zu hören: »Österreicher und Österreicherinnen!« In seinem Bericht zur Lage führt er an, dass die »deutsche Reichsregierung dem Bundespräsidenten ein Ultimatum gestellt« habe, er solle einen vorgeschlagenen Kandidaten zum Bundeskanzler ernennen und ein Kabinett nach den Wünschen der deutschen Regierung bestellen, sonst würde für diese Stunde der »Einmarsch deutscher Truppen« erfolgen. »Wir weichen der Gewalt«, erklärt er, »wir haben unserer Wehrmacht den Auftrag gegeben, ohne Widerstand sich zurückzuziehen.« Kein Wort von Rücktritt, aber jeder in Österreich weiß: Das ist das »Ende der Herrschaft Schuschniggs«, wie es im Extrablatt einer Linzer Zeitung heißt. Wer es nicht mit Hoffnung, sondern mit Bangen sieht, sagt sich: »Wenn einem das Leben lieb ist: die Koffer packen!« Viele machen sich auf die Flucht, zu den ersten gehört Zernatto, der Generalsekretär der *Vaterländischen Front*.[32]

Kaum ist Schuschniggs kurze Ansprache beendet, greift Seyß-Inquart zum Telefon, ruft Göring an: Nein, gesteht er, ich bin nicht zum Bundeskanzler ernannt worden, die Regierung habe sich von den Geschäften zurückgezogen: »Man lässt es einfach auf den Einmarsch ankommen.« »Also gut«, entscheidet jetzt Göring, »ich gebe den Befehl zum Einmarsch und dann sehen Sie zu, dass Sie sich in Besitz der Macht setzen.« Nach diesem Auftrag wünscht er ihm »alles Gute«. Seyß-Inquart weiß, was es bedeutet, wenn die Macht auf der Straße liegt. In aller Eile entwirft er eine Rede und greift zum Mikrofon: »Männer und Frauen in Österreich! Deutsche Volksgenossen!« Er bekräftigt: »Ich bin als Innen- und Sicherheitsminister nach wie vor im Amt. Ich fordere alle auf, die Ruhe und Ordnung zu bewahren.« Er erinnert daran, dass »irgendein Widerstand gegen das allfällig einrückende deutsche Heer unter keinen Umständen in Frage kommt«. Und er mahnt zur Geduld: »Harret aus! Tretet alle zusammen und helft, dass wir einer glücklichen Zukunft entgegengehen!«

Wie bereits in anderen Städten ist nun auch auf Wiens Straßen und Plätzen kein Halten mehr: Demonstranten, darunter auch Frauen und Kinder, ziehen mit Fackeln durch die Innenstadt Richtung Bundeskanzleramt. Am gegenüberliegenden Haus der *Vaterländischen Front* wird das Kruckenkreuz zerschlagen und die Hakenkreuzfahne aufgezogen. Eine Stunde später weht sie auch über dem Polizeipräsidium, viele Polizisten haben schon eine Hakenkreuzbinde über den Ärmel gestreift. Der Rundfunk wird von Nationalsozialisten übernommen und lässt neue Töne hören: statt Brücker und Wagner Kampflieder und Märsche. Nur Wiens Bürgermeister Schmitz hält im befestigten und belagerten Rathaus noch die Stellung und leistet bis Mitternacht hinhaltenden Widerstand: »Ich habe keine Hakenkreuzfahne.« Zwei Demonstranten erklimmen daraufhin die Fassade und entrollen eine Fahne.

Während Seyß-Inquart mit der Zusammenstellung einer neuen Regierungsmannschaft beschäftigt ist, gibt Göring gegen 21 Uhr einen weiteren Auftrag nach Wien durch: »Folgendes Telegramm soll Seyß-Inquart hersenden.« Und er diktiert:

> »Die provisorische österreichische Regierung richtet an die deutsche Regierung die dringende Bitte, sie in ihrer Aufgabe zu unterstützen und ihr zu helfen, Blutvergießen zu verhindern. Zu diesem Zweck bittet sie um baldmöglichste Entsendung deutscher Truppen.«

Göring hat es offenbar eilig, denn er fügt hinzu: »Er braucht das Telegramm gar nicht zu schicken, er braucht nur zu sagen: einverstanden.« Er verlangt einen Rückruf »beim Führer oder bei mir« und wünscht zum Abschied: »Also macht es gut. Heil Hitler!« Zur gleichen Zeit weist Hitler den Obersten Befehlshaber der Wehrmacht an: »Zur Vermeidung weiteren Blutvergießens in österreichischen Städten wird der Vormarsch der Wehrmacht nach Österreich am 12. März bei Tagesanbruch angetreten. Ich erwarte, dass die gesteckten Ziele unter Aufbietung aller Kräfte so rasch wie möglich erreicht werden.« Er erinnert daran, dass »wir keinen Krieg gegen ein Brudervolk führen wollen«; das ganze Unternehmen müsse »ohne Anwendung von Gewalt in Form eines von der Bevölkerung begrüßten friedlichen Einmarsches« vor sich gehen. Insgesamt warten 100 000 deutsche Soldaten der 8. Armee auf den Befehl für den Einzug nach Österreich.

Gegen 22 Uhr wird telefonisch Seyß-Inquarts Einverständnis bestätigt. So lässt sich später behaupten, Berlin habe keinen Zwang ausgeübt, sondern sei zu Hilfe gerufen worden. Man erwartet aus London nur einen »papiernen Protest ohne Androhung von Gewaltmaßnahmen«. Tatsächlich trifft kurz nach 22 Uhr ein Telegramm von Halifax in Berlin ein: Botschafter Henderson soll einen »protest in strongest terms« erheben, »einen Protest im schärfsten Ton gegen die Androhung von Gewalt gegen einen unabhängigen Staat«: Deutschland bedrohe den Frieden ganz Europas. – Der Protest macht auf Göring keinen Eindruck: Deutsche Truppen, behauptet Göring, ziehen in Österreich auf Bitten Seyß-Inquarts ein und würden zurückgezogen, sobald die Lage sicher sei; danach würden freie Wahlen abgehalten. Und er fügt hinzu: »Ich bin fest davon überzeugt, dass die deutschen Truppen von der gesamten Bevölkerung, außer in Wiener Neustadt und von den Juden, mit Begeisterung begrüßt werden.« – Der französische Botschafter schließt sich seinem britischen Kollegen mit einer »protestation la plus énergique« an.

Noch aber fehlt Mussolinis Antwort auf Hitlers Brief. Mit Ungeduld wartet man im Rauchsalon der Reichskanzlei. Endlich, um 22.25 Uhr wird Hitler ans Telefon gerufen, es ist Prinz Philipp aus Rom: »Der Duce«, ist sein zweiter Satz, »hat die ganze Sache sehr, sehr freundlich aufgenommen.« Für ihn sei Österreich eine »abgetane Angelegenheit«. Hitler zeigt offen seine große Erleichterung: »Sagen Sie bitte Mussolini, ich werde ihm das nie vergessen.« Viermal wiederholt er diesen Satz. Den Generälen lässt er sagen: »Jetzt geht's los.« Gegen Mitternacht treffen die Befehle bei den Armeekorps ein, ab 5.30 Uhr die Brücken über den Inn zu besetzen und ab 8 Uhr ins Land einzumarschieren.

Kurz vor Mitternacht vollzieht der österreichische Bundespräsident Miklas seine Kapitulation vor der »Revolution der NSDAP«. Er ernennt Innenminister Seyß-Inquart zum neuen Bundeskanzler und akzeptiert seine Ministerliste: »Sichern Sie dem Lande den Frieden!« Den Ausschlag geben Gerüchte, Sowjetrussland sei nun wohl die einzige Macht, die »sofort für Österreich einzuschreiten bereit wäre«; Miklas graut es: »Moskau als ›Retter‹ Mitteleuropas – das ist unausdenkbar!« Die Machtergreifung ist vollzogen: »Österreich ist nationalsozialistisch!« meldet der Rundfunk: »Durch das Vertrauen des ganzen Volkes empor getragen ist eine neue Regierung gebildet worden. Unser Ziel ist erreicht: ein Volk, ein Reich, ein Führer!«[33]

Der Einmarsch als »Blumenkrieg«

Vier Stunden nach der von Göring gesetzten Frist sind alle Forderungen erfüllt; doch der deutsche Einmarsch ist nicht mehr aufzuhalten: »Die Sache ist jetzt im Rollen«, wie Göring sagt. General von Bock schlägt sein Hauptquartier in dem niederbayerischen Städtchen Mühldorf auf, gut 30 Kilometer von der Grenze entfernt, und stellt die Verbindung zu den vorgeschobenen Linien zwischen Passau und Reichenhall her. Zum ersten Mal seit 20 Jahren steht wieder eine solch große deutsche Streitmacht von Heer und Luftwaffe zum Einsatz bereit. »Krieg gegen ein Brudervolk« ist nicht geplant, aber die Infanterie- und Panzertruppen sind auf den Ernstfall eingestellt, bewaffnet und munitioniert. Die Flugzeuge laden allerdings keine Bomben, sondern Flugblätter, die ab dem frühen Morgen millionenfach über ganz Österreich abgeworfen werden:

> »Das nationalsozialistische Deutschland grüßt sein nationalsozialistisches Österreich und die neue nationalsozialistische Regierung!«

Dieser dürftige Text war von all den Entwürfen geblieben, die Goebbels in den vorangegangenen 48 Stunden entwickelt hatte: Die Ereignisse hatten sich so überstürzt, dass immer wieder neue Formulierungen gefunden werden mussten. So improvisiert wie die Vorbereitung des Einmarschs erfolgt auch die Durchführung. Wenn das österreichische Bundesheer nicht den Befehl erhalten hätte, die »deutschen Truppen in Erinnerung an die Waffenbrüderschaft von 1914/18« zu empfangen, hätte es leicht zu einer Katastrophe kommen können. So aber wurde es zu einem »Blumenkrieg«, wie sich der deutsche Panzergeneral Manstein erinnert.[34]

Von Schärding südlich von Passau erfolgt der Einmarsch über den Inn in die oberösterreichische Hauptstadt Linz

Der erste *Reichsdeutsche*, der österreichischen Boden betritt, ist der Chef der deutschen Polizei: Der SS-Führer Himmler landet von München kommend in starker Begleitung am 12. März um 5 Uhr morgens auf dem Wiener Flughafen Aspern. Er hat insgesamt 12 000 Polizisten mit Bussen öffentlicher Verkehrsbetriebe in Marsch gesetzt, damit sie auf Österreichs Straßen für Ordnung sorgen und die neue Regierung gegen möglichen Widerstand absichern. Drei Stunden später beginnen deutsche Truppen mit dem Einmarsch. Es fällt kein Schuss, es fließt kein Blut: Die Schlagbäume an den Brücken über den Inn und die Salzach sind hochgezogen, auf der anderen Seite der Grenzflüsse steht die Bevölkerung und begrüßt die deutschen Soldaten begeistert: Man schüttelt sich die Hände, umarmt sich, tauscht sich aus. Der Vormarsch kommt nur langsam voran, auf den engen Straßen kommt es zu Staus und wegen des ungewohnten Linksverkehrs zu Unfällen, an den Tankstellen zu langen Wartezeiten.

Wie angekündigt macht Hitler sich auf den Weg, den deutschen Soldaten ins Land seiner Herkunft zu folgen. Ihm folgen auf Anordnung von Goebbels zahlreiche Journalisten, Fotoreporter und Rundfunkleute, die gar nicht ahnen, was ihnen bevorsteht. Von Berlin geht es in der Frühe mit Flugzeugen nach München, von dort in offenen Wagen nach Mühldorf, wo die Kolonne gegen Mittag eintrifft. Gerade verliest Goebbels über alle deutschen Sender Hitlers Proklamation:

> »Seit heute morgen marschieren über alle Grenzen Deutschösterreichs die Soldaten der deutschen Wehrmacht! Ich selbst als Führer und Kanzler des deutschen Volkes werde glücklich sein, nunmehr wieder als Deutscher und freier Bürger jenes Land betreten zu können, das auch meine Heimat ist. Das deutsche Volk in Österreich sieht in den zu Hilfe gekommenen Brüdern die Retter aus tiefster Not!«

General Bock, der Oberbefehlshaber der 8. Armee, empfängt Hitler vor seinem in einer Schule aufgeschlagenen Hauptquartier und macht Meldung: Unsere Truppen werden mit Blumen und Jubel empfangen. Die ersten deutschen Panzer sind in Linz eingetroffen. – Werden andere Mächte nun politisch oder gar militärisch eingreifen? Erste Reaktionen aus dem Ausland laufen ein: Bedrohliche Meldungen etwa über französische Aktivitäten an der Grenze sind nicht darunter. Hitler entscheidet: Wir folgen sofort den Truppen.[35]

Es wird eine Triumphfahrt: Bei Simbach überquert eine schmale Eisenbrücke den Inn, dahinter das erste österreichische Städtchen: »Ihre Geburtsstadt Braunau grüßt Sie!« heißt es zum Empfang. Die Kirchenglocken läuten, Männer grüßen mit erhobenen Armen, Frauen und Mädchen mit Blumen. Das gleiche Bild auf der gesamten Strecke bis Linz: Menschenmengen, Jubelrufe, Hakenkreuzfahnen, Musikkapellen.

Es ist schon dunkel, als Hitler gut drei Stunden später in der oberösterreichischen Hauptstadt eintrifft: Bei bitterer Kälte stehen Zehntausende erwartungsvoll auf dem Rathausmarkt. Die Begeisterung klang wie der »Aufschrei eines jahrelang gequälten Volkes«, erinnert sich der damalige Linzer Bürgermeister. Hitler betritt zusammen mit dem ihm entgegen gereisten Bundeskanzler Seyß-Inquart den Balkon des Rathauses: »Mein Führer!« begrüßt dieser ihn, »des Reiches gewaltige Wehr rückt unter dem Jubel Österreichs in unser Land ein. Wir danken Ihnen!« Hitler dankt allen für die Begrüßung und zeigt offen seine »innere Ergriffenheit«: Er glaube, jetzt sei seine Aufgabe erfüllt, »meine teure Heimat dem Deutschen Reich wiedergegeben« zu haben. Nicht enden wollende Sieg-Heil-Rufe unterbrechen ihn, Tränen laufen ihm über die Wangen. »Sehen Sie in den deutschen Soldaten Kämpfer für des ganzen großen deutschen Volkes Einheit, für des Reiches Macht, für seine Größe und für seine Herrlichkeit jetzt und immer-

Empfang am 12. März 1938 für die deutschen Truppen in der Innsbrucker Maria-Theresien-Straße; rechts die Annasäule, die an die Vertreibung bayerischer Truppen aus Tirol 235 Jahre zuvor erinnert

dar. Deutschland, Sieg Heil!« Die Begeisterungsstürme sind überwältigend. Mit Betonung auf dem unbestimmten Artikel wird skandiert: »Ein Volk! Ein Reich! Ein Führer!«[36] Wie diese Einheit aussehen soll, bleibt in den Linzer Reden unbestimmt.

»Die Aktion ist gewonnen, kaum dass sie angefangen ist«, urteilt Goebbels, als er das Zeitungsecho im Ausland auf den 12. März zusammenfasst: »In Rom ist man einverstanden«, hält er fest, »in Paris gänzlich niedergeschlagen und vorläufig ruhig« und »in Prag hat man sich abgefunden«. Aus Belgrad heißt es: »Wir freuen uns, nunmehr an unseren Grenzen 80 Millionen Freunde und nicht etwa 80 Millionen Feinde zu haben.« In Tokio feiert die gesamte Presse den »gewaltigen Prestige- und Machtgewinn des befreundeten Deutschlands und die Stärkung des deutschen Übergewichts in Mittel-, Ost- und Südosteuropa.« Sogar die ersten Reaktionen aus Washington klingen »verständnisvoll«. »Frech wird man in London«, heißt es jedoch über den britischen Protest, der vom Auswärtigen Amt in Berlin als eine unzulässige Einmischung in eine innere »Familienangelegenheit« zurückgewiesen wird.

Goebbels weiß allerdings nicht, welche Ziele Chamberlain verfolgt. In London waren mehrere sehr dringende Telegramme aus Paris eingetroffen, die eine gemeinsame Aktion gegen »den Anschluss (so wörtlich) und die pangermanischen Ziele in Mitteleuropa« verlangten. Auf einer überraschend einberufenen Regierungssitzung stellt Chamberlain fest:

> »Was geschehen ist, war unvermeidlich, es sei denn, die Westmächte hätten Hitler klar machen können: ›Wenn du Krieg gegen Österreich führst, bekommst du es mit uns zu tun.‹ Nur die Demonstration einer überwältigenden militärischen Macht hätte ihn aufhalten können.«

Diese Frage habe sich jetzt erledigt, sagt Chamberlain, aber fragt gleich weiter: »Wie können wir ähnliche Ereignisse in der Tschechoslowakei verhindern?« Im Mittelpunkt der Diskussion steht die Erhöhung und Beschleunigung der Rüstungsausgaben, vor allem für die Luftwaffe und die Luftverteidigung. Man hofft, dass das Parlament nach den jüngsten Ereignissen in einer besseren Stimmung sein werde, die weitere Aufrüstung Großbritanniens zu debattieren. Der Kriegs- und der Luftfahrtminister äußern so dringlich den Wunsch, die Erhöhung ihrer Etats möglichst bald zu verkünden, dass Chamberlain zum Schluss der Aussprache warnt: Wir wollen nicht den Eindruck hervorrufen, dass das Land bereits innerhalb der nächsten Wochen vor dem Krieg steht.[37]

Die Gelegenheit für Hitler ist günstig, und er greift zu. Er macht einen neuen Plan zum Zusammenschluss der beiden Reiche. Bislang war vorgesehen, dass Österreich »unter den Schutz Deutschlands« gestellt werde und Hitler in Personalunion das Amt des Bundespräsidenten übernehme. Der Freudentaumel in Linz und die gezähmten Proteste der Westmächte zeigen die Möglichkeit, sich nicht mit »halben Maßnahmen« zufrieden zu geben. Noch am Abend beordert Hitler über die einzige Telefonleitung des Hotels Weinzinger den für Verfassungsfragen zuständigen Staatssekretär im Reichsinnenministerium nach Linz, damit er ein neues Gesetz entwerfe.

Es liegt am nächsten Morgen, den 13. März, an dem Sonntag der von Schuschnigg geplanten Volksbefragung, auf dem Tisch und trägt den Titel »Gesetz über die Wiedervereinigung Österreichs mit dem Deutschen Reich«. Hitler schickt Seyß-Inquart zurück nach Wien: Die neue Bundesregierung solle das Gesetz beschließen und Bundespräsident Miklas entsprechend der Verfassung zur Unterschrift vorlegen. Die Regierung braucht für ihre Beschlussfassung fünf Minuten: »Zur Feier der Stunde erheben sich alle von den Sitzen und leisten den Deutschen Gruß«, vermerkt das Protokoll. Der Präsident dagegen verweigert seine Unterschrift: Er hält bei einer solchen Grundsatzentscheidung vorab eine Volksabstimmung für erforderlich, tritt zurück und überlässt Seyß-Inquart sein Amt, der nun das Gesetz unterzeichnet.[38]

Fast alle Wiener Morgenzeitungen erscheinen am 14. März mit der Schlagzeile: »Österreich ist ein Land des Deutschen Reiches.« Damit die Machtverhältnisse klar sind, wird zugleich verfügt, dass das österreichische Bundesheer ab sofort Bestandteil der deutschen Wehrmacht sei und auf Hitler vereidigt werde. Außerdem wird für den 10. April 1938 eine »freie und geheime Volksabstimmung der über 20 Jahre alten deutschen Männer und Frauen Österreichs« angekündigt. – Diese Bestimmungen entsprechen dem Artikel 2 der 1919 in Weimar beschlossenen Verfassung zur Aufnahme eines »anderen Gebiets«. Damals bereits hatte der spätere Außenminister Gustav Stresemann davon geträumt, »die Deutsch-Österreicher an uns zu fesseln« und den Kanzler des Zweiten Reiches Otto von Bismarck zitiert: »Da liegen wir dann wie ein Klotz inmitten Europas, an dem keiner vorbeigehen kann.« Zugleich zersprengt das »Wiedervereinigungsgesetz« die Fesseln, die den beiden Verlierern des Weltkriegs in den Friedensverträgen von Versailles (Artikel 80) und St. Germain (Artikel 88) angelegt worden waren: Gegen das von US-Präsident Woodrow Wilson proklamierte Selbstbestimmungsrecht der Völker war den beiden deutschen Ländern der Zusammenschluss ohne Zustimmung des Völkerbunds verboten worden. – Ist die fast 20 Jahre zuvor durch die Siegermächte geschaffene Neuordnung Europas hinfällig geworden?

Groß aufgemacht wird in Wiens Mittags- und Abendzeitungen ein Interview, das Hitler in Linz dem englischen Korrespondenten George Ward Price gegeben hatte und das in der Londoner *Daily Mail* erschienen war. »Frank und frei« habe er die Fragen beantwortet: »Vor vier Tagen ahnte ich noch nicht, dass ich heute hier sein würde oder dass Österreich nun ein Teil von Deutschland wie Bayern oder Sachsen werden würde.« Er habe sich durch Schuschnigg getäuscht gefühlt, rechtfertigt er sein Vorgehen. »Sie werden das Ergebnis der geplanten Abstimmung sehen«, sagt er dem Journalisten, »es wird eine überwältigende Mehrheit geben wie (1935) an der Saar.« Er habe ein »Werk des Friedens« vollbracht: »Wenn ich nicht eingeschritten wäre, hätte es hier eine blutige Revolution gegeben«, wird im Fettdruck hervorgehoben: »Österreich wäre wohl ein zweites Spanien im Herzen Europas geworden.« In warnendem Ton Richtung Tschechoslowakei und Polen fügt er hinzu: »Ich hoffe, dass alle Staaten am Beispiel der österreichischen Ereignisse erkennen werden, wie töricht es ist, ihre nationalen Minderheiten zu unterdrücken.«[39]

Alle Zeitungen der Hauptstadt mit ihren 1,8 Millionen Einwohnern (fast ein Drittel der Einwohner des Landes) künden außerdem an: »Der Führer kommt nach Wien«. Bereits am frühen Morgen des 13. März hatten die deutschen Panzerspitzen bei Schneeschauern die Außenbezirke der Stadt erreicht; am Abend paradieren die ersten Panzer durch die Straßen. Den ganzen Tag über treffen auf Güterzügen andere Truppenteile ein, landen auf dem Flugplatz Hunderte von Flugzeugen, postieren sich deutsche Polizisten mit preußischen Tschakos am Straßenrand. Doch die Wiener müssen sich gedulden: Hitler bleibt den Sonntag über noch in Linz, frischt Erinnerungen an seine Jugendzeit auf, trifft sich mit alten Bekannten, macht einen Abstecher zum Grab seiner Eltern in Leonding, nimmt Vorbeimärsche seiner Anhänger ab: Immer wieder wird der »Befreier der Heimat« umjubelt. Dem neuen Bürgermeister von Linz gelingt es sogar, Hitler beim Essen mit Blick auf die alte morsche Brücke über die Donau eine Zusage zu entlocken: »Burgermasta, ich baue Ihnen die Brücke, die Sorgen und Nöte dieser Stadt sind vorüber.«

Am Vormittag des 14. März wird die Triumphfahrt Richtung Wien fortgesetzt: In jeder Ortschaft kommt die lange Kolonne der 20 Mercedes-Geländewagen wegen der dichtgedrängten Menschenmassen zum Halten, wird gejubelt und gerufen: »Führer, wir danken dir! Österreich grüßt seinen Führer!« Es liegt 59 Jahre zurück, dass ein deutscher Reichskanzler auf seiner Eisenbahnfahrt von Linz nach Wien ähnlich umjubelt wurde: Bismarck war auf dem Weg zu Kaiser Franz Josef, um ein Bündnis zwischen Berlin und Wien zu schaffen. Anders als Hitler, der die Begeisterung stehend im offenen Wagen nach beiden Seiten grüßend genießt, schloss Bismarck bescheiden die Vorhänge seines Abteils.[40]

Sieben Stunden braucht Hitler für die knapp 200 Kilometer über Enns, Amstetten, Melk und die niederösterreichische Landeshauptstadt St. Pölten, bis er am frühen Abend – begleitet von Wochenschaukameras und Fotografen – im Schritttempo in Wien einzieht. Nicht nur der erste sonnige Frühlingstag hatte dort Hunderttausende auf die Beine gebracht: Für die Schüler gab es schulfrei, Betriebe und Behörden stellten ab 12 Uhr die Arbeit ein, die am Tag zuvor eröffnete Messe schloss ihre Pforten. Auch die Theater bleiben versperrt; Friedrich Smetanas Bauernschwank *Die verkaufte Braut* kommt in der Oper nicht zur Aufführung.

Ein Menschenmeer zwischen Schwarzenbergplatz und Oper umschließt das für Hitler geräumte *Hotel Imperial* am Ring, auf dem der Verkehr eingestellt wird. Ruhe findet Hitler hier nicht, immer wieder ertönen Sprechchöre: »Wir wollen den Führer sehen!« Kurz nach 19 Uhr betritt er den

Am 14. März 1938 erreicht Hitler im offenen Mercedes-Wagen die österreichische Hauptstadt

Durch die dicht gedrängte Mariahilferstraße kommt Hitlers Autokonvoi ins Stadtzentrum Wiens

von Scheinwerfern angestrahlten Balkon: »Es ist eine große geschichtliche Wende, die unserem deutschen Volke zuteil wurde«, sagt er und gelobt: »Was auch immer kommen mag, das Deutsche Reich wird niemand mehr zerschlagen und niemand mehr zerreißen können!« Das sei der feste Glaube aller Deutschen »von Königsberg bis Köln, von Hamburg bis Wien.« Der Orkan der Heilrufe klingt über in das Deutschlandlied und das Horst-Wessel-Lied: »Die Fahne hoch, die Reihen fest geschlossen!« Dann ergeht die Aufforderung, nach Hause zu gehen und die »Arbeit des Führers nicht mehr zu stören«.

Wie die kurze Rede zeigt, bleibt Hitlers größte Sorge die Reaktion des europäischen Auslands auf den Machtzuwachs der Deutschen. Die drei Großmächte sind abgehakt. Glaubt man den Berichten des *Völkischen Beobachters*, haben die kleineren Staaten die »Wiedervereinigung« mehr oder weniger erfreut zur Kenntnis genommen. Nur die Regierung eines Landes zeigt ihre Nervosität: »In eine schwierige Lage habe ich die Tschechoslowakei gebracht«, gibt Hitler zu: »Ich«, betont er, »kann ihnen nicht helfen.«[41]

Die Folgen des *Anschlusses* für die Tschechoslowakei

Wer will dem Land helfen, das sich über Nacht zur Hälfte von Deutschland umzingelt sieht?

Will es Frankreich, das mit der ČSR seit 1924 einen Bündnis- und Beistandsvertrag hat? Ja, gleichzeitig mit dem Eintreffen Hitlers in Wien empfängt der wieder ernannte französische Ministerpräsident Léon Blum in Paris den tschechoslowakischen Gesandten Stefan Osuský und bekräftigt seine Absicht, die militärischen Verpflichtungen Frankreichs »wirkungsvoll, unmittelbar und vollständig« zu erfüllen. Auf der folgenden Sitzung des Ministerrats warnt Verteidigungsminister Édouard Daladier allerdings: Wir können der Tschechoslowakei nicht direkt, nur indirekt helfen, indem wir mobil machen und deutsche Truppen an unseren Grenzen binden. – Besondere Sorgen mache man sich um die schwache Luftwaffe. – In Prag setzt man trotzdem auf das Großmachtinteresse der Franzosen: »Wenn wir unterliegen, würde Frankreich politisch an den Rand Europas zurückgeworfen.« Die von Beneš beschworene »Brücke« zwischen Paris und Moskau würde einstürzen. Doch wenige Tage später warnt Osuský seine Regierung in Prag: Man sehe es hier nicht gern, wenn wir mit dem französischen Säbel drohen, weil es dann so aussehen könnte, als ob wir Frankreich in den Krieg treiben.[42]

Will es Großbritannien, das kein besonderes Bündnis abgeschlossen hat? Nein, erfährt der tschechoslowakische Gesandte Jan Masaryk in London von Außenminister Halifax: »Unsere Sympathien sind auf Ihrer Seite, aber ich kann keine bindenden Versprechungen machen.« Der britische Gesandte in Prag hatte sich gegen jede Zusage ausgesprochen, da er nach der Vereinigung der deutschen mit der österreichischen Armee die strategische Lage des Landes für hoffnungslos hält. Masaryks Bitte um eine Geste der Unterstützung erfüllt Chamberlain auch nicht in seiner Regierungserklärung am 14. März: »Es ist nicht der Augenblick für hastige Entscheidungen und unbedachte Worte«, sagt er. Erst der konservative Abgeordnete Winston Churchill prangert – während Hitler seine kurze Ansprache in Wien hält – die »Nazi-Eroberung Österreichs« unverblümt an: Er sieht die Verkehrswege im gesamten Verlauf der Donau bereits in deutscher Hand und die Tschechoslowakei wie auch Rumänien und Jugoslawien in Gefahr; dagegen verlangt er neue Anstrengungen bei der Aufrüstung und eine »große Allianz« gegen die Aggression.[43]

Will es die Sowjetunion, die seit 1935 durch einen gegenseitigen Beistandspakt mit Prag verbunden ist? Gewiss, Moskau sieht nach dem »militärischen Einfall in Österreich in erster Linie eine Bedrohung für die Tschechoslowakei«. Aber mehr als eine große Geste beabsichtigt auch der sowjetische Außenminister Maxim Litwinow nicht: Er erklärt seine Bereitschaft, mit den anderen Großmächten gemeinsam »praktische Maßnahmen zur Rettung der Welt« zu erörtern. Diese Konferenzidee soll Moskau wieder ins diplomatische Spiel bringen und bei erwarteter Ablehnung dazu dienen, die Verantwortung an den kommenden Ereignissen abzuwälzen.[44]

Können die Tschechoslowaken sich selber helfen? Oberst Emanuel Moraveć von der Prager Kriegsschule ist vom »strategischen Wert« seines Landes überzeugt: »Mit unserer geografischen Lage können wir jeden germanischen Zug vom Rhein und vom Main ins Donaubecken verhindern«, schreibt er in seinem Lehrbuch. In einem internen Papier gibt er sich sogar überzeugt, dass die »deutsche Armee gegen ein Bündnis der anderen Großmächte keine Hoffnung auf Erfolg« habe. Vor allem gegenüber den Briten streicht er deren weltpolitische Interessen heraus: Ist die Tschechoslowakei geschlagen, trennen Deutschland nicht mehr 1000, sondern nur noch 300 Kilometer vom rumänischen Erdöl; das weitere Vordringen der Deutschen auf der Linie Hamburg-Bagdad bedrohe dann die britischen Verbindungswege nach Asien und Afrika: »Auf den Sudetenbergen«, verlangt er, »muss England in Zeiten des Luftkriegs sein Gebiet von Mossul verteidigen.«

Auch der tschechoslowakische Präsident Beneš zweifelt nicht am Eigeninteresse der Westmächte, sein Land militärisch zu unterstützen. Deutschland werde es mit der ganzen Welt zu tun haben, hofft er, wenn es etwas gegen die Tschechoslowakei unternehmen werde. Die Lage für einen Krieg gegen Deutschland sei sogar günstiger als 1914, erklärt er am 14. März einem britischen Besucher: »Unsere Armee hat eine erstklassige Kampfmoral und ist so gut ausgerüstet, dass sie fünf Monate lang Widerstand leisten kann.« Er wolle aber, sagt er, zunächst auf ein Jahr Zeitgewinn spielen, um Lücken in den Verteidigungsanlagen an der Grenze zum ehemaligen Österreich zu schließen und Großbritannien wie Frankreich eine weitere Aufrüstung zu ermöglichen.[45]

In Wien sind am 15. März noch zwei große Auftritte Hitlers vorgesehen: Um 11 Uhr ist eine Million Menschen auf dem Heldenplatz und den umliegenden Straßen versammelt. Sie sehen und hören, wie Hitler vom Balkon der Hofburg verkündet: »Dies Land ist deutsch. Unsere Aufgabe wird es sein, durch Arbeit, Fleiß und gemeinsames Einstehen und Zusammenstehen die großen sozialen, kulturellen und wirtschaftlichen Aufgaben zu lösen.« Er dankt allen für ihren Beitrag, die »große Wende in so kurzer Zeit mit Gottes Hilfe herbeizuführen«. Seinem letzten Satz: »Als Füh-

Als einziger Zivilist unter den Uniformträgern: Alfred Seyß-Inquart (links) begleitet Hitler zur Kundgebung auf dem Heldenplatz

rer und Kanzler der deutschen Nation und des Reiches melde ich vor der Geschichte nunmehr den Eintritt meiner Heimat in das Deutsche Reich« folgen, wie es in den Zeitungen heißt, »minutenlange, unvorstellbare Kundgebungen der Freude und der Begeisterung«.

Am gleichen Ort hält Hitler um 14 Uhr als »Krönung seiner Wiener Tage« eine zweistündige Militärparade ab: Im Wechsel ziehen deutsche und österreichische Infanterie- und Kavallerieformationen unter Marschklängen an ihm vorüber, rollen Hunderte von Panzern über das Pflaster, donnern Hunderte von Flugzeugen über den Himmel. Vor der Abreise aus Wien trifft Hitler noch kurz mit Kardinal Innitzer zusammen, der bereits mit fliegenden Fahnen vom alten zum neuen System übergelaufen war, aber trotzdem vor dem *Hotel Imperial* mit Pfiffen empfangen wird. Er sagt Hitler nun zu, dass die Bischöfe das »Wirken der nationalsozialistischen Bewegung für die Zukunft mit ihren besten Segenswünschen begleiten« würden. Nach Hitlers Abflug setzt die Wiener Oper ihre Spielzeit in festlichem Rahmen fort: Für Beethovens Befreiungsdrama Fidelio steht Hans Knappertsbusch am Pult.[46]

Hitler am 15. März 1939 auf dem Heldenplatz in Wien: »Dies Land ist deutsch.«

Schlag auf Schlag erfolgen an den folgenden Tagen die Maßnahmen zur Anpassung Österreichs an die deutschen Verhältnisse. Unter anderem wird für eine kurze Übergangszeit ein günstiger Wechselkurs von einer Reichsmark gegen 1 Schilling 50 Groschen eingeführt. Zur schnellen Erreichung der Vollbeschäftigung prüft eine Treuhandstelle alle Kreditwünsche. Wirtschaftsfachleute sagen eine Entwicklung »von der Wirtschafts- zur Konjunktureinheit« voraus. Es wird ein Beauftragter für die Vorbereitung der Volksabstimmung ernannt; aus den Kassen des Winterhilfswerks erhält er das Geld für 40 000 Volksempfänger. Autofahrer sollen bei Auslandsreisen das »A«- durch ein »D«-Schild ersetzen. Nach dem von Goebbels organisierten »triumphalsten Einzug des Führers in die Hauptstadt des Großdeutschen Reiches« verkündet Hitler am 18. März in Berlin die Auflösung des Reichstags und Neuwahlen am 10. April im gesamten Reich: »Deutsches Volk, gib mir noch einmal vier Jahre, damit ich den äußerlich nunmehr vollendeten Zusammenschluss zum Segen aller auch innerlich verwirklichen kann!« Dann werde das »neue Deutsche Volksreich reich in der Blüte seines wirtschaftlichen Lebens« sein.[47]

Von weiteren Plänen lässt Hitler nichts erkennen. Doch der tschechoslowakische Präsident Beneš erfährt aus einer sicheren Quelle, dass nun sein Land »an der Reihe« sei. Der Journalist Ward Price ist nach der Siegesfeier in Wien sofort weiter nach Prag gereist und betätigt sich auf der Burg als »Friedensvermittler«. Er sitzt eine halbe Nacht mit Beneš zusammen und zählt Hitlers Forderungen auf: Selbstverwaltung und Autonomie für die Deutschen in der ČSR, vielleicht sogar Abtrennung des Sudetenlandes mit einem Reststaat aus Böhmen und Mähren unter deutschem Einfluss. Und er gibt gute Ratschläge: »Wenn Sie sich retten wollen, sollten Sie und Ministerpräsident Hodža sich ins Flugzeug setzen und Hitler aufsuchen.« Es wäre ein Verbrechen, fügt er hinzu, wenn die Tschechen einen europäischen Krieg hervorrufen. Sie sollten sich auch nicht auf Frankreich und Russland verlassen, Deutschland werde siegen. Mehrfach betont er: »Wir werden alle zugrunde gehen, wenn Sie sich kriegerisch zur Wehr setzen!« Ein paar Tage später erfährt Ward Price in Warschau, dass der »Bund der Polen in der Tschechoslowakei« dieselben Rechte wie die Sudetendeutschen fordert.

Einem solchen Unglücksboten will Beneš nicht folgen. Es ist gerade vier Wochen her, dass er es kategorisch abgelehnt hat, mit Berlin über »unsere Deutschen« zu verhandeln, auch nicht mit London und Paris: »Wehret den Anfängen«, hatte er gesagt, »wir werden nie eine Autonomie gewähren und wir werden keinem Druck weichen.« Ein Abkommen mit den Deutschen bedeute in seinen Augen Unterwerfung. Allenfalls wolle er den Wünschen aus Berlin entgegenkommen und die Aktivitäten deutscher Emigranten in Prag gegen Hitler beschränken. Einem anderen britischen Besucher vertraut er an:

> »Wir sind in Mitteleuropa der Außenposten der westlichen Demokratie. Wenn wir allein gelassen werden, können wir nichts tun. Dann würde unsere gewaltige Rüstungsindustrie in deutsche Hände fallen. Deutschland hätte freien Zugang zu den Rohstoffen, Bodenschätzen und Nahrungsmitteln im Donauraum.«

In Prag ist man überzeugt, dass es Hitler um die Vormacht in Mitteleuropa gehe: Auf diese Gefahr müssen wir die Westmächte aufmerksam machen, damit Großbritannien und Frankreich fest bleiben, lautet Prags Devise.[48]

In London steht derweil tatsächlich die Frage im Mittelpunkt: Was tun wir, um Deutschlands Vormacht auf dem Kontinent zu verhindern? Premier Chamberlain meint: »Gewalt ist die einzige Sprache, die Deutschland versteht.« Also fragt er seine Stabschefs, was man militärisch gegen einen deutschen Angriff auf die Tschechoslowakei tun könne. Sie stellen einen Stärkevergleich an und kommen zu dem Schluss: »Kein Druck, den wir zur See, zu Lande oder in der Luft ausüben können, würde Deutschland davon abhalten, in Böhmen einzudringen, das Land zu überrennen und die Armee entscheidend zu schlagen.« Dann sei ein langer Krieg bis zur Niederlage Deutschlands angesagt, ja ein Weltkrieg, weil auch Italien und Japan eingreifen würden, um ihre eigenen Ziele zu erreichen. Wegen fehlender Flugabwehr und Schutzbunker mache ihnen vor allem ein Luftkrieg Sorgen: »Wir können die Deutschen nicht davon abhalten, Bomben auf unser Land zu werfen.« Sie kommen zum Schluss: »Wir sind jetzt noch nicht bereit für Krieg.«

Ein »äußerst betrübliches Dokument« nennt Außenminister Halifax diesen Bericht der Stabschefs auf der Sitzung der Regierung am 22. März. Seine Schlussfolgerung: »Ich bin nicht in der Lage, eine Politik zu empfehlen, die das Risiko eines Krieges eingeht.« Sein Vorschlag: »Wir sollten uns bemühen, die tschechoslowakische Regierung zu veranlassen, eine Regelung mit den Sudetendeutschen zu finden.« Dafür sollten die Franzosen entsprechenden Einfluss auf Prag nehmen.

Chamberlain stimmt zu: »Unsere militärische Schwäche zwingt uns zu Verhandlungen.« Auf mögliche Verbündete baut er nicht: Zur französischen Regierung hat er nicht das geringste Vertrauen; aus den USA erwartet er keine Hilfe, obwohl die amerikanische Presse von Gräuelgeschichten über das Rasen des »preußischen Wolfs unter den österreichischen Schafen« strotzt; und Moskau hat er im Verdacht, »hinter der Bühne heimlich und listig an den Strippen zu ziehen, um uns in einen Krieg mit Deutschland zu verwickeln«. Ein Blick auf die Karte hat ihn belehrt: »Wir können die Tschechoslowakei nicht vor Deutschland retten, es sei denn, wir hätten eine überzeugende Aussicht, es in vernünftiger Zeit auf die Knie zu zwingen – und die sehe ich nicht.« Das Kabinett stimmt dem Premier und seinem Außenminister zu: »Es wäre ein Fehler, sich in eine sichere Katastrophe zu stürzen, um einer zukünftigen Gefahr zu entgehen, die möglicherweise nie kommen würde.«

»Sollen wir«, fragt Chamberlain zwei Tage später im Unterhaus, »unsere gesamte Militärmacht einsetzen, wenn Frankreich bei einem deutschen Angriff auf die Tschechoslowakei seine Beistandsverpflichtungen erfüllen muss?« Und er antwortet: »Seiner Majestät Regierung sieht sich außer Stande, im Voraus eine solche Zusage zu machen.« Er sieht die Zeit gekommen, alle Kräfte der Diplomatie für die Erhaltung des Friedens einzusetzen, und begrüßt die Bereitschaft Prags, praktische Schritte zu unternehmen, den berechtigten Wünschen der deutschen Minderheit entgegenzukommen. Indirekt gibt er die eigene militärische Schwäche zu, wenn er ankündigt, dass die Aufrüstung beschleunigt werden solle: »Vor allem brauchen wir für die Selbstverteidigung eine Steigerung bei den Luftstreitkräften und bei der Flugabwehr.« Zufrieden berichtet Prags Gesandter in London über Chamberlains Ankündigung eines »wesentlich schnelleren Rüstungstempos« – das würde einen möglichen Angreifer abschrecken, meint er.[49]

So richtig sicher fühlt sich die Regierung in Prag jedoch nicht. Sie hat zwar in den vorangegangenen Jahren auch kräftig aufgerüstet und die Grenzen des Landes mit Tausenden von kleinen Bunkern befestigt. Aber nur ein Zehntel der etwa 3500 Kilometer langen Außengrenze fällt mit den Sprachengrenzen zusammen. Bis auf die Grenze mit dem verbündeten Rumänien stehen rundherum Deutschland, Polen und Ungarn zum Schutz »ihrer« Minderheiten bereit. »Wie kann man erwarten«, fragt ein britischer Beobachter, »dass die Sudetendeutschen in den Reihen der tschechoslowakischen Armee im Kriegsfall gegen ihre deutschen Brüder kämpfen?« Die ČSR gilt als kleines Abbild des untergegangenen Vielvölkerstaates Österreich-Ungarn. Das Beispiel der deutsch-österreichischen Wiedervereinigung ermutigt die Minderheiten, eigene Forderungen zu erheben. Die Polizeidirektoren in den Randgebieten berichten nach Prag über auffällige Demonstrationen.

Vor allem Sudetendeutsche sind aktiv: Sie feiern Hitlers Einzug in Wien und beginnen sich mit erhobenem Arm und »Sieg-Heil!« zu grüßen. Ihre größte Partei wirbt neue Mitglieder: »Kämpft alle unter den Fahnen der Sudetendeutschen Partei/SdP für das Lebensrecht und die Ehre unseres Volkes!« Tatsächlich rufen zwei kleinere deutsche Parteien, der Bund der Landwirte und die Christlich-Soziale Volkspartei, ihre Minister aus der Regierung in Prag zurück und schließen sich der SdP an. Diese stellt seit den letzten Wahlen 1935 die größte Fraktion im Abgeordnetenhaus, blieb aber in der Opposition.

Ihr Anführer Konrad Henlein verlangt nun Neuwahlen und veranstaltet am 27. März Kundgebungen, an denen sich eine halbe Million Menschen beteiligen. Obwohl die Redner angewiesen sind, sich »aller provokativen Äußerungen zu enthalten«, kommt es zu »Begeisterungsausbrüchen«, die kaum zu bändigen sind: Über die Plätze schallt der aus Österreich übernommene Ruf: »Ein Volk, ein Reich, ein Führer«, auf Rathäusern wird die Sturmfahne der SdP gehisst. Die Polizei hält sich zurück – die Demonstranten empfinden das als »Hilflosigkeit und Abdankung der Staatsautorität«. Hartnäckig halten sich Gerüchte, es werde bald einen »völligen Umschwung geben« und Hitler werde wie in Österreich direkt eingreifen.

Am folgenden Tag folgt Ministerpräsident Milan Hodža Wünschen aus London und Paris, zur Erhaltung des internationalen Friedens das Minoritätenproblem in der Tschechoslowakei mit neuartigen Maßnahmen anzugehen. Er stellt Verbesserungen durch ein »Minderheitenstatut« in Aussicht, erntet aber am Tag darauf im Parlament nur schärfste Kritik von deutschen, polnischen und ungarischen Abgeordneten. Sogar bei den Slowaken zeigt sich Unzufriedenheit darüber, dass die ihnen von den Tschechen noch vor der Gründung des gemeinsamen Staates zugesagte größere Selbstständigkeit bislang nicht erreicht wurde. Sie alle vermissen Hinweise zur Ausweitung der Selbstverwaltung und zur besseren Berücksichtigung der Minderheitensprachen: Mit der Mehrsprachigkeit von Aufschriften in Eisenbahnzügen und Amtsstuben wollen sie sich nicht begnügen.

Wendet die Führung in Prag eine Verzögerungstaktik an, weil sie davon ausgeht, dass die deutsche Armeeführung sich nach dem mit vielen Improvisationen behafteten Einmarsch in Österreich noch nicht kriegsbereit fühle und dass sie von einer heilsamen Angst vor den Land- und Luftstreitkräften der Sowjetunion erfüllt sei? Der tschechoslowakische Generalstab erwarte einen deutschen Angriff erst in ein, zwei Jahren, erfährt der britische Militärattaché Ende März in Prag. Er wundert sich allerdings, dass man dort weiter mit der Unterstützung durch Frankreich und die Sowjetunion rechne, und fügt hinzu: »Ich persönlich bezweifle, dass Frankreich tatsächlich seine Verpflichtungen in vollem Umfang erfüllen wird, denn der französische Bauer kann nicht dazu bewegt werden, für etwas anderes zu kämpfen als für die Verteidigung seines Landes.« Auch eine wirksame Hilfe der Sowjetunion hält er für unwahrscheinlich: »So denken die meisten Ausländer hier, aber nur wenige Tschechen.«[50]

Der deutsche Gesandte in Prag, Ernst Eisenlohr, wundert sich ebenfalls über die zögerlichen Zugeständnisse an die Sudetendeutschen. Die von ihm angeregte Amnestie ist für den 25. Mai, Beneš' 54. Geburtstag, geplant – »zu spät« meint er; die längst überfälligen Gemeindewahlen, erwünscht, um »der bestehenden Unruhe ein Ventil zu geben«, sind sogar erst für die Zeit nach dem 28. Oktober vorgesehen, an dem die Ausrufung des Staates 20 Jahre zuvor groß gefeiert werden soll. In Berlin werden die zarten Konzessionen als Zeichen von Angst in Prag gedeutet, und Goebbels notiert: »Henlein wittert Morgenluft.« Der Anführer der Sudetendeutschen Partei hat gleich nach der »glücklichen Wendung in Österreich« Reichsaußenminister Ribbentrop um eine »recht baldige persönliche Aussprache« gebeten und angekündigt, dass man den Dank an Hitler »durch verdoppelten Einsatz im Dienste der großdeutschen Politik« abstatten wolle.

Dazu bekommt Henlein am Nachmittag des 28. März in Berlin Gelegenheit. Zum ersten Mal trifft er Hitler, der ihn lobt: »Ich weiß, wie beliebt Sie sind, und bin sicher, Sie werden die Dinge meistern.« Als Henlein bescheiden abwehrt, fügt Hitler hinzu: »Ich stehe zu ihnen, Sie sind auch morgen mein Statthalter.« Hitler verrät nun sein allgemeines Ziel: »Ich habe die Absicht, das tschechoslowakische Problem in nicht allzu langer Zeit zu lösen.« Er stellt jedoch klar: »Das Reich wird von sich aus nicht eingreifen. Aber wir müssen eng zusammenarbeiten.« Henlein fragt nach: »Wir müssen also immer so viel fordern, dass wir nicht zufrieden gestellt werden können.« Hitler nickt. Henlein will trotzdem nichts überspitzen, zunächst nur die bekannte Forderung nach Selbstverwaltung erheben und alles Weitere später anpacken. Hitler will Henlein, der bereits mehrmals in London die Sache der Sudetendeutschen vertreten hat, auch noch außenpolitisch einsetzen und fordert ihn auf: »Gehen Sie sobald es Ihnen möglich ist wieder dorthin und wirken Sie für eine Nichteinmischung Englands!«

Weitere Einzelheiten bespricht Henlein am folgenden Tag im Auswärtigen Amt. Außenminister Ribbentrop macht ihm Mut: »Hinter Ihnen steht ein 75-Millionen-Volk, das eine weitere Unterdrückung der Sudetendeutschen nicht dulden wird.« Und er erteilt ihm Ratschläge für die Verhandlungsführung mit der Regierung in Prag: »Es kommt darauf an, ein Maximalprogramm aufzustellen.« Also kein Mindestprogramm, von dem man sich nichts abhandeln lassen kann. Gefährlich sei es, sich zu früh mit Zusagen der Regierung abzufinden, denn nach den bisherigen Erfahrungen verdiene sie kein Vertrauen. Sehr vage wird als letztes Ziel der Forderungen formuliert, den Sudetendeutschen die »volle Freiheit« zu gewähren. Von Autonomie ist nicht die Rede, schon gar nicht von einer Loslösung vom Staatsgebiet. Ribbentrop betont erneut, dass »allein die SdP Verhandlungspartner der tschechoslowakischen Regierung sei, nicht die Reichsregierung«. Auch der Gesandte Eisenlohr werde die Forderungen nicht offiziell, sondern nur in privaten Gesprächen unterstützen. Schließlich wird empfohlen, zu den übrigen Minderheiten im Lande »lose Fühlung« zu halten. Mit der Mahnung, »Ruhe und Disziplin zu bewahren und Unvorsichtigkeiten zu vermeiden«, wird die Besprechung beendet.

Anfang April werden die Gespräche mit dem tschechoslowakischen Ministerpräsidenten Hodža aufgenommen. Mit neuen Angeboten kommt dieser nicht. Immerhin kündigt er an, dass die Amnestie bereits Mitte des

Monats erfolgen solle und die Wahlen auf Ende Mai/Anfang Juni vorgezogen würden. Überdies sei er bereit, auf die Beteiligung der Deutschen Sozialdemokratischen Arbeiterpartei/DSAP an seiner Regierung zu verzichten und dafür die SdP aufzunehmen. (Die meisten der aus Deutschland emigrierten Sozialdemokraten haben Prag aus Sorge über mögliche Einschränkungen ihrer Arbeit bereits Richtung Paris verlassen.) Die sudetendeutschen Unterhändler haben den Eindruck, dass Hodža durch solche »Detailzugeständnisse um grundsätzliche Regelungen herumkommen« wolle. Außerdem hegen sie den Verdacht, dass er für weitere Zugeständnisse nicht den nötigen Rückhalt in der Regierung und im Parlament habe; denn er bittet um Vertraulichkeit der Besprechungen und um Vermeidung des Reizworts »Autonomie«.

Derweil verschärft sich die Stimmung im Sudetengebiet: Aus dem Nachbarland dringen die verführerischen Klänge der Hitler-Begeisterung herüber. Ein kleiner Zwischenfall, fürchtet Gesandter Eisenlohr, könne einen blutigen Aufruhr gegen die Regierung in Prag auslösen, die ein Versammlungsverbot erlässt sowie ihre Waffenlager und Kasernen in den Grenzgebieten auffüllt. Das Gerücht, die Sudetendeutschen dürften sich an der Volksabstimmung am 10. April über den Anschluss Österreichs beteiligen, wird als völlig haltlos dementiert.[51]

Der Vollzug des Anschlusses

»Bist Du mit der am 13. März 1938 vollzogenen Wiedervereinigung Österreichs mit dem Deutschen Reich einverstanden und stimmst Du für die Liste unseres Führers Adolf Hitler?« So lautet die Frage des Stimmzettels, die am 10. April durch ein Kreuz in einem großen Kreis mit Ja oder in einem kleinen Kreis mit Nein beantwortet werden kann. Eine echte Wahlentscheidung sieht anders aus: Das Vollzogene wieder rückgängig zu machen, ist nicht vorgesehen, und eine Alternative zur Liste der neuen Reichstagsabgeordneten gibt es auch nicht. Zum einen soll, wie Göring es in einer Rede in Wien formuliert, gegenüber dem Ausland bestätigt werden, dass »hier nicht ein Volk von dem mächtigen deutschen Nachbarn bedroht und vergewaltigt wurde«. Zum anderen soll der Gefahr vorgebeugt werden, dass die »augenblickliche Massenbegeisterung« nachlasse.

Propagandaminister Goebbels hat eine Materialschlacht vorbereitet: Einheitlich gestaltete Plakate, Flugblätter, Broschüren, Zeitungen werden in Millionenauflage gedruckt. Im Rundfunk werden neben einem aufge-

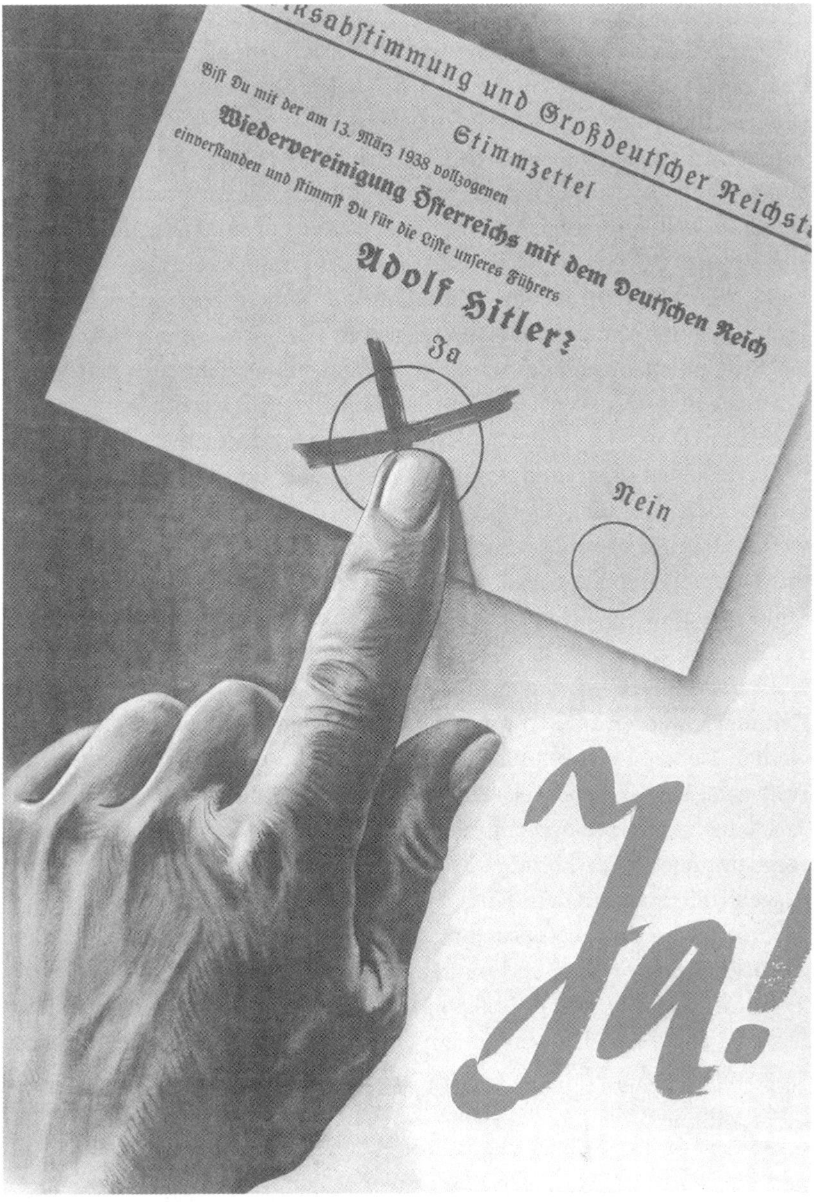

Plakat zur Volksabstimmung in Deutschland und Österreich am 10. April 1938

lockerten Musikangebot Reportagen zum »Aufbauprogramm der nationalsozialistischen Staatsführung« ausgestrahlt. Zum gleichen Thema werden zwei Kurzfilme produziert; in die österreichischen Kinos kommen außerdem der Film über den NS-Parteitag Triumph des Willens von 1934 sowie ein Farbtonfilm mit dem Titel Großdeutschland. An den Wochenenden finden in allen Orten Aufmärsche der SA mit Ansprachen statt. Die Geschäftswelt wird aufgefordert, ihre Schaufenster mit Hitler-Bildern und gereimten Sprüchen in Frakturschrift auszuschmücken (etwa »Des Führers Kraft uns Arbeit schafft« oder »Dass die Not entweich', stimm' für das Dritte Reich«). Die Lokomotiven zeigen an der Stirnseite ein Hakenkreuz aus Blech, die Donaudampfschiffe lassen Hakenkreuzfähnchen flattern.

Prominente Musiker, Schauspieler, Schriftsteller werden aufgefordert, sich zur »Heimkehr ins Reich« zu äußern. Dazu gehört auch Karl Renner: »Als Sozialdemokrat und somit als Verfechter des Selbstbestimmungsrechtes der Nationen, als erster Kanzler der Republik Deutschösterreich werde ich mit Ja stimmen.« Schließlich wird als Massenauflage eine Plakette mit einem Hitler-Kopf und der Aufschrift: »Ein Volk – ein Reich – ein Führer« hergestellt, die nach der Stimmabgabe kostenlos ausgehändigt und am 10. April als Beweis für die Beteiligung sichtbar getragen werden soll.

Den Rednern auf den Kundgebungen und den Redakteuren in den Zeitungen werden in Berlin nur wenige Vorgaben gemacht: »Das Meiste werden Sie wohl von selbst wissen«. Nur zur Außenpolitik gibt es strenge Auflagen: Deutschland sei zwar Weltmacht geworden und werde seine Kraft auch weiter einsetzen, aber das solle niemanden dazu verleiten, »Andeutungen über künftige Machterweiterungen zu machen«. Heiklen Fragen solle man mit dem Hinweis »Das weiß nur der Führer!« begegnen. Mehrfach wird die Presse ermahnt, gegenüber der Tschechoslowakei größte Zurückhaltung zu üben und auf Schimpfereien zu verzichten.

Im Mittelpunkt des »Wahlkampfes« steht natürlich Hitler. Auf Plakaten wird er zitiert: »Ich werde mein Österreich in einen blühenden Garten verwandeln.« Auf einem anderen heißt es: »Mit Adolf Hitler in ein freies, großes und glückliches Deutschland.« Der erste Teil seiner Wahlkampftour führt ihn von Königsberg über Berlin, Leipzig, Hamburg, Köln und Stuttgart bis München. Er wiederholt immer wieder: »Wir haben in wenigen Tagen mehr gewonnen als früher nach siegreichen Kriegen.« Anfang April schließen sich fünf Termine in den österreichischen Landeshauptstädten an: »Ganz Deutschland muss nun aufstehen. Es wird keine Wahl sein: Es wird eine Wallfahrt sein!« Zwischendurch macht er bei Salzburg den ersten Spatenstich für die Fortsetzung der Autobahn nach Wien. Proteste muss er nicht fürchten: 15- bis 20 000 Anhänger Schuschniggs sind verhaftet worden; von ihnen werden, da das »Schandmal« Wöllersdorf niedergebrannt wurde, 150 Spitzenleute außer Landes gebracht, ins Konzentrationslager Dachau bei München. Schuschnigg selbst steht in seiner Amtswohnung unter Hausarrest; ihm soll wegen »Verfassungsbruchs« der Prozess gemacht werden. Den österreichischen Juden ist das Wahlrecht entzogen worden.

Hitlers größter Auftritt ist für den 9. April in Wien vorgesehen. Er wird als »Tag des Großdeutschen Reiches« inszeniert, »von Aachen bis Tilsit, von Flensburg bis Klagenfurt«. Er ist minutiös durchgeplant; trotzdem verzögert sich Hitlers Ankunft auf dem Westbahnhof um 15 Minuten. Der anschließende Empfang im Rathaus fällt daher kurz aus. Um 11.59 gibt Goebbels vom Rathausbalkon aus die Regieanweisung: »Heißt Flaggen!« Punkt 12 Uhr werden im ganzen Reich auf den öffentlichen Gebäuden Flaggen aufgezogen, heulen Fabrik- und Schiffssirenen, steht für zwei Minuten der gesamte Verkehr still. 25 000 nach Wien gebrachte Brieftauben treten ihren Heimflug an. Anschließend pausiert Hitler im *Hotel Imperial*; er wirkt nach seinem Reden-Marathon angegriffen, lobt Goebbels für den »gigantischen Wahlfeldzug« und rechnet mit einer Zustimmung von 80 Prozent.

Ab 19 Uhr soll das deutsche Volk zum »Generalappell« antreten, um der Übertragung aus der Halle des Wiener Nordwestbahnhofs zu lauschen. Dort erleben 20 000 Menschen die Großkundgebung: Anfahrt der Ehrengäste, Fahneneinmarsch, Badenweiler-Marsch zur Begrüßung Hitlers. Er spricht mit heiserer Stimme: »Möge am morgigen Tage jeder Deutsche die Stunde erkennen und sich in Demut verbeugen vor dem Willen des Allmächtigen, der in wenigen Wochen ein Wunder an uns vollzogen hat.« Durch die Halle braust es: »Sieg-Heil!« Danach erklingt das Niederländische Dankgebet (»Wir treten zum Beten/Vor Gott den Gerechten«), das im ganzen Reich auf allen Plätzen und in allen Sälen mitgesungen wird. Im Anschluss fährt Hitler in einem Sonderzug zurück nach Berlin.

Der Wahlsonntag verläuft ohne Störungen. Viele sind schon früh auf den Beinen, um ihr Kreuz zu machen. Besonders vermerkt wird, dass Kardinal Innitzer bereits um 8 Uhr zu Fuß erscheint, sich am Ende der Schlange anstellt, aber bald nach vorn geleitet wird, das Wahllokal mit erhobenem Arm betritt, seine Stimme abgibt und sich die Plakette mit dem Hitler-Bild anheften lässt. Nach dem Mittag ziehen durch viele Orte HJ-Gruppen und rufen: »Geht zur Wahl! Tut Eure Pflicht!« Sogar im Ausland gibt es Gelegenheit zur Stimmabgabe: So hat sich von Hamburg aus das gerade fertig gestellte Kreuzfahrtschiff *Wilhelm Gustloff* auf die Fahrt nach London gemacht, damit die dort lebenden Deutschen und Österreicher außerhalb

In Wien gibt es zum Wahltag lange Schlagen

der Drei-Meilen-Zone, aber in Anwesenheit britischer Journalisten gewissermaßen auf deutschem Territorium, ihr Kreuz machen können.

Bis zum Abend haben fast 50 Millionen Menschen, 99,6 Prozent der Wahlberechtigten, ihre Stimme abgegeben. Die Auszählung zieht sich bis Mitternacht hin. Hitler lauscht am Radio im Kaminzimmer seiner Reichskanzlei den Zwischenergebnissen. Mehr als die 99-prozentige Zustimmung interessieren ihn die Nein-Stimmen: Aus München werden 315 gemeldet, in Braunau sind es fünf, in Wiens Arbeiterbezirk Floridsdorf 235; insgesamt werden fast eine halbe Million Nein-Stimmen gezählt, knapp ein Prozent der abgegebenen Stimmen. Eine Stunde nach Mitternacht meldet der Beauftragte für die Volksabstimmung, Josef Bürckel, der bereits Anfang 1935 bei der Abstimmung im Saarland eine Mehrheit für die Rückkehr zu Deutschland erreicht hatte, nach Berlin: »Sie, mein Führer, haben allen Deutschen das Vaterland erobert.« Hitler antwortet: »Ich bin glücklich über das mir geschenkte Vertrauen und danke dem ganzen deutschen Volke aus meinem tiefsten Herzen.« Und Goebbels notiert zufrieden: »Deutschland hat ein ganzes Land mit dem Stimmzettel erobert.«[52]

In Berlin werden besondere Wahllokale für Österreicher geöffnet

Das Deutsche Reich hat damit in Europa an Größe Frankreich und Spanien überholt. Die Statistik rechnet auch vor, dass es andere Staaten nun beträchtlich in den Bevölkerungszahlen übertrifft, Großbritannien um 28, Italien um 32 und Frankreich um 33 Millionen. Trotzdem verschwindet nach dem Wahltag der Begriff »Großdeutsches Reich« in der Versenkung. Es soll der Eindruck vermieden werden, als ob mit der deutsch-österreichischen Einheit »alle nationalen Träume verwirklicht« wären. In einer »streng vertraulichen« Mitteilung des Propagandaministeriums an die Presse heißt es: »Zu dem wirklichen großdeutschen Reich gehören natürlich noch andere Gebiete, die wir zu gegebener Zeit beanspruchen werden.«[53]

Jeder weiß: Es sind die Randgebiete der Tschechoslowakei gemeint, wo die restlichen gut drei Millionen von den zehn Millionen Deutschen leben, die Hitler im Februar beansprucht hatte. Die Frage ist: wann und wie?

7 Reichspfennig

2. Ausgabe!

Wiener Montagblatt

10 Groschen

Sport vom Sonntag

Folge 15 | Wien, 11. April 1938 | 45. Jahrgang

48¾ Millionen stimmten mit Ja!
In Oesterreich 99·75 %!

Berlin, 11. April, 2.30 Uhr früh.

In den Frühstunden werden aus Berlin nachstehende erste Durchrechnungen des Gesamt-Wahlergebnisses aus Großdeutschland gemeldet:

Großdeutschland.

Stimmberechtigte:	49,346.950
Abgegeben:	49,326.791
Ja:	48,799.269
Nein:	452.180

Oesterreich:

Stimmberechtigt:	4,300.000
Abgegebene Stimmen:	4,287.500
Ja:	4,270.000
Nein:	11.260

Der Führer und Dr. Goebbels wählen.

Abstimmungsergebnis im *Wiener Montagblatt* vom 11. April 1938

11. KAPITEL

Die Tschechoslowakei wird dem Frieden Europas geopfert (Mai–Oktober 1938)

Karlsbad ist ein weltbekannter Kurort in Böhmen. Das Städtchen, 120 Kilometer westlich von Prag, hat mit 24 000 Einwohnern und 12 000 Gästebetten in seiner mehr als 600-jährigen Geschichte Kaiser und Könige, Fürsten und Staatsmänner, Dichter und Komponisten, Bankiers und Karl Marx beherbergt, die in warmen Bädern, mit Sprudelwasser und bei Wanderungen Linderung und Heilung für ihre inneren und äußeren Leiden erhofften.

Dies »größte Sanatorium der Welt« war allerdings auch zum Schauplatz politischer Auseinandersetzungen geworden. Führende deutsche Sozialdemokraten hatten nach dem Verbot ihrer Partei im Sommer 1933 eine neue Wirkungsstätte in Prag gefunden; in Karlsbad schufen sie sich für ihre Druckschriften den Verlag *Graphia*. Zu seinen ersten Veröffentlichungen gehörte der Aufruf: »Revolution gegen Hitler!« Die Deutschen im Reich sollten die »nationalsozialistische Despotie durch Mobilisierung breitester Volksschichten stürzen«: »Erkämpft Euch Recht und Freiheit zurück!« – Der *Karl H. Frank Verlag* in Karlsbad verfolgt eine völlig andere Richtung: 1937 bringt er den Sammelband »Sudetendeutschtum im Kampf« heraus, der »Arbeit und Not« im bergigen Grenzgebiet zu Deutschland den »sensationell übersteigerten Schlagzeilen sozial-demokratischer Flugschriften« gegenüberstellt. »Unsere Propaganda«, heißt es, »muss zur inneren Festigung unserer Bewegung beitragen.«[1] Gemeint ist die Sudetendeutsche Partei/SdP, die bei den Parlamentswahlen drei Jahre zuvor 75 Prozent der Stimmen in Karlsbad erreicht hatte.

Die Sudetendeutsche Partei erhebt ihre Forderungen

Am letzten April-Wochenende 1938 ist halb Karlsbad auf den Beinen. Besonders großes Gedränge gibt es vor dem Kurhaus. Im Großen Saal, wo während der Saison fast täglich Konzerte stattfinden, hält die Sudetendeutsche Partei eine Tagung ab. Eingelassen werden nur 480 Funktionäre mit besonderen

Eintrittskarten. Eine größere öffentliche Versammlung war nach den von den Behörden in Prag Ende März erlassenen Verboten nicht zulässig. (Vergeblich hatte die Kommunistische Partei der Tschechoslowakei gegen die Bewilligung der SdP-Tagung protestiert; ihr eigener Parteitag am vorangegangenen Ostersonntag war untersagt worden, da sie keine Beschränkungen hinnehmen wollte.) Die Karlsbader begrüßen vor allem den Gründer und Führer der SdP, den 39-jährigen Konrad Henlein, in spontanen Kundgebungen mit ausgestreckten Armen und Heilrufen auf seinem Weg vom Hotel zum Kurhaus, wo er eine wichtige Rede halten will. Die Polizei schreitet nicht ein.

Der Saal ist mit riesigen Parteifahnen geschmückt, die der Hitlerfahne nachempfunden sind: Auf rotem Grund kein weißer Kreis, sondern ein länglicher weißer Schild, darin kein schwarzes Hakenkreuz, sondern die verschlungenen Buchstaben S-d-P. Die ersten Redner betonen die Schwierigkeiten zwischen Deutschen und Tschechen seit der Staatsgründung am 28. Oktober 1918 und heben die Erfolge der Partei seit ihrer Gründung am 1. Oktober 1933 hervor. Es wird der »tschechische Besitzanspruch auf ganz Böhmen« beklagt, der sich »zu einer sudetendeutschen Daseinskatastrophe schlimmsten Ausmaßes entwickelt« habe. Es wird das »Recht auf Selbstbestimmung und Gleichberechtigung« beansprucht und ein »Neubau der Rechtsordnung« nach dem Vorbild der Schweiz gefordert. Stolz wird vermeldet, dass allein im Monat März 212 000 Sudetendeutsche der Partei beigetreten seien, die jetzt fast eine Million Mitglieder (davon 39 Prozent Frauen) zähle, fast jeder Dritte der 3,3 Millionen Deutschen in der Tschechoslowakei.

Zum Abschluss der Tagung am 24. April betritt Henlein das Podium. Er wird von den Funktionären mit den Worten empfangen: »Wir sind entschlossen, Ihren Parolen zum Siege zu verhelfen und für sie zu kämpfen bis zum letzten Atemzuge.« Kaum etwas zeichnet ihn jedoch äußerlich als Volkstribun aus. In seinem glatten, fast jugendlichen Gesicht fällt die randlose Brille nicht auf; er trägt keine Uniform, sondern eine schlichte Lodenjacke. Fast holprig kommen seine Worte von den Lippen. »Meine Kameraden und Kameradinnen!« beginnt er, fast so wie er bis 1933 als Vorturner seine »Turnbrüder« angesprochen hatte. Heute weiß er jedoch: Nicht nur seine Anhänger im Saal und im Sudetenland, nicht nur die Deutschen und Österreicher, ganz Europa hört ihm zu. Alle wollen wissen, welche Forderungen er stellt, ob die Regierung in Prag sie erfüllen und ob es eine friedliche Lösung geben kann.

Henlein lässt sich Zeit. Ausführlich beschäftigt er sich mit der Entstehung der Tschechoslowakei, einem Staat, dem sechs Nationalitäten angehören, von denen das Staatsvolk der Tschechen nicht mehr als die Hälfte der Bevölkerung ausmacht, die Deutschen ein knappes Viertel, die Slowaken als das zweite Staatsvolk im Namen der Republik 15 Prozent sowie Ungarn, Polen und Karpathenukrainer zusammen etwa ein Zehntel. 20 Jahre lang hätten die Tschechen der anderen Bevölkerungshälfte ihren politischen Willen aufzudrängen und ihre Vormachtstellung auszubauen versucht. Beschwerden dagegen seien selbst beim Völkerbund in Genf ohne Ergebnis geblieben. »Ich habe wiederholt den Tschechen die Hand zur Verständigung und zur Mitarbeit entgegengestreckt«, behauptet Henlein und beklagt: »Ich habe von tschechischer Seite nur Hohn, Spott und Geringschätzung geerntet.« Jetzt sei eine Lage geschaffen, die »zur unaufschiebbaren Klärung« dränge. Er verkündet drohend:

> »Heute kann ich vor der Welt sagen, dass mehr als 90 Prozent des gesamten Sudetendeutschtums bereit sind, den Kampf für sein Recht mit den letzten Mitteln zu Ende zu führen. Es darf niemanden verwundern, wenn die 75 Millionen deutscher Menschen im Reich immer lebhafter Anteil an dem Geschick der Sudetendeutschen nehmen. Es kann zugleich auch für ganz Europa nicht gleichgültig sein, ob das politisch und rechtlich unterdrückte Sudetendeutschtum sein Recht erhält oder nicht.«

Weitere Angebote lehnt er ab. »Wir sind keine Minderheit«, ruft er aus und kündigt Widerstand an: »Erhalten wir nicht die gleichen Rechte wie die Tschechen, so sind wir nicht mehr imstande, uns zu den gleichen Pflichten zu bekennen.« Er wirft den Tschechen vor, sie hätten nichts getan, »um uns innerlich für diesen Staat zu gewinnen, in den wir gegen unseren Willen eingegliedert wurden – heute fühlen wir uns unfreier denn je und wissen, dass unsere ganze Zukunft gefährdet ist«. Ohne eine Besserstellung der Sudetendeutschen werde es auch keine besseren Beziehungen zu Deutschland geben; dafür sei es auch notwendig, sich außenpolitisch aus der »Reihe der Feinde des deutschen Volkes« zu entfernen – gemeint ist die Auflösung des 1935 abgeschlossenen Beistandspaktes mit der Sowjetunion.

Unter dem Motto »Wir wollen nur als Freie unter Freien leben« erhebt er schließlich als »Friedensbeitrag« acht Forderungen zur Änderung der tschechoslowakischen Staatsordnung:

1. Volle Gleichberechtigung der Deutschen und der Tschechen
2. Anerkennung der sudetendeutschen Volksgruppe als Rechtspersönlichkeit

3. Anerkennung des sudetendeutschen Siedlungsgebietes
4. Aufbau einer sudetendeutschen Selbstverwaltung
5. Schutzbestimmungen für Sudetendeutsche außerhalb des Siedlungsgebietes
6. Wiedergutmachung der seit 1918 den Sudetendeutschen zugefügten Schäden
7. In deutschen Gebieten nur deutsche Beamte
8. Volle Freiheit des Bekenntnisses zur deutschen Weltanschauung.

Anders als Ribbentrop ihm empfohlen hatte, sollten es keine Maximalforderungen sein: Durch die Beschränkung der Ansprüche wolle er vielmehr einen »aufrichtigen und ernsten Beitrag zur Erhaltung und Festigung des Friedens« leisten, erklärt er – auch an die Adresse des Auslands. Die Tschechen warnt er davor, durch »oberflächliche Scheinlösungen dem Problem auszuweichen«, sich allein auf ihre Bündnisse mit Frankreich und der Sowjetunion zu verlassen und nicht entscheidend zur »Sicherung des europäischen Friedens« beizutragen.

Dem letzten Punkt fügt er eine Erläuterung bei: »Wir bekennen uns zu den nationalsozialistischen Grundauffassungen des Lebens.« Das sei keine »Kampfansage«; er räumt jedoch ein, wegen dieses in der ČSR verbotenen Bekenntnisses mit Hass und Verfolgung zu rechnen. Er appelliert an die Regierung in Prag, in kürzester Frist dafür zu sorgen, dass »die Tschechoslowakei aufhört, ein europäisches Problem zu sein«. Er fasst seine Rede zusammen: »Wir wollen weder nach innen noch nach außen den Krieg; aber wir können nicht länger einen Zustand dulden, der für uns Krieg im Frieden bedeutet.« Jubel im Saal und in den Straßen, wohin die Rede über Lautsprecher verbreitet worden war. Ordner sorgen dafür, dass Rufer wie in Österreich (»Ein Volk, ein Reich, ein Führer«) zum Schweigen gebracht werden.[2]

Henleins Rede scheint moderat: Er verzichtete auf das Reizwort »Autonomie«, forderte keine Volksabstimmung oder gar den Anschluss ans Reich. Er erweckt den Eindruck, zu Verhandlungen über seinen Forderungskatalog bereit zu sein und die Umwandlung des Nationalstaates in einen Nationalitätenstaat unter Beachtung der bestehenden Verfassung anzustreben. Der allgemeine Jubel zeigt, dass er die mittlere Linie zwischen dem radikalen und gemäßigten Flügel getroffen hatte; manche scharfen Töne werden dem gerade ausgebrochenen Wahlkampf für die Gemeindewahlen in vier Wochen, am 22. Mai zugerechnet.

Entsprechend den Anweisungen von Propagandaminister Goebbels berichten und kommentieren die deutschen und österreichischen Zeitungen die Rede »in ruhigem Ton«, damit nicht der Eindruck entstehe, man »treibe Henlein weiter und weiter«. Der deutsche Rundfunk sorgt allerdings dafür, dass zumindest Auszüge der Rede im ganzen Sudetenland verbreitet werden. In den tschechischen Zeitungen bricht dagegen ein Sturm der Entrüstung aus: »Eine freche Rede« und »Henlein droht vergeblich« lauten die Überschriften: »Die Herren glauben, dass sie in Brei beißen, aber sie beißen in Stein.« Am schärfsten lehnt das dem Staatspräsidenten Eduard Beneš nahestehende Blatt *České slovo* (»Tschechisches Wort«) Henleins Forderungen ab: Er habe die Maske abgeworfen, es gehe ihm nicht um eine gerechte Lösung, sondern um Großdeutschland. In der Tageszeitung der tschechischen Legionäre *Národní Osvobozeni* (»Volksbefreiung«) ist zu lesen: »Jeder ehrenhafte Tscheche muss es ablehnen, die Karlsbader Forderungen als eine mögliche Verhandlungsbasis anzusehen.« Nur *Venkow* (»Land«), die Zeitung der größten tschechischen Partei, der Agrarpartei unter Rudolf Beran, zeigt sich gesprächsbereit.[3]

Die verschärften Spannungen in der Tschechoslowakei verstärken die Sorgen in London und Paris. Der britische Außenminister Halifax fürchtet beträchtliche Gefahren für den Frieden in Europa und lässt seinen Gesandten Basil Newton klären, wie die Regierung in Prag auf die Rede in Karlsbad reagiert. Newton trifft Außenminister Kamil Krofta in gedrückter Stimmung an: »Die tschechoslowakische Regierung ist zu Verhandlungen bereit«, bekräftigt dieser, aber vor den Gemeindewahlen seien sie nicht möglich. Im Übrigen beruhigt er sich mit einem deutschen Sprichwort: Es wird nichts so heiß gegessen, wie es gekocht wird.

Im Anschluss spricht Newton bei Ministerpräsident Milan Hodža vor. Dieser gibt sich optimistisch und glaubt an den Erfolg seiner Politik, wenn er am bevorstehenden 1. Mai Demonstrationen erlaube, um dem Unmut ein Ventil zu geben. Im Übrigen hänge alles von Deutschland ab: »Ich hoffe«, sagt er, »dass Berlin durch den Druck der Großmächte im Laufe der Zeit günstig beeinflusst wird.« So könne, meint er, die deutsche Vorherrschaft über das Donaugebiet verhindert werden. – Newton verabschiedet sich mit dem Ratschlag, die Prager Regierung solle ihren guten Verhandlungswillen zeigen, um es Seiner Majestät Regierung zu erleichtern, ihr erforderlichenfalls zu Hilfe zu kommen. Dieser Nachsatz bringt Newton eine Rüge des britischen Außenamtes ein: Er solle in Prag klarstellen, dass es nur um diplomatische, nicht um militärische Hilfe gehe.

So einfach hat es Frankreich nicht. Seit 1924/25 gibt es ein Bündnis- und Freundschaftsabkommen zwischen Paris und Prag, in dem sich die Partner zum gegenseitigen Beistand verpflichten, wenn ihre gemeinsamen Interessen bedroht sind. Inzwischen hat sich die Lage in Europa verändert. Das

Kommunistische Propaganda für eine »Friedensfront« zwischen Paris, Prag und Moskau, gestützt auf die »Verteidigungs-Bereitschaft der demokratischen Volksmassen«: Nach der Mobilisierung am 20. Mai 1938 wird die militärische Stärke der tschechoslowakischen Armee hervorgehoben

damals schwache Deutschland ist ein starkes Deutschland geworden und hat Frankreich militärisch überflügelt. Die neue Regierung, die 105. der Dritten Republik, unter Ministerpräsident Édouard Daladier mit Außenminister Georges Bonnet hat daher ihre Verpflichtung gegenüber Prag auch nur halbherzig bestätigt. Und die französische Geschäftswelt lässt in ihrer Zeitung *Le Temps* warnen: Frankreich solle »Realpolitik« betreiben, sich auf die Interessen des Weltreichs besinnen und sich bemühen, mit »seinen Nachbarn, allen seinen Nachbarn« in Frieden zu leben: »Frankreich will nicht freiwillig den Martyrer spielen«, heißt es.

Zu einem ähnlichen Ergebnis kommt Frankreichs Botschafter in Warschau, Léon Noël, der im Auftrag Bonnets eine kurze Stippvisite an seiner früheren Wirkungsstätte in Prag gemacht hat, um die Lage zu prüfen. Während Henlein in Karlsbad seine Rede hält, trifft sich Noël mit Beneš zu einem ausgiebigen Frühstück in seinem Amtssitz auf der Prager Burg. Was er hört, ist höchst beunruhigend: Die Politiker in Prag sind verwirrt und zerstritten. Die militärische Lage hat sich nach dem *Anschluss* Österreichs außerordentlich verschlechtert. Auf Beistand der Nachbarn Rumänien, Jugoslawien, Polen und Ungarn gegen Deutschland ist nicht zu hoffen. Und die Sowjetunion, mit der Sie ein Beistandsabkommen haben, fragt Noël Beneš, »was ist sie bereit, für Sie zu tun?« Die Antwort: »Ich weiß es nicht.« Die Tschechoslowakei, schließt Noël seinen Bericht, stehe vor der Entscheidung: Kapitulation oder Krieg.

Müssen wir Beneš nicht mitteilen, dass Frankreich sich nicht in der Lage sieht, seine Verpflichtung zu erfüllen und die Waffen zu ergreifen? fragt Noël seinen Außenminister. Nein, antwortet Bonnet, zusammen mit Daladier fliege ich heute Abend nach London zu Gesprächen mit Chamberlain und Halifax.[4] Gibt es gemeinsam mit Großbritannien eine Chance, Kapitulation wie Krieg zu vermeiden?

Kompromiss oder Krieg?

Am 28. April beginnt um 10.30 Uhr in der Downing Street die Sitzung. Die Regierungschefs und Außenminister sowie einige enge Mitarbeiter sitzen sich gegenüber. Da weder Daladier noch Bonnet der englischen Sprache mächtig sind, wird französisch gesprochen. Zehn Punkte umfasst die Tagesordnung, darunter viele Themen der großen Politik: Beziehungen zu Italien, Lage in Äthiopien, in Spanien und in Ostasien; sie werden nur kurz behandelt. Dem Hauptthema Tschechoslowakei werden sogar noch die Fragen der militärischen Zusammenarbeit und der Bevorratung im Krieg vorgezogen. So bekommt das Treffen am ersten Tag fast den Charakter eines Kriegsrats. Als einziger Gegner wird Deutschland angenommen.

Außenminister Halifax weiß, dass die Franzosen hilfesuchend nach London gekommen sind, und macht für den Kriegsfall das Angebot, ihnen zur See und in der Luft zu helfen; beim besten Willen könne Großbritannien aber nicht mehr als zwei Divisionen Bodentruppen nach Frankreich schicken. Zur Koordinierung gemeinsamer Aktionen sollen die Luftwaffenführungen beider Länder vertrauliche Absprachen treffen. Halifax deutet an, was die Briten gerne erfahren möchten: Wie stark ist die französische Luftwaffe und wie sieht ihre künftige Entwicklung aus? Wie sehen die Aufmarschpläne der Franzosen aus und welche Flugplätze könnten die britischen Luftstreitkräfte nutzen? Wie können die britischen Bomber sicher über französisches Territorium gelenkt werden?

Ministerpräsident Daladier, zugleich wie in früheren Regierungen Verteidigungsminister, begrüßt das Angebot der Koordinierung der Luftwaffen als »sehr nützlich«; er gibt sich auch zufrieden mit den zwei Divisionen, wünscht sich aber, dass sie »motorisiert« sind; zusätzlich strebt er enge Kontakte zwischen den Kriegsflotten an.

Chamberlain ist unzufrieden mit diesen allgemeinen Aussagen: »Wenn diese Gespräche einen Nutzen bringen sollen, müssen wir frank und frei sprechen.« Er sei kein Experte in militärischen Fragen wie Daladier, aber seine Berater hätten deutlich gemacht, Deutschland würde im Falle eines Krieges mit seiner Luftwaffe zu einem »K.o.-Schlag« ausholen. Deswegen sei Großbritannien dabei, eine Luftwaffe in beträchtlichem Umfang aufzubauen und »Schattenfabriken« zu errichten, die im Augenblick der Krise ihre Produktion aufnehmen. Er räumt ein, dass die britischen Truppen noch nicht in vollem Umfang motorisiert seien; zugleich schränkt er das Angebot seines Außenministers ein: »Wir können uns zu diesem Zeitpunkt nicht einmal dazu verpflichten, die kleine Streitmacht von zwei Divisionen auf den Kontinent zu schicken. Ich kann nur zusagen, dass eine künftige Regierung sich dafür oder dagegen entscheiden könnte.«

Tatsächlich wird nun Daladier konkreter. Er versichert, dass sich die französische Armee gegenüber der deutschen Armee siegreich behaupten könne, und gibt zu:

> »Unsere Luftwaffe hängt in vielerlei Beziehung hinterher. Unsere Flugzeugindustrie ist auf der Stufe des Handwerkbetriebes stehengeblieben. Wir hoffen jedoch, bis zum Ende des Sommers die Produktionsziffern zu verdoppeln.«

Absolute Zahlen nennt er nicht. Stattdessen enthüllt er, dass man sich in den USA um den Kauf von 100 bis 150 Jagdflugzeugen bemühe.

Chamberlain dankt für die klaren Worte zur Rückständigkeit der französischen Luftfahrtindustrie und erwidert: »Wir in Großbritannien bauen in kürzestmöglicher Zeit eine gewaltige Luftwaffe auf. Aber es braucht wohl noch einige Zeit, bis unsere beiden Luftstreitkräfte eine zufriedenstellende Stärke erreicht haben.« Er lässt erkennen, dass Großbritannien sich in den USA nach Möglichkeiten umgesehen habe, die dortigen Flugzeugfabriken zu nutzen, aber sich nicht um den Kauf von Flugzeugen bemühe; er weiß, dass die Neutralitätsgesetze der USA den Waffenexport erschweren und Lieferungen von Kriegsmaterial daher unwahrscheinlich sind. Er gesteht ein: »Im Augenblick sind wir außerordentlich schwach und verwundbar.«

Nach vierstündiger Diskussion ist es Zeit für eine Zusammenfassung, denn die französischen Gäste sind für den Abend von König und Königin zum einem Dinner nach Schloss Windsor geladen. Halifax formuliert zwei Punkte. Punkt eins ist einfach: Übereinstimmung der beiden Regierungen in der Frage der Kontakte zwischen den Stäben der beiden Luftwaffen. In Punkt zwei umschreibt er in vielen Wendungen die unterschiedliche Beurteilung der Kontakte zwischen den Armeen beider Länder und begnügt sich damit, diese Frage wie bisher den Militärattachés zu überlassen. Die von den Franzosen gewünschten Kontakte zwischen den Kriegsflotten lehnen die Briten ab. Auch mögliche gemeinsame Beschaffungsprogramme werden nicht erwähnt. Daladier findet sich ab und Halifax kann feststellen: »Es gibt keine echten Widersprüche zwischen der britischen und der französischen Seite.« Im offiziellen Kommuniqué heißt es sogar: »In allen Punkten ist volle Übereinstimmung erzielt worden.«[5] Wenn man genau hinsieht, sind sich beide Seiten, wenn auch unausgesprochen, nur über eine Feststellung einig: Wir können zurzeit keinen Krieg gegen Deutschland erfolgreich führen.

Die Besprechungen am folgenden Tag, am 29. April, sind fast vollständig der Tschechoslowakei gewidmet. Es ist wieder der britische Außenminister, der die Linie vorgibt und dann Vorschläge für gemeinsames Handeln macht. »Seiner Majestät Regierung«, beginnt er, »ist die gefährliche Lage in der Tschechoslowakei bewusst.« Auf beiden Seiten der Grenze gebe es eine leidenschaftliche Erregung, so dass ein einziger Zwischenfall schwerwiegende Folgen haben könne. Wir sind uns doch wohl einig, meint er, dass alles unternommen werden müsse, einen solchen Ausbruch zu verhindern, der zu beträchtlichen Risiken führe. Er bringt die britische Einschätzung unverblümt auf den Punkt: »Wenn die deutsche Regierung sich zu feindlichen Aktionen gegen die Tschechoslowakei entschließt, wäre es in unserer augenblicklichen militärischen Lage unmöglich, solche Aktionen erfolgreich zu verhindern.«

Was können die beiden Regierungen tun? Wir sollten all unseren Einfluss in Prag geltend machen, schlägt Halifax vor, damit Staatspräsident Beneš in direkten Verhandlungen mit Henleins Partei eine Lösung des Problems der deutschen Minderheit erreicht. Wenn er die in Karlsbad erhobenen Forderungen mit den Vorschlägen der Prager Regierung vergleiche, fügt er hinzu, dann zweifle er, ob Beneš für einen Kompromiss schon weit genug entgegengekommen sei. Er spricht deutlich an, welches Opfer er von der Tschechoslowakei erwartet: Wir beide sollten möglichst bald gemeinsam in Prag vorstellig werden und »auf Beneš Druck machen, mit den Sudetendeutschen eine umfassende Regelung zu erreichen«.

Im folgenden Dialog zwischen dem französischen und dem britischen Regierungschef werden die Unterschiede deutlich. Daladier sieht die Lage anders als Halifax: Beneš habe schon sehr viel für die Minderheiten getan – Henlein dagegen wolle gar keine Kompromisse, sondern die Zerstörung des tschechoslowakischen Staates: »Wenn wir Prag bedrängen, weitere Zugeständnisse zu machen, dann müssen wir auch klar sagen: Wir unterstützen euch für den Fall, dass es zu keinem Kompromiss kommt, und sind bereit, die Zerstückelung der Tschechoslowakei zu verhindern.« Den Briten hält er vor Augen, dass hinter den Karlsbader Forderungen die deutsche Absicht stehe, über Europa zu triumphieren und das Gleichgewicht auf dem Kontinent zu zerstören. Im Vergleich dazu scheine Napoléon, den die Briten 123 Jahre zuvor bei Waterloo besiegt hatten, weniger ehrgeizig gewesen als heute Hitler.

Chamberlain entgegnet: »Mir haben Freunde gesagt, dass die Regierung in Prag mehr versprochen als tatsächlich gehalten hat. Ich habe auch festgestellt, dass Henlein in Karlsbad nicht den Anschluss (so wörtlich) an Deutschland gefordert hat, obwohl seine Anhänger das verlangen.« Selbstverständlich wolle er Beneš nicht unter Druck setzen, einen Kompromiss einzugehen, der sein Land zerstören würde. Wir sollten aber alles vermeiden, schränkt er Daladiers Bedingung ein, was Beneš veranlassen würde zu glauben, dass »er auf größere Unterstützung von unserer Seite rechnen könne«: »Wir müssen ihm klar und deutlich sagen, was er von uns erwarten kann und was nicht.«

Daladier macht einen weiteren Anlauf, bei der Erfüllung der französischen Bündnisverpflichtungen Chamberlain auf seine Seite zu ziehen. Ein Krieg mit Deutschland sei nur zu vermeiden, sagt er, wenn »Großbritannien und Frankreich deutlich ihre Entschlossenheit zeigen, dass sie bereit sind, in Aktion zu treten, um die Unabhängigkeit der Tschechoslowakei zu retten«. Er widerspricht Chamberlain: Wir sind nicht machtlos, wir müssen uns nicht ins angeblich Unvermeidbare fügen. Und er zählt auf, was in die Waagschale geworfen werden könne: Die tschechoslowakische Armee sei gut ausgebildet, gut ausgerüstet und voll Begeisterung; die Sowjetunion habe die stärkste Luftwaffe in Europa und eine gewaltige Rüstungsindustrie, die leicht ins Spiel gebracht werden könnte. Deutschland dagegen, glaubt er, könne nicht alle militärischen Anforderungen erfüllen, schon gar nicht, weil es die Hauptmasse seiner Wehrmacht gegen Frankreich konzentrieren müsse, da Paris entschlossen sei, seine Bündnispflicht zu erfüllen.

Chamberlain widerstrebt es, auf die Hoffnung als Grundlage der Politik zu setzen. Barsch lehnt er die Überlegungen seines französischen Kollegen ab: »Das ist das, was die Amerikaner beim Poker Bluff nennen.« Er will Hitler nicht vom weiteren Vordringen in Europa abschrecken, indem er ihm einen Trumpf vortäuscht, und er will Beneš nicht mit der Zusage zur Unnachgiebigkeit ermuntern, man würde ihm mit einem Bombenblatt aus der Patsche helfen. Versöhnlich fügt er an: »Auch mir kocht das Blut in den Adern, wenn ich sehe, wie Deutschland immer wieder davonkommt und seine Herrschaft über freie Völker ausweitet.« Aber, fragt er: »Sind wir beide stark genug, einen sicheren Sieg zu erringen?« Er antwortet frei heraus: »Ich glaube, wir sind es nicht.« Wenn Deutschland entschlossen sei, die Tschechoslowakei zu vernichten, könnte dies nicht verhindert werden. Wenn wir unsere Karten »sorgfältig und klug« ausspielen, meint er, können wir eine Menge tun, die Staaten Mitteleuropas und des Balkans vom deutschen Einflussbereich fernzuhalten. Selbstverständlich schließe er nicht aus, irgendwann einmal Krieg führen zu müssen; aber jetzt dürfe man Daladiers schrecklich riskanten Weg nicht einschlagen.

Daladier wehrt sich: »Ich will keinen Bluff. Es ist vielmehr Deutschland, das eine Politik des Bluffs betreibt.« Nur wenn wir dagegen entschlossen auftreten, glaubt er, könne ein Krieg in Europa verhindert werden. Wenn Deutschland so weitermache wie bisher, dann werde es Mitteleuropa wie von Kaiser Wilhelm II. geplant unter seine Herrschaft bringen. »Dann wäre das Deutsche Reich«, wiederholt er, »stärker als das von Napoléon.« Prager Zugeständnisse an die Sudetendeutschen könnten die Katastrophe beschleunigen anstatt sie zu verhindern: »Ich muss erklären: Die französische Regierung kann nicht damit einverstanden sein, der deutschen Politik weiterhin freie Hand zu geben.« Unsere beiden Regierungen müssen entschlossen und gemeinsam auftreten, wendet er sich beschwörend an Chamberlain, sonst wäre das »Schicksal Europas« besiegelt: »Dann würde ich mit dem größten Pessimismus in die Zukunft blicken«, schließt er. Nach gut zwei Stunden wird die Sitzung für eine Mittagspause unterbrochen.

Nun ist es an den Außenministern, sich einer Lösung zu nähern. Halifax kommt den Franzosen erst entgegen (»Wir müssen eine deutsche Vorherrschaft in Europa verhindern«), beharrt dann aber auf dem Standpunkt, Großbritannien könne keine weiteren Verpflichtungen übernehmen. Lang und breit erörtert er seinen pragmatischen Vorschlag, in Berlin und Prag zu erkunden, was die einen haben wollen und die anderen zu geben bereit sind. Wenn die Forderungen der deutschen Regierung zu 60 bis 70 Prozent erfüllt würden, sie aber auf 100 Prozent bestehe, dann sei die Lage sehr ernst. Bonnet fragt dazwischen: »Ist die britische Regierung dann bereit, ihre Solidarität mit der französischen Regierung zu bestätigen?« – Nein, gibt Halifax zur Antwort.

Bonnet und Daladier beugen sich. Sie haben nichts erreicht und nennen das eine »Annäherung« der britischen und französischen Sicht. So sieht auch die »Einigung« aus: Die britische Regierung wird sich bei Hitler nach seiner Haltung »erkundigen«; gleichzeitig werden beide Regierungen bei Beneš ein Opfer einfordern, ein »Maximum an Zugeständnissen«. Wenn eine friedliche Lösung misslinge und die deutsche Regierung mit Gewaltmaßnahmen drohe, dann sollen ihr die Gefahren deutlich gemacht werden. Frankreich werde seine Verpflichtungen erfüllen und Großbritannien könne nicht zusagen, dass es nicht dasselbe tun werde.[6]

Chamberlain ist froh, dass eine »Übereinkunft« darüber zustande gekommen ist, von Prag ein Opfer für Europas Frieden zu verlangen: »Es waren sehr schwierige Gespräche mit den Franzosen«, schreibt er am 1. Mai seiner Schwester, »glücklicherweise hat die Presse nicht erfahren, wie es beinahe über die Tschechoslowakei zum Bruch gekommen wäre.« Noch am selben Abend fliegen die französischen Politiker zurück nach Paris. Bei der Ankunft verbreitet Daladier vor den Reportern Optimismus, verschweigt aber, auf wessen Kosten man sich geeinigt hat:

> »Zu keinem Zeitpunkt war die Entente zwischen den beiden großen Nationen enger. Ich bin sicher, dass diese Gespräche dazu führen werden, den Frieden in der Welt zu erhalten. Unsere Entscheidungen werden die glücklichsten Folgen haben.«

Das offizielle Kommuniqué ist nicht so überschwänglich. Es ist zwar von einer »engen Übereinstimmung der Interessen« die Rede; aber nur sechs von 60 Zeilen sind der »Lage in Mitteleuropa« gewidmet, obwohl dieses Thema weit mehr als die Hälfte der Gespräche beherrschte. Die Presseleute halten sich in ihren Berichten an das, was aus »Delegationskreisen« verlautet. Auch ein deutscher Informationsdienst in London meldet »Hintergründiges« nach Berlin. So kommt es, dass Propagandaminister Goebbels am 1. Mai in seinem Tagebuch festhalten kann:

> »London will zwischen Prag und uns vermitteln. Paris ist sehr enttäuscht, London hat sich doch weitgehend durchgesetzt und behält die diplomatische Führung in der Hand.«[7]

In Prag wird nach der öffentlich zur Schau getragenen Übereinstimmung zwischen London und Paris aufgeatmet und wieder Mut gefasst. Gestärkt fühlt man sich auch, weil es am 1. Mai im Grenzgebiet nicht nur Aufmärsche der Sudetendeutschen Partei, sondern auch viele Gegendemonstrationen zum »Schutz von Republik und Demokratie« gibt. Generalstabschef Ludvík Krejči zieht einen Vergleich mit der Lage beim Ausbruch des Krieges 1914 und sieht die Gelegenheit für einen neuen Krieg als viel günstiger an: Deutschland stehe jetzt allein und die damaligen Verbündeten Großbritannien, Frankreich sowie Russland seien viel stärker. Zu ihrer Hilfe komme statt Serbien die gut gerüstete ČSR: Ihre Kriegsindustrie nehme mit den vielen Waffenfabriken den zweiten Platz hinter Deutschland ein und sei nach ihrer weitgehenden Verlagerung in die Karpathen unerreichbar für die deutsche Luftwaffe. Dagegen seien süddeutsche Städte wie Leipzig, Dresden, Breslau, Chemnitz und München für Gegenangriffe aus der ČSR in 15 bis 45 Flugminuten zu erreichen, während die meist von Deutschen bewohnten Städte Böhmens schlechte Ziele für deutsche Flugzeuge wären. Das Offiziers- und das Unteroffizierskorps befänden sich fast vollständig in tschechischer Hand. Die Armeeführung zähle neben den Bündnispartnern Frankreich und Sowjetunion auch auf die Hilfe Polens und Italiens: »Wir werden Zeit haben, uns so lange zu verteidigen, bis der deutsche Überfall einen allgemeinen Krieg entfesselt.« Die entscheidende Schlacht werde nach drei, vier Wochen am Rhein beginnen.

Die Zuversicht verfliegt zunächst, als Halifax am 2. Mai den Gesandten Prags in London, Jan Masaryk, über die Gespräche und die nächsten Schritte informiert. Wir waren uns einig, erklärt Halifax, dass Ihre Regierung einen »sehr langen Weg gehen muss«, und fügt hinzu: Wir waren uns auch einig, dass es vom militärischen Standpunkt aus »tatsächlich unmöglich ist, Ihr Land davor zu bewahren, von Deutschland überrannt zu wer-

RUDÉ PRÁVO

Cena 1 Kč

V neděli

1. května 1938.

Číslo 102.

ÚSTŘEDNÍ ORGÁN KOMUNISTICKÉ STRANY ČESKOSLOVENSKA

(SEKCE KOMUNISTICKÉ INTERNACIONALY.)

»PROLETÁŘI VŠECH ZEMÍ, SPOJTE SE!«

Na stráži republiky a demokracie!

MARIE PUJMANOVÁ

První máji

První máji, drsný máji,
v zemi pod mraky.
My jsme chudí. My jsme tvrdí.
Nechcem zázraky.

Vzejde ozim, jabloň kvete,
všechno má svůj čas.
Kopu štólu. Trhám skály.
Co vy jste bez nás.

Hlídám oheň, hlídám děti
boží keříčky.
Už se směje, jak je moudrý
ten můj maličký.

My jsme život, my jsme láska
Krok a pěst i vzdech.
Máchův máji, Marxův máji
pracujících Čech!

Das Zentralorgan der tschechoslowakischen Kommunisten ruft am 1. Mai 1938 zur Unterstützung von »Republik und Demokratie« auf

den«. Masaryk gibt sich gefasst, weil er meint, dass die britische Erwartung von Zugeständnissen so ernst nicht gemeint sein könnte, und deutet ein Entgegenkommen der Prager Regierung an: »Aber es braucht Zeit, die öffentliche Meinung im Lande darauf vorzubereiten.«

London hat es jedoch sehr eilig: Bereits am 7. Mai stellen sich erst der britische Gesandte Newton, dann der französische Gesandte Lacroix im Palais Černin in Prag, dem Amtssitz von Außenminister Krofta, ein und überbringen mündlich die fast gleichlautenden Botschaften ihrer Außenminister: »Es ist absolut notwendig, die äußerste Anstrengung zu unternehmen, die Gefahren zu beseitigen sowie im Interesse der Tschechoslowakei und des europäischen Friedens eine Regelung mit der Sudetendeutschen Partei zu erreichen.« Mahnend fügen sie hinzu: »Die Verhandlungen sollten so bald wie möglich erfolgen, nicht erst im Juni, und alle Fragen behandeln.« Krofta bedankt sich für die Bemühungen, äußert aber Bedenken: »Sie sehen die militärische Lage zu schwarz«, meint er und: »Wir tun, was wir können, aber Sie unterschätzen die Schwierigkeiten.« Als er durchblicken lässt, dass er an der Ernsthaftigkeit der Aufforderung zweifelt, warnt ihn Newton: »Meine Worte sind nicht so leicht dahin gesprochen, sondern sind das Ergebnis einer sorgfältigen Prüfung der Lage durch Seiner Majestät Regierung.« Halifax ist entsetzt über Kroftas Reaktion, auch über den Ton der Kommentare in der Prager Presse: »Die Vorbereitung der öffentlichen Meinung scheint bis jetzt nicht sehr weit gediehen«, klagt er.[8]

Auch in Paris besteht die Sorge, die Prager Regierung wolle die Westmächte nur mit Worten beschwichtigen. Wenn sie den Sudetendeutschen nicht Zugeständnisse nach dem Modell der Schweiz mache, sei die Lage der Tschechoslowakei hoffnungslos, meint Daladier im Gespräch mit US-Botschafter William Bullitt, der zurückfragt: »Sind Sie entschlossen, Deutschland den Krieg zu erklären, wenn es die Tschechoslowakei angreifen sollte?« – »Womit?« gibt Daladier zur Antwort. Dem Amerikaner enthüllt er die Stärkeverhältnisse: »Wir haben unsere monatliche Flugzeugproduktion von 42 auf 84 Maschinen gesteigert; die Briten brauchen noch Monate, bis sie die Zahl 250 erreichen. Die Deutschen dagegen schaffen wahrscheinlich fast 500.« Anders als gegenüber Chamberlain setzt Daladier keine Hoffnung auf die Sowjetunion: Die Qualität ihrer Flugzeuge sei zweifelhaft und es sei außerordentlich unwahrscheinlich, dass sie der Tschechoslowakei mit einer Offensive helfen würde. Im Grunde gehen Franzosen und Briten davon aus, berichtet Bullitt nach Washington, dass die Auflösung der Tschechoslowakei letztlich unvermeidlich sei.

Aus Berlin ist kaum etwas zu hören. Solange Hitler sich mit seinen Ministern Ribbentrop und Goebbels vom 3. bis 10. Mai zum Gegenbesuch bei Mussolini in Italien aufhält, soll es in den deutschen Zeitungen keine außenpolitischen Aufregungen geben und propagandistisch kurz getreten werden. Wohlwollend wird vermerkt, dass die Regierungen in London und Paris einen »freundschaftlichen Rat an Prag« gerichtet haben, den »berechtigten Wünschen der Nationalitäten in der Tschechoslowakei bis zur äußersten Grenze entgegenzukommen«. Nur vereinzelt wird berichtet, wie gespannt die Lage im Grenzgebiet sei, wo sich »Deutsche und Tschechen kampfbereit und kampflustig gegenüberstehen«.[9]

Die Tschechoslowakei fühlt sich stark

Überall in Europa wird die Erinnerung an 1914 wach, als der Kontinent in einen großen Krieg geschlittert war, den niemand gewollt hatte. Die Sorge wächst, dass wieder ein Zwischenfall in einem kleinen Land den Krieg zwischen den Großmächten auslösen könnte. Bevor der Krieg jedoch richtig ausbricht, wird ein Nervenkrieg geführt: Ist die andere Seite wirklich so stark und so entschlossen, wie sie vorgibt? Wer wird zuerst vor der Drohung des Krieges zurückschrecken und klein beigeben? Wer hat Trümpfe in der Hand, die die anderen nicht kennen? Wem lässt sich die Schuld am Kriegsausbruch zuschieben? Es wird ein diplomatisches Verwirrspiel vor den Augen der Weltöffentlichkeit aufgeführt.

Die Regierung in London hat sich weit vorgewagt, als sie in Prag einen kräftigen Hebel angesetzt hat, durch Zugeständnisse eine friedliche Lösung der sudetendeutschen Frage zu erreichen. Aber, fragt sich Außenminister Halifax, wird Beneš wirklich das halten, was er uns verspricht? Um ihm keine Ausflucht zu ermöglichen, lässt Halifax seinen Botschafter Henderson am 11. Mai Außenminister Ribbentrop drängen: »Europas Frieden ist in Gefahr. Überreden Sie Henlein, sich zu mäßigen und entgegenkommend zu zeigen – zu einer Vereinbarung gehören immer zwei.« Ribbentrop antwortet zurückhaltend: »Wir begrüßen Ihren Schritt, die Regierung in Prag zur Vernunft zu bringen; aber«, fährt er fort, »wir sind misstrauisch gegenüber tschechischen Versprechungen und nicht an einem faulen Kompromiss interessiert.« Das hört sich nicht so an, als ob Berlin Henlein drängen würde, seine Forderungen zurückzuschrauben.

Tatsächlich hat Henlein bereits eine private Einladung aus London in der Tasche. Vor seinem Weiterflug trifft er am 12. Mai Ribbentrop in Berlin.

Er werde, teilt er mit, nicht mit Vertretern der britischen Regierung, sondern mit deren Widersachern Gespräche führen, um sie zu entmutigen, sich weiterhin für das »Staatsgebilde« der Tschechoslowakei einzusetzen. Ausgangspunkt sind natürlich die Forderungen von Karlsbad: Sollte Prag »Widerspenstigkeit zeigen«, würde er das »Selbstbestimmungsrecht der Sudetendeutschen« verlangen müssen. Weil Polen und Ungarn sich anschließen würden, sei dann mit der »schrittweisen« Auflösung des Staates zu rechnen. Im Übrigen wolle er darauf hinweisen, dass Prag provoziere, nicht die Sudetendeutschen: »Wir wollen für die Tschechen nicht in den Krieg ziehen.«

Henleins Blitzbesuch in London bringt ein Wiedersehen mit alten Bekannten aus Begegnungen in den Jahren 1935 und 1937. In gemütlichen Runden beim Lunch, beim Tee und beim Dinner kommt er zusammen mit Robert Vansittart (heruntergestuft vom Posten des Staatssekretärs auf den Titel eines Chefberaters in diplomatischen Angelegenheiten), mit Winston Churchill, einem parteiinternen Opponenten Chamberlains, sowie den Oppositionsführern der Liberalen, der Nationalen Arbeitspartei und weiteren Unterhaus-Abgeordneten. Die Berichte über Henleins mehrstündige Gespräche nehmen in den Spalten der Londoner Zeitungen breiten Raum ein, ohne viel Inhalt aufzuweisen, denn es ist Vertraulichkeit vereinbart.

Vansittart hält in einem Vermerk fest, dass er Henlein geraten habe, seine Karlsbader Forderungen zu mäßigen und sich der »Extremisten auf beiden Seiten der Grenze« zu erwehren. Er sei doch für Versöhnung, habe Henlein geantwortet: »Aber wie soll ich bestehen, wenn ich nichts in der Hand habe.« – »Ich bin ganz sicher«, beruhigt ihn Vansittart, »dass das nicht der Fall sein wird.« Beide sind sich einig, dass die Regierung in Prag die Gelegenheit schnell ergreifen müsse, und trennen sich sehr zufrieden über das Gespräch. Der Chefberater des britischen Außenamtes hofft, dass nun eine »gefährliche Kurve der europäischen Geschichte« gemeistert werden könne, mahnt jedoch Halifax:

> »Wenn eine deutsche Vorherrschaft über Europa errichtet wird, sähen wir uns einer Lage gegenüber, die wir Jahrhunderte lang zu verhindern versucht haben. Wir wissen instinktiv, dass jede dauerhafte Vorherrschaft auf dem Kontinent unser Land unweigerlich zu einer Macht zweiter Klasse herabwürdigt.«

Die eigentliche Sensation findet am 14. Mai statt: Henlein, selbst ohne öffentliches Amt, trifft bei einem zweistündigen Gespräch mit dem Gesandten Jan Masaryk zum ersten Mal auf einen Vertreter der Prager

Regierung. Auch wenn offiziell nichts bekannt wird, knüpft sich in London daran die Hoffnung, es sei nun der erwünschte Verbindungsdraht zwischen Henlein und Beneš hergestellt. Masaryk gewinnt den Eindruck, dass Henlein enttäuscht zurückfahre, und empfiehlt seiner Regierung, umgehend mit Henlein Verhandlungen aufzunehmen, denn der sei in London überzeugt worden, dass Großbritannien in den Krieg ziehen werde, wenn die Deutschen die Tschechoslowakei wie Österreich behandeln sollten; auch habe Henlein erkannt, dass die Tschechoslowaken bei einem Putsch kämpfen würden und das Sudetenland dann als erstes zum Schlachtfeld werden würde. Allerdings, räumt Masaryk gegenüber seinem US-Kollegen Josef Kennedy ein, halte er die Briten für »weit weniger fest und entschlossen, als sie sich offensichtlich Henlein gegenüber gezeigt« hätten.

Der britische Gesandte in Prag, Newton, wird von Halifax über Henleins versöhnliche Töne informiert und gebeten, am 17. Mai Beneš nachdrücklich den Rat zu geben, »umgehend ein gutes Verhandlungsangebot vorzulegen«.[10] Auch Prags Gesandter in Paris, Osuský, drängt auf schnelle Verhandlungen mit Henlein, damit sich in Frankreich nicht die Überzeugung durchsetze, die tschechoslowakische Regierung schiebe die Lösung der Sudetenfrage auf, weil sie gar keine Lösung, sondern den Krieg wünsche.

Prag hat jetzt das Wort. Es kommen jedoch sehr unterschiedliche Signale aus Prag. Beruhigend klingt es, wenn Ministerpräsident Hodža verkündet, dass an dem versprochenen Nationalitäten-Statut beschleunigt gearbeitet und es demnächst bekannt gemacht werde. Beunruhigend klingen dagegen andere Informationen, die nach Berlin und Paris dringen. Im Auswärtigen Amt äußert Staatssekretär Ernst von Weizsäcker die Befürchtung, dass »Prager Militärkreise aus Sorge vor dem Zersetzungsprozess der ČSR die Dinge zu einer europäischen Krise treiben« wollen. Der französische Außenminister Bonnet hat sogar Beneš persönlich im Verdacht, »durch ein überaus schlaues Manöver einen Krieg vom Zaune zu brechen«: Er könnte die Sudetendeutschen durch zu geringe Zugeständnisse reizen, den dann ausbrechenden Aufstand blutig niederschlagen, so Deutschlands Eingreifen provozieren und eine französische Kriegserklärung erzwingen.

Tatsächlich ergreift Prag das Wort. Nach einer gemeinsamen Abendsitzung von Regierung und Militärführung unter Vorsitz von Beneš übernimmt die tschechoslowakische Armee früh am 21. Mai, einen Tag vor den angesetzten Gemeindewahlen, die Macht im Sudetenland, alarmiert die *Staatsverteidigungswache* und erlässt Mobilisierungsbefehle. Mehr als hunderttausend Reservisten und Spezialtruppen melden sich innerhalb von Stunden bei ihren Einheiten und beziehen die Grenzbefestigungen.

Kommunistische Kampfaktive treten bewaffnet an. Über die mehrheitlich von Sudetendeutschen bewohnte Grenzzone wird der Ausnahmezustand verhängt, Straßen werden verbarrikadiert, Brücken vermint, Maschinengewehr-Posten aufgestellt. Personenkontrollen verstärkt.

Das ganze Land fühlt sich im Kriegszustand. »Nieder mit Deutschland! Nieder mit den Henleinleuten!« schallt es durch die Straßen Prags. Und es gibt die Vorstellung von einem Bürgerkrieg wie in Spanien. Deutsche Emigranten bringen am Abend des 21. Mai gegen den »Henleinfaschismus« Bertolt Brechts Agitationsstück über die andalusische Fischersfrau Teresa Carrar auf eine Prager Bühne: »Nehmt die Gewehre heraus!«

Der Geheimdienst des Verteidigungsministeriums in Prag hatte am 19. Mai das Ergebnis seiner Untersuchungen über die »Vorbereitung der deutschen Grenzbevölkerung zu Gewaltakten gegen die tschechoslowakischen Befestigungsanlagen« vorgelegt. Alarmstimmung entsteht, als der Generalstab am folgenden Tag von Berichten aus »verlässlichen Quellen« spricht, wonach mehrere deutsche Divisionen in Sachsen massiert seien und sich Richtung tschechoslowakischer Grenze bewegen; Kampfjäger und Bomber stünden startbereit; weitere Truppen seien aus Norddeutschland in Marsch gesetzt; Henleinleute seien angewiesen, Sabotageakte zu verüben: »Hitler versucht, uns auf die Knie zu zwingen.« Woher die Berichte stammen, bleibt unklar: Sind es befreundete Nachrichtendienste, sind es eigene Agenten wie die deutschen Spione A 54 und D 14? Jedenfalls verlangt Verteidigungsminister František Machník die sofortige Mobilisierung von fünf Jahrgängen. Ist es der Versuch, aller Welt die Kampfbereitschaft der Tschechoslowakei vorzuführen? Sollen Großbritannien und Frankreich auf die Probe gestellt werden, ob sie bei Gefahr eines deutschen Überfalls wirklich energisch gegen Deutschland vorgehen?

Die eilig zu einer Sondersitzung in Prag zusammen gerufenen Regierungsmitglieder äußern jedoch Bedenken, da Berlin inzwischen jede Massierung deutscher Truppen an der Grenze dementiert hat. »Unser aggressives Vorgehen könnte uns im Ausland lebenswichtige Sympathien kosten«, fürchtet Ministerpräsident Hodža. Der Verteidigungsminister besteht jedoch auf der Einberufung mindestens eines Jahrganges sowie dem Einsatz von Spezialabteilungen und wird darin von Beneš unterstützt, der meint, Hitler wolle nun den Marsch auf Wien mit dem Marsch auf Prag wiederholen. Vielleicht stehen aber auch innenpolitische Absichten im Vordergrund: Könnte die Anwesenheit der Truppen bei den anstehenden Wahlen nicht dämpfend auf die sudetendeutsche Begeisterung für Hitler und Henlein wirken?

Die Stimmungslage im Sudetenland zeigen zwei Spottlieder, die von Mund zu Mund gehen. Sie offenbaren die weit verbreitete Hoffnung auf das Eingreifen Hitlers:

»Beneš, spare dir dein Geld,
Hitler kommt nicht übers Feld,
Hitler kommt nur durch die Luft,
wenn ihn Konrad Henlein ruft.«

und auf den Anschluss an das Deutsche Reich:

»Im März macht der Führer einen Scherz,
im April macht er, was er will,
im Mai holt er sich die Tschechei,
und im Juni, wenn die Blumen blüh'n,
ist Prag bereits so deutsch wie Wien.«

Viele junge sudetendeutsche Wehrpflichtige entziehen sich der Mobilisierung durch die Flucht. Noch schwerwiegender ist die Wirkung eines fürchterlichen Zwischenfalls, der sich in den frühen Morgenstunden des 21. Mai in der Nähe der Stadt Eger ereignet. Zwei sudetendeutsche Wahlkämpfer auf einem Motorrad werden von einem tschechischen Gendarmen von hinten erschossen. Offiziell wird erklärt, dass die Polizei sich gegen zwei Flugblattverteiler, die ein Haltesignal missachtet hätten, verteidigen musste. Erregung und Empörung im Egerland sind groß.

In den europäischen Hauptstädten klingen die Alarmglocken: Ist das der Anlass für den Krieg? US-Botschafter Bullitt schreibt an Präsident Roosevelt und hofft, dass ihn der Brief erreicht, bevor »Europa explodiert«:

»Es sieht so aus, als ob die Tschechen zu dem Schluss gekommen sind, dass es auf lange Sicht besser für sie ist, einen allgemeinen Krieg auszulösen als den Sudetendeutschen eine zufriedenstellende Autonomie zu geben. Die Tschechen werden einige Sudetendeutsche erschießen, und Hitler wird über die tschechische Grenze marschieren.«[11]

Zur Beilegung der Krise legt sich als Friedensstifter vor allem die britische Regierung ins Zeug: »Unser Volk will nicht kämpfen, denn es gibt noch keinen richtigen ›Grund‹.« Sie erinnert die französische Regierung daran, dass es keine Zusage für eine »sofortige gemeinsame militärische Aktion«

gebe, und ruft die deutsche sowie die tschechoslowakische Regierung zur Mäßigung auf. Ribbentrop weist in Berlin die britischen Vorstellungen zurück, streitet die Ansammlung deutscher Truppen als »baren Unsinn« ab und droht dem Prager Gesandten Vojtěch Mastný »ernsthafteste Konsequenzen« an. Prags Außenminister Krofta zeigt sich empört und beklagt sich über die »harte und unfaire Behandlung, die sein kleines Land erdulden« müsse; er erwartet vom britischen Gesandten Newton Trost und Hilfe. Newton verlangt stattdessen: »In dieser kritischen Lage muss die Tschechoslowakei so *nachgiebig* (so wörtlich) wie möglich sein« und sieht, wie Krofta ein gequältes Gesicht macht.

Die »Wochenend-Krise« ist am Montag überstanden, als der britische Militärattaché in Berlin nach einer Rundreise durch Schlesien und Sachsen meldet, dass er keine ungewöhnlichen Truppenbewegungen entdecken konnte: »Der tschechische Generalstab hat aus den deutschen Truppenbewegungen falsche Schlüsse gezogen, möglicherweise absichtlich.« Auch der US-Generalkonsul in Wien berichtet, dass er an der gesamten österreichisch-tschechischen Grenze nur auf der tschechischen Seite Aktivitäten beobachtet habe.

Wer hatte Prag getäuscht und angestachelt? Hatte der sowjetische Geheimdienst, zu dem der tschechoslowakische Geheimdienst enge Kontakte hält, die alarmierenden Nachrichten übermittelt? Bereits Ende April hatte Stalin in Moskau mit Außenminister Litwinow sowie dem sowjetischen Gesandten in Prag die Lage in Mitteleuropa besprochen. Zwei Wochen später hatte Litwinow einem engen Berater Beneš' anvertraut: »Wir warten, bis die Deutschen mit den Westmächten in einen Krieg verwickelt sind, und greifen erst am Ende ein.« Schürt Stalin die Spannungen, um in Westeuropa einen Krieg auszulösen und später als Sieger aufzutreten? Verstärkt Beneš diese Absichten, indem er am 18. Mai Stalin seinen entschlossenen Widerstand gegen die Deutschen ankündigt und dafür sowjetische Unterstützung verlangt? Prags Botschafter in Moskau hält »eine sehr wirksame Intervention der Sowjets für wahrscheinlich«.

Beneš verlässt jedenfalls am 21. Mai das gefährdete Prag, begibt sich in das südlich gelegene Städtchen Tábor, einer früheren Trutzburg der Hussiten, wo die Erinnerung an ihre Kriege und Siege über die Deutschen gepflegt wird, und hält eine trotzige Rede mit vielen Anspielungen: Wir ändern unsere Politik nicht, bekräftigt er und mahnt: »Wir durchleben die schwierigsten Zeiten seit dem Weltkrieg, wir müssen unsere Nerven behalten und unsere nationale Einheit stärken.« Der entscheidende Augenblick scheine gekommen:

»Fürchtet euch nicht vor den kommenden Tagen, sie werden von uns allen Opfer verlangen. Seid auf alle Eventualitäten vorbereitet, gute oder schlechte! Wir sind zu allem bereit.«

Sollte er mit dem Ausbruch des Krieges gerechnet haben, erfüllten sich seine Erwartungen nicht. Auch die dämpfende Wirkung auf die Begeisterung für Henlein tritt nicht ein, wohl eher das Gegenteil. Im ersten Durchgang der Gemeindewahlen am 22. Mai erreicht die Sudetendeutsche Partei etwa 90 Prozent der deutschen Stimmen; Wenzel Jaksch, der neue Vorsitzende der Deutschen Sozialdemokratischen Arbeiterpartei, die zuvor in der Prager Regierung mit einem Minister vertreten war, muss eingestehen: »Wir sind eine Minderheit im sudetendeutschen Volk geworden.« Die tschechischen Sozialdemokraten beschweren sich in ihrer *Nová Doba* (»Neue Welt«): »Hätte sich die Regierung drei Wochen vorher zu den Maßnahmen entschlossen, wäre das Ergebnis der Gemeindewahlen bestimmt ganz anders.« In Prag werden sie zwar von den Kommunisten überrundet, gewinnen aber zusammen mit 30 Prozent mehr als die Beneš-Partei; in der Hauptstadt kommt die SdP nur auf knapp drei Prozent.

Zwischen dem böhmischen Kernland und den Grenzprovinzen ist ein »eiserner Vorhang gezogen« worden, wie ein Beobachter feststellt. Überdeutlich ist die Verbitterung spürbar bei der Trauerfeier für die beiden erschossenen Sudetendeutschen, die am 25. Mai in Eger abgehalten wird. Mehr als 40 000 Menschen geben ihnen das letzte Geleit. Henlein verspricht den Toten: »Euer Opfer soll unsere stete und stille Mahnung sein.« Unter den Hunderten von Kränzen stechen zwei besonders hervor: Ihre roten Schleifen tragen die Aufschrift »Adolf Hitler« und zeigen das Hakenkreuz sowie die gold umkränzte *Führerstandarte*. Die Regierung in Prag hat den Ratschlag des britischen Gesandten nicht befolgt, als Zeichen der Versöhnung ebenfalls Kränze niederzulegen, aber veranlasst, dass Militär und Polizei gegen die provokative Kundgebung eines fremden Staatsoberhauptes beim Begräbnis zweier tschechoslowakischer Staatsbürger nicht einschreiten und dass sich die Presse zurückhält: »Wie alle Kränze,« heißt es in der regierungsnahen *Lidové Noviny* (»Volksblatt«), »werden auch diese Kränze welken.«[12]

Die Trauerfeier wird von 25 ausländischen Berichterstattern beobachtet, darunter George Ward Price vom Londoner *Daily Mail*, der die Gelegenheit für ein Gespräch mit Henlein nutzt. Freimütig gibt dieser Einblick in seine Sicht der Zukunft: Es gebe zwei Möglichkeiten, sagt er, loyale Zusammenarbeit bei vollständiger Autonomie in den Gebieten, wo mehrheit-

Plakat zur Kommunalwahl im Sudetenland: Der Slogan spielt auf das deutsche Vorbild an: »Ein Volk, ein Reich, ein Führer«

lich Deutsche leben, oder eine Volksabstimmung über die Frage: Willst du Bürger der Tschechoslowakei oder Deutschlands sein? Er rechne mit einer Mehrheit von 98 Prozent für den Anschluss. Wenn aber »die tschechische Unterdrückung« weitergehe, droht er, werde Berlin »uns in einer direkten Aktion in die Grenzen des Reiches bringen«. Das Gespräch erscheint als Interview und löst mit seiner Ankündigung einer »direkten Aktion des Reiches« beträchtlichen Wirbel aus. Ein »dummes Interview«, stellt Goebbels fest, und lässt es dementieren, gesteht sich jedoch ein: die »schlechte Wirkung« bleibe. Die europäische Presse bejubelt die britische Regierung für ihre Standfestigkeit, die Hitler zum Rückzug vor den mobilisierten Tschechoslowaken gezwungen und den Frieden in Europa bewahrt habe.

Welche Schlussfolgerungen ziehen die Politiker aus der Erfahrung, in den Abgrund eines neuen Krieges geblickt zu haben? Während die Toten von Eger in ihren Heimatorten zu Grabe getragen werden, hält der britische Premier Chamberlain eine einstündige Rede im Unterhaus. Er weiß, warum Ribbentrop so bedrohlich reagiert hat: »Die Deutschen sind sich ihrer Macht und unserer Schwäche nur zu bewusst.« Und er folgert: »Solange wir nicht so stark sind wie sie, werden wir unsere Sorgen nicht los.« Im Parlament verteidigt er sich gegen den Vorwurf, nicht genug für die Königliche Luftwaffe und die Luftverteidigung getan zu haben. Zunächst räumt er ein, dass es Verzögerungen und Enttäuschungen beim Aufrüstungsprogramm gegeben habe. Angesichts der unsicheren Weltlage bekräftigt er nun: »Wir sehen es als unsere Pflicht an, einen Höchststand bei der Produktion von Flugzeugen und der erforderlichen Ausrüstung im Laufe der nächsten zwei Jahre zu erreichen.«

Seinen Kritikern auf den Bänken der Opposition und in den eigenen Reihen geht die Aufrüstung im Vergleich zu den Deutschen nicht schnell genug. Sie lassen sich beeindrucken von den Gerüchten, die der Atlantik-Überquerer Charles Lindbergh nach einer Tour durch Deutschland über die Stärke der Luftwaffe verbreitet. Auf Fachleute wie General Edmund Ironside, der 1937 die Herbstmanöver in Mecklenburg beobachtet hatte, wird weniger gehört: »Die deutsche Armee ist gegen den Vormarsch, denn sie ist noch nicht fertig. Sie will bei ihrer methodischen Einstellung immer bis zum letzten Gamaschenknopf absolut bereit sein«, urteilt er in seinem Tagebuch.[13]

Militärische Planungen in Deutschland

Die Wochenend-Krise veranlasst Hitler zu einer Verschärfung seiner Politik. Nach dem Erfolg in Österreich hatte er das Oberkommando der Wehrmacht veranlasst, die *Studie Grün* zum militärischen Eingreifen in der Tschechoslowakei zu aktualisieren; ein »Überfall aus heiterem Himmel« wird dabei jedoch ausgeschlossen. Am 21. Mai, dem Tag der tschechoslowakischen Teilmobilisierung gegen den angeblichen deutschen Aufmarsch, wird der Entwurf Hitler übermittelt: »Es liegt nicht in meiner Absicht«, beginnt er zurückhaltend, »die Tschechoslowakei ohne Herausforderung schon in nächster Zeit durch eine militärische Aktion zu zerschlagen.« Es werden allerdings zwei Einschränkungen gemacht: Deutschland könne zum Handeln gezwungen sein, wenn es zu einem »ernsten Zwischenfall« in der Tschechoslowakei komme oder wenn »die politischen Ereignisse in Europa eine besonders günstige und vielleicht nie wiederkehrende Gelegenheit« schaffen.

Diese Gelegenheit scheint schneller als erwartet eingetroffen zu sein. Hitler erledigt auf seiner Rückreise von Berchtesgaden, wo er das Wochenende zugebracht hatte, nach Berlin nur noch nebenher zwei eingeplante Termine. In München kündigt er den Bau einer U-Bahn an, in Fallersleben legt er den Grundstein für das Volkswagenwerk und macht eine Rundfahrt im offenen *KdF-Wagen*. Konzentrieren tut er sich jedoch auf die Frage: Wie günstig ist die Lage in Europa für Deutschland? Die Drohungen aus London und Paris seien so laut, um die eigene Schwäche zu übertönen, und daher nicht wirklich ernst zu nehmen, glaubt er. Aus Moskau hört er, dass es »kein vergnüglicher Gedanke für die Sowjetunion ist, wegen der Tschechen marschieren zu müssen«. Die Regierung in Prag habe ihre Nerven verloren und leichtsinnig ihren Aufmarschplan enthüllt. Aber wie steht es mit der eigenen Aufrüstung? »Hitler grübelt und brütet über einen Entschluss«, beobachtet Goebbels.

Für den Nachmittag des 28. Mai lädt Hitler die Spitzen der Wehrmacht zu einer Besprechung über die Risiken militärischer Aktionen in die Reichskanzlei ein. Nicht viel mehr als ein halbes Jahr ist vergangen seit der Zusammenkunft am 5. November 1937, bei der von militärischen Aktionen gegen Österreich und die Tschechoslowakei die Rede war, allerdings erst für 1943/44, wenn nicht vorher eine günstige Gelegenheit eintrete. Was ist in der Zwischenzeit nicht alles geschehen: Österreich ist, ohne dass ein Schuss abgefeuert wurde, einverleibt worden. Und die Spitze der Wehrmacht hat Hitler nach seinen Vorstellungen verändert: An die Stelle von Blomberg und Fritsch sind die Generäle Wilhelm Keitel und Walther von Brauchitsch gerückt. Mit in der Runde sind wieder Göring und Neurath. Neu dabei ist der Chef des Generalstabs des Heeres, Ludwig Beck, der damals Hitler Mängel bei der Analyse der machtpolitischen Verhältnisse in Europa vorgeworfen hatte. Diesmal sind es seine stichwortartigen handschriftlichen Notizen, die als einzige Quelle für die dreistündigen Ausführungen Hitlers überliefert sind. Beck verfolgte sie stumm und mit »steinernem Gesicht« und formulierte unmittelbar im Anschluss »Bemerkungen«, so dass wir wissen, was er von Hitlers Plänen gehalten hat.

Nach den Erfolgen der vorangegangenen Monate beansprucht Hitler einleitend, dass er als Politiker die letzte Entscheidung zu treffen habe: Man könne wohl Entscheidungen hinausschieben, würde dann aber günstige Gelegenheiten verpassen, oder man handle und gehe dabei ein Risiko ein, das immer vorhanden sei. Aber Deutschland, behauptet Hitler, sei »heute stärker als 1914«. (Das trifft nicht zu, meint Beck: Die Wehrmacht hat geringeren Wert als 1914, hinzu komme die gesteigerte Bedrohung aus der Luft, die Wirtschaftskrise und die Ablehnung des Krieges im Volk.)

Hitler fragt: Wie stark sind unsere Gegner? Frankreich werde »immer unser Feind sein« und sei heute nicht stärker als 1914, eher schwächer. (Richtig und falsch, meint Beck, Frankreich steht jeder Machterweiterung Deutschlands im Wege; aber wir sind nicht in der Lage, Frankreich militärisch beizukommen.) Wenn es zu einem Krieg mit den Westmächten komme, erklärt Hitler, sei die Tschechoslowakei im Rücken »stets unser gefährlichster Feind«: Daher müsse sie beseitigt werden. (Richtig, meint Beck, die Tschechoslowakei ist für Deutschland unerträglich: Es muss ein Weg gefunden werden, sie als »Gefahrenherd auszuschalten, notfalls auch durch eine kriegerische Lösung«.)

Hitler fragt weiter: Warum schlagen wir nicht sofort los? und gesteht ein: Wir haben noch kein Verfahren entwickelt, die tschechischen Befestigungen zu durchbrechen. Und wir sind im Westen noch nicht ausreichend gegen einen französischen Angriff gesichert. Daher dürfen wir uns nicht provozieren lassen, zu früh loszuschlagen. Trotzdem spreche viel für schnelles Handeln, um »eine baldige gewaltsame Lösung der tschechischen Frage« herbeizuführen. Noch sei der tschechische Befestigungsgürtel unvollständig, die Aufrüstung Großbritanniens und Frankreichs werde noch Jahre dauern, auch Russland werde sich nicht beteiligen, Polen und Rumänien ebenfalls nicht; Unterstützung erwarte er aus Italien (gegen Frankreich) und Japan (gegen Großbritannien): »Der Ernstfall bleibt uns nicht erspart«, schließt Hitler den politischen Teil seiner Ausführungen ab, »der glückliche Augenblick muss erfasst werden.« (Beck ist skeptisch. Die günstigen Faktoren wirken sich zu Ungunsten Deutschlands aus, solange die Tschechoslowakei mit der »Waffenhilfe Frankreichs und Englands rechnen« könne: »Das ist zur Zeit der Fall«, meint er. Ein Feldzug allein gegen die Tschechoslowakei könne erfolgreich sein, aber den anschließenden Krieg gegen die Westmächte würde Deutschland verlieren: »Es wird zu einem neuen Weltkrieg kommen.«)

Hitler stellt nun seine Forderungen für die militärische Vorbereitung auf: Sie zielt auf die Abschreckung der Franzosen durch den Ausbau von Befestigungsanlagen, die die Deutschen Westwall, die Franzosen und Briten nach dem scheinbar unverwundbaren Helden der Nibelungensage *Siegfried-Linie* nennen. Hitler verlangt die Befestigung der Grenzstädte, die Errichtung von Tausenden von Kleinbunkern, das Anlegen von Schützengräben, die Verminung des Vorfeldes. Für die Baumaßnahmen sind vor allem die jungen Männer des Arbeitsdienstes vorgesehen, die auch gleich noch eine kurze Schießausbildung erhalten sollen, damit sie ihre Bauten verteidigen können. (»Unmögliche Gedanken«, findet Beck: Das alles sei für Zivilisten unausführbar, nur wir Militärs sollten dafür zuständig sein.)

Schließlich geht es um die Vorbereitung für den »blitzschnellen Einmarsch in die Tschechei«. Hitler verlangt die »äußerste Beschleunigung unserer Aufrüstung«, Steigerung der Serienproduktion von Gewehren und Artillerie-Geschützen einschließlich der Munition sowie von Panzern. Abschließend folgen noch einige strategische Hinweise zum Angriff: Vorbereitung der Truppen auf das Durchstoßen der tschechischen Befestigungen, Vorstoß motorisierter Truppen und gleichzeitiges Vorgehen von Heer und Luftwaffe. Angesichts des Umfangs dieser Vorbereitungen ist es Hitler klar: »Völlige Überraschung ist unmöglich.« Aber, meint er abschließend, wir müssen militärisch bereit sein, denn die günstige Gelegenheit kann auch »aus heiterem Himmel kommen«. (Beck hat viele Bedenken militärtechnischer Art: Für die Niederwerfung der Tschechoslowakei brauche man mindestens drei Wochen, denn es fehle eine motorisierte Armee und das Zusammenwirken des Heeres mit der Luftwaffe sei Neuland; überdies sei die Möglichkeit der weiteren Rüstungssteigerung fraglich, und ohne entsprechende Ausbildung bringe der Waffenvorrat nichts. Insgesamt wünscht er sich eine sachverständige Beratung Hitlers in »Fragen der Kriegführung«, sonst könne man das »Schicksal Deutschlands in einem künftigen Krieg nur in den schwärzesten Farben sehen«.)

Widerspruch wird (anders als im November 1937) nicht laut geäußert. Nur Göring ergreift das Wort und gratuliert Hitler zu seinen Ausführungen. Vielleicht sind die Meinungsunterschiede zwischen Hitler und den Generälen auch gar nicht so groß: Einig ist man sich gegen die Tschechoslowakei, einig ist man sich über den mangelnden Schutz der Westgrenze, einig ist man sich über den Rückstand in der Rüstung, einig ist man sich darüber, die Auslösung eines Weltkrieges zu vermeiden.

Bleibt die Frage des Termins: Dauert es noch Monate oder eher Jahre, bis alle Vorbereitungen abgeschlossen sind? Entsprechend offen formuliert der Chef des Oberkommandos der Wehrmacht, General Keitel, die Einleitungssätze der neuen *Studie Grün* für den Angriff auf die ČSR, die er bereits zwei Tage später Hitler zur Unterschrift vorlegt:

> »Es ist mein unabänderlicher Entschluss, die Tschechoslowakei in absehbarer Zeit durch eine militärische Aktion zu zerschlagen. Den politischen und militärisch geeigneten Zeitpunkt abzuwarten oder herbeizuführen, ist Sache der politischen Führung. Die richtige Wahl und entschlossene Ausnützung eines günstigen Augenblicks ist die sicherste Gewähr für den Erfolg. Dementsprechend sind die Vorbereitungen unverzüglich zu treffen.«

Als günstigster Anlass für die Aktion wird ein Zwischenfall angesehen, der Deutschland provoziert und der der »Weltöffentlichkeit gegenüber die moralische Berechtigung zu militärischen Maßnahmen gibt«. Für die politische Vorbereitung sollen Ungarn und Polen zu Ansprüchen an die Tschechoslowakei ermuntert werden; Italien soll durch Einnahme einer festen Haltung Frankreich zögern lassen, mit seinem »Eingreifen gegen Deutschland einen europäischen Krieg zu entfesseln«; ein Propagandakrieg mit gezielten Wochenschau-Aufnahmen deutscher Militärtechnik soll die Tschechen einschüchtern und zermürben. Zur militärischen Vorbereitung gehört eine engere Zusammenarbeit zwischen Heer und Luftwaffe sowie eine erhöhte Bevorratung durch die Rüstungswirtschaft. Göring übernimmt die Aufgabe, mit 400 000 Arbeitern innerhalb von vier Monaten den Westwall unüberwindlich zu machen: »Geld spielt keine Rolle.«[14]

In vier Monaten heißt: ab Oktober. Hitler gesteht Goebbels gegenüber ein: »Machen können wir im Augenblick nichts. Wir sind rüstungsmäßig noch nicht so weit.« Er hat tatsächlich dieselben Bedenken wie Beck und teilt General Keitel Anfang Juni für die weitere Planung mit:

> »Als Nahziel steht die Lösung der tschechischen Frage im Vordergrund meiner politischen Absichten. Ich bin entschlossen, ab 1. 10. 38 jede günstige politische Gelegenheit zur Verwirklichung dieses Ziels auszunutzen. Ich werde mich aber zur Aktion gegen die Tschechei nur entschließen, wenn ich der festen Überzeugung bin, dass Frankreich nicht marschiert und damit auch England nicht eingreift.«

Seinen Einwand, ein Krieg gegen die Tschechoslowakei werde mindestens drei Wochen dauern, widerlegt Beck selbst. Ein von ihm angesetztes Kriegsspiel des Generalstabs (nicht am Sandkasten, sondern im schriftlichen Umlaufverfahren) offenbart Anfang Juni, dass es bereits am 7. Kriegstag gelingen könne, die tschechischen Grenzbefestigungen zu überwinden und die feindlichen Kräfte empfindlich zu schlagen: »Das deutsche Heer ist auf ganzer Front in siegreich fortschreitendem Angriff.« Letztlich bleibt nur eine Frage unentschieden: Werden Frankreich und Großbritannien eingreifen, wenn Deutschland militärisch gegen die Tschechoslowakei vorgeht? Beck zweifelt nicht daran, Hitler ist vom Gegenteil überzeugt.

Anfang Juni kommt die Regierung in Prag von vielen Seiten unter Druck. In der Londoner *Times* erscheint am 2. Juni ein Leserbrief, der sich unter der Überschrift »Selbstbestimmung« mit dem Wunsch der Sudetendeutschen beschäftigt, sich dem Deutschen Reich anzuschließen: »Es wäre eben so unrecht wie unklug, ein Volk dazu zu zwingen, gegen seinen Willen in einem Staat zu bleiben.« Herausgeber Geoffrey Dawson, bekannt für seine guten Beziehungen zu Premierminister Chamberlain und Außenminister Halifax, nimmt den Leserbrief am folgenden Tag zum Anlass für einen Leitartikel. Er stellt zunächst fest, dass das Selbstbestimmungsrecht nicht überall anwendbar sei, fügt aber hinzu: »Die Forderung der Sudetendeutschen nach der Korrektur des durch den Versailler Vertrag verursachten Unrechts ist zweifellos begründet.« Er versucht, der Regierung in Prag die Idee einer Volksabstimmung schmackhaft zu machen: »Wenn es eine Ungerechtigkeit gewesen ist, der Tschechoslowakei damals jene Minderheiten einzuverleiben, so wäre diese Ungerechtigkeit beseitigt.« Das sei ein radikales Heilmittel gegen die augenblickliche Unruhe, räumt er ein, aber: »Etwas Radikales mag notwendig sein.« Tatsächlich drängen der britische und der französische Gesandte die Regierung in Prag erneut, schnell eine Lösung der sudetendeutschen Frage zu erreichen.

Weit schwerwiegender sind Ereignisse, die sich am 4. und 5. Juni 1938, dem Pfingstwochenende, in der slowakischen Hauptstadt Pressburg abspielen. Hier wird der sogenannte Vertrag von Pittsburgh, die *Heilige Schrift* der Slowaken, öffentlich ausgestellt und bejubelt. Genau 20 Jahre zuvor, noch vor Ende des Weltkriegs, hatten in der pennsylvanischen Industriestadt Vertreter der tschechischen und der slowakischen Organisationen in den USA die Gründung eines gemeinsamen Staates vereinbart; den Slowaken, die zuvor zum Königreich Ungarn gehört hatten, war dabei weitgehende Autonomie zugesichert worden. Diese Zusage wurde in dem zentral von Prag aus regierten Staat nicht eingehalten. Die Slowakische Volkspartei/SVP, die stärkste Partei in diesem Landesteil, blieb bei ihrer Forderung: »Die Slowakei den Slowaken!« Und die Studenten singen in Pressburgs Straßen ein verbotenes Lied: »Wenn wir in den Kampf ziehen, weht unsere Fahne zum Sieg für das Recht der slowakischen Nation.«

Eine Delegation aus Pittsburgh hatte sich mit dem Original des Vertrages auf einem polnischen Passagierschiff auf den Weg gemacht, um den Slowaken gegen die Tschechen beizustehen. In Warschau wurde sie mit großem Aufwand empfangen, denn den Polen liegt viel daran, die Spannungen in der Tschechoslowakei zu schüren: »Es ist ein zum Tode verurteiltes Land; es retten zu wollen, ist eine Wahnidee«, lautet das Urteil in Warschau. Der Empfang in Pressburg ist gewaltig: Tausende haben sich versammelt und lauschen den Reden von einer Tribüne, geschmückt mit der slowakischen Fahne (zwei weiße Kreuze auf rotem Grund) und dem Sternenbanner:

> »Wir danken unseren amerikanischen Brüdern für ihre großen Blut- und Geldopfer im Kampfe um die Befreiung des slowakischen Volkes. Wir lehnen die Fiktion des einheitlichen tschechoslowakischen Volkes ab und lassen uns unsere nationalen Rechte nicht nehmen. Die Zeit der Lösung der slowakischen Frage ist gekommen, einen Aufschub duldet sie nicht.«

Grußadressen der polnischen, ungarischen, sudeten- und karpathendeutschen Minderheiten werden verlesen. Am Pfingstsonntag verkündet der Vorsitzende der SVP und *Führer des Volkes*, der 73-jährige Pater Andrej Hlinka, seinen Entwurf für ein Gesetz: »Paragraph 1: Das Land Slowakei ist ein autonomer Teil der Tschechoslowakischen Republik.« Er fragt die Menge: »Wollt ihr dafür kämpfen?« Ein stürmisches Ja! ist die Antwort. Es gehe ihm nicht um Aufteilung und Abspaltung, nur um Autonomie: »Wenn sie nicht gewährt wird, werden wir uns an die Welt wenden, denn wir wollen nicht ewig Sklaven sein!« In Prag wird es als Verrat an der gemeinsamen Sache empfunden, wenn die Slowaken in dasselbe Horn blasen wie die Sudetendeutschen.

Die Sudetendeutsche Partei hat inzwischen ihre sehr allgemein gehaltenen Forderungen von Karlsbad konkretisiert. Am 7. Juni wird Ministerpräsident Hodža eine »Skizze zur Neuordnung der innerstaatlichen Verhältnisse« überreicht. Der entscheidende Punkt lautet: »Das einheitliche Staatsgebiet muss daher in das tschechische, deutsche, slowakische usw. Volksgebiet untergliedert werden.« Dazu sollen die zentralen Aufgaben für Bildung und Kultur, soziale Fürsorge sowie Gesundheitswesen auf die jeweiligen nationalen Selbstverwaltungsinstanzen (Landesvertretungen und Landeshauptleute) übertragen werden. »Nein!« schreibt Beneš an den Rand, das führe zur »Zerschlagung der staatlichen Einheit«. Er sieht voraus: »Entweder verschwindet die Tschechoslowakei dann völlig von der Landkarte Europas oder sie wird ein Lehnsknecht Großdeutschlands.«

Einige Ministerien in Prag erheben ebenfalls grundsätzliche Einwände, auch gegen die Zugeständnisse, zu denen Hodža bereit ist, um gegenüber London ein »reines Gewissen« zu haben. Das Verteidigungsministerium etwa lehnt das Prinzip ab, die jeweiligen Nationalitäten entsprechend ihrer Stärke zu berücksichtigen, weder bei Rüstungsaufträgen und der Besetzung von Offiziersstellen noch bei der Polizei, der Post und der Eisenbahn; überdies sollten im Grenzgebiet nur »zuverlässige und dem Staat ergebene« Beamte tätig sein. Es dauert keine zwei Wochen, in denen vertraulich besprochen und verhandelt wird, bis davon etwas an die Presse durchsickert. Die Prager Zeitungen lösen einen Entrüstungssturm über die hohen Forderungen der Sudeten und die geplanten hohen Zugeständnisse der Regierung aus: »Es ist unsere Pflicht«, heißt es in der Beneš nahestehenden Zeitung *České slovo*, »diesen provokativen Vorschlägen nicht nachzugeben.« Und weiter: »Die ganze Nation schart sich um ihre Führer, um gegen Henlein, den Knecht des Imperialismus, die Integrität und Unabhängigkeit des tschechoslowakischen Vaterlandes zu verteidigen.«

In Paris macht man sich die Sorge, dass »Prag nach und nach die Sache einschlafen lassen möchte«. Halifax beschwert sich sogar umgehend in Prag und lässt »Beneš den großen Knüppel spüren«: »Die tschechische Öffentlichkeit wird weder von der Presse noch von den Politikern auf große Zugeständnisse eingestimmt.« Wenn es nicht bald zur Einigung komme, werde Henlein eine Volksabstimmung verlangen.

Sind das die ersten »Auflösungserscheinungen« in der ČSR, wie sie in Berlin erwartet werden? An die deutsche Presse ergeht jedenfalls die Anweisung, künftig die Republik nicht in einem Wort, sondern mit Bindestrich zu schreiben: »Tschecho-Slowakei«.[15]

Die Tschechoslowakei will nicht nachgeben

Während in den Prager Hinterstuben der Macht beratschlagt wird, wie weit man den Volksgruppen entgegenkommen will, wird draußen die Stärke der tschechoslowakischen Nation demonstriert: »Heil, Herr Präsident, heil!« schallt es durch Straßen und über Plätze, wenn Staatspräsident Beneš lachend und winkend auftritt. Prag hatte zur Unterstützung des Landes zu einem »allslawischen Treffen« geladen. Zu Tausenden kommen sie in 145 Sonderzügen aus Jugoslawien, Rumänien, Bulgarien, aus Litauen, Lettland und der Sowjetunion, nur Vertreter aus Polen fehlen; kleinere Gruppen treffen aus Frankreich, Großbritannien und den USA ein. Sie wollen am 10. *Sokol Slet* (»Falken-Fest«) teilnehmen, das alle sechs Jahre in Prag abgehalten wird. Veranstalter ist der tschechischslowakische Turnverein *Sokol*, mehr als 60 Jahre zuvor als nationale Sammlungsbewegung entstanden. Mit seinen mehr als 800 000 Mitgliedern übertrifft der tschechoslowakische Verband die ähnlichen Verbände aller anderen slawischen Länder.

Die Hauptstadt ist in ein Flaggenmeer getaucht, darunter häufig die alten roten hussitischen Fahnen mit dem goldenen Kelch. Die Häuserfronten sind mit Girlanden aus Tannen- und Lindengrün geschmückt. Viele Gäste ziehen in ihren nationalen Trachten vorbei an den jubelnden Menschen am Straßenrand, die tschechoslowakischen Turner in ihren Uniformen, die älteren in roten Hemden und weißen Hosen mit schwarzen Schaftstiefeln, die jüngeren in weißen Hemden und roten Hosen mit schwarzen Turnschuhen. Sprechchöre begleiten sie: »Wir ergeben uns nicht, und wir fürchten uns nicht!« Mit stürmischem Jubel und einem Blütenregen werden die Marschkolonnen der Grenztruppen begrüßt: »Wir sind mit Euch – ergebt Euch nicht!« Zwiespältig ist der Empfang für eine Abordnung tschechoslowakischer Sportler aus Wien. Sie sind aus Berlin angewiesen worden, wie alle anderen Delegationen die Nationalflagge ihres Herkunftslandes voranzutragen, die Hakenkreuzfahne. Sie stehen daher unter besonderem Polizeischutz; neben erregten Verwünschungen gibt es aber auch Tränen des Mitleids.

Eröffnet wird das Fest am 3. Juli in dem gerade fertig gestellten und nach dem Staatsgründer benannten Masaryk-Stadion. Es fasst bis zu 250 000 Zuschauer. Drei Tage lang zeigen 350 000 Turner und Turnerinnen vor 2,3 Millionen Zuschauern ihre »mathematisch präzisen« Übungen in Begleitung von zahlreichen Musikkapellen. Am Eröffnungstag leisten 29 000 Männer, darunter viele Soldaten, den »Eid auf die Republik« und unterstreichen ihre Bereitschaft zur Verteidigung des Landes. Am Abschlusstag ziehen 73 840 Männer und Frauen in ihren Uniformen und Trachten unter 1000 Fahnen und Bannern ins Stadion, begleitet von hundert Kapellen mit 2953 Musikern.

Höhepunkt ist der 6. Juli, der Tag, an dem 523 Jahre zuvor der böhmische Reformator Jan Hus in Konstanz auf einem Scheiterhaufen verbrannt worden war. Nach einem Marsch von 100 000 *Sokol*-Turnern durch die Stadt gibt es vor dem Hus-Denkmal auf dem Altstädter Ring eine Feier. So wie sich die Hussiten 500 Jahre zuvor an alle »guten Christen« gewendet hatten, appelliert Sozialminister Jaromír Nečas an alle »guten Demokraten in der Welt«:

> »Wir kämpfen nicht nur für die Freiheit und die Menschenrechte in der Tschechoslowakei, sondern in ganz Europa und in der ganzen Welt. Wir sind das Schwergewicht Europas, eine Verschiebung des Schwerpunkts hätte für ganz Europa unabsehbare Folgen.«

Die Teilnehmer aus katholischen Ländern wie der Slowakei werden durch diese Verehrung für einen Ketzer abgeschreckt. Die tschechoslowakische Armee hält dann im Stadion noch eine große Militärparade ab, an der sich auch Abordnungen der Bündnispartner Jugoslawien und Rumänien beteiligen.

Zu den geladenen Ehrengästen gehört Professor Robert Seton-Watson, Inhaber des von der Prager Regierung bezahlten Masaryk-Lehrstuhls für mitteleuropäische Geschichte am King's College der Universität London. Er verbreitet in der ganzen Welt, dass die Tschechoslowakei mit ihrer »strategischen Schlüsselstellung« für die Interessen Großbritanniens, Frankreichs und der USA »lebenswichtig« sei. Er wird daher mit offenen Armen von den Spitzenleuten Beneš, Hodža und Krofta empfangen, die bislang kein großes Entgegenkommen gegenüber den Sudetendeutschen haben erkennen lassen: Das neue Nationalitäten-Statut solle noch im Juli vom Parlament beschlossen werden, kündigen sie an, »auch wenn Henleins Leute nicht zustimmen« sollten. Zum Abschied nimmt Steton-Watson an einem Gartenfest des britischen Gesandten Newton teil. Dieser zeigt allerdings ein bedenkliches Gesicht: Die Begeisterung bei den Massenaufmärschen könne die Prager Regierung davon abhalten, schnell wesentliche Zugeständnisse zu machen, und eher ihren Widerstand stärken.[16]

Newton hat den Eindruck, dass die Ausarbeitung der Nationalitäten-Gesetze zu langsam vom Fleck komme: Er befürchte sogar den völligen Abbruch der Verhandlungen, wenn die Entwürfe ohne Zustimmung der Sudetendeutschen Partei ins Parlament gebracht würden, berichtet er nach London. Doch Beneš kommt erneut in Hochstimmung, als er am 18. Juli auf den Titelseiten französischer Zeitungen liest: »Ganz Paris unter dem Union Jack!« Die britische Königsfamilie wird zu einem Staatsbesuch erwartet. Die französische Regierung nutzt alle Möglichkeiten, die festen Bande zwischen Frankreich und dem Vereinigten Königreich zu bekräftigen. Im Hafen von Boulogne-sur-Mer wird die königliche Yacht von den Schiffen der französischen Marine mit Salutschüssen und dem *Union Jack* am Mast begrüßt. Auf der Mole steht Marschall Pétain bereit und enthüllt eine *Britannia-Statue*, die französische Veteranen zum Dank für den Einsatz britischer Soldaten im Weltkrieg errichtet haben. Kinder singen die Hymne *God save the King.*

Auf der Zugfahrt von Boulogne in die Hauptstadt werden George, seine Frau Elizabeth, ihre beiden Töchter und die Königinmutter überall mit französischer Überschwänglichkeit begrüßt. Für den Empfang auf einem kleinen Pariser Vorortbahnhof, der zu einem Festzelt in den französischen wie britischen Farben blau-weiß-rot dekoriert worden war, stehen Präsident Albert Lebrun und seine Frau sowie Ministerpräsident Daladier mit seinem Kabinett sowie viele andere zivile und militärische Spitzenleute bereit. Auf dem Bahnsteig sind in zwei Reihen Soldaten der Marine mit ihren weißen Mützen und roten Pompons angetreten, zu Ehren des Königs, der in einer über und über dekorierten Uniform des Flottenadmirals als erster aus dem Zug steigt, gefolgt von der Königin in einem weißen Seidenkleid mit weißem Fuchsbesatz.

Eskortiert von marokkanischer Kavallerie und Republikanischer Garde hoch zu Ross, führt die anschließende Fahrt in offenen Wagen, mit dem Blick auf den wehenden Union Jack am Eiffel-Turm, unter den Rufen der Pariser (»Es lebe der König! Es lebe die Königin!«) über die Place d'Étoile, gefüllt mit Kadetten in bunten Uniformen, vorbei an den von einer dichten Doppelreihe Uniformierter auf Abstand gehaltenen Massen die Champs Élysées entlang, dann über die mit Panzer- und Motorfahrzeugen voll gestellte Place de la Concorde und über die von algerischen Scharfschützen flankierte Seine-Brücke zum Außenministerium am Quai d'Orsay, wo ein Infanterie-Bataillon, die Republikanische Garde mit gezogenen Schwertern und Außenminister Bonnet die britischen Gäste empfangen. Für ihren dreitägigen Aufenthalt sind hier die Gemächer sorgfältig hergerichtet, u. a. mit einem Sekretär der 1793 guillotinierten Königin Marie Antoinette, gewiss ein zweischneidiges Erinnerungsstück.

Für den Abend hat Präsident Lebrun zu einem Bankett in seinen Amtssitz, den Élysée-Palast, geladen. Mit Spannung werden die Trinksprüche erwartet. Lebrun bemüht sich, die gemeinsamen Interessen beider Länder zu beschwören. Er hebt die »lange Tradition gegenseitiger Wertschätzung und Achtung« hervor und verweist auf die Leistungen der Vorfahren von George VI.:

> »Das englisch-französische Bündnis hat, durch Ihren Großvater (Edward VII.) besiegelt, unter der glorreichen Herrschaft seiner Majestät des Königs George (V.) seine volle Wirksamkeit während der düsteren Periode des Weltkriegs entfaltet. Die auf den Schlachtfeldern geschmiedete Solidarität hat nie versagt.«

Der Präsident nimmt den König in die Pflicht: »Ihre Anwesenheit in Paris stellt das höchste und wertvollste Zeugnis des gemeinsamen Willens dar.« Das Bündnis der beiden Völker, fährt er fort, die gemeinsame Politik beschreibend, sei »ein wesentliches Element der Sicherheit und der Eintracht, zum größten Wohle der Zivilisation und des Friedens«. Und er macht den Versuch, die britische Regierung zu ermuntern, ihrer Politik eine »immer aktivere und segensreichere Wirksamkeit zu verleihen«: »Ich trinke auf die Größe und das Wohlergehen des Vereinigten Königreichs und die britische Gemeinschaft der Nationen.«

Bankett des französischen Staatspräsidenten Albert Lebrun (M.) für das britische Königspaar – George VI. in einer Marschalluniform der Luftwaffe. Der letzte Besuch eines britischen Königs in Paris liegt 24 Jahre zurück, im April 1914, ein Vierteljahr vor Ausbruch des Weltkriegs.

Der König antwortet auf französisch und fast ohne Stocken: »Es ist uns eine große Freude, unseren ersten Auslandsbesuch Paris, der edlen Stadt dieses befreundeten Landes, mit dem Großbritannien durch so viele gemeinsame Erinnerungen und Opfer verbunden ist, widmen zu können.« Man sei von den gleichen Idealen erfüllt: den demokratischen Grundsätzen und der individuellen Freiheit. Zur Lösung der aktuellen politischen Probleme spricht er sich nicht für Aktionen aus, sondern hält sich an die Instruktionen seines Premierministers und spricht von »internationalen Abkommen« und »wahrhafter Zusammenarbeit zur Sicherung des Glückes der Völker«. Er zeigt sich bewegt von den guten Wünschen »für die Größe und die Wohlfahrt meines Landes und meiner überseeischen Gebiete« und hebt das Glas: »Ich trinke auf Ihre Gesundheit, Herr Präsident, und auf die Ehre und den Ruhm Frankreichs.«

Während die Majestäten am Mittwoch, den 20. Juli, ein dichtes Besichtigungsprogramm absolvieren (Rathaus, Louvre, Oper) nutzt Außenminister Halifax die Gelegenheit für ein ausführliches Gespräch mit Daladier und

Bonnet. Den Ministern geht es, wie das offizielle Kommuniqué mitteilt, um die »internationale Lage und beide Seiten besonders interessierende Fragen«: Wir sind gemeinsam entschlossen, unsere Politik der Entspannung und Versöhnung weiter zu verfolgen, wie wir sie am 28./29. April beschlossen haben. – In den Zeitungen wird gemutmaßt, dass die Tschechoslowakei im Vordergrund gestanden habe. Nicht nach außen dringt, was Halifax in »strengster Vertraulichkeit« mitteilt: Er will eine Zustimmung für seine Absicht, Beneš um einen unparteiischen Vermittler bitten zu lassen, der die festgefahrenen Verhandlungen mit den Sudetendeutschen wieder in Gang bringen solle. Die beiden Franzosen sagen zu, den Plan in Prag zu unterstützen. Halifax unterstreicht allerdings noch einmal, dass sich die britische Regierung nicht direkt einmischen und zu nichts verpflichten wolle: Er sei aus Kanada, Australien und Südafrika wie aus Indien gewarnt worden, »keine Verpflichtungen einzugehen, die das Britische Reich in einen Krieg verwickeln« würde.

Der nächste Tag ist Versailles gewidmet. Lebrun hat den König (diesmal in Marschall-Uniform) zu einer eindrucksvollen Militärparade geladen, zu der 50 000 französische Soldaten aufmarschieren: Infanterie, Kavallerie, Artillerie, Truppen aus den Kolonien und Panzer. Danach begeben sich 250 geladene Gäste in den Spiegelsaal des Schlosses, wo man 19 Jahre und einen Monat zuvor Deutschland den Friedensvertrag diktiert hatte. Dort servieren 75 Kellner in königlichen Livreen und mit Puderperücken der vorrevolutionären Zeit ein kleines Menü. Anschließend wird wie zu Zeiten des Sonnenkönigs ein Unterhaltungsprogramm im Schlosspark geboten. Zum Abschied ist ein Empfang am Quai d'Orsay vorgesehen. Könnten sich hier die Majestäten wenigstens einmal den bislang nicht verwöhnten Parisern zeigen? Der Innenminister hat Bedenken: Nicht wegen der Franzosen gleich welcher Partei, aber wegen der vielen Ausländer, Spanier, Italiener, Russen – es ist noch keine vier Jahre her, dass der jugoslawische König in Marseille einem Attentäter zum Opfer gefallen war. – Schließlich wagt das Königspaar doch den Schritt auf den Balkon und wird lauthals umjubelt und muss ein zweites Mal erscheinen.

Die Rückreise wird am 22. Juli früh angetreten, um auf der Zugfahrt nach Calais noch einen Zwischenhalt in Villers-Bretonneux an der Somme einzulegen. Dort hatten sich im Frühjahr 1918 britische, australische und französische Truppen gemeinsam gegen deutsche Angriffe behauptet. Zur Erinnerung an 11 000 gefallene Australier weiht der König eine riesige Gedenkanlage ein. – Die königliche Visite stößt in Frankreich auf noch größere Begeisterung als in Großbritannien. Die *Times* stellt nüchtern einen

»Riesenerfolg« fest und zitiert einen Franzosen: »Der Besuch war kein Ereignis, sondern eine Zeitenwende.« Im *Petit Parisien* heißt es: »Der Besuch Ihrer Majestäten ist wie ein fantastischer Handschlag, der ganz Frankreich gereicht wird.« Der Privatsekretär von Halifax hält die erhoffte politische Wirkung fest, wenn er in seinem Tagebuch notiert: »Der Erfolg des Besuches sollte die Diktatoren zum Nachdenken bringen.« Die deutschen Zeitungen üben sich in »freundlicher Zurückhaltung« und lassen nicht erkennen, wie beeindruckt man in Berlin von den französischen Bemühungen ist, sich Großbritannien zu verpflichten.[17]

Die Hochstimmung in Prag über die »neue Lage in Europa« verfliegt sehr schnell. Am 20. Juli um 11 Uhr, nachdem Halifax die französischen Minister über sein neues Vorhaben informiert hatte, trifft der britische Gesandte Newton auf der Prager Burg ein. Er soll sich bei Beneš des schwierigen Auftrags entledigen, der am Tag zuvor mit einem Sonderkurier aus London eingegangen ist. Um jedem Widerstand vorzubeugen, beginnt er sehr vorsichtig: »Ich komme ganz privat mit einem sehr wichtigen Vorschlag und hoffe ernstlich, dass Sie ihn annehmen können.« Und er fügt eine Drohung an: Wenn Sie ihn ablehnen, »könnte sich Seiner Majestät Regierung gezwungen sehen, den Inhalt ihres Vorschlages und die Antwort der tschechoslowakischen Regierung der Öffentlichkeit zu übergeben«.

In London bestehe die große Sorge, fährt Newton fort, dass ein Abbruch der Gespräche zwischen der Prager Regierung und der Sudetendeutschen Partei drohe, wenn man die geplanten Gesetze über die Köpfe der Sudetendeutschen ins Parlament einbringe und beschließe: »Es sieht unfair aus, wenn die Regierung wochenlang berät und von den Sudetendeutschen erwartet, innerhalb weniger Tage zu reagieren.« Dann legt er Londons Vorschlag auf den Tisch:

> »Wir suchen eine unparteiische Person von Rang und Namen und entsenden sie in die Tschechoslowakei, wo sie unabhängig von Seiner Majestät Regierung die Lage untersuchen und dann vermitteln kann. Ihre Aufgabe soll es sein, sich mit der aktuellen Problemstellung und den Gründen der daraus entstandenen Meinungsverschiedenheiten vertraut zu machen und sich mit Rat und Tat zu bemühen, die Verbindung zwischen der Regierung und der SdP zu erhalten bzw. im Falle eines Abbruchs wiederherzustellen.«

Newton sieht, wie sich in Beneš' Gesicht zuerst Verblüffung, dann Bestürzung abzeichnen und wie es rot anläuft, als er fortfährt: »Es wäre natürlich unbedingt erforderlich, dass die ausgewählte Person mit Zustimmung der tschechoslowakischen Regierung komme, wenn möglich sogar auf Bitten der Regierung und der sudetendeutschen Vertreter.« Newton fügt eine Erläuterung an, die Beneš nicht beruhigt: Die Prager Regierung könne durch die eigene Initiative den Eindruck vermeiden, ihr solle ein Schiedsrichter aufgedrängt werden.

Beneš zeigt sich geschockt, beschwert und beklagt sich: »Einen solchen Vorschlag habe ich nicht erwartet, er ist ein Eingriff in unsere nationale Souveränität. Er hätte vorab mit uns abgesprochen werden müssen. Unsere Regierung hat die größten Anstrengungen unternommen und ist bereits an die äußerst möglichen Grenzen gegangen.« Und er droht: »Das wird eine sehr ernste Krise im Land hervorrufen und die Regierung sowie mich selber zum Rücktritt bringen.« Besonders empört ihn, dass tschechoslowakische Regierung und Sudetendeutsche Partei auf eine gleiche Stufe gestellt werden: Nie und nimmer werde er eine territoriale Autonomie des Sudetenlandes hinnehmen.

Dann versucht Beneš, auf Zeit zu spielen: Er müsse sich mit dem Ministerpräsidenten und dem Außenminister besprechen und das Parlament einschalten. Auch mit der französischen Regierung wolle er sich beraten, bevor er den Vorschlag beantworten könne. Als Beneš sich wieder etwas gefangen hat und dem »Vermittler« die Rolle eines »Beobachters« zuschreibt, der mit beiden Seiten »diskutieren« solle, meint er, es werde wohl keine Einwände geben: Man könne sich ja jetzt über die Grundsätze einigen und dann bis zum Herbst die Einzelheiten mit der SdP regeln.

Newton wird am nächsten Tag auch noch bei Ministerpräsident Hodža vorstellig, der – vorgewarnt durch Beneš – verbindlich bleibt: Er glaube, dass seine Ministerkollegen den Vorschlag als ein »Zeichen des guten Willens« der britischen Regierung annehmen würden. Er persönlich würde einen Vermittler als »freundschaftlichen Berater« begrüßen. – Sein Name ist inzwischen bekannt: Es ist der 67-jährige Walter Runciman, erfolgreicher Reeder, früherer Handelsminister und seit einem Jahr Mitglied des Oberhauses. Wochenlang hatte Halifax nach einer namhaften Persönlichkeit suchen lassen. Empfohlene hohe Beamte aus der Kolonialverwaltung Indiens hatte er als unpassend für europäische Verhältnisse abgelehnt. Als er Ende Juni den Posten dem von Chamberlain befürworteten Runciman anbot, lehnte dieser zunächst rundweg ab. Aber Halifax blieb hartnäckig: »Ich wäre glücklicher, wenn ich für den plötzlichen Fall, handeln zu müssen, auf Sie zählen könnte, eine gefährliche Lage zu verhindern.« Am 16. Juli sagte Runciman zu.

Halifax lässt in Prag auf eine schnelle Antwort (»bis morgen früh«) drängen und erhält sie nach seiner Rückkehr aus Paris in London am 23. Juli:

> »Die tschechoslowakische Regierung schätzt das dauerhafte Interesse Seiner Majestät Regierung an den Entwicklungen in der Tschechoslowakei sehr hoch. Sie ist für jede Unterstützung dankbar und bittet sie daher, die Güte zu haben, eine Persönlichkeit zu benennen, die bereit ist, mit ihrer Erfahrung und ihrem Rat die Schwierigkeiten überwinden zu helfen, die möglicherweise entstehen könnten.«

Die gewundene Diplomatensprache zeigt, dass man in Prag vermeiden will, als Störenfried zu gelten. Im *Právo Lidu* (»Volksrecht«) werden Großbritannien und Frankreich dagegen offen vor dem deutschen »Drang nach dem Osten« gewarnt: »Es geht nicht um die deutsche Minderheit, sondern um die Stahlwerke der Tschechoslowakei, um Weizen und Mais aus Ungarn, um Öl aus Rumänien.« Die Prager Gesandten in Paris und London spüren jedoch kein Verständnis. Osuský erhält auf seine Frage, ob Prag das britische Angebot annehmen solle, von Außenminister Bonnet ein knappes »Ja.« Er fragt nach: »Rät Frankreich zu, damit es nicht gezwungen ist, seine Bündnispflichten zu erfüllen?« Bonnet reagiert beleidigt. Osuský fragt weiter: »Werden wir die Möglichkeit haben, irgendeinen Vorschlag Runcimans abzulehnen?« Bonnet schüttelt den Kopf. Osuský hält ihm vor: »Frankreich hat seine Rolle gegenüber der Tschechoslowakei an die Briten abgetreten.« Bonnet weicht aus. – Jan Masaryk liefert aus London eine kurze Charakteristik Runcimans: »Klug, starrköpfig, klerikal, abstinent und reich.« Er sei zwar ein Bewunderer seines Vaters, des Gründers der ČSR, gewesen, aber: »Seine Mission gefällt mir überhaupt nicht.« Beruhigend könnte immerhin seine Beobachtung wirken, dass Chamberlain nur Zeit gewinnen wolle, da die Opposition gegen ihn wachse. Masaryk schließt einen Regierungswechsel in London oder sogar Neuwahlen nicht aus.

Doch Chamberlain behauptet sich. Bei einer außenpolitischen Debatte am 26. Juli im Unterhaus verleiht er seiner allgemeinen Entspannungspolitik neuen Schwung mit einem neuen Anlauf zur friedlichen Lösung der Auseinandersetzungen in der Tschechoslowakei:

> »Auf Anfrage der tschechoslowakischen Regierung haben wir uns entschlossen, eine Persönlichkeit mit der erforderlichen Erfahrung und Kompetenz zu benennen, die das Problem vor Ort untersuchen und Vorschläge machen soll, wie die Verhandlungen zum Erfolg geführt werden können: ein Ermittler und Vermittler, unabhängig von Seiner Majestät Regierung.«

»Also ein Schiedsrichter?« wird zwischen gefragt. »Nein«, antwortet Chamberlain. »Also ein Berater?« »Auch nicht«, hält Chamberlain fest: »Er ist ein Ermittler und Vermittler – so habe ich ihn genannt.« Er freue sich, teilt er offiziell mit, dass er Lord Runciman für diese »sehr heikle« Aufgabe habe gewinnen können.

Widerspruch erfolgt nicht, so dass Chamberlain feststellen kann: »Ich bin ganz sicher, dass jeder hier ihm vollen Erfolg wünscht.« Außenminister Halifax bekräftigt am nächsten Tag im Oberhaus, dass es darum gehe, eine gemeinsame Lösung für ein Problem zu erreichen, das den europäischen Frieden ernsthaft bedrohen könnte. »Sie setzen mich mitten im Atlantik in einem kleinen treibenden Boot aus«, habe Runciman erkannt, und er habe ihm geantwortet: »Das ist exakt die Lage.« Halifax fügt hinzu: »Wir sehen die Berechtigung und die Notwendigkeit einer Veränderung, aber es ist unser Wunsch, sie mit friedlichen Mitteln zu erreichen.«[18]

Während Prager Zeitungen einen kritisch-misstrauischen Ton anschlagen, üben sich die sudetendeutschen in Humor. Der Sendbote aus London wird als *Lord Runzelmann* begrüßt, der Mann mit der zerfurchten Stirn. Henlein, der Führer der Sudetendeutschen Partei, hält sich bedeckt. Er ist auf dem Weg nach Breslau, der Hauptstadt Schlesiens, wo am 26. Juli das erste *Großdeutsche Turn- und Sportfest* mit einem Tag der *Volksdeutschen* beginnt, vor allem für die etwa 27 000 angereisten Sudetendeutschen. Sie stellen die größte Gruppe von Deutschen aus dem Ausland, die zum »Fest aller Menschen deutschen Blutes« in die mit Girlanden und Fahnen geschmückte Stadt kommen. Vom höchsten Turm der Stadt, sagt der Bürgermeister zu ihrem Empfang, kann man bis zur Grenze und zum Riesengebirge sehen. Mehr als hunderttausend Männer und Frauen, Jungen und Mädchen beteiligen sich an den Wettkämpfen und Massenübungen auf dem *Hermann-Göring-Sportfeld* und anderen Sportstätten.

Kein Sportfest ohne Politik. Es war von vornherein geplant, die Beteiligung aus benachbarten und fernen Ländern besonders zu betonen und zu fördern. So wird am späten Abend des 29. Juli auf dem Schlossplatz eine »Feierstunde des Deutschtums im Ausland« veranstaltet. Jugendliche Fackelträger sorgen für die Stimmung, hundert Lautsprecher für die Übertragung der Reden bis in die Nebenstraßen, wo sich viele Turner und Sportler drängen, die es ins viel zu enge Dreieck zwischen Palais, Theater und Museum nicht mehr geschafft haben.

Als Sprecher der »größten deutschen Volksgruppe in Europa« ergreift Konrad Henlein als erster das Wort: »Wir sind als dankbare Gäste des Reiches hierher nach Breslau gekommen und stehen staunend und ergriffen vor dem Werk Adolf Hitlers.« Er schöpfe daraus »neuen Glauben und neue Zuversicht für unseren Kampf«. Er spricht den Zwiespalt zwischen Staatsangehörigkeit und Volkszugehörigkeit an: »Wir geben dem Staate, was des Staates ist«, sagt er und fügt hinzu: »Wir alle sind unlösbare Teile des Großdeutschen Volkes!« Dann legt er ein Bekenntnis zu Hitler ab:

> »Dem Manne, der Europa und der Welt das gewaltigste Beispiel eines friedlichen Aufbauwerkes gibt, diesem Mann schlagen die Herzen von Millionen deutscher Menschen außerhalb der Reichsgrenzen in tiefster Dankbarkeit entgegen.«

Die Andeutung wird verstanden. Goebbels als zweiter Redner wird mit Rufen wie »Heim ins Reich« empfangen; aber auch er beschränkt sich auf Anspielungen, um den Auslandsdeutschen in ihren Herkunftsländern keine Schwierigkeiten zu bereiten. »Zehntausende auslandsdeutsche Brüder und Schwestern sind hereingeströmt«, stellt er fest: »Wir wollen sie in diesen festlichen Tagen ganz besonders fest in unser deutsches Herz schließen.« Ein drohender Unterton ist nur herauszuhören, als er ausruft, dass Deutschland »eine neue Großmacht geworden« sei. Die Zeitungen melden als Reaktion »Sprechchöre« und verschweigen den Inhalt: »Ein Volk, ein Reich, ein Führer!« Jubelstürme brechen los, als Goebbels Hitlers Grüße überbringt und ankündigt: »Der Führer selbst wird am kommenden Sonntag vor Ihnen stehen.«

Schnell wird die Haupttribüne auf dem Schlossplatz mit einem drei Meter hohen Hakenkreuz und einem Kranz aus Eichenlaub versehen, werden die östlichen Zugangswege in Fahnenstraßen verwandelt. Gegenüber wird ein mächtiges Podium für die Musikkorps von Heer und Marine errichtet. Bereits früh am Tage, um 8.30 Uhr beginnt vor Hitler, den Ehrengästen und Zuschauern der Vorbeimarsch. Die Heerschau zieht sich bei strahlender Sonne mehr als drei Stunden hin. Zunächst sind die Sportler und Sportlerinnen der deutschen und österreichischen Gaue an der Reihe, die meisten in ihren Trachten. Nach den Ostpreußen werden die Danziger, die Deutschen aus Belgien, Ungarn, Estland bejubelt; immer wieder kommt es vor, dass einzelne die Absperrung der SS-Wachen durchbrechen und versuchen, Hitler zu berühren.

In strenger Disziplin zieht der Block der sudetendeutschen Turner hinter einer tschechoslowakischen Fahne im Marschtritt vorbei, aber als die Mädchen und Frauen in ihren Trachten folgen, ist kein Halten mehr: Sie stürmen unter »Führ uns heim!«-Rufen auf die Tribüne zu und strecken

Turn- und Sportfest in Breslau: Sudetendeutsche Mädchen jubeln Hitler und Henlein (l.) zu

ihre Arme empor, Hitler beugt sich herab und drückt viele Hände. Henlein steht neben ihm und freut sich über den Eindruck, den dieser Begeisterungssturm auf Hitler macht. »Es ist eine Huldigung, wie sie einem König oder einem Präsidenten äußerst selten von den Untertanen eines anderen Staates dargebracht wird«, kommentiert die Londoner *Times*.

Es vergehen viele Minuten, bis der Zug wieder in Gang kommt. Es folgen Deutsche aus Dänemark, Lettland, Litauen, Polen, Rumänien. Nach einem Zwischenspiel der Hafenstädte Bremen und Hamburg treten Deutsche von Übersee auf, aus Argentinien, Brasilien und Chile, aus der ehemaligen Kolonie Südwestafrika, schließlich aus Italien, den USA und den Niederlanden. Noch einmal setzt ein Sturm auf die Tribüne ein, wird der Schutzwall der SS durchbrochen. Nur langsam leert sich der Platz, und Hitler kann den Rückflug zu den Wagner-Festspielen in Bayreuth antreten, wo ihn noch der dritte Teil des *Nibelungen-Rings* erwartet, die *Götterdämmerung*. Auch die Sudetendeutschen treten die Heimreise an. Hitler hat nichts verlauten lassen, aber sie haben ihn verstanden und die sichere Hoffnung gewonnen: »Der Führer ist mit uns.« Die Heimkehrer können ihren Landsleuten gegenüber die »Aufnahme in Deutschland gar nicht genug loben«: »Alles ist im Überfluss da.« Propagandaminister Goebbels ist zufrieden mit seiner Arbeit: »Das wird einmal ein Sturm werden, wenn die Stunde kommt«, vermutet er.[19]

London schickt einen Vermittler nach Prag

Auf dem Prager Hauptbahnhof, benannt nach dem früheren US-Präsidenten Wilson, wartet am 3. August 1938 kurz vor 15 Uhr ein kleines Empfangskomitee auf einen Lord und eine Lady, auf Walter und Hilda Runciman. Sie werden begrüßt vom britischen Gesandten Newton, vom Protokollchef des Staatspräsidenten, einigen Ministerialräten, dem Prager Bürgermeister sowie zwei Vertretern der Sudetendeutschen Partei. Unter den Wartenden befinden sich außerdem zwei Männer, die bereits am Tag zuvor mit dem Flugzeug aus London eingetroffen sind: der 48-jährige Frank Ashton-Gwatkin vom Außenamt und der 43-jährige Robert Stopford, ein internationaler Finanzberater. Beiden ist bewusst, dass sie Runciman bei seinen Ermittlungen nicht nur zu unterstützen, sondern die Hauptarbeit zu erledigen haben. Im Nobelhotel *Alcron*, nicht weit vom Wenzelsplatz, ist eine Suite mit 17 Zimmern für unbestimmte Zeit reserviert, wo man wohnen und arbeiten will.

Noch am Abend findet im Speisesaal eine Pressekonferenz statt. Bevor die Hundertschaft von Journalisten, Fotografen und Kameraleuten eintrifft, kann das Rednerpult so umgestellt werden, dass es nicht unmittelbar vor der Bronzefigur einer nackten Schönheit mit ausgebreiteten Armen steht. »Ich habe mich nicht um die Aufgabe gedrängt«, erklärt Runciman, »aber die tschechoslowakische Regierung und die Sudetendeutschen haben mir versichert, dass ihnen meine Mission willkommen ist.« Er weist auf seine 40-jährige politische Erfahrung hin und versichert: »Dauerhafter Frieden kann nur das Ergebnis gegenseitiger Übereinstimmung sein.« Er betont seine Unparteilichkeit: »Ich bin allen Freund und niemandes Feind.« Mit den Worten »Stellen Sie heute keine Fragen, denn sie bekommen keine Antwort«, fertigt er die Medienleute ab. Viele kommen geradewegs von anderen Fronten, Abessinien, Spanien, Österreich, so dass ein junger tschechischer Kollege mit Schrecken erkennt: »Als nächstes sind wir dran.«

Lord Runciman (l.) wird am 4. August 1938 vom tschechoslowakischen Staatspräsidenten Beneš auf der Prager Burg empfangen

Runcimans Geheimniskrämerei lässt die Gerüchte ins Kraut schießen. Nicht angesprochen wird, ob für die Mission Wochen oder Monate eingeplant sind. Besteht Runcimans entscheidende Rolle darin, Zeit zu gewinnen? Die Regierung in London hofft, dass die Anwesenheit ihres Abgesandten die Streithähne durch lange Gespräche bis zum Herbst in Schranken hält, wenn der Griff zur Gewalt wetterbedingt unwahrscheinlicher wird. Die Regierung in Prag erklärt sich die britische »Nachgiebigkeit« gegenüber den sudetendeutschen Forderungen mit dem Bestreben, »Zeit für die Beendigung der energisch durchgeführten Rüstung zu gewinnen«.

Bereits am folgenden Vormittag absolvieren die Briten, trotz sommerlicher Hitze angetan mit Zylinder und Frack, ihre Antrittsbesuche auf der Burg; Runciman ist erstaunt darüber, dass Beneš sie im hellen Sommeranzug empfängt. Am Nachmittag stellt sich die Verhandlungsdelegation der Sudetendeutschen Partei im Hotel ein. Aus den ersten Kontakten wird

Runciman bewusst, wie breit die Kluft zwischen beiden Seiten ist. Äußerlich zeigen sie sich verhandlungsbereit, innerlich halten sie an scheinbar unüberbrückbaren Grundsätzen fest. Nicht mitten im Atlantik, sondern am Rande der Niagara-Fälle sieht sich Runciman. Ein Weltmeister im Kompromiss-Schließen ist verlangt. Tatsächlich gelingt es Runciman, Regierung und SdP nach siebenwöchiger Unterbrechung am 11. August wieder an den Verhandlungstisch zu bringen.

Doch keine Seite will etwas opfern, nur um den europäischen Frieden zu retten. Die Regierung in Prag bekommt Rückendeckung vom *Verband der tschechoslowakischen Offiziere*:

> »Wir warnen: Die Autorität des Staates darf unter keinen Umständen unterminiert oder verringert werden, weder durch Wort noch Tat! Es darf keinen Rückzug aus einer Stellung geben, in der wir leben und arbeiten, uns verteidigen und kämpfen können. Es kann den Tod bedeuten, aber wir dürfen keinen Fußbreit weichen.«

Der Aufruf wird zum »Versehen« erklärt, bleibt aber in der Welt.

Der Verhandlungsführer der SdP beharrt bei der zweiten Zusammenkunft am 17. August auf den in Karlsbad erhobenen Forderungen: »Wir wollen keine Minderheit sein, sondern gleichberechtigt. Ein Kompromiss ist unmöglich, höchstens über die Umsetzung.« Und er droht der Prager Regierung:

> »Die Geduld der deutschen Bevölkerung, die bislang kein Zeichen des guten Willens erhalten hat, ist weniger ausdauernd als unsere. Wir können die Verhandlungen nur fortsetzen, wenn die Regierung und ihre Parteien ihren angeblich guten Willen in aller Öffentlichkeit kund tun.«

Große Erwartungen sind daher auf das erste Treffen zwischen Lord Runciman und dem SdP-Führer Henlein gerichtet. Es findet am 18. August im Schloss Rothenhaus des Prinzen Max Egon von Hohenlohe statt, am Südhang des Erzgebirges und nur einen Steinwurf von der Grenze entfernt. Nach dem Essen sitzen die beiden zusammen, Hohenlohe und Lady Runciman dienen als Dolmetscher, Ashton-Gwatkin macht Notizen. »Ich freue mich«, beginnt Runciman, »dass Sie eine Lösung ohne Krieg wünschen.« Henlein bleibt reserviert: »Ich wäre froh, wenn auch die Tschechen auf eine friedliche Lösung hinzielten.« Und setzt hinzu: »Ich weiß aber bestimmt, dass die höchsten politischen und militärischen Kreise den Krieg wollen.«

Runciman verteidigt die Regierung in Prag: »Sie zeigt doch etwas guten Willen!« Er verweist auf das Angebot, den Deutschen sieben Postbeamtenstellen zu überlassen. Henlein wischt das weg und weist darauf hin, dass die Deutschen nach ihrem Anteil an der Bevölkerung Anspruch auf zusätzliche 50 000 Beamtenstellen hätten. Runciman reagiert verärgert: »Wenn Sie mit schrittweisen Zugeständnissen nicht zufrieden sind, was dann?« Nun wird Henlein deutlich: »Das Problem ist innerstaatlich nicht mehr zu lösen.« Es gebe nur noch eine Möglichkeit: »Die Deutschen und Tschechen möglichst zu trennen, durch vollständige Autonomie oder durch Lostrennung auf Grund einer Volksabstimmung.« Runcimans Stimme klingt resigniert: »Ich bin gekommen, um zu helfen; das wird aber wohl sehr schwer werden.« Er bleibt trotzdem am Ball: »Die Zusammenarbeit war gut. Können wir wieder zusammenkommen?« Henlein nickt, will aber nicht nach Prag kommen, sondern wünscht wieder ein Treffen im sudetendeutschen Gebiet.

Inzwischen hat sich in der Gegend herumgesprochen, wer im Schloss zusammengekommen ist. Drei Männer aus der nahegelegenen Stadt Brüx treten ein und berichten über »alarmierende Zwischenfälle«: Die Feier zum Amtsantritt des neuen sudetendeutschen Bürgermeisters sei durch Gegendemonstranten mit Beschimpfungen und Rufen wie »Paris-Prag-Moskau« und »Uns schützt Moskau!« gestört worden; die Polizei habe tatenlos zugesehen: »Wir sind unseres Lebens nicht mehr sicher«, erklären die drei Männer, »wir können keine Disziplin mehr halten und müssen zur Selbsthilfe schreiten.« – Runciman lässt Ashton-Gwatkin die Beschwerden nach Prag melden und für Abhilfe sorgen.

Da entschließt sich Präsident Beneš, die Verhandlungen selbst in die Hand zu nehmen und eine Geste des guten Willens zu machen. Er entwickelt einen neuen Vorschlag, den er in vertraulichen Gesprächen erst Runciman und dann am 24. und 25. August den Verhandlungsführern der SdP vorstellt. Seine sieben Punkte sollen ein Entgegenkommen darstellen: An der Spitze steht die Einführung einer deutschen Selbstverwaltung in drei von 23 Bezirken des Landes, die ihren Haushalt selbst beschließen können und einen Regierungskredit erhalten sollen; die Umsetzung deutscher Beamte in deutsche Gebiete solle sofort beginnen, eine Kommission spätestens in drei Monaten zusammentreten, um die weiteren gesetzlichen Änderungen vorzubereiten. Schließlich wird die von der SdP geforderte Abberufung der Staatspolizei aus dem Sudetenland zugestanden, allerdings erst, wenn »dort völlige Ruhe eingetreten ist«. Man einigt sich darauf, dass Beneš seine Vorschläge ausformuliert.

Am Vormittag des 29. August legt er den sudetendeutschen Vertretern seinen ausgearbeiteten Plan vertraulich vor, der nun neun Punkte umfasst. Der wichtigste Punkt, die Einführung der deutschen Selbstverwaltung in drei Bezirken, ist weit nach hinten gerutscht. Stattdessen weist zu Beginn ein allgemeiner Grundsatz die Richtung: »Es gibt zwei Ziele: die vollständige und unmittelbare Lösung des Nationalitätenproblems und die Erhaltung der Souveränität, Integrität und Einheit des Staates.« Die Konkretisierung der einzelnen Punkte liest sich nun ganz anders: Der Kredit soll erst Ende des Jahres kommen, die Beratung der Gesetze erst in der nächsten Sitzungsperiode des Parlaments erfolgen; von der sofortigen Umsetzung der Beamten findet sich nichts, auch nicht vom Rückzug der Staatspolizei. Die SdP-Vertreter machen nur erstaunte Augen und sagen nichts. Beneš versucht, ihnen sein Angebot schmackhaft zu machen: »Das können Sie im größten Maße als Verwirklichung des Karlsbader Programms auslegen.« Und er versucht, sie unter Druck zu setzen: »Entscheiden Sie sich in den nächsten Tagen und denken Sie an Ihre Verantwortung für die innere wie auch insbesondere für die auswärtige Lage.« Ist es eine Drohgebärde mit Militärputsch und Krieg, wenn die Henlein-Partei sein Angebot ablehnt und mehr fordert?

Die Prager Regierung hofft, die britische Delegation mit diesem Neun-Punkte-Plan vom großen Entgegenkommen überzeugen und die Weltmeinung bei einer Veröffentlichung auf ihre Seite ziehen zu können. Doch Runciman reagiert auf das Papier »unermesslich enttäuscht«: Das sei ein Rückfall, meldet er nach London, Beneš habe sein Wort nicht gehalten. In seiner Enttäuschung wird er noch bestärkt durch ein Gespräch mit den SdP-Vertretern, die ihm den Unterschied zwischen dem Beneš-Plan und dem Henlein-Plan in der Sprache des Pferdesports erklären:

> »Die Tschechen haben uns bis jetzt einen Esel gegeben. Wir aber fordern ein Vollblutrennpferd. Nun sagen sich die Tschechen: Die Sudetendeutschen verstehen nichts von Pferden – wir werden einfach den Esel braun anstreichen, schön frisieren und ihn dann als Rennpferd präsentieren. Und sehen Sie, meine Lordschaft, diesen verkappten Esel lassen wir uns nicht aufdrängen!«

Diese Sprache versteht Runciman. Als auch noch vermutet wird, dass die Anleihe für den zugesagten Kredit im Ausland aufgenommen werden soll, meldet sich der Finanzfachmann in ihm zu Wort: »Der augenblickliche Zustand der Tschechoslowakei macht dies Land für einen Investor nicht attraktiv.«

Die Gefährlichkeit der Lage wird in London und Paris stärker als in Prag empfunden. Den ganzen Monat August über waren erschreckende Meldungen aus Deutschland eingetroffen: beschleunigter Ausbau des Westwalls, um Frankreich vom Eingreifen zugunsten der ČSR abzuschrecken; Einberufung von Reservisten nicht zu großen Manövern, sondern zu einzelnen Übungen; eine ununterbrochene Kampagne der Presse mit aufgebauschten Berichten über den »Tschechenterror« im Sudetenland, um Unruhen zu schüren, die Henlein veranlassen sollen, Hitler einen Rettungsruf zu schicken. Aus geheimen Quellen stammen Nachrichten, Hitler und Göring seien entschlossen, die Tschechoslowakei anzugreifen, gleich nach der Ernte oder Mitte September nach dem bevorstehenden Parteitag in Nürnberg oder im Herbst.

Besonders nervös ist der französische Botschafter in Berlin, François-Poncet, der fast jede Woche einen neuen Angriffstermin vorhersagt. Er hat noch im Ohr, wie Ministerpräsident Daladier geklagt hat: »Wir benötigen weitere sechs Monate, um dem deutschen 105mm-Geschütz ein gleichwertiges gegenüberzustellen.« Und vom Generalstabschef der französischen Luftwaffe, der Mitte August von Göring zu einer Besichtungstour deutscher Fliegerhorste und Flugzeugfabriken eingeladen war, hört er: »Wenn der Krieg, wie Sie es glauben, Ende September ausbricht, existiert nach 14 Tagen kein französisches Flugzeug mehr!« Auch der britische General Ironside verzweifelt: »Wir sind machtlos.« Bei einer Brigade in Dover hat er gerade mal 320 Mann und fünf Kanonen vorgefunden, bei der Luftabwehr vermisst er Material und klare Zielvorstellungen.

Überdies gelangen Warnungen von Hitler-Gegnern in Deutschland über seine Entschlossenheit zum Krieg auf verborgenen Wegen nach London: Die britische Regierung solle Hitler stoppen, dann würden die deutschen Generäle ihn stürzen. – Tatsächlich hatte Hitler Anfang August sowohl bei der höheren Generalität wie bei jüngeren Generalstäblern Widerstand zu spüren bekommen gegen einen Überfall auf die ČSR, der sich zu einem Weltkrieg ausweiten könnte. Generalstabschef Beck hatte sogar vorgeschlagen, die höchsten Führer der Wehrmacht sollten geschlossen von ihren Ämtern zurücktreten, wenn es ihnen nicht gelinge, Hitler von seinen Angriffsplänen abzuhalten, selbst wenn sie nur als Bluff gedacht seien. Als sein Appell verhallt, reicht Beck am 18. August als einziger seinen Rücktritt ein, den Hitler sofort annimmt.

Ist damit das Misstrauen zwischen dem Obersten Befehlshaber der Wehrmacht und seinen Heerführern beseitigt? Hitler vertieft sich in militärische Fragen. Auf einem Übungsgelände lässt er tschechische Festungsbunker nachbauen und den Generälen demonstrieren, dass die Bunker mit vorhandenen Waffen zerstört werden könnten. Ende August unternimmt er eine Inspektionsreise entlang des Westwalls von Aachen bis Freiburg. Nicht alles entspricht seinen Wünschen, aber er zeigt sich vom Baufortschritt sehr beeindruckt. Alle Beteiligten versucht er zu überzeugen: »Die Westmächte werden nicht zugunsten der Tschechoslowakei eingreifen.«

Und doch breitet sich in ganz Europa die Angst vor einem Krieg aus. Nur die tschechoslowakischen Kommunisten sollen dem Krieg zuversichtlich entgegensehen. Zur Sitzung ihres Zentralkomitees am 20./21. August in Prag ist ein Vertrauter Stalins angereist, der in einer zweistündigen Rede Moskaus *Volksfront*-Linie vorgibt: »Genossen, die politische Lage fördert die zweite Runde proletarischer Revolutionen in Mitteleuropa.« Die Kommunisten müssten sich gegen den Überfall der faschistischen deutschen Angreifer in die erste Reihe eingliedern, verlangt er: Das Volk werde an der Seite der Roten Armee erst die nationale Freiheit verteidigen und dann unter Führung der Kommunisten die Befreiung von der Vorherrschaft seiner eigenen Bourgeoisie erkämpfen. »Enttäuscht nicht das Vertrauen, das die Kommunistische Internationale und das gesamte sowjetische Volk mit dem Genossen Stalin an der Spitze in euch gesetzt haben«, mahnt er am Schluss. Diese Weisung aus Moskau verstärkt in Paris den Verdacht, dass die Sowjetunion »in der verworrenen Lage einen allgemeinen Krieg entfachen« wolle, aber nur zu einem geringen Teil mitspielen werde, um dann »wie ein Phönix aus unser aller Asche steigen und eine Weltrevolution entfesseln« zu können.

Am Spieltisch der großen Politik weiß niemand, was Hitler im Sinn hat: Bluff oder Krieg? Premier Chamberlain hält die Lage für so ernst, dass er die Flotte alarmieren lässt und trotz der Ferienzeit für den 30. August ein außerordentliches Ministertreffen einberuft. Außenminister Halifax stellt zwei Alternativen vor: Wenn Hitler sich bereits entschieden habe, gewaltsam gegen die Tschechoslowakei vorzugehen, müsste Großbritannien zur Abschreckung mit einer Kriegserklärung gegen Deutschland drohen; allerdings, fügt er hinzu, könnten weder Großbritannien noch Frankreich noch die Sowjetunion den Einmarsch verhindern. Wenn aber Hitler, was wohl zutreffe, noch nicht zur Gewaltanwendung entschlossen sei, schlage er eine Doppelstrategie vor: Hitler über die britischen Ziele im Unklaren lassen und gleichzeitig die Runciman-Mission zum Erfolg führen. Vielleicht bringe es auch etwas, wenn eine bedeutende Persönlichkeit Hitler aufsuche und im direkten Gespräch eine vernünftige Lösung finde; Runciman wolle das jedoch nicht übernehmen. Chamberlain lehnt, wie Halifax, die erste Alternative ab: »Kein demokratischer Staat darf mit Krieg drohen, wenn er nicht bereit und vorbereitet ist, diese Drohung auszuführen.« Das Kabinett stimmt zu und beschließt, Runciman solle seine Bemühungen fortsetzen und Beneš drängen, sich zu seinem letzten Plan öffentlich zu bekennen.

Halifax hat es eilig. Er greift zum Telefonhörer und fragt Runciman: »Wenn Beneš sich so locker und unverbindlich aufführt, ist es dann nicht an der Zeit, mehr Druck auszuüben?« Er sagt ihm dafür jede Unterstützung der Regierung zu und telegrafiert hinterher: »Die Prager Regierung muss sich ohne Verzug von dem weit verbreiteten Verdacht befreien, dass sie im Vertrauen auf ausländische Unterstützung nur herumeiert und die Verhandlungen ohne ernste Absicht, sich dem Problem zu stellen, in die Länge zieht.« Runciman rät jedoch dringend davon ab, Beneš seinen Plan veröffentlichen zu lassen: »Das wäre zum jetzigen Zeitpunkt verheerend.« Er ist überzeugt, dass eine Einigung nur noch auf der Grundlage der Forderungen von Karlsbad möglich sei; überdies bittet er Henlein, Hitler umgehend und direkt über den neuesten Stand zu informieren. Das teilt er am 2. September Beneš mit und rät: »Wenn die Briten die Wahl zwischen Karlsbad oder Krieg hätten, würden sie Karlsbad wählen.«[20]

Zur gleichen Zeit in Berchtesgaden: Henlein sitzt Hitler gegenüber und berichtet, dass die Sudetendeutsche Partei den neuen Plan von Beneš ablehne und dass die Briten direkt mit Hitler ins Gespräch kommen wollen. »Welchen Weg wollen Sie nun einschlagen?« fragt Hitler. Henlein zeigt seine Sorgen: »Mir liegt vor allem daran, einen Krieg zu vermeiden. Darunter würde vor allem unser Gebiet leiden.« Hitler: »Das ist auch mein Wunsch.« Und er wiederholt seine Frage: »Wie stellen Sie sich das weitere Vorgehen praktisch vor?« Henlein sieht zwei Möglichkeiten: »Wir setzten die Verhandlungen mit der tschechoslowakischen Regierung fort und fordern die kompromisslose Annahme der acht Forderungen von Karlsbad. Oder wir verlangen eine Volksabstimmung.« Er spricht sich für weitere Verhandlungen aus, damit die Tschechen »mürbe« werden. Hitler nickt: »Das ist gut so.« Von Anweisungen ist nicht die Rede. Viel Zeit hat Hitler ohnehin nicht: Er steckt mitten in den Vorbereitungen für den Parteitag, der in drei Tagen in Nürnberg beginnt und auf dem er mehrere Reden zu halten hat.

Zur gleichen Zeit in Schottland: Premier Chamberlain macht Urlaub und erwägt einen kühnen Plan. Wie schrecklich ist es, sagt er sich, dass das Schicksal hunderter Millionen Menschen von einem einzigen und noch dazu halbverrückten Mann abhängt. Welche Mittel gibt es, eine mögliche Katastrophe zu verhüten? Es müsste etwas Ungewöhnliches, etwas Wagemutiges sein. Er müsste Hitler zu einem direkten Gespräch mit einem völlig neuen Vorschlag in der Tasche aufsuchen. Er weiht zunächst nur Außenminister Halifax ein, dem der Atem stockt. Es könnte die Rettung in der elften Stunde sein, sagen sich beide. Aber vielleicht wird es, wenn alles gut läuft, gar nicht nötig sein, beruhigt man sich.

Aber es läuft nicht gut. Der Beneš-Plan wird in Prag zwar überarbeitet sowie ergänzt und am 6. September mit der Bemerkung ausgestreut, nun seien 80, 90, sogar 95 Prozent der Karlsbader Forderungen erfüllt. Er wirkt jedoch auf die Anhänger der Sudetendeutschen Partei nur »aufgeputzt«, viele Tschechen dagegen machen lange Gesichter über noch mehr Zugeständnisse. Ein Ausweg aus der Sackgasse scheint nicht in Sicht.

Da sorgen Chamberlain und Halifax dafür, dass ihr guter Bekannter Dawson, Herausgeber der Londoner *Times*, einen Versuchsballon in seiner Zeitung steigen lässt. Der Leitartikel am 7. September wirkt wie ein Paukenschlag. Er geht von der Feststellung aus, dass die Sudetendeutschen mehr verlangen, als die Prager Regierung zu geben bereit sei, und dass »sie sich in der Tschechoslowakischen Republik nicht mehr wohlfühlen«. Der Sprengstoff liegt in einem sehr gewundenen Satz:

> »Es könnte sich für die tschechoslowakische Regierung lohnen, zu erwägen, ob sie den Plan völlig verwerfen soll, der in manchen Kreisen Gefallen gefunden hat, die Tschechoslowakei zu einem homogeneren Staat zu machen, indem sie sich von den fremden Bevölkerungen am Rande trennt, der an die Nationen grenzt, mit denen sie stammverwandt sind.«

Eine dauerhafte Lösung könne es nur geben, heißt es weiter, wenn die Wünsche der Bevölkerung entscheidend berücksichtigt würden. Überdies würde der Vorteil, ein Land mit einer einheitlichen Bevölkerung zu werden, den Nachteil überwiegen, die sudetendeutschen Grenzgebiete zu verlieren.

Das hört sich an wie *Anschluss* nach österreichischem Vorbild. Diesmal würden aber auch Polen und Ungarn ihren Teil verlangen, so dass die ČSR ein Viertel ihrer Bevölkerung verlieren würde. Eine Volksabstimmung sei »unannehmbar«, erklärt Prags Gesandter in London, Masaryk; er beschwert sich sofort im britischen Außenamt über den *Times*-Artikel und erhält eine laue Distanzierung. Besorgte Nachfragen aus Paris werden von Halifax abweisend beantwortet: »Es wäre unvernünftig, einen europäischen Krieg zu entfesseln, um ein Volk daran zu hindern, durch eine Abstimmung über sein zukünftiges Schicksal zu entscheiden.« Der *Times*-Artikel verbreitet sich in Windeseile durch das ganze Sudetenland und findet viel Zustimmung. In Prag jedoch regt sich Widerstand gegen den Druck aus London. Man erhebt Vorwürfe gegen die Briten: »Sie machen mit den Deutschen einen ›Kuhhandel‹ und opfern die Tschechoslowakei, um ihre Kolonien zu retten.« Aber es heißt beruhigend: »Wir haben ja noch die Bündnisse mit Frankreich und der Sowjetunion.« Tatsächlich bringt Paris die Befestigungsanlagen der Maginotlinie auf volle Mannschaftsstärke.[21] Steht die Runciman-Mission vor dem Scheitern?

Der wachsenden Unruhe im Land will Präsident Beneš mit einer Ansprache im Rundfunk begegnen. Er appelliert am Abend des 10. September erst in tschechischer, dann in deutscher Sprache an »alle Tschechoslowaken, an alle Deutschen und alle anderen Bewohner dieses Landes«: »Bewahrt die Ruhe, seid wachsam, behaltet die Nerven. Je weniger ihr euer tägliches Leben ändert, desto mehr tragt ihr zum Schutz des Friedens bei.« Bei der Ankündigung von Reformen verweist er auf »große Opfer« und bleibt sehr allgemein: »Dem Staate wird gegeben, was ihm, den Nationalitäten, was ihnen zusteht.« Er glaube fest daran, dass die Regierungsvorschläge die weitere erfolgreiche Entwicklung der Republik sichern werde: »Ich weiß, dass unser Staat aus den augenblicklichen Schwierigkeiten siegreich hervorgehen wird.«

Beneš verzichtet auf scharfe Töne, kann aber eine kleine Spitze gegen Henleins Sudetendeutsche Partei nicht unterlassen: Als er von der Sehnsucht der Tschechen und Slowaken nach Frieden spricht, bezieht er auch Deutsche ein, allerdings nur die Deutschen »guten Willens«. Gemeint sind die sudetendeutschen Sozialdemokraten, von denen rund tausend unter dem Schutz ihrer uniformierten *Republikanischen Wehr* auf einer Kundgebung geloben, »fest und unerschütterlich zur Demokratie« zu stehen. Werden sich auch die SdP-Anhänger dem Aufruf zur Ruhe als erste Bürgerpflicht fügen? Tausende ziehen am Sonntag, den 11. September, durch Städte und Dörfer, nutzen das Erntedankfest für politische Demonstrationen und rufen »Heil Henlein!«, »Heil Hitler!« und »Wir wollen Volksabstimmung!« Besonders wirkungsvoll ist ein Aufmarsch in der Sommerfrische Petersburg, auf halber Strecke zwischen Prag und Karlsbad: Im Schloss von Eugen Graf Czernin sucht der von Schlaflosigkeit geplagte Runciman am Wochenende Erholung von den Strapazen seiner Mission. Eine große Menge stört seine Ruhe, bringt ihm ein Ständchen und singt: »Lieber Lord, mach uns frei von der Tschechoslowakei!«[22]

Am 12. September richten sich alle Augen und Ohren auf Nürnberg. Der letzte Tag des *Reichsparteitages Großdeutschland* gehört der Wehrmacht: Soldaten und Offiziere sollen ihr Können zeigen und ihre Schlagkraft beweisen. Es ist gerade zwei Tage her, dass Hitler mit der Spitze von Wehrmacht und Heer in einer nächtlichen Geheimsitzung den Aufmarsch gegen die ČSR beraten hat. Becks Nachfolger als Generalstabschef, Franz Halder, ist vom Gelingen seines Operationsplans überzeugt, ein Zangenangriff mit zwei Armeen auf Brünn und Olmütz, um ein Ausweichen der tschechoslowakischen Truppen nach Osten zu verhindern. Hitler äußerte jedoch Bedenken: Wir können uns nicht auf den Erfolg der geplanten Zangenoperation verlassen, unsere Artillerie ist für den Kampf gegen die Befestigungen nicht ausreichend, die Panzer werden aufgebraucht sein, die motorisierten Kräfte können die Entscheidung nicht wesentlich beeinflussen: »Sind die Straßenverhältnisse geeignet?« fragte Hitler. Er plädierte für eine weitere Operation mit zwei Armeen, die in das »Herz des Landes«, gegen Prag vorstoßen. Wenn beide Operationen gelängen, »bedeutet dies das Ende der Tschechei«. Es war zwar viel von einem Tag X die Rede, aber Hitler nannte keinen konkreten Termin für einen Angriff; auch einen Befehl erteilte er nicht. So können die Generäle nach Abschluss der Wehrmachtsvorführungen unbesorgt die Parade zusammen mit Hitler abnehmen.

Mit höchster Spannung wird nun die abendliche Abschlussrede Hitlers in der Kongresshalle erwartet. Sie wird von deutschen Sendern direkt in die ganze Welt übertragen. In London und Paris fragt man sich: Wird Hitler eine Volksabstimmung im Sudetenland verlangen? – Tatsächlich haben sich dort viele Menschen um Radioapparate versammelt, um gemeinsam die Rede zu hören. Auch in Prag sind die Straßen leergefegt. An drei Orten ist die Aufmerksamkeit besonders hoch: Auf der Burg sind Beneš und die Minister auf Drohungen und Anklagen Hitlers eingestellt; im *Hotel Alcron* befürchten die britischen Vermittler das Ende ihrer Mission; in den abgedunkelten Büroräumen der Sudetendeutschen Partei in der Hibernergasse herrscht atemlose Stille: »Die Fenster zu, der Hitler spricht, die Republik erlaubt es nicht.« Um 19.30 Uhr ist aus dem Lautsprecher zu hören: »Es spricht der Führer.« Er beginnt: »Nationalsozialisten, Nationalsozialistinnen! Parteigenossen!«

Es dauert nicht lange, bis Hitler auf das »Elend der dreieinhalb Millionen Sudetendeutschen« zu sprechen kommt. Niemand könne erwarten, dass »Deutschland an ihrem Unglück keinen Anteil« nehme: »Wenn diese gequälten Kreaturen kein Recht und keine Hilfe selbst finden können, werden sie beides von uns bekommen.« Als Wendepunkt sieht er die Wochenend-Krise im Mai: Zur Einschüchterung der Wähler habe Beneš unter dem Vorwand, Deutschland hätte seine Truppen mobil gemacht, Militär in die Grenzgebiete geschickt. Als nichts geschehen sei, habe man verbreitet, »Deutschland wäre vor der entschlossenen Haltung der Tschechen zurückgewichen«. Ein zweites Mal, fügt Hitler an, könne »eine Großmacht einen solchen niederträchtigen Übergriff nicht hinnehmen«. Deshalb habe er umgehend die Verstärkungen des Heeres sowie der Luftwaffe und den sofortigen Ausbau der Festungsanlagen im Westen veranlasst.

Nach diesem Blick zurück der Blick in die Zukunft: »Ich werde«, ruft Hitler drohend, »unter keinen Umständen gewillt sein, einer weiteren Unterdrückung der deutschen Volksgenossen in der Tschechoslowakei in endloser Ruhe zuzusehen.« Und noch einmal mit Nachdruck: »So geht das auf die Dauer nicht! Was die Deutschen fordern, ist das Selbstbestimmungsrecht, das jedes andere Volk auch besitzt.« Zum ersten Mal beruft er sich auf dieses Recht, das die Siegermächte nach dem Weltkrieg proklamiert hatten, um die Zerschlagung des Vielvölkerstaates Österreich-Ungarn und die Verkleinerung des Deutschen Reiches zu rechtfertigen. Den Franzosen und Briten bestreitet Hitler das Recht, sich in dieser Frage einzumischen, denn hier gehe es um »die Unterdrückung von dreieinhalb Millionen Deutschen in der Tschechoslowakei«. Auch er mische sich nicht ein, denn es sei »Sache der tschechoslowakischen Regierung, eine Verständigung so oder so herbeizuführen«. Es komme nicht darauf an, dass Beneš »Geschenke« mache, sondern dass die Sudetendeutschen ihr Recht bekämen. Wenn dies nicht gelinge, kündigt Hitler an, werde es »schwere Folgen haben«; denn, schließt er, »die Deutschen in der Tschechoslowakei sind weder wehrlos noch sind sie verlassen.« Er beansprucht für sie ein Recht auf Notwehr und er sichert ihnen Hilfe aus Deutschland zu.

Der tosende Beifall wird auch nach Prag übertragen. Auf der Burg zuckt man mit den Achseln: »Starke Worte und Drohungen« habe man erwartet, aber mit baldigem Krieg wird nicht gerechnet, denn Hitler habe kein Datum für das Ende seiner Geduld gesetzt, meinen die Zeitungen. Im *Hotel Alcron* bleibt man eher ratlos: »Will Hitler eine Volksabstimmung, die Unabhängigkeit oder den Anschluss ans Reich?« Bei der Sudetendeutschen Partei versteht man den Sinn der Rede: Erst stockt den Versammelten der Atem, dann bricht es los: »Wir sind frei! Der Führer holt uns heim ins Reich.« Alle sind überzeugt: »Nach dieser Rede muss sich unser Schicksal entscheiden, so oder so.« Aus Furcht vor Verbot und Verhaftung werden Akten verbrannt, Koffer gepackt und die Flucht an die Grenze vorbereitet.

Tatsächlich hat die Prager Regierung wie im Mai Staatspolizei und Militär zum Schutz der öffentlichen Ordnung mobilisiert. Unmittelbar nach der Rede sind vor allem in den Grenzgebieten zu Bayern und Sachsen Tausende durch die Straßen gezogen, haben demonstrativ die deutschen Nationalhymnen gesungen und gerufen: »Wir wollen Volksabstimmung!« Am folgenden Tag, am 13. September, erreicht die Spannung den Siedepunkt. Die Demonstranten werden gewalttätig, reißen tschechische Aufschriften von den Häusern, zerschlagen Schaufensterscheiben tschechischer Geschäfte, stürmen Amtsstuben und Polizeiwachen, hissen Hakenkreuzfahnen. Es fallen Schüsse auf beiden Seiten, es gibt Tote auf beiden Seiten. Gegen Mittag wird vielerorts zum Generalstreik aufgerufen. Fabriken und Schulen schließen.

Wird unter dem Motto: Wir wehren uns, nun helft uns! ein Aufstand vorbereitet? Die Regierung in Prag verfügt für das ganze Land ein Versammlungsverbot, verbietet und beschlagnahmt Zeitungen der SdP, verlangt von den Beamten Treueerklärungen, verstärkt Polizei und Truppen, beschlagnahmt Radioapparate, verhängt über viele Ortschaften und Kreise eine Ausgangssperre und das Standrecht, das zivilen Gerichten Todesurteile ermöglicht, die innerhalb von Stunden vollstreckt werden sollen. In Eger, wo sich das Hauptquartier der SdP befindet, patrouillieren Soldaten und sind Maschinengewehrposten aufgestellt. Henlein lehnt weitere Verhandlungen mit der Regierung in Prag ab, wenn sie nicht bis Mitternacht das Standrecht aufhebt, die Staatspolizei zurückzieht und die Soldaten in die Kasernen zurückbeordert.[23]

Chamberlains erstes Treffen mit Hitler

Neben diesen Schreckensmeldungen aus Prag, die das Scheitern der Vermittlungsaktion von Lord Runciman bedeuten, landen weitere Schreckensmeldungen aus Paris auf dem Schreibtisch des britischen Premiers: Die französische Regierung, meldet der britische Botschafter, habe mit ihrer Vertragstreue gegenüber der ČSR geblufft: »Die Franzosen wollen nicht, können nicht und werden nicht kämpfen.« Chamberlain sieht den Augenblick gekommen, seinen Überraschungscoup umzusetzen. Am späten Abend des 13. September sitzt er mit seinen engsten Beratern zusammen und entwirft ein Telegramm an Hitler:

> »Ich schlage vor, Sie sofort in Deutschland zu besuchen, um eine friedliche Lösung zu finden. Ich will mit dem Flugzeug kommen und kann morgen starten. Bitte teilen Sie mir den frühesten Zeitpunkt mit, zu dem Sie mich empfangen können, und geben Sie mir den Ort der Zusammenkunft an. Bin für eine sehr baldige Antwort dankbar.«

Noch in der Nacht wird Botschafter Henderson in Berlin alarmiert, der das Schreiben am nächsten Morgen Außenminister Ribbentrop zur schnellen Weitergabe an Hitler überreichen soll. Zur gleichen Zeit beichtet Chamberlain dem Kabinett seinen Alleingang. Er blickt in sorgenvolle Gesichter: »Und wenn Hitler sich weigert?« Hitler liebe es, entgegnet er, führende Staatsmänner zu sehen, und es werde seiner Eitelkeit schmeicheln, wenn der britische Regierungschef einen solch ungewöhnlichen Schritt mache; überdies hoffe er, dass Hitler so von unwiderruflichen Aktionen abgehalten werde.

Umgehend wird die Regierung in Paris unterrichtet; Außenminister Bonnet begrüßt die Reise und erteilt eine Blankovollmacht: »Wir akzeptieren jede Lösung der tschechoslowakischen Frage, um den Krieg zu verhindern, schlimmstenfalls sogar eine Volksabstimmung.« Auch Rom wird mit einer telefonischen Information einbezogen; Mussolini ist überzeugt: »Beneš hat das Rennen verloren. Mit Tinte gezogene Grenzen können mit anderer Tinte geändert werden.« Und Washington wird aufgeschreckt: Präsident Roosevelt bricht seine Erholungsreise ab und eilt ins Weiße Haus zurück; ein US-Kriegsschiff erhält den Auftrag, den britischen Goldschatz über den Atlantik in Sicherheit zu bringen. Chamberlains Geduldsprobe ist am Nachmittag beendet, als Hitlers Antwort eintrifft: »Ich stehe Ihnen morgen Mittag in Berchtesgaden zur Verfügung.«

Während in London eine diplomatische Lösung auf höchster Ebene vorbereitet wird, spitzt sich die Lage im Sudetengebiet zu. Nachdem die Regierung in Prag Henleins Ultimatum abgelehnt hatte, sieht dieser Verhandlungen über die verschiedenen Pläne als erledigt an: Jetzt gehe es nur noch um Volksabstimmung und Anschluss, erklärt Henlein Ashton-Gwatkin von der Runciman-Mission, und er bereitet einen Aufruf an seine »Volksgenossen« vor, in dem er die neue Parole ausgibt: »Wir wollen als freie deutsche Menschen leben! Wir wollen heim ins Reich!« Er informiert Hitler und macht ihm noch zwei Vorschläge für das Gespräch mit Chamberlain: In Gebieten mit mehr als der Hälfte Deutscher keine Volksabstimmung, sondern sofortige Abtretung und Besetzung dieser Gebiete durch deutsche Truppen innerhalb von höchstens zwei Tagen. Danach setzt sich Henlein ins bayerische Selb ab.

Die Kriegsangst steigt. In den Grenzgebieten der ČSR setzt eine starke Fluchtbewegung ein. Zu Tausenden fliehen Sudetendeutsche über die Grenze nach Deutschland, Tschechen und deutsche Hitler-Gegner ins Landesinnere. Es kommt zu Hamsterkäufen. Von den Banken werden Spargelder abgehoben. Die schwersten Zwischenfälle werden aus Eger gemeldet: Nach der Erstürmung eines tschechischen Vereinshauses durch Sudetendeutsche marschieren am Abend des 14. September schwerbewaffnete tschechische Truppen vor dem *Hotel Victoria* auf. Eine heftige Schlacht entbrennt; sie zieht sich drei Stunden hin, bis die dort untergebrachte und nur noch schwach besetzte Geschäftsstelle der SdP eingenommen werden kann. Im ganzen Land tritt eine oberflächliche Ruhe ein. Alles wartet auf das Gipfeltreffen in Berchtesgaden. »Das ist gut für den Frieden, aber schlecht für die Tschechoslowakei«, ist in Prags Straßen zu hören.

Auf dem Londoner Flugplatz Heston steht am 15. September das neueste Modell der *British Airways*, eine zweimotorige *Lockheed Electra*, bereit, mit vier erfahrenen Besatzungsmitgliedern und acht bequemen Plätzen für Passagiere. Eine große Menschenmenge, Pressefotografen, Kameraleute warten auf dem Flugfeld. Kurz nach 8 Uhr trifft Chamberlain ein, im grauen Mantel, mit grauem Hut und einem Regenschirm über den Arm. Er wird freundlich begrüßt von Lord und Lady Halifax sowie von zwei Vertretern der deutschen Botschaft, man wünscht ihm viel Glück. Aus dem Hintergrund ist ein Ruf zu hören: »Steh zur Tschechoslowakei, keine Zugeständnisse an Hitler!« Die Fotografen tun ihre Arbeit, die Wochenschau erhält ein Statement:

> »Mein Grundsatz war es immer, alles zu versuchen, den Frieden zu sichern. Da der Führer (so wörtlich) meinen Vorschlag bereitwillig angenommen hat, fühle ich mich in der Hoffnung bestärkt, dass mein Besuch bei ihm nicht ohne Erfolg sein wird.«

Zusammen mit zwei Begleitern besteigt er zum ersten Mal in seinem Leben ein Flugzeug, das pünktlich um 8.30 Uhr in den blauen Himmel abhebt. Nach drei Stunden landet die Maschine auf dem Münchner Flugplatz Oberwiesenfeld. Einige hundert Menschen haben sich zur Begrüßung eingefunden, darunter Botschafter Henderson und Außenminister Ribbentrop. Freundliche Zurufe auf der Fahrt zum Bahnhof, wo ein Sonderzug nach Berchtesgaden wartet. Nach der Ankunft und einem kurzen Abstecher ins *Grand Hotel* geht es in Hitlers Staatskarosse und in Begleitung einer SS-Wachmannschaft zum Berghof, wo Hitler in Uniform seinen Gast im schwarzen Anzug gegen 17 Uhr unten an der Treppe begrüßt. Man schüttelt die Hände, stellt die Begleiter vor, gruppiert sich für die Fotografen im großen Salon um einen Teetisch und plaudert über das schlechte Wetter. Dann fragt Hitler: »Wollen wir uns unter vier Augen besprechen?« Als Cham-

Hitler empfängt Chamberlain zum ersten Treffen am 15. September 1938 auf der Treppe zum Berghof

berlain nickt, ziehen sich die beiden zusammen mit dem Dolmetscher Paul Schmidt in den Raum zurück, in dem zehn Monate zuvor Hitler und Halifax einen Versuch der deutsch-britischen Annäherung gemacht hatten.

Der 49-jährige *Führer und Reichskanzler* Großdeutschlands mit seinen 75 Millionen Einwohnern und der 69-jährige Erste Minister Seiner Majestät Regierung Großbritanniens und des britischen Weltreichs mit seinen 450 Millionen Einwohnern halten sich nicht lange mit gegenseitigen Artigkeiten auf und kommen schnell zur Sache. Lassen Sie uns mit der sudetendeutschen Frage beginnen, sagt Hitler, sie steuere auf eine offene Krise zu: »Entscheidend ist, ob wir in dieser Frage eine gemeinsame Haltung erzielen können.« »Soll mir recht sein«, antwortet Chamberlain, »legen Sie los.«

Hitler holt weit aus und rechtfertigt seine Politik und seine Forderungen: »Ich bin kein Diktator«, behauptet er, »meine Macht beruht auf dem Vertrauen des Volkes, das von mir tatkräftiges Handeln und deutliche Worte erwartet.« Seine Ziele seien begrenzt. Er habe gegenüber den Niederlanden, Belgien, Frankreich sowie Italien, Jugoslawien, Ungarn auf Grenzrevisionen verzichtet, mit Polen habe er sich verständigt: »Ich weiß, dass es unmöglich ist, alle Deutschen in Europa zu vereinigen.« Aber es sei der Wunsch von zehn Millionen Deutschen in Österreich und der Tschechoslowakei, in das Reich zurückzukehren. Im Falle von Österreich sei diese Forderung erfüllt worden. »Und den drei Millionen Deutschen in der Tschechoslowakei werde ich unter allen Umständen die Rückkehr in das Reich ermöglichen«, erklärt er und droht: »Ich würde jeden Krieg, ja sogar das Risiko eines Weltkriegs in Kauf nehmen – hier ist eine Grenze erreicht, wo die übrige Welt tun kann, was sie will: Ich werde keinen Schritt zurückweichen.«

Chamberlain erkennt, dass die Lage sehr viel kritischer ist, als er vermutet hatte. Er hat die Truppen, Panzer, Kanonen und Flugzeuge vor Augen, die nur auf Hitlers Angriffsbefehl warten, und ihm ist klar, dass schnell gehandelt werden muss. Er stellt eine direkte Zwischenfrage: »Sind denn mit der Rückkehr der Sudetendeutschen ins Reich die Schwierigkeiten beigelegt? Oder zielen Sie auf die Zerstückelung des tschechoslowakischen Staates?« Hitler antwortet indirekt: »Neben den Sudetendeutschen erheben auch Polen, Ungarn und Ukrainer in der Tschechoslowakei ähnliche Forderungen, die man auf Dauer nicht ignorieren kann.« Dieser Staat werde ohnehin nicht mehr lange bestehen, da auch die Slowaken sich von ihm trennen wollen.

Chamberlain macht nun als »Mann der Praxis« einen ersten Vorschlag zur Lösung des Problems: »Wir richten einen gemeinsamen Appell an beide Parteien und geben ihnen so die Möglichkeit, sich in einer ruhigeren Atmosphäre zu besprechen.« Nein, erwidert Hitler: »Man kann mir nicht zumuten, die Opfer der tschechoslowakischen Verfolgung noch zu ermahnen.« Chamberlain zieht den Vorschlag zurück und zeigt sich verärgert: »Warum haben Sie mich den ganzen Weg kommen lassen? Ich vergeude nur meine Zeit.« Nun lenkt Hitler ein: »Heute oder morgen lässt sich vielleicht noch eine friedliche Lösung finden.« Chamberlain: »Lässt sich nicht eine Ruhepause, eine Art Waffenstillstand erreichen?« Hitler: »Ruhe kehrt sofort ein, wenn die Tschechen ihre Polizei und ihre Truppen zurückziehen.« Er dreht den Spieß um und fragt Chamberlain: »Ist die britische Regierung bereit, auf der Grundlage des Selbstbestimmungsrechts einer Loslösung des Sudetenlandes zuzustimmen?«

Endlich kommen wir auf den Kernpunkt der Frage, meint Chamberlain; er hält sich jedoch bedeckt: »Ohne Rücksprache mit meinen Ministern und mit Frankreich kann ich keine Zusage machen.« Aber dann fügt er hinzu: »Mir persönlich ist es völlig schnuppe, ob die Sudetendeutschen zum Reich kommen wollen oder nicht.« Grundsätzlich könne er die Abtrennung des Gebiets hinnehmen, aber er sehe riesige Schwierigkeiten bei der praktischen Umsetzung einer Volksabstimmung. »Wir brechen jetzt das Gespräch ab, ich kehre nach London zurück, berichte der Regierung, hole ihre Zustimmung ein, und dann sehen wir uns wieder.« Bei soviel Entgegenkommen will auch Hitler entgegenkommend sein. Als nächsten Treffpunkt schlägt er Köln oder Godesberg vor. Chamberlain hat noch eine Bitte: »Sorgen Sie dafür, dass sich die Lage nicht verschärft.« Hitler zögert, sichert aber dann zu, dass er in den nächsten Tagen keinen Befehl zum militärischen Vormarsch geben werde.

Nach drei Stunden trennt man sich in gelöster Stimmung. Beide haben erreicht, was sie wollten. Chamberlain ist überzeugt, ein gewisses Vertrauen aufgebaut und es mit einem Mann zu tun zu haben, auf dessen Wort man sich verlassen könne. Hitler ist erfreut, einen Mann zum Gegenüber zu haben, der klare Worte spricht und versteht, und sieht sich bestätigt: Großbritannien fehlt es an festen Bündnispartnern und an ausreichender Rüstung, um in einem europäischen Konflikt eingreifen zu können. Die Drohung mit dem Weltkrieg hat gewirkt. Jetzt stehen die praktischen Probleme der Auflösung der Tschechoslowakei an.

Am nächsten Morgen geht es über die Autobahn zurück nach München. Auf dem Flugplatz wartet ein Rundfunkreporter. Über alle deutschen Sender ist Chamberlains Stimme zu hören, wie er sich für den freundlichen Empfang bedankt: »Ich hoffe, dass ich in wenigen Tagen zu einem zweiten Gespräch mit dem Führer zurückkehren kann.« Und auf Deutsch fügt er an: »Auf Wiedersehen!« – Eine Riesenmenschenmenge empfängt ihn auf dem Londoner Flughafen mit Beifallsrufen. Chamberlain verneigt sich, schwenkt seinen Hut und spricht ins Mikrofon: »Ich hatte eine lange Unterhaltung mit Herrn Hitler, sie war freimütig, aber freundlich. In wenigen Tagen werde ich wieder mit ihm sprechen. Er will mir altem Mann entgegenkommen.« Erneut viel Beifall. Auch aus Kanada, Australien, Neuseeland und Südafrika wird Erleichterung gemeldet. Kritik kommt nur aus der oppositionellen Arbeitspartei und den Gewerkschaften: »Die britische Regierung darf keinen Zweifel daran lassen, dass sie zusammen mit der französischen und der sowjetischen Regierung jedem Angriff auf die Tschechoslowakei Widerstand leisten wird.« Forderungen kommen aus Ungarn und Polen, ihre Minderheiten nicht anders als die Sudetendeutschen zu behandeln.

Gleichzeitig mit Chamberlain ist Runciman aus Prag nach London zurückgekehrt. Er hat einen langen Abschlussbericht vorbereitet und gibt Chamberlain noch am selben Abend eine Kurzfassung: »Es droht ein Bürgerkrieg, wenn nicht umgehend und durchgreifend gehandelt wird.« Er halte eine Abtretung der mehrheitlich von Deutschen bewohnten Gebiete

Vor dem Rückflug nach London: Chamberlain kündigt einem Rundfunkreporter ein weiteres Treffen mit Hitler an und sagt: Auf Wiedersehen!

für unvermeidbar; eine Volksabstimmung wäre dort nur eine reine Formalität. Beim Abschied habe Beneš eine Volksabstimmung als »unmöglich« abgelehnt, ihm angekündigt, dass genügend Truppen bereit stehen, »den ersten Ansturm auszuhalten«, und ihm dann vorgeworfen, die Tschechoslowakei solle geopfert werden. Den Vorwurf habe er zurückgegeben: »Dafür sind in erster Linie Sie selbst verantwortlich, weil Sie nicht rechtzeitig die Forderungen von Karlsbad angenommen haben.« Beneš gibt zurück: »Wenn Frankreich und Großbritannien, ohne uns zu fragen, etwas entscheiden, werden wir das nicht durchführen können.«[24] Tatsächlich lädt Chamberlain die französische Regierung für den 18. September zu gemeinsamen Besprechungen nach London ein.

Die Regierung in Prag gibt nicht auf und wappnet sich: Die Sudetendeutsche Partei wird verboten und aufgelöst, Massenverhaftungen werden vorgenommen, gegen Henlein wird ein Steckbrief erlassen, einige Grundrechte werden eingeschränkt, die Truppen an der Grenze verstärkt, Demonstranten ziehen drohend vor der deutschen Gesandtschaft in Prag auf und werfen Tränengasbomben. Nach Paris, London und Moskau wird hilfesuchend gemeldet: »Wir sind in ernster Gefahr.« Mehr als zehn deutsche Divisionen stünden für den Einmarsch um den 23. September herum bereit und Henlein habe unter den Flüchtlingen in Sachsen und Bayern zur Bildung eines Sudetendeutschen Freikorps aufgerufen. Der französische Generalstab wird angefleht, sich seiner Verantwortung bewusst zu werden.

Gelingt es Präsident Beneš in letzter Minute, das Geschick seines Landes zu wenden? Er legt sich einen Plan zurecht, auf geheimen Wegen die Beratungen in London zu beeinflussen, und beauftragt seinen Minister Nečas, sofort nach Paris zu fliegen. Dort soll er über seinen Parteifreund Léon Blum, den zurückgetretenen Chef der früheren *Volksfront*-Regierung, Daladier ein Angebot machen: »Die Tschechoslowakei verzichtet auf ein Stückchen Land, damit nicht das ganze Land überrollt wird.« Nečas ist wie vor den Kopf geschlagen. Beneš erklärt: »Deutschland könnte 4–6000 Quadratkilometer erhalten und müsste aber mindestens anderthalb bis zwei Millionen Deutsche von uns übernehmen – nur Demokraten, Sozialisten und Juden würden bei uns bleiben.« Es geht zwar nur um gut drei Prozent des Landes, aber Nečas merkt an den weiteren Anweisungen, die er danach noch schriftlich erhält, wie heikel die Aufgabe ist: »Sage nicht, dass dieser Plan von mir stammt und vernichte dies Papier!« Beneš fügt hinzu: »Dieser Plan ist unser letztes Zugeständnis und muss Hitler aufgezwungen werden.« Obwohl Nečas daran zweifelt, dass sein Präsident noch ganz bei Sinnen sei, führt er den Auftrag aus, vernichtet aber nicht den handgeschriebenen Zettel.

Die Botschaft erreicht Daladier noch rechtzeitig, bevor er früh am Sonntag, den 18. September, zusammen mit Außenminister Bonnet zu den Besprechungen mit Chamberlain und Halifax nach London fliegt. Es ist noch keine fünf Monate her, dass man in gleicher Runde am gleichen Ort vereinbart hatte, von Prag Zugeständnisse zu verlangen, um den Frieden in Europa zu erhalten. Nun muss man enttäuscht feststellen: Alle Bemühungen haben nichts gebracht.

Chamberlain berichtet über sein Gespräch mit Hitler, zitiert ihn (»Ich scheue einen Weltkrieg nicht«) und schlägt vor, für die Sudetendeutschen das Selbstbestimmungsrecht zu verwirklichen. Daladier ziert sich, spricht mit viel Gefühl von Frankreichs Ehre und der Schwierigkeit, »einem Freund zu raten, sich ein Bein oder gar zwei zu amputieren«. In kürzester Zeit, ist seine Sorge, »werde Deutschland der Herr Europas« sein. Er besteht aber nicht auf der »Unversehrtheit« der Tschechoslowakei, sondern begnügt sich kleinlaut mit ihrer »Unabhängigkeit«: Prag müsse überzeugt werden, um des Friedens Willen freiwillig etwas abzutreten. Beiläufig informiert er Chamberlain über den neuesten Plan aus Prag und bekommt wie erwartet zu hören: »Sehen Sie, wir können nichts machen, Beneš sieht es selbst ein.« Allerdings falle das angebotene Opfer viel zu gering aus. Bereits Runciman hatte auf die »verhängnisvolle Gewohnheit« des Präsidenten hingewiesen, nur auf Druck zu reagieren und dann zu spät.

Bleibt nur noch die Frage: Erst Volksabstimmung und dann Abtretung oder Abtretung ohne Volksabstimmung? Daladier spricht sich prinzipiell gegen eine Volksabstimmung aus, nicht nur, weil die anderen Volksgruppen in der Tschechoslowakei sie ebenso für sich verlangen und damit das Land zerreißen würden, sondern auch weil dies Verfahren an anderen Stellen in Europa seine Sprengkraft entfalten könnte. Welche Gebiete soll die Prager Regierung abtreten? Man ist großzügig in London: Es kommen alle Gebiete in Frage, in denen mehr als 50 Prozent Deutsche leben; eine Internationale Kommission solle Zweifelsfälle klären und einen möglichen Bevölkerungsaustausch regeln. Wie kann der Prager Regierung die Zustimmung zur Abtretung erleichtert werden? Die britische Regierung erklärt sich nach eingehender Beratung bereit, für die neuen Grenzen der Rest-Tschechoslowakei eine Garantie zu übernehmen.

Während Demonstranten bis zur Downing Street vordringen und rufen: »Steht zu den Tschechen! Stoppt Hitler! Stoppt den Krieg!«, wird dort bis tief in die Nacht über den Text eines gemeinsamen Telegramms nach Prag gestritten. Als es einmütig beschlossen ist, macht Daladier einen Vorbehalt: Er müsse erst die Zustimmung seines Kabinetts einholen. Chamberlain stellt noch eine letzte Frage: Was machen wir, wenn Beneš Nein sagt? – Damit rechnet Daladier nicht, aber er fügt hinzu: Wenn die Tschechoslowakei angegriffen wird, greifen wir zu den Waffen. »Sollen wir wirklich Beneš«, bohrt Chamberlain weiter, »die Entscheidung über Krieg und Frieden überlassen?« Daladier windet sich: Dann bleibe wohl nur »stärkster Druck«.

Die Note wird bereits in der Nacht an die Gesandtschaften telegraphiert, soll aber erst nach telefonischer Bestätigung am Nachmittag des 19. September überreicht werden. Die Prager Regierung ahnt, was auf sie zukommt. Ihr Gesandter in London hat gemeldet: »Sie sprechen über uns ohne uns.« Chamberlain dagegen schreibt seiner Schwester: »Ich habe noch viele sorgenvolle Tage vor mir, aber die schlimmste Angst ist vorbei. Von jetzt ab laufen die Dinge, wie ich es will.« Er geht davon aus, dass Beneš kapitulieren werde, und meldet sich bei Hitler optimistisch für Mittwoch, den 21. September, zur Wiederaufnahme der Gespräche an.[25]

In Godesberg, dem kleinen Bad bei Bonn, laufen die Vorbereitungen bereits auf Hochtouren. Als Tagungsort ist das *Hotel Dreesen* an der Rheinpromenade ausersehen. Gäste werden ausquartiert, Möbel ausgetauscht,

Blumenkörbe aufgestellt, Fassaden mit grünen Girlanden geschmückt. An den Straßen sind Fahnenmasten aufgestellt, die hinter einander *Union Jack* und *Hakenkreuz* wehen lassen. Sogar an einen neuen Fähranleger hat man gedacht, den Chamberlain für die Überfahrt zum Gästehaus auf dem Petersberg neben dem Drachenfels nutzen kann.

Hitler hat Goebbels nach Berchtesgaden kommen lassen, um das propagandistische Trommelfeuer gegen die Widerstandskraft der Tschechoslowakei abzustimmen. Vermehrt sollten die »Schicksale einzelner Menschen aus den Flüchtlingslagern in dramatischer Form« verbreitet werden, um zu zeigen: »Dieser Staat ist eine Schande in Europa. Er muss von der Bildfläche verschwinden. Erst dann wird Frieden sein.« Die beiden fragen sich: »Wird Prag freiwillig unter Londoner und Pariser Druck nachgeben?« Hitler meint nein, Goebbels meint ja. Beide haben recht.

Der Widerstandsgeist in Prag ist am 19. September ungebrochen. Ministerpräsident Hodža hatte am Tag zuvor in einer kämpferischen Rundfunkansprache seine Landsleute aufgerüttelt: »Regierung, Armee und Bürger stehen zusammen: Bewahrt die Ruhe und seid zur Verteidigung bereit.« Wer nicht zum Kampf fähig sei, dürfe nicht vom Frieden träumen. Er zeigte sich sogar überzeugt, man habe Henlein zur Erreichung des inneren Friedens nicht mehr nötig, da die große Mehrheit der Sudetendeutschen zum Staate stehe; auch die Gespräche mit den Slowaken seien auf einem guten Weg. Man wollte uns entzweien, erklärt er: »Jetzt brauchen wir die Kraft des Wortes und die Kraft des Herzens, Entschlossenheit und Mut: Beides haben wir!« Drastischer wird es in der Zeitung *Právo Lidu* (»Volksrecht«) formuliert:

> »Wenn wir unerschütterlich an unseren Grenzen festhalten und auf unserem Recht beharren, wird die ganze Welt uns helfen. Vielleicht sind wir nicht stark genug, Deutschland zu schlagen, aber wir sind stark genug, ganz Europa in den Krieg zu stürzen.«

Die Minister in Prag, durch ein französisches Leck vorzeitig informiert, sitzen fast ununterbrochen zusammen und beraten. Beneš lässt in Paris unverhüllt nachfragen, welche militärischen Maßnahmen ergriffen werden. – Und er denkt an den Bündnisvertrag, den er im Mai 1935 mit Stalin abgeschlossen hatte, lässt den sowjetischen Gesandten Sergej Alexandrowski kommen und fragt ihn direkt: »Wird uns die Sowjetunion wie vereinbart helfen, wenn Frankreich uns unterstützt?« Er halte die Vorschläge aus London für unannehmbar und den Kampf für unvermeidlich: »Wir sind bereit! Eine halbe Million Mann stehen unter Waffen, die gesamte Luftwaffe ist startklar.« Da er am übernächsten Tag mit dem Überfall rechne, fügt er an: »Schon morgen könnte ich die Generalmobilmachung anordnen.« Beneš macht es dringend und Alexandrowski ergänzt für Moskau: »Breite Massen der Werktätigen glauben unerschütterlich daran, dass die UdSSR unter allen Umständen Beistand leisten wird.«

Berichte über eine oppositionelle Stimmung in Deutschland unterstützen die Hoffnungen in Prag: Die meisten Deutschen, heißt es, seien voller Angst vor dem drohenden Krieg und beginnen an Hitlers Politik zu zweifeln; es gehen Gerüchte um, zwischen Hitler und den Generälen gebe es Auseinandersetzungen um die Gefahr eines großen Krieges; dass Großbritannien und Frankreich die Tschechoslowakei im Stich lassen würden, würden die Deutschen nicht zu hoffen wagen; vielleicht werde es durch den Krieg sogar zu einer Revolution und zum Sturz Hitlers kommen. Prags Militärattaché in Berlin entdeckt Kundgebungen von Frauen gegen die Lebensmittelknappheit und rät seiner Regierung: »Macht keine Zugeständnisse!« Hoffnung wird auch aus der Nachricht geschöpft, in Paris sei es zu einer Regierungskrise gekommen, nachdem einige Minister aus Protest gegen den Druck auf Prag zurückgetreten seien. Doch Daladier stürzt nicht, er setzt sich durch: Die Note von London kann überreicht werden.

Um 14 Uhr empfängt Beneš den britischen und den französischen Gesandten, Newton und Lacroix, auf der Prager Burg. Er zeigt sich besonders verbittert, als die beiden die »Größe des tschechoslowakischen Opfers für die Sache des Friedens« würdigen und ihn mit einer Garantie für die neuen Grenzen zu trösten versuchen: »Die neue Garantie wird so wertlos sein wie die alte«, entgegnet er. Auf den Wunsch einer »frühzeitigen Antwort« reagiert er abwehrend: »Ich achte als Präsident die Verfassung und muss die Angelegenheit erst der Regierung und dem Parlament vorlegen.« Nach einer Dreiviertelstunde verabschiedet er die beiden mit den Worten: »Heute wird es keine Antwort mehr geben.« Wird er den in London formulierten Vorschlag hinnehmen, der das Werk von zwanzig Jahren seiner politischen Arbeit dem Untergang weiht? Newton hält das für wahrscheinlicher als die Ablehnung.

Beneš sammelt seine Minister um sich und wird unterstützt: Ausnahmslos alle sind für Ablehnung. Die Militärführer, die Generale Jan Syrový und Ludvík Krejčí, melden den vollzogenen Aufmarsch an der Grenze, aber warnen: Wenn uns Frankreich nicht hilft, sind wir den deutschen Truppen nicht gewachsen. – Es wird trotzdem Hoffnung geschöpft: Die Opposition gegen die Regierungen in Paris und London wachse. Noch mehr wirkt die Unterstützung der eigenen Bevölkerung, die durch einen Artikel der

Lidové Noviny mit der Überschrift »Unannehmbar« eingestimmt worden ist: »Keine tschechoslowakische Regierung kann die Londoner Vorschläge annehmen.« Deutschland wolle die Tschechoslowakei zerschlagen und »Herr des Donaugebiets« werden, es gehe um die Frage von Leben und Tod: »Wir werden die Unantastbarkeit unseres Staates verteidigen und seine Zerstörung nicht zulassen.« Auch die Antwort aus Moskau klingt vielversprechend: Ja, wir werden sofort und wirksam Hilfe leisten, wenn Frankreich seinen Vertrag einhält. – Beneš holt sich noch Rat beim Führer der tschechoslowakischen Kommunisten, Klement Gottwald, der ihm versichert: »Es gibt keinen Grund, daran zu zweifeln, dass die UdSSR ihre Verpflichtungen erfüllen wird.«

Wie kann die Ablehnung begründet werden, ohne Paris und London vor den Kopf zu stoßen? Die Regierung in Prag sucht nach einem diplomatischen Kunststück. Es bringt wenig, sich darüber zu beklagen, vorab nicht angehört worden zu sein. Auch die Berufung auf die Verfassung wird nicht überzeugen. Schon mehr verspricht man sich von der Vorhersage, der »völlig verstümmelte Staat« werde ganz unter den Einfluss Deutschlands geraten. Am überzeugendsten gilt der Hinweis auf die eigenen Interessen der Briten und Franzosen: »Die Lähmung der Tschechoslowakei zerstört das Gleichgewicht der Kräfte in Mitteleuropa und in Europa überhaupt, was für alle übrigen Staaten und vor allem für Frankreich weitreichende Folgen hätte.« Günstig wirkt es, wenn ein konstruktiver Vorschlag zur »ehrenhaften Lösung des Konflikts« gemacht wird: Prag schlägt die Anrufung eines Schiedsgerichts vor, dessen Spruch man sich fügen wolle. »Wir richten an Sie einen neuen und letzten Appell«, heißt es am Schluss: »Überdenken Sie Ihre Ansicht.«

Am Abend des 20. September überreicht Außenminister Krofta den beiden Gesandten die Ablehnung der Londoner Vorschläge. Newton schüttelt den Kopf: Wie verheerend wäre es für die Tschechoslowakei, wenn Chamberlain morgen ohne eine zufriedenstellende Antwort nach Deutschland fliege: »Die Anrufung eines Schiedsgerichts ist töricht und bedeutet Krieg«, hält er entgegen. Aber Krofta bleibt fest: »Wir lehnen die Verstümmelung unseres Landes ab.« Er scheint sich, meint Newton, mit dem Schlimmsten, dem Krieg abgefunden zu haben.

Doch auch Newton hat den Auftrag, hartnäckig zu bleiben, und er kündigt noch für die Nacht einen weiteren Besuch an. Tatsächlich lassen die beiden Gesandten Beneš am nächsten Morgen um 2 Uhr aus dem Bett holen. Schonungslos werden ihm die Folgen der ablehnenden Antwort präsentiert: »Sie entspricht in keiner Weise der kritischen Lage.« Frankreich und auch Großbritannien würden nicht für die Tschechoslowakei in den Krieg ziehen. »Nehmen Sie unsere Vorschläge an – das ist die einzige Möglichkeit, einen Angriff Deutschlands zu verhindern«, beschwören sie ihn: »Wir lehnen sonst jede weitere Verantwortung ab.« Der Präsident rechtfertigt eine Stunde lang seine Politik und erhebt den Vorwurf: »Das ist ein Ultimatum.« Die Gesandten bleiben unerbittlich: »Nein«, erklären sie übereinstimmend, »das ist nur ein letzter Ratschlag.« Beneš vertröstet die beiden mit einer endgültigen Antwort auf die Mittagszeit.

Die führenden Politiker in Prag suchen am 21. September nach rettenden Auswegen: Daladier und Chamberlain müssten gestürzt werden. Und: Wir könnten allein gegen Deutschland Krieg führen, uns in die Slowakei zurückziehen und verschanzen und auf die sowjetische Hilfe warten. – Fast stündlich erkundigen sich die Gesandten nach dem Stand der Dinge. Gegen Mittag droht Newton, er könne nicht mehr lange warten, seinen Landsleuten das Verlassen des Landes zu raten. Stunden vergehen, bis die kurze Antwortnote ohne Wenn, jedoch mit vielen Aber ausformuliert ist. Gegen 17 Uhr erfahren die beiden Gesandten von Krofta: »Unter äußerstem Druck akzeptiert die tschechoslowakische Regierung mit dem Gefühl des Schmerzes die Londoner Vorschläge.« In Nebensätzen wird die Erwartung ausgedrückt, dass Frankreich und Großbritannien sich für die Lebensinteressen der Tschechoslowakei einsetzen und eine deutsche Invasion nicht dulden würden und dass die Abtretung der Gebiete mit mehrheitlich deutscher Bevölkerung erst erfolgen solle, wenn die geplante Internationale Kommission die neue Grenze festgelegt habe, wohl mit den Hintergedanken, dass sich das Wochen oder Monate hinziehen könnte.

Chamberlain trifft Hitler ein zweites Mal

Newtons Telegramm über Beneš' »Kapitulation« wird im Außenamt in London mit schlechtem Gewissen und mit Erleichterung aufgenommen. Mit einem Tag Verspätung kann Chamberlain nun am 22. September nach Godesberg fahren. Doch die Bevölkerung von Prag will nicht kapitulieren. Über Radio und in den Abendzeitungen wird verbreitet: »Landsleute! Wir sind nicht besiegt! Wir hatten keine andere Wahl, denn wir wurden allein gelassen: England und Frankreich haben uns verraten! Wir opfern uns für das Wohl Europas.« Demonstrationszüge formieren sich, ziehen vom Wenzelsplatz zum Parlament und rufen: »Womit haben wir das verdient?« Der Zorn richtet sich gegen die eigene Regierung: »Weg mit Hodža!« Es folgt der Ruf nach der Militärdiktatur: »Es lebe die Armee! Es lebe General

Syrový!« Schließlich der Appell an den letzten Verbündeten: »Es lebe die Sowjetunion! Es lebe die Rote Armee!«

Spät am Abend ziehen Zehntausende über die Karlsbrücke hinauf zur Burg, wo die Fahnen auf halbmast stehen und Syrový eine kurze Ansprache hält: »Habt Vertrauen zu mir! Wir dürfen das Vaterland nicht in den Selbstmord führen!« Sprechchöre unterbrechen ihn: »Lieber tot als kapitulieren! Wir wollen kämpfen! Gebt uns Waffen! Mobilmachung!« Er mahnt zur Disziplin und lässt die Hymne singen: »Auf Ihr Slawen!« Unter Rufen wie: »Wir sind nicht Österreich!« und »Wir haben keine Angst vor den Deutschen!« verzieht sich die Menge. Die Kommunisten sehen die Stunde der *Volksfront* gekommen, bilden mit den Sozialdemokraten ein *Komitee zur Verteidigung der Republik* und bereiten für den nächsten Tag einen Generalstreik vor. Auch Beneš hat seine Hochstimmung zurück gewonnen. Im Gespräch mit dem sowjetischen Gesandten geht er davon aus, dass die Rote Armee ihren Weg durch Rumänien und Polen nehmen werde, notfalls im Kampf. »In letzter Minute«, ist er überzeugt, »wird Frankreich gefolgt von Großbritannien mit uns und der Sowjetunion gemeinsame Sache gegen Deutschland machen.«

Während die Depeschen und Telefonate zwischen London, Paris und Prag hin- und herjagen, empfängt Hitler auf seinem Berghof Verbündete gegen Prag: erst den ungarischen Ministerpräsidenten Belá Imrédy, dann den polnischen Gesandten in Berlin, Joséf Lipski. Beiden legt er nahe, sich an der Zerschlagung der Tschechoslowakei zu beteiligen und auch für ihre Minderheiten die Selbstbestimmung nach deutschem Muster einzufordern. Die Ungarn muss er drängen (»Lassen Sie uns nicht alles alleine machen«), die Polen sind besser vorbereitet. Sie haben bereits Truppen an der Grenze zur Tschechoslowakei aufmarschieren und Demonstranten durch polnische Städte ziehen lassen: Wir wollen Teschen zurück! Hurra für Großpolen! Lang lebe Hitler! – Im *Expreß Poranny* heißt es: »Polen verlangt nichts Fremdes, aber was man ihm geraubt hat, ist es entschlossen, um jeden Preis zurückzugewinnen.« – Tatsächlich überreichen die Regierungen beider Länder am folgenden Tag in London, Paris und Prag ihre Forderungen.[26]

Hitler triumphiert und freut sich wie ein Kind über den Erfolg seines Bluffs: »Er hat«, schreibt Goebbels in sein Tagebuch, »einen Grand ohne Vier gespielt und gewonnen.« Es sei ein Sieg der Nerven gewesen und nun komme der Schluss. Auf der Bahnfahrt von Berchtesgaden nach Godesberg ist Hitler guter Dinge. Die Aufstellung der deutschen Truppen verläuft nach Plan, bis Ende des Monats sollen sie marschbereit sein. Bei sich hat Hitler eine Landkarte, in die er die neue Grenze der Tschechoslowakei eingezeichnet hat. Er will sie Chamberlain präsentieren und verlangen: Bis dahin, sonst verlange ich eine Volksabstimmung. Er nimmt sich vor: »Abhandeln lasse ich mir nichts.«

Der britische Premier muss vorsichtig in die Verhandlungen einsteigen. Anders als eine Woche zuvor ist seine Gipfeldiplomatie mit Hitler in die Kritik geraten. Aus den eigenen Reihen hat sich der ehemalige Außenminister Eden zu Wort gemeldet: »Wir schlittern immer näher dem Abgrund entgegen.« Chamberlains innerparteilicher Gegenspieler Churchill sagt es noch deutlicher: »Wir können keine Sicherheit kaufen, indem wir einen kleinen Staat den Wölfen vorwerfen.« In einer gemeinsamen Erklärung verurteilen britische Gewerkschaften und Arbeitspartei den Druck auf Prag: »Das ist ein schändlicher Kniefall vor den Drohungen Hitlers.« Auch in Frankreich kommt es zu Protesten gegen die Regierung: Sozialisten und Kommunisten haben zusammengefunden und verlangen eine Parlamentssitzung. Würde Daladier sie überstehen?

In Prag herrscht am 22. September Generalstreik, auch Geschäfte sind geschlossen. Vor der sowjetischen Gesandtschaft wird die *Internationale* gesungen, vor dem Parlament erneut der Rücktritt der »Kapitulationsregierung« verlangt. Der Kommunistenführer Gottwald verspricht den Massen: »Die Sowjetunion und die Menschen in London und Paris sind auf unserer Seite und rufen uns zu: Haltet durch!« Das Echo klingt markig und tollkühn: »Lieber aufrecht sterben als auf den Knien leben!« Gegen Mittag tritt Ministerpräsident Hodža von seinem Amt zurück.

»Der Frieden Europas ist das Ziel, das ich anstrebe«, verkündet Chamberlain am späten Vormittag des 22. September, als er in Heston das Flugzeug nach Köln besteigt: »Ich hoffe, diese Reise öffnet den Weg dazu«, fügt er besorgt hinzu. Es ist seine Absicht, von Hitler Zusagen zu erhalten: keine Einbeziehung der polnischen und ungarischen Forderungen, sofortige Zurückziehung der Truppen, Bildung einer internationalen Kommission für die Festlegung der neuen Grenzen der Tschechoslowakei und Vereinbarung über einen vernünftigen Zeitplan für die Gebietsabtretung.

Um 16 Uhr trifft Chamberlain in Godesberg vor dem Hotel Dreesen ein und wird von Hitler begrüßt. Nach einer kurzen Vorstellungsrunde der Delegationen ziehen sich die beiden wieder zu einem Vier-Augen-Gespräch zurück; diesmal ist neben dem deutschen auch ein englischer Übersetzer dabei. Man kennt sich und kommt schnell zur Sache. Chamberlain erläutert den Vorschlag, den er mit Paris abgestimmt habe: eine Gebietsabtretung der Tschechoslowakei an das Reich. Einfach sei die Entscheidung bei einer deutschen Mehrheit von mehr als 80 Prozent, schwierig bei gemisch-

Chamberlain startet am 22. September 1938 vom Londoner Flugplatz Heston zu seinem zweiten Treffen mit Hitler in Bad Godesberg

ten Gebieten etwa mit einer deutschen Mehrheit von 65 Prozent. Über die Abgrenzung dieser Gebiete sollte eine Kommission entscheiden, der ein Deutscher, ein Tscheche und ein Neutraler angehören sollen. Schließlich schlägt er eine internationale Garantie der neuen Grenzen vor, die Prag die Annahme des »sehr unangenehmen Vorschlags« erleichtere.

Hitler dankt Chamberlain für seine Bemühungen. Dieser ahnt nicht, dass Hitler aus abgehörten Telefongesprächen Großbritanniens und Frankreichs Forderung an Prag kennt, umgehend die zu 50 und mehr Prozent von Deutschen bewohnten Gebiete abzutreten. Prüfend fragt Hitler nach: »Ist der soeben dargelegte Plan auch der Plan, den Sie der tschechoslowakischen Regierung übermittelt haben?« Chamberlain nickt. »Ich bedaure«, erklärt Hitler im Wissen, dass London Prag weit mehr Zugeständnisse abverlangt hat, »dieser Plan kann nicht aufrecht erhalten bleiben.« Er fährt fort: »Die Tschechoslowakei ist ein künstliches Gebilde« und führt seine neuen Verbündeten an: Alle Nationalitäten, die Deutschen wie die Slowaken, die Ungarn, die Polen wollen heraus; es sei den Tschechen in 20 Jahren nicht gelungen, sich bei ihnen Sympathien zu erwerben. Er spreche natür-

Hitler begrüßt Chamberlain am 22. September 1938 in Bad Godesberg und geleitet seinen Gast ins geschmückte Hotel Dreesen

lich zuerst für die Deutschen und fügt hinzu: »Ruhe wird in Mitteleuropa nicht eher eintreten, bis nicht alle diese Nationalitäten in ihren Ansprüchen befriedigt sind.« Chamberlain widerspricht nicht.

Dann steigt Hitler in die nächste Runde ein: »Die Lage ist höchst kritisch.« Er sehe die Sache wohl dringlicher an als der Premier: »Meiner Ansicht nach muss innerhalb weniger Tage entschieden werden.« Auf beiden Seiten gebe es militärische Vorbereitungen, die zu erhöhten Spannungen, ja Auseinandersetzungen führen könnten: »Das Problem muss endgültig und vollständig bis zum 1. Oktober gelöst sein.« Überdies sei die Lage im Lande höchst labil: heute eine Regierungskrise, morgen vielleicht eine Staatskrise. Es gebe auch Versuche der Kommunisten, das Ruder zu übernehmen: »Im Interesse des Friedens müssen schnellstens klare und eindeutige Tatsachen geschaffen werden.« »Schnellstens«, wiederholt er zum dritten Mal, »muss die auch von der britischen Regierung für notwendig erkannte Operation der Tschechoslowakei durchgeführt werden.«

Chamberlain reagiert persönlich: »Ich bin enttäuscht und verwirrt«, sagt er. »Ich dachte, es geht nur noch um die Frage der praktischen Umsetzung – Sie haben doch erhalten, was Sie wollten, das Selbstbestimmungsrecht für die Sudetendeutschen.« Er beklagt, dass er sein politisches Amt aufs Spiel gesetzt habe, um sein Kabinett, die Franzosen und die Tschechen zu überzeugen, und weist auf die Proteste im eigenen Lande hin. Er fragt Hitler: »Wenn Sie einen Vorschlag zur friedlichen Lösung haben, will ich ihn mir gerne durch den Kopf gehen lassen.« Hitler formuliert seine Forderung: »Es gibt nur eine Möglichkeit: Es muss sofort eine Linie entsprechend der Sprachgrenze gezogen werden, bis zu der die Tschechen ihre Truppen, Polizei und Verwaltung zurückziehen. In das Gebiet würden wir dann einziehen.« Wenn die Tschechen nach der Besetzung Einwände erheben, könnte unter Aufsicht einer internationalen Kommission eine Volksabstimmung stattfinden: »Ich bin durchaus bereit, besetzte Gebiete mit einer tschechischen Mehrheit zurückzugeben.«

Prag gegen, Hitler für eine Volksabstimmung: Wie soll da eine Vermittlung gelingen? Chamberlain fragt nach der Karte mit der von Hitler eingetragenen Linie der abzutretenden Gebiete. Hitler zeigt auf die Sprachgrenze: »Das ist die friedliche Lösung.« Aber das deutsche Volk ziehe eine strategische Grenze vor: »Das wäre die militärische Lösung.« Nun wird der Ton zwischen den beiden gereizt:

Chamberlain: »Natürlich kann Deutschland jederzeit mit dem Einsatz seiner Macht das erhalten, was es will. Aber das kostet Menschenleben. Warum gehen Sie das Risiko ein, dass Deutsche ihr Leben verlieren, wenn Sie das, was Sie anstreben, ganz sicher auch mit friedlichen Mitteln erreichen?«

Hitler: »Ich persönlich ziehe ein gutes Verhältnis zu Großbritannien einer strategischen Grenze mit der Tschechoslowakei vor.«

Chamberlain: »Sie werden die Freundschaft Großbritanniens nicht erhalten, wenn Sie zur Gewalt greifen; aber Sie werden sie erhalten, wenn Sie einverstanden sind, Ihre Ziele mit friedlichen Mitteln zu erreichen.«

Hitler: »Die Lage ist fast unerträglich. Während wir hier sitzen, kann irgendwo eine Explosion erfolgen, die alle Bemühungen hinfällig macht. Meine Lösung ist die beste, denn sie ist die schnellste.«

Man ist an einem toten Punkt und ruft die anderen Delegationsmitglieder zu Hilfe. Gemeinsam wird die Karte studiert. Ist es etwa ein Viertel der Tschechoslowakei, was Hitler verlangt? Entspricht der Umfang dem Londoner Plan oder ist er deutlich höher? Schwer zu sagen. Nach mehr als drei Stunden Rede- und Wartezeit sind alle erschöpft. Da wird eine Schreckensmeldung hereingereicht: Zwölf sudetendeutsche Geiseln sollen in Eger erschossen worden sein. Ist das die befürchtete Explosion? Chamberlains Angebot und Bitte, jeweils auf beide Seiten mäßigend zu wirken, wird von Hitler widerwillig akzeptiert: »Ich will mein Bestes tun.« Dann wird die Fortsetzung des Gesprächs auf den nächsten Morgen vertagt. Die Presse sieht das als ein gutes Zeichen. Chamberlain ist höchst unzufrieden, speist allein auf dem Petersberg zu Abend und macht sich daran, einen Brief an Hitler zu schreiben.

Zur gleichen Zeit hält Präsident Beneš von seinem Amtszimmer in der Prager Burg eine Radioansprache an sein Volk. Kurz zuvor hatte er eine neue Regierung unter General Syrový eingesetzt; Parlamentarier gehören ihr nicht mehr an. Beneš erklärt: »Wir haben unser Handeln der Lage angepasst.« Er ruft zur Ruhe auf: »Lasst uns unsere Kräfte aufsparen – wir werden sie benötigen.« Er will Zuversicht verbreiten: »Ich sehe die Dinge klar und deutlich und habe einen Plan.« Worin sein Plan besteht, verrät er nicht. Versucht er im letzten Augenblick, sich mit Polen und Ungarn zu verständigen? Hofft er auf ein Scheitern des Gesprächs in Godesberg?

Die aus der ganzen Welt nach Godesberg gereisten Journalisten behalten am folgenden Tag, am 23. September, den Rhein unter dauernder Beobachtung. Sie sehen keinen Chamberlain und keinen Hitler, sie sehen aber drei Mal ein Schiff den Rhein kreuzen. Es hat Botschaften an Bord, die herüber und hinüber gehen. Chamberlain redet Hitler gut zu:

> »Grundsätzlich ist doch vereinbart, dass das Sudetenland sich dem Reich anschließt. Eine unverzügliche Besetzung durch deutsche Truppen würde als unnötige Machtdemonstration verurteilt. Es muss doch für die Übergangszeit Alternativen geben, dort Recht und Ordnung aufrechtzuerhalten, zum Beispiel von Sudetendeutschen selber unter Aufsicht neutraler Beobachter. Weitere Schritte zur vollständigen Übertragung können recht schnell ausgearbeitet werden.«

Aber Hitler rückt von seinem Standpunkt nicht ab:

> »Mich interessiert nicht die theoretische Anerkennung des Grundsatzes der Übereignung, sondern ausschließlich die Realisierung dieses Grundsatzes, und zwar in kürzester Frist. Ich bin von dem starken Misstrauen beseelt, dass die tschechische Regierung den Grundsatz nur angenommen hat, um Zeit zu gewinnen. Wenn Verhandlungen keinen Erfolg haben, ist Deutschland entschlossen, die dann allein übrig bleibenden Möglichkeiten auszuschöpfen.«

Chamberlains Reaktion fällt kurz aus: »Als Vermittler ist es jetzt meine Pflicht, Ihre Vorschläge der tschechoslowakischen Regierung zu unterbreiten.« Er bittet Hitler um eine Zusammenstellung seiner Vorschläge in einem Memorandum und eine Karte, in der das zu besetzende Gebiet eingetragen ist: »Ich werde Prag auffordern, sobald wie möglich darauf zu antworten.« Und er kündigt für den nächsten Tag seine Rückkehr nach London an. Viele der wartenden Journalisten sind am Abend davon überzeugt, dass die Konferenz gescheitert sei. Alarmmeldungen werden abgesetzt, die einen deutschen Angriff in den nächsten Tagen vorhersagen. »Das heißt Krieg!« weiß Beneš und bereitet mit General Syrový die Gesamtmobilmachung vor.

Doch in Godesberg wird am späten Abend der Gesprächsfaden wieder aufgenommen. Chamberlains Abschiedsvisite bei Hitler zieht sich von 23 bis 1.15 Uhr in der Frühe hin. Liegt es an der späten Stunde oder an der Anwesenheit der anderen Delegationsmitglieder? Hitler zeigt sich überraschend freundlich: »Es muss doch möglich sein, gemeinsam eine friedliche Lösung zu finden.« Chamberlain bleibt abwartend: »Ich habe bisher nur sehr wenig Entgegenkommen gefunden. Ich nehme an, dass Sie etwas Konkreteres haben.« Er beklagt sich, dass Hitler die britischen Vorschläge ablehne und »nunmehr in Hast und Überstürzung auf eine gewaltsame Lösung zusteuere«. Hitler wirft ein: »Sie irren sich« und weist auf sein Memorandum hin: »Es ist das Ergebnis der britischen Anregungen.« Chamberlain wirft einen Blick hinein und sieht als Termin für die erste Etappe der Räumung den 26. September: »Ohne etwas mehr zeitlichen Spielraum ist ein Zusammenstoß unvermeidlich.« Es wolle ihm nicht in den Kopf, dass Hitler entschlossen sei, um einiger weniger Tage willen alle Chancen für die Aussicht auf Frieden in Europa zu verspielen.

In diesem Augenblick, kurz vor Mitternacht, wird die Meldung herein gereicht, Radio Prag verkünde die Mobilmachung: »Alle wehrfähigen Männer unter 40 Jahren haben sich innerhalb von sechs Stunden in die Kasernen zu begeben.« Allen stockt der Atem.

Hitler entschlossen: »Damit ist die ganze Angelegenheit erledigt. Ich bin zu Gegenmaßnahmen gezwungen.«

Chamberlain widerspricht: »Das ist eine verständliche Vorsichtsmaßnahme Prags. Deutschland hat doch zuerst mobilisiert, und die Tschechen fühlten sich bedroht.«

Hitler streitet ab: »Wir haben nicht mobilisiert – das sähe ganz anders aus.«

Chamberlain: »Ist das Memorandum Ihr letztes Wort?«

Hitler: »Ja – und ich sehe mich zu militärischen Maßnahmen gezwungen.«

Chamberlain: »Dann ist alles Reden zwecklos. Ich reise schweren Herzens ab, meine Hoffnungen auf einen Frieden in Europa sind vernichtet.«

Es ist Außenminister Ribbentrop, der die Situation zu retten versucht. Er bittet Chamberlain, noch einen Blick in das Memorandum zu werfen: »Es enthält unsere Vorschläge für eine friedliche Lösung des tschechischen Problems.« Chamberlain bleibt skeptisch und erwidert: »Ich muss wissen, ob der Führer nichts unternehmen wird.« Hitler fragt: »Was meinen Sie mit ›nichts unternehmen‹?« Chamberlain: »Verstehen Sie unter militärischen Maßnahmen den Einmarsch in die Tschechoslowakei?« Hitler: »Natürlich nicht. Solange die Verhandlungen andauern, werde ich nicht einmarschieren.« Chamberlain lenkt ein: »Dann bin ich bereit, der Regierung in Prag das deutsche Memorandum zu übermitteln und um eine baldige Antwort zu bitten.« Aber er äußert Bedenken wegen der knappen Fristen: »Das ist kein Verhandlungsangebot, sondern ein Ultimatum. Sie führen sich wie ein Eroberer auf.« Hitler wirft ein: »Nein, wie ein Eigentümer.« Und er fragt: »Was stört Sie an den Fristen? Einmal kommt ja auf jeden Fall der Augenblick der Räumung.« Chamberlain bleibt fest: »Das Allerschlimmste sind die völlig ungenügenden Fristen, die auf die öffentliche Meinung einen sehr schlechten Eindruck machen werden.« Hitler bleibt fest: »Es ist das Beste, die Zeit der Unsicherheit möglichst kurz zu bemessen.«

Es ist wieder ein toter Punkt erreicht, es wird eine kleine Pause eingelegt. Danach lenkt Hitler ein: »Wenn es Ihre Aufgabe erleichtert, bin ich bereit, anstelle der verschiedenen Fristen nur ein einziges Datum zu setzen, den 1. Oktober.« Man geht gemeinsam das Memorandum auf deutsch und englisch durch und korrigiert es. Die erste Forderung wird nun Vorschlag genannt:

> »Zurückziehung der gesamten tschechischen Wehrmacht, der Polizei und der Zollbeamten aus dem auf der Karte rot bezeichneten Räumungsgebiet, das am 1. Oktober an Deutschland übergeben wird.«

Chamberlain verabschiedet sich: »Ich habe das Gefühl, dass durch die Aussprache in großer Offenheit ein Vertrauensverhältnis zwischen uns entstanden ist. Ich würde mich freuen, mit Ihnen im gleichen Geist andere Probleme zu behandeln.« Hitler zeigt sich dankbar: »Mir geht es genauso« und fügt beruhigend hinzu: »Das tschechische Problem ist die letzte territoriale Forderung, die ich in Europa zu stellen habe.« So ganz ist Chamberlain nicht überzeugt: Er sagt nicht *Good bye*, sondern *Auf Wiedersehen* und fliegt zurück nach London.[27]

Nach Abschluss der Besprechungen verlassen Chamberlain und Hitler das Hotel Dreesen (in der Mitte Dolmetscher Paul Schmidt)

Europa bereitet sich auf Krieg vor: Frankreich ruft auf Plakaten Reservisten zu den Fahnen und bringt die Befestigungsanlagen der Maginotlinie auf Kriegsstärke. Die britische Kriegsmarine wartet auf die Mobilisierung für eine Blockade in der Nordsee. Die Sowjetunion verlegt Infanterie- und Kavallerie-Divisionen an ihre Westgrenzen und meldet ihre Luftwaffe sowie ihre Panzerverbände einsatzbereit. Polen massiert Truppen an der Grenze zur ČSR. Mussolini hält Reden in Oberitalien: »Wir sind bereit und stehen an der Seite Deutschlands.« Deutsche Armeen beziehen die vorgesehenen Aufstellungsräume in Schlesien, Bayern und Österreich, die deutsche Luftwaffe steht rings um Böhmen und Mähren startklar.

In Prag gibt man sich gerüstet und siegesgewiss: Bald stehen zwei Millionen Mann unter Waffen, auf die Treue der Verbündeten wird fest vertraut. Zum Schutz gegen Luftangriffe wird des Nachts allgemeine Verdunkelung angeordnet, werden Gasmasken verteilt, heulen mitten in der Nacht die Sirenen für einen Probealarm. Außenminister Krofta lässt den Regierungen in Paris, London und Moskau ausrichten: »Wir werden jeden Angriff sehr lange aushalten.« Mit diplomatischen Mitteln versucht Beneš den Rücken frei zu bekommen: Den Slowaken kündigt er mehr Autonomie an. Den Polen bietet er die Abtretung von Teschen an, damit sie neutral bleiben und der Roten Armee den Durchzug von Truppen sowie das Überfliegen mit Kampfflugzeugen gestatten. Vom sowjetischen Gesandten will er wissen, wie viele tausend Fallschirmspringer die Rote Armee auf die Schnelle in die Tschechoslowakei bringen könne.

Entrüstet reagiert Beneš auf das deutsche Memorandum von Godesberg: »Die neuen Forderungen zeigen unverhüllt den brutalen Plan, die Lebensfähigkeit und die Unabhängigkeit des Tschechoslowakischen Staates zu zerstören.« Sein Gesandter in London, Jan Masaryk, dessen Vater 20 Jahre zuvor diesen Staat gegründet hatte, übernimmt es am 25. September, Prags Widerstandswillen zu demonstrieren: »Hitlers Forderungen in ihrer jetzigen Form sind für meine Regierung absolut und bedingungslos unannehmbar.« Er bekräftigt mit Hinweis auf die Geschichte: »Das Volk des Heiligen Wenzel, des Jan Hus und des Thomas Masaryk wird kein Sklavenvolk werden.« Und er appelliert an die »beiden großen Demokratien des Westens, dass sie uns in der Stunde der Bewährung beistehen werden«.

Prags Kapitulation wird vorbereitet

Hitlers Vorhersage ist eingetroffen. Kein Wunder: Er hat Forderungen gestellt, die Beneš nicht annehmen konnte. Wie sicher kann er sein, dass die Westmächte nicht eingreifen werden, wenn er die Grenze zur ČSR überschreitet? Diese Frage treibt auch Chamberlain um, der Daladier und Bonnet nur eine Woche nach ihrem letzten Treffen wieder nach London zitiert. Am Abend des 25. September treffen sie in Downing Street No. 10 ein. Es ist genau fünf Monate her, dass beide Seiten sich einig waren, ihre militärische Zusammenarbeit zu verbessern. Jetzt nimmt Chamberlain die französischen Gäste ins Gebet: Wie wird Frankreich im Falle eines deutschen Angriffs seine vertraglichen Verpflichtungen gegenüber der ČSR konkret umsetzen? Es gibt ein langes Frage- und Antwortspiel:

Chamberlain: »Was schlagen Sie als nächstes vor?

Daladier: »Hitler soll zu unseren Vorschlägen vom letzten Sonntag zurückkehren.«

Chamberlain: »Und wenn Hitler sich weigert?«

Daladier: »Dann muss jeder von uns seine Pflicht tun.«

Chamberlain: »Wie verhält sich Frankreich, wenn Hitler in die Tschechoslowakei einmarschiert?«

Daladier: »Dann würde er einen Angriff herausfordern.«

Chamberlain: »Und was dann?«

Daladier: »Jeder von uns muss das tun, was ihm obliegt.«

Chamberlain: »Würde also Frankreich Deutschland den Krieg erklären?«

Daladier: »Frankreich wird seine Verpflichtungen erfüllen.«

Chamberlain: »Sie haben bestimmt überlegt, was danach passieren soll. Hat der französische Generalstab einen Plan und wenn ja welchen?«

Daladier: »Direkt können wir der Tschechoslowakei nicht helfen. Aber wir werden sie entlasten, indem wir einen großen Teil der deutschen Truppen auf unsere Grenzen ablenken.«

Chamberlain testet Daladiers Entschlossenheit:

»Beabsichtigen Sie, nur die Maginotlinie zu bemannen und dort auszuharren, oder wollen Sie Krieg erklären und Ihre Landstreitkräfte aktiv werden lassen?«

»Das hängt von vielen Dingen ab.«

»Erwägen Sie den Einsatz der französischen Luftwaffe zum Angriff auf Deutschland?«

»Es ist bestimmt möglich, gewisse militärische und industrielle Ziele anzugreifen.«

Daladier möchte dem Verhör entkommen und schlägt eine internationale Kommission vor, die alles schnell regeln solle. Doch Chamberlain schüttelt den Kopf (»Hitler wird das nicht annehmen«) und äußert unverblümt Zweifel an Frankreichs Fähigkeit zum Luftkrieg: »Wir haben beunruhigende Berichte erhalten über den Zustand Ihrer Luftwaffe und die Fähigkeit Ihrer Fabriken, die Verluste an Flugzeugen auszugleichen. Was passiert, wenn Bomben auf Paris regnen? Kann Frankreich sich selbst verteidigen und wirkungsvoll reagieren?«

Daladier fühlt sich in die Ecke getrieben und malt den Briten die Gefahren aus: »Wenn wir diese Forderungen Hitlers erfüllen, würde er der Herr Europas werden: Nach der Tschechoslowakei wäre Rumänien an der Reihe, dann die Türkei, vielleicht greift er sogar nach der französischen Kanalküste und anschließend nach Irland.« Daladier stellt nun seinerseits Fragen:

»Akzeptiert Ihre Regierung Hitlers Plan?« – Chamberlain weicht aus: »Es ist nicht unsere Sache, die Vorschläge anzunehmen oder abzulehnen, das ist Prags Sache.«

»Wollen Sie weiter Druck auf die Tschechoslowaken ausüben, obwohl wir wissen, dass sie den Plan nicht annehmen und lieber sterben wollen?« – Chamberlain wehrt ab: »Wir haben keine Mittel, sie zur Annahme zu zwingen.«

»Meinen Sie, dass Frankreich untätig bleiben sollte?« – Chamberlain weist zurück: »Dazu muss Seiner Majestät Regierung nichts sagen – es liegt an der französischen Regierung, das zu entscheiden.«

Gegen Mitternacht vertagt man sich auf den späten Vormittag des 26. September und geht unzufrieden auseinander. Chamberlain beschließt für sich, noch einen Versuch zu wagen, den Franzosen eine Entscheidung zwischen Krieg und Kapitulation zu ersparen. Er stattet seinen engsten Mitarbeiter Horace Wilson, der ihn nach Berchtesgaden und Godesberg begleitet hatte, mit einem persönlichen Handschreiben an Hitler aus und schickt ihn damit nach Berlin: »Mein lieber Reichskanzler (so wörtlich), eine Regelung auf dem Verhandlungswege bleibt möglich.« Er schlägt direkte Gespräche zwischen Berlin und Prag mit britischer Beteiligung vor, um einen Weg zur Übergabe der Sudetengebiete zu vereinbaren. Dankbar stimmen die Franzosen bei der zweiten Besprechung der kleinen Chance zu. Immerhin versichert Chamberlain ihnen: »Wir werden Frankreich zu Hilfe kommen«, schränkt aber gleich ein: »Wenn es in Gefahr ist.« Er baue seine Hoffnung auch auf die starken Anti-Kriegsgefühle unter der deutschen Bevölkerung. Im Kommuniqué für die Öffentlichkeit hält man »volle Übereinstimmung in allen Punkten« fest. Der zusätzlich herbeigerufene französische Generalstabschef Gamelin bekräftigt die Kriegsbereitschaft beider Länder und stärkt bei den britischen Stabschefs die Zweifel, dass die Franzosen wirkungsvoll Krieg führen können.[28]

Tatsächlich werden die Schrecken des Krieges in London und Paris handgreiflich vorgeführt. Es werden den Einwohnern Gasmasken angepasst, in Grünanlagen Tag und Nacht Splittergräben ausgehoben, Sandsäcke gefüllt. In London wird die Evakuierung von Kindern vorbereitet, werden Krankenhäuser geräumt, damit sie als Lazarette dienen können. Vom Pariser Ostbahnhof wird ein Militärzug nach dem anderen Richtung deutsche Grenze abgefertigt; Flüchtende verstopfen mit ihren Autos die Ausfallstraßen. Pfund und Franc laufen zum Dollar über.

Kurzfristig kündigt Goebbels für den Abend des 26. September eine Rede Hitlers an. Gebannt warten alle: Wird der Krieg am folgenden Tag ausbrechen? – Der Aufruf zur »großen Volkskundgebung im Berliner Sportpalast« lässt das Schlimmste befürchten: »Führer, befiehl – wir folgen!« heißt es im *Völkischen Beobachter*: »Der Führer fordert nur, was zum

Besten der Nation ist. Zur Erfüllung dieser Forderung nimmt das deutsche Volk jedes Opfer auf sich.« Goebbels sorgt dafür, dass die Rede über Kurzwelle in die ganze Welt übertragen wird, auch in die USA.

Im Weißen Haus in Washington ist mit Blick auf die bevorstehenden Wahlen zum Kongress und zum Senat intensiv nach einer Rolle gesucht worden, die der Präsident der Vereinigten Staaten in diesem Drama übernehmen könnte: Soll er eine internationale Konferenz außerhalb Europas einberufen, soll er die Regierungschefs von Großbritannien, Frankreich, Deutschland, Italien und Polen an einem Tisch in Den Haag zusammenbringen, soll er seine guten Dienste als Vermittler anbieten? Roosevelt selbst hatte sich im kleinen Kreis seiner Berater abfällig über Chamberlains »Frieden um jeden Preis« geäußert und seinen eigenen »Quarantäne«-Plan entwickelt: »Wenn ich diesen Krieg zu führen hätte, würde ich ankündigen, sämtliche deutsche Grenzen zu blockieren.« Grundsätzlich würde er Briten, Franzosen und Russen einen Luftkrieg empfehlen: »Das ist billiger, fordert weniger Verluste und wäre erfolgreicher als der übliche Land- und Seekrieg.« Er ist überzeugt: »Die Deutschen werden in ihrer Moral unter Luftangriffen eher zusammenbrechen als die Franzosen und die Briten.« Allerdings räumt er ein, dass Amerika nur begrenzt zu Hilfe kommen könne: »Keinen Mann und keinen Sou«, hatte er Bonnet sagen lassen. So begnügt sich Roosevelt mit einem offenen Telegramm nach Berlin, Prag, London, Paris, Warschau und Budapest: »Ich appelliere mit vollem Ernst an Sie, die Verhandlungen nicht abzubrechen und eine friedliche, gerechte und weiterführende Lösung der bestehenden Streitfragen zu suchen.«

Der nicht angesprochene Mussolini sieht seine Chance als Vermittler, mobilisiert einige Jahrgänge italienischer Reservisten und erklärt in Verona: »Es gibt noch einige Tage Zeit, um die friedliche Lösung zu finden.« Darum bemüht sich auch Chamberlains Sonderbotschafter Wilson, der um 17 Uhr von Hitler empfangen wird. Wilson kommt allerdings kaum zu Wort, immer wieder unterbricht Hitler ihn mit lauten Worten und wilden Gesten: »Es hat keinen Zweck, weiter zu verhandeln, die Zeit die Handelns ist gekommen«, erklärt er, steht auf und geht zur Tür, kehrt aber wieder um, als Wilson ihn bittet, Chamberlains Appell zu Ende anzuhören: »Er versteht Ihre Ungeduld und bemüht sich um eine schnelle Lösung.« Hitler weiß es aus den abgehörten Telefongesprächen zwischen Beneš und Masaryk besser: »Die Regierung in Prag hat nicht die leiseste Absicht, einen Zollbreit ihres Landes herzugeben.« Doch, wird ihm erwidert, die britische Regierung ist darauf aus, dass die Tschechen das Sudetenland herausgeben; er möge nur mit einem Vertreter aus Prag die Einzelheiten der Übergabe besprechen. Mehrfach betont Hitler: »Am 1. Oktober ist das Sudetenland frei, gleich ob durch Gespräche oder durch Gewalt.« Wilson wirkt eingeschüchtert, als er zum Abschied die Hoffnung ausdrückt, dass Hitler in seiner Rede nicht die Tür zuschlagen werde. »Kommen Sie in den Sportpalast«, fordert Hitler ihn auf, »dort können Sie die Haltung des deutschen Volkes spüren.« Man verabredet sich für ein weiteres Gespräch am folgenden Tag.

Auf die Schnelle ist die Arena des Sportpalastes für Hitlers Auftritt hergerichtet worden. Spruchbänder verkünden: »Ein Volk, ein Reich, ein Führer!« Weithin sichtbar ist im zweiten Rang ein Zitat aus der Hitler-Rede vom 12. September angebracht: »Die Deutschen in der Tschecho-Slowakei sind weder wehrlos, noch sind sie verlassen!« Auf der mit Hakenkreuzen geschmückten Ehrentribüne haben neben Göring mehrere Minister sowie die Oberbefehlshaber des Heeres und der Marine Platz genommen. Unter Marschmusik und Jubelrufen schreitet Hitler kurz nach 20 Uhr in Begleitung von Goebbels und Himmler durch die Reihen, hinter ihm eine Kompanie des Sudetendeutschen Freikorps. Goebbels tritt ans Mikrophon und eröffnet die Veranstaltung: »Mein Führer! In dieser schicksalsschweren Stunde ist Ihr Volk einmütig und geschlossen um Sie versammelt.«

Goebbels weiß: Die Rede soll das deutsche Volk aufrütteln, das sich bislang nicht kriegsbereit zeigt, wie auch Chamberlain und Daladier »goldene Brücken« bauen, Prag seinem Schicksal zu überlassen. Hitler muss das Meisterstück vollbringen, durch Entschlossenheit und Unnachgiebigkeit die Deutschen auf Gewaltanwendung einzustimmen, und gleichzeitig gegenüber dem Ausland ein Türchen für eine gewaltfreie Lösung offen zu halten. Den großen Konflikt gestaltet er als Zweikampf zwischen sich, dem »Überwinder von Versailles«, und Beneš, dem »Überbleibsel von Versailles«.

Zunächst demonstriert Hitler die Stärke Deutschlands, zur Ermutigung der einen, zur Abschreckung der anderen Seite:

> »Wir haben eine Aufrüstung vollzogen, wie sie die Welt noch nicht gesehen hat. Wir haben eine Wehrmacht aufgebaut, die die Welt respektieren wird, wenn sie jemals in Erscheinung tritt. Wir haben uns die beste Luftabwehr und die beste Tankabwehr geschaffen, die es auf der Erde gibt.«

Zugleich sei eine »praktische Friedenspolitik« betrieben worden: Verständigung mit Polen über die jeweiligen Minderheiten, mit Frankreich über das Saargebiet und Elsaß-Lothringen, mit Italien über Südtirol und mit Großbritannien über die Flottenrüstung. Dann erklärt er sich zum »Sprecher der zehn Millionen Deutschen, die zum Reich als ihrer Heimat zurückwollen«. Nach dem *Anschluss* Österreichs gebe es nur noch ein Problem: »Es ist die letzte territoriale Forderung, die ich in Europa zu stellen habe; aber es ist eine Forderung, von der ich nicht abgehe und die ich, so Gott will, erfüllen werde.« Gemeint ist das Sudetenland »unter dem Terrorregime des Herrn Beneš«: »Ich bin nicht mehr gewillt, tatenlos zuzusehen, wie dieser Wahnsinnige in Prag glaubt, dreieinhalb Millionen Menschen einfach misshandeln zu können.«

Den britischen Premier Chamberlain habe er von der einzigen Lösungsmöglichkeit überzeugen können, das »deutsche Gebiet freizugeben und an das Reich abzutreten«. Er habe Chamberlain für seine Bemühungen gedankt und versichert: »Wir wollen gar keine Tschechen.« Aber Beneš habe sich in der Überzeugung quergelegt, Großbritannien und Frankreich stünden hinter ihm. »Jetzt ist der Zeitpunkt gekommen«, erklärt Hitler, »an dem Fraktur geredet werden muss.« Und er weist auf den in Godesberg genannten Termin 1. Oktober für die Übergabe hin, wogegen Beneš nun auf den Sturz von Chamberlain und Daladier hoffe.

Das Duell ist eröffnet: »Nun treten zwei Männer gegeneinander an: Dort ist Herr Beneš! Und hier stehe ich!« Wie ein Mann springen die Zuhörer auf, recken die Arme und jubeln Hitler zu. Es folgt sein Aufruf zur Kriegsbereitschaft: »Ich gehe meinem Volk jetzt voran als sein erster Soldat.« Und er fordert das Volk auf: »Tritt jetzt hinter mich, Mann für Mann, Frau um Frau!« Als Drohgebärde betont er am Schluss: »Wir sind entschlossen!« Aber er fügt noch einen Satz an, der als Ausweg dienen könnte: »Herr Beneš mag jetzt wählen: Frieden oder Krieg!« Das klingt nach einem Appell an Chamberlain, dem tschechoslowakischen Präsidenten nicht die Entscheidung zu überlassen, sondern ihn zum Nachgeben zu veranlassen.

Der Appell kommt in London an: Chamberlain hat sich die Rede angehört sowie die Übersetzung gelesen und macht sich sofort daran, eine Antwort zu diktieren, die am nächsten Tag in Berlin überbracht werden soll: »Es scheint mir undenkbar, dass die Völker Europas in einen blutigen Kampf über eine Frage gestürzt werden sollen, über die man sich bereits weitgehend geeinigt hat.« Er bekräftigt seine »moralische Verantwortung«, für die »faire und vollständige Umsetzung der Zusagen« Prags zu sorgen. Die deutsche Regierung müsse jedoch auf Gewalt verzichten: »Wenn das akzeptiert wird, kann der deutsche Wunsch, die Sudetendeutschen mit dem Reich zu vereinigen, erfüllt werden, ohne dass in Europa Blut vergossen wird.«

Ausgestattet mit dieser Erklärung tritt Chamberlains Abgesandter Wilson am 27. September gegen 11 Uhr wieder bei Hitler an: »Kann ich schon eine Reaktion mit nach London zurücknehmen?« fragt er. »Nein«, sagt Hitler, »aber danken Sie dem Premierminister für seine Bemühungen um den Frieden.« Wilson lässt jedoch nicht locker und bietet den Ausbau der Beziehungen zwischen Großbritannien und Deutschland an. In vorsichtigen Worten deutet er an, wie man in London die französische Fähigkeit einschätzt, der Tschechoslowakei bei einem deutschen Angriff zu Hilfe zu kommen. »Das kann doch nur bedeuten«, wirft Hitler ein, »dass Frankreich Deutschland angreifen würde.« Nein, entgegnet Wilson und zitiert aus der Besprechung mit Daladier dessen Formulierung: »Frankreich wird seine Verpflichtungen erfüllen.« Wie die Franzosen das tun würden, wisse man nicht. Londons Sorgen, sie würden nur einen Scheinangriff wagen, um eine britische Beteiligung zu erreichen, und sich dann monatelang hinter der Maginotlinie verschanzen, erwähnt er nicht.

Hitler zeigt sich unbeeindruckt: Er gehe davon aus, dass Prag die Ablehnung wählen werde: »Dann würde ich die Tschechei vernichten, Frankreich würde Deutschland angreifen, England würde Frankreich unterstützen und innerhalb von sechs Tagen wäre der allgemeine Krieg ausgebrochen.« Darauf Wilson: »Wir müssen einen Weg finden, den Krieg zu vermeiden.« Zum Abschied verspricht er: »Ich will weiter versuchen, die Tschechen zur Vernunft zu bringen.«

Wie reagiert Präsident Beneš auf Hitlers Rede? Dem sowjetischen Gesandten Alexandrowski gegenüber zeigt er sich am späten Abend des 26. September unbeeindruckt, in guter Stimmung und überzeugt, dass Hitler keinen Krieg wagen werde gegen eine globale Koalition aus Frankreich, Großbritannien und der Sowjetunion, moralisch und möglicherweise auch materiell unterstützt durch die USA: »Das wird Hitler zum Rückzug zwingen.« Zwanzig Stunden später trifft der Gesandte auf einen Präsidenten in gedrückter Stimmung. Er habe eine persönliche Botschaft Chamberlains erhalten, die die »Unvermeidlichkeit des Krieges« bedeute: Großbritannien sei bereit, behauptet er, der Tschechoslowakei mit Waffenhilfe beizustehen. Tatsächlich enthält das Schreiben aber eine britische Drohung:

> »Wenn die tschechoslowakische Regierung nicht bis morgen 14 Uhr die deutschen Bedingungen annimmt, werden deutsche Streitkräfte Ihre Grenzen überschreiten. Dann wird Böhmen überrannt. Keine Macht oder Mächte werden dies Schicksal von Ihrem Land und Ihrem Volk abwenden können, gleich wie ein möglicher Weltkrieg ausgehen würde. Seiner Majestät Regierung kann nicht die Verantwortung übernehmen, Ihnen zu raten, was sie tun sollten.«

Alexandrowski spürt die Unehrlichkeit des Präsidenten und fragt sich, ob dieser die Sowjetunion in einen großen Krieg gegen Hitler hineinziehen wolle, um sein Land zu retten und dauerhaft zu sichern. Beneš bittet wieder um Moskaus Hilfe und erhält wieder keine Zusage.

Beneš ist so allein wie Schuschnigg ein halbes Jahr zuvor. Der französische Außenminister Bonnet unterstützt auf einer Sitzung der Regierung in Paris am Vormittag des 27. September Chamberlains Vorgehen: »Wir haben die Tschechen darauf aufmerksam gemacht, dass wir keinen Krieg beginnen können. Wir haben keine Luftwaffe, England kann uns im Augenblick keine ernsthafte Hilfe gewähren. Es ist unmöglich, Krieg zu führen. Wir müssen um jeden Preis ein Übereinkommen finden.« In London hält ein Militärexperte in seinem Tagebuch fest: »Aus militärischer Sicht spricht alles für ein Hinausschieben. Wir sind im Augenblick nicht einmal in der Lage, einen Verteidigungskrieg zu führen.« Immerhin wird die lang erwartete Mobilmachung eines Teils der britischen Kriegsflotte verkündet.

Wie sieht der Plan aus, von dem Beneš in seiner Rede am 22. September gesprochen hatte? Ist es der Aeroplan, wie in Prag gewitzelt wird, der startbereit auf dem Flugplatz wartet und ihn sicher ins Ausland bringen soll? Arbeitet er auf den Sturz von Chamberlain und Daladier hin, weil sie ihn, wie es gerüchteweise in Paris verlautet, an Hitler verraten wollen? Oder will er die Unterstützung durch die Sowjetunion erzwingen, indem er die tschechischen Arbeiter bewaffnet? Aus Moskau ist zu hören, dass 250 Bomber und 300 Kampfjäger bereitstehen. Die Prager Kommunisten appellieren an die Welt: »Verhindert, dass die Tschechoslowakei zur Rettung des Hitlerregimes geopfert wird!« Die Kommunisten sind die einzige Partei in Frankreich, die für den Krieg gegen Deutschland agitiert. Die britische Arbeitspartei ruft ihrerseits das deutsche Volk zum Widerstand gegen Hitler auf: »Schließt euch uns und den Völkern aller Länder an, um eine Welt des Friedens und des Wohlstands aufzubauen.« Weiß Beneš, wie die Agenten der Komintern die Kampfbereitschaft der tschechischen Soldaten für »einen revolutionären Krieg zur Installierung einer Rätemacht« auszunutzen versuchen? Weiß er von Dimitroffs Vorbereitungen für eine internationale Arbeiterkonferenz, die zum »gemeinsamen Kampf gegen die faschistischen Aggressoren und ihrer Helfershelfer, zur Verteidigung der Tschechoslowakei, Spaniens, Chinas und des allgemeinen Friedens« aufrufen soll? Hofft er auf *Internationale Brigaden*, die wie im spanischen Bürgerkrieg für die Sache der Prager Regierung und der Sowjetunion kämpfen?

Nach Wilsons Rückkehr aus Berlin ruft Chamberlain in einer abendlichen Rundfunkansprache die Männer und Frauen des britischen Weltreichs auf, trotz der kritischen Lage Ruhe zu bewahren: »Wie schrecklich, unvorstellbar, unglaublich ist es, dass wir Schützengräben anlegen und Gasmasken anprobieren wegen eines Streits in einem fernen Land mit Menschen, von denen wir nichts wissen.« Man solle über gewisse Vorsichtsmaßnahmen nicht besorgt sein, denn noch sei der Krieg keine beschlossene Sache und drohe auch nicht: »Bevor wir uns darauf einlassen, müssen wir überzeugt sein, dass es um wirklich bedeutsame Fragen geht.« Anschließend verliest ein Ansager der britischen Rundfunkgesellschaft die Rede in deutscher und italienischer Übersetzung; zur weiteren Verbreitung in Deutschland wird auch noch Radio Luxemburg eingeschaltet.

Noch in der Nacht trifft ein versöhnlich gehaltener Brief Hitlers mit einigen kleinen Zugeständnissen in London ein. Chamberlain greift sie auf und sichert Hitler zu: »Sie können alles Wesentliche ohne Krieg und ohne Verzögerung erhalten.« Er schlägt ein Treffen mit Vertretern aus Prag sowie aus Paris und Rom vor, zu dem er persönlich nach Berlin kommen würde: »Ich bin überzeugt, dass wir in einer Woche ein Abkommen erreichen können.« Und er wendet sich in einem Schreiben auch an Mussolini mit der Bitte, Hitler zu drängen, diesen Vorschlag anzunehmen: »Das wird unsere Völker vor dem Krieg bewahren.«[29] Wird dieser Schachzug gelingen? Zu mitternächtlicher Stunde beginnt Chamberlain, seine Rede im Unterhaus vorzubereiten, die er zwei Stunden nach dem Auslaufen des deutschen Ultimatums halten will.

Am Vormittag des 28. September geht alles sehr schnell: Mussolini erhält Chamberlains Telegramm, freut sich, dass er bei dem Spitzentreffen den Vermittler spielen kann, und trägt seinem Botschafter in Berlin auf: »Sage dem Führer, dass ich die Annahme des Vermittlungsvorschlages für sehr günstig halte. Eile!« Eine knappe Stunde später hat Hitler die Botschaft in Händen und antwortet: »Sagen Sie dem Duce, dass ich seinen Vorschlag annehme.« Der britische Botschafter Henderson wartet schon vor der Tür und erfährt kurz nach 12 Uhr, dass die für 14 Uhr geplante Mobilmachung um 24 Stunden verschoben sei. Hitler berät sich mit Göring, Goebbels und Ribbentrop, ergreift die Chance und entwickelt den Plan einer Konferenz der Großen Vier, ohne die Tschechoslowakei. Sofort wird das Einverständnis Mussolinis eingeholt, der allerdings als Tagungsort München vorzieht. Um 16 Uhr werden die Einladungen nach London, Paris und Rom verschickt: Morgen, am 29. September 11 Uhr in München.

Es ist 15 Uhr Londoner Zeit. Wenige Minuten zuvor hatte Chamberlain seine Rede begonnen. Die Reihen im Unterhaus sind dicht besetzt, auf den Galerien sind Königliche Hoheiten, Minister, Botschafter zu sehen. Die Lords haben sich in der Bibliothek des Oberhauses versammelt und lauschen der Rede am Lautsprecher. Vor dem Parlamentsgebäude warten Tausende von Menschen. Der Premierminister macht zu Beginn eine ernste Feststellung: »Wir stehen heute einer Situation gegenüber, die es seit 1914 nicht gegeben hat.« Lässt sich der Friede anders als damals noch retten? Chamberlain spannt die Abgeordneten mehr als eine Stunde auf die Folter. Lang und breit stellt er die Vorgeschichte der aktuellen Kontroverse dar: Er hebt seine Aktivitäten hervor, beschreibt seine Begegnungen mit Hitler (»Er meint, was er sagt«), zitiert ausgiebig Briefe und Protokolle, die in einem Weißbuch zusammengestellt wurden. Es ist, als ob er auf eine Antwort aus Berlin wartet. Da, kurz nach 16 Uhr kommt ein Beamter des Außenamtes mit zwei Bogen Papier, die durch die Reihen gereicht und dem Redner übergeben werden. Chamberlain legt eine Pause ein, wirft einen Blick auf die Notiz, räuspert sich und verkündet:

> »Ich habe dem Haus noch etwas mitzuteilen. Herr Hitler hat mir gerade mitgeteilt, dass er mich für morgen Vormittag zu einem Treffen nach München einlädt, außerdem Signor Mussolini und Monsieur Daladier. Ich muss nicht sagen, wie meine Antwort lauten wird.«

Abgeordnete und Besucher springen auf, ein Beifallssturm bricht los, einige schreien sich heiser: »Der Friede ist gerettet und damit die ganze Welt.« Chamberlain beendet seine Rede: »Mehr kann ich nicht sagen. Das Haus wird sehen, was ich in diesem letzten Versuch erreichen kann.« Die Vertreter der Opposition zeigen sich erleichtert und wünschen viel Erfolg; Churchill schüttelt dem Premier die Hand. Ein einziger Abgeordneter protestiert gegen die »Zerstückelung der Tschechoslowakei«.[30]

Das Treffen der Großen Vier in München

Noch am selben Abend besteigen Mussolini in Rom und Hitler in Berlin ihre Sonderzüge nach München. Zur gleichen Zeit bekommt Ministerpräsident Daladier in seiner Regierung den unübersehbaren Zwiespalt zwischen Kriegs- und Friedenstreibern zu spüren. In einer Rundfunkansprache versucht er, beiden Seiten gerecht zu werden, und verspricht, dass er sich mit Unterstützung der gesamten Nation in München »mit ganzer Kraft für die Rettung des Friedens und für die lebenswichtigen Interessen Frankreichs« einsetzen werde. Er fliegt wie Chamberlain am Vormittag des 29. September Richtung München. Auf dem Londoner Flugplatz ist fast das gesamte

Kabinett zum Abschied versammelt; auch die Vertreter der Dominien sind erschienen: Sie sollen im Auftrag der Regierungen von Kanada, Australien, Neuseeland und Südafrika Chamberlain versichern, wie erleichtert sie sind, nicht in einen Krieg verwickelt zu werden, und dass sie ihn bei seinen Bemühungen um den Frieden in Europa unterstützen.[31]

Ganz München ist am 29. September auf den Beinen und will stolzer Zeuge sein. Die große Hoffnung ist fast schon Überzeugung, dass die vier europäischen Großmächte sich gegen Krieg und für Frieden entscheiden werden. Es läuft alles wie am Schnürchen. Nahezu zeitgleich kann in den Berliner Fernsehstuben – nach der Übertragung durch ein Breitbandkabel – die Ankunft der Staatsgäste in München miterlebt werden. Gegen 11 Uhr trifft Mussolini – wie ein Jahr zuvor – auf dem Hauptbahnhof ein. Hitler hatte ihn in Kufstein erwartet und im Zug mit ihm vereinbart: Keine langwierige Diskussion, sondern schneller Abschluss. – Wenig später: Daladier landet auf dem Oberwiesenfeld, wird von Außenminister Ribbentrop empfangen und schreitet unter den Klängen der Marseillaise eine SS-Ehrenformation ab. Kurz vor 12 Uhr wiederholt sich die Zeremonie für Chamberlain, diesmal unter den Klängen von *God save the King*.

Im offenen Wagen geht es unter dem Jubel der Münchener zum *Führerhaus* am Königlichen Platz, das mit den Fahnen der vier Länder geschmückt ist. Über eine Marmortreppe wird der erste Stock erreicht. Im großen Salon begrüßen sich die vier Staatsmänner, zwei in Uniform, zwei in schlichtem Schwarz; zum ersten Mal schütteln sich die beiden *Frontkämpfer* des Weltkriegs, Hitler und Daladier, die Hände. Zur Stärkung ist ein Büffet aufgebaut. Im Angesicht der Öffentlichkeit bemühen sich die vier um eine lockere Unterhaltung; nur Mussolini hat den Vorteil, alle vier Sprachen zu beherrschen.

Um 13 Uhr beginnen die Besprechungen in Hitlers Arbeitszimmer. Die vier mit jeweils einem Berater gruppieren sich unter Lenbachs *Bismarck* um einen runden Tisch; Paul Schmidt dient als Übersetzer in drei Sprachen und spricht in den folgenden 105 Minuten doppelt so viel wie die vier Großen zusammen. Diese erste Zusammenkunft dient dazu, Einvernehmen festzustellen und Grundsätze der Umsetzung festzulegen; anschließend soll ein Redaktionskomitee die Beschlüsse ausformulieren, die in einer Schlusssitzung von den vier Regierungschefs unterzeichnet werden.

Zur Einleitung bekräftigt Hitler sein Ziel: »Im Interesse des europäischen Friedens muss das Problem in der kürzesten Zeit gelöst werden.« Eigentlich seien die Differenzen minimal: »Man ist sich darüber einig, dass das Sudetengebiet an Deutschland abgetreten werden muss und dass Deutschland nichts anderes als dieses Gebiet beansprucht.« Jetzt komme es darauf an, dem von ihm angekündigten Einmarsch den »Charakter eines Gewaltaktes zu nehmen«. Chamberlain begrüßt die Erklärung, dass Hitler keine Gewalt anwenden, sondern Ordnung schaffen wolle: »Unsere Besprechungen geben Europa eine neue Atempause.« Daladier äußert sich ähnlich.

Nun ist es an Mussolini, sich als Vermittler einzubringen. Er besteht darauf, »noch heute zu einer Einigung zu kommen«, und zieht einen Vorschlag mit fünf Punkten aus der Tasche. Als Schmidt mit der Übersetzung beginnt, merkt er, dass es die Forderungen sind, die in Berlin zusammengestellt und dann an Mussolini übermittelt worden waren. Chamberlain und Daladier zeigen sich einverstanden mit Mussolinis Terminvorschlägen (Beginn des Abzugs der tschechischen Truppen und der deutschen Besetzung am 1. Oktober). Bedenken haben sie nur gegen die von ihnen verlangte Garantie, dass die Tschechen die Gebiete räumen sollen, ohne bestehende Einrichtungen zu zerstören. »Das können wir nicht garantieren«, erklärt Chamberlain, »wenn dafür keine Zusicherung der tschechischen Regierung vorliegt.« Er schlägt mit Unterstützung Daladiers vor, Vertreter der Regierung aus Prag hinzuziehen.

Hitler und Mussolini sprechen sich strikt dagegen aus. Das werde eine Lösung um Wochen verzögern, wirft Hitler ein, und im Übrigen sei kein Vertreter in der Stadt, der im Namen von Beneš sprechen könne. (Tatsächlich ist das Flugzeug mit zwei Abgesandten noch nicht einmal in Prag gestartet.) Mussolini wird noch deutlicher: »Die tschechoslowakische Regierung hat die Forderungen anzunehmen, sonst muss sie die militärischen Folgen tragen.« Die Großmächte haben die Pflicht, fügt er hinzu, dafür zu sorgen, dass das Sudetengebiet nicht als Wüste übergeben werde. Chamberlain gibt halb nach, halb bleibt er standhaft: »Ich bin bereit, der Regierung in Prag mitzuteilen, sie dürfe nicht aus Unvernunft und Hartnäckigkeit die Räumung ablehnen; aber eine Garantie kann ich nicht übernehmen.« Daladier geht noch weiter und zeigt sich bereit, auf einen Prager Vertreter zu verzichten: »Es kommt darauf an, dass die Frage schnell gelöst wird.« Zu getrennten Mittagessen und zu internen Besprechungen der einzelnen Punkte wird die Sitzung für zwei Stunden unterbrochen.

Um 16.30 Uhr werden die Gespräche fortgesetzt. Nach der grundsätzlichen Einigung geht es im Kern nur noch um die Etappen des Einrückens der deutschen Truppen vom 1. bis zum 10. Oktober. Es werden Karten herumgereicht, es wird um den einen oder anderen Grenzpfahl, die eine oder andere Sprachinsel gestritten. Hitler zeigt sich so entgegenkommend, offene Fragen und mögliche Grenzberichtigungen einem internationalen Ausschuss zu überlassen, dass Daladier ihm für diese Geste dankt: »Das

Europas Großmächte entscheiden in München über den Frieden in Europa: Chamberlain, Daladier, Hitler, Mussolini, neben ihm Ciano (v. l. n. r.)

erleichtert mir die Stellung in Frankreich wesentlich.« Der Redaktionsausschuss entschärft mit Hilfe der beteiligten Botschafter und des Sprachtalents Mussolinis die von Chamberlain abgelehnte Garantie: Großbritannien, Frankreich und Italien sagen nun Deutschland zu, dass die Sudetengebiete bis zum 10. Oktober unversehrt geräumt werden, und machen die tschechoslowakische Regierung für die Durchführung verantwortlich. Die weitere Arbeit den Rechtsexperten überlassend, nehmen sich die Großen Vier um kurz nach 20 Uhr zwei Stunden Zeit für das Abendessen.

Inzwischen sind die beiden Abgesandten aus Prag in München mit dem Auftrag von Beneš eingetroffen, zu verhindern, dass etwas »ohne uns über uns« beschlossen wird. Unter Polizeischutz werden sie zum *Hotel Regina* gebracht, wo die britische Delegation ihr Quartier aufgeschlagen hat. Sie müssen fünf Stunden warten, bis Chamberlains Sekretär Wilson sich kurz Zeit für sie nimmt. Er informiert sie gegen 22 Uhr knapp über die zu erwartende Vereinbarung, überreicht ihnen vorab eine Karte mit den abzutretenden Gebieten und verabschiedet sich, alle Einwände und Änderungswünsche brüsk zurückweisend: »Ich habe meinen Mitteilungen nichts hinzuzufügen.« Wieder heißt es warten.

Hitler unterschreibt kurz nach Mitternacht als erster das Abkommen der vier europäischen Großmächte

Im *Führerhaus* wird indessen letzte Hand an das Urteil über die Tschechoslowakei in den Grenzen von 1918 gelegt. Mussolini hat auch noch eine Regelung für die polnische und ungarische Minderheit ins Spiel gebracht. Das Abkommen ist auf acht Punkte angewachsen; sie werden einzeln durchgegangen, übersetzt und noch einmal verfeinert; außerdem gibt es fünf Zusatzerklärungen, u. a. zur britisch-französischen Garantie für die »neuen Grenzen des tschechoslowakischen Staates«, zur Zusammensetzung des Internationalen Ausschusses sowie zur Regelung für die polnischen und ungarischen Minderheiten. Um Mitternacht ist es soweit: Die Texte werden auf deutsch, englisch und französisch verlesen. Um 0.28 Uhr greift Hitler zum Federhalter und unterschreibt, dann folgen Chamberlain, Mussolini und Daladier. Hitler bedankt sich für die »Bemühungen um die Erzielung des glücklichen Ergebnisses«; Chamberlain schließt sich an und unterstreicht die »Bedeutung des Abkommens für die Weiterentwicklung der Politik«. Voreilige Nachrichtenagenturen hatten bereits drei Stunden zuvor die »volle Einigung« gemeldet. Jetzt heißt es offiziell: »Es wurde Freitag früh ein Abkommen über die Bedingungen und Modalitäten der Abtretung des sudetendeutschen Gebietes unterzeichnet.«[32]

Es bleibt noch die Frage, wie den Tschechen das Urteil verkündet werden soll. Mussolini hat es eilig: Er fiebert dem Triumphzug entgegen für die

Friedenstat, das Römische Reich vor einem Krieg bewahrt zu haben, und wird von Hitler unter dem Jubel der erleichterten Münchener zum Hauptbahnhof begleitet und verabschiedet. Es bleibt den todmüden Chamberlain und Daladier überlassen, den entnervten Abgesandten aus Prag im *Hotel Regina* den Richterspruch der Großmächte zu verkünden: Wenn die Tschechoslowakei Krieg gegen Deutschland führt, kommen ihr Frankreich und Großbritannien nicht zu Hilfe.

Monatelang hatten London und Paris versucht, Prag zu veranlassen, den sudetendeutschen Forderungen entgegenzukommen; mehr als ein Plan nach dem anderen war dabei nicht herausgekommen. Monatelang hatten sie aber auch öffentlich versichert, im Falle eines deutschen Angriffes ihrer Beistandspflicht nachzukommen. Dieser Pflicht haben sie sich nun entledigt: Der Einmarsch deutscher Truppen gilt nicht mehr als Akt des Krieges, sondern des Friedens. Als die beiden Tschechen den Männern aus London und Paris die Peinlichkeit der Situation nicht ersparen und sich beklagen wollen, wird jede Rücksicht fallen gelassen: »Gegen dieses Urteil«, wird ihnen erklärt, »gibt es keine Berufung.« Sie erhalten eine Karte mit den vier Räumungszonen und werden aufgefordert, für den Internationalen Ausschuss einen Vertreter zu benennen, der sich am selben Tag, am 30. September um 17 Uhr in Berlin einfinden solle.

Am Freitagmorgen, den 30. September erreicht die Nachricht vom Vier-Mächte-Abkommen die Prager Burg. Präsident Beneš ruft »Verrat!« und trommelt Minister, Parteiführer und Generäle zu Sitzungen ab 9.30 Uhr zusammen. Vorher aber lässt er sich mit dem sowjetischen Gesandten Alexandrowski verbinden, der einen »Verzweiflungsschrei« zu hören bekommt: »Die Großmächte haben aus purem Eigeninteresse schamlos die Tschechoslowakei Hitler geopfert.« Wir haben jetzt die Wahl, fährt er fort: »Kampf oder Kapitulation.« Und er fragt eindringlich: »Wie steht die Sowjetunion dazu?« Er erwarte eine Antwort »so schnell wie möglich«.

Doch der Gesandte lässt sich Zeit. Bevor er die Anfrage nach Moskau weiterleitet, informiert er sich über den Verlauf der Besprechungen auf der Burg. Er zweifelt daran, dass die tschechischen Politiker sich lieber Stalin als Hitler ergeben. Tatsächlich zeigen sich die Generäle im Augenblick der höchsten Gefahr kleinmütig: »Wir sind zum Kampf gegen Deutschland bereit«, sagen sie. Aber sie weisen auf die vielen Feinde hin: Wenn Deutschland angreift, würden auch Polen und Ungarn einmarschieren, um ihre Minderheiten zu »befreien«. Und sie weisen auf den Verlust der Freunde hin: Mit Frankreich sind auch Jugoslawien und Rumänien verloren. Bleibt noch »Russland«, wie die Sowjetunion jetzt gern genannt wird: Die Generäle erwarten von dort keine Hilfe. Sie sagen den »heldenhaften Widerstand des Heeres« voraus, aber halten den Kampf »nahezu gleichbedeutend mit Selbstmord«.

Keine Ermutigung für die auf der Prager Burg versammelten Spitzenpolitiker. Sie ergehen sich in gegenseitigen Vorwürfen und in umständlichen Plänen für die Bildung einer neuen Regierung, bis Außenminister Krofta warnt: »Wir müssen uns sofort entscheiden: Es geht um annehmen oder ablehnen.« Bleibt noch die Sorge, dass die Kommunisten einen Aufstand anzetteln könnten. Sie hatten am Tag zuvor die »Entfesselung einer Massenbewegung« für eine *Volksfront*-Regierung nach spanischem Vorbild beschlossen. Beneš sagt zu, beruhigend auf sie einzuwirken, schlägt die Annahme der Bedingungen von München vor, die sogleich einstimmig erfolgt, und lässt dem wartenden Alexandrowski mitteilen, dass er auf einer Antwort aus Moskau nicht mehr bestehe. Krofta kann zur Mittagszeit den Gesandten der vier Großmächte mitteilen: »Wir akzeptieren die in München ohne uns gegen uns gefassten Beschlüsse.« In einer Presseerklärung wird überdies »vor der ganzen Welt Protest gegen diese Entscheidung« erhoben.

Zur gleichen Zeit sitzt Chamberlain in Hitlers Münchener Wohnung. Er hatte noch in der Nacht zuvor um diese Aussprache vor seiner Abreise gebeten und eine Erklärung vorbereiten lassen, für die er Hitlers Unterschrift erreichen will. Er sagt sich: »Das ist zwar der widerwärtigste und heuchlerischste Mann, mit dem ich das Schicksal habe, Geschäfte machen zu müssen; aber ich darf nicht das Handtuch werfen, wenn der Friede auf dem Spiel steht.« Fast im Plauderton und auf Umwegen steuert er sein Ziel an.

Chamberlain fragt: »Ich hoffe, Sie sind auch über das gestrige Ergebnis zufrieden.«

Hitler antwortet: »Ich bin besonders darüber glücklich, dass sich die Hoffnung von dreieinhalb Millionen Deutschen jetzt erfüllt hat.«

Chamberlain: »Ich habe noch eine Bitte: Wenn die Tschechen so verrückt sein sollten, die Bedingungen abzulehnen und Widerstand zu leisten, lassen Sie nichts zu, was die hohe Wertschätzung, die Sie in der ganzen Welt genießen, beeinträchtigen könnte. Vor allem verlasse ich mich darauf, dass Prag nicht bombardiert wird und dabei Frauen und Kinder getötet werden.«

Hitlers Antwort: »Wir werden uns immer bemühen, die Zivilbevölkerung so wenig wie möglich in Mitleidenschaft zu ziehen. Der Gedanke, dass bei Gasangriffen kleine Kinder ums Leben kämen, ist mir fürchterlich.«

Chamberlain bedankt sich für diese Zusicherung und wechselt zu anderen Themen: Möglichkeit eines Waffenstillstandes im Spanischen Bürgerkrieg, Verbot des Bombenkrieges, Erleichterungen im internationalen Handel; das Thema Kolonien spart er aus. »Ich will Sie nicht länger

Hitler empfängt Chamberlain noch in seiner Münchener Wohnung: In seiner Tasche hat der britische Premier eine gemeinsame Erklärung zur »Sicherung des Friedens in Europa«

aufhalten«, sagt er abschließend, »aber es wäre doch schade, wenn dies Treffen nicht mehr bringt als die Regelung der Tschechen-Frage.« Er fragt: »Wäre es nicht hilfreich für unsere beiden Länder und die ganze Welt, wenn wir etwas veröffentlichen, das zeigt, wie wir in dem Wunsch nach besseren Beziehungen zwischen Großbritannien und Deutschland übereinstimmen, um mehr Sicherheit in Europa zu erreichen?« Er habe sich erlaubt, eine kurze Erklärung zu entwerfen, die sie beide unterzeichnen könnten. Paul Schmidt betont bei der Übersetzung jedes Wort:

> »Wir, der deutsche Führer und Kanzler sowie der britische Premierminister, stimmen überein, dass die Frage der britisch-deutschen Beziehungen von größter Bedeutung für beide Länder und für Europa ist. Wir betrachten das in der letzten Nacht unterzeichnete Abkommen und das britisch-deutsche Flottenabkommen als symbolisch für den Wunsch unserer beiden Völker, niemals wieder Krieg gegeneinander zu führen. Wir sind entschlossen, auch in anderen Fragen, die unsere beiden Länder angehen, den Weg der Beratung zu gehen, und wir sind entschlossen, uns weiter zu bemühen, etwaige Ursachen von Differenzen zu beseitigen und so zur Sicherung des Friedens in Europa beizutragen.«

»Ja! Ja!« ruft Hitler nach jedem Satz: »Selbstverständlich bin ich bereit, die Erklärung zu unterschreiben. Wann sollen wir es tun?« – »Jetzt sofort«, antwortet Chamberlain. Beide stehen auf, gehen zu einem Schreibtisch und setzen ihre Unterschriften unter die beiden vorbereiteten Exemplare, eins für Hitler, das andere für Chamberlain. Ein formloses Stück Papier mit 15 Zeilen, einem Datum und zwei Unterschriften; aber für Chamberlain von großem Wert:

> »Wenn Hitler den Handel hält – gut und schön«, sagt er sich, »wenn er ihn bricht, würde er vor aller Welt beweisen, dass er ein unzuverlässiger Zyniker ist – das würde von Nutzen sein, die öffentliche Meinung gegen ihn anzustacheln, vor allem in Amerika.«

Vor dem Abflug übergibt er Kopien an britische Pressevertreter, damit sie den Text verbreiten. Er kann zufrieden sein: Auf der Fahrt zum Flugplatz drängen immer wieder Münchener zu seinem Wagen vor und versuchen, ihm dankbar die Hand zu drücken.

Die Befreiung vom Albtraum des Krieges bricht sich in Freudenkundgebungen Bahn. Mussolini wird in Florenz vom italienischen König mit den Worten empfangen: »Die Nation ist stolz auf Sie.« In Rom erwartet ihn eine Riesenmenge, der er zuruft: »In München haben wir für Frieden und Gerechtigkeit gesorgt.« In Paris verstopfen eine halbe Million Menschen die Straßen zwischen Flugplatz und Zentrum. Sie rufen »Es lebe der Frieden!« und überschütten Daladier mit einer Woge von Hurras und Blumensträußen, die später unter dem Triumphbogen ihren Platz finden. Präsident Lebrun würdigt den Ministerpräsidenten als »Interpreten der nationalen Empfindungen«. Allen voran zeigen die französischen Bauern, die im Weltkrieg die größten Opfer gebracht hatten, ihre Freude: Sie läuten in ihren Dörfern die Kirchenglocken und verlangen: »Jetzt heißt es für den Frieden arbeiten.« Man zieht eine diplomatische Niederlage einer militärischen vor.

In London spielen sich ähnliche Szenen ab. Chamberlains erster Gang führt zum Buckingham Palast, wo ihm König George seine »herzlichsten Glückwünsche für den Erfolg in München« ausspricht. Berittene Polizei muss ihm dann den Weg zum Regierungssitz in der Downing Street bahnen: Jubel, Blumen, Zuwinken. Jemand ruft: »Neville, stell dich oben ans Fenster und rede!« Überwältigt vom Empfang rafft er sich auf und sagt einen Satz, den er sofort bereut, weil er weiß, dass er ihn nicht einhalten kann: »Meine lieben Freunde: Ich glaube, es ist Frieden für unsere Zeit.« – »Wir danken dir – Gott segne dich«, schallt es zurück. Der Premierminister

Chamberlain zitiert nach seiner Rückkehr aus München vor den Mikrofonen auf dem Flugplatz in London aus der gemeinsamen Erklärung den »Wunsch unserer Völker, niemals wieder Krieg gegeneinander zu führen«.

will endlich Ruhe haben: »Jetzt empfehle ich euch: Geht nach Hause und schlaft euch aus.« Einer stimmt an, andere fallen ein: erst *For he's a jolly good fellow*, dann die Nationalhymne. Es gibt Gerüchte, dass Chamberlain zum Ritter geschlagen und für den Friedensnobelpreis nominiert werde; er selber gibt sich skeptisch: »In drei Monaten ist alles vergessen.«

Berlin schmückt sich für den Empfang Hitlers am folgenden Tag. Auf den Straßen zeigt sich große Erleichterung. Der Korrespondent der *Times* wird Unter den Linden mit Handschlag und dem Ruf »Heil Chamberlain« begrüßt. In den deutschen Zeitungen dagegen wird Zurückhaltung geübt. Goebbels hat Anweisung gegeben, nicht so zu tun, »als ob uns ein Stein vom Herzen fällt«. Er weiß, dass Hitler seinen »großen Plan«, gleich bis Prag zu marschieren, nicht realisieren konnte. Er lässt das Abkommen als »Friedenswerk des Führers« feiern und sorgt dafür, dass Daladier und Chamberlain nicht zuviel gelobt werden, »damit es nicht heißt, sie hätten sich einwickeln lassen«. Der *Völkische Beobachter* hebt immerhin die Einmaligkeit hervor, »mitten in Europa ein Gebiet mit über drei Millionen Einwohnern ohne einen Schwertstreich zu gewinnen«; er weist auch darauf hin, dass die Regierungschefs jener Großmächte, die 1919 den Versailler Vertrag diktiert hatten, sich zum ersten Mal an Hitlers Politik zur Zertrümmerung dieses Vertrages beteiligt haben. Enttäuscht seien nur Hitlers Gegner, wird dem Exilvorstand der SPD aus Deutschland berichtet: »Bei vielen unserer Leute verbindet sich mit dem Gedanken an einen Krieg zugleich die Hoffnung, dass Hitler dann durch eine Revolution gestürzt werden würde.«

In Prag tritt Ministerpräsident Syrový um 17 Uhr vor das Mikrofon. Über den Rundfunk begründet er die Entscheidung der Regierung: »Wenn wir zu wählen haben zwischen der Verkleinerung des Territoriums und dem Tod des Volkes, ist es heilige Pflicht, das Leben unseres Volkes zu bewahren.« Nach den Unterschriften in München haben auch Warschau und Budapest ultimativ ihre Forderungen in Prag erhoben. »Unsere Festung ist von Mächten umzingelt«, erklärt Syrový, »die stärker sind als wir.« Er ruft zu Ruhe und Einigkeit auf: »Helft uns, unsere Zukunft in den neuen Grenzen zu sichern!« Er spendet Trost: »Wir werden in engeren Grenzen leben, aber allein unter uns.« Und er spricht Mut zu: »Mit eurer Hilfe werden wir Erfolg haben!« Unmittelbar im Anschluss wendet sich Generalstabschef Krejčí an die Soldaten:

> »Westeuropa hat kategorisch dies Opfer von uns verlangt, damit ein Weltkrieg vermieden wird. Unsere Armee ist nicht geschlagen. Die Republik wird uns brauchen. Unsere Regierung wird uns immer zu jedem Opfer bereit finden.«

Radio Prag sendet keine Musik mehr, nur noch Nachrichten. Kommunisten versuchen in der trügerischen Hoffnung auf Hilfe aus der Sowjetunion, Demonstranten in Marsch zu setzen: »Die entscheidenden Schlachten stehen uns noch bevor – lasst uns kämpfen!«[33]

Europa wird vom Krieg verschont

Noch bevor tschechoslowakische Truppen den ersten Abschnitt zu räumen beginnen, stellt die Deutsche sozialdemokratische Arbeiterpartei ihre Tätigkeit in den abzutretenden Gebieten ein, zieht sich nach Prag zurück, verbreitet Greuelberichte über Massenselbstmorde und Massenerschießungen ihrer Anhänger und prangert Chamberlain wie Daladier an: »Sie opferten die Tschechoslowakei, um den Frieden zu retten.« – Im Sudetenland bereitet man sich auf den Empfang der deutschen Truppen vor,

Abzug tschechoslowakischer Soldaten aus den sudetendeutschen Grenzstädten, in denen bereits Hakenkreuzfahnen aufgezogen sind

die den Befehl erhalten, als »Werkzeug des Obersten Befehlshabers den deutschen Stammesbrüdern den starken Schutz der deutschen Waffen« zu bieten. Sudetendeutsche Flüchtlinge hoffen auf baldige Rückkehr in ihre Heimat. Konrad Henlein telegrafiert an Hitler: »In tiefer Dankbarkeit wird das gesamte Sudetendeutschtum jederzeit in treuester Gefolgschaft hinter seinem Befreier stehen.«

Währenddessen hat Polen drei Infanteriedivisionen sowie 100 Kampfflugzeuge und Bomber an der oberschlesischen Grenze zum Einmarsch in das Gebiet von Teschen mit seinen knapp 100 000 Polen aufgestellt. Die ČSR hatte es im Sommer 1920, als die Rote Armee unter General Tuchatschewski bis an die Weichsel vorgerückt war und Polen am Ende schien, für sich beansprucht und erhalten. In der offiziösen *Gazeta Polska* heißt es nun: »Auch Polens Geduld ist begrenzt. Die einzige Sprache, die die tschechische Regierung versteht, ist die Sprache von Kanzler Hitler.« Radio Warschau kündigt an: »Die Stunde naht, wo Polens Truppen mit aufge-

Empfang am 3. Oktober 1938 im Egerland: in Asch (oben) und in Eger (links)

pflanztem Bajonett die Polen in der Tschechoslowakei befreien werden.« Der oppositionelle *Kurjer Warszawski* stellt allerdings mit Sorge fest, dass auch Polens Existenz auf dem Versailler Vertrag beruht: »Das Münchener Abkommen ist eine Verschiebung des Krieges – kein Frieden.«[34]

Hunderttausende von Berlinern empfangen Hitler am Vormittag des 1. Oktober und zeigen ihm in einer Freudenkundgebung ihre Dankbarkeit: »Die Völker wollen keinen neuen Weltkrieg«, notiert Goebbels, »darüber muss man sich auch bei uns klar sein.« Hitler lässt verkünden: »Mit der Besetzung der sudetendeutschen Gebiete durch deutsche Truppen übernimmt das Deutsche Reich die Verwaltung dieser Gebiete.«

Ab 14 Uhr wird mit der Vollstreckung des Urteils begonnen. Von Passau aus erfolgt der Einmarsch in die südböhmische Zone 1: An der Grenze steht ein tschechischer Soldat mit einer weißen Fahne und meldet den Abzug von Militär, Polizei und Zoll. Das weitere Eindringen erfolgt ohne Zwischenfälle. In den Dörfern werden die deutschen Soldaten mit Rosen, Dahlien und Chrysanthemen überschüttet. Ähnliche Szenen eines »Blumenkrieges« spielen sich am 2. Oktober im Industriegebiet der nordböhmischen Zone 2 ab; im Gefolge der deutschen Soldaten kehren viele Flüchtlinge zurück. Am selben Tag besetzt die polnische Armee handstreichartig das Gebiet von Teschen, nachdem Prag sich auch dem Ultimatum aus Warschau gebeugt hatte.

Am 3. Oktober ist die 3. Zone an der Reihe, Westböhmen mit dem Egerland. Diesmal folgt Hitler im offenen Mercedes-Wagen den Truppen. Wie ein Lauffeuer verbreitet sich die Nachricht an der Bäderstrecke von Asch bis Karlsbad. Zur Begrüßung werden Häuser geschmückt, legen Frauen ihre Trachten an, werden Banner über die Straßen gespannt: »Wir danken unserem Befreier!«, erklingt der Egerländer Marsch: »Und wenn die Welt voll Teufel wär', wir folgen Dir zu Ruhm und Ehr'!« Vor dem Einzug in die frühere Reichsstadt Eger, die ein bayerischer Herzog 1316 dem böhmischen König verpfändet hatte, legt Hitler eine kurze Rast für ein Feldküchenessen ein. Während die Soldaten eine dicke Suppe mit Rindfleisch löffeln, begnügt er sich mit Äpfeln.

Zehntausende füllen den Marktplatz von Eger. Es ist eine Tribüne aufgebaut, umringt von Mädchen mit Blumensträußen und einer SS-Standarte als Ehrenwache. Der zum Reichskommissar für die sudetendeutschen Gebiete ernannte Konrad Henlein begrüßt Hitler: »Unser Führer ist zu uns gekommen und hat uns heimgeholt ins Reich.« Ein »Orkan jubelnder Begeisterung« verzögert minutenlang Hitlers Antwort. Jeder seiner Sätze wird von Heil-Rufen unterbrochen: »Ich darf euch heute zum ersten Male als meine Egerländer begrüßen!« Er nimmt sie sofort in die Pflicht und verlangt Opferbereitschaft, denn »für euch war die Nation bereit, das Schwert zu ziehen.« Bei Versprechungen bleibt er allgemein: »Ihr tretet nun in die große deutsche Zukunft ein!« Nach einem kurzen Blick auf das *Hotel Victoria*, dem noch die Spuren des Kampfes vom 14. September anzusehen sind, wird die Fahrt nach Karlsbad vorbereitet, wo Henlein fünf Monate zuvor seine acht Forderungen erhoben hatte.

Dort verkünden am frühen Morgen des 4. Oktober Sirenen und Glockengeläut, dass die letzten, im Militärbadehaus untergebrachten tschechischen Soldaten mit dem gesamten Inventar einschließlich eines Kolossalgemäldes zur Entdeckung der Heilquelle durch Kaiser Karl IV. das Stadtgebiet verlassen haben. Wenig später rücken Quartiermacher der Wehrmacht ein, um in Hotels und Kurhäusern Platz zu schaffen. Während auf dem Stadthaus die Hakenkreuzfahne gehisst wird, sind andere damit beschäftigt, tschechische Aufschriften zu entfernen und Umbenennungen vorzunehmen: Aus der Masarykstraße wird die Adolf-Hitler-Straße, aus der Masarykbrücke die Konrad-Henlein-Brücke.

Auf dem Theaterplatz scheint bei regnerischem Wetter ganz Karlsbad versammelt. Auf einem Blumenteppich fährt Hitler in die Stadt. Nach Abschreiten der angetretenen Ehrenformation spricht Hitler vom Balkon des Theaters und kündigt an: »Wir sind entschlossen, sofort daran zu gehen, zu bessern, was gebessert werden muss, aufzubauen, was aufgebaut werden kann, um alle Wunden der Vergangenheit zu heilen.« – Nach Abschluss seiner Fahrt durch die »befreiten deutschen Gebiete« verkündet Hitler bei der Eröffnung des *Winterhilfswerks* am 6. Oktober in Berlin: »Die erste Sorge gilt nun dem Sudetenland.«

Während Hitler sich als Sieger und Mehrer des Reiches bejubeln lässt, hoffen Daladier und Chamberlain in ihren Parlamenten auf breite Zustimmung zu ihrer Friedenspolitik. Ein Beifallssturm und der Ruf: »Es lebe Daladier!« bereiten der Regierungserklärung einen günstigen Boden in der französischen Abgeordnetenkammer. »Wir haben in dieser Krise den Frieden gerettet«, beginnt Daladier seine Rede: »Wir haben in vier Ländern eine Entscheidung für den Frieden hervorgerufen.« Er räumt ein, dass sich das Gebiet der ČSR verkleinere, aber: »Die tschechoslowakische Republik kann weiter frei leben und wir werden ihr dabei helfen.« Den französisch-britischen Druck auf Prag deutet er zaghaft an: »Nur wenige Staaten haben im Laufe der Geschichte so schmerzhafte Opfer im Interesse des Friedens gebracht.« Er ruft die Franzosen auf, die Achtung, die er in Deutschland für Frankreich erlebt habe, dem Nachbarn zu erwidern, der »unser Gegner war und mit dem wir hoffen, einen festen Frieden bauen zu können«. Und er ruft die Franzosen dazu auf, sich dauerhaft zum Dienst für den Frieden und für das Vaterland bereit zu halten: Er beantragt wirtschaftliche und finanzielle Sondervollmachten, um sich auf »sämtliche Kräfte der Nation verlassen zu können«; die 40-Stunden-Arbeitswoche will er allerdings nicht antasten. Nach ausführlicher Debatte verweigern ihm spät in der Nacht nur die Kommunisten geschlossen das Vertrauen.

Dem britischen Premier weht wesentlich mehr Widerstand entgegen, sogar aus den eigenen Reihen. Noch bevor er im Unterhaus zu Wort kommt, rechtfertigt Marineminister Alfred Duff Cooper seinen Rücktritt aus Chamberlains Kabinett, dem er vorwirft, gegenüber Hitler nicht energisch genug britische Interessen vertreten zu haben:

> »Es ist nicht um die Tschechoslowakei gegangen. 1914 haben wir auch nicht für Serbien gekämpft, nicht einmal für Belgien. Wir kämpften damals und hätten letzte Woche kämpfen sollen, um eine Großmacht daran zu hindern, mit brutaler Gewalt den europäischen Kontinent zu beherrschen. Deswegen haben wir gegen Napoléon, Ludwig XIV. und Philip II. gekämpft.«

Chamberlain geht über diesen Anwurf großzügig hinweg und bezeichnet das Abkommen von München als Erfolg:

> »Der wahre Sieg liegt darin, dass Repräsentanten der vier Großmächte einen Ausweg aus einer schwierigen und heiklen Angelegenheit durch Gespräche statt mit Waffengewalt finden können und dass sie dabei eine Katastrophe abwenden, die das Ende unserer Zivilisation bedeutet hätte.«

Er bedankt sich bei Hitler, Mussolini und Daladier für ihre Mitwirkung. Er hebt vor allem die Entwicklung persönlicher Beziehungen zu Hitler hervor, die für die »moderne Diplomatie« lebenswichtig seien. Aber er bleibe Realist: »Wir haben nur die Grundlagen für den Frieden gelegt.« Er warnt die Briten davor, bei der Aufrüstung nachzulassen: »Wir müssen wachsam bleiben.« Die Schwächen in der Rüstung müssten beseitigt werden, damit »wir in der Lage sind, uns zu verteidigen und unsere Außenpolitik wirksam durchzusetzen«.

In der viertägigen Debatte üben Politiker von den Oppositionsbänken heftigste Kritik: »Der Premierminister hat sich von den Diktatoren betrügen lassen.« Überraschend deutlich schließt sich sein Parteifreund Winston Churchill dieser Kritik an:

»Wir haben eine vollständige Niederlage erlitten. Alle Länder Mittel- und Osteuropas werden sich auf guten Fuß mit der triumphierenden Nazi-Macht stellen. Ich finde es unerträglich, dass unser Land in den Machtbereich und unter den Einfluss Nazi-Deutschlands gerät.«

In seinem Schlusswort am 6. Oktober besteht Chamberlain auf seiner Politik der Entspannung: »Unser Ziel ist es, die Zusammenarbeit aller Staaten, auch der totalitären, zu erreichen, um für Europa einen dauerhaften Frieden zu errichten.« Beifall auf beiden Seiten des Hauses. Die anschließende Vertrauensabstimmung gewinnt die Regierung mit einer Zweidrittelmehrheit. Aus dem Land erreichen den Premier Tausende von zustimmenden Briefen und viele Geschenke, darunter fünf Fischangeln und ein Regenschirm; die Niederländer schicken ihm dankbar Tausende von Blumen, Tulpen, Hyazinthen, Narzissen und Krokusse. In Londoner Zeitungen und Zeitschriften macht man sich allerdings Sorgen, dass nun Deutschland, nicht Großbritannien die stärkste Macht Europas sei und dass nun Deutschland, nicht Großbritannien den Handel mit den Ländern im Donauraume ausweiten könne.[35]

Wie beurteilen die Zuschauer auf den oberen Rängen in Washington, Moskau und Tokio das Geschehen auf dem europäischen Schauplatz?

In den großen amerikanischen Zeitungen zeigt sich Erleichterung: Auch wenn die Tschechoslowakei eine bittere Pille schlucken müsse und Hitler einen Triumph errungen habe, sei es doch »ein geringer Preis für den Frieden«. Ein Fachmann für Außenpolitik mag allerdings nur von einem »Waffenstillstand« in Europa sprechen. Im Weißen Haus ist man ebenfalls zurückhaltend. Präsident Roosevelt lässt Chamberlain eine ebenso anerkennende wie unverbindliche Botschaft übermitteln. Im inneren Kreis herrscht sogar Skepsis vor: Innenminister Ickes vermutet, dass der Friede nicht halten werde und Hitler als nächstes von Großbritannien und Frankreich die Rückgabe der ehemaligen deutschen Kolonien verlangen werde. Finanzminister Morgenthau schlägt Roosevelt neue Ausgaben für die Rüstung vor: »Jetzt müssen wir damit rechnen, dass Deutschland, Italien und Japan kühner und erfolgreicher bei ihren Versuchen sein werden, in Lateinamerika wirtschaftlichen und politischen Einfluss zu gewinnen.«

US-Botschafter Bullitt eilt aus Paris nach Washington und wirbt bei Roosevelt um Hilfe für die britische und die französische Luftwaffe. Die öffentliche Meinung in den USA ist gespalten: Während eine große Mehrheit im Falle eines Krieges Großbritannien und Frankreich unterstützen würde, erwarten doch fast ebenso viele, dass sich die USA heraushalten würden. Lautstark warnt Roosevelts Vorgänger Herbert Hoover: »Wenn wir in einen europäischen Krieg verwickelt werden, müssten wir an der Seite des kommunistischen Russlands kämpfen, bestimmt kein demokratischer Staat.«[36]

Die gehässigen Kommentare aus der Sowjetunion zeigen, wie isoliert man sich dort fühlt. Die regierungsamtliche Nachrichtenagentur *Tass* lehnt jede Verantwortung für die in München getroffenen Entscheidungen ab, wo die »faschistischen und sogenannten demokratischen Mächte Europas gemeinsam die kleine Tschechoslowakei besiegt« hätten. Auf die Frage, warum ihr die Rote Armee nicht zu Hilfe gekommen sei, gibt es keine Antwort. In der US-Botschaft in Moskau ist man überzeugt: »Stalin hatte nicht die Absicht, allein gegen Hitler zu kämpfen.« In der deutschen Botschaft rätselt man darüber, was Stalin unternehmen werde: Sind die Tage von Außenminister Litwinow gezählt? Wird man sich außenpolitisch von dem »entwerteten Frankreich« abwenden und positiv zu Deutschland stellen? Wird die Aufrüstung verstärkt? Wird die »revolutionäre Komintern-Linie« gegen die reaktionären Regierungen wieder aktiviert, vor allem in Frankreich?

Komintern-Chef Dimitroff will mit Hilfe amerikanischer Kommunisten sogar auf Roosevelt einwirken, um eine »aktive Außenpolitik der USA gegen die Aggressoren und Kriegsbrandstifter, gegen den faschistischen Block Deutschland, Italien, Japan, gegen das räuberische Abkommen von Hitler, Mussolini und Chamberlain zu erreichen«. Es fällt auf, dass Moskaus propagandistische Angriffe auf Deutschland abflauen. Stalin beginnt, ein Bündnis mit Berlin ins Auge zu fassen, um bei einem Weltkrieg zwischen Deutschland, Großbritannien und den USA neutral bleiben zu können; er rechnet damit, erst 1950 in diesem Kampf »das letzte Wort« zu sprechen, und träumt für die 35-Jahrfeier der Oktoberrevolution 1952 von der Errichtung des »sowjetischen Weltstaatenbundes«.[37]

Die in München offenbarte Schwäche Großbritanniens und Frankreichs ermutigt Japan: Am 12. Oktober 1938 landen überraschend nordöstlich von Hongkong etwa 30 000 gut ausgerüstete japanische Marinesoldaten. Sie sollen die Millionenstadt Kanton erobern, ein Zentrum der südchinesischen Industrie mit großem Umschlagplatz. Tokios Ziel: Unterbrechung des Nachschubs für die Truppen Tschiang Kaischeks, der sich auch zehn Monate nach der Niederlage von Nanking nicht geschlagen gibt. Mit diesem Vorstoß rückt der japanische Machtbereich immer näher an das britische Burma und das französische Indochina heran, ganz abgesehen von Hongkong, dem britischen Einfallstor in das chinesische Reich. Die japanische Regierung sichert den Großmächten zu, dass ihre Rechte und Interessen respektiert würden. Die britische Regierung begnügt sich mit einer Warnung an die Adresse Tokios und lässt einige Kompanien Hongkongs Grenze zum chinesischen Festland absperren, nicht aus Sorge vor japanischen Soldaten, sondern aus Sorge vor chinesischen Flüchtlingsströmen in die bereits überfüllte Stadt.

Ist London zu Kompromissen mit Japan bereit, um ein Übergreifen des chinesischen Befreiungskampfes auf Indien zu verhindern? Nach zehn Tagen wird Kanton kampflos besetzt. Tschiang lehnt Friedensgespräche ab, zieht sich tiefer ins Landesinnere zurück und setzt den Kleinkrieg mit Millionen schnell ausgebildeter Partisanen gegen den Eroberer fort. In Tokio plant man eine »neue Ordnung zur Sicherung der dauernden Stabilität Ostasiens« für eine »Zusammenarbeit gegen den Kommunismus« und frohlockt über das Ende der britischen Vorherrschaft in Ostasien.[38]

Europa scheint vom Krieg verschont. Den Preis dafür muss die noch nicht ganz 20 Jahre alte Tschechoslowakei zahlen. Eine Prager Zeitung spiegelt die Stimmung wider: »Wir weichen der Übermacht der Feinde, die wir bis jetzt als ›Freunde‹ bezeichneten.« Präsident Beneš lässt in einer Rundfunkansprache am Abend des 5. Oktober seiner Verbitterung über Briten und Franzosen freien Lauf: »Die von uns geforderten Opfer sind unangemessen und sie sind ungerecht.« Beneš belässt General Syrový im Amt des Ministerpräsidenten, ernennt neue Minister und erklärt seinen Rücktritt, weil er als Repräsentant der vergangenen Politik »ein Hindernis für die Entwicklung« sein könne: »Unser Staat und unser Volk müssen sich an die neuen Verhältnisse anpassen.« Er will seine Zuhörer trotzdem hoffnungsvoll in die Zukunft blicken lassen: »Wir werden einen nationalen Staat haben, einen Staat der Tschechen und der Slowaken.« Dazu passt es, dass Schutz suchende deutsche Sozialdemokraten aus Prag zurück ins Sudetengebiet verfrachtet werden.

Benešs Prophezeiung erfüllt sich nicht: Bereits am folgenden Tag verlangen die slowakischen Parteien unter Berufung auf das Münchener Abkommen mehr Autonomie und eine eigene Landesregierung unter Jozef Tiso als Ministerpräsidenten: »Es lebe das freie slowakische Volk!« wird in der Hauptstadt Pressburg gerufen. Auch im östlichen Zipfel der Tschechoslowakei, ihrem »Korridor zur Sowjetunion« und dem Rückzugsgebiet ihrer Rüstungsindustrie, der Karpathenukraine mit etwa 700 000 Einwohnern, rumort es. Dort bildet sich eine eigene Landesregierung und eine Bewegung der Ukrainischen Nationalen Einheit, die den 40 Millionen auf Polen, Rumänien und die Sowjetunion verteilten Ukrainern zur Wiedergeburt einer Großukraine verhelfen will.[39]

In Berlin hat inzwischen der Internationale Ausschuss die neue Grenze zwischen Deutschland und der Tschechoslowakei auf einer Karte mit roten und blauen Strichen fixiert. Sie entsprechen etwa der Linie, die Hitler in Godesberg Chamberlain präsentiert und die Prag akzeptiert hatte. Die deutschen Truppen ziehen in die letzte Zone ein, und am 11. Oktober meldet der *Völkische Beobachter*: »Besetzung Sudetendeutschlands abgeschlossen.« Es entsteht ein eigener Reichsgau mit Reichenberg als Hauptstadt und Konrad Henlein als Gauführer: »Von den Bergen des Sudetenlandes brennen die Freudenfeuer«, meldet er Hitler. Die NSDAP übernimmt die meisten Mitglieder der Sudetendeutschen Partei. Auf allen Ämtern wird die Hakenkreuzfahne gehisst. Die Reichsmark wird neben der Krone als gesetzliches Zahlungsmittel eingeführt; wie schon beim Anschluss Österreichs gibt es einen günstigen Umtauschkurs: Für 100 Kč erhält man 12 statt regulär 8,60 RM. Auf Volksabstimmungen in gemischten Gebieten verzichtet der Internationale Ausschuss. Einige hunderttausend verstreut lebende Tschechen sind nun eine Minorität im Reich, einige hunderttausend Deutsche bleiben in ihren von der neuen Grenze weit entfernten Sprachinseln eine Minderheit in der Tschechoslowakei.

Zur Neuregelung der Beziehungen reist Kroftas Nachfolger František Chvalkovský, zuvor Prags Gesandter in Rom, am 13. Oktober als erstes nach Berlin, wo er mit Außenminister Ribbentrop zusammentrifft. Es ist überhaupt die erste Begegnung zwischen einem deutschen und einem tschechoslowakischen Politiker. (Auch Gustav Stresemann hatte 1925 in Locarno kein offizielles Wort mit dem damaligen Außenminister Beneš gewechselt.) »Wir werden uns aufrichtig bemühen«, versichert Chvalkovský, »den deutschen Wünschen in jeder Hinsicht nachzukommen.« Man werde in der Prager Außenpolitik eine Wende um 180 Grad machen, keine neuen Befestigungen errichten und sich mit einer »ganz kleinen Armee« begnügen; auf wirtschaftlichem Gebiet wolle man sich völlig in das deutsche System eingliedern.

In München empfängt ihn Hitler im *Führerhaus*, wo die Großen Vier zwei Wochen zuvor das Abkommen unterzeichnet hatten. Chvalkovský gibt sich noch zahmer und bittet um eine »Bewährungsfrist« für sein Land: »Nach den mit Prag gemachten Erfahrungen erwarten wir von Deutschland natürlich nicht, dass es bloßen Zusicherungen und Versprechungen von tschechoslowakischer Seite großen Wert beilegt.« Hitler antwortet mit einer Standpauke: »Ich kann nicht begreifen, wie Prag auf den unglücklichen und unmöglichen Gedanken fremder Hilfe kommen konnte.« Prag müsste klar sein, dass britische und französische Garantien ebenso wertlos seien wie die Verträge mit Paris und Moskau: »Die größte Sicherheit für die Tschechoslowakei beruht in freundschaftlichen Beziehungen mit ihren Nachbarn, vor allem mit dem größten, dem Deutschen Reich.« Dazu müsse jeder Versuch unterbleiben, auf die »früheren Abwege« zu geraten: Wenn Prag wieder versuche, eine »Rolle als Feind Deutschlands zu spielen, würde Deutschland sofort energisch eingreifen«. Hitler beklagt abschließend, dass es noch zu keiner Verständigung mit Ungarn über die Abtretung slowakischer Gebiete gekommen sei, und mahnt eine baldige Lösung an.

Chvalkovský liefert nach seiner Rückkehr den führenden Politikern in Prag ein ungeschminktes Bild seiner Erkundungsreise: »Wir haben unstreitig einen beträchtlichen Teil unserer Unabhängigkeit und Bewegungsfreiheit verloren.« Er warnt davor, den Deutschen etwas vormachen zu wollen: »Sie misstrauen uns, als ob wir nur auf den Augenblick lauern, um von Neuem umsatteln zu können.« Er betont: »Sie erwarten von uns hauptsächlich Taten als Beweise der neuen Orientierung.« Er mahnt: »Die einzige Rettung für uns ist es, künftig die Dinge so zu sehen, wie sie wirklich sind.« Dazu gehöre es, in der Außenpolitik sich mit der Stellung eines kleinen, neutralen Staates wie etwa Dänemarks zu begnügen.

Tatsächlich sagt die Regierung die Feierlichkeiten zum 28. Oktober, dem Tag der Staatsgründung 20 Jahre zuvor, ab und verfügt, ihn als normalen Arbeitstag in »stiller Einkehr« zu begehen. Im Lande breitet sich Verzweiflung aus: Man ertränkt sie im Schnaps und schimpft auf den »Sauhund« Beneš, der ihnen alles eingebrockt habe. Bevor ein Volksgericht ihn wegen des Versagens seiner Politik zur Verantwortung ziehen kann, verlässt Beneš Ende Oktober das Land Richtung London, wo weitere politische Flüchtlinge, darunter einige hundert sozialdemokratische Funktionäre wie Wenzel Jaksch, Zuflucht finden. Nach dem Verbot der kommunistischen Partei macht sich ihr Anführer Gottwald auf den Weg nach Moskau, wo man überzeugt ist, dass die »Niederlage des tschechoslowakischen Volkes in der ganzen Welt eine antifaschistische Welle auslösen« werde.[40]

Die deutschen Zeitungen sind angewiesen, sich im Ton gegenüber der Tschecho-Slowakei zurückzuhalten. Gewiss: Sie könne im europäischen Wirtschaftsraum mit Deutschland zusammenleben, aber sie müsse »jede gegen Deutschland feindliche Tendenz in ihrer Politik« vermeiden; das würde sonst auf sie selbst zurückfallen. Goebbels kennt Hitlers Plan: »Der Weg zum Balkan muss freigemacht werden.« Hitlers Misstrauen gegenüber Prag wird durch einen Gesandtschaftsbericht bestärkt, der kein Abflauen der antideutschen Stimmung im tschechischen Volk feststellen kann: Unter dem Motto »Klein, aber unser« seien Rufe laut geworden, die deutschen

Hochschulen in Prag und Brünn sowie die deutschen Theater und andere Kultureinrichtungen zu schließen. Ein sarkastischer Witz über die um ein Viertel verkleinerte »Rumpfrepublik« macht in Prag die Runde: »Na, mein Kleiner, wo willst du mit deinem Roller hin? – Einmal um die Republik. – Ja, und was hast du am Nachmittag vor?«[41]

Und was hat Hitler vor? Er weist die Wehrmacht am 21. Oktober 1938 an, auf die »Erledigung der Rest-Tschechei« für den Fall vorbereitet zu sein, dass sie eine »deutsch-feindliche Politik betreiben« sollte. Und er lässt Außenminister Ribbentrop am 24. Oktober dem polnischen Außenminister Beck einen Vorschlag über eine »Generalbereinigung« zwischen beiden Ländern machen: die Rückkehr Danzigs zum Reich und eine exterritoriale Landverbindung durch den Korridor mit Ostpreußen gegen eine Anerkennung der gemeinsamen Grenzen. Am 10. November macht Hitler vor 400 Zeitungsverlegern und Chefredakteuren es der deutschen Presse zur Aufgabe, »mit allen Mitteln Schritt für Schritt das Selbstbewusstsein des deutschen Volkes zu stärken«: Es müsse »fanatisch an den Endsieg glauben«, und die Presse müsse sich »blind zu dem Grundsatz bekennen: Die Führung handelt richtig«. »Das deutsche Volk wird auch mich überstehen!« schließt er seine Rede: »Wir stehen jetzt am Beginn der deutschen Zukunft.«

Goebbels setzt Hitlers Propaganda-Wunsch sofort um: Er beschwört am 19. November in Reichenberg, der Hauptstadt des *Sudetengaus*, das »einige Volk in Waffen«: »Deutschland ist aus der internationalen Spannung der vergangenen Wochen und Monate als eine neue Weltmacht hervorgegangen«, verkündet er: »Wir sind die stärkste Militärmacht der Welt.«[42]

12. KAPITEL
Frankreich zwischen Deutschland und den USA (November 1938–Februar 1939)

»Es lebe der Generalstreik!« tönt es Ende November 1938 durch Frankreich. Bereits seit Mitte des Monats steigt die Streikwelle im Bergbau, in der Textil-, Metall- und Autoindustrie. Es geht nicht um Lohnforderungen, es geht um einen Massenprotest gegen die Wirtschafts- und die Außenpolitik der Regierung von Édouard Daladier. Er hatte das Finanzministerium mit einem ausgesprochenen Gegner der früheren *Volksfront*-Politik neu besetzt: Paul Reynaud verfügte am 12. November höhere Steuern und die Wiedereinführung der Sechs-Tage-Arbeitswoche. In einer abendlichen Radioansprache hatte er »allen Franzosen und allen Französinnen« zugerufen:

> »Glauben Sie denn, dass Frankreich im heutigen Europa gleichzeitig seine Lebensweise beibehalten, 25 Milliarden Franken für die Rüstung ausgeben und sich zwei Sonntage in der Woche leisten kann? Ich höre Sie sagen: Nein. – Kann Frankreich es schaffen? Mehr noch: Will Frankreich das? Ihr seid es, Männer und Frauen von Frankreich, die diese Frage beantworten müsst.«

Gegen diesen Angriff auf die Errungenschaften der *Volksfront* und gegen die »Folgen von München« ruft der kommunistisch geführte Gewerkschaftsbund CGT zu Arbeitsniederlegungen in Fabriken, Behörden und Schulen auf. Diese Drohung kommt Ministerpräsident Daladier ebenso ungelegen wie gelegen. Er erwartet wichtige Gäste aus dem Ausland: Zunächst reisen der britische Premier Neville Chamberlain und sein Außenminister Lord Halifax mit ihren Ehefrauen zu einem höflichen Gegenbesuch an die Seine, um »mehr oder weniger schmerzhafte Anpassungen an die neuen Realitäten in Europa« zu besprechen. Gleich danach wird der deutsche Außenminister Joachim von Ribbentrop der Einladung seines französischen Kollegen Georges Bonnet folgen.

Welchen Eindruck der Schmach und Schwäche muss es machen, wenn es in Paris zu Demonstrationen gegen die »Männer von München« kommt?! Welche Gelegenheit aber, offen Stärke zu zeigen, den Kampf gegen die *Volks-*

front aufzunehmen, das Parlament beiseite zu schieben, mit Notverordnungen zu regieren, Ruhe und Ordnung mit Polizei und Justiz durchzusetzen?! Auf dem Kongress seiner Partei Ende Oktober in Marseille ist Daladier für seine Politik gegen die Kommunisten mit großem Beifall bedacht worden; nun kann er den Eindruck widerlegen, dass in seiner »Gestalt eines Bullen das Gemüt einer Kuh« stecke.

Tatsächlich werden die Besprechungen zwischen Daladier und Bonnet mit Chamberlain und Halifax am 24. November von gewaltsamen Aktionen überschattet: Arbeiter besetzen die Flugzeugfabrik von Bloch sowie die Autofabrik von Renault, heben geballte Fäuste und hissen rote Fahnen. Unter der Drohung, dass sich der Mehrarbeit widersetzende Rüstungsarbeiter mit Gefängnisstrafen rechnen müssen, kann die eine Fabrik geräumt werden; unter Einsatz von Tränengas stürmt die Polizei die andere und verhaftet nach heftigen Zusammenstößen 283 Streikende.

Chamberlain bekommt zwar beim Empfang auf dem Nordbahnhof Rufe zu hören wie »Nieder mit München!« und »Es lebe Eden!« Aber der sechsstündige Meinungsaustausch der französischen und britischen Politiker endet, wie das offizielle Kommuniqué mitteilt, in »vollständiger Übereinstimmung der Ansichten über die allgemeine Zielrichtung der Politik beider Länder«. Auch das Protokoll enthüllt ebenso wenig Differenzen wie Substanz. Auf britische Zweifel stößt Daladiers Aufschneiderei zur französischen Flugzeugproduktion. Britische Zustimmung findet Bonnets geplante französisch-deutsche Erklärung, die sich eng an das von Chamberlain und Hitler unterschriebene Papier vom 30. September anlehnt; zur Unterzeichnung werde Ribbentrop in den folgenden Tagen nach Paris kommen.

Doch Kommunisten, Sozialisten und Gewerkschaftsbund lassen sich nicht entmutigen: Sie wollen die Regierung Daladier im Sturm stürzen und kündigen für Mittwoch, den 30. November einen 24-stündigen Generalstreik in ganz Frankreich an. Daladier nimmt den Kampf auf, lässt das Personal der Eisenbahn sowie anderer öffentlicher Betriebe und Verwaltungen wie zum Militärdienst verpflichten und appelliert am Abend des 27. November über das Radio an die »Vernunft und das Gewissen aller Franzosen«:

> »Dieser Generalstreik ist ein brutaler Angriff auf die Politik des Friedens, den die Regierung verfolgt. Ich bitte Sie, die düsteren Folgen zu bedenken, die eine Zeit der Unordnung für die Zukunft unseres Landes hätte.«

Wie wird die Machtprobe in Frankreich ausgehen? In Berlin ist man offensichtlich skeptisch. Auf keinen Fall wolle sich Ribbentrop der Gefahr »antideutscher Demonstrationen« aussetzen, heißt es in einem Telegramm an den deutschen Botschafter in Paris, Johannes Welczek: »Wir ziehen es vor, dass Besuch etwas verschoben wird.« Erst solle völlige Beruhigung eintreten und sich eindeutig zeigen, dass Daladier die innenpolitischen Schwierigkeiten überwunden habe.

Der Generalstreik erweist sich als ein völliger Fehlschlag. Im Pariser Straßenbild fallen nur die vielen Polizeiposten auf, Nah- und Fernverkehr laufen wie an anderen Wochentagen, die Geschäfte nehmen ihren gewohnten Gang, nur etwa ein Fünftel der Beschäftigten beteiligt sich: »Die Revolution vom Juni 1936 ist endlich beendet«, wird rechts gejubelt: »Daladier hat sich verdient gemacht um die Republik und das Vaterland.« Auch der *Völkische Beobachter* meldet: »Daladier hat auf der ganzen Linie gesiegt«. Daladier dankt den Franzosen: »Frankreich ist heute stärker als gestern.« Außenminister Bonnet kann gegenüber Welczek versichern, dass Ribbentrops Besuch nun »ruhig und würdig« verlaufen werde. Allerdings sei keine Zeit zu verlieren, um diesen »ersten Schritt zum Weltfrieden« zu machen. Eine weitere Verschiebung könne sogar zum Sturz der Regierung führen. Schließlich verständigt man sich auf den 6. Dezember als Termin für die Unterzeichnung der gemeinsamen Erklärung in Paris.[1]

Die erste Idee zu einer solcher Erklärung hatte der französische Botschafter in Berlin, André François-Poncet, gleich nach dem Treffen der Großen Vier in München und der besonderen Verabredung zwischen Chamberlain und Hitler, die in Frankreich Sorgen über einen möglichen Alleingang Großbritanniens ausgelöst hatten: Auch Paris müsse »Realpolitik« treiben, mit Deutschland eine Art »Nichtangriffspakt« schließen und sich so am »Aufbau eines neuen Europas« beteiligen. François-Poncet fand dafür bei Hitler offene Ohren, als er sich am 18. Oktober wegen seines Wechsels als Botschafter nach Rom bei einer Tasse Tee verabschiedete und den Wunsch vorbrachte »Europa nach und nach zu normalen und befestigten Lebensbedingungen zu bringen«. Zu einer schriftlichen Anerkennung der Grenzen zwischen Frankreich und Deutschland erklärte Hitler sich sofort bereit und erteilte dem anwesenden Ribbentrop entsprechende Anweisungen. Wie Chamberlain schrieb François-Poncet einer solchen gegenseitigen Verpflichtung vor allem symbolischen Wert bei: Wenn sie gehalten wird, trage sie zur Entspannung in Europa bei; wenn nicht, belaste sie »den Schuldigen mit einer moralischen Verantwortung«. Auf jeden Fall, fügte er in seinem Bericht nach Paris an, sei ein »rascher, gründlicher Ausbau unseres militärischen Apparates notwendig«.

Die französische Regierung griff die Vorschläge ihres Botschafters auf, zeigte sich zu »dauernden freundschaftlichen Beziehungen« bereit und rechnete mit einem »herzlichen Empfang« für Ribbentrop. Im Auswärtigen Amt in Berlin wurde unter strenger Geheimhaltung ein Entwurf erarbeitet, der »in sichtbarer Form eine Besserung der deutsch-französischen Beziehungen feststellen« soll. Dabei wurde darauf geachtet, dass er sich nicht wesentlich von der deutsch-britischen Erklärung unterscheidet. Damit es nicht zu Eifersüchteleien komme, holte Berlin in Rom und Paris in London das Einverständnis ein. Zum schnellen Ausbau des »militärischen Apparates« schickte Daladier umgehend den Bankier Jean Monnet zum US-Präsidenten Franklin Roosevelt: Er soll in Amerika die Möglichkeiten für den Kauf von 1700 Bombern und Kampfjägern erkunden.

Am 22. November empfängt Hitler in Berchtesgaden wieder einen französischen Botschafter: Robert Coulondre ist von Moskau nach Berlin versetzt worden und macht seinen Antrittsbesuch. Hitler freut sich, dass auch der neue Botschafter deutsch spricht, und erklärt: »Es ist mein Wunsch, dass unsere Beziehungen friedlich und gut sind: Es besteht absolut kein Grund zu Konflikten zwischen Deutschland und Frankreich.« Coulondre erwidert die Freundlichkeit: »Die überwältigende Mehrheit des französischen Volkes wünscht eine Annäherung an Deutschland.« Beide sind sich einig, die gemeinsame Erklärung so bald wie möglich zu unterzeichnen. »Sollten jemals Schwierigkeiten auftauchen«, bekräftigt Hitler zum Abschied, »werden wir sie auf friedlichem Wege zu bereinigen wissen.« Coulondre ist tief gerührt, dass der »große Führer sich von seiner liebenswürdigsten Seite zeigt«, und will dazu beitragen, die »dauerhafte Versöhnung der beiden Völker in die Wege zu leiten«. Seine diplomatischen Erfahrungen lassen ihn jedoch argwöhnisch bleiben. Beim vorangegangenen Gespräch mit Ribbentrop hatte er überdies erfahren, wie man sich in Berlin den Frieden vorstellt: Die Großmächte sollten sich jeweils auf ihre »wirklichen Interessen beschränken«: Großbritannien auf sein Empire, Frankreich auf sein Kolonialreich und Deutschland auf seine »eigentliche Interessensphäre, den Südosten Europas«.

Steht Frankreich vor der Frage »Leben oder Tod?«, wie es anonym in einer Zeitschrift heißt: Hat es nur die Wahl zwischen Jena, wo 1806 Napoléon I. die Preußen besiegte, und Sedan, wo 1870 die Preußen, Bayern, Badener und Württemberger Napoléon III. besiegten? Zur Klärung dieser Frage gibt Ministerpräsident Daladier beim Außenministerium am Quai d'Orsay ein Gutachten in Auftrag, das Mitte November vorliegt. Nein, heißt es darin, wenn wir Deutschland »freie Hand im Osten« gewähren, werde Hitler keine Ruhe geben und sich gestärkt gegen Frankreich wenden. Nein, heißt es weiter, auf die Bündnisse mit der Sowjetunion, Polen, Jugoslawien und Rumänien sei als »zweiter Front« kein Verlass mehr: die einen seien schwach, die anderen unwillig. Es bleibe nur, »Zeit zu gewinnen, um die Schwäche zu überwinden«. Damit Hitler in Ost- und Südosteuropa auf zunehmenden Widerstand stoße, solle man die »bestehenden Antipathien des Slawentums gegen das Deutschtum (so wörtlich)« fördern und den Handelsaustausch mit den Balkanländern verstärken.

Von Generalstabschef Maurice Gamelin erhält Daladier überdies eine Lagebeurteilung zum militärischen Kräftevergleich, die zu einem erschreckenden Ergebnis kommt: Frankreich habe gegen Deutschland keine Chance, wenn es nicht eine »gewaltige Rüstungsanstrengung zu Lande, zu Wasser und vor allem in der Luft« unternehme. Gamelin verlangt den Ausbau der Befestigungen im Norden, Luftschutzmaßnahmen, Flugzeuge und eine Öl-Pipeline. Auf einer gemeinsamen Sitzung der Minister und der Oberbefehlshaber am Nachmittag des 5. Dezember teilt Daladier daraufhin mit, dass Monnet von Roosevelt die Zusage zum Kauf von 1000 Flugzeugen neuester Bauart erreicht habe, allerdings wegen der Neutralitätsgesetze der USA unter der Bedingung »absoluter Geheimhaltung«. Finanzminister Reynaud genehmigt 2,5 Milliarden Francs vor allem für Bomber als ein Mittel, »durch Abschreckung den Frieden zu erhalten«. Man geht guter Hoffnung auseinander, bereits Mitte 1939 das ursprünglich erst für 1940 vorgesehene Aufrüstungsziel erreichen zu können, und sieht dem Eintreffen Ribbentrops am folgenden Tag mit der Zuversicht entgegen, nicht wieder wie in München klein beigeben zu müssen.[2]

Für den deutschen Außenminister gibt es am 6. Dezember in Paris nur einen kleinen Bahnhof: Von der Haltestelle an der Esplanade der Invaliden ist es nur einen Steinwurf zum Außenministerium am Quai d'Orsay und ein kurzer Weg zur Unterkunft im *Hotel Crillon* am Platz der Einigkeit, so dass lange Fahrten durch die Stadt aus Sicherheitsgründen vermieden werden können. Die geringe Spurbreite der Stadtbahn hatte es notwendig gemacht, dass die deutsche Delegation bereits in Compiègne, wo sich Deutschland 20 Jahre zuvor den Waffenstillstandsbedingungen der Sieger gebeugt hatte, die Wagen wechseln musste. Zum Empfang um 11 Uhr stehen vor dem Ehrenspalier der Republikanischen Garde Außenminister Bonnet und seine leitenden Beamten bereit, außerdem das gesamte Personal der deutschen Botschaft. Man begrüßt sich freundlich, Ribbentrop schüttelt allen die Hand, begibt sich in einem gepanzerten Fahrzeug durch abgesperrte und menschenleere Straßen erst zum Hotel, dann zu einer kurzen Audienz bei Präsident Albert Lebrun und anschließend zu einem späten Frühstück bei Ministerpräsident Daladier.

Die beiden Außenminister Joachim von Ribbentrop (l.) und Georges Bonnet unterzeichnen am 6. Dezember 1938 die deutsch-französische Erklärung im Uhrensaal des Quai d'Orsay, wo zehn Jahre zuvor ein internationales Abkommen unterzeichnet worden war, das den »Krieg als Mittel zur Lösung internationaler Streitfälle verurteilt«

Der Uhren-Salon am Quai d'Orsay ist für die Unterzeichnung der gemeinsamen Erklärung feierlich hergerichtet. Der große Saal fasst kaum die Mitglieder der deutschen Delegation und die Mitarbeiter des französischen Außenministeriums sowie die vielen Presseleute. Gegen 15.30 Uhr betreten Ribbentrop und Bonnet den Raum und setzen sich an den *Louis-seize*-Tisch. Es herrscht atemlose Stille. Ein offizieller Fotograf hält fest, wie die beiden unter die zweifache Ausfertigung des Dokuments mit vergoldeten Tintenfedern ihre Namen setzen:

> »Die deutsche und die französische Regierung sind übereinstimmend der Überzeugung, dass friedliche und gutnachbarliche Beziehungen zwischen Deutschland und Frankreich eines der wesentlichsten Elemente der Konsolidierung der Verhältnisse in Europa und des allgemeinen Friedens darstellen.«

Diese allgemeine Feststellung wird im 2. Punkt durch eine konkrete Vereinbarung ergänzt: »Beide Regierungen erkennen feierlich die Grenze zwischen ihren Ländern als endgültig an.« Gemeint ist damit der Verzicht Deutschlands auf Elsaß-Lothringen; offen bleibt aber die Frage der Rückgabe ehemals deutscher Kolonien. Unter Punkt 3 bekräftigen beide Seiten ihre besonderen Beziehungen zu dritten Mächten, d. h. Italien bzw. Großbritannien, und ihren Willen, bei internationalen Schwierigkeiten Beratungen aufzunehmen.

Danach ziehen sich die beiden Außenminister zurück und besprechen zwei Stunden lang die »wichtigsten europäischen Probleme«. Einig ist man sich über den Ausbau des Handels und den Abschluss eines Reiseabkommens. Gegenüber Bonnet, der sich besorgt über italienische Aktionen im westlichen Mittelmeer zeigt und wohl einen deutschen Dämpfer auf Rom erwartet, reagiert Ribbentrop jedoch kühl zurückhaltend: Daran haben wir kein Interesse. – Mehrfach dagegen verlangt Ribbentrop, dass Frankreich »Deutschlands Interessensphäre« respektiere, ohne genau darzustellen, ob er dazu neben Mitteleuropa auch die Länder Ost- und Südosteuropas zähle; Bonnet äußert sich nicht dazu und fragt auch nicht nach.

Anschließend stellen sich die beiden der Presse, den Rundfunkmikrofonen und den Kameras. Zunächst erklärt Ribbentrop, erst auf deutsch, dann auf französisch, das »Ende des Jahrhunderte alten Grenzstreits«; er betont besonders, dass beide Seiten als »gleichberechtigte Partner« bereit seien, »eine gute Nachbarschaft für die Zukunft zu begründen«, indem der Weg geebnet werde für die »Anerkennung und Achtung ihrer nationalen Lebensinteressen«. Bonnet unterstreicht den Wunsch nach gutnachbarlichen Beziehungen: »Zwischen unseren Ländern besteht kein Streitpunkt, der die friedlichen Grundlagen ihrer Beziehungen in Frage stellt.« Er spricht nicht von Interessengebieten, sondern äußert den »heißen Wunsch, dass alle Völker sich diesem Werk der Versöhnung und der Zusammenarbeit beigesellen möchten«. Den Tag beschließt ein Büfett, bei dem die beiden Außenminister auf ihr gemeinsames Werk mit Champagner anstoßen; Bonnet meint sogar, es könne ein »erster Schritt zu den Vereinigten Staaten von Europa sein«.

Während am folgenden Tag Wirtschaftsfachleute die Besprechungen fortsetzen, absolviert Ribbentrop ein umfangreiches Pflicht- und Besichtungsprogramm: Am Grabmal des Unbekannten Soldaten unter dem Triumphbogen wird ein großer Lorbeerkranz mit Hakenkreuzschleife niederlegt; dem deutschen Kulturinstitut, dem *Goethehaus*, und dem Treffpunkt der in Paris lebenden NSDAP-Mitglieder, dem *Braunen Haus*, werden Besuche abgestattet; die Gemäldegalerie und die Skulpturensammlung im Louvre werden vor und nach dem Essen mit Vertretern des Französisch-deutschen Komitees bewundert. – Bei den Wirtschaftsgesprächen wird Übereinstimmung über das weitere Vorgehen erzielt: Vor allem die deutsche Ausfuhr nach Frankreich soll gesteigert werden, um die durch den schwachen Franken hervorgerufene passive Handelsbilanz auszugleichen. Überdies sind Maßnahmen vorgesehen, Tourismus und Studienreisen zu fördern. Für den Abend hat die deutsche Botschaft zu einem großen Bankett geladen, zu dem auch Daladier erscheint. Ein Witzbold will erfahren haben, dabei sei *Prager Schinken* serviert worden.

Demonstrativ bleiben General Gamelin und einige Minister fern. Nicht überliefert ist, ob sie stattdessen eine mit Absicht zur gleichen Zeit durchgeführte Gegenveranstaltung im nicht weit entfernten Théatre des Ambassadeurs besuchen. Dort spricht Albert Duff Cooper: Er ist seit seinem Rücktritt aus der britischen Regierung als Gegner der von Chamberlain und Daladier betriebenen Entspannungspolitik bekannt, und er hofft, bei Neuwahlen Chamberlain zu beerben. Die Welt, beginnt er, befinde sich in einer schrecklichen Gefahr: »Die Zukunft unserer Zivilisation steht auf dem Spiel.« Den »Feind der wahren Zivilisation« sieht er in Deutschland, das Frankreich und Großbritannien in München eine Niederlage beigebracht habe. Er erinnert an den gemeinsamen Sieg 20 Jahre zuvor:

> »Wir kämpften nicht für die Unabhängigkeit von Serbien. Wir kämpften nicht zum Schutz Belgiens. Wir kämpften auch nicht dafür, die ›Welt sicherer für die Demokratie zu machen‹. Wir kämpften, um ein Land daran zu hindern, mit Gewalt seine Vormacht über ganz Europa und dann über die ganze Welt zu errichten.«

»Heute«, fährt er fort, »sehen wir uns einem Deutschland gegenüber, das kaum weniger mächtig und sicherlich weit aggressiver als das Deutschland von 1914 ist.« Er macht seinen Zuhörern Mut zum Kampf: »Die Französische Republik und das Britische Weltreich bilden zusammen nach wie vor das gewaltigste Bündnis, das die Welt gesehen hat.« Auch auf die Hilfe aus der Sowjetunion und den USA könne man setzen. Die Niederlage Deutschlands sei auch sicher, weil in einer Diktatur das »despotische Regierungssystem bei der Bevölkerung verhasst« sei.[3]

Der kleine Stadtbahnhof ist zur Abreise des deutschen Außenministers am 8. Dezember wie zur Ankunft mit Blumen und Tannenzweigen ausgeschmückt. Der erste der fünf Wagons, mit Mahagoniholz getäfelt und bequem möbliert, soll als Salon dienen. Um 9 Uhr präsentiert die angetretene Garde das Gewehr: Ribbentrop wechselt mit Bonnet noch ein paar Worte, steigt ein, öffnet das Fenster, winkt zum Abschied und bekommt Applaus, bis der Zug aus Sichtweite ist. Auch die französische Küche will in guter Erinnerung bleiben: Zum Frühstück wird im Restaurantwagen nach dem Hors-d'œuvre ein Rotbarbenfilet in Chablis und dann ein auf amerikanische Art gegrilltes Huhn mit Spargel in geschmolzener Butter serviert; zum Dessert gibt es fruchtiges Vanilleeis in Cognac-Sauce.

Bis in diese liebenswürdigen Details aus der hohen Kunst der Diplomatie hinein berichten die Pariser Zeitungen über Ribbentrops Besuch. In ihren Kommentaren zeigen sie jedoch deutliche Unterschiede. Die regierungsfreundlichen Blätter geben sich zufrieden: »Man kann sich nur beglückwünschen zu den Aussichten auf die Entwicklung der französisch-deutschen Beziehungen.« Man wolle lieber leben als sterben. – Der sozialistische *Populaire* schlägt einen kritischen Ton an: »Die französisch-deutsche Erklärung hat dieselben Wirkungen wie das Münchener Abkommen: Kaum ist die Tinte trocken, setzt sich das Wettrüsten wie bisher fort.« Auf der rechten Seite wird das deutsche Streben nach Hegemonie in Europa hervorgehoben, um weitere Rüstungen zu rechtfertigen. Zugleich wird das Gerücht ausgestreut, als nächstes würden die Ukrainer Hitler »um Hilfe rufen«. Soll so Deutschland von Frankreichs Grenzen abgelenkt und in Konflikt mit der Sowjetunion und Polen gebracht werden? »Wir wollen den Frieden«, heißt es im *Intransigeant*, »aber zu allererst bei uns!« Die Kommunisten arbeiten auf den Sturz der Regierung und die Wiederbelebung der *Volksfront* hin:

> »Die Katastrophe wird kommen, wenn das vereinte Frankreich nicht morgen erreicht, was es nach München versäumt hat: Die Vertreibung von Daladier und Bonnet, den Ministern der allgemeinen Not und der nationalen Schande.«

Es sind denn auch die Kommunisten, mit denen Daladier am 9. Dezember in einer großen Rede in der Abgeordnetenkammer abrechnet. »Frank und frei« wolle er sprechen und verurteilt in scharfen Worten den Generalstreik am 30. November: »Dieser Streik war ein politischer Streik, ein Proteststreik gegen die Außenpolitik der Regierung.« Sie sollte durch eine Massenbewegung zum Rücktritt gezwungen werden. Mit Zitaten aus Reden und Aufrufen belegt er die Umsturzabsichten der Kommunisten und erntet Beifall in der Mitte sowie auf der Rechten und wütende Zwischenrufe auf der äußersten Linken. Er rechtfertigt die Räumung der besetzen Renault-Fabrik, weil Recht und Ordnung durchgesetzt werden mussten, um dem »ironischen Mitleid der Freunde Frankreichs und dem beißenden Spott seiner Feinde« zu entgehen. Den Zwischenruf »Auch mit Gas?« wehrt er überlegen unter allgemeinem Gelächter ab: »Von mir aus hätte man das Tränengas durch Lachgas ersetzen können.« Die Niederlage der Kommunisten sei ein »Sieg des französischen Volkes über die Feinde der Ordnung und des Friedens.«

Im außenpolitischen Teil seiner Rede betont er die enge Zusammenarbeit mit Großbritannien bei der Schaffung eines Friedens mit allen Völkern, gleich wie ihr politisches Regime sei. Und er verteidigt die französisch-deutsche Erklärung zur Annäherung der beiden Länder: »Was kann daran für Frankreich erniedrigend, was entehrend sein?« fragt er und erklärt unter dem Beifall auf allen Seiten: »Ich wünsche den Frieden mit Deutschland. Alle ehemaligen Frontkämpfer wollen den Frieden mit Deutschland.« Die Sicherheit Frankreichs hänge zuallererst von den Franzosen selbst ab: Das sei keine Frage von Reden oder Demonstrationen, sondern eine Frage der weiteren Rüstung und der Arbeit: »Wenn man nicht arbeitet, wenn man nicht mit dem Eifer zur Arbeit geht, den die Umstände verlangen, nützt es gar nichts, den Prahlhans zu machen.« Er bekennt sich zu seiner wichtigsten Aufgabe, der Verteidigung der Nation, und verspricht: »Erwarten Sie von mir weder Abdankung noch Schwäche!« Die Abgeordneten in der Mitte und auf der Rechten springen auf und bereiten ihm minutenlange Ovationen; Sozialisten und Kommunisten bleiben sitzen. In der mitternächtlichen Abstimmung wird ihm mit 315 zu 241 Stimmen das Vertrauen ausgesprochen. Noch mehr Zuspruch bekommt er aus der Provinz: Hunderte von Zeitungen fordern ein Verbot der Kommunistischen Partei Frankreichs, dieser »Agentur Moskaus«.[4]

Nein, Frankreichs Anspruch auf den Status einer Großmacht will Daladier nicht entsagen. Wie ernst er die Aufgabe der nationalen Verteidigung nimmt, hatte er einige Stunden vor seiner Kammer-Rede gezeigt: Er ließ Monnet kommen und schickte ihn zusammen mit drei Luftwaffenexperten wieder nach Washington. Dort soll er für 65 Millionen Dollar 1000 Flugzeuge der neuesten Bauart bestellen, zu liefern bis Juli 1939. In den Gesprächen, die Monnet noch vor Weihnachten führt, zeigt sich, wie schwierig das Geschäft ist: Die neuesten Modelle, ein schneller Kampfjäger und ein zweimotoriger Bomber, sind, wie sich herausstellt, noch gar nicht in Produktion; die Prototypen haben gerade ihren Jungfernflug hinter sich. Überdies sträuben sich die US-Militärs, den Franzosen Einblick in militärische Neuheiten zu geben; an eine Auslieferung sei im Übrigen erst in anderthalb Jahren zu denken. Es gelingt zwar, Roosevelts Zustimmung zu dem Handel zu erreichen, wenn »alles so vertraulich wie möglich« gemacht werde; er lässt sogar die Besichtigung und Erprobung der neuesten Flugzeugtypen zu. Doch das Kriegsministerium sperrt sich und will nichts vorführen, was man für sich haben möchte. Auch Monnets Hinweis, dass Frankreichs Fähigkeit zur Vergeltung auf Deutschland Eindruck machen und die gesamte Lage ändern würde, führt zu keinem anderen Ergebnis. Eine geforderte Anzahlung will er nicht leisten, bevor seine Experten die Maschinen nicht gesehen und erprobt haben.

Erstaunlicherweise wird Mitte Dezember in Paris sogar erwogen, von den Deutschen moderne Flugzeugtechnik zu erwerben. Daladier bittet den amerikanischen Atlantik-Überquerer Charles Lindbergh, inoffiziell in Berlin die Bereitschaft zu erkunden, 400 Flugzeugmotoren an Frankreich zu liefern. Zwei ihm persönlich bekannte deutsche Luftwaffengeneräle hören sich die Anfrage an und fragen zurück, ob die Franzosen es wirklich ernst meinen oder Deutschland nur auf die Probe stellen wollen. Als Lindbergh die Ernsthaftigkeit bestätigt, wird ihm erwidert, dass es sich um eine hochpolitische Angelegenheit handele, über die man »mindestens mit Göring« sprechen müsse. Vor Weihnachten sei das aber nicht mehr ratsam, so dass Lindbergh auf Januar 1939 vertröstet wird und nach Paris zurückfährt.

Bei ihrer halben Zusage haben die beiden deutschen Generäle wohl eine Grundsatzrede im Blick, die ihr Vorgesetzter, der Oberbefehlshaber der Luftwaffe Hermann Göring, vier Wochen zuvor gehalten hatte. Am 18. November waren Reichsminister, Parteileute und Oberbefehlshaber in Berlin zur ersten Sitzung des neugebildeten *Reichsverteidigungsrates* zusammengekommen. Seine Aufgabe sollte es sein, die »Wehrhaftmachung der Nation« zu vollenden. Göring richtete sein Augenmerk weniger auf die unmittelbare Rüstung als auf ihre wirtschaftliche Seite. Fast ungeschminkt beschrieb er die wirtschaftlichen Schwierigkeiten Deutschlands: Was nützen Tausende von Flugzeugen, erklärte er, wenn sie aus Mangel an Treibstoffen nicht fliegen können? Was nützen motorisierte Divisionen, wenn sie aus Mangel an Kautschuk und Buna nicht fahren können? Er sprach Mängel beim Transportwesen an, vor allem bei der Eisenbahn, bei der Sicherung der Ernährung, bei der Arbeitsverwaltung: Nach der Beseitigung der Arbeitslosigkeit gelte es, eine Million offener Stellen zu besetzen. Seinen Worten von der »sehr kritischen« Finanzlage war zu entnehmen, dass in der Reichskasse Ebbe drohe: Es werde mehr ausgegeben als eingenommen, mehr eingeführt als ausgeführt. Zur Beschaffung von Devisen für den Einkauf der dringend benötigten Rohstoffe verlangte Göring »Export – koste es, was es wolle«. Sogar den Verkauf »hochwertiger Waffen« zählte er dazu, allerdings nur gegen »cash«.

Zur Bewältigung der Aufgabe forderte Göring mehrfach zu Sparsamkeit und Disziplin auf. Nach der Sicherung der Ernährung ist ihm die »Steigerung der Rüstung« am wichtigsten: »Bedenken Sie«, mahnte er seine Zuhörer, »welche Gegner wir haben, welche Möglichkeiten der Gegner wirtschaftlich hat, welche enormen Reserven hinter ihm stehen!« Das Wettrüsten sei nur zu gewinnen, wenn »wir unsere überlegene Organisationsfähigkeit voll zur Ausnutzung« bringen. Zum Schluss appellierte er an alle Teilnehmer, gemeinsam daran zu arbeiten, »Deutschland zur ersten, gewaltigsten Wehrmacht der Welt zu machen«, d. h. den deutschen Rüstungsvorsprung gegenüber den anderen Großmächten zu erhalten: Ein »Wir-können-das-nicht« dürfe es nicht geben.[5]

Der Rüstungswettlauf hatte in den vorangegangenen Jahren gewaltige Ausmaße angenommen: Von 1933 bis 1938 waren die Ausgaben weltweit beschleunigt um mehr als das Vierfache gestiegen. Europa hat daran den Löwenanteil von 84 Prozent und verfügt über die größten Waffenlager. Besonders hohe Steigerungsraten verzeichneten seit 1935 Großbritannien und Frankreich; ihre Ausgaben erreichen 1938 aber nur zwei Drittel der deutschen Ausgaben. Die Sowjetunion übertrifft alle Länder, auch die USA, die 1938 nur etwa gleichviel wie Frankreich für ihre Rüstung ausgeben. Die Art, wie die Wirtschaftskraft eines Landes genutzt wird, wird überall als entscheidender Faktor militärischer Stärke gesehen.

Die europäischen Mächte scheinen an die Grenzen ihrer Kräfte gekommen. Deutschland fehlt es an Arbeitskräften, so dass die Produktion ins Stocken gerät. Einige zehntausend Italiener, die im Volkswagenwerk arbeiten, bedeuten nur eine geringe Entlastung. Die Landflucht beeinträchtigt die Lebensmittelversorgung: Schlangen vor den Geschäften zeigen, dass Konsumgüter knapp sind. Der inzwischen von Prag nach Paris umgezogene Vorstand der Exil-SPD muss jedoch feststellen, dass dieser Zustand »bisher (k)eine politisch bedeutsame Unzufriedenheit hervorgerufen« habe. Und es fehlt an Geld und Devisen: Damit die Deutschen ihr Erspartes dem Reich überlassen, wird ein Postsparkassendienst ins Leben gerufen. Bis ins letzte Dorf hinein können kleinste Beträge eingezahlt werden, die jährlich 2,75 Prozent Zinsen abwerfen sollen. Gegen Ratengeschäfte wird die Devise ausgegeben: Erst sparen, dann kaufen. – Der bargeldlose Zahlungsverkehr wird gefördert: An die Stelle der Lohntüte tritt die Überweisung auf ein Konto. Trotzdem sind weitere Schulden vorgesehen, gegen die sich aus Sorge vor einer Inflation Reichsbankpräsident Hjalmar Schacht wehrt. Hitler entlässt ihn und kündigt an, die deutsche U-Boot-Flotte zu vergrößern.

Großbritannien hat zwar knapp zwei Millionen Arbeitslose, die für die Rüstungsproduktion bereit stehen. Aber die zunehmende Einfuhr von Rohstoffen lässt den Goldschatz der Bank von England stark schmelzen. Zum ersten Mal können die Anleihen für die schnell wachsenden Ausgaben zum Ausbau von Marine und Luftwaffe nicht aus dem laufenden Haushalt bedient werden: Die Verbrauchssteuern auf Tee, Tabak, Zucker und Benzin werden erhöht; die bittere Pille der Preissteigerung bei den Gütern des Massenbedarfs soll versüßt werden, indem man den Grundeigentümern eine höhere Grundsteuer zumutet. Chamberlain ist sich sicher, dass die britische Bevölkerung zur Durchführung des Rüstungsprogramms bereit ist, um künftig die »Verpflichtungen gegenüber den Verbündeten erfüllen« zu können. Tatsächlich sprechen sich in einer Umfrage 72 Prozent der Briten für eine Erhöhung der Rüstungsausgaben aus, 18 Prozent sind dagegen, zehn Prozent unentschieden. Chamberlain verkündet erste Erfolge: Für 1939 sei der Stapellauf von 45 Kriegsschiffen geplant, die Ziffer der fertig gestellten Flugzeuge habe sich verdoppelt. Die erste Werbekampagne für einen *Nationalen Freiwilligen Dienst* ist angelaufen. »Solange wir uns nicht auf eine allgemeine Rüstungsbegrenzung verständigen können«, erklärt er, »lasst uns fortfahren, dies Land stärker zu machen.« Man fragt sich in London aber auch, wie lange Großbritannien über seine Verhältnisse leben kann.

Die USA dagegen sehen sich mit ihren 12 Millionen Arbeitslosen am Anfang einer Rüstungskonjunktur. Präsident Roosevelt hatte bereits in den Wochen nach dem Münchener Abkommen Ideen für eine gewaltige Steigerung der amerikanischen Flugzeugproduktion entwickelt: Es sollten an Orten hoher Arbeitslosigkeit acht Fabriken entstehen, in denen jährlich 15 000 Flugzeuge in drei Schichten produziert werden sollten, statt bisher täglich fünf also täglich 50. Vor einer ausgewählten Gruppe von Militär- und Finanzexperten verkündete und begründete er am 14. November 1938 die Notwendigkeit dieser Aufrüstung: »Wenn ich mich an fremde Mächte wende, muss ich etwas in der Hand haben. Wenn wir im Sommer 5000 Flieger gehabt hätten und die Fähigkeit, jährlich 10 000 zu produzieren, hätte Hitler es nicht gewagt, so hartnäckig aufzutreten.« Überdies drohe durch die technische Entwicklung der Luftfahrt und das Wiedererstarken Deutschlands ein Angriff auf Nord- und Südamerika. Er wolle, fügte er hinzu, vom Kongress die Mittel für 12 000 Flugzeuge einwerben, um die gewünschte Zahl tatsächlich zu erhalten. Dieser Plan solle so schnell wie möglich umgesetzt werden.

Roosevelts Zuhörern war klar, dass die neuen Flugzeuge vor allem für Großbritannien und Frankreich gedacht seien, damit sie Hitler im Falle eines Krieges besiegen könnten, ohne dass die USA mit eigenen Truppen eingreifen müssten. So kommen die Kaufwünsche der Franzosen sehr gelegen. Ihre Besichtigungstour durch Flugzeugfabriken im Januar 1939 verläuft jedoch enttäuschend, denn die US-Militärs mauern weiter: »Wir haben gezeigt, was wir zu zeigen haben.« Erst ein schriftlicher Befehl des Obersten Befehlshabers Roosevelt eröffnet den Franzosen die Möglichkeit, bei den Douglas-Werken in Los Angeles den Prototyp des neuesten zweimotorigen Bombers zu prüfen.

Am 23. Januar ist es soweit: Testpilot John Cable dreht über dem Stadtflugplatz ein paar Runden, die beiden französischen Experten äußern sich skeptisch über die Flugeigenschaften. Cable ist ärgerlich, lässt den einen, Paul Chemedlin, auf dem Hintersitz Platz nehmen, startet, steigt auf 1000 Meter, vollführt einige gewagte Manöver, schaltet einen Motor ab, um einen Aufstieg mit halber Kraft vorzuführen, gerät ins Trudeln und springt ab, während Chemdelin am zweiten Ruder die Maschine mit Ach und Krach landet: Mit gebrochenem Bein wird er aus dem Wrack gezogen, bevor es in Flammen aufgeht. Cables Fallschirm hat sich nicht mehr rechtzeitig geöffnet, der 35-jährige Vater von zwei Kindern liegt nicht weit entfernt zerschmettert auf dem Flugfeld. Einige Zuschauer werden leicht verletzt. In der Aufregung wechseln die beiden Franzosen ein paar Worte in ihrer Muttersprache, und so kommt es heraus und ist in den Zeitungen zu lesen: US-Militärs haben Vertretern einer fremden Macht Einblick in streng gehütete Geheimnisse gewährt.

Der Militärausschuss des Senats lädt sofort die verantwortlichen Generäle vor und erfährt, dass die geplanten Waffengeschäfte auf allerhöchsten Befehl erfolgen sollen. Einige Senatoren ziehen daraus sogar den Schluss, dass es einen geheimen Kriegspakt zwischen den USA und Frankreich gebe. Roosevelt rechtfertigt auf einer Pressekonferenz das Geschäft mit Hinweis auf die wohltuende Wirkung der französischen Aufträge: Stillgelegte Fabriken könnten sich darauf vorbereiten, Fließbänder für eine Massenproduktion laufen zu lassen, und »gute harte Dollars würden in die Taschen der Arbeiter fließen«. Er lässt die Mitglieder des Militärausschusses zu einer vertraulichen Besprechung ins Weiße Haus kommen und erläutert ihnen seine Sicht der Weltlage: Wenn Frankreich und Großbritannien aus Mangel an Flugzeugen und Waffen in einem Krieg Deutschland und Italien unterlägen, dann würde ganz Europa als Markt für Amerika verloren sein, denn die kleineren Länder würden Hitler in den Schoß fallen, anschließend Afrika und Lateinamerika, wo Deutschland seinen Einfluss bis nach Mexiko ausweiten würde. Daher liege es im Interesse der USA, alles zu tun, den Franzosen und Briten zu helfen, ihre Unabhängigkeit gegenüber den »totalitären Mächten« zu bewahren. Einige Senatoren fragen sich, ob Roosevelt die Neutralitätsgesetze umgehen wolle. Ein anderer hält nicht an sich und liefert der Presse mit einer zugespitzten Formulierung die Schlagzeile für den folgenden Tag: »Roosevelt: Amerikas Grenze liegt am Rhein«.[6]

Mit großer Genugtuung wird diese »sensationelle Erklärung« des Präsidenten in Frankreich aufgenommen. Die Pariser Zeitung *Le Temps* hebt hervor, dass die Vereinigten Staaten sich bereit zeigen, den Franzosen und Briten im Falle eines europäischen Krieges beizustehen und sie mit den erforderlichen Waffen zu versorgen. Auch der nach Gesprächen in Washington auf seinen Posten in Paris zurückgekehrte US-Botschafter William Bullitt bestätigt diesen Eindruck: Roosevelt wolle Flugzeuge an die französische Armee verkaufen, da Frankreich »die erste Verteidigungslinie der Vereinigten Staaten sei«. Nicht nur gegen Deutschland, auch gegen Großbritannien könne Frankreich auf »kräftige Unterstützung Washingtons rechnen«. Wir verfügen nicht nur gegenüber Deutschland und Italien, sondern ebenso gegenüber Großbritannien »über verschiedene und ungeheuer bedeutsame Zwangsmittel«, fügt Bullitt hinzu, falls London wieder wie in München auf Kosten Frankreichs Kompromisse schließen wolle. Trotzdem fühlt man sich auch in London durch Roosevelts Worte gestärkt, die das Gefühl vermitteln, bei Schwierigkeiten würden die USA an die Seite der Demokratien zu bringen sein. Premier Chamberlain gibt sich zuversichtlich: »Wir sind dabei, die Diktatoren zu überrunden.«

Wie verärgert man in Berlin über den Anspruch der USA ist, offenbart sich in den deutschen Zeitungen, die vom Propagandaministerium zu »Attacken« auf Roosevelt aufgefordert werden: In Schlagzeilen und Kommentaren wird dem »Friedensfeind« »Kriegshetze« vorgeworfen. Hitler verstärkt im außenpolitischen Teil seine Rede vor dem Reichstag am 30. Januar 1939 die Polemik gegen die Politik Roosevelts. Er nennt es eine »Verleumdungskampagne«, wenn behauptet werde, »Deutschland bedrohe die amerikanische Unabhängigkeit oder Freiheit«: »Deutschland wünscht mit Amerika Frieden und Freundschaft«, erklärt Hitler. Er lehne eine »Einmischung in amerikanische Verhältnisse ab«, ebenso wie er sich »jede amerikanische Einmischung in deutsche Verhältnisse« verbitte: »Deutschland ist ein souveränes und großes Reich und untersteht nicht der Beaufsichtigung amerikanischer Politiker.« Es wäre »ein Glück für die Völker«, fügt er hinzu, »wenn sich die verantwortlichen Staatsmänner nur um ihre eigenen Angelegenheiten kümmern wollten.«

Hitler sieht sechs Jahre nach der Machtübernahme den Traum von der deutschen Einheit als erfüllt und in Europa keine Kriegsgefahr: »Ich

(T)OUS LES SAMEDIS

L'EUROPE NOUVELLE

B

LE NUMERO : 3 FRANCS

LE FAIT – LE DOCUMENT

DIRECTEUR : MADELEINE LE VERRIER

REDACTEUR EN CHEF : PERTINAX

« En cas de guerre, les frontières des Etats-Unis seraient en France. »
Président ROOSEVELT.

73 bis, QUAI D'ORSAY, PARIS.
TELEPH.: SEGUR 91-10, 91-11.

22e ANNEE. — No 1.095.
— 4 FEVRIER 1939. —

Erleichtert nehmen die Franzosen Roosevelts Zusage zur Kenntnis: »Im Falle eines Krieges werden die Grenzen der Vereinigten Staaten in Frankreich liegen.«

glaube an einen langen Frieden.« Interessengegensätze mit Großbritannien und Frankreich gebe es nicht; mit Polen, Ungarn, Jugoslawien, Bulgarien, Griechenland, Rumänien und der Türkei bestehen freundschaftliche Beziehungen, das Verhältnis zu den west- und nordeuropäischen Staaten sei erfreulich. Nur ein Staat wird überhaupt nicht erwähnt, die Sowjetunion, sonst als »Weltstörenfried« an den Pranger gestellt. Liegt es daran, dass sich Deutschland in Moskau gerade um den Ausbau der Wirtschaftsbeziehungen bemüht? Oder kündigt sich gar ein Pakt zwischen Hitler und Stalin an, wie in Prag vermutet wird?

Im Mittelpunkt der zweieinhalbstündigen Rede Hitlers stehen jedoch nicht außenpolitische, sondern wirtschaftliche Fragen. Da Deutschland, anders als die USA und die Sowjetunion, keinen selbstgenügsamen Machtbereich habe, und, anders als Großbritannien und Frankreich, keine Kolonien besitze, sei es zu einer steigenden Teilnahme am Welthandel gezwungen, um seine Lebensbedürfnisse zu erfüllen. Da die Möglichkeit zur »Ausweitung des Lebensraumes noch nicht gegeben« sei, müsse die steigende Einfuhr von Lebensmitteln und Rohstoffen durch eine steigende Ausfuhr deutscher Erzeugnisse erreicht werden: »Deutsches Volk, exportiere oder stirb!« verkündet Hitler als Devise. Wie schon Göring im kleinen Kreis macht nun Hitler in aller Öffentlichkeit deutlich, wie es um die deutsche Wirtschaft bestellt ist: Wir müssen unsere Leistungen steigern und die Produktion erhöhen, fordert er, aber die Rüstung solle nicht zurückstehen. »Ich baue dabei auf die Einsicht des deutschen Volkes«, vertröstet Hitler auf bessere Zeiten.

Deutsche Kommunisten, die sich am gleichen Tag zu einer Konferenz bei Paris versammelt haben, frohlocken: »Die inneren Schwierigkeiten des Faschismus wachsen.« Tatsächlich ist in Berliner Arbeitervierteln an Häuserwänden und auf dem Straßenpflaster zu lesen: »Kein Kaffee, keine Butter, kein Ei – aber eine neue Reichskanzlei«. Der KPD-Vorsitzende Wilhelm Pieck muss allerdings auch eingestehen, dass man mit der »Volksfrontbewegung in Deutschland nicht viel weiter gekommen« sei.

Über seine Ziele spricht Hitler wenige Tage später offenherziger als im Reichstag vor den versammelten Truppenkommandeuren der Wehrmacht: »Ich habe mir vorgenommen, das deutsche Raumproblem zu lösen und dabei auch vor dem Äußersten nicht zurückzuschrecken.« Es sei immer eine Machtfrage, gleich ob man »den Lebensraum an die Volkszahl« anpasse oder ob man durch die Ausweitung der Absatzmärkte »in das Gehege anderer Staaten« komme. Er kündigt für die »kommenden Jahre« an, er wolle bei »jeder Gelegenheit irgendein deutsches Ziel zu erreichen« versuchen:

Wir müssen, verlangt er von den Offizieren, »dem Feinde fortgesetzt ganz eng an der Klinge bleiben«. Er kündigt keinen bevorstehenden Krieg an, ja hält es sogar für möglich, »überhaupt Kriege zu vermeiden«.[7]

Das entspricht nicht den Gerüchten, die Roosevelt in Westeuropa ausstreut: Dem niederländischen Gesandten in Washington teilt er aus »drei glaubwürdigen Quellen« mit, dass Deutschland in nächster Zeit einen Angriff auf die Niederlande plane. »Ich sehe für Ihr Land«, fügt Roosevelt hinzu, »eine Quasi-Abhängigkeit voraus: Rotterdam wie Amsterdam stehen Deutschland als Häfen zur Verfügung, und das ganze Land wird in die deutsche Wirtschaft eingegliedert.« Hilfe der USA sagt Roosevelt nicht zu, Den Haag solle sich an Großbritannien halten.

In London wird der Warnung Roosevelts nachgegangen, da sie ein »sehr beunruhigendes Licht auf Hitlers Ziele wirft«. Der britische Außenminister Halifax befürchtet, dass Hitler mit einem Angriff auf die Niederlande Großbritannien Bedingungen stellen und Frankreich lähmen wolle; auch mit einem plötzlichen Luftangriff auf England sei zu rechnen, gefolgt von Angriffen auf die Westmächte zu Lande und zu Wasser. Alle Vorbereitungen für das Losschlagen ab Ende Februar seien bereits getroffen, auch wenn Hitler wohl noch nichts entschieden habe. Auf die Schnelle stimmt London mit Paris ab, dass »ein deutscher Angriff auf die Niederlande eine direkte Bedrohung der Sicherheit der Westmächte« wäre und einen Kriegsgrund darstelle: Sonst kämen die »Deutschen in eine Lage der überwältigenden Vorherrschaft in Europa«. Man sagt sich umfassende gegenseitige Hilfe zu. In einem vertraulichen Schreiben nach Washington kündigt Halifax am 7. Februar an, dass die britische Regierung »im Falle einer deutschen Invasion der Niederlande gezwungen wäre, Deutschland den Krieg zu erklären«. Das gelte auch für den Fall eines deutschen Angriffs auf die Schweiz, der Frankreich bedrohen würde. Man werde sich gegenseitig unterstützen, hebt Halifax hervor, und dafür die militärische Zusammenarbeit ausbauen.

Diese Ankündigung britischer Entschlossenheit verfehlt ihre Wirkung auf US-Präsident Roosevelt: Einem britischen Besucher gibt er vor dessen Rückkehr nach London Ratschläge für Chamberlain mit auf den Weg:

> »Solange die Briten die Haltung völliger Hoffnungslosigkeit einnehmen, sind sie es nicht wert, gerettet zu werden. Was sie heute brauchen, ist ein steifer Grog, damit sie nicht nur die Zivilisation retten wollen, sondern daran glauben, dass sie es auch tun können. Dabei brauchen sie ein gehöriges Maß an Unterstützung durch ihre amerikanischen Vettern.«

Er selber nutzt am 17. Februar die Gelegenheit einer Pressekonferenz auf seiner Reise zu US-Flottenmanövern in der Karibik, mit geheimnisvolen Andeutungen vor der Bedrohung amerikanischer Interessen zu warnen. Aus dem Militärausschuss des Senats dringt sogar die Meldung, dass Deutschland und Italien Luftbasen in Südamerika errichten könnten, so dass eine New Yorker Zeitung titeln kann: »Nazi-Bomber können USA durch Lateinamerika angreifen.« Trotzdem streicht der Senat Roosevelts Rüstungspläne auf 6000 Militärflugzeuge zusammen.

Diese Kürzung führt dazu, dass der französische Emissär Monnet statt der erhofften tausend Flugzeuge sich mit der Bestellung von 555 begnügen muss. Umso stärker wird die Trommel der französisch-amerikanischen Freundschaft gerührt. Am 22. Februar flattert auf dem Dach des Pariser Rathauses die Flagge der USA, ein Geschenk aus Philadelphia zur Erinnerung an den gemeinsamen Sieg über das kaiserliche Deutschland und verziert mit den Namen des französischen Marschalls Foch und des amerikanischen Generals Pershing. Der Amerikanische Klub hat zur Gedenkfeier an den Geburtstag George Washingtons, des ersten Präsidenten der Vereinigten Staaten, führende Politiker, Generäle, Botschafter und Geschäftsleute geladen.

Als erster ergreift US-Botschafter Bullitt das Wort. Er rechtfertigt Roosevelts Aufrüstungsprogramm: »Wenn irgendein Land mit seiner Rüstung droht und zur Gewaltpolitik greift, dann sind es die Verteidigungswaffen, die allein Sicherheit verbürgen.« Wir wissen, fügt er hinzu, was uns in den USA passieren kann, wenn die »neuen Methoden der Gewalt die anderen Kontinente erfassen und auch bei uns eindringen«. Er betont die gemeinsamen Werte Religion, Demokratie sowie Ehrlichkeit und hebt sein Glas auf die Freundschaft zwischen den Vereinigten Staaten und Frankreich, eine Freundschaft, die sich »in der Vergangenheit sehr oft bewiesen hat und die sich auch jetzt sehr stark beweist«.

In seiner Antwort übernimmt Ministerpräsident Daladier Bullitts Einschätzung der schwierigen Weltlage: »Wir sind verpflichtet, wachsam zu bleiben und uns die Fähigkeit zu verschaffen, allen Drohungen und allen Angriffen zu widerstehen.« Er versichert: »Frankreich wird niemals einer Drohung mit Gewalt noch einer hinterlistigen Erpressung weichen.« Es sei die erste Aufgabe Frankreichs, »durch die Wirksamkeit seiner Streitkraft zu verhindern, dass die Welt sich Abenteuern hingibt«. Er dankt Roosevelt für die »vielen Beweise der liebevollen Fürsorge« und hebt sein Glas auf den Präsidenten, der »sich der Aufgabe der Verteidigung hingegeben« habe.[8]

Dreht der Wind in Europa? Deutsche Zeitungen beginnen von einer »Blockbildung der Demokratien« zu schreiben, von einem »Dreieck Paris-London-Washington«. Das Propagandaministerium verlangt, dass der »Ton gegen Roosevelt nicht scharf genug sein« könne. Und Goebbels streitet im *Völkischen Beobachter* unter der Überschrift »Krieg in Sicht?« jede deutsche Angriffsabsicht ab: »Wir wollen die Demokratien nicht zum Nationalsozialismus bekehren.« Er spricht von »Weltpanikmachern«, bekräftigt die Treue zu Hitler und verbreitet Zuversicht: »Deutschland schaut voll starken Vertrauens auf seinen Führer.« Er werde »die deutschen Lebensrechte unerbittlich und tapfer verteidigen«. Hitler selber macht bei einer Rede vor alten Parteigenossen in München Front gegen »ausländische Schreier«:

> »Sie werden uns mit ihren Drohungen nicht erschüttern! Sollten sie aber wirklich die Völker zum Wahnsinn eines Kampfes bringen, dann würden wir erst recht nicht kapitulieren. Das Jahr 1918 wird sich in der deutschen Geschichte nicht wiederholen!«[9]

Das klingt nicht so, als ob Roosevelt auf Hitler großen Eindruck gemacht hätte. Aber in Paris und London ist im Februar 1939 die Hoffnung auf Rückendeckung aus den USA beträchtlich gestiegen.

13. KAPITEL
Ein Blitzschlag gegen Prag (März 1939)

Ein eisiger Wind weht am Donnerstag, den 9. März 1939 durch die Millionen-Stadt Prag. Heiß her geht es dagegen im Palais Kolowrat zu Füßen der Prager Burg: Dort tagt seit 16 Uhr die Regierung der Tschecho-Slowakei, wie sich der Staat auch offiziell schreibt, nachdem die Slowakei mit der Autonomie einen eigenen Landtag und eine eigene Landesregierung unter dem Anführer der Slowakischen Volkspartei, dem 51-jährigen Jozef Tiso, erhalten hatte. Geleitet wird die Sitzung vom gleichaltrigen Regierungschef Rudolf Beran, drei Monate zuvor berufen vom gerade neugewählten Staatspräsidenten Emil Hácha. Beran wie Hácha setzten sich für eine Verbesserung im Verhältnis zwischen den sieben Millionen Tschechen und den zwei Millionen Slowaken ein, um »dem Staat und seinen Nationen den Frieden zu retten«; Tiso haben sie jedoch im Verdacht, die Slowakei aus dem Verbund der Republik herausreißen zu wollen und für dieses Ziel sogar Hitlers Unterstützung zu suchen. Tschechische Militärs drängen die Regierung, dem slowakischen Treiben zur völligen Unabhängigkeit ein Ende zu bereiten, und empfehlen dafür den Einsatz ihrer Truppen.

Vergeblich hatte Beran das direkte Gespräch mit Tiso gesucht. Anfang März war er zu dem Schluss gekommen, dass »mit Tiso ein Auskommen im Guten nicht mehr möglich« sei. Wie zur Warnung für die Slowaken entmachtete er die Landesregierung im dritten Teil der Rest-Republik, in der Karpathenukraine, und setzte dort einen tschechischen General als Innenminister ein. Zur Rechtfertigung des weiteren Vorgehens lud er dann Tiso für den 9. März zur Aussprache ein, wohl wissend dass er nicht kommen werde. In einer gesonderten Vorbesprechung mit den tschechischen Mitgliedern der Zentralregierung kündigte Beran an: »Die Lösung der slowakischen Situation verträgt keinen weiteren Aufschub.« Beim Staatspräsidenten beantragte er, die Regierung Tiso zu entlassen; die Armee wies er an, die »Ruhe in der Slowakei zu sichern«.

Tatsächlich sind nur zwei Minister und zwei Staatssekretäre aus der slowakischen Hauptstadt Pressburg zur Sitzung am 9. März in Prag eingetroffen. Sie werden von Beran mit den Worten empfangen: »Tiso kann nicht weiterhin Vorsitzender der slowakischen Landesregierung bleiben.« Er begründet die Absetzung damit, dass Tiso es vorziehe, mit Vertretern aus Deutschland zu sprechen, anstatt nach Prag zu kommen. Einer der beiden slowakischen Minister verteidigt Tiso. Der andere räumt ein, dass slowakische Minister Ende Februar mit Reichsminister Hermann Göring in Berlin nicht nur Wirtschaftsfragen verhandelt, sondern ihn auch »um Hilfe für die Losreißung der Slowakei von der Republik und die Ausrufung eines selbständigen slowakischen Staates gebeten« hätten. »Das ist Hochverrat!« schallt es durch den Raum. Die Aufregung ist groß. Außenminister František Chvalkovský will auf die Schnelle von der deutschen Gesandtschaft in Prag wissen, ob Berlin den Wunsch habe, die Slowakei von Prag loszutrennen, und bekommt zu hören: »Von solchen politischen Plänen der Reichsregierung wissen wir nichts.« Eine Abklärung sei auch nicht möglich, da sich Göring zur Erholung in Italien aufhalte. Fühlt Beran sich dadurch ermutigt, die Aktion in der Slowakei wie geplant durchzuführen?

Um 20 Uhr unterbricht der Regierungschef die Sitzung und lässt aus einem nahegelegenen Lokal Bier holen. Als der neue US-Gesandtschaftsrat George Kennan die herbeieilenden Kellner beobachtet, denkt er für sich: »Bei einem so versöhnlichen Getränk können keine unheilvollen Beschlüsse gefasst werden.« Doch die Erregung im Ministerrat klingt nicht ab: Die tschechischen Minister lehnen die slowakischen Forderungen nach mehr Geld und nach mehr Posten im Offizierskorps sowie im diplomatischen Dienst als »unmöglich« ab. Die slowakischen Vertreter wiederum lehnen eine Loyalitätserklärung für die »tschechoslowakische Staatsidee« ab.

Während der abendlichen Debatten öffnet sich immer wieder die Tür, werden Telegramme hereingereicht: Überall in der Slowakei erfolgt die überraschende Besetzung der öffentlichen Gebäude durch tschechisches Militär ohne Zwischenfälle und ohne Widerstand, ebenso die Verhaftung verdächtiger »Separatisten« und die Entwaffnung der Hlinka-Garde, einer halbmilitärischen Organisation nach Art der SA. Erst allmählich wird den slowakischen Vertretern im Palais Kolowrat bewusst, wie Prag über Nacht das Blatt zu wenden versucht. Beran ist um Mitternacht guter Stimmung. Überall herrsche Ruhe, meint er: »Die überwiegende Mehrheit der Slowaken ist über unser Einschreiten befriedigt.« Morgen früh solle über den Rundfunk Tisos Absetzung bekannt gemacht werden.[1]

Es sieht nach einem schnellen Erfolg der Prager Zentralregierung aus: Am Vormittag des 10. März patrouillieren durch Pressburgs Straßen tschechische Soldaten und rattern tschechische Panzer. Die Stadt ist vom

Umland abgesperrt, Telefonate ins Ausland sind nicht möglich. Trotz der Verkündigung des Standrechts sammeln sich Tausende von Demonstranten vor dem Regierungsgebäude: »Wir lassen uns nicht unterjochen! Wir wollen eine freie Slowakei! Lieber mit Deutschland als mit den Tschechen!« Ein Haus, in dem sich Studenten verbarrikadiert haben, wird gestürmt. Vereinzelt fallen Schüsse. Tiso sitzt im Jesuitenkloster fest, die anderen verhafteten »Separatisten« sind nach Mähren verfrachtet worden. Zur Verstärkung rücken weitere Truppen und Polizeieinheiten an: Sie besetzen in allen größeren Ortschaften der Slowakei Bahnhöfe und Postämter.

Ruhe und Ordnung kehren nicht ein: Der von Hácha ausersehene neue Regierungschef weigert sich, das Amt anzunehmen. Stattdessen meldet sich ein Minister der abgesetzten Tiso-Regierung zu Wort: Es ist der Verkehrsminister Ferdinand Ďurčanský, der zehn Tage zuvor bei Göring gewesen war und dem es gelungen ist, in das 55 Kilometer entfernte Wien zu fliehen. Über den Reichssender Wien wirft er der Prager Regierung »Verfassungsbruch« vor: »Die Regierung Tiso ist weiterhin berechtigt, ihre Macht auszuüben.« Er ist es wohl auch, der einen Hilferuf an den »großen Freund« in Berlin schickt: Rettet uns vor den Tschechen! – Prags Vorgehen stärkt die Kräfte der Slowaken, die diese Gunst der Stunde nutzen wollen, die volle staatliche Selbstständigkeit durchzusetzen. Weitsichtige Tschechen müssen sich eingestehen: »Unsere Aktion ist fehlgeschlagen.«

Auch in Berlin wird die Gunst der Stunde wahrgenommen. Hitler ist an diesem 10. März »schon ganz in Aktion«, wie Propagandaminister Goebbels feststellt. Wir müssen die verworrene Lage, erklärt ihm Hitler, für die »Erledigung der Rest-Tschechei« nutzen: »Am Mittwoch, den 15. März wird einmarschiert und das ganze tschechoslowakische Zwittergebilde zerschlagen!« Die beiden verabreden für Montag und Dienstag eine propagandistische »Großkanonade« gegen Prag. Und Hitler lässt vom Oberkommando der Wehrmacht eine Kapitulationserklärung formulieren, die er Prag präsentieren will, damit der Einmarsch mit Rücksicht auf die europäischen Nachbarn nicht wie eine »kriegerische Unternehmung«, sondern wie eine »Befriedungsaktion« erscheinen könne. »Diese Partie«, glaubt Goebbels, »ist todsicher.« Damit es nicht nach großer Krise aussieht, verbringen Hitler und Goebbels anschließend die halbe Nacht im Klub der Kameradschaft der deutschen Künstler Unter den Linden.

Die Titelseiten der deutschen Zeitungen werden am 13. und 14. März von Überschriften beherrscht wie »Blutiger Tschechenterror gegen Deutsche«. Tatsächlich war es am Sonntag, den 12. März, in der mährischen Hauptstadt Brünn zu Zwischenfällen gekommen: Deutsche hatten zum Heldengedenktag Hakenkreuzfahnen gehisst, Tschechen hatten sie heruntergerissen. Anschließend war es, wie der deutsche Konsul in Brünn berichtet, zu gegenseitigen »Anrempelungen« gekommen. »Da werden wir einhaken«, freut sich Goebbels, »hier werden wir die Sache zu entzünden versuchen.« Entsprechend titelt der *Völkische Beobachter* am folgenden Tag: »Das Hakenkreuz besudelt – zahlreiche Deutsche niedergetrampelt und verhaftet.« Es falle jedoch schwer, »ernstere Zwischenfälle herbeizuführen«. Goebbels vermutet, dass die Tschechen gewarnt seien und sich deswegen nicht provozieren ließen. Sorgen macht man sich in der Reichskanzlei allenfalls über Reaktionen aus London.

Die Ereignisse in der Slowakei rücken dagegen zunächst in den Hintergrund: Nur noch am Rande berichten deutsche Zeitungen, dass eine im zweiten Anlauf doch zustande gekommene neue Landesregierung die meisten Verhafteten freigelassen hat. Ďurčanský ist zurück in Pressburg und fühlt sich bereits als künftiger Außenminister einer völlig selbstständigen Slowakei: »Fürchtet nicht den Kampf«, verkündet er, »fürchtet kein Opfer!« Am 13. März kommt gegen Mittag aus Pressburg die Anfrage, ob Tiso und Ďurčanský zu Gesprächen nach Berlin kommen könnten. Sie sind willkommen, heißt es im Auswärtigen Amt. Mit einem Sonderflugzeug treffen sie, der eine im schwarzen Rock des Priesters, der andere in der schwarzen Uniform der Hlinka-Garde, bereits am Nachmittag in Berlin ein.

Nach einer Aussprache mit Außenminister Ribbentrop geht es am frühen Abend in die neue Reichskanzlei, wo Hitler sie zusammen mit zwei Generälen empfängt. Hitler gibt sich enttäuscht über die Entwicklung seit Oktober 1938 und den vergeblichen Kampf der Beran-Regierung gegen die antideutsche Flüsterpropaganda: »In der Tschechoslowakei geht es drunter und drüber.« Der alte Geist von Beneš sei wieder lebendig geworden. Er spielt auf die Vorfälle in Brünn an: »Diese Zustände kann sich Deutschland nicht mehr gefallen lassen.« Er sei aber auch über die Haltung der Slowakei enttäuscht und wolle umgehend Klarheit über ihre Ziele haben: »Wollen Sie Ihr Eigenleben haben oder nicht?« In diesem Augenblick wird eine Meldung hereingereicht, die Hitler vorliest: Es geht um ungarische Truppenbewegungen an der slowakischen Grenze: »Ich hoffe«, sagt Hitler zu Tiso, »dass Sie sich bald klar entscheiden.« Ribbentrop drängt: »Es geht um Stunden, nicht um Tage.«

Tiso kennt jetzt die Alternative, vor der die Slowakei steht, wenn Hitler die tschechische Frage demnächst »restlos« löst: Besetzung und Einverleibung durch Ungarn oder Garantie und Abhängigkeit vom Deutschen Reich. Wie soll er sich entscheiden? Er versucht es mit Zeitgewinn, dankt

Am Abend des 13. März 1939 in der Reichskanzlei: Der Führer der Slowakischen Volkspartei Jozef Tiso (3. v. l.) soll sich von Prag lossagen

Hitler für seine Erklärungen, versichert, dass sich »der Führer auf die Slowakei verlassen könne«, und entschuldigt sich, dass er im Augenblick keine Entscheidung treffen könne und sich »die ganze Frage in Ruhe überlegen« wolle. Nach einer guten halben Stunde verabschiedet man sich.

Am frühen Morgen des 14. März geht es zurück nach Pressburg. Dort ist noch in der Nacht der slowakische Landtag für 10 Uhr zu einer »historischen Sitzung« einberufen worden. Unter dem Schutz der Hlinka-Garde und einer Freiwilligen Schutzstaffel der deutschen Minderheit findet eine Geheimsitzung statt. Die drei Tage zuvor von Prag eingesetzte Regierung tritt zurück, Tiso ergreift das Wort: »Wollen wir die Zukunft unseres Volkes sichern, müssen wir das gemeinsame politische Leben mit dem tschechischen Volk beenden.« Hitler habe allerdings verlangt, dass die Unabhängigkeit »blitzschnell« beschlossen werden müsse. Die Entscheidung fällt wie erwartet aus: Für den Verzicht auf Eigenleben und die Auslieferung an Ungarn steht niemand auf, für das »Abschütteln des tschechischen Jochs« und die Beanspruchung des »Selbstbestimmungsrechts in vollem Umfang« alle. Die Abgeordneten singen: »Vorwärts, Slowaken!« Tiso ruft sie auf:

»Seid euch bewusst, dass unser Volk die höchste Erfüllung aller seiner Jahrhunderte langen Wünsche erreicht hat. Alles an die Arbeit für eine glückliche Zukunft unserer slowakischen Heimat!« Sein Motto für die Zukunft: »Es gibt einen Gott, einen Führer und eine Partei.«

In einem Schreiben unterstellt Tiso, nun Ministerpräsident der Unabhängigen Slowakei, den neuen Staat der Macht Hitlers. Er hofft dabei, den »starken Schutz des mächtigen Deutschen Reiches« nur für das »Stadium der ersten Entwicklung des jungen Staatswesens« zu benötigen. Tatsächlich gelingt es Hitler, die Ungarn vom Einmarsch in die Slowakei abzuhalten. Sie müssen sich mit der Karpathenukraine begnügen, die sie im Kampf gegen tschechische Truppen besetzen. Die tschechischen Divisionen in der Slowakei ziehen ab und hinterlassen ein Flugblatt: »Wir rufen Euch zum Kampf gegen die Verräter der slowakischen Sache. Erschlagt Tiso und Ďurčanský. Moskau wird uns helfen, die Mutter des Slowakentums.«[2]

Zerfall und Auflösung an den Rändern der 20 Jahre zuvor geschaffenen Tschechoslowakei: In Prag fragt man sich, was aus dem Kern des Staates, der Tschechei, werden solle. Es gibt Gerüchte, dass deutsche Truppen an den Grenzen bereit stehen, um Böhmen und Mähren zu besetzen. Oder gibt es die Möglichkeit, ein »ebensolches Staatchen« wie die Slowakei zu werden? Ministerpräsident Beran hofft darauf, aber räumt ein: »Die Situation ist nicht rosig.« Staatspräsident Hácha, seit gut hundert Tagen im Amt, bemüht sich wie zuvor Tiso um einen Gesprächstermin bei Hitler. Der tschechische Generalstab macht ihm keinen Mut: »Die Deutschen können Prag besetzen, bevor wir überhaupt dazu kommen, die Mobilmachung zu plakatieren.« Man fühle sich »wehrlos wie ein Baum im Sturm«. Nur in Arbeitervierteln Prags, wo man nicht glaubt, dass »in München das letzte Wort der europäischen Geschichte geschrieben wurde«, kündigt sich Widerstand an: Mit erhobener Faust ziehen Anhänger der inzwischen verbotenen Kommunistischen Partei durch die Straßen und setzen ihre Hoffnung auf den abgetretenen Staatspräsidenten: »Beneš schläft nicht!«

Am Nachmittag des 14. März tritt der 66-jährige Hácha seine Reise nach Berlin an, wegen seiner Herzprobleme nicht mit dem Flugzeug, sondern mit der Eisenbahn. Begleitet wird er von seiner Tochter Milada und Außenminister Chvalkovský. Gemeinsam überlegen sie, wie man bei den Verhandlungen das Beste für die Tschechen herausholen könne. Man entscheidet sich für die Umarmungsstrategie. Der einem Staatsoberhaupt angemessene Empfang auf dem Anhalter Bahnhof gegen 23 Uhr scheint vielversprechend. Anschließend kann man sich im *Hotel Adlon* beim Brandenburger Tor etwas frisch machen.

Um 1 Uhr früh im Vorhof der neuen Reichskanzlei: Der Musikzug der Wachkompanie spielt den Präsentiermarsch, Hácha schreitet mit seinem Zylinder in der Hand die Ehrenformation ab und wird von Ribbentrop in Hitlers Arbeitszimmer geführt. Mit ausgestreckten Armen geht Hácha auf Hitler zu: »Exzellenz, Sie wissen gar nicht, wie sehr ich Sie bewundere!« Man setzt sich an einen runden Tisch, zusammen mit den beiden Außenministern und zwei Wehrmachtsgenerälen sowie Göring, der seine Erholung abbrechen musste und gerade rechtzeitig nach Berlin zurückgekehrt war.

Zur Eröffnung der Aussprache macht Hácha deutlich, dass ihm als früheren Verwaltungsrichter das »ganze Regime fremd gewesen« sei; auch von Beneš habe er sich ferngehalten. Nun stehe er vor der »schwersten Aufgabe seines Lebens« und glaube, dass »das Schicksal der Tschechoslowakei in den Händen des Führers gut aufgehoben« sei. Indem er das Recht der Tschecho-Slowakei auf ein »nationales Eigenleben« hervorhebt, scheint er davon auszugehen, dass Hitler die Eigenstaatlichkeit wie im Falle der Slowakei respektieren würde. Auf Hitlers Hauptvorwurf eingehend, Prag habe »noch keine gründliche Säuberung« vorgenommen, betont er: Wir trachten mit allen Mitteln, die »Anhänger des Beneš-Systems mundtot zu machen«.

Doch Hitler zeigt in unverhüllter Deutlichkeit, dass er mit seiner »Geduld« am Ende sei: Vor allem der »Geist in der tschechoslowakischen Armee hat sich nicht gewandelt«. Wie versteinert wirken Hácha und Chvalkovský, als Hitler erklärt: »Ich habe den Befehl gegeben zum Einmarsch der deutschen Truppen und der Eingliederung des Landes ins Deutsche Reich.« Ab 6 Uhr würde die deutsche Armee von allen Seiten einrücken und die deutsche Luftwaffe die Flughäfen besetzen. Hácha habe die Wahl: Entweder es komme zum Kampf und der Widerstand werde mit Waffengewalt gebrochen. Oder der Einmarsch erfolge ohne Widerstand – dann würden die Tschechen »eine Autonomie und eine gewisse nationale Freiheit« erhalten. Drohend fügt Hitler hinzu, dass auf jedes tschechische Bataillon eine deutsche Division komme: »Beraten Sie sich mit Ihrem Außenminister«, rät Hitler, »und verhindern Sie das Äußerste.«

Hácha leidet Höllenqualen: Was für eine schicksalhafte Entscheidung wird von ihm verlangt! Er sieht ein, dass »jeder Widerstand sinnlos« sei, aber macht einen praktischen Einwand: »Wie soll ich es anstellen, in vier Stunden das ganze tschechische Volk vom Widerstand zurückzuhalten?« Hitler fordert ihn auf, mit Prag zu telefonieren, sonst drohe die »Vernichtung der Tschechoslowakei«, denn »die rollende Militärmaschine lässt sich nicht aufhalten«. Hácha macht noch einen Anlauf und fragt Hitler, ob man die Entwaffnung der tschechischen Armee vielleicht auf andere Weise

Am frühen Morgen des 15. März 1939 trifft Ernst Hácha (2. v. l.) in der Reichskanzlei ein: Er steht vor der »schwersten Aufgabe seines Lebens«

machen könne. Hitler blickt in die Runde der Militärs und wird bestätigt: »Die einzige Möglichkeit der Entwaffnung ist die durch das deutsche Heer.«

Die Sitzung wird unterbrochen, unter großen Schwierigkeiten wird eine Telefonverbindung mit Prag hergestellt, wo Beran, seine Minister und die Generäle ausharren. Da Hácha einen kurzen Schwächeanfall erleidet, übermittelt Chvalkovský die Entscheidung des Staatspräsidenten, keinen Widerstand zu leisten. Dabei unterstreicht er die Dramatik: »Göring hat mit einem Bombenangriff auf Prag gedroht.« Die Regierung in Prag sieht die Entscheidung als ein »politisches Todesurteil über das tschechische Volk, nur um dessen physische Existenz zu retten«, fügt sich und belässt die Soldaten in den Kasernen.

Nach dieser »Kapitulation auf ganzer Linie« zeigt sich Hitler Hácha gegenüber großzügig: »Wir wünschen und wollen keine Entnationalisierung: Die einen sollen als Tschechen und wir wollen als Deutsche glücklich leben.« Die Tschechei könne auch ihr Staatsoberhaupt behalten, eine Zollunion sei geplant, das tschechoslowakische Volk werde durch die »Einbettung« in das Deutsche Reich wirtschaftlich gewinnen. Zum Abschluss wird noch eine gemeinsame Erklärung unterschrieben, in der es heißt, dass Hácha wie ein Vasall »das Schicksal des tschechischen Volkes und Landes vertrauensvoll in die Hände des Führers des Deutschen Reiches« lege, und dass Hitler wie ein Lehnsherr zusage, dem tschechischen Volk »eine seiner Eigenart gemäße autonome Entwicklung seines Lebens« zu gewährleisten«. Um 4 Uhr ist Háchas »schwerster Tag« beendet; er zieht sich für den Rest der Nacht ins *Hotel Adlon* zurück und fragt sich, ob seine Landsleute ihn wegen der Unterzeichnung »anfeinden« werden.[3]

Um 6 Uhr verliest Goebbels über alle deutschen Sender den Befehl Hitlers an die Wehrmacht, in dem er den Einmarsch deutscher Truppen als Reaktion auf den »unerträglichen Terror gegen deutsche Volksgenossen in Böhmen und Mähren« ausgibt. »Ich erwarte von jedem deutschen Soldaten«, heißt es in dem Befehl, »dass er sich den Bewohnern des zu besetzenden Gebietes gegenüber nicht als Feind betrachtet, sondern nur als Träger des Willens der deutschen Reichsregierung, in diesem Gebiet eine erträgliche Ordnung herzustellen.« Der *Völkische Beobachter* verkündet in einer Sonderausgabe: »Böhmen und Mähren unter deutscher Schutzherrschaft.«

Als die Tschechen am Morgen des 15. März ihr Radio anschalten, hören sie die Durchsage:

> »Heute früh um 6 Uhr hat die deutsche Wehrmacht die Grenzen unseres Staates überschritten. Sie, die Sie heute früh erwachen, zweifeln noch daran, ob diese Neuigkeiten wahr sind. Begeben Sie sich alle zu Ihrer Arbeit, schicken Sie Ihre Kinder in die Schulen. Es ist unbedingt notwendig, dass Post und Eisenbahn ohne Störung funktionieren. Die Deutschen sind gut zu empfangen.«

Es herrscht Eiseskälte und ein Schneesturm fegt über das Land. Aus Norden, Süden und Westen dringen etwa 60 000 deutsche Soldaten ein. Sie treffen nur auf den Widerstand der Natur: Spiegelglatte Straßen, Schneeverwehungen und schlechte Sicht behindern das Tempo des Vormarschs. Es fällt kein Schuss, nur Verkehrsunfälle fordern Opfer: Von einer Stunde zur anderen wird das Land auf Rechtsverkehr umgestellt. Als erstes werden die Festungen Theresienstadt und Olmütz übernommen. Um 7 Uhr folgt die tschechische Waffenschmiede Pilsen, gegen Mittag rücken deutsche Panzer in die mährische Hauptstadt Brünn ein. Eine Vorhut erreicht Prag bereits gegen 9 Uhr: Auf dem Vorplatz der Burg fahren Panzerspähwagen auf. Trotz Kälte und Schneetreiben sammeln sich an den Straßenrändern der Millionenstadt viele Menschen: Deutsche jubeln, Tschechen schweigen.

Nach dem Eintreffen in Prag schreitet Hitler eine Ehrenwache vor der Burg ab, wo bis zum Oktober 1938 Beneš residiert hatte

Mannschaftswagen mit deutschen Polizisten treffen ein, sie regeln gemeinsam mit tschechischen Polizisten den Verkehr. Wegen des dichten Nebels können Flugzeuge nicht starten. Nur eine Maschine des tschechischen Generalstabs wagt den Flug: Sie bringt elf Geheimdienstleute mit vertraulichen Dokumenten nach London.

Noch bevor Hácha seine Rückfahrt antritt, hat sich Hitler in einem Sonderzug auf den Weg Richtung Böhmen gemacht. Am Nachmittag wird er an der Grenze vom Kommandanten des neugebildeten Führerhauptquartiers, Oberst Erwin Rommel, begrüßt. Im Befehlswagen wird die Lage erläutert: »Der Einmarsch verläuft friedensmäßig, das tschechische Heer ist nicht zu sehen. Die Bevölkerung verhält sich teilnahmslos und hat den Schock der Überraschung noch nicht überwunden.« Es sind keine 100 Kilometer mehr bis Prag. Hitler entscheidet sich für eine Fahrt im offenen Geländewagen.

Es geht durch die beginnende Dämmerung fast unerkannt vorbei an marschierenden Kolonnen über die Elbe und Richtung Prag. Kurz vor 20 Uhr trifft Hitler an der Burg ein, vor der deutsche Posten stehen. Mit

Kaum ein Prager findet sich ein, als die deutsche Wehrmacht auf dem Wenzelsplatz unter Marschmusik eine Parade abhält

Kerzenlicht geleitet ihn der Kastellan in den für Staatsgäste vorgesehenen Seitentrakt, auf dem First der Burg wird die Führerstandarte mit dem Hakenkreuz im goldenen Kranz aufgezogen. Von einem Balkonfenster aus blickt Hitler auf Prag. Denkt er an Karl IV., den böhmischen König und deutschen Kaiser, der an dieser Stelle mehr als 600 Jahre zuvor davon träumte, als »Monarch der Welt« das »Heilige Reich« zu beherrschen? Ein deutsches Musikkorps begrüßt wenig später am Bahnhof mit einem preußischen Militärmarsch Präsident Hácha. An seinem Amtssitz wird er von Hitler empfangen. Es ist keine 20 Stunden her, dass sich die beiden in Berlin verabschiedet hatten.

Am folgenden Tag wird gegen Mittag die Sterbeurkunde der Tschechoslowakei über den Rundfunk verkündet. Außenminister Ribbentrop verliest den Erlass Hitlers: »Die von den deutschen Truppen besetzten Landesteile gehören von jetzt ab zum Gebiet des Großdeutschen Reiches und treten als ›Protektorat Böhmen und Mähren‹ unter dessen Schutz.« Das Protektorat solle sich autonom verwalten, Außen- und Verteidigungspolitik werden vom Reich übernommen; an der Spitze solle ein Staatsoberhaupt mit allen »Ehrenrechten« stehen. Zur Durchsetzung der »Reichsinteressen« ernennt Hitler den ehemaligen Außenminister Konstantin von Neurath zum »Reichsprotektor« mit Sitz in Prag. Hácha erhält den Erlass ausgehändigt und ruft die Tschechen auf, »Ruhe und Ordnung zu bewahren«. Unruhig sind vor allem deutsche Emigranten und Juden, die außer Landes zu fliehen versuchen oder in langen Schlangen um Asyl u. a. in der US-Gesandtschaft bitten, wo sie jedoch abgewiesen werden.

Hitler wartet die Parade der Wehrmacht auf dem Wenzelsplatz nicht ab, sondern fährt über Brünn, wo er sich von der »befreiten Bevölkerung« umjubeln lässt, nach Wien. Dort ist die Parade zum Jahrestag des Anschlusses Österreichs am 15. März 1938 abgesagt worden; stattdessen begrüßen die Wiener nun den »Schöpfer der neuen mitteleuropäischen Ordnung mit unbeschreiblicher Freude«. Am Sonntag, dem 19. März, ist in Berlin ein triumphaler Empfang mit Salutschüssen und Glockengeläut für den »Mehrer des Reiches« vorgesehen. Diese Anspielung auf Augustus, den Begründer des Römischen Kaiserreichs, wird später wieder fallengelassen, wohl zur Beruhigung der kleineren Länder in Europa. In seinem Tagebuch kann Goebbels feststellen, dass immerhin der »Prestigezuwachs auf dem Balkan ungeheuerlich« sei: »Wir sind nun die Herren Europas.«[4]

Innerhalb eines Jahres hat sich Deutschland, ohne einen Schuss abzugeben, drei wertvolle Gebiete einverleibt: Österreich, das Sudetenland sowie nun Böhmen und Mähren. In einer kleinen Broschüre listet die Deutsche Bank für ihre Geschäftsfreunde die neuesten Gewinne auf. Zur Einstimmung der Berliner auf den Empfang Hitlers rechnet der *Völkische Beobachter* vor, dass Deutschland nun flächenmäßig größer als das frühere Kaiserreich und mit 86 Millionen Einwohnern Frankreich und Großbritannien mit zusammen 89 Millionen Einwohnern ebenbürtig sei. Diese selbstgefällige Großtuerei wird im Propagandaministerium nicht gern gesehen; Andeutungen über weitere deutsche Absichten seien Gift für die Beziehungen zu anderen Mächten. Doch auch in Paris und London, in Moskau und Washington kann man rechnen.

Frankreich nimmt als erstes eine Protest-Haltung ein. Schmerzlich aus moralischer Sicht sei das Eingeständnis, dass die im vergangenen September zugesagte Garantie für die Rest-Tschechoslowakei nicht eingehalten werden kann. Schmerzlich aus militärischer Sicht sei der Verlust des Bündnispartners an der Südflanke Deutschlands und die »beträchtliche Vergrößerung der deutschen Machtmittel, bis zum Schwarzen Meer vorzustoßen, um sich auf einen langen Krieg vorzubereiten«, wie der französische Geheimdienst meldet. Da ist es nur ein geringer Trost, wenn im Schaufenster des tschecho-

Am 17. März 1939 wird Hitler in Brünn, der Hauptstadt Mährens, begrüßt

slowakischen Reisebüros in Paris zu lesen ist: »Franzosen! Da die Tschechoslowakei ins Grab steigt, ruft sie euch zu: Auch wenn ihr 40 Divisionen verloren habt, so bleiben euch trotzdem elf Millionen Freunde.«

Außenminister Georges Bonnet sieht sich im Parlament heftiger Kritik wegen seiner Verständigungspolitik mit Deutschland ausgesetzt: »Das sind die Folgen Ihrer Kapitulation in München! Herr Minister, treten Sie zurück!« Auch sein Botschafter in Berlin, Robert Coulondre, setzt ihm zu: »Hitlerdeutschland hat endlich die Maske abgeworfen. Der Herrschsucht des Führers sind keine Grenzen gesetzt.« Er fordert die Regierung in Paris auf, mit aller Kraft für die Sicherheit Frankreichs gegen den »auf die Eroberung Europas eingestellten Gegner« zu sorgen.

Coulondre hebt das durch die letzte Aktion verstärkte Militärpotenzial Deutschlands hervor: Neben dem erbeuteten Kriegsmaterial (Flugzeuge, Panzer, Geschütze, Gewehre, Munition) seien auch die Rüstungsfabriken in Pilsen und Brünn den Deutschen in die Hände gefallen; 50 Millionen Dollar an Gold- und Devisenbeständen sowie drei Millionen tschechische Arbeitskräfte lindern die wirtschaftlichen Probleme Deutschlands; überdies stehe das Reich an den Toren der ungarischen und rumänischen Kornkammern und könne mit seiner Luftwaffe die Balkanländer bedrohen. Für das wahrscheinlichste Ziel der deutschen Politik hält er die Unterwerfung Südost- und Osteuropas. Sein Rat an Bonnet: Mit Großbritannien eine Militärmacht, vor allem eine Luftwaffe »auf die Beine stellen, die stark genug ist, Deutschland in Schach zu halten«. Wir müssen, schließt er seinen Bericht, »unverzüglich eine ebenso intensive wie geheime industrielle Mobilmachung unseres Landes vornehmen«.

Außenminister Bonnet kommt zu dem Entschluss, den »offenkundigen Bruch des Münchener Abkommens nicht ohne Gegenmaßnahmen hinzunehmen«: »Wir sind es der internationalen öffentlichen Meinung wie auch uns selbst schuldig, gegen den Gewaltstreich ausdrücklich Einspruch zu erheben.« In Absprache mit London entwirft er eine Protestnote: »Die Regierung der Republik kann die Rechtmäßigkeit der neuen in der Tschechoslowakei geschaffenen Lage nicht anerkennen.« Gegen Mittag des 18. März im Auswärtigen Amt: Staatssekretär Ernst von Weizsäcker empfängt Coulondre, der die Note auf den Tisch legt: »Bitte, lesen Sie.« Doch Weizsäcker rührt das Papier nicht an und fragt: »Worum geht es?«

Der Botschafter: »Das Vorgehen der Reichsregierung gegen die Tschechoslowakei bedeutet eine klare Verletzung von Geist und Buchstabe des Abkommens vom 29. September 1938.«

Der Staatssekretär schiebt das Papier zurück: »Ich weigere mich auf das Allerentschiedenste, irgendeinen Protest in der tschechoslowakischen Sache entgegenzunehmen. Legen Sie Ihrer Regierung nahe, die Frage noch einmal zu erwägen.«

Der Botschafter: »Meine Regierung hat ihre Entscheidung nach reiflicher Überlegung getroffen.«

Der Staatssekretär: »Ich bin erstaunt, dass die französische Regierung sich in Dinge einmischen will, die zwischen Berlin und Prag ordnungsgemäß abgemacht sind.«

Der Botschafter: »Wir haben Grund zur Annahme, dass die tschechischen Unterhändler verhindert waren, ihren wahren Willen zum Ausdruck zu bringen.«

Der Staatssekretär: »Außerdem handelt es sich um ein Gebiet, für das sich Ihr Außenminister gegenüber dem Reichsaußenminister Anfang Dezember 1938 als desinteressiert erklärt hat.«

Der Botschafter: »Von derartigen Zusicherungen findet sich in der Erklärung vom 6. Dezember nicht die geringste Spur.«

Noch immer liegt die Note zwischen ihnen, der eine will sie nicht annehmen, der andere nicht zurücknehmen. Schließlich erklärt Weizsäcker: »Ich betrachte sie als durch die Post zugestellt.«

Der französische Ministerpräsident Édouard Daladier zögert nicht, den Empfehlungen Coulondres zu folgen. Er nutzt die Angst vor der »Wiedererrichtung des Heiligen Römischen Reichs Deutscher Nation« und beantragt am 18. März im Parlament Sondervollmachten: »Wir leben in schweren Stunden, die dramatisch werden können. Es ist unsere Pflicht, in innerer Geschlossenheit Energie und Mut zu zeigen.« Mahnend fügt er hinzu: »Das Vaterland geht der bürgerlichen Bequemlichkeit vor.« Trotz des Widerstands der Sozialisten und Kommunisten gegen die »Abdankung des Parlaments« bekommt Daladier für sein Ermächtigungsgesetz zur »Festigung und Stärkung Frankreichs« in der Kammer eine klare und im Senat fast eine absolute Mehrheit. Überdies wird daran gedacht, die von Deutschland »bedrohten Slawen in Polen, Rumänien und Jugoslawien mit Russland zusammenzuschweißen«. Ohne großes Aufsehen wird ein Reservisten-Jahrgang mobilisiert. Geht Europa einer neuen Katastrophe entgegen? fragt sich Bonnet.[5]

Auch in Großbritannien stehen Premierminister Neville Chamberlain und sein Außenminister Lord Halifax mit ihrer Entspannungspolitik unter Beschuss durch die Opposition. Das Unterhaus widmet sich vom Nachmittag bis zum späten Abend des 15. März fast neun Stunden lang der Lage in der Tschechoslowakei. Eröffnet wird die Debatte durch eine Erklärung Chamberlains, in der er sich zur versprochenen Garantie, auch wenn sie formal noch nicht in Kraft getreten sei, moralisch bekennt. Die Lage habe sich jedoch nach der Unabhängigkeitserklärung der Slowakei grundlegend geändert: »Damit ist der Staat, dessen Grenzen wir garantieren wollten, innerlich zerbrochen.« Die Regierung fühle sich daher nicht mehr an ihre Verpflichtung gebunden, rechtfertigt der Premier seinen Verzicht auf eine scharfe Reaktion.

Sprecher der Arbeitspartei werfen Chamberlain vor, dass er vor den Trümmern seiner Entspannungspolitik stehe: »Die Lage in Europa ist heute sehr viel unsicherer als vor sechs Monaten.« Hitler sei eine Bedrohung für alle seine Nachbarn geworden: Wann werde die Regierung eine klare Linie ziehen, damit Rumänien, Polen, Dänemark, die Niederlande nicht genauso überrannt würden wie die Tschecho-Slowakei? Großbritannien müsse ihnen Beistand zusagen und dabei mit den Vereinigten Staaten und der Sowjetunion zusammengehen.

Der britische Botschafter in Berlin, Nevile Henderson, teilt die Empörung über das »zynische und unmoralische« Vorgehen der deutschen Regierung: Sie sei darauf aus, »durch Gewalt das ganze Donaubecken zu beherrschen«. Er hoffe, schreibt er in seinem Bericht an Halifax, dass sich »Polen, Ungarn, Rumänien und Jugoslawien gegen die Drohung zusammenschließen« würden. Der deutsche Botschafter in London, Herbert von Dirksen, muss im

Gespräch mit Halifax erkennen, dass für Deutschland das »Höchstmaß an Machtzuwachs erreicht ist, das Großbritannien zuzugestehen« bereit sei: »Ich kann Hitlers Vorliebe für unblutige Siege gut verstehen«, erklärt der britische Außenminister und fügt die Drohung an: »Eines Tages wird er sich vor eine Situation gestellt sehen, die nicht unblutig sein wird.«

Mit einer »nachdrücklichen und wirkungsvollen Gegenaktion« rechnet Dirksen nicht, auch wenn die herrschende Stimmung in Großbritannien von einem »Gefühl der unterdrückten Wut« geprägt sei. Tatsächlich begnügt sich London (wie Paris) mit einem Protest »gegen die Veränderungen, die in der Tschecho-Slowakei durch die deutsche militärische Aktion bewirkt« worden seien, und mit dem Rückruf des Botschafters zur Berichterstattung. Der britische Außenhandelsminister sagt überdies einen vereinbarten Gesprächstermin in Berlin ab und reist gleich weiter nach Warschau und Moskau.

Premierminister Chamberlain sieht sich allerdings veranlasst, seine bisherige Politik gegen die heftige Kritik in der Presse zu verteidigen und Entschlossenheit gegen den Vormarsch der Deutschen zu zeigen. Gelegenheit dazu ist am Abend des 17. März eine Rede vor Parteifreunden im Rathaus von Birmingham, seiner Vaterstadt, wo er es bis zum Bürgermeister gebracht hatte. Die britische Rundfunkgesellschaft BBC sorgt dafür, dass die Rede im ganzen Land und bis in die letzte Ecke des britischen Weltreiches wie auch in den USA zu hören ist; der Londoner Sender verbreitet sie anschließend auch in deutscher Übersetzung.

Zunächst wehrt sich Chamberlain gegen den Vorwurf, die Schuld für das Schicksal der Tschecho-Slowakei laste auf seinen Schultern: »Diese Schlussfolgerung ist völlig ungerechtfertigt.« Er sei nach München gegangen, um einen »europäischen Krieg zu vermeiden«, erklärt er unter Beifall: »Der Friede war gerettet, Hunderttausende von Familien in Europa würden sonst heute in Trauer sein um den Verlust ihrer Söhne in der Blüte ihrer Jahre.« Es habe keine Alternative gegeben. Die von ihm betriebene Entspannungspolitik könne jedoch nur erfolgreich sein, wenn »keine Macht danach strebt, eine allgemeine Vorherrschaft in Europa zu erlangen«. Hitler habe nun aber seine Zusagen von München gebrochen, das Sudetenland sei seine »letzte territoriale Forderung« und er wolle keine Tschechen. Chamberlain urteilt, indem er Fragen stellt:

> »Ist dies der letzte Angriff auf ein kleines Land oder werden andere folgen? Ist dies sogar ein Schritt in die Richtung zum Versuch, die Welt durch Gewalt zu beherrschen?«

Das seien ernste Fragen, die nicht nur Deutschlands Nachbarn angehen, sondern auch Staaten außerhalb Europas, womit er auf die USA anspielt. Großbritannien werde sich in erster Linie an die Mitglieder des britischen Weltreichs (Beifall) sowie an Frankreich (Beifall) halten. Auch den Ländern in Südosteuropa werde man mit Ratschlägen beistehen können: »Wir werden«, erklärt er unter lauten Zurufen, »niemals unsere Freiheit aufgeben.« Die Demokratien müssen jedem Versuch, durch Gewalt die Weltherrschaft zu erringen, Widerstand leisten. »Ich bin überzeugt«, schließt er seine Rede, »dass ich nicht nur die Zustimmung meiner Landsleute, sondern auch die Zustimmung des gesamten britischen Weltreichs und aller anderen Völker erhalte, die den Frieden lieben, aber noch mehr die Freiheit.«

Einmütig spricht die Versammlung in einer Entschließung ihr unvermindertes Vertrauen in die Führungskraft Chamberlains aus. Er gibt die Anerkennung zurück: »Wir müssen uns nicht niedergeschlagen fühlen. Dies ist eine große und mächtige Nation.« Und drohend fügt er hinzu: »Ich wage die Vorhersage, dass Deutschland am Ende bitterlich bereuen wird, was seine Regierung getan hat.« Die gleiche Zuversicht leitet Außenminister Halifax drei Tage später im Oberhaus aus der historischen Erfahrung ab: »Alle Versuche, über Europa eine Vorherrschaft zu errichten, endeten früher oder später in einer Katastrophe für jene, die diese Versuche unternommen haben.«[6] Damit wird die Erinnerung an 1914 wachgerufen: Steht ein neuer Weltkrieg bevor? In London werden gemeinsame Generalstabsbesprechungen mit Frankreich vorbereitet.

Aus Washington hatte Chamberlain noch vor seiner Rede Rückendeckung erhalten: Ein Sprecher des amerikanischen Außenministeriums hatte öffentlich ein Verdammungsurteil über eine »Politik militärischer Aggression« gesprochen: »Taten zügelloser Gesetzlosigkeit und willkürlicher Gewalt bedrohen den Weltfrieden.« Gegenüber Berlin wird klargestellt, dass es aus Sicht der USA keine rechtliche Grundlage für die deutsche Machtausübung in Böhmen und Mähren gebe. Der von Deutschland geschaffene Zustand werde nur »zeitweilig« anerkannt.

Auf der anschließenden Kabinettsitzung im Weißen Haus kündigt Präsident Franklin Roosevelt verschiedene Maßnahmen gegen Deutschland an: Auf alle Importwaren aus Deutschland wie auch aus der ehemaligen Tschecho-Slowakei sollen die Zölle beträchtlich erhöht werden. Weiter soll dafür gesorgt werden, dass tschechoslowakische Bankguthaben in den USA nicht den Deutschen in die Hände fallen. Roosevelt meint sogar, dass er das gesamte deutsche Vermögen in den USA beschlagnahmen könnte. Den anwesenden Vertreter des Marineministeriums fragt er, was dieser tun würde, wenn er den Befehl erhalte, das deutsche Passagierschiff *Europa* daran zu hindern, den Hafen von New York zu verlassen. Admiral William Leahy antwortet: »Den Befehl würde ich ausführen.« Der Präsident fragt nach: »Und wenn die Europa sich weigert, beizudrehen?« Der Admiral: »Ich würde sie versenken – natürlich erst ein paar Schüsse über der Wasserlinie und dann darunter, bis sie aufgibt.« Schließlich erwägt man, zum Schutz der Hauptstadt die Truppen um Washington zu verstärken.

Wichtiger ist Roosevelts Wunsch, das Neutralitätsgesetz von 1937 gänzlich aufzuheben, um Großbritannien und Frankreich mit Waffenlieferungen unterstützen zu können. Aus Paris hatte US-Botschafter Bullitt bereits Bonnets Ruf übermittelt: »Ihr müsst uns helfen!« In London trägt Halifax seinen Wunsch US-Botschafter Kennedy vor: »Roosevelt könnte schnell etwas in Bezug auf das Neutralitätsgesetz tun.« Doch Roosevelt scheut sich, einen eigenen Antrag in einem Kongress zu stellen, dessen Mehrheit die Vereinigten Staaten aus den Händeln der Welt heraushalten und sie nicht wieder wie 1917 in einen Krieg hineinschlittern lassen will. So wird ein Abgeordneter vorgeschoben, der ein sogenanntes »Friedensgesetz« einbringt, das die Neutralität nur geringfügig aufweicht. Da bei Umfragen Zweidrittel der Amerikaner damit einverstanden sind, Großbritannien und Frankreich gegen Deutschland und Italien mit Flugzeugen und Munition zu unterstützen, gehen Paris und London weiterhin davon aus, dass sie im Falle eines Krieges mit der Hilfe aus den USA rechnen können.[7] Nur Roosevelts Vorgänger Herbert Hoover meint: »Die westeuropäischen Demokratien können sich selbst gegen jeden direkten Angriff verteidigen.«

Und da ist noch die Sowjetunion, die von Briten und Franzosen in Erinnerung an die Waffenbrüderschaft im Weltkrieg wieder häufiger Russland genannt wird. Tatsächlich scheint Moskau nach dem Einmarsch deutscher Truppen in Prag mit Paris und London an einem Strang zu ziehen. Der sowjetische *Volkskommissar für Auswärtige Angelegenheiten*, Maxim Litwinow, schickt am gleichen Tag wie seine Kollegen Bonnet und Halifax einen Protest nach Berlin gegen die »willkürlichen, gewaltsamen und aggressiven« Aktionen der Deutschen: »Sie haben dem Gefühl der Sicherheit der Völker in Europa einen neuen Schlag versetzt.« Gleichzeitig schlägt er Paris und London vor, unverzüglich eine Konferenz aus Vertretern der UdSSR, Großbritanniens, Frankreichs, Polens und Rumäniens einzuberufen.

Aber hat Litwinow, der sich seit Jahren um die Errichtung eines Schutzdamms der ganzen Welt gegen den »deutschen Faschismus« bemüht, in der sowjetischen Außenpolitik noch etwas zu sagen? Bei einem Strategiegespräch im Politbüro der KPdSU Ende 1938 hatte er dem sowjetischen

Diktator Stalin widersprochen, der Hitler zu verstehen geben wollte, dass man zu einem Bündnis bereit sei und Polen unschädlich machen könne. »Wenn wir den Kampf gegen den Faschismus beginnen«, hatte Stalin erklärt, »wird uns niemand unterstützen.« Großbritannien habe keine Armee und wolle nur verhindern, dass Deutschland entlang der Donau über die Türkei bis nach Bagdad vordringe und die Lebensadern des britischen Reiches im Nahen, Mittleren und Fernen Osten bedrohe; Chamberlain ziehe es vor, dass Hitler in Richtung Wolga und Ural vorrücke und sich dort lange Zeit beschäftige. Frankreich habe 1918 alles erreicht, verschanze sich hinter der Maginotlinie und werde Deutschland nicht angreifen, um den Kommunismus zu retten. »Selbst wenn Deutschland in einem neuen Weltkrieg geschlagen wird«, hatte Stalin vorausgesagt, »würde es keine Sowjetunion mehr geben.« Aus dem Streit zwischen Großbritannien und Deutschland heraushalten, war seine Devise: »Wir werden unser letztes Wort erst 1950 sprechen.« Und er hatte dann für 1952 zur 35-Jahrfeier der Oktoberrevolution den »sowjetischen Weltstaatenbund« angekündigt.

Litwinow schüttelte nicht nur den Kopf, sondern wagte auch Widerworte und fühlte sich danach kaltgestellt. An der Vorbereitung des 18. Parteitages der Kommunistischen Partei wurde er nicht mehr beteiligt. Am 10. März 1939 begrüßte der Vorsitzende des Rates der Volkskommissare, Wjatscheslaw Molotow, die 1567 Delegierten in Moskau:

> »Genossen, unsere Partei ist mit Siegen von historischer Bedeutung zu diesem Kongress zusammengekommen. Die Völker der Sowjetunion sind in einer großen Armee des Kommunismus zusammengeschweißt und bereit zu neuen Schlachten unter dem Banner von Lenin und Stalin.«

Alle erhoben sich und applaudierten, als er verkündete: »Unserer Sowjetunion kann kein Feind mehr etwas anhaben, weil unsere Partei geführt wird vom großen Organisator der glorreichen Siege des Kommunismus, von unserem Stalin!«

An die Spitze seines Rechenschaftsberichts stellte Stalin die »internationale Lage der Sowjetunion«. Noch sei der Krieg des »Blocks der drei aggressiven Staaten« Japan, Deutschland und Italien um die »Neuaufteilung der Welt« nicht zu einem neuen Weltkrieg geworden. Warum wehren sich die »nicht-aggressiven Staaten« Großbritannien, Frankreich und die USA nicht, fragte Stalin. Fürchten sie, dass ein zweiter Weltkrieg wie der erste zum Sieg der Revolution führen könnte? Oder begünstigen sie die Aggressoren, damit diese sich in einen Krieg gegen die Sowjetunion einlassen?

Haben sie im Stillen die Absicht, die Kriegsteilnehmer einander schwächen und erschöpfen zu lassen, um dann mit frischen Kräften auf dem Kriegsschauplatz aufzutreten und die Friedensbedingungen zu diktieren? »Wie billig und wie nett!« kommentierte Stalin. Als Beispiel nannte er den Presse-Lärm in Großbritannien, Frankreich und den USA um angebliche deutsche Absichten auf die Ukraine: Hat das den Zweck, »die Deutschen anzustacheln, weiter ostwärts vorzustoßen« und einen Konflikt zwischen der Sowjetunion und Deutschland zu provozieren?

Niemand glaube mehr an den Erfolg der Entspannungspolitik in Europa; selbst Großbritannien und Frankreich steigern ihre Rüstungen, stellte Stalin fest: »Daher stärkt auch unser Land die Kampfbereitschaft unserer Roten Armee und unserer Roten Marine.« Die Säuberung der Armee von »Spionen, Attentätern, Räubern und anderen Unholden« habe ebenfalls zur Stärkung des Sowjetsystems beigetragen. Für die Außenpolitik sei jedoch Vorsicht angebracht: Wir dürfen nicht zulassen, mahnte er, dass »unser Land von Kriegstreibern in Konflikte gezogen wird, die gewohnt sind, andere die Kastanien für sie aus dem Feuer holen« zu lassen. Die Delegierten sprangen auf, spendeten stürmischen Beifall und riefen: »Hurra für unseren geliebten Stalin!«

Diese Rede vom 10. März wird in Paris und London wie in Berlin mit Verzögerung zur Kenntnis genommen. Es fällt wohl auf, dass Stalin mit der britischen und französischen »Nichteinmischungspolitik« härter ins Gericht gegangen ist als mit der deutschen »Kriegspolitik«. Das Sprichwort von den Kastanien (im Russischen wörtlich: glühende Kohlen von fremden Händen aus dem Feuer holen lassen) wird in Zeitungsmeldungen und Botschafterberichten gar nicht oder nur am Rande erwähnt. So wird nicht sofort erkannt, welche Wendung die sowjetische Außenpolitik vollführt, gleich ob dahinter ein Angebot an Hitler stecke, bessere Beziehungen aufzunehmen (»ein Bückling vor Hitler«, wie Litwinow vermutet), oder ob es Chamberlain und Daladier die Illusion rauben solle, die Sowjetunion würde ihnen den Krieg gegen Hitler abnehmen.

Der italienische Botschafter in Moskau hat dagegen den richtigen Durchblick. Er berichtet seinem Außenminister über das »Endziel des Kremls«: »Ich bin überzeugt, dass die Führer der Sowjetunion einen Weltkrieg herbeiwünschen und ihn indirekt begünstigen.« So solle der Verfall der kapitalistischen Welt herbeigeführt werden:

> »Die Sowjetunion wird alles tun, um diesem Krieg fernzubleiben, bis der geeignete Augenblick einer Intervention eintritt, um so die Eingliederung möglichst vieler Länder in die kommunistische ›neue Ordnung‹ zu erleichtern.«

Dazu passt, dass andere Redner auf dem Parteitag den »Triumph der sozialistischen Revolution in der ganzen Welt« verkündeten und Stalin als den »großen Führer des Weltkommunismus« in den Himmel hoben.

Als Sprecher des »tschechoslowakischen Volkes« meldet sich in diesen Tagen auch der ehemalige Staatspräsident Eduard Beneš von Chicago aus zu Wort. In einem Telegramm an Roosevelt, Chamberlain, Daladier und Litwinow formuliert er seinen »heiligen Protest gegen das große internationale Verbrechen«: »Niemals werden die Tschechen und Slowaken den Verlust ihrer Rechte hinnehmen, und sie werden kämpfen, bis sie diese Rechte wieder erlangt haben.« Er appelliert an die Regierungen, die notwendigen Konsequenzen zu ziehen. Er hofft auf die Beteiligung der Sowjetunion und der USA am Krieg gegen Deutschland, damit es in einem Zweifrontenkrieg ende.[8]

Ist das der Weg, das mächtige Deutschland mitten in Europa zu bezwingen?

14. KAPITEL

Chamberlain auf der Suche nach Verbündeten gegen Deutschland (März/April 1939)

London, die Hauptstadt des Vereinigten Königreiches und eines Weltreiches, liegt Mitte März 1939 in dichtem Nebel. Nach dem deutschen Blitzschlag gegen Prag schwirren Gerüchte durch die Gänge beider Häuser des Parlaments und durch die Redaktionsstuben der Fleetstraße über die nächsten Absichten Deutschlands. Sie behindern die klare Sicht: Könnte nicht sogar London Ziel eines deutschen Überraschungsangriffs sein? Es werden Pläne geschmiedet, wie Deutschland vom weiteren Vormarsch in Europa abgehalten werden kann.

Der britische Premierminister Neville Chamberlain beschließt für sich, dass es unmöglich geworden sei, mit Hitler, diesem »Fanatiker«, weiter zu verhandeln, da dieser alle seine Zusagen nicht eingehalten habe. Nur eine Große Koalition, ist er überzeugt, kann das mächtige Deutschland in die Schranken weisen. Sein Plan: Das britische Weltreich mit seinen 500 Millionen Bewohnern, das französische Weltreich mit seinen 100 Millionen Bewohnern, die Union der Sowjetrepublik mit ihren 170 Millionen Bewohnern und die Republik Polen mit ihren 35 Millionen Einwohnern sollen gegen das Deutsche Reich mit seinem 80-Millionen-Volk gemeinsam antreten. Nur wenn Deutschland zwei Fronten gegenüber stehe, haben die britischen Generalstabschefs deutlich gemacht, könne es bezwungen werden. Sie empfehlen ein großes Bündnis wie vor dem Weltkrieg.

Für den Nachmittag des 18. März hat Chamberlain, der an diesem Tag 70 Jahre alt wird, das Kabinett zu einer Sondersitzung zusammengerufen. Sie wird überschattet von dem Gerücht, dass Deutschland während der laufenden Wirtschaftsverhandlungen in Bukarest Rumänien ein Ultimatum gestellt und mit einer militärischen Invasion gedroht haben solle, wenn es kein Monopol im rumänischen Handel erhalten werde. Das Gerücht stellt sich schnell als falsch heraus, aber veranlasst Chamberlain zu der rhetorischen Frage: »Hat Deutschland die Absicht, ganz Südosteuropa zu beherrschen?« Eine Verpflichtungserklärung, Rumänien im Falle eines deutschen

Angriffs beizustehen, lehnt er jedoch ab. Stattdessen schlägt er vor, bei befreundeten Ländern Unterstützung dafür zu erreichen, gemeinsam zu verkünden, »jeder weiteren aggressiven Handlung Deutschlands zu widerstehen«. Keine sehr wirkungsvolle Abschreckung, meinen viele Minister; aber mit der Aussicht auf eine Atempause von sechs bis neun Monaten für die weitere Aufrüstung stimmen sie zu.

Am folgenden Tag entwerfen der Premier und sein Außenminister Halifax den Text der Absichtserklärung. Sie enthält keine weiteren Verpflichtungen für andere Länder, aber soll Deutschland von weiteren Aktionen abschrecken. Außerdem wird beschlossen, nur die Regierungen der Großmächte Frankreich und Sowjetunion sowie Polens um Zustimmung zu bitten. Am 20. März billigt das Kabinett die Erklärung. Chamberlain begründet sie:

> »Wenn Deutschland Anzeichen macht, den Marsch auf die Weltherrschaft fortzusetzen, müssen wir es stoppen, indem wir es von zwei Seiten angreifen. Ein Angriff auf Deutschland soll nicht das Ziel haben, das nächste Opfer zu schützen, sondern den Tyrannen zu stürzen.«

Noch am selben Abend gehen Telegramme an die Botschafter in Paris, Warschau und Moskau heraus. Sie sollen die gemeinsame Unterzeichnung der britischen Erklärung anregen:

> »Da Frieden und Sicherheit in Europa Angelegenheiten gemeinsamer Interessen und Sorgen sind und sie durch jede Drohung gegen die politische Unabhängigkeit irgendeines europäischen Staates beeinträchtigt werden könnten, erklären die Unterzeichner, dass unsere Regierungen unverzüglich untereinander beraten, welche Schritte unternommen werden sollen, um einer solchen Aktion gemeinsam Widerstand zu leisten.«

Ist es eine »kühne« Erklärung, wie Chamberlain sie nennt, oder ist sie »nicht sehr heldenhaft«, wie Halifax meint? Ist die Suche nach Verbündeten gar ein Zeichen britischer Schwäche, wie ein kritischer Beobachter schreibt: »Jetzt haben wir begonnen, mit Russland zu flirten. Wir müssen in sehr flachen Gewässern sein, so etwas zu tun.« Die Botschafter erhalten schnelle Antworten: in Paris uneingeschränkte Zustimmung; in Moskau Solidarität, aber mit der Einschränkung: erst nach Einverständnis von Frankreich und Polen; in Warschau Bedenken: Dort lehnt man eine gemeinsame Erklärung mit der Sowjetunion ab.[1]

Die folgenden Tage bieten Chamberlain und Halifax Gelegenheit, das weitere Vorgehen mit dem französischen Außenminister Georges Bonnet zu besprechen. Er begleitet Frankreichs Staatspräsident Albert Lebrun, der den Besuch der britischen Königsfamilie im Juli 1938 in Paris erwidert. Ganz London ist am 21. März in die Farben blau-weiß-rot getaucht, die Farben des *Union Jack* und der *Tricolore*, wie betont wird. König und Königin empfangen das Präsidentenpaar auf dem Victoria-Bahnhof. Man fährt in sechsspännigen Kutschen an jubelnden Massen vorbei zum Buckingham-Palast, wo die Gäste in der *Belgischen Suite* untergebracht sind. Die Londoner *Times* sieht in dem Besuch einen Beweis dafür, dass zwischen beiden Ländern die »Übereinstimmung nie herzlicher« gewesen sei, eine Anspielung auf die *Entente cordiale* vor dem Weltkrieg. Das soll die feierliche Eröffnung eines *Institut Français* in London durch Lebrun noch unterstreichen. Erwähnt wird auch, dass einer von Lebruns Vorgängern, Raymond Poincaré, London ein Jahr vor Ausbruch des Krieges einen Besuch abgestattet hatte. Zeitungen und Rundfunk betonen in ihrer Berichterstattung über den viertägigen Besuch die enge Freundschaft und die enge Zusammenarbeit zwischen beiden Ländern.

Bereits zwei Stunden nach der Ankunft kommen die beiden Außenminister Halifax und Bonnet im Außenamt zusammen und tauschen die neuesten Informationen aus. Es geht vor allem um die Beteiligung der Sowjetunion an der Koalition gegen Deutschland. Aus Rumänien hat Außenminister Bonnet gehört, dass die Sowjetunion dort nicht sehr beliebt sei: »Vor allem in der Oberschicht gibt es welche, die Hitler Stalin vorziehen.« Auch aus Warschau hat Bonnet den Einwand vernommen, eine sowjetische Hilfe sei nicht nützlich.

Halifax weiht Bonnet in die britische Absicht ein: Jetzt komme es darauf an, einen deutschen Angriff zu verhindern, gleich ob gegen Frankreich, Großbritannien, die Niederlande, die Schweiz, Rumänien, Polen, Jugoslawien oder wo auch immer. Die Erklärung der Großmächte wäre ein Warnsignal für Deutschland und zugleich ein Sammelpunkt für die kleineren Länder. Bonnet stimmt zu: »Die Zeit ist gekommen, Deutschland ein Halt zuzurufen.« Aber er weist auf das Hauptproblem an der deutschen Ostfront hin: »Wenn Polen mitmacht, kann Russland sehr große Unterstützung leisten; wenn nicht, könnte Russland viel weniger beitragen.« Frankreich wolle die Last des Krieges nicht allein tragen: Da Großbritanniens Hilfe nur langsam anlaufen würde, käme Frankreich in eine schlimme Lage, wenn Polen sich sträube, die Russen durchzulassen. Er verlangt: »Auf Polen muss daher der stärkste Druck ausgeübt werden, äußerstenfalls durch Drohungen, damit es mitmacht.«

Halifax gibt Bonnet völlig recht: Da Polen von höchster Bedeutung sei, wäre es notwendig, gegenüber der polnischen Regierung »so etwas wie eine Drohung« auszusprechen (im offiziellen Protokoll gemildert in: »eine sehr klare Sprache« zu führen). Die entscheidende Frage sei jedoch: »Können wir einen erfolgreichen Krieg gegen Deutschland führen? Können wir Deutschland so viel Schaden zufügen, dass wir unser Ziel erreichen, es unter Kontrolle zu bringen?« Wenn Großbritannien und Frankreich eine sehr feste Haltung einnehmen, würde dies wahrscheinlich Polen zum Mitmachen bringen. Und außerdem, erwartet Halifax, würde es wohl im Falle eines Krieges, den Hitler vom Zaune breche, zu innenpolitischen Auswirkungen in Deutschland kommen, die »verderblich für das Nazi-Regime« wären. An dieser Stelle wird das Gespräch vertagt, da der Buckingham-Palast zum Staatsbankett im Ballsaal ruft, der mit Rücksicht auf die Gäste nicht durch die lange Gemäldegalerie mit den Porträts der beiden Sieger über Napoléon, Wellington und Blücher, betreten wird. In Trinksprüchen feiern König und Präsident die »Gleichheit der Interessen unserer Völker« und »unsere im Volksbewusstsein verwurzelte Freundschaft«.

Während am folgenden Tag, am 22. März, bei einem prunkvollen Empfang im Londoner Rathaus erneut die britisch-französische Freundschaft beschworen wird, treffen im Außenamt bedrohliche Berichte ein: Ungarische Truppen sollen in Marsch gesetzt worden sein und deutsche Divisionen an der ungarischen Grenze bereit stehen. Aus Berlin wird gemeldet, dass der litauische Außenminister unter deutschem Druck das 1923 von Litauen besetzte Memelgebiet an das Reich abgetreten hat: Bei der Fahrt vom ostpreußischen Tilsit über die Luisenbrücke ins Memelland weht nun zum Empfang eine Hakenkreuzfahne. Jubel über die »Wiedervereinigung« bei den gut hunderttausend Memeldeutschen, ihre Sicherheitsabteilung (SA) übernimmt die Polizeigewalt, aus Ostpreußen rückt Verstärkung an. Für den Verlust seines Zugangs zur Ostsee soll Litauen in der Stadt Memel eine Freihafenzone erhalten. Ist das ein Drehbuch, nach dem Deutschland sich auch Danzig aneignen könnte? Während sich am Nachmittag die britischen und französischen Politiker zum zweiten Mal treffen, geht Hitler in Swinemünde an Bord des Panzerschiffes *Deutschland*. Mit einer großen Flottille nimmt er Kurs auf die neue Erwerbung.

Für die Fortsetzung des Gesprächs hat Chamberlain die beiden Außenminister und die beiden Botschafter diesmal in sein Amtszimmer im Unterhaus geladen. Wieder geht es um die Beteiligung Polens an einem Krieg gegen Deutschland. Wieder geht es um die militärische Hilfe der Sowjetunion für Polen. In der Diskussion hebt Bonnet hervor, dass er diese

TOUS LES SAMEDIS

L'EUROPE NOUVELLE

LE NUMERO : 3 F

LE FAIT – LE DOCUMENT

DIRECTEUR : MADELEINE LE VERRIER

REDACTEUR EN CHEF : PERTINAX

27. M

INSTITUT FÜR AUSWÄRTIGE POLITIK HAMBURG

LE PRESIDENT LEBRUN A LONDRES

— « Nous reconnaissons pleinement les difficultés qui sont sur notre route, mais j'ai la conviction que nous pouvons regarder l'avenir avec confiance et avec espoir, conscients de notre force et de ces qualités immortelles d'intelligence et de caractère qui distinguent nos deux peuples et qui se manifestent surtout à l'heure du danger. »

(Toast du Roi George VI.)

C28

73 bis, QUAI D'ORSAY, PARIS
TELEPH. : SEGUR 91-10, 91-11.

22e ANNEE. — N° 1.1
— 25 MARS 1939.

Der britische König findet freundliche Worte für den französischen Präsidenten in der »Stunde der Gefahr«: »Ich bin überzeugt, dass wir beide zuversichtlich in die Zukunft blicken können, im Bewusstsein unserer Stärke und der unvergänglichen Eigenschaften an Verstand und Mut, die unsere beiden Völker auszeichnen.«

Hilfe für unerlässlich halte. Moskau solle mit dem Hinweis auf die Gefahren der »Ausbreitung des Germanentums« geködert werden: »Deutschland muss das Gefühl bekommen, dass es im Osten auf Widerstand stoßen würde.« Daher müssten alle Hebel in Bewegung gesetzt werden, Polen und Rumänien jeden Vorwand zu nehmen, die Lieferung von Kriegsmaterial und Flugzeugen aus der Sowjetunion zu verweigern. Halifax bekräftigt diese Linie: Wenn wir Polen und Rumänien unseren Beistand zusagen, teilen wir ihnen auch mit, dass es in ihrem und in unserem Interesse ist, die Beteiligung der Sowjetunion sicherzustellen.

Chamberlain hat seine Zweifel. Er äußert Verständnis für das zögerliche Verhalten Polens und Rumäniens. Beide hatten sich nach dem letzten Krieg beträchtliche Teile des ehemaligen Russischen Reiches unter den Nagel gerissen, beide müssen fürchten, dass Moskau diese Landesteile als Preis für seine Hilfe zurück verlangt. Auch Chamberlain misstraut der Sowjetunion und glaubt nicht an ihren Willen und ihre Fähigkeit zu einer wirkungsvollen Offensive gegen Deutschland. Von vielen kleineren Ländern in Europa werde sie ebenfalls verdächtigt und gehasst: »Unsere enge Verbindung mit Moskau würde uns ihre Sympathien kosten«, ist er überzeugt. Aber er warnt auch: »Weder Großbritannien noch Frankreich können Rumänien und Polen direkt helfen.« Und er denkt für sich: »Die Zusage der nachträglichen Bestrafung einer deutschen Aggression durch uns wäre ebenso tröstlich, wie wenn man jemanden in eine Löwengrube wirft und ihm verspricht: ›Mach dir keine Sorgen! Wenn der Löwe dich verschlingt, werde ich ihm danach eine Tracht Prügel verpassen.‹«

Misstrauisch ist Chamberlain ebenfalls gegenüber Frankreichs militärischen Fähigkeiten. Er stellt Bonnet, sich dafür entschuldigend, eine heikle Frage: »Wie sieht es mit der gegenwärtigen und der künftigen Flugzeugproduktion in Frankreich aus?« Vier Monate zuvor habe Ministerpräsident Daladier für das Frühjahr eine Steigerung von 80 auf 400 im Monat angekündigt. Bonnet gesteht die französische Schwäche ein und teilt vertraulich mit: »Im letzten Monat wurden 100 Flugzeuge hergestellt, im Sommer werden es 250 bis 300 sein.« Er verweist aber auf Einkäufe in den USA. Chamberlain bleibt skeptisch: »Nach meiner Information sind ihre Militärflugzeuge unseren unterlegen.« Bonnet dagegen: »Roosevelt will uns ein sehr modernes Flugzeug geben, das noch nicht einmal in Dienst gestellt ist.« Er muss allerdings einräumen, dass dieser Typ erst im September in Produktion gehen werde. »Können wir Ihnen helfen«, fragt Chamberlain, »die Produktion zu erhöhen?« Die britische Serienproduktion habe inzwischen die Zahl von 600 Flugzeugen im Monat erreicht. Bonnet fragt zurück: »Ist es möglich, in Großbritannien Flugzeuge zu kaufen?« Chamberlain schüttelt den Kopf, bedauert die fehlende Kraft, »Deutschland mit einer überwältigenden Macht entgegenzutreten«, und schließt das Gespräch resigniert ab:

> »Wir müssen weiter aufrüsten sowie Hilfe von außen suchen in der Hoffnung, dass etwas passiert, um den Bann zu brechen: Entweder Hitler stirbt oder er sieht ein, dass unsere Verteidigung für einen erfolgreichen Angriff zu stark ist.«

Bonnet nimmt sich vor, bei einer weiteren Besprechung seinerseits eine britische Schwäche anzuführen und Chamberlain um die Einführung der allgemeinen Wehrpflicht zu bitten. Man geht ohne Verabredungen und Beschlüsse auseinander und macht sich auf den Weg zum Empfang in der französischen Botschaft mit anschließendem Besuch in der Königlichen Oper.

Die enge Verbundenheit zwischen Großbritannien und Frankreich wird am folgenden Tag, am 23. März, in der Westminster Halle demonstriert: Der französische Präsident wird vor den versammelten *Gemeinen* und *Herren* nach dem Abspielen der *Marseillaise* als »Freund und Verbündeter in den schwierigen Zeiten, die die Welt durchmacht« begrüßt. In seiner Dankesrede erinnert Lebrun an seinen Besuch in London während des Weltkriegs: »Es gibt keine Rivalität zwischen Frankreich und Großbritannien: Welch seltene Gunst einer vorbehaltlosen Freundschaft!« Nach Hochrufen auf den Präsidenten erklingt erneut die *Marseillaise*, gefolgt von *God save the King*, ein Zusammenklang, wie die *Times* meint, der »erneut eine tiefe Bedeutung gewinnt«. Anschließend legt Lebrun einen riesigen Kranz aus blauen Kornblumen am Grabmal des unbekannten Soldaten in der Westminister Abtei ab und ehrt die eine Million Briten, die im Weltkrieg gefallen waren.

Besonders französisch gibt sich am Abend das Außenamt: Dem Königs- und dem Präsidentenpaar wird eine Unterhaltungsschau geboten, bei der Kinder und Frauen in historischen französischen Kostümen auftreten, Dichterworte zitiert werden (»Jeder Mann muss zwei Ländern dienen, seinem eigenen und Frankreich«), Komödianten ihre Späße treiben, burleske Tänze vorgeführt und französische Madrigale sowie englische Volkslieder gesungen werden. Zum Abschluss öffnet sich der Vorhang für zwei gold geschmückte Statuen, Großbritannien und Frankreich darstellend, die von Soldaten mit aufgestecktem Bajonett umgeben sind. Selbst Chamberlain lässt sich nach einem anstrengenden Arbeitstag von dem buntem Treiben entzücken: Besonders in Erinnerung bleiben ihm eine Komödiantin, die nach einem zu starken Cocktail ihren Schluckauf nicht loswird, und der riesige Schnurrbart eines französischen Generals, der keine Gelegenheit auslässt, den Damen die Hand oder die Schulter zu küssen; auch Chamberlains Nichte lässt sich auf seine Komplimente ein, bis ihr eine Frau auf den Arm tippt und sagt: »Das ist mein Mann!«

Am 24. März um 10 Uhr heißt es am Victoria-Bahnhof Abschied nehmen. »Beide Seiten«, schreibt die *Times*, »sind sehr zufrieden mit den Ergebnissen der britisch-französischen Gespräche.« Chamberlain drückt gegenüber Bonnet die Hoffnung aus, weiterhin »in gegenseitigem Vertrauen zusammenzuarbeiten«: »Die äußere Lage ist sehr beunruhigend geworden«, sagt er, »der Krieg kann jede Woche ausbrechen.« Tatsächlich wird der Abschied von ungünstigen Nachrichten vom Kontinent überschattet: in Memel ein Jubel-Empfang für Hitler, in Berlin der Abschluss eines »Schutzvertrages« zwischen Deutschland und der Slowakei, in Bukarest die von freundlichen Trinksprüchen umrahmte Unterzeichnung eines weitreichenden Handelsabkommens zwischen Deutschland und Rumänien. Kann Deutschland nun erfolgreich der Seeblockade, der entscheidenden Waffe Großbritanniens in einem langen Krieg, trotzen? Die deutsche Presse, wird in London festgestellt, jubiliert über den Rückschlag für die britischen Pläne zur Einkreisung Deutschlands. Aber Bonnet kehrt zuversichtlich nach Paris zurück. Er hält die Erinnerung an eine Lady fest, die ihm bei einem der Empfänge leidenschaftlich versprochen hatte: »Ich habe mehrere Söhne, die ich liebe. Aber ich sehe sie lieber sterben, als dass sie ein Europa unter Hitlers Herrschaft hinnehmen!«[2]

Kaum haben die französischen Gäste London verlassen, richtet sich das Interesse der britischen Regierung auf Polen. Dort hatte der Oberbefehlshaber der polnischen Armee, Edward Rydz-Śmigły, nach dem Einmarsch deutscher Truppen ins Memelland eine Teilmobilisierung angeordnet und mehrere Reservisten-Jahrgänge zu den Waffen gerufen. Wie entschlossen ist Polen zum Widerstand gegen Deutschland? Eine Vereinbarung mit Moskau hatte Polens Außenminister Józef Beck abgelehnt, das Angebot aus London kommt ihm gerade recht. Er schickt seinen Botschafter in London, Edward Raczyński, am 24. März zu Halifax, den er fragen soll: »Halten Sie es für möglich, mit uns unverzüglich ein zweiseitiges Abkommen zu schließen?« Halifax fragt zurück: »Heißt das: Wir würden Polen unterstützen, wenn seine Unabhängigkeit bedroht ist, und Polen würde uns unterstützen, wenn unser Land angegriffen wird?« Raczyński schüttelt den Kopf und macht klar: »Großbritannien wäre verpflichtet, wenn es zur Auseinander-

Auf dem Theaterplatz von Memel lässt sich Hitler am 23. März 1939 bejubeln: »Ich begrüße die deutschen Volksgenossen als die jüngsten Bürger des Großdeutschen Reiches.«

setzung um Danzig kommt, Polen zu helfen, und Polen wäre umgekehrt verpflichtet, sich mit London zu beraten.« Halifax zögert: »Das ist nicht ganz das Gleiche.« Er vertröstet den Botschafter auf die folgende Woche.

Am selben Tag stimmt Außenminister Beck an seinem Amtssitz im Warschauer Palais Brühl seine Mitarbeiter in Anwesenheit von US-Botschafter Anthony Biddle auf die neue Linie der polnischen Führung ein: »Wir beginnen mit einer internationalen Aktion«, erklärt er im Hinblick auf Großbritannien, »denn wir haben alle Trümpfe in der Hand.« Es gehe gegen die Deutschen, die mit neun Divisionen durch ganz Europa spazieren: »Mit dieser Macht ist Polen nicht beizukommen – wir werden kämpfen!« Der neuralgische Punkt sei Danzig, ein Symbol dafür, dass »wir nicht jenen Staaten folgen, die sich Richtlinien für ihr Verhalten aufzwingen lassen«. Als Richtschnur gibt er aus: »Es ist klüger, dem Feind entgegenzutreten, als hier auf ihn zu warten.« Der polnische Generalstab stellt seinen Aufmarschplan W (»Osten«) auf Z (»Westen«) um.

Halifax ruft am 25. März seine engsten Mitarbeiter zusammen und entwickelt das weitere Vorgehen: »Wenn wir den deutschen Vormarsch aufhalten wollen, müssen wir versuchen, jetzt einen Damm zu errichten.« Da mögliche Verbündete in Osteuropa sich jedoch gegen eine Beteiligung der Sowjetunion wehren, folgert Halifax, müsse Großbritannien auf Warschau setzen: »Wenn Polen nicht auf unserer Seite ist, wäre Deutschland in der Lage, einen Zweifrontenkrieg zu vermeiden.« Als Gegenleistung für eine britische Verpflichtung gegenüber Polen will er drei Bedingungen stellen: Polen müsse bereit sein, Rumänien zu unterstützen; es müsse bei einem deutschen Angriff auf Großbritannien und Frankreich einspringen; und es müsse beiden Ländern helfen, wenn diese gegen Deutschland Krieg führen, um einen deutschen Angriff irgendwo in Westeuropa oder gegen Jugoslawien abzuwehren.

Chamberlain erklärt sich am folgenden Tag mit dem Vorschlag von Halifax einverstanden, Verpflichtungen einzugehen, die er bislang abgelehnt hatte. Steht er unter dem Eindruck zunehmender Kritik innerparteilicher Rebellen, die sich um die zurückgetretenen Minister Anthony Eden und Alfred Duff Cooper scharen? Sicher hat zu dieser Wende auch die Erklärung von US-Außenminister Cordell Hull beigetragen, der am 24. März gemahnt hatte: »Noch nie war die Unterstützung aller Staaten für Recht und Ordnung und gesunde Wirtschaftsbeziehungen so notwendig wie jetzt.« Die Dringlichkeit der polnischen Wünsche hatte ebenfalls US-Botschafter Joseph Kennedy in einem Telefonat unterstrichen: »Kein Land kann britische Vorschläge ernst nehmen, wenn die britische Regierung sich nicht zu Taten aufschwingt und klare wie verbindliche Verpflichtungen übernimmt, hinter denen die Streitkräfte stehen, die sie zur Verfügung hat.«

Am Nachmittag des 27. März trifft man sich in kleiner Ministerrunde und bespricht die neue Politik. Chamberlain gibt eine handfeste Begründung: »Wenn Deutschland Rumänien kontrolliert, muss es die Wirkungen einer Seeblockade nicht mehr fürchten.« Die Auswirkung auf die Widerstandskraft der Länder in Südosteuropa wäre beträchtlich. Wir müssen bereit sein, fügt er hinzu, zusammen mit Frankreich einzugreifen. Er zweifelt allerdings daran, dass Polen seinerseits Verpflichtungen übernehmen würde: »Deswegen müssen wir darauf vorbereitet sein, Polen eine einseitige Zusage für die Errichtung einer Front im Osten zu geben; denn unser Ziel ist es, Deutschlands Streben nach der Weltmacht einzudämmen und zu bezwingen.« Eine britische Garantie würde den Widerstand der Polen stärken. Nichts zu tun, sei keine Alternative, ergänzt Halifax: »Es würde für uns einen großen Verlust an Sympathie und Unterstützung in den Vereinigten Staaten, in den Balkan-Ländern und in anderen Teilen der Welt bedeuten.« Eine Abdankung Großbritanniens als Weltmacht? Nein, sagt Halifax: »Wenn wir zwischen zwei großen Übeln zu wählen haben, ziehe ich es vor, in den Krieg zu ziehen.«

Vor der Entscheidung des gesamten Kabinetts über eine britische Garantie für Polen werden die Generalstabschefs zu den militärischen Auswirkungen befragt. Sie sind sich ziemlich sicher, dass Deutschland eher im Osten als im Westen angreifen würde: Es werde für den Sieg über Polen zwei bis drei Monate brauchen, dabei schwere Verluste erleiden und starke Kräfte gegenüber dem neuen Nachbarn Sowjetunion bereithalten müssen, so dass Großbritannien und Frankreich genügend Zeit hätten, sich auf einen deutschen Angriff vorzubereiten. Aus diesem Grund sei es wichtig, sich Polen durch eine Garantie zu verpflichten und seine Neutralität zu verhindern. Die Generalstabschefs weisen allerdings auch darauf hin, dass Großbritannien und Frankreich Polen nicht direkt unterstützen könnten. Und sie geben zu bedenken, dass eine Garantie Polen zu einer »unnachgiebigen Haltung ermutigen und so übereilt einen Krieg heraufbeschwören könnte, bevor unsere Streitkräfte darauf vorbereitet sind«. Danzig könnte der Anlass für einen solchen Krieg sein.

Chamberlain ist bewusst, dass die letzte Entscheidung bei ihm liegt. Er wägt das »Schicksal einer ganzen Generation, ja des Britischen Weltreichs« ab und findet keinen Schlaf. Es sei eine »Woche der Albträume« gewesen, schreibt er seiner Schwester. Er hofft auf ein paar Tage Zeit: Für Anfang April ist der polnische Außenminister Beck angesagt, den Halifax gleich nach dem Einmarsch der deutschen Truppen in Prag zu Verhandlungen nach London eingeladen hatte. Chamberlain freut sich auf ein gemeinsames Abendessen mit dem König und der Königin am 29. März. Zweieinhalb Stunden vor dem Termin klingelt das Telefon. Es ist Halifax: »Bei mir ist ein Mann, der gerade aus Berlin kommt und wichtige Informationen hat. Es ist ganz dringend und wir kommen sofort vorbei.«

Ian Colvin ist ein junger Journalist, der den *News Chronicle*, eine regierungskritische Zeitung, in Berlin vertreten hat. Er liefert »haarsträubende Einzelheiten über einen unmittelbar bevorstehenden Überfall Hitlers auf Polen«; anschließend seien Litauen und andere Länder eine leichte Beute für ihn. Schließlich würde das britische Weltreich hilflos in den deutschen Rachen fallen. Seine Quelle: ein Lebensmittelhändler, der im Auftrag der Wehrmacht deutsche Truppen in Hinterpommern bis Ende März mit ausreichend Proviant versorgen soll. Er spricht auch von angeblichen Putschplänen gegen Hitler. Der britische Militärattaché hält einen »Umsturz im Innern« nur durch einen Krieg mit Hilfe der östlichen Nachbarn Deutschlands für erreichbar. Chamberlain kommen Zweifel an der Verlässlichkeit dieser Geschichten; trotzdem beschließt er für den kommenden Tag eine Sondersitzung des Kabinetts zur Reaktion auf die bedrohliche Lage. Die Freude auf die *Dinner Party* mit dem Königspaar ist dahin.

Es ist ein hektischer Donnerstag, der 30. März 1939. Um 11 Uhr beginnt die Kabinettssitzung. Halifax entwickelt seinen Plan, eine Erklärung über eine einseitige Garantie für Polen vorzubereiten, die im geeigneten Moment veröffentlicht werden solle. Seine doppelte Hoffnung: Die Garantie werde dazu führen, dass Hitler aufgebe und das Vertrauen der Wehrmacht verliere; überdies werde die Öffentlichkeit in Deutschland erfahren, dass Hitlers Vorgehen Deutschland einem Zweifrontenkrieg aussetzen würde.

Wann ist der geeignete Moment gekommen? Die Generalstabschefs werden zitiert. »Wenn Deutschland Polen angreift, wäre es die richtige Entscheidung, dass wir Deutschland den Krieg erklären.« Und wenn es nur um Danzig geht? »Wir sollten Polen nicht ermutigen, wegen Danzig mit Deutschland Krieg zu führen.« Chamberlain entgegnet: »Wenn die Polen die Danzig-Frage als Bedrohung ihrer Unabhängigkeit betrachten und sich mit Gewalt wehren, dann sollten wir ihnen zu Hilfe kommen.« Andererseits räumt Chamberlain ein, dass nicht in Erfahrung zu bringen sei, was zurzeit zwischen Deutschland und Polen verhandelt werde: Es wäre »sehr abscheulich, wenn die polnischen Unterhändler Deutschland nachgeben.« Ein Minister fordert sogar: »Wir müssen dafür sorgen, dass Polen einem deutschen Angriff widersteht.« Daraufhin wird beschlossen, dass der Premierminister am folgenden Tag in einer Frage-und-Antwort-Stunde im Unterhaus wegen der vielen Gerüchte um einen deutschen Schlag gegen Polen die einseitige Garantie für Polen verkünden solle.

Im britischen Außenamt arbeitet man bis zur Erschöpfung: Die Erklärung des Premierministers wird entworfen, verschlüsselte Telegramme werden nach Paris und Warschau geschickt, die *Times* wird mit vertraulichen Informationen versorgt. Alle stehen vor der Frage: Sollen wir Hitler jetzt herausfordern? »Es ist ein schrecklich riskantes Spiel«, notiert der wichtigste Berater von Halifax in seinem Tagebuch. Am Nachmittag kommt erneut die kleine Ministerrunde zusammen: Auch wenn deutsche Truppenbewegungen Richtung Polen nicht bestätigt werden, will man an der Garantie für Polen festhalten. Zusätzlich wird beschlossen, den italienischen Diktator Mussolini über die neue Richtung der britischen Politik zu informieren, damit er seinen Einfluss auf Hitler geltend machen könne.

US-Botschafter Kennedy wird der Text der Erklärung übermittelt, damit er für eine gute Presse in den USA sorge. Spät am Abend finden sich bei Chamberlain Oppositionspolitiker ein: Angespornt durch den sowjetischen Botschafter Iwan Maiski verlangen sie vom Premier in seiner Rede einen Hinweis auf die Sowjetunion: »Es ist absolut wichtig, die Russen auf unserer Seite zu haben, wenn es zu Schwierigkeiten kommt.« Chamberlain reagiert zurückhaltend.

Nervöse Hektik droht am Freitag, den 31. März, auch an der Londoner Börse: Die Kurse könnten abstürzen, heißt es dort, wenn nicht bald eine Erklärung der Regierung komme. Chamberlain lässt sich nicht aus der Ruhe bringen, feilt an seinem Text und lässt ihn gegen Mittag vom Kabinett bestätigen: »Unsere Haltung ist jetzt so weit wie möglich abgesichert.« Danach empfängt Halifax den sowjetischen Botschafter, legt ihm den Text vor und fragt ihn: »Können wir heute im Unterhaus sagen, dass unsere Garantie für Polen von der Sowjetunion gebilligt wird?« Maiski schüttelt empört den Kopf: »Ich erfahre erst jetzt davon – auf eigene Verantwortung kann ich Ihnen eine solche Ermächtigung nicht geben.« Damit erübrigt sich die Erwähnung Moskaus, die – so die Sorge in der britischen Regierung – mögliche Verbündete in Ost- und Südosteuropa verschrecken und in die Arme Deutschlands treiben würde. Der britische Geheimdienst hält es für unwahrscheinlich, dass die Deutschen einen »sofortigen Handstreich« vorhaben. Aber aus Polen kommt die beunruhigende Botschaft, dass Warschau mit Berlin im Gespräch ist über Danzig und über die Einrichtung einer Straßen- und Bahnverbindung durch den Korridor zwischen Pommern und Ostpreußen. Würde Außenminister Beck vielleicht doch nachgeben, wenn Hitler ihm ein entsprechendes Angebot macht?

Nun gibt es kein Zögern mehr. Kurz vor 15 Uhr betritt Chamberlain das Unterhaus und erhält sofort das Wort für seine angekündigte Erklärung. »Wir haben keine offizielle Bestätigung für die Gerüchte über einen geplanten Angriff auf Polen«, beginnt er und bekräftigt seine Politik: »Es sollte keine Frage geben, die nicht durch friedliche Mittel gelöst werden könnte.« Bis zum Ende der laufenden Beratungen mit anderen Regierungen wolle er jedoch die Haltung der britischen Regierung klarstellen:

> »Wenn es bis dahin zu einer Aktion kommt, die die polnische Unabhängigkeit eindeutig bedroht und der die polnische Regierung mit ihren Streitkräften widersteht, würde sich Seiner Majestät Regierung verpflichtet fühlen, der polnischen Regierung umgehend jede Unterstützung zu gewähren, die in ihrer Macht steht.«

Er fügt noch hinzu, dass diese einseitige Zusage bereits nach Warschau übermittelt sei und dass die französische Regierung ihre Zustimmung gegeben habe.

Nach zwei Minuten setzt sich Chamberlain. Es herrscht Stille im Haus. Man spürt die Folgenschwere dieser Erklärung und vergleicht sie mit jener von 1914 vor Ausbruch des Weltkriegs. Da die Opposition die von ihr geforderte Erwähnung der Sowjetunion vermisst, wird noch eine Frage gestellt: »Schließt die Regierung die Bedeutung der Union der Sozialistischen Sowjetrepubliken in ihre Überlegungen ein?« Chamberlain antwortet ausweichend und verweist auf den Besuch des polnischen Außenministers in der kommenden Woche, mit dem die weiteren Maßnahmen besprochen werden sollen, um ein »Maximum an Zusammenarbeit« zu erreichen.

Großbritannien hat Stärke demonstriert, um Deutschland mit der Drohung eines Zweifrontenkrieges vom weiteren gewaltsamen Vormarsch in Europa abzuschrecken. Zuspruch kommt aus den USA von der *Washington Post*: »Die Briten und Franzosen sind offensichtlich entschlossen, sich nicht weiter aus ihrer tapferen Stellung zurückzuziehen.« Misstrauisch bleibt man in Moskau: Die *Prawda* verlangt, dass Großbritannien seine Bereitschaft zeige, »in einen wirklich aktiven Kampf zu ziehen, um das weitere Ausbreiten der Aggression zu verhindern«.

Wie wirksam ist die britische Abschreckungspolitik? Die Londoner *Times* schränkt am folgenden Tag in einem Kommentar den Umfang der neuen Garantie ein: »Sie verpflichtet Großbritannien nicht, jeden Zoll der augenblicklichen Grenzen Polens zu verteidigen«, denn es komme nicht auf die »Unverletzlichkeit«, sondern auf die »Unabhängigkeit« des Staates an. Das Ziel Großbritanniens und Frankreichs sei es, zu den anständigen und normalen Methoden der Diplomatie zurückzukehren: »Das tyrannische und räuberische Vorgehen des Führers (so wörtlich) muss gestoppt werden, damit kleinere Staaten in Europa sich ihrer Unabhängigkeit sicher sein können.« Die weitgehende Abkehr vom traditionellen Desinteresse Großbritanniens an den Angelegenheiten Mitteleuropas bedeute jedoch keine antideutsche Koalition oder Einkreisung Deutschlands. Eine andere Zeitung meint gar, Großbritanniens Grenze liege nicht mehr am Rhein, sondern an der Weichsel. In Polen ist man begeistert und zeigt sich siegesgewiss: »Seit tausend Jahren fällt Polen die wichtige Aufgabe zu, dem weiteren Wachsen der germanischen Macht einen Damm entgegenzusetzen.«[3]

Hitler versteht, was Chamberlain meint, aber bezweifelt die Deutung der *Times*, es handle sich nicht um eine »Einkreisungspolitik«. Er reagiert unverzüglich. Gelegenheit mit Symbolkraft ist der Stapellauf eines neuen

Schlachtschiffs am 1. April in Wilhelmshaven: Es wird nach dem Großadmiral, der vor dem Weltkrieg für den Bau der kaiserlichen Flotte verantwortlich war, von dessen Tochter auf den Namen *Tirpitz* getauft. Anschließend nimmt Hitler im Hafen eine Parade der über alle Toppen geflaggten Kriegsmarine ab.

Am Abend versammelt sich ganz Wilhelmshaven auf dem großen Platz vor dem neuen Rathaus. In seiner frei gehaltenen Rede geht Hitler mehrmals auf Chamberlains Politik ein, ohne ihn beim Namen zu nennen:

> »Wenn heute ein englischer Staatsmann meint, man müsse alle Probleme durch freimütige Verhandlungen lösen, dann möchte ich diesem Staatsmann nur sagen: Dazu war vor unserer Zeit (1933) 15 Jahre lang Gelegenheit! Wenn heute ein britischer Staatsmann fordert, dass jedes Problem, das inmitten der deutschen Lebensinteressen liegt, erst mit England besprochen werden müsste, dann könnte ich genau so gut verlangen, dass jedes britische Problem erst mit uns zu besprechen sei.«

Er rechtfertigt seine Aktionen gegen die Tschechoslowakei und behauptet: »Ich habe damit dem Frieden einen großen Dienst erwiesen.« Das sei kein »Signal dafür, dass Deutschland nun die ganze Welt angreifen wolle«. Allerdings sei das Deutsche Reich nicht bereit, »eine Einschüchterungs- oder auch Einkreisungspolitik auf die Dauer hinzunehmen«. Er warnt Großbritannien, dass das 1936 abgeschlossene Flottenabkommen hinfällig werden könnte. Und er warnt Polen, für Großbritannien »die Kastanien aus dem Feuer zu holen«. (Ist dies Bild ein Wink an Stalin: Wir verstehen uns!?) »Ich habe Deutschland wieder stark gemacht, zu Lande, zu Wasser und in der Luft«, verkündet er und fügt hinzu: »Sollte jemand mit Gewalt seine Kraft mit der unseren messen wollen, dann ist das deutsche Volk dazu jederzeit in der Lage und auch bereit und entschlossen!«

Unmittelbar nach der Rede begibt sich Hitler auf die *Robert Ley*, das jüngste Kreuzfahrtschiff der Freizeitorganisation *Kraft durch Freude*: Er legt zivil an, setzt eine blaue Schirmmütze auf und entspannt sich zusammen mit tausend Urlaubern aus Österreich und dem Sudetenland auf der mehrtägigen Jungfernfahrt über Helgoland nach Hamburg. Auch zwei andere führende Vertreter des Regimes sind auf Urlaub: Hermann Göring ist zurück in Italien, um seine Diätkur fortzusetzen und Mussolini bei der Stange zu halten. Joseph Goebbels macht auf seiner Flugreise nach Rhodos Zwischenhalt in Budapest, Belgrad sowie Athen und beruhigt die Regierungen auf dem Balkan.

Nichts deutet auf eine deutsche Blitzaktion hin. Trotzdem alarmiert der britische Marineminister seine Flotte und lässt die Flugabwehrgeschütze gefechtsbereit machen. In Reaktion auf die polnische Mobilmachung und die Erklärung Chamberlains weist Hitler den anwesenden Chef des Oberkommandos der Wehrmacht, Generaloberst Keitel, an, die »militärischen Vorbereitungen zu treffen, um nötigenfalls jede Bedrohung aus dem Osten für alle Zukunft auszuschalten«. Sollte Polen seine bisherige Politik gegenüber Deutschland umstellen, so könne eine endgültige Abrechnung erforderlich werden.

Während Hitler bei gutem Wetter die Nordseeluft genießt und Chamberlain im Unterhaus die vorsichtige Wende seiner Politik verteidigt, empfängt Außenminister Halifax am Victoria-Bahnhof seinen polnischen Amtskollegen Beck, der dort nach einer Fahrt quer durch Europa am Nachmittag des 3. April eintrifft. Vor seiner Abreise hatte er dem *Times*-Korrespondenten in Warschau ein Interview gegeben: »Großbritannien und Polen haben vieles gemeinsam«, hatte er erklärt, »ihre Interessen ergänzen sich in noch mehr Punkten.« Tatsächlich hat er die Absicht, aus der einseitigen britischen Garantie eine Verpflichtung auf Gegenseitigkeit zu machen, wie es in seinen Augen dem Verhältnis zwischen zwei Großmächten entspreche.

Zur Begrüßung streicht die *Times* die militärische Stärke Polens heraus: Das Land könne bis zu sechs Millionen Kämpfer auf die Beine stellen und verfüge über 500 Bomber und mehr als 2000 einsatzfähige Kampfjäger. Der in Polen wegen seiner Opposition außer Dienst gestellte General Władysław Sikorski hebt zwar auch den »Kampfgeist der Polen« hervor, weist aber zugleich auf den Mangel an Maschinengewehren und Panzerabwehrgeschützen hin. Außenminister Beck hört nicht, was zur gleichen Zeit David Lloyd George, der britische Premier im Weltkrieg, im Unterhaus Chamberlain vorhält:

> »Die Polen sind ein tapferes Volk. Aber die Ausrüstung der polnischen Armee ist nicht vergleichbar mit der deutschen. Wenn Polen in Schwierigkeiten kommt, sind wir nicht in der Lage, einzugreifen und zu helfen. Nur Russland kann das.«

Er fordert Chamberlain auf, sich sofort mit der Sowjetunion darüber zu verständigen, gemeinsam dem angreifenden Deutschland zu widerstehen: »Wenn die Polen die Russen nicht dabei haben wollen, müssen wir ihnen erklären, dass sie die Bedingung für unsere Hilfe akzeptieren müssen, weil die Verantwortung für ihre Sicherheit sonst ganz allein bei ihnen liegt.«

Becks Gespräche mit Halifax und Chamberlain am 4. April offenbaren die unterschiedlichen Interessen. Einig ist man sich nur zu Beginn über die Gegenseitigkeit der Garantie im Falle eines deutschen Angriffs. Halifax will aber mehr: »Wenn Frankreich und Großbritannien in einen Krieg mit Deutschland verwickelt werden, weil es die Niederlande, Belgien, die Schweiz, Dänemark oder sogar Jugoslawien angreift: Können wir dann auf polnische Unterstützung zählen?«

Beck: »Das geht über unsere bisherigen Verpflichtungen hinaus.«

Halifax: »Es ist für uns lebenswichtig, zu erfahren, ob wir in diesem Fall Polens Hilfe erwarten können.«

Beck: »Die polnische Regierung wird sich nicht weigern, diese Frage zu diskutieren.«

Halifax: »Ein deutscher Angriff auf diese Länder könnte zu einem Angriff auf Frankreich und Großbritannien führen.«

Beck: »Das verstehe ich gut. Die polnische Regierung ist bereit, darüber zu sprechen.«

Auch in der Frage sowjetischer Hilfe für Polen bleibt Beck unnachgiebig: »Es ist gefährlich, Sowjetrussland in die Gespräche einzubeziehen.« Das würde sofort zu einer feindlichen Reaktion aus Berlin führen. Noch gefährlicher wäre es, hat er im Hinterkopf, wenn sich Deutsche und Russen verständigen. Halifax lässt jedoch nicht locker: »Wenn wir in Schwierigkeiten sind, wäre es doch für Polen wichtig, für den Nachschub von Kriegsmaterial die Route durch Russland zu nutzen.« Er drängt auf ein »Maximum an Zusammenarbeit mit Sowjetrussland«. Und er stellt praktische Fragen: »Wie schätzen Sie die sowjetische Militärmacht und das Transportsystem ein?« Becks Antwort: »Wir haben in jeder Hinsicht keine sehr hohe Meinung von Sowjetrussland.« Halifax weist noch auf die Überzeugung der britischen Arbeitspartei hin, dass die Welt sicherer wäre, wenn sich Großbritannien und die Sowjetunion die Hände reichen. »An der Stichhaltigkeit dieser Theorie habe ich meine Zweifel«, entgegnet Beck.

Chamberlain zeigt Verständnis für Becks Schwierigkeit, die Sowjetunion in die Diskussion einzubeziehen, aber bohrt nach: Wie wolle Polen im Falle eines Krieges den Kampf weiterführen? Er sei sich sicher, dass Polens Streitkräfte tapfer in den Krieg ziehen würden: »Aber wenn ihnen die Munitionsvorräte ausgehen, wo können sie sie wieder ergänzen wenn nicht in Sowjetrussland?« Beck weicht aus: »Ich verabscheue alles, was uns einem Konflikt näher bringt.«

Chamberlain: »Wenn trotzdem ein Krieg ausbricht, was dann?

Der polnische Außenminister Beck (l.) wird am 3. April 1939 am Victoria-Bahnhof in London wunschgemäß von seinem britischen Kollegen Halifax (rechts) und einem großen Presseaufgebot begrüßt, in der Mitte der polnische Botschafter Raczynski

Beck: »Wenn die britische Regierung mit der sowjetischen Regierung Gespräche führt, wird sich Polen nicht daran beteiligen.«

Chamberlain: »Wenn wir Russland dazu bringen können, Polen mit Kriegsmaterial zu versorgen, wäre Ihnen diese Hilfe willkommen?«

Beck: »Ich bin nicht in der Lage, irgendein Abkommen zu akzeptieren, das – wenn auch nur indirekt – Polen mit Sowjetrussland verbindet.«

Chamberlain: »Seiner Majestät Regierung hat den Wunsch, dass Polen im Falle eines Krieges so machtvoll und so lang wie möglich Widerstand leistet.«

Beck bleibt nur die Feststellung, dass man sich in der Beurteilung der gefährlichen Lage nicht unterscheide: »Wir sind bereit, diese Fragen ernstlich zu erwägen.« Er bitte um Verständnis für seine zurückhaltende Ausdrucksweise, sie sei kein Zeichen für einen Mangel an gutem Willen.

Zum Schluss spricht Chamberlain noch ein Problem an, zu dem bislang nur Gerüchte nach London gedrungen sind: »Laufen derzeit Gespräche zwischen der polnischen und der deutschen Regierung über Danzig?« Beck denkt an die vielen Gespräche, die sein Botschafter Lipski und er selbst in den vorangegangenen Monaten mit Hitler und Ribbentrop geführt und in denen sie die deutschen Wünsche nach Rückkehr der Freien Stadt Danzig zum Reich und die Errichtung einer exterritorialen Verkehrsstrecke zwischen Pommern und Ostpreußen kategorisch abgelehnt haben. »Nein«, antwortet er, »Verhandlungen sind nicht im Gange.« Chamberlain hakt nach: »Hat Deutschland jemals eine Autobahn (so wörtlich) durch den Korridor gewünscht?« Wieder schüttelt Beck den Kopf: »Schriftliche Forderungen sind der polnischen Regierung nicht überreicht worden.« Er schließe nicht aus, »die Danzig-Frage mit der deutschen Regierung in freundlicher Weise zu besprechen«, aber fügt hinzu: »Wir sind auch bereit, mit allen unseren Kräften jedem Versuch zu widerstehen, die Frage einseitig zu regeln.« Es gehe nicht um Danzig, sondern ums Prinzip.

Beck hält die Stärke der deutschen Truppen für »gewaltig übertrieben«. Die Polen brauchen keine sowjetische Hilfe, glaubt er, sie »könnten mit den Deutschen allein und leicht fertig werden«: »Drei Wochen nach Kriegsausbruch werden polnische Truppen in Berlin sein.« Aber wie sieht es tatsächlich mit Polens Kräften aus? Die britischen Militärattachés in Warschau malen ein düsteres Bild. Sie führen zwar hohe Zahlen für Divisionen wie Luftgeschwader an, aber stellen große Mängel bei Ausstattung wie Ausrüstung fest: Im Vergleich zu Deutschland fehle es an Luftabwehr, schwerer Artillerie, Kampfpanzern, motorisierten Fahrzeugen. Die kleine Luftflotte sei völlig veraltet. Eisenbahn- und Straßensystem entsprächen nicht den Anforderungen, Rüstungsfabriken in Mittelpolen und Oberschlesien seien leicht verwundbar, Nachschubmöglichkeiten aus dem Ausland eng begrenzt. Welche Hilfe kann Polen aus Großbritannien und Frankreich erwarten? Keine – keine Flotte in der Ostsee, keine Truppen nach Polen, keine Stationierung von Flugzeugen in Polen, allenfalls Belieferung mit Kriegsmaterial, wenn sie nicht die eigene Kampfkraft gefährdet. An Verbesserungen, meinen die Militärexperten, werde gearbeitet, aber sie bräuchten noch mindestens ein Jahr. Botschafter Kennard fasst die Analyse seiner Mitarbeiter zusammen: »Ein freundliches Russland ist für Polen von höchster Wichtigkeit.«

Die Gespräche in London werden am folgenden Tag, am 5. April, fortgesetzt, nachdem der polnische Minister Seite an Seite mit der Königin und dem König auf Schloss Windsor diniert hatte. Es geht vor allem darum, was man vertraulich vereinbaren und was man der Öffentlichkeit mitteilen wolle. Chamberlain hat Abstand davon genommen, die Sowjetunion einzubeziehen, nicht zuletzt, weil er sie für »sehr unzuverlässig und sehr wenig tatkräftig« hält. Aber er legt Wert darauf, das neue Abkommen mit Polen als Teil einer allgemeinen Politik darzustellen, die sich »gegen jeden Vorstoß zur Weltherrschaft« richtet. Er will einen möglichen deutschen Angriff auf die Niederlande und Belgien einbeziehen, der auch die Unabhängigkeit Großbritanniens gefährde. Als Beck sich erneut sträubt, ermahnt ihn Chamberlain: »Polen würde sich in einer sehr schwierigen Lage befinden, wenn es nicht auf mächtige Hilfe aus dem Westen zählen könnte, der deutsche Streitkräfte binden würde.« Schließlich findet man eine Formulierung, der auch Beck zustimmen kann: Das Abkommen sei darauf gerichtet, »Großbritannien und Polen gegenseitige Hilfe im Falle einer direkten oder indirekten Bedrohung ihrer jeweiligen Unabhängigkeit zu sichern«.

Als Beck anschließend den Stand der polnischen Rüstung schön redet und behauptet, man stelle selber Kampfjäger, Flugzeugmotoren, leichte Artillerie her und exportiere sogar Geschütze nach Großbritannien, lässt Chamberlain ihn am folgenden Tag, am 6. April, einen Ausflug in den größten Kriegshafen der britischen Inseln machen: Die Schlachtschiffe, Flugzeugträger und U-Boote in Portsmouth sollen ihm einen Eindruck von britischer Seemacht vermitteln. Währenddessen verkündet der Premierminister im Unterhaus, dass er sich mit dem polnischen Außenminister darüber einig geworden sei, die bisherige einseitige Zusage Londons durch ein dauerhaftes und gegenseitiges Abkommen zu ersetzen. Vor dem Abschluss des Abkommens müssten noch einige Punkte geprüft werden; es würde sich nicht gegen ein bestimmtes anderes Land richten.

Gegen kein anderes Land? Die vertrauliche Abrede, die Halifax und Beck am Abend unterzeichnen, liest sich anders. Der erste Beschlusspunkt lautet: »Wenn Deutschland Polen angreift, wird Seiner Majestät Regierung im Vereinigten Königreich sofort Polen zu Hilfe kommen.« Das solle auch gelten, wenn Deutschland die Unabhängigkeit Polens so bedrohe, dass die polnische Regierung es für notwendig erachte, sich mit ihren Streitkräften zu wehren. Im Gegenzug macht Polen die gleichen Zusagen gegenüber Großbritannien. Vor dem endgültigen Abschluss eines Bündnisses müsste noch geklärt werden, wie Polen auf eine deutsche Aggression gegen die Niederlande, Belgien, die Schweiz, Dänemark und Rumänien reagieren würde. Abschließend bringen beide Seiten ihre unterschiedliche Einstellung zur Sowjetunion zu Protokoll: Während die britische Regierung von der Notwendigkeit »bestmöglicher Beziehungen« zu Moskau überzeugt bleibt, lehnt die polnische Regierung es ab, in weitere britische Verpflichtungen für Osteuropa einbezogen zu werden.

Viele Fragen bleiben offen: Schließt die britische Garantie die Freie Stadt Danzig ein? Wie soll die gegenseitige Hilfe konkret erfolgen? Wann wird die militärische Zusammenarbeit besprochen? Beck muss sich nach den Erfahrungen mit der Tschechoslowakei im September des vorangegangenen Jahres fragen, wie verlässlich die Zusagen Großbritanniens und Frankreichs sind. Er erinnert sich auch noch gut daran, wie sein Mentor Marschall Piłsudski einige Jahre zuvor Frankreich den Vorwurf gemacht hatte, vor den Forderungen der Deutschen zu kapitulieren. Könnten seine Gesprächspartner in London im entscheidenden Moment es ebenfalls an Entschlossenheit fehlen lassen? Vor der Presse zeigt sich Beck jedoch »sehr optimistisch über die Möglichkeiten einer dauerhaften und beständigen Zusammenarbeit zwischen unseren beiden Regierungen und Ländern«.

Auch Chamberlain gibt sich sehr befriedigt über die Gespräche mit dem polnischen Außenminister. Offenbar sieht er seine Garantie nicht als eine Art Freibrief oder gar Blankoscheck, die es Polen erlauben könnten, hartnäckig zu bleiben und Großbritannien in einen Krieg hineinzuziehen. Der Premierminister erweitert den Kreis der Länder in Südosteuropa und sagt (gemeinsam mit dem französischen Ministerpräsidenten) auch Rumänien sowie Griechenland im Falle einer Bedrohung ihrer Unabhängigkeit »jede in ihrer Macht liegende Unterstützung« zu. Jugoslawien winkt dankend ab, die Türkei benötigt noch Zeit für ihre Zustimmung. Sogar der überraschenden Besetzung Albaniens durch Italien am 7. April (Karfreitag) kann Chamberlain etwas Gutes abgewinnen: »Das stärkt Mussolini darin, den Balkan gegen Deutschland zu sichern.«

Und Chamberlain lässt in Moskau nachfragen, ob mit der Hilfe der Sowjetunion gerechnet werden könne, wenn einer ihrer europäischen Nachbarn Opfer einer Aggression sei. Auch Paris bemüht sich um engere Absprachen mit Moskau. Wird statt des ursprünglich geplanten Vierer- nun ein Dreierabkommen vorbereitet?

Chamberlain und Halifax scheinen auf Zeit zu spielen. Sie wissen: Jeden Monat verlassen weitere 600 Flugzeuge die Fabriken. Im Außenamt werden allerdings Bedenken laut: »Nützt uns der Aufschub wirklich?« Wenn man die kleineren Länder nicht davon überzeugen könne, dass Großbritannien es ernst meine, würden sie den »stärkeren Bataillonen« folgen: »Dann haben wir mehr Flugzeuge, aber weniger Verbündete.« Es wird auch die Gefahr gesehen, den »guten Willen Amerikas« zu verlieren. Der Ratschlag des Amtes an Halifax: »Sie (Hitler und Mussolini) sind die Mächte des Bösen – es kann erst Frieden geben, wenn sie gestürzt sind.«

Auf der Rückfahrt über Paris wird Beck vom US-Botschafter William Bullitt durch Frankreich begleitet. In Berlin legt er nur einen kurzen Halt ein, um Botschafter Lipski und seinen Militärattaché zusteigen zu lassen. Der Außenminister sieht kränklich aus, der Londoner Nebel hat dem Lungenkranken zugesetzt. Der Botschafter berichtet über die Wirkung der Londoner Gespräche: Die deutsche Presse sei voll mit Beschimpfungen über die »Einkreisungspolitik« Großbritanniens und Polens gegen Deutschland, die Spannung in Berlin wachse, der Krieg stehe bevor, wenn auch nicht unmittelbar. Der Attaché sieht die Lage als gefährlich an und warnt vor der »Aufmarschbereitschaft Richtung Osten« (so wörtlich) von 60 bis 70 deutschen Divisionen innerhalb von 48 Stunden. Beck hält das für zu pessimistisch und glaubt, dass eine Verständigung über Danzig zu den polnischen Bedingungen erreicht werden könne. Bevor man sich in Frankfurt/Oder verabschiedet, regt Lipski noch an, beim Empfang des Außenministers in Warschau »antideutsche Demonstrationen« zu vermeiden, damit sich die Beziehungen nicht weiter verschlechtern. Eine entsprechende Anweisung wird telegrafisch durchgegeben.

Tatsächlich stellen der US-amerikanische Botschafter Biddle und sein französischer Kollege Léon Noël in Warschau Anfang April fest, dass sich in allen Schichten der Bevölkerung die »antideutsche Strömung vertieft«. In der britischen Garantie sehen die Polen den Beweis für den kommenden Sieg über Deutschland. In der Presse wird die »patriotische Stimmung« gefördert. In der Zeitung des Kriegsministeriums *Polska Zbrojna* (»Wehrhaftes Polen«) heißt es am 11. April drohend:

> »Das ganze Volk wird entschlossen kämpfen für die polnische Freiheit und Unabhängigkeit. Jedes polnische Haus wird zur Festung ausgebaut, die der Feind im Sturm nehmen muss. Die Gefahr aus der Luft wird Polen nicht einschüchtern. Wir sind gewohnt, uns auf uns selbst zu verlassen. Bündnisse sind für uns wertvoll, aber noch wertvoller für unsere Verbündeten. Wer immer Streit mit Polen sucht, wird mehr zu verlieren als zu gewinnen haben.«

Der Krieg wird »für unvermeidlich und für nahe bevorstehend« gehalten. In Kinos wird lautstark protestiert, wenn in Wochenschauen deutsche Uniformen zu sehen sind.

Deutsche Zeitungen sollen über diese Stimmungslage in Polen nichts berichten: Man wolle die Tür für weitere Verhandlungen nicht zuschlagen, heißt es in der Anweisung des Propagandaministeriums für die Presse. Auf den britischen Versuch, »Polen gegen Deutschland aufzuwiegeln«, solle man mit »souveräner Ruhe« reagieren. Ergänzend wird auf den Mailänder *Corriere de la Sera* hingewiesen, der gefragt habe, ob Großbritannien auch den Mond garantieren wolle. Im fernen Rhodos deutet Goebbels die neue Situation noch schärfer: »Beck ist also den Lords doch in die Falle gegangen«, notiert er am Ostermontag, am 10. April, in sein Tagebuch: »Polen wird das vielleicht einmal sehr teuer bezahlen müssen.« Während seines Rückfluges über Südosteuropa glaubt er feststellen zu können: »Deutschlands Prestige ist auf dem Balkan ungeheuer gestiegen.«

Sorgen macht sich dagegen rückblickend der britische Botschafter in Berlin, Nevile Henderson: »Im Innersten meines Herzens halte ich es für außerordentlich unklug, dass die Polen sich Deutschland zum Feind machen, und für ebenso gefährlich, sich mit uns zu verbünden.« Er sei davon überzeugt, schreibt er nach London, dass es in Europa keinen dauerhaften Frieden gebe könne, bis Danzig nicht zu Deutschland zurückkehre: »Ich fürchte, wir sind wieder auf einem schlimmen Pfad wie bei der Sudetenfrage.«

15. KAPITEL
Noch ist Polen nicht verloren
(Mai 1939)

In der zweiten April-Hälfte 1939 macht sich ein Student der Politischen Wissenschaften zur Vorbereitung seiner Abschlussarbeit an der Harvard-Universität von London aus auf eine Erkundungsreise nach Polen. Der US-Botschafter in Warschau, Anthony Biddle, wird sich persönlich um den Gast kümmern, den Sohn seines Kollegen in Großbritannien, Joseph Kennedy: Der 21-jährige John soll an einem Brennpunkt der europäischen Politik Einblick in praktische Diplomatie erhalten: Welche Haltung wird Polen mit der britischen Garantie im Rücken zu Deutschland einnehmen?

Was der junge Kennedy in Warschau in Erfahrung bringt, ist zwiespältig. Er ist überzeugt, dass die polnische Regierung der deutschen Forderung nach Rückgabe Danzigs nicht nachgeben werde: »Polen hat eine Armee von vier Millionen Mann, die verdammt gut sind.« Die Ausrüstung sei zwar schwach, die schlechten Straßen aber würden Deutschlands technische Überlegenheit zunichte machen. Werde Polen jedoch der »Front gegen die aggressiven Mächte« treu bleiben? fragt sich der Diplomaten-Sohn, oder wird es wie die Tschechoslowakei dem Druck aus Berlin, London und Paris nachgeben? Nein, bekommt er in Warschau zu hören: »Wir sind keine Tschechen und wir werden kämpfen!«

Biddle gibt sich alle Mühe, den Polen den Rücken zu stärken. Bei einem abendlichen Essen in der Botschaft bekräftigt er gegenüber dem polnischen Vize-Außenminister Jan Szembek: »Wir sehen die polnische Armee als Vertreter der Vorhut europäischer Mächte gegen die Aggression.« Und er verspricht: »Wir, Großbritannien, Frankreich und die USA, werden Polen unterstützen.« Tatsächlich hofft man in Warschau, dass das britische Weltreich mit seiner gesamten Flotte und Luftwaffe hinter Polen stehe. Kennedy wagt allerdings eine sehr skeptische Prognose: »Frankreich wird wegen des Westwalls nicht eingreifen, und die britische Flotte ist wenig hilfreich.« Polen werde auf sich allein gestellt bleiben: »Aber sie sind zäh, und egal, ob sie Hilfe bekommen oder nicht, sie werden um Danzig kämpfen.« Einem Freund schreibt er: »Es wird spannend zu sehen, wie die Sache ausgeht.«[1]

Danzig ist ein Zankapfel zwischen Deutschland und Polen. Wie häufig beim Zanken geht es weniger um den Apfel als ums Prinzip. Deutschland sieht Danzig mit seinen 400 000 Einwohnern, von denen nur wenige Tausend Polen sind, als rein deutsche Stadt. Polen sieht Danzig an der Mündung der Weichsel als sein Tor zur Ostsee, für seinen Handel und als Verbindung zu seinen westlichen Verbündeten. Eine klare Entscheidung mochten auch die Siegermächte 1919 in Versailles nicht fällen: So erklärten sie in Artikel 102 die alte Hansestadt zur »Freien Stadt«, die weder zu Deutschland noch zu Polen gehören, die sich selber verwalten und einem Hohen Kommissar des Völkerbunds unterstellt sein sollte. Ihre besonderen Kennzeichen: eigene Flagge (rotes Tuch mit zwei Kreuzen unter goldener Krone), eigene Währung (Gulden), eigene Briefmarken (mit dem Bild von Arthur Schopenhauer, dem großen Sohn der Stadt) sowie polnische Vorrechte bei der Post (eigene Briefkästen) und beim Zoll (Verteuerung deutscher Waren, Vergünstigung beim Kauf von US-Autos). Dem deutschen Einwand, diese Regelung »würde zu einem dauernden Kriegszustand im Osten führen«, setzten die verbündeten Sieger die Hoffnung entgegen, Deutsche und Polen würden sich mit der Zeit vertragen.

Es war ausgerechnet der 13. von den 14 Punkten des US-Präsidenten Woodrow Wilson für die Friedensverhandlungen in Versailles, der Polen einen »freien und sicheren Zugang zum Meer« zusagte. Westlich von Danzig war dafür ein etwa 100 Kilometer langer Küstenstreifen vorgesehen mit einem Korridor zum polnischen Binnenland, der Ostpreußen vom übrigen Reich trennte. Nur wenige Kilometer von Danzigs Grenze entfernt ließ Polen mit französischer, niederländischer und belgischer Hilfe in Gdynia/Gdingen einen weiteren Hafen entstehen, der in Konkurrenz zu Danzig als »Polens Tor zum Meer« ausgebaut und subventioniert wurde. Statt die Weichsel zur Wasserstraße zu entwickeln, wurde eine direkte Eisenbahnlinie zwischen dem ebenfalls Deutschland abgenommenen oberschlesischen Kohlegebiet und Gdynia errichtet. Bis 1935 überrundete der neue Hafen Danzig, wo die hochwertigen Stückgüter ebenso wie die Passagiere ausblieben. Auch wenn die erhofften Umschlagzahlen nicht erreicht wurden, hatte sich Gdynia zum größten Hafen in der Ostsee entwickelt. Und in der Freien Stadt gewannen die Nationalsozialisten 1935 bei der Wahl zum Volkstag mit der Parole »Danzig bleibt deutsch!« eine absolute Mehrheit.

Weitsichtige Beobachter in Frankreich wie in Großbritannien hatten schon früh die Bestimmungen des Versailler Kriegsabschlussvertrages von 1919 als Gefahr für den Frieden in Europa eingeschätzt. Der französische Marschall Ferdinand Foch hatte zehn Jahre nach Versailles auf den

Die Freie Stadt Danzig wird seit den Wahlen von 1935 von einer nationalsozialistischen Mehrheit regiert – die Parole über dem Langen Markt offenbart noch nicht den Wunsch nach Rückkehr ins Deutsche Reich

Korridor gezeigt und erklärt: »Dort liegen die Wurzeln des nächsten Krieges.« Britische Autoren, die die Grenzgebiete zwischen Deutschland und Polen bereisten, stellten fest: »Der Korridor ist eine ständige Bedrohung des Friedens.« Dort seien die »Missstände im gegenwärtigen Europa« am deutlichsten zu spüren. Den Dingen den Lauf zu lassen, würde »auf längere oder kürzere Sicht zu einer neuen europäischen Feuersbrunst« führen: »Europa muss eingreifen und sich beeilen, wenn der Friede erhalten bleiben soll«, schrieb ein Franzose 1929. Es wurde davor gewarnt, dass die »Möglichkeit einer russisch-deutschen Verbindung den Korridor zum gefährlichsten Ort Europas« mache. Beim Verkehr durch den Korridor kam es wegen der Grenzformalitäten immer wieder zu Reibereien, so dass ein Franzose den Polen riet, ihn des lieben Friedens willen wieder abzutreten: »Ihr geht einer Katastrophe entgegen und grabt mit euren Händen euer eigenes Grab.« Ein Brite machte den Vorschlag, den Korridor zu untertunneln oder zu überbrücken.

Tatsächlich hatte sich das Verhältnis zwischen Deutschland und Polen seit Januar 1934 entspannt: In einer auf zehn Jahre abgeschlossenen Gewaltverzichtserklärung hatten beide Seiten ihre Überzeugung bekundet, dass

> »sich auf diese Weise die Beziehungen zwischen ihren Ländern fruchtbar entwickeln und zur Begründung eines gutnachbarlichen Verhältnisses führen werden, das nicht nur ihren beiden Ländern, sondern auch den übrigen Völkern Europas zum Segen gereicht.«

Auf der Grundlage dieser »Friedensgarantie« wollte man für alle Probleme Lösungen finden, die »auf einem gerechten und billigen Ausgleich der beiderseitigen Interessen beruhen«. Führende Politiker trafen sich Jahr für Jahr, örtliche Konflikte wurden nicht an die große Glocke gehängt, den jeweiligen Minderheiten im anderen Land mehr Rechte eingeräumt, bei der Aufteilung der Tschechoslowakei im Herbst 1938 war man sich schnell einig.

Ab Ende März 1939 wird die Danzig-Frage zum Konfliktfall zwischen Deutschland und Polen: Beide warnen sich gegenseitig, dass ein Angriff einer Seite auf die Freie Stadt von der anderen als Angriff auf das eigene Land betrachtet werde. Großbritannien und Frankreich reagieren auf die Kriegsgefahr mit dem Versprechen, Polen im Falle eines deutschen Angriffs zu Hilfe zu kommen. Wird diese Zusage Hitler davon abschrecken, seinen Machtbereich in Europa erneut gewaltsam zu erweitern? Hitler bleibt gelassen und lässt sich auch nicht von der Einführung der Wehrpflicht in Großbritannien beeindrucken. Er hält die Ankündungen des britischen Premiers Neville Chamberlain für »Bluff«. Und wächst nicht die pazifistische Bewegung in Frankreich, die in dem Slogan eines Politikers gipfelt: »Sterben für Danzig? – Nein!«[2]

Genau vier Wochen, nachdem Chamberlain im Unterhaus Polen die Unterstützung Großbritanniens versprochen hatte, Deutschlands Vormarsch in Europa zu stoppen, hält Hitler am 28. April 1939 im Reichstag eine Rede, um seine Politik der deutschen Machterweiterung in Mitteleuropa zu rechtfertigen. Es sei ihm nur darum gegangen, das »Unrecht des Versailler Friedensdiktats« zu beseitigen, er habe keine fremden Rechte verletzt und kein Gebiet übernommen, das nicht »seit ältesten Zeiten zum Großdeutschen Reich« gehört habe. Er habe sogar im »höheren Interesse des europäischen Zusammenlebens« auf die Durchsetzung nationaler Interessen etwa in Elsass-Lothringen und Südtirol verzichtet. Nach diesem Rückblick auf das vorangegangene Jahr konzentriert Hitler sich auf die aktuellen Beziehungen zu Großbritannien und Polen; beiden wirft er vor, die Grundlagen der bisherigen Zusammenarbeit verlassen zu haben.

»Ich habe immer«, betont Hitler, »den Gedanken der Herstellung einer engen deutsch-englischen Freundschaft und Zusammenarbeit vertreten.« Er hebt die »Wichtigkeit des Britischen Weltreichs für die ganze menschliche Kultur und Wirtschaft« hervor. Eine dauernde Freundschaft sei aber nur denkbar bei »gegenseitiger Respektierung« der Interessen: »Wir haben als Deutsche nicht im geringsten die Empfindung, dem britischen Volk unterlegen zu sein.« Er müsse nun jedoch Chamberlains Erklärung zur Kenntnis nehmen, Deutschlands Versicherungen kein Vertrauen mehr schenken zu können, und erkennen, dass London der Meinung sei, sich in einem künftigen Konflikt stets gegen Deutschland zu stellen: »Man sieht also dort den Krieg gegen Deutschland als etwas Selbstverständliches an.« Er wirft Großbritannien eine »Politik der Einkreisung« vor und sieht damit die Voraussetzung für den 1935 abgeschlossenen Flottenvertrag beseitigt: »Ich habe mich daher entschlossen, dies der britischen Regierung mitzuteilen.« Er fügt jedoch an, dass er sich glücklich schätzen würde, wenn London noch einmal Verhandlungen mit Deutschland aufnehmen wolle.

Auch gegenüber der polnischen Regierung erklärt Hitler das 1934 geschlossene Abkommen »als nicht mehr bestehend«. Er begründet die Kündigung damit, dass die von London und Warschau eingegangene Verpflichtung, sich bei einem Konflikt mit Deutschland gegenseitig militärisch zu unterstützen, dem Gewaltverzicht zwischen Deutschland und Polen widerspreche. Auch hier zeigt er sich bereit, mit der polnischen Regierung zu einer neuen vertraglichen Regelung zu kommen. Zuvor sorgt er aber noch für eine Überraschung: Er enthüllt den Inhalt der deutsch-polnischen Gespräche, die seit Oktober 1938 andauern, und die Punkte seines Vorschlags zur Lösung der Korridor-Frage, den er Anfang Januar 1939 dem polnischen Außenminister Józef Beck unterbreitet und den Außenminister Joachim von Ribbentrop im März wiederholt hatte:

»1. Danzig kehrt als Freistaat in den Rahmen des Deutschen Reiches zurück

2. Deutschland erhält durch den Korridor eine Straße und eine Eisenbahnlinie zur eigenen Verfügung mit dem gleichen exterritorialen Charakter für Deutschland, als der Korridor ihn für Polen besitzt.«

So wie Polen einen Zugang zum Meer behalte, so erhalte Deutschland einen Zugang zu seiner Provinz im Osten. Als Gegenleistung bietet Hitler die Bereitschaft an,

»1. sämtliche wirtschaftlichen Rechte Polens in Danzig anzuerkennen,

2. Polen in Danzig einen Freihafen sicherzustellen,

3. die Grenzen zwischen Deutschland und Polen endgültig als gegeben hinzunehmen,

4. einen 25-jährigen Nichtangriffspakt abzuschließen.«

Warschau habe jedoch Ende März die Rückgabe Danzigs strikt abgelehnt (»Hört! Hört!«) und sich nur bereit gezeigt, Erleichterungen für den Durchgangsverkehr durch den Korridor zu erwägen. Er bedauere diese »unverständliche Haltung« der polnischen Regierung: »Die Nachwelt wird einmal entscheiden, ob es nun wirklich richtig war, diesen Vorschlag abzulehnen.« Es sei ein Versuch gewesen, dieses schwierige Problem durch einen »wahrhaft einmaligen Kompromiss zugunsten beider Länder zu lösen«. Kein Wort darüber, wie es weiter gehen könnte.

Gleichzeitig mit der Rede überreichen die deutschen Geschäftsträger in Warschau und London Memoranden: Der polnischen Regierung wird darin vorgeworfen, dass sie auch mit der teilweisen Mobilisierung ihrer Streitkräfte die Vereinbarung von 1934 »willkürlich und einseitig außer Kraft gesetzt« habe. Der britischen Regierung wird vorgehalten, dass sie »einen Krieg gegen Deutschland nicht mehr als Unmöglichkeit« ansehe; trotz des verlorenen Vertrauens wolle Deutschland aber an der vereinbarten Begrenzung beim Flottenbau festhalten.

In London wird gelassen auf die Rede reagiert, weil Hitler die Tür nicht zugeschlagen habe. Außenamt wie Admiralität wollen sie über das Wochenende einer genauen Prüfung unterziehen. Und in der *Times* ist zu lesen: »Danzig ist keinen Krieg Wert.« In Polen dagegen schlagen die Wellen hoch. Die politischen Spitzenleute, Präsident Ignacy Mościki, Ministerpräsident Felicjan Sławoj Składkowski und Oberbefehlshaber Edward Rydz-Śmigły kommen mit Außenminister Beck zusammen, der innerhalb kürzester Zeit Hitler öffentlich gebührend antworten soll. Schon Monate zuvor war man sich in derselben Runde einig gewesen, dass »uns ein Konflikt großen Stils« drohe und jeder Wankelmut »uns in die Rolle eines Vasallen Deutschlands bringen« würde.

Auf den polnischen Straßen und in den polnischen Zeitungen wird lautstark die »deutsche Gefahr« beschworen, der mit Forderungen und Drohungen begegnet werden solle: Danzig gehöre wie ganz Schlesien und Ostpreußen zum polnischen Lebensraum, der Korridor müsste verbreitert werden, ein deutscher Angriff würde einen Weltkrieg auslösen. Arbeiter legen am 1. Mai freiwillige Sonderschichten für die nationale Verteidigung ein. Zum polnischen Nationalfeiertag am 3. Mai wird ausgerechnet in Danzig die zentrale Feier abgehalten. In Warschau paradieren unterdessen Infanterie-, Kavallerie-, Artillerie-, Panzer- und Luftabwehrtruppen sowie

Nach Hitlers Rede am 28. April 1939 im Reichstag gibt es in Danzig kein Halten mehr: Demonstration für den Anschluss Danzigs an das Deutsche Reich während des Besuches von Joseph Goebbels zur Gau-Kulturwoche Mitte Juni 1939

Fallschirmspringer und paramilitärische Einheiten aus Schulen und Universitäten. Junge Leute erhalten viel Beifall für ihre Rufe: »Es lebe das polnische Danzig! Nieder mit Hitler! Nach Berlin!« Es kommt zu Boykott-Aufrufen gegen deutsche Waren. Ganz Polen scheint sich einig zu sein.

Große Sorgen macht sich indes der britische Botschafter in Warschau, Howard Kennard. Er schreibt Anfang Mai nach London: »Die Polen nehmen die deutsche Drohung mit zu leichter Hand angesichts ihrer militärischen Schwäche. Sie könnten einen Schock erleben, wenn es zu Feindseligkeiten kommt. Es fehlt an Geld für die Rüstung. Sie können nur wenige Monate, wenn nicht Wochen allein aushalten.« Große Sorgen macht sich auch der britische Botschafter in Berlin, Nevile Henderson: »Es graut mir bei dem Gedanken«, schreibt er nach London, »dass unser Schicksal in den Händen der Polen liegt. Sie sind zweifellos Helden, aber auch Narren.« Das deutsche Volk wolle keine Abenteuer, aber Polen und der Korridor seien ein »Schlachtruf, der mehr als irgend etwas anderes das ganze Volk zusammenschließen« würde. Es ist, als ob er mitbekommen hat, was Hitler wenige Tage zuvor dem ungarischen Ministerpräsidenten gesagt hatte:

»Das Dümmste, was die Polen machen können, sind Artikel über die minderwertige deutsche Armee zu verbreiten. Das würde das deutsche Militär und das deutsche Offizierskorps in Harnisch bringen.«[3]

Der Sejm, das polnische Parlament, ist für Freitag, den 5. Mai 12 Uhr zu einer Sondersitzung einberufen worden. Von den 208 Abgeordneten gehören 162 zur Regierungspartei OZN, dem *Lager der Nationalen Einigung*, 22 zur Opposition; daneben vertreten 19 Abgeordnete etwa fünf Millionen Ukrainer. Abgeordnete der jeweils eine Million Deutschen und Weißrussen sind in der Volksvertretung nicht zu finden. Einziger Tagesordnungspunkt: eine Erklärung von Außenminister Beck. Sie soll über Radio ins ganze Land und ins Ausland übertragen werden. Beck muss die aufgeregte Stimmung der Bevölkerung ebenso wie den Wunsch der Verbündeten nach polnischer Mäßigung berücksichtigen. Dem britischen und dem französischen Botschafter versichert er: »Ich werde standhaft, aber sehr manierlich sprechen.«

Beck bleibt in seiner Antwort auf Hitler sehr allgemein, davon ausgehend, dass seine Zuhörer die Andeutungen verstehen. Er spricht von »neuen Problemen in verschiedenen Teilen der Welt« und von »wichtigen Ereignissen«: Mit einigen Staaten seien die Beziehungen tiefer und leichter geworden, mit anderen seien erhebliche Schwierigkeiten entstanden. Dann wird er konkret: Er wirft Deutschland vor, das »polnisch-britische Übereinkommen benutzt zu haben, um das Abkommen von 1934 einseitig zu kündigen«. Und er unterstreicht stolz: »Wir haben keinen Anlass, seinem Verschwinden nachzutrauern.« Denn es habe Hitler offenbar dazu gedient, »von uns mit unseren Lebensinteressen unvereinbare Zugeständnisse zu fordern«.

Nun überprüft er die Vorschläge Hitlers. Zuerst Danzig: Beck räumt ein, dass die Mehrheit der Danziger Bevölkerung deutsch ist, aber fügt hinzu: »Ihre Existenz und ihr Wohlergehen hängen vom polnischen Wirtschaftspotenzial ab.« Er betont die polnische Unnachgiebigkeit: »Wir standen und stehen entschieden auf dem Boden der Rechte und der Interessen unseres Seehandels sowie unserer Seepolitik in Danzig.« Er hebt die Stimme und schlägt mit der Faust auf das Rednerpult: »Polen wird sich von der Ostsee nicht abdrängen lassen.« Rufe der Begeisterung unterbrechen ihn.

Gleiches gelte für die deutsche Forderung nach exterritorialen Verbindungswegen durch den Korridor, den er ausdrücklich »Pommerellen« nennt, weil es sich um »uraltes polnisches Land« handele: »Wir haben keinen Anlass, unsere Souveränität auf eigenem Grund und Boden zu schmälern.« Er betont demgegenüber: »Ein Staat mit Selbstachtung macht keine einseitigen Zugeständnisse.« Bei Hitlers Angebot, die bestehenden Grenzen endgültig anzuerkennen, würde es sich nur um die Bestätigung »unseres unanfechtbaren Eigentums handeln«.

Zum Abschluss zeigt sich auch Beck bereit, über ein neues Abkommen zu sprechen. Voraussetzung sei allerdings, dass sich die deutsche Regierung zu »friedlichen Absichten und friedlichen Verhandlungsmethoden« bekenne. Die polnische Regierung wolle es nicht am »besten Willen« fehlen lassen. Aber er macht die Grenzen deutlich und erhält frenetischen Beifall:

> »Wir in Polen kennen nicht den Begriff des Friedens um jeden Preis. Es gibt im Leben der Menschen, der Völker und der Staaten nur ein Gut, das nicht bezahlt werden kann: die Ehre!«

Beck hat seine Ziele erreicht, wie die begeisterte Zustimmung des Hauses und die Huldigungstelegramme auf seinem Schreibtisch zeigen. Vom US-Botschafter Biddle lässt er sich versichern, dass seine Rede der »angelsächsischen Mentalität« entsprochen habe. Aus London erhält er viel Anerkennung für die »ruhige und geschäftsmäßige Art« seines Auftretens. Paris bestätigt den »allerbesten Eindruck«, den Beck durch seine »entschiedene und maßvolle« Rede in allen Hauptstädten gemacht habe, außer in Berlin und Rom. In Deutschland wird die Rede zwar auch in großen Teilen veröffentlicht, aber vom *Völkischen Beobachter* mit der Überschrift versehen: »Beck versteift seine ablehnende Haltung«. Hitler und Goebbels telefonieren miteinander und sind sich einig: »In Paris hetzt man Polen auf, auch in London. Warschau wird die Zeche bezahlen.« Das Auswärtige Amt deutet in einem Rundtelegramm an alle deutschen Vertretungen im Ausland die Rede als »unbedeutende Äußerungen einer schwachen Regierung«, die nicht dazu beitrage, einen Ausgleich herbeizuführen.[4]

Überschattet wird die Bedeutung der Rede tatsächlich durch ein anderes Ereignis, das am 5. Mai die Spalten der europäischen Zeitungen füllt und an dessen Auswirkungen viele Vermutungen geknüpft werden. Es ist eine Personalie in Moskau, die am 3. Mai der *Prawda* zu entnehmen war: der Rücktritt des bisherigen Außenministers Maxim Litwinow und die Übernahme seines Amtes durch den Regierungschef Wjatscheslaw Molotow, dem »engsten Freund und nächsten Mitarbeiter Stalins«. Deutet sich eine Änderung der sowjetischen Außenpolitik an? Könnte es gar zu einer Annäherung zwischen Berlin und Moskau kommen? Am deutlichsten wird diese Sorge in Tokio ausgesprochen: Ist Hitler in seiner Rede nicht über US-Präsident Roosevelt mit Hohn und Spott hergezogen, während er jedes böse Wort über die Sowjetunion und Stalin vermieden hat?

Schrillen in Warschau die Alarmglocken bei der Möglichkeit, dass sich die beiden mächtigen Nachbarn, aus deren Bestandteilen die Republik Polen sich 20 Jahre zuvor zusammengesetzt hat, annähern? Nein, in Warschau hält man schon wegen der ideologischen Gegensätze eine solche Annäherung für völlig ausgeschlossen. Molotow gilt überdies als Gegner von Rapallo, wo Deutschland und die Sowjetunion 1922 ein Abkommen geschlossen hatten. Tatsächlich gehört der polnische Botschafter in Moskau zu den ersten, die Molotow nach seinem Amtsantritt am 7. Mai empfängt: Er behandelt ihn äußerst liebenswürdig, beglückwünscht ihn zur Rede Becks und bittet als »außenpolitischer Anfänger« sogar um »diplomatischen Rat«.

Drei Tage später macht der im Amt gebliebene sowjetische Vize-Außenminister Wladimir Potëmkin auf seiner Rückreise von Ankara über den Balkan eine Stippvisite bei Beck in Warschau. Aus dem einstündigen Gespräch gehen beide mit unterschiedlichen Eindrücken heraus. Beck hebt in einer Notiz hervor, dass die »Sowjets im Falle eines bewaffneten polnisch-deutschen Konflikts uns gegenüber eine ›wohlwollende Haltung‹ einnehmen würden«. Potëmkin dagegen ist sich sicher, Beck das Eingeständnis entlockt zu haben, dass sich »Polen ohne Unterstützung der UdSSR nicht verteidigen« könne; in Moskau wird daraus geschlossen, dass man sich auch in Warschau der britischen und französischen Hilfe nicht sicher sei.

Tatsächlich war Beck das Gerücht zugetragen worden, der britische Botschafter Kennard habe geäußert, in Großbritannien verstehe kein Mensch einen Krieg um die deutsche Stadt Danzig. Eindringlich wird dem Botschafter die Bedeutung der Zusammenarbeit in Erinnerung gerufen: »Wir stehen vor einem Riesenplan der deutschen Hegemonie in Europa.« Was sollten die Deutschen denken, wenn die Gemeinsamkeit der Kraft von Flotte und Luftwaffe der Briten, der »mächtigsten der Welt«, mit der polnischen Armee, »einer der ersten in Europa«, in Frage gestellt würde? Botschafter Kennard kann sich das Entstehen des Gerüchts nicht erklären.

Die Sorge, von den Westmächten allein gelassen zu werden, veranlasst Beck nicht, in Moskau um Hilfe zu bitten. Im Gegenteil: Sein Botschafter soll Molotow mitteilen, dass Polen eine einseitige Garantie durch die Sowjetunion ablehne und nur »im Falle eines Konfliktes mit Deutschland Möglichkeiten einer besonderen Zusammenarbeit besprechen« wolle. Molotow versteht das so, dass Polen zurzeit kein Abkommen wolle, aber es in Zukunft nicht ausschließe: »Passen Sie auf«, warnt er den Botschafter, »dass Sie sich nicht zu spät entscheiden.« Beck sieht jedoch keine Gefahr vom »östlichen Nachbarn« ausgehen: »Er ist viel zu schwach.« Nur der polnische Oppositionspolitiker Stanisław Mackiewicz warnt vor einem möglichen Angriff der Sowjetunion auf Polen:

> »Aber unser Volk wünscht so sehr, die Grenzen Polens im Kampf mit dem verhassten deutschen Feind zu verteidigen, dass es sich das Problem nicht durch die Aussicht auf einen russischen Überfall komplizieren wollte.«

Dafür kommt er ins polnische Konzentrationslager Bereza Kartuska.

Polen will sich zuallererst auf sich selbst verlassen. Verstärkt wird an der moralischen Aufrüstung gearbeitet. In einer Veröffentlichung werden Dokumente zusammengestellt, die beweisen sollen, dass »der polnische Soldat viel größeren Kriegswert als der deutsche Soldat« besitze. Ein Hauptmann der Armee zieht im Mai durchs Land und verkündet einen »heiligen Kreuzzug« gegen Deutschland. In Zeitungen wird die Schwäche Deutschlands herausgestellt: Mangel an Lebensmitteln, Kriegsangst der Bevölkerung, oppositionelle Stimmung im Heer, Sabotage in Rüstungsbetrieben, Chaos bei der Eisenbahn; gleichzeitig wird vor deutschen Spionen gewarnt. Eine Karte wird verteilt, auf der Polens Grenzen von Berlin bis Moskau reichen. Im polnischen Außenministerium hält man diese Propaganda für überflüssig: »Die antideutschen Einstellungen sind so tief im Volk verankert, dass sie nicht noch künstlich gestärkt werden müssten.«[5]

In Warschau machen sich der polnische Kriegsminister General Tadeusz Kasprzycki und der polnische Finanzminister Eugeniusz Kwiatkowski zusammen mit einigen Generalstäblern fertig zur Reise, zuerst nach Paris und dann weiter nach London. Die Kriegskasse leert sich wegen der wochenlangen Mobilisierung hunderttausender Männer, die Wirtschaft ächzt unter dem Arbeitskräftemangel und der Überlastung durch Rüstungsaufträge; und es fehlt eine gemeinsame Strategie Polens und der Westmächte für den Abwehrkampf gegen Deutschland. Warschau braucht Zusagen für Geld, Waffen und für Militäroperationen im Westen, wenn es seine Rolle an der Ostfront erfüllen soll, und glaubt, dass auch die Westmächte an einer starken zweiten Front interessiert sein müssten.

Am 15. Mai wird der polnische Kriegsminister vom französischen Generalstabschef Maurice Gamelin am Pariser Nordbahnhof empfangen, beide in Zivil, da es sich um einen inoffiziellen Besuch handelt. Die Presse bekommt von den Gesprächen nichts mit, obwohl es sich um ein ungewöhnliches Treffen der seit 1921 durch ein Militärbündnis verbundenen Partner handelt: Die letzte Begegnung ihrer Spitzenmilitärs liegt 16 Jahre

Unauffällig in Zivil: Der polnische Kriegsminister Kasprzycki (M.) wird am 15. Mai 1939 in Paris vom französischen Generalstabschef Gamelin (r.) empfangen; links der polnische Botschafter Łukasiewicz

zurück; der Besuch des Oberkommandierenden der polnischen Armee Rydz-Śmigły 1936 in Paris zur Zeit der *Volksfront* diente allein der Aushandelung eines umfangreichen Kredits für Waffenkäufe in Frankreich, der 1939 noch gar nicht ausgeschöpft ist. Nun geht es zusätzlich noch einmal um dieselbe Kreditsumme von zwei Milliarden Francs.

In zwei Gesprächen mit Ministerpräsident und Kriegsminister Édouard Daladier bringt Kasprzycki die polnischen Wünsche vor:

> »Trotz erfolgreicher Entwicklung unserer Rüstungsindustrie kann sie nicht den Bedarf der Armee erfüllen. Wir brauchen unverzüglich und in großen Mengen vor allem Panzer, Flugzeuge, Geschütze, Lastwagen, Sprengstoffe.«

Daladier scheint Feuer und Flamme: »Wir müssen gegenüber Hitler eine Politik des energischen Widerstands verfolgen.« Aber Geld – das scheint schwierig. Auch eine Belieferung aus den knappen Beständen der französischen Streitkräfte wird nicht zugesagt. Daladier verweist stattdessen auf Polens neues Bündnis mit Großbritannien – aber auch dort fürchten die Polen, statt der erhofften rund 60 Millionen höchstens fünf Millionen Pfund zu erhalten. Daladier hebt dann die Bedeutung der Sowjetunion hervor. Die Polen nicken höflich und wenden ein: »Es wäre sehr unklug und gefährlich, sich darauf zu verlassen, und überdies mangelt es den sowjetischen Waffen an Qualität.«

Die Besprechung des wichtigsten Wunsches der Polen überlässt Daladier den Fachleuten vom Generalstab. Es geht um die erhoffte Zusage Frankreichs, im Augenblick eines deutschen Angriffs auf Polen möglichst sofort mit der französischen Armee und Luftwaffe zu reagieren, um Polen zu entlasten. Bei der Aussprache in kleiner Runde stehen der Zeitplan der Aktionen und der Umfang der Einsatzkräfte im Mittelpunkt. Der 66-jährige Gamelin bleibt vorsichtig bei seiner Zusicherung: »Frankreich wird alles in seiner Macht Stehende tun, an seinen Grenzen das Maximum der deutschen Kräfte zu binden.« Die Notwendigkeit, auch militärischen Beistand der Sowjets anzunehmen, wird nicht angesprochen. Gamelin kommt es darauf an, die Polen nicht zu entmutigen, damit sie den deutschen Forderungen nicht nachgeben.

Zugesagt wird für den Fall eines deutschen Angriffs auf Polen und einer Bedrohung seiner Interessen in Danzig, dass Frankreich »automatisch etwa am dritten Tag der Mobilmachung Offensiven mit beschränkten Zielen auslösen« werde. Angriffe auf Deutschland mit der Masse seiner Armeen werde Frankreich ab dem 15. Tage seiner Mobilmachung durchführen; auch ein Durchbruch des Westwalls sei geplant. Die französische Luftwaffe werde sofort bei Ausbruch des Konflikts mit »machtvollen Aktionen Polen unterstützen«. Für diesen Zweck bieten die Polen ihre Flugplätze an, damit französische Bomber auch Ziele im Osten Deutschlands angreifen können. Ihrerseits kündigen die Polen an, in der ersten Phase des Krieges »mit allen ihren Streitkräften defensiv gegen die Deutschen zu kämpfen und je nach den Umständen Offensivaktionen zu unternehmen«. Frankreichs Außenminister Georges Bonnet ist entsetzt, als er von dem Abkommen erfährt: Gamelin hätte vielmehr die Polen entmutigen sollen, »Dummheiten zu machen, unvorsichtig zu handeln oder unerlässliche Hilfe von anderer Seite abzulehnen«.

Nach der Unterzeichnung des Militärabkommens verabschiedet sich Gamelin am 19. Mai auf dem Nordbahnhof vom polnischen Kriegsminister: Alle dessen Wünsche (auch in Bezug auf Danzig) scheinen erfüllt – wenigstens auf dem Papier. Allerdings muss Gamelin eine »kleine« Einschränkung machen: Das Abkommen könne erst in Kraft treten, wenn auch ein entsprechendes politisches Abkommen geschlossen sei. Bonnet ist gegen die Einbeziehung Danzigs in die Garantie für Polen und legt sich nach Rücksprache mit seinem britischen Kollegen Halifax quer: Beide wollen sich die Möglichkeit offen halten, für die Zukunft der Freien Stadt eine Kompromisslösung zu finden. – Müssen die Polen davon ausgehen, dass ohne Bonnets Unterschrift unter das politische Abkommen das Militärabkommen ohne Wert ist? Gamelin spürt beim Abschied eine gewisse Enttäuschung. Auch die nach London weiterreisenden polnischen Militärs erhalten von ihren britischen Kollegen nur bescheidene Zusagen. Im Ganzen, heißt es in einem zusammenfassenden Bericht für den britischen Generalstab, »neigen die Polen dazu, die deutsche Stärke zu unterschätzen und die eigene zu überschätzen«.[6]

Vom Inhalt der Geheimgespräche in Paris und London dringt nichts an die Öffentlichkeit. In Berlin kann man nur vermuten, dass es um die Festigung des Militärbündnisses zwischen Frankreich, Großbritannien und Polen gegangen sei. Bereits nach der Rede Becks hatte das Propagandaministerium den Zeitungen empfohlen, verstärkt Berichte über die deutsche Rüstung zu veröffentlichen. Gewissermaßen als Begleitmusik wird eine Inspektionsreise Hitlers am »Panzergürtel des Rheins« groß aufgemacht. »Der Westwall hält hundertprozentig«, schreibt Goebbels in sein Tagebuch, »das weiß nun auch die Welt.« Die Polen sollen erkennen, dass ihnen die Franzosen gar nicht zu Hilfe kommen können. Zugleich wird erstmals angekündigt, dass auch im Osten Befestigungsanlagen zum Schutz von Ostpreußen sowie von Pommern und Schlesien ausgebaut werden sollen. Das deutsche Volk kenne kein »Gefühl der Angst«, erklärt Goebbels in einer Rede am 20. Mai in Köln: »Wir sind bewaffnet bis an die Zähne und vertrauen blind auf den Mann, der Deutschland aus seinem tiefsten Fall von 1919 zu der Höhe von 1939 empor führte.« Das deutsche Volk wolle keinen Krieg, denn der »Führer ist ein Friedensfreund«.

Das hört sich hinter den Mauern der Reichskanzlei ganz anders an. Für den 23. Mai hat Hitler die Oberbefehlshaber von Heer, Luftwaffe und Marine sowie ihre Vertreter geladen, um sie auf seine Sicht der Lage und die künftigen Aufgaben der Wehrmacht einzustimmen. Das Hauptproblem sieht er in der Störung des europäischen Gleichgewichts durch den »Wiedereintritt Deutschlands in den Kreis der Machtstaaten«: Weitere deutsche Ansprüche würden als »Einbruch« gewertet und seien ohne »Blutvergießen« nicht zu erreichen. Eine Lösung müsse so oder so kommen, zurzeit sei die Lage für Deutschland wegen der »nationalen Begeisterung« und des Bündnisses mit Italien und Japan am günstigsten. Dabei gehe es nicht um Danzig, sondern um die »Erweiterung des Lebensraumes im Osten und die Sicherstellung der Ernährung«; die Erzeugung von Überschüssen sei nur in gering besiedelten Gebieten möglich.

Dann spielt Hitler verschiedene Möglichkeiten des Krieges durch: Würde es zur Auseinandersetzung mit dem Westen kommen, wäre eine schnelle Entscheidung fraglich, so dass Polen Gelegenheit hätte, gegen Deutschland anzutreten. Wenn man aber gegen Polen vorginge, werde es zum Kampf kommen, da er nicht an die Wiederholung einer unblutigen Besetzung wie bei der Rest-Tschechei glaube. Es müsse zuvor gelingen, die Regierung in Warschau zu isolieren: »Eine Auseinandersetzung mit Polen ist nur dann von Erfolg, wenn der Westen aus dem Spiel bleibt.« Für den Fall, dass es zu einem Bündnis zwischen Großbritannien, Frankreich und der Sowjetunion komme, kündigt er an, »mit einigen vernichtenden Schlägen« die Westmächte anzugreifen. Den eigentlichen Feind sieht er in Großbritannien, weil es durch eine deutsche Hegemonie an Macht verlieren würde. Es sei der »Motor, der gegen Deutschland treibt«; bei einem Krieg würde es um »Leben und Tod, um Sein oder Nichtsein« gehen.

Hitler macht es seinen Militärs zur »wichtigsten Aufgabe«, den »planmäßigen Angriff« vorzubereiten: »Ziel ist immer, England auf die Knie zu zwingen.« Durch überraschende Überfälle sollten Großbritanniens Verbündete auf dem Festland ausgeschaltet werden, um dann mit Flugzeugen und U-Booten seine »sämtlichen Lebensadern zu zerschneiden«. In einem langen Krieg, erklärt Hitler, »entscheidet die Zeit gegen England«. Zur Vorbereitung des Angriffsprogramms befiehlt Hitler die Einrichtung eines kleinen Studienstabes, der unter größter Geheimhaltung arbeiten soll. Als Zeitperspektive werden die Jahre 1943 bzw. 1944 genannt. Ansonsten solle sich am Rüstungsprogramm nichts ändern. Von einem unmittelbar bevorstehenden Angriff auf Polen ist nicht die Rede; aber Hitlers Zuhörer sind davon überzeugt, dass er die Auseinandersetzung mit Polen suche, ohne das Risiko einzugehen, in einen Krieg mit England »hineinzuschlittern«.

Auch wenn von diesen Plänen nichts nach Warschau dringt, so wachsen dort doch die Sorgen. Aus Genf, wo beim Völkerbund über Danzig gesprochen werden soll, meldet der deutsche Konsul nach Berlin, dass die Stimmung bei den Polen pessimistisch sei: Die britische Garantie werde zu einem europäischen Krieg führen, in dem Polen ohne wirksame Hilfe von Großbritannien bleiben und zwischen Deutschland und der Sowjetunion zermalmt untergehen werde. – Der deutsche Botschafter in Warschau, Hans-Adolf von Moltke, kann am 23. Mai vermelden, dass sich die polnische Seite auf verschiedenen Kanälen um die Wiederaufnahme der Besprechungen bemühe: »Es muss sich doch irgendein Kompromiss finden lassen«, meint der Unterstaatssekretär aus dem polnischen Außenministerium, »bei dem der Eindruck einer Kapitulation vermieden wird.« Moltke hält sich weisungsgemäß bedeckt und vermutet, dass die polnische Haltung sehr stark von der britischen abhängig sei.

Nach dem wenig erfolgreichen Besuch einer britischen Militärmission unter General Edward Clayton beim polnischen Generalstab in Warschau setzt Beck Ende Mai wieder verstärkt Hoffnung auf einen »vernünftigen Kompromiss« mit den Deutschen: »Selbst wenn sie ganz Polen besetzen«, sagt er zu seinem Stellvertreter Szembek, »stoßen sie dann auf die Sowjets und haben die gesamte Rote Armee gegen sich.« Die britischen Militärs sagen Warschau zwar kräftige Luftunterstützung zu; dabei solle die Königliche Luftwaffe aber nicht vergeudet werden, sondern vor allem Großbritannien verteidigen. Die Königliche Flotte plane ebenfalls keinen Einsatz in der Ostsee, sondern wolle sich auf den Schutz der Verbindungswege mit dem Weltreich konzentrieren. Die Polen bieten den Briten wie schon den Franzosen ihre Flugplätze an, damit britische Flugzeuge nach der Bombardierung deutscher Industriegebiete dort landen, auftanken und mit neuen Bomben beladen zurückfliegen können. Die Briten zögern, aber sagen immerhin zu, deutsche militärische Ziele zu bombardieren, wenn die deutsche Luftwaffe solche Ziele in Polen zuerst bombardiere.

Beim Geld zeigen sich die Briten ebenfalls zugeknöpft: Kredit soll es nur für Käufe auf dem britischen Markt geben; die britischen Rüstungsbetriebe sind jedoch fast vollständig ausgelastet mit Aufträgen von Heer und Luftwaffe. Bargeld für Käufe auf dem Weltmarkt lehnt London ab. Im Gegenteil: Zur Sicherung der Zinsen und der Rückzahlung der Schulden wird von Warschau verlangt, Gold der Bank von Polen im Ausland zu deponieren, um auch im Falle eines Krieges den Zugriff zu behalten. Ende Mai 1939 macht sich das polnische Küstenmotorschiff *Rozewie* auf die Fahrt über die Ostsee. An Bord 72 geheimnisvolle Kisten, gefüllt mit Gold aus dem Gewölbe der Bank Polski. Es soll heimlich an einen sicheren Ort in Stockholm gebracht werden. Es wäre vielleicht gelungen, wenn den schwedischen Zöllnern nicht aufgefallen wäre, dass die Matrosen auch noch Schnaps ins trockene Schweden schmuggeln wollten. Mangelnde Siegesgewissheit in Warschau zeigt sich auch bei den Ende Mai angestellten Überlegungen, einige tausend Luftwaffenangehörige sowie die größten Kriegsschiffe im Ausland in Sicherheit zu bringen.

Die polnische Führung bekräftigt bei ihren öffentlichen Kundgebungen jedoch weiterhin ihre feste Entschlossenheit. Staatspräsident Mościki verkündet zum Tag des Meeres am 29. Mai: »Mächtig auf der Erde und in der Luft, wollen wir auch auf dem Meer stark werden zur Sicherstellung der

Polnische Demonstranten in Fliegeruniform: Danzig war, ist und bleibt polnisch (L'Europe Nouvelle vom 8. Juli 1939)

Seemission der polnischen Nation.« Oberbefehlshaber Rydz-Śmigły lässt einen neuen »Plan West« für den Aufmarsch der polnischen Armee entwickeln und erklärt einer US-Journalistin:

> »Das ganze Volk ist bereit, für die Unabhängigkeit Polens bis zum letzten Mann und bis zur letzten Frau zu kämpfen. Die Einnahme Polens durch Deutschland wäre ein Akt, der an die Aufteilung Polens (1772) erinnert. In jedem Falle werden wir kämpfen, sogar ohne Bundesgenossen.«

Aus den USA ist ebenfalls keine direkte Hilfe zu erwarten. Präsident Roosevelts Bemühungen, die Neutralitätsgesetze aufzuweichen, stoßen im Kongress auf Widerstand, selbst die auf zwei Jahre befristete Lockerung, bei Barzahlung und eigenem Transport (»cash and carry«) Waffen zu exportieren. Das trifft vor allem Großbritannien und Frankreich, die sich große Hoffnungen gemacht hatten. Der Trost, den US-Botschafter Kennedy in London einem polnischen Diplomaten spendet, ist gering: Wenn sein ältester Sohn »Joe« in die USA zurückkehre, werde er dort Vorträge über die Lage in Europa halten, auch über Polen, das er ja bereist habe; das werde für die öffentliche Meinung von großer Bedeutung sein. »Sie glauben nicht«, fügt der Botschafter hinzu, »wie sehr er das Ohr des Präsidenten hat: Er glaubt ihm mehr als mir, wohl weil er die Sache so überzeugend und so begeistert darstellt.« Es wird noch ein direktes Gespräch des Polen mit dem Kennedy-Sohn John verabredet.[7]

15. Noch ist Polen nicht verloren

Nach einem Monat Nervenkrieg sieht die Lage Ende Mai so aus wie Ende April: Alles ist in der Schwebe. Während die Pessimisten befürchten, dass der Krieg unvermeidlich sei, hoffen die Optimisten, dass der Krieg vermieden werden könne, solange er nicht ausgebrochen ist. Großbritanniens Bemühungen um ein Dreierabkommen mit Frankreich und der Sowjetunion, das Hitler von weiteren Aktionen abschrecken soll, kommen nur langsam voran.

Liegt der Schlüssel für die weitere Entwicklung in Moskau?

16. KAPITEL
Im Wettlauf nach Moskau (Mai–August 1939)

Ende Mai 1939 tagt im Großen Saal des Moskauer Kremls der Oberste Rat, eine Art Parlament, bestehend aus zwei Kammern mit jeweils etwa 750 Delegierten, zumeist Mitglieder der Kommunistischen Partei. Er kommt wenige Male im Jahr zusammen, um die Vorlagen des Präsidiums per Akklamation zu bestätigen: das Budget, Verordnungen und die Besetzung von Posten im *Rat der Volkskommissare*, wie die Regierung heißt. Regierungschef Wjatscheslaw Molotow, der seit vier Wochen auch Außenminister ist, lässt sich überdies gerne bitten, angesichts der internationalen Lage zum Schluss der Tagung die außenpolitischen Ziele der Sowjetunion darzulegen. In Berlin und London ist man gespannt: Wird Moskau eine neue Richtung einschlagen?

Bereits Ende April hatte sich die sowjetische Führung über ihre außenpolitischen Möglichkeiten beraten. Ganz überraschend und auf die Schnelle waren die Botschafter Alexej Merekalow aus Berlin und Iwan Maiski aus London nach Moskau beordert worden. Sie wurden am 21. April nicht vom damaligen Außenminister Maxim Litwinow, sondern höchstpersönlich von Stalin empfangen. Den einen fragte er: »Schlagen die Deutschen gegen uns los?« Den anderen fragte er: »Gibt es ein Komplott in London oder Paris, Moskau in einen Krieg zu ziehen und es dann im Stich zu lassen?« Beide Botschafter behaupten in ihren Aufzeichnungen, Stalin mutig die Wahrheit gesagt zu haben. Merekalow bejahte die Frage: »Es wird in zwei bis drei Jahren zu einem militärischen Konflikt kommen.« Maiski bot ein »wenig tröstliches Bild« von den angelaufenen Verhandlungen mit London und Paris zur Bildung einer gemeinsamen »Friedensfront«. Stalin bedankte sich, aber ließ nicht erkennen, welchen Weg er beschreiten wolle.

Am Abend des 31. Mai steht Molotows Rede auf der Tagesordnung des Obersten Rats. Die Gäste- und Pressetribünen sind wie die Logen der Diplomaten gut gefüllt; es fällt nur auf, dass die Botschafter Großbritanniens und Frankreichs fehlen. Auf der Regierungsbank nehmen Stalin, der kein staatliches Amt inne hat, und zahlreiche Minister Platz. Die Delegierten stehen auf und spenden minutenlangen Beifall. Kurz nach 19 Uhr erhält Molotow das Wort: »Genossen Deputierte!« beginnt er: »Die internationale Lage hat sich wesentlich verschlechtert.« Wie stellt sich die Lage aus Moskauer Sicht dar?

Molotow sieht sein Land zwei Mächtegruppen gegenüber: Da sind die »aggressiven Staaten«, gemeint sind Deutschland, Italien und Japan, und da sind die »demokratischen Staaten«, gemeint sind Großbritannien und Frankreich. Die einen »brüsten« sich mit den Erfolgen ihrer »Aggressionspolitik«, die anderen versuchen zu »beschwichtigen und zu verniedlichen«. »Wir sind für den Frieden«, betont Molotow, »und gegen eine weitere Ausdehnung der Aggression.« Aber er zweifelt daran, dass die »demokratischen Länder« auf ihre »Widerstandslosigkeit gegen die Aggression verzichten« würden. »Wir müssen wachsam sein«, erklärt er und zitiert aus Stalins Rede vom 10. März: »Wir dürfen jenen, die es gewohnt sind, von anderen die Kastanien aus dem Feuer holen zu lassen, keine Möglichkeit geben, unser Land in Konflikte hineinzuziehen.«

Ausführlich berichtet Molotow über die seit April laufenden Verhandlungen mit Großbritannien und Frankreich zur Schaffung einer gemeinsamen »Friedensfront« der drei Mächte. Er stellt drei grundsätzliche Bedingungen:

1. Ein wirksamer Pakt über den gegenseitigen Beistand gegen die Aggression;
2. Eine gemeinsame Garantie für die Sicherheit der Staaten Mittel- und Osteuropas, vor allem die Staaten an den europäischen Grenzen der Sowjetunion;
3. Eine konkrete Absprache über Art und Umfang einer unverzüglichen und wirksamen gegenseitigen Unterstützung.

Nur im ersten Punkt hätten die Regierungen in London und Paris »einen Schritt vorwärts« getan und die Gegenseitigkeit anerkannt. Im zweiten Punkt sei allerdings »kein Fortschritt festzustellen«: Molotow verlangt neben Polen und Rumänien auch für die baltischen Staaten Estland und Lettland sowie Finnland eine gemeinsame Garantie für den Fall eines deutschen Angriffs. Misstraut er den Briten und Franzosen, dass sie in einem solchen Fall der Sowjetunion nicht zu Hilfe kommen würden?

Molotow zeigt sich für weitere Verhandlungen offen und übt zugleich Druck auf London wie Paris aus: Trotz der Gespräche mit den »demokratischen Staaten« wolle Moskau jedoch nicht »auf sachliche Beziehungen zu Ländern wie Deutschland und Italien verzichten«. Er spricht Verhandlungen über ein Handelsabkommen mit Berlin an, die »wieder aufgenommen werden können«; mit Italien bestehe bereits ein für beide Seiten »vorteilhaftes Handelsabkommen«. Und er weist auf den Krieg im Fernen Osten hin, wo Japan sowohl sowjetische wie auch britische Interessen bedrohe. Er lässt keinen Zweifel daran, dass sich die Sowjetunion gestärkt fühle und ihr in der Weltpolitik »ein Platz in den vordersten Reihen« zustehe. Der Beifall steigert sich zu Ovationen, und einmütig billigt der *Oberste Rat* die Außenpolitik der sowjetischen Regierung.[1]

Ein britischer Sonderbotschafter in Moskau

In den britischen und deutschen Amtsstuben weiß man allerdings nicht so richtig, woran man ist. In London ist eine gewisse Enttäuschung zu spüren. Premierminister Neville Chamberlain hatte zuvor im Unterhaus seine Hoffnung ausgedrückt, dass es bei den Verhandlungen in Moskau keine »ernsthafte Schwierigkeit« mehr gebe und es möglich sei, »sehr bald ein vollständiges Abkommen zu erreichen«. Das hatte er auch gesagt, um seine vom sowjetischen Botschafter Maiski beeinflussten innerparteilichen Gegner zu beruhigen, allen voran die zurückgetretenen Minister Anthony Eden und Albert Duff Cooper sowie Winston Churchill, die die britische Regierung zu einem Dreier-Bündnis mit der Sowjetunion drängen.

Churchill hatte an die Lage im Weltkrieg erinnert und erklärt: »Ohne eine wirksame Ostfront kann es keine ausreichende Verteidigung unserer Interessen geben, und ohne Russland gibt es keine wirksame Ostfront.« Duff Cooper rät im *Evening Standard* unter der Überschrift »Russland ist der Verbündete, den Großbritannien braucht« zum Entgegenkommen in Moskau bei der baltischen Frage: »Wir garantieren die Grenzen eines Landes nicht aus Liebe für die Bewohner, sondern nur im Hinblick auf unsere eigene Sicherheit.« Und Eden zeigt sich bereit, persönlich nach Moskau zu fahren, um einen schnellen Abschluss der Verhandlungen zu erreichen.

Chamberlain selber zögert, den »russischen Bären zu umarmen«, und spielt auf Zeit. Einem Mitarbeiter des Außenamtes hatte er gestanden, lieber zurücktreten zu wollen, als ein förmliches Bündnis mit den Sowjets zu schließen. Und er bleibt misstrauisch: Seiner Schwester hatte er geschrieben: »Ich werde den Verdacht nicht los, dass die Russen hauptsächlich daran interessiert sind, dass sich die ›kapitalistischen‹ Mächte gegenseitig zerfleischen, während sie selber draußen vor bleiben.« Einer seiner Anhänger vertraut mit Blick auf die sowjetische Führung seinem Tagebuch die

Frage an: »Sind wir drauf und dran, unsere Ehre, unsere Sicherheit in diese blutbefleckten Hände zu legen?« So scheint Chamberlain ganz zufrieden, dass alles offen bleibt, wie es die *Times* optimistisch formuliert: Molotow habe die britischen Vorschläge »nicht im Ganzen akzeptiert, aber sie auch nicht schlichtweg abgelehnt«.

Bedrängt von der Opposition, die ein baldiges Bündnis mit der Sowjetunion verlangt, hebt der britische Premier am 7. Juni im Unterhaus einige schwierige Punkte hervor, vor allem die Haltung jener Staaten, die früher zum Russischen Reich gehört oder sich Teile des Russischen Reiches angeeignet hatten. Sie lehnen eine »Garantie« ihrer Unabhängigkeit durch die Sowjetunion strikt ab: »Es ist offensichtlich unmöglich«, erklärt Chamberlain in einer Fragestunde, »Staaten eine Garantie aufzuerlegen, die sie nicht wünschen.« Dem US-Botschafter Joseph Kennedy vertraut er offen seinen Ärger über Moskau an: »Ich bin nicht sicher, ob ich nicht die ganze Sache absage.« Aber er stellt seine weitere Verhandlungsbereitschaft unter Beweis und kündigt die Entsendung eines Sonderbotschafters nach Moskau an, keinen Minister, auch keinen ehemaliger Minister, sondern einen hohen Beamten des Außenamtes, der die Verhandlungen »erleichtern und beschleunigen« solle.[2]

In Berlin wird die Molotow-Rede fast kommentarlos aufgenommen. Bereits Anfang Mai war die deutsche Presse angewiesen worden, die Polemik gegen die Sowjetunion einzustellen; auch jetzt wird Zurückhaltung geübt. Der deutsche Botschafter in Moskau, Friedrich-Werner von der Schulenburg, verweist zwar darauf, dass Molotow »Ausfälle gegen Deutschland« vermieden habe und bereit scheine, die zu Beginn des Jahres unterbrochenen Gespräche zum Ausbau des gegenseitigen Handels wieder aufzunehmen; aber klare Ziele der sowjetischen Außenpolitik vermag er nicht zu benennen. Auch Hitler bezeichnet sie im Gespräch mit seinem Propagandaminister Joseph Goebbels als »völlig undurchsichtig«: »Wahrscheinlicht ist es so«, vermuten die beiden ganz ähnlich wie Chamberlain, »dass Moskau sich nach Möglichkeit aus allen europäischen Streitigkeiten heraushalten möchte, um eventuell nachher als Erbe aufzutreten.« Oder will sich Moskau, fragen sie sich, gegenüber »London möglichst teuer machen?«

Natürlich scheint es reizvoll, von Berlin aus etwas Sand in die britisch-französisch-sowjetischen Besprechungen zu streuen. Im Auswärtigen Amt will man jedoch vermeiden, dass eigene Vorschläge zur deutsch-sowjetischen Annäherung vom Kreml nicht ernst genommen, sondern nur dazu benutzt werden, von Großbritannien und Frankreich weitere Zugeständnisse zu erpressen. Sehr vorsichtig hatte sich der Staatssekretär im Auswärtigen Amt,

Ernst von Weizsäcker, am 30. Mai in einem eher persönlich geführten Gespräch mit dem sowjetischen Geschäftsträger Georgi Astachow an das Thema herangetastet: »Die deutsche Haltung gegenüber der Sowjetunion ist nicht engherzig, aber auch nicht aufdringlich.« Er frage sich allerdings, ob denn die sowjetische Regierung an »einer etwaigen schrittweisen Normalisierung der Beziehungen« angesichts der Verhandlungen mit London noch Interesse habe. Astachow sagt zu, über das Gespräch nach Moskau zu berichten.

Tatsächlich kommt es am 2. Juni, zwei Tage nach der Molotow-Rede, zu einem ersten Gesprächskontakt zwischen einem Vertreter der deutschen Botschaft und dem sowjetischen Minister für Außenhandel, Anastas Mikojan: Die beiden begnügen sich mit Andeutungen und Mikojan gibt sich zugeknöpft: »Ich will es mir durch den Kopf gehen lassen.« In Berlin will man die Sache weitertreiben, da »schon die Tatsache unmittelbarer deutsch-sowjetischer Besprechungen in Moskau geeignet ist, einen weiteren Keil in die sowjetisch-britischen Verhandlungen zu treiben«. Ein Fachmann für Handelsfragen steht, mit Vollmachten zur »Verbreiterung und Vertiefung der Wirtschaftsbeziehungen« ausgestattet, zum Abflug nach Moskau bereit. Schon eine Woche später signalisiert Mikojan, dass er zu seinem Empfang bereit sei.

Auch außenpolitisch versucht Berlin durch den Abschluss von Nichtangriffsverträgen mit Estland und Lettland der Sowjetunion ein Gefühl der Sicherheit zu vermitteln. Das Auswärtige Amt sieht darin überdies einen »Gegenzug gegen die britische Politik«, die die baltischen Staaten durch einseitige Garantieversprechen in ein Einkreisungssystem gegen Deutschland zwingen wolle. Die deutsche Presse richtet ihr Feuer weisungsgemäß gegen Großbritannien, Angriffe auf die Sowjetunion seien »aus taktischen Gründen« zu unterlassen. Doch Moskau lässt sich nicht beeindrucken, weder von den Reden in London noch von den Angeboten aus Berlin. Man kann ja das politische Spiel nach beiden Seiten spielen. In der deutschen Botschaft in Moskau muss man Mitte Juni feststellen: »Die Sowjetregierung sitzt gegenwärtig auf einem hohen Pferd.«[3]

Zwei Wochen nach seiner Rede, am 15. Juni, empfängt Molotow im Kreml erneut den britischen und den französischen Botschafter zur Fortsetzung der Gespräche über eine Triple-Allianz. Diesmal ist der von Chamberlain angekündigte Sonderbotschafter mit dabei. Es ist der Leiter der Europa-Abteilung im Außenamt, der 46-jährige William Strang. Außenminister Edward Halifax hatte ihn für die Spezialaufgabe, die Verhandlungen zum Dreierpakt zu beschleunigen, ausersehen, weil er sich in Osteuropa gut auskenne und auch russisch spricht. Er musste seinen Urlaub in Polen abbrechen, nach London eilen, um sich Instruktionen abzuholen, mit dem Flugzeug nach Warschau fliegen und von dort mit der Bahn nach Moskau fahren – das alles in einer Woche. In London ist man besorgt, das Scheitern der Verhandlungen könnte zu »einer Annäherung zwischen Deutschland und der Sowjetunion« führen. In Paris wird sogar befürchtet, dass dann eine »Teilung Polens zwischen Deutschland und Russland« drohe.

Die drei Botschafter sitzen im Halbrund um Molotows erhöhten Schreibtisch, daneben Vize-Außenminister Wladimir Potëmkin als Übersetzer, da Molotow weder französisch noch englisch versteht oder spricht. Die drei fühlen sich unwohl: Sie müssen ihre Papiere auf den Knien sortieren und vermuten beim Blick auf eine offene Tür, dass das Gespräch belauscht oder gar mitgeschnitten wird. Hoheitsvoll nimmt Molotow den neuesten Vorschlag aus London und Paris entgegen und zeigt sich enttäuscht: Gewiss, im Falle eines Angriffs »irgendeiner europäischen Macht« (gemeint ist Deutschland) auf Großbritannien, Frankreich oder die Sowjetunion verpflichten sich die drei Mächte, sich »einander unverzüglich jede nur mögliche, in ihren Kräften stehende Unterstützung und Hilfe zu erweisen«; doch den kleineren Ländern, vor allem den Randstaaten der Sowjetunion, die namentlich nicht aufgeführt werden, solle im Falle einer deutschen Aggression oder Aktion nur geholfen werden, wenn diese den Wunsch dazu äußern. Auf gezielte Fragen Molotows nach Garantien für Finnland, Estland, Lettland, Polen und Rumänien können die drei Botschafter nur allgemein antworten. Es klingt wie eine Abweisung, als Molotow nach zweieinhalb Stunden erklärt: »Ich werde den Vorschlag prüfen und dann zur nächsten Sitzung bitten.«

Am folgenden Tag veröffentlichen sowjetische Zeitungen ein Kommuniqué, in dem es heißt: »In Kreisen des Außenministeriums werden die Ergebnisse des ersten Gesprächs als nicht sehr günstig beurteilt.« In der Londoner *Times* wird das heruntergespielt: Die sowjetische Führung sei sich ihrer starken Verhandlungsposition sicher und halte sich an das gute alte russische Sprichwort: »Langsam, aber sicher.« Doch Molotow lässt noch am selben Tag die drei Botschafter zu einem kurzen Gespräch bitten und unterstreicht seine Haltung: »Wenn die britische und die französische Regierung die Sowjetregierung als naive oder närrische Leute behandeln, dann kann ich darüber nur lächeln.« Die Ablehnung des sowjetischen Vorschlags, die Sicherheit der »schwachen« Randstaaten gemeinsam zu garantieren, bringt uns, erklärt Molotow, in »eine demütigende Lage«. Die drei Botschafter entwickeln neue Vorschläge, und Chamberlain kann auf die Frage eines Oppositionspolitikers, ob es daneben noch weitere Schwierigkeiten gibt, antworten: »Ja, mein Herr, es gibt mehrere offene Punkte.«

Zum dritten Treffen im Kreml am 21. Juni bringen die Botschafter einen überarbeiteten Vertragsentwurf mit. Molotow sieht ihn und schüttelt den Kopf: »Das ist eine Wiederholung früherer Vorschläge und unannehmbar.« Er besteht auf der namentlichen Nennung der Staaten, die eine Garantie erhalten sollen; das wollen die Botschafter jedoch wegen der Widerstände dieser Staaten gegen sowjetische Garantien vermeiden. Sie fragen: Könnte man sich mit der Nennung bestimmter geografischer Gebiete begnügen? – Nein! sagt Molotow. – Könnten die Länder in einem Extradokument genannt werden, das nicht veröffentlich wird? – Darüber ließe sich sprechen, sagt Molotow. – Am folgenden Tag können die Botschafter in den Moskauer Zeitungen lesen, dass ihre neuen Vorschläge in den Augen des sowjetischen Außenministeriums »keinen Fortschritt zeigen«.

Nach einer Woche der Gespräche mit Molotow kommt Strang zu dem Schluss, dass die sowjetische Regierung überzeugt sei, die Westmächte würden die Verhandlungen nicht scheitern lassen: »Sie vertraut darauf, dass sie einen Vertrag erhält, der ihr alles gibt.« Dazu gehöre vor allem die Vollmacht, den Baltenstaaten sowie Polen und Rumänien Hilfe zu garantieren, ob sie wollen oder nicht. Strang glaubt zwar, dass es »schließlich« doch zu einer Allianz kommen werde, aber führt eine Bemerkung seines 56-jährigen Kollegen aus Paris an, der unkt, er werde wohl schon in Pension sein, wenn Strang aus Moskau wegkomme. Ein neuer Gesprächstermin wird jedenfalls zunächst nicht vereinbart. In der Parteizeitung *Prawda* vom 29. Juni sind überdies unter der Überschrift »Die britische und französische Regierung wollen keinen gleichberechtigten Vertrag mit der Sowjetunion« schwere Vorwürfe zu lesen:

> »Sie wollen nur über einen Vertrag reden, um der öffentlichen Meinung die angebliche Unnachgiebigkeit der Sowjetunion einzureden und um es leichter zu haben, mit den Aggressoren ein Abkommen zu schließen.«

Im Außenamt in London ist man erbittert über den Stillstand: »Die Russen sind unmöglich. Wir haben ihnen alles gegeben, was sie wollen, mit beiden Händen, und sie schlagen es aus. Molotow ist ein Dummkopf und Bauernlümmel.« Chamberlain muss im Unterhaus der Opposition wieder Rede und Antwort stehen, die beklagt, dass die »außerordentlichen Schwierigkeiten in Moskau große Befriedigung in Berlin hervorrufen«.[4]

Die britische Stimmungslage wird in Berlin tatsächlich aufmerksam zur Kenntnis genommen. Goebbels ist erfreut darüber, wie die westlichen Unterhändler bei Molotow abgeblitzt sind: »Bravissimo!« schreibt er in sein

Tagebuch. Der deutschen Presse lässt er jede »Schadenfreude« verbieten: »Nun aber aufpassen und richtig mischen. Dann wird's haushoch gelingen.« Er bemüht sich, Deutschlands Machtstellung herauszustreichen, und bekräftigt am 25. Juni in Essen unter dem Jubel von Zehntausenden aus dem Ruhrgebiet: »Wie ein einziger Block steht das deutsche Volk in blindem Vertrauen hinter dem Führer.«

Hitler hält sich an die seit Wochen geübte Taktik des Schweigens. Er versucht im Juni, Stalins Ziele zu erkennen, und lässt Botschafter Schulenburg zusammen mit seinem Militärattaché auf den Obersalzberg kommen: Aus erster Hand erhält Hitler Informationen über die Festigung sowjetischer Zustände nach Abschluss der »Säuberungen«, über die Entwicklung der Wirtschaft und die Stärke der Roten Armee. Als der Militärattaché Filmaufnahmen erwähnt, die er über Jahre von Paraden auf dem Roten Platz gemacht und dann außer Landes geschmuggelt hatte, verlangt Hitler, sie unbedingt und umgehend zu sehen. Vor allem die Aufnahmen von Stalin beeindrucken Hitler: »Ich wusste gar nicht, dass Stalin eine solch sympathische und kraftvolle Persönlichkeit ist!« Ihm wird klar: »Das ist kein Mann, den man mit den Methoden (von Chamberlain und Halifax) beeinflussen kann.« Ob bei dieser Gelegenheit der Entschluss heranreift, sich mit der Sowjetunion zu verständigen, lässt Hitler nicht erkennen. Er will sich von Freund und Feind nicht in die Karten sehen lassen und sagt seine Rede zum Stapellauf eines Schnellen Kreuzers in Bremen ab.

Unmittelbar nach der Rückkehr des deutschen Botschafters nach Moskau wird er am 28. Juni erneut von Molotow empfangen. Beide versichern sich gegenseitig, dass man eine Normalisierung der Beziehungen zwischen beiden Ländern begrüßen würde. »Wie stellen Sie sich die weitere Entwicklung vor?« fragt Molotow. Beide Staaten sollten alles tun, was die Verbesserung ihrer Beziehungen zur Folge haben könnte, antwortet Schulenburg: »Deutschland hat keine bösen Absichten gegen die Sowjetunion.« Als er zur Beschleunigung der Wirtschaftsverhandlungen die Hinzuziehung eines Wirtschaftsexperten aus Berlin empfiehlt, reagiert Molotow jedoch zurückhaltend: Das solle sein Kollege Mikojan entscheiden. Man verabschiedet sich in freundschaftlicher Atmosphäre, und Schulenburg berichtet nach Berlin, dass – auch wenn Molotow ein »starkes Misstrauen« zeige – die »Sowjetregierung großes Interesse hat, den Kontakt mit uns aufrechtzuerhalten«. Doch Hitler zögert: Er verfügt, dass die deutsche Botschaft zunächst weder mit Molotow noch mit Mikojan den Kontakt wieder aufnehmen soll.[5]

Wie sollen im entfernten Amerika US-Bürger das Machtpokern in Europa verstehen? Auf einer Pressekonferenz am 23. Juni im Weißen Haus nutzt Präsident Franklin Roosevelt das Bild vom Wettbüro, um das Problem auf eine einfache Formel zu bringen: »Wie hoch stehen die Wetten, dass es bis Mitte Oktober Krieg gibt?« fragt er einen Pressemann: »Nun, ich würde sagen, drei zu zwei dagegen.« Verdammt knapp, meint Roosevelt. Seinem Botschafter in Paris, William Bullitt, hatte er dieselbe Frage gestellt; dessen Antwort: »Es steht zwei zu drei für Krieg – du kannst dein Geld auf jedes der beiden Pferde setzen.« Roosevelts Schluss: Die Wettquoten für einen Krieg in Europa stehen pari.

Die Deutschen bereiten sich auf Krieg vor, verdeutlicht Roosevelt vor Zeitungsherausgebern am 23. Juni sein Schreckensgemälde: Sie verstärken ihre Truppen an den Grenzen zu den Niederlanden, zur Schweiz und zu Polen, schicken sie nach Italien und Nordafrika; es sehe so aus, als ob sie ihre Sache mit Gewalt durchsetzen wollen. Und er spinnt den Faden weiter: Was würde passieren, wenn die Deutschen einen europäischen Krieg gewinnen? Sie würden den Briten ihre Flotte, den Franzosen ihre Armee nehmen, es wäre die vollständige Herrschaft über Europa. Sie würden sich von den Niederlanden und Belgien die Kolonien aneignen. Und dann würden sie darangehen, Südamerika ohne einen Krieg zu beherrschen: Hitler werde den Präsidenten von Argentinien und Brasilien drohen: »›Ich sage euch, ihr könnt nur noch zu meinen Bedingungen nach Europa Rindfleisch, Weizen, Baumwolle, Kaffee exportieren.‹« Wenn man die ganze Macht hat, ist einem der Sieg sicher. »Das klingt sehr vernünftig«, wirft ein Pressemann ein. Roosevelt: »Absolut, aus Hitlers Sicht – und wenn wir an seiner Stelle wären, würden wir es tun.«

Die Botschaft des US-Präsidenten ist klar: Es müsse alles getan werden, eine Niederlage Großbritanniens und Frankreichs zu verhindern. Roosevelt setzt alles daran, sich von den Fesseln des zwei Jahre zuvor beschlossenen Neutralitätsgesetzes zu befreien, das den Export von Waffen in kriegführende Länder verbietet und über dessen Aufhebung gerade im Kongress beraten wird. Und man beobachtet in Washington genau, wie die Verhandlungen in Moskau vorankommen. »Sind Frankreich und Großbritannien im Falle eines Krieges in der Lage, allein auf sich gestellt Deutschland und Italien standzuhalten?« wird der US-Botschafter in Paris, Bullitt, gefragt, der für ein paar Tage in die USA gekommen ist, um sich seine ausgerenkte Schulter von einem vertrauenswürdigen Arzt behandeln zu lassen. »Nein«, antwortet er, »das glaube ich nicht.«

Die Sowjets, ist Bullitt überzeugt, schrauben bei den Gesprächen in Moskau den Preis immer höher, da sie die Notlage der Briten und der Franzosen kennen. Eigentlich müssten diese die sowjetische Forderung, bereits im Falle einer Bedrohung in die Nachbarländer einmarschieren zu dürfen, ablehnen; aber aus einem Gespräch mit dem französischen Außenminister Georges Bonnet kennt Bullitt dessen Misstrauen: »Ich kann doch Frankreich nicht in den Krieg führen, wenn ich sicher weiß, dass sich Großbritannien uns nicht anschließen würde.«

Roosevelt kommt es daher darauf an, vor allem Großbritannien den Rücken zu stärken. Gelegenheit dazu bot der erste Besuch eines britischen Monarchen in den USA. Das Programm des kurzen Aufenthalts vom 7. bis zum 12. Juni war ganz darauf angelegt, die gegenseitigen Freundschaftsgefühle zu festigen und zu vertiefen. Roosevelt hatte bei 34 Grad Celsius König George und seiner Frau Elizabeth für eine Nacht im gut gekühlten Weiße Haus unterbringen lassen; es gab keinen Eistee nach amerikanischer, sondern heißen Tee nach britischer Art. Zur Unterhaltung beim Essen wurden Spirituals geboten; bei der Fahrt durch die Straßen der Hauptstadt, wo alle Arbeit ruhte, standen jubelnde Amerikaner bereit. Auf der abendlichen Gartenparty in der britischen Botschaft ging es ungezwungen zu: Man klopfte dem König auf die Schulter und fragte ihn: »Wie geht es dir, Vetter George?« Am folgenden Tag defilierten im Kapitol Abgeordnete und Senatoren vor dem Königspaar.

Nach einer Stippvisite bei der Weltausstellung in New York, wo eine Million Schulkinder zur Begrüßung aufgeboten wurden, gab es noch einen Tag zur Erholung in Hyde Park, der Sommerresidenz Roosevelts. Monarch und Präsident verstanden sich auf Anhieb. Roosevelt hatte in der Bibliothek Cocktails gemixt und meinte: »Meine Mutter hat abgeraten und glaubt, Sie würden lieber eine Tasse Tee trinken.« Der König: »Genau wie meine Mutter« und griff zum Glas. Zum Lunch wurden Hot Dogs und geräucherter Truthahn serviert sowie Bier. Man plauderte über die große Politik, und der 43-jährige König fühlte sich so, »als wenn ein Vater mir die besten und klügsten Ratschläge gibt«. Zum Abschluss des Besuchs durfte er noch zusammen mit dem Präsidenten im Swimming Pool, beobachtet von den beiden Ehefrauen am Beckenrand, ein paar Züge machen.

Der König kommt nach seinem Bittgang mit der festen Überzeugung nach London zurück, dass Roosevelt alles in seiner Macht Stehende tun würde, um Großbritannien und Frankreich zu helfen: »Wenn London bombardiert wird, werden die USA dabei sein.« Der britische Botschafter in Washington ist beeindruckt von der großen Begeisterung der amerikanischen Bevölkerung: »Wenn Krieg kommt, wird die Woge der öffentlichen Meinung umgehend die unerfreulichen Teile der bestehenden Neutralitätsgesetzgebung beseitigen.« Im britischen Außenamt ist man nicht ganz so sicher und zweifelt daran, dass Roosevelt schnell genug handeln könne. Man weiß dort, wie renommiersüchtig und sprunghaft Roosevelt ist: Er versuche, vieles selbst zu machen, was man besser der Verwaltung überlasse, so dass »alle seine Gesetze im Chaos landen«. Immerhin wird Ende Juni ein Tauschhandel zur rechtzeitigen Aufstockung strategischer Rohstoffe für den Kriegsfall verabredet: Großbritannien erhält überschüssige Baumwolle aus den USA, die dafür begehrtes Kautschuk aus der britischen Kolonie Malaya beziehen.

In Washington fühlt man sich in seiner Führungsrolle gestärkt, ist sich aber nicht sicher, ob die Rückenstärkung der Briten und Franzosen gelungen ist. Botschafter Bullitt, Ende Juni zurück in Paris, erfährt von französischen Politikern, dass sie ab Mitte Juli mit dem Losschlagen Deutschlands rechnen, und gibt die Zusage weiter, dass Frankreich, wenn es zwischen Polen und Deutschland zum Krieg komme, »absolut sicher Deutschland den Krieg erklären würde«. Wenn es jedoch zu keinem Bündnis mit der Sowjetunion komme und wenn die USA nicht das Verbot des Waffenexports aufheben, teilt ihm der französische Ministerpräsident Édouard Daladier mit, würde es ein »verzweifelter Kampf« werden. Auch die britische Regierung, meldet US-Botschafter Kennedy aus London, befinde sich in einem »Nervenkrieg«, unter dem der gesunde Menschenverstand leide: Man gehe von einer »Menge Ärger« bis Ende Juli aus, alles hänge von Hitler ab. Telefonisch erhält Kennedy von Roosevelt den Auftrag, Chamberlain »Eisen in seinen Hintern zu stecken«.

Könnte es zu einer Wiederholung von »München« kommen, indem die europäischen Großmächte nach dem Vorbild der Opferung der Tschechoslowakei nun auf Kosten Polens ihren Frieden machen, ohne die USA und die UdSSR zu beteiligen? Der sowjetische Botschafter in den USA lässt Anfang Juli seinem Misstrauen vor allem gegenüber der Regierung in London freien Lauf. Sie spiele ein Doppelspiel und hoffe darauf, die Sowjetunion und Deutschland in einen Konflikt zu verwickeln und selber ungeschoren davon zu kommen.

Aus der Sicht einer amerikanischen Vordenkerin für Außenpolitik sieht es so aus, dass

> »Frankreich und Großbritannien schwanken zwischen dem Wunsch, eine eiserne Triple-Allianz zu schaffen, die den Krieg mit Deutschland verhindern könnte, und der Furcht, dass Russland, wenn es auf das diplomatische Parkett Europas zurückkehrt, sich als noch größere Gefahr als Deutschland herausstellen könnte.«

Das Grundproblem sei die »Verhinderung einer deutschen Herrschaft über Europa und die Welt, die der *Kaiser* (so wörtlich) nicht erreicht hat«. Daran knüpft Roosevelt an, als er Anfang Juli dem sowjetischen Botschafter einen Ratschlag mit auf den Weg nach Moskau gibt: Da sowohl die USA wie die UdSSR von einem Krieg in Europa und in Ostasien schwer betroffen wären, hätten sie ein gemeinsames Interesse. »Natürlich kann ich Großbritannien und Frankreich bei ihren Verhandlungen in Moskau nicht beeinflussen«, räumt Roosevelt ein, »aber ich habe das Gefühl, dass ein zufriedenstellendes Abkommen gegen die aggressiven Mächte ein entscheidender Beitrag für die Erhaltung des Weltfriedens ist.«[6]

In Moskau werden die unterbrochenen Bündnisgespräche Anfang Juli fortgesetzt. Außenminister Molotow hat einen neuen Vorschlag für ein gemeinsames Abkommen vorgelegt. Er enthält eine Formulierung, die bei den westlichen Botschaftern zum Kopfschütteln führt. Der Bündnisfall solle nicht nur durch eine direkte militärische Aggression ausgelöst werden, sondern auch bereits durch die Androhung von Gewalt gegen einen Nachbarstaat. Molotow nennt das »indirekte Aggression«, die zu einer direkten Bedrohung der drei Großmächte führen würde. Es sieht so aus, als ob Moskau nicht auf einen Hilferuf des betroffenen Nachbarlandes warten, sondern von sich aus eingreifen wolle. Um die Randstaaten der Sowjetunion nicht zu verschrecken, sieht Molotow vor, ihre Namen in einem geheimen Zusatzprotokoll aufzuführen. Fast täglich trifft man sich im Kreml und streitet stundenlang um die Formel. Sogar am Abend des 9. Juli, einem Sonntag, sitzt man zusammen: Molotow verlangt nun, dass gleichzeitig mit dem politischen auch ein militärisches Abkommen geschlossen werden müsse. Nach außen dringt von den Verhandlungen nichts, die sowjetische Nachrichtenagentur Tass meldet: »Die Gespräche dauerten mehr als zwei Stunden. Sie führten zu keinem Ergebnis.« Ein Termin für ein weiteres Treffen wird nicht vereinbart.

Die Briten bekommen die Schwäche ihrer Verhandlungsposition immer deutlicher zu spüren: Sie haben ein Abkommen nötiger als die Sowjets. Überdies hat sich in Ostasien der Konflikt mit Tokio verschärft, seitdem japanische Truppen die chinesische Stadt Tientsin mit ihren britischen Niederlassungen belagern. Auch die Franzosen machen sich Sorgen, dass die Japaner auf Indochina vorrücken könnten. Noch besorgniserregender ist die Niederlage Roosevelts im US-Kongress. Nach einem knappen Entscheid im Repräsentantenhaus vertagt auch der Senat am 11. Juli die beantragte Aufhebung des Waffenembargos an kriegführende Staaten; die »Cash and carry«-Klausel läuft ersatzlos aus: Auf militärische Hilfe der USA für

Großbritannien und Frankreich in einem europäischen Krieg kann nicht mehr gerechnet werden. »Es ist demütigend«, schreibt Sonderbotschafter Strang nach London, »dass wir einen Standpunkt nach dem anderen preisgeben.« Einen endgültigen Zusammenbruch der Verhandlungen will er aber auch nicht in Kauf nehmen, da er fürchtet, Moskau könnte sich sonst mit Deutschland verständigen.

Das gegenseitige Misstrauen in Moskau und London steigert sich ab Mitte Juli. Beide Seiten lassen, um ihre eigene Position gegenüber dem künftigen Bündnispartner zu stärken, erkennen, dass sie jeweils »zwei Eisen im Feuer« haben und gleichzeitig mit Berlin im Gespräch sind. Am 17. Juli trifft ein Abgesandter Görings in London ein: Offiziell vertritt der Wirtschaftsfachmann Deutschland auf einer Walfang-Konferenz, inoffiziell führt er Gespräche mit engen Mitarbeitern Chamberlains. Dabei geht es vor allem um ein »Programm britisch-deutscher Zusammenarbeit«: Hitler müsse nur seine Bereitschaft bekunden, dann sei die britische Regierung zu Verhandlungen bereit. Die britische Presse bekommt Wind von den Gesprächen und bauscht sie am 22. Juli mit Spekulationen über eine angebliche britische Milliarden-Anleihe für Deutschland auf. Chamberlain dementiert diese Pläne, aber nicht die Gespräche. Auf die Frage, wer denn die Gespräche der Presse enthüllt habe, antwortet der Premierminister: »Das ist eine Frage, deren Antwort ich selbst sehr gerne wüsste.«

Am selben Tag, am 22. Juli, kündigt eine Vier-Zeilen-Notiz in der *Prawda* an, dass die deutsch-sowjetischen Handelsgespräche wieder aufgenommen werden. Mikojan beauftragt seinen Handelsattaché in Berlin mit vertraulichen Verhandlungen. Karl Schnurre vom Auswärtigen Amt hätte lieber demonstrativer verhandelt, aber ist auch so sicher, dass ein Abschluss »in Polen und Großbritannien seine Wirkung nicht verfehlen« würde. Bereits vier Tage später speisen Schnurre, der Gesandte Astachov und der Handelsattaché in einem edlen Weinrestaurant nicht weit von der Wilhelmstraße und suchen einen Weg zur Annäherung, erst durch einen Handelsvertrag und dann durch die Wiederherstellung guter politische Beziehungen. Die beiden Russen stimmen lebhaft zu: »Das entspricht den Lebensinteressen beider Länder.« Allerdings wolle man in Moskau nicht so recht an einen Schwenk der deutschen Politik glauben, geben sie zu bedenken. Schnurre hält dem entgegen: »Von einer Bedrohung der Sowjetunion ist bei uns keine Rede mehr, zumal Stalin die Weltrevolution auf St. Nimmerlein vertagt hat – unsere Politik richtet sich gegen England.« Er könne sich einen weitgehenden Ausgleich der beiderseitigen Interessen vorstellen; diese Möglichkeit wäre jedoch verschlossen, wenn sich die Sowjetunion mit einem Pakt an die Seite Großbritanniens stelle. »In Moskau muss man sich das überlegen«, mahnt Schnurre. Er meint, dass die sowjetische Regierung noch keine Entscheidung getroffen habe, und hält dies Schwanken nach den monatelangen Verhandlungen mit den Briten und Franzosen bereits für einen »beträchtlichen Erfolg« Berlins.[7]

Ein britischer Admiral und ein französischer General in Moskau

Unter dem Eindruck einer möglichen deutsch-sowjetischen Annäherung akzeptieren die Außenminister Halifax und Bonnet Molotows Forderung, Verhandlungen über konkrete militärische Verpflichtungen aufzunehmen und entsprechende Missionen nach Moskau zu schicken, damit Bündnis- und Militärpakt gleichzeitig in Kraft treten können. In dem dreiseitigen Abkommen ist jedoch noch eine heikle Frage offen: Wie wird die »indirekte Aggression« definiert? Man schiebt diese Frage in der Hoffnung vor sich her, sie werde sich während der Militärverhandlungen klären lassen.

Ein richtiges Erfolgsgefühl kommt nicht auf: Die Atmosphäre ist extrem kühl, als sich Sonderbotschafter Strang Anfang August von Molotow verabschiedet und nach London zurückfliegt. Inzwischen sind die Leiter der Militärmissionen ernannt worden: London schickt nicht Generalinspekteur Edmund Ironside, der Mitte Juli das polnische Militär inspiziert und den polnischen Politikern Hoffnung auf britische Hilfe gemacht hatte, sondern den Berater des Königs in Fragen der Kriegsmarine, Admiral Reginald Drax; in Paris erhält General Aimé Doumenc den Auftrag: »Bringen Sie uns ein Ergebnis selbst um den Preis von Versprechungen.« Am 5. August sollen sie ihre Reise nach Moskau antreten.

Deutschland zeigt sich gelassen: Hitler genießt Ende Juli mit viel Prominenz die Wagner-Festspiele in Bayreuth. Das schließt politische Gespräche nicht aus, so mit Lord Kemsley, einem britischen Zeitungszar, der sich als Abgesandter Chamberlains ausgibt und die Botschaft mitbringt: »Großbritannien will keinen Krieg.« Hitler ist mit Propagandaminister Goebbels einer Meinung, dass sich London nach Konzessionen an Japan in einer »aussichtslosen Lage« befinde: Das britische Weltreich stehe auf schwachen Füßen, Warschau werde zusammenbrechen und »wir können mit einigem Mut in die Zukunft schauen«, schreibt Goebbels in sein Tagebuch. Seinem Verbündeten Mussolini lässt Hitler mitteilen, es sei für ein Treffen zu früh, da er noch nicht wisse, wie die Dreier-Verhandlungen in Moskau ausgehen würden. Da sich die »Haltung Polens immer mehr versteift«, weist er das

Auswärtige Amt an, Botschafter Schulenburg solle seine Zurückhaltung in Moskau aufgeben und um einen baldigen Termin bei Molotow bitten: Wie lässt sich schnell ein deutsch-sowjetischer Ausgleich der Interessen zwischen Ostsee und Schwarzem Meer erreichen?

Am 3. August, einen Tag nach dem letzten Gespräch mit dem britischen Sonderbotschafter, empfängt Molotow den deutschen Botschafter Schulenburg, der sich fragt: Was hat Deutschland aus seinem politischen Laden zu bieten, was Großbritannien und Frankreich nicht zu bieten haben? – Schulenburg bestätigt zunächst Schnurres Angebot für einen »Interessenausgleich« und »bittet hierzu um die Meinung der Sowjetregierung«. Als Molotow misstrauisch reagiert, kommt Schulenburg weisungsgemäß etwas aus der Reserve: »Es geht nicht darum, über die Vergangenheit zu diskutieren, sondern neue Wege zu finden.« Molotow stimmt zu, aber klagt: »Es fehlt vorläufig noch an Beweisen für eine veränderte Einstellung der deutschen Regierung.« Schulenburg betont daraufhin die deutsche Bereitschaft, in den baltischen Ländern sowjetischen Ostseeinteressen entgegenzukommen. Molotow merkt auf: »Gehört auch Litauen dazu?« Schulenburg zuckt die Schultern und geht weiter zur polnischen Frage: »Wir streben eine friedliche Lösung an; aber sollte uns eine andere Lösung aufgezwungen werden, sind wir bereit, alle sowjetischen Interessen zu wahren.« Wieder merkt Molotow auf: Das ist mehr, als London und Paris bislang geboten haben. Dass er mit dem Gespräch zufrieden ist, lässt er nicht erkennen.

Mehr als das Bekenntnis, auch die sowjetische Regierung wünsche eine Verbesserung der Beziehungen, kann Schulenburg Molotow tatsächlich nicht entlocken. Der deutsche Botschafter hat den Eindruck, dass die Sowjetregierung entschlossen sei, den Pakt mit Großbritannien und Frankreich abzuschließen, aber nur, wenn die sowjetische Forderung (Bündnisfall auch bei »indirekter Aggression«) erfüllt werde. Da ihr Misstrauen nach allen Seiten gleich groß sei, müsste Deutschland wohl noch erheblich mehr anbieten, um einen Umschwung herbeizuführen. Das sieht man in Berlin genau so: Wenn die »Bauernschläue« in Moskau mit zwei Seiten verhandele und sich Zeit lasse, hoffe sie auf eine Steigerung der Angebote.

Eine Woche später, am 10. August, wagt Schnurre vom Auswärtigen Amt im Gespräch mit dem sowjetischen Geschäftsträger Astachow konkrete Anfragen zum Interessenausgleich: »Wie stellt sich die Sowjetregierung zur Frage Polen? Welche Absichten verfolgt sie in den Militärverhandlungen mit Großbritannien und Frankreich?« Wenn Moskau diese Verhandlungen führe, weil es sich im Falle eines Konfliktes zwischen Deutschland und Polen bedroht fühle, so seien wir bereit, betont Schnurre, »der Sowjetunion jede gewünschte Sicherheit zu geben, die sicherlich mehr Bedeutung haben würde als eine britische Unterstützung, die in Osteuropa niemals effektiv werden könnte«. Und er legt einen Köder aus: Auch bei einer »kriegerischen Lösung seien die deutschen Interessen in Polen begrenzt und brauchten in keiner Weise mit irgendwelchen sowjetischen Interessen zu kollidieren«.

Astachow reagiert erstaunlich offen: Da Deutschland zuvor keinen »Willen zur Verständigung« habe spüren lassen, seien Monate zuvor die Verhandlungen zum Dreier-Bündnis aufgenommen worden, und zwar ohne Begeisterung, und das Ergebnis sei wohl völlig offen. »Ist denn in den nächsten Tagen«, fragt er neugierig zurück, »mit deutschen Entscheidungen in der polnischen Frage zu rechnen?« Und er will wissen, welche Ziele Deutschland gegenüber Polen verfolge. Schnurre weicht aus: So dringlich sei das Thema nicht. Bereits zwei Tage später kann Astachow dem Auswärtigen Amt melden, dass Molotow daran interessiert sei, die einzelnen Fragen in Moskau zu besprechen, auch die polnische Frage.

Derselbe Tag, der 12. August, ist für den Beginn der dreiseitigen Militärbesprechungen in Moskau anberaumt. Admiral Drax und General Doumenc mit ihrer 20-köpfigen Begleitung mussten für die Reise von London fast eine Woche einplanen. Schneller schien es nicht zu gehen: Eine Bahnfahrt über Berlin schied aus, weil man ja einen Vertrag gegen Deutschland schließen wolle. Ein Flug über Stockholm schied aus, weil es in Moskau nicht den richtigen Treibstoff für britische Flugzeuge gebe. Eine Kriegsflotte schied aus, weil sie in der Ostsee die Deutschen provozieren würde. Spaßvögel schlugen noch das Fahrrad oder die Fahrt über Wladiwostok vor. Schließlich traf die Wahl auf einen geräumigen Frachter, die *City of Exeter*, der mit 13 Knoten durch Nord- und Ostsee dampfen konnte, ein Hinweis auf das Tempo, in dem Großbritannien Polen mit Kriegsmaterial würde versorgen können.

Es sollte auch nicht schneller gehen. Bei einem Vorbereitungstreffen mit den zuständigen Ministern in Westminster hatte Drax eine dreiste Frage gestellt: »Wenn unsere Besprechungen in Moskau wie die bisherigen Verhandlungen ohne Ergebnis bleiben – sollen wir dann unsere Arbeit schnell beenden oder solange hinziehen wie möglich?« Im Falle eines Misserfolges, fügte er hinzu, wäre ein schnelles Ende und sofortige Rückkehr ehrenhafter; aber da Schnee im Oktober einen Feldzug in Polen undurchführbar machen würde, müsste man die Gespräche wohl bis zum letztmöglichen Termin ausdehnen. Es war eine peinliche Stille eingetreten und alles hatte auf den Außenminister geblickt. Halifax antwortete gewunden: »Im Ganzen wäre es vorzuziehen, die Verhandlungen so lange wie möglich hinzu-

Abfahrt vom Themse-Hafen Tilbury am 5. August 1939 mit der *City of Exeter* nach Leningrad: Zu den Verhandlungen in Moskau stellen sich die Militärmissionen (alle in Zivil) den Fotografen, ganz links: Admiral Drax und General Doumenc

ziehen.« Auch die umfangreiche Instruktion sah vor, die Verhandlungen »sehr langsam« zu führen, solange das politische Abkommen noch nicht abgeschlossen sei. Die Militärmission solle, erfährt man in Washington, »alles daran setzen, die Gespräche bis zum 1. Oktober hinzuziehen«. Beim Abschied vom Premierminister spürte Drax, dass es Chamberlain etwas ungemütlich mit den Sowjets sei und dass das Unterhaus ihn weiter gedrängt habe, als ihm lieb gewesen wäre.[8]

Die beiden Militärmissionen passieren auf ihrer Schiffsfahrt auch Danzig, die alte Hansestadt und die neue Sensation der Medien, genau an den Tagen, an denen dort wiederum ein heftiger Streit ausgebrochen war. Ein US-amerikanischer Radiosender schickte sogar einen Reporter an den Brennpunkt: Die Stadt sei, stellte er fest, in eine »Festung« umgewandelt, junge Männer seien in großer Zahl über die Grenze aus Ostpreußen gekommen, würden bewaffnet und in die Polizei eingereiht. Daraufhin drohte Polen damit, nicht mehr die gesamte Produktion der Danziger Margarine-

Fabrik und den Heringsfang der Danziger Fischer abzunehmen. Dem folgte das Gerücht, der Senat, die Danziger Stadtregierung, wolle den polnischen Zöllnern den Dienst an der Grenze zwischen Danzig und Ostpreußen verwehren. Polens Vertreter in Danzig sah darin eine »Verletzung der grundlegenden Rechte Polens«, verlangte vom Senat ultimativ die Rücknahme der Anordnung und drohte andernfalls mit Zwangs- und Vergeltungsmaßnahmen. Der Senatspräsident stritt jegliche Anordnung ab und protestierte gegen die »völlig unzulässige Drohung« sowie das Ultimatum, das »in dieser politisch bewegten Zeit grundlos Gefahren heraufbeschwört, deren Auswirkung unübersehbares Unheil anrichten« könne.

Bei einer Massenkundgebung vor den Toren Krakaus hatte auch der polnische Oberbefehlshaber Edward Rydz-Śmigły am 6. August die Ziele Polens bekräftigt: Wir hegen gegen niemanden Angriffsabsichten, erklärte er: »Wir werden aber mit allen uns zur Verfügung stehenden Mitteln jeden Versuch zurückschlagen, der direkt oder indirekt die Interessen, die Rechte oder die Würde unseres Staates beeinträchtigt.« Zur Verdeutlichung fügte er hinzu: »Danzig ist die Lunge Polens.« Die Menge übertönte ihn: »Danzig ist polnisch und bleibt polnisch!« Er lässt sie schwören: »Wenn Krieg ausbricht, werden wir unerschrocken bis zum Sieg kämpfen.« Dann nimmt Rydz in Marschall-Uniform eine Parade der polnischen Legionäre ab, die sein Vorgänger Piłsudski 25 Jahre zuvor in den Kampf gegen Russland geführt hatte. Eine Warschauer Zeitung meldet: »Die Kanonen stehen bereit, Polens Ehre zu schützen und Danzig zu zerstören.«

Vier Tage später, am 10. August, hatte Hitlers Mann in Danzig, Gauleiter Albert Forster, zu einer Protestkundgebung auf dem Langen Markt gegen die »unerhörten polnischen Kriegsdrohungen« aufgerufen. Der *Völkische Beobachter* nennt seine Rede »Danzigs Antwort an das kriegstolle Polen.« Forster betonte die »Friedensliebe« der Danziger und warnte:

> »Danzig steht nicht allein und verlassen auf dieser Welt, das Großdeutsche Reich, unser Mutterland und unser Führer Adolf Hitler sind jederzeit entschlossen, im Falle eines Angriffes von polnischer Seite in der Abwehr uns zur Seite zu stehen.«

Als er von der »Befreiung Danzigs« sprach, skandierte die Menge den bekannten Schlachtruf: »Ein Volk, ein Reich, ein Führer.« »Möge der Tag nicht mehr fern sein«, beschloss Forster seine Rede, »an dem wir wiederum hier zusammenkommen zur Feier der Wiedervereinigung Danzigs mit dem Großdeutschen Reich.«

Öffentliche Reden können als Drohgebärden abgetan werden, die nur das eigene Publikum in Rage bringen sollen. Wie ernst die Lage tatsächlich war, drang nicht an die Öffentlichkeit. Zum ersten Mal trat Deutschland gegenüber Polen als Schutzmacht Danzigs auf: Staatssekretär Weizsäcker bestellte den polnischen Geschäftsträger ein und warnte ihn, dass eine »Wiederholung ultimativer Forderungen an die Freie Stadt und die Anordnung von Vergeltungsmaßnahmen eine Verschärfung in den deutsch-polnischen Beziehungen herbeiführen würde«. Der polnische Außenminister Beck ist überzeugt: »Jetzt geht es los«, weist umgehend diese »Einmischung in die Beziehungen zwischen Polen und Danzig« zurück und macht in scharfem Ton deutlich, dass die polnische Regierung »jede künftige Einmischung als einen Angriffsakt betrachten« würde. Mit den Worten »die Krise hat begonnen« ruft er alle Mitarbeiter aus dem Urlaub zurück. In der deutschen Presse wird auf Anordnung Hitlers die »Tonstufe der anti-polnischen Kampagne auf 80 Prozent« gesteigert: »Polnische Greueltaten« sollten auf die Titelseite, aber nicht zu scharf, damit eine Steigerung möglich sei.[9]

Ist der Zusammenprall zwischen Deutschland und Polen unvermeidlich? Könnte nicht der Schweizer Carl Jacob Burckhardt, der seit gut zwei Jahren als Hoher Kommissar des Völkerbunds in Danzig für einen Ausgleich zwischen der Freien Stadt und Polen zu sorgen versucht, im direkten Gespräch mit Hitler eine friedliche Lösung der Konflikts anbahnen? Die Außenminister Beck, Bonnet und Halifax halten das offenbar für möglich, denn sie gestatten Burckhardt, einer Einladung Hitlers auf den Obersalzberg zu folgen. Unter größter Geheimhaltung reist Burckhardt am 11. August zusammen mit Gauleiter Forster in Hitlers Privatmaschine nach Salzburg und im Wagen weiter zum Berghof. Nur ein französischer Journalist bekommt Wind von der Sache und reimt sich die Dinge für eine Sensationsgeschichte zusammen.

Hitler wirkt im z. T. heftig geführten Zwiegespräch angespannt, erschöpft, leicht erregbar. Nach einer freundlichen Begrüßung kommt er schnell zur Sache: »Alles ist durch die Polen verdorben.« Er bezieht sich auf das polnische Ultimatum gegenüber Danzig und zeigt seine Wut auf Erklärungen der französischen Presse, wonach er seine »Nerven verloren und die Polen die ihren behalten hätten«: »Wenn der kleinste Zwischenfall sich ereignet, werde ich die Polen ohne Warnung zerschmettern.« Er rechnet als »Spezialist in der Aufrüstung« Burckhardt die quantitative und qualitative Überlegenheit der deutschen Wehrmacht auch gegenüber Großbritannien und Frankreich vor und fügt hinzu: »Die Russen haben keine Offensivstärke und werden nicht den anderen die Kastanien aus dem Feuer holen.«

Er betont, dass er nichts vom Westen haben wolle: »Aber ich muss freie Hand im Osten haben.« Alles, was er unternehme, sei gegen die Sowjetunion gerichtet:

> »Wenn der Westen zu dumm und zu blind ist, um dies zu begreifen, werde ich gezwungen sein, mich mit den Russen zu verständigen, den Westen zu schlagen und dann mich mit meinen versammelten Kräften gegen die Sowjetunion zu wenden. Ich brauche die Ukraine, damit man uns nicht wieder wie im letzten Krieg aushungern kann.«

Als Hitler seine Verhandlungsbereitschaft erklärt, meint Burckhardt, dass die Westmächte ebenso bereit seien. Hitler zeigt wie aus Angst vor einem großen Krieg seine Nervosität und schlägt vor: »Man sollte einen vernünftigen Ausweg finden.« Er könne Opfer bringen, aber alles habe seine Grenzen: »Wenn die Polen Danzig in Ruhe lassen, wenn sie nicht versuchen, mich mit falschen Karten zu überstechen und die Leiden unserer Minderheit in Polen aufhören, dann kann ich warten.« Aber er bluffe nicht: »Wenn das Geringste in Danzig geschieht oder unseren Minderheiten, werde ich hart zuschlagen.«

Einen anderen Plan zur Lösung des Streits bietet er nicht an. Immerhin zeigt er seine Bewunderung für den britischen Außenminister Halifax, den er im November 1937 erlebt hatte: »Das ist ein Mann, der eine friedliche Lösung wünscht.« Er hoffe, ihn eines Tages wiederzusehen. Als Burckhardt ein direktes Gespräch mit einem anderen Briten vorschlägt, zögert Hitler: »Die Sprache ist ein zu großes Hindernis. Ich hatte eine harte und schwierige Jugend und war nicht in der Lage, Sprachen zu lernen.« Da fällt ihm General Ironside ein, der fließend deutsch sprechen kann: »Ich höre Gutes von ihm.« Burckhardt greift das sofort auf: »Könnte ich den Wunsch weiterleiten?« – »Ja«, antwortet Hitler, »wenn wir eine Katastrophe vermeiden wollen, ist die Sache ziemlich eilig.« Zum Abschied fragt Burckhardt noch, ob er seine Kinder in Danzig lassen solle. Hitlers Antwort: »Es kann jeden Tag in Danzig etwas geschehen, wenn die Polen es so wollen. Ich glaube, dass Ihre Kinder besser in der Schweiz wären.«

Umgehend unterrichtet Burckhardt zwei Vertreter aus London und Paris, die ihn in Basel erwarten, über den, wie er meint, hoffnungsvollen Ansatz. Die beiden bleiben skeptisch und sind vom Ergebnis der Unterredung nicht überzeugt. Sie vermuten, dass Hitler sich gegenüber den Polen ähnlich verhalten werde wie im vergangenen Jahr gegenüber den Tschechen. Da unterbricht ein Telefonanruf die Unterredung: Der französische Botschafter in

Bern teilt mit, dass der *Paris Soir* unter der Überschrift: »Was geschieht in Berchtesgaden?« einen Bericht seines Sonderkorrespondenten in Danzig aus »guter deutscher Quelle« veröffentlicht hat: »Der Kanzler überreicht Burckhardt seine Vorschläge für eine friedliche Regelung der Danzig-Frage und bittet ihn, sie morgen Herrn Chamberlain zu überbringen.« Burckhardt erkennt sofort: Diese sensationelle Übertreibung macht den gesamten Plan zunichte, dem ängstlichen Hitler Gelegenheit zu geben, den »Kopf aus der Schlinge zu ziehen«. Der Kriegsausbruch erscheine ihm nun völlig unvermeidlich, da ein mögliches »deutsches Zurückweichen« verhindert worden sei.[10]

Am Sonnabend, den 12. August 1939, konkurrieren zwei Termine: die Eröffnung der Militärverhandlungen in Moskau und ein Treffen Hitlers mit dem italienischen Außenminister Galleazzo Ciano in Berchtesgaden. Nach dem sowjetischen Revolutionskalender ist der 12. August ein arbeitsfreier Tag nach der zweiten Fünf-Tage-Woche des Monats. In London wird es als ein »gutes Omen für den Erfolg der Verhandlungen« angesehen, dass an diesem Tag im kleinen Empfangssaal der streng bewachten Gästevilla des Außenministeriums das erste offizielle Treffen stattfinden kann. Eröffnet wird die Sitzung um 11.30 Uhr vom sowjetischen Verteidigungsminister Marschall Kliment Woroschilow, der von Stalin den offiziellen Auftrag erhalten hatte, mit den Militärmissionen aus London und Paris übereinzukommen, wie eine »militärische Verteidigung Großbritanniens, Frankreichs und der UdSSR gegen eine Aggression in Europa« zu organisieren sei. Informell hatte Stalin den Rat hinzugefügt, Woroschilow solle Drax und Doumenc nach ihren Vollmachten fragen: »Wenn sie über die nicht verfügen, bring mit ausgebreiteten Armen höchste Verwunderung zum Ausdruck und frag ›ehrerbietig‹, wozu ihre Regierungen sie überhaupt in die UdSSR geschickt haben.«

Etwa so verläuft die erste Sitzung an einem runden Tisch: Nach der Klärung einiger Formalitäten (täglich zwei Sitzungen und strikte Geheimhaltung) verliest Woroschilow sein Mandat und begehrt, die Vollmachten seiner Verhandlungspartner zu sehen. Admiral Drax muss bekennen: »Ich habe keine schriftliche Vollmacht, ich bin beauftragt zu verhandeln, nicht zu unterzeichnen.« Woroschilow zeigt sich verwundert und bietet an, dass der Brite ein entsprechendes Schriftstück rechtzeitig nachliefere. General Doumenc legt ein Stück Papier vor, das ihn ermächtigt, eine »Vereinbarung über alle Fragen der Zusammenarbeit zwischen den Streitkräften beider Länder« zu erreichen.

Auch bei der nächsten Frage führt der sowjetische Marschall den britischen Admiral und den französischen General vor: »Haben Sie Vorschläge und militärische Pläne, wie die Verteidigung der Bündnispartner am besten zu erreichen ist?« Drax muss einräumen: »Wir haben keinen genauen Plan. Deutschland hat zwei Millionen Mann unter Waffen und will am 15. August mit den Feindseligkeiten beginnen. Wir sind in der Hoffnung nach Moskau gekommen, einen ausgearbeiteten Entwurf zu besprechen.« Woroschilow wehrt ab: »Wir haben keinen in allen Einzelheiten ausgearbeiteten Plan.« Und er belehrt seine Gegenüber in Geografie: »Die Sowjetunion hat keine gemeinsame Grenze mit dem aggressiven Block. Großbritannien und Frankreich sind es in erster Linie, die Pläne gegen mögliche Überfälle der Aggressoren besitzen sollten.« Er besteht darauf, erst einmal die britischen und französischen Militärpläne kennenzulernen, bevor er die eigenen Karten aufdecken werde. Drax und Doumenc erklären sich einverstanden und verabschieden sich nach 100 Minuten mit der Zusage, den Nachmittag für die Vorbereitung des Materials zu nutzen.[11]

Am selben Nachmittag führt Hitler auf dem Obersalzberg ein langes Gespräch mit dem italienischen Außenminister Ciano, der von seinem Schwiegervater Mussolini einen schwierigen Auftrag bekommen hat: Einerseits soll er erklären, dass Italien im Falle eines unumgänglichen Konflikts »selbstverständlich ganz an der Seite Deutschlands stehen« werde; andererseits soll er auf die Verschiebung eines allgemeinen Konflikts um zwei bis drei Jahre hinwirken. Hitler gibt sich alle Mühe, seinem italienischen Bündnispartner die Sorgen zu nehmen: »Ich bin der felsenfesten Überzeugung, dass die westlichen Demokratien letzten Endes vor der Entfachung eines allgemeinen europäischen Krieges zurückschrecken werden.«

Man steht um einen Kartentisch und Hitler erläutert die militärische Lage Europas. Durch seine Befestigungen im Westen und Osten sei Deutschland unangreifbar, eine Gefahr bestehe nur in der Blockade durch britische Schiffe, deren Liegeplätze jedoch im Angriffsbereich der neuesten deutschen Bomber lägen. Großbritannien sei aus der Luft sehr verwundbar, da dort eine wirksame Luftabwehr noch nicht bestehe; auch die britische Marine werde erst in einiger Zeit die neuesten Kriegsschiffe in Dienst stellen. Frankreich könne nur auf höchstens drei britische Divisionen hoffen und müsse sämtliche Streitkräfte aus den Kolonien mobilisieren, wenn die deutschen Truppen nach der Niederschlagung Polens im Westen aufmarschieren. Die polnische Armee sei in der Panzer- und Luftabwehr sehr schwach, könne sich entsprechende Waffen jedoch mit westlicher Hilfe zulegen, so dass die deutsche Überlegenheit herabgesetzt wäre: »Eine schnelle Liquidierung Polens kann nur von Vorteil sein.« Im Südosten sei

Hitler mit den beiden Außenministern Ribbentrop (l.) und Ciano (r.) am 12./13. August 1939 auf dem Berghof: Den Gesichtern ist anzusehen, dass der Krieg vor der Tür steht

Ungarn befreundet, Bulgarien verlässlich, Rumänien schwach, Jugoslawien unsicher und die Slowakei unter deutschem Einfluss. Zu den Neutralen zählt Hitler die nordischen Länder, Belgien und die Niederlande sowie die Schweiz.

Auch Ciano nutzt die Karten, um zu zeigen, wie dringend Italien eine Atempause brauche: Die lange Küste sei völlig ungenügend gesichert, die Flottenstärke ungünstig, die Kolonien Libyen und Abessinien besonders verwundbar, Albanien völlig unentwickelt. Für eine Verschiebung eines allgemeinen Konflikts um einige Jahre spreche auch, dass Japan nach einem Sieg in China gestärkt, Roosevelts Hoffnung auf eine dritte Amtszeit erschüttert und Spanien nach dem Sieg Francos im Bürgerkrieg als Machtfaktor an der Seite der Achse sei. Er schlägt als »Geste des Friedenswillens« eine gemeinsame Erklärung vor, in der beide bekräftigen, sie hielten es »nach wie vor für möglich, durch normale diplomatische Verhandlungen der interessierten Regierungen eine zufriedenstellende Lösung für die Probleme zu finden, die das Leben in Europa bedrohen«.

Das hört sich nach der Wiederholung einer Münchner Konferenz an. Hitler lehnt ab: »Für die Lösung des polnischen Problems ist keine Zeit zu verlieren.« Bis Ende August müsse »so oder so« eine Regelung gefunden werden: »Je weiter man in den Herbst hineinkommt, desto schwieriger werden militärische Operationen im Osten Europas.« So könne Polen im Oktober Danzig einfach besetzen, ohne dass Deutschland etwas dagegen tun könnte. Hitler zeigt sich entschlossen, die

> »Gelegenheit der nächsten politischen Provokation in Gestalt eines Ultimatums, einer brutalen Misshandlung Deutscher in Polen, eines Aushungerungsversuchs Danzigs, eines Einrückens polnischer Truppen in Danzig zu benutzen, um innerhalb von 48 Stunden Polen anzugreifen«.

»Wann?« fragt Ciano. Hitler: »Unter den obwaltenden Umständen muss mit einem Vorgehen gegen Polen in jedem Augenblick gerechnet werden.«

Da wird ein Telegramm hereingereicht. Es kommt aus Moskau und meldet: Molotow ist mit der Entsendung eines deutschen Unterhändlers einverstanden. Hitler schließt daraus, dass Stalin nicht bereit sei, einen Krieg zu führen und »für die Westmächte die Kastanien aus dem Feuer zu holen«; die Militärverhandlungen in Moskau sollten nur das Scheitern der politischen Verhandlungen verschleiern. Beim Spiel der Großmächte wird vermutet, dass Chamberlain und Daladier nur bluffen, ihre Karten werfen und den *Showdown* Hitler und Stalin überlassen wollen. Als der besorgte Ciano noch einmal auf die gemeinsame Erklärung zurückkommt, sagt Hitler zu, sich den Vorschlag des Nachts zu überlegen. Der geplante Theaterbesuch am Abend in Salzburg wird abgesagt.

Am folgenden Tag, am 13. August, kommt man am späten Vormittag erneut zusammen. Er habe sich die gesamte Lage noch einmal reiflich überlegt, sagt Hitler, aber er sei zum gleichen Ergebnis gekommen: »Es besteht die Gefahr, zu weit in den Herbst zu geraten, so dass Polen für die Erreichung seiner Ziele freie Bahn bekommt.« Die witterungsbedingte Schwäche Deutschlands sei dem polnischen Generalstab sehr wohl bekannt, und deshalb spiele Polen auf Zeit: »Innerhalb kürzester Zeit muss Polen seine Ansichten klar zu erkennen geben.« – »Bis wann?« fragt Ciano. Hitler wiederholt: »Bis spätestens Ende August.« Zum Abschied bekräftigt er, wie um Mussolini zur gleichen Aussage zu drängen: »Wenn die Stunde des gemeinsamen Kampfes schlägt, werde ich auf Gedeih und Verderb an der Seite des Duce stehen.« – Ciano kehrt nach Rom zurück und veranlasst Mussolini, Hitler zu schreiben, man fürchte nach wie vor, dass sich der Konflikt nicht lokalisieren lasse, und man glaube, dass der deutsch-polnische Streit gelöst werden könne, ohne zur Gewalt zu greifen. Hitler hingegen erteilt seinem Außenminister Joachim von Ribbentrop den Auftrag, sich auf eine Fahrt nach Moskau vorzubereiten.[12]

Auch in Moskau wird die zweite Sitzung der Militärmissionen zur Mittagszeit beendet. Man tagt in einem größeren Saal, so dass alle Mitglieder der drei Delegationen Platz haben. General Doumenc ist als erster an der Reihe und stellt in den besten Farben die Stärke der französischen Armeen mit ihren 110 Divisionen dar: Jede verfüge über eigene Artillerie und Panzer. Die hochmodernen Grenzbefestigungen vom Jura bis zur Kanalküste könnten innerhalb weniger Stunden bezogen werden, die Hauptkräfte innerhalb von acht bis zehn Tagen an der Grenze aufmarschiert sein; die Vorratslager für Material, Munition, Treibstoff und Versorgungsgüter reichten für sechs Monate und seien gegen Luftangriffe gut getarnt. Wegen des dichten Straßennetzes werde der Generalstab an der Westfront »in kurzer Zeit einen mächtigen Angriff organisieren« können. Doumenc verspricht: »Wenn die faschistischen Truppen an die Ostfront geworfen werden, wird General Gamelin die Deutschen mit allen Kräften angreifen.« Marschall Woroschilow stellt einige Fragen, die nach der Mittagspause behandelt werden sollen.

In der folgenden dritten Sitzung soll es vor allem um die Pläne für den Einsatz der vereinigten Luft- und Seestreitkräfte Großbritanniens und Frankreichs gehen. Zunächst verweist die britische Seite darauf, dass 16 Divisionen zu Kriegsbeginn einsatzbereit sein würden.

Woroschilow fragt: »Wie schnell können sie mobilgemacht werden?«

Antwort: »In kürzester Zeit.«

Woroschilow fragt nach: »Wenn morgen der Krieg ausbricht: Wie viele Divisionen und in welcher Zeit werden sie nach Frankreich verlegt?«

Antwort: »Gegenwärtig fünf Infanteriedivisionen und eine mechanisierte Division, die sofort eingesetzt werden können.«

Bei der Darstellung des Einsatzes der britischen und französischen Kriegsflotten bleibt Doumenc sehr allgemein: »Das Hauptziel besteht in der Vernichtung des Gegners.« Auch bei der Planung für ihre Luftwaffe will die französische Seite keine Details bekannt geben: Der Einsatz ihrer Jagd- und Bombenflieger könne »nicht präzise genug festgelegt« werden. Aus der Zahl von Flugzeugen wie über den britischen Anteil am Luftkrieg wird ein Geheimnis gemacht. Nun sei die sowjetische Seite an der Reihe, die Aktivitäten ihrer Streitkräfte an der Ostfront vorzustellen, schlägt Doumenc vor.

Woroschilow ist bereit, doch er stellt, wie ihm Stalin aufgetragen hat, zunächst seine Kernfrage: »Wie stellen Sie sich unsere gemeinsamen Aktionen gegen den Aggressor vor, wenn er uns überfällt?« Er verweist noch einmal auf die geografischen Gegebenheiten: »Unsere Beteiligung am Krieg ist nur auf dem Gebiet der uns benachbarten Staaten wie Polen und Rumänien möglich.« Die Behandlung dieser Frage wird auf den nächsten Tag verschoben, nachdem Doumenc noch einen Entwurf für ein dreiseitiges Militärabkommen herumgereicht hat. Er sieht vor, dass die Bündnispartner »ihre sämtlichen Luft-, Land- und Seestreitkräfte an allen Fronten des Gegners einsetzen, wo sie wirksam kämpfen können, bis sie die deutsche Macht zerschlagen«.

Auf der vierten Sitzung der Militärmissionen, am 14. August, geht es heiß her. Nach einem Vorgeplänkel über die Notwendigkeit von Hilfeersuchen Polens und Rumäniens verlangt der sowjetische Marschall hartnäckig »klare Antworten auf sehr klare Fragen«:

> »Gehen Sie davon aus, dass sowjetische Landstreitkräfte das polnische Gebiet passieren, um mit dem Gegner, wenn er Polen überfällt, unmittelbar in Berührung zu kommen?
> Ist der Durchmarsch sowjetischer Truppen durch rumänisches Gebiet vorgesehen, falls Rumänien angegriffen wird?«

Doumenc und Drax beteuern ihre Überzeugung, dass die beiden Länder im Falle eines deutschen Angriffs die Sowjetunion »um Hilfe anflehen« würden. Doch Woroschilow bleibt skeptisch: »Vielleicht auch nicht. Einstweilen sieht es nicht danach aus.« Er besteht auf der Bedingung, dass die Rote Armee durch polnische und rumänische Gebiete marschieren dürfe, und fügt drohend hinzu: »Sonst bezweifle ich die Zweckmäßigkeit unserer Verhandlungen.« Den toten Punkt will der britische Admiral mit einer Beratungspause überwinden. Nach zehn Minuten wird ein Vorschlag auf den Tisch gelegt: Entweder frage Moskau direkt in Warschau und Bukarest nach, ob es für seine Truppen die Erlaubnis zum Durchmarsch erhalte, oder London und Paris würden dort die Frage stellen: »Könnten Sie sowjetischen Truppen den Durchmarsch gestatten, damit sie bei den Operationen gegen Deutschland im Falle seines Angriffs mitwirken?« Man erwarte positive Antworten aus Warschau wie Bukarest und würde die Beratungen gerne fortsetzen.

Nun wünscht Woroschilow eine Pause. Nach einer Stunde kehrt die sowjetische Delegation zurück: Auch wenn von einer Gefahr des Scheiterns die Rede ist, zeigt man sich zu weiteren Beratungen bereit. Die Regierungen in London und Paris sollten sich in Warschau und Bukarest um eine schnelle

Antwort bemühen. In der Wartezeit sei man bereit, den sowjetischen Plan für »gemeinsame Militäraktionen gegen eine Aggression in Europa darzulegen«. Nach mehr als vier Stunden vertagt man sich auf den 15. August.

Für Frankreichs Außenminister Bonnet ist kein Augenblick zu verlieren: Er stöbert den polnischen Botschafter Juliusz Łukasiewicz in einem Ferienort auf, lässt ihn nach Paris kommen und verlangt von Polen, im Kriegsfall sowjetische Truppen ins Land zu lassen: »Sonst«, droht er, »ist eine deutsch-russische Verständigung gegen Warschau zu befürchten.« Der Botschafter schüttelt den Kopf: »Die polnische Regierung wird keine russischen Truppen in Gebiete hereinlassen, die wir den Russen 1921 weggenommen haben.« Bonnet lässt nicht locker und erinnert an Polens Lage zwischen zwei Großmächten: Bei der Kraftprobe mit Deutschland sei die sowjetische Unterstützung zwingend. Łukasiewicz bleibt unbeeindruckt: »Es wird die polnische Armee sein, die am ersten Kriegstag in Deutschland einfallen wird.«[13]

Ein deutscher Außenminister in Moskau

Es ist unverkennbar: Die dreiseitigen Gespräche in Moskau stecken nach drei Tagen tief in der Sackgasse. Außenminister Ribbentrop nutzt im Auftrag Hitlers die günstige Gelegenheit, der sowjetischen Regierung ein attraktives Angebot zu machen. Er lässt seinen Staatssekretär Weizsäcker ein Telegramm an Botschafter Schulenburg in Moskau schicken, der am folgenden Tag, am 15. August, Molotow aufsuchen und einen Vorschlag überbringen soll, dessen Inhalt noch übermittelt werde.

Die sorgfältige Ausarbeitung des Vorschlags im Auswärtigen Amt braucht Zeit. Die wichtigste Frage: Wie kann das Misstrauen der sowjetischen Führung gegenüber der deutschen Führung abgebaut werden? Am Anfang soll das Bekenntnis stehen, dass die Jahre der ideologischen Bekämpfung vorbei seien und die »Wiederherstellung neuer guter Zusammenarbeit« möglich sei: »Die natürliche Sympathie der Deutschen für das Russische ist nie verschwunden.« Es wird festgestellt, dass keine »realen Interessengegensätze zwischen Deutschland und der Sowjetunion« bestünden: »Ihre Lebensräume berühren, aber überschneiden sich nicht.« Ein Lockmittel soll wiederholt werden: Es gebe keine Frage zwischen Baltischem und Schwarzem Meer, die »nicht zur vollen Zufriedenheit beider Länder geregelt« werden könnte; ausdrücklich erwähnt werden sollen die sowjetischen Interessensphären Ostsee, Baltikum, Polen, Südosteuropa.

Auch für die Wirtschaft könne eine Zusammenarbeit günstig sein, da sich beide Länder in jeder Richtung ergänzen: »Ihnen ist es immer gut gegangen, wenn sie Freunde waren, und schlecht, wenn sie Feinde waren.«

Im nächsten Schritt solle Schulenburg auf die aktuelle Entscheidungslage in Moskau und Berlin eingehen. Deutschland wie die Sowjetunion hätten die gleichen unversöhnlichen Feinde, die »kapitalistischen westlichen Demokratien«, die »heute erneut durch ein Militärbündnis die Sowjetunion gegen Deutschland in den Krieg zu hetzen« versuchen. Ein gegenseitiges »Zerfleischen« müsse »für alle Zukunft vermieden« werden; daher sei eine baldige Klärung des deutsch-sowjetischen Verhältnisses erforderlich. Dann, so soll gelockt werden, sei es möglich, »auch territoriale Fragen Osteuropas gemeinsam zu klären«. Der Hinweis auf eine gemeinsame Interessenlage ist deutlich: Mehr noch als Deutschland hatte Russland nach dem Weltkrieg in diesen Regionen Gebietsverluste hinnehmen müssen.

Schließlich solle das eigentliche Angebot kommen: Der deutsche Außenminister erkläre sich nach den bisher erfolgten Fühlungnahmen bereit, »zu einem kurzen Besuch nach Moskau zu kommen, um Herrn Stalin im Namen des Führers dessen Auffassung auseinanderzusetzen«. In Berlin weiß man, dass sich Stalin bei offiziellen Begegnungen mit dem Argument zurückhalte, er gehöre nicht der Regierung an, sondern sei nur ein Parteimann. Zur Prüfung der sowjetischen Ernsthaftigkeit will Ribbentrop ein Zusammentreffen mit Stalin zur Bedingung seiner Reise nach Moskau machen. Nach Eingang des chiffrierten Telegramms gelingt es Schulenburg, am 15. August um 20 Uhr bei Molotow einen Termin zu bekommen.

Während im Auswärtigen Amt überlegt wird, wie sich eine Wende in den politischen Beziehungen zwischen Deutschland und der Sowjetunion erreichen lasse, geht Hitler am Nachmittag des 14. August auf dem Obersalzberg die Risiken eines Angriffs auf Polen durch. Seine anhänglichen Zuhörer sind der Oberbefehlshaber des Heeres Walther von Brauchitsch, der den Einmarsch deutscher Truppen nach Österreich, ins Sudetenland sowie in die Rest-Tschechei organisiert hatte, und Generalstabschef Franz Halder, der seit Monaten an der Planung eines »blitzschnellen« Überfalls auf Polen arbeitet.

Hitlers Hauptfrage: Was können und was werden im Falle eines Krieges mit Polen Briten und Franzosen machen? – Die britischen und französischen Rüstungsprogramme, meint Hitler, brauchen zu ihrer Verwirklichung noch Jahre. Überdies fehle es Großbritannien an Geld und Kredit für einen Weltkrieg, habe Frankreich von sich aus kein Interesse, einen Krieg zu führen. Ein Angriff gegen den Westwall sei unwahrscheinlich, den Polen werde also nicht geholfen. Aus abgehörten Telefongesprächen wisse er, dass London den Polen keine finanziellen Zusagen gemacht habe: »Polen wäre sonst viel frecher.« In Großbritannien wisse man, dass es in einem Krieg nur verlieren, auf jeden Fall nie so viel gewinnen könne, wie der Krieg koste. »Die Männer, die ich in München kennen gelernt habe«, gibt sich Hitler überzeugt, »machen keinen neuen Weltkrieg.«

Auch die Sowjetunion werde eine Beteiligung am Krieg vermeiden, wie Hitler Stalin einschätzt: »Ein verlorener Krieg ist für ihn ebenso gefährlich wie eine siegreiche Rote Armee.« Hitler weiß wie Stalin aus eigener Erfahrung, wie bedrohlich eine Militäropposition für einen risikobereiten »Führer« sein kann. Als Beleg zitiert Hitler erneut Stalins Ausspruch auf dem Parteitag der Kommunistischen Partei im März: »Unser Land denkt nicht daran, für Großbritannien die Kastanien aus dem Feuer zu holen.« Die Sowjetunion habe nur begrenzte Interessen, bei denen man ihr entgegenkommen könne. Hitler deutet den beiden Generälen gegenüber an, dass er erwäge, zur weiteren Fühlungnahme und Abklärung eine mehr oder weniger prominente Persönlichkeit nach Moskau zu schicken. Die Entscheidung über praktische Fragen der beiden Militärs, ob der für Anfang September geplante NSDAP-Parteitag in Nürnberg abgesagt und die Eisenbahn alarmiert werden sollen, wird auf den folgenden Tag verschoben. Zunächst will Hitler abwarten, wie es in Moskau vorangeht.[14]

In Moskau müssen sich die britische und die französische Militärmission auf der vierten Sitzung am 15. August lang und breit anhören, wie viele Truppen die Rote Armee in acht bis 20 Tagen an die Front werfen könne: Die Rede ist von 120 Infanterie- und 16 Kavallerie-Divisionen mit 5000 schweren Geschützen, bis zu 10 000 Panzern und 5500 Kampfflugzeugen, insgesamt etwa drei Millionen Mann. Gegenüber der westlichen Planlosigkeit trumpft die sowjetische Seite mit Aktionsplänen für drei Varianten zur gemeinsamen Kriegführung auf:

1. Wenn Deutschland Großbritannien und Frankreich überfalle, wolle die Sowjetunion ihre Rote Armee im Umfang von 70 Prozent der von den Westmächten unmittelbar eingesetzten Truppen zum Einsatz bringen; überdies sollten die vereinigten Seestreitkräfte die Nachschubwege Deutschlands und Italiens in Nord- und Ostsee sowie im Mittelmeer unterbrechen.
2. Wenn Deutschland Polen und Rumänien angreife, müssen Frankreich und Großbritannien sofort den Krieg erklären. Die Sowjetunion könne sich erst dann beteiligen, wenn Polen und Rumänien

mit dem Durchmarsch der Roten Armee einverstanden seien; dann würde die Sowjetunion ihre Truppen im gleichen Umfang wie Großbritannien und Frankreich in Marsch setzen.

3. Wenn Deutschland die Sowjetunion durch Finnland und die baltischen Länder angreife, sollen Frankreich und Großbritannien unverzüglich den Krieg erklären. Auch Polen müsse gegen Deutschland aufbrechen und die Rote Armee Richtung Ostpreußen und Schlesien passieren lassen. Die Sowjetunion würde ihre gesamte Militärmacht ins Feld führen; mit 70 Prozent dieser Streitkräfte müssten Frankreich wie Großbritannien unverzüglich aktive Operationen beginnen.

Briten und Franzosen geben sich beeindruckt von den hohen Zahlen und den präzisen Plänen, auch wenn sie ahnen, wie unzureichend die Transportmöglichkeiten in den russischen Weiten sind. Zur Entgegnung streicht Admiral Drax die britische Seemacht heraus: »Wir verfügen über eine außerordentlich mächtige Flotte und bauen sie in einem Tempo aus, das in der Geschichte beispiellos dasteht.« Zu ihren wichtigsten Aufgaben zähle es, die »Flotte des Gegners ausfindig zumachen und zu zerschlagen, damit sie unsere Verbindungswege nicht stört«. Der Admiral unterstreicht, dass alle britischen Geschwader sich in Gefechtsbereitschaft befinden und innerhalb von vier Stunden in See stechen könnten. Auch für die Handelsflotte seien so viele Schiffe im Bau wie nie zuvor. Auf die Sicherung der Nordroute für Transporte in den sowjetischen Hafen Murmansk geht er nur sehr knapp ein. Die Behandlung des gemeinsamen Einsatzes der Luftwaffen verschiebt man auf den folgenden Tag.

Völliger Stillstand bei den Gesprächen mit den Briten und Franzosen, kann Verteidigungsminister Woroschilow an Stalin melden. Regierungschef und Außenminister Molotow kann melden: Schnelle Bewegung bei den Deutschen. – Am Abend des 15. August hat ihm Botschafter Schulenburg Ribbentrops Mitteilung verlesen. Molotow lässt sich absatzweise den Wortlaut ins Russische übersetzen und seinen Sekretär wortgetreue Notizen machen. Am Schluss nickt er, als der Wunsch geäußert wird, die Mitteilung möglichst genau Stalin zur Kenntnis zu geben. Molotow zeigt lebhaftes Interesse an der Reise des deutschen Außenministers nach Moskau, aber wendet ein, dass sie eine »eingehende Vorbereitung« brauche.

Und Molotow gibt sich geschmeichelt: »Jetzt glaube ich an die Aufrichtigkeit der deutschen Absichten.« Er wolle ihre Ernsthaftigkeit prüfen und fragt: »Ist die deutsche Regierung bereit, mit der Sowjetunion einen Nichtangriffspakt oder etwas Ähnliches abzuschließen?« – »Ja«, bestätigt Schulenburg, »wir denken tatsächlich an eine Neuordnung der Dinge auf einer neuen Grundlage.« Schulenburg drängt auf Eile und fragt nach, ob Molotow diese Frage in Moskau mit Ribbentrop besprechen wolle. Molotow zögert: Erst müsste ein Vertrag vorbereitet werden, damit dann in Moskau Entscheidungen getroffen werden könnten. Man verständigt sich darauf, dass beide Regierungen informiert werden und ihre Vorstellungen konkretisieren sollen.

Schulenburgs optimistische Berichte ans Auswärtige Amt in Berlin lösen umgehend am 16. August einen weiteren Schritt Ribbentrops aus. Der Botschafter wird angewiesen, Molotows Frage zu beantworten: »Deutschland ist bereit, einen Nichtangriffspakt mit der Sowjetunion abzuschließen und zwar unkündbar auf die Dauer von 25 Jahren.« Zusätzlich soll er die Eilbedürftigkeit erklären: Jederzeit könnten ernste Ereignisse eintreten, da »Deutschland nicht gewillt ist, die polnischen Provokationen auf die Dauer hinzunehmen«. Daher sei eine schnelle Klärung der beiderseitigen Einstellung zu den aktuellen Fragen erwünscht. Der deutsche Außenminister könne in den folgenden Tagen nach Moskau fliegen mit der Vollmacht Hitlers, Verträge zu verhandeln und zu unterzeichnen.[15]

Stalin fragt: »Kann man sich mit Deutschland einigen?« Er wägt ab: Berlin hat es eilig, London und Paris spielen auf Zeit. Er weiß: Ihr Drängen in Warschau, sowjetische Hilfe anzunehmen, wird bei der polnischen Führung auf Ablehnung stoßen. Er erinnert sich: Er, Woroschilow und Tuchatschewski standen im Sommer 1920 mit der Roten Armee dicht vor der polnischen Hauptstadt und wurden vom Marschall Piłsudski mit französischer Hilfe zurückgeschlagen; danach wurden im Vertrag von Riga die westlichen Teile Weißrusslands und der Ukraine, ohne die Bevölkerungen zu fragen, Polen zugesprochen, deren Verlust Warschau bei einem Durchmarsch der Roten Armee nun befürchten müsse. An dieser Frage würden die Verhandlungen mit den Briten und Franzosen scheitern. Stalins Schluss: Man muss sich mit Deutschland einigen.

Tatsächlich treten die Besprechungen der drei Militärmissionen am 16. August auf der Stelle: Zunächst führen Briten und Franzosen ihre Luftwaffen im besten Licht vor. Dann lehnt Woroschilow den französischen Entwurf für ein Militärabkommen ab: »Das ist höchstens das Material für irgendeine abstrakte Deklaration.« Und schließlich wiederholt er seine Kardinalfrage nach dem Durchmarsch sowjetischer Truppen durch polnisches und rumänisches Gebiet: Ohne eine Antwort sei jede weitere Arbeit nutzlos. Er fragt Drax und Doumenc: »Wann erwarten Sie annähernd die Antwort Ihrer Regierungen?« Antwort: »So rasch wie möglich.« Woro-

Der Verhandlungspartner der Briten und Franzosen in Moskau: der Volkskommissar für Verteidigung und Marschall der Sowjetunion Kliment Woroschilow

schilow droht: »Wenn sich die Antwort lange hinauszögert, werden wir unsere Sitzungen unterbrechen müssen.« Immerhin gelingt es den westlichen Delegationsleitern, den sofortigen Abbruch zu vermeiden und für den folgenden Tag ein weiteres Treffen zu vereinbaren. Sie drängen ihre Regierungen, den Druck auf Warschau zu erhöhen, und schicken sogar ein Mitglied der französischen Delegation direkt nach Warschau, um die polnische Führung zur Annahme sowjetischer Hilfe zu bewegen, da sie sonst den Abbruch der Verhandlungen herausfordere.

Ahnen Briten und Franzosen, was sich im Hintergrund zwischen Moskau und Berlin abspielt? Wissen tut es der neue US-Botschafter Laurence Steinhardt, dem der Privatsekretär Schulenburgs gesteckt hat, was am Abend zuvor zwischen Molotow und dem deutschen Botschafter besprochen und verabredet wurde. Am Nachmittag des 16. August überbringt Steinhardt Molotow eine vertrauliche Botschaft Roosevelts, in der das gemeinsame Interesse von USA und UdSSR am Weltfrieden hervorgehoben wird. Da allerdings die Sowjetunion von einem Sieg Deutschlands stärker betroffen sein werde als die USA, empfiehlt der US-Präsident unverhohlen den »Abschluss eines Abkommens mit anderen europäischen Mächten gegen die Aggression«. Steinhardt nutzt die Gelegenheit, nach dem Stand der Verhandlungen mit Großbritannien und Frankreich zu fragen. Molotow gibt vor, Roosevelts Anregung für sehr wertvoll zu halten, aber reagiert ausweichend: »Wir sind an einer konkreten Verpflichtung interessiert. Der Erfolg hängt jedoch nicht allein von uns ab.« Steinhardt übermittelt seinen Eindruck nach Washington:

> »Die Sowjetregierung will vermeiden, in einen europäischen Konflikt hineingezogen zu werden, schon gar nicht zu Beginn. Sie hält es für richtig, Verhandlungen sowohl mit den Franzosen und den Briten wie mit den Deutschen fortzusetzen, um einen Kriegsausbruch vor Anfang Oktober zu verhindern.«

Am Abend des 16. August hat die französische Botschaft die Militärmissionen zu einem Empfang geladen. Auch Woroschilow und sein Anhang sind gekommen. Es fließen Wein und Wodka, man kommt sich näher. Aber am 17. August wird wieder nur eine formelle Sitzung abgehalten. Geduldig hören sich Briten und Franzosen das Loblied auf die sowjetische Luftwaffe an. Dann schlägt Woroschilow vor, die Sitzungen so lange zu unterbrechen, bis die Antwort auf die Kardinalfrage eintreffe. Drax und Doumenc sind in heller Aufregung: Der eine verweist auf den Berg an Arbeit, der noch erledigt werden müsste; der andere gibt dem langen diplomatischen Weg die Schuld, dass die Antwort aus Warschau noch nicht eingetroffen sei. Beide schlagen den 20. bzw. 21. August als neuen Termin vor. Woroschilow bleibt unnachgiebig und empfiehlt seinen »teuren Gästen, sich auszuruhen und Moskau anzusehen«. Da kommt dem Briten die Presse in den Sinn: »Sie wird Fragen stellen.« Der Marschall: »Am besten, wir geben gar keine Erklärung ab.« Das möge in Moskau angehen, meint Drax, aber die Weltpresse werde die Unterbrechung ohne Angabe eines neuen Termins als Abbruch einschätzen. Nach kurzer interner Beratung erklärt sich Woroschilow einverstanden, als Termin für die nächste Sitzung den 21. August zu festzulegen.[16]

Im Wettlauf nach Moskau schiebt sich die deutsche Regierung nach vorn: Am Abend des 17. August hat sich Schulenburg wieder bei Molotow eingefunden. Er erfährt, wie sich Stalin das weitere Vorgehen denkt: Als erster Schritt solle der Abschluss des Handelsabkommens stehen. Gleich danach könne als zweiter Schritt der Abschluss eines Nichtangriffspaktes erfolgen, mit einem Protokoll, das die Interessengebiete beider Seiten abgrenzt. Ribbentrops Drang nach Moskau wird jedoch höflich abgewehrt: Natürlich fühle man sich geehrt, dass Deutschland anders als Großbritannien einen »so hervorragenden Politiker und Staatsmann« schicken wolle; aber man benötige eine »gründliche Vorbereitung« und scheue das Aufsehen einer solchen Reise. Man einigt sich, »unverzüglich« Vertrag und Protokoll zu entwerfen und »baldmöglichst« auszutauschen.

Der 18. August ist nach dem sowjetischen Revolutionskalender der dritte Feiertag des Monats. Halb Moskau ist auf den Beinen, um am *Tag der Luftfahrt* in einem Vorort *Stalins Falken* zu bewundern. Auch die beiden westlichen Militärmissionen haben sich im Auto auf den Weg gemacht. Ein Passierschein soll ihnen schnelles Durchkommen sichern, doch sie müssen sich immer wieder in die Schlangen einreihen. Zum Ärger von Admiral Drax kommen die deutschen Diplomaten wie die sowjetische Prominenz mit einem andersfarbigen Schein in vollem Tempo auf der falschen Straßenseite früher ins Ziel. Das Werbe-Programm auf dem riesigen Flugfeld beginnt mit einem Formationsflug von 200 Bombern, deren drei Staffeln eine Fabrikkulisse aus der Luft zerstören, während zum Schein Flugabwehrkanonen feuern. Nach vielen Luftkunststücken springen aus drei großen Truppentransportern etwa 50 Fallschirmjäger ab. Sogar eine Art Hubschrauber wird gesichtet. Während Drax keine besonderen Leistungen erkennen kann, hebt der Korrespondent der Londoner *Times* hervor, dass die Sowjetunion über mehr Flugzeuge verfüge als jede andere Macht.

Am Morgen des 19. August trifft in der deutschen Botschaft erneut ein Telegramm von Ribbentrop ein. Schulenburg soll darauf drängen, dass der »Besuch in Moskau sofort zustande kommt«. Als Begründung führt er an, dass sich die »deutsch-polnischen Beziehungen von Tag zu Tag« verschärfen: »Wir müssen damit rechnen, dass jeden Tag Zwischenfälle eintreten könnten, die den Ausbruch eines offenen Konflikts unvermeidlich machen.« Hitler halte vorher eine Klärung des Verhältnisses zwischen Deutschland und der Sowjetunion für notwendig. Nur dann, so soll Schulenburg lockend hinzufügen, könne man »sowjetischen Interessen Rechnung tragen«. Für den Nichtangriffsvertrag formuliert er zwei Artikel, für das zusätzliche Protokoll bietet er eine Regelung im »Ostseegebiet, in der Frage Baltenstaaten usw.« an. Am Schluss geht er ein Risiko ein und spricht offen die deutsche Zeitnot an: »Der baldige Ausbruch eines offenen deutsch-polnischen Konflikts ist wahrscheinlich.«

Bereits um 14 Uhr findet sich Schulenburg im Kreml ein: Eine Stunde lang redet er auf Molotow ein, doch der bleibt unberührt: erst das Wirtschaftsabkommen, dann Pakt und Protokoll: »Ich habe Ihnen die Auffassung der Sowjetregierung mitgeteilt und habe dem nichts mehr hinzuzufügen.« Kaum eine halbe Stunde später erreicht Schulenburg ein Anruf aus dem Kreml: »Molotow bittet, um 16.30 Uhr noch einmal vorzusprechen.« Nun klingt Molotow plötzlich ganz anders: »Hier überreiche ich Ihnen unseren Entwurf für einen Nichtangriffspakt.« Er soll fünf Artikel umfassen und ein Protokoll über die beiderseits »interessierenden Gebiete der Außenpolitik« einschließen. Auch mit der Reise Ribbentrops sei man einverstanden, allerdings erst eine Woche nach der für den folgenden Tag vorgesehenen Unterzeichnung des Wirtschaftsabkommens am 26. oder 27. August. Diese Wende ist auf Stalins Eingriff zurückzuführen, vermutet der deutsche Botschafter.[17]

Am späten Abend des 19. August ruft Stalin seine engsten Vertrauten aus dem Politbüro zusammen, um ihnen einzuschärfen, worauf es jetzt ankomme. Seine Ausgangspunkte: die Interessen der Sowjetunion und die Aussichten für die Weltrevolution. Er beginnt sein Referat mit der Frage, ob die Sowjetunion für Krieg oder Frieden eintreten solle, und greift zur Beantwortung auf die Vergangenheit zurück:

> »Die Erfahrung der letzten 20 Jahre zeigt, dass in Friedenszeiten eine kommunistische Bewegung in Europa keine Chancen hat, die Macht zu ergreifen. Die Diktatur der Kommunisten wird nur als Resultat eines großen Krieges möglich.«

Stalin plädiert für Krieg: Man müsse den deutschen Vorschlag annehmen und die westlichen Missionen zurückschicken. Er argumentiert: Bei einem Bündnisvertrag mit Großbritannien und Frankreich werde Deutschland auf Polen verzichten, bei einem Nichtangriffsvertrag mit Deutschland dagegen werde es Polen angreifen und das Eingreifen der westlichen Garantiemächte werde unvermeidlich. Stalin zählt für den Fall eines Krieges mehrere Vorteile für die Sowjetunion auf: »Wir werden große Chancen haben, uns aus diesem Konflikt herauszuhalten, und können gelassen unseren Kriegseintritt abwarten. Wir erhalten halb Polen und Deutschland überlässt uns volle Handlungsfreiheit in den baltischen Staaten sowie als Einflusssphäre Rumänien, Bulgarien und Ungarn.«

Stalin prüft auch die möglichen Folgen, die sich aus Niederlage oder Sieg Deutschlands für die Sowjetunion ergeben könnten. Bei einer Niederlage werde es in Deutschland eine kommunistische Machtergreifung geben, aber Briten und Franzosen wären noch stark genug, Berlin zu erobern und ein Sowjetdeutschland zu verhindern, ohne dass Moskau eingreifen könnte:

»Es ist daher unsere Aufgabe, Deutschland einen möglichst längeren Krieg führen zu lassen, damit Großbritannien und Frankreich ermüdet und geschwächt sind.« Dafür müsste die Sowjetunion Deutschland mit Rohstoffen und Lebensmitteln versorgen. Bei einem Sieg wäre Deutschland überdies entkräftet: Es müsste den andauernden Widerstand in Großbritannien und Frankreich niederhalten und sich mit der Nutzbarmachung der eroberten Gebiete beschäftigen; die unterdrückten Völker würden zu Verbündeten der Sowjetunion.

»Genossen!« fasst er zusammen: »Es liegt in unserem Interesse, dass der Krieg zwischen dem Reich und dem kapitalistischen britisch-französischen Block ausbricht, und wir müssen alles tun, dass dieser bis zur Erschöpfung beider Seiten so lange wie möglich dauert.« In dieser Zwischenzeit sollten Wirtschaft und Propaganda verstärkt werden, damit man auf die Zeit nach dem Krieg gut vorbereitet sei: »Vor uns liegt ein weites Tätigkeitsfeld zur Entwicklung der Weltrevolution«, beschließt Stalin seinen Appell.[18]

Einwände werden nicht erhoben. Es geschieht, wie Stalin es vorgibt. Die Parteizeitung *Prawda* kündigt in ihrer Morgenausgabe am 21. August vorsichtig an, dass das gerade abgeschlossene Wirtschaftsabkommen ein »ernsthafter Schritt zur künftigen Ausweitung der politischen Beziehungen zwischen der UdSSR und Deutschland« sein könnte. Woroschilow hat es um kurz nach 11 Uhr leicht, Admiral Drax und General Doumenc ins Gesicht zu sagen, die Beratung »nicht nur drei bis vier Tage, sondern für eine längere Zeit zu unterbrechen«. Die beiden Delegationsleiter können tatsächlich trotz vieler Telegrammwechsel zwischen London, Paris und Warschau keine polnische Zusage für einen Durchmarsch der Roten Armee vorlegen. Molotow empfängt um 15 Uhr ein persönliches Schreiben Hitlers an Stalin: »Ich schlage Ihnen vor, meinen Außenminister am 22. oder 23. August zu empfangen.« Um 17 Uhr überreicht Molotow Schulenburg Stalins Antwort: »Die Sowjetregierung hat mich beauftragt, Ihnen mitzuteilen, dass sie mit dem Eintreffen des Herrn von Ribbentrop in Moskau am 23. August einverstanden ist.« Beide vereinbaren, die Presse entsprechend zu informieren.

Am Abend hält Hitler auf dem Obersalzberg Stalins Antwort in den Händen. Er setzt sich mit Ribbentrop zusammen und erteilt ihm Anweisungen für die Verhandlungen. Vor allem geht es um den Inhalt des Zusatz-Protokolls, in dem die Interessensphären beider Seiten festgelegt werden sollen. Schließlich erteilt Hitler dem Außenminister die Vollmacht, den »Nichtangriffspakt und andere Vereinbarungen zu unterzeichnen, und zwar mit der Maßgabe, dass diese sofort mit der Unterzeichnung in Kraft treten«. Am nächsten Tag soll er sich auf den Weg nach Moskau machen.

Die »große Weltsensation« steht am 22. August in allen Zeitungen: Was Goebbels einen »genialen Schachzug« nennt, wird in Washington als »diplomatisches Meisterstück« Hitlers und als »schwerste Niederlage Großbritanniens und Frankreichs seit München« bezeichnet: »Die Drohung einer faschistischen Weltherrschaft schwebt düsterer als je zuvor über uns«, schreibt ein früherer US-Botschafter in Moskau. In London und Paris ist man verblüfft und fassungslos. Minister werden aus dem Urlaub zurückgerufen. Die *Times* kündigt unter der großen Überschrift »Nazi-Pakt mit Russland« angesichts »wachsender Spannung und Massierung deutscher Truppen« eine Kabinettssitzung noch am selben Tag an. Im *Paris-Soir* ist von dem »deutsch-russischen Pakt« als einem »Theater-Coup« die Rede. Der Nationale Verteidigungsrat soll zusammentreten: »Stalin will die Welt beherrschen und hat Hitler freie Hand gegeben.«

Ist die Partie in Moskau für Großbritannien und Frankreich verloren? Steht der Krieg bevor?

In Moskau und Berlin begnügt man sich mit dem offiziellen Kommuniqué, im *Völkischen Beobachter* unter großen roten Lettern: »Nichtangriffspakt Deutschland-Sowjetunion«. Die deutschen Zeitungen sind angewiesen, nicht in Triumph-Geschrei auszubrechen, aber auch nicht die Sowjetunion »anzuhimmeln«. In Tokio allerdings löst der Pakt des *Antikomintern*-Partners mit dem japanischen »Erzfeind« einen Schock aus: Man sieht die Sowjetunion in Europa entlastet und fürchtet eine Verstärkung der sowjetischen Offensive gegen die japanischen Truppen in Nordchina. Tatsächlich begrüßt der Vorsitzende der chinesischen Kommunisten, Mao Tse-tung, den Pakt als »Schlag gegen Japan und als Hilfe für China«. Am klarsten durchschaut die Lage ein Mann, der ein Jahr zuvor das Spiel der Großmächte am eigenen Leib erlitten hatte, der ehemalige tschechoslowakische Präsident Eduard Beneš, seit einigen Monaten im Exil in den USA. Er notiert als seinen ersten Eindruck:

> »Die Sowjets wollen Krieg, sie haben ihn geplant und sie denken, dass weder Polen noch Deutschland noch England zurückstecken können und dass der Krieg stattfinden wird. Es ist eine wirklich rauhe Taktik, Hitler in den Krieg zu treiben.«

Muss das in die Zange genommene Polen nun nachgeben? Die polnische Regierung will die neue Bedrohungslage überspielen, nachdem sie das britische und französische Drängen, der Roten Armee ein Durchmarschrecht zu gewähren, abgewiesen hatte. Der Pakt vergrößere zwar die Möglichkeit eines baldigen Krieges, aber er sei – so meint man im polnischen Außenministerium – nichts weiter als die Fortsetzung der bisherigen deutschen Bluff-Politik: »In Berlin vertraut man diplomatischen Manövern mehr als dem Schwert.« Außenminister Beck zeigt sich zufrieden mit der polnischen Streitmacht, vor allem mit dem Schutz Warschaus vor deutschen Luftangriffen, und er hält die deutschen Truppenmassierungen an der polnischen Grenze für eine leere Drohgebärde: »Die Deutschen haben 30 Divisionen mobilisiert, wir werden heute Nacht für die Aufstellung von 20 Divisionen sorgen.« Polens Lage habe sich nicht wesentlich verändert, man vertraue auf die britischen und französischen Zusagen. Und Beck geht davon aus, dass Hitler wegen der wirtschaftlichen Schwierigkeiten in Deutschland in wenigen Monaten gestürzt werden und eine vernünftigere Regierung an die Macht kommen würde.[19]

Mehr als eine Million deutscher Soldaten stehen an Polens Grenzen. Ist das nur ein Bluff? Gehört das zum Nervenkrieg, der Polen auf die Knie zwingen soll? Wie ernst meint es Hitler mit einem Militärschlag gegen Polen? Zuallererst müssten es die obersten Führer der Wehrmacht erfahren. Hitler bestellt die Oberbefehlshaber von Heer, Luftwaffe und Marine mit ihren Armee- und Flottenführern zum 22. August Punkt 12 Uhr nach Berchtesgaden. Sie kommen aus ganz Deutschland mit Flugzeug oder Bahn nach München und werden mit dem Auto auf den Obersalzberg gebracht. Gut 40 Generäle und Admirale begrüßen sich, fragen sich, was Hitler vorhabe, und nehmen in zwei Stuhlreihen Platz, quer zum Panorama-Fenster im Großen Saal. Hitler steht am Konzertflügel, neben einer Büste von Richard Wagner, wie zur Mahnung an den *Ring des Nibelungen*, und nutzt einen Notizzettel für seine Ansprache.

Hitler gibt sich entschlossen: »Ich habe Sie zusammengerufen, um Ihnen ein Bild der politischen Lage zu geben, und um Ihr Vertrauen zu stärken.« Er kommt schnell zur Sache: »Das Verhältnis zu Polen ist untragbar geworden.« Früher oder später müsse es zu einer Auseinandersetzung kommen, jetzt sei der Zeitpunkt günstiger als in zwei bis drei Jahren: »Man kann nicht ewig mit gespanntem Gewehr einander gegenüber liegen.« Die Auseinandersetzung berge ein »großes Risiko«, aber Politiker wie Feldherren müssten »mit rücksichtsloser Entschlossenheit« Wagnisse auf sich nehmen; dazu zählt er vor allem ein britisches Ultimatum.

Seine bereits bei früheren Gelegenheiten geäußerte Überzeugung, die Westmächte würden bei einem Konflikt mit Polen nicht eingreifen, begründet er vor den Militärs ausführlich. Zuerst geht er auf Großbritanniens Rüstung ein: Der Flottenbau sei erst 1941 oder 1942 abgeschlossen, höchstens drei Divisionen könnten zum Einsatz auf dem Kontinent kommen, der Ausbau der Luftwaffe und der Luftabwehr stünden erst am Anfang: »Man wünscht, dass der Konflikt erst in zwei bis drei Jahren eintritt.« Großbritanniens Lage sei prekär, überall in seinem Weltreich gebe es Konflikte, mit den Iren, mit Italien im Mittelmeer, mit den Arabern im Vorderen Orient, mit den Indern, mit den Japanern in China: »Ein britischer Staatsmann kann nur mit Sorgen in die Zukunft sehen, er wird kein Risiko auf sich nehmen.« Sie würden »demonstrieren, protestieren, paktieren – aber marschieren werden sie nicht!«

Auch von Frankreich sieht Hitler keine Gefahr ausgehen. Für die Aufrüstung sei wenig geschehen, die Artillerie veraltet, der französische Soldat auf Verteidigung ausgerichtet: »Man vergräbt sich nicht zwölf Jahre lang in einer Maginotlinie, um eines Tages gegen den deutschen Westwall anzurennen!« Eine besondere Trumpfkarte, fügt Hitler hinzu, habe er mit der Luftwaffe in der Hand: »Damit kann ich nicht nur bluffen, sondern sogar stechen.« Andere Staaten in West-, Nord- und Südosteuropa würden sich aus dem Konflikt heraushalten und ihre Neutralität verteidigen. Auch eine Seeblockade gegen Deutschland würde wegen der Hilfsquellen im Osten unwirksam bleiben: »Die Westmächte können Polen also tatsächlich nicht helfen.«

Damit leitet Hitler zur Sowjetunion über. Er schreibt es seiner »großen Entschlusskraft« zu, dass es zu einem Nichtangriffspakt komme: Er habe seit Monaten darauf hingewirkt, während die Briten und Franzosen in Moskau keine Verpflichtungen eingehen wollten. Nun sei die persönliche Verbindung mit Stalin hergestellt, und Ribbentrop werde am folgenden Tag den Vertrag abschließen. Natürlich habe Stalin Londons Absicht durchschaut, die Sowjetunion die »Blutlast des Krieges tragen zu lassen«. Und überdies habe Moskau kein Interesse an der Erhaltung Polens. »Nun ist Polen in der Lage, in der ich es haben wollte«, beendet Hitler seine eineinhalb-stündige Ansprache. Er verabschiedet Ribbentrop zu seiner Reise nach Moskau und wünscht ihm gutes Gelingen.

Bei einem kleinen Imbiss auf der Terrasse des Berghofs lassen Hitlers Zuhörer eine gewisse Erleichterung über die Annäherung an die Sowjetunion spüren, wodurch ein Zwei-Fronten-Krieg ausgeschlossen scheine. Die Offiziere haben überdies die Kontakte zwischen Reichswehr und Roter Armee in den 1920er-Jahren noch in sympathischer Erinnerung, auch das Reichswehrmanöver sieben Jahre zuvor, bei dem in Anwesenheit von Sowjetgeneral Michail Tuchatschewski die Abwehr eines polnischen Angriffs über die Oder durchgespielt worden war.

Hitler ist sich trotzdem nicht sicher, dass er bereits das volle Vertrauen der Generäle und Admirale für einen Krieg gegen Polen erreicht hat. Er erinnert sich noch gut an die Widerstände in der Heeresleitung, als im Jahr zuvor gegen die Tschechoslowakei mobil gemacht werden sollte. Nach der kurzen Pause hält er es für nötig, in scharfen Worten von den angeblich »kleinmütigen« Militärs »eisernste Entschlossenheit beim Kampf auf Leben und Tod« sowie »feste Zuversicht und festen Siegesglauben« zu verlangen. Er selbst übernehme es, den Krieg gegen Polen durch einen propagandistischen Anlass auszulösen. Dann sei es Sache der Soldaten, durch »rücksichtsloses Vorgehen im Angriff und Schnelligkeit« die Entscheidung herbeizuführen: »Unsere technische Überlegenheit wird die Nerven der Polen zerbrechen.« Ziel sei es, die »militärische Kraft Polens zu beseitigen und zu zerschlagen«. Der Befehl zur Auslösung der Operationen werde wahrscheinlich am 26. August erfolgen. Mit den Worten »Ich habe meine Pflicht getan, tun Sie die Ihre« entlässt Hitler die versammelten Militärs zurück zu ihren Standorten.

Die Wirkung der Ansprache auf die Generäle und Admirale ist unterschiedlich: Einige meinen, es werde »unabwendbar zum Krieg gegen Polen kommen«. Andere gehen mit dem Eindruck, Hitler wolle die Gegenseite durch einen Bluff einschüchtern. Wieder andere sind überzeugt, dass Polen nach Abschluss des deutsch-sowjetischen Nichtangriffspaktes »unbedingt nachgeben müsse«; sie hoffen, es werde ein »Blumenkrieg wie 1938 im Sudetenland«. Der einzige, der Hitler gegenüber Bedenken anmeldet, ist Admiral Raeder, aus Sorge vor der Unterlegenheit der deutschen gegenüber der britischen Kriegsflotte. Hitler beruhigt ihn und versichert, dass der Verhandlungsweg noch nicht abgeschnitten sei.[20] Die Spitzenleute der deutschen Wehrmacht bleiben im Ungewissen und warten auf Befehle ihres Obersten Befehlshabers.

Während sich der Berghof leert, sammelt sich am 22. August gegen 15 Uhr in der Downing Street No. 10 das britische Kabinett. Premierminister Chamberlain bekräftigt die Entschlossenheit, die gegenüber Polen eingegangenen Verpflichtungen zu erfüllen, auch wenn mit einer Hilfe der Sowjetunion nicht zu rechnen sei. Es werden energische Maßnahmen beschlossen: Wie 1914 soll ein Notstandsgesetz eingebracht, das Personal in der Marine, der Armee und der Luftwaffe sowie des Luftschutzes und der Zivilverteidigung aufgestockt, die Ausfuhr lebenswichtiger Güter unterbunden werden. Wie bisher, fügt Chamberlain an, sei Seiner Majestät Regierung bereit, Voraussetzungen für eine friedliche Lösung zu suchen; sie sei aber auch »darauf vorbereitet und entschlossen, Widerstand bis zum

Äußersten zu leisten«. Die Minister ermächtigen ihn, Hitler einen Brief zu schreiben und ihn vor der »gefährlichen Täuschung« zu warnen, es könne einen kurzen Krieg geben, wenn an einer Front ein Sieg errungen würde.

Die französische Regierung dagegen sieht durch den Moskauer Vertrag ihr »gesamtes Bündnis- und Verteidigungssystem« gegen Deutschland gefährdet und lässt in ihrer Verzweiflung über einen drohenden Krieg General Doumenc einen letzten Versuch bei Woroschilow machen: Er soll zusagen, dass Paris mit einem sowjetischen Durchmarsch durch Polen einverstanden sei. Am späten Nachmittag des 22. August sitzen sich die beiden allein gegenüber. Der Marschall lässt sich nicht hinters Licht führen:

»Haben Sie ein Dokument?« – Antwort: »Nein.«

»Ist die britische Regierung einverstanden?« – Antwort: »Ich glaube, ihre Antwort wird bald eintreffen.«

»Haben Sie eine Mitteilung Ihrer Regierung erhalten, die ohne Wissen Polens und Rumäniens gegeben wurde?« – Antwort: »Ich kann nur das sagen, was meine Regierung mir mitgeteilt hat.«

»Wir wollen abwarten, bis uns der Standpunkt Polens und Rumäniens klar sein wird.« Doumencs Gegenfrage: »Geht es Ihnen um eine Erklärung der polnischen Regierung?«

Woroschilow nickt: »Wir müssen eine genaue Antwort der Regierungen dieser Länder haben, dass sie dem Durchmarsch unserer Truppen zustimmen.«

Schließlich fragt Doumenc direkt: »Halten Sie es für möglich, unsere Beratung neu zu beginnen?« Darauf Woroschilow: »Bevor wir die Antwort nicht erhalten haben, ist jedes Gespräch nutzlos.« Doumenc will es nicht wahrhaben: »Ich meine, dass es gute Gründe gibt, unsere Arbeit weiterzuführen.« Woroschilow bleibt unerbittlich: »Bis zum Eintreffen einer klaren Antwort werden wir nicht weiterarbeiten.« Doumenc lässt sich nicht abschütteln: »Praktische Fragen verlangen eine gründliche Prüfung.« Woroschilow hat es satt: »Wir haben keine Zeit für nutzlose Arbeit.« Es folgt ein frostiger Abschied. Die westlichen Militärmissionen bereiten ihre Abreise vor: Sie haben, resümiert Admiral Drax, »zweifellos weniger erreicht, als ihre Regierungen gehofft hatten«.[21]

Deutschland ist aus dem Wettlauf nach Moskau als Sieger hervorgegangen.

Am 23. August steht die sowjetische Hauptstadt im Zeichen der Ankunft des deutschen Außenministers: Gegen Mittag landen zwei viermotorige Lufthansa-Maschinen vom Typ Focke-Wulf Condor: Den Flugplatz schmücken neben roten Fahnen mit Hammer und Sichel auch Hakenkreuzfahnen. Vertreter des sowjetischen Außenministeriums und Botschafter Schulenburg begrüßen Ribbentrop und seine 37-köpfige Begleitung, die in aller Eile zusammengestellt worden war und die Nacht zuvor bei einem Zwischenstopp in Königsberg mit der Vorbereitung der Besprechungen zugebracht hatte.

Nach einem kurzen Frischmachen und Kleidungswechsel in der Botschaft geht es zu dritt in den Kreml: Ribbentrop, Schulenburg und ihr Dolmetscher sind freudig überrascht, als ihnen nicht nur Molotow, sondern auch Stalin höchstpersönlich gegenüber stehen. Da sich der Generalsekretär der sowjetischen Kommunisten sonst wenig mit Vertretern des Auslands einlässt und auch Botschafter ihn kaum zu sehen bekommen, scheint seine Anwesenheit ein Zeichen, dass es zu einem schnellen Vertragsabschluss kommen kann. Viel zu verhandeln gibt es ohnehin nicht, da der sowjetische Vorschlag bereits besprochen und von Hitler im Prinzip akzeptiert worden war. Es werden einige Artikel ergänzt und die Dauer des Vertrags von fünf auf zehn Jahre verlängert. Nur Stalins Wunsch, bei der Abgrenzung der beiderseitigen Interessen-Sphären in den baltischen Staaten im geheimen Zusatzprotokoll auch zwei kleine eisfreie Häfen Lettlands zugesichert zu bekommen, bleibt offen.

Wenn Politiker zweier Länder zusammensitzen, sprechen sie auch über dritte Länder. Stalin fragt nach der Einstellung der deutschen Verbündeten Italien und Japan zum Nichtangriffspakt. Ribbentrop meint, Mussolini begrüße den Pakt und in Tokio könne Berlin zu einem Ausgleich der Gegensätze zwischen der Sowjetunion und Japan beitragen. Das halte er für nützlich, meint Stalin, aber man müsse die »Asiaten gelegentlich auch hart anpacken«. Im Urteil über Großbritannien ist man sich einig: Es wolle für seinen »anmaßenden Anspruch auf die Weltherrschaft andere kämpfen lassen«. Trotz seiner militärischen Schwäche, warnt Stalin, werde Großbritannien jedoch »schlau und hartnäckig Krieg führen«. Auf Stalins Warnung vor der »beachtlichen Armee Frankreichs« entgegnet Ribbentrop: »Wenn Frankreich mit Deutschland Krieg führen will, wird es besiegt werden.«

Und wie stehe das deutsche Volk zur Verständigung mit der Sowjetunion, will Stalin am Schluss noch wissen. Allgemein sei das Gefühl verbreitet, erklärt Ribbentrop, dass es »keine natürlichen Gegensätze« gebe und dass die »Entwicklung guter Beziehungen nur durch Machenschaften insbesondere Großbritanniens gestört« worden sei. Ja, ja, reagiert Stalin: »Die Deutschen wünschen Frieden.« Das gelte aber nicht gegenüber Polen, kündigt Ribbentrop an: »Das deutsche Volk wird sich die polnischen Provokationen nicht länger gefallen lassen«.

Nach drei Stunden kommt Ribbentrop begeistert in die Botschaft zurück: »Es geht mit den Russen ganz ausgezeichnet«, ruft er aus, »wir werden

Am frühen Morgen des 24. August 1939 im Kreml: Außenminister Ribbentrop setzt seinen Namen unter den deutsch-sowjetischen Nichtangriffsvertrag

bestimmt noch heute Abend einig werden.« Er lässt in Berchtesgaden telefonisch die Zustimmung Hitlers zu Stalins Wunsch einholen. Nach einem Abendessen geht es zurück in den Kreml, wo von den Juristen der Wortlaut der Vereinbarung noch einmal abgestimmt wird. Die von Ribbentrop für die Präambel vorgeschlagenen Freundschaftsbeteuerungen werden von Stalin abgelehnt:

> »Wir müssen auf die öffentliche Meinung in unseren Ländern Rücksicht nehmen, nachdem wir einander jahrelang kübelweise Jauche über die Köpfe gegossen haben und unsere Propagandisten nicht genug daran tun konnten. Wir müssen unsere Völker mit Umsicht auf die Änderung vorbereiten.«

So bleibt es bei dem »Wunsche, die Sache des Friedens zwischen Deutschland und der UdSSR zu festigen«.

Auch bei der Abgrenzung der gegenseitigen Interessen in den »zum polnischen Staat gehörenden Gebieten« wird einvernehmlich eine Linie entlang der Flüsse Narew, Weichsel und San gezogen. Damit würden West-

Ein Händedruck zwischen Stalin und Ribbentrop mit großen Wirkungen für Europa

weißrussland und die Westukraine, die sich Polen 1921 angeeignet hatte, zurück an die Sowjetunion fallen. Ob denn künftig ein »unabhängiger polnischer Staat erwünscht« sei, will man der weiteren politischen Entwicklung überlassen. Stalin äußert noch Interesse an Bessarabien, das nach dem Krieg an Rumänien gefallen war; Deutschland erklärt sein Desinteresse an diesem Gebiet. Als aus Berlin über eine direkte Telefonleitung Hitlers Antwort auf Ribbentrops Frage übermittelt wird (»Ja, einverstanden«), setzen sich die beiden Außenminister an einen Tisch und unterzeichnen mit einem schmunzelnden Stalin im Rücken zwei maschinenschriftliche Exemplare von Nichtangriffsvertrag und Geheimem Zusatzprotokoll, je eins in deutscher und russischer Sprache. Der ungeduldig wartende Hitler zeigt ungebändigte Freude, als er die Erfolgsnachricht gegen 1 Uhr morgens erhält. »Wir sind alle sehr glücklich«, schreibt Goebbels in sein Tagebuch: »Polen wird zwischen Berlin und Moskau aufgeteilt.«

Nach der Unterschrift wird auch im Kreml gefeiert. Krimsekt, Wodka und eine Karaffe Wasser stehen für die Trinksprüche bereit. Als erster hebt Stalin das Glas. »Ich weiß, wie sehr das deutsche Volk seinen Führer liebt – ich möchte deshalb auf seine Gesundheit trinken.« Er nennt Hitler einen »feinen Kerl«. Ribbentrop revanchiert sich mit Trinksprüchen auf Stalin, die Sowjetregierung und auf eine glückliche Entwicklung der Beziehungen. Ein deutscher Fotograf hält auch fest, wie sich Stalin und Ribbentrop mit Gläsern in der Hand zuprosten. »Keine gute Idee«, moniert Stalin, »das vermittelt bei der deutschen und der sowjetischen Bevölkerung ein falsches Bild.« Als der Fotograf den Film aus der Kamera nehmen will, winkt Stalin leutselig ab: »Das Wort eines Deutschen genügt mir.« Zum Abschied versichert Stalin: »Wir nehmen den neuen Pakt sehr ernst. Ich gebe mein Ehrenwort, dass die Sowjetunion ihren Partner nicht betrügen wird.« Seinen Gefolgsleuten vertraut er jedoch an: »Hitler glaubt, er ist schlauer als ich; aber in Wirklichkeit habe ich ihn überlistet.«

Für alle Beteiligten wird es eine kurze Nacht. Die Nachrichtenagenturen erhalten den Vertragstext, damit ihn die Zeitungen am 24. August veröffentlichen können. Das Geheime Zusatzprotokoll gelangt nur in den Safe und durch Verrat eines deutschen Botschaftssekretärs in die Hände des US-Botschafters. Ribbentrop bereitet eine Erklärung für die Presse vor:

> »Deutschland und Russland ist es früher immer schlecht gegangen, wenn sie Feinde waren, aber gut, wenn sie Freunde waren. Der Führer und Stalin haben sich für die Freundschaft entschieden.«

Nach 24 Stunden Aufenthalt tritt er seine Rückreise nach Berlin an. Dort erwartet ihn zur Berichterstattung am Abend Hitler, den es zurück in die Hauptstadt gedrängt hat.

Auch die Militärmissionen unter Admiral Drax und General Doumenc verabreden ein letztes Treffen mit Marschall Woroschilow, um ihm »goodbye« zu sagen, und bereiten ihre schnelle Rückfahrt im großen Bogen über Helsinki, Stockholm und Oslo nach London und Paris vor.

Goebbels ist sicher nicht der einzige, der sich am 24. August fragt: »Krieg oder Frieden? Vor dieser Frage steht nun Europa. Wie wird es sich entscheiden?«[22]

17. KAPITEL
Elf Tage, die Europa erschüttern (24. August–3. September 1939)

»Bedeutet das alles Krieg?« fragt der britische Außenminister Halifax am 23. August 1939 seinen Staatssekretär Alexander Cadogan. Dessen Antwort offenbart eine zerrissene Seelenlage: »Ich denke: ja, aber ich glaube: nein.« Die Ferienzeit in Großbritannien und Frankreich findet ein abruptes Ende. Die Titelseiten der Zeitungen empören sich über ein Thema: Stalins Doppelspiel. Politiker eilen in aufgeregter Stimmung zu Regierungs- und Parlamentssitzungen nach London und Paris. Der britische König George besteigt in Schottland den Nachtzug nach London. Auch US-Präsident Franklin Roosevelt kehrt von seinem Sommersitz Hyde Park ins Weiße Haus zurück. In Berlin und Rom herrscht eifrige Geschäftigkeit. Nur Moskau genießt den 24. August als Feiertag: Stalin hat seine engsten Vertrauten zum Essen auf seine Datsche eingeladen und erläutert ihnen den Vertrag mit Deutschland: »Damit werden wir noch etwas länger vor dem Krieg verschont sein: Wir bleiben neutral und sammeln unsere Kräfte.« Man könne in aller Ruhe abwarten, was passiere.[1]

Donnerstag, 24. August: Vorbereitung auf den Krieg

Das britische Unterhaus ist für den Nachmittag zu einer Sondersitzung einberufen. Die Regierung hat ein »Notstandsgesetz zur Verteidigung des Königreichs« vorgelegt, das noch am selben Tag in zwei Lesungen verabschiedet werden soll. Nur wenige der 450 Abgeordneten erinnern sich daran, dass ein ähnliches Gesetz fast auf den Tag 25 Jahre zuvor nach Ausbruch des Weltkrieges beschlossen worden war. »Noch hat uns die Katastrophe nicht erreicht«, erklärt Premierminister Neville Chamberlain in seinem nüchtern vorgetragenen Bericht zu Weltlage. Er bekräftigt aber: »Wir stehen zu unseren Verpflichtungen gegenüber Polen.« Allen ist klar: Wenn Polen Widerstand leistet, werde Großbritannien »automatisch im Krieg« sein. Das Gesetz solle es der Regierung ermöglichen, »alle verfügbaren Streitkräfte ohne Verzug einzusetzen«. Wird Polen zurückstecken? fragt man sich in den Abgeordnetenreihen. Oder ist Krieg unvermeidlich?

Zur Begründung des Gesetzes führt Chamberlain weiterhin an, dass Deutschland seine militärischen Vorbereitungen bis zur völligen Kriegsbereitschaft getrieben habe und seine Truppen gegen die polnische Grenze vorrücken lasse. Der Abschluss des Nichtangriffspaktes in Moskau, eine »sehr unerfreuliche Überraschung« nennt Chamberlain ihn, verführe Berlin zur »gefährlichen Illusion«, Großbritannien und Frankreich würden Polen nicht zur Seite stehen. Er macht im Parlament seinen Briefwechsel mit Hitler vom Vortag bekannt: Es sei sein Ziel gewesen, jedes Missverständnis über seine Haltung auszuschließen und seine Bereitschaft zu bekunden, an der Herstellung einer Vertrauensbasis mitzuwirken, auf der Polen und Deutsche ihre Streitfragen klären könnten. Hitlers Antwort habe nur aus Vorwürfen an die Briten bestanden.

Zum Schluss seiner Rede beschwört der britische Premier die Gemeinsamkeit. »In dieser kritischen Stunde glaube ich, dass wir im Unterhaus zusammenstehen und dass wir an diesem Nachmittag der Welt zeigen, dass wir als vereinte Nation handeln.« Im Schnellverfahren wird das Ermächtigungsgesetz gegen eine Handvoll Stimmen beschlossen. Es ist auf zwölf Monate angelegt. Mit der Unterschrift des Königs am folgenden Tag soll es sofort in Kraft treten. »Wenn der Krieg kommt«, wird kommentiert, »sind die Briten eindeutig bereit dazu.«

London stellt sich wie schon im September 1938 auf deutsche Luftangriffe ein. Vorneweg die City: Es werden in der Börse und den großen Banken Luftschutzräume eingerichtet, wird das Kopieren der Bankbücher vorbereitet, wird Bargeld ins Umland geschafft, wird die Verlegung von Versicherungsgesellschaften geplant. Auch kleinere Unternehmen bereiten den Umzug aufs Land vor und kündigen neue Adressen an. Geschäftsleute, die in London bleiben müssen, richten Luftschutzräume mit Betten für ihre Angestellten ein. Dann wird an die Kirchenschätze gedacht: Aus der Westminster Abtei wird unter anderem der 600 Jahre alte Krönungssessel an einen sicheren Ort gebracht. Die Nationalgalerie schließt ihre Pforten und verlagert ihre Bestände in eine unzugängliche Berggegend in Wales. In der Kathedrale von Canterbury und im Münster von York wird der Ausbau der mittelalterlichen Glasfenster vorbereitet. Museen und Galerien werden geleert, vor Krankenhäusern Sandsäcke aufgetürmt, im Hyde Park Gräben ausgehoben. Es wird überlegt, Ministerien zu verlegen und König wie Königin unter falschem Namen in einem Landhaus unterzubringen. Durch die Straßen fahren Lastwagen mit der Aufschrift: »Wir haben uns der Gemeinschaft der nationalen Verteidigung angeschlossen.« – »Sind das psychologische Vorbereitungen für ein neues München?« fragt sich besorgt der sowjetische Botschafter Iwan Maiski.

Im britischen Kriegsministerium scheint es eine ähnliche Stimmung zu geben: »Meine größte Sorge ist«, schreibt ein Geheimdienstgeneral in sein Tagebuch, »dass die Regierung Hitler nachgibt! Wir müssen das Nazi-Regime diesmal fertig machen.« Gerade weil man weiß, wie weit Großbritannien trotz großer Rüstungsanstrengungen in den vorangegangenen elf Monaten noch hinter Deutschland zurückliegt, laufen die Vorbereitungen zur Mobilisierung der Kriegsflotte und der Luftwaffe auf Hochtouren. Passagier- und Ausflugsschiffe werden für Truppentransporte nach Frankreich angefordert.[2]

Auch Paris bereitet sich auf den Krieg vor. Am frühen Morgen des 24. August sammeln sich vor dem Rathaus 61 Taxis: Sie werden mit Stößen von Plakaten beladen, die bereits seit Monaten vorbereitet sind und denen nur noch das aktuelle Datum eingesetzt werden musste, und bringen sie in die Stadtbezirke und Nachbarorte. Ab 6 Uhr ist an Häuserwänden der »Dringende Aufruf« des Kriegsministers zu lesen: »Offiziere, Unteroffiziere und Soldaten der Reserve mit der weißen Mobilisierungsorder Nummer 3 und 4 begeben sich unverzüglich und ohne Verzögerung zu ihren befohlenen Standorten.«

Veranlasst hat den Aufruf der französische Ministerpräsident Édouard Daladier, zugleich Kriegsminister, am Abend zuvor nach einem *Kriegsrat* mit dem Generalstabschef Maurice Gamelin und anderen hohen Militärs. Außenminister Georges Bonnet hatte kritische Fragen gestellt: »Sind wir bereit für den Krieg und würden wir den Sieg erringen? Oder wäre es besser, Warschau zu einem Kompromiss zu drängen?« Die erste Frage beantworteten Gamelin und seine Kollegen von der Armee, der Kriegsmarine und der Luftwaffe mit »Ja, wir sind bereit«:

> »Die polnische Armee wird der deutschen ehrenhaft Widerstand leisten und die Hauptmasse der deutschen Streitkräfte daran hindern, sich vor dem nächsten Frühjahr gegen uns zu wenden. Bis dahin stehen zahlreiche britischen Divisionen an unserer Seite.«

Von einem Angriff auf Deutschland zur Entlastung Polens war nicht die Rede. Gamelin meinte vielmehr, dass die französische Mobilisierung den Polen bereits Erleichterung bringen würde. Nach diesen zuversichtlichen Zusagen entschieden die Minister die zweite Frage: »Frankreich hat keine andere Wahl, als seine Verpflichtungen gegenüber Polen zu halten.«

Die Sitzung des gesamten Ministerrats am 24. August beginnt um 10 Uhr im Elysée unter Vorsitz von Staatspräsident Albert Lebrun. Fast drei Stunden lang berät man über Daladiers Vorschläge für militärische Sicherungsmaßnahmen. Der Ministerpräsident rechtfertigt die Mobilmachung damit, dass die deutsche Militärmacht nach einem Sieg über Polen Frankreich angreifen könnte. Da die eigenen Flugzeugfabriken bereits ausgelastet seien, wird erwogen, umgehend wieder Luftwaffenexperten für weitere Bestellungen in die USA zu schicken. Die Vorschläge werden einmütig angenommen. Zusätzlich zu den bereits angekündigten Einberufungen werden auch die Reservisten in den Grenzregionen durch Anschläge in den Rathäusern zu den Fahnen gerufen. Züge mit Feldküchen und Lebensmitteln rollen Richtung Osten. Luftschutzmaßnahmen werden ergriffen, die Evakuierung von Kindern, Jugendlichen und Frauen wird vorbereitet. Eine Sitzung des Parlaments wird nicht erwogen, wohl auch aus Sorge vor Störversuchen der Kommunisten, die als einzige Partei in Frankreich den deutsch-sowjetischen Nichtangriffsvertrag als »Pakt des Friedens« bejubeln und Stalin als Sieger feiern. Das Verbot des Zentralorgans der KPF mit dem anspruchsvollen Namen *L'Humanité* (»Die Menschheit«) wird vorbereitet.

Wenn Außenminister Bonnet die Polen schon nicht zu einem Kompromiss mit den Deutschen drängen kann, so will er sie doch mit nachdrücklichen Appellen zur Mäßigung bewegen. Seinen Botschafter in Warschau, Léon Noël, beauftragt er, umgehend dem polnischen Außenminister Józef Beck eindringlich zu raten, die polnische Regierung solle um alles in der Welt den »bloßen Verdacht der Aggression« vermeiden und vor allem von einer Militäraktion gegen Danzig absehen, wenn der Senat die Rückkehr der Freien Stadt zum Reich proklamiere. Man solle Gleiches mit Gleichem vergelten und zu diplomatischen Mitteln greifen. Ohne es ausdrücklich zu sagen, dass er wegen Danzig keinen Krieg mit Deutschland riskieren wolle, lässt Bonnet Beck warnen, dass nur bei solcher maßvollen Haltung die »volle Unterstützung« Frankreichs gesichert sei.

Aus Warschau bekommt Bonnet zu hören, dass der größte Teil der polnischen Armee auf Kriegsstärke gebracht werde: »Wir sind gezwungen, mit aller Macht zu reagieren.« Man müsse fest auftreten, scheint die polnische Regierung überzeugt, damit Hitler schwach werde und nachgebe. Die deutsche Wehrmacht werde überschätzt: Die Offiziere seien schlecht ausgebildet, die besten Generäle beseitigt, die verbliebenen bloße Bürokraten. Das deutsche Volk wolle nicht kämpfen und sei überdies mit einem ängstlichen Verbündeten beladen, dessen Soldaten »wie die Hasen laufen« würden. Wenn die Voraussetzungen so schlecht seien, glaubt man optimistisch in Warschau, sei es für die Deutschen »selbstmörderisch, einen Krieg zu beginnen«.

Tatsächlich scheint es so, als ob es Hermann Göring, dem zweiten Mann nach Hitler, angst und bange wird. Er lässt einen guten Bekannten, den schwedischen Geschäftsmann Birger Dahlerus, aus Stockholm nach Berlin kommen, und beschwört ihn, sofort nach London zu fliegen, um eine Verständigung zwischen Deutschland und Großbritannien einzuleiten: Die deutsche Regierung sei zu einer Vereinbarung bereit und er werde »seine ganze Autorität einsetzen, um dieses Ziel zu erreichen«. Am folgenden Morgen nimmt Dahlerus das erste Flugzeug nach London, wo er gegen Mittag ankommt.[3]

Freitag, 25. August: Eine Chance für Verhandlungen

Ein deutsches Kriegsschiff nähert sich am frühen Morgen durch die Danziger Bucht der Freien Stadt: Es ist die Schleswig-Holstein, ein Linienschiff mit zwei mächtigen Geschütztürmen, das bereits vor dem Weltkrieg in Dienst gestellt worden war, sich an der Schlacht im Skagerrak beteiligt hatte und inzwischen der Ausbildung von Kadetten dient. Sie passiert die gegenüberliegende Westerplatte, wo sich früher Badegäste tummelten und wo jetzt ein polnisches Fort mit Kasernen und Munitionsdepot die Hafeneinfahrt sichert. Die *Schleswig-Holstein* wird jedoch nicht unter Beschuss genommen, sondern kann an der gegenüberliegenden Mole festmachen, denn es handelt sich um einen angekündigten Flottenbesuch. Der Kommandant macht die obligaten Honneurs bei den verschiedenen »Stadtoberhäuptern«, dem Senat, dem Gauleiter Albert Forster, der sich gerade selbst zum Staatsoberhaupt ernannt hatte, dem Vertreter Polens sowie dem Hohen Kommissar des Völkerbunds, Carl Burckhardt, und lädt zum Gegenbesuch ein. Ansonsten kommt niemand von den neugierigen Danzigern an Bord: Im Schiffsrumpf verbirgt sich eine Stoßtruppkompanie mit ihrer Ausrüstung. Es handelt sich wohl nicht nur um einen Freundschaftsbesuch.

Wie ernst die Lage ist, zeigt sich dem Publikum nicht zuletzt an den Friedensappellen bedeutender Leute. Der belgische König Leopold und seine Majestätskollegen in Dänemark, Norwegen, Schweden, den Niederlanden, Luxemburg sowie der finnische Präsident warnen vor einem Krieg, in dem es weder Sieger noch Besiegte geben würde: »Wir sind in Sorge, dass wir in einen Konflikt hineingezogen werden, obwohl wir unsere Neutralität und Unabhängigkeit erhalten wollen.« – US-Präsident Roosevelt richtet

Briefe an den polnischen Staatspräsidenten wie an Hitler und fordert beide auf, auf Feindseligkeiten zu verzichten und zu vereinbaren, direkt miteinander zu verhandeln oder ihren Streit einem unparteiischen Schiedsgericht vorzulegen oder einen unabhängigen Vermittler aus Amerika zu wählen. – Papst Pius XII. redet den »Führern der Völker, den Männern der Politik und der Waffen« ins Gewissen und fordert sie auf, »ihre Augen zum Himmel zu erheben und in heißem Gebet vom Herrn zu erflehen, dass er die Zwietracht besänftige und die Herzen versöhne«.

Die ganze Welt blickt auf Berlin: Was geht dort vor?

Was hinter den Mauern der Reichskanzlei geschieht, entzieht sich den Blicken der Öffentlichkeit. Hitler hält den ganzen Tag sowohl das benachbarte Auswärtige Amt wie auch das Oberkommando der Wehrmacht in dem eine knappe Stunde südlich gelegenen Zossen auf Trab. Am frühen Vormittag geht es zunächst um einen persönlichen Brief Hitlers an Mussolini, der telefonisch nach Rom durchgegeben wird. Hauptthema ist der Nichtangriffsvertrag von Moskau: »Ich glaube, Duce, Ihnen sagen zu dürfen, dass dadurch eine vollkommen neue weltpolitische Situation entstanden ist.« Was er damit meint, wird aus der folgenden Ankündigung zum »Alarmzustand« an der deutsch-polnischen Grenze deutlich: »Im Falle unerträglicher polnischer Vorgänge werde ich augenblicklich handeln.« Wo die Grenze des Erträglichen liegt und wann die Stunde des Handelns schlägt, erfährt Mussolini nicht. Hitler wirbt um Verständnis für sein Vorgehen, aber ruft nicht den Bündnisfall für einen Krieg aus.

Anschließend lässt Hitler den Chefdolmetscher des Auswärtigen Amtes, Paul Schmidt, rufen. Er soll ihm die Unterhaus-Rede Chamberlains vom Vortag übersetzen: Gibt es einen Ansatzpunkt, Großbritannien vom Eingreifen abzuhalten? Es wird ein Vorschlag ausgearbeitet, den Hitler dem britischen Botschafter Nevile Henderson um 13.30 Uhr überreichen will. Gegen Mittag wird nach Rückfrage beim Oberkommando der Wehrmacht die Entscheidung über den Befehl zum Angriff auf Polen und die allgemeine Mobilmachung auf 15 Uhr verschoben. Die Vorbereitungen aber laufen weiter: Hitler beauftragt Propagandaminister Joseph Goebbels, zwei Aufrufe, an das Volk sowie an die Partei, zu entwerfen und darin die »Notwendigkeit einer bewaffneten Auseinandersetzung mit Polen« klarzulegen. Die deutschen Zeitungen werden vorgewarnt: Sicher sei die Absage der Tannenbergfeier am 27. August zur Erinnerung an den Sieg über die Russen in Ostpreußen 25 Jahre zuvor, wahrscheinlich auch die des Parteitags in Nürnberg Anfang September.

Hitler wirkt, im Gegensatz zur hektischen Atmosphäre in der Reichskanzlei, sehr ernst und völlig ruhig, als er zusammen mit Außenminister

Joachim von Ribbentrop den britischen Botschafter empfängt. »Ich habe mir die Dinge noch einmal durch den Kopf gehen lassen«, beginnt er: Es sei lächerlich, ihm Welteroberungspläne zu unterstellen, da die drei Weltmächte, das britische Weltreich, die USA und die Sowjetunion, zusammen mehr als hundert Mal so groß seien wie das kleine Deutschland. Obwohl Chamberlains Rede auf einen Krieg hinauslaufe, aus dem Großbritannien »auf keinen Fall stärker hervorgehen« werde, wolle er einen Vorschlag zur Verständigung machen: »Ich bin bereit, nach der Lösung des deutsch-polnischen Problems London ein großes umfassendes Angebot zu machen, das britische Weltreich zu garantieren und ihm deutsche Hilfe zuzusichern.« Alles, was er für ein Abkommen mit Polen brauche, sei eine Geste Großbritanniens, dass Warschau zur Vernunft zurückkehre.

Diesem Annäherungsversuch hält Henderson entgegen, dass die britische Regierung sich vor ihrer Verpflichtung Polen gegenüber nicht drücken werde: »Ihr Angebot wird nur dann in Erwägung gezogen«, erklärt er Hitler mehrfach, »wenn es auf dem Verhandlungswege zu einer Regelung der polnischen Frage kommt.« Mit Hinweis auf mögliche »polnische Provokationen« lehnt Hitler jedoch jede Zusage ab. Auch Hendersons Ratschlag, mit dem polnischen Botschafter und dem polnischen Außenminister ins Gespräch zu kommen, wird zurückgewiesen. Solange Hitler jedoch bemüht erscheine, einen Weltkrieg zu vermeiden, gebe es Zeit für Gespräche, glaubt der Botschafter, und Zeit für die Polen, damit sie »begreifen, was für sie auf dem Spiele steht«. Er erklärt sich bereit, Hitlers Vorschlag am folgenden Tag im Flugzeug nach London zu bringen.

Nach kurzer Besprechung mit Ribbentrop und anschließend mit dem Chef des Oberkommandos der Wehrmacht, Wilhelm Keitel, verkündet Hitler um 15.02 Uhr den *Fall Weiß*: Am 26. August um 4.45 Uhr soll der Angriff auf Polen starten. Die Militärmaschinerie setzt sich in Bewegung.

Offen ist noch die Reaktion aus Rom. Der deutsche Botschafter in Italien hatte erst nach 15 Uhr einen Termin im *Palazzo Venezia* erhalten. Mussolini zeigt volles Verständnis für das deutsche Vorgehen gegen Polen und hält einen militärischen Konflikt für unvermeidlich. Seine Frage nach dem Beginn der bewaffneten Auseinandersetzung kann der Botschafter nicht beantworten. Mussolini bekräftigt nachdrücklich, dass er »unbedingt und mit allem« neben Deutschland stehe. Eine Antwort auf den Brief kündigt er noch für den Abend an.

Auf 17.30 Uhr hat Hitler den französischen Botschafter Robert Coulondre in die Reichskanzlei einbestellt, damit er Ministerpräsident Daladier eine Warnung übermittelt: »Ich werde Frankreich nicht angreifen. Aber wenn es in den Konflikt mit Polen eingreift, werde ich bis zum Ende gehen.« Coulondre weist diesen Versuch ab, Frankreich zum Rückzug zu bewegen: »Ich gebe Ihnen mein Ehrenwort als Offizier, dass die französische Armee auf Seiten Polens kämpfen wird, wenn es angegriffen werden sollte.« Da die französische Regierung jedoch alles für die Wahrung des Friedens tun werde, wolle er die Warnung unverzüglich nach Paris weiterleiten.

Hitler hat es eilig. Vor der Tür wartet bereits der italienische Botschafter mit der Antwort Mussolinis, die unverblümt die »ganze Wahrheit« enthält:

> »Wenn Deutschland Polen angreift und dessen Bundesgenossen Großbritannien und Frankreich einen Gegenangriff gegen Deutschland eröffnen, ist es zweckmäßig, wenn ich nicht die Initiative von kriegerischen Handlungen ergreife angesichts des gegenwärtigen Standes der italienischen Kriegsvorbereitungen.«

Er macht den Beistand Italiens von der Lieferung von Kriegsmaterial und Rohstoffen abhängig. Hitler durchschaut, dass »Gegenkräfte«, der König, das Militär, die Briten, in Rom die Oberhand bekommen haben, aber vertraut auf Mussolinis Treue und fragt zurück: »Welche Materialien und welche Rohstoffe benötigen Sie in welcher Frist?« Er zeigt sich bereit, eine entsprechende Liste zu prüfen.

Zur gleichen Zeit trifft aus London die Meldung über die förmliche Unterzeichnung des Beistandspaktes zwischen Großbritannien und Polen in London durch Außenminister Halifax und den polnischen Botschafter ein. Auch sie kann keine völlige Überraschung sein. Bereits im April hatten London und Paris Warschau entsprechende Zusagen gemacht, die Hitler in seinen Gesprächen mit Henderson und Coulondre wenige Stunden zuvor als »Blankoscheck« bezeichnet hatte. Die ursprünglich einseitige Zusage war nun zu einem Vertrag auf Gegenseitigkeit geworden:

> »Sollte eine der Parteien in Feindseligkeiten mit einer europäischen Macht verwickelt werden, so wird die andere Partei sofort jede Unterstützung und jeden Beistand gewähren, die in ihrer Macht stehen.«

In einem Geheimen Zusatzprotokoll wird die »europäische Macht« benannt: »Deutschland«. Bei der Aktion einer anderen Macht (etwa der Sowjetunion) solle die automatische Beistandsverpflichtung nicht gelten. Wie die Unterstützung konkret aussehen könnte, bleibt offen.

Nervöse Hochspannung in der Reichskanzlei am Abend: Deutschland ohne Bündnispartner (auch Japan hält sich zurück), Großbritannien und Frankreich unerschüttert in ihrem Willen, sich dem weiteren Vormarsch Deutschlands in Europa entgegenzustellen. Ist die Aufteilung der Wehrmacht mit der Massierung im Osten und den schwachen Kräften im Westen noch zu rechtfertigen? Hitler berät sich mit dem Oberbefehlshaber des Heeres Walther von Brauchitsch und OKW-Chef Keitel. Auch mit Göring setzt er sich in Verbindung, Oberbefehlshaber der Luftwaffe und Beauftragter für die Aufrüstung. Göring berichtet, dass er hinter dem Rücken Ribbentrops über einen schwedischen Geschäftsmann einen direkten Kontakt zur britischen Regierung herstellen wolle, um eine Vermittlung in Gang zu bringen. Ein zweites Eisen im Feuer, ein Strohhalm, London von Warschau zu trennen? Jedenfalls fragt Hitler die Militärs: »Lässt sich der Vormarsch zur polnischen Grenze aufhalten?« Erleichtert bejaht Brauchitsch. Keitel gibt um 19.30 Uhr den Befehl telefonisch an das Oberkommando in Zossen weiter: »Keine Eröffnung der Feindseligkeiten.« Die Mobilmachung aber solle weiterlaufen, im Osten wie im Westen. Alle Einheiten werden erreicht, nur ein 30-Mann-Kommando nicht, das in Südpolen einen Eisenbahntunnel unter einem Grenzpass sichern soll.[4]

Diplomaten wie Militärs nutzen den Schwebezustand.

Sonnabend, 26. August: Auf der Suche nach einer Lösung

Ein britisches Wochenende kann Premierminister Chamberlain an seinem Amtssitz nicht erwarten, auch wenn das Kalenderblatt bemerkt: »Denk daran, dass die Tide bei Niedrigwasser wie bei Hochwasser umspringt.« Erst genießt er das Frühstück mit seiner Frau. Dann wirft er einen Blick in die Zeitungen. Schließlich öffnet er die Kassette mit der diplomatischen Post. Erst ganz am Schluss liest er den Bericht Botschafter Hendersons über Hitlers Vorschlag. Am Abend zuvor hatte er die Entzifferung nicht abgewartet, sondern war zu Bett gegangen. Außenminister Halifax und die Beamten im Außenamt hatten jedoch schon die halbe Nacht über den Entwurf einer Antwort gebrütet. Chamberlain liest das eine wie das andere mehrfach und bleibt ratlos. Er will auf Henderson warten, der seine Ankunft in London für die Mittagszeit angesagt hat.

Görings Sendbote Dahlerus fühlt sich als Überbringer wichtiger Botschaften. Am späten Vormittag gelingt es ihm, bei Halifax vorzusprechen: »Ich bin unbedingt davon überzeugt, dass Göring der einzige Mann in

Deutschland ist, der einen Krieg verhindern kann.« Der Außenminister solle an Göring einen persönlichen Brief schreiben, den er überbringen könne: »Bestätigen Sie Ihren ernsten Willen, zu einer friedlichen Lösung zu kommen.« Halifax schließt sich mit Chamberlain kurz und verfasst ein paar Zeilen: »Wir hegen denselben Wunsch wie der Führer (so wörtlich), eine befriedigende Lösung der besorgniserregenden Fragen zu finden.« Für die gewonnene Zwischenzeit verlangt er, eine »weitere Verschärfung der Gefahren durch neue Grenzzwischenfälle und Zusammenstöße der Minderheiten auf beiden Seiten zu vermeiden«. London wolle auf die Polen einwirken und Göring solle seinen Einfluss aufbieten, eine »ruhigere Atmosphäre« zu schaffen. Dahlerus stürmt zum Flugplatz, erreicht die Maschine nach Amsterdam und fliegt von dort weiter nach Berlin.

Inzwischen ist Henderson in London eingetroffen. Ihn erwartet in Downing Street No. 10 ein gedeckter Tisch. Bereits während des Mittagessens kommt der Botschafter zur Sache: Er sieht in Hitlers Vorschlag ein »Zeichen, dass Hitler immer noch einen Weltkrieg vermeiden will«. Er hebt folgende Punkte hervor:

»1. Das deutsch-polnische Problem muss gelöst werden und wird gelöst.
2. Nach der Lösung erhält Großbritannien erneut ein umfassendes Angebot zum deutschen Beistand für das britische Weltreich, wenn die deutschen Kolonialforderungen erfüllt werden.
3. Eine vernünftige Begrenzung der Rüstung.«

Wenn diese Ideen umgesetzt werden könnten, wäre es ein Segen für Deutschland und das britische Weltreich, meint Hitler: »Wenn London sie zurückweise, werde es Krieg geben.«

Chamberlain bleibt gelassen: »Das ist kein Vorschlag für eine friedliche Lösung des polnischen Problems«, meint er: »Im Gegenteil: Erst macht Deutschland Polen fertig und *danach* (i. O. hervorgehoben) macht Hitler uns ein famoses Angebot.« So komme man nicht weiter. Seine Politik trage überdies Früchte: Italien komme Hitler nicht zu Hilfe, wenn er Polen angreife. Japan sei schwer geschockt und werde ins britische Lager wechseln. Auch Spanien sei erschüttert und werde Frankreich keine Schwierigkeiten bereiten. Der Premier beruft für den Abend das Kabinett ein und kündigt an, sich mit der Antwort an Hitler Zeit zu lassen und den Botschafter frühestens am folgenden Tag nach Berlin zurückzuschicken. Die entscheidende Frage sei, was Hitler lieber wolle: ein Abkommen zu seinen Bedingungen mit Polen oder die Vermeidung eines Krieges mit Großbritannien.

In Rom stellt Mussolini derweil gemeinsam mit den Generalstabschefs von Heer, Marine und Luftwaffe eine lange Bedarfsliste für einen »Krieg von zwölf Monaten« zusammen. Sie umfasst nicht nur Millionen Tonnen von Kohle, Stahl, Erdöl und Holz, sondern auch den Wunsch nach Tonnen von Kupfer und seltenen Metallen. Zum Schutz der Rüstungsindustrie in Mittelitalien fordert er 150 Flugabwehr-Batterien einschließlich Munition an. »Ohne die Zusicherung dieser Lieferungen«, schreibt Mussolini an Hitler, sei eine Beteiligung Italiens am Krieg »nutzlos«. Die Absicht der Unerfüllbarkeit lässt er im letzten Satz erkennen: »Wenn Sie glauben, dass es noch eine Möglichkeit der Lösung auf politischem Gebiet gibt, bin ich bereit, Ihnen meine volle Solidarität zu leihen und die nötige Initiative zu ergreifen.« Als der italienische Botschafter bei der Überreichung des Wunschzettels gegen Mittag in der Reichskanzlei gefragt wird, wann denn die Lieferung erwartet werde, fügt er kurzerhand hinzu: »Sofort!«

Während die deutschen Fachleute prüfen, worauf Deutschland verzichten könnte, bereitet Hitler seine Antwort vor: Er zeigt sich verständnisvoll und will gerne den italienischen Bedarf an Munition decken, wenn den deutschen Fabriken italienische Arbeitskräfte überlassen würden. Dem Wunsch nach sofortiger Lieferung allerdings könne er, abgesehen von 30 Flak-Batterien, schon aus verkehrstechnischen Gründen nicht nachkommen. Zur Beschämung Mussolinis gibt er sich großzügig, spricht Italien von seinen Verpflichtungen los und zeigt sich wagemutig: »Ich scheue mich nicht, auch auf die Gefahr einer Verwicklung im Westen die Frage im Osten zu lösen.« Im Übrigen, meint er, würden Großbritannien und Frankreich keine »entscheidenden Erfolge erzielen«. Auf Mussolinis Angebot einer Vermittlung geht er nicht ein.

Zwei Stunden braucht Mussolini für die zerknirschte Antwort, die am frühen Abend in Berlin eintrifft: »Kräfte, die stärker sind als mein Wille, hindern mich daran, im Augenblick meine Solidarität tatkräftig zu beweisen.« Er distanziert sich vom »Sofort« des Botschafters und will Hitlers Rat befolgen, in der ersten Phase des Konflikts ein »Maximum der französisch-britischen Kräfte zu binden«. Allerdings wiederholt er seinen Vorschlag einer »politischen Lösung«.

Auch die französische Regierung hat ein hohes Interesse an einer politischen Lösung. Ministerpräsident Daladier beruhigt am Abend im Radio die »Französinnen und Franzosen«: »Wenn jeder verantwortliche Staatsmann ernstlich den Frieden will, lassen sich alle Probleme durch freie und verlässliche Verhandlungen regeln.« Eine Unterwerfung unter die Gewalt und die Ungerechtigkeit dürfe jedoch nicht akzeptiert werden: »Ich weiß, dass Sie entschlossen sind, für das Wohl des Vaterlandes alle Opfer zu bringen.«

Und Daladier schreibt an Hitler einen Brief, den Botschafter Robert Coulondre um 19 Uhr in der Reichskanzlei überreicht. Aufmerksam liest Hitler die Übersetzung:

> »In dieser schweren Stunde glaube ich aufrichtig, dass kein edel gesinnter Mensch es verstehen könnte, dass ein zerstörerischer Krieg unternommen würde, ohne dass ein letzter Versuch einer friedlichen Lösung zwischen Deutschland und Polen stattfindet.«

Daladier bietet sich als Vermittler an, damit nicht das »französische und das deutsche Blut von Neuem fließen«, appelliert an die gemeinsame Erfahrung der »Frontkämpfer« im letzten Krieg und bittet den »Führer des deutschen Volkes« um eine Antwort auf das Angebot.

Coulondre drängt auf direkte Kontakte zwischen Berlin und Warschau. Hitler berät sich kurz mit Ribbentrop und bleibt ungerührt: »Es hat keinen Zweck – Polen ist taub und würde Danzig doch nicht abtreten.« Und er bekräftigt: »Ich will aber, dass Danzig wieder zum Reich zurückkehrt.« Coulondre hofft, dass Hitler noch nicht sein letztes Wort gesprochen habe, und bekommt zu hören, dass der Brief Daladiers schriftlich beantwortet werde. Die Reichskanzlei leert sich. An diesem Abend kehrt früh Ruhe ein.

Doch um Mitternacht klopft es laut und vernehmlich am Tor. Es ist Göring, der dringend Hitler sprechen will und ihn wecken lässt: Es gehe um Neuigkeiten, die seine Begleitung aus London gebracht habe. Dahlerus wartet in einem nahe gelegenen Hotel, bis Hitler ihn in sein Arbeitszimmer ruft. Man setzt sich zu dritt an einen Tisch, spricht über Großbritannien und die Briten, bis Hitler aufsteht, erregt im Zimmer auf- und abgeht und fragt: »Herr Dahlerus, Sie kennen England so gut, können Sie mir die Ursache meines ständigen Misserfolges erklären, mit England übereinzukommen?« Der Schwede entscheidet sich für eine ehrliche Antwort: »Exzellenz, nach meiner Überzeugung sind die Schwierigkeiten in einem Mangel an Vertrauen in Sie persönlich begründet.« Hitler bleibt plötzlich stehen: »Sie müssen sofort nach England reisen, um der Regierung meine Auffassung mitzuteilen. Ich glaube nicht, dass Henderson mich verstanden hat. Ich wünsche aufrichtig, dass eine Verständigung zustande kommt.«

Der Privatmann Dahlerus ziert sich etwas und macht eine »klare Definition der lebenswichtigen Punkte« zur Bedingung. Es sei nutzlos, mit »allgemeinen Redensarten« nach London zu kommen. In der folgenden

Besprechung wird ein »klar umschriebener Auftrag« entwickelt, den Dahlerus Punkt für Punkt auswendig lernt:

»1. Deutschland wünscht ein Bündnis mit Großbritannien.
2. Großbritannien wirkt mit, dass Deutschland Danzig und den Korridor erhält.
3. Deutschland verpflichtet sich, Polens Grenzen zu garantieren.«

Als Gegenleistung verpflichte sich Deutschland, mit seiner Wehrmacht das britische Weltreich zu schützen, wo immer es angegriffen werde.

Als Dahlerus sich am frühen Morgen verabschiedet, scheint Göring sehr zufrieden. Er lässt in Tempelhof ein Flugzeug bereitstellen, das den Boten noch am Vormittag nach London bringen soll, damit er die britische Regierung informieren könne: »Sie wissen, wie viel hiervon abhängt«, sagt er beim Hinausgehen.[5]

Sonntag, 27. August: Schwankt Hitler?

Der Feiertag bringt den Deutschen überraschende Post vom Reichsinnenminister: Die Briefkästen enthalten für jung und alt eine Ausweiskarte mit kleinen Kästchen, die den Bezug »lebenswichtiger Verbrauchsgüter« in den nächsten Wochen regeln sollen: Aufgeführt sind Lebensmittel wie Fleisch, Hülsenfrüchte, Brot sowie Milcherzeugnisse und Eier, Genussmittel wie Zucker, Kaffee und Tee, Haushaltswaren wie Seife und Waschpulver und schließlich Hausbrandkohle. Besondere Zulagen sind für Kinder, werdende Mütter sowie Schwer- und Schwerstarbeiter vorgesehen. Auch für Kleidung, Wäsche und Schuhe gilt eine Bezugsscheinpflicht. Im Radio wird beruhigend darauf hingewiesen, dass Kartoffeln und Brot sowie Obst und Gemüse frei verkauft würden: Die Bezugsscheine seien schon vor längerer Zeit vorgedruckt worden. Die Einzelhandelsgeschäfte sollen die zugewiesenen Höchstmengen an deutlich sichtbarer Stelle aushängen. In Gaststätten, wird zugesagt, solle man bezugsscheinfrei essen können.

Die Zeitungsredaktionen werden angewiesen, diese drastische Maßnahme wohlwollend zu kommentieren: Es gebe keine Mangellage, es gehe um eine gerechte Verteilung. Überdies werde geprüft, ob die Zuteilungsmengen bald gelockert werden könnten. Nicht erwähnt wird in den Zeitungen die Verschärfung der Zensur: Danach sind alle Veröffentlichungen zu militärischen Operationen verboten wie auch Angaben über Rüstungsbetriebe und den Schutz von Verkehrswegen zu Wasser und zu Lande. Der militärischen Vorzensur unterworfen sind alle Berichte über Abwehrmaßnahmen und feindliche Angriffe.

Während in der britischen und französischen Presse ganz offen vom drohenden Krieg die Rede ist, bemühen sich deutsche Zeitungen darum, die »unerschütterliche Ruhe« der Deutschen vorzuführen: Der *Völkische Beobachter* veröffentlicht auf der Titelseite ein Bild, das Berliner Sonntagsausflügler zeigt, die »ohne Rücksicht auf die Parolen der Kriegshetzer ihren Kaffee trinken«. Allerdings erscheint die Sonntagsausgabe der Zeitung mit der Schlagzeile: »Ganz Polen im Kriegsfieber«. Tatsächlich entschließt sich die polnische Regierung an diesem Abend für die »volle Mobilisierung«.

Auch das diplomatische Spiel zwischen Berlin und London läuft an diesem Sonntag nur auf halber Flamme. Hitler bittet Mussolini in einem weiteren Schreiben darum, Briten und Franzosen im Unklaren über die italienische Haltung zu lassen, und beruhigt ihn erneut: »Sollte es zum großen Krieg kommen, dann wird der Fall im Osten entschieden sein, ehe den beiden Westmächten irgendein Erfolg beschieden sein kann.« Im Winter, spätestens im Frühjahr werde er im Westen mit Kräften aufmarschieren, die denen Frankreichs und Großbritannien »mindestens ebenbürtig« seien. Schließlich bittet er ihn um Arbeitskräfte für Industrie und Landwirtschaft. Mussolini sagt umgehend die »größtmögliche Zahl von Arbeitern« zu.

Dem französischen Ministerpräsidenten Daladier antwortet Hitler im Ton versöhnlich, in der Sache ablehnend. Er spielt auf die gemeinsame Erfahrung im Krieg an: »Vielleicht können wir uns als alte Frontsoldaten auf manchen Gebieten am leichtesten verstehen.« Aber, fügt er hinzu: »Verstehen Sie auch, dass es für eine Nation von Ehre unmöglich ist, auf fast zwei Millionen Menschen zu verzichten und sie an seinen eigenen Grenzen misshandelt zu sehen.« Er verlange Danzig sowie den Korridor und sehe keinen Weg, Polen zu einer »friedlichen Lösung bewegen zu können«. Damit schließt er direkte Verhandlungen mit Warschau aus und ebenso eine Vermittlung nach dem Vorbild von München. Daladier zeigt sich am Abend vor der Presse enttäuscht.

In London werden die Dienste des Zwischenträgers Mister »D« mit Zurückhaltung aufgenommen. Chamberlain und Halifax hören sich die Vorschläge Hitlers und Görings geduldig an und fragen nach. Chamberlain bekräftig jedoch sein tiefes Misstrauen gegenüber Hitler und will wissen, was Dahlerus von ihm halte. »Ich möchte ihn nicht als Geschäftspartner haben«, antwortet er und erntet ein Lächeln Chamberlains: »Ist Hitler ins Schwanken geraten?« fragt er sich. Man geht die einzelnen Punkte durch und hält fest: London ist zu einem Vertrag mit Deutschland bereit, steht einer Lösung der Danzig- und Korridor-Frage wohlwollend gegenüber, fordert für die polnischen Grenzen eine internationale Garantie, lehnt das Angebot zur Verteidigung des britischen Weltreichs ab. Dahlerus kann Chamberlain davon überzeugen, ihn sofort und vorab nach Berlin zu schicken, damit er die Reaktion testen könne, und Botschafter Henderson mit dem offiziellen Papier erst am folgenden Tage reisen zu lassen. Telefonisch wird die Zustimmung Görings und Hitlers eingeholt.

Dahlerus startet um 19 Uhr wieder in London, landet um 23 Uhr in Tempelhof und berichtet zehn Minuten später Göring: »Die britische Regierung und das britische Volk wünschen unbedingt den Frieden, aber sind auch fest entschlossen, unter keinen Umständen eine auf Gewaltpolitik beruhende Regelung in Europa zu akzeptieren.« Göring reagiert skeptisch: »Ich verstehe das völlig, aber ich zweifle, dass Hitler das tun wird.« Er werde ihn diesmal allein aufsuchen und sich dann zurückmelden. Zwei Stunden später läutet bei Dahlerus das Telefon: Hitler begrüße die britische Bereitschaft und akzeptiere auch den Vorschlag direkter Verhandlungen zwischen Deutschland und Polen, teilt Göring mit: »Es gibt keinen Anlass, anzunehmen, dass auf friedlichem Weg eine Verständigung nicht zu finden sei.« Dahlerus reißt die britischen Botschaftsmitarbeiter aus dem Schlaf und lässt sie noch in der Nacht eine entsprechende Mitteilung nach London absetzen.[6]

Montag, 28. August: Alles in der Schwebe

Am ersten Tag nach den Sommerferien findet an den Schulen großer englischer Städte kein Unterricht statt. Auf dem Plan steht »Probelauf für die Evakuierung«. Lehrer und Eltern sind am Wochenende vorgewarnt worden. Hunderttausende von Schülern und Schülerinnen aller Altersklassen warten um 9 Uhr auf den Schulhöfen. Sie tragen Tüten, Koffer und Rucksäcke mit genügend Kleidung und Lebensmitteln. Dann wird geübt, wie man in Reihen zum Bahnhof oder zu einem anderen Sammelplatz geht. Verhaltensmaßregeln für den Aufenthalt in den ländlichen Gebieten werden ausgegeben: Man solle nicht den städtischen Komfort erwarten, sparsam mit dem Wasser umgehen, sich an Kerzenlicht und Kochen auf dem Kohleherd gewöhnen, nicht über die sanitären Verhältnisse erschrecken. Nach den Ratschlägen geht es zurück in die Schulen, denn es ist nur eine Übung für den Ernstfall.

In den britischen Zeitungen finden sich die ersten Anweisungen des neuen Notstandsgesetzes für die Sicherheit des Staates. Dazu gehören Maßnahmen zur Verhinderung von Spionage, etwa der Gebrauch von Kameras in Gebieten, die für die Landesverteidigung von Bedeutung sind, und der Besitz von Sendeeinrichtungen. Das Starten von Brieftauben ist ebenso untersagt wie das Weiterverbreiten von Geheimnissen in Briefen und Paketen. Ein- und Ausreisende können entsprechend durchsucht werden. Allen wird eingeschärft, mit niemandem Verbindungen zu haben oder aufzunehmen, der vermutlich »mit dem Feind gemeinsame Sache macht«. Mit einer bis zu fünfjährigen Freiheitsstrafe muss rechnen, wer ohne Erlaubnis in feindliches Land reist oder feindliche Schiffe bzw. Flugzeuge besteigt.

Stundenlang berät am Vormittag Premier Chamberlain mit Außenminister Halifax und Botschafter Henderson über die Antwort an Hitler. Man geht von dem gemeinsamen Wunsch nach einer dauerhaften Verständigung zwischen Großbritannien und Deutschland aus. Besprechungen zu diesem Thema könne es aber erst geben, wenn die »Streitfragen zwischen Deutschland und Polen auf friedlichem Wege beigelegt« seien. Als erster Schritt müssten daher »direkte Verhandlungen« zwischen der deutschen und der polnischen Regierung eingeleitet werden. Eine schnell beantwortete Rückfrage in Warschau erbringt die polnische Bereitschaft zur »direkten Diskussion« mit Berlin. Dabei werden die »lebenswichtigen Interessen Polens« erwähnt, nicht jedoch Hitlers Ziele, Danzig und der Korridor. Eine gerechte Lösung der bestehenden Fragen, heißt es vielversprechend, könne »den Weg zum Weltfrieden öffnen«. Das Scheitern einer solchen Lösung, wird gewarnt, würde Deutschland und Großbritannien »in Konflikt bringen und die gesamte Welt in den Krieg stürzen«.

Im britischen Kabinett wird in den Mittagsstunden weiter an der Antwort herumgefeilt, damit sie »würdig, entschlossen und nicht herausfordernd« wirke. Während der Text verschlüsselt und an die britische Botschaft in Berlin telegrafiert wird, begibt sich Henderson mit dem Original zum Flugplatz und startet um 17 Uhr Richtung Berlin. Noch am Abend soll er das Memorandum Hitler überreichen und darauf drängen, dass sich die deutsche Regierung zu direkten Verhandlungen mit Warschau bereit erkläre. Für 22 Uhr wird ein Termin in der Reichskanzlei vereinbart. Chamberlain und sein Kriegsminister begeben sich zum Buckingham Palast und erstatten dem König Bericht; Unter- und Oberhaus werden für den folgenden Tag einberufen.

In Berlin ächzen die Menschen unter brütender August-Hitze. Vor Einzelhandelsgeschäften kommt es wegen der Rationierung von Lebensmitteln zu Protesten. Maßnahmen gegen Hamsterer werden getroffen. In der Reichskanzlei gehen Sorgen um: Hitler wirkt nach den durchwachten

Nächten abgekämpft. Die Zweifel am Bündnis mit Rom und Tokio wachsen. Wird Göring auf seinem Weg Erfolg haben? Vage Gerüchte erreichen Goebbels: London übe Druck auf Warschau aus, damit Außenminister Beck nach Berlin komme, um mit Hitler zu verhandeln. Alles wartet auf die Rückkehr des britischen Botschafters.

Um 22.30 Uhr ist es soweit: Eine Ehrenwache ist angetreten, ein Trommelwirbel erklingt, Henderson steigt aus dem Auto, das ihn von der 130 Meter entfernen Botschaft hergebracht hatte, wird von Staatssekretär Otto Meissner begrüßt und zu Hitler gebracht, der zusammen mit Außenminister Ribbentrop und Dolmetscher Schmidt auf ihn wartet. Henderson überreicht Original und Übersetzung der britischen Note, die Hitler in aller Ruhe liest. Der Botschafter unterstreicht die Absicht der britischen Regierung: »Wir bieten Verständigung mit Deutschland und Freundschaft an, aber nur auf der Grundlage einer friedlichen Lösung der polnischen Frage.« Er stellt Hitler vor die Alternative: »Sie haben zwischen der Freundschaft Großbritanniens und übertriebenen Forderungen gegenüber Polen zu wählen.«

Hitler zeigt sich verhandlungsbereit, aber rückt nicht von seinen Zielen ab: »Rückkehr Danzigs und des ganzen Korridors sowie eine Grenzberichtigung in Schlesien.« Er zweifelt daran, dass London »Polen dazu bringen könne, vernünftig zu sein«. Zurückstecken könne er nicht: »Das deutsche Volk steht einig hinter mir, und ich kann weitere Misshandlungen von Deutschen in Polen nicht mehr dulden.« An dieser Stelle hakt Henderson ein und stellt zwei Fragen: »Sind Sie bereit, die Frage eines Bevölkerungsaustausches zu diskutieren?« Hitler nickt. Und: »Sind sie gewillt, mit den Polen direkt zu verhandeln?« Hitler schüttelt den Kopf: »Das kann ich Ihnen erst beantworten, wenn ich mich mit Ihrer Note sorgfältig beschäftigt habe.« Er kündigt eine Antwort für den folgenden Tag an. Henderson: »Ich kann warten.« Hitler: »Zeit zum Warten gibt es nicht.«

Der Botschafter ist nach dem Treffen nicht ohne Hoffnung auf Verhandlungen, wie sie im politischen Leben üblich sind: »Hitler wird zu viel verlangen, so wie Polen zu wenig bieten wird.« Jetzt komme es darauf an, Hitler ein »Schlupfloch« zu lassen. Zu Meissner sagt er beim Hinausgehen: »Unsere Antwort soll es Hitler erleichtern, den Ausweg aus der Krise zu finden.« Schmidt flüstert ihm zu: »Sie waren ganz wunderbar.« In seinem Bericht für Halifax empfiehlt Henderson, den polnischen Außenminister Beck persönlich zu Gesprächen nach Berlin kommen zu lassen.

»Es ist noch alles in der Schwebe«, notiert Goebbels in seinem Tagebuch.[7]

Dienstag, 29. August: Direkte Verhandlungen?

Warschau verwandelt sich in eine Stadt, die Krieg erwartet. Sandsäcke werden aufgeschichtet. Man sieht Leute mit Gasmasken in den Straßen. Frauen und junge Leute marschieren mit Spaten und Schaufeln zu Grünflächen und heben Luftschutzgräben aus. Straßenlaternen werden abgedunkelt. Auch in anderen Städten wird zum Schutz vor Luftangriffen zur Verdunklung der Wohnungen aufgerufen. Posen, nur 70 Kilometer von der deutschen Grenze entfernt, ist zur Hälfte evakuiert; wer bleiben muss, wird angewiesen, sichere Räume aufzusuchen. Aus einigen Grenzgebieten gibt es Fluchtbewegungen. In Warschau werden vor allem Konserven knapp.

Im Warschauer Königsschloss berät sich um 15 Uhr der polnische Staatspräsident Ignacy Mościki mit Oberbefehlshaber Edward Rydz-Śmigły, Ministerpräsident Felicjan Sławoj Składkowski und Außenminister Beck über weitere Maßnahmen. Die vier sehen ihr Land umzingelt. Im Westen hören die Grenzverletzungen nicht auf. In der Slowakei an der Südgrenze gehen deutsche Truppen völlig offen in Stellung; in der Hauptstadt Pressburg erwartet man im Falle eines Krieges Gebietsgewinne auf Kosten Polens. Das Gerücht vom Rückzug sowjetischer Truppen von der Ostgrenze wird in Moskau dementiert. In Litauen an der Nordgrenze macht man sich Hoffnungen auf die Rückkehr ihrer von Polen 1920 annektierten alten Hauptstadt Wilna. In Danzig kommt es immer wieder zu Reibereien zwischen deutschen und polnischen Behörden. Nur Rumänien bietet im Süden einen schmalen Durchlass und sichert zu, neutral bleiben zu wollen.

Die vier im Königsschloss sind sich einig: »An den aggressiven Absichten Deutschlands gegen Polen ist nicht zu zweifeln.« Sie lassen in London nachfragen, wo die gekauften Flugzeuge bleiben, und beschließen die Generalmobilmachung: Zu den bereits mobilisierten 30 Infanterie-Divisionen und zehn Kavallerie-Brigaden sollen weitere zehn Reserve-Divisionen aufgestellt werden. Alle Pferde, Motorfahrzeuge und Fahrräder werden beschlagnahmt. Für mehr als 40 Divisionen sind jedoch weder Ausrüstung noch Munition vorhanden, so dass 600 000 ausgebildete Reservisten zunächst nicht eingesetzt werden können. Die kleine polnische Kriegsflotte soll vor der Vernichtung bewahrt werden: Den Kommandanten der drei Zerstörer Burza (»Sturm«), Błyskawica (»Blitz«) und Grom (»Donner«) wird befohlen, sich schnellstens durch die Ostsee in die Sicherheit eines britischen Hafens zu begeben. Deutsche Kriegsschiffe beobachten die Flucht und melden die mangelnde Siegesgewissheit der Polen nach Berlin.

Der französische Botschafter Léon Noël und sein britischer Kollege Howard Kennard werden sofort über den Mobilmachungsbeschluss der polnischen Führungsspitze informiert. Beide protestieren wie aus einem Mund gegen diese »extreme Maßnahme«, während die britische Regierung noch mit Berlin verhandele: »Wir verstehen völlig, dass Polen alle militärischen Vorsichtsmaßnahmen gegen einen Überraschungsangriff ergreift«, erklären sie: »Trotzdem schlagen wir vor, die Mobilmachung nicht öffentlich anzukündigen und zu verschieben, bis Hitlers Antwort eingetroffen ist.« Beck schüttelt den Kopf: »Die Befehle können nicht zurückgezogen werden.« Immerhin erklärt er sich bereit, die Veröffentlichung um ein paar Stunden zu verschieben und statt von Mobilmachung von einer »Verstärkung militärischer Maßnahmen« zu sprechen. Aber an eine Rücknahme sei nicht zu denken, oder, fragt er: »Würde Seiner Majestät Regierung die Verantwortung übernehmen, Polen zu raten, eine Maßnahme nicht zu ergreifen, die für die Sicherheit Polens unerlässlich ist, und so Polens Existenz zu gefährden?« Das vorbereitete Plakat für die Mobilmachung zeigt Marschall Rydz-Śmigły vor Flugzeugen, Panzern, Kanonen und marschierenden Truppen und verkündet: »Wir werden den Angreifer besiegen.«

Während die westlichen Botschafter sich in Warschau bemühen, alles zu verhindern, was von Deutschland als Provokation empfunden werden könnte, demonstriert der britische Premier im Unterhaus Festigkeit. Man warte auf die Antwort Hitlers und seine Bereitschaft zur Verständigung: »Wenn eine gerechte Regelung der polnisch-deutschen Gegensätze durch freie Verhandlungen erreicht werden kann«, hofft Chamberlain, »könnte dies zu einem weitgehenden Abkommen führen, das Europa und der ganzen Welt dauerhaft nutzen würde.« Man müsse jedoch auf alles vorbereitet sein. Er führt die Luftverteidigung an, die in »ständiger Bereitschaft« sei, die Königliche Luftwaffe, die auf Kriegsstärke gebracht sei, und die Königliche Kriegsmarine, die bereit sei, sofort die kriegsnotwendige Aufstellung zu nehmen. Noch sei jedoch die Frage Frieden oder Krieg nicht entschieden: »Wir werden weiterhin auf Frieden hoffen und wir werden weiterhin für den Frieden wirken.« Aber, fügt er hinzu: »Wir weichen kein Jota von unserer Entschlossenheit ab, an der Linie festzuhalten, die wir beschlossen haben.«

Am Abend steht Botschafter Henderson vor Hitler und nimmt seine Antwort auf den britischen Vorschlag entgegen. Zunächst bekräftigt Hitler seine Forderung nach Rückkehr Danzigs und des Korridors, der Ostpreußen vom übrigen Reich trennt. Er beklagt überdies die »Verfolgungen der großen deutschen Volksgruppe in Polen«, die »Deutschland gezwungen haben die notwendigen Schritte zur Wahrung der berechtigten deutschen Interessen zu ergreifen«. Schließlich erklärt er, dass er die Hoffnung Londons auf eine Lösung der deutsch-polnischen Differenzen durch direkte Verhandlungen nicht teile.

Dann macht Hitler jedoch eine Wendung: Trotz seiner Skepsis wolle er den britischen Vorschlag für direkte Verhandlungen annehmen, um die deutsche Aufrichtigkeit beim Wunsch nach einer »dauernden Freundschaft mit Großbritannien« zu beweisen. Er sei damit einverstanden, dass eine »mit allen Vollmachten versehene polnische Persönlichkeit nach Berlin« komme, und zwar bereits am folgenden Tag, am 30. August. Henderson wird laut: »Das sieht nach einem Ultimatum aus.« Hitler widerspricht: »Nein, das hat nur den Zweck, die Dringlichkeit zu betonen, wo zwei mobilisierte Armeen sich Auge in Auge gegenüberstehen.« Henderson fragt noch: »Würde ein solcher Bevollmächtigter freundlich empfangen werden und die Diskussion in völliger Gleichberechtigung erfolgen?« Hitler kurz: »Natürlich!« Er werde sich sofort an die Ausarbeitung einer annehmbaren Lösung machen. Man geht in gereizter Stimmung auseinander.

Henderson charakterisiert in seinem Bericht an Außenminister Halifax das Gespräch als »stürmisch«, setzt sich aber dafür ein, Warschau zu einer sofortigen Reise Becks nach Berlin zu raten: »Das ist die einzige Chance«, schreibt er, »den Krieg zu verhindern.« Gegen Mitternacht telegrafiert er noch einen Bericht über ein Gespräch mit dem polnischen Botschafter Józef Lipski, dem er Hitlers Antwort mitteilt und dem er einen »letzten Versuch zur Rettung des Friedens« ans Herz legt: »Ich zweifle, dass Hitler Krieg will«, sagt Henderson, »aber er ist so weit gegangen, dass er nicht zurück kann, wenn ihm nicht eine letzte Gelegenheit geboten wird.« Lipski ist skeptisch: Seine Regierung werde niemanden schicken, sondern allenfalls ihn beauftragen.

Halifax sieht das ähnlich: Er lässt Henderson noch in der Nacht der Reichskanzlei mitteilen, dass es völlig unangemessen sei, zu erwarten, London könne Warschau dazu bringen, innerhalb von 24 Stunden einen polnischen Bevollmächtigten nach Berlin zu schicken. Botschafter Kennard bestätigt diese Einschätzung: »Die Polen würden eher kämpfen und untergehen, als sich einer solchen Schmach zu unterwerfen«, schon gar nicht nach den Erfahrungen des Österreichers Kurt Schuschnigg in Berchtesgaden und des Tschechen Emil Hácha in Berlin.

Während die Telegramme zwischen Berlin, Warschau und London wechseln, bemüht sich Göring erneut, beunruhigt durch die Missstimmung zwischen Hitler und Henderson, den Schweden Dahlerus ins Spiel zu bringen:

In einem nächtlichen Gespräch überzeugt er ihn, am frühen Morgen des 30. August zum dritten Mal nach London zu fliegen, Chamberlain aufzusuchen, ihm gegenüber den deutschen Verständigungswillen zu betonen und Hitlers neue Idee von einer Volksabstimmung im Korridor zu übermitteln.[8]

Mittwoch, 30. August: Sturheit in Berlin und Warschau

Polen liegt weiterhin unter dem Trommelfeuer der deutschen Zeitungen. Das Propagandaministerium verlangt Greuel-Berichte auf den Titelseiten. Die Schlagzeile des *Völkischen Beobachters* lautet an diesem Tag: »Polenterror fordert fünf neue Todesopfer.« In weiteren Artikeln ist die Rede von »polnischen Hassorgien« nicht nur gegen die deutsche, auch gegen die ukrainische Minderheit. Die Kampagne läuft seit Wochen in der Presse und in den Wochenschauen, viele Leser und Kinogänger sind ihrer überdrüssig. Manche halten die Berichte für übertrieben, wenn nicht gar für frei erfunden. Aber, verlangt Propagandaminister Goebbels, in der letzten Phase des Nervenkrieges seien sie aus »außenpolitischen Gründen notwendig«. Presse und Rundfunk sollten »gegen Polen unentwegt zu Felde ziehen«. Großbritannien und Chamberlain dagegen solle man »im Augenblick etwas schonen«, noch stehe die Tür für Verhandlungen offen.

Um 10.30 Uhr hören sich in Downing Street No. 10 der britische Premier und Außenminister an, was ihnen Görings fliegender Bote Dahlerus zu berichten hat. Er hebt die bemerkenswerte Wirkung der entschlossenen britischen Antwort hervor, die einen Ausweg aus der Krise eröffne. Göring habe Hitler überzeugt, seine Forderungen zu mäßigen: Nur Danzig solle zum Reich kommen, im Korridor solle eine Volksabstimmung unter internationaler Kontrolle nach dem Vorbild der Saar stattfinden. Bei einer Mehrheit für Polen erhalte Deutschland einen Korridor durch den Korridor, bei einer Mehrheit für Deutschland erhalte Polen je einen Korridor nach Danzig und Gdingen. Weitere Einzelheiten würden zurzeit in Berlin noch ausgearbeitet. Dahlerus blickt in skeptische Gesichter. Halifax sieht sich mit diesem »bombastischen« Lösungsvorschlag einem Täuschungsmanöver ausgesetzt: »Ist das eine Finte, um Zeit zu gewinnen?« fragt er.

Von einem Nebenzimmer aus soll sich Dahlerus telefonisch bei Göring rückversichern. Der britische Abhördienst schreibt mit. Ja, bestätigt Göring, Hitler arbeite seine Vorschläge aus, und er denke, dass sie die Idee einer Volksabstimmung einschließen würden. Dahlerus fragt: »Sind die Vorschläge heute Abend fertig?« Göring: »Der Führer ist dabei.« Halifax ist nicht zufrieden, lässt Dahlerus ein weiteres Mal Göring anrufen und ihm sagen, dass die Vorschläge nicht die Form eines »Diktats« (so wörtlich) haben sollten. Nein, antwortet Göring: »Der Führer formuliert seine Vorschläge als Diskussionsgrundlage (so wörtlich).« Aber, fügt er hinzu, es sei absolut erforderlich, dass jemand aus Polen sich die Vorschläge abholen müsse. Halifax lässt nachfragen, ob Hitler nicht den polnischen Botschafter mit den Vorschlägen nach Warschau schicken könne. In einem dritten Telefonat bekräftigt Göring die Notwendigkeit, dass ein polnischer Vertreter aus Warschau nach Berlin kommen müsse.

Während dieser Telefonate tagt das britische Kabinett. Halifax sieht sich in seiner entschlossenen Politik bestätigt, die Hitler dazu gebracht habe, in direkte Gespräche mit Warschau einzuwilligen. Es zeige sich, dass Hitler nun versuche, sich aus einer schwierigen Lage zu befreien. Überdies seien Berichte aus verschiedenen Quellen eingegangen, dass überall in Deutschland Demonstrationen gegen die Regierung stattfänden. In der anschließenden Diskussion geht es um die Frage, wo sich die Vertreter der deutschen und der polnischen Regierung treffen sollten: Auf keinen Fall in Berlin, meint Chamberlain, es solle ein neutraler Ort sein. Auch Hitlers Terminwunsch wird abgelehnt: Eile sei zwar geboten, aber es sei »undurchführbar, den Kontakt schon heute herzustellen«. Im Übrigen werde man die von Hitler angekündigten Vorschläge daraufhin prüfen, wie weit sie den Vorstellungen der britischen Regierung entsprechen. Noch vor Abschluss der Prüfung wird Dahlerus wieder zu Göring geschickt; er soll auf der Botschaft in Berlin weitere Informationen abwarten.

Den ganzen Tag über wird im Auswärtigen Amt gleich neben der Reichskanzlei nach Hitlers Vorgaben an einem »vernünftigen Kompromissplan« gearbeitet. Er soll eine Grundlage für die direkten Gespräche mit der polnischen Regierung darstellen, um eine »endgültige Lösung für die unmögliche Situation der Grenzziehung« zu finden. Es wird eine ganze Reihe von Vorschlägen entwickelt:

- Sofortige Rückkehr Danzigs zum Deutschen Reich
- Gdingen bleibt bei Polen
- Volksabstimmung im Gebiet des Korridors unter internationaler Kontrolle; abstimmungsberechtigt sind alle Bewohner sowie die Deutschen, die seit 1918 vertrieben wurden
- Abstimmung frühestens in einem Jahr
- Je nach Ausgang der Abstimmung exterritoriale Verkehrswege durch das Gebiet für Polen oder für Deutschland

- Entmilitarisierung der Hafenstädte Danzig und Gdingen
- Vereinbarungen zum Schutz der jeweiligen Minderheiten
- Sofortige Demobilisierung der Streitkräfte.

Sind die Vorschläge ernst gemeint? Oder sind sie nur »for show«, wie Staatssekretär Weizsäcker vermutet? Auf jeden Fall könne eine solche »konstruktive Idee« dazu dienen, die deutsche Verhandlungsbereitschaft unter Beweis zu stellen. Hitler will sie daher, wie er Goebbels anvertraut, bei Gelegenheit der Weltöffentlichkeit präsentieren. Rechnet er nicht damit, dass ein bevollmächtigter Unterhändler aus Warschau in der verlangten kurzen Frist nach Berlin kommt? Kurz nach 21 Uhr wird die Liste der Vorschläge »für eine Regelung des Danzig-Korridorproblems sowie der deutsch-polnischen Minderheitenfrage« zur Information an die deutschen Botschaften in London, Paris, Rom und Moskau geschickt, nicht jedoch an die Botschaft in Warschau. Das Personal der polnischen Botschaft in Berlin ist bereits damit beschäftigt, seine Sachen in Kisten zu verpacken und die Abreise vorzubereiten.

Fünf Minuten vor Mitternacht teilt Botschafter Henderson im Auswärtigen Amt Ribbentrop mit, was die britische Regierung am Mittag beschlossen hat: »Wir können der polnischen Regierung nicht raten, sich einem Verfahren zu unterwerfen, das völlig unzumutbar ist.« Gemeint ist das deutsche Verlangen, innerhalb von 24 Stunden einen bevollmächtigten Vertreter nach Berlin zu schicken. Henderson soll Ribbentrop raten:

> »Beschreiten Sie den normalen Weg, überreichen Sie dem polnischen Botschafter die Vorschläge zur Weiterleitung nach Warschau und erklären Sie Ihre Absicht, umgehend mit Verhandlungen zu beginnen.«

Henderson fügt hinzu, dass die britische Regierung bereit sei, sich in Warschau für schnelle Verhandlungen einzusetzen, wenn die deutschen Vorschläge erfolgversprechend seien. Er fragt nach: »Sind diese Vorschläge bereits ausgearbeitet und könnte ich sie erhalten?«

Ribbentrop zieht ein mehrseitiges Papier aus der Tasche und verliest die Reihe der Vorschläge so schnell, dass Henderson kaum folgen kann. Nur einige Punkte bleiben hängen: Rückkehr Danzigs, Volksabstimmung im Korridor unter internationaler Kontrolle, Verkehrskorridore je nach Ausgang, Entmilitarisierung. Er erwartet, dass ihm Ribbentrop das Papier anschließend überlässt. Doch Ribbentrop erklärt: »Jetzt ist es überholt. Bis Mitternacht hat sich kein polnischer Vertreter gemeldet.« »Warum«, fragt

Henderson zurück, »händigen Sie die Vorschläge nicht dem polnischen Botschafter zur Weiterleitung nach Warschau aus?« In rüdem Ton antwortet Ribbentrop: »Niemals würde ich den polnischen Botschafter um einen Besuch bitten, er muss schon selber darum bitten.« Die beiden stehen auf und verabschieden sich in feindseliger Stimmung: »Ich werde meine Regierung informieren«, sagt der eine, der andere: »Ich werde den Führer informieren; ihm sind alle Entscheidungen vorbehalten.«

Doch bevor Henderson seinen Bericht nach London absetzt, bittet er telefonisch den polnischen Botschafter Lipski zu sich. Er berichtet ihm von dem Gespräch mit Ribbentrop, erwähnt die Abtrennung Danzigs und die Volksabstimmung im Korridor, ohne in weitere Details zu gehen, und gibt ihm einen dringlichen Rat:

> »Rufen Sie auf der Stelle Ihren Außenminister an und sagen Sie ihm, was Sie von mir gehört haben. Er möge Ribbentrop anrufen und ihn bitten, die deutschen Vorschläge umgehend der polnischen Regierung zuzustellen.«

Und er macht es dringend: »Tun Sie es noch im Laufe der Nacht.«

Lipski zögert: »Das darf ich nicht ohne vorherige Rücksprache mit Warschau.«

Henderson: »Dann rufen Sie sofort Ihre Regierung an und bitten Sie sie um Erlaubnis. Wenn sie eintrifft, melden Sie sich ohne Rücksicht auf die Uhrzeit bei der deutschen Regierung und warten Sie nicht bis morgen früh.«

Überdies solle er seiner Regierung ein Treffen zwischen den beiden Feldmarschällen Göring und Rydz-Śmigły empfehlen. Selbst wenn alles vergeblich wäre, sei es klüger, den Versuch zu wagen und so die deutsche Sturheit bekannt zu machen. Lipski verspricht, sich mit Beck in Verbindung zu setzen. Er schickt einen Botschaftsrat Richtung Warschau, mit dem Auto, da die Zugverbindungen unterbrochen sind.

Direkt aus London kommt Unterstützung für die Haltung Warschaus. Kurz nach Mitternacht überbringt Botschafter Kennard Außenminister Beck ein klares Wort von Halifax: »Seiner Majestät Regierung hat es Hitler sehr klar gemacht, dass sie unwiderruflich entschlossen ist, ihre eingegangenen Verpflichtungen rückhaltlos zu erfüllen.« Andererseits würde eine offene Ablehnung von Verhandlungen es Hitler ermöglichen, »Polen die Schuld für einen Konflikt zu geben«. Die polnische Regierung könne sich auf Verhandlungen einlassen: Sie sei in einer anderen Position als im März, da sie nun durch eine direkte britische Garantie unterstützt werde. Beck zeigt sich erleichtert, dass die britische Regierung sich nicht auf die deutschen Bedingungen für Zeit und Ort direkter Gespräche eingelassen habe, will aber ohne Rücksprache mit seiner Regierung keine weiteren Zusagen machen.

Während der nächtlichen Aktionen Hendersons sitzen Göring und Dahlerus im Hauptquartier der Luftwaffe bei Potsdam zusammen. Hitler sei den Polen mit seinem Angebot sehr weit entgegengekommen, meint Göring, der an diesem Tage durch einen Erlass Hitlers zum Vorsitzenden eines »Ministerrates für die Reichsverteidigung« und damit zum zweiten Mann im Staate ernannt worden war. Zufrieden trägt er Hitlers *Kompromissplan* vor und äußert die Hoffnung, dass es nun schnell zu direkten Verhandlungen kommen werde. Von Görings Schreibtisch aus ruft Dahlerus in der britischen Botschaft an, um zu erfahren, wie das mitternächtliche Gespräch im Auswärtigen Amt ausgegangen ist. »Es ist sehr unglücklich verlaufen«, bekommt er zu hören. Ribbentrop habe sich sehr unhöflich benommen, und weitere Schritte seien zwecklos. Göring springt auf und geht nervös durch den Raum. Dahlerus schlägt vor, noch einmal in der Botschaft anzurufen und den von Ribbentrop verweigerten Text durchzugeben. Göring bleibt stehen: »Rufen Sie an.«[9]

So gelangt Hitlers *Kompromissplan* spät in der Nacht auf verschlungenen Wegen doch noch in britische Hände.

Donnerstag, 31. August: Diplomatische Winkelzüge

In Spannungszeiten blühen die Gerüchte. Befriedigt werden in London Berichte aus Berlin aufgenommen, die eine »schlechte Moral« der Deutschen melden: 70 Prozent seien gegen Hitler, die Partei sei gespalten, das Militär hoffe darauf, dass Großbritannien fest bleibe, damit das Regime dann zusammenbreche. Es sind andere Informanten, die am Morgen dem britischen Botschafter in Berlin zutragen: »Wenn in den nächsten zwei, drei Stunden, also bis Mittag, nichts passiert, wird die deutsche Regierung Polen den Krieg erklären.« Man sei dann überzeugt, dass Polen lieber kämpfe als verhandele. Ist diese Warnung im Nervenkrieg nur ein Bluff und nicht ernst zu nehmen oder steckt ein wahrer Kern darin? Botschafter Henderson reicht sie gleichwohl sofort weiter nach London und bemerkt: »Die Unzufriedenheit im Lande mit dem Regime wächst, aber gerade das treibt die Nazi-Führer dazu, ein Risiko einzugehen und das Spiel nicht weiterzuspielen.« Daher glaube er nicht, dass es sich um einen Bluff handele.

Tatsächlich ist morgens um 6.30 Uhr in Zossen die Mitteilung aus der Reichskanzlei eingetroffen, dass die Wehrmacht am folgenden Tag gegen Polen antreten solle. Es wird nichts veranlasst, da sowohl der Oberbefehlshaber des Heeres wie sein Generalstabschef noch die Abwehrmaßnahmen am Westwall inspizieren. Der polnische Botschaftsrat beobachtet auf seiner Autofahrt Richtung Warschau zwischen Oder und Grenze viele deutsche Soldaten. Sie machen ihm Platz und lassen ihn ohne weiteres passieren. »Sollen die starken Truppenansammlungen mich beeindrucken?« fragt sich der Botschaftsrat. Hält er den Aufmarsch für einen Bluff? Er besteigt in Posen ein Flugzeug, um schneller in die Hauptstadt zu kommen.

Staatssekretär Weizsäcker sieht die Lage als sehr ernst an. Er hat in der Nacht mitbekommen, wie Außenminister Ribbentrop Hitler triumphierend vom Abkanzeln des britischen Botschafters berichtete. »Nun kann es also losgehen«, habe Hitler reagiert. Kann die Entscheidung für Krieg wie am 25. August rückgängig gemacht werden? Weizsäcker bittet einen alten Freund, den ehemaligen deutschen Botschafter in Rom, Ulrich von Hassell, ins Amt. Er hofft, mit seiner Hilfe Hitler zum Einlenken zu bewegen. Sie wollen es auf zwei Wegen versuchen. Hassell geht »privat« zunächst zu Henderson, mit dem er seit ihrer diplomatischen Tätigkeit am Zarenhof in St. Petersburg befreundet ist, und drängt ihn, einen bevollmächtigten Unterhändler aus Warschau noch vor der Mittagsstunde nach Berlin kommen zu lassen. Die beiden sind sich einig, dass eine Verständigung nur ohne den »unheilvollen« Ribbentrop gelingen könne. Anschließend sucht Hassell Görings Schwester auf und lässt sich mit ihrem Bruder verbinden, um ihn vor »übereilten Entschlüssen« Hitlers zu warnen. Görings Antwort: Der polnische Unterhändler müsse »sehr schnell« kommen.

Der Schwede Dahlerus ist wieder auf dem Weg zur britischen Botschaft, wo er um 10 Uhr eintrifft. Er bekräftigt gegenüber Henderson: »Göring tut alles, was er kann, um Verhandlungen zustande zu bringen und eine Katastrophe zu verhindern.« Wichtig sei jetzt, dass wirkliche Verhandlungen zwischen der polnischen und der deutschen Regierung unmittelbar aufgenommen werden. Henderson nickt müde: »Dann fahren Sie zusammen mit meinem Botschaftsrat zur polnischen Botschaft und übergeben Sie Lipski Hitlers Vorschlag.« Um 11 Uhr empfängt ein nervöser Lipski die beiden in seinem Arbeitszimmer. Dahlerus erläutert die einzelnen Punkte des *Kompromissplans*.

Während er sie einer Sekretärin diktiert, sagt Lipski zum britischen Botschaftsrat: »Ich bin nicht beauftragt, mich für ein deutsches Angebot zu interessieren.« Erklärend fügt er hinzu: »Ich kenne die Lage in Deutschland: Im Falle eines Krieges werden Unruhen ausbrechen und die polnischen Truppen werden erfolgreich gegen Berlin marschieren.« Hitlers Vorschlag sei eine Falle und überdies ein Zeichen der eigenen Schwäche. Den Wink, der deutschen Regierung als »Geste des Friedens« seine Gesprächsbereitschaft mitzuteilen, befolgt er nicht. »Die deutsche Regierung würde einen solchen Schritt propagandistisch ausnützen und verbreiten: Die Polen geben nach«, telegrafiert er nach Warschau.

Zurück in der britischen Botschaft lässt sich Dahlerus mit dem Außenamt in London verbinden. Aufgeregt berichtet er über seine Aktivitäten bei Göring und Lipski. Während die deutsche Seite an Verhandlungen interessiert sei, behauptet er, dass die Polen »die Möglichkeiten von Verhandlungen hintertreiben«. Aus Sorge, das indiskrete Telefonat könne vom deutschen Abhördienst mitgehört werden, wird an dieser Stelle der Hörer in London aufgelegt.

London wird nun in Warschau vorstellig: Botschafter Kennard soll zusammen mit seinem französischen Kollegen Noël die polnische Regierung drängen, ihre grundsätzliche Bereitschaft zu direkten Gesprächen mit Berlin zu bestätigen. Etwas später verlangt Außenminister Halifax, dass die polnische Regierung unverzüglich Botschafter Lipski anweise, sich bei der deutschen Regierung zu melden und seine Bereitschaft zu bekunden, vorhandene Vorschläge nach Warschau zu übermitteln, so dass zwischen beiden Seiten direkte Besprechungen bald beginnen könnten.

Tatsächlich telegrafiert Außenminister Beck gegen Mittag an Lipski in Berlin: »Lassen Sie sich beim Außenminister oder beim Staatssekretär einen Gesprächstermin geben.« In Warschau werde man, solle er mitteilen, den britischen Vorschlag für direkte Gespräche erwägen und in den nächsten Stunden beantworten. Dann folgt eine Anweisung, wie sich Lipski bei der Begegnung verhalten solle:

> »Bitte lassen Sie sich auf keine Diskussionen zur Sache ein. Wenn die Deutschen irgendeinen konkreten Vorschlag machen, erklären Sie, dass Sie nicht ermächtigt sind, ihn entgegenzunehmen oder zu besprechen, und dass Sie erst weitere Instruktionen einholen müssen.«

Der deutsche Abhördienst entziffert das durchtelefonierte Telegramm, fertigt eine Übersetzung an und reicht sie weiter an Hitler, Göring und Ribbentrop. Sie ziehen den Schluss, dass Polen Verhandlungen aus dem Weg gehe und auf Zeit spiele. Das Oberkommando der Wehrmacht in Zossen wird um 13.50 Uhr vorgewarnt: Der Zeitpunkt des Angriffs auf Polen am folgenden Tag soll von 4.30 auf 4.45 Uhr verlegt werden. Einen ausdrücklichen Befehl aber gibt es noch nicht. Denn inzwischen hat Lipski im Auswärtigen Amt um eine Audienz gebeten. Staatssekretär Weizsäcker ruft ihn um 15 Uhr an und fragt ihn: »Kommen Sie als Sonderbevollmächtigter?« Lipski antwortet: »Ich komme in meiner Eigenschaft als Botschafter« und erhält für 18 Uhr einen Termin bei Ribbentrop.

Mit einem Kniefall der Polen ist nicht zu rechnen: Kurz nach 16 Uhr erteilt Hitler den Befehl, den Angriff auf Polen wie geplant in Gang zu setzen:

> »Nachdem alle politischen Möglichkeiten erschöpft sind, um auf friedlichem Wege eine für Deutschland unerträgliche Lage an seiner Ostgrenze zu beseitigen, habe ich mich zur gewaltsamen Lösung entschlossen.«

Für den folgenden Tag beordert er außerdem die Reichstagsabgeordneten nach Berlin. Goebbels bereitet Proklamationen an das Volk und an die Partei sowie Flugblätter für Polen vor.

Das Treffen zwischen Ribbentrop und Lipski verläuft am Abend steif und kurz. Der polnische Botschafter entledigt sich des von Beck erteilten Auftrags (Annahme des britischen Vorschlags für direkte Gespräche) und wird gefragt: »Haben Sie besondere Vollmachten zum Verhandeln?« Er antwortet: »Nein.« Hitlers *Kompromissplan* wird nicht angesprochen. Der deutsche Außenminister: »Ich habe angenommen, Sie seien mit den nötigen Vollmachten zum Verhandeln versehen.« Er entlässt den Botschafter mit den Worten, er wolle Hitler entsprechend informieren.

Etwa zur gleichen Zeit in Warschau: Außenminister Beck begründet Botschafter Kennard seine Zurückhaltung damit, dass es vor Beginn von Verhandlungen wichtig sei, Einzelheiten zu besprechen, wo, mit wem und auf welcher Grundlage verhandelt werden sollte. Er fügt hinzu: »Wenn man mich nach Berlin einlädt, werde ich natürlich nicht gehen. Ich will nicht wie der tschechische Präsident Hácha behandelt werden.« Vom polnischen Generalstab erfährt Kennard, dass die polnische Mobilmachung nach Plan verlaufe. Man rechne mit etwas mehr als 40 deutschen Divisionen. In den vorangegangenen 24 Stunden habe es an der Grenze erneut mehrere »deutsche Herausforderungen« gegeben, allerdings ohne Tote und Verletzte. Bei Sabotageakten gegen Eisenbahnstrecken und Telefonleitungen sei nicht bekannt, ob sie von Deutschen oder von Ukrainern verübt worden seien.

Nach London meldet Kennard: »Die polnische Regierung hat ihre Vorbereitungen für einen entschiedenen Widerstand gegen die Aggression getroffen.« Armee und Bevölkerung seien vom Geist der Entschlossenheit erfüllt. Ähnliche Beobachtungen macht eine vom Londoner *Daily Telegraph* entsandte Sonderkorrespondentin, die sich in polnischen Städten umhört: »Wir sind ein vereintes Volk und entschlossen, bis zum letzten Mann zu kämpfen.« Manche gehen sogar weiter: »Es muss Krieg geben – wir können es nicht zulassen, dass die Deutschen in Ostpreußen bleiben.« Und: »Polen wird seine verlorenen Provinzen zurückgewinnen.« Man rechne damit, Breslau in einem und Berlin in drei Monaten zu erreichen. Man fühle sich stark, denn die deutsche Rüstung werde überbewertet und die motorisierten Einheiten der Deutschen seien im polnischen Gelände nutzlos.

Zur gleichen Zeit in Moskau: Der *Oberste Rat* ist wieder zusammengekommen und beschließt in Anwesenheit von Stalin einstimmig das von Verteidigungsminister Woroschilow eingebrachte Gesetz zur Verstärkung der Roten Armee. Das Einberufungsalter wird von 21 auf 18 herabgesetzt, die Dienstzeit von zwei auf drei Jahre verlängert, das dienstpflichtige Alter für Reservisten heraufgesetzt. Danach steht die Ratifizierung des deutsch-sowjetischen Nichtangriffsvertrages vom 23. August auf der Tagesordnung. Regierungschef Molotow rechtfertigt ihn:

> »Der Pakt stellt eine Wende in der Entwicklung Europas dar. Er beseitigt die Gefahr eines Krieges mit Deutschland. Er soll uns neue Möglichkeiten sichern, unsere Kräfte zu stärken, unsere Stellungen zu festigen und den Einfluss der Sowjetunion in der Welt vergrößern.«

Er gibt einen versteckten Hinweis auf das mit Ribbentrop abgeschlossene geheime Zusatzprotokoll: Wichtige Probleme in Osteuropa könnten nicht mehr ohne die wirksame Beteiligung der Sowjetunion geregelt werden. Einstimmig wird die Außenpolitik der Regierung gebilligt und der Pakt ratifiziert. »Die Friedenspolitik der Sowjetunion und ihre militärische Stärke sind zwei Seiten einer Erscheinung«, kommentiert die Parteizeitung *Prawda*, »Sieg des Sozialismus.«

Zur gleichen Zeit in Rom: Dort erhofft Mussolini positive Reaktionen aus London und Paris auf seinen am Mittag übermittelten Vorschlag, für den 5. September zu einer Konferenz der Großmächte einzuladen; zuvor solle Polen die Rückkehr Danzigs zum Reich zugestehen. In den beiden westlichen Hauptstädten wird ähnlich reagiert: Das sei eine Falle der beiden Diktatoren. Außenminister Halifax ruft am Nachmittag seinen italienischen Kollegen Ciano an, lehnt eine Konferenz nicht ab, aber macht deutlich: »Es ist unmöglich, von Polen zu verlangen, seine Rechte in Danzig vor jeder Verhandlung aufzugeben.«

Der französische Ministerpräsident Daladier lässt nach London melden, dass er eher zurücktreten werde, als die Einladung zu einem »zweiten ›München‹« anzunehmen. Außenminister Bonnet dagegen drängt Daladier zur Annahme der italienischen Konferenzidee und schlägt eine Sitzung der Ministerrates vor. Nein, heißt es dort am Abend, man wolle Mussolinis Vorschlag nicht ablehnen, aber darauf bestehen, dass Polen an der Konferenz teilnehme. Allerdings müsse man sich vor der Antwort an Mussolini mit der britischen Regierung abstimmen, verlangt Daladier. Er will mit Blick auf die wachsende Unzufriedenheit der deutschen Bevölkerung hart bleiben und verzögert die Übermittlung des Entwurfs der französischen Antwort nach London bis nach Mitternacht.

Auch aus Berlin trifft für Mussolini keine günstigere Meldung ein. Der italienische Botschafter erhält um 19 Uhr von Hitler eine Abfuhr für weitere Vermittlungsbemühungen Roms: »Man muss zuerst einmal die künftige Entwicklung abwarten«, erklärt Hitler. »Ich wünsche nicht, den Duce in eine peinliche Situation zu bringen.« Er sei sicher, dass die Polen nur Zeit gewinnen wollten und auch nicht auf Mussolini hören würden. Hitler kündigt an, dass in den nächsten Stunden sein nun hinfällig gewordener Vorschlag veröffentlicht würde. In seinem Bericht nach Rom fügt der Botschafter an: »Es ist sicher, dass der Führer bei der ersten polnischen Provokation der Wehrmacht die Freiheit zum Marschieren geben wird.« Kaum hat der Botschafter die Reichskanzlei verlassen, stößt Hitler einen Seufzer aus: »Ich bin heilfroh, dass die Polen mein entgegenkommendes Angebot nicht angenommen haben.« Er wäre daran gebunden gewesen, so aber habe er wieder die Freiheit der Entscheidung.

Während Staatssekretär Weizsäcker nacheinander den britischen und den französischen Botschafter über Hitlers Plan »orientiert«, wird dieser ab 21 Uhr im deutschen Rundfunk zusammen mit einem Kommuniqué verlesen: »Der Führer und die Reichsregierung haben zwei Tage vergeblich auf das Eintreffen eines bevollmächtigten polnischen Unterhändlers gewartet.« Damit sehe die Regierung den »fairen und erfüllbaren« Plan als abgelehnt an. Zwei Stunden später erteilt der polnische Rundfunk die Antwort: »Dieser unverschämte Vorschlag beweist deutlich, wie notwendig die militärischen Anordnungen der polnischen Regierung gewesen sind.« An London und Paris ergeht der Warnruf: »Deutschland strebt die Herrschaft über Europa an.«

Noch eine andere Nachrichtensendung des deutschen Rundfunks lässt am späten Abend aufhorchen: Es geht um Grenzzwischenfälle, bei denen deutsche Zollbeamte von polnischen Soldaten erschossen worden sein sollen. Außerdem wird aus der schlesischen Stadt Gleiwitz berichtet, dass gegen 20 Uhr der nur fünf Kilometer von der Grenze entfernte Sender von »einem Trupp polnischer Aufständischer überfallen und vorübergehend besetzt« worden sei. Der Trupp sei von der Polizei vertrieben und dabei ein Teilnehmer tödlich verletzt worden. Nur im Empfangsgebiet des Senders war zu hören, was vier Minuten lang erst auf polnisch, dann auf deutsch über das Mikrofon im Senderaum verbreitet wurde: »Achtung! Achtung! Hier ist Gleiwitz. Der Sender befindet sich in polnischer Hand. Die Stunde der Freiheit ist gekommen!« Die Übertragung endete mit dem Ausruf: »Hoch lebe Polen!« Der *Völkische Beobachter* deutet das Ereignis als »Signal zu einem allgemeinen Angriff polnischer Freischärler auf deutsches Gebiet«. Nach der nächtlichen Pressekonferenz im Propagandaministerium verbreitet sich unter den Journalisten allerdings auch das Gerücht, der Angriff sei von deutschen Zuchthäuslern in polnischen Uniformen zur Täuschung der Öffentlichkeit unternommen worden, damit Gegenmaßnahmen Deutschlands gerechtfertigt erscheinen.

Der schwedische Vermittler Dahlerus ist so erschöpft, dass er eine Verabredung zum Abendessen in seinem Hotel absagt. Er telefoniert noch einmal mit Göring, der ihm bestätigt: »Durch den Aufmarsch von zwei Millionenheeren gegeneinander ist die Lage fast unhaltbar.« Dann begibt sich Dahlerus in die britische Botschaft, wo das Personal damit beschäftigt ist, wichtige Dokumente zu verbrennen. Alle fühlen: »Der Krieg steht vor der Tür.« Und Dahlerus erkennt: »Es ist nichts mehr zu machen.«

Auch in der Reichskanzlei brennt noch Licht. Hitler und Goebbels studieren Landkarten mit der Aufstellung der deutschen Truppen: Die Heeresgruppe Nord steht mit zwei Armeen in Pommern und Ostpreußen zum Vormarsch durch den Korridor Richtung Warschau bereit, die Heeresgruppe Süd mit drei Armeen in Schlesien und der Slowakei Richtung Warschau und Krakau. Insgesamt stehen gut 50 deutsche Divisionen mit 1,5 Millionen Mann den rund 40 polnischen Divisionen gegenüber. Außerdem sind etwa 2000 deutsche Flugzeuge gegen 800 polnische einsatzbereit. Auch die vermutete Aufstellung von sieben polnischen Armeen und ihren Reserven ist in den Karten eingetragen. Zum Schutz der deutschen Westgrenze gegen Frankreich haben sich drei Armeen mit 30 Divisionen abwehrbereit gemeldet. Eine Million Mann, davon 155 000 Westwallarbeiter, haben sich dort verschanzt: Sie sollen ihre Kräfte schonen, sich defensiv verhalten und so den »siegreichen Abschluss der Operationen gegen Polen« vor möglichen Angriffen aus dem Westen sichern. Um Mitternacht wird das Licht gelöscht. Jetzt, weiß Goebbels, »wird das Schicksal seinen Weg nehmen«.

In großen Scharen bringen sich US-Bürger vor dem drohenden Unheil in Europa in Sicherheit: Mehr als tausend Amerikaner haben sich auf der *Manhattan* eingeschifft, die sie vom französischen Le Havre in die USA bringen soll. Sarah und John Roosevelt, Mutter und Sohn des US-Präsidenten, hatten sich bereits einige Tage zuvor mit dem Schwesterschiff, der *Washington*, auf die Heimreise gemacht. In der Hauptstadt ist man beruhigt, als sie am 31. August mit mehreren hundert Amerikanern wohlbehalten in New York eintreffen. Der Leiter der Europa-Abteilung im US-Außenministerium hat sich den ganzen Tag über mit den »merkwürdigsten Entwicklungen« in Europa abgeplagt. Er ist froh, am Abend für einige Stunden den »Gedanken an Krieg zu vergessen«, und lauscht, während jenseits des Atlantiks die Nacht endet, der Hohen Messe in h-Moll von Johann Sebastian Bach.[10]

Weiß er, dass der Komponist sein Werk fast genau 200 Jahre zuvor dem sächsischen Kurfürsten Friedrich August II. gewidmet hatte, auf den von seinem Vater August dem Starken sowohl der Titel des polnischen Königs wie des litauischen Großherzogs übergegangen war? Wenige Jahre nach seinem Tod hatten Preußen, Österreich und Russland das polnische Königreich unter sich aufgeteilt.

Freitag, 1. September: Der deutsche Angriff auf Polen

Erst allmählich erfahren die Europäer, was sich am frühen Morgen im Osten ihres Kontinents ereignet. Deutsche Truppen dringen an drei Grenzabschnitten in Polen ein, deutsche Flugzeuge bombardieren polnische Flugplätze und Verkehrswege, die *Schleswig-Holstein* beschießt aus allen Rohren die polnische Festung auf der Westerplatte vor Danzig.

Die erste Meldung über das deutsche Vorgehen erreicht das britische Außenamt um 7.28 Uhr Londoner Zeit. Die Nachrichtenagentur *Reuter* verbreitet einen Aufruf Hitlers an die Wehrmacht, der im Reichssender Berlin um 5.40 Uhr verlesen wurde:

> »Der polnische Staat hat die von mir erstrebte friedliche Regelung nachbarlicher Beziehungen verweigert, er hat stattdessen an die Waffen appelliert. Es bleibt mir kein anderes Mittel, als von jetzt ab Gewalt gegen Gewalt zu setzen.«

Das Linienschiff *Schleswig-Holstein* eröffnet am 1. September 1939 das Feuer auf die polnische Festung auf der Westerplatte vor Danzig

Er erwarte, dass jeder Soldat seine »Pflicht bis zum Letzten erfüllen« werde.

Eine Stunde später trifft aus Warschau der Bericht des britischen Botschafters Kennard in London ein: Er hat von Außenminister Beck erfahren, dass seit 6 Uhr zahlreiche Städte in Südpolen bombardiert würden, und vom polnischen Generalstab, dass kleine deutsche Abteilungen die Grenze überschritten hätten. Wenig später findet sich Edward Raczyński, der polnische Botschafter in London, bei Außenminister Halifax ein. Er berichtet, dass es um 9 Uhr einen Luftangriff auf Warschau gegeben habe, dem Zivilisten, darunter auch Frauen und Kinder, zum Opfer gefallen seien. Polen werde seine Unabhängigkeit und seine Ehre bis aufs Letzte verteidigen. »Mehr muss ich nicht sagen«, fügt der Botschafter an: »Das ist ein klarer Fall für unverzügliche Hilfe, wie er im Vertrag vorgesehen ist.« Halifax geht nicht direkt auf diese Erinnerung an den eine Woche zuvor abgeschlossenen Bündnisvertrag zwischen Polen und Großbritannien ein und begnügt sich mit der Erklärung: »Wir sehen das genauso.«

Halifax lässt den deutschen Geschäftsträger, der den abwesenden Botschafter vertritt, sofort in die Downing Street kommen, hält ihm die Berichte vor und fragt ihn: »Verfügen Sie über Informationen, die Sie in die Lage versetzen, diese Berichte zu erklären?« Der Geschäftsträger zuckt die

Im kurzfristig einberufenen Reichstag rechtfertigt Hitler am Vormittag des 1. September 1939 den Krieg mit Polen

Schultern: »Ich habe überhaupt keine Informationen.« Halifax: »Die Berichte, auf die ich Ihre Aufmerksamkeit gelenkt habe, haben eine sehr ernste Situation geschaffen.« Da dämmert es dem Geschäftsträger und er erklärt, er habe nur den Anfang der Übertragung von Hitlers Rede vor dem Reichstag verfolgen können, aber bislang nichts gehört, was die Berichte bestätigen würde. Eine halbe Stunde später teilt der Geschäftsträger Halifax telefonisch Hitlers entscheidenden Satz mit: »Polen hat heute Nacht zum ersten Mal auf unserem eigenen Territorium durch reguläre Soldaten geschossen. Seit 5.45 (!) Uhr wird jetzt zurückgeschossen.«

Diese nachgeschobene Kriegserklärung an Polen verkündet Hitler tatsächlich erst am Schluss seiner Rede vor dem Reichstag, der sehr kurzfristig für 10 Uhr zusammengerufen worden war. Bis auf etwa 100 Abgeordnete, die zur Wehrmacht einberufen wurden, sind alle gekommen. Auch die Diplomaten-Logen sind gut gefüllt, nur der britische und der französische Botschafter fehlen. Hitler, nicht in brauner Parteiuniform, sondern im grauen Soldatenrock, beginnt, von Heilrufen begrüßt, seine freigehaltene Rede mit einem Rückblick auf sein bisheriges Vorgehen bei der Revision des *Versailler Diktats* von 1919. Es sei für Deutschland kein Gesetz, da die deutsche Unterschrift mit »vorgehaltener Pistole erpresst« worden sei.

Hitler zählt seine Vorschläge zur friedlichen Revision auf, für die Rüstungsbegrenzung, den Anschluss Österreichs und des Sudetenlandes sowie die Übernahme Böhmens und Mährens, auch für die Rückkehr Danzigs und des Korridors. Alle seien abgelehnt worden. Auch die Vermittlungsbemühungen der vorangegangenen Tage bezeichnet er als »gescheitert«. Er wirft Polen »schwere Greueltaten« und zahlreiche Grenzzwischenfälle vor (ohne den angeblichen Überfall auf den Sender Gleiwitz zu erwähnen) und erklärt unter stürmischem Beifall: »Ich habe mich daher nun entschlossen, mit Polen in der gleichen Sprache zu reden, die Polen seit Monaten uns gegenüber anwendet.« Den Ausdruck »Krieg« vermeidet er.

Dann unternimmt Hitler den Versuch, Frankreich und Großbritannien von Polen zu trennen: Er verfolge keinerlei Ziele im Westen, diese Grenze gelte »für alle Zeiten«. Er muss zwar einräumen, dass der Bündnispartner Italien nicht mitziehen werde. Einen Weltkrieg habe Deutschland aber nicht zu befürchten: Die übrigen Staaten Europas hätten ihre Neutralität zugesagt. Noch bedeutsamer für die deutsche Sicherheit sei der Nichtangriffspakt mit der Sowjetunion. Hitler zeigt sich bemüht, den Kampf im Osten auf Polen zu begrenzen. Mit der Ankündigung, dass »seit 5.45 Uhr zurückgeschossen« werde, verbindet er ein Loblied auf die Wehrmacht (»die am besten ausgerüstete der Welt«) und eine Bescheidenheitsgeste: »Ich will jetzt nichts anderes sein als der erste Soldat des Deutschen Reiches.« Und er appelliert an das Nationalgefühl: »Wenn wir diese Gemeinschaft bilden, eng verschworen, zu allem entschlossen, niemals gewillt zu kapitulieren, dann wird unser Wille jeder Not Herr werden!« In seinen Schlachtruf »Deutschland – Sieg Heil!« stimmen die Abgeordneten unter anhaltendem Beifall ein.

Im Anschluss an die Rede übernimmt der Reichstag einstimmig das bereits am frühen Morgen in Danzig verkündete »Gesetz über die Wiedervereinigung der Freien Stadt Danzig mit dem Deutschen Reich«. Der Hohe Kommissar des Völkerbundes, der Schweizer Carl Burckhardt, hat die Stadt bereits verlassen; auf seinem Dienstgebäude ist die Hakenkreuzfahne aufgezogen worden. Zum Abschluss versichert Göring im Namen des Reichstags »dem Führer blinde Treue«: Man sei unerschütterlich überzeugt »vom endgültigen Sieg in dem uns von Polen aufgezwungenen Kampfe zur Abwehr unerträglicher Übergriffe und zur Wiedergutmachung des uns zugefügten Versailler Unrechts«. Nach einer knappen Stunde ist die Sitzung beendet.

In einem Extrablatt des *Danziger Vorposten* beherrscht die Wiedervereinigung mit dem Reich die Titelseite

Zurück in der Reichskanzlei nimmt Hitler die ersten Berichte vom Vormarsch der deutschen Truppen in Polen und von der Zerstörung polnischer Flugplätze entgegen. Er billigt ein von Goebbels vorgeschlagenes Gesetz, das das »Abhören ausländischer Sender« verbietet, damit der »geistige Widerstand nicht mit verlogenen Nachrichten des Auslands unterminiert« werde. Er ist nicht überrascht, als ihm die Generalmobilmachung in Großbritannien und Frankreich gemeldet wird. Dem von Göring herbeigeholten Schweden Dahlerus erklärt er, dass er zu weiteren Verhandlungen mit London bereit sei, wenn die britische Regierung das wünsche. »Wenn aber«, fügt er drohend hinzu, »die Engländer nicht verstehen, dass sie es in ihrem eigenen Interesse vermeiden müssen, mit mir zu kämpfen, so werden sie ihren Fehler teuer bezahlen müssen.«

Zur gleichen Zeit eröffnet der britische Premierminister Chamberlain in London die Sitzung seines Kabinetts mit den Worten: »Das Ereignis, gegen das wir so lange und so ernsthaft gekämpft haben, ist über uns gekommen.« Man ist sich einig, in Berlin anzukündigen, dass die britische Regierung »ihre Verpflichtungen gegenüber Polen ohne zu zögern erfüllen« werde, wenn die deutsche Regierung nicht versichere, dass der Angriff auf Polen beendet und die deutschen Truppen unverzüglich zurückgezogen würden. Frankreich und Großbritannien sollten sonst gleichzeitig den Krieg erklären.

Neben der Mobilmachung von Armee, Luftwaffe und Kriegsmarine durch den König werden weitere Vorsichtsmaßnahmen ergriffen: Alle Oberbefehlshaber der Stützpunkte im britischen Weltreich werden vorgewarnt, der Schutz des Suez-Kanals wird verstärkt, die Entsendung von Vorausabteilungen der Luftwaffe und der Armee nach Frankreich vorbereitet, die Kontrollstellen für Lebensmittel, Rohstoffe, Kohle und Benzin sollen eingerichtet, Höchstpreise festgesetzt werden. Dem Parlament sollen am Abend 17 Notverordnungen zur Billigung vorgelegt werden, für den 4. September wird ein Bankfeiertag vorgesehen.

Ein Rückkehrer aus den USA meint, viele Menschen seien dort überzeugt, dass sich ihr Land früher oder später am Krieg beteiligen würde. Dem britischen Botschafter gegenüber hatte Präsident Roosevelt erklärt, er erwarte im Falle eines Krieges, dass der Kongress das Neutralitätsgesetz aufhebe. Und er sagte ihm zu, die Lagerbestände an Weizen, Schweinefleisch und Baumwolle in den USA auf den Markt zu werfen, damit die Preise nicht in die Höhe gehen. Auf einer eilig einberufenen Pressekonferenz beantwortet Roosevelt die Frage: »Können wir draußen bleiben?« allerdings eher zurückhaltend: »Ich bin überzeugt, wir können das, und diese Regierung will alles tun, das zu erreichen.«

Der Entwurf der britischen Warnung an Berlin wird den aktuellen Meldungen angepasst und mit Paris abgestimmt. Hitlers Rede wird als Beleg genommen für den »gewaltsamen Angriff auf Polen und die Bedrohung seiner Unabhängigkeit«, wodurch Großbritannien und Frankreich aufgerufen seien, Polen zu Hilfe zu kommen. Um 17.45 Uhr wird der Text unverschlüsselt über Telefon an die britische Botschaft in Berlin durchgegeben. Um 18 Uhr kommt das Unterhaus zusammen: Die Fenster sind durch die frisch angebrachten Vorhänge abgedunkelt, alles drängt sich in den notdürftig beleuchteten Gängen, es herrscht eine aufgeregte Stimmung. Auf der Diplomaten-Tribüne fehlt nur der Sowjetbotschafter.

Chamberlain wird mit Hochrufen begrüßt und gibt zunächst einen Rückblick: »Niemand kann behaupten, dass diese Regierung mehr hätte tun können, den Weg für eine ehrenhafte und gleichberechtigte Regelung des Streits zwischen Deutschland und Polen offen zu halten.« Die Verantwortung für die »schreckliche Katastrophe«, unterstreicht er mit einem Faustschlag auf das Pult, liege auf den Schultern eines Mannes, des deutsche Kanzlers (lauter Beifall). Dann verliest er die Warnung an Berlin; Botschafter Henderson, fügt er hinzu, habe den Auftrag, die Ausreisepapiere zu verlangen, wenn die Antwort nicht zufriedenstellend sei, womit er rechne.

Er ruft die Erinnerung an den Kriegsausbruch von 1914 wach und fördert die Zuversicht: Im Vergleich zu damals stünden jetzt alle drei Streitkräfte bereit, in jeder Beziehung sei die Lage weit vorteilhafter: »Jetzt heißt es für uns, die Zähne zusammenzubeißen und diesen Kampf entschlossen bis zum Ende durchzufechten.« Man sei der Unterstützung durch die Dominien und des britischen Weltreichs sowie der moralischen Zustimmung des größten Teils der Welt sicher. Und er deutet ein Kriegsziel an:

> »Wir liegen mit dem deutschen Volk nicht im Streit, abgesehen von seiner Bereitschaft, sich von einer Nazi-Regierung beherrschen zu lassen. Solange diese Regierung im Amt ist, wird es keinen Frieden in Europa geben. Wenn wir nach diesem Kampf wieder Vertrauen in der Welt und den Verzicht auf Gewaltanwendung erreichen, dann werden die von uns erbrachten Opfer ihre vollste Rechtfertigung finden.«

Anschließend wird dem Wunsch des Finanzministers, für die Verteidigung des Weltreichs und die wirksame Führung eines möglichen Krieges der Regierung die Kreditlinie auf bis zu 500 Millionen Pfund zu erhöhen, entsprochen.

In Berlin kommen am späten Abend zuerst um 21 Uhr der britische Botschafter Henderson und eine Stunde später der französische Botschafter Coulondre ins Auswärtige Amt: Sie überreichen Außenminister Ribbentrop gleichlautende Noten mit der Ankündigung, sie würden ihre Bündnisverpflichtungen gegenüber Polen erfüllen, wenn Deutschland seinen Angriff nicht einstelle und seine Truppen unverzüglich zurückziehe. Ribbentrop streitet eine deutsche Aggression ab und führt polnische Provokationen an. Das entspricht der offiziellen Sprachregelung, die verlangt, die »Abwehr polnischer Angriffe« nicht als »Krieg«, sondern als »Kampfhandlungen« zu bezeichnen. Beide Botschafter bitten um die Weiterleitung der Noten an Hitler und um eine möglichst baldige Antwort. Einen Termin, wie es bei Ultimaten üblich wäre, setzen sie nicht.

Die abendlichen Berichte des Oberkommandos der Wehrmacht und des Oberbefehlshabers der polnischen Streitkräfte melden andauernde Kämpfe zu Lande, zu Wasser und in der Luft. Der deutsche Bericht spricht von »erwarteten Anfangserfolgen« und verkündet das Erreichen der Luftherrschaft über Polen. Das polnische Kommuniqué spricht von Kämpfen in der Grenzzone und beklagt die zivilen Opfer durch deutsche Luftangriffe. Während sich der deutsche Bericht über polnische Verluste ausschweigt, zählt der polnische Bericht mehrere deutsche Verluste auf: Abschuss von 16 Flugzeugen, Zerstörung eines Panzerzuges und mehrerer Kampfwagen; an verschiedenen Stellen seien Gefangene gemacht worden. Mit besonderem Stolz wird vermeldet, dass drei Angriffe auf die Westerplatte abgeschlagen worden seien. Tatsächlich hatte ein Stoßtrupp deutscher Marinesoldaten schwere Verluste hinnehmen müssen, 16 Tote und 56 Verwundete.

Besonders beeindruckt ist man im Reichskanzleramt nicht: »Wir haben schon sehr nette Erfolge«, hält Goebbels in seinem Tagebuch fest, »aber noch nicht durchschlagend.«[11] Er weiß, wie schwierig es eine Propaganda mit einer Bevölkerung haben wird, die nicht für Krieg begeistert ist.

Sonnabend, 2. September: Reaktion in London und Paris

Die Bewohner von Berlin und London hatten in der Nacht einen besonderen Vorgeschmack auf den Krieg erhalten: Sirenen verkündeten Luftalarm, man suchte Keller oder Schutzräume auf und wartete auf die Bomben. In beiden Städten gab es jedoch bald Entwarnung, es war nur ein Fehlalarm. Auch den Tageszeitungen ist nun zu entnehmen, wie nahe man am Rande des Krieges steht. In der Londoner *Times* lautet die Schlagzeile auf Seite 10: »Invasion Polens – deutscher Angriff an allen Grenzen«. Im Pariser *Temps* heißt es: »Deutschland hat die Feindseligkeiten gegen Polen eröffnet«. In beiden Blättern wird die Generalmobilmachung angekündigt. Die *Neue Zürcher Zeitung* hatte bereits am Tag zuvor in ihrer Mittagsausgabe gemeldet »Deutschland im Kriegszustand gegen Polen« und in der Abendausgabe mitgeteilt: »Mobilmachung der schweizerischen Armee«.

Auch dem *Völkischen Beobachter* ist, trotz Einhaltung der Sprachregelung, der Ernst der Lage zu entnehmen: »Der Führer verkündet den Kampf für des Reiches Recht und Sicherheit.« In einem Beiblatt heißt es: »Berlin bleibt bis auf Widerruf verdunkelt.« Außerdem gibt es Hinweise zum Entrümpeln von Dachböden und zum Ausbau von behelfsmäßigen Luftschutzräumen. Die Evakuierung von Schulkindern ist, anders als in London und Paris, wo Hunderttausende ins sichere Hinterland verschickt werden, in Berlin kein Thema. Auf der Museumsinsel werden jedoch Kunstschätze in Kellern deponiert und der Pergamon-Altar mit Sandsäcken geschützt.

Zur Beruhigung der deutschen Leser werden wohlwollende Reaktionen aus dem europäischen Ausland besonders hervorgehoben: Nicht überra-

In London werden Anfang September 1939 Tausende von Schulkindern in westliche Landesteile evakuiert

schend sind die Stellungnahmen aus Italien, Ungarn und der Slowakei, die allein Polen für den Ausbruch der Feindseligkeiten verantwortlich machen. Rumänien, Bulgarien und Jugoslawien erklären ihre Neutralität und hoffen, dass der Konflikt lokalisiert werden könne. In Spanien wird den westlichen Demokratien die Verantwortung zugeschoben. Aus Moskau wird gemeldet, dass Rundfunk und Zeitungen ausführlich über die Hitler-Rede berichtet haben. Auch andere europäische Länder, Dänemark, Schweden, Lettland, Litauen, Belgien, die Niederlande, betonen ihre Neutralität und bekräftigen das, wie die Schweiz, durch die Mobilmachung ihrer Streitkräfte. Aus Südamerika werden Neutralitätserklärungen angekündigt. Stimmungsberichte aus den USA zeigen eine völlig andere Tendenz: Zeitungen verurteilen scharf den Angriff Deutschlands auf Polen, und die *New York Post* verlangt eine Änderung des Neutralitätsgesetzes, um Kriegslieferungen an die Westmächte zu ermöglichen; es gehe um die »Verteidigung amerikanischer Ideale und die Wahrung des Anspruchs auf Macht gebenden Einfluss in der Weltpolitik«, meint ein deutscher Beobachter.

HITLER A ATTAQUÉ

MOBILISATION GENERALE aujourd'hui en France et en Angleterre

Le général Gamelin, commandant en chef de l'armée française

M. Édouard Daladier, Président du Conseil

Sur quatre points, les troupes allemandes ont violé la frontière polonaise

Bombardements par avions de Varsovie, Cracovie, Gdynia et de plusieurs autres villes

»Hitler hat angegriffen« melden französische Zeitungen am 2. September 1939 auf ihren Titelseiten: »An vier Stellen haben die deutschen Truppen die polnische Grenze verletzt – Bombenangriffe auf Warschau, Krakau, Gdingen und viele andere Städte.« Am selben Tag wird die allgemeine Mobilmachung in Frankreich verkündet und auch als Maueranschlag verbreitet: Alle militärdienstpflichtigen Männer sollen sich unverzüglich bei ihren Einheiten des Heeres, der Marine und der Luftwaffe einfinden

Der zweite Kriegstag bringt die polnischen Streitkräfte wegen der Unterbrechung von Nachschub und Verstärkungen in Folge der deutschen Luftangriffe auf Straßen, Eisenbahnlinien, Bahnhöfe, Brücken und Sendeanlagen zunehmend in Bedrängnis. Der polnische Generalstab meldet zwar den erfolgreichen Widerstand der Westerplatte, den Abschuss von 37 deutschen Flugzeugen und die Zerstörung von 100 deutschen Panzern, muss aber auch den »starken deutschen Druck« an der Süd- und an der Nordfront einräumen. Umso dringlicher werden Warschaus Appelle an die Verbündeten, ihre Pflichten zu erfüllen. Außenminister Beck beauftragt seine Botschafter in Paris und London erneut, unverzüglich bei den Regierungen vorstellig zu werden und den sofortigen Beistand anzumahnen:

> »Die Kämpfe an der Front haben heute einen sehr ernsten Charakter angenommen. Die größte Schwierigkeit unserer Truppen entsteht durch den Einsatz fast der gesamten deutschen Luftmacht. Es werden nicht nur militärische Ziele bombardiert, sondern auch Fabriken und sogar Dörfer. Unter solchen Umständen wäre die Entscheidung der Verbündeten, einen beträchtlichen Teil der deutschen Luftwaffe abzulenken, für alle von Bedeutung.«

Doch die Polen müssen sich gedulden. Paris und London warten am Vormittag auf Antwort aus Berlin. Aus Rom kommt überdies der Vorschlag für eine Fünf-Mächte-Konferenz zur »Lösung des deutsch-polnischen Streits«. Der französische Außenminister Bonnet scheint geneigt, darauf einzugehen. Der britische Außenminister Halifax dagegen ist nach einem morgendlichen Spaziergang durch den Garten des Buckingham-Palastes, für den der König ihm einen Schlüssel überlassen hatte, entschlossen, nicht nachzugeben. Nach vergeblichem Warten drängt er gegen Mittag in Paris darauf, Bonnet »Mut und Entschlossenheit einzuflößen«: »Es ist keine Zeit mehr zu verlieren.« Da beide Regierungen ihre endgültigen Ultimaten gleichlautend und gleichzeitig in Berlin überreichen sollten, wolle man in London noch die Sitzung des französischen Parlaments am Nachmittag abwarten. Anschließend würde Premierminister Chamberlain im Kabinett und im Unterhaus das gemeinsame Vorgehen ankündigen.

Um 15 Uhr tritt in Paris die Abgeordnetenkammer zusammen: Ihr Präsident bringt unter lang anhaltendem Beifall die enge Verbundenheit mit Großbritannien zum Ausdruck (»das britische Weltreich und wir bilden einen Körper und eine Seele«) und erteilt Ministerpräsident Daladier das Wort. Auch er liefert zunächst einen Rückblick auf die Vorgeschichte, hebt dabei die Bemühungen der französischen Regierung um den Frieden hervor und zeigt sich weiterhin zu Gesprächen bereit, wenn Deutschland seine Truppen aus Polen zurückziehe. Jetzt stehe aber nicht nur das Schicksal eines befreundeten Volkes auf dem Spiel, jetzt drohe der Griff der Hitlerdiktatur nach der Herrschaft über Europa und die Welt. Lebhaften Beifall erhält Daladier für die Feststellung, dass Paris zu den Verpflichtungen für Polen stehe: »Großbritannien und Frankreich erfüllen ohne zu zögern ihre Verpflichtungen gegenüber Polen.« In diesen Stunden, fährt er fort, entscheide sich das Schicksal Europas. Das höchste Opfer sei notwendig, wenn es darum gehe, um sein Leben und um seine Unabhängigkeit zu kämpfen: »Nun braucht uns Frankreich.« Weitere Kriegsziele führt Daladier nicht an.

Stehend applaudieren ihm die Abgeordneten auf der äußersten linken sowie der linken Seite, in der Mitte und auf der rechten Seite. Anschließend wird einstimmig die Verdreifachung der Militärausgaben auf 69 Milliarden Franken (entsprechen 400 Millionen britische Pfund) beschlossen. Das wird von der französischen Regierung als Ermächtigung verstanden, Deutschland den Krieg zu erklären. Ein Ultimatum und eine Frist dafür werden in der Kammer nicht angesprochen.

Kaum ist die Sitzung in Paris beendet, ruft Chamberlain in London um 16 Uhr sein Kabinett zusammen. Die Stimmung gegen eine weitere Verzögerung des Ultimatums bringt der Innenminister mit der Warnung vor »beträchtlichen Auswirkungen auf die öffentliche Meinung« zum Ausdruck. Als Außenminister Halifax einräumen muss, dass die französische Regierung das Ultimatum erst nach 48 Stunden auslaufen lassen wolle, bricht ein Sturm der Entrüstung aus. Kein Minister ist für einen weiteren Aufschub, der Deutschland gegenüber Polen begünstige. Alle Minister verlangen, dass die Frist bereits um Mitternacht auslaufen solle. Chamberlain und Halifax fügen sich, aber bestehen auf einer Absprache mit Paris, damit die Ultimaten in Berlin gleichzeitig überreicht werden können.

Unruhig warten die Abgeordneten des Unterhauses in Westminster auf die für 18 Uhr angesetzte Erklärung des Premierministers. Erst wird der Sitzungsbeginn um eine Stunde, dann um weitere 40 Minuten verschoben. In dieser Zeit versucht das Außenamt, Paris für den Mitternachts-Termin zu gewinnen. Man bekommt ablehnende Antworten: Nein, sagt Außenminister Bonnet am Telefon, wir brauchen noch 48 Stunden für die vollständige Evakuierung von Frauen und Kindern. Nein, sagt Ministerpräsident Daladier, ich muss erst mein Kabinett fragen.

Um 19.40 Uhr schrillen die Glocken. Sie rufen die Abgeordneten des Unterhauses in den Sitzungssaal. Chamberlain wiederholt seine Ankündigung vom Vortag: »Seiner Majestät Regierung ist zum Handeln entschlossen, wenn die deutschen Streitkräfte nicht aus Polen zurückgezogen werden.« Statt eine Frist zu nennen, sagt er: »Wir sind mit der französischen Regierung im Gespräch über eine Frist.« Kein Beifall, kein »Hört, hört!«, nur verwunderte, verstörte Blicke. Der Oppositionsführer wird mit dem Ruf »Sprich für die Briten!« ermuntert und fasst die Stimmung zusammen: »Ich glaube, in allen Teilen des Hauses wächst der Wunsch, dass diese unaufhörliche Spannung früher oder später enden muss, je eher, desto besser.« Er hoffe, fährt er fort, »wir werden in völliger Einigkeit marschieren und wir werden mit Frankreich marschieren«. Chamberlain bleibt nur noch die Zusage, ein zufriedenstellendes Ergebnis der Beratungen mit Paris am folgenden Tag dem Unterhaus mitzuteilen. Nach einer halben Stunde ist die Sitzung beendet.

Nach dem Abendessen in der Downing Street wird wieder mit Paris telefoniert. Erst schildert Chamberlain Daladier, was ihm in seiner Regierung und im Unterhaus widerfahren sei: »Wenn die französische Regierung auf der Frist von 48 Stunden besteht, würde meine Regierung nicht zu halten sein.« Noch in dieser Nacht müsse gehandelt werden, meint Chamberlain und verlangt, dass die Botschafter beider Länder früh um 8 Uhr der deutschen Regierung ein auf drei Stunden befristetes Ultimatum überreichen: »Wenn sie die verlangte Zusicherung nicht bis Mittag gibt, sollten wir uns als im Kriegszustand betrachten.« Daladiers Antwort: »Das wird sehr schwierig sein.« Seine Regierung hatte auf der abendlichen Sitzung die Überreichung des Ultimatums erst für 12 Uhr vorgesehen.

Eine halbe Stunde später ruft Halifax Bonnet an. Er schlägt ihm vor, die Ultimaten getrennt und mit unterschiedlichen Fristen zu übergeben. Bonnet sträubt sich zunächst, wünscht ein gemeinsames Vorgehen, fügt sich dann aber und bestätigt: »Wir werden auf jeden Fall um 12 Uhr handeln.« Halifax drängt am Schluss, die Frist nicht zu lang zu bemessen. Die Beamten im britischen Außenamt machen sich sofort an die Ausarbeitung des Ultimatums, das Botschafter Henderson Außenminister Ribbentrop überreichen soll:

> »Ich habe die Ehre, Sie davon zu unterrichten, dass, falls nicht bis 11 Uhr britischer Sommerzeit am 3. September eine befriedigende Zusicherung der deutschen Regierung zur Einstellung der Angriffshandlungen gegen Polen und zum Rückzug ihrer Truppen aus Polen erteilt wird und bei der Regierung Seiner Majestät in London eintrifft, von dieser Stunde an zwischen den beiden Ländern ein Kriegszustand bestehen wird.«

Kurz nach Mitternacht wird Henderson in Berlin von Halifax vorgewarnt: »Bitten Sie um ein Gespräch mit dem Außenminister am Sonntagmorgen um 9 Uhr.« Der Text des Ultimatums folge. Beim Weg aus dem Amt trifft Halifax auf einen Abgeordneten der Arbeitspartei, der ihn fragt: »Haben Sie eine gute Nachricht?« Halifax wehrt ab: »Ich weiß nicht, ob Sie das eine gute Nachricht nennen: Wir werden uns in zehn Stunden im Krieg befinden.«

Es ist die Zeit, zu der US-Präsident Roosevelt zum Dinner ins Weiße Hause in Washington geladen hat. Nach einigen Cocktails zur Entspannung wird gespeist. Gerade als danach der Präsident wie üblich eine Pokerrunde eröffnet, wird eine Meldung von Botschafter Kennedy aus London hereingereicht. Er liest sie und informiert seine Mitspieler, darunter Innenminister Harold Ickes: »Meine Herren, morgen Mittag wird der Krieg erklärt.« Das gefällt allen, hält Ickes in seinem Tagebuch fest: »Der Krieg ist letztlich unvermeidlich und es ist für Großbritannien und Frankreich besser, ihn so schnell wie möglich zu führen.« Man pokert weiter, Roosevelt verliert und Ickes freut sich um Mitternacht über seinen Gewinn von 53,50 Dollar.[12]

Als die Spieler das Haus verlassen, beginnt es in Europa zu dämmern.

Sonntag, 3. September: Vom Friedens- zum Kriegszustand

Der Himmel kann trügerisch sein. Am Morgen wölbt sich über Europa ein strahlend blaues Firmament. Wie 25 Jahre und einen Monat zuvor steht der Kontinent jedoch vor einem neuen Großen Krieg. Damals, Anfang August 1914, hatten fünf Reiche untereinander Kriegserklärungen ausgetauscht. Diesmal sind es nur drei Großmächte; sie scheuen sich überdies, einem anderen Land ausdrücklich den Krieg zu erklären. Es ist genau elf Jahre her, dass sie und viele andere Staaten in einem Vertrag den Krieg als Mittel zur Lösung internationaler Konflikte verdammt hatten. So greifen sie zu mehr oder weniger gelungenen Umschreibungen, um nicht als Aggressor dazustehen.

Am 3. September findet sich Botschafter Henderson Punkt 9 Uhr im Auswärtigen Amt ein. In Ribbentrops Arbeitszimmer empfängt ihn nicht der Außenminister, sondern Dolmetscher Schmidt, der es gerade rechtzeitig ins Amt geschafft hatte. Man gibt sich die Hand und bleibt stehen. »Ich muss Ihnen leider im Auftrage meiner Regierung ein Ultimatum an die deutsche Regierung überreichen«, beginnt Henderson, verliest das Dokument und überreicht es. Zum Abschied werden ein paar freundliche Worte ausgetauscht. Schmidt eilt in die benachbarte Reichskanzlei, wo Hitler und Ribbentrop ihn erwarten. Er übersetzt das britische Ultimatum und beobachtet, wie seine beiden Zuhörer reagieren: »völlig still und regungslos«. Dann fragt Hitler: »Was nun?« und Ribbentrop antwortet: »Ich nehme an, dass die Franzosen ein gleichlautendes Ultimatum überreichen werden.«

Den deutschen Vormarsch in Polen stoppen, die deutschen Soldaten aus Polen zurückziehen? Hitler denkt nicht daran, Chamberlains Ultimatum anzunehmen. Er trommelt das Personal der Reichskanzlei zusammen, diktiert Aufrufe an das Volk, die Partei, die Soldaten an der Ost- und an der Westfront sowie ein langes Memorandum, das Ribbentrop dem britischen Botschafter zur Ablehnung der ultimativen Forderungen übergeben soll. Es geht um die Schuldzuweisung am bevorstehenden Krieg:

> »Wenn die britische Regierung die deutschen Verständigungsangebote bisher immer ablehnte und nun mit einer offenen Kriegsdrohung beantwortet, ist dies nicht Schuld des deutschen Volkes und seiner Regierung, sondern ausschließlich Schuld des britischen Kabinetts.«

Deutschland sei entschlossen, seine Freiheit und seine Unabhängigkeit zu verteidigen. »Wir werden«, heißt es am Schluss drohend, »jede Angriffshandlung Englands mit den gleichen Waffen und in der gleichen Form beantworten.«

Im britischen Außenamt muss Halifax sich derweil erneut vom polnischen Botschafter daran erinnern lassen, dass die britische Regierung im Bündnisvertrag vom 25. August versprochen habe, »sofort alle in ihrer Macht stehenden Hilfsmittel« einzusetzen. Ein britisches Vorgehen würde den Druck der deutschen Streitkräfte auf Polen verringern. Die bisherige Verzögerung habe zur deutschen Luftherrschaft über Polen beigetragen, untergrabe die Moral der Zivilbevölkerung und erschwere Gegenangriffe der polnischen Armeen. Der Botschafter warnt den Außenminister: »Wenn man es zulässt, dass Deutschland Polen vernichtet, ist es nur eine Frage der Zeit, bis die Achsenmächte sich Frankreich und Großbritannien zuwenden.« Halifax gesteht die dringende Notwendigkeit ein, Polen »zum frühest möglichen Zeitpunkt auf irgendeine Weise« zu entlasten; er wolle jedoch das Ablaufen des Ultimatums abwarten.

Als bis zum Ende der Frist keine einlenkende Antwort aus Berlin vorliegt, lässt Halifax der deutschen Botschaft mitteilen, dass ab sofort »ein Kriegszustand zwischen den beiden Ländern besteht«, und begibt sich zu Chamberlain, der über das Radio eine kurze Ansprache hält: »Wir und

Feierliche Verkündigung der britischen Kriegserklärung an Deutschland am Mittag des 3. September 1939 vor Rundfunkmikrofonen und Wochenschau-Kameras

Frankreich werden heute in Erfüllung unserer Verpflichtungen Polen zu Hilfe eilen, das so tapfer diesem niederträchtigen und unprovozierten Angriff auf sein Volk widersteht.« Es gebe keine Hoffnung mehr, dass Hitler jemals seine Methode aufgeben werde, seinen Willen mit Gewalt durchzusetzen: »Er kann nur durch Gewalt gestoppt werden.« Chamberlain ruft die Briten auf, gefasst und mutig ihre Pflicht zu erfüllen: »Wir werden das Böse bekämpfen, die nackte Gewalt, die üble Treulosigkeit, die Ungerechtigkeit, Unterdrückung und Verfolgung.« Er schließt: »Ich bin sicher, dass das Recht siegen wird.«

Wie um den Ernst der Lage zu unterstreichen, heulen in London die Sirenen: Menschen hasten durch die Straßen auf der Suche nach sicheren Unterständen. Auch Chamberlain begibt sich mit seinen Mitarbeitern in den Luftschutzkeller. Ein Fehlalarm: Britische Flugzeuge wurden für deutsche gehalten. Nach 20 Minuten wird Entwarnung gegeben. Um 12 Uhr tritt der Premierminister vor das Unterhaus: »Dies Land«, erklärt er, »befindet sich im Krieg mit Deutschland.« Er verspricht, alle seine Kräfte für den Sieg einzusetzen: »Ich hoffe, den Tag zu erleben, an dem der Hitlerismus vernichtet und ein befreites Europa wieder hergestellt ist.« Der

Oppositionsführer stimmt zu und bekräftigt die Hilfe für Polen: »Unsere Herzen sind mit euch und mit unseren Herzen auch unsere gesamte Macht, bis der Friedensengel zurückgekehrt ist.« Auch Chamberlains innerparteilicher Gegenspieler Winston Churchill meldet sich zu Wort und formuliert ein Kriegsziel: »Wir kämpfen darum, die gesamte Welt vor der Pest der Nazi-Tyrannei zu retten.« Zum Schluss der Aussprache erklärt der Premierminister des Weltkriegs, David Lloyd George: »Wir haben damals vereint bis zum Ende gekämpft, viereinhalb schreckliche Jahre. Wir haben zu Recht einen Sieg errungen. Wir werden ihn wieder erringen.« In der Umgebung Chamberlains wird auf einen schnellen Sieg gehofft, damit er bei den anstehenden Unterhauswahlen im November auch einen Sieg erringen kann.

Etwa zur gleichen Zeit wird in Berlin der französische Botschafter Coulondre von Außenminister Ribbentrop empfangen. Coulondre stellt fest: »Die deutsche Regierung lehnt den Vorschlag vom 1. September zur Einstellung der Aggression gegen Polen und zum Rückzug aus Polen ab.« – »Das trifft zu«, antwortet Ribbentrop. Daraufhin überreicht der Botschafter die Note aus Paris:

> »Die Regierung der Republik hat die Ehre, der Reichsregierung zur Kenntnis zu bringen, dass sie sich gezwungen sieht, von heute 17 Uhr an ihre gegenüber Polen eingegangen und der deutschen Regierung bekannten Verpflichtungen zu erfüllen.«

Ribbentrop spürt deutlich den Unterschied zur britischen Note: Von Krieg ist nicht die Rede. Er bemüht sich, die Differenz zwischen London und Paris zu vergrößern, und lockt: »Deutschland hat nicht die Absicht, Frankreich anzugreifen.« Und droht: »Wenn Frankreich Deutschland angreift, wird es die volle Verantwortung für das beiden Ländern zugefügte Leid tragen.« Er schont Frankreich auch mit einer »Sprachregelung« für die deutschen Diplomaten im Ausland: »Der Verlauf der Ereignisse«, heißt es dort, »zeigt klar die volle Verantwortung Englands für den Kriegsausbruch.«

Mit Begeisterung wird in Warschau auf die Entscheidungen in London und Paris reagiert. Der polnische Rundfunk spielt die drei Nationalhymnen. Eine Riesenmenge zieht durch die Straßen, sammelt sich vor der britischen Botschaft, wo sich der polnische Außenminister Beck gerade bei Botschafter Kennard bedankt. Als die beiden auf dem Balkon erscheinen, werden sie mit Rufen begrüßt: »Lang lebe Großbritannien! Lange lebe der Kampf für die Freiheit!« Mit Mühe verschafft sich Beck Gehör: »Wir haben niemals daran gezweifelt, dass Großbritannien und Frankreich kämpfen würden.« Dann geht es mit Hochrufen auf die »slawischen Brüder« vorbei an der jugoslawischen zur französischen Botschaft: Dort wird gejubelt und die Marseillaise gesungen. Anschließend erhält der britische Generalkonsul stürmischen Beifall, als er vom Balkon einen riesigen Union Jack schwenkt und ruft: »Lang lebe Polen!« – »Lang lebe König George!« schallt es ihm entgegen.

Die große Frage in Polen: Wann greifen Briten und Franzosen zu den Waffen? Die polnische Militärführung ist bestürzt über den schnellen Vormarsch der Deutschen und die eigene Schwäche: Sie setzt ihre ganze Hoffnung auf einen »sofortigen Angriff« Frankreichs. Seit drei Tagen, heißt es im *Kurjer Poranny* (»Kurier am Morgen«), vergießen polnische Soldaten ihr Blut, nun beginne der »gemeinsame Kampf für eine gemeinsame Sache«. Die militärische Lage verlange eine schnelle Entlastung Polens, auch wenn der polnische Heeresbericht Erfolge meldet: Eine Kavallerieeinheit habe im Mittelabschnitt den Feind in sein Land zurückgeschlagen und verfolge ihn, ein Ereignis, das im deutschen Heeresbericht nicht vorkommt. Übereinstimmung herrscht, wenn es um das weite Eindringen deutscher Truppen in Oberschlesien und die Bombardierung der Industriegebiete um Kattowitz und Krakau geht. Die Deutschen melden die Einkesselung mehrerer polnischen Divisionen, die Polen die Aufgabe von zwei Städten im nördlichen Korridor. Polnische Berichte über deutsche Terrormaßnahmen finden ihren Weg in britische und französische Zeitungen. Vom Massaker flüchtender polnischer Soldaten und ortsansässiger Polen an Hunderten deutscher Bewohner im Korridor-Städtchen Bromberg dringt zunächst nichts an die Öffentlichkeit.

Hitler bleibt überzeugt, dass Briten und Franzosen nicht zu den Waffen greifen würden. In einer neuen Weisung für die Kriegführung hält er daran fest, die »schnelle siegreiche Beendigung der Operationen gegen Polen« zu erreichen, ohne im Westen aktiv zu werden. Dort will er die »Eröffnung der Feindseligkeiten dem Gegner überlassen«. Die Entscheidung über Angriffe des Heeres und der Luftwaffe im Westen behält er sich vor; allein die Marine soll mit dem »Handelskrieg« beginnen, allerdings nur gegen britische Schiffe.

Auch in seinem Aufruf »An das deutsche Volk!« sind es allein die »britischen Geld- und Machtpolitiker«, die als Gegner genannt werden: »Den Kampf gegen ihren neuen Versuch, Deutschland zu vernichten, nehmen wir nunmehr auf.« Er verbreitet Zuversicht: Ein einiges deutsches Volk sei unbesiegbar, erklärt er und droht: »Wer sich jetzt an dieser Einigkeit versündigt, hat nichts anderes zu erwarten, als dass er als Feind der Nation vernichtet wird.« Deutschland werde nicht kapitulieren. Die Mitglieder der NSDAP nimmt er in die Pflicht, »in ihrem persönlichen Leben die Opfer auf sich zu nehmen, die die Gemeinschaft zu tragen hat«. Wichtig sei allein, dass Deutschland siege: »Wir haben nichts zu verlieren, wir haben alles zu gewinnen.«

Den »Soldaten der Ostarmee« ruft er zu: »Ihr habt schon in zwei Tagen Leistungen vollbracht, auf die ganz Deutschland mit Stolz blickt.« Von den »Soldaten der Westfront« erwartet er, dass sie die Grenzen des Reiches schützen: »Der Kampf im Osten wird in wenigen Wochen seinen erfolgreichen Abschluss gefunden haben.« Am Schluss kündigt er an, Berlin zu verlassen und als Oberster Befehlshaber an die Front im Osten zu fahren. Zuvor schreibt er noch an Mussolini, bedankt sich bei ihm für seine Unterstützung und kündigt an, dass die »polnische Armee in ganz kurzer Zeit zusammenbrechen« werde.

Paris liegt am Abend im Dunkeln. Im Radio ist eine Ansprache von Ministerpräsident Daladier zu hören, der seinen Entschluss rechtfertigt: »Ich habe ununterbrochen bis zur letzten Minute für den Frieden gearbeitet. Wir führen den Krieg, weil er uns aufgezwungen wurde.« Die Verantwortung falle restlos auf die Hitler-Regierung. »Deutschland will die Vernichtung Polens, um schnell seine Vormacht in Europa zu sichern und Frankreich zu versklaven.« Aber Frankreich erhebe sich gegen die »furchtbarste aller Tyranneien und kämpfe für die Freiheit«. Er ruft die Franzosen und Französinnen auf: »Vereinigt eure Anstrengungen im tiefen Gefühl der Einheit und der Brüderlichkeit zum Heil des Vaterlandes.« Widerspruch kommt nur von der äußersten Rechten: »Nieder mit dem Krieg! Es lebe Frankreich!« Hoffnung schöpft Daladier aus Geheimdienstberichten, die die »Schwäche der deutschen Wirtschaft« hervorheben, so dass Blockade und Wirtschaftskrieg mit der Zeit Erfolg versprechen.

Der nach Paris umgesiedelte Exil-Vorstand der SPD hört aus Deutschland vom »unterirdischen Groll, der die Basis des Regimes im Tiefsten erschüttert«: Erste militärische Niederlagen und verzweifelte Hungerrevolten würden genügen, um »dieses Kartenhaus der Macht zu stürzen«. Auswirkungen auf die »ohnehin niedrige Moral der Deutschen« verspricht sich der polnische Botschafter in Paris, wenn denn Frankreich sehr bald mit Luftschlägen gegen Deutschland beginne. Von Außenminister Bonnet verlangt er, dass die französische Armee umgehend und mit allen Kräften die gesamte deutsche Westfront angreife. Beide bekräftigen am folgenden Tag durch ihre Unterschrift das bestehende Militärbündnis, das im Falle eines Angriffs durch eine europäische Macht (gemeint ist Deutschland) die sofortige gegenseitige Unterstützung verlangt.

In London ist es sehr ruhig. Mehr als eine halbe Million Menschen haben an den Tagen zuvor die Stadt verlassen. Nach getaner Arbeit schließt das Außenamt am Nachmittag seine Pforten. Anders in der Downing Street No. 10: Dort kommt um 17 Uhr das Kriegskabinett unter dem Vorsitz von Premier Chamberlain zu seiner ersten Sitzung zusammen, um die ersten Paukenschläge zur Eröffnung des Krieges gegen Deutschland zu beschließen. Neu sind zwei Minister, die bereits im vorangegangenen Krieg in der Regierung waren, darunter der 64-jährige Churchill, der auf den Posten des Marineministers (»First Lord of the Admiralty«) zurückkehrt, den er 1915 wegen des Misserfolgs im Krieg gegen das Osmanische Reich hatte verlassen müssen.

Auf der Tagesordnung stehen drei Punkte:

- Aktion gegen die deutsche Kriegsflotte: Churchill wird ermächtigt, deutsche Kriegsschiffe in Wilhelmshaven zu bombardieren.
- Abwurf von Flugblättern: Über Hamburg, Bremen und dem Ruhrgebiet sollen noch in der Nacht Flugblätter abgeworfen werden, um den Deutschen zu demonstrieren, dass britische Flugzeuge über ihrem Land fliegen.
- Absprache mit den Franzosen: Bombenangriffe sollen sich nicht gegen die Zivilbevölkerung richten.

Mit Befriedigung wird weiterhin die Mitteilung zur Kenntnis genommen, dass Australien bereits angefragt habe, welche Hilfe London erwarte; man rechne mit ähnlichen Anfragen der anderen Dominien. Schließlich wird die Haltung Rumäniens mit seinen im britischen und amerikanischen Besitz befindlichen Ölförderquellen angesprochen: Liege seine Neutralität im britischen Interesse oder solle man sich bemühen, es auf britischer Seite in den Krieg zu ziehen? Das Problem wird zunächst den Generalstabschefs überlassen. Der neunköpfige innere Kreis des Gesamtkabinetts, dem auch wieder der frühere Außenminister Anthony Eden angehört, nun als Minister für die Beziehungen zu den Dominien, will künftig jeden Tag zusammenkommen.

Am Abend wird aus dem Buckingham Palast eine Botschaft von König George im Radio übertragen: »Zum zweiten Mal im Leben vieler von uns befinden wir uns im Krieg.« Aber um der Ordnung und des Friedens in der Welt willen müsse man sich der Herausforderung stellen:

»Ich rufe mein Volk hier im Lande und meine Völker in Übersee dazu auf, diese Aufgabe zu ihrer eigenen zu machen. Bleibt ruhig, fest und vereint in dieser Zeit der Prüfung. Die Aufgabe wird schwer sein. Es können düstere Zeiten kommen, der Krieg kann nicht mehr auf das Schlachtfeld begrenzt werden. Wenn wir entschlossen und getreu zusammen stehen, bereit zu jedem Dienst und jedem Opfer, werden wir mit Gottes Hilfe siegen.«

Es wird versprochen, jedem Haushalt im Lande eine Kopie dieser Botschaft mit der Unterschrift des Königs zuzuschicken.

In den USA stimmen die Zeitungskommentare mit Chamberlain überein: Die Verantwortung für den Ausbruch der Feindseligkeiten liege auf den Schultern eines Mannes, des deutschen Kanzlers. Die *New York Times* ruft die Auseinandersetzungen um die Schuld am Weltkrieg in Erinnerung und stellt fest: »Es ist in höchstem Grade unwahrscheinlich, dass es unter kompetenten und unparteiischen Historikern eine ähnlichen Streit über den Beginn des Krieges zwischen Deutschland und Polen geben wird.« Andere Zeitungen verlangen, dass die USA trotzdem neutral bleiben sollten:

»Wir sind glücklich, auf dieser Seite des Atlantiks zu leben, und sollten uns jetzt nicht zur Verantwortung für die Tragödie in Europa äußern. Vielmehr sollten wir unsere ganze Kraft und alle unsere Entscheidungen darauf richten, unsere eigene Beteiligung zu verhindern.«

Bei einer Meinungsumfrage in den USA zum Verkauf amerikanischer Rüstungsgüter an Großbritannien und Frankreich halten sich Befürworter und Gegner die Waage. Entsprechend vorsichtig verhält sich Präsident Roosevelt, der die Änderung des Neutralitätsgesetzes erneut im Blick hat. Er greift die unterbrochene Tradition seiner Plauderstunden am Kamin wieder auf und spricht am Abend vom Weißen Haus über alle Radiostationen zu seinen »Landsleuten und Freunden«: »Wenn der Friede irgendwo auf der Welt gebrochen wird, ist der Friede in allen Ländern in Gefahr.« Man möge sich wünschen, von den Kriegsereignissen nicht betroffen zu sein, aber man müsse begreifen, dass sie die Zukunft Amerikas beeinflussen. Er versichert: »Unser Land wird neutral bleiben.« Aber, fügt er hinzu: »Ich kann nicht von jedem Amerikaner verlangen, auch in Gedanken neutral zu bleiben.« Er hoffe und glaube, dass sich die USA aus dem Krieg heraushalten können. »Solange ich es verhindern kann«, schließt er, »wird das Licht des Friedens in den Vereinigten Staaten nicht erlöschen.« Eine Son-

Zeitungsausrufer am 4. September in New York: »Deutschland wurde der Krieg erklärt«

dersitzung des Kongresses noch im September wird vorbereitet. Die Rüstungsindustrie erwartet eine Konjunktur mit demokratischem Segen.

Es wird offenbar von einem langen Krieg ausgegangen. Chamberlain rechnet mit mehreren Jahren, aber hofft auf ein früheres Ende, nicht durch einen militärischen Sieg, sondern, wie im vorangegangenen Weltkrieg, durch den Zusammenbruch der deutschen *Heimatfront*: »Die Deutschen müssen überzeugt werden, dass sie nicht gewinnen können.« Es komme darauf an, auf die Denkweise der Deutschen einzuwirken. Dazu gehören nicht nur Bombenangriffe auf Kriegsschiffe, sondern auch Worte, die er an die Deutschen richtet und über einen französischen Sender ausstrahlen lässt:

> »In diesem Krieg kämpfen wir nicht gegen euch, das deutsche Volk, dem wir nicht grollen, sondern gegen ein tyrannisches Regime, das nicht nur sein eigenes Volk betrogen hat, sondern die gesamte Zivilisation des Westens und alles, was euch und uns teuer ist.«

Er rechtfertigt den Krieg mit der britischen Verpflichtung, das von Deutschland angegriffene Polen zu verteidigen.[13]

Doch schon bald zeigt sich, dass Krieg erklären und Krieg führen zweierlei sind.

18. KAPITEL
Der seltsame Krieg
(September – Dezember 1939)

Der Krieg findet nicht nur in Polen statt, sondern wird auch in den Medien ausgefochten, in den Zeitungen, im Radio und in den Wochenschauen. Die Auswahl der Nachrichten und Bilder, die Gestaltung von Hör- und Filmberichten, die Verbreitung von Broschüren und Flugblättern sind Teil der Kriegführung: Sie sollen die Sichtweisen auf den Krieg beeinflussen, die eigene Bevölkerung siegessicher machen, die Gegner verwirren, neutrale Länder gewinnen. Was in Deutschland *Propagandaministerium* heißt, wird in Frankreich *Generalkommissariat für Information* und in Großbritannien *Ministerium für Information* genannt. Überall sind Zensoren am Werk, werden Zeitungsleser, Rundfunkhörer und Kinogänger mit staatlichen Glaubenssätzen versorgt. Der Blick über den Zaun wird eingeschränkt, verpönt oder verboten und doch vielfach gewagt. Wer im Publikum kann sich noch auf dem Kriegsschauplatz zurechtfinden, wenn es bei der Berichterstattung nicht um Fakten, sondern nur noch um die Bewertung von Fakten geht?

Propagandakrieg

Das Faktum ist unbestreitbar: Keine zehn Stunden, nachdem Premierminister Neville Chamberlain im Unterhaus Deutschland den Krieg erklärt hatte, ereignet sich am Abend des 3. September nordwestlich von Irland an Bord des britischen Passagierschiffs *Athenia* auf dem Weg nach Kanada eine Explosion. Die meisten der 1418 Menschen, darunter auch einige hundert US-Amerikaner, können gerettet werden, bevor das Schiff am folgenden Tag sinkt; etwa 100 kommen durch die Explosion und bei den Rettungsmaßnahmen ums Leben. Unter den Briten gibt es keinen Zweifel: Ein deutsches U-Boot hat mit einem Torpedo das Schiff getroffen und versenkt. Das Informationsministerium weist darauf hin, dass die *Athenia* entgegen der Abkommen zur Seekriegsführung ohne vorherige Warnung angegriffen und dass für die Rettung ihrer Passagiere nichts getan worden sei.

Im britischen Unterhaus wird am selben Tag hervorgehoben, dass alle Teile der Bevölkerung auf »diese neue Gewalttat der Deutschen gegen unsere Handelsmarine mit Entsetzen, Abscheu und Empörung« reagiert haben. In seiner ersten Rede als Marineminister erinnert Winston Churchill daran, dass auch Deutschland diese Art der Kriegführung als »unmenschlich« gebrandmarkt habe. Er sichert zu, dass die größten Anstrengungen unternommen würden, möglichst bald ein Konvoi-System im Atlantik-Verkehr einzuführen. In den Zeitungen werden Besatzungsmitglieder der *Athenia* und Überlebende zitiert, die nicht nur die Blasenspur des Torpedos, sondern in 300 Meter Entfernung auch ein auf- und dann wieder abtauchendes U-Boot gesehen haben wollen.

In Deutschland lässt Propagandaminister Joseph Goebbels sofort seine »Dementiermaschine« anlaufen. Die Beteiligung eines deutschen U-Bootes wird mit der Begründung abgestritten, Hitler habe der Wehrmacht die Einhaltung des Völkerrechts und anderer Abkommen befohlen. Man begnügt sich nicht mit dem Abstreiten, sondern geht zum Angriff über: Die Meldung sei eine britische »Greuellüge für Amerika«. Churchill wolle mit diesem »Propagandatrick« die öffentliche Meinung in den USA beeinflussen, wo »Kriegstreiber eine Ausweitung des Konflikts anstreben«.

Tatsächlich werden Erinnerungen an den britischen Dampfer *Lusitania* wach, der mit vielen Amerikanern an Bord im Mai 1915 von einem deutschen U-Boot versenkt worden war: Allerdings hatte es damals noch fast zwei Jahre gedauert, bis die USA dem Deutschen Reich den Krieg erklärten. Auch diesmal reagiert man in Washington zurückhaltend und hält an der Neutralität fest: Die Wahrheit ist wie eine Nadel im Heuhaufen. In der *Neuen Zürcher Zeitung* heißt es: »Die Berichte sind derart widersprechend, dass man sich kein abschließendes Urteil bilden kann.« (Erst Wochen später bekennt sich ein deutscher U-Boot-Kommandant nach seiner Rückkehr gegenüber der Seekriegsleitung zur Versenkung der abgedunkelt und im Zickzack-Kurs fahrenden *Athenia*, die er für einen Hilfskreuzer gehalten habe; ein öffentliches Eingeständnis erfolgt nicht.)

Zwei britische Aktionen finden ebenfalls großen Widerhall in den Zeitungen: Am frühen Morgen des 4. September werfen britische Aufklärer mehrere Millionen Flugblätter entlang des Rheins zwischen Koblenz und Düsseldorf und an der ostfriesischen Küste bis Bremen ab. Die »Warnung Großbritanniens an das deutsche Volk« will den Deutschen die von der »Nazi-Zensur verheimlichte Wahrheit« übermitteln: »Ihr verfügt nicht über die Mittel, einen langen Krieg durchzuhalten. Ihr seid am Rande des Bankrotts.« Dagegen die Briten mit ihren Bundesgenossen: »Wir verfügen über unermessliche Reserven an Manneskraft, Rüstung und Vorräten. Wir können euch unerbittlich bis zur Enderschöpfung bekämpfen.« Nach dieser Entmutigung folgt eine Ermutigung zum Sturz Hitlers: »Ihr habt das Recht, auf Frieden zu bestehen. Auch wir sind bereit, den Frieden mit jeder friedlich gesinnten deutschen Regierung abzuschließen.« Goebbels findet die Flugblätter »so doof«, dass er auf jede Reaktion verzichtet. Er lässt aber prüfen, ob man über Großbritannien zur Zerrüttung des Pfundes Falschgeld abwerfen lassen sollte.

Noch mehr Raum erhält der erste britische Luftangriff auf deutsche Kriegsschiffe am späten Nachmittag des 4. September: Das Informationsministerium meldet die erfolgreiche Bombardierung von Schlachtschiffen in und vor Wilhelmshaven sowie bei Brunsbüttel. Dabei sei »schwerer Schaden« entstanden; durch deutsche Jäger und Flugabwehr habe es »einige Verluste« gegeben. Genauere Zahlen werden nicht genannt. Der mutige Kampfeinsatz der Piloten bei schlechtem Wetter und heftiger Gegenwehr wird gelobt: »Ihre Erfolge sind von höchster Wichtigkeit.« Premier Neville Chamberlain sieht darin den Beweis für die Fähigkeit der Königlichen Luftwaffe, »Angriffe auch unter schwierigsten Bedingungen durchzuführen«.

In deutschen Zeitungen ist dagegen zu lesen: »Englischer Luftangriff erfolgreich abgeschlagen«. Im Wehrmachtbericht heißt es, dass die Bombenabwürfe keinen Schaden angerichtet hätten und die Hälfte der angreifenden Flugzeuge abgeschossen worden sei. Im Tagebuch der deutschen Seekriegsleitung wird vermerkt, dass die *Emden* in Wilhelmshaven durch den Absturz eines Flugzeugs beschädigt worden sei und die *Gneisenau* bei Brunsbüttel aus einem abgeschossenen Flugzeug einen Toten und zwei Verwundete geborgen habe; ein britischer Bomber habe sich beim Rückflug über Dänemark verirrt und seine Last über Esbjerg abgeworfen.

Französische Zeitungen unterstehen der Zensur und begnügen sich mit der Wiedergabe offizieller Kommuniqués des Generalstabs. Am 4. September besteht das erste aus einem Satz: »Die Kriegshandlungen haben für die gesamten Land-, See- und Luftstreitkräfte begonnen.« Am Abend des nächsten Tages heißt es lakonisch: »Unsere Truppen haben überall entlang unserer Grenze zwischen Rhein und Mosel Stellung bezogen.« Am 6. September lautet der erste Satz des Kommuniqués: »Unsere vordersten Einheiten haben die Grenze überschritten, rücken entsprechend der Frontlage unterschiedlich weit vor und stoßen überall auf Abwehrstellungen und Maschinengewehrfeuer.« Einen Tag darauf begnügt man sich mit wenigen Worten: »An der Front bedeutsame Tätigkeit an der einen und anderen Stelle.« Am 9. September wird gemeldet: »Ein glänzender Angriff einer unserer Divisionen hat uns in die Lage versetzt, einen bedeutenden Geländegewinn zu erzielen.« Eine beigefügte Karte zeigt das Kampfgebiet: Die französischen Truppen sind fünf bis acht Kilometer ins Saarland eingedrungen, haben einen Wald erobert und stehen nicht weit von der Saar.

Von diesem französischen Vorstoß ist in deutschen Zeitungen nichts zu finden. Sie halten sich an die Weisung: »Kein Wort gegen die bramarbasierende Kriegsberichterstattung des französischen Generalstabs.« Im Wehrmachtbericht wird in diesen Tagen nur der Abschuss einiger französischer Flugzeuge erwähnt. Französische Soldaten haben den Schutz der Maginotlinie verlassen, gehen aber nicht gegen den Westwall vor. Sie halten Plakate hoch: »Bitte nicht schießen, wir schießen nicht.« Deutsche Soldaten antworten: »Wenn ihr nicht schießt, schießen wir auch nicht.« Über Lautsprecher sollen die Franzosen entmutigt werden: »Lasst uns nicht auf Befehl Großbritanniens gegenseitig umbringen.« Vorsichtshalber wird trotzdem die Evakuierung Saarbrückens und anderer Grenzstädte durchgeführt. Goebbels hält für den 9. September in seinem Tagebuch fest: »Im Westen nichts Neues.«

Auch das polnische Propagandaministerium ist eifrig tätig. Es werden Gerüchte verbreitet: britische Luftangriffe auf Berlin und französische Vorstöße über den Rhein, Danzig eingenommen und Hamburg dem Erdboden gleichgemacht. Es ist die Rede von Attacken polnischer Kavallerie auf Ostpreußen und Schlesien. Es wird der Abschuss von Dutzenden deutscher Flugzeuge bei der Bombardierung polnischer Städte und Dörfer gemeldet. Am 6. September erscheint der *Kurjer Warszawski* (»Warschauer Kurier«) mit der Schlagzeile. »30 polnische Flugzeuge bombardierten Berlin«, es heißt, dass die deutsche Flugabwehr hilflos gewesen sei und alle Flugzeuge, die an dem Angriff teilgenommen haben, unversehrt in ihre Basen zurückgekehrt seien. In Berlin herrsche »Niedergeschlagenheit«: An einen Sieg glaube dort niemand, die Geschäfte seien leer gekauft und die Bevölkerung der Verfolgung von Gestapo und SA ausgesetzt.

Deutsche Zeitungen geben sich nicht einmal die Mühe eines Dementis: Sie sprechen von »polnischen Märchenerzählern« und einer »niederschmetternden Stimmung in Polen«: Die wachsende Lebensmittelknappheit in Warschau habe »stärkste Beunruhigung« hervorgerufen und es sei zu Ausschreitungen gekommen, bei denen die Polizei rücksichtslos vorgegangen sei und zahlreiche Verhaftungen vorgenommen habe. Die Erwartung der polnischen Bevölkerung auf die Hilfe Großbritanniens und Frankreichs sei zusammengebrochen.

Tatsächlich verlassen immer mehr Menschen mit der Eisenbahn oder im Auto fluchtartig die polnische Hauptstadt, um im Osten und Süden des Landes Schutz zu suchen, meldet die *Neue Zürcher Zeitung*. »Wo sind die Briten? Wo sind die Franzosen?« werde gefragt. Während der polnische Rundfunk dazu aufruft, Ruhe zu bewahren, bereitet sich die polnische Regierung darauf vor, ihren Sitz 150 Kilometer südöstlich nach Lublin zu verlegen. Außenminister Józef Beck richtet noch einen Appell an Paris und London: »Es muss alles getan werden«, verlangt er, »die Moral des Feindes zu erschüttern.« Er stellt Forderungen: Luftangriffe der Briten und Franzosen auf militärische Ziele in Deutschland, um die Deutschen zu überzeugen, dass die Verbündeten sich aktiv am Krieg beteiligen, und um Panik zu erzeugen; Durchbrechung des Westwalls, um den Mythos seiner Unüberwindbarkeit zu zerstören; und schließlich ein Landungsunternehmen an der deutschen Küste. So solle den Deutschen der Glaube an den Sieg genommen und die Lage der polnischen Streitkräfte erleichtert werden. Beck verlässt am 5. September die Hauptstadt, fordert das diplomatische Korps auf, ihm zu folgen, und überlässt es seinem Stellvertreter, die an seinem Amtssitz im Palais Brühl zurückgelassenen Geheimpapiere zu vernichten.

Goebbels bringt seine Propagandamaschinerie auf Hochtouren: »Deutscher Vormarsch auf allen Fronten erfolgreich«, lautet die Schlagzeile des *Völkischen Beobachters* am 3. September. Ein paar Tage später heißt es: »Ostoberschlesien in deutscher Hand« und »Hoffnungslose Lage der polnischen Korridor-Armee«. Anders als in London bleiben in Berlin Theater und Kinos geöffnet. Wer sich den *Verkannten Lebemann* oder *Es flüstert die Liebe* ansehen will, bekommt vorher in der Ufa-Wochenschau gezeigt, wie die Rüstungsindustrie mit Hochdruck arbeitet, und gesagt, wie der »Siegeszug unserer Soldaten unaufhaltsam vorwärts« gehe.

Goebbels prüft die Aufnahmen und Texte der Kriegswochenschau höchstpersönlich. In der zweiten Ausgabe ist die Rede von einer »wilden Flucht der Polen«. Zugleich werden jedoch die Zeitungen angewiesen, die Leistungen der deutschen Truppen nicht dadurch zu verkleinern, dass man »den Gegner über Gebühr als feige und verächtlich hinstelle«. Auch der deutsche Wehrmachtbericht erkenne die Tapferkeit des polnischen Soldaten an. In der Wochenschau wird sogar Bedauern gezeigt: »Der Pole«, heißt es im Kommentar, »wurde für englische Interessen in den Krieg gezwungen.«

Goebbels sorgt auch dafür, dass Siegesmeldungen umgehend über den Rundfunk verbreitet werden. Am Abend des 8. September wird feierlich verkündet: »Deutsche Panzertruppen sind um 17.15 Uhr in Warschau eingedrungen.«[1]

Eine Vorhut ist bis zum Hauptbahnhof gekommen, zieht sich aber wegen unerwartet starker Gegenwehr bald wieder zurück. Die Polen hoffen weiter auf die zugesagte britische und französische Unterstützung.

Der Sechzehn-Tage Krieg

»Die Operationen des Heeres in Polen«, meldet der deutsche Wehrmachtbericht, »nahmen am 5. September ihren planmäßigen Fortgang.« Es ist der Tag, an dem die polnische Führung, Präsident, Regierung und Oberkommando, Warschau verlässt. Ahnen die polnischen Politiker und Generäle, was der deutsche Generalstab geplant hat? Ist es eine Flucht mit dem Eingeständnis der Niederlage oder ist es ein Rückzug, um sich neu zu sammeln und Zeit zu gewinnen, bis die Verbündeten wie zugesagt Deutschland im Westen angreifen und Polen entlasten? Jedenfalls werden 80 Tonnen Gold der polnischen Staatsbank in Busse und auf Lastwagen verladen und unter scharfer Bewachung auf den Weg nach Süden geschickt.

Es ist der militärische Sachverstand des Schweizer Generalstäblers Ulrich Wille, der am selben Tag aus dem schnellen Vordringen der beiden Heeresgruppen in südöstlicher und nordöstlicher Richtung das deutsche Ziel erkennt: »Sie werden ihre Vereinigung etwa in der Gegend von Warschau anstreben.« Wie mit riesigen Sensen wird über das platte Land gefahren, wo auch die flachen Flüsse keine Hindernisse darstellen. Der Himmel steht den Polen ebenfalls nicht bei und lässt zwei Wochen lang keinen Regen fallen, der den deutschen Vormarsch im polnischen Schlamm stecken bleiben lassen sollte. Als Vorbild dient dem deutschen Generalstab die mehr als 2000 Jahre zurückliegende Umfassungsschlacht von Cannae: Was damals Hannibal mit den römischen Legionen in einem Kessel von wenigen Kilometern Durchmesser gelang, soll sich nun in einem Raum von mehreren hundert Kilometern Tiefe vollziehen, die Umzingelung und Vernichtung der gesamten polnischen Streitmacht.

Die Schnellen Truppen der Deutschen mit ihren gepanzerten und motorisierten Einheiten kommen schneller voran, als die Polen sich zurückziehen können. Nach einer Woche beginnt sich der Kreis um mehrere polnische Armeen westlich der im großen Bogen durch das Land fließenden Weichsel zu schließen; nach einer weiteren Woche geben sich die aus Norden und Süden vormarschierenden deutschen Truppen etwa 100 Kilometer östlich von Warschau die Hand; die polnische Hauptstadt ist eingeschlossen. Es gibt polnischen Widerstand, es gibt Kämpfe, aber nur wenige große Schlachten. Wie als Zeichen für den kommenden Sieg zeigt die deutsche Wochenschau als besondere Aktualität der zweiten Kriegswoche endlose Züge von polnischen Soldaten, die in die Gefangenschaft marschieren.

Es vergeht kein Tag, an dem die polnischen Botschafter in London und Paris nicht auf die Hilfe der Verbündeten drängen. Sie bekommen nicht

Hitler in Begleitung seiner Heerführer bei einem Besuch der polnischen Front Mitte September 1939

mehr als leere Versprechungen zu hören. Der britische Außenminister Halifax versichert »hoch und heilig, dass Großbritannien ab sofort einzig und allein das Ziel verfolgt, Deutschland zu besiegen«; allerdings wolle man seine Streitkräfte nicht verzetteln, da sie für den entscheidenden Schlag benötigt würden. Der französische Generalstabschef Maurice Gamelin sagt dem polnischen Oberkommando einen »sehr ernsthaften Angriff« auf den Westwall zu, aber hat nicht die Absicht, kostbare Divisionen in einem überstürzten Ansturm auf stark befestigte Stellungen zu riskieren. Der polnische Botschafter in Paris bietet der französischen Armee seine in Frankreich lebenden Landsleute für den Angriff auf Deutschland an und vereinbart mit Daladier die Bildung einer polnischen Einheit »für den Kampf um die Freiheit«. Dringende Wünsche der Polen nach Kriegsmaterial, vor allem nach Flugzeugen, Maschinengewehren und Munition, werden abgelehnt: »Es gibt nur einen Weg, Polen wirksam zu helfen: Krieg gegen Deutschland, bis Polen wiederhergestellt ist«, heißt es auf der Sitzung des britischen Kriegskabinetts am 8. September.

Das hört sich nicht nach unmittelbar bevorstehenden militärischen Hilfsaktionen an. Durch eine energische Erklärung will Premierminister Chamberlain den Polen das Gefühl nehmen, dass die Verbündeten sie im Stich lassen, und sie daran hindern, sich den Deutschen zu ergeben. Als bri-

Aus sicherer Entfernung beobachtet Hitler das Geschehen an der Front

tisches Kriegsziel will er die »Vernichtung des Hitlerismus« verkünden. In feierlicher Form soll erklärt werden, dass Großbritannien alle seine Kräfte mobilisieren wolle, um den Krieg erfolgreich zu beenden. Im Kriegskabinett ist man sich allerdings einig, dass das »mindestens drei Jahre« dauern könnte. Diese Entschlossenheit, nach einer möglichen Niederlage Polens auf Friedensangebote aus Berlin nicht eingehen zu wollen, wird der Öffentlichkeit mitgeteilt, und alle Ministerien werden angewiesen, die Rüstungsmaschine auf höchste Touren zu bringen. Die polnische Regierung lässt ihre Botschafter in London und Paris die »unfaire Behandlung« beklagen und verbreitet im Radio weiterhin Erfolge an der Front.

Die Siegesmeldungen auf den Titelseiten deutscher Zeitungen steigern sich in der zweiten Septemberwoche: »Die Westerplatte hat kapituliert« – »Einmarsch in Lodz« – »Rascher Vormarsch in Galizien« – »Stürmische Verfolgung« – »Warschau jetzt völlig eingeschlossen«. Besonders aufgemacht werden Reisen Hitlers ins Kampfgebiet: Von seinem neuen Hauptquartier in Oberschlesien fliegt er, begleitet von Presse-, Radio- und Kameraleuten, bis dicht an die Front, lässt sich von den Generälen Bericht erstatten und von den Soldaten bestaunen. Für ein Foto steht er gemeinsam mit ihnen an der Feldküche und probiert eine heiße Suppe. Am 13. September stattet Hitler der vier Tage zuvor kampflos besetzten Stadt Łódź, dem Zentrum der polnischen Industrie 120 Kilometer südwestlich von Warschau, einen überraschenden Besuch ab und widerlegt damit eine polnische Meldung über die Rückeroberung der Stadt.

Diese Meldung des polnischen Rundfunks findet auch ihren Weg in die Londoner *Times* und löst neue Zuversicht aus: »Deutscher Vormarsch gestoppt – Polnischer Widerstand verstärkt sich – Warschau kämpft weiter.« Die polnischen Streitkräfte seien dabei, feste Verteidigungsstellungen östlich der Weichsel einzunehmen. Unterstützt würden sie durch ein Tiefdruckgebiet, das Regen gebracht habe und die Straßen zunehmend unpassierbar machen würde. Hervorgehoben werden die Ankunft der ersten britischen Truppentransporte und die Stationierung britischer Kampfflugzeuge in Nordfrankreich. Überdies gebe es Gerüchte über Unruhen in Westdeutschland und über hohe Verlustzahlen der deutschen Armeen.

Gerät die deutsche Heimatfront ins Wanken, wie es sich Chamberlain gewünscht hat? Seine größte Sorge ist, dass Hitler nach dem Zusammenbruch Polens ein Friedensangebot mache, dem Frankreich erliegen könnte. Er drängt den französischen Ministerpräsidenten Édouard Daladier zu einem Treffen in kleinem Kreis, der als »Oberster Kriegsrat« die Entzweiung der beiden Regierungen verhindern und ihre Übereinstimmung demonstrieren solle. Man trifft sich am 12. September unter größter Geheimhaltung für einige Stunden auf halber Strecke zwischen London und Paris in dem kleinen Küstenort Abbeville. Über drei Punkte sind sich die beiden Regierungschefs schnell einig:

- Wir lassen uns nicht auseinanderdividieren.
- Wir schließen Frieden nur mit einer Regierung, die unsere Vorstellungen über Europas Zukunft akzeptiert.
- Wir können nichts tun, was die Polen davor bewahrt, überrannt zu werden.

Größere Operationen auf dem westlichen Kriegsschauplatz werden vor dem Frühjahr 1940 nicht vorgesehen: keine weiteren Vorstöße gegen den Westwall, keine weiteren Luftangriffe auf die deutsche Küste, keine Kriegsschiffe in die Ostsee. Man setzt Hoffnungen auf einen polnischen Guerilla-Kampf im Rücken der deutschen Truppen und auf das Zusammenbrechen der deutschen Moral. Der Kampf gegen Polen gefalle vielen Deutschen, aber der Testfall komme, wenn sie gegen Frankreich und Großbritannien kämpfen müssten: »Die Zeit arbeitet für uns«, erklärt Chamberlain, »und gegen Deutschland.« Man beschließt: »Unser Ziel ist Hitler-Deutschlands

Niederlage.« Und: »Für Polen können wir nicht viel tun. Der Krieg wird an der Westfront gewonnen.« Im offiziellen Kommuniqué hört es sich anders an: »Großbritannien und Frankreich sind entschlossen, alle mögliche Hilfe ihrem polnischen Verbündeten zu leisten, der mit so großer Tapferkeit dem rücksichtslosen Einmarsch in sein Gebiet widersteht.«

Zufrieden kehrt der britische Premier zurück nach London, wo er am folgenden Tag im Kabinett und im Unterhaus die »völlige Übereinstimmung der öffentlichen Meinung auf beiden Seiten des Kanals« bekräftigt:

> »Das französische und das britische Volk sind gleichermaßen entschlossen, in vollem Umfang ihre Verpflichtungen gegenüber Polen einzuhalten wie auch für alle Zeiten dem unerträglichen Druck der andauernden Bedrohung durch die Nazi-Aggression ein Ende zu bereiten.«

Die militärische Lage zeichnet Chamberlain vorsichtig optimistisch: Er begrüßt die Entschlossenheit aller Dominien, dem Mutterland mit Worten und Taten beizustehen. Die französischen Operationen der ersten Phase seien rundum erfolgreich. Die bereits in Frankreich eingetroffenen britischen Truppen seien noch nicht in Aktion. Die Königliche Luftwaffe setze ihre Aufklärungsflüge fort, die Flotte stehe bereit und jage feindliche U-Boote. Einen »unbezähmbaren Geist« bescheinigt er den Polen, die sich »von der überwältigen Übermacht der deutschen Luftwaffe nicht einschüchtern« ließen.

Auch wenn sich einige polnische Militärs weiterhin siegesgewiss zeigen, verstärkt sich bei polnischen Politikern der Eindruck, dass Frankreich und Großbritannien keinen ernsthaften Angriff auf Deutschland vorhaben. Polens Außenminister Józef Beck bekennt gegenüber US-Botschafter Anthony Biddle, dass die Lieferungen der Rüstungsindustrie ausbleiben und die Munitionsvorräte ausgehen: »Kann Roosevelt nicht wenigstens Rohstoffe schicken – es geht um Leben oder Tod, jede Stunde zählt.« Die polnische Führung verlässt Lublin und setzt ihre Flucht zusammen mit dem diplomatischen Korps südostwärts Richtung rumänische Grenze fort.

Ein polnischer Militärarzt, der zunächst in Lublin stationiert und dann jenseits vom Bug nach Ostpolen versetzt worden war, hält für den 13. September in seinem Tagebuch fest, wie er bereits nach zwei Tagen des Nachts mit ein paar Habseligkeiten und seinem Personal weiterziehen muss, da die Deutschen Ziele in der Stadt bombardieren und in schnellem Tempo auf den Bug vorrücken. Die Straße nach Südosten ist überfüllt mit Fahrzeugen aller Art, Radfahrern und Fußgängern: »Die Menschenmassen ziehen, von Panik ergriffen, voran, ohne zu wissen, wohin und warum und ohne jede

Vorbeimarsch von deutschen Truppen an Hitler beim Übergang über den San in Südpolen am 15. September 1939

Ahnung, wo dieser Auszug enden würde.« Vollbesetzte Omnibusse wie auch Pferdekarren mit Frauen und Kindern kommen nur langsam voran. Staatslimousinen, stark verschmutzt und meist mit Warschauer Kennzeichen, versuchen, die Lastwagenkonvois zu überholen: »Es macht traurig, so viele hochrangige Offiziere wie Oberste und Generäle mit ihren Familien zu sehen.« Hunderte von verlassenen Autos säumen die Straße: Auch zum verdreifachten Preis ist kaum Benzin zu bekommen. Die polnische Führung erreicht am 14. September das Städtchen Kuty, wo eine niedrige Holzbrücke über den Grenzfluss ins neutrale Rumänien führt.

Die deutschen Erfolgsmeldungen reißen in diesen Tagen nicht ab: Polnische Armeen werden eingekesselt und strecken die Waffen. Festungen werden belagert und eingenommen. Der Ring um Warschau wird enger gezogen. Die in Konkurrenz zu Danzig erbaute Hafenstadt Gdingen kommt in deutsche Hand. Deutsche Vorstöße zielen schon auf Gebiete und Städte, die sich Polen 1920/21 von der Sowjetunion angeeignet hatte, Brest in Weißrussland sowie Lemberg in der Ukraine. Abgesehen von einigen abgesprengten Truppenteilen halten sich Mitte September größere polnische Verbände nur noch in der Festung Modlin nördlich von Warschau und in der unbefestigten Hauptstadt, die sich jedoch gegen den deutschen Angriff zu wappnen sucht.

Der deutsche Wehrmachtsbericht meldet: »Der Feldzug in Polen geht seinem Ende entgegen.« Auch der Militärsachverständige der *Neuen Zürcher Zeitung* stellt nach zwei Wochen fest: »Die polnische Armee ist in dieser kurzen Frist geschlagen worden.« Zurückgeführt wird das auf eine motorisierte Offensive mit Panzern und Flugzeugen, von denen die Deutschen »mit aller Energie Gebrauch« gemacht hätten. Die deutschen Truppen stehen nun in einem großen Kreis um Warschau und haben den größten Teil des polnischen Gebiets in ihrer Gewalt. Doch die Hauptstadt soll sich verteidigen: Die Bevölkerung der Millionen-Stadt wird an der weiteren Flucht gehindert und zur Bildung von Freiwilligenkorps aufgerufen, die in den Straßen Barrikaden errichten und bewaffnet werden sollen. Der Stadtkommandant macht Mut: Die deutsche Luftwaffe habe wegen der Verluste ihre Aktivität eingestellt, drei Panzer seien erbeutet sowie zahlreiche Offiziere und Soldaten gefangen genommen worden.

Der Befehlshaber der deutschen Truppen vor Warschau fordert am 16. September eine »kampflose Übergabe«, die der Stadtkommandant ablehnt. Daraufhin werden über Warschau mehrere Millionen Flugblätter abgeworfen, auf denen die Bewohner aufgefordert werden, innerhalb von zwölf Stunden die Stadt zu verlassen. Danach gelte Warschau als Kampfgebiet, wird gedroht, »mit allen sich daraus ergebenden Folgen«.

Doch der deutsche General lässt sich Zeit: Als das Ultimatum abläuft, fällt die Rote Armee in Ostpolen ein.[2]

Der sowjetische Einmarsch in Polen

Am Sonntag, dem 17. September frühmorgens um 3 Uhr wird der polnische Botschafter in Moskau Wacław Grzybowski ins sowjetische Außenministerium gebeten. Er ist entsetzt über das, was er vom Vizeaußenminister zu hören und zu lesen bekommt:

> »Die sowjetische Regierung hat die Rote Armee angewiesen, die Grenze nach Polen zu überschreiten und Leben sowie Eigentum der Bevölkerung in der Westukraine und in Westweißrussland unter ihren Schutz zu nehmen.«

Besonders empört ihn die Begründung für den Einmarsch: Nach zehn Tagen Krieg habe Polen seine gesamten Industriegebiete verloren, War-

OBYWATELE STOLICY!

NACZELNY WÓDZ
MARSZAŁEK POLSKI ŚMIGŁY-RYDZ, odgrodzony od Warszawy, a kierujący bezpośrednio grupą naszych wojsk na południowym wschodzie, nadesłał mi następujący

ROZKAZ:

– Należy bronić stolicy, albowiem z jej posiadaniem łączy się honor Narodu.
W ciężkich chwilach, które przeżywa Armia, należy pamiętać, że zwycięży w końcu męstwo i uporczywa walka, połączone z duchem ofensywy.
Walkę tę należy prowadzić na wszystkich odcinkach bez wytchnienia i z wiarą w końcowe zwycięstwo!
Czas pracuje dla nas.
Środki wroga topnieją.
A więc – działać i nie tracić ducha!

DOWÓDCA ARMII
(–) Rómmel
Generał Dywizji

16.9.39

An die »Bürger der Hauptstadt« wird ein Befehl »unseres Führers Marschall Śmigły-Rydz« ausgegeben: Warschau soll zur »Ehre der Nation« verteidigt werden und den »Geist des Angriffs« zeigen. Den Warschauern wird Mut gemacht: »Die Kämpfe werden unaufhaltsam zum Endsieg führen. Die Zeit arbeitet für uns. Die Kräfte des Feindes lassen nach.«

schau existiere nicht mehr als Hauptstadt, die Regierung zeige keine Lebenszeichen mehr, der polnische Staat und seine Regierung hätten aufgehört zu existieren:

> »Die Sowjetregierung kann nicht länger neutral bleiben und nicht gleichgültig die in Polen lebenden ukrainischen und weißrussischen Blutsbrüder ihrem Schicksal überlassen und ohne Schutz bleiben lassen.«

Der polnische Botschafter protestiert, verlangt »slawische Solidarität gegen den Germanismus«, weigert sich, die Note anzunehmen, und bittet Außenminister Beck in einem offenen Telegramm um weitere Instruktionen.

Der deutsche Botschafter in Moskau, Friedrich von der Schulenburg, ist bereits eine Stunde zuvor von Stalin in Anwesenheit von Regierungschef Molotow und Kriegsminister Woroschilow informiert worden: »Heute morgen um 6 Uhr wird die Rote Armee die Grenze überschreiten.« Damit es nicht zu Zwischenfällen komme, bittet Stalin dringend darum, dass die deutsche Luftwaffe die im Zusatzprotokoll zum Nichtangriffspakt vereinbarte Demarkationslinie zwischen den Interessensphären nicht mehr überfliege: »Unsere Flugzeuge werden schon heute anfangen, die Gegend östlich von Lemberg zu bombardieren.« Er wolle sein Bestes tun, antwortet Schulenburg.

Protest erhebt er allerdings gegen die Begründung für den Einmarsch, die in der Note angeführt wird, die anschließend dem polnischen Botschafter und gleichzeitig den anderen diplomatischen Vertretungen sowie der Presse und dem Rundfunk übergeben werden soll: Die Sowjetunion müsse »zum Schutz ihrer ukrainischen und weißrussischen Brüder« vor der Bedrohung durch »dritte Mächte« eingreifen. Molotow rechtfertigt diese Spitze gegen Deutschland mit dem Fehlen anderer Gründe: »Wir haben uns bisher um die Lage unserer Minderheiten in Polen nicht gekümmert.« Doch Stalin ändert den Text der Note »bereitwilligst« mit einem Federstrich.

Überrascht ist Schulenburg nicht. Bereits am 4. September hatte er Molotow Außenminister Ribbentrops Anfrage überbracht, ob die sowjetische Streitmacht nicht gegen die polnischen Streitkräfte vorgehen und das Gebiet der sowjetischen Interessensphäre besetze wolle. »Der Zeitpunkt ist noch nicht herangereift«, hatte Molotow abgewehrt. Abwarten heißt die Devise im Kreml. Beim »Kampf der kapitalistischen Staaten um die Weltherrschaft« hofft Stalin, dass »sie kräftig aufeinander einschlagen und sich schwächen«. Er schlägt vor, die »eine Seite gegen die andere aufzubringen, damit sie sich noch stärker in die Haare kriegen«. Wenn dann der Kapitalismus ins Wanken gerate, stehe für die Kommunisten die »Vernichtung der Sklaverei« auf der Tagesordnung.

Doch am 9. September drängte der deutsche Außenminister den Botschafter erneut zur Vorsprache bei Molotow und auf eine schnelle Entscheidung im Kreml: »Die polnische Armee befindet sich im Zustand der Auflösung. Eile ist geboten.« Molotow räumte daraufhin ein: »Wir sind durch die unerwartet schnellen deutschen Erfolge völlig überrumpelt.« Es seien zwar schon drei Millionen Soldaten mobilisiert worden, aber die Rote Armee brauche zur Vorbereitung noch zwei bis drei Wochen. Am 14. September kündigte er dann an, dass die sowjetische Aktion früher erfolgen könne, aber erst, wenn Warschau gefallen sei.

Am selben Tag war in der Parteizeitung *Prawda* (»Wahrheit«) ein Artikel über die »Ursachen der militärischen Niederlage Polens« erschienen: Sie liegen, heißt es, in der inneren Schwäche des Vielvölkerstaates, in dem die Minderheiten 40 Prozent ausmachten: Besonders die acht Millionen Ukrainer und drei Millionen Weißrussen seien die »Objekte der grausamsten, unverhülltesten Ausbeutung durch die polnischen Großgrundbesitzer«. Ihre Gebiete seien in eine »rechtlose Kolonie« verwandelt worden, und es habe »gewaltsame Polonisierungsversuche« gegeben. Ein solcher Nationalitätenstaat könne »keine gefestigte Militärmacht darstellen«. Britische und französische Zeitungen sahen in dieser »antipolnischen Kampagne« eine Parallele zum deutschen Propagandafeldzug gegen die Tschechoslowakei und eine Ankündigung für ein sowjetisches Eingreifen zur Rückeroberung der 1920 von Polen angeeigneten Gebiete: Eine neue Teilung Polens stehe bevor, wurde befürchtet. Die *Neue Zürcher Zeitung* sah an der polnisch-sowjetischen Grenze »Gewitterzeichen« aufziehen:

> »Die roten Truppen stehen zum Sprung auf Polen bereit, und der Vorwand, der dabei herhalten muss, spielt für das robuste Gewissen der russischen Machthaber überhaupt keine Rolle.«

Auf großen Widerstand stoßen die sechs sowjetischen Armeen am frühen Morgen des 17. September an der 1500 Kilometer langen Front nicht. Den polnischen Grenzsoldaten wird zugerufen: »Schießt nicht, wir kommen, um Euch gegen die Deutschen zu helfen.« Panzer sind mit roten und weißroten Fahnen geschmückt, Flugblätter werden abgeworfen und Plakate angeschlagen, auf denen Rotarmisten zu sehen sind, wie sie mit dem Bruderkuss empfangen werden und polnische Machthaber vertreiben: »Wir kommen nicht als Eroberer, sondern als Befreier.«

Sowjetische Soldaten treffen in Ostpolen auf deutsche Soldaten: Man versteht sich gut.

In Kuty herrscht Verwirrung: Oberbefehlshaber Rydz-Śmigły befiehlt den polnischen Truppen, nicht gegen die Rote Armee zu kämpfen und sich nach Rumänien oder Ungarn abzusetzen. Außenminister Beck empfängt den britischen und den französischen Botschafter, erwartet von London und Paris einen »kategorischen Protest in Moskau gegen die sowjetische Aggression« und rät ihnen, das Land sofort zu verlassen: »Es wird einen schnellen und vollständigen Zusammenbruch geben.« Der Flüchtlingsstrom über die Grenze reißt nicht ab; gut hundert polnische Flugzeuge, zivile wie militärische, landen in Rumänien. Nachdem ein Großteil des polnischen Goldschatzes in Constanza am Schwarzen Meer auf einem britischen Tanker mit Fahrtziel Istanbul verfrachtet worden ist, sucht auch die polnische Staatsführung am Abend des 17. September Zuflucht in Rumänien. Anders als das Gold darf sie nicht durchreisen, sondern muss in dem sich neutral erklärten Lande bleiben.

Die Nachricht vom sowjetischen Einmarsch löst im deutschen Hauptquartier in Oberschlesien Hektik aus. Die deutschen Truppen stehen am 17. September bereits bis zu 200 Kilometern jenseits der in Moskau am 23. August vereinbarten Demarkationslinie. Um Zusammenstöße mit der

Beim Einmarsch der Rotarmisten wird auf dem vorbereiteten Plakat in Lemberg zum Empfang der Bruderkuss verlangt: »Unsere Armee ist die Befreiungsarmee der Arbeiter«, wird Stalin zitiert.

Roten Armee zu vermeiden, wird befohlen, die deutschen Angriffsspitzen sofort anzuhalten und das sowjetische Interessengebiet zu räumen. Im Abstand von etwa 25 Kilometern sollen die sowjetischen Truppen nachrücken. Nur vereinzelt kommt es zu Zwischenfällen. Wenige Tage später wird das bereits von deutschen Truppen eingeschlossene Lemberg in der Westukraine ordnungsgemäß übergeben, wird im weißrussischen Brest am Bug sogar eine gemeinsame Parade abgehalten. Während viele Polen die Gebiete fluchtartig verlassen, begrüßen Ukrainer und Weißrussen die Rotarmisten als Befreier mit Blumen sowie Brot und Salz. Ukrainische Hoffnungen auf Selbstständigkeit werden jedoch gedämpft: Statt der Nationalfarben blau-gelb solle die rote Fahne gehisst werden. Hunderttausende polnischer Offiziere und Soldaten geraten in sowjetische Gefangenschaft.

Noch ist Polen jedoch nicht vollständig besiegt, noch zeigen sich die barrikadierte Hauptstadt Warschau, die nahegelegene Festung Modlin und das Fort auf der Halbinsel Hela vor Gdingen zum Widerstand entschlossen. Trotzdem erklärt Hitler am 19. September in Danzig: »Wir haben Polen in kaum 18 Tagen zusammengeschlagen.« Wie in einem Triumphzug war er in die Stadt eingezogen. Hakenkreuzfahnen säumen die Straßen, Banner verkünden: »Danzig grüßt seinen Führer!« Aus allen Fenstern regnet es Blumen, tönt es: »Wir danken unserem Führer!« Der Börsensaal im historischen Artushof gleich neben dem Rathaus am Langen Markt hat sich mit 500 Menschen gefüllt, die eine Rede hören, die über alle Sender in Deutschland und auch ins Ausland verbreitet wird.

Hitler zieht eine erste Erfolgsbilanz, hebt den Einsatz von Infanterie, motorisierten Verbänden, Marine und Luftwaffe hervor, gesteht den polnischen Soldaten zu, »tapfer gefochten« zu haben, führt die Zahl von 300 000 Gefangenen an. Er lässt offen, wie Deutschland und die Sowjetunion die »endgültige Gestaltung in diesem großen Gebiet« regeln würden, und kündigt an, dass sich in gegenseitigem Interesse die »beiden größten Völker und Staaten in Europa miteinander verständigen« würden. Darin zeige sich, dass Deutschland »sehr begrenzte Ziele habe«, die Ukraine nicht erobern und Europa nicht bis zum Ural beherrschen wolle, auch keine Welteroberungspläne verfolge. Es klingt wie ein Friedensangebot, wenn er hinzufügt: »Ich habe weder gegen England noch gegen Frankreich irgendein Kriegsziel.« Wenn Großbritannien jedoch vor allem einen »Krieg gegen das heutige Regime in Deutschland« führen wolle, dann würden nicht das deutsche Volk zerbrechen, sondern die »Staaten, diese sogenannten Weltimperien, die nur auf Völkerunterdrückung und Völkerbeherrschung aufgebaut« seien. Durch eine »lächerliche Propaganda« werde das deutsche

Am 19. September 1939 besucht Hitler Danzig und hält eine Rede im Artushof am Langen Markt, wo seit Jahrhunderten Kaufleute der Hanse Feiern abhielten und Geschäfte machten

Volk nicht wieder wie 1918 zersetzt: »Dieses Deutschland kapituliert nicht!« Er hoffe vielmehr bei den anderen Völkern auf die Einsicht, »wie zwecklos dieser Krieg sein wird«.

Genau 24 Stunden später erteilt Premier Chamberlain im Unterhaus seine Antwort: Auch wenn Großbritannien und Frankreich die Niederlage der polnischen Armeen nicht verhindern konnten, stünden sie doch zu ihren Verpflichtungen und blieben entschlossen, den Kampf fortzusetzen. Hitlers Rede ändere nichts an ihrem Ziel, erklärt er, »Europa die andauernde und immer wiederkehrende Furcht vor der deutschen Aggression zu nehmen und die Völker Europas zu befähigen, ihre Unabhängigkeit und ihre Freiheit zu bewahren«. Den Einmarsch der Roten Armee in Polen auf Befehl der sowjetischen Regierung, mit der London und Paris noch fünf, sechs Wochen zuvor über Hilfeleistungen für Polen verhandelt hatten, verurteilt er nicht, er hält ihn nur für »ungerechtfertigt«.

Ist Großbritannien nicht durch seine Garantie für Polen verpflichtet, im Falle einer sowjetischen Invasion nun auch Moskau den Krieg zu erklären? fragen die britischen Generalstabschefs in einem Memorandum. Im Kriegskabinett wird ihnen jedoch offenbart, dass den Polen wohl Hilfe im Falle einer Aggression »durch eine europäische Macht« zugesagt, aber in einem geheimen Zusatz vereinbart wurde, dass damit allein Deutschland gemeint sei: »Es gibt keine Verpflichtung Großbritanniens, im Falle einer sowjetischen Invasion der Sowjetunion den Krieg zu erklären«, heißt es unter Punkt 8 im Protokoll. Viel ausführlicher ist unter Punkt 2 die Versenkung des britischen Flugzeugträgers *Courageous* südwestlich von Irland durch ein deutsches U-Boot am Abend des 17. September behandelt worden. Marineminister Churchill führt den Verlust auf den Mangel an Zerstörern zurück, den er durch Einkäufe in den USA beheben wolle.

Auch Ministerpräsident Daladier weist Hitlers Zusagen in einer vom Rundfunk übertragenen Rede als lügnerisch zurück: »Wenn er es könnte, würde er Frankreich zerstören.« Hitler wolle die Verbündeten von einander trennen, die seinen Griff nach der Weltmacht aufhalten wollen. Er werde sein Ziel nicht erreichen:

> »Wir führen Krieg, weil wir nicht wollen, dass Frankreich versklavt wird. Ganz Frankreich ist aufgestanden! Bei uns gibt es keine Verräter, nur ein einmütiges Volk, das mutig und entschlossen auf seine Fahnen geschrieben hat: Freiheit oder Tod.«

Wer sein Ohr dem Feinde leiht und sich »defätistisch« äußert (»Man hätte Hitler Danzig geben sollen«), wird zu Gefängnis verurteilt. Das gilt auch für den Aufruf »Friede sofort!«, der in hunderttausend Exemplaren verteilt wird. Daladier bereitet das Verbot der Kommunistischen Partei vor, die als einzige französische Partei die Aktion der Roten Armee rechtfertigt und im Auftrag der *Komintern* den »Krieg um die Weltherrschaft« verurteilt. Der KPF-Vorsitzende Maurice Thorez setzt sich über Brüssel nach Moskau ab. Nur ein nach Paris emigrierter deutscher Kommunist prangert den »feigen Überfall auf das geschwächte Polen« als »russischen Dolchstoß« an: »Es ist ein Russland, das seine imperialistischen Machtansprüche mit Feuer und Schwert angemeldet hat«, schreibt Willi Münzenberg in der *Zukunft*.[3]

Die beiden Regierungschefs Chamberlain und Daladier halten am 22. September ihren zweiten geheimen Kriegsrat ab, diesmal für vier Stunden im Rathaus des südenglischen Badeortes Hove. Polen ist bereits abgeschrieben und wird nicht erwähnt. Obwohl die französische Armee vollständig mobilisiert ist und eine britische Division an der Grenze zu Belgien Stellung bezogen hat, wird kein Angriff auf Deutschland geplant. Daladier sucht nach anderen Schlachtfeldern im Osten: »Wir halten es für sehr wichtig, in Saloniki oder in Istanbul Truppen aufzustellen.« Wenn Deutschland den Balkan beherrsche, würde es über genügend Rohstoffe verfügen, um einen langen Krieg zu führen: »Unsere Truppen würden den Balkanstaaten Mut einflößen und ihnen helfen, den deutschen Vormarsch zum Mittelmeer aufzuhalten.« Chamberlain reagiert höflich, indem er im Prinzip zustimmt, und ablehnend, indem er eine gründliche diplomatische und militärische Vorbereitung verlangt.

Auch beim zweiten Thema, der Zusammenarbeit bei der Rüstungsproduktion, kommt man in Hove über Absichtserklärungen nicht hinaus. Daladier wünscht sich britische Kampfjäger und britische Flugabwehrgeschütze, Chamberlain sagt jede nur mögliche Hilfe zu. Daladier beklagt, dass den französischen Munitionsfabriken wegen der Mobilisierung die Facharbeiter fehlen, Chamberlain bedauert, dass die britische Produktion noch nicht ihre höchste Stufe erreicht habe. Beide vereinbaren, sich gemeinsam in den USA um Unterstützung zu bemühen. Daladier bringt seinen Finanzberater Jean Monnet als Koordinator ins Spiel, der bereits zehn Monate zuvor sein Glück in Washington versucht hatte; er verschweigt, dass er bereits zwei Experten über den Atlantik geschickt hat, die sich bei amerikanischen Flugzeugwerken um den Kauf von 2800 Flugzeugen und 10 000 Motoren bemühen.

Die Königliche Luftwaffe bleibt dabei, Flugblätter gegen den deutschen Durchhaltewillen abzuwerfen:

> »Drei Jahre Krieg! Hält Deutschland aus? Nein! Mangel an Erdöl! Mangel an Metallen! Mangel an Textilien! Mangel an Fetten!«

Nur ein »Konfetti-Krieg«, wie ein britischer General abfällig meint. Der französische Generalstabschef Gamelin bereitet den Rückzug seiner Soldaten von der Saar vor. Der französische Finanzminister Paul Reynaud legt eine Kriegsanleihe auf, zeigt eine Weltkarte, auf der die riesenhaften Kolonialreiche Großbritanniens und Frankreichs rot eingefärbt sind, und verspricht: »Wir werden siegen, weil wir die Mächtigsten sind.«

»Haben Sie Hitler im Radio gehört?« wird US-Präsident Roosevelt am 19. September bei einer Pressekonferenz im Weißen Haus gefragt. Nur die ersten drei Minuten, lautet die Antwort, deshalb wolle er sie nicht kommentieren. Auch die Frage zur Wirkung von »Russlands Eintritt in den Krieg«

Aufruf für eine französische Rüstungsanleihe: Wir werden siegen, weil wir die Mächtigsten sind

wimmelt der Präsident ab; er will die Sowjetunion nicht »weiter in Hitlers Arme treiben«. Sein Ziel ist völlig auf die Änderung des »sogenannten Neutralitätsgesetzes« gerichtet. Im Juli war die Aufhebung des Verbots von Waffenlieferungen an kriegführende Staaten abgelehnt worden. Jetzt hat er beide Kammern des Kongresses zu einer Sondersitzung am 21. September einberufen und die Änderung erneut auf die Tagesordnung gesetzt. Dazu haben ihn neben Außenminister Hull seine Botschafter in Westeuropa gedrängt.

William Bullitt hatte aus Paris Daladiers Wunsch übermittelt: »Wir können diesen Krieg nur mit Hilfe umfassender Lieferungen aus den Vereinigten Staaten gewinnen.« Bullitt warnend: »Wenn das bisherige Neutralitätsgesetz in Kraft bleibt, werden Frankreich und Großbritannien sehr bald besiegt sein.« Einige Tage später ergänzte er:

> »Wir werden in der fürchterlichsten Art von Hitler bedroht. Wenn wir nicht sofort das Neutralitätsgesetz ändern und Frankreich wie Großbritannien unverzüglich mit allen Rüstungsgütern beliefern, die wir produzieren können, wären wir verrückt.«

Joseph Kennedy hatte aus London ebenfalls von Rüstungssorgen berichtet: »Wenn wir nicht das Recht bekommen, in den USA einzukaufen«, hatte der britische Kriegsminister gemeint, »wäre Großbritannien am Ende.« Und Kennedy hatte Chamberlains Bitte weitergegeben: »Uns sollte wenigstens gestattet sein, Waren zu kaufen, sie zu bezahlen und selber abzutransportieren.« Ein neues Gesetz wäre im Augenblick die größte psychologische Hilfe für die Briten, ein Scheitern, meint Chamberlain, wäre die »reinste Katastrophe für Großbritannien und Frankreich«. Man hofft in London, über die gesamte Wirtschaftskraft der Vereinigten Staaten verfügen zu können.

Tatsächlich besteht der Kern der Botschaft, die Roosevelt am Nachmittag des 21. September im Kongress verliest, in seiner Forderung, das Waffenembargo aufzuheben, um Großbritannien und Frankreich zu unterstützen. »Es ist höchst gefährlich für Amerikas Neutralität, Amerikas Sicherheit und Amerikas Frieden.« Amerika wolle sich aus dem Krieg heraushalten, aber es sei von Vorteil für die USA, Tausenden von Menschen Beschäftigung in der Rüstungsindustrie zu verschaffen und so die eigene Verteidigung zu stärken. Roosevelt vermeidet es, direkt Länder zu benennen, die Waffen erhalten und die keine Waffen erhalten sollen. Er gebraucht Umschreibungen, die jeder Amerikaner versteht, und spricht von einer Landmacht (gemeint ist Deutschland), die eine Seemacht (gemeint ist Großbritannien) mit Krieg bedrohe und im Vorteil wäre, wenn sie sicher sein könnte, dass ihrem Gegner kriegsnotwendige Güter vorenthalten würden.

Auch Hitler erwähnt er nicht namentlich; aber er spricht von »Kräften, die die Grundlagen der Zivilisation angreifen«. Jetzt gehe es um das »wahre Interesse Amerikas« als Erbe der europäischen Zivilisation: »Das Schicksal scheint uns zu zwingen, dabei zu helfen, in der westlichen Welt eine Festung zu bewahren, in der diese Zivilisation am Leben erhalten werden kann.« Roosevelt beschließt seine Botschaft mit einem Appell an die versammelten Abgeordneten und Senatoren zur Gemeinsamkeit: »Zeigen Sie der Welt durch Ihren Entschluss: Wir in den Vereinigten Staaten sind ein Volk, eines Sinnes, einer Überzeugung und fest entschlossen, im Licht des Lebens mit Gott zu gehen.« Die New Yorker Börse reagiert am folgenden Tag zunächst freundlich auf die Botschaft. Doch sowie einige Senatoren Widerstand ankündigen und klar wird, dass sich die Beratungen im Kongress über den Gesetzesvorschlag des Präsidenten länger hinziehen könnten, halten sich die Börsianer wieder zurück. Roosevelt lässt einen demokratischen Senator seine Kollegen auf Präsidentenlinie bringen und ein »Friedenskomitee zur Änderung des Neutralitätsgesetzes« aktiv werden.

Den Einmarsch der Sowjetunion in Ostpolen spricht Roosevelt überhaupt nicht an. Die Heeresberichte des Generalstabs der Roten Armee bringen täglich Erfolgsmeldungen: »Bei der Liquidierung der polnischen Armee haben sich heute sechs polnische Infanteriedivisionen und zwei Schützenregimenter ergeben«, heißt es etwa am 22. September. Die Übergabe der zuvor von deutschen Truppen eroberten Gebiete Ostpolens erfolge im »besten Einvernehmen«.[4] Was soll aus Polen werden?

Der Sieg über Polen

Moskau drängt Berlin zu sofortigen Verhandlungen über die »Gestaltung des polnischen Raumes«. Stalin ist entschlossen, das »sozialistische System auf die neuen Gebiete und ihre Bevölkerung auszudehnen«. Damit zukünftig Reibungen zwischen Deutschland und der Sowjetunion vermieden werden, solle es ein selbständiges »Restpolen« nicht geben. Außenminister Ribbentrop macht sich am 27. September wieder auf den Weg nach Moskau, wo er mit allen Ehren empfangen wird. Im Kreml wird hart verhandelt und üppig getafelt, werden Trinksprüche ausgetauscht und Ballett-Tänze bewundert. Im Kern geht es um die genaue Grenzlinie zwischen dem Deutschen Reich und der Sowjetunion. Stalin bietet an, auf die der Sowjetunion ursprünglich zugesprochenen Gebiete zwischen Warschau und Bug im Tausch gegen Litauen zu verzichten: So werde die polnische Bevölkerung nicht geteilt und es könne kein »Unruheherd« entstehen. Ribbentrop durchschaut, dass die Sowjetunion sich damit vom »polnischen Problem entlastet« und sich neben Estland und Lettland auch Litauen einverleiben wolle. Doch Hitler stimmt zu. Stalin lehnt Ribbentrops Wunsch nach den Ölfeldern bei Lemberg ab, aber sagt entsprechende Öllieferungen zu. Polen wird zwischen beiden etwa halbe-halbe geteilt.

Nach mehrstündigen Verhandlungen unterzeichnen Ribbentrop und Molotow am Morgen des 29. September einen »Deutsch-sowjetischen Grenz- und Freundschaftsvertrag«, der »nach dem Auseinanderfallen des bisherigen polnischen Staates den dort lebenden Völkerschaften ein ihrer völkischen Eigenart entsprechendes friedliches Dasein« sichern solle. Es wird auf einer Karte die genau beschriebene Grenze quer durch Polen eingetragen und bekräftigt, dass damit ein »sicheres Fundament für eine fortschreitende Entwicklung der freundschaftlichen Beziehungen zwischen beiden Völkern und für einen dauerhaften Frieden in Osteuropa« gelegt werde. In einer gemeinsamen Erklärung wird an Großbritannien

Außenminister Ribbentrops zweiter Besuch in Moskau: Molotow und Stalin schauen zu, wie Ribbentrop am frühen Morgen des 29. September 1939 den »Deutsch-sowjetischen Grenz- und Freundschaftsvertrag« unterzeichnet

und Frankreich appelliert, dem »bestehenden Kriegszustand ein Ende zu machen«. Sollten die beiden Staaten, diese »Brandstifter eines neuen Weltkrieges«, dem Appell nicht folgen, sei klar, dass sie »für die Fortsetzung des Krieges verantwortlich« seien, kommentiert die *Prawda*.[5]

Während in Moskau die Verhandlungen ablaufen, konzentrieren sich die deutschen Truppen auf den Endkampf um Polens Hauptstadt. Kommandant und Bürgermeister hatten eine Kapitulation abgelehnt. Londons Bürgermeister hatte sie dabei mit einer am 19. September vom britischen Rundfunk in polnischer Sprache übertragenen Botschaft unterstützt:

> »Bürger von Warschau! Wir haben die mutigen Worte Eures Bürgermeisters gehört und wir sind bewegt von dem unbeugsamen Geist, in dem Ihr alles verteidiget, was Euch lieb und wert ist. Unsere Herzen sind bei Euch.«

Warschaus Bürgermeister bedankte sich für die Zusicherung, »zusammen den gemeinsamen Feind zu bekämpfen«.

Nicht in Warschau bleiben wollen die in der Hauptstadt verbliebenen Diplomaten sowie etwa 1200 Ausländer. Am Abend des 21. September machen sie sich in einer Autokolonne und in drei Sonderzügen mit ihrem Gepäck auf den Weg nach Ostpreußen, wo sie am folgenden Vormittag wohlbehalten eintreffen und über die katastrophale Lage berichten: lange Schlangen vor den Geschäften, Wucherpreise, ungeheizte Wohnungen, Ausbreitung von Krankheiten.

Vor dem Beginn der Beschießung und Bombardierung Warschaus lässt Propagandaminister Goebbels über Warschau wieder Millionen Flugblätter in polnischer Sprache abwerfen:

> »Bürger und Soldaten Warschaus! Ihr seid völlig eingeschlossen. Euer Schicksal ist entschieden. Alle weiteren Kämpfe zerstören nur Euch und Eure Stadt. Jeder weiterer Widerstand wäre deshalb Selbstmord. Ihr seid von allen verlassen und Euch bleibt nur eins: Schließt Frieden!«

Aber der Aufruf bleibt wirkungslos, da die polnische Gegenpropaganda verbreitet, die Papierblätter seien wie die abgeworfenen Süßigkeiten und die Brunnen vergiftet und man solle sie nicht berühren.

Nach gezielten Luftangriffen auf Rüstungsfabriken, Elektrizitäts-, Wasser- und Gaswerke sowie Straßenkreuzungen und Bahnhöfe beginnen die deutschen Truppen am 25. September mit ihrem Sturmangriff auf den Verteidigungsgürtel Warschaus. Das Kampfgeschehen um den südlichen Vorort Mokotow beobachtet Hitler von einem Wasserturm aus. Er war am frühen Morgen von Danzig aus erneut an die Front geflogen. Er braucht kein Scherenfernrohr, um die hohen Rauchsäulen über der Stadt zu sehen; er rechnet mit der baldigen Kapitulation, verlangt, dass sie bedingungslos erfolgen müsse, und kehrt zurück nach Berlin.

Tatsächlich dauert es keine 24 Stunden, bis sich zwei polnische Offiziere bei Generaloberst Johannes Blaskowitz einfinden: Sie bieten eine Waffenruhe zur Vorbereitung von Verhandlungen an, aber müssen hören, dass nur eine »bedingungslose Übergabe« in Frage komme. Am Vormittag des 27. September trifft der polnische General Tadeusz Kutrzeba mit seiner Begleitung unter weißer Fahne bei Blaskowitz am Befehlswagen ein. Es geht darum, wie die Festung Warschau dem Belagerer übergeben werden soll. Ein Rundfunkreporter hat das auf Deutsch geführte Gespräch aufgezeichnet:

Blaskowitz: »Wir wollen die Übergabe Ihrer gesamten Geräte, Materialien und Waffen möglichst einfach gestalten.«

General Johannes Blaskowitz im Gespräch mit General Tadeusz Kutrzeba, dem Führer der polnischen Parlamentäre, zur Übergabe der Stadt Warschau mit ihren Forts

Kutrzeba: »Ich bin sehr dankbar dafür, dass wir die Waffen (nicht) direkt den Deutschen übergeben müssen, von Mann zu Mann. Ich bitte Sie, dass wir die Sachen lagern und das gesamte Lager abtreten.«

Blaskowitz verlangt, dass die gelagerten Waffen vom polnischen Militär bewacht werden, damit die Bevölkerung keinen Besitz davon ergreife.

Auf polnischer Seite gibt es Bedenken wegen der zeitlichen Fristen des Abmarsches der Truppen: »Wir haben kolossale Verkehrshindernisse in der Stadt, weil noch immer Barrikaden sind.«

Blaskowitz: »Der Abzug der Garnison erfolgt am (Mittag des) 29. September.«

Kutrzeba: »Könnten wir das in der Nacht machen! Es ist ein furchtbares Gefühl, tagsüber durch die Zivilbevölkerung marschieren zu müssen. Die Leute sind nicht im Bilde, dass wir kapitulieren.«

Blaskowitz: »Ich sehe das ein. Wir werden den Abzug abends auf 20 Uhr verlegen.«

Rund hunderttausend polnische Soldaten sollen erfasst werden und in ein Lager kommen, aus dem sie nach ein paar Tagen in ihre Heimat entlassen werden sollen. Zur Vereinbarung gehört auch, dass Feldküchen wie

Anfang Oktober verlassen rund hunderttausend polnische Soldaten nach Abgabe ihrer Waffen die polnische Hauptstadt, von den Warschauern am Straßenrand mit gemischten Gefühlen beobachtet

Proviant für die nächsten Tage mitgenommen werden und die abziehenden Offiziere ihren Degen behalten dürfen. Freigelassen werden eingesperrte Männer, Frauen, Kinder, die als *Volksdeutsche* in den ersten Kriegstagen von polnischen Sicherheitskräften aus den Grenzorten ins Landesinnere verschleppt worden waren: »Ihr könnt nach Hause gehen«, wird ihnen von den Bewachern verkündet, die sich dann aus dem Staube machen.

Der Einmarsch der deutschen Truppen beginnt erst, nachdem auch die 30 Kilometer entfernte Festung Modlin und die Festung Hela vor Gdingen die Waffen gestreckt haben. Warschaus Straßen zeigen das traurige Bild von Krieg und Not: Zerschossene Gebäude, tote Pferde, aufgerissene und durch umgestürzte Straßenbahnen versperrte Straßen. An den Wänden Plakate mit Aufrufen an die Zivilbevölkerung: »Zu den Waffen!« Am Straßenrand Neugierige, die sich fragen: Was wird aus uns Besiegten? – Die oberste Gewalt übernimmt Blaskowitz, die Spitze der Zivilverwaltung ein deutscher Regierungspräsident. Die Angestellten der Stadtverwaltung sollen weiter ihren Dienst versehen, die lebenswichtigen Betriebe und die Lebensmittelversorgung wieder in Gang gesetzt werden. Die Bevölkerung wird aufge-

Anfang Oktober 1939 ziehen deutsche Truppen mit Sack und Pack an der Technischen Hochschule vorbei in Warschau ein

rufen, an bestimmten Sammelstellen alle Waffen abzuliefern: »Wer danach noch im Besitz von Waffen ist oder Waffen versteckt hält«, wird gedroht, »hat sein Leben verwirkt.«

In Deutschland wird Siegesstimmung verbreitet. Hitler empfängt in der Reichskanzlei die am Feldzug gegen Polen beteiligten Oberbefehlshaber, bedankt sich für die »hervorragenden Leistungen«, schlägt sie zu Rittern des Eisernen Kreuzes, sorgt für viele Beförderungen in Heer, Luftwaffe und Marine. Vom 4. Oktober an wird für eine Woche die Beflaggung aller öffentlichen Gebäude angeordnet und täglich von 12 bis 13 Uhr Glockengeläut: »Damit ist der Krieg in Polen zu Ende«, hält Goebbels in seinem Tagebuch fest.

Am 5. Oktober fliegt Hitler zusammen mit OKW-Chef Wilhelm Keitel und SS-Führer Heinrich Himmler nach Warschau: Sie werden von den Armee-Befehlshabern und vom Chef des neugeschaffenen *Reichssicherheitshauptamtes* Reinhard Heydrich begrüßt. Hitler schreitet zu den Klängen des preußischen Präsentiermarsches die Ehrenkompanien von Heer und Luftwaffe ab, fährt durch das zerstörte Warschau und nimmt an der

Am 5. Oktober 1939 nimmt Hitler vor den Toren Warschaus eine Parade der am Krieg mit Polen beteiligten Truppen ab

Lindenallee nach Mokotow zwei Stunden lang eine Parade der am Kampf um Warschau beteiligten Truppen ab. Anschließend stattet er dem am Ende der *Siegesstraße* gelegenen Schlösschen Belvedere einen kurzen Besuch ab, wo Marschall Józef Piłsudski residiert hatte und 1935 gestorben war.[6]

Zurück in Berlin legt Hitler letzte Hand an seine Rede, die er am folgenden Tag im Reichstag halten will. In ganz Europa fragt man sich: Weiter Krieg oder bald Frieden?

Frieden?

Nach fünf Wochen Krieg hoffen die Menschen in Europa, in den neutralen ebenso wie in den kriegführenden Ländern, auf die Wiederherstellung des Friedens. Nach dem gemeinsamen deutsch-sowjetischen Sieg über Polen hält die seltsame Ruhe an der Westfront an; nur auf See wird Krieg geführt. Eine weitverbreitete Stimmung für das Ende des Kriegszustandes ist in Deutschland, Frankreich ebenso wie in Großbritannien zu spüren. Sorgen macht man sich auch jenseits des Atlantiks: Ende September kommen die

Außenminister der 21 amerikanischen Republiken in Panama zusammen und beschließen am 3. Oktober auf Vorschlag der US-Regierung die Einrichtung einer 300-Meilen-Sicherheitszone vor ihren Küsten zum Schutz vor kriegerischen Aktivitäten. Im Übrigen wünsche man in Amerika einen »gerechten Frieden« und mache sich Gedanken über den Wiederaufbau nach dem Kriege.

Die Entscheidung zwischen Krieg und Frieden in Europa liegt in den Händen von Chamberlain und Hitler. Es ist genau ein Jahr her, dass die beiden in München über die Tschechoslowakei verhandelt hatten. Dem britischen Premier fällt es nicht schwer, sich in den deutschen Machthaber hineinzuversetzen. Er rechnet mit einem »sehr vernünftigen Angebot« des Siegers über Polen: »Wir haben keinen Streit mit Euch und sind bereit, als gute Europäer uns ohne weitere territoriale Forderungen zu verständigen.« Warum das Blut guter Männer vergießen, warum nicht wie vernünftige Menschen an einen Tisch setzen? Diesen Verlockungen Hitlers sei schwer zu widerstehen, schreibt Chamberlain seiner Schwester: »Aber wir müssen das Friedensangebot zurückweisen und die Blockade fortsetzen.«

Tatsächlich knüpfen sich an die Ankündigung einer Rede Hitlers im Reichstag große Hoffnungen. Goebbels erwartet ein »Meisterstück der Diplomatie«: »Wir müssen versuchen, die Völker mit ihren Regierungen und Frankreich mit England zu entzweien.« Europa stehe vor einer »geschichtlichen Entscheidung«. In weiteren Vorgesprächen hatte Hitler deutlich gemacht, dass er vor allem auf die Briten Druck ausüben wolle: Sie müssten sich beeilen, wenn sie den Frieden haben wollen, hatte er dem Schweden Birger Dahlerus am 26. September mit auf den Weg nach London gegeben. Und dem italienischen Außenminister Galeazzo Ciano hatte er die deutsche Überlegenheit in der Luft vorgerechnet und seine Bereitschaft zum Angriff verkündet, wenn die Gegner »jeden Gedanken an eine friedliche Regelung abrupt« zurückweisen. Mit der Bemerkung, der Sieg komme mit »mathematischer Sicherheit«, drängte Hitler Italien zur Bereitschaft, am nächsten Waffengang teilzunehmen.[7]

Der Sitzungssaal der Kroll-Oper ist am Mittag des 6. Oktober gut gefüllt: Auf dem Platz eines gefallenen Reichstagsabgeordneten liegt ein Lorbeerkranz, die Tribünen sind vornehmlich von Generälen und Offizieren besetzt. Ungeheurer Jubel bricht los, als Hitler an das Rednerpult unter dem von einem goldenen Strahlenkranz umrahmten Hakenkreuz tritt und »zum deutschen Volk und zur Welt« zu sprechen beginnt. Er liefert zunächst einen kurzen Rückblick auf den »polnischen Feldzug«, feiert den »großen, geschichtlich einmaligen Sieg« und listet die deutschen Verluste auf, die wesentlich geringer als befürchtet ausgefallen seien. Er geht auf die Vorgeschichte des Konflikts und auf die Zusammenarbeit mit der Sowjetunion ein: »Die Völker dieser beiden größten Staaten Europas waren dann am glücklichsten, wenn sie miteinander in Freundschaft lebten.« Gemeinsam wolle man daran gehen, in Osteuropa »Umsiedlungen von Nationalitäten vorzunehmen, um auf diese Weise wenigstens einen Teil der europäischen Konfliktstoffe zu beseitigen«.

Das Ziel seiner Außenpolitik sei es gewesen, die »Ungerechtigkeiten und Unsinnigkeiten« des Versailler Vertrages zu beseitigen. Dabei habe er sich auch um eine Verständigung mit den Großmächten bemüht: Mit dem einstigen Gegner Italien sei man befreundet. Frankreich habe er angeboten, die »alte Feindschaft für immer zu begraben«. Um die Freundschaft mit Großbritannien habe er sich bemüht: »Eine wirkliche Befriedung in Europa und in der Welt kann es nur geben, wenn sich Deutschland und England verständigen.« Auch wenn es als Zeichen der Schwäche gedeutet werden könnte, wolle er nun erneut einen Versuch »zur friedlichen Regelung des Verhältnisses« zwischen Deutschland und den Westmächten machen.

Hitler kleidet sein Friedensangebot in zwei Fragen: »Weshalb soll dieser Krieg stattfinden?« Es sei eine Sinnlosigkeit, gibt er zur Antwort, Millionen von Menschenleben zu vernichten für die Wiederherstellung von Polen. – »Soll dieser Krieg geführt werden, um Deutschland ein neues Regime zu geben?« Selbst wenn das nach einem drei- oder fünf- oder achtjährigen Krieg gelingen sollte, lautet Hitlers Antwort, würde ein Krieg im Westen überhaupt kein Problem lösen: »Die europäischen Staaten müssten dankbar sein, dass Russland und Deutschland bereit sind, aus dem Unruheherd in Osteuropa eine Zone friedlicher Entwicklung zu machen.« Noch wichtiger sei die Herstellung des »Gefühls einer europäischen Sicherheit«. Deutschland sehe keine Ursache und keinen Anlass für eine weitere Veränderung der europäischen Grenzen. Eine weitere Voraussetzung sei die Erleichterung eines freien Handels durch eine »Neuordnung der Märkte und eine endgültige Regelung der Währungen«. Überdies sei für die Herstellung des Friedens eine Abrüstung erforderlich.

Hitler schlägt eine Konferenz der großen Nationen vor, die durch ein internationales Abkommen das »Schicksal Europas auf Jahrzehnte hinaus bestimmen« könne. »Es wäre doch vernünftiger«, lockt er Paris und London, »an diese Lösung heranzugehen, ehe Millionen an Menschen zwecklos verbluten und Milliarden an Werten zerstört sind.« Der Vernichtungskampf werde sich nicht auf das Festland (d.h. Frankreich) beschränken, droht er, sondern auf die See (d.h. Großbritannien) übergreifen: »Es gibt heute keine Inseln mehr.« Es sei kindisch, auf die »Zersetzung« der Deutschen zu hoffen. Jede Seite sei überzeugt, dass sie siege. Das Schicksal werde jedoch entscheiden: »Nur eines ist sicher: Es hat in der Weltgeschichte noch niemals zwei Sieger geben, aber oft nur Besiegte.« Als letzten Wunsch bringt er vor, dass »ganz Europa ein neues Glück des Friedens« erreiche. Unter »brausenden Heilrufen« versichert Reichstagspräsident Göring, dass das »Volk einiger denn je« sei: »Es wird dorthin marschieren, wohin Sie ihm die Richtung geben, sei es zum erwünschten Frieden, sei es zum entschlossensten Widerstand!« Und wie um zu dementieren, dass er als Alternative zur Verfügung stehe, bekräftigt er: »Führer befiehl, wir folgen!«[8]

In der Presse Deutschlands, Italiens, Japans, Spaniens und einiger neutraler Länder wird Hitlers Rede als »Plattform für den Frieden« verbreitet und begrüßt. Die sowjetische Regierungszeitung *Iswestija* sieht in Hitlers »Friedensprogramm« eine praktische Grundlage für Verhandlungen, hält eine Fortsetzung des Krieges für nicht gerechtfertigt und die Parole »Kampf dem Hitlerismus« für einen Vorwand Großbritanniens und Frankreichs, denen es in Wirklichkeit um die »Festigung ihrer Weltherrschaft« gehe. Im Außenministerium in Washington ist man entschlossen, nicht als Vermittler aufzutreten, jedenfalls nicht solange Briten und Franzosen sich nicht melden: »Im Augenblick heißt es Augen auf und abwarten, aber die Zeit wird kommen und zwar bald.« US-Zeitungen lehnen Hitlers Vorschläge rundweg ab: »Hitler ist ohne Zweifel einer der unerhörtesten Lügner in den Annalen der Geschichte seit Beginn der Zivilisation.«

Französische Zeitungen reagieren zurückhaltender und bezeichnen die von der Zensur gekürzte Rede als »Herausforderung der Wahrheit«. Im Lande wie an der Front sei man beunruhigt über die Dauer eines Krieges, der noch gar nicht begonnen habe, ja vielleicht gar nicht stattfinden werde. Ein neues Soldatenlied soll Mut machen: »Nein nie, nein nie gewinnen sie!« Gegen die untergründige Hoffnung auf Frieden ergreift Daladier wenige Tage später im Radio das Wort. Er erinnert daran, warum man »gegen die Aggression zu den Waffen gegriffen« habe: »Wir kämpfen, weil Deutschland die Vormacht in Europa erringen will.« Ein französischer Sieg solle Europa von allen Drohungen der Aggression befreien: »Wir werden solange kämpfen«, erklärt er, die Möglichkeit einer Vermittlung andeutend, »bis wir eine endgültige Garantie der Sicherheit bekommen.« Erneut beschwört er die Einigkeit der Franzosen, die alle bereit seien, bis zum Sieg zu kämpfen. Unter den Soldaten lässt er Jagd machen auf »Defätisten und Antimilitaristen«, die den Propagandasendungen von *Radio Stuttgart* Glauben schenken: »England will bis zum letzten Franzosen kämpfen.«[9]

Auch in Großbritannien gibt es eine untergründige Friedensstimmung. In einer regierungskritischen britischen Zeitung prangert der irische Schriftsteller George Bernard Shaw die geforderten Opfer für die »Ausmerzung des Hitlerismus« an: »Wir müssen Frieden mit Hitler schließen, dürfen kein weiteres Unheil anrichten und dabei unser Volk zu Grunde richten.« Gegenüber seiner Schwester gesteht Chamberlain in diesen Tagen ein, dass gut 40 Prozent der Briefe, die ihn erreichen, verlangen: »Beende den Krieg!« Er wolle jedoch festbleiben, die Blockade aufrecht erhalten, die Munitionsproduktion und weitere militärische Vorbereitungen mit höchster Kraft vorantreiben: »Die einzige Chance für Frieden liegt im Verschwinden Hitlers.« Mit dieser Politik hoffe er, den »Krieg bis zum Frühjahr« zu gewinnen. Dem selbst ernannten Vermittler Dahlerus erteilt er eine Abfuhr: Mit dem augenblicklichen Regime in Deutschland würden keine Unterschriften ausgetauscht. Noch deutlicher äußert sich Marineminister Churchill in einem vertraulichen Gespräch mit dem sowjetischen Botschafter Maiski: »Ich bin für Krieg bis zum Ende. Hitler muss vernichtet werden.« Er teile nicht die Sorgen seiner Kollegen wegen eines »bolschewistischen« Deutschlands: »Besser kommunistisch als nationalsozialistisch.«[10]

Auch Hitler will einen schnellen Sieg und sieht die Gefahren eines langen Krieges: Deutschlands wundester Punkt, das wissen Freund wie Feind, liege im Ruhrgebiet mit seinem Bergbau und seiner Industrie. Wenn London und Paris Belgien und die Niederlande zur Aufgabe ihrer Neutralität zwingen, hätten sie eine günstige Ausgangsbasis für Angriffe auf das Herz der deutschen Rüstungsproduktion. Die Zeit arbeite mehr für die Westmächte als für Deutschland. Wenn Großbritannien und Frankreich nicht bereit seien, den Krieg zu beenden, sei er entschlossen, erklärt Hitler den Oberbefehlshabern der Wehrmacht auf einer Geheimsitzung am 10. Oktober, die »Vernichtung der französisch-britischen Streitkräfte anzustreben«. Für die Fortführung des Krieges lässt er Angriffsoperationen im »luxemburgisch-belgisch-holländischen Raum« vorbereiten. Den Zeitpunkt wolle er »wenn nur irgend möglich noch in diesen Herbst legen«. Daher seien die Auffüllung der Waffenbestände und die Aufstellung der Verbände »auf das äußerste zu beschleunigen«.

Gegen die Fortsetzung des Krieges im Westen rühren sich Hitler-Gegner in Berlin. Besonders aktiv wie schon im September 1938 ist der 55-jährige Carl Goerdeler, ein früherer deutschnationaler Kommunalpolitiker, der bei seinen Reisen nach Washington, Paris und London vom deutschen Widerstand berichtet und zu einem festen Kurs gegen Hitler geraten hatte. Im Oktober trifft er sich mehrmals mit Ulrich von Hassell, dem ehemaligen Botschafter in Rom: Beide sind sich einig, der »Abenteuerpolitik Hitlers

Einhalt zu gebieten«. In die Gespräche einbezogen wird auch der im Spätsommer 1938 zurückgetretene Generalstabschef Ludwig Beck: Er sehe für den Krieg im Westen keine Erfolgschancen. Man will bei einem Bruch der Neutralität Belgiens und der Niederlande auf einen Sturz Hitlers hinarbeiten, dafür General Brauchitsch, den Oberbefehlshaber des Heeres, gewinnen und Göring als »Übergangslösung« nutzen. Sogar an die Wiedereinführung der Monarchie wird gedacht. Hassell bezweifelt jedoch, dass sich Göring von Hitler lösen und sich genügend Generäle einem solchen »Putsch« anschließen würden.[11]

Am 7. und 9. Oktober berät das britische Kriegskabinett über die angemessene Reaktion auf Hitlers Reichstagsrede. Als wichtigstes Kriegsziel bezeichnet Außenminister Halifax die »Beseitigung Hitlers«; das dürfe man aber nicht laut sagen, denn es würde dazu führen, das deutsche Volk hinter Hitler zu vereinen. Auch Chamberlain will es vermeiden, Kriegsziele genau zu benennen. Es könnte »gemäßigte Deutsche« aus Sorge vor einem »Diktatfrieden« davon abhalten, dem »Nazismus« den Rücken zu kehren. Den Deutschen müsste aber klar werden, dass der beste Weg zum Frieden darin bestehe, den »Hitlerismus« loszuwerden. Um zu verdeutlichen, wie die wahre Stimmung in Deutschland sei, wird das Gerücht ausgestreut, das sich rasend schnell über die Netze von Post und Bahn verbreitet: Der britische König, Chamberlain und Daladier seien zurückgetreten, ein Waffenstillstand geschlossen. Im ganzen Reich kommt es zu Freudenkundgebungen, wildfremde Leute umarmen sich, an den Universitäten sind die Studenten begeistert, in Betrieben und Amtsstuben wird gefeiert. Goebbels hat alle Hände voll zu tun, das Gerücht zu dementieren sowie seine Verbreiter ausfindig zu machen und zu bestrafen.

Chamberlains Erklärung vor dem Unterhaus am 12. Oktober ist eine Abrechnung mit Hitler: Im Widerspruch zu seinen Erklärungen habe er Österreich annektiert, sei er über die Tschecho-Slowakei hergefallen und habe Tschechen wie Polen in sein Reich einverleibt: »Nach unseren Erfahrungen ist es nicht länger möglich, sich auf das Wort der augenblicklichen deutschen Regierung zu verlassen.« Hitler fordere die »Anerkennung seiner Eroberungen und seines Rechts, mit den Eroberten zu tun, was ihm beliebt«: »Für Großbritannien ist es unmöglich, eine solche Grundlage zu akzeptieren, ohne seine Ehre einzubüßen und seinen Anspruch aufzugeben, dass internationale Streitpunkte durch Gespräche und nicht durch Gewalt gelöst werden sollten.«

Mit dem Hinweis auf eine Friedensregelung, die die Bedürfnisse aller Länder berücksichtigen müsste, geht Chamberlain zu den britischen

Kriegszielen über. Nicht aus »Rachsucht« sei man in den Krieg gezogen, sondern zur »Verteidigung der Freiheit«: »In Gefahr ist das friedliche Leben in Großbritannien, in den Dominien, in Indien, im Rest der britischen Weltreichs, in Frankreich und in allen freiheitsliebenden Ländern.« Er sei sicher, dass sich alle Völker Europas, auch das deutsche Volk, nach Frieden sehnen. »Was steht einem solchen Frieden entgegen?« fragt er und antwortet: »Es ist die deutsche Regierung und nur die deutsche Regierung, denn sie hat durch wiederholte Akte der Aggression ganz Europa des Friedens beraubt.«

Es genüge nicht, dass Hitler seine Vorschläge genauer formuliere. Chamberlain verlangt »Taten statt Worte«. Erst dann wären die »britischen Völker und Frankreich, unser tapferer und zuverlässiger Verbündeter, berechtigt, die Ausweitung des Krieges bis zur letzten Konsequenz einzustellen«. Die Entscheidungsfrage sei schlicht und einfach: Entweder beweise die deutsche Regierung durch klare Handlungen die Ernsthaftigkeit ihres Friedenswillens oder: »Wir müssen unsere Pflicht bis ans Ende erfüllen.« Er schließt seine Rede mit einem versteckten Appell zur Beseitigung Hitlers: »Es ist an Deutschland, seine Wahl zu treffen.« Er bekommt Applaus und die Zustimmung aller Oppositionspolitiker.[12]

Hitler kommt die Rede des britischen Premiers gelegen: »Chamberlain stößt Deutschlands Friedenshand zurück«, heißt es in deutschen Zeitungen. »Nun kann es gegen England losgehen«, sagt Hitler erfreut zu Goebbels: »Die Engländer müssen durch Schaden klug werden.« Vom Frieden soll in den Zeitungen nicht mehr die Rede sein. An die Presse ergeht die Anweisung, den »deutschen Leser auf Kampf einzustellen«. Da passt es gut, dass es einem deutschen U-Boot gelingt, in der Neumondnacht vom 13. auf den 14. Oktober in das Allerheiligste der britischen Kriegsmarine, die Bucht von Scapa Flow im Norden Schottlands, einzudringen und eines von elf britischen Schlachtschiffen, die *Royal Oak*, mit zwei Torpedo-Schüssen zu versenken sowie ein weiteres Kriegsschiff schwer zu beschädigen. Deutsche Zeitungen feiern die »Heldentat« (»Englands Seeherrschaft immer mehr erschüttert«) und wünschen den Sturz des »gegenwärtigen Ersten Lords der britischen Admiralität« herbei: »Wie lange noch, Mr. Churchill?« fragt der *Völkische Beobachter*.

In London ist man bestürzt über den Verlust von mehr als 800 Seeleuten, darunter viele Jungmatrosen, und die *Times* versucht den Schaden als »unvermeidlichen Preis für die Seemacht« herunterzuspielen. Hinter den verschlossenen Türen des Kriegskabinetts herrschen ungläubiges Staunen über die nachlässigen Vorsichtsmaßnahmen in Scapa Flow und die sichere

Hoffnung auf innere Auseinandersetzungen in Deutschland. Eine Gruppe von Generälen zeige ihre Unzufriedenheit, zitiert Außenminister Halifax Geheimberichte. Eine beträchtliche Zahl von Offizieren sei erschossen, noch mehr seien in Haft genommen worden: »Eine Art von Revolte hat in der Armee stattgefunden.« Auch in der Marine gebe es Enttäuschung. Zusätzlich ist von neutralen Beobachtern etwas über die »verzweifelte und hoffnungslose Stimmung« in der Bevölkerung zu hören: »Die Basis diese Regimes ist im Tiefsten erschüttert.« Wird das Regime in Deutschland über kurz oder lang zusammenbrechen?

In Washington löst der »schreckliche Schlag« gegen die britische Seemacht große Sorgen aus. »Wenn Deutschland das so weiter macht«, hält ein enger Vertrauter Präsident Roosevelts in seinem Tagebuch fest, »mag Gott wissen, was noch geschieht.« Und er fragt sich: »Stehen wir am Vorabend des Untergangs des britischen und des französischen Weltreichs?« Tatsächlich befinden sich die Franzosen auf dem Rückzug aus dem eroberten Grenzstreifen an der Saar hinter ihre Maginotlinie, deutsche Soldaten rücken bis zur Grenze nach. Für den 15. Oktober erwartet der französische Generalstabschef Gamelin aufgrund eines Geheimdienstberichts einen deutschen Großangriff zwischen Mosel und Rhein. Er lässt mehrere Rhein-Brücken sprengen, fordert Verstärkung aus Marokko an und erlässt einen Tagesbefehl:

> »Von einem Augenblick zum anderen kann es zur Schlacht kommen, von der, wie so häufig in unserer Geschichte, das Schicksal Frankreichs abhängen wird. Das Land und die ganze Welt haben die Augen auf uns gerichtet. Mut gefasst! Setzt eure Waffen ein, denkt an die Marne-Schlacht und an Verdun!«

Doch nichts passiert. Beide Seiten stellen das Schießen ein, es herrscht »fast friedensmäßige Ruhe«. In Berlin ist man ratlos über das Verhalten der Franzosen: »Haben sie eine schlechte Stimmung in der Armee oder wollen sie die Engländer verlassen?« fragen sich Hitler und Goebbels. Von Gamelins Absicht, von Syrien aus die rumänischen Ölfelder und -lagerstätten zu zerstören sowie die Donau als Verkehrsweg zu sperren, dringt zunächst nichts nach Deutschland.[13]

Die Sowjetunion und Deutschland nutzen die Oktober-Wochen, ihre polnische Beute zu sichern. Stalin schickt seinen Vertrauten Nikita Chruschtschow zusammen mit Hunderten von russischen Mitgliedern der kommunistischen Partei und des kommunistischen Jugendverbandes nach Lemberg in der Westukraine, wo er über dem Rathaus die Rote Fahne mit Hammer und Sichel wehen sowie Bilder von Lenin und Stalin anbringen lässt: »Die Sowjetukraine wird kommen«, verkündet er. Für den 22. Oktober werden Wahlen zu einer ukrainischen wie auch zu einer weiß-russischen Volksversammlung anberaumt. In die neu gegründeten kommunistischen Organisationen sollen die »besten Arbeiter, die der Roten Armee im Kampf mit feindlichen Elementen geholfen und die sich beim Aufbau der neuen revolutionären Ordnung bewährt haben, sowie die besten Bauern und Intelligenzler« aufgenommen werden. Alles verlaufe in ruhiger Atmosphäre, meldet die *Prawda*: »Kein Wähler musste gezwungen werden, ins Wahllokal zu gehen.«

Wenige Tage später wird in Lemberg und in Bialystok beschlossen, sich mit der entsprechenden Sowjetrepublik zu vereinigen, die Großgrundbesitzer zu enteignen und die Banken sowie wichtige Unternehmen zu verstaatlichen: »Lang lebe Genosse Stalin!« Es werden Höchstpreise für Salz, Streichhölzer, Benzin und Tabak festgesetzt, die Währung wird von Złoty auf Rubel umgestellt. »Wir haben nichts anderes genommen«, erklärt Chruschtschow, »als was Piłsudski uns 1920 genommen hat.« In Moskau wird ein »Sieg des Weltproletariats« gefeiert: »Indem die Sowjetunion die Völker der Westukraine und Westweißrusslands rettete und befreite, rang sie dem Kapitalismus ein Stück Erde für den Sozialismus ab.« Am 1. November billigt der Oberste Rat in Moskau die Wiedervereinigung. Ist man, wie die Propaganda behauptet, im »Märchenland des wahren menschlichen Glücks und der wahren Freiheit« angekommen? Viele zweifeln daran angesichts der armseligen Rotarmisten und ihrer begehrlichen Nachfrage nach Uhren, Brötchen, Würsten, Kleidung, Fahrrädern. Auf die Frage, warum sie soviel kaufen, wenn es in der Sowjetunion doch Überfluss gebe, behaupten sie wie befohlen: »Wir haben alles.«

Zurückhaltend behandelt Moskau dagegen die drei Länder, die früher zum Russischen Reich gehört hatten: Stalin lässt zwar die Rote Armee an ihren Grenzen aufmarschieren, erzwingt Ende September und Anfang Oktober von Estland, Lettland und Litauen »Verträge zum gegenseitigen Beistand« sowie militärische Stützpunkte und die Stationierung von Truppen, um diese Staaten »in den Einflussbereich der Sowjetunion zu bringen«, verzichtet aber auf eine sofortige »Sowjetisierung« wie in der Westukraine und Westweißrussland: »Es kommt die Zeit, da sie es selber tun werden«, meint er.

Hilferufe aus Reval und Riga finden in Berlin kein Gehör: Außenminister Ribbentrop hatte ja in Moskau die baltischen Länder der sowjetischen Interessensphäre überlassen. Dabei hatte er sich nur ausbedungen, dass es »Menschen deutscher Abstammung« ermöglicht werden solle, nach Deutschland

Im Schwarzhäupterhaus in Riga werden Mitte Oktober 1939 die Entlassungsdokumente zur Umsiedlung der Deutschbalten bearbeitet.

»überzusiedeln«. Berlin lässt die Aktion mit »größter Beschleunigung« durchführen und stellt Dutzende von Transportschiffen bereit. Fast fluchtartig machen sich zehntausende Deutschbalten mit Sack und Pack auf den Weg und verlassen ihre Heimat zur »Rückführung in das große Vaterland aller Deutschen«: »Der Führer hat uns gerufen – wir folgen.« Die Angst vor dem Bolschewismus spielt eine große Rolle; in Riga laufen Gerüchte um, dass ein Einmarsch der Roten Armee unmittelbar bevorstehe. Auf Handzetteln wird allerdings behauptet, Hitler rufe die Deutschbalten, weil er ihre »Arbeitskraft und Erfahrungen beim Wiederaufbau des schönen, von den Polen verwahrlosten Posener Landes braucht«.[14]

Tatsächlich hatte Hitler am 7. Oktober zur »Festigung des deutschen Volkstums« verfügt, durch »Sesshaftmachung der aus dem Ausland heimkehrenden Reichs- und Volksdeutschen« in Westpreußen und Posen »neue deutsche Siedlungsgebiete« zu schaffen. Die beiden Provinzen werden von Polen abgetrennt und wieder dem Reich angegliedert. Die Durchführung dieser Aufgabe überträgt Hitler dem SS-Anführer Himmler, der umgehend Maßnahmen zur »Säuberung und Sicherung der neuen deutschen Gebiete« anordnet: Es sollen alle Juden und alle Polen, die »eine Gefahr für die Festigung des Deutschtums« darstellen, abgeschoben werden. Zehntausende sind davon betroffen, vor allem Lehrer und Beamte. Besonders rachsüchtig und rücksichtslos gehen der *Volksdeutsche Selbstschutz* und die SS in Städten wie Bromberg vor, wo es Anfang September zu blutigen Ausschreitungen gegen Deutsche gekommen war.

Abgeschoben wird in die besetzten polnischen Gebiete, die einem Generalgouverneur unterstellt werden. In einem Drittel des ehemaligen Polens lebt fast die Hälfte der ehemaligen Bevölkerung des gesamten Landes. Hitler weist den Generalgouverneur an, der »polnischen Nation nur geringe Lebensmöglichkeiten« zu geben. Es solle dort keine »Musterprovinz« entstehen und es müsse verhindert werden, dass eine »polnische Intelligenz sich als Führerschicht« betätige. Der bestehende Zustand setzt jedoch einer »weiteren Herbadrückung des Lebensstandards enge Grenzen«. Damit das Gebiet für einen militärischen Aufmarsch genutzt werden kann, sollten die Verkehrs- und Nachrichtenwege in Ordnung gehalten werden.

Am 26. Oktober übernimmt der 39-jährige bisherige Reichsjustizminister Hans Frank von der Wehrmacht die zivile Verwaltung des Generalgouvernements. Beruhigend verkündet er in einer Proklamation: »Ihr sollt Eure polnische Eigenart beibehalten dürfen.« Drohend fügt er hinzu: »Jeder Versuch einer Widersetzlichkeit wird mit den starken Waffen des Großdeutschen Reiches und mit rücksichtsloser Schärfe vernichtet.« Alle Polen werden einer Arbeitspflicht, alle Juden einem Arbeitszwang unterworfen. Frank führt sich zuerst in Łodz, dann in Krakau so selbstherrlich auf, dass Göring ihm den Titel »König Stanislaus« verleiht.

Alle diese Maßnahmen, behaupten die Propagandisten in Moskau und Berlin, dienen dem Frieden in Osteuropa. Bei allen Unterschieden in den inneren Strukturen und den Weltauffassungen wird die »nachbarliche Freundschaft« zwischen Deutschland und der Sowjetunion betont. Und wie sieht es mit den Verhältnissen in Westeuropa aus? Hitler versammelt am Abend des 21. Oktober sämtliche Reichs- und Gauleiter, schildert Deutschlands »militärische und wirtschaftliche Überlegenheit«, verbreitet »Kampfesmut und Glauben an den Sieg«. Die Zusammenkunft löst in London und Paris wilde Gerüchte aus: Gibt es in der deutschen Bevölkerung Missstimmung und Widerstand? Hat sich Hitler Rückhalt bei den Spitzenleuten der Partei geholt? Steht ein Angriff im Westen zu Lande, zu Wasser und in der Luft unmittelbar bevor?

Hitler denke »gar nicht mehr an Frieden«, hält Goebbels in seinem Tagebuch fest. Befehle zum Vormarsch werden vorbereitet. Doch zunächst soll Außenminister Ribbentrop in einer von allen Sendern übertragenen Rede Chamberlains Forderungen für einen Friedenschluss zurückweisen. Am Abend des 24. Oktober steht er vor verdienten Parteimitgliedern und ordensgeschmückten Offizieren im Großen Saal des Danziger Schützenhauses und rechnet mit Großbritannien ab: »Dieser Krieg gegen Deutschland wurde von der jetzigen englischen Regierung seit Jahren heimlich und planmäßig vorbereitet.« Als »Beweise« führt er die britische Garantie für Polen sowie die Ablehnung von Hitlers »Friedensangebot« an. Es sei verlogen, Deutschland das Streben nach Weltherrschaft vorzuwerfen: »Während England 611 Dominien, Kolonien, Protektorate, Reservate sein eigen nennt, hat Deutschland heute keinerlei Kolonialbesitz.« Die Regierung in London spiele ein »gefährliches Spiel mit dem Schicksal ihres Imperiums«; sie werde als der »Totengräber des britischen Imperiums in die Geschichte eingehen«, wenn sie »zwischen dem englischen und dem deutschen Volk einen Krieg auf Leben und Tod entfache«.

Vielmehr sei nach der Beseitigung des »Unsinns von Versailles« durch Hitler die »Voraussetzung für einen europäischen Dauerfrieden« gegeben. Doch Deutschland nehme die britische Kampfansage an und sei entschlossen, den »von den britischen Kriegshetzern aufgezwungenen Krieg zu führen«. Der Entscheidungskampf werde mit einem »großen deutschen Sieg« enden. Er legt ein pathetisches Bekenntnis zu Hitler ab, und unaufhörlich schallt es aus dem Saal: »Wir danken unserem Führer!« Die deutsche Presse stellt die Rede groß heraus: »Deutschland hat den britischen Fehdehandschuh aufgenommen«. Im Ausland wird sie als »endgültiger Bruch« aufgefasst. Man rechnet damit, dass die deutsche Wehrmacht zum baldigen Losschlagen bereit sei. Chamberlain bekräftigt dagegen am 26. Oktober im Unterhaus, dass es die deutsche Regierung sei, die die Verantwortung für den Krieg und seine Folgen zu tragen habe: »Wenn sie sich entschlossen hat, den Kampf bis zum Ende zu führen, kann es nur eine Antwort geben: Wir sind bereit, sie zu geben.«[15]

Es gibt keinen Frieden und es gibt keinen Krieg, abgesehen von einigen deutschen Bomben auf britische Schiffe und einer Vielzahl britischer Flugblätter auf deutsche Städte. In London und Paris fragt man sich: »Was plant Hitler?« Er scheint zu zögern. In Berlin wird vermutet, dass Großbritannien einen kampflosen Wirtschaftskrieg führen wolle, bis Deutschland die Waffen strecke. Verläuft sich der Krieg?

Krieg!

Ermunterungen, den Krieg in Westeuropa fortzusetzen, erreichen die kriegführenden Mächte aus den USA und der Sowjetunion, die den Krieg von ihren eigenen Grenzen fernhalten wollen.

In Washington kommt Präsident Roosevelt bei der vorsichtigen Aufweichung der strikten Neutralität einen Schritt weiter. Dabei hält er sich an die Umfragen Georges Gallups vom Amerikanischen Institut für Öffentliche Meinung: Zweidrittel der Amerikaner stimmen einer Änderung des Neutralitätsgesetzes zu, die meisten, um die Geschäfte im eigenen Land anzukurbeln, weniger, um Großbritannien und Frankreich zu helfen, und noch weniger, um die Demokratie zu verteidigen. Am 27. Oktober stimmt der US-Senat mit einer Zweidrittelmehrheit der Änderung des Gesetzes zu, das nun wieder die Waffenlieferung an kriegführende Staaten gegen »Barzahlung und Selbstabholung« zulässt. Einer der Poker-Partner Roosevelts freut sich über den starken Anstieg von dessen Popularität und hält in seinem Tagebuch fest: »53 Prozent der Amerikaner sind für eine dritte Amtszeit, wenn der Krieg im nächsten Jahr noch andauert.«

Im Repräsentantenhaus ist der Widerstand gegen die Freigabe von Waffenlieferungen größer. Es sind vor allem Republikaner, die dem Präsidenten keinen Erfolg gönnen, eine dritte Amtszeit als »Verlust der Freiheit« befürchten und den Briten wie den Franzosen misstrauen. Der demokratische Sprecher des Hauses bringt jedoch vor der Abstimmung am 3. November die Meinung einer großen Mehrheit zum Ausdruck: »Die Aufhebung des Embargos bevorzugt Großbritannien und Frankreich. Eine solche Hilfe ist natürlich, wenn man die Wahl hat zwischen totalitären und demokratischen Regierungen.« Ist damit gemeint, dass Großbritannien und Frankreich die »Schlacht der Vereinigten Staaten gegen Hitler« führen sollen? Nur zwei Prozent der Amerikaner sind bereit, die US-Armee und die US-Kriegsmarine in den Krieg zu schicken: Der Krieg soll von Amerikas Küsten ferngehalten werden.

Bereits am folgenden Tag tritt das geänderte Gesetz in Kraft:

> »Ich, Franklin Roosevelt, Präsident der Vereinigten Staaten, proklamiere das beiliegende Neutralitätsgesetz. Leider besteht zwischen dem Deutschen Reich einerseits und Frankreich, Polen, Großbritannien, Indien, Australien, Kanada, Neuseeland und der Südafrikanischen Union anderseits der Kriegszustand. Es ist notwendig, die Sicherheit der Vereinigten Staaten zu gewährleisten, den Frieden zu bewahren und das Leben der amerikanischen Staatsbürger zu schützen.«

Zugleich wird ein Komitee ins Leben gerufen, das die zu erwartende Flut an Rüstungsaufträgen aus Großbritannien und Frankreich so lenken soll, dass die eigenen Rüstungspläne der USA nicht gefährdet werden. Beeindruckt zeigt sich Roosevelt auch von einem Vorschlag des aus Deutschland in die USA emigrierten Physikers Albert Einstein, den Deutschen zuvorzukommen und eine Atombombe zu bauen.

Auf die Freigabe von Rüstungsexporten reagiert die französische Presse noch zufriedener als die britische. Einen »Sieg der Klugheit« nennt die Londoner *Times* die Entscheidung; sie sei aber, wird hinzugefügt, nicht als Wohltat für die Demokratien, sondern einzig im Interesse der Amerikaner beschlossen worden. In der Pariser *L'Époque* wird der »große materielle und moralische Erfolg« bejubelt: »Die gewaltige Rüstungsindustrie der USA steht von nun an für Frankreich und Großbritannien offen.« Mehr als 300 Jagdflugzeuge und Bomber würden schon darauf warten, über den Atlantik und an die Front gebracht zu werden; Deutschland werde bald auch die Luftüberlegenheit verlieren. Aber es gehe nicht nur um die Luftwaffe:

> »Amerika wird uns mit Kanonen, Panzern, Benzin, Wolle, Baumwolle, Weizen und Zucker beliefern. Die größte Quelle natürlicher Reichtümer in der Welt steht uns jetzt zur Verfügung.«

Tatsächlich wird mit Rüstungsaufträgen im Umfang von zunächst einer Milliarde Dollar gerechnet. Nur US-Reedereien sind betrübt über das große Opfer, das ihnen mit dem Verlust von Transportaufträgen abverlangt wird; sie müssen jedoch von ihrem Plan absehen, ihre Frachtschiffe nach Panama auszuflaggen. In einem vertraulichen Schreiben an den Präsidenten bestätigt Bullitt, Roosevelts Botschafter in Paris, die französische und britische Abhängigkeit von der amerikanischen Flugzeugindustrie: »Selbst wenn wir neutral bleiben können, wird unser Einfluss am Ende des Krieges außerordentlich sein.« Mit den Worten, die Politik der USA würde dann die Art des Friedens und des Wiederaufbaus der Welt entscheidend bestimmen, bewirbt er sich um ein Regierungsamt. Bullitt beschwört Roosevelt: »Sie müssen Präsident der Vereinigten Staaten bleiben, solange der Krieg andauert.«[16]

Das offizielle Berlin reagiert kommentarlos auf die Neuausrichtung der US-Politik und zitiert stattdessen aus der Presse des neuen Freundes im Osten: Sowjetische Zeitungen sehen in der Aufhebung des Waffenembargos einen »Sieg des reaktionären amerikanischen Imperialismus, der Kanonenkönige und Waffenfabrikanten, die den europäischen Krieg zur Steigerung ihrer Profite benutzen wollten«. Nur wenig diplomatischer äußert sich Regierungschef und Außenminister Molotow. In Anwesenheit Stalins und der neugewählten Delegierten aus der Westukraine sowie Westweißrusslands gibt er auf der Tagung des Obersten Rates am 31. Oktober im Großen Saal des Kremls eine Erklärung zur internationalen Lage ab: Die Aufhebung des Waffenembargos, meint er, werde der amerikanischen Kriegsindustrie große Gewinne einbringen, aber den europäischen Krieg nicht schnell beenden, sondern ihn verschärfen und verlängern.

Auf die deutsche Seite schlägt Molotow sich auch gegenüber Großbritannien und Frankreich: »Sie suchen nach neuen Begründungen für die Fortführung des Krieges und gegen den Frieden.« Sie versuchten sich als »Verfechter der demokratischen Rechte der Völker gegen den Hitlerismus« hinzustellen. Der wahre Beweggrund für ihren Krieg gegen Deutschland beruhe jedoch nicht auf irgendwelcher Ideologie, sondern auf ihren »höchst materiellen Interessen als gewaltige Kolonialmächte«. Der »imperialistische Charakter dieses Krieges« sei für jeden offenkundig: »Die Befürchtungen, ihre Weltherrschaft zu verlieren, diktieren den herrschenden Kreisen Großbritanniens und Frankreichs die Politik der Schürung des Krieges gegen Deutschland.« Die Komintern unterstützt diese Linie: Ihre Losung »Nieder mit dem imperialistischen Krieg!« soll die »Massen zum Kampf gegen die Regierungen mobilisieren, die für den Krieg sind«.

Molotow hebt besonders die Verbesserung der Beziehungen zu Deutschland hervor. Er sichert der Regierung in Berlin »politische Schützenhilfe für ihre Bemühungen um den Frieden« und Rücken deckende Neutralität bei der Fortsetzung des Krieges zu. In jeder Weise wolle man überdies die Entwicklung der wirtschaftlichen Beziehungen zum wechselseitigen Vorteil beider Seiten fördern: »Wir waren stets der Meinung, dass ein starkes Deutschland die notwendige Bedingung für einen dauerhaften Frieden in Europa ist.« Die laufenden Wirtschaftsverhandlungen würden eine breite Grundlage für die Ausweitung des Warenaustausches zwischen beiden Ländern bilden.

Tatsächlich finden sich in deutschen Zeitungen aufmunternde Berichte etwa über die Lieferung von einer Million Tonnen Futtergetreide aus der Sowjetunion: Ein »wirksamer Schlag gegen Englands Blockade-Illusion«, meint der *Völkische Beobachter*, ein »Aushungern« der Deutschen wie im Weltkrieg werde es nicht geben. Auf dem Berliner Viehmarkt trifft russisches Schlachtvieh ein. Nicht an die Öffentlichkeit dringen geheime Abmachungen des deutschen Unterhändlers in Moskau. Man kommt überein, industrielle Rohstoffe wie Blei, Zinn, Platin, Asbest, die wegen der britischen Blockade aus Deutschland verbannt sind, durch die Sowjetunion einkaufen und nach Odessa liefern zu lassen, von wo sie dann nach Deutschland weiter transportiert werden können. Zur Tarnung dieser Geschäfte schlägt die sowjetische Regierung vor, neben dem für Deutschland bestimmten Banngut weitere Waren zu verladen, die vorher in bulgarischen und rumänischen Schwarzmeer-Häfen gelöscht würden. Deutschland soll bei seiner Kriegführung keinen Mangel leiden, damit ihm – wie Molotow es dem Anführer der deutschen Kommunisten in Moskau, Wilhelm Pieck, offenbart – »nicht der Atem ausgeht, bevor die elenden und hungernden Massen sich gegen Hitler erheben«.[17]

Hitler ist Ende Oktober fast Tag und Nacht mit der Planung für die Fortsetzung des Krieges im Westen beschäftigt. Goebbels sieht ihm an, dass er »mit schweren Sorgen beladen ist«. Bei einer Besprechung mit den Obersten Befehlshabern am 27. Oktober wird der 12. November als möglicher Termin für den Angriff genannt. Er soll durch das südliche Belgien gegen die französische Nordgrenze erfolgen. Doch Hitler zögert mit der Erteilung des Befehls. Das mag auch an den langen Denkschriften der drei Befehlshaber der im Westen aufmarschierten Heeresgruppen liegen, die vor der Verletzung der belgischen Neutralität und der mangelnden Bereitschaft der deutschen Truppen warnen. An einen Putsch gegen Hitler wagen sich die Generäle allerdings nicht heran, auch wenn es bei der Wehrmachtsführung in Zossen, beim militärischen Geheimdienst und im Auswärtigen Amt einige Draufgänger geben mag, die Hitler beseitigen wollen. Es gelingt ihnen immerhin, unter der Hand die Niederlande und Belgien vor dem geplanten Angriffstermin zu warnen.

Die erfahrene niederländische Königin Wilhelmina schlägt ihrem jungen belgischen Kollegen Léopold vor, gemeinsam zu versuchen, die »Ausführung verhängnisvoller Pläne zu verhindern oder zumindest zu durchkreuzen«. »Das ist eine Angelegenheit der Könige«, ist Leopold überzeugt und macht sich sofort auf den Weg zum Haag. In »schicksalsschwerer Stunde, bevor der Krieg in seiner ganzen Gewalt in Westeuropa beginnt«, bieten die beiden Monarchen ihre »guten Dienste« für eine Vermittlung zwischen den kriegführenden Parteien an, die ihre beiden neutralen Länder zum Kriegsschauplatz machen könnten. Sie verschicken am 7. November Telegramme an die Staatsoberhäupter von Deutschland, Frankreich sowie Großbritannien und drücken ihre Hoffnung aus, dass damit ein »erster Schritt getan wird zur Wiederherstellung eines dauerhaften Friedens«.

In Paris und London rätselt man weiter, was Hitler vorhat. Nach einer Besichtigung der Befestigungslinie in Lothringen fragen britische Parlamentarier den französischen Ministerpräsidenten Daladier: »Was werden die Deutschen machen?« – »Ich habe keine Ahnung«, antwortet er:

> »Ich hoffe, sie werden die Maginotlinie angreifen, aber ich glaube nicht, dass sie so töricht sein werden. Vielleicht werden sie in den nächsten Tagen gegen England einen überwältigenden Luftangriff richten. Vielleicht werden sie die Maginotlinie umfassen, indem sie durch die Niederlande und die Schweiz vorstoßen. Vielleicht bleiben sie auch, wo sie sind, und hoffen, dass ihre Propaganda uns umwerfen werde.«

In Paris ist die Überzeugung verbreitet, dass Deutschland zusammenbrechen werde, wenn man die nächsten sechs Monate durchhalte: Nach dem Vorbild der deutschen Niederlage von 1918 wird nun alle Hoffnung gesetzt auf den Erfolg der Blockade und die Unterstützung durch »General Revolution«. Im regierungsnahen *Petit Parisien* erscheint die Karikatur eines deutschen Ehepaars an einem Tisch mit leeren Tellern und einem Hitlerbild an der Wand: »Ein Krieg … ein Elend … ein Führer (so wörtlich)«.

Der britische Premier Chamberlain gibt sich ebenso zuversichtlich: Im Unterhaus verweist er dankbar auf die breite Unterstützung durch alle Teile des britischen Weltreichs. Er sieht darin einen Beweis für die Einsicht in den Dominien und den Kolonien, dass eine Bedrohung Großbritanniens zugleich eine Bedrohung für ihre Freiheit und ihr Wohlergehen bedeute, die ihnen unter britischer Herrschaft sicher seien. »Das ist ein leuchtendes Beispiel freier Zusammenarbeit und bereitwilliger Opfer für eine edle Sache in den Ländern, die dem König Treue schulden.« Auch er ist davon überzeugt, dass der »verwunderliche« Krieg im Frühjahr vorbei sein werde, nicht wegen einer Niederlage auf dem Schlachtfeld, sondern »weil die Deutschen erkennen, dass sie ihn nicht gewinnen können (i. O. hervorgehoben)«, schreibt er am 5. November seiner Schwester:

> »Es ist unerlässlich, Hitler los zu werden. Er muss entweder sterben oder nach St. Helena gehen oder ein Architekt für öffentliche Bauten werden, am besten in einer Anstalt.«

Hitler verschiebt wegen schlechter Wetterlage den geplanten Angriffstermin um einige Tage und fühlt sich sicher. Wie in den vergangenen Jahren hält er am Abend des 8. November im Bürgerbräukeller in München vor *Alten Kämpfern* eine Rede zur Erinnerung an den missglückten Putsch von 1923. Eine Musikkapelle spielt den Badenweiler Marsch, als Hitler von einer

»Woge des Jubels« begrüßt wird. Er tritt an das Rednerpult, das wie 1923 in der Saalmitte aufgestellt ist, unmittelbar vor einer holzvertäfelten Säule: Sie ist mit einem Teppich aus dunkelrotem Samt, auf dem ein Hakenkreuz prangt, verhüllt, so dass das Ticken einer unten in der Säule versteckten Höllenmaschine nicht zu hören ist. Die ganze im Radio direkt übertragene Rede ist darauf angelegt, die Deutschen auf die Fortführung des Krieges mit Großbritannien einzustimmen und Siegeszuversicht zu vermitteln.

»Der Krieg ist nur deshalb da«, behauptet Hitler, »weil England ihn gewollt hat!« London gebe vor, »Deutschland von seinem Regime freimachen« zu wollen. Deutschland wolle sich aber nicht dreinreden lassen: Es müsse der Zustand beendet werden, dass »ein Volk sich anmaßt, den Weltpolizisten spielen zu wollen«. Es werde solange Krieg geben, meint er, »als die Güter der Welt nicht gerecht verteilt sind«. Deutschland sei nun eine Weltmacht geworden und werde von den Briten wegen seiner Stärke gehasst: »England will nicht den Frieden!« Aber Großbritannien werde nicht der Sieger sein, verspricht Hitler: »Es kann hier überhaupt nur einer siegen, und das sind wir!« Er ruft »Sieg Heil!«, erntet einen »ungeheuren Beifallssturm« und verlässt ohne die sonst üblichen Plaudereien mit Parteigenossen vorzeitig das Lokal.

Hitler sitzt kaum in seinem Sonderzug nach Berlin, da explodiert in dem Bierkeller eine Bombe, die das Gewölbe einstürzen lässt, einige Männer in den Tod reißt und Dutzende verletzt. Hitler mag es gar nicht glauben, als ihn die Nachricht vom Sprengstoffattentat bei einem Halt in Nürnberg erreicht: »Es ist zweifellos in London erdacht«, ist er sich mit Goebbels einig. Die Presse erhält die Anweisung, die Schuldigen nicht bei deutschen Oppositionsgruppen (genannt werden Monarchisten, Klerikale, Juden) zu suchen, um Ausschreitungen wie ein Jahr zuvor zu vermeiden, sondern bei den »Kriegshetzern« im Ausland. Da kommt es gerade recht, dass es dem deutschen Geheimdienst gelingt, zwei britische Agenten mit Waffengewalt aus Holland zu entführen. Die deutschen Zeitungen freuen sich daher nicht nur über die »wunderbare Errettung des Führers«, sondern belasten auch den britischen Premier: »Chamberlains frommer Wunsch geht nicht in Erfüllung.« In Kommentaren heißt es: »England soll uns kennenlernen – es geht ums Ganze!« Anhänger des Regimes verlangen, dass die Luftwaffe »in England keinen Stein auf dem anderen lassen« und »London in Schutt und Asche legen« solle. Gegner resignieren: »Es gibt nur eine Möglichkeit, die Lage zu ändern: die überzeugende militärische Niederlage des Reiches.«

In Paris wird gejubelt: »Das Wild schreit auf, es ist getroffen. Die französisch-britische Blockade erfüllt langsam, aber sicher ihr Werk der Befreiung!« Eine Karikatur in einer britischen Zeitung zeigt Hitler, Göring und Goebbels am Galgen: »Eure Stunde ist gekommen!« Ärgerlich wird in britischen Pubs bedauert, dass es Hitler »nicht erwischt« habe: »Wir hätten unsere Weihnachtseinkäufe in erleuchteten Geschäften machen können, wenn dieser Bastard nicht 20 Minuten zu früh das Lokal verlassen hätte.«

Chamberlain glaubt, dass die Affäre »von den Nazis selber fabriziert« worden sei. In der Londoner *Times* werden die deutschen Schuldvorwürfe zurückgewiesen: Der Vorfall sei vielmehr ein »Geschenk der Götter für die Nazi-Propaganda«: Hitlers Kopf werde mit einem »Heiligenschein« versehen und die Flammen des Hasses gegen Großbritannien würden geschürt. Das Blatt zitiert auch die *New York Times*: »Wenn man nicht davon ausgehen wolle, dass Hitler selbst diese Explosion im Bürgerbräu geplant habe, gebe es keine andere Erklärung, als dass es in der Nazi-Partei eine Gruppierung gibt, die zum Verrat bereit ist.« Die Zeitbombe trage die Handschrift der deutschen Geheimpolizei. Auch der *Petit Parisien* unterstellt, dass das Attentat von der Gestapo in Szene gesetzt worden sei, und fügt hinzu: »Hitler ist der Nutznießer.« Zehn Tage später enden die Spekulationen: Himmler, der Chef der deutschen Polizei, teilt nach intensiven Ermittlungen einer Sonderkommission mit, dass ein Georg Elser als Einzeltäter den »Mordanschlag« verübt habe und die beiden verschleppten britischen Geheimagenten nicht in Verbindung damit stünden. In einem Konzentrationslager sollen alle drei auf ihre Prozesse warten.

An der Westfront bleibt es Mitte November ruhig. Der belgische König und die niederländische Königin erhalten am 12. November aus London und Paris kein ermutigendes Angebot: Wir sind für den Frieden, unsere Bedingungen sind klar, aber es ist an Hitler, Vorschläge zu machen, heißt es in den Antworten des britischen Königs und des französischen Präsidenten. Offensichtlich, stellt man in Brüssel fest, wird keine Vermittlung für einen »Ausgleichsfrieden«, sondern ein Bündnis gegen Deutschland gewünscht. Zwei Tage später teilt Außenminister Ribbentrop den Gesandten der beiden neutralen Länder mit, dass Berlin die Initiative der beiden Monarchen nun als »erledigt« ansehe.[18]

Der angekündigte Einmarsch deutscher Truppen in Belgien und in die Niederlande erfolgt nicht. Der Winter hat mit Regen und Überschwemmungen, Frost und Schnee Einzug gehalten. Eine Besichtigungsreise von Vertretern aus dem Commonwealth an die französisch-britische Frontlinie zu Belgien wird vorzeitig abgebrochen. Niemand wagt die Fortsetzung des Krieges, Hitler nicht, Chamberlain nicht, Daladier nicht. Kriegspläne werden aber weiter geschmiedet, in Berlin wie in London.

In der britischen Hauptstadt trifft sich am 17. November der Oberste Kriegsrat zu einer Sondersitzung. Den beiden Regierungschefs Chamberlain und Daladier geht es darum, Meinungsverschiedenheiten ihrer Generalstäbe über den Einsatz der britischen Luftwaffe gegen Deutschland auszuräumen. Sie könnte im Falle eines deutschen Angriffs auf Belgien und die Niederlande den Befehl erhalten, das Ruhrgebiet pausenlos zu bombardieren und zu zerstören. Das würde die »gesamte deutsche Kriegsindustrie und das gesamte deutsche Leben lähmen«, begründet Chamberlain den Plan. Auf der Grundlage von Fotos der Luftaufklärung sei aus Gips ein Reliefmodell mit den farblich markierten Zielen von Fabriken, Hochöfen, Kanälen, Bahnhöfen, Eisenbahnstrecken angefertigt worden, damit die Piloten der Langstreckenbomber sich mit der Gegend vertraut machen können. Die Einsätze sollen über Wochen Tag und Nacht erfolgen, damit »die Bevölkerung des Ruhrgebietes keine Möglichkeit zum Schlafen oder zum Arbeiten« habe. Natürlich würden sich Verluste unter der Zivilbevölkerung nicht vermeiden lassen; aber auch die eigenen Verluste könnten 20 bis 50 Prozent der eingesetzten Maschinen und ihrer Besatzungen betragen. Mit Vergeltungsangriffen der deutschen Luftwaffe gegen britische Industriezentren müsse man ebenfalls rechnen.

Es sei eine schwere Entscheidung, als erster Zivilisten aus der Luft anzugreifen, meint Chamberlain, schon wegen der Reaktion der Neutralen und besonders der USA. Die Gefahr der Bedrohung Großbritanniens und Frankreichs nach einer Eroberung Belgiens und der Niederlande durch Deutschland mache eine solche Entscheidung jedoch »absolut notwendig«. Sie müsse ohne lange Diskussionen erfolgen, bevor Deutschland die beiden Länder überrenne, beschließt Chamberlain seine Darstellung: »Sind Sie einverstanden, uns erforderlichenfalls den Befehl zur Bombardierung des Ruhrgebiets zu überlassen?«

Daladier ist gegen den britischen Plan, aber kleidet seine Ablehnung in viel Zustimmung: Gewiss wäre die Besetzung Belgiens durch Deutschland für Großbritannien ebenso verheerend wie für Frankreich. Gewiss wäre die Bombardierung des Ruhrgebiets ein so schwerer Schlag für Deutschland, dass es vielleicht den Krieg beenden und das deutsche Volk sich gegen das augenblickliche Regime erheben würde. Gewiss würde die Königliche Luftwaffe nicht zögern, den Plan »zur Zerstörung der industriellen Festung Deutschlands« ohne Rücksicht auf eigene Verluste umzusetzen.

Seine Einwände leitet Daladier mit zwei Fragen ein: »Über wie viele Langstreckenbomber verfügt die britische Luftwaffe zur Zeit? Und wie viele haben die Deutschen?« Er gehe von einer dreifachen Überlegenheit der Deutschen aus und fürchte daher, dass die Zerstörung des Ruhrgebiets der Wirkung deutscher Gegenangriffe auf die Industriegebiete Großbritanniens und Frankreichs nicht gleichkomme. Überdies sei das Ruhrgebiet außerordentlich gut gegen Luftangriffe geschützt, so dass man mit großen Verlusten rechnen müsse: »Wenn dann die britische Regierung die Operation einstellt, wäre das ein Triumph für Deutschland.« Die Deutschen würden schließlich ihre Vergeltung fortsetzen, so dass die Rüstungsindustrie in Nordfrankreich gefährdet wäre.

Ohne eine sichere Aussicht auf die Zerstörung des Ruhrgebiets sei das Risiko einer solchen Operation zu groß, fasst Daladier seine Ablehnung zusammen. Er schlägt vor, den Deutschen die Verantwortung für die ersten Luftangriffe auf Städte und Fabriken, Frauen und Kinder zu überlassen; dann wäre die Bombardierung des Ruhrgebiets gerechtfertigt und Frankreich würde sich sogar daran beteiligen. Selbst im Falle eines deutschen Einmarsches in Belgien wäre es sinnvoller, die Luftangriffe auf die deutschen Armeen und ihr Hinterland zu richten. Als letztes Argument gegen den britischen Plan führt Daladier an, dass eine Bombardierung des Ruhrgebiets die Deutschen nicht vom Einmarsch in Belgien abhalten würde; viel wirkungsvoller sei eine Luftunterstützung der französischen und britischen Truppen: »Das wäre ein Riesenschlag gegen den deutschen Vormarsch.«

Chamberlain bedankt sich für die klare Aussage und besteht nicht auf einer Beantwortung seiner Frage, da eine Invasion Belgiens ja nicht mehr unmittelbar bevorstehe. Als Alternative wünscht er sich, alle Kräfte dafür einzusetzen, »den größtmöglichen Teil von Belgien vor einer deutschen Besetzung zu bewahren«. Erleichtert stimmt Daladier zu: Es stünden 20 französische, sechs britische sowie 18 belgische Divisionen bereit, um die deutschen Armeen an einer Linie von Antwerpen bis Namur zu stoppen. Für die Durchführung des gemeinsamen Plans zur Besetzung halb Belgiens müsste jedoch aus Brüssel ein entsprechendes Gesuch erfolgen.

Nach gut zwei Stunden endet die Besprechung. Der Öffentlichkeit wird mitgeteilt:

> »Vollständige Übereinstimmung über die beste Methode des vereinten Einsatzes der französischen und britischen Streitkräfte für die wirkungsvollste Durchführung der Operationen wurde erreicht.«[19]

Wie wenn er von Chamberlains Plan erfahren hat, legt Hitler seine Feldherrenhand auf dieselbe Stelle der Landkarte wie der britische Premier. Er stimmt wenige Tage später, am 23. November, in der Reichskanzlei etwa 200 Führungsoffiziere der Wehrmacht darauf ein, dass Deutschland den Franzosen und Briten beim Einmarsch in Belgien und in die Niederlande zuvorkommen müsse: »Wir haben eine Achillesferse: das Ruhrgebiet.« London und Paris hätten genügend Druckmittel, Brüssel und Den Haag um Hilfe bitten zu lassen; auch die Sympathien der Belgier und Niederländer lägen auf Seiten der Westmächte. Als weiteren Grund für die Besetzung der beiden neutralen Länder führt er die bessere Ausgangslage für den Krieg gegen die Briten an: Die Luftwaffe könnte wegen der kürzeren Flugzeiten mehr Bomben laden und abwerfen sowie vor der Küste massenhaft Minen legen. »Die dauernde Minenverseuchung wird England auf die Knie zwingen«, hofft er. »Wenn wir«, betont er, »die Neutralität nicht verletzen, so tun es England und Frankreich.«

Er zeigt sich zum baldigen Angriff entschlossen und verbreitet Zuversicht: »Jetzt ist der Moment günstig, in sechs Monaten kann es aber vielleicht nicht mehr so sein.« Er verweist auf die augenblickliche militärische Überlegenheit an der Westfront, zahlen- wie rüstungsmäßig, und die Weltlage: Die Sowjetunion und die USA seien »noch für uns ungefährlich«. Italien werde auf der Seite Deutschlands eingreifen, bei Japan sei es noch unsicher. Die skandinavischen Länder seien zwar feindlich gesonnen, aber jetzt neutral. Und er rühmt die »kleine Marine«, die die Nordsee von den Briten leergefegt, die Luftwaffe, die den deutschen Lebensraum gesichert, und das Heer, das »Hervorragendes in Polen geleistet« habe.

Ohne Angriff sei der Krieg nicht siegreich zu beenden. Es gehe nicht um eine Einzelaktion, sondern um den »Abschluss des Weltkrieges«, d. h. um die Fortsetzung des 1918 unterbrochenen Krieges, und darum, »wer künftig in Europa dominiert«. Dafür verlangt er »höchsten Einsatz« und eine »geschlossene Wehrmacht«: »Der Geist der großen Männer unserer Geschichte muss uns alle beseelen.« Als Beispiele nennt er den Preußenkönig Friedrich den Großen und den Reichsgründer Bismarck. Er fordert seine Zuhörer auf, den »entschlossenen Geist nach unten weiterzugeben«.

Ein Befehl zur »großen Offensive« im Westen erfolgt nicht. Stattdessen erteilt Hitler am 29. November »Richtlinien für die Kriegführung gegen die feindliche Wirtschaft«. Sie gelten für den Fall, dass es den deutschen Truppen gelungen ist, die Küste gegenüber Großbritannien, der »führenden Macht der Feinde«, in Besitz zu nehmen: »England niederzuringen ist die Voraussetzung für den Endsieg.« Kriegsmarine und Luftwaffe sollen sich darauf vorbereiten, die britischen Häfen zu blockieren, Vorratslager für Öl und Lebensmittel zu vernichten sowie Anlagen der Rüstungsindustrie zu zerstören. Französische Häfen sollen dagegen weitgehend verschont werden.[20]

Seit Wochen liegen sich in Westeuropa zwischen Basel und Aachen Millionen schwer bewaffneter Soldaten gegenüber. An Rhein, Saar und Mosel haben sie sich hinter Befestigungslinien verschanzt. Im Norden werden sie von gut hundert Kilometern belgischen Landes getrennt. Zu Kampfhandlungen kommt es nicht. Im jeweiligen Hinterland kehrt Normalität zurück, laufen Gerüchte um, wird auf den Frieden gehofft. Die Soldaten vertreiben die Langeweile mit Gesang und schöpfen dabei Mut. Die Briten spielen scherzhaft auf die baldige Erstürmung des Westwalls an, den sie »Siegfriedline« nennen und singen als Refrain: »Wir werden unsere Wäsche an die Siegfried-Leine hängen, wenn die Siegfriedlinie noch da ist.« Die Deutschen meinen es ernst und stimmen an: »Die Losung ist bekannt: Ran an den Feind! Ran an den Feind! Bomben auf Engeland!«

Krieg ist kein Kinderspiel. Ist er unausweichlich? Sind die Positionen unveränderlich? Vor beiden Häusern des Parlaments macht König George am 28. November die britische Unnachgiebigkeit deutlich:

> »Die Fortsetzung des Krieges verlangt die Kräfte aller Meiner Untertanen. Meine überseeischen Besitzungen beteiligen sich mit ganzem Herzen und einem Erfolg, der Mich sehr erfreut. Meine Kriegsflotte hält zusammen mit der Handelsmarine und den Fischfangschiffen auf der ganzen Welt die Schifffahrtsrouten frei und offen. In der Heimat, in Frankreich und auf allen überseeischen Posten erfüllen Meine Armeen und Meine Luftwaffe ihre Aufgaben. Ich bin völlig sicher, dass sie allen Anstrengungen und Opfern nachkommen, zu denen sie aufgefordert werden.«

Die Abgeordneten des Unterhauses bereitet er darauf vor, weitere finanzielle Mittel für die Fortführung des Krieges zu beschließen: »Ich bete, dass der Allmächtige Gott den Beratungen Seinen Segen geben wird.«

Es gibt keine offizielle Reaktion aus Berlin, nur im *Völkischen Beobachter* einen Leitartikel von einem führenden Mitarbeiter, der jahrelang in London als Korrespondent tätig gewesen war:

> »Jetzt geht es um die endgültige Befreiung des europäischen Lebensraumes von der Anmaßung einer eingefleischten Piratennation. Als die stärkste Macht im Herzen dieses Kontinents wird Deutschland dafür sorgen, dass der böse Einfluss Britanniens nie wieder Europas Küste verletzen und Europas Völker aus ihrem friedlichen Zusammenleben aufschrecken kann. Das ist unser Friedensziel und unsere europäische Mission.«[21]

Wie wenn der Wettergott den Europäern Zeit zum Nachdenken geben wolle, beschert er dem Kontinent Frost und Eis, so dass von Woche zu Woche der Krieg undurchführbarer erscheint. Premier Chamberlain, dem mehrfach eine deutsche Offensive angekündigt wird, nimmt diese Meldungen nicht mehr ernst. Von Hitler sei wochenlang nichts zu hören: »Er wird auf jede Aktion verzichten«, ist er überzeugt. »Ein merkwürdiger Krieg!« urteilt Maiski, der sowjetische Botschafter in London. Er fürchtet, dass es zu einem Handel zwischen »den herrschenden Kreisen auf beiden Seiten der Front« komme, und hofft, dass die »imperialistischen Gegensätze innerhalb des kapitalistischen Systems« einen Brückenbau verhindern würden. In diesem Sinne bemüht er sich um eine Annäherung zwischen London und Moskau. Anders als bei Chamberlain findet er dafür bei Marineminister Churchill ein offenes Ohr und offene Arme: »Das ist sehr gut! Wo ein Wille ist, da werden sich Wege und Mittel finden.« In einer kurzen Radioansprache verkündet Churchill der ganzen Welt schon in der Pose des Premierministers, dass Großbritannien solange Krieg führen werde, bis die andere Seite genug davon habe, und lobt Stalin dafür, dass er Hitler vom Schwarzen Meer fern halte und ihm die Herrschaft über die Ostsee streitig mache.

Stalin scheint weder von solchen Angeboten noch vom Wetter beeindruckt: »Die russische Armee hat alle großen Siege im Winter erkämpft, gegen Schweden und gegen Napoléon.« Nach vergeblichen Verhandlungen und einem propagandistischen Trommelfeuer Moskaus gegen Finnland, das sich nicht wie die drei baltischen Staaten den sowjetischen Wünschen nach Beistandspakt und Truppenstationierung beugen will, überschreitet die Rote Armee am 30. November die Grenze, bombardiert Helsinki und trifft auf heftigen Widerstand finnischer Truppen. Während sich die deutsche Presse in ihren Berichten zurückhält, bricht in britischen Zeitungen ein Sturm der Entrüstung über das sowjetische Vorgehen aus.

Auch in den USA wird viel Sympathie für den Freiheitskampf des kleinen Finnlands geäußert. Präsident Roosevelt zeigt sich auf einer Pressekonferenz geschockt über den sowjetischen Griff zur Gewalt und bringt seine »Anerkennung und Achtung« für das finnische Volk und seine Regierung zum Ausdruck. Doch eine Einmischung liegt ihm fern. Auch auf die Frage nach möglichen Verhandlungen Richtung Frieden oder zur Beendigung der Feindseligkeiten geht er nur zurückhaltend ein, fügt jedoch hinzu: »Die Lage ist noch nicht völlig hoffnungslos.« Legt er es darauf an, als »Bringer des Friedens« ein drittes Mal gewählt zu werden? Einem Berater im Weißen Haus vertraut Roosevelt an, dass er im folgenden Frühjahr die führenden Politiker der Welt zusammenrufen wolle: Alle sollten ihre Vorschläge auf den Tisch legen, jeder nehme sich, was er brauche, und der Rest werde verteilt, damit das Gleichgewicht stimme. »Nun ja«, meint der Berater, »das ist ein ebenso guter Weg wie jeder andere: Die üblichen Methoden scheinen uns nicht weiter zu bringen.«[22]

Europa im Kriegszustand: Doch abgesehen vom Winterkrieg der Roten Armee gegen Finnland wird auf dem Kontinent kaum gekämpft, kaum geschossen und kaum gestorben. Am 9. Dezember fällt der erste britische Soldat der Expeditionsarmee in Nordfrankreich, ein Unteroffizier auf Patrouillengang. Die Franzosen haben bis dahin 1433 Mann verloren. Der Krieg verlagert sich in den Äther: Das Radio soll die Gemüter des Gegners zermürben. Die Weihnachtszeit steht bevor: Es soll keine friedliche Stimmung aufkommen. Ein amerikanischer Pazifist erinnert sich an das erste Weihnachtsfest im Weltkrieg 25 Jahre zuvor, zu dem nach verlustreichen Kämpfen die Waffen schwiegen, die feindlichen Soldaten aus den Schützengräben stiegen und gemeinsam feierten: »Die einzigen Kinder, die ihrer Spielzeuge nicht überdrüssig sind«, stellt er bitter fest, »sind die Staatsmänner und Diplomaten Europas.« Die Soldaten würden lieber heute als morgen Frieden machen, wenn die Politiker sie nur ließen.[23]

Tatsächlich befinden sich die Weltenlenker in einem »Teufelskreis, aus dem man nicht entrinnen kann«, wie es ein französischer Beobachter formuliert. Sie wollen den *Wartekrieg* an den Grenzen nicht aussitzen, sondern suchen nach neuen Kriegsschauplätzen. Ins Visier rückt das neutrale Norwegen, das im Winter, wenn die Ostsee zugefroren ist, als Transitland für das in Deutschland dringend benötigte Eisenerz aus Schweden dient. In geheimen Gesprächen mit dem Norweger Vidkun Quisling, dem Anführer der winzigen Partei *Nasjonal Samling*, Mitte Dezember wird Hitler die Gefahr bewusst: »Nie kann ich dulden, dass England nach Narvik kommt.« Er weist das Oberkommando der Wehrmacht an, einen Plan »Nord« zur Besetzung Norwegens auszuarbeiten.

Nach dem nordnorwegischen Erzhafen Narvik halten auch Chamberlain und Daladier Ausschau, die am 19. Dezember in Paris zu ihrem 4. *Obersten Kriegsrat* zusammenkommen. Beide sind überzeugt, dass der Besitz dieses Hafens und der schwedischen Erzlagerstätten kriegsentscheidend sei. Wenn die Sowjetunion nach der Eroberung Finnlands ihre Hand darauf lege und ausschließlich Deutschland versorge, würde das die deutschen Kräfte stärken. »Wenn aber wir die Kontrolle über das Erz erreichen«, meint Daladier, »wäre Deutschlands Macht bald gebrochen.« Man ist sich einig, gemeinsam in Oslo und Stockholm vorstellig zu werden, damit die beiden Länder in ihrer »Entschlossenheit, jedem Akt der Aggression zu widerstehen, gestärkt werden«. Wenn Deutschland das Eisenerz in Besitze nehme, würde es den Krieg um ein oder zwei Jahre verlängern können. Zunächst werden von der britischen Admiralität Pläne geschmiedet, wie die Erzausfuhr über Narvik unterbunden werden könne.[24]

Also Krieg um die Weltmacht wie 25 Jahre zuvor? Es ist ein General der neutralen Schweiz, der Ende 1939 dem Frieden noch eine Chance gibt und die Stimme der Vernunft sprechen lässt. Die Kriegsgeschichte kenne zahlreiche Beispiele, in denen eine Belagerung ohne Prestigeverlust abgebrochen worden sei:

> »Die Regierungen der heute schon mit Schulden überlasteten Staaten wissen sehr wohl, dass die kriegführenden und die neutralen Völker den Frieden herbeisehnen und sich über die drohende allgemeine Verarmung in Europa klare Rechenschaft geben.«

Als Beweis für ein »Gleichgewicht der Kräfte in Europa« sieht er die still liegenden Fronten, deren Störung Deutschland keinen Vorteil brächte: Ein Einmarsch in Belgien wie 1914 würde »über kurz oder lang Amerika gegen Deutschland mobilisieren«. Je länger eine deutsche Offensive auf sich warten lasse, desto mehr verblasse das »Schreckgespenst vom deutschen Welteroberer«. Solange die Fronten still stehen, könnte sich der »gesunde Menschenverstand hüben und drüben« regen: »Man beginnt, kühl zu rechnen und die Kriegsfolgen zu sehen, die auch dem Sieger drohen.«[25]

Doch die Weltenlenker in Moskau und Washington sorgen für Nachschub zur Führung eines Krieges in Europa, den sie nicht zu fürchten brauchen und dessen Ausgang sie abwarten können, bis sie als künftige Sieger und Friedensbringer den Schauplatz betreten.

Das Ziel des Krieges, sagt Aristoteles nach einigen hundert Jahren griechischer Geschichte in seiner *Politik*, das Ziel des Krieges ist der Frieden.

SCHLUSSBEMERKUNG

Nicht zu Beginn, erst nach getaner Arbeit kommt so richtig das Gefühl der Dankbarkeit. Wenn nach jahrelangem Stöbern in Archiven, Bibliotheken, Instituten, im Internet und nach jahrelangem Durchdringen der Materialberge das Ergebnis eines Textes vorliegt, lässt sich ermessen, welche Vorarbeit geleistet werden musste. Ihr Anerkennung zu zollen, ist mir ein Bedürfnis.

An erster Stelle stehen die großen Aktenpublikationen zur auswärtigen Politik der Deutschen, Briten, Franzosen, Italiener und US-Amerikaner für die Jahre vor Ausbruch des Zweiten Weltkriegs. Es ist beeindruckend, mit welcher Sorgfalt und in welchem Umfang diplomatische Schriftstücke, Protokolle, Verträge, Memoranden, Briefe, Notizen aus den Archiven der Außenministerien in den letzten Jahrzehnten für die Forschung herausgegeben und kommentiert wurden. Den Griff ins Regal ersparen nur die Foreign Relations of the United States/FRUS, die vollständig im Internet einzusehen sind. Erfreulich sind die Bemühungen in Russland, dem blinden Fleck der sowjetischen Außenpolitik etwas Licht zu geben.

Hilfreich bei der Orientierung in dieser Aktenfülle sind Dokumentensammlungen, die eine Auswahl und Übersetzungen fremdsprachiger Texte bieten. Wenn auch hinter manchen dieser Sammlungen politische Absichten stecken, lassen sie uns doch einen Blick in Archive werfen, die als weitgehend verloren gelten, wie die Akten Polens und der Tschechoslowakei. Zusammenstellungen von Dokumenten zu besonderen Aspekten konnten genutzt werden, um etwa die öffentliche Meinung, Propagandamaßnahmen, Überlegungen zur Kriegführung in den Blick zu nehmen.

Tagebücher, Briefe und Erinnerungen sind unerlässlich, den trockenen Akten Leben zu verleihen. Wie viel Mühe muss es gemacht haben, solche Schriften zu entziffern und zu erläutern! Hervorheben möchte ich die jüngsten Editionen der Briefe des britischen Premiers Chamberlain sowie der Tagebücher des sowjetischen Botschafters in London Maiski und des Komintern-Vorsitzenden Dimitroff. Alle diese Aufzeichnungen geben den Blick frei auf Ereignisse, Einstellungen und Einschätzungen, auch und gerade, wenn das Bemühen erkennbar ist, die eigene Person ins rechte Licht zu setzen.

Wie selbstverständlich nehmen wir aus Gewohnheit Protokolle von Parlamentsdebatten und anderen Veranstaltungen hin, ohne die darin steckende Arbeit zu würdigen. Erkennbar wird sie etwa beim Vergleich der Tonaufzeichnung einer Rede mit ihrer schriftlichen Aufzeichnung. Inzwischen sind die Protokolle der Sitzungen des Deutschen Reichstags, des US-amerikanischen Kongresses sowie des britischen Parlaments im Internet verfügbar. Sehr beeindruckend ist die Aufbereitung der Protokolle des Ober- und des Unterhauses: Die einzelnen Sitzungen sind schnell zu finden, die Themen sind übersichtlich aufgelistet, der jeweilige Wortumfang vermerkt. Daran sollten sich andere ein Beispiel nehmen.

Nicht vergessen werden sollen schließlich die Berichterstatter des täglichen Zeitgeschehens, die Reporter, Fotografen, Kameraleute, Kommentatoren. In ihren Darstellungen spiegelt sich die Welt wider, häufig verhüllt durch staatliche, parteiliche oder private Interessen, zuweilen unverhüllt. Die Journalisten haben ihre Leser des folgenden Tages im Blick, nicht die Geschichtsschreiber folgender Jahrzehnte. Damit liefern sie uns ein unverstelltes Gefühl für eine Zeit, die uns entschwunden ist, mit allen Irrungen und Wirrungen, mit allen Deutungen und Hoffnungen, denen sich die Menschen damals hingegeben haben. Der Blick in diesen Spiegel kann uns nachdenklich machen: Uns geht es nicht anders, wenn uns ein täuschendes Spiel an der Rampe geboten und der aufklärende Blick hinter die Kulissen verwehrt wird. Die hervorragende Präsentation österreichischer und französischer Zeitungen im Internet sollten sich vor allem deutsche Anbieter zum Vorbild nehmen.

Was nützen all die Druckerzeugnisse vergangener Zeiten, wenn es niemanden gibt, der sie bewahrt und erschließt, kennt und pflegt. Die lange Liste der zeitgenössischen Veröffentlichungen zeigt, wie viel trotz aller Widrigkeiten aus den Jahren vor dem Zweiten Weltkrieg erhalten geblieben ist. Die lange Liste soll sie vor dem Verschweigen und Vergessen bewahren. Als besonders ergiebig hat sich die Zentrale Bibliothek der Juristischen Fakultät der Universität Hamburg erwiesen, die den Bücherbestand des ehemaligen Instituts für Auslandskunde übernommen und aufgehoben hat. Eine tiefe Fundgrube ist auch die Deutsche Zentralbibliothek Wirtschaftswissenschaften in Kiel. Überaus gut ausgestattet mit alten und neuen Druckwerken sind die Einrichtungen für Zeitgeschichte in München und Hamburg, wo es nicht nur gute Arbeitsmöglichkeiten, sondern auch sehr hilfsbereite und kompetente Ansprechpartner gibt. Was in Deutschland nicht aufzutreiben war, ist dank dem internationalen Antiquariatshandel über den Kanal und den Atlantik nach Hamburg gekommen.

Schlussbemerkung

Es wird immer wieder behauptet, dass die Zahl der Veröffentlichungen zur Vorgeschichte des Zweiten Weltkriegs unübersehbar sei. Es gilt also, sich zu bescheiden, vor allem bei den allgemeinen Darstellungen, die sich kaum unterscheiden, weniger bei den Spezialabhandlungen, die sich gezielt einen klar umgrenzten Problemkreis und Quellenbestand vornehmen. Auf vielen internationalen Konferenzen haben junge Geschichtsforscher ihre Ergebnisse vorgestellt, die in Sammelbänden veröffentlicht wurden. So ist es zu »Begegnungen« gekommen, an die ich mich wegen ihrer peniblen Akribie gerne erinnere und deren Quellenfunde ich gerne genutzt habe. Auch wenn ich nicht alles in den Anmerkungen zitiere, was ich gelesen habe, weiß ich doch, was ich diesen Forschungsarbeiten verdanke.

Natürlich hat es während der Entstehungszeit des Buches viele Gespräche und Diskussionen über Inhalt und Methode gegeben. Anregungen und Kritik waren dabei ebenso hilfreich wie nützlich. Allen, die mich unterstützt und ermutigt haben, ist dieses Werk gewidmet.

ANMERKUNGEN

VORWORT

1 Winkler (2014), S. 15.

2 Taylor (1962), S. 357.

3 Taylor (1954), S. 568.

4 Bismarck (1913) 2, S. 295.

1. KAPITEL
Es lebe die Weltrevolution!
Internationaler Kongress der Kommunisten in Moskau
(Juli/August 1935)

1 Die Kongress-Protokolle sind in den Ausgaben 34 bis 57 (August-Oktober 1935) der in Basel erschienenen Wochenzeitung der Komintern *Rundschau über Politik, Wirtschaft und Arbeiterbewegung* abgedruckt; der Nachdruck des Protokolls (1974) ist zwar besser geordnet, aber unvollständig; die Texte ausgewählter Reden von Dimitroff (1958 und 1976) sind unzuverlässig. *Rundschau* (1935) 37, S. 1645 f.

2 Günther (1935), S. 216 f.; Hedeler (2001); Mewis (1972), S. 48–61; Pfitzner (1944), S. 62 f.

3 *Rundschau* (1935) 34, S. 1659–1662; 35, S. 1693, 1702; 36, S. 1717–1720; 37, 1753–1774; Buber-Neumann (1967), S. 441; Dimitroff (2000), 1/S. 101–124.

4 *Rundschau* (1935) 39, S. 1825–1847; Lih (1996), S. 256 f.; Pfaff (1990), S. 582 f.

5 Samuelson (2000), S. 22, 90–113, 148–154; Freund (1936), S. 75 f.; ADAP C/IV, S. 1 f.; Tuchatschewski (1935), S. 694 f.

6 *Rundschau* (1935) 38, S. 1789–1791; 41, S. 1877–1914; 43, S. 1973 f.; 47, S. 2073–2087.

7 HMAP (1935) 15/6 f.; Bullitt (1972), S. 138; *Matin* v. 4. 8. 1935; *VB* 214 v. 2. + 215 v. 4. + 220 v. 8. 8. + 255 v. 12. 9. 1939; Mehnert (1935), S. 491; Reichstag 6. Sitzung 15. 9. 1935, S. 58; *VB* 249 v. 6. + 265 v. 22. + 268 v. 25. + 269 v. 26. 9. 1939.

8 Manöver-Überblick 1935 (1936), S. 262 f.; Weber (1967), S. 192 f.; Mammach (1975), S. 24, 57 f., 179; Fuhrer (2011) S. 308 f.; Dem Kämpfer Ernst Thälmann (1936), S. 33.

9 Mammach (1975), S. 45 f., 77, 120, 167, 171, 175, 193, 204, 216, 239, 250, 258, 267, 607 f., 615 f.; Müller, R. (2004), S. 308.

10 Matthias (1968), S. 239–250; SPD-Exilvorstand (1980), 2/S. 1122; Gross (1991), S. 426–433; Aufgabe (1940), S. 13–18; *NV* 130 v. 8.12.1935.

11 Lukes (1993), S. 347 f.; Lukes (1996), S. 43–50, 76 f.; Kracik (1999), S. 312.

12 Kuo (1975), S. 50–57, 69; Haslam (1992), S. 60 f., 65 f.; *Rundschau* (1935) 71, S. 2755–2257; Snow (1970), 539 f.

13 Dingle (1938), S. 44 f; Knoblaugh (1937), S. 16; *L'Humanité* v. 30.1.1936; Thorez (1962), S. 104; Reichstag 7. Sitzung 7.3.1936, S. 71 f.; Gamelin (1946), 2 / S. 201 f.; Pownall (1972), S. 104; Medlicott (1981), S. 94 f.; Dawson (1936), S. 410.

14 *L'Humanité* v. 11.3. + 3.–6. + 9.4.1936; Pons (2002), S. 21, 25; deWilde (1936), S. 17–28; Danos (1982), S. 13–15; Lefranc (1974), S. 125–136; Stoye (1938), S. 201–217; Wegmüller (1972), S. 84–89; Levy (1987), S. 58–70; Colton (1989), S. 18–22; Dingle (1938), S. 115; Bokelmann (2014), S. 58–88; Doriot (1936), S. 79, 155; Doriot (1937), S. 5 f.; Rauhut (1938), S. 194.

15 Payne (2004), S. 79, 88 f., 91; Payne (2006), S. 172; Beevor (2006), S. 35 f., 55 f.; Mitchell (1937), S. 21; Preston (1995), S. 242, 245, 247, 254 f.; *Mundo obrero* v. 20.7.1936 zit. n. Palomino (2003) VI; Smyth (1996), S. 87; Radosh (2001), S. 8–13, 21; Carr (1984), S. 12–16; Cattell (1957), S. 7.

2. KAPITEL
Friede sei dem Völkerfeste! Olympische Spiele in Berlin (August 1936)

1 Zeitgenössische wie spätere Darstellungen stützen sich im Wesentlichen auf die Berichte in der eigens zum Ereignis erschienen *Olympia Zeitung* und im amtlichen *Reichssportblatt* sowie den Amtlichen Bericht des Organisationskomitees (1937), z. B. Könitzer (1936), Krüger (1972), Mandell (1980), Hart-Davis (1986); Teichler (1991), Alkemeyer (1996), Rürup (1996), Krüger (2003), Large (2007), Emmerich (2011), Fuhrer (2011), Hilmes (2016).

2 Kaiser (1980), S. 317 f.; Rieker (1939), S. 132; Hartlieb (1939), S. 431; Reichhold (1985); Glaise von Horstenau (1983); Starhemberg (1971), S. 271 f.; *NFP* + *WZ* v. 30.7.1936; *Das kleine Blatt* v. 1.8.1936; Fuchs (1961), S. 60 f.; Bernett (1996), S. 22–29; Rolf (1936), S. 906 f.; *Westböhmische Tageszeitung* v. 31.7. + 2.8.1936; *VB* 214 v. 1.8.1936; PAAA 86–26: Olympia R98742.

3 Kubitz (1997), S. 22 f.; *VB* 218 v. 5.8.1939; Goebbels 1/3,2 (1998), S. 141 f.

4 Hart-Davis (1988), S. 93–97, 120 f., 131 f.

5 Duroselle (1979), S. 298 f.; Beier (1956), S. 254.

6 Krüger (1972), S. 46 f., 84, 95, 164 f., 183 f.; Krüger (2003), S. 45–55; Cantril (1951), S. 810.

7 Sänger (1975), S. 107 f., 111; Bohrmann 4/1 (1998), S. 635, 831 f.; Hart-Davis (1988), S. 226–236; *VB* 228 v. 15. 8. 1939; Dodd (1962), S. 380.

8 Channon (1967), S. 108; DBFP 2/XVII S. 92, 115, 757–774; Goebbels (1998), 1/3,2, S. 151; Hart-Davis (1988), S. 256 f.

9 Szembek (1952), S. 191, 196; Republic of Poland (1940), S. 42 f.

10 Goebbels 1/3,2 (1998), S. 152; *VB* 230 + *OZ* 28 v. 17. 8. 1939.

11 Channon (1967), S. 106; *VB* 231 v. 18. 8. 1938; Bellers (1986); Teichler (1991), S. 165–174; *NYT* v. 18. 8. 1936; Gamelin (1946), S. 228–231; Szembek (1952), S. 186; Łukasiewicz (1970), S. 6–21; Studnicki (1936), S. 3 f.; Gunther (1937), S. 427; *Humanité* v. 30. 8. 1936.

12 Goebbels (1998), 1/3,2, S. 152 f., 161; Bohrmann (1998), IV/1, S. 895 f.; Treue (1955), S. 204–210; Akten der Reichskanzlei (2002), 3 / S. 500–504.

13 *VB* 234 v. 21. + 236 v. 23.8. + 254–260 v. 10.–16. 9. 1936; Dimitroff (2000), S. 129; *NZZ* v. 16. 9. 1936.

14 *VB* 253 v. 9. + 273 v. 29. 9. + 274 v. 1. 10. 1939; SPD-Exilvorstand (1980), 3 / S. 1097, 1111, 1373, 1389; Bockhoff (1937), S. 208, 218.

15 RT (1936), 105 / S. 13 f.; Cot (1939), S. 123; Bokelmann (2014), S. 96; Shay (1977), S. 73–85; Šeba (1937), S. 81 f.; Stone/Fisher (1937), S. 282 f.

16 Petersen (1973), S. 491 f.

17 Iklé (1956), S. 34–39; Presseisen (1958), S. 95–109; Shigemetsu (1959), S. 126–130; Ohata (1976), S. 39; Weinberg (1954), S. 197; ADAP C/VI, S. 114 f.; Reichstag 30. 1. 1936, S. 11; Premier Hirota's Address (1937), S. 706; Ribbentrop (1937), S. 21 f.

18 Degras (1953), S. 221 f.; *Rundschau* (1936) 51, S. 2067; Bergamini (1971), S. 675f.; Whymant (1999), S. 127 f.; *Times* v. 27. 11. 1936; Litwinow (1950), S. 200.

19 Pang (1937), S. 59; Stiewe (1937), S. 359 f.; Nieh (1970), S. 40; Liu (1956), S. 92–101; Kuo (1975), S. 79 f.; Tschiang (1936), S. 103; Wuu (1995), S. 209 f.

20 *Times* v. 26. + 27. 11. 1936; Grew (1944), S. 191.

3. KAPITEL
Zur Bewahrung des Friedens
Die panamerikanische Konferenz in Buenos Aires (Dezember 1936)

1 Hull (1948), S. 493; Lank (1939), S. 59 f.; Schröder (1976), S. 350 f.

2 Roosevelt (1938), S. 71 f., 604–612; Inter-American conference for the Maintenance of Peace (1937), S. 203–208; Richarz-Simons (1942), S. 4; Wünsche (1942), S. 17; Ickes (1954), 1 / S. 703; Berle (1973), S. 119 f.; Fenwick (1937), S. 89–100; *Times* v. 2.+3. 12. 1936.

3 Friede (1937), S. 345–359; Inter American Conference (1937), S. 195–289; Saavedra Lamas (1937), S. 159–194; Whitaker (1954) ,S. 106 f.; Trueblood (1937), S. 164; *Times* v. 7. + 14. + 23.12.1936; *Time* v. 21.12.1936 + 4.1.1937; *NYT* v. 16.12.1936; Roosevelt (1938), S. 615; Hull (1948), S. 494; Lockey (1938), S. 243; Fried (1937), S. 752.

4 Roosevelt (1938), S. 643–641, 659; Dodd (1962), S. 413; Dallek (1995), S. 134 f.

5 Stromer (1937), S. 830; *VB* 19 v. 19.1.1937; Dodd (1962), S. 406, 428; Reichstag v. 30.1.1937, S. 2–16.

6 Chamberlain (2005), 4 / S. 234; Dodd (1962), S. 436 f.; Goebbels (1998), 1/3,2, S. 363, 1/4, S. 46; *Times* v. 20. + 21.4.1937; *VB* 1 v. 1.1.1937; Getty (1999), S. 382; Haslam (1984), S. 131; Hedeler (2003), S. 181.

7 Roosevelt (1938), S. 157–160; Halfeld (1937), 178–180; Neutralitätsgesetz (1935); Neutralitätsgesetz (1938); Divine (1962), S. 139–164; *VB* 128 +*Times* v. 8.5.1937.

4. KAPITEL
Den Frieden in der Welt erhalten
Die Reichskonferenz in London (Mai/Juni 1937)

1 Gibbs (1939), S. 253–266; *VB* 79 v. 20.3. + 114 v. 24.4. + 130–133 v. 10.–13.5.1937; *Times* v. 11.–13.5.1937.

2 Chamberlain (2005), 4 / S. 249; Schmidt (1949), S. 354; *Times* v. 13.–21.5.1937; *VB* 135–143 v. 15.–21.5.1937.

3 Imperial Conference (1937), S. 27–37; *Times* v. 15.5.1937; *VB* 136/7 v. 16./17.5.1937; Bringmann (1939), S. 148.

4 Zimmern (1934), S. 94; Cowie (1939); Yeats-Brown (1940), S. 351; Coatman (1936), S. 16, 291, 376.

5 *VB* 141 v. 21.5.1937.

6 DBFP 3/XVIII, S. 763–772; Ovendale (1975), S. 40–48; Eden (1964), S. 514 f.; *Times* v. 20.–22.5.1937; Imperial Conference (1937), S. 8 f.

7 *Times* v. 29.+31.5.1937; Chamberlain (2005), 4 / S. 251–253; *VB* 148 v. 28.5.1937; DBFP 2/XVIII, S. 555–558.

8 Feiling (1946), S. 284; Chamberlain (2005), S. 77, 234; DBFP 2/XVIII, S. 967–979; Imperial Conference (1937), S. 12; Ovendale (1975), S. 49–52.

9 *Times* v. 10.–17.6.1937; *VB* 164–167 v. 13.–16.6.1937; Wiedemann (1937), S. 136, 150 f.; Garros (1998), S. 131; Müller (2004), S. 421; ADAP C/VI, S. 914; Litwinow (1956), S. 246; SPD-Exilvorstand (1980), 4 / S. 769; Goebbels (2000), 4 / S. 176, 181, 214; Spalcke (1958), S. 46; Davies (1943), S. 155; Jordan (1992), S. 276; Dingle (1938), S. 23 f.; Herndon (1983), S. 306.

10 Imperial Conference (1937), S. 21 f., 38 f.; *Times* v. 16. + 18.6.1937; Chamberlain (2005), 4/S. 255.

11 Rogge (1937), S. 617; Rogge (1940), S. 61; Sonnenhol (1937), S. 562 f.; Report of an Anglo-German Conference (1937), S. 3–25.

12 HC 25. 6. 1937, S. 325/S. 1546 f., 1559 f., 1599 f., 1603 f., 1614; Ovendale (1975), S. 56.

5. KAPITEL
Vom Zwischenfall zum Krieg
Japans Vormarsch in China (Juli/August 1937)

1 Mitsuaki (1937), S. 192; Lufft (1940), S. 184; Kyo (1937), S. 115.

2 Mao: Ausgewählte Werke II, S. 7 f., zit. nach Kuhn (1999), S. 47 f.; auch *KI* (1937), S. 848 f.; Hu (1972), S. 127; Snow (1938), S. 449.

3 Chiang (1936), S. 103 und 410.

4 Ishimaru (1938), S. 201.

5 *CJ* (1937), S. 353; Crowley (1966), S. 301; Nöel (1937), S. 220.

6 Alsop/Kintner (1940), S. 89; Hull (1948), S. 535 f.

7 Brandt (1952), S. 242 f.; Braun (1973), S. 292; Haslam (1992), S. 82.

8 Bisson (1938), S. 296 f.

9 Borg (1964), S. 281; Lindemann (1940), S. 551 f.

10 Borg (1964), S. 299; Blum (1959), S. 481.

11 Richter (1937), S. 393; Protokoll im Chinesischen Nationalarchiv zit. n. Mitter (2014), S. 89 f.

12 Scheffer (1938), S. 201.

13 Borg (1964), S. 308, 321–325.

14 Wickert (2008), S. 32, 37 f.

15 Richter (1937), S. 498, 526; Biehl (1937), S. 115 f.

6. KAPITEL
Ein Bündnis wird geschmiedet
Mussolini auf Deutschland-Besuch (September 1937)

1 Bohrmann (1998), S. 5, 766.

2 Bericht Botschafter Hassell v. 21. 6. 1934 zit. n. Petersen (1973), S. 345; Rosenberg (1964), S. 39.

3 Hassell (1937), S. 3; Parteitag der Arbeit (1937), S. 39 f.

4 *VB* 267 v. 24. + 269 v. 26.9.1937.

5 Goebbels (2000) 1/4, S. 328.

6 Knipfer (1937), S. 312; Badoglio (1937); Macleod (1962), S. 26 f.; Anfuso (1952), S. 54; *VB* 270 v. 27.9.1937.

7 Ciano (1949), S. 18; Macleod (1962), S. 30; *DW* (1937), S. 47, 782.

8 *VB* 271 v. 28.9.1037; Anfuso (1952), S. 56.

9 Wilson (1939), S. 27; DBFP 2/XIX, S. 372.

10 Anfuso (1952), S. 57; Goebbels (2000), 1/4, S. 334; Abraham (1938), S. 126.

11 *VB* 273 v. 30.9.1937; MAP (1937), 10 / S. 652–659; Goebbels (2000), 1/4, S. 337; Ciano (1949), S. 20.

12 *VB* 269 v. 26. + 271 v. 28. + 272 v. 29. + 273 v. 30.9.1937; *Times* v. 30.9.1937; *Daily Telegraph* v. 29.9.1937 zit. n. Gannon (1971), S. 118; *HN* 270 v. 30.9.1937.

7. KAPITEL
Roosevelts Griff nach der Friedensmacht
Eine weltpolitische Rede in Chicago (Oktober 1937)

1 Ickes (1954), S. 213 f.; Cantril (1951), S. 869 Lippmann (1937), S. 593; Wer formt die Weltmeinung? (1937), S. 563; Borg (1964), S. 379; Lothian (1936), S. 139; Howe (1937), S. 109; Beard (1946), S. 182.

2 Beide Zeitungen v. 29.9.1937, zit. n. Tansill (1952), S. 386 f.; Ickes (1954), S. 222.

3 *MAP* (1937), 11 / S. 792–796; Junker (1988), S. 79–82; *Chicago Tribune* v. 6.10.1937.

4 ADAP D/I, S. 528 f.; *Chicago Tribune* v. 19.5.1937; Dodd (1962), S. 459 f.; Borg (1964), S. 381 f.

5 Roosevelt (1972), 10 / S. 232, 247–250.

6 FRUS 1937/1, S. 140–145.

7 *Wall Street Journal* v. 7.10.1937.

8 Roosevelt (1992), S. 103–105; Byrnes (1958), S. 110; *Time* v. 18.10.1937; *Chicago Tribune* v. 8.10.1939.

9 *Rundschau* 44 v. 14.10.1937, S. 1565 f.

10 FRUS 1937/1, S. 133, 135; Roussy de Sales (1937), S. 1205–1207.

11 FRUS 1937/1, S. 131; Louis (1983), S. 371; Rock (1988), S. 35; Chamberlain (2005), S. 273 f.; Eagleton (1937), S. 204 f.; Howe (1937), S. 109.

12 *VB* 279 v. 7. + 282 v. 9.10.1937; Bohrmann (1998) 4, S. 793, 797.

13 Stromer (1937), S. 828 f.; ADAP D/I, S. 518–528; Keesings Archiv der Gegenwart (1937), S. 3251; Sakatoro (1937), S. 450; Akten der Reichskanzlei 1937 (2005), S. 781; Below (1980), S. 47 f.; Rechenberg (1937), S. 1.

8. KAPITEL
Hitlers Griff nach der Kriegsmacht
Eine geheime Konferenz in der Reichskanzlei (November 1937)

1 Schmidt (1949), S. 375 f.; *VB* 296 v. 23. + 299 v. 26.10.1937.
2 Stresemann (1925), 2 / S. 553.
3 Akten der Reichskanzlei 1933/34, I/1, S. 313–318; Wollstein (1973), S. 82–94; Simon (1952), S. 202 f.; Rühle (1938), S. 47 f.; JbAP (1938), S. 250; Republic of Poland (1940), S. 40 f.; Hochverratsprozess gegen Dr. Guido Schmidt (1947), S. 129.
4 Nečas (1937), S. 610 f.; Kral (1964), S. 125 f.; Berber (1941), S. 74; *VB* 288 v. 15. und 293 v. 20.10.1937; Ripka (1937), S. 1073 f.; *Observer* v. 7.3.1937 zit. n. Garvin (1937), S. 201; *Daily Mail* v. 12.2.1937 zit. n. Harmsworth (1939), S. 149.
5 SPD-Exilvorstand (1935), 2 / S. 907 f.; Goebbels (2000), 1/4, S. 387, 394.
6 Jacob (1936), S. 89 f.
7 Domarus (1965), I/2-745.
8 Below (1980), S. 48 f.; Raeder (1957), S. 149 f.; Hoßbach (1949), S. 217 f.; ADAP D/I, S. 25–32.
9 Raeder (1957), S. 150.
10 *VB* 302 v. 29.10.1937; François-Poncet (1947), S. 282; Réau (1993), S. 205; Kluge (1980), S. 108 f., 147; Irving (1989), S. 56 f., 294 f.
11 DBFP 2/XIX, S. 478; Moravec (1975), S. 115 f.; Lukes (1996), S. 82.
12 Hoßbach (1949), S. 219; Müller (1989), S. 499 f.; Kluge (1980), S. 143–146; Foerster (1949), S. 62–64.
13 Müller (2008), S. 181, 243.
14 HC 1.11.1937, 328 / S. 575, 619 f., 595.
15 *VB* 308 v. 4.11.1937; Richter (1937), S. 550 f., 578 f.; Shai (1976), S. 99, 102.
16 Nieh (1970), S. 147 f.; Jones (1954), S. 57; Dirksen (1949), S. 191.
17 Goebbels (2000), 4 / S. 396; *VB* 314–317 v. 7.–10.11.1937.

9. KAPITEL
Ein britischer Besuch bei Hitler
Das Ausloten einer Verständigung (November 1937)

1 Henderson (1940), S. 96 f.; DBFP 2/XIX, S. 25, 447, 494 f.; Harvey (1970), S. 59.
2 *VB* 319 v. 15.11.1937; DBFP 2/XIX, S. 524 f.; Gannon (1971), S. 130 f.
3 Roberts (1937), S. 471; DBFP 2/XIX, S. 527–530.
4 ADAP D/I, S. 39.
5 Harvey (1970), S. 58; Eden (1964), S. 588–593; Brossolette (1937), S. 1119 f.
6 DBFP 2/XIX, S. 540–554; Kirkpatrick (1964), S. 60 f.

7 Birkenhead (1965), S. 368, 371; Burckhardt (1962), S. 100.

8 Birkenhead (1965), S. 112; Gilbert (1966), S. 198; Butler (1960), S. 343.

9 Roberts (1991), S. 47; Birkenhead (1965), S. 282.

10 DBFP 2/XIX, S. 543–548, 556 f.; ADAP D/I, S. 46–56; Kirkpatrick (1964), S. 62–65; Schmidt (1949), S. 377–379.

11 Kirkpatrick (1964), S. 62–65; *VB* 325 v. 21.11.1937.

12 *VB* 326 v. 22.11.1937; Henderson (1940), S. 98; Goebbels (2000), 1/4, S. 416 f.

13 Henderson (1940), S. 98–100; DBFP 2/XIX, S. 546–548, 555 f.

14 Goebbels (2000), I/4, S. 423, 425, 429.

15 ADAP D/I, S. 57–59.

16 HC 24.11.1937, 329 / S. 1215; Berber (1943), S. 125 f.; *Times* v. 25.11.+ *NS&N* 352 v. 27.11.1937, S. 864 f.

17 Chamberlain (2005), S. 286 f.

18 Hochverratsprozess (1947), S. 526–527; Tschechoslowakische Akademie der Wissenschaften (1968), S. 46.

19 HC 30.11.1937, 329 / S. 1876 f.; Colvin (1971), S. 60 f.; Thomas (1996), S. 221; Tansill (1952), S. 404 f.; Middlemas (1972), S. 138 f.; Géraud (1937), S. 1169 f.

20 SPD-Exilvorstand (1980) 4 / S. 1523 f.; Pfaff (1987) S. 128.

21 DBFP 2/XIX, S. 513.

22 JbAP (1938), S. 253; Mitter (2013), S. 119–130; Wickert (2008), S. 105–141; Schenke (1940), S. 56 f.; Goebbels (2004), 1/5, S. 48.

23 *Chicago Tribune* 297 v. 13.12.1937; Bisson (1973), S. 286–288; Louis (1983), S. 369 f.; Monroe (1938), S. 11–18; Blum (1959), S. 481 f.; Grew (1944), S. 198 f., 232–240.

24 Richter (1939), S. 53–56; ADAP D/I, S. 641–670; Bisson (1973), S. 289; Liu (1949), 165 f.; Peck (1961), S. 157–170; Crowley (1966), S. 364 f., 368 f.; Dirksen (1949), S. 193; Popper (1938), 5 / S. 56 f.; Pratt (1975), S. 61.

25 Howe (1937), S. 109; Flynn (1948), S. 174; Offner (1969), S. 216 f.; Beard (1946), S. 212 f.; Herring (1939), S. 66 f.

26 Chamberlain (2005), S. 294, 296, 298; Barnett (1972), S. 470 f.

27 *VB* 12 v. 12.1.1938; ADAP D/I, S. 132–137, 149–151.

28 *VB* 365 v. 31.12.1937; *NFP* v. 1. + 5.1.1938.

10. KAPITEL

Das Dritte Reich schluckt das Dritte Österreich (Februar–April 1938)

1 *NWT* 43 v. 13.2.1938; Glaise (1983), S. 223.

2 Below (1980), S. 85; Schuschnigg (1947), S. 38–44; Schuschnigg (1988), S. 236–243; Hochverratsprozess (1947), S. 61 f.

3 Dutch (1938), S. 161f.

4 Rühle (1940), S. 180; Schuschnigg (1937), S. 317; Leichter (1935), S. 274; *Wiener Zeitung* v. 27.11.36 zit. n. Reichhold (1985), S. 234; *NFP* v. 5.1.1938.

5 Schuschnigg (1988), S. 244, 250; Hochverratsprozess (1947), S. 61.

6 *IKZ* v. 17.2.1938; Winkler (1935), S. 131f., 151f.; Scholnberger (2012), S. 101; Pembaur (1939), S. 143, 145.

7 Schuschnigg (1988), S. 263, 268f., 285f.; Hauser (1982), S. 387f.; Brook-Shepherd (1990), S. 281f.; DBFP 2/XIX, S. 916; Hochverratsprozess (1947), S. 528; Cadogan (1971), S. 47; Nicolson (1968), S. 270.

8 Ciano (1948), S. 255; Hochverratsprozess (1947), S. 222; Low (1985), S. 338f., 407; *Iswestija* v. 17.2.1938 zit. n. Arnberger (1988), S. 165; Arnberger (1988), S. 195; Hopfgartner (1989), S. 162; Franzel (1948), S. 230.

9 ADAP D/I, 439; *WZ*, *NWT* und *NFP* v. 12.1.1938; Günter (1937), S. 329; Schuschnigg (1988), S. 20f.; *Time* v. 28.2.1938; Glaise (1983), S. 144.

10 Ickes (1954), S. 315; Schuschnigg (1988), S. 288.

11 *VB* 18 v. 18.1.1938; *NFP* v. 18.2.1938; Rosar (1971), S. 219f.

12 Reichhold (1985), S. 334f.

13 Dutch (1938), S. 183; Reichstag 20.2.1938, S. 41f.; *VB* 52 v. 21.2.1938.

14 Dutch (1938), S. 186f.; Pembaur (1939), S. 158–160; *IKZ* v. 22.+26.2.1938; Dichand (1987), S. 81.

15 *IKZ* v. 26.2.1938; Glaise (1983) S. 232; Bohrmann (1998), 6/1, S. 203, 208; Sänger (1975), S. 194f.

16 Schuschnigg (1988), S. 288; ADAP D/I, S. 448–450.

17 *IKZ* v. 28.2 .+ 2. + 3.3.1938; *NFP* v. 27.2.1938; *NWT* v. 6.3.1938.

18 Schuschnigg (1988), S. 175+24; Hillegeist (1974), S. 72; Hochverratsprozess (1947), S. 269

19 ADAP D/I, S. 456–459; Schuschnigg (1988), S. 292f.

20 *NWP* v. 6.3.1938; Dutch (1939), S. 200f.

21 Zernatto (1939), S. 260; *IKZ* v. 7. + 8.3.1938; Henz (1978), S. 281; Schuschnigg (1988), S. 297, 300, 302; Tomkowitz (1988), S. 18.

22 Hillegeist (1974), S. 75; Slavik (1978), S. 204; Olah (1987), S. 98; Dokumente einer Diktatur (1935), S. 62.

23 Hochverratsprozess (1949), S. 172; Schuschnigg (1946), S. 60; Schuschnigg (1988), S. 303; *IKZ* v. 10.3.1938.

24 Melzer (1938), S. 15; Ackerl (1978), S. 19f., 24; Arnberger (1978), S. 223, 230, 236; Moser (1978), S. 173; *IKZ* v. 11.3.1938; Tomkowitz (1988), S. 283; Hochverratsprozess (1947), S. 229.

25 *IKZ* v. 11.3.1938; Schausberger (1978), S. 560f.; ADAP D/I, S. 465; Lorenz (1940), S. 271f.; Rauchensteiner (1987), S. 206; Haas (1988) S. 7; ADAP D/I, S. 465.

26 Pembaur (1939), S. 188; Arnberger (1988), S. 235f; Melzer (1938), S. 20; Rühle (1940), S. 262f.

27 Low (1985), S. 407; Ciano (1949), S. 123; Jackson (2000), S. 252 f.; Hochverratsprozess (1947), S. 172.

28 Goebbels (2000) 1/5, S. 198–201; Berndt (1938), S. 193; Glaise (1983), S. 245; Hill (1974), S. 122 f.; Manstein (1958), S. 322 f.; Guderian (1951), S. 42; Rosar (1971), S. 268; ADAP D/I, S. 470.

29 Glaise (1983), S. 253; Zernatto (1939), S. 296 f.; Schuschnigg (1946), S. 84 f.; DBFP 3/I, S. 10.

30 IMT (1948), S. 31, S. 355 f.; Neck (1983), S. 104.

31 Zernatto (1939), S. 317 f.; Langer-Hansel (1987), S. 165; Tomkowitz (1988), S. 177.

32 Tomkowitz (1988), S. 193 f., S. 202; Melzer (1938), S. 21 ff.; Arnberger (1988), S. 259, 281–302; Wingelbauer 1978; *Sozialdemokrat* v. 17. 3. 1938 zit. n. Galéra (1938), 303 f.; Eichstädt (1955) S. 403 f.

33 IMT (1948) 31, S. 364–369; Reichhold (1978), S. 31 f.; *IKZ* v. 12. 3. 1938; Melzer (1938), S. 50 f.; Arnberger (1988), S. 309 f.; Venus (1988), S. 115; Papen (1952), S. 490; DBFP 3/I, S. 14 f., 20; Henderson (1940), S. 123 f.; DDF2/8, S. 734; Gehl (1963), S. 191; Neck (1983), S. 107; Rühle (1940), S. 267.

34 Arnberger (1988), S. 312; Peball (1978), S. 58; Manstein (1958), S. 333.

35 Schmidl (1990), S. 296 f.; Berndt (1938), S. 198 f.; Schausberger (1978), S. 575; *VB* 72 v. 13. 3. 1938; Rühle (1940), S. 268 f.

36 Hadamovsky (1939), S. 143 f.; Sündermann (1975), S. 98; Arnberger (1988), S. 328 – 330; Below (1980), S. 91 f.; Melzer (1938), S. 110; Guderian (1951), S. 44 f.

37 Goebbels (2000) 1/5, S. 205 f.; ADAP D/I, S. 436, 476 f., 492, 504; Berber (1943), S. 134; DDF 2/S. 8, 723; Hauser (1982), S. 389 f.; NA CAB 23/92/12, S. 349–357.

38 Schmidl (1984), S. 213 f.; Below (1980), S. 92; Langoth (1951), S. 239 f; Arnberger (1988), S. 326 f.

39 *IKZ* v. 14. 3. 1938; Hillgruber (1988), S. 122; Thimme (1957), S. 46; *Daily Mail* v. 13. 3. 1938 zit. n. Botz (1970), S. 212–214; *Neues Wiener Abendblatt* v. 14., *VB* v. 15. 3. 1938; Lorenz (1940), S. 281 f.

40 Botz (1970), S. 210; Bismarck (1913), S. 2, 272 f.; *Linzer Volksblatt* und *VB* 74 v. 15. 3. 1938.

41 *VB* 74/75 v. 15./16. 3. 1938; Bohrmann (1998), 6/1, 261; Langoth (1951), S. 239 f.; *NWT* v. 14. 3. 1938.

42 Tschechoslowakische Akademie (1968), S. 92 f.; ADAP D/I, S. 492; Gamelin (1946), II, S. 322 f.; DDF 2/8, 824.

43 HC 14. 3. 1938, 333 / S. 52, 95–99; Cockett (1989), S. 55.

44 Ministerium für Auswärtige Angelegenheiten der UdSSR (1983), Bd. 1, S. 88 f.; Arnberger (1988), S. 395 f.

45 Moraveć (1938a), S. 51, 73 f., 78; Moraveć (1938b), S. 175; Krämer (2014), S. 84 f.; Bystrický (1994), S. 139.

46 *VB* 75 v. 16. 3. 1938; *IKZ* 16. 3. 1938; Weinzierl (1978) S. 167; Arnberger (1988) S. 449; *NWT* v. 18. 3. 1938.

47 Bohrmann (1998), 6/1, S. 274; *VB* 76 v. 17.3.1938; Rudolph (1938), S. 120; Reichstag 18.3.1938, S. 50.

48 Tschechoslowakische Akademie der Wissenschaften (1968), S. 93 f.; ADAP D/II, S. 103 f.; Cockett (1989), S. 55; Bruce Lockart (1938), S. 286 f., 305; Berber (1941), S. 85.

49 Chamberlain (2005), S. 304, 307; Howard (1981), S. 113 f.; ADAP D/I, S. 566; Barnett (1972), S. 474 f., 505–512; Hauser (1982), S. 397 f.; NA CAB 23/92/15, S. 32–45; HC 24.3.1938, 333 / S. 1410 f.; Tschechoslowakische Akademie der Wissenschaften (1968), S. 98.

50 Bruce Lockart (1938), S. 309; ADAP D/I, S. 166; DBFP 3/I, S. 74, 76 f., 95, 102, 104–108; DDF 2/9, S. 48.

51 ADAP D/II, S. 139, 150 f., 157 f., 165 f., 178 f., 180 f., 186; *Temps* v. 9.4.1938.

52 Arnberg (1988), S. 482, 484–488, 496, 502, 506 f., 516, 518; *VB* v. 5.+11.4.1938; Rühle (1940), S. 287–289; Bohrmann (1998), 6/1, S. 356 ff.; *WNN* v. 3.4.1938; Hadamowsky (1939), S. 161–167; Denscher (1978), S. 92 f.; Detig (1938), S. 59 ff.; *Alpenländische Rundschau* v. 5.5.1938 zit. n. Burz (1989), S. 279; *NWT* v. 10.4.1938; Goebbels (2000), 1/5, S. 224, 252 f., 256.

53 *WZ* v. 26.4.1938; Bohrmann (1998), 6/1, S. 296; Sänger (1975), S. 205.

11. KAPITEL
Die Tschechoslowakei wird dem Frieden Europas geopfert (Mai–Oktober 1938)

1 Anonym (1933), S. 1 ff.; Sudetendeutschtum im Kampf (1937), S. 101 f.

2 Deubner (1938), S. 87–97; Lebenswille des Sudetendeutschtums (1935), S. 22, 27, 36 f., 62 ff.

3 Sänger (1975), S. 213 f.; *Tages-Post* (Linz) v. 26.4.1938; Brandes (2008), S. 108; Rönnefahrt (1961), S. 233; Ullrich (1943), S. 55; ADAP D/II, S. 194.

4 DBFP 3/I, S. 186 f., 195 f.; *Temps* v. 12.4.1938; DDF 2/9, S. 556–558; Noël (1948), S. 186–190.

5 DBFP 3/I, S. 198–210; DDF 2/9, S. 561–588; *Times* v. 29.4.1938.

6 DBFP 3/I, S. 212–232.

7 *Times* v. 30.4.1938; Chamberlain (2005), 4, S. 318; Goebbels (2000), 1/5, S. 281; *VB* 120/121 v. 30.4./1.5.1938.

8 *Rudé Právo* v. 1.5.1938 zit. n. Biman (1983) nach 176; Leurquin (1938), S. 445–448; DBFP 3/I, S. 235 f., 241–251, 263–272; Grant Duff (1938), S. 214.

9 FRUS 1938/1 S. 493–495; *VB* 130 v. 10.5.1938; ADAP D/II, S. 217 f.

10 DBFP 3/I, S. 630–633+299; ADAP D/II, S. 212–216; *Times* v. 13., 14. + 16.5.1938; Nicholson (1968), S. 281 f.; FRUS 1938/1, S. 499 f.

11 ADAP D/II, S. 220; FRUS 1938/1, S. 503, 509 f.; Fuchs (1961), S. 237; Schneider (1980), S. 121; Ullrich (1940), S. 91; Král (1964), S. 137–140; Moravec (1975), S. 123–126;

Yeats-Brown (1940), S. 386 f.; Rabl (1960), S. 317 f.; Hencke (1977), S. 87; DBFP 3/I, S. 327; Bohrmann (1998), 6/2, S. 484 f.; Henderson (1939), S. 46; Lukes (1996), S. 701; Krämer (2014), S. 223–231.

12 ADAP D/II, S. 234–270; Pownall (1972), 154 f.; Butler (1972), S. 65; Korbel (1959), S. 32; Heidrich (1961), S. 18; Chudoba (1963), S. 394 f.; Pons (2002), S. 126; Litwinow (1956), S. 236, 240, 245; Lukes (1996), S. 145; *Das Deutsche Echo* 111 v. 21.5.1938; SPD-Exilvorstand (1980), 5 / S. 377 f.; *Times* v. 23.5.1938; Sigl (1938), S. 34 f.; Brandes (2008), S. 180, 186, 195; Rönnefarth (1961), S. 284; Ullrich (1940), S. 110 f.; Ullrich (1943), S. 196.

13 Krämer (2014), S. 312; Goebbels (2000) 1/5, S. 320; Colvin (1951), S. 57; Chamberlain (2005), 4, S. 324; HC 25. 5. 1938, 336 / S. 1233, 1266; Chamberlain (1939), S. 225–236; Nicolson (1968), S. 284; Macleod (1962), S. 57.

14 ADAP D/II, S. 237, 274, 281–284; Goebbels (2000) 1/5, S. 323; Below (1980), S. 102; Müller (1980), S. 512–528; Krämer (2014), S. 419.

15 Goebbels (2000), 1/5, S. 325; ADAP D/II, S. 377–380; Müller (1980), S. 299; *Times* v. 2. + 3. 6. 1938; Hoensch (1965), S. 6; El Mallakh (1979), S. 84 f., 109; *VB* 157 v. 7. 6. 1938; Bonnet (1951), S. 41; Roos (1957), S. 323 f.; Coulondre (1950), S. 218; Hoensch (1984), S. 236 f.; Henlein (1938), S. 57 f.; Brandes (2008), S. 195 f.; Henderson (1939), S. 126; Cadogan (1971), S. 81; DBFP 3/I, S. 525 f., 529 f.; Král (1958), S. 145 f., 148; Pozzi (1939), S. 70; Ripka (1938), S. 560; Bohrmann (1998), 6/2, S. 614.

16 R. W. Seton-Watson (1938), S. 665 f.; Chr. Seton-Watson (1991), S. 340f.; Jacobi (1939), S. 383 f.; Hussitengeist (1938), S. 303 f.; *Times* v. 4.–7. 7. 1938; Moravec (1940), S. 26.

17 Dubreuil (1978), S. 80–90; Harvey (1970), S. 164–166; *Times/Le Temps/Petit Parisien* v. 19.–23.7.1938; *VB* 202 + 203 v. 21. + 22. 7. 1938; MAP (1938), S. 742 f., DBFP 3/I, S. 602; Bohrmann (1998), 6/2, S. 664.

18 Král (1958), S. 151 f., 156 f., 160 f., 163 f., 166; DBFP 3/I S. 581 f., 600 f., 604–608, 620; Vyšný (2003), S. 78; *Právo Lidu* v. 31. 7. 1938 zit. n. Kracik (1999), S. 420; HC 26. 7. 1938, 338 / S. 2957 f., HL 27. 7. 1938,110/1282.

19 *VB* 206–213 v. 25. 7.–1. 8. 1938; Berndt (1939), S. 61–68; *Times* v. 1.+2. 8. 1938; Wagner (1938), S. 678; Wollner (1939), S. 11; SPD-Exilvorstand (1980), 5 / S. 828; Goebbels (1998), 1/6, S. 29; Teichler (1981), S. 101 f.

20 DBFP 3/II S. 656 f.; *Times* 4. + 13. + 18. 8. 1938; Thompson (1968), S. 117; Gedye (1939), S. 423 f.; Král (1968), S. 177, 205–209; ADAP D/II S. 469 f.; *VB* 232 v. 20. 8. 1938; Král (1964), S. 273–276, 284; Luh (1991), S. 357; Vyšný (2003), S. 221–227; Ullrich (1940), S. 183 f.; François-Poncet (1947), S. 331; Müller (2008), S. 355 f.; Macleod (1962), S. 59 f.; Lukes (1993), S. 348; Pfaff (1990), S. 564 f., 584 f.; Manstein (1958), S. 338.

21 DBFP 3/II, S. 267, 659 f.; Chamberlain (2005), 4, S. 342; *Times* v. 7. + 8. 9. 1938; Král (1968), S. 219.

22 DBFP 3/II, S. 672; Beneš (1939), S. 323–328; Paul (1972), S. 84 f.; *Times* v. 12. 9. 1938; La bataille (1938), S. 5–11.

23 ADAP D/II, S. 579–582, 600 f.; Dolezel (1991), S. 137; *VB* 257 v. 14.9.1938; Ullrich (1940), S. 192–200; Ashton-Gwatkin (1948), S. 596.

24 DBFP 3/II, S. 323–355, 675 f.; ADAP D/II, S. 626–640; Below (1980), S. 122; Schmidt (1949), S. 395–398; Král (1968), S. 224 f.; *Times* v. 15.–17.9.1938; *VB* 259 v. 16.9.1938; Henlein (1939), S. 129; Vyšný (2003), S. 303.

25 Král (1968), S. 229; Zorach (1989), S. 62; Rabl (1960), S. 322 f.; Réau (1993), S. 258, 559; DBFP 3/II, S. 373–400; DDF 2/11, S. 309–333; Chamberlain (2005), 4, S. 347; Harvey (1970), S. 186 f.; Cadogan (1971), S. 100 f.; Bonnet (1951), S. 86 f.; Yeats-Brown (1940), S. 207; Lukes (1996), S. 215.

26 Goebbels (1998), 1/6, S. 102; La bataille (1938), S. 26; Ministerium für Auswärtige Angelegenheiten der UdSSR (1983), S. 199, 222 f.; Brod (1959), S. 227; Král (1968), S. 238–244; DBFP 3/II, S. 416 f., 426 f., 441 f., 445, 449 f.; Ripka (1939), S. 72, 104–109; Buk (1939), S. 66; Ministries for Foreign Affairs of the CSR and the USSR (1958), S. 89; *Právo Lidu* v. 18.9.1938 zit. n. Rabl (1960), S. 332; Cadogan (1971), S. 102; Biman (1983), S. 146, 167 f.; ADAP D/II, S. 689; Henderson (1939), S. 202 f.; *VB* 264 v. 21.9.1938; Dimitroff (2000), I, S. 183; Alexandrowski (1988), S. 128; Kampf an der Olsa (1938), S. 411.

27 Goebbels (1998), 1/6, S. 102, 107; *Times* v. 22.–24.9.1938; *VB* 265–268 v. 22.–25.9.1938; Biman (1983), S. 169; DBFP 3/II, S. 463–473, 482–490, 495 f., 499–508; ADAP D/II, S. 694–702, 708–711, 716–726; La bataille (1938), S. 32 f.; Ripka (1939), S. 72, 104–109.

28 Král (1968) S. 252, 256 f.; DBFP 3/II, S. 520–542; DDF 2/11, S. 537–548, 565–569, 612 f.; *Times* v. 27.9.1938; Cooper (1953), S. 237; Bonnet (1951), S. 105 f.; Gamelin (1946), S. 348; Middlemas (1972), S. 391.

29 *VB* 269–271 v. 26.–28.9.1938; Sänger (1975), S. 242; Ickes (1954), S. 468 f.; Moffat (1956), S. 211 f.; Offner (1969), S. 261 f., 268; Irving (1989), S. 157–166; Goebbels (1998), 1/6, S. 113 f.; DBFP 3/II, S. 554–557, 564–567, 570, 576 f., 587 f.; ADAP D/II, S. 747 f., 754 f., 771–777; Schmidt (1949), S. 407–410; Alexandrowski (1988), S. 129 f.; Ministries for Foreign Affairs of the CSR and the USSR (1958), S. 124 f.; Haslam (1984), S. 191; Rabl (1960), S. 341; Fuchs (1961), S. 272; Dimitroff (2000), S. 190; Cadogan (1971), S. 106 f.; Pownall (1972), S. 380; *Times* v. 28.9.1938; DDF 2/11, S. 605 f.; Wark (1985), S. 108 f.; Pronay (1984) S. 359.

30 HC 28.9.1938, 339 / S. 5–285.

31 La bataille (1938), S. 75; *Times* v. 29.+30.9.1939; Channon (1967), S. 171; Rabl (1960), S. 339 f.; Ovendale (1983), S. 331.

32 Berndt (1939), S. 244–255; Schmidt (1949), S. 413–416; François-Poncet (1948), S. 335–339; Corvaja (2008), S. 80–85; ADAP D/II, S. 801–814; DBFP 3/II, S. 630–635; *Times* v. 1.10.1938; *VB* 272 v. 30.9.1938.

33 Ministerium für Auswärtige Angelegenheiten der UdSSR I, S. 281–283; Ministries for Foreign Affairs of the CSR and the USSR (1958), S. 126–131; Pfaff (1990) S. 277;

Alexandrowski (1988), S. 132; Douglas-Home (1976), S. 66; ADAP D/IV, S. 251–255; DBFP 3/II, 635–640; Chamberlain (2005), 4, S. 351; Schmidt (1949), S. 417 f.; Corvaja (2008), S. 85 f.; *Times* v. 1.10.1938; Rabl (1960), S. 355–358; Ripka (1939), S. 230 f.; Böss (1962), S. 408.

34 Sozialdemokrat 231 v. 1.10.1938 zit. n. Hasenöhrl (1983), S. 307; Jaksch (1940), S. 20–23; Woytak (1972), S. 383; *Gazeta Polska + Kurjer Warszawski* v. 30.9.1938 zit. n. NC (1938) 124/741, S. 634 f.; Henderson (1939), S. 231, 244; *Times+VB* v. 1.10.1938; *La Volonté paysanne* v. 1.10.1938 zit. n. Boussard (1978), S. 61 f.; Douglas-Home (1976), S. 67; Hoare (1955), S. 293; Bohrmann (1998), 6/3, S. 907, 909; Goebbels (1998), 1/6, S. 122; SPD-Exilvorstand (1980), 5 / S. 937; Ripka (1939), S. 232 f.; Biman (1983), S. 223.

35 *Times + VB* v. 2.–7.10.1938; Guderian (1951), S. 50 f.; Berndt (1939), S. 307–314; Stein (1939), S. 26 f.; Stahlberg (1987), S. 112; La bataille (1938), S. 78–86; Daladier (1939), S. 133–154; Duff Cooper (1953), S. 248 f.; HC 3., 5., 6.10.1938/339, S. 29–50, 63, 367–370, 552 f.; Chamberlain (2005), 4, S. 358; Grewe (1938), S. 1230 f.

36 Tansill (1958), S. 469; Moffat (1956), S. 218; Langer (1952), S. 35; Kennedy (1940), S. 195 f.; Armstrong (1939), S. 197; Hull (1948), S. 591; Ickes (1954), S. 480; Blum (1959), S. 525 f.; Junker (1988), S. 71 f.; Hoover (1940), S. 90

37 Degras (1953), S. 307 f.; ADAP D/IV, S. 529 f.; Dimitroff (2000), I, S. 201; Bohlen (1973), S. 60 f.; Litwinow (1956), S. 257.

38 Gilbert (1939), S. 332 f.; Keesings (1938), S. 3761, 3784; Snow (1972), 321 f.; Bisson (1938/73), S. 359 f.; *NYT* v. 3.11.1938; JbAP (1939), S. 263 f.

39 *České slovo* v. 1.10.1939 zit. n. Ullrich (1943), S. 289; La bataille (1938), S. 57 f.; Jaksch (1940), S. 28; Hoensch (1984), S. 248 f.

40 *VB* 284 v. 11.10.1938; ADAP D/IV, S. 57–68, 90, 96 f.; Kral (1968), S. 281–286; Dimitroff (2000), I, S. 215; Feierabend (1971), S. 38 f., 46 f., 52 f.; Kennan (1972), S. 33; *Times* v. 28.10.1938.

41 Bohrmann (1998), 6/3, S. 967 f.; Goebbels (1998), 1/6, S. 139; Henderson (1939), S. 232.

42 ADAP D/IV, 90 + V, 88; Treue (1958) S. 186–191; Goebbels (1971) 1, S. 316–326.

12. KAPITEL
Frankreich zwischen Deutschland und den USA
(November 1938–Februar 1939)

1 Reynaud (1947), S. 514 f., (1963), S. 239f.; DBFP 3/III, S. 253; Herman (1998), S. 142; Bokelmann (2006), S. 88 f.; Daladier (1939), S. 30 f., 34 f.; ADAP D/IV, S. 405 f.; *Times* v. 25.11.1938; *VB* 335 v. 1.12.1938; *L'Été Nouvelle* v. 1.12.1938 zit. n. Berstein (1978), S. 294.

2 ADAP D/IV, S. 381 f., 385, 398 f., 406 f.; DDF 2/XII, S. 339–346, 643 f., 732, 594 f., 803–806; DDF 2/XIII, S. 69–76; French Yellow Book (1940), S. 18 f.; François-Poncet

(1948), S. 350–355; Monnet (1978), S. 151 f.; Coulondre (1950), S. 306–309; Anonym (1938), S. 255; Gamelin (1946), II, S. 366 f., 371–378.

3 ADAP D/IV, S. 409–421; DDF 2/XIII, S. 88 f., 106–110; *VB* 341/2 v. 7.+8.12.1938; Knipping (1981), S. 543; *Times* + *Temps* v. 6.–9.12.1938; Abetz (1951), S. 110–115; Bonnet (1961), S. 240; Duff Cooper (1939), S. 215–225.

4 *Temps, Ordre, Époque, Intransigeant, Populaire, Humanité, Figaro, Matin* v. 7.–11.12.1938; MAP 6 (1939) 1/S. 56–58; Dominique (1938), S. 7; Bartel (1986), S. 45.

5 Réau (1993), S. 312; Monnet (1978), S. 155 f.; Smith (1984), S. 138–141; Mason (1975), S. 908–933; Geyer (1981), S. 121–148.

6 Stone (1938), S. 158–172; SPD-Exilvorstand (1980), S. 5, 1238; Shay (1977), S. 245; Cantril (1951), S. 274; Green (1939), S. 94; *VB* 349 v. 15.12.1938; *Chicago Tribune* v. 24.1. + 14.2.1939; Haight (1970), S. 61, 73–101; Farnham (1997), S. 184 f., 193–197; Watt (1989), S. 134 f.; Alsop (1940), S. 30 f.

7 *Temps* v. 2.2.1939; *L'Europe Nouvelle* 1096 v. 4.2.1939; Polnische Dokumente zur Vorgeschichte des Krieges (1940), S. 23 f.; Chamberlain (2005), S. 377; Bohrmann (1998), 7/1, S. 131 f.; VB 32 v. 1.2.1939; Mammach (1974), S. 76, 85; DDF 2/XIV, S. 211; Dülffer (1978), S. 295, 310 f., 313.

8 DDF 2/XIII, S. 798 f.; DBFP 3/IV, S. 37–40, 49 f., 83 f.; Rock (1988), S. 144; *Temps* 23. + 24.2.1939; Daladier (1939), S. 51–55.

9 Bohrmann (1998), 7/1, S. 131 f.; *VB* 56 + 57 v. 25. + 26.2.1938.

13. KAPITEL
Ein Blitzschlag gegen Prag (März 1939)

1 Keesings (1938), S. 3849; Feierabend (1971), S. 83–91; ADAP D/IV, S. 200 f.; Kennan (1972), S. 95.

2 *VB* 70–72 v. 11.–13.3.1939; Feierabend (1971), S. 94; Ďurčanský (1956), S. 6; DBFP 3/IV, S. 225; Goebbels (1998), 1/6, S. 279–283; ADAP D/IV, S. 204, 208, 212 f., 218; ADAP D/VI, S. 8; Ripka (1939), S. 370 f.; Vnuk (1964), S. 118; Ďurica (1964), 1, S. 186–192; *Das Kleine Blatt* v. 12.+15.3.1939; *WNN* v. 15.3.1939; MAP 6 (1939), 4/S. 355 f., 362 f.; Nižňanský (2004), S. 284.

3 ADAP D/IV, S. 229–235 ; Feierabend (1971), S. 108–113; Bodensieck (1969), S. 98; *Das kleine Volksblatt*/Wien 73 v. 15.3.1939; *VB* 75 v. 16.3.1939; Schmidt (1949), S. 427–432; Benoist-Méchin (1971), S. 68; Goebbels (1998), 1/6, S. 286; Meissner (1991), S. 463.

4 Berndt (1939), S. 442–474; Rönnefarth (1961), S. 748; Below (1977), S. 153; Hencke (1977), S. 299–209; Prochazka (1981), S. 135–143; Sündermann (1975), S. 130; Kennan (1972), S. 100 f.; *WNN* v. 15.3.1939; *VB* 75–79 v. 16.–20.3.1939; Goebbels (1998), 1/6, S. 287.

5 *VB* 78 v. 19.3.1939; Bohrmann (1998), 7/1, S. 279 f.; *Populaire* 16.–19.3.1939; DDF XIV, S. 602 f., XV, S. 14 f., 17 f., 21–27, 41 f., 122; ADAP D/IV, S. 246, D/VI, S. 16 f.; *Temps* 18.–20.3.1939; Daladier (1939), S. 155–163; Krug (1940), S. 180; *Europe Nouvelle* 1102 v. 25.3.1939, 324 f.

6 HC 15.3.1939, 345 / S. 435–555; HL 20.3.1939 Bd. 112, S. 308 f.; *Times* v. 18.4.1939; DBFP 3/IV, 270 f.; ADAP D/IV, S. 245, D/VI, S. 20 f., 22 f., 32; Dirksen (1949), S. 241.

7 FRUS 1939/1, S. 42, 50, 56; Ickes (1954), S. 597 f.; DBFP 3/IV, S. 365 f.; Dallek (1995), S. 183 f.; Langer (1952), 80 f.; Jacobs (1940), 54 f.; Hoover (1940), S. 88.

8 Litwinow (1956), S. 255–258, 262; Dokumente und Materialien (1983), S. 53 f.; Molotow (1939), S. 2 f.; Stalin (1939), S. 4–14; Manuilski (1939), S. 110; Besymenski (2003), S. 133–151; Köstring (1965), S. 134 f.; Wiskemann (1953), S. 3; DDI XI / S. 580 f.; *Temps* v. 19.3.1939; Taborsky (1958), S. 673 f.

14. KAPITEL
Chamberlain auf der Suche nach Verbündeten gegen Deutschland
(März/April 1939)

1 Chamberlain (2005), S. 393 f.; Newman (1976), S. 118–124; DBFP 3/IV, S. 401; Colvin (1971), S. 187 f.; Channon (1967), S. 187 f.

2 *Times* v. 21.–25.3.1939; *Temps* v. 23.3.1939; DBFP 3/IV, S. 422–427, 457–463; Chamberlain (2005), S. 395–398; Thierfelder (1940), S. 59; Bonnet (1951), S. 191 f.; JbAP (1940), S. 137; MAP 6 (1939) 370 f.

3 DBFP 3/IV, S. 500–503, 627; Szembek (1952), S. 434 f.; Lipski (1968), S. 503 f.; FRUS 1939/1 S. 59 f.; Polnische Dokumente zur Vorgeschichte des Krieges (1940), S. 29; Pagel (1992), S. 226; Newman (1976), S. 146 f., 151 f., 154 f., 192–196, 200 f.; Chamberlain (2004), S. 399 f.; Cadogan (1971), S. 165; Dalton (1957), S. 238; Maisky (1971), S. 432 f.; HC 31.3.1939, 345 / S. 2415 f.; *Washington Post* v. 3.4.+*Prawda* v. 2.4.1939 zit. n. *NC* (1939) 747, 636; *Times* v. 1.4.1939; Laeuen (1939), S. 515.

15. KAPITEL
Noch ist Polen nicht verloren
(Mai 1939)

1 Kennedy (2013), S. 133–139; Biddle (1967), S. 27; Szembek (1952), S. 448.

2 Denne (1959), S. 18; Morrow (1936), S. 505; Donald (1929), S. 133–146, 168 f.; Borowik (1934); Zelle (1939); Martel (1930), S. 168; Valmigère (1939), S. 87–92; Gärtner (1939), S. 22, 65; Dawson (1933) S. 93; Newman (1930), S. 227–233; Budding (1932), S. 23 f.; Goebbels (1998), 1/6, S. 327; *L'Œvre* v. 4.5.1939.

3 Reichstag 28.4.1939, S. 23–34; *VB* 116–119 v. 26.–29.4. + 123–125 v. 3.–5.5.1939; *Times* v. 1.–4.5.1939; Kalisch (1989) S. 194; ADAP D/VI, S. 288–292, 313 f.; *L'Œvre* v. 4.5.1939; Vormann (1958), S. 40; DBFP 3/V, S. 397 f., 423.

4 Weißbuch der polnische Regierung (1940), S. 112–118; Polens Antwort (1939), S. 602–605; *Times* v. 5./6.5.1939; Biddle (1967), S. 59; *Temps* v. 6./7.5.1939; *VB* 127 v. 7.5.1939; Goebbels (1998), 1/6, S. 339; ADAP D/VI, S. 360.

5 *Times* v. 6.5.1939; Pagel (1992), S. 246 f.; Ministerium für Auswärtige Angelegenheiten der UdSSR 2 (1983), S. 99–101; Kornat (2012), S. 192; Mackiewicz (1956), S. 436; Golczewski (1974), S. 264 f.; Aurich (1969), S. 33; Szembek (1952), S. 451–453.

6 Alexander (1992), S. 306–310; Duroselle (1979), S. 462; Cienciala (1989), S. 221; Gamelin (1946), 2/S. 416–420; Łukasiewicz (1970), S. 209–223; Beck (1951), S. 345 f.; Bonnet (1951), S. 223–228; NA CAB 55/1/2.

7 Bohrmann (2001) 7/II, S. 436; *VB* 139 v. 19. + 141 v. 21.5.1939; Goebbels (1998), 1/6, S. 354; IMT (1948), 2, S. 312–319; Below (1980), S. 163 f.; ADAP D/VI, S. 432 f., 471 f., 477–483; Raeder (1957), S. 163; Szembek (1952), S. 466; Woytak (1979), S. 86; Prażmowska (1987), S. 95–98, 110 f.; Cienciala (1989), S. 212, 220 f.; Roos (1939), S. 198 f.; *Ostland* (1939), S. 290 f., 338; Keesing (1939), S. 4123; Auswärtiges Amt (1940), S. 39.

16. KAPITEL
Im Wettlauf nach Moskau
(Mai–August 1939)

1 Besymenski (2002), S. 152; Maiskij (2015), S. 173, 179; Maiski (1971), S. 442; Dokumente und Materialien (1983) S. 124–134; *L'Humanité, Times* und *NZZ* v. 1.6.1939.

2 HC 19.5.1939, 347/S. 1848, 2266; Duff Cooper (1939), S. 283, 296; Cadogan (1971), S. 182; Chamberlain (2004), S. 417; Channon (1967), S. 199 f.; *Times* v. 1.6.1939; HC 7.6.1939, 348/401; FRUS 1939/1, S. 272.

3 ADAP D/VI, S. 502 f., 516, 519 f., 521 f., 551 f., 592 f., 622; Goebbels (1998), 1/6, S. 363 f., 373; Bohrmann (2001), 7/2, S. 540 f., 594.

4 DBFP 3/VI, S. 33 f, 79, 85, 89 f., 92; Strang (1956), S. 173–177; *Times* v. 16., 17., 21., 22., 23. + 24.6.1939; Cadogan (1971), S. 189; HC 26.6.1939, 349/5.

5 Goebbels (1998), 1/6, S. 390; *VB* 177 v. 26.6.1939; Köstring (1965), S. 136; ADAP D VI, S. 614, 673 f., 676 f., 680, 698 f.

6 Roosevelt (1951), S. 344 f.; Roosevelt (1972), 13/557 v. 23.6.1939; Ickes (1984), S. 651f., 670 f., 705; E. Roosevelt (1949), S. 182–198; *Times* v. 7.–14.6.1939; *VB* 162 v. 11.6.1939; Reynolds (1981), S. 49; Neville (2006), S. 178; Moffat (1956), S. 242 f.; Hull (1948), S. 624, 656; Rock (1982), S. 188–193; FRUS 1939/1, S. 277 f., 282/1939/2, 244–257; Forrestal (1951), S. 121 f.; Dean (1939), S. 111 f.; Langer (1952), S. 161; ADAP D/VI, S. 865.

7 Hull (1948), S. 648; DBFP 3/VI, S. 422–426; Dirksen (1949), S. 251–255; HC 24.7.1939, 350/1027; ADAP D/VI, S. 788, 823–828, 846–849; Divine (1962), S. 263–273; Strang (1956), S. 187 f.; Strang (1968), S. 10.

8 Duroselle (1979), S. 428; Bartels (1986), S. 210; Goebbels (1998), 1/7, S. 49 f., 53; Loßberg (1949), S. 32; Lenz (1973), S. 318 f.; ADAP D/VI, S. 861, 892 f., D/VII, S. 48; FRUS 1939/1, S. 294; DBFP 3/VI, S. 763; Drax (1952), S. 252.

9 Shirer (1989), S. 309; Weißbuch der polnischen Regierung (1940), S. 124–128; *Times* 3.11.8.1939; *NZZ* 10.+11.8.1939; *VB* 223/224 v. 11.+12.8.1939; Ziegler (1940), S. 65; *Czas* v. 7.8.1939, zit. nach Denne (1959), S. 237 und *19th Century* S. 752, 380; ADAP D/VII, S. 3 f., 7 f.; DBFP 3/VI, S. 638; Szembek (1952), S. 487; Lipsky (1968), S. 554; Goebbels (1998), I/7, S. 64; Bohrmann (1998), 7/II, S. 800.

10 Burckhardt (1962), S. 262–274; DBFP 3/VI, S. 688–698; Freund (1959), III, S. 62 f.; Paris Soir v. 13.8.1939.

11 *Times* v. 12.8.1939; Verhandlungen der Militärmissionen (1955), S. 10–15; Ministry for Foreign Affairs of the USSR (1973), 2 / S. 185–190; Besymenski (1968), S. 54; Besymenski (2003), S. 175 f.

12 ADAP D/VII, S. 32–40, 43–46; Ciano (1949), S. 454 f.

13 Verhandlungen der Militärmissionen (1955), S. 16–34; Ministry for Foreign Affairs of the USSR (1973), 2 / S. 191–210; Drax (1952), S. 256–261; Bonnet (1951), S. 252.

14 ADAP D/VII, S. 48 f., 51 f.; Halder (1962), S. 8–14; Hartmann (1997), S. 490.

15 Verhandlungen der Militärmissionen (1955), S. 36–43; Ministry for Foreign Affairs of the USSR (1973), 2 / S. 211–218; Drax (1952), S. 262 f.; ADAP D/VII, S. 63 f., 67, 70, 72–75, 82 f.

16 Besymenski (2003), S. 214; Verhandlungen der Militärmissionen (1955), S. 44–62; Ministry for Foreign Affairs of the USSR (1973), 2 / S. 227–246; FRUS 1939/1, S. 296–299; Bohlen (1973), S. 79–82; Herwarth (1982), S. 180 f.; Drax (1952), S. 264 f., 399–403.

17 ADAP D/VII, S. 95 f., 99 f., 111 f., 124 f.; Drax (1953), S. 60 f.; *Times* 19.8.1939.

18 Jäckel (1958), S. 581 f.; Suworow (1995), S. 69 f., 74–77; Thadden (1996), S. 95–97; Slutsch (2004), S. 599–604.

19 Verhandlungen der Militärmissionen (1955), S. 65–69; Ministry for Foreign Affairs of the USSR (1973), 2 / S. 254–259; Drax (1952), S. 405 f.; ADAP D/VII, S. 131 f., 139 f., 150 f., 161 f., 167, 198 f.; Goebbels (1998), I/7, S. 73; Davies (1943), S. 354; *Times* + *Paris-Soir* v. 22.8.1939; Bonnet (1961), S. 285; *VB* 235–238 v. 23.–26.8.1939; Bohrmann (2001), 7/2, S. 846 f.; Drechsler (1964), S. 132–135; Beaufre (1965) S. 134–171; Zeman (1997), S. 159; Schenke (1949), S. 54 f.; Szembek (1952), S. 490; Pagel (1992), S. 272; Kornat (2012), S. 204 f.; Lipski (1968), S. 566; Biddle (1976), S. 349.

20 ADAP D/VII, S. 167–172, 467–469; DBFP 3/VII, S. 257–259; Baumgart (1968), S. 120–149; Baumgart (1971), S. 301–304; Boehm (1971), S. 294–300; Halder (1962),

S. 22–26; Below (1980), S. 181; Raeder (1957), S. 165 f.; Rieckhoff (1945), S. 116 f.; Groehler (1992), S. 62 f.

21 *Times* v. 23. 8. 1939; Bonnet (1951), S. 262; DBFP 3/VII, S. 609–613; DDF XVII, 328 f.; Beaufre (1965) S. 166–171 Drax (1952), S. 413.

22 ADAP D/VII, S. 189–191; Hilger (1964), S. 285–291; Kleist (1950), S. 55–62; Ribbentrop (1953), S. 180–183; Herwarth (1982), S. 186–189; Bohlen (1973), S. 82 f.; Seidl (1949), IVf; Chruschtschow (1971), S. 128; Below (1980), S. 185; Schmidt (1949), S. 442–447; Drax (1952), S. 412; Goebbels (1998), 1/7, S. 75.

17. KAPITEL
Elf Tage, die Europa erschüttern
(24. August–3. September 1939)

1 Cadogan (1971), S. 200; Chruschtschow (1971), S. 141.

2 HC 24. 8. 1939, 351 / S. 5–9; *Times* v. 25. 8. 1939; Channon (1967), S. 208; Maisky (2015), S. 218; Pownall (1972), S. 220.

3 *Temps* 24. + 25. 8. 1939; Bonnet (1961), S. 287 f.; Reynaud (1947), S. 592–595; Bokelmann (2006), S. 104–106; Jordan (1992), S. 295; *L'Humanité* v. 24.–26. 8. 1939; Französisches Gelbbuch (1940), S. 315 f.

4 *Times* v. 24.–26. 8. 1939; ADAP D/VII, S. 233–243; Schmidt (1949), S. 449–454; Goebbels (1998), 1/7, S. 78; DBFP 3/VII, S. 229–235, 249–252; DDF 18, S. 507–509; Engel (1974), S. 59; Halder (1962), S. 31.

5 Chamberlain (2005), 4 / S. 441 f.; Dahlerus (1948), S. 56–72; DBFP 3/VII, S. 228 f., 283–286; ADAP D/VII, S. 262 f., 270, 276 f.; *Temps* v. 27. 8. 1939; DDF 19, S. 1 f., 9 f.

6 *VB* 27.–29. 8. 1939; Bohrmann (1998), 7/II, S. 878 f.; ADAP D/VII, S. 289 f., 295, 297–300; *Temps* v. 29. 8. 1939; DDF 19, S. 64–66; Dahlerus (1948), S. 75–84; Chamberlain (2005), 4 / S. 443 f.; DBFP 3/VII, S. 311, 318–320; Harvey (1970), S. 306 f.

7 *Times* v. 29. 8. 1939; NA CAB 23/100/13; Goebbels (1998), 1/7, S. 82 f.; DBFP 3/VII, S. 348, 351–355, 363 f., 386–388; Henderson (1940), S. 262 f.; Meissner (1991), S. 484.

8 *Times* v. 29.–31. 8. 1939; *Temps* v. 31. 8.+1. 9. 1939; Szembek (1952), S. 497; KdS (1988) A:1, S. 20 f.; HC 29. 8. 1939, 351 / S. 113–116; ADAP D/VII, S. 345 f.; DBFP 3/VII, S. 364, 366, 369 f., 374–377, 391, 394 f.; Dahlerus (1948), S. 97 f.

9 *VB* 242 + 243 v. 30. + 31. 8. 1939; Goebbels (1998), 1/7, S. 85 f.; Bohrmann (1998), 7/II, S. 893; Dahlerus (1948), S. 101–108; NA CAB 23/100/14; DBFP 3/VII, S. 399 f., 410 f., 413 f., 429–435; ADAP D/VII, S. 372–377; Hill (1974) S. 162 f.; Schmidt (1949), S. 456–460; Henderson (1940).

10 Harvey (1970), S. 310; DBFP 3/VII, S. 434–438, 440–446, 449 f., 453 f., 465–467, 471; Halder (1962), S. 47 f.; Szembek (1952), S. 499; Hill (1974), S. 163; Hassell (1946),

S. 81–84; Dahlerus (1948), S. 109–121; Goebbels (1998), 1/7, S. 87 f.; Lipski (1968), S. 571–573; Weißbuch der polnischen Regierung (1940), S. 164 f., 197 f.; Hollingworth (1940), S. 9 f.; Schmidt (1949), S. 460; Degras (1953), S. 371; Molotow (1939), S. 15; ADAP D/VII, S. 385–387, 389 f., 397 f.; Französisches Gelbbuch (1939), S. 400; Adamthwaite (1977), S. 345; Meissner (1994), S. 500; Auswärtiges Amt (1939), S. 438, 443; Sänger (1975), S. 390 f.; *VB* 244 + *Times* v. 1. 9. 1939; *Prawda* v. 1. + 2. 9. 1939 zit. nach Pagel (1992), S. 275; Moffat (1956), S. 259.

11 *VB* 245 + *Times* v. 2.9.1939; DBFP 3/VII, S. 473–475, 496 f.; Reichstag 1. 9. 1939, S. 45–49; Burckhardt (1962), S. 277; Goebbels (1998), 1/7, S. 89; Dahlerus (1948), S. 126; NA CAB 23/100/15; HC 1. 9. 1939, 351 / S. 127–132; Nicolson (1968), S. 342; Raczinski (1962), S. 25; Roosevelt (1972), 14 / S. 575 v. 1. 9. 1939; ADAP D/VII, S. 473–488, 493–498, 528 f.; OKW (1982) S. 1 f.; KdS (1988) S. 25–27; Weißbuch der polnischen Regierung (1940), S. 169 f.

12 *Times* v. 2. + 4.9.1939; *Temps* v. 2.–4. 9. 1939; *VB* 245 v. 2. 9. 1939; *NZZ* v. 1.–4. 9. 1939; ADAP D/VII, S. 424, 434; Französisches Gelbbuch (1939) S. 412–419; DBFP 3/VII, S. 501, 504, 511–515, 518 f., 524–526, 533–535; NA CAB 23/100/16; Lebrun (1945), S. 31; HC 2. 9. 1939, 351 / S. 280–285; Cadogan (1971), S. 212; Harvey (1970), S. 313–316; Weißbuch der polnischen Regierung (1940), S. 180; Raczinski (1962), S. 25; Spears (1954), 1 / 19 f.; Dalton (1957), S. 266 f.; FRUS 1939, 1 / S. 414; Ickes (1954), S. 712; Jackson (2003), S. 76 f.

13 DBFP 3/VII, S. 535 f.; ADAP D/VII, S. 441–447, 456; Schmidt (1949), S. 463 f.; HC 3. 9. 1939, 351 / S. 292–301; Channon (1967), S. 215 f.; Coulondre (1950), S. 451 f.; Raczinski (1962), S. 25; Łukasiewicz (1970), S. 282–288, Weißbuch der polnischen Regierung (1940), S. 181 f.; Armengaud (1948), S. 126; *Times*, *Temps*, *VB* v. 4. 9. 1939; Noël (1948), S. 451; Hubatsch (1965), S. 25–27; Hitler (1943), S. 31–39; DDF 19, S. 403 f., 408 f., 482 f.; Jackson (2000), S. 382 f.; *Je suis partout* v. 30.8.1939 zit. n. Rossi-Laudi (1979), S. 136; SPD-Exilvorstand (1980), 6 / S. 980; NA CAB 65/1/17/001; Roosevelt (1945), S. 56–60; Roosevelt (1992), S. 148–151; Chamberlain (2005), 4 / S. 443 f.; Britisches Blaubuch (1939), S. 194 f.

18. KAPITEL
Der seltsame Krieg (September–Dezember 1939)

1 HC 4. 9. 1939, 351 / S. 370–374, 581; Goebbels (1998), 1/7, S. 93–98; Kirchner (1978), S. 2 f.; *Times* v. 5. / 6. 9. 1939; *VB* 246–252 v. 3.–9. 9. 1939; *NZZ* v. 5. / 6. 9. 1939; Neilson (1940) S. 256; *Temps* v. 5.–8. 9. 1939; *Œvre* v. 9.–12. 9. 1939; Wagner (1963), S. 129 f.; Bethel (1972), S. 121; *KW* v. 6. 9. 1939; Łukasiewicz (1970), S. 294; Sündermann (1973), S. 69; Ufa-Tonwoche 470, 471.

2 Rojek (2014), S. 8; *NZZ* v. 6., 17. + 18. 9. 1939; Beck (1951), S. 323 f.; Łukasiewicz (1970), S. 294–302; Dalton (1957), S. 274 f.; *VB* 253–259 v. 10.–16. 9. 1939; Kimche (1969) S. 139 f.; NA CAB 65/1/8, S. 58, 1/9, S. 68, 1/12, S. 86–88, 1/14, S. 101 f.; CAP 99/3; Bédarida (1979), S. 103; HC 13. 9. 1939, 351 / S. 655–657; *Times* v. 11.–14. 9. 1939; Biddle (1976), S. 111 f.; Dietrich (1939), S. 91 f.; Beck (1951), S. 323 f.; Klukowski (1993), S. 15–17; Prażmowska (1995), S. 5 f.; OKW (1982) S. 17–27.

3 Weißbuch der polnischen Regierung (1940), S. 243 f.; ADAP D/VIII, 3 f., 62, 26 f., 34 f.; Dimitroff (2000), S. 273 f.; *Prawda* v. 14. 9. 1939 zit. n. Pagel (1992), S. 288; NC 126/752, S. 510; *NZZ* v. 15. 9. 1939; Gross (1988), S. 17 f., 22 f.; Hollingworth (1940), S. 98 f.; *VB* 263 v. 20. 9. 1939; HC 20. 9. 1939, 351 / S. 976 f.; NA CAB 80/2, S. 144; *Temps* v. 23. + 24. 9. 1939; Rosse-Laudi (1979), S. 134 f.; Fabre-Luce (1943), S. 86; Zukunft 38 v. 22. 9. 1939.

4 NA CAB 99/3; Bédarida (1979), S. 124–139; Haight (1970), S. 136 f.; Kirchner (1978), S. 9 f.; Young (1978), S. 246; Spears (1954), S. 30 f.; Grenard (2015), S. 111, 321; Marchetti (1982), S. 42; Roosevelt (1972), S. 580 v. 19. 9. 1939; Bullitt (1972), S. 368, 372; FRUS 1939 1/S. 426; *Round Table* 30/117 (Dezember 1939) S. 124 f.; Roosevelt (1945), S. 61–65; Hull (1948), S. 682–685; Congressional Records Bd. 85/T. 1, S. 10–12; Jacob (1940), S. 49; Johnson (1944), S. 42; Beard (1946), S. 235–262; Göldner (1939), S. 89 f.

5 ADAP D/VIII, S. 101, 127–130; *Prawda* v. 29. 9. 1939 zit. n. Pagel (1992), S. 294.

6 *Times* v. 22. 9. 1939; Kirchner (1982), 2 / S. 36; Weißbuch der polnischen Regierung (1940) S. 245; Bley (1939), S. 122–125; Kammel (1940), S. 137; Goebbels (1998), 1/7, S. 130.

7 Schlusserklärung der Panama-Konferenz vom 3. Oktober 1939 (1940), S. 202 f.; FRUS 1939, 5 / S. 36 f.; Chamberlain (2005), S. 450 f.; Goebbels (1998), I/7, S. 136; ADAP D/VIII, S. 109 f., 143–151; Ciano (1948), S. 468 f.

8 Reichstag 6. 10. 1939, S. 52–63.

9 *Iswestija* v. 9. 10. 1939 zit. n. Hass (1990), S. 264 f.; Langer (1952), S. 255; *New York Enquirer* v. 8. 10. 1939 zit. n. NC 753/638; Grenard (2015), S. 202; Kranz (1941), S. 209 f.; *Temps* v. 12. 10. 1939; *Petit Parisien* v. 11. 10. 1939; Sartre (1996), S. 119.

10 Chamberlain (2005), S. 454 f.; Maiski (2015), S. 232.

11 Jacobsen (1956), S. 5–21; Hubatsch (1965), S. 37 f.; Halder (1962), S. 101 f.; Hassell (1946), S. 86–97.

12 NA CAB 65/1/40, S. 330 f., 65/1/42, S. 342 f.; Goebbels (1998), 1/7, S. 147; Boberach (1984) 2 / S. 339 f.; HC 12. 10. 1939, 352 / S. 564–568.

13 *VB* 287–289 v. 14.–16. 10. 1939; DNB v. 14. 10. 1939; Goebbels (1998), 1/7, S. 153; Sündermann (1973), S. 76 *Times* v. 16. 10. 1939; NA CAB/65/3/32; Exil-SPD 6 / S. 981 f.; Ickes (1954), 2 / S. 37–39; Minart (1945), S. 46; Geheimakten des französischen Generalstabs (1941), S. 30–33.

14 Chruschtschow (1971), S. 138 f., 143; O'Sullivan (1998), S. 111 ff.; Bethell (1972), S. 348; *KI* (1939), S. 1090, 1186; Gross (1988), S. 49–52, 65, 73 f., 83, 88, 97 f.; Grudzińska-

Gross (1981), S. 24 f., 68, 109; Dimitroff (2000), S. 279 f.; ADAP D VIII/ S. 127 f., 180; Loeber (1972), S. 164, 170.

15 Moll (1997), S. 100–105; Röhr (1989), S. 126–135; Klessmann (1971), S. 255; SPD-Exilvorstand (1980), 6 / S. 1063; Goebbels (1998), 1/7, S. 164, 166, 168; DNB v. 26.10.1939; *VB* 299 v. 26.10.1939; Ribbentrop (1940), S. 176–196; HC 26.10.1939, 352 / S. 1618 f.

16 Jacob (1940), S. 57 f., 60; Ickes (1954), 2 / S. 50; Johnson (1944), S. 52; Neilson (1940), S. 118; Congressional Records Bd. 85/T. 1, S. 1024, 2, S. 1389 f.; Nathan/Norden (1960) S. 294–297, 815; *Petit Parisien* v. 3.11.1939; *NZZ* v. 6.11.1939; *Times* v. 30.10. + 6.11.1939; *L'Époque* v. 29.10.1939; Bullitt (1972), S. 383 f.; Nathan (1960) S. 294–297; Keppler (1940), S. 191–200.

17 DNB 30.10.1939; *VB* 299 v. 26.10. + 306 v. 2.11.1939; *Prawda* v. 1.11.1939 zit. n. Pagel (1992), S. 303 f.; Molotow (1939), S. 1126–1140; Dimitroff (2000), 1 / S. 279; ADAP D VIII, S. 282, 289 f.; Raack (1995), S. 28.

18 Goebbels (1998), 1/7, S. 175, 187 f.; ADAP D VIII, S. 301 f., 319 f.; Spaak (1969), S. 45; Wullus-Rudiger (1940), S. 228–232; Nicolson (1968), S. 351 f.; *Paris Soir* v. 2. + 16.11.1939; *Petit Parisien* v. 1. + 10.11.1939; HC 2.11.1939, 352 / S. 2157; Chamberlain (2005), S. 466, 469 f.; Sündermann (1973), S. 85 f.; *VB* 314 v. 10.11.1939; DNB v. 9., 10., 13. + 16.11.1939; Hitler (1943), S. 111–129; Boberach (1984), 2 / S. 441 f.; SPD-Exilvorstand (1980), 6 / S. 1025; *L'Ordre* v. 9.11.1939 zit. n. Shamir (1976), S. 137; *Daily Sketch* v. 9.11.1939 zit. n. Boelcke (1966), S. 227; Harrisson (1940), S. 165; *Times* v. 10. + 13.11.1939.

19 NA CAB 99/3 Supreme War Council 17.11.1939; Bedarida (1979), S. 159–178; Auswärtiges Amt (1943), S. 104–110; *Times* v. 18.11.1939.

20 ADAP D/VIII, S. 345–350; Jacobsen (1959), S. 120–122.

21 HC 28.11.1939, 355/99; *VB* 334 v. 30.11.1939.

22 Chamberlain (2000), S. 475; Maiskij (2015), S. 236, 237 f.; Dimitroff (2000), S. 297; Churchill (1974), 6/6173; Roosevelt (1972), 14/602/1.12.1939, S. 332 f., 603/5.12.1939, S. 344; Rosenberg (2015), S. 294; Berle (1974), S. 275.

23 Fuller (1948), S. 55; Neilson (1940), S. 302.

24 Fabre-Luce (1943), S. 111, 124; Rosenberg (2015), S. 303 f.; NA CAB 99/3 Supreme War Council 19.12.1939, S. 5–6.

25 Großcurth (1970), S. 452–454.

QUELLEN- UND LITERATURVERZEICHNIS

Quellen

Aktenpublikationen
Dokumentensammlungen
Erinnerungen, Briefe, Tagebücher
Protokolle
Reden
Ungedruckte Quellen
Wochenschauen
Zeitgenössische Veröffentlichungen
Zeitungen / Zeitschriften

Literatur

Sigel der Zeitschriften / Jahrbücher nach 1945
Werke und Beiträge

Quellen

Aktenpublikationen

ADAP (1961): Akten zur deutschen Auswärtigen Politik 1918–1945 – aus dem Archiv des deutschen Auswärtigen Amtes. Das Dritte Reich: Die ersten Jahre. Serie C 1933–1937. Göttingen (Bd. V und VI).

ADAP (1950): Akten zur deutschen Auswärtigen Politik 1918–1945 – aus dem Archiv des deutschen Auswärtigen Amtes. Von Neurath zu Ribbentrop September 1937 – September 1938. Serie D 1937–1945. Baden-Baden. (Bd. I).

ADAP (1950): Akten zur deutschen Auswärtigen Politik 1918–1945 – aus dem Archiv des deutschen Auswärtigen Amtes. Deutschland und die Tschechoslowakei 1937 bis 1938. Serie D 1937–1945. Baden-Baden (Bd. II).

ADAP (1951): Akten zur deutschen Auswärtigen Politik 1918–1945 – aus dem Archiv des deutschen Auswärtigen Amtes. Deutschland und der Spanische Bürgerkrieg. Serie D 1937–1945. Baden-Baden (Bd. III).

ADAP (1951): Akten zur deutschen Auswärtigen Politik 1918–1945 – aus dem Archiv des deutschen Auswärtigen Amtes. Die Nachwirkungen von München Oktober 1938 bis März 1939. Serie D 1937–1945. Baden-Baden (Bd. IV).

ADAP (1953): Akten zur deutschen Auswärtigen Politik 1918–1945 – aus dem Archiv des deutschen Auswärtigen Amtes. Polen, Südosteuropa, Lateinamerika, Klein- und Mittelstaaten Juni 1937 – März 1939. Serie D 1937–1945. Baden-Baden (Bd. V).

ADAP (1956): Akten zur deutschen Auswärtigen Politik 1918–1945 – aus dem Archiv des deutschen Auswärtigen Amtes. Die letzten Monate vor Kriegsausbruch März bis August 1939. Serie D 1937–1945. Baden-Baden (Bd. VI).

ADAP (1956): Akten zur deutschen Auswärtigen Politik 1918–1945 – aus dem Archiv des deutschen Auswärtigen Amtes. Die letzten Wochen vor Kriegsausbruch 9. August bis 3. September 1939. Serie D 1937–1945. Baden-Baden (Bd. VII).

Akten der Reichskanzlei. Die Regierung Hitler 1933/34, Bd. 1 (1983). München: Oldenbourg.

Akten der Reichskanzlei. Die Regierung Hitler 1936, Bd. 3 (2002). München: Oldenbourg.

Akten der Reichskanzlei. Die Regierung Hitler 1937, Bd. 4 (2005). München: Oldenbourg.

Auswärtiges Amt (Hrsg.) (1939): Dokumente zur Vorgeschichte des Krieges. Berlin: Reichsdruckerei.

Auswärtiges Amt (Hrsg.) (1939): Urkunden zur letzten Phase der deutsch-polnischen Krise. Berlin: Carl Heymann.

Auswärtiges Amt (Hrsg.) (1940): Dokumente polnischer Grausamkeit. Berlin: Volk und Reich.

Auswärtiges Amt (Hrsg.) (1940): Polnische Dokumente zur Vorgeschichte des Krieges. Erste Folge. Berlin: Deutscher Verlag.

Auswärtiges Amt (Hrsg.) (1943): Dokumente über die Alleinschuld Englands am Bombenkrieg gegen die Zivilbevölkerung. Berlin: Zentralverlag.

Blaubuch der Britischen Regierung. Die deutsch-polnischen Beziehungen und der Ausbruch der Feindseligkeiten zwischen Großbritannien und Deutschland am 3. September 1939. Dokumente zum Kriegsausbruch September 1939 (1939). Basel: Birkhäuser.

DBFP 2/XVII (1979): Documents of British Foreign Policy 1919-1939. 2. Serie, Bd. XVII: West-ern Pact Negotiations: Outbreak of Spanish Civil War Juni 1936–Januar 1937. London: Her Majesty's Stationery Office.

DBFP 2/XVIII (1980): Documents on British Foreign Policy 1919–1939. 2. Serie, Bd. XVIII: European Affairs Januar–Juni 1937. London: Her Majesty's Stationery Office.

DBFP 2/XIX (1982): Documents on British Foreign Policy 1919–1939. 2. Serie, Bd. XIX: European Affairs Juli 1937–August 1938. London: Her Majesty's Stationery Office.

DBFP 2/XXI (1984): Documents on British Foreign Policy 1919–1939. 2. Serie, Bd. XXI: Far Eastern Affairs November 1937–Juli 1938. London: Her Majesty's Stationery Office.

DBFP 3/I (1949): Documents on British Foreign Policy 1919–1939. 3. Serie, Bd. I: März–Juli 1938. London: Her Majesty's Stationery Office.

DBFP 3/II (1949): Documents on British Foreign Policy 1919–1939. 3. Serie, Bd. II: Juli – September 1938. London: Her Majesty's Stationery Office.

DBFP 3/III (1950): Documents on British Foreign Policy 1919–1939. 3. Serie, Bd. III: 1938–1939. London: Her Majesty's Stationery Office.

DBFP 3/IV (1951): Documents on British Foreign Policy 1919–1939. 3. Serie, Bd. IV: Januar–April 1939. London: Her Majesty's Stationery Office.

DBFP 3/V (1952): Documents on British Foreign Policy 1919–1939. 3. Serie, Bd. V: April–Juni 1939. London: Her Majesty's Stationery Office.

DBFP 3/VI (1953): Documents on British Foreign Policy 1919–1939. 3. Serie, Bd. VI: Juni – August 1939. London: Her Majesty's Stationery Office.

DBFP 3/VII (1954): Documents on British Foreign Policy 1919–1939. 3. Serie, Bd. VII: August – September 1939. London: Her Majesty's Stationery Office.

DDF (1973): Documents Diplomatiques Français 1932–1939. 2. Serie 1936–1939. 19 Bde. Paris: Imprimerie nationale.

DDI (1952ff): I Documenti Diplomatici Italiani. 8. Serie 1935–1939. 13 Bde. Rom: Libreria dello Stato.

Documents concerning German-Polish Relations and the Outbreak of Hostilities between Grreat Britain and Germany on September 3, 1939. Presented by the Secretary of State for Foreign Affairs to Parliament by Command of His Majesty (1939). London: His Majesty's Stationery Office.

Dokumenty i Materiały do Historii Stosunków Polsko-Radzieckich. Bd. 7: Styczeń 1939 – grudzie 1943 (1973). Warschau.

FRUS (1956 f.): Foreign Relations of the United States. Diplomatic Papers 1937, 1938 und 1939. Washington.

Ministère des Affaires Étrangères (1940): The French Yellow Book. Diplomatic Documents concerning the Events and Negotiations which preceded the opening of Hostilities between Germany on the other hand and Poland, Great Britain and France on the other (1938–1939). London: Hutchinson.

Ministries for Foreign Affairs of the CSR and the USSR (Hrsg.) (1958): New Documents of the History of Munich. Prag: Orbis.

Ministry for Foreign Affairs of the USSR (1973): Soviet Peace Efforts on the Eve of World War II. September 1938 – August 1939. Moskau: Novosti Press Agency.

Republic of Poland - Ministry for Foreign Affairs (Hrsg.) (1940): Official Documents concerning Polish-German and Polish-Soviet Relations 1933–1939. London: Hutchinson.

Weißbuch der Polnischen Regierung (1940). Über die polnisch-deutschen und die polnisch-sowjetrussischen Beziehungen im Zeitraum von 1933 bis 1939. Dokumente und Urkunden zum Kriegsausbruch September 1939. Basel: Birkhäuser.

Dokumentensammlungen

Berber, Friedrich (Hrsg.) (1935): Locarno – eine Dokumentensammlung. Mit einer Einleitung des Botschafters von Ribbentrop. Berlin: Junker und Dünnhaupt.

Berber Friedrich (1939): Das Diktat von Versailles – Entstehung, Inhalt, Zerfall. Eine Darstellung in Dokumenten. Essen: Essener Verlagsanstalt.

Berber, Friedrich (1939): Prinzipien der britischen Außenpolitik. Berlin: Junker und Dünnhaupt.

Berber, Friedrich (Hrsg.) (1941): Europäische Politik 1933–1938 im Spiegel der Prager Akten. Essen: Essener Verlagsanstalt.

Berber, Friedrich (Hrsg.) (1943): Deutschland – England 1933–1939. Die Dokumente des deut-schen Friedenswillens. 4. Aufl. Essen: Essener Verlagsanstalt.

Berber, Friedrich (1943): Die amerikanische Neutralität im Kriege 1939–1941. Essen: Essener Verlagsanstalt.

Boberach, Heinz (Hrsg.) (1984): Meldungen aus dem Reich. Die geheimen Lageberichte des Sicherheitsdienstes der SS 1938–1945. 17 Bände. Herrsching: Pawlak.

Boelcke, Willi A. (Hrsg.) (1966): Kriegspropaganda 1939–1941. Geheime Ministerkonferenzen im Reichspropagandaministerium. Stuttgart: Deutsche Verlags-Anstalt.

Bohrmann, Hans (Hrsg.) (1998): NS-Presseanweisungen der Vorkriegszeit. Edition und Dokumentation. 7 Bände. München: K. G. Saur.

Buk, Pierre (1939): La tragédie tchécoslovaque de septembre 1938 à mars 1939. Avec des documents inédits du livre blanc tchécoslovaque. Paris: Édition du Sagittaire.

Degras, Jane (Hrsg.) (1953): Soviet Documents on Foreign Policy. Bd. 3: 1933–1941. London: Oxford University Press.

Die Geheimakten des französischen Generalstabes (1941). Berlin: Zentralverlag.

Die polnischen Greueltaten an den Volksdeutschen in Polen. I. A. des Auswärtigen Amtes auf Grund urkundlichen Beweismaterials zusammengestellt und herausgegeben. Bearbeitet von Hans Schadewaldt (1940). Berlin: Volk und Reich.

Dokumente polnischer Grausamkeit. I. A. des Auswärtigen Amtes aufgrund urkundlichen Beweismaterials, zusammengestellt, bearbeitet und herausgegeben von der Deutschen Informationsstelle (1940). Berlin: Volk und Reich.

Dolezel, Heidrun und Stephan (Hrsg.) (1991): Deutsche Gesandtschaftsberichte aus Prag. Teil IV: Vom Vorabend der Machtergreifung in Deutschland bis zum Rücktritt von Präsident Masaryk 1933–1935. München: Oldenbourg.

Erklärung der Reichsregierung und der Regierung der UdSSR 28. September 1939 (1940). In: *JbAP* 6, S. 199.

Freund, Michael (Hrsg.) (1936): Weltrüstung. Geschichte der Umwälzungen des Wehrwesens der Nationen im Jahre 1934/35 in Dokumenten. Essen: Essener Verlagsanstalt.

Freund, Michael (Hrsg.) (1954–1956): Geschichte des Zweiten Weltkrieges in Dokumenten. Der Weg zum Kriege 1938–1939 – An der Schwelle des Krieges 1939 – Der Ausbruch des Krieges 1939. 3 Bände. Freiburg: Herder.

General Sikorski Historical Institute (1961): Documents on Polish-Soviet Relations 1939-1945. Bd. 1: 1939–1943. London: Heinemann.

Grenville, John A. S. (1974): The Major International Treaties 1914–1973. A History and Guide with Texts. London: Methuen.

Hass, Gerhart (1965): Von München bis Pearl Harbor. Zur Geschichte der deutsch-amerikanischen Beziehungen 1938–1941. Berlin: Akademie-Verlag.

Hass, Gerhart (1990): 23. August 1939: Der Hitler-Stalin-Pakt. Dokumentation. Berlin: Dietz.

Herbette, Jean (1943): Ein französischer Diplomat über die bolschewistische Gefahr. Berichte des Botschafters der Französischen Republik aus den Jahren 1927–1931. Berlin: Deutscher Verlag.

Hofer, Walther (1960): Die Entfesselung des Zweiten Weltkrieges. Eine Studie über die internationalen Beziehungen im Sommer 1939. Mit Dokumenten. Frankfurt am Main: Fischer Taschenbuch.

Höffkes, Karl (Hrsg.) (1988): Deutsch-sowjetische Geheimverbindungen. Unveröffentlichte diplomatische Depeschen zwischen Berlin und Moskau im Vorfeld des Zweiten Weltkriegs. Tübingen: Grabert.

Hoensch, Jörg K. (Hrsg.) (1984): Dokumente zur Autonomiepolitik der Slowakischen Volkspartei Hlinkas. München: R. Oldenbourg.

Hubatsch, Walther (Hrsg.) (1965): Hitlers Weisungen für die Kriegführung. Dokumente des Oberkommandos der Wehrmacht 1939–1945. München: Deutscher Taschenbuch Verlag.

Imperial Conference 1937 (1937): Summary of Proceedings. Presented to Parliament of the United Kingdom by Command of His Majesty. London.

IMT (1948): Der Prozess gegen die Hauptkriegsverbrecher vor dem Internationalen Militärgerichtshof. Nürnberg 14. November 1945–1. Oktober 1946. Bd. 31: Amtlicher Text – deutsche Ausgabe – Urkunden und anderes Beweismaterial. Nürnberg.

Inter-American conference for the Maintenance of Peace. Adresses and Textes of Treaties, Acts und Resolutions (1937). In: IC (328), S. 195–289.

Jacobsen, Hans-Adolf (Hrsg.) (1956): Dokumente zur Vorgeschichte des Westfeldzuges 1939–1940. Göttingen: Musterschmidt.

Jaksch, Wenzel / Kolarz, Walter (1940): Der Weg der letzten freien Deutschen. Dokumente und Berichte. London: Lincolns-Prager.

Keesings Archiv der Gegenwart (1935–1939). 5 Bde. Wien: 1935–1939.

Kirchner, Klaus (1978): Flugblattpropaganda im 2. Weltkrieg. Bd. 1: Flugblätter aus England 1939/40/41. Erlangen: Verlag für zeitgeschichtliche Dokumente und Curiosa.

Kirchner, Klaus (1982): Flugblattpropaganda im 2. Weltkrieg. Bd. 2: Flugblätter aus Deutschland 1939/1940. Erlangen: Verlag für zeitgeschichtliche Dokumente und Curiosa.

Kirchner, Klaus (1981): Flugblattpropaganda im 2. Weltkrieg. Bd. 3: Flugblätter aus Frankreich 1939/1940. Erlangen: Verlag für zeitgeschichtliche Dokumente und Curiosa.

Klöss, Erhard (Hrsg.) (1965): Von Versailles zum Zweiten Weltkrieg. Verträge zur Zeitgeschichte 1918–1939. München: Deutscher Taschenbuch Verlag.

Korkisch, Friedrich (1938): Dokumente zur Lösung der Sudetendeutschen Frage. In: *ZaöRV* 8, S. 759–788.

Král, Václav (1964): Die Deutschen in der Tschechoslowakei 1933–1947. Dokumentensammlung. Prag: Orbis.

Král, Václav (1968): Das Abkommen von München 1938. Tschechoslowakische diplomatische Dokumente 1937–1939. Prag: Orbis.

Mason, Timothy W. (1975): Arbeiterklasse und Volksgemeinschaft. Dokumente und Materialien zur deutschen Arbeiterpolitik 1936–1939. Opladen: Westdeutscher Verlag.

Matthias, Erich (Hrsg.) (1968): Mit dem Gesicht nach Deutschland. Eine Dokumentation über die sozialdemokratische Emigration. Aus dem Nachlass von Friedrich Stampfer. Düsseldorf: Droste.

Ministerium für Auswärtige Angelegenheiten der UdSSR (1983): Dokumente und Materialien aus der Vorgeschichte des zweiten Weltkrieges 1937–1939. Bd. 1: November 1937 – Dezember 1938; Bd. 2: Januar – August 1939. Moskau: Progress.

Moll, Martin (1997): »Führer-Erlasse« 1939–1945. Edition sämtlicher überlieferter, nicht im Reichsgesetzblatt abgedruckter, von Hitler während des Zweiten Weltkrieges schriftlich erteilter Direktiven aus den Bereichen Staat, Partei, Wirtschaft, Besatzungspolitik und Militärverwaltung. Stuttgart: F. Steiner.

Müller, Reinhard (2004): Herbert Wehner – Moskau 1937. Hamburg: Hamburger Edition.

Nittner, Ernst (Hrsg). (1967): Dokumente zur Sudetendeutschen Frage 1916–1967. Überarbeitete und ergänzte Neuauflage. München: Ackermann-Gemeinde.

OKW (1982): »Das Oberkommando der Wehrmacht gibt bekannt …«. Die deutschen Wehrmachtberichte. Band 1: 1939–1941. Osnabrück: Biblio Verlag.

Picker, Henry (1976): Hitlers Tischgespräche im Führerhauptquartier. Mit bisher unbekannten Selbstzeugnissen Adolf Hitlers, Abb., Augenzeugenberichten u. Erl. d. Autors: Hitler, wie er wirklich war. 3., vollst. überarb. u. erw. Neuausg. Stuttgart: Seewald.

Roosevelts Weg in den Krieg. Geheimdokumente zur Kriegspolitik des Präsidenten der Vereinigten Staaten (1943). Berlin: Deutscher Verlag.

Rühle, Gerd (1934–1939): Das Dritte Reich. Dokumentarische Darstellung des Aufbaues der Nation. 6 Bände. Berlin: Hummel.

Rühle, Gerd (1940): Das Großdeutsche Reich. Die österreichischen Kampfjahre 1918–1938. Berlin: Hummel.

Seidl, Alfred (Hrsg.) (1949): Die Beziehungen zwischen Deutschland und der Sowjetunion 1939 1941. Dokumente des Auswärtigen Amtes. Tübingen: H. Laupp'sche Buchhandlung.

Sigl, Christian (1938): Quellen und Dokumente. Ein Tatsachenbericht über die Lage im Sudetendeutschen Gebiet und über die Entwicklung der tschechoslowakischen Innenpolitik in der Zeit vom 24. April bis zum 12. Juni 1938. Wien: Wilhelm Braumüller.

SPD-Exilvorstand (Hrsg.) (1980): Deutschland-Berichte der Sozialdemokratischen Partei Deutschlands (Sopade). 1934–1940. 7 Bände. Salzhausen: Petra Nettelbeck.

Sudetendeutscher Rat (Hrsg.) (1965): München 1938. Dokumente sprechen. München: Universitäts-Buchdruckerei Dr. C. Wolf & Sohn.

Ursachen und Folgen – Vom deutschen Zusammenbruch 1918 und 1945 bis zur staatlichen Neuordnung Deutschlands in der Gegenwart. Eine Urkunden- und Dokumentensammlung zur Zeitgeschichte. Hrsg. v. Michaelis, Herbert / Schraepler, Ernst. Bd. 11–13 (1958). Berlin: Dokumenten-Verlag Dr. Herbert Wendler.

Völker, Karl-Heinz (1968): Dokumente und Dokumentarfotos zur Geschichte der Deutschen Luftwaffe. Aus den Geheimakten des Reichswehrministeriums 1919–1933 und des Reichsluftfahrtministeriums 1933–1939. Stuttgart: Deutsche Verlags-Anstalt.

Weber, Hermann (Hrsg.) (1967): Völker, hört die Signale. Der deutsche Kommunismus 1916–1966. München: Deutscher Taschenbuch Verlag.

Weber, Hermann / Drabkin, Jakov / Bayerlein, Bernhard / Galkin, A. A. (Hrsg.) (2014): Deutschland, Russland, Komintern – Dokumente (1918–1943). Berlin: De Gruyter.

Ziegler, Wilhelm (Hrsg.) (1940): Ein Dokumentenwerk über die englische Humanität. I. A. des Reichsministeriums für Volksaufklärung und Propaganda. Berlin: Deutscher Verlag.

Erinnerungen, Briefe, Tagebücher

Abetz, Otto (1951): Das offene Problem. Ein Rückblick auf zwei Jahrzehnte deutscher Frankreichpolitik. Mit einer Einführung von Ernst Achenbach. Köln: Greven.

Anfuso, Filippo (1952): Die beiden Gefreiten. Ihr Spiel um Deutschland und Italien. München: Pohl.

Arent, Benno von (1939): Ein sudetendeutsches Tagebuch. 13. August bis 19. Oktober 1938. Berlin: Wilhelm Limpert.

Armengaud, Paul (1948): Batailles politiques et militaires sur l'Europe. Témoignages (1932–1940). Paris: Éditions du Myrte.

Armstrong, Hamilton Fish (1982): Der zerbrochene Mythos. F. D. Roosevelts Kriegspolitik 1933–1945. Tübingen: Grabert.

Ashton-Gwatkin, Frank T. A. (1948): The Personal Story of the Runciman Mission. In: The Listener v. 21. 10. 1948, S. 595–597.

Badoglio, Pietro (1937): Der Abessinische Krieg. Mit einem Vorwort von Benito Mussolini. Unter Mitarbeit von Übersetzung Eugen Dollmann. München: C.H. Beck.

Barlone, Daniel (1943): A French Officer's diary. 23. August 1939 – 1. October 1940. Cambridge: Cambridge University Press.

Beaufre, André (1965): Le Drame de 1940. Paris: Plon.

Beck, Józef (1951): Dernier Rapport. Politique Polonaise 1926–1939. Paris.

Below, Nicolaus von (1980): Als Hitlers Adjutant 1937–45. Mainz: v. Hase und Koehler.

Beneš, Eduard (1954): Memoirs. From Munich to New War and New Victory. London: George Allen & Unwin.

Berle, Adolf A. (1973): Navigating the Rapids 1918–1971. From the papers of Adolf A. Berle. Hrsg. v. Beatrice Bishop Berle und Travis Beal Jacobs. New York: Harcourt Brace Jovanovich.

Best, S. Payne (1950): The Venlo Incident. London: Hutchinson.

Biddle, Anthony J. Drexel (1976): Poland and the coming of the Second World War. Diplomatic Papers. Columbus: Ohio State University.

Birkenhead, Frederick Winston (1965): The Life of Lord Halifax. London: Hamish Hamilton.

Bismarck, Otto von (1913): Gedanken und Erinnerungen. Volksausgabe. Stuttgart: J. G. Cotta'sche Buchhandlung.

Blum, John Morton (1959): Years of Crisis 1928–1938. From the Morgenthau Diaries I. Boston: Houghton Mifflin.

Blum, John Morton (1965): Years of Urgency 1938–1941. From the Morgenthau Diaries II. Boston: Houghton Mifflin.

Bohlen, Charles E. (1973): Witness to History 1929–1969. London: Weidenfeld and Nicolson.

Bonnet, Georges (1951): Vor der Katastrophe. Erinnerungen des französischen Außenministers 1938–1939. Köln: Greven.

Bonnet, Georges (1961): Le Quai d'Orsay sous trois Républiques 1870–1961. Paris: Librairie Arthème Fayard.

Bryant, Arthur (1957): Kriegswende 1939–1943. Aus den Kriegstagebüchern des Feldmarschalls Lord Alanbrooke, Chef des Empire-Generalstabs. Düsseldorf: Droste.

Buber-Neumann, Margarete (1967): Kriegsschauplätze der Weltrevolution. Ein Bericht aus der Praxis der Komintern 1919–1943. Stuttgart: Seewald.

Bullitt, William C. (1972): For the President – personal and secret. Correspondence with Franklin D. Roosevelt. Boston: Houghton Mifflin.

Burckhardt, Carl J. (1962): Meine Danziger Mission 1937–1939. München: Deutscher Taschenbuch Verlag.

Byrnes, James F. (1958): All in our Lifetime. New York: Harper & Brothers.

Cadogan, Alexander (1971): Diaries 1938–1945. Hrsg. v. David Dilks. London: Cassell.

Chamberlain, Austen (1937): Down the Years. London: Cassell.

Chamberlain, Neville (2005): Diary Letters. Bd. 4: The Downing Street Years 1934–1940. Burlington: Ashgate.

Channon, Henry (1967): The Diaries of Chips. London: Weidenfeld and Nicolson.

Chruschtschow, Nikita (1971): Khrushchev remembers. London: André Deutsch.

Churchill, Winston S. (1954): Der Zweite Weltkrieg. Mit einem Epilog über die Nachkriegsjahre. Bern: Alfred Scherz.

Ciano, Galleazzo (1948): L'Europa verso la catastrofe. 184 Gespräche. Mailand: Arnoldo Mondadori.

Ciano, Galleazzo (1949): Tagebücher 1937/38. Hamburg: Krüger.

Colville, John (1985): The Fringes of Power. Downing Street Diaries 1939–1955. London: Hodder & Stoughton.

Coulondre, Robert (1950): Von Moskau nach Berlin 1936–1939. Erinnerungen des französischen Botschafters. Bonn: Athenäum.

Dahlerus, Birger (1948): Der letzte Versuch. London – Berlin Sommer 1939. München: Nymphenburger Verlagsanstalt.

Dallin, Alexander/Firsov, Fridrih Igorevic (Hrsg.) (2000): Dimitrov and Stalin 1934–1943. Letters from the Soviet Archives. New Haven: Yale University Press.

Dalton, Hugh (1957): The Fateful Years. Memoirs 1931–1945. London: Frederick Muller.

Davies, Joseph E. (1943): Als USA-Botschafter in Moskau. Authentische und vertrauliche Berichte über die Sowjet-Union bis Oktober 1941. Zürich: Steinberg.

Dietrich, Otto (1939): Auf den Straßen des Sieges. Erlebnisse mit dem Führer in Polen. München: Zentralverlag.

Dimitroff, Georgi (2000): Tagebücher 1933–1943. Hrsg. v. Bernhard H. Bayerlein. Berlin: Aufbau.

Dirksen, Herbert von (1949): Moskau, Tokio, London. Erinnerungen und Betrachtungen zu 20 Jahren deutscher Außenpolitik 1919–1939. Stuttgart.

Dodd, William E. (1962): Diplomat auf heißem Boden. Tagebuch des USA-Botschafters in Berlin 1933–1938. Hrsg. v. William E. Dodd jr. und Martha Dodd mit einer Einführung von Charles E. Beard. Berlin/DDR: Verlag der Nation.

Dokumente einer Diktatur – ein Jahr Schuschnigg (1935). Brüssel: Maison d'édition l'eglantine.

Douglas-Home, Alexander (1976): The Way the Wind Blows. An Autobiography. London: Collins.

Drax, Reginald P. (1952/53): Mission to Moscow August 1939. In: *NR* 40/41 (3, 4, 1), S. 250–265; 399–413; 59–63.

Duff Cooper, Albert (1953): Old Men Forget. The Autobiography. London: Rupert Hart-Davis.

Ďurčanský, Ferdinand (1956): Mit Tiso bei Hitler. Die Entstehung der Slowakischen Republik 1939. In: *PS* 7 (80), S. 1–10.

Eden, Anthony (1964): Angesichts der Diktatoren. Memoiren 1923–1938. Köln: Kiepenheuer & Witsch.

Eden, Anthony (1965): The Memoirs. The Reckoning. London: Cassell.

Engel, Gerhard (1974): Heeresadjutant bei Hitler. 1938–1943. Hg. und kommentiert von Hildegard von Kotze. Stuttgart: Deutsche Verlags-Anstalt.

Fabre-Luce, Alfred (1943): Französisches Tagebuch August 1939 – Juni 1940. Hamburg: Hanseatische Verlagsanstalt.

Falkenhausen, Alexander von (1950): Was ich dachte und was ich tat. Aufzeichnungen in der Haft. In: *Zeit* v. 22.4.1950.

Feierabend, Ladislav (1971): Prag-London vice-versa. Erinnerungen. 2 Bände. Bonn.

Fitz Randolph, Sigismund-Sizzo (1994): Der Frühstücks-Attaché aus London. Stuttgart: Buch- und Zeitschriftenverlag Dr. Hans Riegler.

Foerster, Wolfgang (1949): Ein General kämpft gegen den Krieg. Aus nachgelassenen Papieren des Generalstabchefs Ludwig Beck. München: Dom Verlag.

Forrestal, James V. (1951): Diaries. New York: Viking Press.

François-Poncet, André (1947): Als Botschafter in Berlin 1931–1938. Mainz: Florian Kupferberg.

Frank, Hans (1975): Das Diensttagebuch des deutschen Generalgouverneurs in Polen 1939–1945. Hrsg. v. Werner Präg und Wolfgang Jacobmeyer. Stuttgart: Deutsche Verlags-Anstalt.

Gafencu, Grigoire (1946): Europas letzte Tage. Eine politische Reise im Jahre 1939. Zürich: Amstütz, Herdeg.

Gamelin, Maurice (1946): Servir. Bd. 2: Le prologue du drame (1930-août 1939). Paris: Librairie Plon.

Garros, Véronique / Korenevskaya, Natalia / Lahusen, Thomas (Hrsg.) (1998): Das wahre Leben. Tagebücher aus der Stalin-Zeit. Berlin: Rowohlt.

Gärtner, Margarete (1955): Botschafterin des guten Willens. Außenpolitische Arbeit 1914–1950. Bonn: Athenäum.

Gisevius, Hans Bernd (1960): Bis zum bitteren Ende. Vom Reichstagsbrand bis zum 20. Juli 1944. Vom Verfasser auf den neusten Stand gebrachte Sonderausgabe. Hamburg: Rütten & Loening.

Glaise von Horstenau, Edmund (1983): Ein General im Zwielicht – Erinnerungen. Bd. 2: Minister im Ständestaat und General im OKW. Wien: Hermann Bohlaus Nachf.

Goebbels, Joseph (1996ff): Tagebücher. Teil 1: Aufzeichnungen 1923–1941 – Teil 2: Diktate 1941–1945. Hrsg. von Elke Fröhlich. 9 /15 Bde. München: K. G. Saur.

Grew, Joseph C. (1944): Ten Years in Japan. A Contemporary Record drawn from the Diaries and Private und Official Papers. New York: Simon and Schuster.

Groscurth, Helmuth (1970): Tagebuch eines Abwehroffiziers 1938–1940. Mit weiteren Dokumenten zur Militäropposition gegen Hitler. Stuttgart: Deutsche Verlags-Anstalt.

Guderian, Heinz (1951): Erinnerungen eines Soldaten. Heidelberg: Kurt Vowinckel.

Halder, Franz (1962): Kriegstagebuch. Bd. 1: Vom Polenfeldzug bis zum Ende der Westoffensive (14. 8. 1939–30. 6. 1940). Stuttgart: W. Kohlhammer.

Harvey, Oliver (1970): The Diplomatic Diaries 1937–1940. London: Collins.

Hassell, Ulrich von (1946): Vom anderen Deutschland. Aus den nachgelassenen Tagebüchern 1938–1944. Zürich: Atlantis.

Hencke, Andor (1977): Augenzeuge einer Tragödie. Diplomatenjahre in Prag 1936–1939. München: Fides-Verlagsgesellschaft.

Henderson, Nevile (1940): Failure of a Mission. Berlin 1937–1939. London: Hodder & Stoughton.

Henz, Rudolf (1978): Das Ende der RAVAG. Ein Erlebnisbericht über die Märztage 1938. In: Felix Czeike (Hg.): Wien 1938. Wien: Verein für Geschichte der Stadt Wien, S. 277–285.

Herwarth, Hans von (1982): Zwischen Hitler und Stalin. Erlebte Zeitgeschichte 1931 bis 1941. Frankfurt am Main: Propyläen.

Hesse, Fritz (1953): Das Spiel um Deutschland. München: Paul List.

Hilger, Gustav (1964): Wir und der Kreml. Deutsch-sowjetische Beziehungen 1918–1941 – Erinnerungen eines deutschen Diplomaten. Frankfurt am Main: Athenäum.

Hill, Leonidas E. (1974): Die Weizsäcker-Papiere. Band 2: 1933–1950. Berlin: Propyläen.

Hillegeist, Friedrich (1974): Mein Leben im Wandel der Zeiten. Eine Selbstbiographie mit kritischen Betrachtungen. Wien: Verlag des Österreichischen Gewerkschaftsbundes.

Hitler, Adolf (1939): Mein Kampf. Eine Abrechnung / Die nationalsozialistische Bewegung. Zwei Bände in einem Band – ungekürzte Ausgabe. 469. Aufl. München: Franz Eher Nachf.

Hitler, Adolf (1981): Hitlers politisches Testament. Die Bormann-Diktate vom Februar und April 1945. Hamburg: Albrecht Knaus.

Hoare, Samuel (1955): Neun bewegte Jahre. Düsseldorf 1955. Englands Weg nach München. Düsseldorf: Droste.

Hoßbach, Friedrich (1965): Zwischen Wehrmacht und Hitler 1934–1938. Göttingen: Vandenhoek & Rütting.

Hull, Cordell (1948): Memoirs. 2 Bände. New York: Macmillan.

Ickes, Harold L. (1954): The Secret Diary. Bd. 1: The First Thousand Days 193–1936 – Bd. 2: The Inside Struggle 1936–1939 – Bd. 3: The Lowering Clouds 1939–1941. New York: Simon and Schuster.

Irving, David (1970): Die Tragödie der Deutschen Luftwaffe. Aus den Akten und Erinnerungen von Feldmarschall Milch. Frankfurt am Main: Ullstein.

Ismay, Hastings Lionel (1960): Memoirs. London: Heinemann.

Jones, Thomas (1954): A Diary with Letters. London: Oxford University Press.

KdS (1988): Kriegstagebuch der Seekriegsleitung 1939–1945. August – November 1939. I. A. des Militärgeschichtlichen Forschungsamtes. Herford: E. S. Mittler & Sohn.

Kegel, Gerhard (1984): In den Stürmen unseres Jahrhunderts. Ein deutscher Kommunist über sein ungewöhnliches Leben. 2. Aufl. Berlin/DDR: Dietz.

Kehrl, Hans (1973): Krisenmanager im Dritten Reich. 6 Jahre Frieden – 6 Jahre Krieg: Erinnerungen. Düsseldorf: Droste.

Kennan, George F. (1972): Diplomat in Prag 1938–1940. Berichte, Briefe, Aufzeichnungen. Frankfurt am Main: Goverts Krüger Stahlberg.

Kennedy, John F. (2013): Unter Deutschen. Reisetagebücher und Briefe 1937–1945. Berlin: Aufbau.

Kern, Karl (1980): Heimat und Exil – Von Böhmen nach Schweden. Erinnerungen und Bekenntnisse eines sudetendeutschen Sozialdemokraten. Nürnberg: Helmut Preußler.

Kessel, Albrecht von (1992): Verborgene Saat. Aufzeichnungen aus dem Widerstand 1933 bis 1945. Berlin: Ullstein.

Kesselring, Albert (1953): Soldat bis zum letzten Tag. Bonn: Athenäum.

Kirkpatrick, Ivone (1964): Im Inneren Kreis. Erinnerungen eines Diplomaten. Gekürzte Fassung des Originals. Berlin: Propyläen.

Kleist, Peter (1950): Zwischen Hitler und Stalin 1939–1945. Aufzeichnungen. Bonn: Athenäum.

Klukowski, Zygmunt (1993): Diary from the Years of Occupation, 1939–44. Urbana: University of Illinois Press.

Knatchbull-Hugessen, Hughe (1949): Diplomat in Peace and War. London: John Murray.

Kordt, Erich (1950): Nicht aus den Akten. Stuttgart: Union Deutsche Verlagsgesellschaft.

Köstring, Ernst (1965): Der militärische Mittler zwischen dem Deutschen Reich und der Sowjetunion 1921–1941. Frankfurt am Main: E. S. Mittler & Sohn.

Krivitsky, Walter G. (1990): Ich war Stalins Agent! Mit zeitgenössischen Dokumenten und einem Nachwort neu hrsg. v. Hellmut G. Haasis. Grafenau-Döffingen: Trotzdem-Verlag.

Langer-Hansel, Harald (1987): »Ich kann sitzen, Sie müssen stehen!«. Als Miklas-Sekretär am Ballhausplatz. In: Chorherr, Thomas (Hg.): 1938 – Anatomie eines Jahres. Wien: Ueberreuter, S. 161–169.

Langoth, Franz (1951): Kampf um Österreich. Erinnerungen eines Politikers. Wels: Welsermühl.

Lansing, Robert (1921): Die Versailler Friedens-Verhandlungen. Persönliche Erinnerungen. Berlin: Reimar Hobbing.

Laroche, Jules (1953): La Pologne de Pilsudsky. Souvenirs d'une ambassade 1926–1935. Paris: Flammarion.

Lebrun, Albert (1945): Témoignage. Paris: Librairie Plon.

Lih, Lars T./Naumow, Oleg C. (Hrsg.) (1996): Stalin – Briefe an Molotow 1925–1936. Einführung von Robert C. Tucker. Berlin: Siedler.

Lindemann, Fritz (1940): Im Dienste Chinas. Mein Anteil an seinem Aufbau – Erinnerungen aus den Jahren 1929 bis 1940. Peking: Selbstverlag.

Lipski, Józef (1968): Diplomat in Berlin 1933–1939. Papers and Memoirs of the Ambassador of Poland. New York: Columbia University Press.

Liss, Ulrich (1959): Westfront 1939/40. Erinnerungen des Feindbearbeiters im OKH. Neckargemünd: Kurt Vowinckel.

Litwinow, Maxim (1956): Memoiren. Aufzeichnungen aus den geheimen Tagebüchern. München: Kindler.

Loßberg, Bernhard von (1949): Im Wehrmachtführungsstab. Bericht eines Generalstabsoffiziers. Hamburg: H. H. Nölke.

Łukasiewicz, Juliusz (1970): Diplomat in Paris 1936–1939. Papers and Memoirs of the Ambassador of Poland. New York: Columbia University Press.

Macleod, Roderick / Kelly, Denis (Hrsg.) (1962): The Ironside diaries 1937–1940. London: Constable.

Macmillan, Harold (1966/1967): Memoirs. 2 Bde: The Winds of Change 1914–1939 / The Blast of War 1939–1945. London: Macmillan.
Maiski, Iwan M. (1971): Memoiren eines sowjetischen Botschafters. Berlin/DDR: Dietz.
Majskij, Ivan Michajlovič (2015): The Maisky Diaries. Red Ambassador to the Court of St James's, 1932–1943. New Haven, Connecticut: Yale University Press.
Manstein, Erich von (1958): Aus einem Soldatenleben. 1887–1939. Bonn: Athenäum.
Manstein, Erich von (1964): Verlorene Siege. Frankfurt am Main: Athenäum.
Meissner, Otto (1991): Ebert, Hindenburg, Hitler. Erinnerungen eines Staatssekretärs 1918–1945. Überarb. Neuaufl. Esslingen: Bechtle.
Mewis, Karl (1972): Im Auftrag der Partei. Erlebnisse im Kampf gegen die faschistische Diktatur. Berlin/DDR: Dietz.
Minart, Jacques (1945): P. C. Vincennes Secteur 4. Paris: Éditions Berger-Levrault.
Moffat, Jay Pierrepont (1956): The Moffat Papers. Selections from the Diplomatic Journal 1919–1943. Cambridge, Mass.: Harvard University Press.
Monnet, Jean (1978): Erinnerungen eines Europäers. München: Hanser.
Moravec, Frantisek (1975): Master of Spies. Memoirs. London: Bodley Head.
Mosley, Diana (1977): A Life of Contrasts. Autobiography. London: Hamish Hamilton.
Nasko, Siegfried (Hrsg). (1982): Karl Renner in Dokumenten und Erinnerungen. Wien: Österreichischer Bundesverlag.
Neilson, Francis (1940): The Tragedy of Europe. A Day by Day Commentary on the Second World War. Appleton, Wisconsin: C. C. Nelson.
Nicolson, Harold (1968): Tagebücher und Briefe. Frankfurt am Main: Fischer.
Noël, Léon (1948): Der deutsche Angriff auf Polen. Berlin: arani.
Nostiz, Gottfried von (1947): Eindrücke und Erfahrungen während meiner Tätigkeit an der Deutschen Gesandtschaft in Wien 1934–1938. Icking.
Papen, Franz von (1952): Der Wahrheit eine Gasse. München: Paul List.
Paul, Ernst (1972): Was nicht in den Geschichtsbüchern steht. 3. Teil: Das tragische Jahr 1938 – Ein Beitrag zur Vorgeschichte – Erlebnis und Rückblick. München: Die Brücke.
Pembaur, Walther (1939): Im letzten Kampf um Österreich. Wien: Johannes Günther.
Piłsudski, Jósef (1935): Erinnerungen und Dokumente Bd. 2: Das Jahr 1920. Mit der Abhandlung des bolschewistischen Generalissimus M. Tuchatschewsky: Der Vormarsch über die Weichsel. Essen: Essener Verlagsanstalt.
Pownall, Henry (1972): The Diaries. Band 1: 1933–1940. London: Leo Cooper.
Prinz, Friedrich (Hrsg.) (1973): Wenzel Jaksch-Edvard Beneš. Briefe und Dokumente aus dem Londoner Exil 1939–1943. Köln: Verlag Wissenschaft und Politik.
Raczynski, Edward (1962): In Allied London. London: Weidenfeld and Nicolson.
Raeder, Erich (1957): Mein Leben. Bd. 2: Von 1935 bis Spandau 1955. Tübingen: Fritz Schlichtenmayer.
Reynaud, Paul (1947): La France a sauvé l'Europe. Paris: Flammarion.

Reynaud, Paul (1963): Mémoires. Bd. 2: Envers et contre tous. 7. März 1936–16. Juni 1940. Paris: Flammarion.

Ribbentrop, Joachim von (1953): Zwischen Moskau und London. Erinnerungen und letzte Aufzeichnungen. Aus dem Nachlass herausgegeben von Annelies von Ribbentrop. Leoni: Druffel.

Richter, Trude (1972): Die Plakette. Vom großen und vom kleinen Werden. Halle: Mitteldeutscher Verlag.

Riefenstahl, Leni (1987): Memoiren. München: Knauss.

Rintelen, Anton (1941): Erinnerungen an Österreich. Versailles, Berchtesgaden, Großdeutschland. München: Bruckmann.

Rintelen, Enno von (1951): Mussolini als Bundesgenosse. Erinnerungen des deutschen Militärattachés in Rom 1936–1943. Tübingen: Rainer Wunderlich.

Röhricht, Edgar (1965): Pflicht und Gewissen. Erinnerungen eines deutschen Generals 1932 bis 1944. Stuttgart: W. Kohlhammer.

Roosevelt, Eleanor (1949): This I Remember. New York: Harper & Brothers.

Rosenberg, Alfred (1964): Das politische Tagebuch. 1934/35 und 1939/40. Hrsg. v. Hans-Günther Seraphim. München: Deutscher Taschenbuch Verlag.

Rosenberg, Alfred (2015): Die Tagebücher von 1934 bis 1944. Frankfurt am Main: Fischer.

Sartre, Jean-Paul (1996): Tagebücher. Les carnets de la drôle de guerre: September 1939 – März 1940. Erw. Neuausgabe. Reinbek bei Hamburg: Rowohlt.

Schellenberg, Walter (1959): Memoiren. Köln: Verlag für Politik und Wirtschaft.

Schenke, Wolf (1949): China im Sturm. Von Chiang Kai-shek zu Mao Tse-tung. Hamburg: H. H. Nölke.

Schmeling, Max (1977): Erinnerungen. Frankfurt am Main: Ullstein.

Schmidt, Paul (1949): Statist auf diplomatischer Bühne 1923–1945. Erlebnisse des Chefdolmetschers im Auswärtigen Amt mit den Staatsmännern Europas. Bonn: Athenäum.

Schuschnigg, Kurt (1946): Ein Requiem in Rot-Weiß-Rot. »Aufzeichnungen des Häftlings Dr. Auster«. Zürich: Amstütz.

Schuschnigg, Kurt (1988): Im Kampf gegen Hitler. Die Überwindung der Anschlussidee. Neuaufl. Wien: Amalthea.

Schweppenburg, Freiherr Geyr von (1949): Erinnerungen eines Militärattachés. London 1933–1937. Stuttgart: Deutsche Verlags-Anstalt.

Shigemitsu, Mamoru (1959): Die Schicksalsjahre Japans. Vom Ersten bis zum Ende des Zweiten Weltkrieges 1920–1945. Denkwürdigkeiten des letzten japanischen Außenministers. Frankfurt am Main: Alfred Metzner.

Shirer, William L. (1989): Das Jahrzehnt des Unheils. Meine Erlebnisse und Erfahrungen in Deutschland und Europa 1930–1940. München: Deutscher Taschenbuch Verlag.

Simon, John (1952): Retrospekt. Memoirs. London: Hutchinson.

Smith, Truman (1984): Berlin Alert. Memoirs and Reports. Stanford, Kalifornien: Hoover Institution.

Spaak, Paul-Henri (1969): Memoiren eines Europäers. Hamburg: Hoffmann und Campe.

Spears, Edward (1954): Assignment to Catastrophe. Bd. 1: Prelude to Dunkirk July 1939 – May 1940. Melbourne: William Heinemann.

Stahlberg, Alexander (1987): Die verdammte Pflicht. Erinnerungen 1932 bis 1945. Berlin: Ullstein.

Starhemberg, Ernst Rüdiger (1971): Memoiren. Einleitung von Heinrich Drimmel. Wien: Amalthea.

Stevenson, Frances (1971): Lloyd George: a Diary. London: Hutchinson.

Strang, William (1956): Home and Abroad. London: André Deutsch.

Stresemann, Gustav (1932): Vermächtnis. Der Nachlass in drei Bänden. Berlin: Ullstein.

Sündermann, Helmut (1975): Hier stehe ich … Deutsche Erinnerungen 1914/45. Leoni: Druffel.

Sylvester, A. J. (1975): Life with Lloyd George. The Diary 1931–45. London: Macmillan.

Szembek, Jean (1952): Journal 1933–1939. Paris: Librairie Plon.

Ullrich, Oskar (1940): Sie kamen aus aller Herren Länder. Aus dem Tagebuch eines SdP-Dolmetschers. Karlsbad: Adam Kraft.

Vansittart, Robert (1958): The Mist Procession. London: Hutchinson.

Wagner, Elisabeth (Hrsg.) (1963): Der Generalquartiermeister. Briefe und Tagebuchaufzeichnungen des Generals der Artillerie Eduard Wagner. München: Günter Olzog.

Warlimont, Walter (1962): Im Hauptquartier der deutschen Wehrmacht 1939–1945. Frankfurt am Main: Bernhard & Graefe.

Weizsäcker, Ernst von (1950): Erinnerungen. München: List.

Welles, Sumner (1944): The Time for Decision. New York: Harper & Brothers.

Wickert, Erwin (Hrsg.) (2008): John Rabe. Der gute Deutsche von Nanking. München: Pantheon.

Wilson, Arnold (1938): Thoughts and Talks 1935–1937. The Diary of a Member of Parliament. London: Longmans, Green and Co.

Wilson, Arnold (1939): More Thoughts and Talks. The Diary and Scrapbook of a Member of Parliament from September 1937 to August 1939. London: Right Book Club.

Protokolle

Buchholz, Marlis / Rother, Bernd (Hrsg.) (1995): Der Parteivorstand der SPD im Exil. Protokolle der Sopade 1933–1940. Bonn: Dietz.

Congressional Records: Proceedings und Debates of the 76. Congress, Second Session. Bd. 85, Teil 1: 21. September – 31. October 1939, Teil 2: 1. November – 31. December 1939.

Enderle-Burcel, Gertrude (Hrsg.) (2001): Protokolle des Ministerrates der Ersten Republik 1918–1938. Wien: Verlag Österreich.

HC – Hansard Parliamentary Debates House of Commons

HL – Hansard Parliamentary Debates House of Lords

Hillgruber, Andreas (Hrsg.) (1967): Staatsmänner und Diplomaten bei Hitler. Vertrauliche Aufzeichnungen über Unterredungen mit Vertretern des Auslandes 1939–1941. Frankfurt am Main: Bernhard & Graefe.

Hochverratsprozess gegen Dr. Guido Schmidt vor dem Wiener Volksgericht. Die gerichtlichen Protokolle mit den Zeugenaussagen, unveröffentlichten Dokumenten, sämtlichen Geheimbriefen und Geheimakten (1947). Wien: Österreichische Staatsdruckerei.

Mammach, Klaus (Hrsg.) (1974): Die Berner Konferenz der KPD. 30. Januar – 1. Februar 1939. Berlin/DDR: Dietz.

Mammach, Klaus (Hrsg.) (1975): Die Brüsseler Konferenz der KPD. 3.–15. Oktober 1935. Berlin/DDR: Dietz.

Verhandlungen der Militärmissionen der UdSSR, Großbritanniens und Frankreichs in Moskau, August 1939. Sitzungsprotokoll (1959). Bonn.

Protokoll des VII. Weltkongresses der Kommunistischen Internationale in Moskau vom 25. Juli bis zum 20. August 1935. (1974). Erlangen: Karl-Liebknecht-Verlag.

Report of an Anglo-German Conference in Oxford 12.–14. June 1937 (1937). Genf: International Student Service.

Verhandlungen des Deutschen Reichstags. Stenographische Berichte. 3. Wahlperiode 1936–1938 und 4. Wahlpreriode 1939. Berlin.

Reden

Außenpolitik der Tschechoslowakei. Aus der Rede des tschechoslowakischen Außenministers Krofta vom 22. Oktober 1936 (1936). In: *HMAP* 3 (11), S. 324–329.

Beck, Józef (1939): Beiträge zur europäischen Politik. Reden, Erklärungen, Interviews 1932–1939. Essen: Essener Verlagsanstalt.

Beneš, Edward (1939): Broadcast to the Nation 10. September 1936. In: *SEER* 17 (50), S. 323–328.

Chamberlain, Neville (1939): The Struggle for Peace. London: Hutchinson.

Churchill, Winston S. (1974): His complete Speeches. Bd. 6: 1935–1942. New York: Chelsea House.

Daladier, Édouard (1939): Defense du Pays. Paris.

Dimitroff, Georgi (1935): Arbeiterklasse gegen Faschismus. Bericht und Schlusswort – VII. Weltkongress der Kommunistischen Internationale. Moskau: Verlagsgenossenschaft ausländischer Arbeiter in der UdSSR.

Dimitroff, Georgi (1958): Ausgewählte Schriften in drei Bänden. Auswahl aus der 14-bändigen bulgarischen Ausgabe. Bd. 2: 1921–1935; Bd. 3: 1935–1948. Berlin/DDR: Dietz.

Dimitroff, Georgi (1976): Ausgewählte Werke in drei Bänden. Frankfurt am Main: Marxistische Blätter.

Domarus, Max (1965): Hitler – Reden und Proklamationen 1932–1945. Bd. 1: Triumph (1935–1938); Bd. 2: Untergang (1939–1940). München: Süddeutscher Verlag.

Ergebnis der Empire-Konferenz. Aus der Schlussrede des britischen Ministerpräsidenten Chamberlain vom 15. Juni 1937 (1937). In: *MAP* 4 (7), S. 433–442.

Florin, Wilhelm (1986): Gegen den Faschismus. Reden und Aufsätze. Mit einem biographischen Abriss. Berlin/DDR: Dietz.

Germany Speaks. 21 Leading Members of Party and State. Mit einem Vorwort von Joachim von Ribbentrop (1938). London: Thornton Butterworth.

Goebbels, Joseph (1941): Die Zeit ohne Beispiel. Reden und Aufsätze aus den Jahren 1939/40/41. München: Zentralverlag.

Goebbels, Joseph (1971): Reden. Bd. 1: 1932–1939; Bd. 2: 1939–1945. München: Wilhelm Heyne.

Henlein, Konrad (1934): Reden und Aufsätze zur völkischen Turnbewegung 1928–1933. Karlsbad: Karl H. Frank.

Henlein, Konrad (1938): Rede in Karlsbad auf der Tagung der Sudetendeutschen Partei v. 24. 4. 1938. Berlin: Junker und Dünnhaupt.

Henlein, Konrad (1939): Heim ins Reich. Reden aus den Jahren 1937 und 1938. Reichenberg: NS Gauverlag Sudetenland.

Hitler, Adolf (1943): Der großdeutsche Freiheitskampf. Reden des Führers, 2 Bände. München: Zentralverlag.

Hoover, Herbert (1940): Further Adresses upon the American Road 1938–1940. New York: Charles Scribner.

Jahn, Rudolf (Hrsg). (1937): Konrad Henlein spricht. Reden zur politischen Volksbewegung der Sudetendeutschen. Karlsbad: Karl H. Frank.

La bataille pour la paix. Messages, declarations & discours des chefs de gouvernement. Principaux documents officiels (10. September – 5. Oktober 1938) (1938). Paris.

Manuilsky, Dimitri (1939): Report of the Delegation of the CPSU (B) in the Executive Committee of the Communist International to the eighteenth Congress of the CPSU (B). 11. März 1939. In: The Land of Socialism today and tomorrow. Reports and speeches at the eighteenth Congress of the Communist Party of the Soviet Union (Bolsheviks). 10.–21. März 1939. Moskau: Foreign Languages Publishing House, S. 57–100.

Lebenswille des Sudetendeutschtums. Bericht über die Haupttagung der Sudetendeutschen Partei am 23. und 24. April in Karlsbad mit der Rede Konrad Henleins (1938). Karlsbad: Karl H. Frank.

Molotow über die russische Außenpolitik. Aus der Rede des Vorsitzenden des Rats der Volkskommissare vor dem VII., nach vier Jahren erstmals wieder zusammengetretenen Parteikongreß in Moskau am 28. Januar 1935 (1935). In: HMAP (9), S. 7–10.

Molotow, Wjatscheslaw M. (1939): Über die Außenpolitik der Sowjetunion. In: *KI* 20, S. 1126–1140.

Molotow, Wjatscheslaw M. (1939): Opening Speech. 10. März 1939. In: The Land of Socialism today and tomorrow. Reports and speeches at the eighteenth Congress of the Communist Party of the Soviet Union (Bolsheviks). 10.–21. März 1939. Moskau: Foreign Languages Publishing House, S. 3–6.

Molotow, Wjatscheslaw M. (1939): Über die Ratifizierung des sowjetisch-deutschen Nichtan-griffspaktes. Moskau: Verlag für fremdsprachige Literatur.

Neutralität der USA. Das Neutralitätsgesetz der Vereinigten Staaten vom 1. Mai 1937. Die Außenpolitik der Vereinigten Staaten – Erklärung des Staatssekretärs Hull v. 16.7.1937 (1938). In: *JbAP* 4, 207–209, 230 f.

Parteitag der Freiheit vom 10. bis 16. September 1935. Offizieller Bericht über den Verlauf des Reichsparteitages mit sämtlichen Kongressreden (1935). München: Zentralverlag.

Parteitag der Ehre vom 8. bis 14. September 1936. Offizieller Bericht über den Verlauf des Reichsparteitages mit sämtlichen Kongressreden (1936). München: Zentralverlag.

Parteitag der Arbeit vom 6. bis 13. September 1937. Offizieller Bericht über den Verlauf des Reichsparteitages mit sämtlichen Kongressreden (1937). München: Zentralverlag.

Parteitag Großdeutschland vom 5. bis 12. September 1937. Offizieller Bericht über den Verlauf des Reichsparteitages mit sämtlichen Kongressreden (1938). München: Zentralverlag.

Polens Antwort an Deutschland (1939). Rede des polnischen Außenministers Beck vor dem Sejm vom 5. Mai 1939. In: MAP 6 (6), S. 600–605.

Premier Hirota's Address (1937). In: CJ 5 (4), S. 704–710.

President Roosevelt's Address of October 5 on the World Political Situations. In: *IC* (334), S. 711–715.

Rede des australischen Ministerpräsidenten vor Empire-Konferenz (1937). In: *HMAP* 4 (6), S. 356–359.

Rede des Präsidenten Roosevelt in Chicago vom 5. Oktober 1937 (1937). In: *MAP* 4 (11), S. 792–796.

Reden des Führers am Parteitag der Ehre (1936). München: Zentralverlag.

Reden des Führers am Parteitag Großdeutschland (1938). München: Zentralverlag.

Ribbentrop, Joachim von (1939): Die alleinige Kriegsschuld Englands. Die Danziger Rede des Reichsaußenministers vom 24. Oktober 1939. Berlin: Junker und Dünnhaupt.

Ribbentrop, Joachim von (1940): Rede in Danzig am 24. Oktober 1939. In: *JbAP* 6, S. 176–196.

Roosevelt, Franklin D. (1938): The Public Papers and Addresses 1936. The People approved. New York: Random House.

Roosevelt, Franklin D. (1941): The Public Papers and Addresses 1937. The Constitution prevails. New York: Macmillan.

Roosevelt, Franklin D. (1941): The Public Papers and Addresses 1939. War and Neutrality. New York: Macmillan.

Roosevelt, Franklin D. (1945): Roosevelt spricht. Die Kriegsreden des Präsidenten. Stockholm: Bermann-Fischer.

Roosevelt, Franklin D. (1951): Links von der Mitte. Briefe, Reden, Konferenzen. Frankfurt am Main: Frankfurter Hefte.

Roosevelt, Franklin D. (1972): Complete Presidential Press Conferences. 25 Bände. New York: Da Capo Press.

Roosevelt, Franklin D. (1992): FDR's Fireside Chats. New York: Penguin.

Stalin, Josef (1939): Rechenschaftsbericht des Zentralkomitees der KPdSU (B) an den XVIII. Parteitag. In: *KI* 20 (Sonderheft), S. 4–47.

Stalin, Josef (1939): Report on the work of the Central Committee to the eighteenth Congress of the CPSA (B). 10. März 1939. In: The Land of Socialism today and tomorrow. Moskau: Foreign Languages Publishing House, S. 7–55.

Thorez, Maurice (1962): Ausgewählte Reden und Schriften 1933–1960. Berlin/DDR: Dietz.

Treue, Wilhelm (1955): Hitlers Denkschrift zum Vierjahresplan 1936. In: *VfZ* 3 (2), S. 184–210.

Treue, Wilhelm (1958): Rede Hitlers vor der deutschen Presse am 10. November 1938. In: *VfZ* 6 (2), S. 175–191.

Tschiang, Kaischek (1936): Ausgewählte Reden. Aus dem Chinesischen von Tao Punk Fai. Heidelberg: Kurt Vowinckel.

Tuchatschewskij, Michail (1935): Nicht zu überwältigende Stärke der Roten Armee. Rede des Vertreters des Volkskommissars für Verteidigung der UdSSR. In: *OE* 10 (6), S. 379–384.

Tuchatschewskij, Michail (1935): On the Red Army. Speech of the Assistant People's Commissary for Defence and Marshal of the Soviet Union at the Second Session of the Central Executive Committee of the USSR on January 15, 1936. In: *SEER* 14 (42), S. 694–701.

VII. Weltkongreß der Kommunistischen Internationale. Referate, Diskussion, Schlusswort, Resolutionen (1971). Frankfurt am Main: Marxistische Blätter.

Ungedruckte Quellen

Abshagen, Karl-Heinz (1938/39): Vertrauliche Informationen an den Deutschen Überseedienst. London. München: Institut für Zeitgeschichte ED 104.

Accion TV: La Visita de Roosevelt. Buenos Aires. Online verfügbar unter www.acciontv.com.ar/soca/visitas/roos/tapa.htm.

Jordan, Hans: Ansprache Adolf Hitlers an Offiziere der Wehrmacht am 10. 2. 1939 (1939). München: Institut für Zeitgeschichte ED 57.

Moraveć, Emanuel (1938b): Das »Dritte Reich« tritt an. Verband der tschechoslowakischen Offiziere. Dienstliche Übersetzung der Publikationsstelle des Preußischen Geheimen Staatsarchivs Berlin-Dahlem.

NA CAB – National Archives Cabinet 23, 55, 65, 80, 99. Online verfügbar unter www.nationalarchives.gov.uk

Naval History and Heritage Command (Hg.) (2016): President Franklin D. Roosevelt's 1936 Cruise to Latin America on USS Indianapolis. A Scrapbook. Online verfügbar unter www.history.navy.mil/research/library/exhibits/roosevelt-1936-cruise-to-latin-america.html.

PAAA (1936): Olympiade. Presseberichte, Betreuung wichtiger Persönlichkeiten, Boykott, Einladungen, Fackelstaffellauf usw. Berlin: Politisches Archiv des Auswärtigen Amtes, Bestand 86-26.

Rechenberg, Bernhard G. von (1937): Roosevelt-Amerika – eine Gefahr! Denkschrift. Nicht veröffentlichen! Nicht für Ausland. Erfurt.

Šeba, Jan (1937): Russland und die Kleine Entente in der Weltpolitik. Mit einem Vorwort von Kamil Krofta. Dienstliche Übersetzung der Publikationsstelle des Preußischen Geheimen Staatsarchivs Berlin-Dahlem.

Wochenschauen

Fox Tönende Wochenschau (1937): Mussolini in Deutschland 25.–29. September 1937. 40/1937. 35mm Film. Berlin: Bundesarchiv-Filmarchiv 41.

Ufa-Tonwoche 470 (1939): Beginn des Feldzugs gegen Polen (1939). 35mm Film. Berlin: Bundesarchiv-Filmarchiv UTW 470/1939.

Ufa-Tonwoche 471. Vormarsch in Polen (1939). 35mm Film. Berlin: Bundesarchiv-Filmarchiv UTW 471/1939.

Fernsehbericht: Staatsbesuch von Mussolini in Deutschland. Berlin: Bundesarchiv-Filmarchiv: BA 192116/B44219.

Quellen

Zeitgenössische Veröffentlichungen

Aall, Hermann Harris (1940): Weltherrschaft und die Rechtlosigkeit der Meere. Essen: Essener Verlagsanstalt.

Abraham (1938): Die Maßnahmen der Ordnungspolizei anlässlich des Staatsbesuches des italienischen Regierungschefs in Deutschland. In: DP 6 (4/15. 2. 38), S. 124–126.

Acker, Karl (1940): Die wirklichen Wirtschaftsinteressen Frankreichs. Berlin: Junker und Dünnhaupt.

Adamheit, Theodor (1937): Rote Armee, Rote Weltrevolution, Roter Imperialismus. Berlin: Nibelungen.

Agricola (1937): Das Wunder an der Weichsel. Polens schwerste Stunde. Nach den Aufzeichnungen aus dem Kriegstagebuch eines russischen Generalstabsoffiziers. Oldenburg: Gerhard Stalling.

Amann, Gustav (1939): Chiang Kaischek und die Regierung der Kuomintang in China. Heidelberg: Karl Vowinckel.

Anonym (1933): Revolution gegen Hitler! Die historische Aufgabe der deutschen Sozialdemokratie. Karlsbad: Graphia.

Anonym (1938): Ce qu'il faut faire. In: *RdP* 45 (22 v. 15. 11.), S. 241–255.

Anonym (1938): La crise du 21 mai. In: *RdP* 45 (12 v. 15. 6.), S. 935–943.

Anti-Komintern (Hrsg.) (1937): Das Rotbuch über Spanien. Bilder, Dokumente, Zeugenaussagen. Berlin: Nibelungen.

Anti-Komintern (Hrsg.) (1938): Der Weltbolschewismus. Ein internationales Gemeinschaftswerk über die bolschewistische Wühlarbeit und die Umsturzversuche der Komintern in allen Ländern. Berlin: Nibelungen.

Anti-Komintern (Hrsg.) (1942): Sie dienten dem Bolschewismus. Aussprüche von sowjetischen Staats- und Parteifunktionären, europäischen und amerikanischen Kommunisten sowie Sowejtfreunden aller Schattierungen über den Bolschewismus. Berlin: Paul Hochmuth.

Arenz, Wilhelm (1939): Polen und Russland 1918–1920. Hrsg. v. Institut für Heimatforschung der Universität Berlin in Schneidemühl. Leipzig: S. Hirzel.

Armstrong, Hamilton Fish (1939): When there is no Peace. London: Macmillan.

Armstrong, Hamilton Fish (1939): Armistice at Munich. In: *FA* 17 (2), 197–290.

Asendorf, Werner (1937): Der unerklärte Krieg im Fernen Osten. In: *VuR* 13 (4), S. 282–288.

Asendorf, Werner (1937): Englands Sorgen. Zur Britischen Weltreichskonferenz im Mai 1937. In: *VuR* 13 (5), S. 344–345.

Auswanderung der Juden aus Deutschland (1939). In: *WM* (4), S. 30–33.

Bach, August (1944): Fünf Jahre Krieg – wie es kam. Zur Vorgeschichte des zweiten Weltkriegs. In: *BM* 22 (7/8), S. 155–195.

Backe, Herbert (1942): Um die Nahrungsfreiheit Europas. Weltwirtschaft oder Großraum. Leipzig: Wilhelm Goldmann.

Bainville, Jacques (1940): Frankreichs Kriegsziel. Hamburg: Hanseatische Verlagsanstalt.

Baldwin-Rede über das englische Luftrüstungsprogramm vom 30. Juli 1934 (1934). In: *HMAP* (3), S. 4–11.

Basch, Antonín (1944): The Danube Basin and the German Economic Sphere. London: Kegan Paul, Trench, Trubner.

Beals, Carleton (1939): The coming Struggle for Latin America. London: Jonathan Cape.

Bedrohtes Europa. Probleme und Gefahren der europäischen Lage. Von einem europäischen Journalisten. Sonderabdruck aus der Reichspost mit einem Vorwort vom Chefredakteur Staatsrat Dr. Friedrich Funder (1937). Wien.

Bente, Hermann (1940): England und Deutschland im Kampf um die Neuordnung der Weltwirtschaft. Berlin: Junker und Dünnhaupt.

Berndorff, Hans Rudolph (1931): Sie rüsten! Stuttgart: Dieck.

Berndt, Alfred-Ingemar (1938): Meilensteine des Dritten Reiches. Erlebnisschilderungen großer Tage. München: Franz Eher Nachf.

Berndt, Alfred-Ingemar (1939): Der Marsch ins Großdeutsche Reich. Meilensteine des Dritten Reiches Bd. 2. München: Franz Eher Nachf.

Besuch des deutschen Außenministers Konstantin von Neurath am 27. 2. 1937 in Wien (1937). In: *HMAP* 4 (3), S. 128–131.

Besuch Mussolinis in Deutschland (1937). In: *MAP* (10), S. 652–658.

Besuch von Lord Halifax in Deutschland vom 17.–21. November 1937 (1937). In: *MAP* 4 (12), S. 883–896.

Betz, Heinrich (1937): Der Streit um Nordchina. In: *ZfP* 27 (4), S. 492–515.

Beyer, Hans Joachim (1938): Sudetendeutsche und Tschechen im Völkerrecht. In: *ViW* 6 (6), S. 264–279.

Bidwell, Percy W. (1939): Latin America, Germany and the Hull Program. In: *FA* 17 (2), S. 374–390.

Biehl, M. (1937): Chinas Außenhandel im Jahre 1936. In: *OR* 18 (5), S. 113–116.

Bisson, T. A. (1936): Japan's Trade Boom: Does it Menace the United States? In: *FPR* 12 (1–15. 3.), S. 1–16.

Bisson, T. A. (1938): Origins of Sino-Japanese Hostilities. In: *FPR* 13 (24), S. 289–300.

Bisson, T. A. (1939): Soviet-Japanese Relations: 1931–1938. In: *FPR* 14 (22), S. 257–272.

Bley, Wulf (1939): Mit Mann und Roß und Wagen … Funkberichte aus dem polnischen Feldzug. Leipzig: v. Hase und Koehler.

Bley, Wulf / Schulz, Richard (1935): Luftarmeen ringsum. Berlin.

Bochow, Martin (1938): So wurde Großdeutschland. Ein Bildbericht aus den entscheidungsvollen Frühjahrstagen des Jahres 1938. Berlin: Büchergilde Gutenberg.

Bockhoff, Ernst Hermann (1937): Völker-Recht gegen Bolschewismus. Berlin: Nibelungen.

Boese, Carl Heinz (1938): Politische Großübertragungen – Dienst an der Nation. In: Handbuch des Deutschen Rundfunks, Bd. 1938, S. 86–90.

Bohemicus (1938): Das Nationalitätenstatut der Tschechen. In: *Tat* 30 (6), S. 377–384.

Bollmann, Hans (1938): Vom Werdegang der deutschen Sportpresse. Frankfurt am Main: Moritz Diesterweg.

Bolschewisierung der Tschecho-Slowakei (1938). In: *Ostland* 19 (16 v. 15. 8.), S. 349–351.

Bongartz, Heinz (1939): Luftmacht Deutschland. Luftwaffe, Industrie, Luftfahrt. Essen: Essener Verlagsanstalt.

Bongartz, Heinz (1941): Seemacht Deutschland. Wiederaufstieg, Kampf und Sieg. Essen: Essener Verlagsanstalt.

Borowik, Józef (1934): Gdynia – Polands Gateway to the Sea. Thorn.

Böttner, Helmut (1939): England greift nach Südost-Europa. Wirtschaftlicher Tatbestand und Folgerungen. Wien: Adolf Luser.

Bradley, Phillips (1938): Economic Forces. In: Davidson, Frank P./Viereck, George S. (Hg.): Before America Decides. Foresight in Foreign Affairs. Cambridge, Mass.: Harvard University Press, S. 104–137.

Braunbuch. Hakenkreuz gegen Österreich. Hrsg. v. Bundeskanzleramt, Büro des Bundesministeriums für Sicherheitswesen (1933). Wien: Österreichische Staatsdruckerei.

Brauner, Heinz (1937): Die polnisch-tschechischen Beziehungen. In: *Jb* 1, 377 f.

Bringmann, Rudolf (1939): Geschichte Irlands. Ein Kampf um die völkische Freiheit. Berlin: Junker und Dünnhaupt.

Brossolette, Pierre (1937): Le voyage des Lord Halifax. In: *EN* 20/1032 v. 20.11., S. 1119–1121.

Brossolette, Pierre (1937): Après les entretiens de Londres: le communiqué et les réalités. In: *EN* 20/1034 v. 4.12., S. 1167 f.

Bruehl, Helmut (1939): Naiver Imperialismus in Ibero-Amerika. Kalte Schulter für Roosevelt und die Wallstreet. In: *WM* (4), S. 25–30.

Brühlsche Palais in Warschau (1938). In: *Ostland* 19 (8 v. 15. 4.), S. 161.

Brundages Reiseeindrücke in Deutschland (1934). In: *RSB* 1 (33/), S. 917.

Buckmaster, Barbara (1939): Rumania. In: Woolf, Leonard (Hg.): Hitler's Route to Bagdad. London: George Allen & Unwin, S. 97–156.

Budding, Carl (1932): Der polnische Korridor als europäisches Problem. Danzig: Danziger Verlagsgesellschaft.

Buell, Raymond Leslie (1937): The Neutrality Act of 1937. In: *FPR* 13 (14), S. 165–180.

Buell, Raymond Leslie (1938): The Foreign Policy of Poland. In: *FPR* 14 (18), S. 209–220.

Buell, Raymond Leslie (1939): Poland: Key to Europe. New York: Alfred A. Knopf.

Bühler, Ottmar (1940): Neutralität, Blockade und U-Boot-Krieg in der Entwicklung des modernen Völkerrechts. Berlin: Junker und Dünnhaupt.

Bullock, Alan (Hrsg.) (1939): Germany's Colonial Demands. London: Oxford University Press.

Bülow, Freiherr von (1936): Die Luftwaffe Sowjetrusslands. In: *MwR* 1 (6), S. 797–824.

Busch, Fritz Otto (1939): Flieger gegen England. Berlin: Franz Schneider.

Busch, Fritz Otto (1940): Akten des Seekriegs. Berlin: Brunnen.

Bustamante, Antonio S. de (1937): The Results of the Pan-American Peace Conference. In: *NCQ* 2 (4), S. 410–419.

Butenko, Th. (1938): Enthüllungen über Moskau. Hrsg. v. der Anti-Komintern. Berlin: Nibelungen.

Butenko, Th. (1938): Stalin und die Moskauer Blutherrschaft. In: *CK* 2 (4), S. 145–153.

Cantril, Hadley/Rugg, Donald (1940): Looking Forward to Peace. In: *POQ* 4 (1), S. 119–121.

Cantril, Hadley / Rugg, Donald (1940): War Attitudes of Families with Potential Soldiers. In: *POQ* 4 (2), S. 327–330.

Carr, Edward Hallett (1939): The Twenty Years' Crisis 1919–1939. An Introduction to the Study of International Relations. London: Macmillan.

Chiang, Kaischek (1936): Leitfaden der Bewegung »Neues Leben«. In: *OR* 17 (15), S. 405–410.

Chronicle of Current Events (1937). In: *CJ* 6 (2), S. 334–349.

Chronicle. Union of Soviet Socialist Republics – Foreign Affairs (1935). In: *SEER* 14 (40), S. 199–203.

Cigaretten-Bilderdienst Hamburg-Bahrenfeld (Hrsg.) (1936): Die Olympischen Spiele 1936 in Berlin und Garmisch-Partenkirchen. 2 Bände. Hamburg.

Clauss, Max (1939): Frankreich wie es wirklich ist. Ein Volk sucht seine Sicherheit. Berlin: Deutscher Verlag.

Clauss, Max (1940): Amerika in der Weltpolitik. In: USA von heute. Seine Weltpolitik, Weltfinanz, Wehrpolitik. München: F. Bruckmann, S. 11–28.

Clauss, Max (1943): Tatsache Europa. Prag: Volk und Reich.

Coatman, John (1936): Magna Britannia. London: Jonathan Cape.

Commission polonaise des travaux préparations au congrès de la paix (1919): Dantzig. Paris.

Communiqué issued by the British Foreign Office at the Close of the Anglo-French Conversations, London, November 30th 1937 (1937). In: *NCQ* 3 (3), 300 f.

Conze, Erward (1936): Spain Today. Revolution and Counter-Revolution. London: Martin Secker and Warburg.

Corbach, Otto (1937): Europa und der Ferne Osten. In: *VuR* 13 (10), S. 711–715.

Cot, Pierre (1939): L'armee de l'air 1936–1938. Paris: Edition Bernard Grasset.

Cowie, Donald (1939): An Empire prepared. A Study olf the Defence Potentialities of Greater Britain. London: George Allen & Unwin.

Crise internationale de septembre 1938, La. L'enchainement des faits (1938). Paris: Joure.

Dachauer, Max (1939): Das Ende Österreichs. Aus der k.u.k. Monarchie ins Dritte Reich. Berlin: Vaterländischer Verlag C. A.Welle.

Daitz, Werner (1943): Der Weg zur Volkswirtschaft, zur Großraumwirtschaft und zur Großraumpolitik. Dresden: C. C. Meinhold & Söhne.
Danziger Fragen (1938). In: *Ostland* 19 (24 v. 5. 12.), S. 543–545.
Davidson, Frank P. / Viereck, George S. (Hg.) (1938): Before America Decides. Foresight in Foreign Affairs. Cambridge, Mass.: Harvard University Press.
Dawson, William Harbutt (1931): Danzig und der Korridor. In: *NC* 110 (658), S. 671–684.
Dawson, William Harbutt (1933): Germany under the Treaty. London: George Allen & Unwin.
Dawson, William Harbutt (1936): Hitler's Challenge. In: *NC* 115 (710), S. 401–413.
Dean, Vera Micheles (1939): Diplomatic Background of Munich Accord. In: *FPR* 14 (20), S. 229–248.
Dean, Vera Micheles (1939): Europe's Diplomatic Tug of War. In: *FPR* 15 (9), S. 101–112.
Dean, Vera Micheles (1939): Europe in Retreat. New York: Alfred A. Knopf.
Dean, Vera Micheles (1939): Why Europe went to war. New York: Foreign Policy Association.
Déat, Marcel (1939): Mourir pour Dantzig? In: *L'Œvre* v. 4. 5. 1939, S. 1, 4.
Demarkationslinie (1939). In: *Ostland* 20 (19 v. 1. 10.), S. 457–460.
Dem Kämpfer für Frieden und Freiheit Ernst Thälmann (1936). Moskau: Verlagsgenossenschaft ausländischer Arbeiter in der UdSSR.
Der 15-Jahresplan Kwiatkowskis (1939). In: *Ostland* 20 (1 v. 1. 1.), S. 3–9.
Detig, Alfred (1938): Wie der Führer Österreich heim brachte. Die historischen Tage vom 12. März bis zum 10. April 1938. Leipzig: Reclam.
Dettmann, Franz (1939): Danzig. Zwischen Deutschland und Polen. Berlin: Junker und Dünnhaupt.
Deubner, Karl-August (1938): Der Politiker Konrad Henlein. Schöpfer der sudetendeutschen Einheit. Bad Furth: Deutscher Hort-Verlag.
Deutsche Bank (Hrsg.) (1939): Das Protektorat Böhmen und Mähren im deutschen Wirtschaftsraum. Berlin.
Deutsche Regierungserklärung v. 12. 3. 1936 zum französisch-sowjetischen Vertrag (1936). In: *HMAP* 3 (4), S. 114.
Deutscher Reichsbund für Leibesübungen (Hrsg.) (1938): Deutsches Turn- und Sportfest Breslau vom 23. bis 31. Juli 1938. Festfolge und Ausschreibung für sämtliche Wettbewerbe.
Deutscher Wille (1934): Jahrbuch 1935. Berlin.
Deutscher Wille (1936): Jahrbuch 1936. Wehrpflicht ist Wehrrecht. Berlin.
Deutsch-japanisches Abkommen v. 25. 11. 1936 (1936). In: *HMAP* 3 (12), S. 349–353.
Deutschland, Italien, Japan und die Komintern (1937). In: *MAP* 4 (12), S. 873 f.
Deutschland und Großbritannien. Verlautbarung über den Besuch von Lord Halifax beim Führer am 19. November 1937. Gleichlautende Erklärungen von Halifax und Chamberlain im Ober- bzw. Unterhaus am 24. 11. 1937 (1938). In: *JbAP* 4, S. 252.

Deutsch-englische Beziehungen (1938). In: *MAP* 5 (1), S. 33–36.

Deutsch-österreichische Verständigung vom 11. Juli 1936 (1936). In: *HMAP* (7), 207 f.

deWilde, John C. (1936): Political Conflict in France. In: *FPR* 12 (2), S. 17–28.

deWilde, John C. (1936): German Trade Drive in Southeastern Europe. In: *FPR* 12 (17), S. 213–220.

deWilde, John.C. (1937): The New Deal in France. In: *FPR* 13 (12), S. 137–152.

deWilde, John C. (1937): Can Japan be quarantined? In: *FPR* 13 (18), S. 217–224.

deWilde, John C. (1939): Europe's Economic War Potential. In: *FPR* 15 (15), S. 177–192.

deWilde, John C. (1939): The Struggle for the Balkans. In: *FPR* 15 (19), S. 229–240.

Die »armen Polen« dagegen (1939). In: *Ostland* 20 (20 v. 15.10.), S. 481–482.

Die VIII. Panamerikanische Konferenz. Erklärung der 21 auf der Konferenz in Lima vertretenen amerikanischen Staaten v. 24.12.1938 (1939). In: *JbAP* 5, 264 f.

Dieckhoff, Hans Heinrich (1943): Zur Vorgeschichte des Roosevelt-Krieges. Berlin: Junker und Dünnhaupt.

Diem, Carl (1912): Die Olympischen Spiele 1912. Berlin.

Diem, Carl (Hrsg.) (1935): Das Olympiade-Buch. Leipzig: Reclam.

Diem, Carl (1942): Olympische Flamme. Das Buch vom Sport. Bd. 1: Sinn. Berlin: Deutscher Verlag.

Dingle, Reginald J. (1938): Russia's Work in France. London: Robert Hale.

Diplomaticus (1938): The Czechs and their Minorities. London: Thornton Butterworth.

Dominique, Pierre (1938): Après Munich: Veux-tu vivre ou mourir? Paris: Édition Stock.

Donald, Robert (1929): The Polish Corridor and the Consequences. London: Thornton Butterworth Ltd.

Doriot, Jacques (1936): La France ne sera pas un pays d'esclaves. Paris: Flammarion.

Doriot, Jacques (1937): La France avec nous! Paris: Flammarion.

Doubel, Franz (1938): Die Nationalitätenverhältnisse in Olsa-Schlesien. In: *Jb* 2, S. 489–499.

Duff Cooper, Albert (1939): The Second World War. First Phase. London: Jonathan Cape.

Dulles, Allen W. (1940): Cash and Carry Neutrality. In: *FA* 18 (2), S. 179–195.

Dupuy, Ernest/Eliot, George F. (1938): Si la guerre éclatait. Paris: Payot.

Düssel, Carl (1942): Europa und die Achse. Die kontinentaleuropäische Frage als Kehrseite britischer Politik. Essen: Essener Verlagsanstalt.

Dutch, Oswald (1938): Thus Died Austria. London: Edward Arnold.

Dwinger, Edwin E. (1940): Tod in Polen. Eine volksdeutsche Passion. Jena: Eugen Diederichs.

Eagleton, Clyde (1937): The USA and the Far Eastern War. In: *NCQ* 3 (3), S. 197–209.

Eicke, Rudolf (1939): Warum Außenhandel? Eine Lebensfrage für das deutsche Volk. Berlin: Verlag für Sozialpolitik.

Eine Aufgabe. Die Schaffung der deutschen Volksfront. (1936). Paris: Deutsche Freiheitsbibliothek.

Eine Provokation und ihre Folgen (1939). In: *Ostland* 20 (6 v. 15.3.), S. 125–126.

Einige interessante Vergleiche (1938). In: *Ostland* 19 (15 v. 1.8.), S. 318–320.

Einzig, Paul (1938): Bloodless Invasion. German Economic Penetration into the Danubian States and the Balkans. London: Duckworth.

Eliot, George Fielding (1938): The Military Consequences of Munich. In: *FPR* 14 (19), S. 221–228.

Else, Alfred Herbert (1938): Wer formt die »Weltmeinung«? Der polnische Anteil. In: *Tat* 30 (4 / Juli), S. 277–279.

Emminger, Otmar (1938): Der britisch-amerikanische Handelsvertrag. In: *VjW* 13 (1), S. 43–70.

Ende der Neutralität? (1936). In: *HMAP* 4 (2), S. 35–38.

Ende des Paktes (1939). In: *Ostland* 20 (9 v. 1.5.), S. 193–195.

Enttäuschte Hoffnungen (1939). In: *Ostland* 20 (15 v. 1.8.), S. 337–338.

Erckner, S. (1936): Die große Lüge. Hitlers große Verschwörung gegen den Frieden. Paris: Édition du Carrefour.

Ergebnis der Sejmwahlen (1938). In: *Ostland* 19 (22 v. 15.11.), S. 488–490.

Ergebnisse der Interamerikanischen Friedenssicherungskonferenz von Buenos Aires (1937). In: *HMAP* 4 (1), S. 24–32.

Esch, Peter (1939): Polen kreuz und quer. Blicke hinter die Kulissen. Berlin: Deutscher Verlag.

Eschmann, Ernst Wilhelm (1937): Ausblick in die Weltpolitik. In: *Tat* 29 (7), S. 489 f.

Eschmann, Ernst Wilhelm (1938): Ausblick in die Weltpolitik. In: *Tat* 30 (4), S. 271–277.

Eschmann, Ernst Wilhelm (1938): Die Befreiung des Südostens. In: *Tat* 30 (8), S. 505–514.

Everwien, Max (1938): Die große Heimkehr. In: *Tat* 30 (1), S. 2–20.

Everwien, Max (1939): Bibel, Scheckbuch und Kanonen. Das Gesicht Englands. Berlin.

Fabre-Luce, Alfred (1938): Histoire secrète de la consiliation de Munich. Paris: Edition Bernard Grasset.

»Falsche Nachrichten« in den kritischen Septembertagen (1938). In: *ZW* (12), 306 f.

Fenwick, Charles G. (1937): The Buenos Aires Conference 1936. In: *FPR* 13 (8), S. 89–100.

Finger, Felix (1938): Karten zur Wirtschaft der Südoststaaten. In: *VuR* 14 (8), S. 526–535.

Fischer, Rudolf (1935): Tagebuch einer Woche. In: *VuR* 11 (4), S. 251–263.

Fischer, Rudolf (1937): Der Geist der Mémoires. In: *VuR* 13 (6), S. 377–380.

Fischer, Rudolf (1938): Die europäische Kriegsparstei. In: *VuR* 14 (6), S. 367–372.

Fischer, Rudolf (1938): Zwanzig Jahre Beneš-Staat. In: *VuR* 14 (10), S. 659–693.

Fischer von Poturzyn, Friedrich Andreas (1938): Luftmacht. Gegenwart und Zukunft im Urteil des Auslandes. Heidelberg: Kurt Vowinckel.

Fischer, Josef /Patzak, Václav / Perth, Vincence (1937): Ihr Kampf. Die wahren Ziele der Sudetendeutschen Partei. Karlsbad: Graphia.

Fittbogen, Gottfried (1938): Was jeder Deutsche vom Grenz- und Ausland-Deutschtum wissen muss. München: Oldenbourg.

Flandin, Pierre-Étienne (1938): Le conflit tchéchoslovaque et la situation politique. In: *RdP* 45 (20), S. 721–742.

Fodor, M. W. (1939): South of Hitler. Boston: Houghton Mifflin.

Forsthofer, Georg (1937): Das tschechoslowakische Staatsproblem. In: *VuR* 13 (3), S. 153–163.

Frankreichs Verantwortung. Bemerkungen zum französischen Gelbbuch (1940). Berlin.

Französisch-russischer Vertrag über gegenseitige Beistandsleistung (1935). In: *HMAP* 2 (12), S. 3–5.

Freytagh-Loringhoven, Axel von (1941): Deutschlands Außenpolitik 1933–1941. Berlin: Otto Stollberg.

Fried, Ferdinand (1936): Der Währungswirrwarr der Welt. Ein Einneblungsversuch des internationalen Kapitalismus. In: *Tat* 28 (8), S. 562–584.

Fried, Ferdinand (1938): Amerika den Amerikanern! Der Kampf um Südamerika. In: *Tat* 29 (10), S. 752–768.

Fried, Ferdinand (1938): Roosevelts Kampf. In: *Tat* 29 (11), S. 787 f.

Friede, Wilhelm (1937): Die Interamerikanische Konferenz zur Sicherung des Friedens. Buenes Aires 1.–23. Dezember 1936. In: *ZaöRV* 7, S. 345–359.

Friede, Wilhelm (1937): Das amerikanische Neutralitätsgesetz von 1937. In: *ZaöRV* 7, S. 769–792.

Friedenswacht im Herzen Europas. Mittelstück der Friedensfront Paris-Prag-Moskau (1938). In: *VI* 3/23 v. 8. 6. 1938, S. 1.

Frisch, Hans von (1938): Die Gewaltherrschaft in Österreich 1933 bis 1938. Eine staatsrechtliche Untersuchung. Leipzig: Johannes Günther.

Fritzsche, Hans (1940): Krieg den Kriegshetzern. Acht Wochen politische Zeitungs- und Rundfunkschau. Berlin: Brunnen.

Fry, Varian (1938): War in China. America's Role in the Far East. New York: Foreign Policy Association.

Fuchs, Werner (1930): Der neue Polenspiegel. Selbstzeugnisse polnischen Eroberungswillens. Berlin.

Führer – Schirmherr der Olympischen Spiele 1936 (1934). In: *RSB* 1 (43), S. 1199.

Führer besucht Reichssportfeld (1934). In: *RSB* 1 (39), S. 1085 f.

Fünf Jahre Pakt: (1939). In: *Ostland* 20 (3), S. 49–50.

Galéra, Karl Siegmar Baron von (1938): Österreichs Rückkehr ins Deutsche Reich. Von Kaiser Karl zu Adolf Hitler. Leipzig: Nationale Verlags-Gesellschaft.

Galéra, Karl Siegmar Baron von (1939): Die Achse Berlin-Rom. Entstehung, Wesen, Bedeutung. Leipzig: Nationale Verlags-Gesellschaft.

Galéra, Karl Siegmar Baron von (1939): Sudetendeutschlands Heimkehr ins Deutsche Reich. Leipzig: Nationale Verlags-Gesellschaft.

Gärtner, Werner (1938): Volk in Leibesübungen. Deutsches Turn- und Sportfest Breslau 1938. Berlin: Wilhelm Limpert.

Gärtner, Margarete (Hrsg.) (1939): Zeugnisse der Wahrheit. Danzig und der Korridor im Urteil des Auslandes. Berlin: Volk und Reich.

Garvin, James L. (1937): Der Schlüssel zur Weltlage. Artikel aus dem Observer v. 7. und 21. März 1937. In: *HMAP* 4 (4), S. 201–212.

Gedye. George Eric Rowe (1939): Betrayal in Central Europe. Austria and Czechoslovakia: The fallen Bastions. New York: Harper & Brothers.

General Kwasniewski spricht (1938). In: *Ostland* 19 (14 v. 15.7.), S. 309.

Géraud, André (Pertinax) (1944): The Gravediggers of France. Gamelin, Daladier, Reynaud, Pétain and Laval – Military Defeat, Armistice, Counterrevolution. Garden City, NY: Doubleday, Doran & Co.

Géraud, André (Pertinax) (1937): L'Angleterre et l'Allemagne. In: *EN* 20/1034, S. 1169 f.

Geschichte der Kommunistischen Partei der Sowjetunion (Bolschewiki). Kurzer Lehrgang. Gebilligt vom ZK der KPdSU (B) 1938 (1945). 2. Aufl. Berlin: Neuer Weg.

Gibbs, Philip (1938): England spricht. Berlin: Universitas.

Gilbert, Rodney (1939): The war in China continues. In: *FA* 17 (2), S. 321–335.

Godden, Gertrude M. (1938): Communist Attack on the People of Great Britain. International Communism at work. London: Burns Oates & Washbourne.

Göldner, Paul (1939): Der Feldzug in Polen 1939. Dokumente, Bilder, Berichte mit Erläuterungen. Berlin: Frundsberg.

Grant Duff, Shiela (1938): Europe and the Czechs. Harmondsworth: Penguin Books.

Grävell, Walter (1940): Die weltwirtschaftliche Verflechtung. In: USA von heute. Seine Weltpolitik, Weltfinanz, Wehrpolitik. München: F. Bruckmann, S. 66–87.

Grävell, Walter (1943): Großraumbedingte Umlagerungen im europäischen Außenhandel. In: Bruno Kiesewetter (Hg.): Probleme des europäischen Großwirtschafsraumes. Berlin: Junker und Dünnhaupt, S. 59–82.

Grazian (1937): Die Rechtswirkungen einer Habsburger Restauration. In: *VuR* 13 (4), S. 241–246.

Grazian (1937): Die tschechischen Denkschriften zur Friedenskonferenz. In: *VuR* 13 (6), S. 365–372.

Grazian (1938): Der tschechische Mythos. In: *VuR* 14 (6), S. 379–392.

Green, James Frederick (1939): Economic Mobilization of Great Britain. In: *FPR* 15 (8), S. 89–100.

Green, James Frederick (1940): The British Dominions at War. In: *FPR* 15 (22), S. 273–284.

Greife, Hermann (1939): Ist eine Entwicklung der Sowjetunion zum nationalen Staat möglich? Berlin: Junker und Dünnhaupt.

Grewe, Wilhelm (1937): Zwischen Neutralität und Kollektivsicherheit. Zur Außenpolitik der Vereinigten Staaten. In: *MAP* 4 (10), S. 627–638.

Grewe, Wilhelm (1938): Englands Auswärtige Politik im Jahr 1937. In: *JbAP* 4, S. 51–69.

Grewe, Wilhelm (1938): Monatsübersicht. England nach München. In: *MAP* 5 (12), S. 1226–1232.

Griesheim, W. von (1937): Die Verteidigung des Empire. In: *VuR* 13 (10), S. 718–722.

Grimm, Friedrich (1936): Hitler und Europa. Zürich: Internationale Schriftenreihe der Nationalisten.

Grimm, Friedrich (1940): Das französische Gelbuch: Eine Selbstanklage. Berlin: Deutscher Verlag.

Grimm, Friedrich (1940): Die neue Kriegsschuldlüge. Berlin.

Grix, Arthur E. (1932): Olympische Tage in Los Angeles. Berlin.

Grogoff, Georg (1937): Die Rote Armee – eine Angriffsarmee. In: *CK* 1. (6.), S. 245–252.

Große deutsche Feldzug gegen Polen, Der (1940). Eine Chronik des Krieges in Wort und Bild. Wien: Verlag für Militär- und Fachliteratur A. Franz Göth & Sohn.

Grünbeck, Max (1939): Die Schädigungen der neutralen Volkswirtschaften durch die britische Wirtschaftskriegsführung. In: *VuR* 15 (11), S. 798–802.

Günther, Hans (1935): Der Herren eigner Geist. Die Ideologie des Nationalsozialismus. Moskau: Verlagsgenossenschaft ausländischer Arbeiter in der UdSSR.

Gunther, John (1937): So sehe ich Europa! Amsterdam: Allert de Lange.

H., M. (1938): Kongress des P.E.N. Clubs in Prag. In: *ViW* 6 (9), 446 f.

Hadamovsky, Eugen (1939): Weltgeschichte im Sturmschritt. Das Großdeutsche Jahr 1938. München: Franz Eher Nachf.

Hadamovsky, Eugen (1940): Blitzmarsch nach Warschau. Frontberichte eines politischen Soldaten. München: Zentralverlag.

Hadley, W. W. (1944): Munich: Before and after. London: Cassell.

Hager, Hubert (1938): Tschechischer Imperialismus. In: *Tat* 30 (3), S. 145–160.

Hahn, Georg (1939): Grundfragen europäischer Ordnung. Ein Beitrag zur Neugestaltung der Völkerrechtslehre. Berlin: Deutscher Rechtsverlag.

Hajime, Matsushima (1938): What is the Soviet Union? In: *CJ* 7 (1), S. 40–50.

Halfeld, Adolf (1937): Amerika künftig neutral? In: *Tat* 29 (3), S. 164–181.

Halfeld, Adolf (1940): Der »Athenia«-Fall. Englands wahres Gesicht. Berlin: Ernst Steininger.

Halfeld, Adolf (1942): USA greift in die Welt. Hamburg: Broschek.

Hallier, Joachim (1933): Die Rechtslage des Memelgebiets. Eine völker- und staatsrechtliche Untersuchung des Memelkonvention. Leipzig: Universitätsverlag von Robert Noske.

Handbuch der deutschen Presse. Die wichtigsten Zeitschriften und politischen Zeitungen Deutschlands, Österreichs und des Auslandes (1935). Leipzig: Sperlings Zeitschriften- und Zeitungsadressbuch.

Handbuch des Deutschen Rundfunks (1938).

Handel mit Ostmitteleuropa (1938). In: *Ostland* 19 (10 v. 15.5.), S. 183–195.

Handel, Hafen und Industrie in Danzig (1939). In: *Ostland* 20 (5 v. 1.3.), S. 110–112.

Hansen, Heinrich (1938): Volk will zu Volk. Österreichs deutsche Stunde. Dortmund: Westfalen Verlag.

Hansen, Ernst R. B. (1927): Polens Drang nach Westen. Berlin: K.F. Koehler.

Haring, Clarence Henry (1938): Inter-American Relations. In: Davidson, Frank P. / Viereck, George S. (Hg.): Before America Decides. Foresight in Foreign Affairs. Cambridge, Mass.: Harvard University Press, S. 168–188.

Harmsworth, Harold Sidney (Viscount Rothermere) (1939): Warnungen und Prophezeiungen. Zürich: Scientia.

Harrisson, Tom / Madge, Charles (Hrsg.) (1940): War begins at Home by Mass Observation. London: Chatto & Windus.

Hartlieb, Wladimir von (1939): Parole: Das Reich. Eine historische Darstellung der politischen Entwicklung in Österreich von März 1933 bis März 1938. Wien: Adolf Luser.

Hartmann, Georg (1938): Der »Pittsburger Vertrag« – die »magna charta« der Slowaken. In: Heiß, Friedrich (Hg.): Die Wunde Europas. Das Schicksal der Tschecho-Slowakei. Berlin: Volk und Reich, S. 151–158.

Hassell, Ulrich von (1937): Deutschlands und Italiens europäische Sendung. Köln: Petrarca-Haus – Deutsch-italienisches Kulturinstitut.

Hassinger, Hugo (1925): Die Tschechoslowakei. Ein geographisches, politisches und wirtschaftliches Handbuch. Wien: Rikola.

Haushofer, Karl (1933): Japans Werdegang als Weltmacht und Empire. Berlin: Walter de Gruyter.

Heide, Walther (1938): Der Pressekampf um das Sudetendeutschtum. Eine Rückschau auf die deutschsprachige Presse der früheren Tschechoslowakei. In: *ZW* 13 (11), S. 705–711.

Heim ins Reich! (1938). In: *Ostland* 19 (18 v. 15.9.), S. 385.

Heinemann, Bruno (1936): Der Hafen Gdingen und die Frage Danzig-Gdingen. In: *DZW* 1 (2), S. 113–123.

Heiß, Friedrich (Hg.) (1938): Die Wunde Europas. Das Schicksal der Tschecho-Slowakei. Berlin: Volk und Reich.

Heiß, Friedrich (Hg.) (1939): Deutschland und der Korridor. Berlin: Volk und Reich.

Heiß, Friedrich (1939): Danzig im Reich. Berlin: Volk und Reich.

Heiß, Friedrich (1943): Der Sieg im Osten. Ein Bericht vom Kampf des deutschen Volksheeres in Polen. Mit einem militärpolitischen Beitrag von Generalmajor Rudolf Ritter von Xylander. Prag: Volk und Reich.

Held, Hermann J. (1938): Die Überwindung des »Friedensvertrages« von Versailles. In: *JböRG* 25, S. 418–499).

Henderson, Nevile (1939): Endgültiger Bericht über die Umstände, die zur Beendigung der Mission in Berlin führten. Basel: Birkhäuser.

Henderson, Alexander (1939): Eyewitness in Czecho-Slovakia. London: George G. Harrap.

Hepke, Marian (1940): Der Bromberger Blutsonntag. In: Menn, Fritz (Hg.): Auf den Straßen des Todes. Leiden der Volksdeutschen in Polen. Leipzig: v. Hase und Koehler, S. 5–46.

Herring, Hubert (1939): Amerika auf dem Weg zum Krieg. Essen: Essener Verlagsanstalt.

Heß, Rudolf (1938): Deutschlands Abrechnung mit den Kriegshetzern. In: *MAP* Jg. 5 (H. 7), S. 631–635.

Hess, Friedrich (1943): Der Sieg im Osten. Ein Bericht vom Kampf des deutschen Volksheeres in Polen. Prag: Volk und Reich.

Heymann, Erich (1938): Balkan. Kriege, Bündnisse, Revolutionen. 150 Jahre Politik und Schicksal. Berlin: Junker und Dünnhaupt.

Hikomatsu, Kamikawa (1937): The Anti-Comintern Pact. In: *CJ* 5 (4), S. 638–640.

Hikomatsu, Kamikawa (1938): The Rome-Berlin-Tokyo Axis. The Democracies and the Comintern. In: *CJ* 7 (1), S. 1–10.

Hochschule für Politik (Hg.) (1939): Probleme britischer Reichs- und Außenpolitik. Berlin: Junker und Dünnhaupt.

Hodgson, Stuart (1938): The Man who made the Peace. A story of Neville Chamberlain. London: Christophers.

Hodson, H. V. (Hrsg.) (1939): The British Commonwealth and the Future. Proceedings of the second unofficial Conferenz on British Commonwealth Relations. Sydney 3.–17. September 1938. London: Oxford University Press.

Hoetzsch, Otto (1935): Russland und Osteuropa. Innere und äußere Politik. In: *OE* 10 (6), S. 354–378.

Hoffmann, Heinrich (Hrsg.) (1938): Hitler in seiner Heimat. Berlin: Zeitgeschichte-Verlag.

Hoffmann, Heinrich (Hrsg.) (1938): Hitler baut Großdeutschland. Im Triumph von Königsberg nach Wien. Berlin: Zeitgeschichte-Verlag.

Hoffmann, Heinrich (Hrsg.) (1938): Hitler befreit Sudetenland. Berlin: Zeitgeschichte-Verlag.

Hoffmann, Heinrich (Hrsg.) (1939): Hitler in Böhmen, Mähren, Memel. Berlin: Zeitgeschichte-Verlag.

Hoffmann, Heinrich (Hrsg.) (1939): Mit Hitler in Polen. Berlin: Zeitgeschichte-Verlag Wilhelm Andermann.

Höhn, Reinhard (1940): Frankreichs Demokratie und ihr geistiger Zusammenbruch. Darmstadt: L. C. Wittich.

Höller, Franz (Hrsg.) (1939): Von der SdP zur NSDAP. Ein dokumentarischer Bildbericht. Karlsbad: Adam Kraft.

Hollingworth, Clare (1940): The Three Weeks' War in Poland. London: Duckworth.

Höpker, Wolfgang (1938): Die Verwandlung Rumäniens. In: *Tat* 29 (11), S. 729–742.

Höß, Konstantin (Hrsg.) (1937): Die SdP im Parlament. Ein Rechenschaftsbericht 1935/36. Karlsbad: Karl H. Frank.

Howe, Quincy (1937): England expects every American to do his duty. New York: Simon and Schuster.

Howe, Quincy (1939): Blood is Cheaper than Water. The Prudent American's Guide to Peace and War. New York: Simon and Schuster.

Hubbard, G. E. (1938): The Far East. In: Toynbee, Arnold J. (Hg.): Survey of International Affairs 1937, Bd. 1. London: Oxford University Press, S. 145–323.

Hübner, Friedrich (1937): Die Tschechoslowakei – ein Strombett des Bolschewismus. In: *VuR* 13 (3), S. 164–183.

Hudson, H. V. (1937): The Imperial Conference. In: *IA* 16 (5), S. 659–675.

Hull, Cordell (1937): The Results and Significance ot the Buenos Aires Conference. In: *FA* 15 (Sondernummer), S. I–X.

Hund in der polnischen Literatur, Der (1939). In: *Ostland* 20 (7 v. 1. 4.), S. 157–159.

Hussitengeist (1938). In: *Ostland* 19 (14 (15. 7.)), S. 303–305.

Huttun, Graham (1939): Danubian Destiny. A Survey after Munich. London: George G. Harrap.

Imhoff, Christoph Freiherr von (1938): Die Teschener Frage. In: Heiß, Friedrich (Hg.): Die Wunde Europas. Das Schicksal der Tschecho-Slowakei. Berlin: Volk und Reich, S. 158–171.

Ingrim, Robert (1938): Der Griff nach Österreich. Zürich: Europa Verlag.

Ishimaru, Tota (1938): Chiang Kaishek ist groß. Hankow: Cheng Chung.

Iwakusu, Ida (1937): The Meaning of the Japan-German Pact. In: *CJ* 5 (4), S. 519–527.

Jacob, Berthold (1936): Das neue deutsche Heer und seine Führer. Mit einer Rangliste des deutschen Heeres und Dienstaltersliste (Stand Mitte August 1936). Paris: Édition du Carrefour.

Jacob, Philip E. (1940): Influences of World Events on U. S. »Neutrality« Opinion. In: *POQ* 4 (1), S. 48–65.

Jacobi, Walter (1938): Der Sokol. In: *ViW* 6 (8), S. 371–385.

Jacobi, Walter (1938): Die politischen Kräfte des Slowakentums. In: *ViW* 6 (12), S. 575–584.

Jahn, Rudolf (1938): Konrad Henlein. Leben und Werk des Turnführers. Karlsbad: Adam Kraft.

Janovsky, Karl (1936): Das industrielle Antlitz des Sudetendeutschtums. In: *DZW* 1 (3), S. 268–281.

Janovsky, Karl (1938): Politische Donauwelle am Themsestrand. In: *VuR* 14 (8), S. 551–553.

Japan und die XII. Olympischen Spiele in Tokio 1940 (1936). In: *OR* 17 (22), 605 f.

Japans Olympische Botschaft an die Welt (1936). In: *OR* 17 (20), S. 420.

Jentsch, Gerhart (1940): Das Kabinett Chamberlain und der Ausbruch des Krieges 1939. Berlin: Junker und Dünnhaupt.

Johnson, Walter (1944): The Battle against Isolation. Chicago: University of Chicago Press.

Jouvenel, Bertrand de (1930): Vers les États-Unis d'Europe. Paris: Libraire Valois.

Jung, Rudolf (1938): Die Tschechen. Tausend Jahre deutsch-tschechischer Kampf. Berlin: Volk und Reich.

Jung, Rudolf (1938): Idee und Technik des tschechischen Volkstumskampfes. In: Heiß, Friedrich (Hg.): Die Wunde Europas. Das Schicksal der Tschecho-Slowakei. Unter Mitarbeit von Rudolf Fischer und Waldemar Wucher. Berlin: Volk und Reich, S. 41–46.

Just, Arthur W. (1935): Militärmacht Sowjetunion. Studien zur politischen Situation Europas. Breslau.

K., B. S. (1938): Germany and the Resources of South Eastern Europa. In: Bulletin of International News 15 (H. 8 v. 23. 4.), S. 327–334.

Kabisch, Ernst (1940): Deutscher Siegeszug in Polen. Stuttgart: Union Deutsche Verlagsgesellschaft.

Kaltenborn, Hans von (1938): I broadcast the crisis. New York: Random House.

Kammel, Richard (Hg.) (1940): Er hilft uns frei aus aller Not. Erlebnisberichte aus den Septembertagen 1939. Posen: Lutherverlag.

Kammel, Richard (1940): Kriegsschicksal der deutschen evangelischen Gemeinden in Posen und Westpreußen. Ein Gedenkbuch an die Septembertage 1939. Berlin: Verlag des evangelischen Buches.

Kampf an der Olsa (1938). In: *Ostland* 19 (19 v. 1. 10.), S. 409–413.

Karell, Viktor (Hg.) (1939): Karlsbader historisches Jahrbuch für das Jahr 1939. Karlsbad: Stadtarchiv Karlsbad.

Karsten, Gerhard (1935): Die polnische Presse. In: *OE* 11 (2), S. 75–86.

Kauder, Viktor (1939): Deutschland und der Osten. In: *DM* 6 (16), S. 125–128.

Keller, Hans (1938): Die Rechte der Völker in der tschechischen Demokratie. In: *Jb* 2, S. 151–157.

Kennedy, John F. (1940): Why England slept. London: Hutchinson.

Keppler, Kurt (1940): Die Neutralitätspolitik der Vereinigten Staaten von Amerika 1937–1939. Berlin: Duncker & Humblot.

Kernmayr, Hans Gustl (1938): Ein Volk kehrt heim. Österreichs Kampf und Befreiung. Berlin: Deutscher Verlag.

Kier, Herbert (1936): Das tschechoslowakische Staatsverteidigungsgesetz. In: *ZaöRV* 6 (4), S. 803–828.

Kiesewetter, Bruno (Hg.) (1943): Probleme des europäischen Großwirtschaftsraumes. Berlin: Junker und Dünnhaupt.

Klotz, Anton (1934): Was wird aus Österreich? Über die Zukunft Mitteleuropas und des Abend-landes. Innsbruck: Tyrolia.

Knickerbocker, Hubert R. (1934): Kommt Krieg in Europa? Berlin: Rowohlt.

Knipfer, Kurt (1937): Die Herbstübungen 1937 des deutschen zivilen Luftschutzes. Der zivile Luftschutz im Rahmen der Wehrmachtmanöver 1937. In: Gasschutz und Luftschutz 7 (12), S. 311–313.

Knoblaugh, Edward (1937): Correspondent in Spain. London: Sheed & Ward.

Knop, Werner Gustav John (Germanicus) (1937): Germany: the last four years. An independent examination of the results of National Socialism. London: Eyre & Spottiswoode.

Knop, Werner Gustav John (1939): Beware of the English! German Propaganda exposes England. London: Hamish Hamilton.

Kohte, Wolfgang (1940): Polnische Emigrantenpolitik. In: *VuR* 16 (10), S. 501–506.

Könitzer, Willi Fr. (1936): Olympia 1936. Berlin: Reichssportverlag.

Korostowetz, Wladimir K. von (1928): Polnische Auferstehung. Berlin: Verlag für Kulturpolitik.

Der Korridor als Verkehrssperre (1939). In: *Ostland* 20 (17 v. 1. 9.), S. 400–404.

Kranz, Herbert (1941): Hinter den Kulissen der Kabinette und Generalstäbe. Eine französische Zeit- und Sittengeschichte 1933–1940. Frankfurt am Main: Die Zeil.

Krause, Gerhard (Hrsg.) (1935): Olympia 1936 – eine nationale Aufgabe. Berlin: Reichssportverlag.

Krause, Gerhard (1940): Die britische Auslandspropaganda. Organisation, Methoden, Inhalt 1914–1940. Berlin: Herbert Stubenrauch.

Krause, Gerhard / Mindt, Erich (Hrsg.) (1935): Olympia 1936. Eine nationale Aufgabe. Im Auftrage des Reichssportführers und des Propagandaausschusses für die Olympischen Spiele 1936. Berlin: Reichssportverlag.

Krawielitzki, Th. (Hrsg.) (1940): Schreckenstage in Polen. Schwestern-Erleben im September 1939. Marburg: Spener.

Krebs, Hans (1938): Kampf in Böhmen. Berlin: Volk und Reich.

Krebs, Hans (1938): Prag und Moskau. München: Franz Eher Nachf.

Kredel, Otto (1938): Polen und die Slowakei. In: *Ostland* 19 (12 v. 15. 6.), S. 241–244.

Kredel, Otto (1938): Das politische Klima. In: *Ostland* 19 (13 v. 1. 7.), S. 271–272.

Kriegk, Otto (1939): Wer treibt England in den Krieg? Die Kriegshetzer Duff Cooper, Eden, Churchill und ihr Einfluss auf die englische Politik. Berlin: Nibelungen.

Kriegsschuld Polens (1939). In: *Ostland* 20 (21 v. 1. 11.), S. 513–514.

Krisenzeichen in der polnischen Wirtschaft (1938). In: *Ostland* 19 (23 v. 1.12.), S. 516–518.

Kroll, Curt (1936): Polens Wirtschaftspolitik im Dienste der Landesverteidigung. In: *OE* 11 (10), S. 666–675.

Kroll, Curt (1937): Zur französischen Rüstungsanleihe für Polen. In: *OE* 12 (5), S. 317–324.

Kroll, Curt (1938): Polen in der tschecho-slowakischen Krise. In: *OE* 14 (1), S. 1–16.

Krug von Nidda, Roland (1940): Marianne 39. Berlin: Frundsberg.

Krug von Nidda, Roland (1940): Pleins Pouvoirs? Frankreichs Furcht vor der Zweitrangigkeit. Auszüge aus Dichtungen, Schriften und Reden von Jean Giraudoux. Berlin: Frundsberg.

Krugmann, R. W. (1939): Südosteuropa und Großdeutschland. Entwicklung und Zukunftsmöglichkeiten der Wirtschaftsbeziehungen. Breslau: Breslauer Verlags- und Druckerei-GmbH.

Kürbs, Heiner (Hrsg). (1936): Die deutsche Luftwaffe. Berlin: Junker und Dünnhaupt.

Kuron, Victor (1936): Die Läufer des Friedens. Von Olympia nach Berlin. Berlin: Reimar Hobbing.

Kyo, Kuruma (1937): Essentials of the Sino-Japanese Problem. In: *CJ* 6 (1), S. 114–116.

Laeuen, Harald (1936): Die Außenpolitik Rydz-Smiglys. In: *Tat* 28 (7), S. 481–489.

Laeuen, Harald (1937): Das System der Beckschen Politik. In: *Tat* 29 (9), S. 586–601.

Laeuen, Harald (1937): Polens »Lager der nationalen Einigung«. In: *OE* 12 (7), S. 445–460.

Laeuen, Harald (1938): Das polnische Ultimaturm. In: *OE* 13 (8), S. 513–524.

Laeuen, Harald (1938): Polens Politik der »integralen Lösung«. In: *OE* 14 (2), S. 87–100.

Laeuen, Harald (1939): Polen und die englische Einkreisung. In: *OE* 14 (8/9), S. 507–522.

Laeuen, Harald (1939): Polen zwischen Ost und West. In: *ZJ* 1 (6), S. 324–332.

Laeuen, Harald (1940): Polnisches Zwischenspiel. Eine Episode der Ostpolitik. Berlin: Hans von Hugo.

Laffan, R. G. D. (1941): The Crisis over Czechoslovakia January to September 1938. In: Toynbee, Arnold J. (Hg.): Survey of International Affairs 1938, Bd. 2. London: Oxford University Press.

Lank, Rudolf (1939): USA in Not und Überfluss. Die Hintergründe der Dollardiplomatie. Berlin: Erich R. Alisch.

Laube, Josef (1935): Unsere nationale Entwicklung, namentlich im verdeutschen Gebiet. Reichenberg.

Laurie, Arthur P. (1939): The Case für Germany. A Study of Modern Germany. Berlin: Internationaler Verlag.

Laurie, Arthur P. (1941): Englands Politik nach München. Berlin: Deutsche Informationsstelle.

Lehmann, Ernst Herbert (1939): Wie sie lügen. Beweise feindlicher Hetzpropaganda. Berlin: Nibelungen.

Lehmann, Heinz (1940): Englands Spiel mit Polen. Die englisch-polnischen Beziehungen seit dem Weltkriege. Berlin: Junker und Dünnhaupt.

Leibbrandt, Georg (1937): Weltrevolution und Sowjetaußenpolitik. In: *MAP* 4 (11), S. 740–753.

Leichter, Otto (Pertinax) (1935): Österreich 1934. Die Geschichte einer Konterrevolution. Zürich: Europa Verlag.

Lemke, Alfred (1940): Warschau - Wandel einer Stadt. In: *GG* 1 (1), S. 17–20.

Lengauer, Rudolf (1937): Wir rufen Europa. Die antibolschewistische Front / Die Rettung des Abendlandes. München: F. Bruckmann.

Lengyel, Emil (1939): The Danube. New York: Random House.

Leurquin, Robert (1938): Die Tschechoslowakei in Waffen. In einem isolierten Duell nicht siegreich, aber ein gefährlicher Gegner. In: Das neue Tage-Buch 6 (19 v. 7.5.), S. 445–448.

Levine, Harold / Wechsler, James (1940): War Propaganda and the United States. New Haven: Yale University Press.

Lewis, Wyndham (1936): Leftwings over Europe. How to Make War about Nothing. London: Jonathan Cape.

Lewis, Wyndham (1939): The Hitler Cult. London: Dent.

Liddell Hart, Basil H. (1937): Europe in Arms. London: Faber and Faber.

Lippmann, Walter (1937): Rough-hew them how we will. In: *FA* 15 (4), S. 587–594.

Lockey, Joseph B. (1938): Pan-Americanism and Imperialism. In: *AJIL* 32 (2), S. 233–243.

Lockhart, Bruce/Hamilton, Robert (1938): Guns or Butter. War countries and Peace countries of Europe revisited. London: Putnam.

Loesch, Karl C. von (1937): Der burgenländische Korridor. Ein Misserfolg des tschechischen Imperialismus. In: *VuR* 13 (6), S. 410–417.

Loesch, Karl C. von (1938): Europa und der Osten. In: *VuR* 14 (5), S. 308–325.

Loesch, Karl C. von (1938): Räume, Völker und Wirtschaftsformen in Südosteuropa. In: *VuR* 14 (8), S. 515–521.

Loesch, Karl C. von (1938): Die neue Grenze im Sudetenland. In: *VuR* 14 (11), S. 767–778.

Loessner, Anton (1938): Die strategischen Aufgaben der polnischen Kriegsflotte. In: *Jb* 2, S. 549.

Loessner, Anton (1938): Polen fordert das Olsa-Gebiet. In: *OE* 14 (1), S. 67–69.

Loessner, Anton (1939): Der deutsche und der polnische Soldat in polnischer Beleuchtung. In: *DW* 43 (H. 33 v. 18. 8. 39), 1 f.

Londonderry, Charles (1938): England blickt auf Deutschland. Um die deutsch-englische Verständigung. Essen: Essener Verlagsanstalt.

Lorenz, Reinhold (1940): Staat wider Willen. Österreich 1918–1938. Berlin: Junker und Dünnhaupt.

Lothian, Marquess of (1936): The World Crisis of 1936. In: *FA* 15 (1), S. 124–140.

Lück, Kurt (Hrsg.) (1940): Marsch der Deutschen in Polen. Deutsche Volksgenossen im ehemaligen Polen berichten über Erlebnisse in den Septembertagen 1939. Berlin: Grenze und Ausland.

Lück, Kurt (Hrsg.) (1940): Volksdeutsche Soldaten unter Polens Fahnen. Tatsachenberichte von der anderen Front aus dem Feldzug der 18 Tage. Berlin: Grenze und Ausland.

Ludendorff, Erich (1936): Der totale Krieg. München: Ludendorffs Verlag.

Lufft, Hermann (1940): Japans strategische Stellung. Berlin: Junker und Dünnhaupt.

Luftschutz – die deutsche Schicksalsfrage (1934). Stuttgart: Heinrich Plesken.

Lukas, Oskar (Hrsg.) (1938): Breslau - Bekenntnis zu Deutschland. Ein Bildbericht vom Ersten Deutschen Turn- und Sportfest Breslau 1938. Selb/Asch: Cam. Schneider jun.

Mackenroth, Gerhard (1935): Die Wirtschaftsverflechtung des britischen Weltreiches. Berlin: Junker und Dünnhaupt.

Mackenzie, A. J. (1938): Propganda Boom. London: John Gifford.

Macmilllan, Norman (1939): Luftwaffe in Front. Luftstrategie englisch gesehen. Berlin: Dr. M. Matthiesen.

Maemecke, Robert (1938): Die rechtliche Stellung der britischen Dominien beim Abschluß internationaler Verträge. Ein Beitrag zur Untersuchung der Rechtsprobleme der Britischen Staatengesellschaft. Leipzig: A. Deichertsche Verlagshandlung Dr. Werner Scholl.

Manöver-Überblick 1935 (1936). In: *MwR* 1 (2), S. 261–283.

Markert, Werner (1935): Sowjetunion: Der VII. Weltkongreß der Komintern. In: *OE* 10 (11/12), S. 738–743.

Markert, Werner (1936): Osteuropa Übersicht. In: *OE* 12 (1), S. 43–57.

Martel, René (1930): Deutschlands blutende Grenzen. Oldenburg: Gerhard Stalling.

März, Josef (1938): Südost-Wirtschaft seit 1918. In: *VuR* 14 (8), S. 521–525.

Mauerkircher, Friedrich (1937): Habsburg stark gefragt. In: *VuR* 13 (3), S. 188–193.

Mauerkircher, Friedrich (1937): Die Pläne zur Politisierung der mitteleuropäischen Verkehrslage. In: *VuR* 13 (6), S. 418–429.

Mehnert, Klaus (1935): Komintern und Sowjetunion. In: *Tat* 27 (7), S. 481–491.

Melzer, Frithjof (Hrsg.) (1938): Weltgeschichte miterlebt! 7 Tage Österreich. DNB-Berichte aus Österreich vom 9. bis 15. März 1938. Berlin: Brunnen.

Memorandum der Sudetendeutschen Partei v. 7. 6. 1938. Berlin: Junker und Dünnhaupt.

Menn, Fritz (Hg.) (1940): Auf den Straßen des Todes. Leiden der Volksdeutschen in Polen. Leipzig: v. Hase und Koehler.

Mermeix (1922): Le Combat des Trois. Notes et Documents sur la Conférence de la Paix. Paris: Librairie Ollendorff.

Metzsch, Horst von (1937): Über die Rüstung der Staaten und die Haltung der Völker. In: *MAP* 4 (11), S. 731–740.

Meyer-Lindenberg, Hermann (1937): Die interamerikanische Konferenz in Buenos Aires 1.–23. Dezember 1936. Ihre Voraussetzungen und Ergebnisse. In: *FW* (5), S. 185–191.

Micaud, Charles Antoine (1943): The French Right and Nazi Germany 1933–1939. A Study of Public Opinion. New York: Duke University Press.

Miksche, F. O. (1942): Paratroops. The history, organization and tactical use of airborne formations. London: Faber and Faber.

Miller, Franz/ Fort, Paul von le/ Harster, Hermann (Hrsg.) (1936): So kämpfte und siegte die Jugend der Welt. München: Knorr & Hirth.

Minden, Gerold von (1937): Wirtschaftliche Mobilmachung der USA. Wirtschaftsplanung unter kriegswirtschaftlichen Gesichtspunkten. Hamburg: Hanseatische Verlagsanstalt.

Mitchell, Mairin (1937): Storm over Spain. London: Martin Secker and Warburg.

Mitsuaki, Kakehi (1937): Whither Sino-Japanese Relations. In: *CJ* 6 (2), S. 182–195.

Model, Michel (1937): Le problème de Dantzig. In: *EN* 20/1031, S. 1111 f.

Moley, Raymond (1939): After seven years. New York: Harper & Brothers.

Monroe, Elizabeth (1938): The Mediterranean in Politics. London: Oxford University Press.

Montigny, Jean (1939): France, libère-toi! Le Mans: Imprimerie commerciale de La Sarthe.

Moraveć, Emanuel (1938a): La Valeur Stratégique de la Tchéchoslovaquie pour l'Europe occidentale. Prag: Orbis.

Moraveć, Emanuel (1940): Nous avons été trahis … La tragédie tchéco-slovaque 1938. Prag: Édition Orbis.

Moraveć, Emanuel (1941): Das Ende der Benesch-Republik. Die tschechoslowakische Krise 1938. Prag: Orbis.

Mornik, Stanislaus (1931): Polens Kampf gegen seine nichtpolnischen Volksgruppen. Berlin: Walter de Gruyter.

Morrow, Ian F. D. (1936): The Peace Settlement in the German Polish Borderlands. A Study of Conditions Today in the pre-War Prussian Provinces of East and West Prussia. London: Oxford University Press.

Müller, Sven von (1941): Die Sowjetunion. Kulisse und Hintergrund. Hamburg: Broschek.

Mürer, Niels J. (1938): Prager »Demokratie«. Die deutsch-tschechische Frage. Berlin: Friedrich Osmer.

N., M. (1936): Vom Kampf gegen die Hitler-Olympiade. In: *Rundschau* 5 (20), S. 805.

Naft, Stephen (1937): Fascism and Communism in South America. In: *FPR* 13 (19), S. 225–236.

Namier, Lewis Bernstein (1917): Danzig: Poland's outlet to the Sea. In: *NC* 81 (2), S. 300–305.

Nearing, Scott /Freeman, Joseph (1927): Dollar-Diplomatie. Eine Studie über amerikanischen Imperialismus. Berlin: Kurt Vowinckel.

Nečas, Jaromír (1937): Economic and social problems in German-Bohemia. In: *SEER* 15 (45), S. 599–611.

Neutralitätsgesetz der Vereinigten Staaten vom 31. August 1935 (1935). In: *HMAP* (16), S. 8–10.

Newman, E. W. Polson (1930): Britain and the Baltic. London: Methuen.

Niedermayer, Oskar Ritter von (1937): Wehrpolitische Gedanken zu den tschechischen Memoranden. In: *VuR* 13 (6), S. 401–410.

Niedermayer, Oskar Ritter von (1938): Wehrpolitische Gedanken zu den tschechischen Memoranden. In: Heiß, Friedrich (Hg.): Die Wunde Europas. Das Schicksal der Tschecho-Slowakei. Berlin: Volk und Reich, S. 74–82.

Niedermayer, Oskar Ritter von (1939): Sowjetrussland, ein wehrpolitisches Bild. In: *MwR* 4 (5/6), S. 704–723.

Nitti, Franceso (1922): Das friedlose Europa. Frankfurt am Main: Societäts-Druckerei.

Noël, Percy (1937): When Japan fights. Kanda: Hokuseido Press.

Nonnenbruch, Fritz (1939): Neuordnung in Europa. Berlin: Erich R. Alisch.

Norman, Alfred (1935): Bolschewistische Weltmachtpolitik. Die Pläne der Dritten (Kommunistischen) Internationale zur Revolutionierung der Welt auf Grund authentischer Quellen. Bern: Gotthelf-Verlag.

Not der preußischen Ostprovinzen. Denkschrift. Hrsg. v. den Landeshauptleuten der Provinzen Ostpreußen, Grenzmark Posen-Westpreußen, Pommern, Brandenburg, Niederschlesien und Oberschlesien (1930).

Nowak, Robert (1938): Der künstliche Staat. Ostprobleme der Tschecho-Slowakei. Oldenburg: Gerhard Stalling.

Obradovitsch, Sava D. (1939): Zwischen Clearing und Devise. Probleme der Handelspolitik Jugoslawiens. Leipzig: Felix Meiner.

Oertzen, Friedrich W. von (1939): Das ist Polen. München: Albert Langen/Georg Müller.

Oertzen, Karl L. von (1931): Abrüstung oder Kriegsvorbereitung? Berlin: Zentralverlag.

Oertzen, Karl L. von (Hrsg.) (1933): Rüstung und Abrüstung. Eine Umschau über das Heer- und Kriegswesen aller Länder. Berlin: E. S. Mittler & Sohn.

Oertzen, Karl L. von (1938). Grundzüge der Wehrpolitik. Hamburg: Hanseatische Verlagsanstalt.

Oesterfeld, Alfred (1942): Wirtschaftsraum Europa. Oldenburg: Gerhard Stalling.

Olympia 1936 - eine nationale Aufgabe (1935). Berlin: Reichssportverlag.

Organisationskomitee (Hrsg.) (1937): XI. Olympiade Berlin 1936. Amtlicher Bericht. 2 Bände. Berlin: Wilhelm Limpert.

Ostasiatischer Verein Hamburg-Bremen e.V. (1934): Ostasien, Südostasien, Australien, Neu-Seeland und die Südsee im Jahre 1933. 34. Jahresbericht. Hamburg.

Ostasien und die Olympischen Spiele (1936). In: *OR* 17 (11), S. 289 f.

Ostasien und die Olympischen Spiele (1936). In: *OR* 17 (13), S. 334 f.

Ostasien und die Olympischen Spiele (1936). In: *OR* 17 (14), S. 368.

Österreichische Konzentrationslager (1934/35). In: *Schweizer Monatshefte* 14 (2), S. 98–102.

Österreichs Wirtschaftsnot und Wirtschaftspolitik vor der Eingliederung in das Reich (1938). In: *VjW* 12 (4), S. 387–398.

Osthold, Paul / Wagenführ, Rolf (1943): Roosevelt zwischen Spekulation und Wirklichkeit. Grundlagen und Methoden der anglo-amerikanischen Rüstungsgemeinschaft. Berlin: E. S. Mittler & Sohn.

Ostmitteleuropa in der deutschen Einfuhr (1938). In: *Ostland* 19 (14 v. 15.7.), S. 97–300.

Ostrau-Karwiner Revier (1938). In: *Ostland* 19 (20 v. 15.10.), S. 433–439.

Osusky, Stefan (1938): Le Bassin du Danube et la Paix de l'Europe. In: *NCQ* 3 (4), S. 316–327.

P., A. (1937): Zur britischen Reichskonferenz. In: *ViW* 5 (11), S. 579–581.

Pang, Bin-Chin (1937): Der Außenhandel zwischen Deutschland und China und die deutsch-chinesische Außenhandelspolitik. Diss Erlangen: Richard Weißmann.

Panning, Gerhart (1941): Der Bromberger Blutsonntag. Ein gerichtsärztlicher Bericht. In: *DZggM* 34 (1), S. 7–54.

Pantschenko-Jurewicz, W. v. (1939): Die Karpatho-Ukraine. In: *Tat* 30 (10), S. 649–660.

Peace and War. United States Foreign Policy 1931–1941 (1942). Washington.

Peloton d'execution, Le (1938). In: *CK* 2, S. 273.

Peters, Gustav (1927): Der neue Herr von Böhmen. Eine Untersuchung der politischen Zukunft der Tschechoslowakei. Berlin: Deutsche Rundschau GmbH.

Petrie, Charles (1938): Die Chamberlains. Joseph - Austen - Neville Chamberlain. Leipzig: Reclam.

Pfeffer, Nathaniel (1937): The Price of Japanese Imperialism. In: *FA* 16 (1), S. 21–33.

Pfitzner, Josef (1937): Sudetendeutsche Einheitsbewegung. Werden und Erfüllung. Nach der Beschlagnahmung 2. Auflage. Karlsbad: Karl H. Frank.

Pfitzner, Josef (1944): Reise in ein »Paradies«. Erlebtes und Erkanntes aus der Sowjetunion. Bayreuth: Gauverlag.

Pfordt, Fritz (1934): Volksfront für den Sieg des Status quo und für zweite Abstimmung. In: *UZ* 7 (11), S. 11–13.

Phelps, Reginald Henry (1938): European Alignments and the United States. In: Davidson, Frank P./Viereck, George S. (Hg.): Before America Decides. Foresight in Foreign Affairs. Cambridge, Mass.: Harvard University Press, S. 27–46.

Polen will kämpfen (1939). In: *Ostland* 20 (16 v. 16.8.), S. 362–363.

Polens teurer Nervenkrieg (1939). In: *Ostland* 20 (13 v. 1.7.), S. 289–293.

Polnische Presse zum tschechischen Konflikt / Vor den Neuwahl in Polen (1938). In: *Ostland* 19 (18 v. 15.9.), S. 391–394, 398–400.

Polnische Provokation in Danzig (1939). In: *Ostland* 20 (12 v. 15.6.), S. 267–269.

Polnische Rechtsbrüche in Danzig (1939). In: *Ostland* 20 (14 v. 15.7.), S. 313–314.

Polnischer Angriff. Polnische Pressestimmen aus jüngster Zeit (1939). Berlin: Volk und Reich.

Polnischer Kurswechsel (1939). In: *Ostland* 20 (8 v. 15.4.), S. 169–172.

Pope, James P. (1935): Isolierung oder Weltmachtpolitik? Über die Außenpolitik der Vereinigten Staaten. In: *HMAP* (15), S. 3–5.

Popper, David H. (1936): European Military Policies. In: *FPR* 12 (4), S. 41–52.

Popper, David H. (1938): Progress of the Sino-Japanese Conflict. In: *FPR* 14 (5), S. 49–60.

Posselt, Erich (1938): The Myth of Czech »Democracy«. In: The American Mercury 44, S. 49–56.

Powell, Alexander (1931): Thunder over Europe. New York: Ives Washburn.

Pozzi, Henri (1939): La bataille contre la paix. Paris: Édition Victor Attinger.

Pressestelle der Stadt Wien (Hrsg.) (1938): Die nationalsozialistische Revolution in Wien. Bildbericht über die Wiener Ereignisse vom 11. März bis 10. April 1938. Wien.

Pribichevich, Stoyan (1938): The Nazi Drive to the East: Yugoslavia, Rumania, Hungary. In: *FPR* 14 (15 - 15.10.), S. 173–184.

Price, George Ward (1937): I know these Dictators. London: George G. Harrap.

Pritt, D. N. (1939): Light on Moscow. London: Penguin.

Probleme des europäischen Großwirtschafsraumes (1943). Unter Mitarbeit von Anton Reithinger, Bruno Kiesewetter, Walter Grävell, Karl Krüger, Walter Schmidt. Berlin: Junker und Dünnhaupt.

Pückler, Carl Erdmann Graf von (1939): Wie stark ist England? Leipzig: Wilhelm Goldmann.

Purper, Karl-Heinz (1939): Blockade. In: *VuR* 15 (11), S. 795–797.

Rabl, Kurt (1938): Die sudetendeutsche Frage und ihre Lösung. In: *ZaöRV* 7, S. 624–640.

Rabl, Kurt (1939/40): Zur jüngsten Entwicklung der slowakischen Frage. In: *ZaöRV* 9, S. 283–321.

Raschhofer, Hermann (1937): Die nationalitätenrechtlichen Gesetzesanträge der Sudetendeutschen Partei. In: *ZaöRV* 7, S. 536–549.

Raschhofer, Hermann (1937): Memoranden und Staatsverfassung. In: *VuR* 13 (6), S. 430–435.

Raschhofer, Hermann (1938): Die Tschechoslowakei und die Minderheitenfrage auf der Frie-denskonferenz. In: *VuR* 14 (2), S. 115–134.

Raschhofer, Hermann (1938): Die Rechtsgrundlage des liquidierten Regimes in Österreich. In: *VuR* 14 (4), S. 277–286.

Raschhofer, Hermann (Hrsg.) (1938): Die tschechoslowakischen Denkschriften für die Friedenskonferenz 1919/1920. Berlin: Carl Heymann.

Rathje, Hans Ulrich (1938): Der Aufbau des polnischen Staates. Königsberg (Pr.): Ost-Europa-Verlag.

Rauhut, Franz (1938): Doriot und seine »Französische Volkspartei«. In: *ZfP* 28 (2) S. 185–195.

Reichskriegsministerium (1937): Die Wehrmachtmanöver 1937. Sonderausgabe. Berlin.

Reichsverband der deutschen Werbungsmittler (Hrsg.) (1937): Zeitungskatalog 1938. Berlin.

Reimesch, Fritz Heinz (1940): Karlsbad. »Brillant in smaragdener Fassung«. Bayreuth: Gauverlag.

Rein, Adolf (1940): Warum führt England Krieg? Berlin: Junker und Dünnhaupt

Reipert, Fritz (1939): In acht Kriegswochen 107mal gelogen! Dokumente über Englands Nachrichtenpolitik im gegenwärtigen Kriege. Berlin: Zentralverlag.

Reitenbach, Georg (1943): UdSSR. Staatensystem, Parteiaufbau, Komintern. Berlin: Otto Stollberg.

Reithinger, Anton (1936): Das wirtschaftliche Gesicht Europas. Stuttgart: Deutsche Verlags-Anstalt.

Reithinger, Anton (1940): Frankreichs biologischer und wirtschaftlicher Selbstmord im Kriege Englands gegen Deutschland. Stuttgart: Deutsche Verlags-Anstalt.

Reithinger, Anton (1941): Das Weltreich und die Achse. Großbritanniens Kraft und Schwäche. Schein und Wirklichkeit seiner Wirtschaftsmacht. Stuttgart: Deutsche Verlags-Anstalt.

Reithinger, Anton (1943): Voraussetzungen und Größenordnungen der kontinentaleuropäischen Großraumwirtschaft. In: Kiesewetter, Bruno (Hg.): Probleme des europäischen Großwirtschafsraumes. Berlin: Junker und Dünnhaupt, S. 9–32.

Renner, Wilhelm (1937): Die rote Aufmarschfront gegen China In: *VuR*, S. 715–718.

Rheinbaben, Werner Freiherr von (1937): Die Panamerikanische Konferenz in Buenos Aires. In: *ZfP* 27 (1), S. 1–20.

Rheinbaben, Werner Freiherr von (1939): Außenpolitische Kriegschronik. In: *BM* 17 (10), S. 885–896.

Rheinbaben, Werner Freiherr von (1939): Um ein neues Europa. Tatsachen und Probleme. Englands Krieg. Berlin: Bernhard & Graefe.

Rheinbaben, Werner Freiherr von (1940): Die Entstehung des Krieges 1939. Berlin: Junker und Dünnhaupt.

Rhoden, Herhudt von (1938): Vom Luftkriege. Gedanken über Führung und Einsatz moderner Luftwaffen. Berlin: E. S. Mittler & Sohn.

Ribbentrop, Joachim von (1937): Vierjahresplan und Welthandel. Berlin: Junker und Dünnhaupt.

Richarz-Simons, Ingeborg (1942): Die Entwicklung des Panamerikanismus in der Ära Roosevelt. In: Ibero-Amerikanisches Archiv 16/1–2, S. 1–16.

Richter, Otto (1936): Der Widerhall des deutsch-japanischen Abkommens gegen die kommunistische Internationale. In: *OR* 17 (23), 619 f.

Richter, Otto (1936): Olympische Spiele 1936 und 1940. In: *OR* 17 (15), S. 389.

Richter, Otto (1937): Der chinesisch-japanische Konflikt. In: *OR* 18 (15) S. 22.

Richter, Otto (1938): Der chinesisch-japanische Konflikt. In: *OR* 19 (3), S. 53–56.

Rieker, Karlheinrich (1939): Die deutschen Handelsbeziehungen zu Südosteuropa. In: *DZW* 4 (2), S. 132–138.

Ripka, Hubert (1938): Czechoslovakia – the Key to the Danubian Basin. In: *SEER* 17 (49), S. 54–72.

Ripka, Hubert (1939): Munich: Before and After. London: Victor Gollancz.

Ripka, Hubert (1937): La Tchéchoslovaquie, les Sudètes et l'Allemagne. In: *EN* 20/1030 v. 6. 11. 1937, S. 1073 f.

Ritter, Paul (1941): Lebensgrundlagen britischer Weltherrschaft. München: Zentralverlag.

Roberts, Stephen Henry (1938): The House that Hitler Built. London: Methuen.

Roemer, Hans (1938): Roosevelts Rückkehr zur Dollardiplomatie. In: *Tat* 30 (2), S. 89–97.

Rogge, Heinrich (1935): Hitlers Friedenspolitik und das Völkerrecht. Berlin: Schlieffen.

Rogge, Heinrich (1937): Hemmnisse englisch-deutscher Verständigung. Anmerkungen zur englisch-deutschen Aussprache des Internationalen Studentenwerkes Oxford 12./13. Juni 1937. In: *GdZ* 15, S. 612–617.

Rogge, Heinrich (1940): Hitlers Versuche zur Verständigung mit England. Berlin: Junker und Dünnhaupt.

Rohden, Herhudt von (1937): Betrachtungen über den Luftkrieg. In: *MwR* 2 Jg. (H 2+3+4+5), S. 198–214/ S. 347–361/ S. 504–517/ S. 623–632.

Rolf (1936): Die olympische Fackel in den Händen der Kriegsbrandstifter. In: *KI* 17 (9), S. 906 f.

Rollitz, Horst (1939): Deutschland und die Vereinigten Staaten im Kampf um den iberoamerikanischen Absatzmarkt. In: *DZW* 4 (1), S. 68–81.

Roos, Hans (1939): Die militärpolische Lage Polens 1939. In: *WR* 7 (4), S. 181–202.

Rosenberg, Alfred (1922): Pest in Rußland! Der Bolschewismus, seine Häupter, Handlanger und Opfer. Mit 75 Lichtbildern aus Sowjet-Rußland. München: Deutscher Volksverlag.

Rosenberg, Alfred (1927): Der Zukunftsweg einer deutschen Außenpolitik. München: Franz Eher Nachf.

Rosenberg, Alfred (1938): Kampf um Europa. In: *VuR* 14 (5), S. 299–301.

Rosinski, Herbert (1937): The Sino-Japanese conflict in North China and Shanghai. In: *NCQ* 3 (2), S. 152–157.

Roß, Friedrich (1939): Volksgruppen und Bevölkerung in Polen. In: *OE* 14 (11), S. 750–760.

Ross, Colin (1940): Das Neue Asien. Leipzig: F. A. Brockhaus.

Ross, Colin (1942): Die »Westliche Hemisphäre«. Programm und Phantom des amerikanischen Imperialismus. Leipzig: F. A. Brockhaus.

Rost, Josef (1938): Die Tschechen. In: *VuR* 14 (6), S. 372–378.

Rothe, Carl (1938): Wirtschaftskrieg und Kriegswirtschaft. Die Rolle der Landesverteidigung in der Friedenswirtschaft. Leipzig: Wilhelm Goldmann.

Roussy de Sales, R. de (1937): L'Amérique déçue par l'Europe. In: *EN* 20/1035, S. 1205–1207.

Rudolph, Gerhard (1938): Österreich in der großdeutschen Volkswirtschaft. Ein Überblick unter besonderer Berücksichtigung des Beitrags Österreichs zur deutschen Wirtschaftsfreiheit. In: *DZW* 3 (2), S. 107–121.

Ryutaro, Nagai (1939): Some Questions for President Roosevelt. In: *CJ* 8 (5), S. 563–573.
Saavedra Lamas, Carlos (1937): Por la Paz de las Americas. Buenos Aires: M. Gleizer.
Sachse, Herbert (1938): Die Grundlagen der slowakischen Frage. In: *VuR* 14 (9), S. 583–618.
Sadila-Mantau, Hans Heinz (Hrsg.) (1940): Unsere Reichsregierung. Berlin: Hans Riegler.
Sakharow, Konstantin W. von (1937): Bolschewisierung der Welt? Begleitwort von Sven Hedin. Herrsching: Hort.
Sakutaro, Tachi (1937): The Monroe-Doctrin Re-Examined. In: *CJ* 6 (3), S. 439–453.
Samhaber, Ernst (1940): Das Verhältnis zu Ibero- und zu Panamerika. In: USA von heute. Seine Weltpolitik, Weltfinanz, Wehrpolitik. München: F. Bruckmann, S. 286–296.
Sander, Fritz (1935): Verfassungsurkunde und Verfassungszustand der Tschechoslowakischen Republik. Brünn: Rudolf M. Rohrer.
Sander, Fritz (1936): Das Staatsverteidigungsgesetz und die Verfassungsurkunde der Tschechoslowakischen Republik. Eine rechtsdogmatische Untersuchung. Brünn: Rudolf M. Rohrer.
Sander, Fritz (1938): Grundriß des Tschechoslowakischen Verfassungsrechtes. Reichenberg: Gebrüder Stiepel.
Scarfoglio, Carlo (1939): England und das Festland. Warum entfesselt England alle 20 Jahre einen Weltkrieg? Leipzig: Felix Meiner.
Schacher, Gerhard (1930): Der Balkan und seine wirtschaftlichen Kräfte. Stuttgart: Ferdinand Enke.
Schacher, Gerhard (1932): Die Nachfolgestaaten. Österreich, Ungarn, Tschechoslowakei und ihre wirtschaftlichen Kräfte. Stuttgart: Ferdinand Enke.
Schacher, Gerhard (1936): Mitteleuropa und die westliche Welt. Prag: Orbis.
Schacher, Gerhard (1939): Germany pushes West. London: Hurst & Blackett.
Schacht, Hjalmar (1937): Germany's Colonial Demands. In: *FA* 15 (2), S. 223–234.
Schadewaldt, Hans (1939): Die polnischen Kriegsziele. In: *VuR* 15 (8), S. 603–614.
Schadewaldt, Hans (1941): Was will Roosevelt? Düsseldorf: Völkischer Verlag.
Schäfer, J. (1939): Der Wettlauf zwischen Krieg und Frieden. Die europäische Krise 1938 dargestellt an Hand von Dokumenten. Sonderdruck aus der Kölnischen Zeitung. Köln.
Schandfleck Polens: Bereza Kartusha (1940). In: Menn, Fritz (Hg.): Auf den Straßen des Todes. Leiden der Volksdeutschen in Polen. Leipzig: v. Hase und Koehler, S. 107–113.
Scheffer, Paul (1938): Far Eastern Antipathies. In: *FA* 16 (2), S. 197–209.
Scheffer, Paul/Clauss, Max/Krauss, Julius (Hg.) (1940): USA 1940. Roosevelt-Amerika im Entscheidungsjahr. Berlin: Deutscher Verlag.
Schenke, Wolf (1937): Die kommunistische Aufstandsbewegung in China,. In: *VuR* 13 (3), S. 208–216.

Schenke, Wolf (1940): Reise an der gelben Front. Beobachtungen eines deutschen Kriegsberichterstatters in China. Oldenburg: Gerhard Stalling.

Schepess, Hansjulius (1934): Japan und Panasien. In: *ZGp* 11 (9), S. 553–560.

Schiewe, E. (1941): Verschleppt nach Beresa Kartusha. Erlebnisbericht aus den Schreckenstagen des September 1939 in Polen. Herrnhut: Missionsbuchhandlung.

Schlie, Heinz (1937): Die britische Handelspolitik seit Ottawa und ihre weltschaftlichen Auswirkungen. Jena: Gustav Fischer.

Schlüter, Walther (1936): »Ich rufe die Jugend der Welt«. In: *WM* 4. (3), S. 1–5.

Schönebeck, Axel (1939): Die polnische Presse als außenpolitischer Faktor. Dargestellt an der Haltung zur Danzigfrage. Diss phil Königsberg (Pr.). Würzburg.

Schönemann, Friedrich (Hg.) (1943): Kultur in USA. Die Wirklichkeit eines Massenwahns. Berlin: Junker und Dünnhaupt.

Schopper, Hans (1940): Presse im Kampf. Geschichte der Presse während der Kampfjahre der NSDAP (1933–1938) in Österreich. Brünn: Rudolf M. Rohrer.

Schüddekopf, Otto Ernst (1939): Britische Gedanken über den Einsatz des Luftheeres. Berlin: E. S. Mittler & Sohn.

Schüle, Adolf (1937): Die Reichskonferenzen des britischen Weltreichs. Betrachtungen zur Konferenz von 1937. In: *ZaöRV* 7, S. 793–822.

Schuman, Frederick L. (1939): Europe on the eve. The Crisis of Diplomacy. New York: Alfred A. Knopf.

Schürer, Adrian (1938): Die Zerstörung des sudetendeutschen Volkswohlstandes. In: *VuR* 14 (6), S. 420–435.

Schuschnigg, Kurt (1937). Dreimal Österreich. Wien: Thomas-Verlag Jakob Hegner.

Schwabe, Matthias (1939): Die französische Auslandspropaganda. Ihre Grundlagen und Voraussetzungen. Berlin: Herbert Stubenrauch.

Scurla, Herbert (1940): Die britische Außenpolitik im Jahre 1939. In: *JbAP* 6, S. 24–57.

Scurla, Herbert (1940): Die Dritte Front. Geistige Grundlagen des Propagandakrieges der Westmächte. Berlin: Herbert Stubenrauch 1940.

Seibert, Theodor (1941): Das amerikanische Rätsel. Die Kriegspolitik der USA in der Ära Roosevelt. München: Franz Eher Nachf.

Seiho, Arima (1938): The Anglo-American Naval Programme. In: *CJ* 7 (1), S. 58–67.

Seton-Watson, Robert William (1938): The German minority in Czechoslovakia. In: *FA* 16 (3), S. 651–666.

Seton-Watson, Robert William (1943): A History of the Czechs and Slovaks. London: Hutchinson.

Shall Millions die for »this Czechoslovakia …«? Memorandum of the Slovak Council. London, June 1938 (1938). Genf.

Shaw, Bernhard (1939): Uncommon Sense about the War. In: *NS&N* 18 (450), 483 f.

Sieben Tage zwischen Krieg und Frieden (1938). In: *CK* 2. (11), 526 f.

Siebertz, Paul (1938): Die tschechische Gefahr. München: J. F. Lehmanns.

Sieche, Emil (1937): Die tschechische Auslandspropaganda in der Gegenwart. In: *VuR* 13 (9), S. 605–623.

Siewert, Wulf (1936): Frankreichs Ostpolitik. In: *WM* 4 (6), S. 6–11.

Sigl, Franz (1939): Sozialstruktur und Volkstumskampf im Sudetenraume. In: *DZW* 4 (1), S. 1–19.

Sikorski, Władysław (1939): Poland's Defences. In: *SEER* 17 (50), S. 343–355.

Simonds, Frank H. (1931): Can Europe keep the peace? London: Hamish Hamilton.

Six, Franz Alfred (1938): Die Presse in Polen. Berlin.

Sloutzky, Naoum M. (1941): The World Armaments Race 1919–1939. Genf.

Snow, Edgar (1938): Red Star over China. London: Victor Gollancz.

Snow, Helen Foster (Nym Wales) (1977): Inside Red China. With a New Preface and Biographical Notes. Reprint. New York: Da Capo Press.

Sobota, Emil (1936): Czechs and Germans: a Czech View. In: *SEER* 14 (31), S. 301–320.

Soldan, George (1940): Militärische Betrachtung des polnischen Feldzuges. In: Unser Kampf in Polen. Die Vorgeschichte – Strategische Einführung – Politische und kriegerische Dokumente. München: F. Bruckmann, S. 30–50.

Sommer, Louise (1935): Neugestaltung der Handelspolitik. Wege zu einem intereuropäischen Präferenzsystem. Berlin/Wien: C. Heymann/Österreichischer Wirtschaftsverlag.

Sommer, Hellmut (1940): Völkerwanderung im 20. Jahrhundert. Die große Heimkehr der Volksdeutschen ins Reich. Berlin: Wilhelm Limpert.

Sonnenhol, Adolf (1937): Deutsch-englische Aussprache in Oxford. In: *GdZ* 15, 562 f.

Spaight, J. M. (1930): Air Power and the cities. London: Longmans, Green and Co.

Springenschmid, Karl (1937): Deutschland und seine Nachbarn. Geopolitische Bildreihe. Leipzig: Ernst Wunderlich.

Srokowski, Stanisław (1934): East Prussia. Thorn: Baltic Institute.

Stadtler, Eduard (1937): Weltrevolutions-Krieg. Düsseldorf: Neuer Zeitverlag.

Stefan, Hans (1938): Josef Pekař und das Hussitentum. In: *VuR* 14 (10), S. 707–710.

Stein, Hans von (1939): Aus Not und Knechtschaft zur Freiheit. Zwanzig Jahre Fremdherrschaft über Karlsbad. In: Karell, Viktor (Hg.): Karlsbader historisches Jahrbuch für das Jahr 1939. Karlsbad: Stadtarchiv, S. 13–28.

Stieve, Friedrich (1940): Was die Welt nicht wollte. Hitlers Friedensangebote 1933–1939. Berlin: Zentralverlag.

Stiewe, M. Th. (1937): China schaltet sich in die Weltwirtschaft ein. In: *ZGp* 14 (5), S. 355–360.

Stolze, Hans (1940): Schein und Wirklichkeit in der britischen Plutokratie. Halle: Akademischer Verlag.

Stone, William T. (1938): Economic Consequences of Rearmament. In: *FPR* 14 (14), S. 158–172.

Stone, William T./Fisher, Helen: (1937): The Rising Tide of Armament. In: *FPR* 12 (23), S. 281–292.

Stoye, Johannes (1936): Japan – Gefahr oder Vorbild. Leipzig: Quelle und Meyer.

Stoye, Johannes (1937): Das Britische Weltreich. Sein Gefüge und seine Probleme. München: F. Bruckmann.

Stoye, Johannes (1938): Frankreich zwischen Furcht und Hoffnung. Leipzig: Felix Meiner.

Strasser, Otto (1938): Masaryk. Ein Führer zum neuen Europa. Mit einem Vorwort von Wenzel Jaksch. Zürich: Weltwoche.

Strauss, Emil (1936): Tschechoslowakische Außenpolitik. Eine geschichtliche Einführung. Prag: Orbis.

Strohmenger, Hanns (1939): Danzigs Heimkehr ins Reich. Danzig: Danziger Verlagsgesellschaft.

Stromer, Gerhart (1937): Roosevelts zweiter »Term«. In: *Tat* 29 (11), S. 828–839.

Studnicki, Władisław (1936): Polen im politischen System Europas. Berlin: E. S. Mittler & Sohn.

Sudetendeutschtum im Kampf. Ein Bericht von Arbeit und Not. Hrsg. v. d. Hauptleitung der Sudetendeutschen Partei (1937). Karlsbad: Karl H. Frank.

Südosten als Wirtschaftsfaktor für Deutschland, Italien, England und Frankreich (1939). In: VuR 15 (12), 837 f.

Sündermann, Helmut (1939): Die Grenzen fallen. Von der Ostmark zum Sudetenland. München: Franz Eher Nachf.

Supf, Peter (1938): Der deutsche Flugsport. Ein Bildwerk. Berlin: Junker und Dünnhaupt.

Tabouis, Geneviève (1938): Blackmail or War. London: Penguin.

Takahiko, Tomoyeda (1936): Germany and Japan. In: *CJ* 5 (2), S. 211–218.

Taku, Iwahara (1936): Tokyo and the Olympic Games. In: *CJ* 5 (2), S. 416–423.

Tannenberg, Otto Richard (1911): Groß-Deutschland. Die Arbeit des 20. Jahrhunderts. Leipzig: Bruno Volger.

Taubert, E. (1937): Der Bolschewismus ist der Krieg. In: *CK* 1 (3), S. 107–113.

Taylor, Paul B. (1938): America's Role in the Far Eastern Conflict. In: *FPR* 13 (23), S. 277–288.

Taylor, Paul B. (1938): Problems of German-American Relations. In: *FPR* 14 (9), S. 97–108.

Taylor, Paul B. (1939): Germany's Expansion in Eastern Europe. In: *FPR* 15 (5), S. 49–60.

Teschener Gebiet und Polen (1938). In: *Ostland* 19 (8 v. 15. 4.), S. 145–147.

The Crisis in Czechoslovakia. April 24 – October 13, 1938 (1938). In: *IC* (344), S. 401–485.

The German Minority in Czechoslovakia (1936). In: *SEER* 14 (41), S. 295–300.

The Truth about this War (1939). London: British Peoples Party.

Thierfelder, Franz (1940): Englischer Kulturimperialismus. Der British Council als Werkzeug der geistigen Einkreisung Deutschlands. Berlin: Junker und Dünnhaupt.

Thomas (1938): Wirtschaftliche Wehrkraft und Landesverteidigung. In: *MwR* 3 (4), S. 483–488.

Thomas, Louis (1939): Histoire d'UN jour. Munich, 29 Septembre 1938. Paris: Édition Denoël.

Timperley, H. J. (1938): What War Means: The Japanese Terror in China. A Documentary Record. London: Victor Gollancz.

Toggenburg, Paul (1938): Wer formt die »Weltmeinung«? In: *Tat* 29 (12), S. 782–787.

Tong, Hollington K. (1937): Chiang Kai-Shek. Soldier and Statesman. Shanghai: China Publishing Company.

Tönnies, Norbert (1940): Der Krieg vor dem Kriege. Englands Propaganda bis zum 3. September 1939. Essen: Essener Verlagsanstalt.

Tourly, Robert (1929): Berlin, Warschau, Danzig. Der Konflitk der nächsten Zeit. Köln: Gilde-Verlag.

Toynbee, Arnold J. (Hg.) (1938): Survey of International Affairs 1937. London: Oxford University Press.

Toynbee, Arnold J. (Hg.) (1941): Survey of International Affairs 1938. London: Oxford University Press.

Trueblood, Howard J. (1937): Trade Rivalries in Latin America. In: *FPR* 13 (13), S. 155–167.

Trueblood, Howard J. (1939): War and United States-Latin American Trade. In: *FPR* 15 (18), S. 217–228.

Trueblood, Howard J. (1940): Pan-American Cooperation. In: *FPR* 15 (23), S. 285–300.

Tschammer und Osten, Hans von (1936): Die Feste des Friedens. In: *WM* 4. (14/15), S. 3.

Tschechen und sudetendeutsche Autonomie (1938). In: *Ostland* 19 (10 v. 15. 5.), S. 199–202.

Tschechoslowakei im Spiegel der Statistik (1937). Karlsbad: Karl H. Frank.

Tschechoslowakisch-russischer Vertrag über gegenseitige Beistandsleistung v. 16. Mai 1935 (1935). In: *HMAP* 2 (13), 3 f.

Tsunego, Babe (1937): The Anti-Comintern Pact in Domestic Politics. In: *CJ* 5 (4), S. 536–544.

Uderstädt, Eduard R. (1938): Das Jahr sechs. Berlin: Freiheitsverlag.

Uebersberger, Hans (1939): Das deutsche Weißbuch über Polen. Dokumente zur Vorgeschichte des Krieges. In: *JGO* 4 (3/4), S. 283–321.

Ullrich, Oskar (1943): Der große Irrweg der Tschechen. Prag: Volk und Reich.

Unischewskij, Wladimir (1938): Wie steht es um die Rote Armee? In: *CK* 2 (7), S. 293–303.

Unser Kampf in Polen. Die Vorgeschichte – Strategische Einführung – Politische und kriegerische Dokumente (1940). München: F. Bruckmann.

Urban, K. (1934): Kurze Zusammenstellung über die tschechoslowakische Armee. Berlin: R. Eisenschmidt.

Urban, Rudolf (1938): Der Pittsburger Vertrag und die Autonomie der Slowaken. In: *OE* 13 (9), S. 607–621.

Urban, K. (1939): Kurze Zusammenstellung über die polnische Armee. Berlin: R. Eisenschmidt.

USA von heute. Seine Weltpolitik, Weltfinanz, Wehrpolitik (1940). München: F. Bruckmann.

Usadel, Georg (1939): Zeitgeschichte in Wort und Bild 1933–1939. Oldenburg i. O.: Kultur und Aufbau.

Valmigère, Pierre (1939): Und morgen? Frankreich, Deutschland und Polen (Oberschlesien und Danzig). Berlin: August Gross.

Vermeil, Edmond / Gérome, Pierre (1937): L'Hitlerisme en Allemagne et devant l'Europe. Paris: Comité de vigilance des intellectuels antifascistes.

Verschärfte Gegensätze (1939). In: *Ostland* 20 (10), S. 217–219.

Viererbl, Karl (1937): Mémoir III. In: *VuR* 13 (6), S. 380–400.

Vietz, Karl (1938): Verrat an Europa. Ein Rotbuch über die Bolschewisierung der Tschecho-Slowakei. Hrsg. v. d. Anti-Komintern. Berlin: Nibelungen.

Vorbach, Kurt (1936): 200 000 Sudetendeutsche zuviel! Der tschechische Vernichtungskampf gegen 3,5 Millionen Sudetendeutsche und seine volkspolitischen Auswirkungen. Berlin: Deutscher Volksverlag.

Vormann, Nikolaus von (1958): Der Feldzug 1939 in Polen. Weißenburg: Prinz Eugen.

Vozka, Jaroslav (1933): Polen, das Gefängnis der Völker. Berlin: Volk und Reich.

Wache, Walter (1936): Tschechoslowakische Außenpolitik. In: *OE* 12 (3), S. 211–214.

Wache, Walter (1938): Die Außenpolitik der Tschechen. In: *VuR* 14 (6), S. 393–404.

Wache, Walter (1938): System der Pakte. Die politischen Verträge der Nachkriegszeit. Berlin: Volk und Reich.

Wache, Walter (1938): System der Pakte. In: *VuR* 14 (8), S. 536–551.

Wagemann, Ernst (1937): Wirtschaftspolitische Strategie. Von den obersten Grundsätzen wirtschaftlicher Staatskunst. Hamburg: Hanseatische Verlagsanstalt.

Wagemann, Ernst (1939): Der neue Balkan. Altes Land – junge Wirtschaft. Hamburg: Hanseatische Verlagsanstalt.

Wagenführ, Kurt (1938): Die Septemberkrise im Rundfunk. In: Handbuch des Deutschen Rundfunks, 1938/40, S. 98–102.

Wagner (1938): Der Einsatz der Schutzpolizei Berlin beim Deutschen Turn- und Sportfest in Breslau. In: *DP* 6 (19 v. 1. 10.), S. 674–678.

Warum Krieg mit Stalin? Das Rotbuch der Anti-Komintern (1941). Berlin: Nibelungen.

Washington gegen Moskau (1935). In: *HMAP* (15), 6 f.

Wasilewski, Léon (1927): Les Frontières de la République de Pologne. Paris.

Weber, Edmund (1935): Dollfuß an Österreich. Eines Mannes Wort und Ziel. Wien: Reinhold.

Wehner (1941): Kriminalistische Ergebnisse bei der Aufklärung polnischer Greuel an Volksdeutschen. In: *DZggM* 34 (1), S. 90–115.

Welchert, Hans-Heinrich (1938): Österreichs Weg ins Reich 1917–1938. Hamburg: Hanseatische Verlagsanstalt.

Welt in Waffen. Berichte, Photos, Zahlen zur Debatte über Sicherheit und Abrüstung. (1933). Berlin: Drei Masken.

Wenzel, Rudolf (1937): Politische Propaganda. In: Sudetendeutschtum im Kampf. Ein Bericht von Arbeit und Not. Hrsg. v. d. Hauptleitung der Sudetendeutschen Partei. Karlsbad: Karl H. Frank, S. 101–104.

Wer formt die »Weltmeinung«? Walter Lippmann (1937). In: *Tat* 29 (8), S. 561–564.

Werner, Max (1938): Der Aufmarsch zum zweiten Weltkrieg. Strasbourg: Sebastian-Brant.

Wertheimer, Mildred S. (1935): Austria Establishes a Fascist State. In: *FPR* 11 (15), S. 181–200.

Wertheimer, Mildred S. (1936): The Nazification of Danzig. In: *FPR* 12 (6), S. 65–76.

Wessely, Kurt (1938): Le »Drang nach dem Osten«. In: *VuR* 14 (12), S. 823–830.

Wessely, Kurt (1938): Pangermanismus. Geschichte und Widerlegung eines Schlagwortes. Linz: Zeitgeschichte Verlag Ernst Seidl.

Weygand, Maxime (1938): Ist Frankreich stark genug? Oldenburg: Gerhard Stalling.

Wiedemann, M. (1937): Was geht in Sowjetrussland vor? In: *CK* 1 (4), S. 137–154.

Wiegner, Ernst (1938): Der Britische Imperialismus. Eine kritische Betrachtung des Chamber-lain-Programms. Zürich: Genossenschaft Grütli.

Wilder, Jan Antoni (1937): The Danzig problem from within. In: *SEER* 15 (45), S. 357–367.

Willis, Fred C. (Hrsg.) (1937): Mussolini in Deutschland. Eine Volkskundgebung für den Frieden in den Tagen vom 25. bis 29. September 1939. Mit 45 Tiefdrucktafeln. Berlin: Freiheitsverlag.

Winkler, Franz (1935): Die Diktatur in Österreich. Zürich-Leipzig: Orell Füssli.

Winnig, August (1938): Europa. Gedanken eines Deutschen. Berlin: Eckart.

Winschuh, Josef (1939): Gerüstete Wirtschaft. Berlin: Frundsberg.

Winschuh, Josef (1940): Europas Lebensstandard und das verarbeitende Deutschland als Kunde und Verbraucher. In: *VuR* 16 (4), S. 260–264.

Wirsing, Giselher (1932): Zwischeneuropa und die deutsche Zukunft. Jena: Eugen Diederichs.

Wirsing, Giselher (1933): Deutschland in der Weltpolitik. Jena: Eugen Diederichs.

Wirsing, Giselher (1936): Ausblick in die Weltpolitik. In: *Tat* 28 (8), S. 619–624.

Wirsing, Giselher (1937): Empirekonferenz 1937. In: *Tat* 29 (4), S. 217–229.

Wirsing, Giselher (1937): Die zwei Ebenen Chamberlains. In: *Tat* 29 (9), S. 577–585.

Wirsing, Giselher (1938): England und die Kriegshetzer. In: *Tat* 30 (5), S. 289–297.

Wirsing, Giselher (1938): Roosevelt als Nachahmer Wilsons. In: *Tat* 30 (6), S. 361–376.

Wirsing, Giselher (1938): Das neue Europa. In: *Tat* 30 (7), S. 434–444.

Wirsing, Giselher (1938): Die USA und die Septemberkrise. In: *Tat* 30 (7), S. 483 f.

Wirsing, Giselher (1938): Ausblick auf die Weltpolitik. In: *Tat* 30 (8), S. 555–563.
Wirsing, Giselher (1938): Ausblick auf die Weltpolitik. In: *Tat* 30 (9), 632–636.
Wirsing, Giselher (1939): Die wirklichen Kriegsziele Englands. In: *ZJ* 1 (9), S. 431–437.
Wirsing, Giselher (1942): Der maßlose Kontinent. Roosevelts Kampf um die Weltherrschaft. Jena: Eugen Diederichs.
Wirtschaftslage nach drei Kriegsmonaten (1939). In: *VuR* 15 (12), 857 ff.
Wiskemann, Erwin (1933): Mitteleuropa. Eine deutsche Aufgabe. Berlin: Volk und Reich.
Wiskemann, Elizabeth (1938): Czechs and Germans. A Study of the Struggle in the Historic Provinces of Bohemia and Moravia. London: Oxford University Press.
Wiskemann, Elizabeth (1939): Czechs and Germans after Munich. In: *FA* 17 (2), S. 291–304
Witt, Karl (1937): Polen und die Tschechoslowakei. In: *OE* 12 (6), S. 390–395.
Wittek, Erhard (1940): Der Marsch nach Lowitsch. Ein Bericht nach den Erzählungen meines Bruders Reinhold Wittekt und anderer. Berlin: Zentralverlag.
Wolfers, Arnold (1940): Britain and France between Two Wars. Conflicting Strategies of Peace since Versailles. New York: Harcourt, Brace and Company.
Wolgast, Ernst (1934): Völkerrecht. Berlin: Georg Stilke.
Wollenberg, Erich (1938): The Red Army. London: Secker & Warburg.
Wollner, Georg (1939): Die Egerländer im Kampf um Freiheit und Brot. In: Karell, Viktor (Hg.): Karlsbader historisches Jahrbuch für das Jahr 1939. Karlsbad: Stadtarchiv, S. 9–12.
Wolmar, Wolfram von (1938): Die tschechische Presse. In: *ZW* 13 (7), S. 405–418.
Woodman, Dorothy (1935): Hitlers Luftflotte startbereit. Enthullungen uber den tatsächlichen Stand der Hitlerschen Luftrüstung. Mit zahlreichen Bildern, Karten-Skizzen u. e. Übersichtskarte über Deutschlands Flughäfen. Paris: Édition du Carrefour.
Woolf, Leonard (Hg.) (1939): Hitler's Route to Bagdad. London: George Allen & Unwin.
Wullus-Rudiger, Jacques (1940): La Défense de la Belgique en 1940. Villeneuve-sur-Lot: Alfred Bador.
Wünsche, Julius (1942): Der Wirtschaftskampf der USA um Süd- und Mittelamerika. Leipzig: August Lutzeyer.
Yeats-Brown, Francis (1940): European Jungle. Philadelphia: Macrae-Smith.
Yosuké, Matsuoka (1939): The New Order in East Asia. In: *CJ* 8 (1), S. 1–9.
Yuji, Shibata (1937): Britain's Choice: Japan or Red China. In: *CJ* 6 (3), S. 454–463.
Zarnow, Gottfried (1937): Gekrönt – Entehrt! Europas Schicksal / Habsburgs Schuld. Das Problem des XX. Jahrhunderts. Bern: Buchverlags-Aktien-Gesellschaft.
Zawidski, Marjan (Hg.) (1932): Ostpreußen in Vergangenheit und Gegenwart. Posen: Verlag des Verbandes zum Schutze der Westgebiete.
Zeck, Hans F. (1939): Die deutsche Wirtschaft und Südosteuropa. Leipzig: B. G. Teubner.
Zelle, Arnold (1939): 50 Korridorthesen. Berlin: Volk und Reich.

Zernatto, Guido (1939): Die Wahrheit über Österreich. New York: Longmans, Green.
Ziegler, Wilhelm (1939): Wie kam es zum Kriege 1939? Leipzig: Reclam.
Ziegler, Wilhelm (1941): Großdeutschlands Kampf. Ein Rückblick auf das Kriegsjahr 1939/40 in Politik und Kriegführung. Leipzig: Reclam.
Zimmern, Alfred (1934): Is there an Empire Foreign Policy? In: *IA* 13 (3), S. 303–319.
Zimmern, Alfred (1934): The Third British Empire. London: Oxford University Press.
Zischka, Anton (1936): Japan in der Welt. Die japanische Expansion seit 1854. Leipzig: Wilhelm Goldmann.
Zischka, Anton (1939): Ölkrieg – Wandlung der Weltmacht Öl. Leipzig: Wilhelm Goldmann.
Zusammenbruch Polens (1939). In: Ostland 20 (18), S. 426–427.
Zusammenfassung und Ausbau des britischen Propagandaapparates (1938). In: *ZW* (4), S. 260–263.

Zeitungen / Zeitschriften

Tages- und Wochenzeitungen

Arbeitersturm, Linz
Chicago Tribune
Deutsche Rundschau, Bromberg
DNB – Deutsches Nachrichtenbüro, Berlin
L'Époque, Paris
EN – L'Europe nouvelle, Paris
Le Figaro, Paris
HN – Hamburger Nachrichten
Das interessante Blatt, Wien
IB – Illustrierter Beobachter, München
Je suis partout, Paris
IKZ – Illustrierte Kronen Zeitung, Wien
Das Kleine Blatt, Wien
L'Humanité, Paris
L'Intransigeant, Paris
Kleine Volkszeitung, Wien
Linzer Volksblatt
Le Matin, Paris
Mittagsausgabe, Wien
NFP – Neue Freie Presse, Wien

Neue Warte am Inn, Braunau
Neuer Vorwärts - Sozialdemokratisches Wochenblatt, Paris
NWJ – Neues Wiener Journal
NWT – Neues Wiener Tagblatt
NYT – New York Times
NZZ – Neue Zürcher Zeitung
Neuigkeits-Weltblatt, Wien
L'Ordre, Paris
L'Œvre, Paris
OZ – Olympia-Zeitung, Berlin
Paris Soir
Le petit Journal, Paris
Le petit Parisien
Le Populaire, Paris
RP – Reichspost, Wien
Tages-Post, Wien
Le Temps, Paris
Time Magazine, New York
The Times, London
VB – Völkischer Beobachter, Berlin
Vorarlberger Landes-Zeitung, Bregenz
WMB – Wiener Montagblatt
WNN – Wiener Neueste Nachrichten
WZ – Wiener Zeitung

Zeitgenössische Zeitschriften

AJIL – The American Journal of International Law
The American Mercury, New York
BM – Berliner Monatshefte
BRT – Berlin Rom Tokio, Berlin
Bulletin of International News, London
CJ – Contemporary Japan – A review of Japanese Affairs, Tokio
CK – Contra Komintern – Kampforgan der antibolschewistischen Weltbewegung, Berlin
Das neue Tage-Buch, Paris
Deutsche Monatshefte - Zeitschrift für Geschichte und Gegenwart des Ostdeutschtums
DP – Die Deutsche Polizei, Berlin

Deutsches Recht - Zentralorgan des Bundes Nationalsozialistischer Deutscher Juristen, Berlin
DW – Deutsche Wehr - Die Zeitschrift für Wehrmacht und Wehrpolitik, Oldenburg i. O.
DZggM – Deutsche Zeitschrift für die gesamte gerichtliche Medizin, Berlin
DZW – Deutsche Zeitschrift für Wirtschaftskunde, Leipzig
ER – Europäische Revue, Berlin
FA – Foreign Affairs, Washington
FPR – Foreign Policy Reports, New York
FW – Die Friedens-Warte, Zürich
Gasschutz und Luftschutz, Berlin
Geist der Zeit - Wesen und Gestalt der Völker, Berlin
GG – Das Generalgouvernement, Krakau
HMAP – Hamburger Monatshefte für Auswärtige Politik
IA – International Affairs, London
IC – International Conciliation, New York
JböRG – Jahrbuch des öffentlichen Rechts der Gegenwart, Tübingen
JbAP – Jahrbuch für Auswärtige Politik, Berlin
Jb – Jomsburg – Völker und Staaten im Osten und Norden Europas, Leipzig
KI – Kommunistische Internationale - Organ des Exekutivkomitees der KI, Moskau
MAP – Monatshefte für Auswärtige Politik, Berlin
MwR – Militärwissenschaftliche Rundschau, Berlin
NC – The Nineteenth Century and after, London
NCQ – The New Commonwealth Quarterly, London
NS&N – The New Statesman and Nation, London
OE – Osteuropa – Zeitschrift für die gesamten Fragen des europäischen Ostens, Königsberg
OR – Ostasiatische Rundschau, Hamburg
Ostland, Berlin
POQ – The Public Opinion Quarterly, Oxford
RSB – Reichssportblatt, Berlin
RdP – Revue de Paris
Round Table – A Quarterly Review of the Politics of the British Commonwealth, London
Rundschau über Politik, Wirtschaft und Arbeiterbewegung, Basel
Schweizer Monatshefte, Zürich
SEER – The Slavonic and East European Review, London
Tat – Die Tat, Jena
UZ – Unsere Zeit, Paris
VjW – Vierteljahrshefte zur Wirtschaftsforschung, Hamburg
ViW – Volk im Werden - Zeitschrift für Kulturpolitik, Heidelberg

VuR – Volk und Reich, Berlin
VI – Die Volks-Illustrierte, Paris
WM – Wille und Macht, Berlin
Wirtschaftspolitischer Dienst, Berlin
Die Welt – Zeitschrift für Politik, Wirtschaft und Arbeiterbewegung, Stockholm
Die Zukunft - ein neues Deutschland - ein neues Europa, Paris
ZaöRV – Zeitschrift für ausländisches öffentliches Recht und Völkerrecht
ZGp – Zeitschrift für Geopolitik, Heidelberg
ZfO – Zeitschrift für Ostforschung - Länder und Völker im östlichen Mitteleuropa
ZfP – Zeitschrift für Politik
ZfS – Zeitschrift für Sozialismus, Karlsbad
ZJ – Das Zwanzigste Jahrhundert, Jena
ZW – Zeitungswissenschaft - Monatsschrift für internationale Zeitungsforschung, Berlin

Literatur

Sigel der Zeitschriften / Jahrbücher nach 1945

AJPH – The Australian Journal of Politics and History; Richmond/Vic.
APuZ – Aus Politik und Zeitgeschichte, Bonn
ASM – Allgemeine Schweizerische Militärzeitschrift, Volketswil
Außenpolitik – Zeitschrift für internationale Fragen, Stuttgart
BGA – Beiträge zur Geschichte der Arbeiterbewegung, Berlin/DDR
BJoIS – British Journal of International Studies, Harlow
Bohemia – Jahrbuch des Collegium Carolinum, München
D+S – Diplomacy and Statecraft, London
Die Gegenwart, Frankfurt am Main
ECE – East Central Europe, Leiden
EEQ – East European Qaurterley, Boulder/Colo.
EHR – Economic Histoy Review, Oxford
ESR – European Studies Review, Lancaster
FAZ – Frankfurter Allgemeine Zeitung
FEQ – Far Eastern Quarterly, Menasha/Wis.
FoIZ – Forum für osteuropäische Ideen- und Zeitgeschichte, Eichstätt-Ingolstadt
GiW – Geschichte im Westen, Essen
GWU – Geschichte in Wissenschaft und Unterricht, Seelze
HJ – The Historical Journal, Cambridge
HM – Historische Mitteilungen, München

HZ – Historische Zeitschrift, Berlin
IAM – International Affairs, Moskau
IHR – International History Review, New York
IWK – Internationale wissenschaftliche Korrespondenz zur Geschichte der deutschen Arbeiterbewegung, Berlin
JAH – Journal of American History, Bloomington/Ind.
JAS – The Journal of Asian Studies, Cambridge
JCEA – Journal of Central European Affairs, Boulder/Colo.
JCH – Journal of Contemporary History, London
JfA – Jahrbuch für Amerikastudien, Heidelberg
JGO – Jahrbücher für Geschichte Osteuropas, München
JGSWGLa – Jahrbuch für Geschichte von Staat, Wirtschaft und Gesellschaft Lateinamerikas, Köln
JICH – Journal of Imperial and Commonwealth History, London
JMH – Journal of Modern History, Chicago
JSH – Journal of Sport History, Lemont/Pa.
JSMS – Journal for Soviet military Studies, London
JTS – The Journal of Transatlantic Studies, London
The Listener, London
Menora – Jahrbuch für deutsch-jüdische Geschichte, München
MGM – Militärgeschichtliche Mitteilungen, Freiburg
NpL – Neue politische Literatur, Frankfurt am Main
NA – Neues Abendland, München
NR – The Naval Review, London
PFS – Probleme des Friedens und des Sozialismus, Berlin/DDR
PP – Past and Present, London
PZ – Przeglad Zachodni (Western Review), Warschau
SB – Sudeten-Bulletin, München
SHS – Studia Historia Slovaca, Pressburg
SpW – Sportwissenschaft, Berlin
Stadion – Internationale Zeitschrift für die Geschichte des Sports, St. Augustin
SW – Sowjetwisseschaft – Gesellschaftswissenschaftliche Beiträge; Berlin/DDR
SZS – Sozial- und Zeitgeschichte des Sports, Aachen
VfZ – Vierteljahreshefte für Zeitgeschichte, München
WaG – Welt als Geschichte, Stuttgart
WR – Wehrwissenschaftliche Rundschau, Berlin
ZfG – Zeitschrift für Geschichtswissenschaft, Berlin/DDR
ZfP – Zeitschrift für Politik, Baden-Baden

Werke und Beiträge

Abendroth, Hans-Henning (1973): Hitler in der spanischen Arena. Die deutsch-spanischen Beziehungen im Spannungsfeld der europäischen Interessenpolitik vom Ausbruch des Bürgerkrieges bis zum Ausbruch des Weltkrieges, 1936–1939. Paderborn: Schöningh.

Ackerl, Isabella (1978): Die Propaganda der Vaterländischen Front für die geplante Volksbefragung vom 13. März 1938. In: Czeike, Felix (Hg.): Wien 1938. Wien: Verein für Geschichte der Stadt Wien S. 18–24.

Adamthwaite, Anthony (1976): The Franco-German Declaration of 6 December 1938. In: Dreyfus, François G. (Hg.): Les Relations Franco-Allemandes 1933–1939. Paris: Centre National de la Recherche Scientifique S. 395–409.

Adamthwaite, Anthony (1977): France and the Coming of the Second World War 1936–1939. London: Frank Cass.

Adamthwaite, Anthony (1995): Grandeur and Misery. France's bid for power in Europe 1914–1940. London: Arnold.

Aigner, Dietrich (1969): Das Ringen um England. Das deutsch-britische Verhältnis / Die öffentliche Meinung 1933–1939 / Tragödie zweier Völker. 2 Bände. München: Bechtle.

Albertini, Rudolf von (1959): Zur Beurteilung der Volksfront in Frankreich 1934–1938. In: *VfZ* 7 (2), S. 130–162.

Alexander, Martin S. (1992): The Republic in danger. General Maurice Gamelin and the politics of French defence 1933–1940. Cambridge: Cambridge University Press.

Alexander, Martin S./Graham, Helen (Hg.) (1989): The French and Spanish Popular Fronts. Comparative Perspectives. Cambridge: Cambridge University Press.

Alexandrowski, Sergej (1988): Munich: Witness's Account. In: *IAM* 35 (12), S. 118–132.

Alkemeyer, Thomas (1996): Körper, Kult und Politik. Von der »Muskelreligion« Pierre de Coubertins zur Inszenierung von Macht in den Olympischen Spielen von 1936. Frankfurt am Main: Campus.

Alsop, Joseph / Kintner, Robert (1940): American White Paper. The Story of American Diplomacy and the Second World War. New York: Simon and Schuster.

Angerer, Thomas (1992): Die französische Österreichpolitik vor dem »Anschluss« 1938. In: *VfZ* 40 (1), S. 29–59.

Archiv der Stadt Linz (Hg.) (1971): Historisches Jahrbuch der Stadt Linz 1970. Linz.

Arnberger, Heinz/Garscha, Winfried R./Mitterrutzner, Christa (Hg.) (1988): »Anschluss« 1938. Eine Dokumentation. Wien: Österreichischer Bundesverlag.

Asmus, Malte Christian (2011): Die Umsetzung der NS-Presseanweisungen. Dargestellt am Beispiel der Berichterstattung über die Olympischen Spiele 1936 in Garmisch-Partenkirchen und Berlin im Hamburger Anzeiger. Magisterarbeit. Universität Hamburg, Historisches Seminar.

Assmann, Karl (1950): Deutsche Schicksalsjahre. Historische Bilder aus dem zweiten Weltkrieg und seiner Vorgeschichte. Wiesbaden: Eberhard Brockhaus.

Aster, Sidney (1973): 1939. The Making of the Second World War. London: André Deutsch.

Aster, Sidney (2002): Viorel Virgil Tilea and the Origins of the Second World War. An Essay in Closure. In: *D+S* 13 (3), S. 153–174.

Atienza, Tony (1985): What the Papers said. In: Jim Fyrth (Hg.): Britain, Fascism and the Popular Front. London: Lawrence and Wishart, S. 55–73.

Auerbach, Hellmuth (1984): Volksstimmung und veröffentlichte Meinung in Deutschland zwischen März und November 1938. In: Knipping, Franz/Müller. Klaus-Jürgen (Hg.): Machtbewusstsein in Deutschland am Vorabend des Zweiten Weltkrieges. Paderborn: Schöningh, S. 273–293.

Aurich, Peter (1969): Der deutsch-polnische September 1939. Eine Volksgruppe zwischen den Fronten. München: Günter Olzog.

Baberowski, Jörg (2012): Verbrannte Erde. Stalins Herrschaft der Gewalt. München: C.H. Beck.

Barnes, Harry Elmer (Hg.) (1953): Perpetual War for perpetual Peace. A critical Examination of the Foreign Policy of Franklin Delano Roosevelt and its aftermath. Caldwell, Idaho: Caxton Printers.

Barnett, Correlli (1972): The Collapse of British Power. London: Eyre Methuen.

Barnhart, Michael A. (1984): Japanese Intelligence before the Second World War: »Best Case« Analysis. In: May, Ernest R. (Hg.): Knowing one's Enemies. Princeton: Princeton University Press, S. 424–455.

Barnhart, Michael A. (1987): Japan prepares for Total War. The Search for Economic Security 1919–1941. Ithaca: Cornell University Press.

Bärnthaler, Irmgard (1971): Die Vaterländische Front. Geschichte und Organisation. Wien: Europa Verlag.

Bartel, Heinrich (1986): Frankreich und die Sowjetunion 1938–1940. Ein Beitrag zur französischen Ostpolitik zwischen dem Münchner Abkommen und dem Ende der Dritten Republik. Wiesbaden: Franz Steiner.

Batowski, Henryk (1976): Le dernier traité d'alliance franco-polonais. 4 septembre 1939. In: Dreyfus, François G. (Hg.): Les Relations Franco-Allemandes 1933–1939. Straßburg 7.–10. Oktober 1975. Paris: Centre National de la Recherche Scientifique, S. 353–362.

Baumgart, Winfried (1968): Zur Ansprache Hitlers vor den Führern der Wehrmacht im August 1939. Eine quellenkritische Untersuchung. In: *VfZ* 16 (2), S. 120–149.

Baumgart, Winfried (1971): Zur Ansprache Hitlers vor den Führern der Wehrmacht am 22. August 1939 – Erwiderung. In: *VfZ* 19 (3), S. 301–304.

Bavendamm, Dirk (1983): Roosevelts Weg zum Krieg. Amerikanische Politik 1914–1939. München: Herbig.

Beard, Charles A. (1946): American Foreign Policy in the Making 1932–1940. A Study in Responsibilities. New Haven: Yale University Press.

Bédarida, François (1979): La stratégie secrète de la Drôle de Guerre. Le Conseil Suprême Interallié septembre 1939-avril 1940. Paris: Presses de la fondation nationale des sciences politiques.

Beevor, Antony (2006): The Battle for Spain. The Spanish Civil War 1936–1939. London: Weidenfeld & Nicolson.

Beier, Wilhelm u.a. (1956): Bilder und Dokumente aus der deutschen Turn- und Sportgeschichte. Hg. v. der Abteilung Sportpropaganda des Staatlichen Komitees für Körperkultur und Sport. Berlin/DDR.

Bekker, Cajus (1964): Angriffshöhe 4000. Kriegstagebuch der deutschen Luftwaffe. Oldenburg: Gerhard Stalling.

Bellers, Jürgen (1986): Die Olympiade Berlin 1936 im Spiegel der ausländischen Presse. Berichte des Reichspropagandaministeriums. Münster: Lit.

Bellstedt, Hans F. (1993): »Apaisement« oder Krieg. Frankreichs Außenminister Georges Bonnet und die deutsch-französische Erklärung vom 6. Dezember 1938. Bonn: Bouvier.

Bennett, Hajo (1985): Symbolik und Zeremoniell der XI. Olympischen Spiele in Berlin 1936. In: *SpW* 16 (4), S. 357–397.

Benoist-Méchin, Jacques (1971): Wollte Adolf Hitler den Krieg 1939? Generalprobe der Gewalt. Preußisch Oldendorf: K. W. Schütz.

Benteli, Marianne/Jay, Daniel/Jeancolas, Jean-Pierre (1978): La cinéma français: thèmes et public. In: Rémond, René / Bourdin, Janine (Hg.): La France et les Français 1938–1939. Paris: Presses de la fondation nationale des sciences politiques, S. 27–42.

Benz, Wolfgang/Graml, Hermann (Hg.) (1979): Sommer 1939. Die Großmächte und der Europäische Krieg. Stuttgart: Deutsche Verlags-Anstalt.

Bergamini, David (1971): Japan's Imperial Conspiracy. New York: William Morrow.

Bernett, Hajo u.a. (1996): Der olympische Fackellauf 1936 oder die Disharmonie der Völker. In: *SZS* 10 (2), S. 15–34.

Bernhardt, Walter (1969): Die deutsche Aufrüstung 1934–1939. Militärische und politische Konzeptionen und ihre Einschätzung durch die Alliierten. Mit einem Vorwort von Michael Freund. Frankfurt am Main: Bernhard & Graefe.

Berstein, Serge (1978): Le Parti radical-socialiste. Arbitre du jeu politique français. In: Rémond, René/Bourdin, Janine (Hg.): La France et les Français 1938–1939. Paris: Presses de la fondation nationale des sciences politiques, S. 275–306.

Best, Antony (1995): Britain, Japan and Pearl Harbor. Avoiding war in East Asia 1936–41. London: Routledge.

Besymenski, Lew (1968): Sonderakte »Barbarossa«. Dokumente, Darstellung, Deutung. Stuttgart: Deutsche Verlags-Anstalt.

Besymenski, Lew (1998): Die sowjetisch-deutschen Verträge von 1939. In: *FoIZ* 2 (H. 2), S. 77–108.
Besymenski, Lew (2002): Stalin und Hitler. Das Pokerspiel der Diktatoren. Archiv des Kommunismus – Pfade des XX. Jahrhunderts. Berlin: Aufbau.
Besymensky, Lev (1994): The Secret Protocols of 1939 as a Problem of Soviet Historiography. In: Gorodetsky, Gabriel (Hg.): Soviet Foreign Policy 1917–1991. London: Frank Cass, S. 75–85.
Bethell, Nicholas (1972): The War Hitler Won. September 1939. London: Allen Lane.
Bettinger, Dieter/Büren, Martin (1990): Der Westwall. Die Geschichte der deutschen Westbefestigungen im Dritten Reich. Bd. 1: Der Bau des Westwalls 1936–1945. Osnabrück: Biblio.
Bierschenk, Theodor (1954): Die deutsche Volksgruppe in Polen 1934–1939. Kitzingen: Holzner.
Biman, Stanislav/Cílek, Roman (1983): Der Fall Grün und das Münchener Abkommen. Dokumentarbericht. Berlin/DDR: Verlag der Nation.
Bisovsky, Gerhard/Schafraneck, Hans/Streibel, Robert (Hg.) (1990): Der Hitler-Stalin-Pakt. Voraussetzungen, Hintergründe, Auswirkungen. Wien: Picus.
Bisson, T. A. (1973): Japan in China. New York: Octagon Books.
Blaich, Fritz (1987): Wirtschaft und Rüstung im »Dritten Reich«. Düsseldorf: Schwann.
Blanke, Richard (1993): Orphans of Versailles. The Germans in Western Poland 1918–1939. Lexington: University Press of Kentucky.
Bloß, Hartmut (1981): Die Abberufung der Beraterschaft. April–Juli 1938. In: Martin, Bernd (Hg.): Die deutsche Beraterschaft in China 1927–1938. Militär, Wirtschaft, Außenpolitik. Düsseldorf: Droste, S. 249–271.
Blueprint for World Conquest as outlined by the Communist International (1946). Washington: Human Events.
Boadle, Donald (1985): Vansittart's administration of the Foreign Office in the 1930s. In: Langhorne, Richard (Hg.): Diplomacy and Intelligence during the Second World War. Cambridge: Cambridge University Press, S. 68–84.
Bodensiek, Heinrich (1957): Die Politik der zweiten tschechoslowakischen Republik. Herbst 1938–Frühjahr 1939. In: *ZfO* 6, S. 54–71.
Bodensiek, Heinrich (1964): Die nach-Münchener tschecho-slowakische Politik und die tschechische Publizistik. In: *ZfO* 16 (1), S. 79–101.
Boehm, Hermann (1971): Zur Ansprache Hitlers vor den Führern der Wehrmacht am 22. August 1939. In: *VfZ* 19 (3), S. 294–300.
Böhler, Jochen (2006): Auftakt zum Vernichtungskrieg. Die Wehrmacht in Polen 1939. Frankfurt am Main: Fischer Taschenbuch Verlag.
Böhler, Jochen (2009): Der Überfall. Deutschlands Krieg gegen Polen. Frankfurt am Main: Eichborn.

Bohmann, Alfred (1959): Das Sudetendeutschtum in Zahlen. Handbuch über den Bestand und die Entwicklung der sudetendeutschen Volksgruppe in den Jahren 1910 bis 1950. München: Sudetendeutscher Rat.

Bokelmann, Elisabeth (2006): Vichy contra Dritte Republik. Der Prozess von Riom 1942. Paderborn: Schöningh.

Bokelmann, Elisabeth (2014): Das Experiment Blum. Die Volksfront in Frankreich und das Ende der Dritten Republik 1936–1940. Frankfurt am Main: Peter Lang.

Boltin, J. A. (1959): Über die Entstehung und den politischen Charakter des zweiten Weltkriegs. In: *SW* (2), S. 1316–1337.

Borg, Dorothy (1964): The United States and the Far Eastern Crisis of 1933–1938. From the Manchurian Incident through the initial Stage of the undeclared Sino-Japanese War. Cambridge, Mass.: Harvard University Press.

Böss, Otto (1962): Die zweite tschecho-sklowakische Republik im Spiegel zeitgenössischer tschechischer Pressestimmen. In: *Bohemia* (3) S. 402–425.

Botz, Gerhard (1971): Hitlers Aufenthalt in Linz im März 1938 und der »Anschluss«. In: Archiv der Stadt Linz (Hg.): Historisches Jahrbuch der Stadt Linz 1970. Linz, S. 185–214.

Botz, Gerhard (1978): Das Ergebnis der »Volksabstimmung« vom 10. April 1938. In: Czeike, Felix (Hg.): Wien 1938. Wien: Verein für Geschichte der Stadt Wien, S. 95–104.

Botz, Gerhard (1981): Schuschniggs geplante »Volksbefragung« und Hitlers »Volksabstimmung« in Österreich. Ein Vergleich. In: Neck, Rudolf / Wandruszka, Adam (Hg.): Anschluss 1938. München: Oldenbourg, S. 220–243.

Botz, Gerhard (1990): Zwischen Akzeptanz und Distanz. Die österreichische Bevölkerung und das NS-Regime nach dem »Anschluss«. In: Stourzh, Gerald / Zaar, Birgitta (Hg.): Österreich, Deutschland und die Mächte. Wien: Verlag der Österreichischen Akademie der Wissenschaften, S. 429–455.

Botz, Gerhard (2008): Nationalsozialismus in Wien. Machtübernahme, Herrschaftssicherung, Radikalisierung 1938/39. Wien: Mandelbaum.

Bourdin, Janine (1978): Les anciens combattants et la célébration du 11 novembre 1938. In: Rémond, René / Bourdin, Janine (Hg.): La France et les Français 1938–1939. Paris: Presses de la fondation nationale des sciences politiques, S. 95–114.

Boussard, Isabel (1978): Le pacifisme paysan. In: Rémond, René / Bourdin, Janine (Hg.): La France et les Français 1938–1939. Paris: Presses de la fondation nationale des sciences politiques, S. 59–76.

Boyce, Robert (Hg.) (1998): French foreign and defence policy 1918-1940. The decline and fall of a great power. London: Routledge.

Bracher, Karl Dietrich (Hg.) (1983): Nationalsozialistische Diktatur 1933–45. Eine Bilanz. Bonn: Droste.

Bracher, Karl Dietrich (1972): Die deutsche Diktatur. Entstehung, Struktur, Folgen des Nationalsozialismus. 4., verb. Aufl. Köln: Kiepenheuer & Witsch.
Braddick, Henderson B. (1969): Germany, Czechslovakia and the »Grand Alliance« in the May crisis 1938. Denver: University of Denver Press.
Bramwell, Anna C. (Hg.) (1988): Refugees in the Age of Total War. London: Unwin Hyman.
Brand, Walter (1949): Die sudetendeutsche Tragödie. Lauf bei Nürnberg: Rudolf Zitzmann.
Brandes, Detlef (2008): Die Sudetendeutschen im Krisenjahr 1938. München: Oldenbourg.
Brandt, Conrad / Schwartz, Benjamin / Fairbank, John K. (Hg.) (1952): A Documentary History of Chinese Communism. Cambridge, Mass.: Harvard University Press.
Braun, Otto (1973): Chinesische Aufzeichnungen (1932–1939). Berlin/DDR: Dietz.
Braun, Helmut (2005): Das »Wundergas« Helium, die US-amerikanische Innenpolitik und die deutschen Zeppeline. In: *VfZ* 53 (4), S. 571–600.
Brenner, Christiane (2004): Zwischen Staat, Nation und Komintern. Loyalitätsbezuge der KPT-sch 1921–1938. In: Schulze Wessel, Martin (Hg.): Loyalitäten in der Tschechoslowakischen Republik 1918–1938. München: Oldenbourg, S. 87–112.
Breyer, Richard (1955): Das Deutsche Reich und Polen 1932–1937. Außenpolitik und Volksgruppenfragen. Würzburg: Holzner.
Brivati, Brian/Jones, Harriet (Hg.) (1993): What Difference did the War make? London: Leicester University Press.
Brock, Robert L. (Hg.) (2012): Freispruch für Deutschland. München: FZ-Verlag.
Brod, Toman (1959): Die Möglichkeit einer Verteidigung der Tschechoslowakischen Republik im Jahre 1938. In: Obermann, Karl / Polišenský, Josef (Hg.): Die Hintergründe des Münchner Abkommens von 1938. Berlin/DDR: Rütten & Loening, S. 221–229.
Bronske-Pampuch, Wanda (Hg.) (1965): Geköpfte Armee. Frankfurt am Main: Propyläen.
Brook-Shepherd, Gordon (1963): Der Anschluss. Graz: Styria.
Brook-Shepherd, Gordon (1990): Britain and the Anschluss. In: Stourzh, Gerald / Zaar, Birgitta (Hg.): Österreich, Deutschland und die Mächte. Wien: Verlag der Österreichischen Akademie der Wissenschaften, S. 277–290.
Broszat, Martin (1961): Das Sudetendeutsche Freikorps. In: *VfZ* 9. (1), S. 30–49.
Broszat, Martin (1967): Die Reaktion der Mächte auf den 15. März 1939. In: Bohemia – Jahrbuch des Collegium Carolinum 8, S. 253–280.
Brown, MacAlister (1959): The Third Reich's Mobilisation of the German Fifth Column in Eastern Europe. In: *JCEA* 19 (2), S. 128–148.
Brügel, Johann Wolfgang (1967): Tschechen und Deutsche. Bd. 1: 1918–1938. München: Nym-phenburger Verlagsanstalt.

Brügel, Johann Wolfgang (1978): Der Runciman-Bericht. In: *VfZ* 26 (4), S. 652–659.

Brunner, Otto/Gerhard, Dietrich (Hg.) (1961): Europa und Übersee. Hamburg: Hans-Bredow-Institut.

Buchheim, Hans (1954): Zu Kleists »Auch du warst dabei«. In: *VfZ* 2 (2), S. 177–192.

Buchheit, Gert (1964): Ludwig Beck. Ein preußischer General. München: List.

Budurowycz, Bohdan B. (1963): Polish-Soviet Relations 1932–1939. New York: Columbia University Press.

Bukey, Evan Burr/Juraschitz, Norbert (2001): Hitlers Österreich. Hamburg: Europa Verlag.

Bullock, Alan (1971): Hitler and the Origins of the Second World War. In: Robertson, Esmonde M. (Hg.): The Origins of the Second World War. London: Macmillan, S. 189–224.

Bullock, Alan (1993): Hitler und Stalin. Parallele Leben. München: Wilhelm Goldmann.

Burz, Ulfried (1989): Die Machtergreifung durch die NSDAP in Kärnten. In: Rumpler, Helmut (Hg.): März 1938 in Kärnten. Klagenfurt: Kärntner Druck- und Verlagsgesellschaft, S. 81–96.

Busch, Erich (1983): Die Fallschirmjäger-Chronik 1935-1945. Friedberg: Podzun-Pallas.

Bußmann, Walter (1968): Zur Entstehung und Überlieferung der »Hoßbach-Niederschrift«. In: *VfZ* 16 (4), S. 373–384.

Butler, James R. M. (1957): Grand Strategy. Bd. 2: September 1939-June 1941. London.

Butler, James R. M. (1960): Lord Lothian 1882–1940. London: Macmillan.

Butler, Ewan (1972): Mason-Mac. The Life of Lieutenant-General Sir Noel Mason-Macfarlane. London: Macmillan

Butterfield, Herbert (1951): History and Human Relations. London: Collins.

Bystrický, Valerián (1994): Die diplomatischen und militärischen Voraussetzungen der Verteidigung der ČSR gegen die nationalsozialistische Aggression. In: Hoensch, Jörg K./Kováč, Dušan (Hg.): Das Scheitern der Verständigung. Tschechen, Deutsche und Slowaken in der Ersten Republik 1918–1938. Essen: Klartext, S. 135–146.

Campbell, John (Hg.) (1989): The Experience of World War II. New York: Oxford University Press.

Campbell Doherty, Julian (1973): Das Ende des Appeasement. Die britische Außenpolitik, die Achsenmächte und Osteuropa nach dem Münchener Abkommen. Berlin: Colloquium.

Campus, Eliza (1957): Die hitlerfaschistische Infiltration Rumäniens 1939-1940. In: *ZfG* 5 (2), S. 213–228.

Cantril, Hadley Hg.) (1951): Public Opinion 1935–1946. Princeton: Princeton University Press.

Carley, Michael Jabara (1999): 1939. The alliance that never was and the coming of World War II. Chicago: Dee.

Carley, Michael Jabara (2015): Franco-Anglo-Soviet Relations 1932–1939. In: Koch, Christoph (Hg.): Gab es einen Stalin-Hitler-Pakt? Frankfurt am Main: Peter Lang, S. 119–137.

Carr, Edward Hallett (1984): The Comintern and the Spanish Civil war. London: Macmillan.

Carr, Edward Hallett (1986): The Twilight of Comintern 1930–1935. London: Macmillan.

Carroll, Francis M. (2012): Athenia torpedoed. The U-boat attack that ignited the Battle of the Atlantic. Barnsley: Pen & Sword Maritime.

Carsten, Francis L. (1977): Faschismus in Österreich. Von Schönerer zu Hitler. München: Wilhelm Fink.

Carsten, Francis L. (1986): The First Austrian Republic 1918–1938. A Study based on British and Austrian Documents. Hants: Gower Publishing Company.

Carsten, Francis L. (1990): Großbritannien und Österreich 1918–1937. In: Stourzh, Gerald / Zaar, Birgitta (Hg.): Österreich, Deutschland und die Mächte. Wien: Verlag der Österreichischen Akademie der Wissenschaften, S. 29–44.

Castellan, Georges (1990): Ein Vorspiel zum Anschluss (1935–1937). Zur Korrespondenz des französischen Militärattachés in Wien, Oberst Salland. In: Stourzh, Gerald/Zaar, Birgitta (Hg.): Österreich, Deutschland und die Mächte. Wien: Verlag der Österreichischen Akademie der Wissenschaften, S. 147–166.

Cattell, David T. (1957): Soviet Diplomacy and the Spanish Civil War. Berkeley: University of California Press.

Čelovský, Boris (1954): Pilsudskis Präventivkrieg gegen das nationalsozialistische Deutschland. Entstehung, Verbreitung und Wiederlegung einer Legende. In: *WaG* 14, S. 53–70.

Čelovský, Boris (1958): Das Münchener Abkommen 1938. Stuttgart: Deutsche Verlags-Anstalt.

Chamberlin, William Henry (1952): Amerikas zweiter Kreuzzug. Kriegspolitik und Fehlschlag Roosevelts. Bonn: Athenäum.

Chamberlin, William Henry (1953): The Bankruptcy of a Policy. In: Barnes, Harry Elmer (Hg.): Perpetual War for perpetual Peace. Caldwell, Idaho: Caxton Printers, S. 483–554.

Chanady, A./Jensen, J. (1970): Germany, Rumania and the British Guarantees of March-April 1939. In: *AJPH* 16 (2), S. 201–217.

Charmley, John (1989): Chamberlain and the Lost Peace. London: Hodder & Stoughton.

Chorherr, Thomas (Hg.) (1987): 1938 – Anatomie eines Jahres. Wien: Ueberreuter.

Chudoba, Bohdan (1963): The Pattern of Soviet Policy. Czechoslovakia May 1938. In: *SB* 11 (12), S. 388–396.

Cienciala, Anna M. (1968): Poland and the Western Powers 1938–1939. A Study in the Interdependence oft Eastern und Western Europe. London: Routledge.

Cienciala, Anna M. (1989): Poland in British and French Policy in 1939: Determination to fight – or avoid War? In: *PR* 34 (3), S. 199–226.

Claudin, Fernando (1977): Die Krise der Kommunistischen Internationale. Berlin: Olle & Wolter.

Cockett, Richard (1989): Twilight of Truth. Chamberlain, Appeasement and the Manipulation of the Press. London: Weidenfeld and Nicolson.

Colton, Joel (1989): The formations auf the French Popular Front 1934–1936. In: Alexander, Martin S./Graham, Helen (Hg.): The French and Spanish Popular Fronts. Cambridge: Cambridge University Press, S. 9–23.

Colvin, Ian (1951): Chief of Intelligence. London: Victor Gollancz.

Colvin, Ian (1965): Vansittart in Office. London: Victor Gollancz.

Colvin, Ian (1971): The Chamberlain Cabinet. How the Meetings in 10 Downing Street 1937–39 led to the Second World War told for the first Time from the Cabinet Papers. London: Victor Gollancz.

Compton, James V. (1968): Hitler und die USA. Die Amerikapolitik des Dritten Reiches und die Ursprünge des Zweiten Weltkriegs. Oldenburg: Gerhard Stalling.

Conquest, Robert (1992): Der große Terror. Sowjetunion 1934–1938. München: Langen Müller.

Cornwall, Mark (1991): A fluctuating Barometer: British diplomatic Views of the Czech-German Relationship in Czechoslovakia 1918–1938. In: Schmidt-Hartmann, Eva/Winters, Stanley B. (Hg.): Großbritannien, die USA und die böhmischen Länder 1848–1938. München: Oldenbourg, S. 313–333.

Cornwall, Mark (1993): The Rise and Fall of a ›special Relationship‹? Britain and Czechoslovakia 1930–48. In: Brivati, Brian / Jones, Harriet (Hg.): What Difference did the War make? London: Leicester University Press, S. 131–150.

Cornwall, Mark (2007): ›A Leap into Ice-Cold Water‹: the Manoeuvres of the Henlein Movement in Czechoslovakia 1933–1938. In: Cornwall, Mark/Evans, Robert J. W. (Hg.): Czechoslovakia in a Nationalist and Fascist Europe: 1918–1948. Oxford: Oxford University Press, S. 123–142.

Corvaja, Santi (2008): Hitler & Mussolini: The Secret Meetings. New York: Enigma.

Cowling, Maurice (1975): The Impact of Hitler. British Politics and British Policy 1933–1940. Cambridge: Cambridge University Press.

Cox, Sebastian (2001): British Military Planning and the Origins of the Second World War. In: McKercher, B. J. C./Legault, Roch (Hg.): Military Planning and the Origins of the Second World War in Europe. Westport, Conn: Praeger, S. 103–119.

Craig, Gordon A./Gilbert, Felix (Hg.) (1953): The Diplomats 1919–1939. Princeton: Princeton University Press.

Crocker, George N. (1960): Schrittmacher der Sowjets. Das Schicksal der Welt lag in Roose-velts Hand. Tübingen: Fritz Schlichtenmayer.

Crowley, James B. (1963): A Reconsideration of the Marco Polo Bridge Incident. In: *JAS* 22 (3), S. 277–291.

Crowley, James B. (1966): Japan's Quest for Autonomy. National Security and Foreign Policy 1930–1938. Princeton: Princeton University Press.

Crowson, N. J. (1997): Facing Fascism. The Conservative Party and the European Dictators 1935–1940. London, New York: Routledge.

Crozier, W. P. (1973): Off the Record. Political Interviews 1933–1943. London: Hutchinson

Crozier, Andrew J. (1988): Appeasement and Germany's Last Bid für Colonies. London: Macmillan.

Czeike, Felix (Hg.) (1978): Wien 1938. Wien: Verein für Geschichte der Stadt Wien.

Dallek, Robert (1995): Franklin D. Roosevelt and American Foreign Policy 1932–1945. With a new afterword. Oxford: Oxford University Press.

Dallin, David J. (1947): Soviet Russia's Foreign Policy 1939–1942. New Haven: Yale University Press.

Danos, Jacques / Gibelin, Marcot (1982): Die Volksfront in Frankreich. Generalstreik und Linksregierung im Juni 1936. Hamburg: Junius.

Das Jahr 1934: 25. Juli. Protokoll des Symposiums Wien am 8. Oktober 1974 (1975). München: Oldenbourg.

Das Juliabkommen von 1936. Vorgeschichte, Hintergründe und Folgen (1977). München: Oldenbourg.

Dašičev, Vjačeslav (1990): Planungen und Fehlschläge Stalins am Vorabend des Krieges. Der 18. Parteitag der KPdsU (B) und der sowjetisch-deutsche Nichtangriffspakt. In: Hildebrand, Klaus / Schmädeke, Jürgen / Zernack, Klaus (Hg.): 1939. An der Schwelle zum Weltkrieg. Berlin: Walter de Gruyter, S. 305–314.

Davies, Norman (2006): Europe at War 1939–1945. No Simple Victory. London: Macmillan.

Deakin, F. W. / Storry, G. R. (1965): Richard Sorge. Die Geschichte eines großen Doppelspiels. München: Piper.

Debicki, Roman (1970): The Remilitarization of the Rhineland and its impact on the French-Polish-Alliance. In: Gromada, Thaddeus (Hg.): Essays on Poland's foreign policies 1918–1939. New York, S. 47–58.

Deist, Wilhelm (1978): Die deutsche Aufrüstung in amerikanischer Sicht: Berichte des US-Militärattachés in Berlin aus den Jahren 1933–1939. In: Fischer, Alexander/Moltmann, Günter / Schwabe, Klaus (Hg.): Russland – Deutschland – Amerika. Wiesbaden, S. 279–295.

Deist, Wilhelm (1979): Ursachen und Voraussetzungen der deutschen Kriegspolitik. Das deutsche Reich und der Zweite Weltkrieg, Bd. 1. Stuttgart: Deutsche Verlags-Anstalt

Deist, Wilhelm (1981): Heeresrüstung und Aggression 1936–1939. In: Hildebrand, Klaus/Werner, Karl Ferdinand (Hg.): Deutschland und Frankreich 1936–1939. München: Artemis, S. 129–152.

Denne, Ludwig (1959): Das Danzig-Problem in der deutschen Außenpolitik 1934–39. Bonn: Ludwig Röhrscheid.

Denscher, Bernhard (1978): Nationalsozialistische Propaganda zur »Volksabstimmung« am 10. April 1938. In: Czeike, Felix (Hg.): Wien 1938. Wien: Verein für Geschichte der Stadt Wien, S. 89–94.

Der zweite Weltkrieg 1939–1945. Kurze Geschichte (1985). Berlin/DDR: Dietz.

Deuerlein, Ernst (1959): Die gescheiterte Anti-Hitler-Koalition. Die politischen und militärischen Verhandlungen zwischen Großbritannien, Frankreich und der Sowjetunion im Frühjahr und Sommer 1939. In: *WR* 9 (11), S. 634–650.

Deutsch, Harold C. (1969): Verschwörung gegen den Krieg. Der Widerstand in den Jahren 1939–1940. München: C.H. Beck.

Deutscher, Isaac (1990): Stalin. Eine politische Biographie. Berlin: Dietz.

Dichand, Hans (1987): »Hakenkreuz-Schmied« war nicht allein. Als es in der Grazer Oper Kornblumen hagelte. In: Chorherr,Thomas (Hg.): 1938 – Anatomie eines Jahres. Wien: Ueberreuter, S. 76–88.

Dietrich, Richard/Oestreich, Gerhard (Hg.) (1958): Forschungen zu Staat und Verfassung. Festgabe für Fritz Hartung. Berlin: Duncker & Humblot.

Dilks, David (1978): ›The unnecessary War‹? Military Advice and Foreign Policy in Great Britain 1931–1939. In: Preston, Adrian (Hg.): General Staffs and Diplomacy before the Second World War. London: Croom Helm.

Dilks, David (Hg.) (1981): Retreat from Power. Studies in Britain's Foreign Policy of the Twentieth Century. Bd. 1: 1906–1939. London: Macmillan.

Dilks, David (1981): Appeasement and ›Intelligence‹. In: Dilks, David (Hg.) (1981): Retreat from Power. London: Macmillan, S. 139–169

Dimond, Mark (2007): The Sokol and Czech Nationalism 1918–1948. In: Cornwall, Mark/Evans, Robert J. W. (Hg.): Czechoslovakia in a Nationalist and Fascist Europe: 1918–1948. Oxford: Oxford University Press, S. 185–206.

Divine, Robert A. (1962): The Illusion of Neutrality. Chicago: University of Chicago Press.

Doherty, Julian Campbell (1972): Die Dominions und die britische Außenpolitik von München bis zum Kriegsausbruch 1939. In: *VfZ* 20 (3), S. 209–234.

Doherty, Julian Campbell (1973): Das Ende des Appeasement. Die britische Außenpolitik, die Achsenmächte und Osteuropa nach dem Münchener Abkommen. Berlin: Colloquium.

Dower, John W. (1993): Japan in War and Peace. New York: New Press.

Dozer, Donald Marquand (1959): Are we good neighbors? Three decades of Inter-American relations 1930–1960. Gainesville: University of Florida Press.

Drechsler, Karl (1964): Deutschland-China-Japan 1933–1939. Das Dilemma der deutschen Fernostpolitik. Berlin/DDR: Akademie Verlag.

Dreyfus, François G. (Hg.) (1976): Les Relations Franco-Allemandes 1933–1939. Paris: Centre National de la Recherche Scientifique.

Drummond, Donald F. (1955): The Passing of American Neutrality 1937–1941. Ann Arbor: University of Michigan Press

Dubreuil, Richard (1978): La visite des souveraines britanniques. In: Rémond, René/Bourdin, Janine (Hg.): La France et les Français 1938–1939. Paris: Presses de la fondation nationale des sciences politiques, S. 77–94.

Dülffer, Jost/Thies, Jochen/Henke, Josef (1978): Hitlers Städte. Baupolitik im Dritten Reich. Eine Dokumentation. Köln: Böhlau.

Dulles, Allen W. (1948): Verschwörung in Deutschland. Zürich: Europa Verlag.

Dullin, Sabine (2000): Litvinov and the People's Commissariat of Foreign Affairs: the Fate of an Administration under Stalin 1930–39. In: Pons, Silvio / Romano, Andrea (Hg.): Russia in the Age of Wars 1914–1945. Mailand: Feltrinelli, S. 121–146.

Dunbabin, John (1983): The British Military Establishment and the Policy of Appeasement. In: Mommsen, Wolfgang J. / Kettenacker, Lothar (Hg.): The Fascist Challenge and the Policy of Appeasement. London: George Allen & Unwin, S. 174–196.

Ďurčanský, Ferdinand (1954): Die slowakische Frage – eine internationale Frage. München: Slowakisches Befreiungskomitee

Ďurica, Milan (1964): La Slovacchia e le sue relazioni politiche con la Germania 1938–1945. 2 Bde. Padua: Marsilio.

Ďurica, Milan (1965): Die Slowakei in der Märzkrise 1939. In: Die Slowakei als mitteleuropäisches Problem in Geschichte und Gegenwart. München: Robert Lerche, S. 115–180.

Duroselle, Jean-Baptiste (1979): La décadence 1932–1939. Paris: Imprimerie nationale.

Dutailly, Henri (2001): Weaknesses in French Military Planning on the Eve of the Second World War. In: McKercher, B. J. C./Legault, Roch (Hg.): Military Planning and the Origins of the Second World War in Europe. Westport, Conn: Praeger, S. 89–101.

Düwell, Kurt (2010): Der Zwischenfall von Venlo am 9. November 1939. In: *GiW* 25, S. 209–215.

Eckhardt, Frank (2010): Olympia im Zeichen der Propaganda. Wie das NS-Regime 1936 die ersten Medienspiele inszenierte. In: Heidenreich, Bernd/Neitzel, Sönke (Hg.): Medien im Nationalsozialismus. Paderborn: Schöningh, S. 235–251.

Ehrmann, Henry W. (1947): French Labor. From Popular Front to Liberation. New York: Oxford University Press.

Eichberg, Henning/Dultz, Michael/Gadberry, Glen/Rühle, Günther (1977): Massenspiele. NS-Thingspiel, Arbeiterweihespiel und olympisches Zeremoniell. Stuttgart: Friedrich Frommann.

Eichholtz, Dietrich (2006): Krieg um Öl. Ein Erdölimperium als deutsches Kriegsziel (1938–1943). Leipzig: Leipziger Universitätsverlag.

Eichholtz, Dietrich/Pätzold, Kurt (Hg.) (1989): Der Weg in den Krieg. Studien zur Geschichte der Vorkriegsjahre 1935/36 bis 1939. Berlin/DDR: Akademie Verlag.

Eichstädt, Ulrich (1955): Von Dollfuß zu Hitler. Geschichte des Anschlusses Österreichs 1933–1938. Wiesbaden: Franz.

Eisen, George (1984): The Voices of Sanity. American Diplomatic Reports from the 1936 Berlin Olympiad. In: *JSH* 11 (3), S. 56–78.

Eisenberg, Christiane (1999): »English Sports« und deutsche Bürger. Eine Gesellschaftsgeschichte 1800–1939. Paderborn: Schöningh.

El Mallakh, Dorothea H (1979): The Slovak Autonomy Movement 1935–1939. A Study in Unrelenting Nationalism. New York: Columbia University Press.

Emmerich, Alexander (2011): Olympia 1936. Trügerischer Glanz eines mörderischen Systems. Köln: Edition Fackelträger.

Erickson, John (1962): The Soviet High Command. A Military-Political History 1918–1941. London: Macmillan.

Eubank, Keith (1963): Munich. Norman: University of Oklahoma Press.

Fabry, Philipp W. (1971): Die Sowjetunion und das Dritte Reich. Eine dokumentierte Geschichte der deutsch-sowjetischen Beziehungen von 1933 bis 1941. Stuttgart: Seewald.

Falanga, Gianluca (2008): Mussolinis Vorposten in Hitlers Reich. Italiens Politik in Berlin 1933–1945. Berlin: Ch. Links.

Farnham, Barbara Rearden (1997): Roosevelt and the Munich Crisis. A Study of political Decision-Making. Princeton: Princeton University Press.

Feiling, Keith (1946): The Life of Neville Chamberlain. London: Macmillan.

Fischer, Martin (1962): Vierzig Jahre deutsche Chinapolitik. Hamburg: Institut für Asienkunde.

Fischer, Alexander/Moltmann, Günter/Schwabe, Klaus (Hg.) (1978): Russland – Deutschland – Amerika. Festschrift für Fritz T. Epstein. Wiesbaden: Steiner.

Fleischhauer, Ingeborg (1990): Der Pakt. Hitler, Stalin und die Initiative der deutschen Diplomatie 1938–1939. Berlin: Ullstein.

Flynn, John T. (1948): The Roosevelt Myth. New York: Devin-Adair Company.

Förster, Gerhard/Helmers, Heinz/Schnitter, Helmut (1972): Der zweite Weltkrieg. Militärhistorischer Abriss. Berlin/DDR: Militärverlag.

Forstmeier, Friedrich / Volkmann, Hans-Erich (Hg.) (1975): Wirtschaft und Rüstung am Vorabend des Zweiten Weltkriegs. Düsseldorf: Droste.

Foster, Alan J. (1991): An unequivocal Guarantee? Fleet Street and the British Guarantee to Poland 31 March 1939. In: *JCH* 26, S. 33–47.

Fox, John P. (1982): Germany and the Far Eastern Crisis 1931–1938. A Study in Diplomacy and Ideology. Oxford: Clarendon Press.

Français et Britanniques dans la drôle de guerre (1979). Colloque Franco-Britannique. Paris: Éditions du Centre National de la Recherce Scientifique.

Frank, Tibor (Hg.) (2003): Discussing Hitler. Advisers of U.S. Diplomacy in Central Europe 1934–1941. Budapest: Central European University Press.

Franke, Reiner (1981): London und Prag. Materialien zum Problem eines multinationalen Nationalstaates 1919–1938. München: Robert Lerche.

Frankenstein, Robert (1982): Le Prix du Réarmement français 1935–1939. Paris: Publication de la Sorbonne.

Franzel, Emil (1948): Benesch oder: Der Saltomortale des Fortschritts. In: *NA* 3 (8), S. 227–232.

Franzel, Emil (1948): München 1938. In: *NA* 3 (10), S. 297–302.

Franzel, Emil (1950): Die Politik der Sudetendeutschen in der Tschechoslowakei 1918–1938. In: Preidel, Helmut (Hg.): Die Deutschen in Böhmen und Mähren. Ein historischer Rückblick. Gräfelfing bei München: Edmund Gans, S. 333–372.

Frederik, Hans (1977): Volksfront. Der taktische Einsatz der Sowjetunion, um mit Hilfe der Einheitsfrontaktionen zwischen Sozialdemokraten und Kommunisten und der Bündnispolitik mit bürgerlichen Regierungen die materielle und politische Weltordnung des Westens abzulösen. Landshut: Verlag politisches Archiv.

Frye, Alton: Nazi Germany and the American Hemisphere 1933–1941. New Haven: Yale University Press.

Fuchs, Gerhard (1961): Gegen Hitler und Henlein. Der solidarische Kampf tschechischer und deutscher Antifaschisten von 1933 bis 1938. Berlin/DDR: Rütten & Loening.

Fuhrer, Armin (2011): Ernst Thälmann. Soldat des Proletariats. München: Olzog.

Fuhrer, Armin (2011): Hitlers Spiele. Olympia 1936 in Berlin. Berlin: bebra.

Fuller, John F. C. (1948): The Second World War 1939–45. A Strategical and Tactical History. London: Eyre & Spottiswoode.

Funke, Manfred (Hg.) (1976): Hitler, Deutschland und die Mächte. Materialien zur Außenpolitik des Dritten Reiches. Düsseldorf: Droste.

Funke, Manfred (1970): Sanktionen und Kanonen. Hitler, Mussolini und der internationale Abessinienkonflikt 1934–36. Düsseldorf: Droste.

Fyrth, Jim (Hg.) (1985): Britain, Fascism and the Popular Front. London: Lawrence and Wishart.

Gackenhholz, Hermann (1958): Reichskanzlei, 5. November 1937. Bemerkungen über »Politik und Kriegführung« im Dritten Reich. In: Dietrich, Richard/Oestreich, Gerhard (Hg.): Forschungen zu Staat und Verfassung. Berlin: Duncker & Humblot, S. 459–484.

Gajan, Koloman/Kvaček, Robert (Hg.) (1965): Deutschland und die Tschechoslowakei 1918–1945. Prag: Orbis.

Gajdoš, Anton/Provaznikova, Marie/Bednar, Karel /Banjak, Stephen J. (2012): Sokol Slets – The Essence of Gymnastics in Czechoslovakia, Czech and Slovak Republik. In: *Science of Gymnastics Journal* 4 (3), S. 73–82.

Gallup, George H. (Hg.) (1976): The Gallup International Public Opinion Polls. France 1939. New York: Random House.

Gallup, George H. (Hg.) (1976): The Gallup International Public Opinion Polls. Great Britain 1937–1975. New York: Random House.

Gannon, Franklin Reid (1971): The British Press and Germany 1936–1939. Oxford: Clarendon Press.

Gathorne-Hardy, Geoffrey Malcolm (1947): Kurze Geschichte der internationalen Politik 1920–1939. 3. Aufl. Gütersloh: C. Bertelsmann.

Gebel, Ralf (1999): »Heim ins Reich!«. Konrad Henlein und der Reichsgau Sudetenland 1938–1945. München: Oldenbourg.

Gehl, Jürgen (1963): Austria, Germany and the Anschluss. 1931–1938. London: Oxford University Press.

Geiss, Imanuel / Wendt, Bernd Jürgen (Hg.) (1973): Deutschland in der Weltpolitik des 19. und 20. Jahrhunderts. Düsseldorf: Bertelsmann.

Gentzer, Felix-Heinrich (1959): Der Legende vom »Bromberger Blutsonntag« und die deutsche Fünfte Kolonne. In: Spira, Basil (Hg.): September 1939. Berlin/DDR: Rütten & Loening, S. 41–82.

George, Margaret (1967): The Warped Vision. British Foreign Policy 1933–1939. Pittsburg: University of Pittsburg Press.

Gerste, Ronald D. (2011): Roosevelt und Hitler. Todfeindschaft und totaler Krieg. Paderborn: Schöningh.

Geschichtsfälscher. Der tatsächliche Verlauf der Vorbereitung und Entwicklung der Hitleraggression und des zweiten Weltkriegs. Veröffentlicht vom Informationsbüro des Ministerrates der UdSSR (1948). Berlin: SWA-Verlag.

Getty, J. Arch/Naumov, Oleg V. (1999): The Road to Terror. Stalin and the Self-Destruction of the Bolsheviks 1932–1939. New Haven: Yale University Press.

Geyer, Michael (1981): Rüstungsbeschleunigung und Inflation. Zur Inflationsdenkschrift des Oberkommandos der Wehrmacht vom November 1938. In: *MGM* 30, S. 121–186.

Geyer, Michael (1984): National Socialist Germany: The Politics of Information. In: May, Ernest R. (Hg.): Knowing one's Enemies. Princeton: Princeton University Press, S. 310–346.

Gibbs, Norman H. (1975): Das britische Aufrüstungsprogramm 1933–1939 und das Ausmaß seiner Abhängigkeit von der Entwicklung in Deutschland. In: Forstmeier, Friedrich/Volkmann, Hans-Erich (Hg.): Wirtschaft und Rüstung am Vorabend des Zweiten Weltkriegs. Düsseldorf: Droste, S. 245–263.

Gilbert, Martin (1964): Britain and Germany. London: Longman.

Gilbert, Martin (1966): The Roots of Appeasement. London: Weidenfeld and Nicolson.

Gilbert, Martin /Gott, Richard (1964): Der gescheiterte Frieden. Europa 1933–1939. Stuttgart: W. Kohlhammer.

Glantz, David M. (1994): A History of Soviet Airborne Forces. Ilford: Frank Cass

Glettler, Monika/Lipták, Lubomir/Míšková, Alena (Hg.) (2004): Geteilt, besetzt, beherrscht. Die Tschechoslowakei 1938–1945: Reichsgau Sudetenland, Protektorat Böhmen und Mähren, Slowakei. Essen: Klartext.

Golczewski, Frank (1974): Das Deutschlandbild der Polen 1918–1939. Eine Untersuchung der Historiographie und der Publizistik. Düsseldorf: Droste.

Goldman, Aaron L. (1980): Two views of Germany: Nevile Henderson vs. Vansittart and the Foreign Office 1937–1939. In: *BJoIS* 6, S. 247–277.

Gordon, Helmut (1990): Die Beneš-Denkschriften. Die Tschechoslowakei und das Deutsche Reich 1918/19. Kommentar und Kritik. Berg: Druffel.

Gorodetsky, Gabriel (Hg.) (1994): Soviet Foreign Policy 1917–1991. A Retrospective. London: Frank Cass.

Gossweiler, Kurt (Hg.) (1988): Aufsätze zum Faschismus. 2 Bde. Berlin/DDR: Akademie Verlag.

Gottschling, Ernst (1989): »Heim ins Reich!« oder die Annexion Österreichs. In: Eichholtz, Dietrich/Pätzold, Kurt (Hg.): Der Weg in den Krieg. Berlin/DDR: Akademie Verlag, S. 183–210.

Graham, Helen / Preston, Paul (Hg.) (1987): The Popular Front in Europe. Houndmills: Macmillan.

Graml, Hermann (1990): Europas Weg in den Krieg. Hitler und die Mächte 1939. München: Oldenbourg.

Graml, Hermann (1997): Die Wehrmacht im Dritten Reich. In: *VfZ* 45 (3), S. 365–384.

Greene, Hugh (1969): Warsaw, September 1939. In conversation with Thomas Barman. In: The Listener v. 24. 7. 1969, S. 102–104.

Grenard, Fabrice (2015): La drôle de guerre. L'entrée en guerre des Français: septembre 1939-mai 1940. Paris: Belin.

Grenfell, Russell (1954): Bedingungsloser Hass? Die deutsche Kriegsschuld und Europas Zukunft. Tübingen: Fritz Schlichtenmayer.

Griffiths, Richard (1980): Fellow Travellers of the Right. British Enthusiasts for Nazi Germany 1933–39. London: Constable.

Groehler, Olaf (1989): Das Revirement in der Wehrmachtsführung 1937/1938. In: Eichholtz, Dietrich/Pätzold, Kurt (Hg.): Der Weg in den Krieg. Berlin/DDR: Akademie Verlag, S. 113–150.

Groehler, Olaf (1992): Selbstmörderische Allianz. Deutsch-russische Militärbeziehungen 1920–1941. Berlin: Vision Verlag.

Gromada, Thaddeus (Hg.) (1970): Essays on Poland's foreign policies 1918–1939. New York: Józef Piłsudski Institute of America.

Gross, Jan Tomasz (1979): Polish Society under German Occupation. The Generalgouvernement 1939–1944. Princeton: Princeton University Press.

Gross, Jan Tomasz (1988): Revolution from abroad. The Soviet Conquest of Poland's Western Ukraine and Western Belorussia. Princeton: Princeton University Press.

Gross, Babette (1991): Willi Münzenberg. Eine politische Biografie. Leipzig: Forum.

Grothe, Ewald (2008): Die Olympischen Spiele von 1936 – Höhepunkt der NS-Propaganda? In: *GWU* 59, S. 291–307.

Grudzińska-Gross, Irena/Gross, Jan Tomasz (Hg.) (1981): War through Children's Eyes. The Soviet Occupation of Poland and the Deportations 1939-1941. Stanford, Calif: Hoover Institution.

Grüner, Stefan (2001): Paul Reynaud (1878–1966). Biographische Studien zum Liberalismus in Frankreich. München: Oldenbourg.

Gundelach, Karl (1960): Gedanken über die Führung eines Luftkrieges gegen England bei der Luftflotte 2 in den Jahren 1938/39. Ein Beitrag zur Vorgeschichte der Luftschlacht in England. In: *WR* 10 (1), S. 33–46.

Haas, Hanns (1988): Der Anschluss. In: Talos, Emmerich / Hanisch, Ernst / Neugebauer, Wolfgang (Hg.): NS-Herrschaft in Österreich 1938–1945. Wien: Verlag für Gesellschaftskritik, S. 1–24.

Habsburg, Otto von (1987): Nicht geschossen ist auch gefehlt. Nur ohne Schuschnigg wäre ein Widerstand möglich gewesen. In: Chorherr, Thomas (Hg.): 1938 – Anatomie eines Jahres. Wien: Ueberreuter, S. 60–75.

Hagemann, Walter (1948): Publizistik im Dritten Reich. Ein Beitrag zur Methodik der Massenführung. Hamburg: Hansischer Gildeverlag.

Haight, John McVickar (1970): American aid to France 1938–1940. New York: Atheneum.

Haines, C. Grove/Hoffman, Ross J. S. (1947): The Origins and Background of the Second World War. New York: Oxford University Press.

Hájek, Milos (1959): Od Muichova k 15. březn. Prag.

Hanak, Harry (1976): The Visit of the Czechoslovak Foreign Minister Dr Edvard Beneš to Moscow in 1935 as seen by the British Minister in Prague, Sir Joseph Addison. In: *SEER* 54 (4), S. 586–592.

Hänisch, Dirk (1998): Die österreichischen NSDAP-Wähler. Eine empirische Analyse ihrer politischen Herkunft und ihres Sozialprofils. Wien: Böhlau.

Hart-Davis, Duff (1988): Hitler's Olympics. The 1936 Games. London: Hodder & Stoughton.

Hartmann, Christian / Slutsch, Sergej (1997): Franz Halder und die Kriegsvorbereitungen im Frühjahr 1939. Eine Ansprache des Generalstabschefs des Heeres. In: *VfZ* 45 (3), S. 467–495.

Hasenöhrl, Adolf (Hg.) (1983): Kampf, Widerstand, Verfolgung der sudetendeutschen Sozialdemokratie. Dokumente der deutschen Sozialdemokratie aus der Tcheschoslowakei im Kampf gegen Henlein und Hitler. Stuttgart: Seliger-Gemeinde.

Haslam, Jonathan (1979): The Comintern and the Origins of the Popular Front 1934–1935. In: *HJ* 22 (3), S. 673–691.

Haslam, Jonathan (1984): The Soviet Union and the Struggle for Collective Security in Europe 1933–39. London: Macmillan.

Haslam, Jonathan (1992): The Soviet Union and the Threat from the East 1933–41. Moscow, Tokyo and the Prelude to the Pacific War. Basingstoke: Macmillan.

Hass, Gerhart (1989): Krieg in Ost oder West? Zur Entscheidung über die Reihenfolge der faschistischen Aggressionen. In: Eichholtz, Dietrich/Pätzold, Kurt (Hg.): Der Weg in den Krieg. Berlin/DDR: Akademie Verlag, S. 151–182.

Hata, Ikuhiko (1976): The Japanese-Soviet Confrontation 1935–1939. Übersetzt und eingeleitet von Alvin D. Coox. In: Morley, James William (Hg.): Deterrent Diplomacy. New York: Columbia University Press, S. 115–178.

Hata, Ikuhiko (1983): The Marco Polo Bridge Incident 1937. In: Morley, James William (Hg.): The China Quagmire. New York: Columbia University Press, S. 243–286.

Hauner, Milan (1975): Die Rolle der Rüstungsindustrie in Osteuropa und die Verteidigungsanstrengungen Polens bis 1939. In: Forstmeier, Friedrich/Volkmann, Hans-Erich (Hg.): Wirtschaft und Rüstung am Vorabend des Zweiten Weltkriegs. Düsseldorf: Droste, S. 331–363.

Hauner, Milan (1978): Ein Bericht des britischen Militärattachés in Prag vom 4. April 1938 über seine Reise zur Besichtigung der tschechoslowakischen Grenzbefestigungen. In: *MGM* (24), S. 125–136.

Hauner, Milan (1983): Hitler. A Chronology of his Life and Time. London: Macmillan.

Hauser, Oswald (1979): Lord Halifax und Hitler November 1937. In: Pöls, Werner (Hg.): Staat und Gesellschaft im politischen Wandel. Beiträge zur Geschichte der modernen Welt. Stuttgart: Klett-Cotta, S. 492–522.

Hauser, Oswald (1982): England und das Dritte Reich. Eine dokumentierte Geschichte der englisch-deutschen Beziehungen von 1933 bis 1939 auf Grund unveröffentlichter Akten aus dem britischen Staatsarchiv. 2. Band 1936 bis 1938. Göttingen: Musterschmidt.

Hayashi, Kentarô (1957): Japanische Quellen zur Vorgeschichte des pazifischen Krieges. In: *VfZ* 5 (2), S. 199–207.

Headlam-Morley, Agnes (1948): Was Neville Chamberlain's Policy wrong? In: The Listener v. 14.10.1948, S. 551–553.

Hearden, Patrick J. (1987): Roosevelt confronts Hitler. America's Entry into World War II. Dekalb, Ill.: Northern Illinois University Press.

Hedeler, Wladislaw (2001): Die deutschen Delegierten auf dem VII. Weltkongress der Kommunistischen Internationale 1937. In: *IWK* 37 (3), S. 370–383.

Hedeler, Wladislaw (2003): Chronik der Moskauer Schauprozesse 1936, 1937 und 1938. Planung, Inszenierung und Wirkung. Berlin: Akademie Verlag.

Hegner, H. S. (1966): Die Reichskanzlei 1933–1945. Frankfurt am Main: Societät.

Hegenscheidt-Nozdrovická, Eliška (2012): »Die Slowakei den Slowaken!« Die separatistischen Strömungen in der Slowakei zwischen 1918 und 1939. Hamburg: Diplomica.

Hehn, Jürgen von (1982): Die Umsiedlung der baltischen Deutschen – das letzte Kapitel baltischdeutscher Geschichte. Marburg: Herder-Institut.

Heidenreich, Bernd/Neitzel, Sönke (Hg.) (2010): Medien im Nationalsozialismus. Paderborn: Schöningh.

Heidrich, Arnost (1962): International political causes of the Czechoslovak Tragedies of 1938 and 1948. Washington: Czechoslovak Society for Arts and Sciences in America.

Heike, Otto: Die Erinnerungen des Grafen Szembek (1953). In: *Außenpolitik* 4 (7), S. 561–567.

Heimann, Mary (2011): Czechoslovakia. The State that failed. New Haven: Yale University Press.

Heimsoeth, Hans-Jürgen (1990): Der Zusammenbruch der Dritten Französischen Republik. Frankreich während der »Drôle de Guerre« 1939/1940. Bonn: Bouvier.

Henke, Josef (1973): England in Hitlers politischem Kalkül 1935–1939. Boppard am Rhein: Harald Boldt.

Herbert, Ulrich (2014): Geschichte Deutschlands im 20. Jahrhundert. München: C.H. Beck.

Herman, John (1998): The Paris Embassy of Sir Eric Phipps. Anglo-French Relations and the Foreign Office 1937–1939. Brighton: Sussex Academic Press.

Hermann, Angela (2011): Der Weg in den Krieg 1938/39. Quellenkritische Studien zu den Tagebüchern von Joseph Goebbels. München: Oldenbourg.

Herndon, James S. (1983): British Perceptions of Soviet Military Capability 1935–9. In: Mommsen, Wolfgang J./Kettenacker, Lothar (Hg.): The Fascist Challenge and the Policy of Appeasement. London: George Allen & Unwin, S. 297–319.

Higham, Robin (1962): Armed Forces in Peacetime. Britain 1918–1940 – a case study. London: G. T. Foulis.

Hildebrand, Klaus (1990): Deutsche Außenpolitik 1933–1945. Kalkül oder Dogma? Mit einem Nachwort: Krieg im Frieden und Frieden im Krieg – Über das Problem der Legitimität in der Geschichte der Staatengesellschaft, 1931–1941. 5. Aufl., Stuttgart: W. Kohlhammer.

Hildebrand, Klaus (1990): Die Entfesselung des Zweiten Weltkriegs und das internationale System. Probleme und Perspektiven der Forschung. In: *HZ* (251), S. 607–625.

Hildebrand, Klaus (1995): Das vergangene Reich. Deutsche Außenpolitik von Bismarck bis Hitler 1871–1945. Stuttgart: Deutsche Verlags-Anstalt.

Hildebrand, Klaus/Werner, Karl Ferdinand (Hg.) (1981): Deutschland und Frankreich 1936–1939. München: Artemis.

Hildebrand, Klaus/Schmädeke, Jürgen/Zernack, Klaus (Hg.) (1990): 1939. An der Schwelle zum Weltkrieg. Die Entfesselung des Zweiten Weltkriegs und das internationale System. Berlin: Walter de Gruyter.

Hillgruber, Andreas (1954): Hitler, König Carol und Marschall Antonescu. Die deutsch-rumänischen Beziehungen 1938–1944. Wiesbaden: Franz Steiner.

Hillgruber, Andreas (1964): Quellen und Quellenkritik zur Vorgeschichte des Zweiten Weltkrieges. In: *WR* 14, S. 110–126.

Hillgruber, Andreas (1967): Deutschlands Rolle in der Vorgeschichte der beiden Weltkriege. Göttingen: Vandenhoek & Rütting.

Hillgruber, Andreas (1983): Der Zweite Weltkrieg 1939–1945. Kriegsziele und Strategie der großen Mächte. 2., verb. Aufl. Stuttgart: W. Kohlhammer.

Hillgruber, Andreas (1988): Die Zerstörung Europas. Beiträge zur Weltkriegsepoche 1914 bis 1945. Frankfurt am Main: Ullstein; Propyläen.

Hilmes, Oliver (2016): Berlin 1936. Sechzehn Tage im August. München: Siedler.

Hinsley, F. H. (1979): British Intelligence in the Second World War. Its Influence on Strategy and Operations. London.

Hitchins, Keith (1994): Rumania 1866–1947. Oxford: Clarendon Press.

Hoch, Anton (1969): Das Attentat auf Hitler im Münchner Bürgerbräukeller 1939. In: *VfZ* 17 (4), S. 383–413.

Hochmann, Jiri (1984): The Soviet Union and the Failure of Collective Security 1934–1938. London: Cornell University Press.

Hoensch, Jörg K. (1965): Die Slowakei und Hitlers Ostpolitik. Hlinkas Slowakische Volkspartei zwischen Autonomie und Separation 1938/1939. Köln: Böhlau.

Hoensch, Jörg K. (1967): Der ungarische Revisionismus und die Zerschlagung der Tschechoslowakei. Tübingen: J. C. B. Mohr.

Hoensch, Jörg K. (1968): Revision und Expansion. Überlegungen zur Zielsetzung, Methoden und Planung der Tschechoslowakei-Politik Hitlers. In: Bohemia – Jahrbuch des Collegium Carolinum 9, S. 208–228.

Hoensch, Jörg K./Kováč, Dušan (Hg.) (1994): Das Scheitern der Verständigung. Tschechen, Deutsche und Slowaken in der Ersten Republik 1918–1938. Essen: Klartext.

Hoettl, Wilhelm (Walter Hagen) (1950): Die geheime Front. Organisation, Personen und Aktionen des deutschen Geheimdienstes. Linz: Nibelungen.

Hof, Tobias (2012): Die Tagebücher von Galeazzo Ciano. In: *VfZ* 60 (4), S. 507–527.

Hoffmann, Peter (1970): Widerstand, Staatsstreich, Attentat. Der Kampf der Opposition gegen Hitler. 2., verb. und erw. Aufl. München: Piper.

Höhne, Roland R. (1976): Die außenpolitische Neuorientierung Frankreichs 1924–1936. In: Dreyfus, François G. (Hg.): Les Relations Franco-Allemandes 1933–1939. Paris: Centre National de la Recherche Scientifique, S. 210–231.

Holldack, Heinz (1949): Was wirklich geschah. Die diplomatischen Hintergründe der deutschen Kriegspolitik. München: Nymphenburger Verlagsanstalt.

Holt, Richard (2003): Great Britain: The Amateur Tradition. In: Krüger, Arnd/Murray, William (Hg.): The Nazi Olympics. Sport, Politics and Appeasement in the 1930s. Urbana: University of Illinois Press, S. 70–85.

Homze, Edward L. (1976): Arming the Luftwaffe. The Reich Air Ministry and the German Aircraft Industry 1919–1939. Lincoln: University of Nebraska Press.

Hopfgartner, Anton (1989): Kurt Schuschnigg. Ein Mann gegen Hitler. Graz: Styria.

Hosoya, Chihiro (1976): The Tripartite Pact 1939–1940. In: Morley, James William (Hg.): Deterrent Diplomacy. New York: Columbia University Press, S. 191–257.

Howard, Michael (1981): British Military Preparations for the Second World War. In: Dilks, David (Hg.): Retreat from Power. Bd. 1: 1906–1939. London: Macmillan, S. 102–117.

Hsu, Long-hsuen/Chang, Ming-kai (Hg) (1971): History oft the Sino-Japanese War 1937–1945. Taipei: Chung Wu.

Hu, Pu-yo (1972): A brief History of the Chinese National Revolutionary Forces. Taipei: Chung Wu.

Hübner, Emanuel (2015): Das Olympische Dorf von 1936. Planung, Bau und Nutzungsgeschichte. Paderborn: Schöningh.

Hughes, Emrys (1955): Winston Churchill: British Bulldog. His Career in War and Peace. New York: Exposition Press.

Hummelberg, Walter (1975): Die Rüstungsindustrie der Tschechoslowakei 1933–1938. In: Forstmeier, Friedrich / Volkmann, Hans-Erich (Hg.): Wirtschaft und Rüstung am Vorabend des Zweiten Weltkriegs. Düsseldorf: Droste, S. 308–329.

Iklé, Frank William (1956): German-Japanese Relations 1936–1940. A study of totalitarian Diplomacy. New York: Bookman.

Ingrim, Robert (1962): Hitlers glücklichster Tag. London, am 18. Juni 1935. Stuttgart: Seewald.

Iriye, Akira (1996): The Origins of the Second World War in Asia and the Pacific. London: Longman.

Irving, David (1981): Hitlers Weg zum Krieg. München: Wilhelm Heyne.

Irving, David (1989): Das Reich hört mit. Görings »Forschungsamt« – der geheimste Nachrichtendienst des Dritten Reiches. Kiel: Arndt.

Jäckel, Eberhard (1958): Eine angebliche Rede Stalins vom 19. August 1939. In: *VfZ* 6 (4), S. 380–389.

Jackson, Peter (1998): Intelligence and the end of appeasement. In: Boyce, Robert (Hg.): French foreign and defence policy 1918–1940. The decline and fall of a great power. London: Routledge, S. 234–260.

Jackson, Peter (2000): France and the Nazi Menace. Intelligence and Policy Making 1933–1939. Oxford: Oxford University Press.

Jackson, Robert H. (2003): That Man. An Insider's Portrait of Franklin D. Roosevelt. Oxford: Oxford University Press.

Jacobsen, Hans-Adolf (1968): Nationalsozialistische Außenpolitik 1933–1938. Frankfurt am Main: Alfred Metzner.

Jagschitz, Gerhard (1976): Der Putsch. Die Nationalsozialisten 1934 in Österreich. Graz: Styria.

Jahnke, Karl Heinz (1972): Der Kampf gegen den Missbrauch der Olympischen Spiele 1936. In: *ZfG* 20 (8), S. 987–1010.

Jahnke, Karl Heinz (1972): Gegen den Missbrauch der olympischen Idee 1936. Sportler im antifaschistischen Widerstand. Frankfurt am Main: Röderberg.

Jaksch, Wenzel (1967): Europas Weg nach Potsdam. Schuld und Schicksal im Donauraum. Neu bearbeitet und ergänzt. Köln: Wissenschaft und Politik.

Jansen, Christian/Weckbecker, Arno (1992): Der »Volksdeutsche Selbstschutz« in Polen 1939/40. München: Oldenbourg.

Jarymowycz, Roman Johann (2001): Jedi Knights in the Kremlin: The Soviet Military in the 1930s and the Genesis of Deep Battle. In: McKercher, B. J. C. / Legault, Roch (Hg.): Military Planning and the Origins of the Second World War in Europe. Westport, Conn: Praeger, S. 121–144.

Jasper, Gottfried (1962): Über die Ursachen des Zweiten Weltkriegs. Zu den Büchern von A. J. P. Taylor und David L. Hoggan. In: *VfZ* 10 (3), S. 311–340.

Jastrzębski, Włodzimierz (2012): Die deutsche Minderheit in Polen im September 1939. Münster: Nicolaus-Copernicus.

Jaworski, Rudolf (1990): Die Tschechoslowakei in der NS-Propaganda des Jahres 1938. In: München 1938. Essen: Reinmar Hobbing, S. 161–178.

Jedlicka, Ludwig (1955): Ein Heer im Schatten der Parteien. Die militärpolitische Lage Österreichs 1918–1938. Graz: Böhlau.

Jena, Kai von (1982): Polnische Ostpolitik nach dem Ersten Weltkrieg. Das Problem der Beziehungen zu Sowjetrussland nach dem Riganer Frieden von 1921. Stuttgart: Deutsche Verlags-Anstalt.

Jochum, Manfred / Bobrowsky, Manfred (1988): Der Weg in den Untergang. Journalisten vermitteln den Anschluss. Wien: Wilhelm Braumüller.

Jones, F. C. (1954): Japan's New Order in East Asia. Its Rise and Fall 1937–45. London: Oxford University Press.

Jong, Louis de (1956): The German Fifth Column in the Second World War. Chicago: University of Chicago Press.

Jordan, Nicole (1992): The Popular Front and Central Europe. The dilemmas of French impotence 1918–1940. Cambridge: Cambridge University Press.

Judd, Denis (1996): Empire. The British Imperial Experience from 1756 to the Present. London: HarperCollins.

Jukes, G. (1991): The Red Army and the Munich Crisis. In: *JCH* 26 (2), S. 195–214.

Juliá, Santos (1989): The origins and nature of the Spanish Popular Front. In: Alexander, Martin S./Graham, Helen (Hg.): The French and Spanish Popular Fronts. Comparative Perspectives. Cambridge: Cambridge University Press, S. 24–37.

Junker, Detlef (1975): Der unteilbare Weltmarkt. Das ökonomische Interesse in der Außenpolitik der USA 1933–1941. Stuttgart: Ernst Klett,

Junker, Detlef (1988): Kampf um die Weltmacht. Die USA und das Dritte Reich, 1933–1945. Düsseldorf: Schwann.

Kaiser, Johann (1969): Die Politik des Dritten Reiches gegenüber der Slowakei 1939–1945. Ein Beitrag zur Erforschung der nationalsozialistischen Satellitenpolitik in Südosteuropa. Diss. Bochum.

Kaiser, David E. (1980): Economic Diplomacy and the Origins of the Second World War. Germany, Britain, France and Eastern Europe 1930–1939. Princeton: Princeton University Press.

Kalisch, Johannes (1989): Von der »Globallösung« zum »Fall Weiß«. Die deutsch-polnischen Beziehungen 1938/39. In: Eichholtz, Dietrich/Pätzold, Kurt (Hg.): Der Weg in den Krieg. Berlin/DDR: Akademie Verlag, S. 381–402.

Kalroda, Josef (1970): Czechoslovakia's Role in Soviet Strategy. Washington: University Press of America.

Karell, Viktor (1971): Karlsbad von A bis Z. Ein Stadtlexikon. München: Aufstieg.

Kárný, Miroslav (1989): Die Logik von München: Das Protektorat Böhmen und Mähren. In: Eichholtz, Dietrich/Pätzold, Kurt (Hg.): Der Weg in den Krieg. Berlin/DDR: Akademie Verlag, S. 279–308.

Kennedy, Greg (2002): Neville Chamberlain and Strategic Relations with the US during his Chancellorship. In: *D+S* 13 (1), S. 95–120.

Kershaw, Ian (2005): Hitlers Freunde in England. Lord Londonderry und der Weg in den Krieg. München: Deutsche Verlags-Anstalt.

Kettenacker, Lothar (1979): Die Diplomatie der Ohnmacht. Die gescheiterte Friedensstrategie der britischen Regierung vor Ausbruch des Zweiten Weltkriegs. In: Benz, Wolfgang/Graml, Hermann (Hg.): Sommer 1939. Die Großmächte und der Europäische Krieg. Stuttgart: Deutsche Verlags-Anstalt, S. 223–279.

Kettenacker, Lothar (1990): Die Deklasssierung Großbritanniens bei der Herausbildung des bipolaren Weltmächtesystems 1939–1945. In: *HM* 3 (1), S. 57–72.

Kettenacker, Lothar/Riotte, Torsten (Hg.) (2011): The Legacies of Two World Wars. European Societies in the Twentieth Century. New York: Berghahn Books.

Kettenacker, Lothar (2011): Great Britain: Declaring War as a Matter of Honour. In: Kettenacker, Lothar/Riotte, Torsten (Hg.) (2011): The Legacies of Two World Wars. New York: Berghahn Books, S. 168–184.

Kielmannsegg, Peter (1960): Die militär-politische Tragweite der Hoßbach-Besprechung. In: *VfZ* 8 (3), S. 269–275.

Kielmannsegg, Johann Adolf von (1949): Der Fritschprozess 1938. Ablauf und Hintergründe. Hamburg: Hoffmann und Campe.

Kieser, Rolf (1964): Englands Appeasementpolitik und der Aufstieg des Dritten Reiches im Spiegel der britischen Presse 1933–1939. Ein Beitrag zur Vorgeschichte des Zweiten Weltkriegs. Winterthur: P. G. Keller.

Kimche, Jon (1969): Kriegsende 1939? Der versäumte Angriff aus dem Westen. Stuttgart: Deutsche Verlags-Anstalt.

Kimmich, Christoph M. (1968): The Free City – Danzig and German Foreign Policy 1919–1934. New Haven: Yale University Press.

Kindermann, Gottfried-Karl (1984): Hitlers Niederlage in Österreich. Bewaffneter NS-Putsch, Kanzlermord und Österreichs Abwehrsieg von 1934. Hamburg: Hoffmann und Campe.

Kirby, William C. (1984): Germany and Republican China. Stanford, Calif: Stanford University Press.

Kirkpatrick, Ivone (1997): Mussolini. Berlin: Ullstein.

Klein, Burton H. (1959): Germany's Economic Preparations for War. Cambridge, Mass.: Harvard University Press.

Klemperer, Klemens von (1991): German Resistance against Hitler. The Search for Allies Abroad. Oxford: Clarendon Press.

Klessmann, Christoph (1971): Der Generalgouverneur Hans Frank. In: *VfZ* 19 (3), S. 245–260.

Kley, Stefan (1996): Hitler, Ribbentrop und die Entfesselung des Zweiten Weltkriegs. Paderborn: Schöningh.

Kluge, Dankwart (1980): Das Hoßbach-›Protokoll‹. Die Zerstörung einer Legende. Leoni: Druffel.

Klusacek, Christine (1978): Die Gleichschaltung der Wiener Bühnen. In: Czeike, Felix (Hg.): Wien 1938. Wien: Verein für Geschichte der Stadt Wien, S. 248–257.

Klüver, Max (1993): Es war nicht Hitlers Krieg. Neues aus dem britischen Staatsarchiv. Essen.

Knipping, Franz (1981): Die deutsch-französische Erklärung vom 6. Dezember 1938. In: Hildebrand, Klaus / Werner, Karl Ferdinand (Hg.): Deutschland und Frankreich 1936–1939. München: Artemis (Bd. 10), S. 523–551.

Knipping, Franz/Müller, Klaus Jürgen (Hg.) (1984): Machtbewusstsein in Deutschland am Vorabend des Zweiten Weltkrieges. Paderborn: Schöningh.

Kobljakow, I. K. (1977): Die UdSSR im Kampf für den Frieden gegen die Aggression 1933–1941. Moskau: Progress.

Koch, Christoph (Hg.) (2015): Gab es einen Stalin-Hitler-Pakt? Charakter, Bedeutung und Deutung des deutsch-sowjetischen Nichtangriffsvertrages vom 23. August 1939. Frankfurt am Main: Peter Lang.

Koerner, Ralf Richard (1958): So haben sie es damals gemacht ... Die Propagandavorbereitungen zum Österreich-Anschluss durch das Hitlerregime 1933 bis 1938. Wien: Gesellschaft zur Förderung wissenschaftlicher Forschung.

Komjathy, Anthony (1976): The Crises of France's East Central European Diplomacy 1933–1938. New York: Columbia University Press.

Komjathy, Anthony / Stockwell, Rebecca (1980): German Minorities and the Third Reich. Ethnic Germans of East Central Europe between the Wars. New York: Holmes & Meier.

Königer, Heinz (1958): Der Weg nach München. Über die Mai- und Septemberkrise im Jahre 1938 und ihre Vorgeschichte. Berlin/DDR: Deutscher Verlag der Wissenschaften.

Konrad, Helmut / Manderthaner, Wolfgang (Hg.) (2008): ... der Rest ist Österreich. Das Werden der Ersten Republik. Wien: Carl Gerold's Sohn.

Konrad, Helmut / Neugebauer, Wolfgang (Hg.) (1983): Arbeiterbewegung – Faschismus – Nationalbewusstsein. Wien: Europaverlag.

Korbel, Josef (1959): The Communist Subversion of Czechoslovakia 1938–1948. The Failure of Coexistence. Princeton: Princeton University Press.

Kordt, Erich (1947): Wahn und Wirklichkeit. Die Außenpolitik des Dritten Reiches – Versuch einer Darstellung. Stuttgart: Union Deutsche Verlagsgesellschaft.

Kornat, Marek (2012): Polen zwischen Hitler und Stalin. Studien zur polnischen Außenpolitik in der Zwischenkriegszeit. Berlin: bebra.

Kornat, Marek (2013): Die politische Krise des Jahres 1939 in Europa und die Möglichkeiten der polnischen Außenpolitik. In: Möller, Horst/Čuburjan, Aleksandr (Hg.): Die Tragödie Europas. München: Oldenbourg, S. 129–143.

Kosthorst, Erich (1955): Die deutsche Opposition gegen Hitler zwischen Polen- und Frankreichfeldzug. Bonn: Bundeszentrale für Heimatdienst

Kracik, Jörg (1999): Die Politik des deutschen Aktivismus in der Tschechoslowakei, 1920–1938. Frankfurt am Main: Peter Lang.

Krämer, Andreas (2014): Hitlers Kriegskurs, Appeasement und die »Maikrise« 1938. Entscheidungsstunde im Vorfeld von »Münchener Abkommen« und Zweitem Weltkrieg. Berlin: Walter de Gruyter.

Krausnick, Helmut (1954): Legenden um Hitlers Außenpolitik. In: *VfZ* 2 (3), S. 217–239.

Krausnick, Helmut (1963): Hitler und die Morde in Polen. In: *VfZ* 11 (2), S. 196–209.

Krebs, Gerhard (1998): Die deutschen Militärberater in China und der japanisch-chinesische Krieg 1937/38. In: *MG* 8 (1), S. 12–19.

Krüger, Arnd (1972): Die Olympischen Spiele 1936 und die Weltmeinung. Ihre außenpolitische Bedeutung unter besonderer Berücksichtigung der USA. Berlin/West: Bartels & Wernitz.

Krüger, Arnd (1994): »Wenn die Olympiade vorbei, schlagen wir die Juden zu Brei!«. Das Verhältnis der Juden zu den Olympischen Spielen von 1936. In: Menora – Jahrbuch für deutsch-jüdische Geschichte. München: Piper, S. 331–346.

Krüger, Arnd/Murray, William (Hg.) (2003): The Nazi Olympics. Sport, Politics and Appeasement in the 1930s. Urbana: University of Illinois Press.

Krüger, Arnd / Wedemeyer, Bernd (Hg.) (2000): Aus Biographien Sportgeschichte lernen. Hoya: NISH.

Krüger, Hans-Jürgen (1988): Der Anschluss Österreichs und das verhinderte Plebiszit vom 13. März 1938 im Spiegel ausländischer Zeitungen. Eine Dokumentation. In: *GWU* 39 (3), S. 131–141.

Krüger, Peter / Hahn, Erich J. C. (1972): Der Loyalitätskonflikt des Staatssekretärs Bernhard Wilhelm von Bülow im Frühjahr 1933. In: *VfZ* 20 (4), S. 376–410.

Kubitz, Peter Paul (1997): Der Traum vom Sehen. Zeitalter der Televisionen. Dresden: Verlag der Kunst.

Kuhn, Dieter (1999): Der Zweite Weltkrieg in China. Berlin: Duncker & Humblot.

Kuhn, Dieter (2007): Die Republik China von 1912 bis 1937. Entwurf für eine politische Ereignisgeschichte. 3. überarb. und erw. Aufl. Heidelberg: Ed. Forum.

Kühnrich, Heinz (1987): Die Entfesselung des zweiten Weltkriegs und der »seltsame Krieg« im zeitgenössischen Urteil der KPD (September 1939–Mai/April 1940). In: *BGA* 29 (4), S. 435–460.

Kukiel, M. (1956): Das polnische Heer im Septemberfeldzug 1939. In: *ASM* 122 (3+4), S. 183–191, 291–299.

Kunert, Dirk (1984): Ein Weltkrieg wird programmiert. Hitler, Roosevelt, Stalin: Die Vorgeschichte des 2. Weltkrieges nach Primärquellen. Kiel: Arndt.

Kunert, Dirk (1992): Hitlers kalter Krieg. Moskau, London, Washington, Berlin: Geheimdiplomatie, Krisen und Kriegshysterie 1938/39. Kiel: Arndt.

Kuo, Heng-yü (1975): Maos Weg zur Macht und die Komintern. Am Beispiel der »Antijapanischen Einheitsfront« 1931–1938. Mit der Schrift »Über die neue Periode« von Mao Tse-tung und anderen Dokumenten. Paderborn: Schöningh.

Kwei, Chung-Gi (1970): The Kuomintang-Communist Struggle. China 1922–1949. Den Haag: Martinus Nijhoff.

Lacaze, Yvon (1991): L'opinion publique française et la crise de Munich. Bern: Peter Lang.

Lacaze, Yvon (1998): Daladier, Bonnet and the decision-making process during the Munich crisis 1938. In: Boyce, Robert (Hg.): French foreign and defence policy 1918–1940. The decline and fall of a great power. London: Routledge, S. 215–233.

Lackó, Miklós (1973): Ostmitteleuropäischer Faschismus. Ein Beitrag zur allgemeinen Faschismus-Definition. In: *VfZ* 21 (1), S. 39–51.

Lakowski, Richard (1989): Die Wehrmacht 1938 – Aggressionsinstrument des faschistischen deutschen Imperialismus. In: Eichholtz, Dietrich/Pätzold, Kurt (Hg.): Der Weg in den Krieg. Berlin/DDR: Akademie Verlag, S. 91–112.

Lamb, Richard (1989): The Drift to War 1922–1939. London: W.H. Allen.

Lambauer, Barbara (2011): The French Entry into the War in September 1939. Between Reluctance and Resignation. In: Kettenacker, Lothar/Riotte, Torsten (Hg.): The Legacies of Two World Wars. New York: Berghahn Books, S. 150–167.

Langer, William L./Gleason, S. Everett (1952): The Challenge to Isolation 1937–1940. New York: Harper & Brothers.

Langhorne, Richard (Hg.) (1985): Diplomacy and Intelligence during the Second World War. Cambridge: Cambridge University Press.

Large, David Clay (2007): Nazi Games. The Olympics of 1936. New York: W. W. Norton.

Latawski, Paul (1991): Lewis Namier and the Criteria of State-Building: The Construction of Czechoslovakia and Poland 1915–1920. In: Schmidt-Hartmann, Eva / Stanley B. Winters (Hg.): Großbritannien, die USA und die böhmischen Länder 1848–1938. München: Oldenbourg, S. 143–151.

Lee, Bradford A. (1973): Britain and the Sino-Japanese War 1937–1939. A Study in the Dilemmas of British Decline. Stanford, Calif: Stanford University Press.

Lee, Bradford A. (1985): Strategy, arms and the collapse of France 1930–40. In: Langhorne, Richard (Hg.): Diplomacy and Intelligence during the Second World War. Cambridge: Cambridge University Press, S. 43–67.

Lefranc, Georges (1974): Histoire du Front Populaire 1934–1938. Paris: Payot.

Leibson, B./Schirinja, K.: (1965): Der VII. Weltkongress der Kommunistischen Internationale. In: *PFS* 8 (8), S. 678–683.

Leigh, Michael (1976): Mobilizing Consent. Public Opinion and American Foreign Policy 1937–1947. Westport, Conn.: Greenwood Press.

Leitz, Christian (1996): Nazi Germany's Intervention in the Spanish Civil War. In: Preston, Paul/Mackenzie, Ann L. (Hg.): The Republic Besieged. Edinburgh: University Press, S. 53–85.

Lenz, Wilhelm/Kettenacker, Lothar (Hg.) (1971): Lord Kemsleys Gespräch mit Hitler Ende Juli 1939. In: *VjW* 19 (3), S. 305–321.

Levy, David A. L. (1987): The French Popular Front 1936–37. In: Graham, Helen/Preston, Paul (Hg.): The Popular Front in Europe. Houndmills: Macmillan, S. 58–83.

Liang, Hsi-Huey (1978): The Sino-German connection. Alexander von Falkenhausen between China and Germany 1900–1941. Amsterdam: Van Gorcum.

Lindner, Heinz (1968): Die Deutsch-französische Erklärung vom 6. Dezember 1938. Zur diplomatischen Vorgeschichte des zweiten Weltkrieges. In: *ZfG* 16 (7), S. 884–893.

Lipscher, Ladislav (1979): Verfassung und politische Verwaltung in der Tschechoslowakei 1918–1939. München: Oldenbourg.

Liu, James T. C. (1949): German Mediation in the Sino-Japanese war 1937–38. In: *FEQ* 8 (2), S. 157–171.

Liu, F. F. (1956): A Military History of Modern China 1924–1949. Princeton: Princeton University Press.

Loeber, Dietrich A. (1974): Diktierte Option. Die Umsiedlung der Deutsch-Balten aus Estland und Lettland 1939–1941. Neumünster: K. Wachholtz.

Longmate, Norman (1977): How we lived then. A history of everyday life during the Second World War. London: Arrow Books.

Louis, Roger (1983): The Road to Singapore: British Imperialism in the Far East 1932–42. In: Mommsen, Wolfgang J./Kettenacker, Lothar (Hg.): The Fascist Challenge and the Policy of Appeasement. London: George Allen & Unwin, S. 352–388.

Low, Alfred D. (1985): The Anschluss Movement 1931–1938 and the Great Powers. New York: Columbia University Press.

Lubbers, Heinz/Schwipps, W. (1970): Morgen die ganze Welt. Deutscher Kurzwellensender im Dienste der NS-Propaganda. Berlin.

Łubieński, Tomasz (2010): 1939 – noch war Polen nicht verloren. Berlin: Ed. fotoTAPETA.

Lüdeke, Alexander (2013): Weapons of World War II. Infantry Weapons, unarmored and armored Vehicles, Artillery, Special Weapons, Aircraft, Ships. Cambridge, Mass.: Parragon.

Lüdicke, Lars (2014): Constantin von Neurath. Eine politische Biographie. Paderborn: Schöningh.

Luh, Andreas (1991): Großbritannien, die Sudetendeutsche Partei und das Dritte Reich. In: Schmidt-Hartmann, Eva/Winters, Stanley B. (Hg.): Großbritannien, die USA und die böhmischen Länder 1848-1938 München: Oldenbourg, S. 353–376.

Lukes, Igor (1993): Benesch, Stalin und die Komintern. Vom Münchner Abkommen zum Molotow-Ribbentrop-Pakt. In: *VfZ* 41 (3), S. 325–353.

Lukes, Igor (1996): Czechoslovakia between Stalin and Hitler. The Diplomacy of Edvard Beneš in the 1930s. New York: Oxford University Press.

Lukes, Igor (1996): The Czechoslovak Partial Mobilisation in May 1938. A Mystery (almost) solved. In: *JCH* 31 (4), S. 699–720.

Lukeš, Igor / Goldstein, Erik (Hg.) (2006): The Munich Crisis 1938. Prelude to World War II. London: Cass.

Lungu, Dov B. (1989): Romania and the Great Powers 1933–1940. Durham: Duke University Press.

Luža, Radomir (1964): The Transfer of the Sudeten Germans. A Study of Czech-German Relations 1933–1962. New York: New York University Press.

Luža, Radomir (1981): The Czechoslovak Ground Forces in the Munich Crisis. General Hasal's Notes of May 1958. In: *ECE* 8 (1-2), S. 97–102.

MacDonald, C. A. (1972): Britain, France and the April Crisis of 1939. In: *ESR* 2 (2), S. 151–169.

MacDonald, C. A. (1982): Die USA, Großbritannien und die Appeasement-Politik 1936–1939. In: Rohe, Karl (Hg.): Die Westmächte und das Dritte Reich 1933–1939. Paderborn: Schöningh, S. 83–101.

MacKenzie, John M. (1984): Propaganda and Empire. The Manipulation of British Public Opinion 1880–1960. Manchester: Manchester University Press.

Mackiewicz, Stanisław (1956): Geschichte Polens vom 11. November 1918 bis zum 17. September 1939. Marburg.

Mader, Julius/Stuchlik, Gerhard/Pehnert, Horst (1966): Dr. Sorge funkt aus Tokyo. Ein Dokumentarbericht über Kundschafter des Friedens mit ausgewählten Artikeln von Richard Sorge. Berlin/DDR: Deutscher Militärverlag.

Maier, Klaus A. (1979): Die Errichtung der Hegemonie auf dem europäischen Kontinent. Das Deutsche Reich und der Zweite Weltkrieg. Stuttgart: Deutsche Verlags-Anstalt.

Maier, Klaus A. (1981): Der Aufbau der Luftwaffe und ihre strategisch-operative Konzeption, insbesondere gegenüber den Westmächten. In: Hildebrand, Klaus/Werner, Karl Ferdinand (Hg.): Deutschland und Frankreich 1936–1939. München: Artemis, S. 291–324.

Main, Steven J. (2000): The Red Army and the Future War in Europe 1925–40. In: Pons, Silvio/Romano, Andrea (Hg.): Russia in the Age of Wars 1914–1945. Mailand: Feltrinelli, S. 171–186.

Mainwaring, Scott/Pérez-Liñán, Aníbal (2013): Democracies and Dictatorships in Latin America. Emergence, Survival, and Fall. Cambridge: Cambridge University Press.

Maiski, Iwan M. (1972): Das Drama von München. Moskau: APN.

Mandell, Richard D. (1980): Hitlers Olympiade Berlin 1936. München: Wilhelm Heyne.

Marguerat, Philippe (1977): Le IIIe Reich et le pétrole roumain 1938–1940. Contribution à l'étude de la pénétration économique allemande dans les Balkans à la veille et au début de la Seconde Guerre mondiale. Leiden: A. W. Sijthoff.

Maria, Roger (1995): De l'accord de Munich au Pacte germano-soviétique du 23 août 1939. Paris: L'Harmattan.

Markert, Werner (Hg.) (1959): Polen. Köln: Böhlau.

Marks, Frederick W. (1988): Wind over Sand. The diplomacy of Franklin Roosevelt. Athens, Georgia: University of Georgia Press.

Marquetti, Stéphane (1982): Images d'une certain France. Affiches 1939–1945. Lausanne: Édita.

Martin, Bernd (Hg.) (1981): Die deutsche Beraterschaft in China 1927–1938. Militär, Wirtschaft, Außenpolitik. Düsseldorf: Droste.

Martin, Bernd (1972): Britisch-deutsche Friedenskontakte in den ersten Monaten des Zweiten Weltkrieges. Eine Dokumentation über die Vermittlungsversuche von Birger Dahlerus. In: *ZfP* NF 19 (3), S. 206–221.

Martin, Bernd (1974): Friedensinitiativen und Machtpolitik im Zweiten Weltkrieg 1939–1942. Düsseldorf: Droste.

Martin, Bernd (1976): Die deutsch-japanischen Beziehungen während des Dritten Reiches. In: Funke, Manfred (Hg.): Hitler, Deutschland und die Mächte. Düsseldorf: Droste, S. 454–470.

Martin, Bernd (1981): Die interventionistische Globalstrategie der Regierung Roosevelt 1933–1941. In: *MGM* 30 (2), S. 57–98.

Maser, Werner (1997): Der Wortbruch. Hitler, Stalin und der Zweite Weltkrieg. München: Wilhelm Heyne.

Mason, Timothy W. (1977): Sozialpolitik im Dritten Reich. Arbeiterklasse und Volksgemeinschaft. Opladen: Westdeutscher Verlag.

Massiczek, Albert (1978): Die Situation an der Universität Wien März/April 1938. In: Czeike, Felix (Hg.): Wien 1938. Wien: Verein für Geschichte der Stadt, S. 216–229.

Mastny, Vojtech (1971): The Czechs under Nazi Rule. The Failure of National Resistance 1939–1942. New York: Columbia University Press.

Matic, Igor-Philip (2002): Edmund Veesenmayer. Agent und Diplomat der nationalsozialistischen Expansionspolitik. München: Oldenbourg.

Maurer, Noel (2013): The Empire Trap. The Rise and Fall of US-Intervention to protect American Property Overseas 1893–2013. Princeton: Princeton University Press.

May, Ernest R. (Hg.) (1984): Knowing one's Enemies. Intelligence Assessment before the two World Wars. Princeton: Princeton University Press.

Mazower, Mark (2009): Hitlers Imperium. Europa unter der Herrschaft des Nationalsozialismus. München: C.H. Beck.

McCoughlin, Barry (2001): »Vernichtung des Fremden«. Der »Große Terror« in der UdSSR 1937/38. In: Weber, Hermann (Hg.): Jahrbuch für Historische Kommunismusforschung 2000/2001. Berlin: Aufbau-Verlag, S. 50–88.

McCulloch, Tony (2003): Franklin Roosevelt and the Runciman Mission to Czechoslovakia 1938. A new perspective on Anglo-American relations in the era of appeasement. In: *JTS* 1. (2.), S. 152–174.

McDonough, Frank (1997): The origins of the First and Second World Wars. Cambridge: Cambridge University Press.

McDonough, Frank (1998): Neville Chamberlain, appeasement and the British road to war. Manchester: Manchester University Press.

McKercher, B. J. C./Legault, Roch (Hg.) (2001): Military Planning and the Origins of the Second World War in Europe. Westport, Conn: Praeger.

McSherry, James E. (1962/1970): Stalin, Hitler and Europe. The Origins of World War II 1933–1939 / The Imbalance of Powers 1939–1941. 2 Bände. Cleveland: World Publishing.

Medlicott, Norton (1981): Britain and Germany: the Search for Agreement 1930–37. In: Dilks, David (Hg.): Retreat from Power. Bd. 1: 1906–1939. London: Macmillan, S. 78–101.

Meinck, Gerhard (1959): Hitler und die deutsche Aufrüstung 1933–1937. Wiesbaden: Franz Steiner.

Melnikow, J. M. (1959): Die Rolle der amerikanisch-deutschen Gegensätze bei der Entstehung des zweiten Weltkrieges. In: *SW* (1), S. 617–643.

Mendelssohn, Peter de (1947): Die Nürnberger Dokumente. Studien zur deutschen Kriegspolitik 1937–45. Hamburg: Wolfgang Krüger.

Metzmacher, Helmut (1966): Deutsch-englische Ausgleichsbemühungen im Sommer 1939. In: *VfZ* 14 (4), S. 369–412.

Michalka, Wolfgang (Hg.) (1989): Der Zweite Weltkrieg. Analysen, Grundzüge, Forschungsbilanz. München: Piper.

Michalka, Wolfgang (1980): Ribbentrop und die deutsche Weltpolitik 1933–1940. Außenpolitische Konzeptionen und Entscheidungsprozesse im Dritten Reich. München: Wilhelm Fink.

Michalka, Wolfgang (Hg.) (1985): Das Dritte Reich. Bd. 1.: Volksgemeinschaft und Großmachtpolitik 1933–1939. München: Deutscher Taschenbuch Verlag.

Michels, Helmut (1992): Ideologie und Propaganda. Die Rolle von Joseph Goebbels in der nationalsozialistischen Außenpolitik bis 1939. Frankfurt am Main: Peter Lang.

Middlemas, Keith (1972): Diplomacy of Illusion. The British Government and Germany 1937–1939. London: Weidenfeld and Nicolson.

Militärgeschichtliches Forschungsamt (Hg.) (1989): Ursachen und Voraussetzungen des Zweiten Weltkrieges. Unter Mitarbeit von Wilhelm Deist, Manfred Messerschmidt, Hans-Erich Volkmann und Wolfram Wette. Aktualisierte, ungekürzte Ausg. Frankfurt am Main: Fischer Taschenbuch.

Milward, Alan S. (1966): Die deutsche Kriegswirtschaft 1939–1945. Stuttgart: Deutsche Verlags-Anstalt.

Mitchell, Arthur H. (2007): Hitler's Mountain. The Führer, Obersalzberg and the American occupation of Berchtesgaden. Jefferson, N. C.: McFarland.

Mitter, Rana (2014): China's War with Japan 1937–1945. The Struggle for Survival. London: Penguin.

Moll, Martin (2001): Der Griff nach Österreich im März 1938 – erster Schritt in den Krieg? Offene Fragen zu einem scheinbar eindeutigen Sachverhalt. In: Werner Röhr/Berlekamp, Brigitte/Roth, Karl Heinz (Hg.): Der Krieg vor dem Krieg. Ökonomik und Politik der »friedlichen« Aggressionen Deutschlands 1938/1939. Hamburg: VSA-Verlag, S. 156–187.

Möller, Horst / Čuburjan, Aleksandr (Hg.) (2013): Die Tragödie Europas: Von der Krise des Jahres 1939 bis zum Angriff auf die UdSSR. München: Oldenbourg.

Moltmann, Günter (1961): Weltherrschaftsideen Hitlers. In: Brunner, Otto/Gerhard, Dietrich (Hg.): Europa und Übersee. Hamburg: Hans-Bredow-Institut, S. 197–240.

Moltmann, Günter (1964): Franklin D. Roosevelts Friedensappell vom 14. April 1939. Ein fehlgeschlagener Versuch zur Friedenssicherung. In: *JfA* 9, S. 91–109.

Mommsen, Wolfgang J./Kettenacker, Lothar (Hg.) (1983): The Fascist Challenge and the Policy of Appeasement. London: George Allen & Unwin.

Moorhouse, Roger (2009): Attentate auf Hitler. Die Attentäter, die Pläne und warum sie scheiterten. Wiesbaden: Matrix; Weltbild.

Morley, James William (Hg.) (1976): Deterrent Diplomacy. Japan's Road to the Pacific War. Japan, Germany and the USSR 1935–1940. New York: Columbia University Press.

Morley, James William (Hg.) (1983): The China Quagmire. Japan's Expansion on the Asian Continent 1933–1941. New York: Columbia University Press.

Moser, Jonny (1978): Das Schicksal der Wiener Juden in den März- und Apriltagen 1938. In: Czeike, Felix (Hg.): Wien 1938. Wien: Verein für Geschichte der Stadt Wien, S. 172–181.

Murawski Erich (1962): Der deutsche Wehrmachtbericht 1939–1945. Ein Beitrag zur Untersuchung der geistigen Kriegführung. Mit einer Dokumentation der Wehrmachtberichte vom 1.7.1944 bis zum 9.5.1945. Boppard am Rhein: Harald Boldt.

Mueller-Hillebrand, Burkhart (1954): Das Heer bis zum Kriegsbeginn. Mit einem Geleitwort von Generaloberst a. D. Franz Halder. Darmstadt: E. S. Mittler & Sohn.

Müller, Franz (1990): Ein »Rechtskatholik« zwischen Kreuz und Hakenkreuz. Franz von Papen als Sonderbevollmächtigter Hitlers in Wien 1934–1938. Frankfurt am Main: Peter Lang.

Müller, Klaus-Jürgen (1969): Das Heer und Hitler. Armee und nationalsozialistisches Regime 1933–1940. Stuttgart: Deutsche Verlags-Anstalt.

Müller, Klaus-Jürgen (1980): General Ludwig Beck. Studien und Dokumente zur politisch-militärischen Vorstellungswelt und Tätigkeit des Generalstabschefs des deutschen Heeres 1933–1938. Boppard am Rhein: Harald Boldt.

Müller, Klaus-Jürgen (2008): Generaloberst Ludwig Beck. Eine Biographie. Hg. mit Unterstützung des Militärgeschichtlichen Forschungsamtes Potsdam. Paderborn: Schöningh.

Müller, Rolf-Dieter (2004): Der Zweite Weltkrieg 1939–1945. In: Gebhardt Handbuch der deutschen Geschichte., Bd. 21. 10. Aufl. Stuttgart.

Müller, Rolf-Dieter (2012): Hitlers Wehrmacht 1935–1945. München: Oldenbourg,

München 1938. Das Ende des alten Europa. Hg. i. A. der Deutsch-Tschechoslowakischen Gesellschaft für die BRD e.V. von Peter Glotz, Karl-Heinz Pollok, Karl von Schwarzenberg, John van Nes Ziegler (1990). Essen: Reinmar Hobbing.

Murray, Williamson (1984): The Change in the European Balance of Power 1938–1939. The Path to Ruin. Princeton: Princeton University Press.

Musial, Bogdan (2010): Kampfplatz Deutschland. Stalins Kriegspläne gegen den Westen. Berlin: List.

Namier, Lewis Bernstein (1949): Diplomatisches Vorspiel 1938–1939. Berlin: Oswald Arnold.

Nathan, Otto / Norden, Heinz (Hrsg.) (1960): Einstein on peace. New York: Simon & Schuster.

Nazarewicz, Ryszard (2001): Der Überfall auf Polen 1939: Diplomatische Hintergründe. In: Röhr, Werner/Berlekamp, Brigitte/Roth, Karl Heinz (Hg.): Der Krieg vor dem Krieg. Ökonomik und Politik der »friedlichen« Aggressionen Deutschlands 1938/1939. Hamburg: VSA-Verlag, S. 307–325.

Neal, Larry (1979): The Economics and Finances of Bilateral Clearing Agreements of Germany 1934–38. In: EHR 32 (3), S. 391–404.

Neck, Rudolf (1983): Wilhelm Miklas und der »Anschluss« 1938. In: Konrad, Helmut/Neugebauer, Wolfgang (Hg.): Arbeiterbewegung – Faschismus – Nationalbewusstsein. Wien: Europaverlag, S. 99–113.

Neck, Rudolf/Wandruszka, Adam (Hg.) (1981): Anschluss 1938. München: Oldenbourg.

Neilson, Francis (1950): The Makers of War. Appleton, Wisconsin: C. C. Nelson.

Neuman, H. J. (1970): Arthur Seyß-Inquart. Graz: Styria.

Neuwirth, Hans (1960): Begegnungen im böhmischen Raum. In: Bohemia – Jahrbuch des Collegium Carolinum 1, S. 240–311.

Neville, Peter (1998): The Appointment of Sir Nevile Henderson 1937. Design or Blunder? In: *JCH* 33 (4), S. 609–619.

Neville, Peter (2002): Rival Foreign Office Perceptions of Germany 1936–39. In: *D+S* 13 (3), S. 137–152.

Neville, Peter (2006): Hitler and Appeasement. The British Attempt to Prevent the Second World War. London: Hambledon.

Newman, Simon (1976): March 1939 – The British guarantee to Poland. A Study in the Continuity of British Foreign Policy. Oxford: Clarendon Press.

Newton, Scott (1996): Profits of Peace. The Political Economy of Anglo-German Appeasement. Oxford: Clarendon Press.

Nicoll, Peter H. (1963): Englands Krieg gegen Deutschland. Die Ursachen, Methoden und Folgen des zweiten Weltkriegs. Tübingen: Deutsche Hochschullehrer-Zeitung.

Niedhart, Gottfried (Hg.) (1976): Kriegsbeginn 1939. Entfesselung oder Ausbruch des Zweiten Weltkriegs? Darmstadt: Wissenschaftliche Buchgesellschaft.

Niedhart, Gottfried (1972): Großbritannien und die Sowjetunion 1934-1939. Studien zur britischen Politik der Friedenssicherung zwischen den beiden Weltkriegen. München: Wilhelm Fink.

Nieh, Yu-Hsi (1970): Die Entwicklung des chinesisch-japanischen Konflikts in Nordchina und die deutschen Vermittlungsbemühungen 1937–1938. Hamburg: Institut für Asienkunde.

Nielsen, Inger Vej (1984): The Dahlerus Mission. Odense: Odense University Press.

Niemeyer, Ralf (1994): Die KPD und der Spanische Bürgerkrieg 1936–1939. Magisterarbeit. Universität Hamburg. Historisches Seminar.

Nikulin, Lew (1965): Die Affäre Tuchatschewskij. Ein biographischer Bericht. In: Bronske-Pampuch, Wanda (Hg.): Geköpfte Armee. Frankfurt am Main: Propyläen, S. 7–93.

Nitz, Wenke (2013): Führer und Duce. Politische Machtinszenierungen im nationalsozialistischen Deutschland und im faschistischen Italien. Weimar: Böhlau.

Nižňanský, Eduard (2004): Die Machtübernahme von Hlinkas Slowakischer Volkspartei in der Slowakei im Jahre 1938/39 mit einem Vergleich zur nationalsozialistischen Machtergreifung 1933/34 in Deutschland. In: Glettler, Monika/Lipták, Ľubomir/Míšková, Alena (Hg.): Geteilt, besetzt, beherrscht. Essen: Klartext, S. 249–287.

Nolte, Ernst (1968): Der Faschismus. Von Mussolini zu Hitler. Texte, Bilder, Dokumente. München: Kurt Desch.

Novak, Jaroslav (1962): Im Zeichen zweier Kreuze. Franz Karmasins und Ferdinand Ďurčanskýs Glanz und Fall. Prag: Orbis.

Oberländer, Erwin (Hg.) (1989): Hitler-Stalin-Pakt 1939. Das Ende Ostmitteleuropas? Frankfurt am Main: Fischer.

Obermann, Karl/Polišenský, Josef (Hg.) (1959): Die Hintergründe des Münchner Abkommens von 1938. Berlin/DDR: Rütten & Loening.

Ochotin, Nikita/Roginski, Arseni (2001): Die Geschichte der »Deutschen Operation« des NKWD 1937–1938. In: Hermann Weber (Hg.): Jahrbuch für Historische Kommunismusforschung 2000/2001. Berlin: Aufbau-Verlag, S. 89–125.

Offner, Arnold A. (1969): American Appeasement. United States Foreign Policy and Germany 1933–1938. Cambridge, Mass.: Harvard University Press.

Offner, Arnold A. (1975): The Origins of the Second World War. American Foreign Policy and World Politics 1917–1941. Malabar, Fla: R. E. Krieger.

Offner, Arnold A. (1977): Appeasement Revisited: The United States, Great Britain, and Germany, 1933–1940. In: *JAH* 64 (2), S. 373–393.

Offner, Arnold A. (1983): The United States and National Socialist Germany. In: Mommsen, Wolfgang J./Kettenacker, Lothar (Hg.): The Fascist Challenge and the Policy of Appeasement. London: George Allen & Unwin, S. 413–427.

Ohata, L./Tokushiro, F. (1976): The Anti-Comintern Pact 1935–1939. In: Morley, James William (Hg.): Deterrent Diplomacy. New York: Columbia University Press, S. 1–111.

Olah, Franz (1987): »Im zweiten Stock feiern sie schon!« Der Anschluss, die Arbeiter und die Gewerkschaften. In: Chorherr, Thomas (Hg.): 1938 – Anatomie eines Jahres. Wien: Ueberreuter, S. 92–102.

Ory, Pascal (1978): La commémoration révolutionnaire en 1939. In: Rémond, René/Bourdin, Janine (Hg.): La France et les Français 1938–1939. Paris: Presses de la fondation nationale des sciences politiques, S. 115–136.

Orzoff, Andrea (2011): Battle for the Castle. The Myth of Czechoslovakia in Europe 1914–1948. Oxford: Oxford University Press.

O'Sullivan, Donald (Hg.) (1998): Die Errichtung der Sowjetmacht in der Westukraine und Westweißrussland 1939. In: *FoIZ* 2, S. 109–160.

Ovendale, Richard (1975): ›Appeasement‹ and the English speaking World. Britain, the United States, the Dominions and the Policy of ›Appeasement‹ 1937–1939. Cardiff: University of Wales Press.

Ovendale, Richard (1983): Britain, the Dominions and the Coming of the Second World War 1933–9. In: Mommsen, Wolfgang J./Kettenacker, Lothar (Hg.): The Fascist Challenge and the Policy of Appeasement. London: George Allen & Unwin, S. 323–338.

Overy, Richard (1984): German Air Strength 1933 to 1939. A Note. In: *HJ* 27 (2), S. 465–471.

Overy, Richard (1987): Germany, »Domestic Crisis« and War in 1939. In: *PP* (116), S. 138–168.

Overy, Richard (1998): Strategic Intelligence and the Outbreak of the Second World War. In: *War in History* 5 (4), S. 451–480.

Overy, Richard (2009): Die letzten zehn Tage. Europa am Vorabend des Zweiten Weltkriegs: 24. August bis 3. September 1939. München: Pantheon.

Overy, Richard (2009): The Twilight Years. The Paradox of Britain between the Wars. New York: Penguin.

Pagel, Jürgen (1992): Polen und die Sowjetunion 1938–1939. Die polnisch-sowjetischen Beziehungen in den Krisen der europäischen Politik am Vorabend des Zweiten Weltkriegs. Stuttgart: Franz Steiner.

Palomino, Ángel / Preston, Paul (2003): Francisco Franco. Barcelona: Ediciones B.

Parker, Robert Alexander Clarke (1993): Chamberlain and appeasement. British policy and the coming of the Second World War. Houndmills: Macmillan.

Patzer, Ursula (1978): Die Wiener Schulen im März und April 1938. In: Felix Czeike (Hg.): Wien 1938. Wien: Verein für Geschichte der Stadt Wien, S. 286–303.

Payne, Stanley G. (2004): The Spanish Civil War, the Soviet Union and Communism. New Haven: Yale University Press.

Payne, Stanley G. (2006): The Collapse of the Spanish Republic 1933–1936. Origins of the Civil War. New Haven, London: Yale University Press.

Peball, Kurt (1978): Die militärische Situation in Wien im März 1938. In: Czeike, Felix (Hg.): Wien 1938. Wien: Verein für Geschichte der Stadt Wien, S. 50–59.

Peck, Joachim (1961): Kolonialismus ohne Kolonien. Der deutsche Imperialismus und China 1937. Berlin/DDR: Akademie Verlag.

Peden, G. C. (1979): British Rearmament and the Treasury 1932–1939. Edinburgh: Scottish Academic Press.

Petersen, Jens (1973): Hitler – Mussolini. Die Entstehung der Achse Berlin-Rom 1933–1936. Tübingen: Max Niemeyer.

Peterson, Edward N. (1969): The Limits of Hitler's Power. Princeton: University Press.

Petzina, Dieter (1968): Autarkiepolitik im Dritten Reich. Der nationalsozialistische Vierjahresplan. Stuttgart: Deutsche Verlags-Anstalt.

Peyrefitte, Christel (1977): Les premiers sondages d'opinion. In: Rémond, René/Bourdin, Janine (Hg.): Edouard Daladier, Chef de Gouvernement. Avril 1938 – Septembre 1939. Paris: Presses de la fondation nationale des sciences politiques, S. 265–278.

Pfaff, Ivan (1987): Prag und der Fall Tuchatschewski. In: *VfZ* 35 (1), S. 95–134.

Pfaff, Ivan (1990): Stalins Strategie der Sowjetisierung Mitteleuropas 1935–1938. Das Beispiel Tschechoslowakei. In: *VfZ* 38 (4), S. 543–587.

Pfaff, Ivan (1996): Die Sowjetunion und die Verteidigung der Tschechoslowakei 1934–1938. Versuch der Revision einer Legende. Köln: Böhlau.

Pfaff, Ivan (2002): Die Gefahr der Sowjetisierung der Tschechoslowakei im Falle der russichen Hilfeleistung. In: Taubert, Fritz (Hg.): Mythos München. München: Oldenbourg, S. 25–38.

Pientka, Patricia (2013): Das Zwangslager für Sinti und Roma in Berlin-Marzahn. Alltag, Verfolgung und Deportation. Berlin: Metropol.

Pietrow, Bianka (1983): Stalinismus, Sicherheit, Offensive. Das »Dritte Reich« in der Konzeption der sowjetischen Außenpolitik 1933–1941. Melsungen: Schwartz.

Plum, Günter (1970): Volksfront, Konzentration und Mandatsfrage. Ein Beitrag zur Geschichte der SPD im Exil 1933–1939. In: *VfZ* 18 (4), S. 410–442.

Polonsky, Antony (1972): Politics in Independent Poland 1921–1939. The Crisis of Constitutional Government. Oxford: Clarendon Press.

Pöls, Werner (Hg.) (1979): Staat und Gesellschaft im politischen Wandel. Beiträge zur Geschichte der modernen Welt. Stuttgart: Klett-Cotta.

Pommerin, Reiner (1977): Das Dritte Reich und Lateinamerika. Die deutsche Politik gegenüber Süd- und Mittelamerika 1932–1942. Düsseldorf: Droste.

Pons, Silvio (2002): Stalin and the inevitable war. 1936–1941. London: fotoTAPETA.

Pons, Silvio/Romano, Andrea (Hg.) (2000): Russia in the Age of Wars 1914–1945. Mailand: Feltrinelli.

Possony, Stefan T. (1956): Jahrhundert des Aufruhrs. Die kommunistische Technik der Weltrevolution. München: Isar Verlag.

Potemkin, Wladimir (Hg.) (1947): Geschichte der Diplomatie. 3. Band: Die Diplomatie in der Periode der Vorbereitung des zweiten Weltkrieges (1919-1939). Moskau: Verlag für fremdsprachige Literatur.

Pratt, Lawrence R. (1975): East of Malta, West of Suez. Britain's Mediterranean Crisis 1936–1939. Cambridge: Cambridge University Press.

Prażmowska, Anita J. (1987): Britain, Poland and the Eastern Front 1939. Cambridge: Cambridge University Press.

Prażmowska, Anita J. (1994): Poland between East and West. The Politics of a Government in Exile. In: Gorodetsky, Gabriel (Hg.): Soviet Foreign Policy 1917–1991. London: Frank Cass, S. 86–96.

Prażmowska, Anita J. (1995): Britain and Poland 1939–1943. The betrayed ally. Cambridge: Cambridge University Press.

Preidel, Helmut (Hg.) (1950): Die Deutschen in Böhmen und Mähren. Ein historischer Rückblick. Gräfelfing bei München: Edmund Gans.

Presseisen, Ernst L. (1958): Germany and Japan. A Study in totalitarian Diplomacy 1933–1941. Den Haag.

Preston, Adrian (Hg.) (1978): General Staffs and Diplomacy before the Second World War. London: Croom Helm.

Preston, Paul (1987): The Creation of the Popular Front in Spain. In: Graham, Helen/Preston, Paul (Hg.): The Popular Front in Europe. Houndmills: Macmillan, S. 84–105.

Preston, Paul (1994): The Coming of the Spanish Civil War. Reform, Reaction, and Revolution in the Second Republic. 2. Aufl. London: Routledge.

Preston, Paul/Mackenzie, Ann L. (Hg.) (1996): The Republic Besieged. Civil War in Spain 1936–39. Edinburgh: Edinburgh University Press.

Prinz, Friedrich (1974): Jaksch und Beneš im Londoner Exil und die Frage der Aussiedlung der Sudetendeutschen. In: Bohemia – Jahrbuch des Collegium Carolinum 15, S. 256–284.

Procházka, Theodore (1981): The Second Republic. The Disintegration of Post-Munich Czechoslovakia (October 1938–March 1939). New York: Columbia University Press.

Pronay, Nicholas/Taylor, Philipp M. (1984): An Improper Use of Broadcasting ...! The British Government and Clandestine Radio Propaganda Operations against Germany during the Munich Crisis and After. In: *JCH* 19, S. 357–385.

Quigley, Carroll (2010): Appeasement. Die britische Mitschuld am Zweiten Weltkrieg. Berlin: Kai Homilius.

Raack, R.C. (1995): Stalin's Drive to the West 1938–1945. The Origins of the Cold War. Stanford: Stanford University Press.

Rabl, Kurt (1960): Neue Dokumente zur Sudetenkrisis 1938. In: Bohemia – Jahrbuch des Collegium Carolinum 1, S. 312–362.

Raczynski, Edward (1948): The British-Polish Alliance. Its Origin and Meaning. London: Melville.

Rademacher, Cay (2009): Drei Tage im September. Die letzte Fahrt der Athenia 1939. Hamburg: Mare.

Radosh, Ronald/Habeck, Mary R./Sevostianov, Grigory (2001): Spain Betrayed. The Soviet Union in the Spanish Civil War. New Haven: Yale University Press.

Radzsinski, Edward S. (1996): Stalin. The first in-depth Biography based on explosive new Documents from Russia's secret Archives. New York: Anchor Books.

Ragsdale, Hugh (2004): The Soviets, the Munich Crisis and the Coming of World War II. Cambridge.

Ránki, György (1983): Economy and Foreign Policy. The Struggle of the Great Powers for Hegemony in the Danube Valley 1919–1939. New York: Columbia University Press.

Raschhofer, Hermann (1988): Die Sudetenfrage. Ihre völkerrechtliche Entwicklung vom Ersten Weltkrieg bis zur Gegenwart. München: Günter Olzog.

Rassinier, Paul (1989): Die Jahrhundert-Provokation. Wie Deutschland in den Zweiten Weltkrieg getrieben wurde. Tübingen: Grabert.

Rathkolb, Oliver/Duchkowitsch, Wolfgang/Hausjell, Fritz (Hg.) (1988): Die veruntreute Wahrheit. Hitlers Propagandisten in Österreich '38. Salzburg: Otto Müller.

Rauchensteiner, Manfried (1987): »Blumenfeldzug« mit Pannen. Die militärische Komponente der Anschlussfrage. In: Chorherr, Thomas (Hg.): 1938 – Anatomie eines Jahres. Wien: Ueberreuter, S. 202–213.

Rauscher, Walter (2001): Hitler und Mussolini. Macht, Krieg und Terror. Graz: Styria.

Rearick, Charles (1997): The French in Love and War. Popular Culture in the Era of the World Wars. New Haven: Yale University Press.

Réau, Elisabeth du (1977): L'aménagement de la loi instituant la semaine des quarante heures. In: Rémond, René / Bourdin, Janine (Hg.): Edouard Daladier, Chef de Gouvernement. Avril 1938 – Septembre 1939. Paris: Presses de la fondation nationale des sciences politiques, S. 129–149.

Réau, Elisabeth du (1993): Edouard Daladier. 1884–1970. Paris: Édition Fayard.

Rebhahn, Fritz M. (1988): Bis in den Tod: Rot-Weiß-Rot. Österreichs Untergang im März 1938. Wien: Herold.

Reichert, Günter (1971): Das Scheitern der Kleinen Entente. Internationale Beziehungen im Donauraum von 1933 bis 1938. München: Fides-Verlagsgesellschaft.

Reichhold, Ludwig (1978): Die Liquidierung der Vaterländischen Front. In: Czeike, Felix (Hg.): Wien 1938. Wien: Verein für Geschichte der Stadt Wien, S. 25–38.

Reichhold, Ludwig (1985): Kampf um Österreich. Die Vaterländische Front und ihr Widerstand gegen den Anschluss 1933–1938: eine Dokumentation. Wien: Österreichischer Bundesverlag.

Reile, Oscar (1963): Geheime Ostfront. Die deutsche Abwehr im Osten 1921–1945. München: Welsermühl.

Reiman, Michael/Sütterlin, Ingmar (1989): »Politbüro-Beschlüsse« der Jahre 1931 bis 1937 in staatlichen deutschen Archiven. In: *JGO* NF 37, S. 196–216.

Reiter-Zatloukal, Ilse/Rothländer, Christiane/Schölnberger, Pia (Hg.) (2012): Österreich 1933–1938. Interdisziplinäre Annäherungen an das Dollfuß-Schuschnigg-Regime. Wien: Böhlau.

Rémond, René/Bourdin, Janine (Hg.) (1977): Edouard Daladier, Chef de Gouvernement. Avril 1938–Septembre 1939. Paris: Presses de la fondation nationale des sciences politiques.

Rémond, René/Bourdin, Janine (Hg.) (1978): La France et les Français 1938–1939. Paris: Presses de la fondation nationale des sciences politiques.

Reynolds, David (1981): The Creation of the Anglo-American Alliance 1937–41. A Study in Competitive Cooperation. London: Europe Publications.

Reynolds, David (2005): In Command of History. Churchill fighting and writing the Second World War. New York: Random House.

Rhode, Gotthold (1954): Außenminister Josef Beck und Staatssekretär Graf Szembek. Ein Vergleich zweier Quellen zur politischen Geschichte der dreißiger Jahre. In: *VfZ* 2 (1), S. 86–94.

Rhodes, Richard (1986): The Making of the Atomic Bomb. New York: Simon & Schuster.

Ribbentrop, Annelies von (1962): »Verschwörung gegen den Frieden«. Studien zur Vorgeschichte des Zweiten Weltkrieges. Leoni: Druffel.

Ribbentrop, Annelies von (1974): Die Kriegsschuld des Widerstands. Aus britischen Geheimdokumenten 1938/39. Leoni: Druffel.

Richter, Karsten (1991): Die Rote Armee im Spiegel des Militärwochenblatts 1924–1939. Magisterarbeit: Universität Hamburg, Historisches Seminar.

Rieckhoff, Herbert J. (1945): Trumpf oder Bluff? 12 Jahre deutsche Luftwaffe. Genf: Interavia.

Robbins, Keith (1968): Munich 1938. London: Cassell.

Roberts, Henry L. (1953): The Diplomacy of Colonel Beck. In: Craig, Gordon A./Gilbert, Felix (Hg.): The Diplomats 1919–1939. Princeton: Princeton University Press, S. 579–612.

Roberts, Geoffrey (1989): The Unholy Alliance. Stalin's Pact with Hitler. London: I. B. Tauris.

Roberts, Andrew (1991): ›The Holyfox‹. A Biography of Lord Halifax. London: Weidenfeld and Nicolson.

Roberts, Geoffrey (1995): The Soviet Union and the Origins of the Second World War. Russo-German Relations and the Road to War 1933–1941. Basingstoke: Macmillan.

Robertson, Esmonde M. (Hg.) (1971): The Origins of the Second World War. Historical Interpretations. London: Macmillan.

Robertson, Esmonde M. (1963): Hitler's Pre-War Policy and Military Plan 1933–1939 London: Longman.

Robertson, Esmonde M. (1978): Hitler und die Sanktionen des Völkerbunds. Mussolini und die Besetzung des Rheinlands. In: *VfZ* 26 (2), S. 237–264.

Rock, William R. (1988): Chamberlain and Roosevelt. British Foreign Policy and the United States 1937–1940. Columbus: Ohio State University.

Rogowin, Wadim S. (1998): 1937. Jahr des Terrors. Essen: Arbeiterpresse.

Rohe, Karl (Hg.) (1982): Die Westmächte und das Dritte Reich 1933–1939. Klassische Großmachtrivalität oder Kampf zwischen Demokratie und Diktatur? Paderborn: Schöningh.

Rohkrämer, Thomas (2013): Die fatale Attraktion des Nationalsozialismus. Zur Popularität eines Unrechtsregimes. Paderborn: Schöningh.

Röhr, Werner (Hg.) (1989): Die faschistische Okkupationspolitik in Polen (1939–1945). Berlin/DDR: Verlag der Wissenschaften.

Röhr, Werner (1989): September 1938. Diversion und Demagogie bei der Erzeugung einer Kriegspsychose durch den Hitlerfaschismus und seine Fünfte Kolonne in der ČSR. In: Eichholtz, Dietrich/Pätzold, Kurt (Hg.): Der Weg in den Krieg. Berlin/DDR: Akademie Verlag, S. 211–279.

Röhr, Werner/Berlekamp, Brigitte/Roth, Karl Heinz (Hg.) (2001): Der Krieg vor dem Krieg. Ökonomik und Politik der »friedlichen« Aggressionen Deutschlands 1938/1939. Hamburg: VSA-Verlag.

Rohwer, Jürgern (1953): Das deutsch-amerikanische Verhältnis 1937–1941. Diss. Hamburg.

Rojek, Wojciech (2014): The wartime fate of the Polish gold. In: Bankoteka S. 4–35

Rönnefarth, Helmuth K.G (1961): Die Sudetenkrise in der internationalen Politik. Entstehung, Verlauf, Auswirkungen. 2 Bände. Wiesbaden: Franz Steiner.

Roos, Hans (1955): Die »Präventivkriegspläne« Pilsudskis von 1933. In: *VfZ* 3 (4), S. 344–363.

Roos, Hans (1957): Die militärpolitische Lage und Planung Polens gegenüber Deutschland vor 1939. In: *WR* 7, S. 177–202.

Roos, Hans (1957): Polen und Europa. Studien zur polnischen Außenpolitik 1931–1939. Tübingen: J. C. B. Mohr.

Roos, Hans (1959): Der Feldzug in Polen vom September 1939. In: *WR* 9 (10), S. 491–512.

Roos, Hans (1959): Polen zwischen den Weltkriegen. In: Markert, Werner (Hg.): Polen. Köln: Böhlau, S. 18–68.

Rosar, Wolfgang (1971): Deutsche Gemeinschaft. Seyss-Inquart und der Anschluss. Wien: Europa Verlag.

Rosenfeld, Günter (1989): Die Sowjetunion und das faschistische Deutschland am Vorabend des zweiten Weltkriegs. In: Eichholtz, Dietrich/Pätzold, Kurt (Hg.): Der Weg in den Krieg. Berlin/DDR: Akademie Verlag, S. 345–380.

Roschtschin, Alexej (1988): People's Commissariat for Foreign Affairs before World War II. In: *IAM* 35 (5), S. 108–114.

Roskill, Stephen (1974): Hankey – Man of Secrets. London: Collins.

Ross, Steven (2001): American War Plans. In: McKercher, B. J. C./Legault, Roch (Hg.): Military Planning and the Origins of the Second World War in Europe. Westport, Conn: Praeger, S. 145–165.

Rossi-Laudi, Guy (1979): Le Pacifisme en France. In: Français et Britanniques dans la drôle de guerre, S. 123–152.

Rothfels, Hans (1949): Der deutsche Widerstand gegen Hitler. Eine Würdigung. Krefeld: Scherpe.

Roux, Georges (1960): Der Mann des Schicksals. Benito Mussolini – 20 Jahre später. Wien: Fritz Molden.

Rozek, Edward J. (1958): Allied Wartime Diplomacy. A Pattern in Poland. New York: John Wiley & Sons.

Rumpler, Helmut (Hg.) (1989): März 1938 in Kärnten. Fallstudien und Dokumente zum Weg in den »Anschluss«. Klagenfurt: Kärntner Druck- und Verlagsgesellschaft.

Runzheimer, Jürgen (1962): Der Überfall auf den Sender Gleiwitz im Jahre 1939. In: *VfZ* 10 (4), S. 408–426.

Rürup, Reinhard (1996): 1936 – die Olympischen Spiele und der Nationalsozialismus. Eine Dokumentation. Berlin: Argon.

Rychlik, Jan (2007): Czech-Slovak Relations in Czechoslovakia 1918–1939. In: Cornwall, Mark/Evans, Robert J. W. (Hg.): Czechoslovakia in a Nationalist and Fascist Europe: 1918–1948. Oxford: Oxford University Press, S. 13–26.

Rzheshevsky, Oleg A. (1989): Europe 1939: Was war inevitable? Moskau: Progress Publishers.

Sahm, Ulrich (1990): Rudolf von Scheliha 1897–1942. Ein deutscher Diplomat gegen Hitler. München: C.H. Beck.

Samuelson, Lennart (2000): Plans for Stalin's War Machine. Tukhachevskii and Military-Economic Planning 1925–1941. Hampshire: Macmillan.

Samuelson, Lennart (2000): Wartime Perspectives and Economic Planning. Tukhachevsky and the Military-Industrial Complex 1925–37. In: Pons, Silvio/Romano, Andrea (Hg.): Russia in the Age of Wars 1914–1945. Mailand: Feltrinelli, S. 187–214.

Sanborn, Frederic R. (1953): Roosevelt is frustrated in Europe. In: Barnes, Harry Elmer (Hg.): Perpetual War for perpetual Peace. Caldwell, Idaho: Caxton Printers, S. 187–229.

Sänger, Fritz (1975): Politik der Täuschungen. Missbrauch der Presse im Dritten Reich: Weisungen, Informationen, Notizen, 1933–1939. Wien: Europa Verlag.

Sapper, Manfred/Weichsel, Volker (Hg.) (2009): Der Hitler-Stalin-Pakt. Der Krieg und die europäische Erinnerung. Berlin: Berliner Wissenschafts-Verlag.

Sayers, Michael/Kahn, Albert E. (1951): Die große Verschwörung. Berlin/DDR: Volk und Welt.

Schäfer, E. Philipp (1964): 13 Tage Weltgeschichte. Wie es zum Zweiten Weltkrieg kam. Düsseldorf: Econ.

Schauprozesse unter Stalin 1932–1952. Zustandekommen, Hintergründe, Opfer (1990). Berlin: Dietz.

Schausberger, Norbert (1978): Der Griff nach Österreich. Der Anschluss. Wien: Jugend und Volk.

Scheil, Stefan (2013): Polen 1939. Kriegskalkül, Vorbereitung, Vollzug. Schnellroda: Antaios.

Scheil, Stefan (2013): Ribbentrop. Oder: Die Verlockung des nationalen Aufbruchs - eine politische Biographie. Berlin: Duncker & Humblot.

Scheler, Eberhard (1962): Die politischen Beziehungen zwischen Deutschland und Frankreich zur Zeit der aktiven Außenpolitik Hitlers Ende 1937 bis zum Kriegsausbruch. Diss. phil Würzburg.

Schewe, Donald B. (Hg.) (1969): Franklin D. Roosevelt and Foreign Affairs. New York: Clearwater.

Schiefer, Hans (1955): Deutschland und die Tschechoslowakei vom September 1938 bis März 1939. In: *ZfO* 4, S. 48–66

Schlögel, Karl (2008): Terror und Traum. Moskau 1937. München: Hanser.

Schmidl, Erwin A. (1990): Die militärischen Aspekte des Anschlusses. In: Stourzh, Gerald/Zaar, Birgitta (Hg.): Österreich, Deutschland und die Mächte. Internationale und österreichische Aspekte des »Anschlusses« vom März 1938. Wien: Verlag der Österreichischen Akademie der Wissenschaften, S. 291–306.

Schmidl, Erwin A. (1994): Der »Anschluss« Österreichs. Der deutsche Einmarsch im März 1938. Bonn: Bernhard & Graefe.

Schmidt, Rainer F. (2002): Die Außenpolitik des Dritten Reiches 1933–1939. Stuttgart: Klett-Cotta.

Schmidt-Glintzer, Helwig (2008): Kleine Geschichte Chinas. München: C.H. Beck.

Schmidt-Hartmann, Eva/Winters, Stanley B. (Hg.) (1991): Großbritannien, die USA und die böhmischen Länder 1848–1938. München: Oldenbourg.

Schneider, Hansjörg (1980): Exil in der Tschechoslowakei. In: Exil in der Tschechoslowakei, in Großbritannien, Skandinavien und Palästina. Leipzig: Reclam, S. 17–143.

Schölnberger, Pia (2012): »Ein Leben ohne Freiheit ist kein Leben«. Das »Anhaltelager« Wöllersdorf 1933–1938. In: Reiter-Zatloukal, Ilse/Rothländer, Christiane/Schölnberger, Pia (Hg.): Österreich 1933–1938. Interdisziplinäre Annäherungen an das Dollfuß-Schuschnigg-Regime. Wien: Böhlau, S. 94–107.

Schröder, Hans-Jürgen (1969): Die »neue deutsche Südamerikapolitik«. Dokumente zur natio-nalsozialistischen Wirtschaftspolitik in Lateinamerika von 1934 bis 1936. In: *JGSWGLa* 6, S. 337–450.

Schröder, Hans-Jürgen (1970): Deutschland und die Vereinigten Staaten 1933–1939. Wirtschaft und Politik in der Entwicklung des deutsch-amerikanischen Gegensatzes. Wiesbaden: Franz Steiner.

Schröder, Hans-Jürgen (1970): Die Vereinigten Staaten und die nationalsozialistische Handelspolitik gegenüber Lateinamerika 1937/38. In: *JGSWGLa* 57, S. 309–370.

Schröder, Hans-Jürgen (1976): Das Dritte Reich, die USA und Lateinamerika 1933–1941. In: Funke, Manfred (Hg.): Hitler, Deutschland und die Mächte. Düsseldorf: Droste, S. 339–364.

Schröder, Hans-Jürgen (1976): Der Aufbau der deutschen Hegemonialstellung in Südosteuropa 1933–1936. In: Funke, Manfred (Hg.): Hitler, Deutschland und die Mächte. Düsseldorf: Droste, S. 757–773.

Schröder, Hans-Jürgen (1982): Economic Appeasement. Zur britischen und amerikanischen Deutschlandpolitik vor dem Zweiten Weltkrieg. In: *VfZ* 30 (1), S. 82–97.

Schultze-Rhonhof, Gerd (2003): 1939 – der Krieg, der viele Väter hatte. Der lange Anlauf zum Zweiten Weltkrieg. 2., durchges. Aufl. München: Olzog Verlag.

Schultze-Rhonhof, Gerd (2008): Das tschechisch-deutsche Drama 1918–1939. Errichtung und Zusammenbruch eines Vielvölkerstaates als Vorspiel zum Zweiten Weltkrieg. München: Olzog Verlag.

Schulze Wessel, Martin (Hg.) (2004): Loyalitäten in der Tschechoslowakischen Republik 1918–1938. Politische, nationale und kulturelle Zugehörigkeiten. München: Oldenbourg.

Schumann, Wolfgang/Nestler, Ludwig (1975): Weltherrschaft im Visier. Dokumente zu den Europa- und Weltherrschaftsplänen des deutschen Imperialismus von der Jahrhundertwende bis Mai 1945. Berlin/DDR: Deutscher Verlag der Wissenschaften.

Schützler, Horst (1998): Der Anschluss der baltischen Staaten Litauen, Lettland und Estland an die Sowjetunion 1940 und seine Folgen. In: *Utopie kreativ* (95), S. 24–29.

Schwarzenbeck, Engelbert (1979): Nationalsozialistische Pressepolitik und die Sudetenkrise 1938. München: Minerva-Publikation.

Scott, William Evans (1962): Alliance against Hitler. The Origins of the Franco-Soviet Pact. Durham: Duke University Press.

Seebacher-Brand, Brigitte (1990): Die deutsche politische Emigration der Tschechoslowakei. In: München 1938. Das Ende des alten Europa. Essen: Reinmar Hobbing, S. 229–249.

Seraphim, Hans-Günther (1949): Die deutsch-russischen Beziehungen 1939-1941. Hamburg: Nölke.

Seton-Watson, Christopher (1991): R.W. Seton-Watson and the Czechoslovaks 1935–1939. In: Schmidt-Hartmann, Eva/ Winters, Stanley B. (Hg.): Großbritannien, die USA und die böhmischen Länder 1848–1938. München: Oldenbourg, S. 335–352.

Shai, Aron (1976): Origins of the War in the East. Britain, China and Japan 1937-39. London: Croom Helm.

Shamir, Haim (1976): The *drôle de guerre* and the French Public Opinion. In: *JCH* 11 (1), S. 129–143.

Shay, Robert Paul (1977): British Rearmament in the Thirties. Politic and Profits. Princeton: Princeton University Press.

Sherwood, Robert E. (1950): Roosevelt und Hopkins. Hamburg: Wolfgang Krüger.

Shirer, William L. (1970): Der Zusammenbruch Frankreichs. Aufstieg und Fall der Dritten Republik. München: Droemersche Verlagsanstalt.

Simon, Karl (1962): March 4th, Day of Self-Determination. In: *SB* 10, S. 61–63.

Sipols, Vilnis (1982): Diplomatic Battles before World War II. Moskau: Progress.

Sláma, Jiři / Kaplan, Karel (1986): Die Parlamentswahlen in der Tschechoslowakei 1935–1946–1948. Eine statistische Analyse. München: Oldenbourg.

Slapnicka, Harry (1979): Oberösterreich – zwischen Bürgerkrieg und Anschluss (1927–1938). Linz: OLV-Buchverlag.

Slavik, Felix (1978): Die Floridsdorfer Konferenz. In: Czeike, Felix (Hg.): Wien 1938. Wien: Verein für Geschichte der Stadt Wien, S. 304–305.

Slowakei als mitteleuropäisches Problem in Geschichte und Gegenwart. Die (1965). München: Robert Lerche.

Slutsch, Sergej (2004): Stalins »Kriegsszenario 1939«: Eine Rede, die es nie gab. Die Geschichte einer Fälschung. In: *VfZ* 52 (4), S. 597–635.

Smelser, Ronald (1976): At the Limits of a Mass Movement. The Case of the Sudeten German Party 1933–1938. In: Bohemia - Jahrbuch des Collegium Carolinum 17, S. 240–266.

Smelser, Ronald M. (1980): Das Sudetenproblem und das Dritte Reich 1933–1938. Von der Volkstumspolitik zur Nationalsozialistischen Außenpolitik. München: Oldenbourg.

Smelser, Ronald (1991): Czechoslovaki in American Public Consciousness: Public Awareness and Political Discourse. In: Schmidt-Hartmann, Eva / Winters, Stanley B. (Hg.): Großbritannien, die USA und die böhmischen Länder 1848–1938. München: Oldenbourg, S. 285–297.

Smetana, Vít (2008): In the Shadow of Munich. British Policy towards Czechslovakia from the Endorsement to the Renunciation of the Munich Agreement (1938–1942). Prague: Karolinum Press.

Smith, Bradley F. (1990): Die Überlieferung der Hoßbach-Niederschrift im Lichte neuer Quellen. In: *VfZ* 38 (2), S. 329–336.

Smyth, Denis (1996): »We are with you«. Solidarity and Self-interest in Soviet Policy towards Republican Spain 1936–1939. In: Preston, Paul / Mackenzie, Ann L. (Hg.): The Republic Besieged. Civil War in Spain 1936–39. Edinburgh: Edinburgh University Press, S. 87–105.

Sommer, Theo (1962): Deutschland und Japan zwischen den Mächten 1935–1940. Vom Antikominternpakt bis zum Dreimächtepakt. Eine Studie zur Vorgeschichte des Zweiten Weltkriegs. Tübingen: J. C. B. Mohr.

Sösemann, Bernd (2011): Propaganda. Medien und Öffentlichkeit in der NS-Diktatur. Stuttgart: Franz Steiner.

Soutou, Georges-Henri (2013): Die Politik Frankreichs am Vorabend des Zweiten Weltkriegs. In: Möller, Horst/Čuburjan, Aleksandr (Hg.): Die Tragödie Europas. München: Oldenbourg, S. 68–78.

Spalcke, Karl (1958): Der Fall Tuchatschewski. Die Wehrmacht, die Rote Armee und die »große Säuberung«. In: *Die Gegenwart* 13 (304), S. 45–48.

Spalcke, Karl (1958): Gespräche in Moskau. Die Reichswehr und die Rote Armee im Jahre 1936. In: *Die Gegenwart* 13 (315), S. 398–400.

Später, Jörg (2003): Vansittart. Britische Debatten über Deutsche und Nazis 1902–1945. Göttingen: Wallstein.

Spiru, Basil (1957): Freiheit, die sie meinen … Rumänien unter der eisernen Ferse der City und der Wallstreet 1918–1938. Berlin/DDR: Dietz.

Spiru, Basil (Hg.) (1959): September 1939. Berlin/DDR: Rütten & Loening.

Spormann-Lorenz, Ursula (1976): Die Entwicklung der Wochenschau in Deutschland. Fox Tönende Wochenschau – Sonderbericht. Mussolini in Deutschland. 25.–29. September 1937. Göttingen: Institut für den wissenschaftlichen Film.

Sport – Stätten – Kultur. Historische Sportanlagen und Denkmalpflege (2002). München.

Stafford, Paul R. (1984): The French Government and the Danzig Crisis. The Italian Dimension. In: *IHR* 6 (1), S. 48–87.

Stahmer, Heinrich Georg (1952): Japans Niederlage – Asiens Sieg. Aufstieg eines Größeren Ostasien. Bielefeld: Deutscher Heimat Verlag.

Steele, Richard W. (1985): Propaganda in an open Society. The Roosevelt Administration and the Media 1933–1941. Westport, Conn: Greenwood Press.

Steinböck, Erwin (1981): Die bewaffnete Macht Österreichs im Jahr 1938. In: Neck, Rudolf/Wandruszka, Adam (Hg.): Anschluss 1938. München: Oldenbourg, S. 109–134.

Steinert, Marlis G. (1970): Hitlers Krieg und die Deutschen. Stimmung und Haltung der deutschen Bevölkerung im Zweiten Weltkrieg. Düsseldorf: Econ.

Steinhöfer, Dieter (1973): Hans von Tschammer und Osten. Reichssportführer im Dritten Reich. Berlin: Bartels & Wernitz.

Stopford, Robert J. (1962): Was Czech-Sudeten Agreement Possible? In: *SB* 10, S. 209–218.

Storry, Richard (1990): A History of Modern Japan. London: Penguin.

Stourzh, Gerald/Zaar, Birgitta (Hg.) (1990): Österreich, Deutschland und die Mächte. Internationale und österreichische Aspekte des »Anschlusses« vom März 1938. Wien: Verlag der Österreichischen Akademie der Wissenschaften.

Strang, William (1968): The Moscow Negotiations 1938. Leeds: Leeds University Press.

Strauch, Rudi (1959): Sir Nevile Henderson. Britischer Botschafter in Berlin von 1937–1939. Ein Beitrag zur diplomatischen Vorgeschichte des zweiten Weltkriegs. Bonn: Ludwig Röhrscheid.

Strauss, Wolfgang (1998): Unternehmen Barbarossa und der russische Historikerstreit. München: Herbig.

Strobel, Georg W. (1975): Die Rolle der Rüstungsindustrie in Polen vor Ausbruch des Zweiten Weltkriegs. In: Forstmeier, Friedrich/Volkmann, Hans-Erich (Hg.): Wirtschaft und Rüstung am Vorabend des Zweiten Weltkriegs. Düsseldorf: Droste, S. 364–377.

Ströbinger, Rudolf (1965): A 54. Spion mit drei Gesichtern. München: List.

Ströbinger, Rudolf (1990): Stalin enthauptet die Rote Armee. Der Fall Tuchatschewskij. Stuttgart: Deutsche Verlags-Anstalt.

Sündermann, Helmut (1970): Wie deutsch bleibt Österreich? Antwort an Schuschnigg. Leoni: Druffel.

Sündermann, Helmut (1973): Tagesparolen. Deutsche Presseanweisungen 1939–1945 – Hitlers Propaganda und Kriegsführung. Leoni: Druffel.

Suško, Ladislav (1975): German policy towards Slovakia and Carpatho-Ukraine in the period from the September crisis in 1938 up to the splitting of Czechoslovakia in March 1939. In: *SHS* 8, S. 111–155.

Sutton, Antony C. (1976): Wall Street and the Rise of Hitler. Sudbury: Bloomfield Books.

Suvorov, Viktor (2008): The Chief Culprit. Stalin's Grand Design to start World War II. Annapolis: Naval Institute Press.

Suworow, Viktor (1995): Der Tag M. Stuttgart: Klett-Cotta.

Svobodová, Markéta (2002): Architektur, Geschichte und Bedeutung von Masaryks Staatlichem Stadion Strahov. In: Sport – Stätten – Kultur. Historische Sportanlagen und Denkmalpflege. München, S. 47–51.

Sworakowski, Witold S. (1965): The Communist International and its Front Organisations. A research guide and checklist of holdings in American and European libraries. Stanford, Calif.

Sywottek, Arnold (1971): Deutsche Volksdemokratie. Studien zur politischen Konzeption der KPD, 1935–1946. Düsseldorf: Bertelsmann.

Táborský, Edward (1948/49): Beneš and the Soviets. In: *FA* 27 (2), S. 302–315.

Táborský, Edward (1958): Triumph and Disaster of Edward Beneš. In: *FA* 36 (4), S. 669–684.

Táborský, Edward (1981): President Edvard Beneš. Between East and West 1938–1948. Stanford, Calif.: Hoover Institution Press.

Talos, Emmerich / Hanisch, Ernst / Neugebauer, Wolfgang (Hg.) (1988): NS-Herrschaft in Österreich 1938–1945. Wien: Verlag für Gesellschaftskritik.

Tamchina, Rainer (1972): Commonwealth und Appeasement. Die Politik der britischen Dominions. In: *Npl* 17 (4), S. 471–489.

Tamchina, Rainer (1972): In Search of Common Causes. The Imperial Conference 1937. In: *JICH* 1 (1), S. 79–105.

Tansill, Charles Callan (1953): The United States and the Road to War in Europe. In: Barnes, Harry Elmer (Hg.): Perpetual War for perpetual Peace. Caldwell, Idaho: Caxton Printers, S. 79–186.

Tansill, Charles Callan (1958): Die Hintertür zum Kriege. Das Drama der internationalen Diplomatie von Versailles bis Pearl Harbor. Düsseldorf: Droste.

Taubert, Fritz (Hg.) (2002): Mythos München. München: Oldenbourg.

Taylor, Alan J. P. (1954): The Struggle for Mastery in Europe. Oxfort: Clarendon Press.

Taylor, Alan J. P. (1962): Die Ursprünge des Zweiten Weltkrieges. Gütersloh: Sigbert Mohn.

Teichler, Hans Joachim (1976): Berlin 1936 – Ein Sieg der NS-Propaganda? Institutionen, Methoden und Ziele der Olympiapropaganda. In: *Stadion* 2, S. 265–306.

Teichler, Hans Joachim (1981): Der Wochenschaubericht vom Ersten Deutschen Turn- und Sportfest Breslau 1938. Vorschläge zum historischen Dokumentarfilm als Quelle und Unterrichtsmedium. In: Teichler, Hans Joachim/Meyer-Ticheloven, Wolfgang (Hg.): Filme und Rundfunkreportagen als Dokumente der deutschen Sportgeschichte von 1907–1945. Schorndorf: Karl Hofmann, S. 68–107.

Teichler, Hans Joachim (1991): Internationale Sportpolitik im Dritten Reich. Schorndorf: Karl Hofmann.

Teichler, Hans Joachim (1996): Die Olympischen Spiele Berlin 1936 – eine Bilanz nach 60 Jahren. In: *APuZ* 28 v. 5.7.1996, S. 13–22.

Thadden, Adolf von (1996): Stalins Falle. Er wollte den Krieg. Rosenheim: Deutsche Verlagsgesellschaft.

Theobald, Robert A. (1954): The Final Secret of Pearl Harbor. The Washington contribution to the Japanese attack. New York: Davis Adair.

Thies, Jochen (1980): Architekt der Weltherrschaft. Die »Endziele« Hitlers. Düsseldorf: Athenäum/Droste.

Thimme, Annelise (1957): Gustav Stresemann. Eine politische Biographie zur Geschichte der Weimarer Republik. Hannover: Norddeutsche Verlagsanstalt O. Goedel.

Thomas, Martin (1996): Britain, France and Appeasement. Anglo-French Relations in the Popular Front Era. Oxford: Berg.

Thompson, Laurence (1968): The Greatest Treason. The untold Story of Munich. New York: William Morrow.

Thompson, Neville (1971): The Anti-Appeasers. Conservative Opposition to Appeasement in the 1930s. Oxford: Clarendon Press.

Tippelskirch, Kurt von (1954): Operativer Überblick über den Feldzug in Polen 1939. In: *WR* 4, S. 252–266.

Tiso, Jozef (1948): Die Wahrheit über die Slowakei. Verteidigungsrede gehalten am 17. und 18. März 1947 vor dem »National«-Gericht in Bratislava. Hrsg. v. Jan Sekera. Bibliothek des »Tisovo tovarišstvo«.

Tomkowitz, Gerhard/Wagner, Dietrich (1988): »Ein Volk, ein Reich, ein Führer«. Der »Anschluss« Österreichs 1938. München: Piper.

Topitsch, Ernst (1985): Stalins Krieg. Die sowjetische Langzeitstrategie gegen den Westen als nationale Machtpolitik. München: Günter Olzog.

Trauttmansdorff, Karl Maximilian (1962): Die Mission des Grafen Trauttmansdorff. In: *FAZ* v. 15.1.1962, S. 9.

Trefousse, H. L. (1951): Germany and American Neutrality. 1939–1941. New York: Bookman.

Trenkel, Rudolf (1976): Der Bromberger Blutsonntag im September 1939. Die gezielte Provokation zu Beginn des 2. Weltkriegs. Hamburg: Privatdruck.

Treue, Wilhelm (1953): Das Dritte Reich und die Westmächte auf dem Balkan. Zur Struktur der Außenhandelspolitik Deutschlands, Großbritanniens und Frankreichs 1933–1939. In: *VfZ* 1 (1), S. 45–64.

Trevor-Roper, Hugh R. (1960): Hitlers Kriegsziele. In: *VfZ* 8 (2), S. 121–133.

Trotzki, Leo (1990): Stalins Verbrechen. Berlin/DDR: Dietz.

Truchanowski, W. G. (Hg.) (1965): Geschichte der internationalen Beziehungen 1939–1945. Berlin/DDR: Deutscher Verlag der Wissenschaften.

Tschiang, Kai-Schek (1959): Sowjetrussland in China. Bonn: Athenäum.

Tschiang, Wei-kuo (1986): Der chinesisch-japanische Krieg 1937–1945. Wie mein Vater Tschiang Kaischek die Japaner besiegte. Osnabrück: Biblio.

Tucker, Robert C. (1991): Stalin in Power. The Revolution from above 1928–1941. New York: W. W. Norton.

Tuñón de Lara, Manuel (Hg.) (1987): Der Spanische Bürgerkrieg. Eine Bestandsaufnahme. Frankfurt am Main: Suhrkamp.

Ueberhorst, Horst (1986): Spiele unterm Hakenkreuz. Die Olympischen Spiele von Garmisch-Partenkirchen und Berlin 1936 und ihre politischen Implikationen. In: *APuZ* (B 27 v. 5.7.), S. 3–15.

Ueberschär, Gerd R./Wette, Wolfram (Hg.) (1984): »Unternehmen Barbarossa«. Der deutsche Überfall auf die Sowjetunion 1941 – Berichte, Analysen, Dokumente. Paderborn: Schöningh.

Utley, Freda (1950): Kostspielige Rache. Hamburg: Nölke.

Vallette, Geneviève/Bouillon, Jacques (1964): Munich 1938. Paris: Armand Colin.

Venus, Theodor (1988): Bis zum Ende gespielt. Zur Geschichte des ‚Reichssenders Wien' im Dritten Reich. In: Rathkolb, Oliver/Duchkowitsch, Wolfgang/Hausjell, Fritz (Hg.): Die veruntreute Wahrheit. Hitlers Propagandisten in Österreich '38. Salzburg: Otto Müller, S. 108–157.

Vierling, Birgit (2014): Kommunikation als Mittel politischer Mobilisierung. Die Sudetendeutsche Partei (SdP) auf ihrem Weg zur Einheitsbewegung in der Ersten Tschechoslowakischen Republik (1933–1938). Marburg: Herder-Institut.

Vigrabs, Georg (1959): Die Stellungnahme der Westmächte und Deutschlands zu den baltischen Staaten im Frühling und Sommer 1939. In: *VfZ* 7 (3), S. 261–279.

Villari, Luigi (1956): Italian Foreign Policy under Mussolini. New York.

Viñas, Ángel (1987): Der internationale Kontext. In: Tuñón de Lara, Manuel (Hg.): Der Spanische Bürgerkrieg. Frankfurt am Main: Suhrkamp, S. 187–295.

Vincent, John (1998): Chamberlain, the Liberals and the Outbreak of War 1939. In: *EHR* 113 (451), S. 367–383.

Vnuk, František (1964): Slovakia's six eventful months. October 1938–March 1939. Cleveland: Slovak Institute.

Völker, Karl-Heinz (1967): Die Deutsche Luftwaffe 1933–1939. Aufbau, Führung und Rüstung der Luftwaffe sowie die Entwicklung der deutschen Luftkriegstheorie. Stuttgart: Deutsche Verlags-Anstalt.

Voßke, Heinz; Nitzsche, Gerhard (1975): Wilhelm Pieck. Biographischer Abriss. Berlin/DDR: Dietz.

Vyšný, Paul (2003): The Runciman Mission to Czechoslovakia 1938. Prelude to Munich. New York: Palgrave Macmillan.

Waddington, Geoffrey T. (1992): Hitler, Ribbentrop, die NSDAP und der Niedergang des Britischen Empire 1935–1938. In: *VfZ* 40 (2), S. 272–306.

Walendy, Udo (1970): Wahrheit für Deutschland. Die Schuldfrage des Zweiten Weltkrieges. Vlotho: Verlag für Volkstum und Zeitgeschichtsforschung.

Wallace, William V. (1960): The Foreign Policy of President Beneš in the Approach to Munich. In: *SEER* 39 (92), S. 108–136.

Wallace, William V. (1963): The Making of the May Crisis of 1938. In: *SEER* 41 (97), S. 368–390.

Wallace, William V. (1965): A Reply to Mr Watt. In: *SEER* 44 (103), S. 481–486.

Walsh, Billie K. (1974): The German Military Mission in China 1928–1938. In: *JMH* 46 (3), S. 502–513.

Wandycz, Piotr S. (1970): The Treaty of Riga. Its significance for interwar Polish foreign policy. In: Gromada, Thaddeus (Hg.): Essays on Poland's foreign policies 1918–1939. New York, S. 31–36.

Wark, Wesley K. (1985): The Ultimate Enemy. British Intelligence and Nazi Germany 1933–1939. Ithaca: Cornell University Press.

Warner, Geoffrey (1993): The Impact of the Second World War upon British foreign policy. In: Brivati, Brian/Jones, Harriet (Hg.): What Difference did the War make? London: Leicester University Press, S. 99–105.

Watt, Donald Cameron (1960): Der Einfluss der Dominions auf die britische Außenpolitik vor München 1938. In: *VfZ* 8 (1), S. 64–74.

Watt, Donald Cameron (1966): The May Crisis of 1938. A Rejoinder to Mr. Wallace. In: *SEER* 44 (103), S. 475–480.

Watt, Donald Cameron (1974): Hitler's Visit to Rome and the May weekend Crisis. A Study in Hitler's response to external stimuli. In: *JCH* 9 (1), S. 23–33.

Watt, Donald Cameron (1976): Der Beginn einer revisionistischen Schule? In: Niedhart, Gottfried (Hg.): Kriegsbeginn 1939. Darmstadt: Wissenschaftliche Buchgesellschaft, S. 302–334.

Watt, Donald Cameron (1984): British Intelligence and the Coming of the Second World War in Europe. In: May, Ernest R. (Hg.): Knowing one's Enemies. Princeton: Princeton University Press, S. 237–270.

Watt, Donald Cameron (1984): Succeeding John Bull. America in Britains's Place 1900–1975. Cambridge: Cambridge University Press.

Watt, Donald Cameron (1989): How war came. The immediate origins of the Second World War 1938–1939. London: Heinemann.

Watt, Donald Cameron (1990): The High Command. Who plotted against Whom? Stalin's Purge of the Soviet High Command. In: *JSMS* 3 (1), S. 46–65.

Weber, Petra (2010): Gescheiterte Sozialpartnerschaft – Gefährdete Republik? Industrielle Beziehungen, Arbeitskämpfe und der Sozialstaat. Deutschland und Frankreich im Vergleich (1918–1933/39). München: Oldenbourg.

Weber, Hermann (Hg.) (2001): Jahrbuch für Historische Kommunismusforschung 2000/01. Berlin: Aufbau-Verlag.

Weber, Reinhold W. (1980): Die Entstehungsgeschichte des Hitler-Stalin-Paktes 1939. Frankfurt am Main: Peter Lang.

Weeks, Albert L. (2002): Stalin's other War. Soviet Grand Strategy 1939–1941. Lanham: Rowman & Littlefield.

Wegmüller, Jorg (1972): Das Experiment der Volksfront. Untersuchungen zur Taktik der Kommunistischen Internationale der Jahre 1934 bis 1938. Bern: Herbert Lang

Wegner, Bernd (Hg.) (1991): Zwei Wege nach Moskau. Vom Hitler-Stalin-Pakt zum »Unternehmen Barbarossa«. München: Piper.

Wehner, Gerd (1983): Großbritannien und Polen 1938–1939. Die britische Polen-Politik zwischen München und dem Ausbruch des Zweiten Weltkrieges. Frankfurt am Main: Peter Lang.

Weinberg, Gerhard L. (1954): Die geheimen Abkommen zum Antikominternpakt. In: *VfZ* 2 (2), S. 193–201.

Weinberg, Gerhard L. (1957): The May Crisis 1938. In: *JMH* 29 (3 / Sept), S. 213–225.

Weinberg, Gerhard L. (1960): Secret Hitler-Beneš Negotiations in 1936–37. In: *JCEA* 19 (4), S. 366–374.

Weinberg, Gerhard L. (2010): Hitler's Foreign Policy 1933–1939. The Road to World War II. New York, N.Y.: Enigma.

Weinzierl, Erika (1978): Kirche und Nationalsozialismus in Wien im März 1938. In: Czeike, Felix (Hg.): Wien 1938. Wien: Verein für Geschichte der Stadt Wien, S. 164–171.

Wendt, Bernd Jürgen (1973): England und der deutsche »Drang nach Südosten«. Kapitalbeziehungen und Warenverkehr in Südeuropa zwischen den Weltkriegen. In: Geiss, Imanuel/Wendt, Bernd Jürgen (Hg.): Deutschland in der Weltpolitik des 19. und 20. Jahrhunderts. Düsseldorf: Bertelsmann, S. 483–512.

Wendt, Bernd-Jürgen (1982): Economic Appeasement: Das Gewicht einer ökonomischen Krisenstrategie in der britischen Innen- und Außenpolitik. In: Rohe, Karl (Hg.): Die Westmächte und das Dritte Reich 1933–1939. Paderborn: Schöningh, S. 57–82.

Wendt, Bernd-Jürgen (1987): Großdeutschland. Außenpolitik und Kriegsvorbereitung des Hitler-Regimes. München: Deutscher Taschenbuch Verlag.

Wenn, Stephen R. (1989): A Tale of Two Diplomats: George S. Messersmith and Charles H. Sherrill on Proposed American Participation in the 1936 Olympics. In: *JSH* 16 (1), S. 27–43.

Whitaker, Arthur P. (1954): The United States and Argentina. Cambridge, Mass.: Harvard University Press.

Whymant, Robert (1999): Richard Sorge – der Mann mit den drei Gesichtern. Hamburg: Europäische Verlagsanstalt.

Williams, T. Desmond (1971): The Historiography of World War II. In: Robertson, Esmonde M. (Hg.): The Origins of the Second World War. London: Macmillan, S. 36–64.

Williams, William A. (1973): Die Tragödie der amerikanischen Diplomatie. Frankfurt am Main: Suhrkamp.

Wiltschegg, Walter (1985): Die Heimwehr. Eine unwiderstehliche Volksbewegung? München: Oldenbourg.

Wingelbauer, Hubert (1978): Das österreichische Bundesheer. In: Czelke, Felix (Hg.): Wien 1938. Wien: Verein für Geschichte der Stadt Wien, S. 39–49.

Wingfield, Nancy M. (1989): Minority Politics in a Multinational State. The German Social Democrats in Czechoslovakia 1918–1938. Boulder: Columbia University Press.

Winkler, Heinrich August (2014): Die Kontinuität der Kriegspartei. In: *FAZ* v. 25. 8. 2014.

Wiskemann, Elizabeth (1949): The Rome-Berlin Axis. A History of the Relations between Hitler and Mussolini. London: Oxford University Press.

Wiskemann, Elizabeth (1953): Neueste Quellen zur Vorgeschichte des Zweiten Weltkriegs. In: *NZZ* v. 4. 12. 1953 (Morgenausgabe), S. 3.

Wojciechowski, Marian (1971): Die polnisch-deutschen Beziehungen 1933–1938. Leiden: E. J. Bill.

Wollstein, Günter (1976): Die Politik der nationalsozialistischen Deutschlands gegenüber Polen 1933–1939/45. In: Funke, Manfred (Hg.): Hitler, Deutschland und die Mächte. Düsseldorf: Droste, S. 795–810.

Wollstein, Günter (1973): Eine Denkschrift des Staatssekretärs Bernhard von Bülow vom März 1933. Wilhelminische Konzeption der Außenpolitik zu Beginn der nationalsozialistischen Herrschaft. In: *MGM* 13 (1), S. 77–94.

Wollstein, Günter (Hg.) (2013): Das »Dritte Reich« 1933–1945. Darmstadt: Wissenschaftliche Buchgesellschaft.

Woodword, Llewellyn (1962): British Foreign Policy in the Second World War. London: Her Majesty's Stationery Office.

Woytak, Richard A. (1972): Polish Military Intervention into Czechoslovakian Teschen und Western Slovakia in September–November 1938. In: *EEQ* 6 (3), S. 376–387.

Woytak, Richard A. (1979): On the Border of War and Peace. Polish Intelligence and Diplomacy in 1937–1939 and the Origins of the Ultra Secret. New York: Columbia University Press.

Wrench, John Evelyn (1955): Geoffrey Dawson and our Times. London: Hutchinson.

Wright, Jonathan / Stafford, Paul (1987): Hitler, Britain and the Hoßbach Memorandum. In: *MGM* 42 (2), S. 77–123.

Wucher, Albert (1989): »Seit 5.45 Uhr wird zurückgeschossen«. Ein Dokumentarbericht über den Beginn des Zweiten Weltkrieges. Bergisch Gladbach: Gustav Lübbe.

Wullus-Rudiger, Jacques (1950): Les origines internationales du drame belge de 1940. Brüssel: Éditions Vanderlinden.

Wuu, Ma Wenying (1995): Die deutsche Beraterschaft in China in der Zwischenkriegszeit 1927–38. Münster: Lit.

Young, A. P. (1974): Die »X«-Dokumente. Die geheimen Kontakte Carl Goerdelers mit der britischen Regierung 1938/1939. München: Piper.

Young, Robert J. (1978): In Command of France. French Foreign Policy and Military Planning 1933–1940. Cambridge, Mass.: Harvard University Press.

Young, Robert J. (1978): La Guerre de Longue Durée. Some Reflections on French Strategy and Diplomacy in the 1930s. In: Preston, Adrian (Hg.): General Staffs and Diplomacy before the Second World War. London: Croom Helm, S. 41–64.

Young, Robert J. (1984): French Military Intelligence and Nazi Germany 1938–1939. In: May, Ernest R. (Hg.): Knowing one's Enemies. Princeton: Princeton University Press, S. 271–309.

Young, Robert J. (1996): France and the Origins of the Second World War. Basingstoke: Macmillan.

Zarusky, Jürgen/Zückert, Martin (Hg.) (Hg.) (2013): Das Münchener Abkommen von 1938 in europäischer Perspektive. München: Oldenbourg.

Zeman, Zbyněk (1997): The Life of Edvard Beneš 1884-1948. Czechoslovakia in Peace and War. Oxford: Oxford University Press.

Żerko, Stanisław (2012): Poland, Germany and the Genesis of World War II. In: *PZ* (Sonderheft), S. 23–48.

Zgórniak, Marian (1988): Der polnische militärische Nachrichtendienst und seine Berichte über den Anschluss 1938. In: *Österreichische Osthefte* 30 (2), S. 155–167.

Zierer, Otto (1954): Das Bild unserer Zeit. 1917–1954. Murnau: Sebastian Lux.

Zimmermann, Volker (1999): Die Sudetendeutschen im NS-Staat. Politik und Stimmung der Bevölkerung im Reichsgau Sudetenland (1938–1945). Essen: Klartext.

Żochowski, Stanisław (1988): British policy in relation to Poland in the Second World War. New York: Vantage Press.

Zorach, Jonathan (1989): The Nečas Mission during the Munich Crisis. Nečas's own Account from the Hoover Institution Archives. In: *ECE* 16 (1/2), S. 53–70.

Zum Fall Tuchatschewski (1959). In: *Die Gegenwart* 13 (305), S. 76–79.

Zychowicz, Piotr (2012): Pakt Ribbentrop-Beck. Czyli jak Polacy mogli u boku III Rzeszy pokonać Związek Sowiecki. Posen: Dom Wydawniczy Rebis.

ZEITTAFEL

Nur als Orientierungshilfe, keine vollständige Erfassung der im Text angeführten Daten.

1914–1918	Erster Weltkrieg
1919	
28. Juni	Unterzeichnung des Versailler Vertrages
1925	
16. Oktober	Vertrag von Locarno
1931/32	
18. Sept.–18. Februar	Japan erobert Nordchina und annektiert es als Mandschukuo
1933	
30. Januar	Hitlers Machtübernahme
4. März	Amtsantritt Roosevelts
14. Oktober	Deutschland verlässt den Völkerbund
16. November	USA erkennen Sowjetunion an
1934	
26. Januar	Deutsch-polnische Erklärung
14. Juni	Hitler und Mussolini treffen sich in Venedig
25. Juli	Ermordung des österreichischen Bundeskanzlers Dollfuß
1935	
1. März	Rückkehr des Saargebiets nach Volksabstimmung
16. März	Wiedereinführung der allgemeinen Wehrpflicht in Deutschland
2. und 16. Mai	Bündnisverträge der Sowjetunion mit Frankreich und Tschechoslowakei
18. Juni	deutsch-britisches Flottenabkommen

25. Juli–20. August	Kongress der Kommunistischen Internationale/ *Komintern* in Moskau
10.–16. September	NS-Parteitag in Nürnberg
2. Oktober	Italien greift Abessinien an
3.–15. Oktober	KPD-Konferenz bei Moskau

1936

Februar–Juni	Bildung von *Volksfront*-Regierungen in Spanien und Frankreich
7. März	Einmarsch deutscher Truppen in das entmilitarisierte Rheinland
11. Juli	Deutsch österreichische Erklärung
18. Juli	Ausbruch des Bürgerkriegs in Spanien
1.–16. August	Olympiade in Berlin
8.–14. September	NS-Parteitag in Nürnberg und Verkündung des Vierjahrplans
1. November	Mussolini verkündet *Achse Rom-Berlin*
25. November	Unterzeichnung des *Antikomintern*-Abkommens in Berlin
3.–23. Dezember	Panamerikanische Konferenz in Buenos Aires

1937

1. Mai	Neutralitätsgesetz in Washington verkündet
12. Mai	Krönungsfeier in London
15. Mai–15. Juni	Britische Weltreichskonferenz in London; Chamberlain Premierminister
11. Juni	Erschießung von Marschall Tuchatschewski und weiterer Generäle
7. Juli	Zwischenfall an der Marco-Polo-Brücke bei Peking
25.–29. September	Mussolinis Besuch in Deutschland
5. Oktober	Quarantäne-Rede Roosevelts in Chicago
4. November	Beginn der Konferenz in Brüssel zur Klärung des Ostasien-Konflikts
5. November	Oberbefehlshaber der Wehrmacht bei Hitler
19. November	Lord Halifax bei Hitler
13. Dezember	Japan erobert Nanking

1938

4. Februar	Hitler unterstellt Wehrmacht seinem Oberbefehl
12. Februar	Österreichs Bundeskanzler Schuschnigg bei Hitler
20. Februar	Hitlers Rede im Reichstag

12./13. März	Einmarsch deutscher Truppen in Österreich
10. April	Vollzug des Anschlusses
24. April	Henlein erhebt in Karlsbad seine Forderungen
28. April	Chamberlain und Daladier besprechen sich in London
3.–9. Mai	Hitlers Besuch in Italien
20. Mai	Beginn der Gemeindewahlen in der Tschechoslowakei und Mobilmachung
28. Mai	Vorbereitung militärischer Aktionen in Berlin
4./5. Juni	Autonomie-Bewegung in der Slowakei
3.–6. Juli	Sokol-Fest in Prag
19.–22. Juli	britischer König in Paris
26.–30. Juli	Turn- und Sportfest in Breslau
3. August	Runciman trifft in Prag ein
12. September	Hitlers Rede zum Abschluss des NS-Parteitages in Nürnberg
15. September	Chamberlain trifft Hitler in Berchtesgaden
22.–24. September	Treffen in Bad Godesberg
26. September	Hitlers Rede im Sportpalast
29. September	Konferenz der Großen Vier in München
1.–10. Oktober	Besetzung des Sudetengebiets durch deutsche, Teschens durch polnische Truppen; Hitlers Fahrt durch das Sudetenland
6. Oktober	Autonomie der Slowakei
30. November	Generalstreik in Frankreich
6. Dezember	Unterzeichnung einer deutsch-französischen Erklärung in Paris

1939

10. März	Stalins Rede auf dem Parteitag der KPdSU
14. März	Selbstständigkeit der Slowakei
15. März	Einmarsch deutscher Truppen in Prag
21.–24. März	Frankreichs Präsident in London
22. März	Litauen gibt das Memelland an Deutschland zurück / deutsch-rumänischer Wirtschaftsvertrag
31. März	Chamberlain verkündet einseitige Garantie für Polen
1. April	Ende des Bürgerkriegs in Spanien
4.–6. April	polnischer Außenminister Beck in London
7. April	Einmarsch Italiens in Albanien
28. April	Reichstagsrede Hitlers
3. Mai	Molotow übernimmt von Litwinow das Außenministerium
5. Mai	Rede Becks in Warschau
22. Mai	Bündnisvertrag zwischen Deutschland und Italien

23. Mai	Hitlers Ansprache vor Oberbefehlshabern
31. Mai	Molotows Rede im Obersten Rat
7.–12. Juni	Besuch des britischen Königs in Amerika
14. Juni	britischer Sonderbotschafter Strang in Moskau
22. Juli	Wiederaufnahme der deutsch-sowjetischen Handelsgespräche
11. August	Völkerbundskommissar Burckhardt bei Hitler
12. August	Beginn der dreiseitigen Gespräche über ein Militärabkommen in Moskau
12./13. August	italienischer Außenminister Ciano bei Hitler
22. August	Oberbefehlshaber bei Hitler und Befehl zum Aufmarsch
23./24. August	Ribbentrop in Moskau: deutsch-sowjetischer Nichtangriffspakt
24. August	Beginn der Vermittlungsbemühungen des Schweden Dahlerus
25. August	Die *Schleswig-Holstein* läuft Danzig an
29. August	Mobilmachung in Polen
31. August	Hitlers Angriffsbefehl
1. September	deutsche Wehrmacht marschiert in Polen ein
2./3. September	britische/französische Ultimaten und Kriegserklärungen an Deutschland
3./4. September	Versenkung des britischen Passagierschiffs Athenia
5. September	polnische Regierung flieht aus Warschau
12. September	Oberster Kriegsrat Chamberlains und Daladiers in Abbeville
17. September	Einmarsch der Roten Armee in Ostpolen
19. September	Hitler spricht in Danzig
21. September	Roosevelt beantragt Aufhebung des Waffenembargos
27. September	Warschau kapituliert bedingungslos
28. September	deutsch-sowjetischer Grenz- und Freundschaftsvertrag
6. Oktober	Hitlers Friedensangebot im Reichstag
12. Oktober	Ablehnung durch Chamberlain
15. Oktober	Beginn der Umsiedlung Baltendeutscher ins Reich
26. Oktober	Restpolen als Generalgouvernement
27. Oktober	Hitler kündigt militärisches Vorgehen im Westen an
31. Oktober	Molotows Rede zur Unterstützung Deutschlands
4. November	Aufhebung des Waffenembargos in den USA
8. November	Attentat auf Hitler in München
17. November	Oberster Kriegsrat in London
23. November	Hitler verkündet vor Offizieren Absicht zur Offensive im Westen
30. November	Angriff der Sowjetunion gegen Finnland
19. Dezember	Oberster Kriegsrat in Paris

PERSONENVERZEICHNIS

Wegen der häufigen Erwähnung wird Adolf Hitler nicht gesondert nachgewiesen.

Aga Khan, The (1877–1957) Vertreter Indiens im Völkerbund 135
Alexandrovski, Sergej S. (1889–1945) sowjetischer Botschafter in Prag 292, 311 f., 319 f.
Aristoteles (384 v. Chr.–322 v. Chr.) griechischer Philosoph 575
Ashton-Gwatkin, Frank (1889–1976) britisches Außenamt 271, 273, 284
Astachow, Georgi (1897–1942) sowjetischer Geschäftsträger in Berlin 425, 435 f.
Attolico, Bernardo (1880–1942) italienischer Botschafter in Berlin 101

Bach, Johann Sebastian (1685–1750) deutscher Komponist 498
Badoglio, Pietro (1871–1956) italienischer General 107
Baillet de Latour, Henri (1876–1942) Präsident des Internationalen Olympischen Komitees 32
Baldwin, Stanley (1867–1947) britischer Premierminister 62, 66, 74 f., 77, 79–81
Baroda, Gaeckwad von (1863–1939) indischer Maharadscha 76
Beard, Charles (1874–1948) US-amerikanischer Historiker 122
Beck, Józef (1894–1944) polnischer Außenminister 43
Beck, Ludwig (1880–1944) Generalstabschef des deutschen Heeres 107, 118 f., 148 f., 197 f., 253, 256, 281
Beethoven, Ludwig van (1770–1827) deutscher Komponist 117, 215
Beneš, Eduard (1884–1948), ČSR-Staatspräsident 23 f., 35, 137 f., 148, 169, 174, 179, 213 f., 217, 220, 233, 235, 238, 240, 244, 246–250, 258 f., 261, 264–266, 272, 274 f., 278–282, 284, 289–296, 301 f., 305, 208–312, 317, 319 f., 332–334, 360, 362 f., 366, 377, 457
Beran, Rudolf (1887–1969) tschechischer Politiker 233, 357 f., 360, 362, 364
Biddle, Anthony Joseph Drexel (1896–1961) US-Botschafter in Polen 387, 400, 403, 411, 530
Bismarck, Otto von (1815–1898) deutscher Reichskanzler 10, 149
Blaskowitz, Johannes (1883–1948) deutscher General 546–548
Blomberg, Werner von (1876–1946) Reichskriegsminister 73, 106 f., 139, 141, 143, 145–149, 165, 181, 253
Blücher, Gebhard Leberecht von (1742–1819) preußischer Generalfeldmarschall 382
Blum, Léon (1872–1950) französischer Ministerpräsident 28, 39, 83, 290
Bock, Fedor von (1880–1945) deutscher General 198, 204, 206

Bonnet, Georges (1889–1973) französischer Außenminister 235, 240, 246, 264, 267, 284, 290, 305, 308, 312, 337–339, 341–343, 345, 369, 371, 374, 381 f., 384–386, 415 f., 430, 434, 439, 447, 469 f., 496, 508–510, 516
Brauchitsch, Walther von (1881–1948) Oberbefehlshaber des Heeres 253, 440, 471
Brecht, Bertolt (1898–1956) deutscher Dramatiker und Lyriker 247
Brücker, Anton (1824–1896) österreichischer Komponist 202
Brüning, Heinrich (1885–1970) deutscher Reichskanzler 181
Bullitt, William (1891–1967) US-Botschafter in Moskau und Paris 18, 242, 248, 330, 351, 355, 374, 400, 429–431, 542, 563
Burckhardt, Carl Jacob (1891–1974) Völkerbundskommissar in Danzig 439–441, 471
Bürckel, Josef (1894–1944) Gauleiter in Wien 226

Caballero, Francisco Largo (1869–1946) spanischer Sozialist 26, 28
Cable, John (1904–1939) Testpilot 350
Cadogan, Alexander (1884–1968) britisches Außenamt 179, 467
Chamberlain, Anne (1883–1967) Ehefrau von Neville Chamberlain 79
Chamberlain, Austen (1863–1937) britischer Politiker 41, 79
Chamberlain, Joseph (1836–1914) britischer Politiker 41, 79
Chamberlain, Neville (1869–1940) britischer Schatzkanzler und Premierminister 9, 41, 66, 73, 77–82, 84–87, 100, 131, 153–156, 164, 168–171, 173, 179, 208, 213, 217–219, 235–240, 243, 245, 252, 257, 266–268, 277–279, 283–324, 318–331, 337–339, 344, 349, 351, 354, 371–377, 379–400, 406 f., 423-428, 431, 433 f., 437, 441, 444, 460, 467 f., 472 f., 475 f., 480–482, 485, 487 f., 502 f., 508–514, 517–519, 521, 523, 527, 629 f., 539–541, 543, 551, 554–556, 561, 566–570, 673 f., 577
Chatfield, Ernie (1873–1967) britischer Admiral 172
Chautemps, Camille (1885–1963) französischer Ministerpräsident 131, 169
Churchill, Winston (1874–1965) britischer Politiker 79 f., 138, 173, 213, 245, 297, 314, 423, 514, 517, 522, 540, 554, 556, 573
Chvalkovský, František (1885–1945) Außenminister der Tschecho-Slowakei 333 f., 358, 362–364
Chruschtschow, Nikita (1894–1971) ukrainischer Kommunist 557 f.
Ciano, Galeazzo (1903–1944) italienischer Außenminister 50 f., 101–103, 108, 114 , 117, 119, 196, 317, 441–444, 496, 551
Clayton, Edward (britischer General) 418
Colvin, Ian (1881–1970) britischer Journalist (u. a. *News Chronicle*) 389
Cooper, Gary (1901–1961) US-amerikanischer Schauspieler 163
Cot, Pierre (1895–1977) französischer Luftminister 50, 169
Coulondre, Robert (1885–1959) französischer Botschafter in Moskau und Berlin 340, 369–371, 373 f., 378, 504, 514

Czernin, Eugen Karl von (1773–1868) böhmischer Schlossbesitzer 280

Daladier, Édouard (1884–1970) französischer Verteidigungsminister und Ministerpräsident 213, 235–240, 243, 261, 263, 276, 290 f., 293, 295, 297, 305 f., 309–312, 314–319, 322–324, 328 f., 337–341, 344–347, 355, 371, 376 f., 384, 414 f., 431, 444, 469 f., 473, 477 f., 480, 496, 509 f., 516, 527, 529, 540–542, 553, 555, 566, 568–570, 574
Dalton, Hugh (1887–1962) britischer Politiker 150
Dahlem, Franz (1892–1981) deutscher Kommunist 22
Dahlerus, Birger (1891–1957) schwedischer Industrieller 471, 475 f., 478–481, 486–488, 491–493, 497, 502, 551, 554
Davies, Joseph (1876–1958) US-Botschafter in Moskau 83
Davis, Norbert (US-amerikanischer Sonderbotschafter) 150
Dawson, Geoffrey (1874–1944) Chefredakteur der *Times* 168, 257, 279
Delbos, Yvon (1885–1956) französischer Außenminister 131, 169
Dieckhoff, Hans Heinrich (1884–1952) deutscher Botschafter in Washington 132
Dimitroff, Georgi (1882–1949) bulgarischer Kommunist 14, 16–18, 20 f., 23, 26, 29, 94, 312, 331, 577
Dirksen, Herbert von (1882–1955) deutscher Botschafter in Tokio und London 151, 172, 371 f.
Dodd, William E. (1869–1940) US-Botschafter in Berlin 41, 64, 66
Dollfuß, Engelbert (1892–1934) österreichischer Bundeskanzler 136, 177, 184, 188, 191 f., 200
Doumenc, Aimé (1880–1948) französischer General 434, 436 f., 441, 445 f., 451, 453, 456, 461, 465
Drax, Reginald (1880–1967) britischer Admiral 434, 436 f., 441, 446, 450, 453 f., 456, 461, 465
Duff Cooper, Alfred (1890–1954) britischer Kriegs- und Marineminister 79 f., 329, 344, 388, 423
Ďurčanský, Ferdinand (1906–1974) slowakischer Politiker 359 f.

Eden, Anthony (1897–1977) britischer Außenminister 26, 42, 76 f., 86, 100, 147, 150, 153, 156, 158, 169, 171, 173, 196, 297, 338, 388, 423, 517
Edward VII. (841–1910) britischer König 262
Edward VIII. (1894–1972) britischer König (1936) 61 f., 69, 135
Einstein, Albert (1879–1955) Physiker 563
Eisenlohr, Ernst (1882–1958) deutscher Gesandter in Prag 220–222
Elizabeth (1900–2002) britische Königin 70, 261, 430
Elizabeth II. (1926) britische Königin 70, 261
Emrys-Evans, Paul (1894–1964) britischer Politiker 86, 150
Engels, Friedrich (1820–1895) deutscher Kommunist 11

Falkenhausen, Alexander von (1878–1966) deutscher Militärberater in China 92, 98
Fiehler, Karl (1895–1945) Oberbürgermeister von München 106
Florin, Wilhelm (1894–1944) deutscher Kommunist 21, 23
Foch, Ferdinand (1851–1929) französischer Marschall 404
Forster, Albert (1902–1952) NS-Gauleiter in Danzig
Franco, Francisco (1892–1975) spanischer General 29, 51, 104, 144, 146, 443
François-Poncet, André (1887–1978) französischer Botschafter in Berlin 147, 165, 276, 339
Frank, Hans (1900–1946) Reichsjustizminister / Generalgouverneur 50, 560
Frank, Karl Hermann (1898–1946) SdP-Politiker 229
Frick, Wilhelm (1877–1946) Reichsinnenminister 181
Friedrich August II. (1797–1854) Kurfürst von Sachsen 498
Friedrich II. (1712–1786) König von Preußen 112 f., 143, 149, 571
Fritsch, Werner von (1880–1939) deutscher General 107, 139–141, 143, 145 f., 148, 181, 253
Funk, Walter (1890–1960) Reichswirtschaftsminister 197

Gallup, George (1901–1984) US-amerikanischer Meinungsforscher 39
Gamelin, Maurice (1872–1958) französischer Generalstabschef 46, 83, 307, 341, 344, 413–416, 445, 469, 527, 541, 557
Gandhi, Mohandas (1869–1948) indischer Politiker 159 f., 163
Gennerich, August Adolph (1887–1936) Leibwächter von Franklin D. Roosevelt 57
George V. (1865–1936) britischer König 262
George VI. (1895–1952) britischer König 69–74, 261–263, 322, 383, 430, 467, 515, 517, 572
Gerard, James (1867–1951) US-Dipolomat 68, 71
Goebbels, Joseph (1897–1945) deutscher Propaganda-Minister 37, 41 f., 46, 48, 66, 83, 106, 116–119, 138 f., 151, 162, 165–167, 196 f., 199, 204-208, 216, 220, 222, 225 f., 232, 241, 244, 251, 253, 256, 269, 271, 292, 296, 307–309, 313, 323, 327, 334 f., 356, 359 f., 365, 368, 393, 401, 409, 411, 416, 424, 427, 434, 457, 464 f., 472, 483, 487, 489, 494, 497 f., 502, 505, 522–525, 546, 549, 551, 555–557, 561, 565, 567 f.
Goebbels, Magda (1901–1945) Ehefrau von Joseph Goebbels 106, 126, 165
Goerdeler, Carl-Friedrich (1884–1945) deutscher Politiker 48, 554
Göring, Emmy (1893–1973) Ehefrau von Hermann Göring 113
Göring, Hermann (1893–1946) Reichsluftfahrtminister 41 f., 46–48, 107, 109 f., 113 f., 126, 140 f., 145–147, 153, 164 f., 168, 199 f., 202–204, 222, 253, 255 f., 268, 276, 309, 313, 347 f., 353, 358 f., 363 f., 393, 433, 471, 475 f., 478–481, 483, 486–488, 490–493, 497, 501 f., 553, 555, 560, 568
Gottwald, Klement (1896–1953) tschechoslowakischer Kommunist 23
Grandi, Dino (1895–1988) italienischer Botschafter in London 179
Gründgens, Gustaf (1899–1963) deutscher Schauspieler und Regisseur 113
Grzybowski, Wacław (1887–1959) polnischer Botschafter in Moskau 532

Guderian, Heinz (1888–1954) deutscher General 118, 198
Günther, Hans (1899–1938) deutscher Kommunist 12

Habsburg, Otto von (1912–2011) österreichischer Thronprätendent 180, 188, 193
Hácha, Emil (1872–1945) Staatspräsident der Tschecho-Slowakei 357, 359, 362–368, 486, 494
Haile Selassie (1892–1975) Kaiser von Äthiopien 69
Halder, Franz (1884–1972) deutscher General 281, 448
Halifax, Edward Lord (1881–1959) britischer Außenminister 79, 153–167, 169 f., 173, 196, 203, 213, 218, 233, 235–246, 257, 259, 263–268, 277–279, 285 f., 290, 337 f., 354, 371–374, 386–391, 394 f., 398 f., 415, 425, 428, 434, 436, 439 f., 467, 474–476, 480, 482 f., 486–490, 493, 495, 499 f., 508–512, 527, 555, 557
Hannibal (um 247 v. Chr.–183 v. Chr.) karthagischer Heerführer 526
Hassell, Ulrich von (1881–1944) deutscher Botschafter in Rom 101, 492, 554 f.
Henderson, Nevile (1882–1942) britischer Botschafter in Berlin 55, 84, 147, 153, 155–157, 165 f., 203, 244, 284 f., 313, 371, 401, 409, 472, 478, 481–586, 489–492, 504, 510 f.
Henlein, Konrad (1898–1945) Führer der Sudetendeutschen Partei 35, 137 f., 219-221, 230–233, 238, 244–248, 250, 269, 261, 268, 270, 273–276, 278, 280, 283 f., 289 f., 282, 325, 327 f., 333
Hertzog, James (1866–1942) Premierminister von Südafrika 75, 78
Heß, Rudolf (1894–1987) Hitlers Stellvertreter 101, 118
Hessen, Philipp Prinz von (1896–1980) deutscher Politiker 113, 198, 203
Heydrich, Reinhard (1904–1942) Chef der Sicherheitspolizei 549
Hillegeist, Friedrich (1895–1973) österreichischer Gewerkschaftsfunktionär 188, 191
Himmler, Heinrich (1900–1945) SS-Führer und Reichsinnenminister 181, 205, 309, 549, 560, 568
Hindenburg, Paul von (1847–1934) Reichspräsident 139
Hirohito (1901–1989) japanischer Kaiser 172
Hirota, Koki (1878–1948) japanischer Premierminister und Außenminister 51, 89, 151
Hitler, Adolf (1889–1945) deutscher Diktator
Hlinka, Andrej (1864–1938) slowakischer Politiker 258, 358, 360 f.
Hodža, Milan (1878–1944) ČSR-Ministerpräsident 137 f., 217, 220–222, 233, 246 f., 258, 261, 266, 292, 295, 297
Hohenlohe, Max Egon Prinz von (1897–1968) 273
Hoover, Herbert Clark (1874–1964) Präsident der USA 331
Horner, Henry (1878–1940) US-amerikanischer Politiker 123, 127
Hoßbach, Friedrich (1894–1980) Adjutant der Wehrmacht bei Hitler 107, 141 f., 147 f.
Hull, Cordell (1871–1955) US-Außenminister 56 f., 60–62, 68, 93, 97, 122, 388, 542
Hus, Jan (1369–1415) böhmischer Reformator 260

Ickes, Harold (1874–1952) US-Innenminister 121, 123, 126, 330, 511
Imrédy, Béla (1891–1946) ungarischer Ministerpräsident 296
Innitzer, Theodor (1875–1955) Erzbischof von Wien 215, 225
Ironside, Edmund (1876–1959) britischer General 107 f., 117, 252, 276, 434, 440
Ismayr, Rudolf (1908–1998) deutscher Sportler 35

Jacob, Berthold (1898–1944) deutscher Schriftsteller 139
Jaksch, Wenzel (1896–1966) Vorsitzender der DSAP der ČSR
Johnson, Nelson (1887–1954) US-Botschafter in Nanking 99
Justo, Augustín Pedro (1876–1943) argentinischer Präsident 55, 57 f., 60

Karl IV. (1316–1378) böhmischer König und deutscher Kaiser 367
Kasprzycki, Tadeusz (1891–1978) polnischer General und Kriegsminister
Keitel, Wilhelm (1887–1946) deutscher General 196 f., 253, 255 f., 394, 473, 475, 549
Kelly, Edward (1876–1950) Bürgermeister von Chicago 121, 123 f., 126
Kemsley, Gomer Berry Lord (1883–1968) britischer Zeitungsherausgeber 434
Kennard, Howard (1878–1955) britischer Gesandter in Warschau 392, 409, 412, 485 f., 490, 493–495, 499, 514
Kennedy, John F. (1917–1963) US-Student 403, 419
Kennedy, Joseph (1888–1969) US-Botschafter in London 246, 374, 388, 403, 419, 424, 431, 511, 543
Keppler, Wilhelm (1882–1960) Wirtschaftsberater und Sonderbeauftragter Hitlers 187–189, 191, 197
Kirkpatrick, Ivone (1897–1964) britischer Botschaftsrat in Berlin 157 f., 160, 163
Knatchbull-Hugessen, Hughes (1886–1971) britischer Diplomat 94
Konoye, Fumimaro (1891–1945) japanischer Premierminister 92–95
Krejči, Ludvík (1890–1972) ČSR-Generalstabschef 241, 293, 324
Krofta, Kamil (1876–1945) ČSR-Außenminister 138, 233, 243, 249, 261, 294 f., 304, 320, 333
Krupp von Bohlen und Halbach, Gustav (1870–1950) Aufsichtsratsvorsitzender der Friedrich Krupp AG 110
Kung Xiangxi (1881–1967) chinesischer Ministerpräsident 172
Kutrzeba, Tadeusz (1885–1947) polnischer General 546 f.
Kuusinen, Otto (1881–1964) finnischer Kommunist 23
Kwiatkowski, Eugeniusz (1888–1974) polnischer Finanzminister 413

Lacroix, Léopold de (1878–1948) französischer Botschafter in Prag 243, 293
Lang, Cosmo Gordon (1864–1945) Erzbischof von Canterbury 62
Leahy, William (1875–1959) US-Admiral 374

Lebrun, Albert (1871–1950) französischer Staatspräsident 261–264, 322, 341, 381, 383, 385, 470
Léopold (1901–1983) König der Belgier 471, 565
Lewald, Theodor (1860–1947) Präsident des Nationalen Olympischen Komitees 32
Ley, Robert (1890–1945) Führer der Deutschen Arbeitsfront 393
Lenin, Wladimir Iljitsch (1870–1924) sowjetischer Diktator 11, 18, 82, 375
Lindbergh, Charles (1902–1974) US-amerikanischer Pilot 252, 347
Lindley, Ernest (1899–1979) US-amerikanischer Journalist) 127
Lippmann, Walter (1889–1974) US-amerikanischer Journalist 122
Lipski, Józef (1894–1958) polnischer Botschafter in Berlin 137, 296, 397, 400, 486, 490, 492–494
Litwinow, Maxim (1876–1951) sowjetischer Außenminister 18, 53, 82, 150, 214, 249, 331, 374–377, 411, 421
Lloyd George, David (1863–1945) britischer Politiker 86, 159, 394, 514
Londonderry, Charles (1878–1949) britischer Politiker
Lothian, Philip Kerr Lord (1882–1940) britischer Politiker 159
Ludwig XIV. (1638–1715) französischer König 329
Łukasiewicz, Juliusz (1892–1951) polnischer Botschafter in Paris 414, 447
Lyons, Joseph (1879–1939) Premierminister von Australien 75

Machník, František (1886–1967) ČSR-Verteidigungsminister 247
Mackenzie King, William (1874–1950) Premierminister von Kanada 75, 77 f., 81, 85 f.
Mackiewicz, Stanisław (1896–1966) polnischer Politiker 413
Maiski, Iwan (1884–1975) sowjetischer Botschafter in London 391, 421, 423, 469, 554, 573, 577
Manstein, Erich von (1887–1973) deutscher General 197 f., 204
Manuilski, Dimitri S. (1883–1959) Kominternvorsitzender 16, 23
Mao Tse-tung (1893–1976) chinesischer Kommunist 24, 91, 457
Marie Antoinette (1755–1793) französische Königin 262
Marx, Karl (1818–1883) deutscher Philosoph 11, 13, 229
Masaryk, Jan (1886–1948) ČSR–Botschafter in London 213, 241, 243, 245 f., 267, 279, 305, 308
Masaryk, Tomáš (1850–1937) ČSR–Staatspräsident 23, 260 f., 305, 328
Mastný, Vojtěch (1874–1954) ČSR–Gesandter in Berlin 249
Matsui, Iwane (1878–1948) japanischer General 171
Meissner, Otto (1880–1952) Staatssekretär in der Reichskanzlei 483
Merekalow, Alexej (1900–1983) sowjetischer Botschafter in Berlin 421
Messersmith, George S. (1883–1960) US–Außenministerium 128, 179
Miklas, Wilhelm (1872–1956) österreichischer Bundespräsident 33, 176, 178, 190, 200 f., 205, 208

Mikojan, Anastas (1895–1978) sowjetischer Außenhandelsminister 425, 428, 433
Moltke, Hans Adolf von (1884–1943) deutscher Botschafter in Warschau 417 f.
Molotow, Wjatscheslaw (1890–1986) sowjetischer Regierungschef und Außenminister 15, 67, 375, 411 f., 421 f., 424–428, 432, 434–436, 444, 447 f., 450–455, 462, 495, 534 f., 544 f., 564 f.
Monnet, Jean (1888–1979) französischer Bankier 340 f., 346 f., 515, 541
Moraveć, Emanuel (1893–1945) ČSR-Militär 214
Moraveć, František (1895–1965) ČSR–Geheimdienstchef 148
Morgenthau, Henry (1891–1967) US–Finanzminister 330
Mościki, Ignacy (1867–1946) polnischer Präsident 408, 418, 484
Mundelein, George (1872–1939) Erzbischof von Chicago 126
Münzenberg, Willi (1889–1940) deutscher Kommunist 12
Mushanokoji, Kintomo (1882–1062) japanischer Diplomat 52
Mussolini, Benito (1883–1945) italienischer Ministerpräsident 12, 51, 69, 78, 101–106, 108–120, 122, 130, 170, 173, 179, 191, 196, 198, 203, 244, 284, 304, 308, 313–318, 322, 329, 331, 390, 393, 399, 434, 442, 444, 462, 472-474, 477, 480, 495 f., 516

Napoléon I. (1769–1821) Kaiser der Franzosen 112, 239, 329, 340, 382
Napoléon III. (1808–1873) Kaiser der Franzosen 340
Neurath, Konstantin von (1873–1956) Reichsaußenminister 42, 103, 136, 140, 157–160, 167, 197, 253, 368
Nečas, Jaromír (1885–1945) ČSR–Minister 260, 290
Newton, Basil (1889–1965) britischer Gesandter in Prag 233, 243, 246, 249, 261, 265 f., 271, 293–295
Noël, Léon (1888–1987) französischer Botschafter in Warschau 235, 400, 470, 485, 493

Oshima, Hiroshi (1886–1975) japanischer Militärattaché in Berlin
Ossietzky, Carl von (1890–1938) Publizist 41, 57
Osuský, Štefan (1889–1973) ČSR–Botschafter in Paris 213, 246, 267

Papen, Franz von (1879–1969) deutscher Botschafter in Wien 140, 175, 186
Pétain, Henri–Philippe (1856–1951) französischer General 261
Petacci, Claretta (1912–1945) Mussolinis Geliebte 101
Philip II. (1527–1598) spanischer König 329
Phipps, Eric (1875–1945) britischer Botschafter in Berlin und Paris 41
Pieck, Wilhelm (1976–1960) deutscher Kommunist 12, 14, 21–23, 353, 565
Piłsudski, Józef (1867–1935) polnisches Staatsoberhaupt 46, 451, 550
Pius XII. (1876–1958) Papst 126, 472
Potëmkin, Wladimir (1878–1946) stellvertretender Außenminister der UdSSR 412, 426

Price, George Ward (1886–1961) Korrespondent der *Daily Mail* 209, 217, 250
Puaux, Gabriel (1883–1970) französischer Gesandter in Wien 179

Quisling, Vidkun (1887–1945) Anführer der norwegischen Nasjonal Samling 574

Raabe, John (1882–1950) deutscher Kaufmann 99, 171
Raeder, Erich (1876–1960) Oberbefehlshaber der deutschen Kriegsmarine 107, 140 f., 145, 460
Raczyński, Edward (1891–1986) polnischer Botschafter in London 386, 499
Reed, John (1887–1920) US-amerikanischer Kommunist 18
Rechenberg, Bernhard von (deutscher Schriftsteller) 132
Renner, Karl (1870–1950) österreichischer Sozialdemokrat 224
Reynaud, Paul (1878–1966) französischer Justiz- und Finanzminister 337, 341, 541
Ribbentrop, Joachim von (1893–1946) deutscher Botschafter in London/Außenminister 41–43, 51 f., 73, 93, 155–157, 173 f., 176, 186, 196 f., 220 f., 232, 244, 249, 252, 284 f., 299, 303, 313, 315, 333, 335, 337–345, 360, 363, 367, 397, 407, 443, 445, 447 f., 450 f., 454–456, 459, 461–465, 473, 475, 478, 483, 489–495, 504, 510–512, 514, 534, 544 f., 558, 561, 568
Riefenstahl, Leni (1902–2003) deutsche Filmregisseurin 33
Ripka, Hubert (1895–1958) ČSR-Journalist 138
Roberts, Stephen (1901–1971) australischer Schriftsteller 155
Rommel, Erwin (1891–1944) deutscher Oberst 96, 364
Roosevelt, Eleanor (1884–1962) Ehefrau von Franklin D. Roosevelt 127
Roosevelt, Franklin D. (1882–1945) Präsident der USA 9, 55–68, 71, 95, 97, 99, 121–133, 150, 171–173 , 179, 181, 248, 284, 308, 330 f., 340 f., 346, 349–356, 373 f., 377, 384, 411, 419, 429–432, 443, 452 f., 467, 471, 498, 503, 511, 518, 530, 541, 543 f., 557, 562 f., 573
Roosevelt, James (1907–1991) General des US Marine Korps 57
Roosevelt, Sara (1854–1941) Mutter von Franklin D. Roosevelt 127
Rosenberg, Alfred (1893–1946) Herausgeber des *Völkischen Beobachters* 49
Rossini, Gioachino (1792–1868) italienischer Komponist 102
Runciman, Hilda (1869–1956) britische Politikerin 271, 273
Runciman, Walter (1870–1949) britischer Politiker 79, 266–268, 271–275, 177 f., 280, 283 f., 288, 291
Rydz (gen. Śmigły), Edward (1886–1941) polnischer Oberbefehlshaber 46, 386, 408, 313, 419, 438, 484 f., 490, 533, 536

Saavedra Lamas, Carlos (1878–1959) argentinischer Außenminister 55, 57, 61, 63
Savage, Michael (1872–1940) Premierminister von Neuseeland 75, 78
Schacht, Hjalmar (1877–1970) Präsident der Deutschen Reichsbank 33, 48, 56, 348
Schmidt, Guido (1901–1957) österreichischer Außenminister 168, 174–176, 179, 201

Schmidt, Hans-Thilo (1888–1943) deutscher Spion in französischen Diensten 147
Schmidt, Paul-Otto (1899–1970) Chefdolmetscher im Auswärtigen Amt 157, 304, 315
Schmidt, Rudolf (1886–1957) deutscher General 141
Schmitz, Richard (1885–1954) Wiener Bürgermeister 178, 202
Schnurre, Karl (1898–1990) Auswärtiges Amt 433–436
Schopenhauer, Arthur (1788–1860) deutscher Philosoph 404
Shaw, George Bernard (1856–1950) irischer Schriftsteller 554
Schulenburg, Friedrich-Werner von der (1875–1944) deutscher Botschafter in Moskau 424, 435, 448, 451, 534
Schuschnigg, Kurt von (1897–1977) österreichischer Bundeskanzler 33, 137, 174–202, 208 f., 225, 312, 486
Seeckt, Hans von (1866–1936) Chef der Heeresleitung der Reichswehr 53
Seyß-Inquart, Arthur (1892–1946) österreichischer Politiker 178, 181, 184, 189–191, 195, 198–204, 215
Siebert, Ludwig (1874–1942) Ministerpräsident von Bayern 104
Sikorski, Władysław (1881–1943) polnischer General 394
Simon, John (1873–1945) britischer Schatzkanzler 136, 158
Simpson, Wallis (1896–1986) Verlobte von Edward VIII. 62
Sławoj Składkowski, Felicjan (1885–1962) polnischer Ministerpräsident 408
Spaak, Paul (1899–1972) belgischer Außenminister 150
Stalin, Josef (1878–1953) Generalsekretär der KPdSU 9, 11–18, 20, 24, 31, 49, 53, 67, 82 f., 93, 139, 170, 249, 277, 292, 319, 331, 353, 375–377, 381, 393, 411, 421 f., 428, 433, 441, 444 f., 448–459, 462–465, 467, 470, 485, 534, 537, 544 f., 557 f., 564, 573
Stampfer, Friedrich (1874–1957) deutscher Journalist 22
Starling (Leibwächter Roosevelts) 123
Steton-Watson, Robert (1897–1951) britischer Historiker 261
Strauss, Richard (1864–1949) deutscher Komponist 35
Steinhardt, Laurence A. (1892–1950) US-Botschafter in Moskau 452 f.
Stopford, Robert (britischer Finanzberater) 271
Strang, William (1893–1978) britisches Außenamt 425, 427, 433 f.
Stresemann, Gustav (1878–1929) deutscher Außenminister 136, 209
Sugiyama, Hajime (1880–1945) japanischer Kriegsminister 92
Syrový, Jan (1888–1970) ČSR-General und Ministerpräsident 293, 296, 301 f., 424, 432
Szembek, Jan (1881–1945) polnisches Außenministerium 43, 403, 418

Taylor, Alan J. P. (1906–1990) britischer Historiker 9 f.
Tiso, Jozef (1887–1947) slowakischer Ministerpräsident 332, 357–362
Thälmann, Ernst (1886–1944) deutscher Kommunist 20
Thorez, Maurice (1900–1964) französischer Kommunist 17, 24 f., 540

Thümmel, Paul (1902–1945) Doppelagent 148
Togliatti, Palmiro (1893–1964) italienischer Kommunist 13, 16, 23
Trautmann, Oskar (1877–1950) deutscher Botschafter in China 151, 172
Tschammer und Osten, Hans von (1887–1943) Reichssportführer 34
Tschiang Kaischek (1886–1975) chinesischer Diktator 24, 53, 89-96, 99, 151, 171 f., 331 f.
Tuchatschewski, Michail (1893–1937) Oberbefehlshaber der sowjetischen Armee 15 f., 43, 67, 69, 82, 325, 451, 459

Udet, Ernst (1896–1941) deutscher Pilot 108
Ulbricht, Walter (1893–1973) deutscher Kommunist 12, 22

Vansittart, Robert (1881–1957) britisches Außenamt 42 f., 153, 245
Verdi, Giuseppe (1813–1901) italienischer Komponist 102
Victoria (1819–1901) britische Königin 158
Vogel, Hans (1881–1945) deutscher Politiker 22
Vuillemin, Joseph (1883–1963) Chef der französischen Luftwaffe

Wagner, Richard (1813–1883) deutscher Komponist 32, 102, 202, 220, 434
Wang Ming (1904–1974) chinesischer Kommunist 23
Washington, George (1732–1799) Präsident der USA 355
Weber, Edmund (1900–1949) österreichischer Regierungssprecher 176
Wehner, Herbert (1906–1990) deutscher Kommunist 12
Wellesley, Arthur, 1. Duke of Wellington (1769–1852) britischer Feldmarschall 382
Weizsäcker, Ernst von (1882–1951) Staatssekretär im Auswärtigen Amt 197, 246, 370, 425, 439, 447, 489, 492, 494, 496
Welczek, Johannes (1878–1972) deutscher Botschafter in Paris 339
Welles, Sumner (1892–1961) US-Außenministerium 128
Wilhelm I. (1797–1888) deutscher Kaiser 112
Wilhelm II. (1859–1941) deutscher Kaiser 31, 239
Wilhelmina (1880–1962) Königin der Niederlande 565
Wille, Ulrich (1877–1959) Schweizer Offizier 526
Wilson, Horace (1882–1972) Berater Chamberlains 307–312, 317
Wilson, Woodrow (1856–1924) Präsident der USA 121 f., 209, 271, 404
Witzleben, Erwin von (1881–1944) deutscher General 118
Woroschilow, Kliment (1881–1969) sowjetischer Verteidigungsminister 24, 52, 441 f., 445 f., 450–453, 456, 461, 465, 495, 534

Zernatto, Guido (1903–1943) österreichischer Politiker 187, 189–191, 202

BILDNACHWEIS

Bundesarchiv: S. 27 © Bundesarchiv, Bild 183-S04233, S. 32 © Bundesarchiv, Bild 183-G00372, S. 34 (oben) © Bundesarchiv, Bild 183-G00234, (unten) © Bundesarchiv, Bild 146-1976-116-08A, S. 36 © Bundesarchiv, Plak 003-019-024 / Grafiker: Blez, S. 38 © Bundesarchiv, Bild 183-G00417 / Fotograf: Stempka, S. 43 © Bundesarchiv, B 145 Bild-P017195, S. 103 © Bundesarchiv, Bild 183-C13676, S. 105 (oben) © Bundesarchiv, Bild 102-17925 / Fotograf: Georg Pahl, (unten) © Bundesarchiv, Bild 102-17926 / Fotograf: Georg Pahl, S. 108 © Bundesarchiv, Bild 183-C13735, S. 111 © Bundesarchiv, Bild 183-c13771, S. 114 © Bundesarchiv, Bild 183-C13837, S. 116 © Bundesarchiv, Bild 183-1990-0412-515, S. 145 © Bundesarchiv, Bild 183-2008-1016-502, S. 165 © Bundesarchiv, Bild 102-17990 / Fotograf: Georg Pahl, S. 205 © Bundesarchiv, Bild 137-049270, S. 207 © Bundesarchiv, Bild 183-S37786, S. 212 © Bundesarchiv, Bild 183-1983-1020-501, S. 215 © Bundesarchiv, Bild 119-5243, S. 216 © Bundesarchiv, Bild 183-1987-0922-500, S. 223 © Bundesarchiv, Plak 003-003-063, S. 226 © Bundesarchiv, Bild 183-2006-1411-500, S. 227 © Bundesarchiv, Bild 102-18074, S. 286 © Bundesarchiv, Bild 183-H12478, S. 289 © Bundesarchiv, Bild 183-H12487, S. 298 © Bundesarchiv, Bild 183-R99257, S. 299 © Bundesarchiv, Bild 183-H12703, S. 304 © Bundesarchiv, Bild 183-H12751, S. 317 © Bundesarchiv, Bild 183-R69173, S. 318 © Bundesarchiv, Bild 146-1976-033-06, S. 321 © Bundesarchiv, Bild 146-1972-001-03, S. 323 © Bundesarchiv, Bild 183-R99489, S. 326 (oben) © Bundesarchiv, Bild 183-H13158, (unten) © Bundesarchiv, Bild 137-004055, S. 364 © Bundesarchiv, B 145 Bild-F051623-0206, S. 366 © Bundesarchiv, Bild 183-2004-1202-505, S. 367 © Bundesarchiv, Bild 183-H27147, S. 369 © Bundesarchiv, Bild 183-2004-0813-500, S. 387 © Bundesarchiv, Bild 183-E04060, S. 463 © Bundesarchiv, Bild 183-H27299 / Fotograf: Hoffmann, S. 464 © Bundesarchiv, Bild 183-H27337, S. 499 © Bundesarchiv, Bild 134-C2596, S. 500 © Bundesarchiv, Bild 183-E10402, S. 527 © Bundesarchiv, Bild 101I-013-0060-20 / Fotograf: Falk, S. 528 © Bundesarchiv, Bild 101I-013-0064-35 / Fotograf: Kliem, S. 531 © Bundesarchiv, Bild 183-S55480, S. 545 © Bundesarchiv, Bild 183-S52480, S. 547 © Bundesarchiv, Bild 146-1979-050-05A, S. 548 © Bundesarchiv, Bild 183-E11300 / Fotograf: Wagner, S. 549 © Bundesarchiv, Bild RH 82 Bild-00079 / Fotograf: Mensing, S. 550 © Bundesarchiv, Bild 183-S52565, Umschlagabbildung: © Bundesarchiv, Bild 183-S33882

picture alliance: S. 57 © picture alliance / AP Images, S. 58 © picture alliance / AP Images, S. 272 © picture alliance/CTK, S. 452 © picture alliance / Ria Novosti/Sputnik, Umschlagabbildungen: Neville Chamberlain © picture alliance/Mary Evans Picture Library, Franklin D. Roosevelt © picture alliance/CPA Media/Leon A. Perskie

ullstein bild: S. 23 © ullstein bild - Abraham Pisarek, S. 52 © ullstein bild - ullstein bild, S. 75 © ullstein bild - Süddeutsche Zeitung Photo / Scherl, S. 81 © ullstein bild - Süddeutsche Zeitung Photo / Knorr + Hirth, S. 95 © ullstein bild - Pictures from History, S. 98 © ullstein bild - ullstein bild, S. 159 © ullstein bild - Heinrich Hoffmann, S. 342 © ullstein bild - Roger-Viollet, S. 361 © ullstein bild - Heinrich Hoffmann, S. 409 © ullstein bild - Heinrich Hoffmann, S. 443 © ullstein bild - Süddeutsche Zeitung Photo / Scherl, Umschlagabbildungen: Josef Stalin © ullstein bild - SPUTNIK, Luftangriffe auf Hamburg © ullstein bild - H. Schmidt-Luchs

S. 396: Raczynski (1962) neben S. 82

S. 537: Gross (1988) nach S. 170

S. 559: Baltische Briefe Nr. 10/1939, S. 14, Foto Leif Geiges

Weitere Bildvorlagen stammen aus dem Archiv des Verfassers.

Der Verlag hat sich bemüht, alle Rechteinhaber ausfindig zu machen, verlagsüblich zu nennen und gegebenenfalls auch zu honorieren. Trotz intensiver Bemühungen war es nicht immer möglich, die Rechteinhaber der Abbildungen zu ermitteln. Der Verlag ist für entsprechende Hinweise dankbar. Berechtigte Ansprüche werden selbstverständlich branchenüblich berücksichtigt.